ATATÜRK KÜLTÜR, DİL VE TA
ATATÜRK ARAŞTIRI

KEMAL ATATÜRK

NUTUK

1919 – 1927

Cumhuriyet Halk Partisi'nin 15-20 Ekim 1927 tarihleri arasında toplanan İkinci Büyük Kongresinde söylenmiştir.

Bugünkü Dille Yayına Hazırlayan
Prof. Dr. Zeynep Korkmaz

2002

ISBN 975-16-0401-X

Atatürk tarafından Nutuk okunurken

İ Ç İ N D E K İ L E R

Sayfa

Sayfa

Sayfa

Sayfa

Sayfa

Sayfa

Sayfa

Sayfa

Sayfa

Sayfa

Sayfa

Sayfa

Ö N S Ö Z

Yurdumuzun parçalanıp işgal edildiği günlerden başlayarak, Türk tarihinde bir dönüm noktası olan İstiklâl Savaşı'nı, Türkiye Cumhuriyeti'nin kuruluşunu ve inkılâpların yapılışını anlatan **Nutuk,** siyasî ve millî tarihimizin birinci elden, pek değerli bir kaynak eseridir. Atatürk'ün kendi kaleminden çıkan bu eser, yine Atatürk tarafından, Cumhuriyet Halk Partisi'nin 15 -20 Ekim 1927 tarihleri arasında Ankara'da toplanan İkinci Kurultayı'nda 36,5 saat süren ve altı günde okunan tarihî bir hitabeye dayandığı için **Nutuk** adını almıştır.

Nutuk, inkılâp tarihimizin birinci elden pek değerli bir kaynağıdır dedik. Çünkü, eserin sahibi, tarihî olayları yalnızca belgelerle inceleyerek objektif gerçeğe ulaşmak isteyen bir tarih yazarı değil, doğrudan doğruya o tarihi yapanın kendisidir. Tarihi yapan ile yazanın aynı şahsiyette birleşmiş olması, **Nutuk**'u, benzerleri ile karşılaştırılamayacak üstün değerde bir eser durumuna getirmiştir. Bu eserde, kendini her şeyi ile milletine adamış olağanüstü yetenekleri ile dehânın en iyi örneğini vermiş büyük bir komutanın, inkılâpçı bir liderin ve ileri görüşlü bir devlet adamının, askerî ve siyasî aksiyonları ile, Türkiye Cumhuriyeti'ne şekil veren temel düşünce ve görüşler yer almıştır. Ayrıca, eserde millî değerler sistemine bağlı Cumhuriyet rejiminin, tarih şuuru içindeki gelişmesinin adım adım nasıl olgunlaştırıldığını, sosyal ve kültürel alanlara yön verici siyasî ve idarî şartların nasıl hazırlandığını yakından görebilmekteyiz.

Bu eser, yalnız geçmiş bir devrin hikâyesi olarak dünümüzü anlatmakla kalmamakta, yakın tarihimizden alınan ibret dolu tecrübelerle, milli varlığımızın bugününe de yarınına da ışık tutabilen yüksek bir değer taşımaktadır. Çünkü :

Nutuk, tarihin akışını değiştirme gücüne sahip bir önderin, varlığı sona ermiş sayılan büyük bir milleti, temelleri çökmüş, ömrü tamamlanmış olan bir imparatorluğun yıkıntıları arasından çekip çıkararak nasıl çağdaş ve millî bir devlet haline getirebildiğinin belgelere dayanan hikâyesidir.

Nutuk, Çanakkale Muharebesi'nde : "Size ben taarruz emretmiyorum; ölmeyi emrediyorum" diyerek, kendi şahsında da savaşan ordusunda da ölüm korkusunu ve mânevî çöküntüyü yenmiş olan bir kahramanın, başsız kalmış ve olup bitecekleri karanlıklar içinde beklemekte olan bir millete, yaşama sırrının, "millî hâkimiyete dayanan kayıtsız şartsız bağımsız bir Türk devleti kurabilme" kararında saklı olduğunu anlatan bir eserdir.

Nutuk, "temel ilke, Türk milletinin haysiyetli ve şerefli bir millet olarak yaşamasıdır. İstiklâlinden yoksun bir millet, medenî insanlık dünyası karşısında uşak olmak mevkiinden kurtulamaz" gerçeğinden ve "ya istiklâl ya ölüm" ilkesinden yola çıkılarak verilen Millî Mücadele safhalarını ve alınan başarılı sonuçları adım adım dile getiren bir eserdir.

Nutuk, en büyük hizmet ve gayretlerle elde edilen rütbe ve nişanları söküp atmaktan çekinmeyecek kadar vatan ve millet sevgisiyle dolmuş bir askerle, tarihî ve millî karakterinin onda şahıslanmış olduğunu gören bir milletin, elele vererek, dayandığı millî birlik, katlandığı fedakârlık ve gösterdiği irade gücü sayesinde, imkânsızlıklardan nasıl imkânlar ve mucizeler yaratabildiğini dünyaya anlatan bir eserdir.

Nutuk, millet adına yapılan bütün işlerin, meşruluk ilkesine dayandırılarak yürütüldüğünü, verilen kararların, geçilen uygulamaların, derinlemesine bir düşüncenin, uzak bir görüşün, ince bir hesaplamanın, yerinde bir mantığın ve ihtiyatlı bir davranışın ürünü olduğunu ortaya koyan bir eserdir. Yapılan her işte Türk milletinin haysiyet ve şerefinin ön plânda tutulduğunun, bütün düşünce ve görüşlerde aklın, mantığın ve ilmin gereklerine uygun bir millî politikanın yer aldığının göstergesi durumundadır.

Nutuk, Millî bir uyanışın ifadesi olarak, bir milletin maddî ve manevî bütün güçlerini harekete geçiren Kuva-yı Milliye ruhunun, bir yandan dış düşmanlara karşı koyarken bir yandan da içerideki ihanet çetelerine, iç politikası iflâs etmiş ve düşmana boyun eğme politikasının temsilcisi durumuna gelmiş bulunan İstanbul Hükümeti'yle Saray'a karşı verdiği mücadelenin hikâyesidir. Türk milletine, düşmanla boğuşa boğuşa yenilmeyi değil, yenmenin ve zafere ulaşmanın ince yollarını öğreten bir eserdir.

Nutuk, milleti ülkenin geleceğini belirliyecek olan "vahdet-i milliye" (millî birlik) ilkesi etrafında bilinçlendirip kenetlendirerek, millî irade ve millî hakimiyet kavramlarının aksiyona dönüştürülmesi yoluyla, Türkiye Büyük Millet Meclisi'nin kuruluşundan Cumhuriyet'in ilânına kadar uzanan başarılı bir tarihî akışın hikâyesidir.

Nutuk, sahip olduğu derin kavrayış, geniş kültür ve köklü tarih şuuru dolayısıyla, toplumun sosyal ve kültürel alanlardaki ihtiyaç ve beklentilerine cevap verecek güçte bir inkilâpçının, milletin özünde var olan büyük gelişme yeteneğine dayanarak gerçekleştirdiği inkılâplarla, Türkiye'yi 1839 Tanzimat hareketinden beri süregelen yenileşme mücadelesinde, kesin hedeflerine ve çağdaş bir medeniyet sistemine nasıl kavuşturabilmiş olduğunun hikâyesidir.

Nutuk, tarihten edinilen tecrübelerin bir ibret tablosu halinde millete mal edilmesi geleneğine uyularak ve o gün ulaşılan başarının "asırlardan beri çekilen millî felâketlerin yarattığı uyanıklığın sonucu ve bu aziz vatanın her köşesini sulayan kanların bedeli" olduğuna işaret edilerek bu sonucun özlü bir Hitabe ile Türk gençliğine emanet edildiği bir eserdir. Görülüyor ki, Türk milletinin dününü bugününe bağlayan bugününü de yarına bağlayacak olan **Nutuk,** millî tarihimizin dönüm noktası olan bir safhasını, zaman silindirinin aşındırıcı etkilerinden kurtararak gelecek kuşaklar için ölümsüzleştiren bir kaynak eser olmuştur.

Görülüyor ki, bu kaynak eser, taşıdığı bütün bu özellikler ile, aynı zamanda Türkiye Cumhuriyeti'nin tarihin sonsuzluğu içinde geleceğe doğru uzanan akışında, temel ilkeler açısından karşılaşabileceği güçlüklerde de modern çağın gereklerine uygun bütün yenileşme hamlelerinde de kendini memleket hizmetine adamış olanlara her zaman ışık tutabilecek bir dolgunluktadır.

Nutuk, niteliği bakımından gerçek bir san'at eseri değildir. Askerî, siyasî ve sosyal olayları yeri geldikçe, belgelerle de değerlendiren bir tarihî eserdir. Ancak, Atatürk, konuşma ve yazma san'atına, kendisini dinleyenleri ve okuyanları, düşüncelerinin peşinde sürükleyebilecek eşsiz bir anlatım gücü kazandırabildiği içindir ki, **Nutuk,** Türk hitabet san'atının da doruğuna yükselmiş ve bir şaheser olmuştur.

Bilindiği gibi, dil, fizyolojik olarak, zihindeki düşünce faaliyetinin söz kalıpları içinde dış dünyamıza aktarılması olayıdır. Dolayısıyla, düşüncenin sadık bir aynası durumundadır. **Nutuk**'un dil ve üslûp özellikleri bakımından incelenmesi, Atatürk'ün düşünce dünyasında yer alan fikir çekirdekleri ile, bu çekirdeklerin biribirleriyle olan ilişkilerine, bunları bütünleşmiş bir düşünce örgüsü haline getiren bağlantı noktalarına, ondaki temel düşünce unsurları içinde hangilerinin daha ağırlıklı, hangilerinin ikinci ve üçüncü plânda yer almış olduklarına daha yakından ve objektif ölçülerle yaklaşma imkânını sağlamaktadır.

Nutuk'un dili, söz dağarcığı ve cümle yapısı bakımından, Atatürk'ün yetiştiği devrin genel dil yapısına paralel olarak, Millî Edebiyat devrinin temsil ettiği dildir. Bu dil, klâsik Osmanlıcaya oranla hayli sadeleştirilmiş olan ogünkü yazı dilinin mükemmel bir örneğidir. Kelime kadrosu bakımından da çok zengindir. Ancak, o devirde daha Türkçeden Arapça ve Farsça'nn kurallarına bağlı kelimeler ile bu dillerden geçme tamlama şekilleri bütünüyle atılamadığı ve resmî devlet yazışmalarının gerekli kıldığı bazı klişeler yer aldığı için, bugüne göre oldukça ağırdır. Ne var ki, eseri yalnız kelime hazinesi bakımından değil de, üslûp ölçüleri ile de değerlendirdiğimizde, **Nutuk**'ta açık ve yalın bir dilin hâkim olduğunu görürüz. Bu açıklık ve yalınlık, eserdeki zengin kelime kadrosunun, düşüncelerin akışına uygun bir ustalık ve başarı ile kullanılabilmiş olmasından kaynaklanmıştır. Çeşitli kelime türleri ile bunların cümlelerdeki yayılış oranları ve anlatım şekilleri arasında, olayların niteliğine denk düşen bir uyum göze çarpar. Bu durum, düşünceye canlılık, üslûba akıcılık vermiştir. Ancak, şunu da belirtmek gerekir ki, Atatürk'te dinamik bir düşünce yapısının varlığına işaret eden bu üslûp akıcılığı, asıl gücünü tabiî ve gerçekçi bir söyleyiş biçiminden almış bulunmaktadır. Eserde uzun ifadeler için, iç içe girmiş girift cümleler yerine, birbiri arkasına dizilmiş sıra cümleler şeklindeki birleşik cümlelerin yer aldığı görülür. Ortaya konan düşüncelerin, çizilen tarihî tabloların ve aktarılan olayların özelliklerine göre, bazan kısa ve keskin çizgili söyleyişlere, bazan da düşüncelerin akışını kolaylaştıran hareketli ifadelere yer verilmiştir. Böylece, üslûpta, cümle kuruluşlarındaki ve anlatım şekillerindeki açıklık, sadelik ve tabiîlikten gelen bir mükemmellik ortaya çıkmıştır.

Bu üslûbun en belirgin özelliklerinden biri de, yer yer kısa ve özlü ifadelerin ağırlık kazanmış; uzun süren açıklamalardan sonra, düşüncelerin "Artık İstanbul Anadolu'ya hâkim değil, tâbi olmak mecburiyetindedir" örneğinde görüldüğü üzere, mantık gücü ağır basan veciz söz kalıplarına ve kesin yargılara bağlanmış olmasıdır. Özet olarak belirtmek gerekirse, Nutuk'taki üslûp, tek bir kelimesinden fedakârlık edilemeyecek kadar ölçülü ve tabiîdir. Düşünceler derin ve aydınlıktır. Kavrayış çok geniştir. Atatürk'ün muhakeme ve mantığındaki güçlülük, ona, olayları derinlemesine bir tahlilden geçirebilme yeteneği de kazandırmıştır. Bu durum, hiç şüphe yok ki, Atatürk'ün üstün zekâsı dışında, tarih şuuru içinde olgunlaşmış bulunan sağlam fikir yapısından ve uzak görüşlülüğünden kaynaklanmaktadır. Cumhuriyet'i genç nesillere emanet ederken söylediği : "Bugün vâsıl olduğumuz netice asırlardan beri çekilen millî musibetlerin intibahı ve bu aziz vatanın her köşesini sulayan kanların bedelidir" cümlesi, ondaki bütün bir tarihî geçmişi veciz bir şekilde ortaya koyabilecek bir düşünce genişliğinin ve dilinde de buna uygun bir sentez gücünün varlığını ispat etmektedir.

Nutuk'ta yer alan dil ve üslûp özellikleriyle, Atatürk'ün Türk çocukları için bu konuda ileri sürdüğü görüş arasında da tam bir uygunluk göze çarpar. Atatürk, Türk çocuğunun nasıl konuşması, nasıl yazması gerektiğini açıklayan bir sohbetinde şöyle diyor: "Türk çocuklarını eğitirken, onları, kafalardaki kabiliyetleri, Türk karakterindeki sağlamlıkları, Türk duygularındaki yükseklik ve genişlikleri, kendilerini hiç zorlamadan naturel bir tarzda ve olduğu gibi ifadeye alıştırmak.

Bunlar yapılınca netice şu olacaktır: Türk çocuğu konuşurken onun beyan ve anlatış tarzı, Türk çocuğu yazarken onun ifade ve üslûbu, kendisini dinleyenleri onun yürüdüğü yola götürebilecek; bu kabiliyeti sayesinde Türk çocuğu, kendini dinleyen veya yazısını okuyanları peşine takarak yüksek bir Türk ülküsüne iletebilecek, ulaştırabilecektir."

İşte **Nutuk,** kendisini hitabet san'atının doruğuna çıkaran bu dil ve üslûp mükemmelliği ile, böyle bir ülküye de örneklik ve öncülük edebilecek niteliktedir.

Nutuk, ilk defa 1927 yılında, biri asıl metin, diğeri belgeler olmak üzere Arap harfleriyle iki cilt olarak yayınlanmıştır.[1] Aynı yıl, tek cilt halinde lüks bir

[1] Gerçi, Nutuk'un asıl okunduğu tarih esas alındığı için, ilk baskısı üzerine 1927 yılı konmuştur. Ancak, eserin kitap halinde yayını Temmuz 1928'dir. Bu durum, Atatürk'ün, belgelerin yanlış

baskısı da yaptırılmıştır. Yazı inkılâbından sonra, bu ilk metnin okunması güçleştiğinden, 1934 yılında, Millî Eğitim Bakanlığı'nca üç cilt olarak yeniden bastırılmıştır. Cumhuriyet'in onbeşinci yıldönümü dolayısıyla 1938'de yalnız **Nutuk** bölümü tek cilt olarak yayınlanmıştır. Atatürk'ün ölümünden sonra, 1960'ta Millî Eğitim Bakanlığı'nca, Türk İnkılâp Tarihi Enstitüsü yayınları arasında çıkarılan üç ciltlik **Nutuk,** 1981'de ondördüncü baskısına ulaşmıştır. Atatürk'ün doğumunun 100. Yıldönümü'ne armağan olarak, 1981 yılında, yine üç cilt halinde Mobil Şirketi'nce bastırılmış olan metin de üzerinde durulmaya değer.

Yukarıda belirtildiği gibi, **Nutuk**'ta Millî Edebiyat devrinin işleyip geliştirdiği oldukça sadeleşmiş bir Osmanlı Türkçesi yer almıştır. Ancak, dilimizin, Cumhuriyet'ten sonra Türkçeleşme şartları bakımından çok hızlı bir tempoyla yol almış olması, eserin genç kuşaklarca anlaşılmasını güçleştirmiş ve sadeleştirilmiş yeni baskılarının yapılmasını gerekli kılmıştır. Bu ihtiyacı karşılamak üzere 1963-1981 yılları arasında, resmî veya özel bazı kuruluşlarla, bazı şahıslar tarafından, özellikle belgeler dışında kalan Nutuk bölümü tam veya kısaltılmış olarak günümüz Türkçesi'ne aktarılarak yayınlanmıştır.

Eldeki **Nutuk** çevirileri, metnin özüne bağlılık ve dil yapıları bakımından incelendiğinde, görülen durum şudur: Ya eserin aslına kelimesi kelimesine bağlı kalan bir aktarma yapıldığı ve kelime kadrosu bakımından da eski şekiller ağırlıkta olduğu için, eserde bugünkü dil örgüsüne ve üslûp zevkine ters düşen, dolayısıyla metnin anlaşılmasını güçleştiren bazı tıkanmalar ortaya çıkmıştır. Yahut da eserin aslındaki cümleleleri, anlamlarını bozacak şekilde kısaltıp parçalama ve herkesçe bilinen kelimelere bile yakışıksız yeni yeni karşılıklar arama gayreti yüzünden, Atatürk'ün birleştirici ve bütünleştirici kültür dili anlayışına ters düşen ve özünden koparak Osmanlıcası kadar anlaşılmaz duruma gelmiş bulunan, aşırı dil yapısında Söylev metinleri ortaya çıkmıştır. Bu yüzdendir ki, Atatürk'ün doğumunun 100. Yılını Kutlama Koordinasyon Kurulu'nca, **Nutuk**'un bütün aydınların ve gençliğin hiçbir sözlüğe başvurmadan severek okuyup anlayabilecekleri yeni bir çevirisinin yapılmasına karar verilmiştir. Eldeki metin, işte böyle bir ihtiyacı karşılama amacına dayanmaktadır.

Nutuk'u günümüz Türkçesine aktarırken, Atatürk'ün sağlığında basılmış ve yazma nüshası ile de dikkatli bir karşılaştırmadan geçirilmiş olan 1927 baskısı esas alınmıştır. Çevirme işinde, eserin aslı ile olan bağlantısı koparılmadan, şu veya bu yöndeki aşırı bir dil anlayışına da ağırlık verilmeden, doğrudan doğruya yaygın ve yerleşmiş ölçülere dayanan ortak yazı dili temel alınmıştır.

Türkçemiz'deki altmış yıllık değişme ve gelişmenin bir sonucu olarak, dilde Osmanlıcasıyla Türkçesi yanyana yaşayan kelimelerde, bunların kullanılış yerleri,

---

yorumunu önleme amacıyla, iki belgedeki bazı kelimelerin baskı sırasında düzeltilmesi için verdiği tarihi belli (11 Haziran 1928) yazılı direktiften de açıkça anlaşılmaktadır. Ayrıntılı bilgi için bkz. Utkan Kocatürk, "Büyük Nutuk'un Basılışı Esnasında Atatürk Tarafından Yapılan İki Düzeltme", *Atatürk Araştırma Merkezi Dergisi*, C.1/2, (Mart 1985) s. 609-611.

yaygınlık durumları ve taşıdıkları anlam dolgunlukları ile üslûp incelikleri dikkate alınarak, herhangi bir şekilcilik saplantısına düşülmeden, bazan biri, bazan diğeri tercih edilebilmiştir. Yerine göre çok yaygınlaşmış ve dilimizin malı olmuş ***bağımsızlık*** kelimesi de kullanılmıştır. "Ya istiklâl, ya ölüm" vecizesindeki ***"İstiklâl"*** kelimesi de korunmuştur. Hattâ, Atatürk'ün özel bir değer vererek altlarını çizmiş olduğu konuşmalarda, bildiri ve karar metinlerinde bu kelimenin değiştirilmeden bırakılması, metnin özüne daha uygun düşmüştür. ***Taarruz*** kelimesi gereken yerlerde ***saldırı*** kelimesiyle karşılanabildiği halde, askerî bir terim olarak, elbette olduğu gibi bırakılmıştır. zararlı kuruluşlar için, ***örgüt*** ve ***örgütlenme*** kelimelerine yer verilirken, başka yerlerde eserin aslındaki ***teşkilât*** ve ***teşkilâtlanma*** şekillerinin devam ettirilmesi gereği duyulmuştur. Arasıra göze ilişebilecek olan bu gibi ikili durumlar, yukarıda açıklanan hususla ve bazı yeni kelimelerin daha her yerde yeterince anlam dolgunluğu ve deyimleşme özelliği kazanamamış olmasıyla ilgilidir.

Atatürk'ün büyük bir duyarlıkla kaleme aldığı "Gençliğe Hitabe"si, **Nutuk** muhtevasının anlamlı bir özeti ve Türkiye Cumhuriyeti'nin Türk gençliğine emaneti niteliğinde olduğundan, bu bölüm, eserde olduğu gibi bırakılmıştır.

Eser bugünkü dile aktarılırken aslındaki dil örgüsünün, anlam bütünlüğünün, üslûp özelliklerinin ve tarihî havasının korunmasına elden geldiği kadar özen gösterilmiştir. Bilindiği gibi, Atatürk'ün hitabet dilinde güzellik ve akıcılık sağlayan noktalardan biri de, eş veya yakın anlamlı kelimeler arasındaki ses uyumlarıdır: ***muztarip ve müteellim*** olmak gibi. Bu gibi durumlarda, aynı uyumu sağlayabilecek elverişli karşılıklar aranmış; fakat bulunamadığında, bu akıcılık Türkçenin anlatım gücündeki daha başka özelliklerden yararlanılarak denkleştirilmeğe çalışılmıştır. Eserdeki üslûp inceliklerinin ve devrin kültüründen gelen tarihî havanın özünden koparılmaması düşüncesiyle, Atatürk'ün Büyük Millet Meclisi üyeleri için kullandığı ***"Efendiler"*** hitabı ile, kendi üslûbunun veya o devir resmî yazışmalarının gerekli kıldığı nezaket inceliklerine bağlı ***zâtışâhâne, zatıâlîleri, padişah hazretleri, hazret-i evvel, arzu buyurursanız*** gibi klişeleşmiş bazı kelime ve söyleyişler olduğu gibi bırakılmıştır. Osmanlı devlet teşkilâtına veya Millî Mücadele devrine ait olup da bugün devamı bulunmayan, tarih terimi niteliğindeki kuruluş adları ile ünvan ve rütbeler değiştirilmeden alınmış; gerekli açıklamalar dipnotlarla verilmiştir : ***Meclis-i Meb'usan, Harbiye Nezareti, Birinci Ferik, Redd-i İlhak Cemiyeti, Hey'et-i Temsiliye, Kuva-yı Milliye, Kuvve-i Seyyare*** gibi. Ancak, Cumhuriyet'in ilk devirlerinde Osmanlıca adlar alıp da sonradan Türkçeleştirilmiş olan makam ve kuruluş adları bugünkü şekilleri ile gösterilmiştir: ***Erkân-ı Harbiye-i Umumiye Riyaseti: Genelkurmay Başkanlığı, İcra Vekilleri Hey'eti: Bakanlar Kurulu, Kabine*** gibi. Bunların asıl metindeki eski şekilleri, ilk geçtikleri yerlerde yine notlarla belirtilmiştir. Bugün anlaşılması güçleşmiş olan bazı geçici kurul adları da Türkçeleştirilmiştir: ***İstihzarat-ı Sulhiye Komisyonu: Barış Hazırlığı Komisyonu*** gibi. Metnin akıcılığını bozmamak için, cumhuriyetten sonra başka adlar verilmiş ve eski şekilleri artık unutulmuş bulunan yer adları, metin içinde yeni şekilleri ile gösterilmiş; eski şekilleri nota alınmıştır. *Elazığ/ Mamuretülaziz, Adıyaman/Hısnımansur* gibi. Bunlar dışında, sayfa altlarına gerekli ve açıklayıcı daha başka bazı notlar da eklenmiştir. Doğrudan doğruya Atatürk'e ait olan iki not, yanlarına (*) işareti konarak belli edilmiştir.

Nutuk'ta, zevalî (öğle vakti) esasa bağlı olarak ve rakamlar yanına "evvelde" ve "sonrada" kelimeleri eklenerek verilmiş olan saatler, bugünkü söyleyişe göre normalleştirilmiştir : *3 sonrada: saat 15.00'te* gibi.

Sayın okuyucuların eldeki çeviriyi, gerektiğinde asıl metinle karşılaştırabilmeleri için, sayfaların sağ tarafına 1927 baskısındaki sayfa numaralarını vermeyi de uygun bulduk. Eserden yararlanmayı kolaylaştırmak üzere, 1934 baskısında olduğu gibi konu başlıkları da eklenmiştir. Baskıda, Atatürk'ün satır altlarını çizerek özellikle vurgulamak istediği yerler siyah, metin aralarındaki belgeler daha küçük punto ile dizdirilmiştir. Yabancı şahıs adları kendi imlâları ile yazılmış; ilk geçtikleri yerlerde parantez içinde okunuşları da gösterilmiştir. Eserin sonuna bir de şahıs ve yer adları indeksi eklenmiştir.

Atatürk'ün 100. doğum yıldönümü dolayısıyla hazırlanmış ve mevcudu tükenmiş bulunan bu eserin Atatürk Kültür, Dil ve Tarih Yüksek Kurumu, Atatürk Araştırma Merkezi Başkanlığı'nca yeniden bastırılması dolayısıyla sayın Prof. Dr. Utkan Kocatürk'e, Araştırma Merkezi Yürütme Kurulu'na ve Yüksek Kurum Başkanı sayın Suat İlhan ile Yönetim Kurulu üyelerine ayrı ayrı teşekkürlerimi sunmayı yerine getirilmesi gerekli ve zevkli bir borç sayarım.

Nutuk gibi hem tarihî değeri yüksek, hem de hitabet gücü bakımından eşsiz olan böyle bir eserin, bugünkü yazı diline kusursuz bir aktarmasının yapılabildiğini söylemek güçtür. Atatürk'ün aziz hâtırasına küçük bir armağan olarak sunduğumuz bu çeviriyle, eğer eserin severek okunabilecek bir yayınını ortaya koyabilmişsek, kendimizi mutlu sayacağız. Eksiklerimizin iyi niyetimize ve içtenliğimize bağışlanmasını dileriz.

Ekim 1990 **Zeynep KORKMAZ**

I

Samsun'a çıktığım gün genel durum ve görünüş

1919 yılı Mayısının 19'uncu günü Samsun'a çıktım. 3
Ülkenin genel durumu ve görünüşü şöyledir:

Osmanlı Devleti'nin içinde bulunduğu grup, I. Dünya Savaşı'nda [1] yenilmiş, Osmanlı ordusu her tarafta zedelenmiş, şartları ağır bir ateşkes anlaşması imzalanmış. Büyük Savaş'ın uzun yılları boyunca millet yorgun ve fakir bir durumda. Milleti ve memleketi I. Dünya Savaşı'na sürükleyenler, kendi hayatlarını kurtarma kaygısına düşerek memleketten kaçmışlar. Saltanat ve hilâfet makamında oturan Vahdettin soysuzlaşmış, şahsını ve bir de tahtını koruyabileceğini hayal ettiği alçakça tedbirler araştırmakta. Damat Ferit Paşa'nın başkanlığındaki hükûmet âciz, haysiyetsiz ve korkak. Yalnız padişahın iradesine boyun eğmekte ve onunla birlikte kendilerini koruyabilecekleri herhangi bir duruma razı.

Ordunun elinden silâhları ve cephanesi alınmış ve alınmakta...

İtilâf Devletleri, ateşkes anlaşmasının hükümlerine uymayı gerekli bulmuyorlar. Birer bahane ile İtilâf donanmaları ve askerleri İstanbul'da. Adana ili Fransızlar; Urfa, Maraş, Ayıntap (Gaziantep) İngilizler tarafından işgal edilmiş. Antalya ve Konya'da İtalyan askerî birlikleri, Merzifon ve Samsun'da İngiliz askerleri bulunuyor. Her tarafta yabancı subay ve memurlar ile özel ajanlar faaliyette. Nihayet, konuşmamıza başlangıç olarak aldığımız tarihten dört gün önce, 15 Mayıs 1919'da, İtilâf Devletleri'nin uygun bulması ile Yunan ordusu da İzmir'e çıkartılıyor.

Bundan başka, memleketin her tarafında Hristiyan azınlıklar gizli veya açıktan açığa kendi özel emel ve maksatlarını gerçekleştirmeye, devleti bir an önce çökertmeye çalışıyorlar.

Sonradan elde edilen güvenilir bilgi ve belgelerle iyice anlaşılmıştır ki, İstanbul Rum Patrikhanesi'nde kurulan **Mavri Mira Hey'eti** *(Belge: 1)* illerde çeteler kurmak ve idare etmek, gösteri toplantıları ve propagandalar yaptırmakla meşgul. Yunan Kızılhaç'ı ve Resmî Göçmenler Komisyonu [2], **Mavri Mira Hey'eti**'nin çalışmalarını kolaylaştırmakla görevli. **Mavri Mira Hey'eti** tarafından yönetilen Rum okullarının izci

1) Harb-i Umumî'de.
2) Resmi Muhacirin Komisyonu.

teşkilâtları, yirmi yaşından yukarı gençleri de içine almak üzere her yerde kuruluşunu tamamlıyor.

Ermeni Patriği Z a v e n E e f e n d i de, **Mavri Mira Hey'eti** ile birlikte çalışıyor. Ermeni hazırlığı da tıpkı Rum hazırlığı gibi ilerliyor. Trabzon, Samsun ve bütün Karadeniz sahillerinde örgütlenmiş olan ve İstanbul'daki merkeze bağlı bulunan **Pontus Cemiyeti** hiç bir engelle karşılaşmadan kolaylıkla ve başarıyla çalışıyor *(Belge: 2)*.

Bunlara karşı düşünülen kurtuluş çareleri

Durumun dehşet ve korkunçluğu karşısında, her yerde, her bölgede birtakım kimseler tarafından kurtuluş çareleri düşünülmeye başlanmıştı. Bu düşünce ile yapılan teşebbüsler birtakım kuruluşları doğurdu. Örnek olarak, Edirne ve çevresinde **Trakya - Paşaeli** adıyla bir dernek vardı. Doğuda *(Belge: 3)* Erzurum'da ve Elâzığ'da *(Belge: 4)* genel merkezi İstanbul'da olmak üzere **Vilâyât-ı Şarkiye Müdafaa-i Hukuk-ı Milliye Cemiyeti** ([3]) kurulmuştu. Trabzon'da **Muhafaza-i Hukuk** ([4]) adında bir dernek bulunduğu gibi, İstanbul'da da **Trabzon ve Havalisi Adem-i Merkeziyet Cemiyeti** ([5]) vardı. Bu dernek merkezinin gönderdiği temsilcilerle, Of ilçesinde ve Rize ([6]) sancağında da şubeler açılmıştı *(Belge: 5, 6)*.

İzmir'in işgal edileceği konusunda Mayısın on üçünden beri açıktan belirtiler görmüş olan İzmir'deki bazı genç vatanseverler, ayın 14/15' inci gecesi, kendi aralarında bu acıklı durumla ilgili görüşmeler yapmışlar; bir oldubittiye geldiğine şüphe kalmayan Yunan işgalinin ilhakla sonuçlanmasına engel olma kararında birleşerek, **Redd-i İlhak** ([7]) ilkesini ortaya atmışlardır. Aynı gece, bu ilkenin yaygınlaştırılmasını sağlamak üzere İzmir'de Yahudi Maşatlığı'na toplanabilen halk tarafından bir gösteri toplantısı yapılmışsa da, ertesi gün sabahleyin Yunan askerlerinin rıhtımda görülmesiyle, bu teşebbüsten beklendiği ölçüde sonuç alınamamıştır.

Millî kuruluşlar siyasî amaç ve hedefleri

Bu derneklerin kuruluş amaçları ve siyasî hedefleri hakkında kısaca bilgi vermek uygun olur görüşündeyim.

Trakya Paşaeli Cemiyeti'nin ileri gelenlerinden bazıları ile daha İstanbul'da iken görüşmüştüm. Bunlar, Osmanlı Devleti'nin çökeceğini

---

3) Doğu İllerinin Millî Haklarını Savunma Derneği.
4) Hakları Koruma.
5) Trabzon ve Çevresini Merkezden Ayırma Derneği.
6) Lâzistan.
7) İlhakı red, Yunan hâkimiyetini red.

çok kuvvetli bir ihtimal olarak görüyorlardı. Osmanlı vatanının parçalanma tehlikesi karşısında, Trakya'yı, mümkün olursa, buna Batı Trakya'yı da ekleyerek ve bir bütün olarak İslâm ve Türk topluluğu halinde kurtarmayı düşünüyorlardı. Fakat bu amacı gerçekleştirmek üzere ogün için akıllarına gelen tek çare, İngiltere'nin, bu mümkün olmazsa, Fransa'nın yardımını sağlamaktı. Bu maksatla bazı yabancı devlet adamları ile temas kurma ve görüşme imkânları da aramışlardı. Amaçlarının bir **Trakya Cumhuriyeti** kurmak olduğu anlaşılıyordu.

Vilâyât-ı Şarkiye Müdafaa-i Hukuk-ı Milliye Cemiyeti'nin kuruluş amacı da (tüzüklerinin 2. maddesi), Doğu illerinde oturan bütün halkın dinî ve siyasî haklarının serbestçe kullanılmasını sağlayacak meşru yollara başvurmak, bu illerdeki müslüman halkın tarihî ve millî haklarını gerektiğinde medeniyet dünyası karşısında savunmak, Doğu illerinde yapılan zulüm ve cinayetlerin sebepleri ile bunları işleyenler ve sebep olanlar hakkında tarafsız soruşturma yapılarak suçluların sür'atle cezalandırılmalarını istemek. Yerli halk ile azınlıklar arasındaki anlaşmazlığın giderilmesine ve eskiden olduğu gibi iyi ilişkilerin sağlamlaştırılmasına gayret etmek, savaş durumunun Doğu illerinde yarattığı yıkım ve yoksulluğa, hükûmet nezdinde teşebbüslerde bulunarak elden geldiğince çare aramaktan ibaretti.

İstanbul'daki yönetim merkezinden verilmiş olan bu direktife uygun olarak, Erzurum şubesi, Doğu illerinde Türk'ün haklarını korumak- 5
la birlikte, Ermeni göçü sırasında görülen kötü davranışlarla halkın hiçbir ilgisi bulunmadığını, Ermeni mallarının Rus istilâsına kadar korunduğunu, buna karşılık müslümanlara pek gaddarca davranıldığını; hattâ verilen emre aykırı olarak, göçten alıkonan bazı Ermenilerin koruyucularına karşı yaptıkları kötülükleri, güvenilir belgelerle medeniyet dünyasına duyurmaya ve Doğu illerine dikilmiş olan hırs yüklü bakışları hükümsüz bırakacak çalışmalar yapmaya karar veriyor (Erzurum şubesinin basılı bildirisi).

Vilâyât-ı Şarkiye Müdafaa-i Hukuk-ı Milliye Cemiyeti'nin Erzurum şubesini ilk olarak kuran kimseler, Doğu illerinde yapılan propagandalar ile bunların hedeflerini, **Türklük, Kürtlük - Ermenilik** meselelerini bilim, teknik ve tarih açılarından inceleyip araştırdıktan sonra, ilerideki çalışmalarını şu üç noktada topluyorlar (Erzurum şubesinin basılı raporu) :

1. Kesinlikle göç etmemek,
2. Derhal ilmî, iktisadî ve dinî bakımlardan teşkilâtlanmak,
3. Saldırıya uğrayacak Doğu illerinin her köşesini savunmada birleşmek,

Vilâyât-ı Şarkiye Müdafaa-i Hukuk-ı Milliye Cemiyeti'nin İstanbul'daki yönetim merkezinin, medenî ve ilmî yollara başvurarak maksada ulaşabileceği konusunda fazla iyimser olduğu anlaşılıyor. Gerçekten de bu yolda çalışmalar yapmaktan geri durmuyor. Doğu illerindeki müslüman unsurların haklarını savunmak üzere **Le Pays** adında Fransızca bir gazete yayınlıyor. **Hâdisât** gazetesinin çıkarma hakkını alıyor. Bir yandan da İstanbul'daki İtilâf Devletleri temsilcilerine ve İtilâf Devletleri Başbakanlarına muhtıra veriyor. Avrupa'ya bir hey'et gönderme teşebbüsünde bulunuyor *(Belge: 7)*.

Bu açıklamalardan kolaylıkla anlaşılacağını sanırım ki, **Vilâyât-ı Şarkiye Müdafaa-i Hukuk-ı Milliye Cemiyeti**'nin kuruluşuna yol açan asıl sebep ve düşünce, Doğu illerinin Ermenistan'a verilmesi ihtimali oluyor. Bu ihtimalin gerçekleşmesinin de Doğu illeri nüfusunda Ermenilerin çoğunlukta gösterilmesine ve tarihî haklar bakımından onlara öncelik tanınmasına çalışanların, ilmî ve tarihî belgelerle dünya kamuoyunu aldatmayı başarmalarına ve bir de müslüman halkın Ermenileri topluca öldüren barbarlar olduğu iftirasının bir gerçekmiş gibi kabulüne bağlı olduğu düşüncesi ağır basıyor. İşte bundan dolayıdır ki, dernek, aynı gerekçeye dayanarak ve aynı yollardan yürüyerek tarihî ve millî hakları savunmaya çalışıyor.

Karadeniz sahilindeki bölgelerde de bir Rum Pontus hükûmeti kurulacağı korkusu vardı. Müslüman halkı Rumların boyunduruğu altında bırakmayıp onların yaşama ve var olma haklarını koruma gayesiyle, bazı kimseler Trabzon'da da ayrıca bir dernek kurmuşlardı.

Merkezi İstanbul'da olan **Trabzon ve Havalisi Adem-i Merkeziyet Cemiyeti**'nin amacı ve siyasî hedefi adından anlaşılmaktadır. Her halde merkezden ayrılmak gayesini güdüyor.

Memleket içinde ve İstanbul'da millî varlığa düşman kuruluşlar

Kurulma yolundaki bu dernekler dışında, memleket içinde daha başka birtakım dernek ve kuruluşlar da ortaya çıkmıştır. Bunlar arasında Diyarbakır *(Belge: 8, 9)*, Bitlis, Elâzığ illerinde, İstanbul'dan idare edilen **Kürt Tealî Cemiyeti** (8) vardı. Bu derneğin amacı yabancı devletlerin himâyesi altında bir Kürt devleti kurmaktı.

Konya ve dolaylarında İstanbul'dan yönetilen **Tealî-i İslâm Cemiyeti'nin** (9) kurulmasına çalışılıyordu. Memleketin hemen her tarafında **İtilâf ve Hürriyet** (10), **Sulh ve Selâmet** (11) **Cemiyetleri** de vardı.

---

8) Kürtleri Yükseltme Derneği.
9) Müslümanlığı Yükseltme Derneği.
10) Uzlaşma ve Özgürlük Derneği.
11) Barış ve Kurtuluş Derneği.

İngiliz Muhipleri Cemiyeti İstanbul'da çeşitli maksatlarla gizli ve açık olmak üzere kurulmuş, parti veya dernek adı altında birtakım kuruluşlar da vardı.

İstanbul'da önemli sayılabilecek kuruluşlardan biri (**İngiliz Muhipleri Cemiyeti** ([12]) idi. Bu addan, İngilizlere dost olanların kurduğu bir dernek anlaşılmasın. Bence, bu derneği kuranlar kendi şahıslarını ve kendi çıkarlarını gözetenler ile, kendi çıkarlarının korunma çaresini Lloyd George (Loyt Corc) hükûmeti aracılığı ile İngiliz himâyesini sağlamakta arayanlardır. Bu zavallıların, İngiliz Devleti'nin Osmanlı Devleti'ni bir bütün olarak korumak ve himaye etmek isteğinde olup olamayacağını bir defa olsun dikkate alıp almadıkları, üzerinde düşünülmeye değer.

Bu derneğe girenlerin başında Osmanlı Padişahı ve Halîfe-i Rûy-i Zemîn ([13]) ünvanını taşıyan Vahdettin, Damat Ferit Paşa, Dahiliye Nâzırı ([14]) olan Ali Kemal, Âdil ve Mehmet Ali Beyler ile Sait Molla bulunuyordu. Dernekte Rahip Frew (Fru) gibi İngiliz milletinden bazı macera heveslileri de vardı. Yapılan işlemlerden ve gösterilen faaliyetlerden anlaşıldığına göre, derneğin başkanı Rahip Frew idi.

Bu derneğin iki yönü ve iki ayrı niteliği vardı. Biri açık yönü ve usulüne uygun teşebbüslerle İngiliz himâyesini sağlama amacına yönelmiş olan niteliği idi. Öteki de gizli yönüydü. Asıl faaliyet bu gizli yöndeydi. Memleket içinde örgütlenerek isyan ve ihtilâl çıkarmak, millî şuuru felce uğratmak, yabancı müdahalesini kolaylaştırmak gibi haince teşebbüsler, derneğin bu gizli kolu tarafından idare edilmekte idi. Sait Molla'nın derneğin açıktan yaptığı çalışmalarında olduğu gibi gizli çalışmalarında da ondan daha çok rol oynadığı görülecektir. Bu dernek hakkında söylediklerim, sırası geldikçe yapacağım açıklamalar ve gereğinde göstereceğim belgelerle daha kolay anlaşılacaktır.

Amerikan mandası isteyenler İstanbul'da erkekli kadınlı ileri gelen bir kısım kimseler de gerçek kurtuluşun Amerikan mandasını sağlamakta olduğu görüşünde idiler.

Bu görüşte olanlar, düşüncelerinde çok direndiler. En doğru yolun kendi görüşlerinin benimsenmesinde olduğunu ispata çok çalıştılar. Sırası gelince bu konuda da bazı açıklamalar yapacağım.

---

12) İngiliz Dostları Derneği.

13) Yeryüzünün Halifesi.

14) İçişleri Bakanı.

Ordumuzun durumu

Genel durumu ortaya koyabilmek için ordu birliklerinin nerelerde ve ne durumda olduklarını da açıklamak isterim. Anadolu'da başlıca iki ordu müfettişliği kurulmuştu. Ateşkes anlaşması ilân edilir edilmez, birliklerin savaşçı erleri terhis edilmiş, silâh ve cephanesi elinden alınmış, savaş gücünden yoksun birtakım kadrolar haline getirilmiştir.

Merkezi Konya'da bulunan İkinci Ordu Müfettişliği'ne bağlı birliklerin durumu şöyle idi :

Bir tümeni (41'inci Tümen) Konya'da, bir tümeni de (23'üncü Tümen) Afyonkarahisarı'nda bulunan 12'nci Kolordu, karargâhıyla Konya'da bulunuyordu. İzmir'de esir olan 17'nci Kolordu'nun, Denizli'de bulunan 57'nci Tümeni de bu kolorduya bağlanmıştı.

Bir tümeni (24'üncü Tümen) Ankara'da, bir tümeni de (11'inci Tümen) Niğde'de bulunan 20'nci Kolordu, karargâhıyla Ankara'da idi. İzmit'te bulunan 1'inci Tümen, İstanbul'daki 25'inci Kolordu'ya bağlanmıştı. İstanbul'da da 10'uncu Kafkas Tümeni vardı.

Balıkesir ve Bursa bölgesinde bulunan 61'inci ve 56'ncı Tümenler, karargâhı Bandırma'da bulunan İstanbul'a bağlı 14'üncü Kolordu'yu oluşturuyordu. Bu kolordunun komutanı, Meclis'in açılışına kadar, merhum Yusuf İzzet Paşa idi.

3'üncü Ordu Müfettişliği ki, müfettişi ben idim; karargâhımla Samsun'a çıkmış bulunuyordum. Doğrudan doğruya emrim altında olmak üzere iki kolordu vardı. Bunlardan biri, merkezi Sıvas'ta bulunan 3'üncü Kolordu'dur. Komutanı yanımda getirdiğim Albay Refet Bey'dir. Bu kolorduya bağlı bir tümenin (5'inci Kafkas Tümeni) merkezi Amasya'da, ötekinin merkezi de Samsun'daydı. Diğeri, merkezi Erzurum'da bulunan 15'inci Kolordu idi. Komutanı Kâzım Karabekir Paşa'ydı. Bu kolordunun tümenlerinden birinin (9'uncu Tümen) merkezi Erzurum'da, komutanı Rüştü Bey; ötekinin (3'üncü Tümen) merkezi Trabzon'da idi. Komutanı Yarbay Hâlit Bey'di. Hâlit Bey İstanbul'a çağrılmış olduğundan komutadan çekilerek Bayburt'ta gizlenmiş, tümen vekâletle idare ediliyor. Kolordunun öteki iki tümeninden 12'nci Tümen, Hasankale'nin doğusunda sınırda, 11'inci Tümen Bayezıt'ta bulunuyordu.

Diyarbakır bölgesinde bulunan 2 tümenli 13'üncü Kolordu müstakildi. İstanbul'a bağlı bulunuyordu. Bir tümeni (2'nci Tümen) Siirt'te, öteki tümeni (5'inci Tümen) Mardin'de idi.

Müfettişlik görevimin geniş yetkileri

Benim, bu iki kolorduya doğrudan doğruya emir ve komuta vermekten daha ileri bir yetkim vardı ki, müfettişlik bölgesine yakın olan askerî birliklere de tebligat yapabilecektim. Aynı şekilde bölgemde bulunan ve bölgeme komşu olan illere de tebligatta bulunabilecektim.

Bu yetkiye göre, Ankara'da bulunan 20'nci Kolordu ve bunun bağlı bulunduğu müfettişlik ile, Diyarbakır'daki kolordu ile ve hemen hemen Anadolu'nun bütün sivil yönetim âmirleriyle ilişkiler kurabilecek ve yazışmalar yapabilecektim.

Bu geniş yetkinin, beni İstanbul'dan sürmek ve uzaklaştırmak maksadıyla Anadolu'ya gönderenler tarafından, bana nasıl verilmiş olduğu garibinize gidebilir. Hemen ifade etmeliyim ki, onlar bu yetkiyi bana bilerek ve anlayarak vermediler. Ne pahasına olursa olsun, benim İstanbul'dan uzaklaşmamı isteyenlerin buldukları gerekçe «Samsun ve dolaylarındaki güvensizlik olaylarını yerinde görüp tedbir almak üzere Samsun'a kadar gitmek» idi. Ben, bu görevin yerine getirilmesinin bir makam ve yetki sahibi olmaya bağlı bulunduğunu ileri sürdüm. Bunda hiçbir sakınca görmediler. O tarihte Genelkurmay'da bulunan ve benim maksadımı bir dereceye kadar sezmiş olan kimselerle görüştüm. Müfettişlik görevini buldular; yetki konusu ile ilgili talimatı da ben kendim yazdırdım. Hattâ Harbiye Nâzırı ([15]) olan Ş a k i r P a ş a, bu talimatı okuduktan sonra, imzalamaya çekinmiş; anlaşılır anlaşılmaz bir biçimde mührünü basmıştır.

***

Genel durumun dar bir çerçeve içinden görünüşü

8 Bu açıklamalardan sonra, genel durumu daha dar bir çerçeve içine alarak, çabucak ve kolayca hep birlikte gözden geçirelim :

Düşman devletler, Osmanlı devlet ve memleketine karşı maddî ve manevî saldırıya geçmişler. Onu yoketmeye ve paylaşmaya karar vermişler. Padişah ve halife olan zat, hayat ve rahatını kurtarabilecek çareden başka bir şey düşünmüyor. Hükûmeti de aynı durumda. Farkında olmadığı halde, başsız kalmış olan millet, karanlıklar ve belirsizlikler içinde olup bitecekleri beklemekte. Felâketin dehşet ve ağırlığını kavramaya başlayanlar, bulundukları çevreye ve alabildikleri etkilere göre kendilerince kurtuluş çaresi saydıkları tedbirlere başvurmakta... Ordu, ismi var cismi yok bir durumda. Komutanlar ve subaylar, I. Dünya Savaşı'nın bunca çile ve güçlükleriyle yorgun, vatanın parçalanmakta olduğunu görmekle yürekleri kan ağlıyor; gözleri önünde derinleşen ka-

---

15) Millî Savunma Bakanı.

ranlık felâket uçurumu kenarında beyinleri bir çare, kurtuluş çaresi aramakla meşgul...

Burada pek önemli olan bir noktayı da belirtmeli ve açıklamalıyım. Millet ve ordu, Padişah ve Halife'nin hâinliğinden haberdar olmadığı gibi, o makama ve o makamda bulunana karşı asırların kökleştirdiği din ve gelenek bağları dolayısıyla da içten gelerek boyun eğmekte ve sadık. Millet ve ordu bir yandan kurtuluş çaresi düşünürken bir yandan da yüzyıllardır süregelen bu alışkanlık dolayısıyla, kendinden önce, yüce hilâfet ve saltanat makamının kurtarılmasını ve dokunulmazlığını düşünüyor. Halifesiz ve padişahsız kurtuluşun anlamını kavrama yeteneğinde değil... Bu inanca aykırı bir düşünce ve görüş ileri süreceklerin vay haline! Derhal dinsiz, vatansız, hain ve istenmeyen kişi olur...

Diğer önemli bir noktayı da belirtmek gerekir. Kurtuluş çaresi ararken İngiltere, Fransa, İtalya gibi büyük devletleri gücendirmemek temel ilke olarak kabul edilmekte idi. Bu devletlerden yalnız biri ile bile başa çıkılamayacağı kuruntusu hemen bütün kafalarda yer etmişti. Osmanlı Devleti'nin yanında, koskoca **Almanya, Avusturya - Macaristan** varken, hepsini birden yenip yerlere seren İtilâf kuvvetleri karşısında, yeniden onlarla çatışmaya varabilecek durumlara girmekten daha büyük mantıksızlık ve akılsızlık olamazdı.

Bu zihniyette olan yalnız halk değildi; özellikle seçkin ve aydın denen insanlar böyle düşünüyordu.

O halde, kurtuluş çaresi ararken iki şey söz konusu olmayacaktı. Önce,[4] İtilâf Devletleri'ne karşı düşmanca tavır alınmayacak; sonra, Padişah ve Halife'ye canla başla bağlı ve sadık kalmak temel şart olacaktı.

Düşünülen kurtuluş çareleri

Şimdi Efendiler, müsaade buyurursanız size bir soru sorayım: Bu durum ve şartlar karşısında kurtuluş için nasıl bir karar akla gelebilirdi?

Açıkladığım hususlara ve yaptığım gözlemlere göre üç türlü karar ortaya atılmıştır.

Birincisi, **İngiliz himâyesini** istemek,

İkincisi, **Amerikan mandasını** istemek,

Bu iki türlü karar sahipleri, Osmanlı Devleti'nin bir bütün halinde korunmasını düşünenlerdir. Osmanlı topraklarının çeşitli devletler arasında taksimi yerine, imparatorluğu tek bir devletin kuruyuculuğu altında bulundurmayı tercih edenlerdir.

Üçüncü karar, **bölgesel kurtuluş çarelerine başvurmaktır.** Söz gelişi, bazı bölgeler kendilerinin Osmanlı Devleti'nden koparılacağı görüşüne karşı ondan ayrılmama tedbirlerine başvuruyordu. Bazı bölgeler de Osmanlı Devleti'nin ortadan kaldırılacağını ve Osmanlı ülkesinin tak- 9
sim edileceğini oldubitti kabul ederek kendi başlarını kurtarmaya çalışıyordu.

Bu üç türlü kararın gerekçesi yaptığım açıklamalarda yer almıştır.

Benim kararım

Efendiler, ben bu kararların hiçbirinde isabet görmedim. Çünkü bu kararların dayandığı bütün deliller ve mantıklar çürüktü, temelsizdi. Gerçekte, içinde bulunduğumuz o tarihte, Osmanlı Devleti'nin temelleri çökmüş, ömrü tamamlanmıştı. Osmanlı memleketleri tamamen parçalanmıştı. Ortada bir avuç Türk'ün barındığı bir **ata yurdu** kalmıştı. Son mesele bunun da taksimini sağlamaya çalışmaktan ibaretti. Osmanlı Devleti, onun istiklâli, padişah, halife, hükûmet, bunların hepsi anlamı kalmamış birtakım boş sözlerden ibaretti.

Neyin ve kimin dokunulmazlığı için kimden ne gibi yardım sağlanmak isteniyordu?

O halde ciddî ve gerçek karar ne olabilirdi?

Efendiler, bu durum karşısında bir tek karar vardı. O da millî hâkimiyete dayanan, kayıtsız şartsız, bağımsız yeni bir Türk devleti kurmak!

İşte, daha İstanbul'dan çıkmadan önce düşündüğümüz ve Samsun'da Anadolu topraklarına ayak basar basmaz uygulanmasına başladığımız karar, bu karar olmuştur.

***

Ya istiklâl ya ölüm

Bu kararın dayandığı en güçlü muhakeme ve mantık şuydu :

Temel ilke, Türk milletinin haysiyetli ve şerefli bir millet olarak yaşamasıdır. Bu ilke, ancak tam istiklâle sahip olmakla gerçekleştirilebilir. Ne kadar zengin ve bolluk içinde olursa olsun, istiklâlden yoksun bir millet, medenî insanlık dünyası karşısında uşak olmak mevkiinden yüksek bir muameleye lâyık görülemez.

Yabancı bir devletin koruyup kollayıcılığını kabul etmek, insanlık vasıflarından yoksunluğu, güçsüzlük ve miskinliği itiraftan başka bir şey değildir. Gerçekten de bu seviyesizliğe düşmemiş olanların, isteyerek başlarına bir yabancı efendi getirmelerine asla ihtimal verilemez.

Halbuki, Türk'ün haysiyeti, gururu ve kabiliyeti çok yüksek ve büyüktür. Böyle bir millet esir yaşamaktansa yok olsun daha iyidir!...

O halde, ya istiklâl ya ölüm!

İşte, gerçek kurtuluş isteyenlerin parolası bu olacaktır. Bir an için, bu kararın uygulanmasında başarısızlığa uğranacağını farz edelim. Ne olacaktı? Esirlik!

Peki efendim. Öteki kararlara boyun eğme durumunda sonuç bunun aynı değil miydi?

Şu farkla ki, istiklâli için ölümü göze alan bir millet, insanlık haysi- 10
yet ve şerefinin gereği olan bütün fedakârlığı yapmakla tesellî bulur ve hiç şüphesiz, esirlik zincirini kendi eliyle boynuna geçiren miskin, haysiyetsiz bir millete bakarak dost ve düşman gözündeki yeri bambaşka olur.

Sonra, Osmanlı hânedan ve saltanatının devam ettirilmesine çalışmak, elbette Türk milletine karşı en büyük kötülüğü işlemekti. Çünkü, millet her türlü fedakârlığı göze alarak istiklâlini kazanmış olsa da, saltanat sürüp gittiği takdirde, bu istiklâle kazanılmış gözüyle bakılamazdı. Artık, vatan ve milletle hiçbir vicdan ve fikir bağlantısı kalmamış bir sürü delinin, devlet ve milletin istiklâl ve haysiyetinin koruyucusu mevkiinde bulundurulmasına nasıl göz yumulabilirdi?

Halifeliğin durumuna gelince, ilim ve tekniğin nurlara boğduğu gerçek medeniyet dünyasında gülünç sayılmaktan başka bir yanı kalmış mıydı?

Görülüyor ki, verdiğimiz kararın uygulanmasını sağlayabilmek için daha milletin alışkın olmadığı bazı konulara dokunmak gerekiyordu. Ortaya atılmasında, kamuoyu bakımından büyük sakıncalar doğuracağı sanılan hususların dile getirilmesinde kaçınılmaz bir zaruret vardı.

Osmanlı Hükûmeti'ne, Osmanlı padişahına ve Müslümanların halifesine baş kaldırmak, bütün milleti ve orduyu ayaklandırmak gerekiyordu.

Uygulamayı safhalara ayırmak ve basamak basamak ilerleyerek hedefe varmak

Türk ata yurduna ve Türk'ün istiklâline saldıranlar kimler olursa olsun, onlara bütün milletçe silâhla karşı koymak ve onlarla çarpışmak gerekiyordu. Bu önemli kararın bütün gerek ve zaruretlerini daha ilk gününde açığa vurup ifade etmek, elbette isabetli olamazdı. **Uygulamayı birtakım safhalara ayırmak, olaylardan ve olayların akışından yararlanarak milletin duygu ve düşüncelerini hazırlamak**

ve basamak basamak ilerleyerek hedefe ulaşmaya çalışmak gerekiyordu. Nitekim öyle olmuştur. Eğer dokuz yıllık faaliyetimiz ve yaptıklarımız bir mantık silsilesi ile gözden geçirilirse, ilk günden bugüne kadar takip ettiğimiz genel doğrultunun, **ilk kararın çizdiği yoldan ve yöneldiği hedeften asla sapmamış olduğu kendiliğinden anlaşılır.**

Burada, zihinlerde yer etmiş olması ihtimali bulunan bazı kararsızlık düğümlerinin çözülmesini kolaylaştırmak için, bir gerçeği hep birlikte gözden geçirmeliyiz. Yapılan Millî Mücadele dıştan gelen saldırıya karşı vatanın kurtuluşunu tek hedef olarak kabul ettiğine göre, bu Millî Mücadele'nin, başarıya yaklaştıkça, safha safha bugünkü döneme kadar millî irade rejiminin bütün ilke ve gereklerini yerine getirmesi tabiî ve kaçınılmaz bir tarihî akış idi. Bu kaçınılmaz tarihî akışı gelenekten gelen alışkanlığı ile hemen sezmiş olan hükümdar ailesi, ilk andan başlayarak Millî Mücadele'nin amansız düşmanı kesildi. Bu kaçınılmaz tarihî akışı daha başlangıçta ben de görmüş ve sezmiştim. Ancak, sonuna kadar devam etmiş olan bu sezgimizi başlangıçta bütün yönleri ile açığa vurup ifade etmedik. Gelecekteki ihtimaller üzerinde fazla konuşmak, giriştiğimiz gerçek ve maddî mücadeleye hayalî bir macera niteliği verdirebilirdi. Dış tehlikenin yakın etkilerini derinden duyanlar arasında, geleneklerine, düşünce kabiliyetlerine ve ruh yapılarına aykırı olan muhtemel değişmelerden ürkeceklerin ilk anda direnme güçlerini harekete geçirebilirdi. Başarı için pratik ve güvenilir yol, her safhayı vakti geldikçe uygulamaktı. Milletin gelişmesini ve yükselmesini sağlayacak doğru yol buydu. Ben de bu yolda yürüdüm. Ancak, bu pratik ve güvenilir başarı yolu, yakın çalışma arkadaşlarım olarak tanınmış kimselerden bazıları ile aramızda za- 11
man zaman görüşler, davranışlar veya yapılan çalışmalardaki uygulamalar bakımından temel veya ikinci derecede birtakım anlaşmazlıkların, kırgınlıkların ve hattâ ayrılmaların da sebebi ve açıklayıcısı olmuştur. Millî Mücadele'ye beraber başlayan yolculardan bazıları, millî hayatın bugünkü cumhuriyete ve cumhuriyet kanunlarına kadar uzanan gelişmelerinde, kendi fikir ve ruh kabiliyetlerinin kavrayış sınırı bittikçe bana karşı direnişe ve muhalefete geçmişlerdir. Bu noktalara, aydınlanmanız ve kamuoyunun aydınlanmasına yardımcı olmak için, sırası geldikçe birer birer işaret etmeye çalışacağım.

Millî Sır

Bu son sözlerimi özetlemek gerekirse, diyebilirim ki, **ben milletin vicdanında ve geleceğinde hissettiğim büyük gelişme kabiliyetini, bir millî sır gibi vicdanımda taşıyarak, yavaş yavaş bütün bir topluma uygulatmak mecburiyetinde idim.**

⁂

Ordu ile temas

Şimdi Efendiler, ilk iş olmak üzere, bütün ordu ile temasa geçmek gerekiyordu. Erzurum'daki 15' inci Kolordu Komutanı'na 21 Mayıs 1919'da yazdığım bir şifrede:

«Genel durumumuzun almakta olduğu tehlikeli şekilden pek üzüldüğümü ve elem duyduğumu, millet ve memlekete borçlu olduğumuz bu son vicdan görevini yakından, ortak bir çalışma ile yerine getirmemin mümkün olacağı inancı ile bu son memuriyeti kabul ettiğimi; bir an önce Erzurum'a gitmek isteğinde bulunduğumu, ancak, Samsun ve dolayları güvenlik yetersizliği yüzünden kötü bir sona uğrama tehlikesi ile karşı karşıya geldiğinden, buralarda birkaç gün daha kalmak zarureti doğduğunu bildirdikten sonra, beni şimdiden aydınlatmaya yarayacak hususlar varsa bildirilmesini» rica ettim *(Belge: 10)*.

Gerçekten de Samsun ve dolaylarında Rum çetelerinin Müslüman halka saldırması ve zaten vasıtasız bırakılmış olan bölge yöneticilerinin yabancıların da işe karışmaları yüzünden hiçbir tedbir alamaması, durumu güçleştirmişti.

Tanıdığımız ve kendisinden büyük enerji beklediğimiz bir zatın Samsun'a mutasarrıf ([16]) olarak tayinini sağlamak için teşebbüste bulunmakla birlikte, 3'üncü Kolordu Komutanı'nı geçici olarak Canik ([17]) mutasarrıflığına atadım. Bölgede elden gelen bütün tedbirlerin alınmasına, özellikle halkın gerçek durum üzerinde aydınlatılmasına ve orada bulunan yabancı birlik ve subaylardan çekinmeye ve korkmaya gerek olmadığının anlatılmasına önem verildi ve hemen o bölgede millî teşkilât kurulmasına girişildi.

23 Mayıs 1919'da Ankara'da bulunan 20'nci Kolordu Komutanı'na: «Samsun'a geldiğimi, kendisi ile daha sıkı ilişki kurmak istediğimi ve İzmir dolaylarına dair daha kolaylıkla alabileceği bilgilerden haberdar olmak istediğimi» bildirdim.

Bu kolordunun durumu ile daha İstanbul'da iken ilgilenmiştim. Güneyden Ankara bölgesine trenle nakli söz konusu idi. Bu nakliyatın engellenmekte olduğunu anlamış bulunduğumdan, İstanbul'dan hareketim günlerinde Genelkurmay Başkanı ([18]) olan C e v a t P a ş a'dan, kolordunun trenle nakli gecikirse, karadan yürüyerek Ankara'ya sevkini rica etmiştim. Bundan dolayı sözünü ettiğim şifreli telgrafımda, «20'nci Kolordu birliklerinin bütün mevcudu ile Ankara'ya gelmeyi ba-

---

16) Vali ile kaymakam arasında bir yönetici.

17) Merkezi Samsun olan o zamanki sancağın adı.

18) Erkân-ı Harbiye-i Umumiye Reisi.

şarıp başaramayacağını» sordum. Canik sancağı[19] hakkında bilgi verdikten sonra, «bir iki güne kadar Samsun'dan karargâhımla bir süre için Havza'ya gideceğimi ve mutlaka Samsun'dan hareketimden önce beni aydınlatacak bilgileri beklediğimi» yazdım. 12

20'nci Kolordu Komutanından, üç gün sonra 26 Mayıs 1919'da aldığım cevapta «İzmir'den düzenli bilgi alamadıklarını, Manisa'nın da işgal edildiğini telgraf memurlarının haber verdiğini, kolordunun Ereğli'de bulunan birliklerinin hepsini trenle nakletmeyi başaramadıklarından karadan yürüyüşe başladıklarını, ancak aradaki uzaklık dolayısıyla Ankara'ya ne zaman varacaklarının belli olmadığını» bildiriyordu.

Kolordu Komutanı aynı telgrafında «Afyonkarahisar'da bulunan 23'üncü Tümen'in mevcudunun azlığından ve orada ellerine geçen erleri bu tümene göndermekte olduklarından» söz ettikten sonra, «Kastamonu ve Kayseri dolaylarından, güvenlik bozucu bazı olaylarla ilgili haberler gelmeye başladığını» bildiriyor ve «zaman zaman bilgi vereceğini» yazıyordu *(Belge: 11)*.

27 Mayıs 1919 tarihinde, Havza'dan, 20'nci Kolordu Komutanı'ndan ve aynı zamanda bu kolordunun bağlı bulunduğu Konya'daki Ordu Müfettişliği'nden, «Afyonkarahisar'daki tümenin takviyesi için hangi kaynaklardan yararlanılmakta olduğunu ve kuvvetinin arttırılmasına maddî imkân bulunup bulunmadığını, bugünkü şartlara ve durumumuza göre bu tümene nasıl bir görev verilmesinin düşünüldüğünü» sordum *(Belge: 12, 13)*.

Kolordu Komutanı, 28 Mayıs 1919'da sorduğum hususlarla ilgili bilgi veriyor ve 23'üncü Tümen «düşman bir işgal durumu karşısında yerini terketmeyecek ve saldırıya uğrarsa bölge halkından alacağı yardımla kendi kesimini savunacaktır» diyordu *(Belge: 14)*.

Ordu Müfettişi de 30 Mayıs 1919'da verdiği cevapta «23'üncü Tümen, Karahisar'daki güvenliği korumakla birlikte, her türlü işgal olayına her türlü vasıtayla karşı koyacaktır.» diyordu. Bu vasıtaların hazırlanmakta olduğunu ve Konya'da orduya yardımcı olabilecek bir kuvvetin hazırlanmasına çalışıldığını, ancak bu kuvvetin bir adının ve ünvanının bulunmadığını bildiriyordu.

Ben, müfettişliğe yazdığım telgrafta, «Konya'da bir vatan ordusu kurulmaktadır, diye bazı haberler yayılmıştır, bunun içyüzü ve teşkilâtı nedir» demiştim. Böyle bir soruyu yöneltmekten maksadım, biraz da onları özendirmek ve harekete geçirmekti. Müfettişliğin verdiği son bilgi bunun üzerinedir *(Belge: 15)*.

---

19) İl ile ilçe arasındaki büyüklükte bir yönetim birliği.

Kolordu Komutanı bu açıklama isteğime «Konya'da vatan ordusunun kurulduğundan haberdar değilim» demişti.

20'nci Kolordu ve Konya'daki Ordu Müfettişliği ile kurduğum temas sonunda edindiğim bilgilerden, dikkat ve uyanıklığı gerektiren noktaları 1 Haziran 1919'da Erurum'daki 15'inci Kolordu, Samsun'daki 3'üncü Kolordu ve Diyarbakır'daki 13'üncü Kolordu Komutanlarına bildirdim *(Belge: 16)*.

Trakya'da bulunan kuvvet ve komuta durumunu bilmiyordum. O böige ile de temas kurmak gerekiyordu. Bu maksatla İstanbul'da, Genel Kurmay Başkanı Cevat Paşa'dan 16 Haziran 1919'da özel şifre ile - Cevat Paşa ile İstanbul'dan ayrıldığım gün gizli ve özel bir şifre kararlaştırmıştık-, Edirne'de Kolordu Komutanının kim olduğunu ve Cafer Tayyar Bey'in nerede bulunduğunu sordum *(Belge: 17)*. Cevat Paşa 17 Haziranda cevap verdi. «Cafer Tayyar Bey'in 1'inci Kolordu Komutanı olarak Edirne'de bulunduğunu» öğrendim *(Belge: 18)*.

Amasya'dan 18 Haziran 1919 tarihinde, Edirne'de 1'inci Kolordu Komutanı Cafer Tayyar Bey'e şifre ile verdiğim direktifte başlıca şu hususları belirttim: Millî istiklâlimizi boğan ve vatanımızın parçalanması tehlikelerini hazırlayan İtilâf Devletleri'nin yaptıkları, İstanbul hükûmetinin esir ve güçsüz durumu sizce de bilinmektedir.»

«Milletin kaderini böyle bir hükûmetin eline teslim etmek, yıkılmaya mahkûm olmaktır.»

«Trakya ve Anadolu'daki millî teşkilâtların birleştirilmesi ve milletin sesini bütün gürlüğü ile dünyaya duyurabilmesi için, güvenli bir yer olan Sıvas'ta ortak ve güçlü bir hey'et kurulması kararlaştırılmıştır.»

«Trakya Paşaeli Cemiyeti, yetki sahibi olmamak üzere İstanbul'da bir hey'et bulundurabilir.»

«Ben İstanbul'da iken Trakya Cemiyeti üyelerinden bazılarıyla görüşmüştüm. Şimdi zaman geldi. Gereken kimselerle gizlice görüşerek derhal teşkilât kurunuz ve benim yanıma da temsilci olarak değerli bir iki kişi gönderiniz. Onlar gelinceye kadar Edirne ilinin haklarının savunucusu olmak üzere, teşkilât üyelerinin beni vekil seçtiklerini belirten imzalı bir belgeyi kendi imzasıyla ve şifreli telgrafla bildiriniz.»

«İstiklâlimizi kazanıncaya kadar, bütün milletle birlikte fedakârca çalışacağıma mukaddesatım üzerine yemin ettim. Artık benim için Anadolu'dan hiçbir yere gitmemek kararı kesindir.»

Trakya'nın manevî gücünü yükseltmek maksadıyla bu talimâta şu bilgileri de ekledim: «Anadolu halkı baştan aşağı bölünmez bir bütün haline getirildi. Kararlar, istisnasız, bütün komuta hey'etleri ve arkadaşlarımızla birlikte alınıyor. Vali ve mutasarrıfların hemen hepsi bizimle beraberdir. Anadolu'daki millî teşkilât ilçe ve bucaklara kadar genişledi. İngiliz himayesi altında bağımsız bir Kürdistan kurulması ile ilgili propaganda ortadan kaldırıldı ve taraftarları yola getirildi. Kürtler Türklerle birleşti *(Belge: 19)*.

***

Yunan ordusunun Manisa ve Aydın çevresini işgali

Bu tarihe kadar Yunan ordusunun Manisa ve Aydın çevrelerini de işgal etmiş olduklarını öğrendim. Fakat, İzmir'de ve Aydın'da bulunduklarını bildiğim kuvvetlerin ne durumda olduklarına dair daha hiçbir yerden açık bir bilgi elde edemiyordum. Doğrudan doğruya bu kuvvet komutanlarına da bazı emirler yazmıştım. Nihayet 29 Haziran'da, 56' ncı Tümen Komutanı Bekir Sami Bey'in iki gün önceki tarihli bir şifreli telgrafını aldım.

56'ncı Tümen'e İzmir'de Hurrem Bey adında biri komuta ediyormuş. Bu zat ve İzmir'deki iki alayın kılıç artığı subaylarıyla birlikte hemen hepsi esir olmuşlar. Yunanlılar bunları gemilerle Mudanya'ya götürmüşler. Bekir Sami Bey, bu kılıç artıklarının komutasını ele almak üzere gönderilmiş.

Bekir Sami Bey, 27 Haziran 1919 tarihli telgrafında, 22 Haziran 1919 tarihli iki emrimi, ancak 27 Haziran'da Bursa'ya vardığında
alabildiğini söylüyor. Verdiği bilgi ve yaptığı açıklamada: «Millî gayeleri 14
gerçekleştirecek yeterli vasıtaları bulamadığımdan ve tümenimi yeniden düzenleyip yoluna koyabilirsem daha iyi hizmetlerin yapılmasını mümkün gördüğümden 21 Haziran sabahı Kula'dan Bursa'ya doğru harekete mecbur oldum. Bununla birlikte ve birçok engele rağmen, millî bir mücadelenin memleketin kurtarılması için kaçınılmaz olduğu düşüncesini her tarafa yaymayı başardım» diyor. Düşündüklerime ve yaptıklarıma sarsılmaz inancı olduğunu bildiriyor. Bu konuda hemen temaslara başladığını, Çine'de bulunan 57'nci Tümen'e de emir vermemi, kendisine de emir vermekte devam etmemi istiyordu *(Belge: 20)*.

***

Millî teşkilât kurulması ve milletin uyarılması

Bir hafta kadar Samsun'da ve 25 Mayıstan 12 Hazirana kadar Havza'da kaldıktan sonra Amasya'ya gittim. Bu süre içinde bütün yurtta millî teşkilât kurulması gereğini bir genelge ile bütün komutanlara ve sivil idare âmirlerine bildirdim.

Dikkate değer bir noktadır ki, İzmir'in, onun arkasından da Manisa ve Aydın'ın işgali ile, yapılan saldırı ve zulümler hakkında millet daha aydınlanmamış; millî varlığa vurulan bu korkunç darbeye karşı açıktan açığa herhangi bir tepki ve şikâyet gösterilmemişti. Milletin, bu haksız darbe karşısında sessiz ve hareketsiz kalması, elbette kendi lehine yorumlanamazdı. Onun için milleti uyarıp harekete getirmek gerekirdi. Bu maksatla 28 Mayıs 1919 tarihinde valilere ve bağımsız mutasarrıflıklara, Erzurum'da 15'inci Kolordu, Ankara'da 20'nci Kolordu ve Diyarbakır'da 13'üncü Kolordu Komutanlıklarına, Konya'da Ordu Müfettişliği'ne şu yolda birer genelge gönderdim :

İzmir'in ve maalesef bunun arkasından da Manisa ve Aydın'ın işgali, gelecekteki tehlikeyi daha açık olarak sezdirmiştir. Yurt bütünlüğümüzün korunması için, milletçe gösterilen tepkinin daha canlı ve sürekli olması gerekir. Yaşayışımızda ve millî bağımsızlığımızda gedikler açan işgal ve ilhak gibi olaylar, bütün millete kan ağlatmaktadır. Izdıraplar dindirilemiyor. Sindirilmesi ve katlanılması mümkün olmayan bu duruma derhal son verilmesinin bütün medenî milletlerle büyük devletlerin adalet ve nüfûzundan sabırsızlıkla beklendiğini göstermek maksadıyla, önümüzdeki hafta içinde ve çeşitli illere göre, pazartesi başlayıp çarşamba günü müracaatın arkası alınmak üzere, büyük ve heyecanlı mitingler yapılarak millî gösterilerde bulunulması, bunun bütün kasaba ve köylere kadar yaygınlaştırılması, bütün büyük devletlerin temsilcileriyle Bâbıâli'ye etkileyici telgraflar çekilmesi, yabancıların bulunduğu yerlerde yabancılar da etki altına alınmakla birlikte, düzenlenen millî gösterilerde terbiye ve ağırbaşlılığın titizlikle korunması, Hristiyan halka karşı saldırı, gösteri ve düşmanlık gibi tavır ve davranışlardan sakınılması zarurîdir. Yüksek şahsiyetinizin bu konularda duyarlı ve etkili bulunmaları dolayısıyla işin iyi idare edileceğine ve başarıya ulaşacağına bendenizin tam bir güveni vardır. Sonuçtan haberdar buyurulmamı rica ederim.

Mitingler, millî gösteriler

Verdiğim bu talimat üzerine her yerde gösteri toplantıları yapılmaya başlandı.

Yalnız, sınırlı birkaç yerde bazı yersiz korkularla kararsızlığa düşüldüğü anlaşılmıştır. Örnek olarak, 15'inci Kolordu Komutanı'nın Trabzon hakkında gönderdiği 9 Haziran 1919 tarihli şifreden *(Belge: 21)*: «miting sırasında Rumların uygunsuz davranışlarda bulunabilecekleri
ve hiç yoktan bir olay çıkabileceği düşüncesi ile, mitinge karar verilmiş- 15
ken bu kararın uygulanmadığı... mitingi düzenleyen hey'etin toplantısında İstrati ve Polidis'in de hazır bulunduğu» anlaşılıyordu.

Trabzon, Karadeniz kıyısında ve önemli bir merkez olduğundan, orada millî teşebbüs ve faaliyetler konusunda gösterilen kararsızlık ve Yunanlılar aleyhinde millî gösteriler yapılması görüşmelerinde İstrati ve Polidis Efendiler'i de bulundurmak gibi, teşebbüsün ciddiyetsizliğine delil sayılacak gevşeklikler, elbette İstanbul ve düşmanlar için pek değerli sayılacak belirtilerdir.

Verdiğim talimattaki esasları kötüye kullanacak kadar ustalık gösterenler de oldu. Söz gelişi Sinop'a yeni atanan bir mutasarrıf, orada yapılan gösterileri kendisi yönetiyor ve miting kararlarını kendisi yazıp halka imza ettirdiğini söylüyor ve bize de bir örneğini gönderiyor. Bu zatın zavallı halka gürültü patırtı arasında imza ettirdiği uzun yazılar içinde şu satırlar gizleniyordu: «Türkler ilerleyip gelişemedi. Avrupa medeniyet esaslarını kabul edemedi ve benimseyemedi ise, bu da şimdiye kadar iyi bir yönetime kavuşamamış olmasından ileri gelmiştir. Türk milleti, ancak kendi padişahının saltanat ve hâkimiyeti altında olmak şartıyla, Avrupa'nın himâye ve kontrolu altında kurulacak bir yönetim şekli ile yaşayabilir.»

Efendiler, Sinop halkı adına İtilâf Devletleri temsilcilerine verilen 3 Haziran 1919 tarihli bu muhtıranın altındaki imzalara göz gezdirirken, müftü vekili efendinin imzasından sonra gördüğüm imza, bilginize sunduğum satırları yazan ve yazdıran ruhu bana keşfettirdi. O imza, Hürriyet ve İtilâf Fırkası'nın ikinci başkanı olan zatın imzası idi.

Millî gösterilerin yankıları

Her yerde gösteriler yapılması için yaptığım tebligat tarihinden üç gün sonra, yani 31 Mayıs 1919'da Harbiye Nâzırı'nın şu telgrafını aldım :

«İngiltere Olağanüstü Komiserliği'nden ([20]) Bâbıâlî'ye tebliğ olunup Harbiye Nezareti'ne verilen nota sureti aynen aşağıya çıkarılmıştır :

Bugüne kadar gelen raporlardan, 3'üncü Kolordu bölgesinde âdî haydutluk olaylarından başka bir şey görülmediği bilinmekle beraber, son notada bildirilen durumlar hakkında özel soruşturma yapılarak sonucunun acele bildirilmesini rica ederim.

31/5/1919

Harbiye Nâzırı
Şevket

Suret

1 — Sıvas'ın durumu ile orada olup bitenler ve bu şehirde yahut bu şehrin yakınında toplanmakta olan çok sayıdaki Ermeni mültecilerinin güvenliği ile ilgili olarak son günlerde oldukça kaygı verici haberler almış olduğumu siz Sadrazam Hazretleri'nin yüksek katına bildirmekle şeref duyarım.

2 — Bundan dolayı askerî komutanın görev bölgesi içinde bulunan Ermenilerin iyi korunması ve himayeleri için elden gelen bütün tedbirleri almasını emreder ve herhangi bir şekilde öldürme veyahut kötü muamele olduğu takdirde, kendisinin doğrudan doğruya sorumlu tutulacağını bildiren bir telgrafın yüksek Harbiye Nezareti'nce adı geçen komutana acele olarak çekilmesi hususunda emir 16
buyrulmasını siz Sadrazam Hazretleri'nin yüksek şahsiyetlerinden rica ederim.

---

20) İngiltere Fevkalâde Komiserliği.

3 — Bu talimata benzer bir talimatın ilgili sivil memurlara da verilmesini ayrıca rica ederim.

4 — Memleket içindeki güvenlik bozucu olaylar konusunda siz Sadrazam Hazretleri'nin yüksek şahsiyetlerinin ne kadar haklı bir endişe içinde bulunduklarını bildiğim için, siz Sadrazam Hazretleri'nin yüksek şahsiyetlerine ayrıca, işbu (......), uyulacağından eminim.

5 — Sözkonusu olan talimatın gönderildiği tarih hakkında verilecek bilginin beni fazlasıyla sevindireceğini bildiririm.

Sıvas Vali Vekilliği'nden aldığım 2 Haziran 1919 tarihli bir telgrafta da «bugün A l b a y D e m a n g e (Dömanj) imzasıyla alınan telgrafta): İzmir işgali üzerine, Aziziye'de Hristiyanlar ölümle tehdit edilmiştir, bu hareket doğru değildir. Sizi durumdan haberdar edeyim ki, bu gibi haller müttefik askerleri tarafından ilinizin işgaline yol açar, anlamında ihtarlarda bulunulmaktadır. . . vb.» denilmekteydi.

Gerçekte, ne Sıvas'ta kaygı verici bir durum vardı ve ne de Hristiyanların ölümle tehdit edildiği doğruydu. Bunları, milletçe yapılmaya başlanan gösterilerden korkuya düşen Hrıstiyan azınlıkların, yabancıların dikkatini kendi üzerlerine çekmek için kasıtlı olarak yaydıkları uydurma haberler olarak kabul etmek gerekir *(Belge : 22, 23, 24)*. Harbiye Nezareti'nin nota suretini de içine alan telgrafına verdiğim cevabı olduğu gibi arzedeceğim :

İstihbarat
çok ivedi
sayı : 58 **3.6.1919**

Harbiye Nezareti Yüksek Katına

İlgi : 2 Haziran 1919 tarihli şifre

Sıvas ve çevresinde eskiden beri bulunan Ermenileri ve sonradan gelen mültecîleri yılgınlığa düşürecek hiçbir olay geçmemiştir. Ne Sıvas'ta ne de çevresinde kaygı verici herhangi bir durum yoktur. Herkes sükûnet içinde iş ve güçleriyle meşguldür. Bunu kesinlikle bilginize sunar ve sizi temin ederim. Bu bakımdan İngiliz notasındaki haberlerin nereden kaynaklandığı bendenizce bilinmek gerekir. İzmir ve Manisa'nın işgali ile ilgili acı haberler üzerine Müslüman halk tarafından yapılan ve Hristiyan azınlıklar hakkında hiçbir düşmanlık duygusu gütmeyen toplantılardan belki de bazılarının ürkmüş olması hatıra gelebilir. İtilâf devletleri milletimizin haklarına ve bağımsızlığına saygılı kaldıkça, millet de vatanın saldırıya uğrayıp parçalanmayacağından emin oldukça, Hristiyan azınlıkların korkuya kapılmalarına hiç bir sebep yoktur. Bu konuda devlete karşı her türlü sorumluluğu yüklenir ve buna kesinlikle güven buyurulmasını istirham ederim. Ancak, milletin bağımsızlık ve varlığını yok eden ve millî varlığı tehlikeye düşüren işgal, cana kıyma ve zulüm gibi İzmir bölgesinde görülmekte olan olayların ve benzerlerinin tekrarlanmasına karşı, ne milletin heyecanını ve içindeki acıları ne de bundan doğacak millî gösterileri engelleyip durdurmak için kendimde ve hiç kimsede bir güç ve kudret göremeyeceğim gibi, bu yüzden çıkacak olayların karşısında da sorumluluk kabul edebilecek ne bir komutan ne bir sivil yönetici ve ne de bir hükûmet tasavvur edebilirim.

Mustafa Kemal

Bu nota suretiyle tarafımdan verilen cevap sureti bütün komutanlara, vali ve mutasarrıflara bir genelge ile bildirildi.

Bu tarihlerde İngiliz Muhipler Cemiyeti'nin isteğine katılarak bütün milletçe İngiltere himayesinin istenmesi, bu dernek adına, Sait Molla imzasıyla bütün belediye başkanlıklarına bir telgrafla bildirildiği ve bu telgrafın etkisini hükümsüz kılmak için milleti gerektiği gibi aydınlatmakla birlikte hükûmet nezdinde teşebbüslerde bulunduğum da sizce bilinmektedir *(Belge: 25)*. Bundan başka 27 Mayıs 1919 tarihinde **Türkiye - Havas - Reuter** (Royter) adındaki ajansın, toplanan Saltanat Şûrâsı ([21]) ile ilgili açıklamaları arasında «Şûrâyı oluşturan bütün üyelerin düşüncesi, Türkiye'nin büyük devletlerden birinin himâyesini sağlama noktasında birleşiyor» haberini yayması üzerine, sadrazama, milletin, millî bağımsızlığını korumaya kararlı olduğunu ve doğabilecek bütün kötü sonuçlara karşı her türlü fedakârlığı göze aldığını ve millî vicdanı temsil etmeyen haberlerin endişe verici tepkiler yarattığını yaymakla birlikte, bütün milleti de bu durumdan nasıl haberdar ettiğimi başka bir açıklama dolayısıyla belirtmiştim.

Sadrazam Ferit Paşa'nın, Paris'e bilinen daveti üzerine, Birinci Türkiye Büyük Millet Meclisi'nin ilk toplantısını yaptığı günlerde bazı demeçler vermiştim. Bu konudaki görüş ve davranış tarzımın ne olduğunu açıklamak üzere şu belgeyi olduğu gibi bilginize sunacağım.

Şifre
İvedi — **Havza, 3.6.1919**
Kişiye özel

Samsun'da 3'üncü Kolordu Komutanı Refet Beyefendi'ye
Erzurum'da 15'inci Kolordu Komutanı Kâzım Paşa Hazretleri'ne,
Erzurum Valisi Münir Beyefendi'ye,
Canik Mutasarrıfı Hâmit Beyefendi'ye,
Sıvas Vali Vekili Hâkim Hasbi Efendi Hazretleri'ne,
Kastamonu Valisi İbrahim Beyefendi'ye,
Ankara'da 20'nci Kolordu Komutanı Ali Fuad Paşa Hazretleri'ne,
Konya'da Yıldırım Kıt'aları Müfettişi Cemal Paşa Hazretleri'ne,
Diyarbakır'da 13'üncü Kolordu Komutanı Vekili Cevdet Beyefendi'ye,
Van Valisi Haydar Beyefendi'ye.

Fransız siyasî temsilcisi Mösyö Defrance (Döfrans)'ın Sadrazamlık yüksek makamına gelerek Osmanlı Devleti'nin haklarını konferans huzurunda savunmak için Paris'e gidebileceklerini bildirdiği, Dahiliye Nezareti'nin resmî tebliğle- 18
rinden ve ajans yayınlarından anlaşılmıştır. İzmir olayı üzerine milletimizin gösterdiği şiddetli tepki ve böylece bağımsızlığını koruma konusunda beliren kesin kararlılığının sonucu olan bu başarı şükranla karşılanmaya değer. Ancak, buna rağmen, Yunanlılar'ın İzmir ilini işgali önlenebilmiş değildir. Herhalde milletin, kendi haklarının bilincinde ve onları çiğnetmemek için tek bir vücut halinde feda-

---

21) Padişahlık Danışma Kurulu.

kârca harekete hazır olduğu, İtilâf Devletleri'ne karşı gösterilmeye ve ispata devam edildikçe, bu devletlerin milletimize ve onun haklarına saygılı olacağına şüphe yoktur.

Sadrazam Paşa Hazretleri'nin konferans huzurunda Osmanlı Devleti'nin haklarını savunmak için ellerinden geleni yapacakları tabiîdir. Ancak, milletçe kesin bir şekilde savunulması istenen ve gerekli görülen haklar özellikle iki noktada önem kazanır. Birincisi, devlet ve milletin mutlak olarak tam bağımsızlığı, İkincisi de vatanın ana topraklarında çoğunluğun azınlıklara feda edilmemesidir. Bu konuda Paris'e harekete hazırlanan hey'etin görüşü ile millî vicdanın kesin istekleri arasında tam bir uygunluğun bulunması şarttır. Aksi halde, millet, pek güç bir durumda ve giderilmesi imkânsız oldubittiler karşısında kalabilir. Bu endişeyi doğuran sebepler şunlardır : Sadrazam Paşa Hazretleri, duyulan demecinde, bir Ermeni muhtariyeti ilkesini kabul etmiş olduğunu bildirdi. Bunun sınırını belirtmedi. Bundan Doğu illerinin halkı elbette üzüntü duydu ve durumun açıklanmasını istemeye mecbur oldu. Toplanmış olan Saltanat Şûrâsı'nda da üyelerin hemen hepsi, millî bağımsızlığın korunmasını ve millet mukadderatının bir millî şûrânın yetkisine bırakılmasını istedikleri halde, yalnız, hükûmetin dayandığı İtilâf ve Hürriyet Fırkası adına Başkan S a d ı k B e y tarafından yazılı olarak İngiltere'nin himâyesi teklif edildi. Geniş bir Ermenistan muhtariyetini ve devletin bir yabancı himâyesini kabul konularında, milletin isteği ile şimdiki hükûmetin görüşü arasında bir uygunluk olmadığı anlaşılıyor. Sadrazam Paşa Hazretleri ile birlikte hareket edecek olan hey'etin, milletin haklarını savunmada uyacağı ilkeler ve program milletçe bilinmedikçe, arzedilen noktalarda endişeye kapılmamak mümkün değildir. Bu suretle illerdeki ve onlara bağlı yerlerdeki Müdafaa-i Hukuk-ı Milliye ve Redd-i İlhak Cemiyetleri'nin temsilcileri ve daha teşkilâtı tamamlanamayan yerlerde de belediye hey'etleri, Sadrazam Paşa Hazretleri'ne ve doğrudan doğruya Zât-ı Şâhâne'ye (22) telgraflar çekerek, millî bağımsızlığın mutlak dokunulmazlığının ve millet çoğunluğunun haklarının korunmasının milletin temel şartı olduğu belirtilmeli ve gidecek hey'etin yapacağı savunmanın esaslarını millete resmen ve açıkça bildirmesi istenmelidir. Milletin bu şekildeki hareketi ile, gidecek hey'etin savunmaya çalışacağı ilkelerin gerçekten milletin isteği olduğu, İtilâf Devletleri'nce anlaşılacak ve şüphesiz daha fazla bir önemle dikkate alınarak hey'etin görevini kolaylaştıracaktır. Bu düşüncelerin gerekenlere sür'atle ulaştırılmasını ve duyurulmasını, vatanımızın mukadderatı adına vatansever yüksek şahsiyetinizden özellikle istirham ederim. Bu telgrafın alındığı zamanın bildirilmesini de rica ederim.

Mustafa Kemal

İstanbul'a geri çağrılışım

Bu tarihten beş gün sonra, yani 8 Haziran 1919'da, İstanbul'a Harbiye Nâzırı tarafından çağrıldığımı ve gizlice sorup soruşturmam üzerine, kimler tarafından ne için istendiğimi devlet adamlarımızdan birinin haber verdiğini daha önce başka bir münasebetle yaptığım açıklamada ifade etmiştim. O zat, Genelkurmay Başkanlığı makamında oturan C e v a t P a ş a idi. Bunun üzerine, İstanbul ile yapılmış olan yazışmaların bir kısmı herkesçe öğrenilmiştir. Bu ya-

---

22) Padişah Hazretleri'ne, Padişah'a.

zışmalar, Erzurum'da görevden ayrıldığım tarihe kadar değişik Harbiye Nâzırlarıyla ve doğrudan doğruya sarayla devam etmiştir.

Anadolu'ya geçeli bir ay olmuştu. Bu süre içinde bütün ordu birlikleriyle temas ve bağlantı sağlanmış; millet mümkün olduğu kadar aydınlatılarak dikkatli ve uyanık bir duruma getirilmiş, millî teşkilât kurma düşüncesi yayılmaya başlamıştı. Genel durumu artık bir komutan ile yürütüp yönetmeye devam imkânı kalmamıştı. Yapılan geri çağırma emrine uymamış ve onu yerine getirmemiş olmakla birlikte, milli teşkilât ve hazırlıkların yönetimine devam etmekte olduğuma göre, şahsen âsî duruma geçmiş olduğuma şüphe edilemezdi. Bundan başka ve özellikle girişmeye karar verdiğim teşebbüs ve faaliyetlerin köklü ve şiddetli olacağını tahmin güç değildi. O halde, yapılacak teşebbüs ve faaliyetlerin bir an önce şahsî olmak niteliğinden çıkarılması mutlaka, bütün bir milletin birlik ve dayanışmasını sağlayacak ve temsil edecek bir hey'et adına olması gerekli idi.

Sivas'ta genel bir millî kongre toplama kararı

Bu sebeple, 18 Haziran 1919 tarihinde, Trakya'ya verdiğim direktifte işaret ettiğim bir noktanın uygulanma zamanı gelmiş bulunuyordu. Hatırınızdadır ki, o nokta, Anadolu ve Rumeli'deki millî teşkilâtları birleştirerek, bir merkezden temsil ve idare etmek üzere, Sıvas'ta genel bir millî kongre toplamaktı. Bu gayenin gerçekleştirilmesi için yaverim Cevat Abbas Bey 21/22 Haziran 1919 gecesi, Amasya'da yazdırdığım genelgenin esas noktaları şunlardı :

1 — Vatanın bütünlüğü, milletin bağımsızlığı tehlikededir.

2 — İstanbul hükûmeti üzerine aldığı sorumluluğun gereğini yerine getirememektedir. Bu durum milletimizi yok olmuş gibi gösteriyor.

3 — Milletin bağımsızlığını, yine milletin azim ve kararı kurtaracaktır.

4 — Milletin içinde bulunduğu durum ve şartların gereğini yerine getirmek ve haklarını gür sesle cihana duyurmak için her türlü baskı ve kontroldan uzak millî bir hey'etin varlığı zarurîdir.

5 — Anadolu'nun her bakımdan en güvenli yeri olan Sıvas'ta hemen millî bir kongrenin toplanması kararlaştırılmıştır.

6 — Bunun için bütün illerin her sancağından milletin güvenini kazanmış üç temsilcinin mümkün olan en kısa zamanda yetişmek üzere yola çıkarılması gerekmektedir.

7 — Her ihtimale karşı, bu mesele millî bir sır olarak tutulmalı ve temsilciler, gereğinde yolculuklarını kendilerini tanıtmadan yapmalıdırlar.

8 — Doğu illeri adına, 23 Temmuzda, Erzurum'da bir kongre toplanacaktır. O tarihe kadar öteki illerin temsilcileri de Sıvas'a gelebilirler-se, Erzurum Kongresi'nin üyeleri de Sıvas genel kongresine katılmak üzere hareket ederler *(Belge: 26).*

Görüyorsunuz ki, bu yazdırdığım hususlar, zaten vermiş ve dört gün önce Trakya'ya tebliğ etmiş olduğum bir kararın bir genelge ile Anadolu'ya da bildirilmesinden ibarettir. Bu kararın 21/22 Haziran 1919 gecesi, karanlık bir odada alınmış korkunç ve esrarlı yeni bir karar olmadığı, zannımca kolaylıkla takdir buyurulur.

Bu noktanın aydınlanması için, arzu buyurursanız küçük bir açıklamada bulunayım.

Efendiler, o müsvedde işte bu kâğıtlardır (göstererek), dört maddeliktir. İçindekileri bildirdim. Sonunda benim imzam vardır. Bir de görevi dolayısıyla Kurmay Başkanım olan Albay Kâzım Bey'in (şimdiki İzmir Valisi Kâzım Paşa), kurmay hey'etinden tebliğ işleriyle görevli memur Husrev Bey'in (şimdi büyükelçi), askerî makamlara şifreleyen yaverim Muzaffer Bey'in ve sivil makamlara şifreleyen bir memur efendinin imzaları vardır. Bunlardan başka daha bazı imzalar vardır.

Adını saklayan bir tanıdığın Amasya'ya gelmesi

Bu imzaların bu müsveddeye konması iyi bir şans ve tesadüf eseridir.

Daha, Havza'da bulunduğum sırada Ankara'da bulunan 20'inci Kolordu Komutanı Ali Fuat Paşa'dan bir şifreli telgraf aldım. Bu telgraf, aşağı yukarı «tanıdığımız bir zat bazı arkadaşlarla birlikte İstanbul'dan buraya gelmiştir. Nasıl hareket etmeleri gerektiği konusunda ne emir buyuruyorsunuz?» şeklinde idi. Adeta bir bilmeceyi andıran bu telgraf, bende büyük bir merak ve hayret uyandırdı. Söz konusu edilen zatı tanıyorum, benden nasıl hareket edeceğini soruyor; Ankara'da arkadaşım olan güvenilir bir komutanın yanında, telgraf da şifrelidir. O halde neden adını şifreli olarak bile yazdırmaktan çekiniyor? Bir hayli düşündüm, kavrar gibi oldum; tahmin buyurulur ki, bilmece çözmekle uğraşacak zamanım yoktu. Fakat, Fuat Paşa'yı yakından görmek, bölgeleri, çevreleri, düşünceleri üzerinde kendisiyle konuşmak, bence pek istenilir bir şeydi. Bu bilmeceli telgraftan ilham alarak kendisine şu ricada bulundum : «Ankara'dan ayrıldığınızı belli etmeyecek tedbirleri aldıktan sonra, ad ve kıyafet değiştirerek birkaç gün için hemen yanıma geliniz. İstanbul'dan gelen arkadaşları da birlikte getiriniz.»

Gerçekten de Fuat Paşa, dediğim gibi Havza'ya hareket eder. Ancak, bazı zorlayıcı sebepler dolayısıyla, ben derhal Havza'dan ayrılıp Amasya'ya gitmeğe mecbur olmuştum. Fuat Paşa, Havza yolunda durumu anlar ve Amasya'ya yönelir. İşte, böylece 21/22 Hazıranda Amasya'da yanımda bulunuyor. Adı şifrede bildirilmeyen zat da Rauf Bey'di.

İstanbul'dan ayrılmak üzere, evimden otomobile bineceğim sırada Rauf Bey yanıma gelmişti. Bineceğim vapurun takip edileceğini ve beni İstanbul'da iken tutuklamadıklarına göre, belki de Karadeniz'de batırılacağımı güvenilir bir yerden işitmiş, onu haber verdi. Ben İstanbul'da kalıp tutuklanmaktansa, batıp boğulmayı tercih ettim ve hareket ettim. Kendisine de eninde sonunda İstanbul'dan çıkmak zorunda kalırsa benim yanıma gelmesini söyledim.

Rauf Bey, gerçekten de İstanbul'dan çıkmak gereğini duymuş ve çıkmış... Ancak, benim yanıma gelmedi. Arkadaşı olan 56'ncı Tümen Komutanı Albay Bekir Sami Bey'in yanına gitmek ve İzmir cephesine daha yakın bir yerde olmakla, daha etkili ve daha yararlı olacağını zannederek Bandırma-Akhisar yoluyla Manisa bölgesine gitmiş. Gittiği yerde halkın maneviyatını bozuk, durumu tehlikeli ve korkunç bulmuş. Derhal ad değiştirerek oradan Ödemiş, Nazilli, Afyonkarahisar üzerinden Aziziye ([23]) Sivrihisar yoluyla ve arabayla Ankara'ya, Fuat Paşa'nın yanına gelmiş ve bana haber göndermiş; pek güzel ama! adını saklamak suretiyle beni üzmenin anlamı var mıydı?

Öte yandan 3'üncü Kolordu Komutanım olup Samsun mutasarrıf- 21
lığında bıraktığım Refet Bey'i artık Sıvas'a Kolordu merkezine göndermek istiyordum. Birkaç defa gelmesi için emir vermiştim. Bölgeyi teftişe çıkmış. Emirlerime cevap bile alamıyordum. Nihayet o da bir tesadüf eseri olarak o gün gelmişti.

Rauf ve Refet Beylerin kararsızlığı

Şimdi, imza meselesine gelelim: Ben müsveddenin yeni gelen arkadaşlar tarafından da imzalanmasını istedim. O sırada Rauf ve Refet Beyler benim odamda, Fuat Paşa başka bir odada bulunuyorlardı.

Rauf Bey, misafir olduğundan bu müsveddeye imza koymak için kendini ilgili ve yetkili görmediğini nazikçe ifade etti. Bunun tarihî bir hâtıra olduğunu ileri sürerek imza etmesini söyledim. Bunun üzerine imzaladı.

---

23) Bugünkü Emirdağ.

R e f e t B e y, imzadan çekindi ve böyle bir kongre toplanmasındaki maksat ve yararı anlayamadığını söyledi.

İstanbul'dan beri yanımda getirdiğim bu arkadaşın - tuttuğumuz yola göre- anlaşılması pek basit olan bir konuda, böyle bir düşünce ve duygu içinde oluşu bana pek acı geldi. F u a t P a ş a 'yı çağırttım. Paşa, maksadımı anlayınca derhal imza etti. F u a t P a ş a'ya, R e f e t B e'y'in çekinmesinin sebebini anlayamadığımı söyledim. F u a t P a ş a, R e f e t B e y 'den biraz ciddî açıklama yapmasını istedikten sonra, R e f e t B e y, müsveddeyi eline alarak kendine göre bir işaret koydu. Öyle bir işaret ki, bunu, bu müsveddede bulmak oldukça güçtür.

(Buyurun! merak eden inceleyebilir.)

Efendiler, gereksiz gibi görülebilen bu açıklamalar, daha sonraki yıllara ve olaylara ait bazı karanlık noktaları aydınlatmaya yardımcı olur düşüncesiyle yapılmıştır.

İstanbul'da bazı kimselere gönderdiğim mektup

Kongreye davet genelgesi sivil ve askerî makamlara şifre olarak verildi. Bundan başka İstanbul'da bulunan bazı kimselere de gönderildi. Fakat bu kimselere ayrıca bir de genel birer mektup yazdım. Kendilerine mektup yazdığım kimseler şunlardı: A b d u r r a h m a n Ş e r e f B e y, R e ş i t Â k i f P a ş a, A h m e t İ z z e t P a ş a, S e y i t B e y, H a l i d e E d i p H a n ı m, K a r a V a s ı f B e y, F e r i t B e y (Nafia Nâzırı [24] idi), Sulh ve Selâmet Fırkası [25] Başkanı F e r i t P a ş a (daha sonra Harbiye Nâzırı oldu), C â m i B e y, A h m e t R ı z a B e y.

Bu mektupta söylediğim noktaları özet olarak tekrar edeceğim :

1. Yalnız mitingler ve gösteriler, büyük gayeleri hiçbir vakit gerçekleştiremez.

2. Bunlar, ancak milletin bağrından fiilen doğan ortak güce dayanırsa kurtarıcı olur.

3. Zaten acı olan durumu tehlikeli şekle sokan en etkili sebep, İstanbul'daki muhalif akımlar ve millî davayı zararlı bir şekilde yüzüstü bırakan siyasî ve gayri millî propagandalardır. Bunun cezasını, vatanımız aleyhinde fazlasıyla görmekteyiz.

---

24) Bayındırlık Bakanı.

25) Barış ve Selâmet Partisi.

4. **Artık İstanbul Anadolu'ya hâkim değil bağlı olmak mecburiyetindedir.**

5. Size düşen fedakârlık pek büyüktür *(Belge: 27)*.

⁂

Ali Kemal Bey'in genelgesi

25 Hazirana kadar Amasya'da kaldım. Hatırlardadır ki, o tarihlerde Dahiliye Nâzırlığı görevinde bulunan Ali Kemal Bey, benim görevden alındığımı ve artık benimle hiç bir resmî muameleye girişilmemesi gerektiği konusunda şifre ile bir genelge yayınlamıştı. 22

23 Haziran 1919 tarih ve 84 sayılı olan bu genelge metni, dikkate değer bir anlayışı gösterir belge olduğu için aynen bilginize sunacağım.

Dahiliye Nâzırı Ali Kemal Bey'in 23.6.1919 tarihli ve 84 sayılı şifresinin çözülmüş suretidir :

Mustafa Kemal Paşa büyük bir asker olmakla birlikte günün siyasetini pek bilmediği için, olağanüstü sayılacak vatanseverlik ve gayretine rağmen, yeni görevinde asla başarılı olamadı. İngiliz Olağanüstü Temsilcisi'nin (26) istek ve ısrarıyla görevden alındı; bundan sonra yaptıkları ve yazdıkları ile de bu kusurlarını daha çok açığa vurdu. Redd-i İlhak Cemiyetleri gibi, Balıkesir (27) ve Aydın dolaylarında Müslüman halkı boş yere kırdırmaktan ve bu fırsattan yararlanarak halkı haraca kesmekten başka iş görmeyen emirsiz, saygısız ve kanunsuz olarak kurulan bazı hey'etler için öteden beri çektiği telgraflarla siyasî hatâsını idarî yönden de artırdı. Kendisinin İstanbul'a getirilmesi Harbiye Nezareti ile ilgili bir iştir. Ancak, Dahiliye Nezareti'nin size kesin emri, artık o zatın görevden alınmış olduğunu bilmek, kendisi ile hiçbir resmî işleme girişmemek, hükûmet işleri ile ilgili hiçbir isteğini yerine getirmemektir. Bu genelgeye uygun hareket etmekle ne gibi sorumlulukların giderilmiş olacağını takdir buyuracağınızdan eminim. Ayrıca, bu önemli ve tehlikeli günlerde memur, halk, her Osmanlı'ya düşen en büyük görev, barış konferansınca geleceğimiz üzerinde karar verilirken ve beş yıldır yaptığımız delilikların hesapları görülürken, artık aklımızı başımıza devşirdiğimizi göstermek, akıllıca ve tedbirlice davranışları benimsemek, parti, mezhep, ırk ayrılıklarını gözetmeksizin her ferdin hayatını, malını, ırzını koruyarak, medenî dünyanın gözünde bu memleketi bir daha lekelememek değil midir?

Ali Kemal Bey ve Padişah

Bu şifreli genelgeden, benim ancak Sıvas'a vardığım 27 Haziran 1919 tarihinde haberim oldu. Ali Kemal Bey, 23 Haziran tarihinde bu genelgesi ile düşmanlara ve padişaha önemli bir görev yaptıktan sonra, 26 Haziran 1919 tarihinde hükûmetten çekilmiştir. Ali Kemal Bey'in sadrazamlığa verdiği resmî istifa yazısından başka, saraya da gidip padişaha kendi

---

26) İngiliz fevkalâde Temsilcisi'nin.
27) Karesi.

eliyle verdiği istifa yazısı suretleri ile sözlü mârûzâtını ([28]) ve padişahın ona verdiği cevabı, çok sonra öğrendim.

Ali Kemal Bey, istifa yazılarında, özellikle bunun padişaha ait olanında: «Osmanlı topraklarının çeşitli yerlerinde başgösteren ayaklanma ve karışıklık belirtileri üzerine, ihtilâl ateşinin hemen çıktığı yerde, yayılmadan bastırılıp söndürülmesi ve yok edilmesi için tedbir almak, yalnız kendi makamını ilgilendirirken, padişahın gösterdiği yakın ilgi ve güveni çekemeyen bazı arkadaşlarının birçok yersiz sebepler ileri sürerek ihtilâlin daha da genişlemesine yol açtıklarından» söz ettikten sonra «resmî görevinden çekilmekle birlikte, özel olarak hizmet 23
ve sadakata devam edeceğini» ekliyor ve sözlü olarak da «resmî görevinden ayrılmasını fırsat bilen hasımlarının hücumundan ben kulunuzu koruyunuz» istirhamında bulunuyor.

Padişah, karşılık olarak «beni büsbütün yalnız bırakmayacağınıza güveniyorum. Bağlılığınız, bana büyük ümit ve teselliler vermiştir. Saray, her dakika size açıktır. Refik Bey'le işbirliğinden ayrılmayınız» iltifatında bulunuyorlar *(Belge: 28)*.

Kendisine olan bağlılığından padişahın büyük ümit ve teselliye kapıldığı Ali Kemal'i nâzırlık makamında ve padişah huzurunda gördükten sonra, bir de asıl gerçek görevi başında görelim!

Canınız sıkılmazsa, Sait Molla'nın Rahip Frew'a yazdığı mektuplardan birini gözden geçirelim:

«Ali Kemal Bey'e, son felâketi üzerine üzüntünüzü bildirdiğinizi söyledim. Bu zatı elde bulundurmak gerekir. Bu fırsatı kaçırmayalım. Bir hediye takdimi için en uygun zamandır.»

«Ali Kemal Bey dün o zatla görüşmüş. Basın işinde biraz ihtiyatlı olmak gerektiğini söylemiş. Daha önce herhangi bir gidişten yana yöneltilmiş olan düşünce ve kalem erbabını bu defa öncekine aykırı bir gayeye yöneltmek bizde kolaylıkla mümkün olmaz. Bütün devlet memurları, Millî Mücadele'yi şimdilik iyi görüyorlar demiş. Ali Kemal Bey, talimatınıza harfi harfine uyacak, Zeynelâbidin Partisi'yle de işbirliği yapmaya çalışıyor. Kısacası işler bulandırılacak.»

Aynı mektubun altında bir de notu vardır. Şimdi onu da okuyalım:» Birkaç defadır söylemek istediğim halde unutuyorum. Mustafa Kemal Paşa'ya ve taraftarlarına biraz kendilerini destekliyormuş gibi görünmeli ki, hiç bir şüpheye düşmeden buraya gelebilsin. Bu işe fevkalâde önem veriniz. Kendi gazetelerimizle onu destekleyemeyiz.»

---

(28) Ma'rûzât: arz olunan, sunulan bilgi veya açıklama.

Bu belgeler hakkında sırası gelince daha çok bilgi veririm. Şimdilik bu kadarı yeterlidir.

Ali Galip Bey Sıvas'ta

Ali Kemal Bey'in daha Amasya'da iken haberim olmadığını arzettiğim genelgesi, memurların ve halkın kafasını gerçekten de bulandırmış. Her yerde eksik olmayan menfî ruhlu kimseler derhal aleyhimde propagandaya ve faaliyete geçmişler.

Bu yoldaki baltalayıcı gösteri ve hareketlerin en önemlisi Sıvas'ta hazırlanmaya başlanmış.

Müsaade buyurursanız bunu kısaca anlatayım: Dahiliye Nâzırı Ali Kemal Bey'in, bu genelge ile verdiği emrin tarihi olan 23 Haziran günü, Sıvas'ta Ali Galip Bey adında biri, on kadar adamıyla hazır bulunuyormuş. Bu kimse İstanbul'dan Elâzığ ([29]) valisi olarak gönderilmiş olan Kurmay Albay Ali Galip'tir. Sözde o ilin ikinci derecede memurları olmak üzere, birtakım insanları da İstanbul'dan seçmiş, birlikte götürüyor.

Ali Galip, yol üzerinde bulunan Sıvas'ta kalmış. Özel bir görevi olduğuna şüphe etmemek gereken Ali Galip, orada derhal kuvvetli taraftarlar bulmuş. Görevini hakkıyla yerine getirebilmek için tertip ve tedbirler almaya başlamış.

Dahiliye Nezareti'nin, aleyhimdeki emri gelir gelmez, faaliyet başlamış. Sıvas sokaklarında benim «hain, âsî, zararlı bir adam olduğuma dair» duvarlara yaftalar yapıştırılmış.

Kendisi de, bir gün, Sıvas'ta vali bulunan Reşit Paşa merhumun yanına giderek, Dahiliye Nezareti'nin emrinden bahsettikten 24
sonra, Sıvas'a gittiğim takdirde hakkımda uygulayacağı işlemi sormuş.

Reşit Paşa ne yapılabileceğini sormuş, Ali Galip, «ben senin yerinde olsam, derhal kollarını bağlar ve tutuklarım. Senin de böyle yapman gerekir» demiş.

Reşit Paşa, bu işin bu kadar basit olacağına inanamamış. Konuşma hayli uzamış. Konuşmaya katılanlar çoğalmış... Öyle ki, bir kısım halk verilecek kararı anlamak üzere toplanmış...

Bugün, Haziranın 27'nci günüdür. Bakışlarımızı, yeniden bu noktaya dönmek üzere bir an için bu tablodan ayıralım ve Amasya'ya çevirelim :

---

29) Elâziz, Ma'mûretülaziz.

Sıvas'a hareket Ayın 25'inci günü, Sivas'ta aleyhimde bazı yakışıksız olaylar çıkmaya başladığını haber aldım. 25/26 Haziran gecesi, yaverim Cevat Abbas Bey'i çağırdım ve yarın sabah karanlıkta Amasya'dan güneye hareket edeceğiz, dedim. Bu gidişin gizli tutularak hazırlık yapılması için emir verdim.

Bir yandan da 5'inci Tümen Komutanı ve kurmay hey'etimle, gizli olarak şu tedbiri kararlaştırdık: 5'inci Tümen Komutanı, tümeninin seçkin subay ve erlerinden oluşmuş, oldukça kuvvetli bir atlı piyade birliğini hemen o geceden başlayarak sür'atle kuracaktı. Ben, 26 Haziran sabahı karanlıkta arkadaşlarımla birlikte otomobille Tokat'a hareket edecektim. Birlik kurulur kurulmaz, Tokat üzerinden Sıvas'a doğru sevk edilecek ve benimle bağlantı kurmaya çalışacaktı. Hareketimiz, hiçbir yere telgrafla bildirilmeyecek ve elden geldiği kadar Amasya'da da açıklanmayacaktır.

26 Haziranda Amasya'dan yola çıktım. Tokat'a varır varmaz telgrafhaneyi göz altına aldırarak benim gelişimin Sıvas'a ve hiçbir yere bildirilmemesini sağladım. 26/27 Haziran gecesini orada geçirdim, 27'de Sıvas'a hareket ettim. Otomobille Tokat, Sıvas'a aşağı yukarı altı saattir.

Sıvas valisine, Tokat'tan Sıvas'a hareket ettiğimi bildirir açık bir telgraf yazdım. İmzada «Ordu Müfettişliği» ünvanını kullandım.

Telgrafta, bile bile çıkış saatimi kaydetmiştim. Fakat, bu telgrafın, yola çıkışımdan altı saat sonra çekilmesini ve o zamana kadar Sıvas'a hıçbir şekilde bilgi verilmemesini sağlayacak tedbirleri aldırdım.

Şimdi Efendiler, bakışlarımızı yeniden Sıvas'ta, bıraktığımız tabloya çevirelim:

Ali Galip Bey ile Reşit Paşa arasında, bana karşı uygulanacak işlemin tartışılması sahnesine...

Tartışmanın kızıştığı bir sırada, Reşit Paşa'nın eline, benim Tokat'tan çekilen telgrafımı verirler. Reşit Paşa, hemen Ali Galip Bey'e uzatır. «İşte kendisi geliyor, buyurun, tutuklayın!» der. Reşit Paşa, telgrafta yazılı olan hareket saatini görünce hemen kendi saatini çıkarır, bakar... «Efendim geliyor değil, gelmiş olacaktır» diye ilâve eder.

Bunun üzerine Ali Galip, «ben tutuklarım dedimse, benim il sınırlarım içinde olursa tutuklarım, demek istedim» deyince toplantı halinde bulunanları bir heyecan kaplar... Hep birden, «haydi öyleyse karşılamaya gidelim» diyerek toplantıya son verirler...

Ancak, şehrin ileri gelenleri, halk ve askerle parlak bir karşılama töreni hazırlayabilmek için biraz zaman kazanmak gerektiğini; fakat, he- 25
sapça, benim Sıvas şehri kapılarına kadar yaklaşmış olacağımı dikkate alarak, beni, şehrin girişine yakın olan Ziraat Nümune Çiftliği'nde bir süre dinlendirmenin yolunu aramışlar. Vali Paşa, karargâhımın sağlık başkanı olup, daha önce teşkilât kurmak üzere Sıvas'a göndermiş olduğum Tali Bey'i çağırtarak, bu işin yerine getirilmesini ondan rica etmiş ve gerekli hazırlıkları yapar yapmaz kendisinin de bize katılacağını söylemiş...

Gerçekten de, tam Nümune Çiftliği yakınlarında, karşımıza çıkan bir otomobilin içinden, Tali Bey göründü. Otomobillerden indik, çiftliğin avlusunda oturduk. Tali Bey, hikâye ettiğim durumu ayrıntılı olarak açıkladıktan sonra, görevinin beni burada biraz oyalamak olduğunu söyleyince, hemen ayağa kalktım, «çabuk otomobillere ve Sıvas'a!» dedim.

Bunun sebebini anlatayım. O anda hatırıma gelen şuydu : Karşılama töreni yapacağız diye Tali Bey'i aldatmış olabilirler ve gerçekte aksi bir tertip yapmak için zaman kazanmak isteyebilirlerdi. Otomobillere binmek üzere iken Sıvas tarafından başka bir otomobil yanımıza yaklaştı. İçinde Vali Paşa vardı.

Reşit Paşa, «Efendim birkaç dakika daha istirahat buyurulmaz mı?» diye söze başladı. «Yarım dakika bile istirahate ihtiyacım yoktur. Derhal yola çıkacağız ve sen benim yanıma gel» dedim.

— Efendim, dedi, sizin yanınıza Rauf Bey binsin, ben arkadaki otomobille de gelirim.

— Hayır, hayır! dedim. Siz buraya...

Bu basit tedbirin neden alındığını açıklamaya gerek yoktur.

Sıvas şehrine girerken, caddenin iki tarafı büyük bir kalabalıkla dolmuş, askerî birlikler tören düzenini almış bulunuyordu. Otomobillerden indik. Yürüyerek askeri ve halkı selâmladım...

Bu manzara, Sıvas'ın saygıdeğer halkının ve Sıvas'ta bulunan kahraman subay ve askerlerimizin bana ne kadar bağlı ve sevgi ile dolu olduğunu gösteren canlı bir tanık idi...

Bundan sonra, doğruca Kolordu Komutanlık binasına gittim ve hemen maiyyeti ile birlikte Ali Galip'i ve onun yardakçısı olduklarını anladığım fesatçıları getirttim. Onlara ne yaptığımı anlatarak, zaten yeterince yorgunluk vermiş olduğuna şüphe etmediğim ayrıntıları uzatmak istemem.

Yalnız, bir noktaya işaret etmekle yetineceğim.

Efendiler, Ali Galip, karşılaştığı bu kötü davranıştan sonra, bana bildirecek bazı gizli şeyleri olduğunu söyleyerek, gece yalnız olarak yanıma geldi. Kabul ettim. Davranışlarının dış görünüşüne önem vermemekliğimizi rica ile, Elâzığ valiliğini kabul ederek gelmekten maksadının, benim yolumda hizmet etmek olduğunu ve Sıvas'ta kalışının benimle buluşup benden direktif almak maksadına dayandığını açıklamaya ve bin türlü delillerle ispata çalıştı. Bizi sabaha kadar oyalamak suretiyle başardığını da itiraf etmeliyim.

*
**

Erzurum'a hareket

Sıvas'taki teşkilât ve nasıl hareket edileceği konusunda gerekenlere talimat verdikten sonra, hiç uyumadan geçen 27/28 gecesinin sabahında, bir bayram günü, Sıvas'tan Erzurum'a doğru yola çıktık. 26

Bir haftalık yorucu bir otomobil yolculuğundan sonra 3 Temmuz 1919 günü halkın ve askerin içten gelen samimi gösterileri arasında, Erzurum'a varıldı. İstanbul Hükûmeti'nden gelebilecek menfî emirleri denetlemek ve önlemek için haberleşme kanalı olan önemli merkezlerde tedbirler alınmak üzere, bütün komutanlara, 5 Temmuz 1919 tarihinde emir verdim *(Belge: 29)*:

Komutan, vali ve Vilâyât-ı Şarkiye Müdafaa-i Hukuk-ı Milliye Cemiyeti'nin Erzurum şubesiyle temasa geçildi.

Vali Münir Bey, İstanbul Hükûmeti'nce görevden alınmıştı. Hareket etmeyip Erzurum'da kalması için gönderdiğim haber üzerine henüz Erzurum'da bulunuyordu. Bitlis valiliğinden ayrılıp İstanbul'a gitmek üzere Erzurum'dan geçen Mazhar Müfit Bey de aynı şekilde Erzurum'da beni bekliyordu.

Millî gaye ile ortaya atılma kararı

Bu iki vali beyler ile 15'inci Kolordu Komutanı Kâzım Karabekir Paşa ve yanımda bulunan Rauf Bey, eski İzmit mutasarrıfı Süreyya Bey, karargâhıma bağlı Kurmay Başkanı Kâzım Bey, Kurmay Husrev Bey ve Doktor Refik Bey arkadaşlarımla ciddî bir görüşme yapmayı uygun buldum. Kendilerine genel ve özel durumu açıklayarak tutulması gerekli olan yolu anlattım. Bu münasebetle en elverişsiz durumları, genel ve şahsî tehlikeleri; her ihtimale karşı göze alınması kaçınılmaz olan fedakârlığı dile getirdim. Bir de «millî gaye ile ortaya atılacakların bugün yok edilmesini düşünen, yalnız saray, hükûmet ve yabancılardır. Ancak, bütün memleketin aldatılmasını ve aleyhimize çevrilmesini de ihtimalden uzak tutmamak gerekir. Millete önder olacakların, her ne pahasına olursa olsun amaçtan dönmemeleri, memlekette barınabilecekleri son noktada, son nefeslerini verinceye kadar, bu amaç uğrunda fedakârlığa devam edeceklerine daha işin başında karar vermeleri gerekir. Kalplerinde bu gücü duymayanların teşebbüse geçmemeleri elbette daha isabetli olur. Çünkü, aksi halde hem kendilerini hem de milleti aldatmış olurlar.

Bir de söz konusu görev, resmî makam ve üniformaya sığınarak, el altından yürütülebilecek türden değildir. Bu tarz bir dereceye kadar sürdürülebilir. Fakat, artık, o devir geçmiştir. Açıkça ortaya çıkmak ve milletin hakları adına gür sesle bağırmak ve bütün milleti bu sese ortak etmek lâzımdır.

Benim, görevden alındığıma ve her türlü sonuçla karşı karşıya bulunduğuma şüphe yoktur. Benimle açıktan açığa işbirliği etmek, aynı sonucu şimdiden kabullenmek demektir. Bundan başka, bu şartların istediği adamın, başka birçok bakımlardan da, mutlaka benim şahsım olabileceği gibi bir iddia söz konusu değildir. Yalnız, herhalde, bu memleket evlâdından birinin ortaya atılması kaçınılmaz olmuştur. Benden başka bir arkadaş da düşünülebilir. Yeter ki, o arkadaş, bugünkü durumun kendisinden beklediği şekilde harekete evet diyebilsin!» dedim.

Bu konuşma ve açıklamalardan sonra, gelişigüzel karar almak doğru olamayacağından bir süre düşünmek ve özel görüşmeler yapabilmek için, görüşmelere son verdiğimi bildirdim.

Tekrar toplandığımızda, işin başında benim devam etmemi, kendilerinin bana yardımcı ve destek olacaklarını bildirdiler. Yalnız bir arkadaş, Münir Bey, önemli mazereti dolayısıyla, bir süre için kendisinin fiilî görevden affını rica etti. Ben, şeklen, resmî görev ve askerlikten 27
ayrıldıktan sonra da, tıpkı şimdiye kadar olduğu tarzda üst komutan imişim gibi emirlerimin yerine getirilmesinin başarı için temel şart olduğunu belirttim. Bu nokta tamamen benimsenip kabul gördükten sonra toplantıya son verildi.

Efendiler, İstanbul'da Genel Kurmay Başkanlığı makamında, birbirinin yerini alan Cevat ve Fevzi paşalardan, Barış Hazırlığı Komisyonu'nda ([30]) çalışan İsmet Bey'den başlayarak Erzurum'a gelinceye kadar, her yerde temas ve ilişkide bulunduğum komutan, subay, her türlü devlet adamı ve ileri gelen kimselerle, burada, Erzurum'da yaptığım gibi görüşmeler ve anlaşmalar yapmıştım. Bundaki yarar takdir buyurulur.

***

---

30) İstihzârât-ı Sulhiye Komisyonu.

Erzurum Kongresi hazırlıkları Erzurum'a gelişimin ilk günlerinde, Erzurum Kongresi'nin toplanmasını sağlamak üzere, gerekli tedbirlerin alınmasına önem verildi. Efendiler, Vilâyât-ı Şarkiye Müdafaa-i Hukuk-ı Milliye Cemiyeti'nin, 3 Mart 1919 tarihinde bir kurucu hey'et meydana getirmek üzere oluşturduğu Erzurum şubesi, Trabzon ile de anlaşarak 1919 yılı Temmuzunun onuncu günü Erzurum'da bir **Vilâyât-ı Şarkiye Kongresi** ([31]) toplamaya teşebbüs etti. Benim daha Amasya'da bulunduğum tarihlerde, Haziran içinde, Doğu illerine temsilci göndermeleri için teklif ve davette de bulundu. İllerden temsilci getirtilmesi için o tarihten başlayarak, benim Erzurum'a gelişime kadar ve ondan sonra da bu konuda pek çok gayret sarfetti.

Ancak, o günlerin şartları içinde böyle bir maksadın gerçekleştirilmesindeki güçlüğün büyüklüğü kolaylıkla takdir olunur. Kongrenin toplanma günü olan 23 Temmuz yaklaştığı halde, illerden gönderilmesi gereken temsilciler seçilip gönderilmiyordu.

Halbuki, bu kongrenin toplanmasını sağlamak artık pek önemli olmuştu. Bu sebeple tarafımızdan da ciddî teşebbüslerde bulunmak gerekti.

İllerin her birine açık telgraflar gönderildiği gibi, bir yandan da şifreli telgraflarla valilere, komutanlara gereken tebligatta bulunuldu. Sonunda, on üç günlük bir gecikme ile yeterince temsilci getirtilerek kongreyi toplama gerçekleştirilebildi.

Efendiler, Millî Mücadele'ye ordu mensuplarının desteğini sağlamak, askerî ve millî mücadeleyi biribiri ile uyumlu olarak yürütmek işi de son derece önemli idi.

Trabzon'daki tümen vekâletle idare ediliyordu. Asıl komutanı Hâlit Bey Bayburt'ta gizlenmişti. Hâlit Bey'i gizlediği yerden çıkartmak iki bakımdan gerekli idi. Biri ve en önemlisi, İstanbul'a çağırılmanın ve bir emre uymamanın gizlenmeyi gerektirecek nitelikte olmadığını millete ve özellikle ordu mensuplarına göstererek manevî gücü yükseltmek içindi. Diğeri de, sahilde önemli bir nokta olan Trabzon'a dışarıdan bir saldırı olduğu takdirde, oradaki tümenin başında gözü pek bir komutan bulundurmak maksadına dayanıyordu.

Bundan dolayı, Hâlit Bey'i Erzurum'a getirttim. Kendisine bizzat özel bir talimat verdikten sonra, gerektiğinde derhal tümeninin başına geçmek üzere Maçka'da bulunması için de emir verdirdim.

---

31) Doğu İlleri Kongresi.

Biz bu işlerle uğraşırken, bir yandan da, İstanbul'da Harbiye Nezareti makamında bulunan F e r i t P a ş a ' nın ve Padişah'ın, İstanbul'a dönmemi sağlamak üzere biribiri ardınca çekilen aldatıcı telgraflarına da türlü karşılıklar vermekle vakit kaybına mecbur oluyorduk. 28

Resmî sıfat ve yetkilerini bırakarak, milletin sevgi ve fedakârlığına güvenerek vicdanî göreve devam etme kararı

Harbiye Nezareti, İstanbul'a gel, diyor. Padişah, önce «hava değişimi al, Anadolu'da bir yerde otur, fakat bir işe karışma» diye başladı. Daha sonra, ikisi birlikte «mutlaka gelmelisin!» dediler. «Gelemem!» dedim. Sonunda, 8/9 Temmuz 1919 gecesi, sarayla açılan bir telgrafbaşı görüşmesi sırasında, birdenbire perde kapandı ve 8 Hazirandan 8 Temmuza kadar bir aydır süregelen oyun sona erdi. İstanbul o dadikada, benim resmî görevime son vermiş oldu. Ben de aynı dakikada, 8-9 Temmuz 1919 gecesi saat 22.50'de Harbiye Nezareti'ne, saat 23.00'te Padişah'a resmî görevimle birlikte askerlikten de ayrıldığımı bildiren telgrafları çekmiş oldum.

Durum, tarafımdan, ordulara ve millete duyuruldu. Bu tarihten sonra resmî sıfat ve yetkilerden sıyrılmış olarak, yalnız milletin sevgi ve fedakârlığına güvenerek ve onun tükenmez feyiz ([23]) ve kudret ([33]) kaynağından ilham ve güç alarak vicdanî görevimize devam ettik...

Biz, 8/9 Temmuz gecesi İstanbul ile telgraf başında konuşurken bunu başka dinleyenlerin ve ilgilenenlerin de bulunduğunu tahmin etmek güç değildir.

O tarihlerde ve ondan sonraki zamanlarda, en hafif deyimi ile saflıklarını uyanıklık ve tedbirlilik gibi göstermeye çalışmış olanlar hakkında bir fikir vermiş olmak için, müsaade buyurursanız, şu belgeyi olduğu gibi bilgilerinize sunmak isterim.

140/140 **Konya, 9.7.1919**
Saat : 6.00

3'üncü Ordu Müfettişliği Başyaverliğine

Telgraf ve Posta Genel Müdürü R e f i k H â l i t B e y ile Konya Valisi C e m a l B e y, 6/7 Temmuz gecesi, telgrafla makine başında konuştular. Konuşmanın şöyle geçtiğini haber aldım.

— M u s t a f a K e m a l P a ş a H a z r e t l e r i için gerekli işlem yapıldı. İstanbul'a getirilecek. C e m a l P a ş a H a z r e t l e r i için de yapılacak işlem hazırdır.

---

32) Bolluk, bereket.
33) Güç, kuvvet, ezeli güç.

Konya valisi de:

— Teşekkür ederim, dediler.

Uygun bir şekilde Paşa Hazretleri'ne arz etmenizi rica ederim.

2'nci Ordu Müfettişliği Şifre Müdürü
Hasan

Mersinli Cemal Paşa'nın İstanbul'a gitmesi

Gerçekten, Konya'da bulunan 2'nci Ordu Müfettişi Cemal Paşa'nın on gün için izinli olarak İstanbul'a gittiğini dört gün önce öğrenmiş ve hayret etmiştim.

Cemal Paşa ile, Samsun'a çıktığım günden beri millî davayı gerçekleştirmek için işbirliği yapmak, askerî ve millî hazırlıklara girişmek ve teşkilât kurmak konularında haberleşmelerimiz vardı. Kendisinden, ümit verici olumlu cevaplar almıştım.

Benimle bu tarzda ilişki kurmuş olan bir komutanın, kendi kendine izin alıp İstanbul'a gitmesi, akıllıca bir iş olmamak gerekirdi. Bu sebeple, 5 Temmuz 1919 tarihli şifre ile, Konya'da 12'nci Kolordu Komutanı Salâhattin Bey'e şu iki maddeyi yazdım:

1 — Cemal Paşa'nın on gün için İstanbul'a hareketinin gerçek sebebini açıkça ve çok acele olarak bildirmenizi;

2 — Zâtıâlînizin [34] hiçbir sebep ve suretle oradaki birliklerin başından ayrılmanız doğru değildir. Bu konuda Fuat Paşa ile de haberleşerek en kötü ihtimale karşı tedbirler almanız gereklidir. Her gün durumunuz hakkında kısa bilgiler vermenizi rica ederim.

Aynı şifrenin suretini aynı tarihte Ankara'da bulunan Fuat Paşa'ya da bildirdim.

Salâhattin Bey'in Konya'dan 6/7 Temmuz tarihinde, yani Refik Hâlit Bey'in Konya Valisi Cemal Bey'le telgraf başında konuştuğu sırada, cevap olarak verdiği şifreli telgrafta «Cemal Paşa, İstanbul'da bazı kimselerle temas etmek ve ailesiyle görüşmek üzere on gün için ve kendi isteği ile izinli olarak İstanbul'a gitmiştir» denilmekte idi *(Belge: 30, 31, 32, 33)*.

Cemal Paşa gitti, fakat gelemedi. Kendisini çok zaman sonra Ali Rıza Paşa kabinesinde Harbiye Nâzırı olarak göreceğiz.

Komutayı elden bırakmama emri

Maalesef, bu durumun tanığı olan ve kendisine birliklerinin başından ayrılmaması tavsiye edilen Salâhattin Bey'in de bir süre sonra İstanbul'a gittiğini öğrendik.

---

34) Siz yüksek şahsiyetin, sizin

Cemal Paşa'nın gösterdiği bu kötü örnek özerine, 7 Temmuz 1919 tarihinde, şu genel bildiriyi gönderdim.

1 — Bağımsızlığımızı koruma uğrunda kurulmuş ve teşkilâtlanmış olan millî kuvvetlere hiçbir şekilde müdahale ve saldırıda bulunulamaz. Devlet ve milletin mukadderatında millî irade söz sahibi ve hâkimdir. Ordu, bu millî iradeye bağlı ve onun hizmetindedir.

2 — Müfettiş ve komutanlar, herhangi bir sebeple komutadan uzaklaştırıldıkları takdirde, yerlerini alacak kimseler, işbirliği yapılacak niteliklere sahip iseler, komutayı onlara bırakacaklar; ancak, kendileri de yetki bölgelerinde kalarak millî görevlerini yapmaya devam edeceklerdir. Aksi takdirde, yani bir ikinci İzmir olayına yol açabilecek kimselerin tayini halinde, komuta asla bırakılmayacak, bütün müfettiş ve komutanlarca kendilerine güvenilemediği gerekçesi ile yapılan tayin reddedilecek ve kabul edilmeyecektir.

3 — Memleketimizi kolayca işgal edebilmek maksadıyla İtilâf Devletleri tarafından yapılacak baskılarla, hükûmet herhangi bir birliği, askerî ve millî teşkilâtımızı dağıtma emri verirse, bu emir kabul edilmeyecek ve yerine getirilmeyecektir.

4 — Hedef ve gayesi millî bağımsızlığı kurtarmak olan Müdafaa-i Hukuk-ı 30
Milliye ve Redd-i İlhak Cemiyetleri'nin ve teşebbüslerinin gerileme ve başarısızlığına yol açacak herhangi bir etki ve müdahaleyi ordu kesinlikle önleyecektir.

5 — Devlet ve milletin bağımsızlığını kurtarma gayesinde devletin bütün sivil memurları, Müdafaa-i Hukuk-ı Milliye ve Redd-i İlhak Cemiyetleri'nin ordu gibi meşru yardımcılarıdır.

6 — Vatanın herhangi bir bölgesine saldırıldığı takdirde, bütün millet, haklarını savunmaya hazır bulunduğundan, bu gibi olaylar karşısında, işbirliği için her yer biribirini en kısa zamanda haberdar ederek savunmada hareket ve işbirliği sağlanacaktır.

Bu bildiri, Anadolu ve Rumeli'de bulunan bütün ordu ve kolordu komutanlarıyla diğer ilgililere gönderilmiştir.

Refet Bey'in 3'üncü Kolordu Komutanlığını bırakması

Bu genel bildirimizden beş altı gün sonra, Kavak'tan, «3'üncü Kolordu Komutanı Refet» imzalı, 13 Temmuz 1919'da yazılmış bir şifreli telgraf aldım. Telgrafın metni aynen şudur:

İstanbul'dan bir İngiliz gemisiyle, Harbiye Dairesi Başkanı Albay Salâhattin Bey, benim görevimi devralmak üzere geldi. Benim de aynı gemi ile dönmemi Nezaret emrediyor. Salâhattin Bey gayeye uygun olarak çalışacak. Genel durumu göz önünde tutarak komutayı kendisine devretmeyi uygun buldum ve Harbiye Nezareti'ne görevden ayrıldığımı bildirdim. Ayrıca geniş bilgi veririm. Sıvas yönüne hareket ediyorum. 5'inci Tümen Komutanı Arif Bey vasıtasıyla Amasya'ya cevap veriniz.

Efendiler, itiraf etmeliyim ki, bu tutum ve tavırdan pek memnun olmadım. Refet Bey'in benimle olan işbirliği İstanbul'ca biliniyor. Bu çalışmaları benimseyen bir kimse onun görevini devralmaya hem de bir İngiliz gemisi ile gelince, derhal verilmesi tabiî olan hüküm, bu kimsenin İngiliz görüşüne hizmet edebileceği konusunda kendisine güvenilmiş olmasıdır. Bu hüküm, bir zandan ibaret olsa bile, Refet Bey'in komutayı devirde acele etmemesi, hiç olmazsa bizim de görüşümüzü alması gerekirdi.

Güvenip komutayı kendisine devrettiğine göre de, hiç olmazsa bir süre ondan ayrılmayıp, durumumuzu ve görüşlerimizi ona iyice benimseyinceye kadar birlikte çalışması ve kendisi ile aramızda bir bağlantı kurduktan sonra uzaklaşması yerinde olurdu, düşüncesinde idim. Bununla birlikte, bir oldubitti karşısında bırakılmış olduğuma göre, iki noktada tesellî aramakla yetinmeye mecburdum. Birincisi, Refet Bey'in telgrafındaki «Salâhattin Bey gayeye uygun olarak çalışacak» cümlesi, ikincisi de, Refet Bey'in hiç olmazsa İstanbul'a gitmemiş olması idi.

Bu durum üzerine, «komutanların İstanbul'a gitmek hususunda en küçük bir yanılmalarının pek pahalıya mal olacağını ve programımızı en iyi şekilde uygulamaya devam edeceğimizi» bütün komutanlara bildirmek suretiyle hemen dikkatlerini çektim. Refet Bey'e de aynı tarihte (14 Temmuz 1919), «Salâhattin Bey'in kararlarımızı istenildiği şekilde uygulayacağı, buradaki arkadaşları fazlasıyla duygulandırmış ve onlara güç kazandırmıştı» cümlesi de bulunan bir şifreli telgraf çektirdim.

Salâhattin Bey'in kendisine de aynen şu telgrafı çektirdim.

14.7.1919

Amasya'da 5'inci Tümen Komutanlığına

Refet Bey'edir: Aşağıdaki telgrafı, uygun görürseniz Salâhattin Bey'e ulaştırınız ve sonucunu bildiriniz.

Mustafa Kemal

Salâhattin Beyefendi'ye: İstanbul'un düşmanlarca kuşatılmış çevresinden milletin kutsal bağrına gelmeniz ve fedakâr arkadaşlarınızın azim ve vatanperverlik meydanına sizin de şeref vermiş olmanız büyük bir sevinçle karşılandı. Kutsal amacımızın gerçekleştirilmesi uğrunda gösterilecek ortak gayrette Tanrı hepimizi zafere ulaştıracaktır. Gözlerinizden öperim.

(Mustafa Kemal)
3' üncü Ordu Müfettişi
Kurmay Başkanı Albay
Kâzım

Salâhattin Bey hakkında ilk şüphe ve kararsızlık, yine Salâhattin Bey'in «gayeye uygun olarak çalışacağını» söylemesi üzerine kendisine güvenen ve hemen komutayı teslim edip Sıvas'a doğru uzaklaşan Refet Bey tarafından gösterilmiş oldu.

Refet Bey'in Amasya'dan çektiği bir telgraf, yalnız Salâhattin Bey hakkındaki şüpheyi değil, daha birkaç nokta ile ilgili görüşleri de ortaya koyuyordu. Müsaade buyurursanız olduğu gibi bilginize sunayım:

İvedi
Güvenlikle ilgili — **Amasya, 15.7.1919**
719

Erzurum'da 15'inci Kolordu Komutanlığına

Mustafa Kemal Paşa Hazretleri'ne:

Salâhattin Bey'i tanırsınız. Birdenbire ürkmemesi gerekir. Önce Kâzım Paşa, tebrik dolayısıyla ve yumuşak ifadelerle kendisiyle haberleşmeye girişmelidir. Hâmit Bey'in görevden alınması hakkında daha bir şey yok. Fakat yerinde bırakılması için teşebbüslerde bulunuldu. Görevden alınırsa buralarda kalacağını pek sanmıyorum. Bununla birlikte etkilemeye çalışıyorum. Benim dönmem için İngilizlerin hükûmete baskı yapacakları şüphesizdir. Ben kendimi duruma göre ayarlayarak buralarda kalacağım. İngilizlerden ve buradan geçen Amerikalılardan anladığıma göre, Kâzım Paşa'nın durumu da tehlikelidir. Her zaman ölçülü davranılmasını ve durumun iyi idare edilmesini tekrar tavsiye ederim (Refet).

5'inci Tümen Komutanı
Arif

Bu telgrafta adı geçen Hâmit Bey, Samsun mutasarrıfı idi. Hâmit Bey, Samsun'a gelişimizin ilk günlerinde, Refet Bey'in, aralarındaki eski hukuk ve dostluk dolayısıyla, ortak gaye uğrunda, sonuna kadar bizimle birlikte fedakârca çalışacak vasıfları taşıyan bir arkadaş olduğuna güvendiği için bana tavsiye ettiği ve benim Sadrazamlığa 32
ve Genel Kurmay Başkanı Cevat Paşa'ya durumu bildirerek Samsun'a getirebildiğimiz zat idi.

Böyle bir zatın, ergeç görevden alınacağına şüphe var mıydı? Fakat, Refet Bey, «yerinde bırakılması için gereken yerlere başvuruldu» diyor. Nerede? Kimlere gidilerek? Kim başvurmuştur? Sonra, «Görevden alınırsa buralarda kalacağını pek sanmıyorum. Bununla birlikte etkilemeye çalışıyorum!» diyor. Nereye? İstanbul'a mı gidecek? Nasıl? Bu zat bugüne kadar bizimle birlikte çalışmıyor muydu?

Bu telgrafında Refet Bey, kendisinin dönmesi için İngilizlerin hükûmete baskı yapacaklarını kesin olarak kabul ediyor ve kendisini duruma göre ayarlayarak buralarda kalacağını söylüyor. Oysa, durum belli ve yapılacak şeyi ben kendisine 7 Temmuz 1919 tarihli genel talimatımla bildirdim (adı geçen talimatın 2. maddesi). Ondan başka yapılacak şey yoktu.

R e f e t B e y, İngilizlerden ve buradan geçen Amerikalılardan anlamış ki, «K â z ı m P a ş a ' nın da durumu tehlikelidir. «Bu ne demektir? Azim ve iradelerini en çok korumaları gereken arkadaşların, bize karşı her halde rahmet okumayacak kimselerin sözlerinden tehlike kuruntusuna kapılmaları ve bunu inanarak söylemeleri ne demektir?

R e f e t B e y, telgrafının sonunda bana da ders veriyor, «Her zaman ölçülü davranılmasını» ve «durumun iyi idare edilmesini tekrar tavsiye ederim» diyor.

Buradaki «ölçülü» kelimesinden maksadın ne olabileceğinin yorumunu iz'an sahiplerine bırakırım.

Bana iyi idareyi tavsiye eden zat, bu tavsiyeyi, benim verdiğim emir ve talimatı hakkıyla yerine getirip görevi başından ayrılmadan önce yapmış olsaydı, daha içten hareket etmiş olurdu, sanırım.

Hâmit Bey'in İstanbul Hükûmeti'nce görevden alınması

Efendiler, H â m i t B e y, 14 Temmuz 1919 tarihinde Samsun'dan bana şu kısa telgrafı çekmişti:

Görevden alındığımı güvenilir bir kaynaktan haber aldım. Şu bir iki gün içinde emrin gelmesini bekliyorum. Sonra İstanbul'a gideceğimi arz ederim.

R e f e t B e y ' in komutayı bırakmış olmasının üzüntüsünde iken, aynı günde, önemli bir noktada kendisinden fedakârca bir davranış beklediğimiz diğer bir arkadaşın da, sanki olağan şartlar içinde bulunuyormuşuz gibi, anlaşılması güç bir tutum içinde olduğunu öğreniyorum.

H â m i t B e y ' e 15 Temmuz 1919 tarihinde şöyle bir telgraf çekildi:

Kardeşim H â m i t B e y, sizin yerinize İ b r a h i m E t h e m B e y ' in tayin edildiğini haber aldık. R e f e t ' e yazdım ve buluşarak birlikte iç taraflara doğru gelmenizi rica ettim. Bilmem hangi güvenlik duygusu, size İstanbul'a gitmek düşüncesini telkin ediyor. Bundan başka, biz, değerli arkadaşlarımızı İstanbul'dan Anadolu'ya çekmeye ve böylece gerçekten vatansever olanları millî gayeye hizmetten uzak tutmamaya çalışırken, siz bu hareketinizle, en azından düşmanlarca sarılmış bir çevreye giriyorsunuz. Biz hiç doğru bulmadık. R e f e t ' in yanına gidiniz. Ya Sıvas yakınlarında birlikte kalırsınız yahut da rahatça yanımıza gelirsiniz. Kesin cevap bekleriz *(Belge : 34)*.

Beş gün sonra (20 Temmuz 1919) Canik Mutasarrıfı H â m i t B e y ' in Samsun'dan gelen telgrafı şuydu:

Bizans'ın gittikçe artan rezaletleri karşısında ümitsizliğe düşen millet, Doğu'dan bir ümit ışığı bekliyor.

Buraları ve buradakileri öyle hayalî şekil ve yaratılışta görüyorlar ki, acaba bir şey var mı diye ben bile şüpheleniyorum. Kayıtsızlığımdan utanıyorum.

Gerçi uyumuyoruz. Bir şey yapmak istiyoruz. Ancak, bu şeyin şekil ve nazariyatı ile uğraştığımız, uzun yollar seçtiğimiz kanısındayım. Zamanın ve durumun beklemeye tahammülü yoktur. Memleketin durumu dakikadan dakikaya kötüleşiyor. Bu bakımdan düşünceler üzerinde fazla durmayarak çalışmalarımızı hızlandırmak gerekiyor. Bu hususta benim hatırıma gelen şudur:

Her yerden ve aynı zamanda Zâtışâhâne'ye birer telgraf çekelim. On aydan beri gözü önünde, çok defa kendi istek ve hevesince yapılagelen rezaletler yüzünden nereye sürüklenmekte olduğunu gören milletin, ne pahasına olursa olsun, mukadderatını ele almaya karar verdiğine dikkati çekip, kırk sekiz saat içinde milletin güven duyabileceği bir hükûmet kurulmadığı ve bir kurucu meclis'in [35] toplanmasına karar alınmadığı takdirde, ne kendisini ne de hükûmetini tanımadığımızı ekleyelim. Bunda hiçbir güçlük yoktur. Geleneğe uyarak boyun kırmaktan üzüntü duymayan millet, biz yürüyelim, arkamızdan gelsin efendim.

Beş gün önce, görevden alındığı takdirde İstanbul'a gideceğini arz eden Canik mutasarrıfının bu telgrafını, biraz öfkeli yazılmış olmakla birlikte, karar ve hareket telkin eder nitelikte bulduğumuzu tahmin etmek isterim.

Mutasarrıf Bey, milletin bir ümit ışığı beklediği yerde, acaba bir şey var mı diye şüpheleniyor.

Bizi ne yapmak istediğini bilmeyen, şekil ve nazariyatla uğraşan şaşkınlar zannediyor. Düşüncelerimizi kısaltarak çalışmalarımızı hızlandırmak için yapılacak şeyi de söylüyor. Eğer bundan sonra, bütün görüşlerindeki isabetsizliği açığa vuran çirkin bir düşünce ortaya koymamış olsaydı iyi ederdi.

Efendiler, tarih «geleneğe uyarak boyun kırmaktan üzüntü duymayan millet, biz yürüyelim, arkamızdan gelsin» düşünce ve inancında bulunanların karşılaştıkları sonuçlar ve cezalarla doludur. Yöneticilerin ve özellikle devlet adamlarının asla böyle sakat ve çarpık görüşlere kapılmamaları gerekir. Hâmit Bey, bu telgrafında, bizim, Refet Bey'le birlikte içerilere doğru çekilmesi konusunda yazdıklarımıza hiç dokunmuyor.

Hâmit Bey'in bu telgrafına 21 Temmuz 1919 tarihinde verdiğimiz bir cevapta: «İnşallah her şey olacaktır. Yalnız, milletin güvenebileceği bir kabine kurabilmek için, önce o kabinenin dayanabileceği bir kuvveti meydana getirmek lâzımdır. O da Doğu illeri kongresinin ve onun arkadasından da Sıvas genel kongresinin toplanması ile gerçekleşecektir» dedik.

Refet Bey'le haberleşmeler

Efendiler. 3'üncü Kolordu'dan, bu münasebetle Refet ve Salâhattin Bey'lerden yeniden söz etmek gerekiyor. İlgisi şudur:

---

35) Meclis-i müessisân'ın.

İngilizler Sıvas'a bir tabur gönderecekleri söylentisini yaydılar. Her ihtimale karşı Sıvas'a gelen çeşitli yönlerde askerî tedbirler aldırmak gerekmişti. Bu münasebetle Amasya'da bulunan 5' inci Tümen Komutanlığı'na 18 Temmuz 1919 tarihinde verdiğim bir emir metninde, daha o sırada Amasya'da bulunan Refet Bey'e ait de şu cümleler vardı: «Durum hakkında Refet Bey'in önemle dikkati çekildi. Belki Refet Bey böyle bir durumu dikkate alarak şimdilik Amasya'da kalmayı da tercih eder.»

5' inci Tümen Komutanı'nın 19 Temmuz 1919'da verdiği cevapta, dikkate değer şu cümleler yer alıyordu: 34

«Selâhattin Bey halen Samsun'dadır. Şimdiye kadar kendisi ile temas edemediğim gibi hiçbir ciddî ve önemli haberleşme de yapılmamış olduğundan, adı geçen komutanın düşünce ve inancının ne merkezde olduğunu bilemiyorum.»

«Ankara - Refet Bey - gerektiğinde İngilizlere karşı koyacak kadar cesaret gösteremeyeceğini hissettirmişti.»

Refet Bey 18 Temmuz 1919'da Sıvas'a hareket etti *(Belge: 35)*.

Bunun üzerine Refet Bey'e şu şifreyi verdirdim:

Şifre
Kişiye özel **19.7.1919**
Sayı: 115

Amasya'da 5' inci Tümen Komutanlığına, Sıvas'ta 3' üncü Ordu Sıhhiye Müfettişi Albay İbrahim Tali Beyefendi'ye,

Refet Bey' edir Salâhattin Bey'e telgrafımı verdiniz mi? Bu arkadaşımızın kesin kanaatlarının mutlaka tespit edilmesi ve kararsızlık yahut iki taraflı idare gibi felâket doğuracak bir duruma hiç bir şekilde tahammül ve rıza gösterilmemesi bir vatan görevi olduğundan, bu hususta evet veya hayır şeklinde kendisinden söz alınması ve ona göre bir karar verilmesi zarurîdir. Sizin bıraktığınız noktadan başlamak kendileri için en uygun programdır. Şimdiye kadar hemen bir hafta geçtiği halde hiç bir kesin bilgi alınamaması, İstanbul'dan gelen bir haberde kendisi hakkında sağlam bir kanaat gösterilmemesi ve hareketinden önce Sadık Bey'le gizli bir görüşme yaptığından ve dostluğundan söz edilerek şikâyet edilmesi bu telgrafımın yazılmasına yol açmıştır. Bu durumu ve sonuçlarını özellikle sizin takdir etmeniz ve çözmeniz gerekir. Zira, herhangi bir halk topluluğunda söyleyeceği yanlış ve millî gayeye aykırı bir tek sözün bile yaratacağı tepkiyi ve bunun doğuracağı durumu şimdiden düşünmek yeterlidir (Mustafa Kemal).

3' üncü Ordu Müfettişliği
Kurmay Başkanı Albay
Kâzım

Yalnız bu telgrafımıza değil, çok şeye cevap olan Refet Bey'in şu telgrafını olduğu gibi bilginize sunacağım :

Güvenlikle ilgili ve çok ivedi

1828 **Sıvas, 22.7.1919**

Erzurum'da 3' üncü Ordu Müfettişliği
Vekili Kâzım Karabekir Paşa Hazretleri'ne

1 — Mustafa Kemal Paşa Hazretleri'ne : Telgrafınızı Salâhattin Bey'den ayrıldıktan sonra aldığım için kendisine veremedim. Salâhattin Bey'i herkes gibi siz de çok iyi tanırsınız. Kararsız tabiatlı bir zattır. Bu bölgede on günden fazla kalmamak niyetiyle gelmiş. Az kalsın, komutayı almadan geri kaçacaktı. Kendisine güven duygusu vererek ve inandırarak vatanî görevini hatırlattım. Memleketini herhalde sever.
Ancak, vakitsiz iş görmeye gelemez. Aşağı yukarı Vali Reşit Paşa'dan biraz 35
daha iyi. 13' üncü Kolordu'dan geçen silâhlardan haberi olduğu gibi, bu işi halletmek üzere İstanbul'da da çalışmış ve başarılı olmuş. Buraya, Cevat Paşa tarafından seçilerek gönderilmiş. Bu bakımdan gayeye zararlı olamaz ve hiçbir halk topluluğunda gayeye aykırı tek bir söz söylemez. Aksine, millî gayeye uygun olarak fakat sessiz bir şekilde çalışacağına söz verdi. Sadık Bey'le ilişkisi hakkında verilen bilgilere inanmıyorum. Zaten aldığımız haberi iyice kontrol etmeden ve belirli bir program yapmadan çalışmak, kuvvetlerin kaybına yol açıyor. Doğu'nun durumu hakkında bana verdiğiniz bilgilerde, aldığınız abartılmış haberlere kapılmamış olsaydınız, belki de ben durumu daha iyi idare eder ve komutayı terke mecbur kalmazdım. Tek başına karar verecek insanların, gerçek durumu bilmeleri gereğini siz de takdir buyurursunuz. O halde, Salâhattin Bey'i boşu boşuna ürkütmek ve hayır dedirtmekle ne çıkacak? Zaten o kaçmaya hazır. Yerine acaba kim gelecek? Emirlerinizin kısa ve açık olmasını rica ederim. Sâlahattin Bey'le ilgili telgrafınızı lûtfen bir daha okuyunuz. Fırtına ile başlayıp sukûnetle biten bu telgraftan kesin olarak ne demek istendiğini çıkaramadım. Bununla birlikte, birkaç güne kadar Salâhattin Bey Samsun'dan dönüyor. Kendisiyle görüşeceğim. Şüphesiz kendisini uygun bir tarzda ve amaca hizmet yolunda idare için gerekli tedbirleri alıyorum.

2 — Samsun'a çıkarılan taburun, buradaki Hintli Müslümanları değiştirmekle birlikte, asıl Sıvas'ta bulunduğunuzu zannettikleri zâtıâlilerine karşı bir gözdağı vermek maksadıyla çıkarıldığını, İngilizlerle temasımda anladım. Beni İstanbul'a gitmeye razı etmek için, Kavak'ta bulunduğum zaman bir İngiliz binbaşısı geldi. İngilizlere karşı gösterdiğim direnmeyi fırsat bilerek fakat aslında zâtıâlilerini yıpratmak için beni görevden aldırdıklarını açıkça söyledi. Zâtıâlilerinin öteki dayanağı Kâzım Karabekir Paşa imiş. Bu bakımdan Kâzım Paşa, ellerine, İngilizlerin ısrarına yol açacak bir tutamak vermemelidir. Ferit Paşa'nın, istifanız üzerine Kâzım Paşa'yı komutan vekili olarak tayin etmesi, İstanbul'dakilerden bir kısmının kötü bir niyeti olmadığını gösteriyor. Ancak, İngilizlerin ısrarı karşısında bir şey yapamazlar. Kâzım Paşa'nın vekil olarak tayini de Salâhattin Bey'in Sadık Bey hesabına buraya gelmediğini gösterir.

3 — Benim İstanbul'a götürülmem için İngilizlerin İstanbul hükûmetine baskı yapmaları pek muhtemeldir. Çünkü, benimle İngilizlerin arasında resmî bir ilişki var (!). Bu baskı artarsa Salâhattin Bey'i güç bir durumda bırakmamak için izimi kaybettireceğim.

4 — Hâmit Bey'in değiştirileceği söylentisi daha gerçekleşmedi. Onun, yerinde bırakılması için gerek Salâhattin Bey ([36]) ve gerekse İngilizler İstanbul Hükûmeti'ne başvurdular. Bu zatın değiştirilmesi teşebbüsü Dahiliye Nezareti ile kavga etmesinin sonucudur. Salâhattin Bey'in yerine, Konya'ya Sedat Bey'in geldiği de doğru değildir. Her ne kadar Hâmit Bey' bütün komutanların değiştirileceğini haber aldığını yazıyorsa da Kâzım Paşa'nın vekil olarak tayini bunun aksini gösteriyor.

5 — Sıvas Kongresi ile ilgili olarak Sadrazamlıktan doğruca illere tebliğ 36
olunan 20 Temmuz 1919 tarihli telgrafı gördünüz mü? Karahisar'daki tümen komutanı bu kongreye temsilci seçilmesi için buralara bildiri yayınlamış. Bu davranış tarzını uygun buluyor musunuz? Almanya ile yapılan barış anlaşması ve Doğu'daki sessizlik, durumun gelişmesini beklerken bizim de ihtiyatlı bulunmamızı gerektirmiyor mu? Şahsım için hiç bir endişem olmadığını artık anlamışsınızdır (!). Yalnız, kararsız ve programsız hareketlerle gayeyi çıkmaza sokacağız. Ya ihtiyatlı olalım yahut da işi hemen açığa vuralım. Ne var ki, ikisinden birini yapalım. Sıvas Kongresi'nden bugün için bir fayda bekliyor musunuz? Bugünkü duruma göre, bu kongrenin Sıvas'ta ve açıktan açığa yapılmasını tehlikeli bulmuyor musunuz? Güney yönlerinden Sıvas'a gelecek bir darbe özellikle bu il halkının kansızlığı yüzünden Anadolu'yu ikiye ayırır ve pek tehlikeli olur. Bunun için bu ilin son ana kadar tarafsızmış gibi görünmesi son derece önemlidir. Bu kongrenin mutlaka toplanması gerekiyorsa, aldığımız haberlere göre, temsilciler de gelebilecekler ise, acaba bunun Doğu'da başka bir yerde toplanması daha uygun düşmez mi?

6 — Sıvas ve Amasya şehirlerinin halkı pek bayağı; ilçelerde, köylerde halk bunlara bakarak çok daha iyi. Bundan sonra, çalışmalarımı ona göre ayarlayacağım.

7 — İstanbul'dan aldığım haberde, buradaki Millî Mücadele'nin hiçbir parti veyahut bir şahsın kendi özel emellerini gerçekleştirmek maksadına dayanmayıp sırf milletin selâmet ve istiklâlini kurtarmak gayesine dayandığı konusunda, zâtıâlileri tarafından bir bildiri yayınlanarak İngilizlerin yatıştırılması tavsiye olunuyor. Buna gerek görüldüğü takdirde, ben, bunun zâtıâlîniz tarafından bir bildiri şeklinde değil, belki Erzurum Kongresi'nin kararlarına sokularak yayınlanmasının uygun olacağını zannediyorum.

8 — Ajanslar Meclis-i Meb'usan ([37]) seçimlerinden bahsediyorlar. Bu hususta ne düşünüyorsunuz? (Refet)

Bu telgrafa verdiğimiz cevabı da olduğu gibi aktarmakla yetineceğim.

---

36) Öteki Salâhattin Bey'dir (Atatürk'ün notudur). Konya'da 12'nci Kolordu Komutanı'dır.

37) Mebuslar Meclisi: Millet Meclisi.

Şifre
Subay eliyle çekilmesi **23.7.1919**
İvedi
171

Sıvas'ta 3'üncü Kolordu Kurmay Başkanı Zeki Bey'e

R e f e t B e y e f e n d i'ye:

1 — S a l â h a t t in B e y hakkındaki telgrafı bir defa daha okumak üzere aradım. Fakat, bulunamıyor. Hatırladığıma göre, bu zat için söz konusu olan hususlar İstanbul'dan bildirilmişti. Her alınan haberin doğruluğunu istenildiği gibi kontrol edebilmek nadiren mümkündür. Doğu'nun durumu hakkında aldığımız bilgiler, abartmadan uzak olmamakla birlikte, bize yanlış bir adım attırmış değildir, kanısındayım. Mukadderatımızda, yalnız Doğu'daki olayların gelişmesine bağlı kalınmakla yetinilmiş değildir. Millî teşkilâtı genişlik ve canlılık kazandırarak kökleştirmek, kongrelerle millî dâvâyı benimsetmek, ordunun millî teşkilâta destek ve yardımını sağlamak, millî dâvânın kaybına meydan vermemek için, komuta ve silâh meseleleri ile gereken kesin kararı verme hususlarında, şimdiye kadar yapıldığından başka türlü ve daha ihtiyatlı davranmak, acaba bugünkü verimli sonucu sağlayabilir miydi? Her halde şimdiki durum, herkesi sevindirecek derecededir. 37

2 — K â z ı m P a ş a'nın komutan vekilliğine tayini pek yerinde olmuştur. Ellerine İngilizlerin ısrarına yol açacak görünürde bir sebep vermemeye çalışıyor. Ancak, silâh konusunda ve Trabzon'a asker çıkarılmasını önleme hususunda hoşgörülü davranamayacağımız âşikârdır. Halbuki, ileri sürülen bu sebepler İngilizlerin hiç de hoşuna gitmeyecektir.

3 — İngilizler, benim İstanbul'a götürülmem için pek çok ısrar ettiler ve hükûmete ağır baskı yaptılar. Hükûmet ve Padişah ile makine başında günlerce devam eden görüşmeler sırasında bu nokta açıkça bildirildi. Bu konuşmaların metinleri, görüştüğümüzde sizin tarafınızdan da görülecektir. Yalnız şu var ki, meslekten ayrılınca ısrar son buldu. Bu bakımdan sizin için de istifadan sonra büyük bir ısrar olacağını sanmıyorum. Bununla birlikte ve aksi halde, izinizi kaybettirmektense, S a l â h a t t i n B e y'in güç duruma girmesini tercih ederim. Burada H â l i t B e y hakkında, hükûmet ve İngilizler K â z ı m P a ş a'ya çok ısrar ettiler. K â z ı m P a ş a bir şey yapılamayacağını söylemekte direndiği içindir ki, bugün H â l i t B e y, resmen olmasa bile, yine tümeninin başında bulunuyor.

4 — H â m i t B e y, son telgrafıyla hepimizden daha çabuk hareket etme isteğini gösteriyor. Şimdilik yumuşatıldı.

5 — Sıvas Kongresi ile ilgili telgrafı henüz görmedim. Gerçekten de bazı yerlerde olumlu bazı yerlerde olumsuz yönde aşırılıklar görülüyor. Şüphesiz duruma göre ve verimli hareketlerde bulunabilecek şekilde ihtiyatlı davranma taraflısıyım. Herkesi ilgilendiren bu açık ve kesin program, bugün toplanmaya başlayan Erzurum Kongresi görüşmelerinden çıkacaktır.

Sıvas Kongresi'nden pek çok yarar beklerim. Bugün değil, Sıvas Kongresi ilk defa söz konusu edildiği gün bile, her yönden ve özellikle güneyden bir darbe gelebileceğini büyük bir ihtimal dahilinde gördüğümü ve bundan dolayı da savunma tedbirleri alınması için ricada bulunduğunu hatırlarsınız. Bununla birlikte, Erzurum Kongresi toplandıktan sonra, Sıvas'a gelecek temsilcilerin sayısına

ve Erzurum Kongresi'nin yapacağı etkilerden doğacak duruma göre daha pratik ve güvenilir bir şekil de düşünülür.

6 — Siz kardeşimin, çalışmaları düzenleme konusundaki düşüncesi pek yerindedir. Ancak, şehirlileri de millî duygu ve etki altında tutmaktan uzak kalınmayacağını ümit ederim.

7 — Millî Mücadele'nin gaye ve hedefi kongre tarafından yayınlanacak bildirilerle, tasavvur buyurduğunuz şekilde duyurulacaktır.

8 — Meclis-i Mebusan toplanmalıdır. Fakat İstanbul'da değil, Anadolu'da. Bu konu kongrede görüşüldükten sonra teşebbüse geçilecektir. Hepimiz gözlerinizden öperiz kardeşim. (Mustafa Kemal)

3' üncü Ordu Müfettişliği
Kurmay Başkanı Albay
Kâzım

Erzurumluların yardımları

Efendiler, askerlikten ayrıldıktan sonra, bütün Erzurum halkının ve Vilâyât-ı Şarkiye Mühafaa-i Hukuk-ı Milliye Cemiyeti'nin Erzurum şubesinin bana karşı pek açık olarak gösterdikleri güven ve yakınlığın bende bıraktığı unutulmaz hâtırayı burada açıkça belirtmeyi görev sayarım.

Cemiyetin Erzurum şubesinden aldığım 10 Temmuz 1919 tarihli yazıda «Cemiyetin başına geçerek Yönetim Kurulu Başkanlığını kabul etmemi teklif ediyorlar ve birlikte çalışmak üzere seçtikleri beş kişinin adlarını bildiriyorlardı.»

Bu beş kişi, Raif Efendi, emekli Binbaşı Süleyman Bey, emekli Binbaşı Kâzım Bey, Albayrak gazetesi müdürü Necati Bey, Dursun Beyzâde Cevat Bey idi. Sözünü ettiğim yazıda Rauf Bey'in de Yönetim Kurulu İkinci Başkanlığı'na seçildiği bildiriliyordu *(Belge: 36)*.

Bu tarihlerde, Erzurum Şubesi Yönetim Kurulu Başkanı Raif Efendi, üyeler Hacı Hafız Efendi, Süleyman Bey, Maksut Bey, Mes'ut Bey, Necati Bey, Ahmet Bey, Kâzım Bey ve sekreter Cevat Bey idi.

Erzurum şubesi, İstanbul'daki Genel Merkez Başkanlığı'na ulaştırmaya çalıştıkları bir telgrafla «Genel Merkez adına karar verme ve söz söyleme yetkisinin bana verildiğinin telgrafla bildirilmesini»de rica ettiler *(Belge: 37)*.

Bundan başka, bizim Erzurum Kongresi'ne katılmamızı kolaylaştırmak için, Kongre Erzurum temsilcisi olarak seçilmiş bulunan emekli Binbaşı Kâzım ve Dursun Beyzâde Cevat Bey'ler temsilcilikten istifa ettiler.

II

Erzurum Kongresi

Efendiler, yüksek malûmunuz olduğu üzere, Erzurum Kongresi 1919 yılı Temmuzunun 23'üncü günü, pek gösterişsiz bir okul salonunda toplandı. İlk günü, beni başkanlığa seçtiler. Kongre üyelerini, durum ve bir dereceye kadar da tutulan yol hakkında aydınlatmak için yaptığım konuşmada :

«Tarihin ve olayların zoru ile, doğrudan doğruya içine düştüğümüz kanlı ve kara tehlikeleri göstermeyecek ve bundan irkilmeyecek hiçbir vatanseverin tasavvur edilemeyeceğine işaret ettim. Ateşkes Anlaşması hükümlerine aykırı olarak yapılan saldırı ve işgallerden bahsettim.

Tarihin, bir milletin varlığını ve hakkını hiçbir zaman inkâr edemeyeceğini, bu itibarla vatanımız, milletimiz aleyhinde verilen hükümlerin ergeç iflâsa mahkûm olduğunu söyledim.

Vatan ve milletin kutsal varlıklarını kurtarmak ve korumak hususunda son sözü söyleyecek ve bunun gereğini yerine getirecek gücün, bütün vatanda bir elektrik ağı haline gelmiş olan millî akımın kahramanlık ruhu olduğunu ifade ettim.

Maneviyatın kuvvetlendirilmesine yardımcı olmak üzere de, yeryüzündeki bilinen bütün milletlerin millî gayelerine ulaşmak için -içinde bulunduğumuz tarihteki- mücadeleleri ile ilgili mevcut bazı bilgileri özetledim.

Ve milletin mukadderatına hâkim bir millî iradenin, ancak Anadolu'dan doğabileceğini belirttim. Millî iradeye dayanan bir Millet Meclisi'nin meydana getirilmesini ve gücünü millî iradeden alacak bir hükûmetin kurulmasını, kongre çalışmalarının ilk hedefi olarak gösterdim» *(Belge : 38).*

Erzurum Kongresi'nin bildirisi ve kararları

Efendiler, Erzurum Kongresi 14 gün sürdü. Çalışmalarının sonucu, tespit ettiği tüzük ve bu tüzükteki hükümleri ilân eden bildiri maddelerinden ibarettir.

Bu tüzük ve bildiri metni, zaman ve ortamın gerektirdiği bazı önemsiz ve ikinci derecede düşünce ve görüşler atlanarak incelenirse, birta- 39
kım köklü ve geniş çaplı ilkeler ve kararlara varmış oluruz.

Müsaade buyurursanız, bu ilkelerin ve kararların bence, daha o zaman, nelerden ibaret olduğuna işaret edeyim :

1 — Millî sınırlar içinde bulunan vatan parçaları bir bütündür. Birbirinden ayrılamaz (Bildiri, madde 6; Tüzük madde 3'ün açıklaması : Tüzük ve bildiri'nin 1'inci maddeleri lûtfen okunup incelensin. . .)

2 — **Her türlü yabancı işgal ve müdahalesine karşı ve Osmanlı Hükûmeti'nin dağılması halinde, millet topyekûn kendisini savunacak ve direnecektir.** (Tüzük madde 2 ve 3; Bildiri, madde 3)

3 — İstanbul Hükûmeti vatanı koruma ve istiklâli elde etme gücünü gösteremediği takdirde, bu gayeyi gerçekleştirmek için geçici bir hükûmet kurulacaktır. Bu hükûmet üyeleri millî kongrece seçilecektir. Kongre toplanmamışsa bu seçimi Heyet-i Temsiliye ([38]) yapacaktır. (Tüzük, madde 4; Bildiri, madde 4)

4 — **Kuva-yı Milliye'yi** ([39]) **tek kuvvet olarak tanımak ve millî iradeyi hâkim kılmak esastır** (Bildiri, madde 3).

5 — Hristiyan azınlıklara siyasî hâkimiyet ve sosyal dengemizi bozacak imtiyazlar verilemez (Bildiri, madde 4).

6 — **Manda ve Himaye kabul olunamaz** (Bildiri, madde 7).

7 — Millî Meclis'in derhal toplanmasını ve hükûmetin yaptığı işlerin Meclis tarafından kontrol edilmesini sağlamak için çalışılacaktır (Bildiri, madde 8).

Bu ilkeler ve bu kararlar çeşitli şekillerde yorumlanmışsa da, gerçek niteliklerini hiç değiştirmeden uygulanma imkânı bulabilmişlerdir.

Efendiler, biz Kongre'de özetlediğim bu kararları ve bu ilkeleri ortaya koymaya çalışırken, Sadrazam Ferit Paşa da basında birtakım demeçler yayınlıyordu. Bu demeçlere, Sadrazam'ın milleti jurnalı dense yeridir. 23 Temmuz 1919 tarihli basın, dünyaya şunu ilân ediyordu: «Anadolu'da karışıklık çıktı. Kanun-ı Esasî'ye ([40]) aykırı olarak Meclis-i Meb'usan adı altında toplantılar yapılıyor. Bu hareketin askerî ve sivil memurlar tarafından önlenmesi gerekir.

Buna karşı gereken tedbirler alındı ve Meclis-i Meb'usan'ın toplantıya çağrılması istendi *(Belge: 39)*.

Ağustos'un yedinci günü, Kongre, toplantısına son verirken üyelerine :

«Önemli kararlar alındığını, bütün dünyaya milletimizin varlık ve birliğinin gösterildiğini» söyledim ve «tarih, bu kongremizi ender görülen büyük bir eser olarak kaydedecektir» dedim *(Belge: 40)*.

---

38) Temsil Hey'eti, yani 23 Temmuz 1919'dan 23 Nisan 1920'ye kadar Anadolu'da geçerli olan hükûmet.

39) Millî kuvvetler, millî güçler.

40) Anayasa'ya.

Sözlerimde isabetsizlik olmadığını zaman ve olayların ispatlamış olduğuna inanıyorum, Efendiler.

Erzurum Kongresi, tüzüğü gereğince bir Hey'et-i Temsiliye seçmişti.

Dernekler Kanunu'na göre, dilekçe yerine geçmek üzere, Erzurum 40
Valiliği'ne verilen 24 Ağustos 1919 tarihli yazıda, Heyet-i Temsiliye üyelerinin adları ve kimlikleri şu şekilde gösterilmiştir :

Mustafa Kemal	Eski 3' üncü Ordu Müfettişi, askerlikten ayrılmış.
Rauf Bey	Eski Bahriye Nâzırı [41].
Raif Efendi	Eski Erzurum Milletvekili.
İzzet Bey	Eski Trabzon Milletvekili.
Servet Bey	Eski Trabzon Milletvekili.
Şeyh Fevzi Efendi	Erzincan'da Nakşî Şeyhi.
Bekir Sami Bey	Eski Beyrut Valisi
Sadullah Efendi	Eski Bitlis Milletvekili.
Hacı Musa Bey	Mutki Aşiret Bey'i *(Belge : 41)*.

Efendiler, sırası gelmişken arz edeyim ki, bu kimseler hiçbir vakit bir araya gelip birlikte çalışmış değillerdir. Bunlardan İzzet, Servet ve Hacı Musa Bey'ler ile Sadullah Efendi hiç gelmemişlerdir. Raif ve Şeyh Fevzi Efendiler Sıvas Kongresi'ne katılmışlar fakat ondan sonra biri Erzurum'a öteki Erzincan'a dönerek bir daha Hey'et-i Temsiliye'de bulunmamışlardır. Rauf Bey ve Sıvas Kongresi'nde aramıza katılan Bekir Sami Bey İstanbul'da Meclis-i Meb'usan'a gidinceye kadar, bizimle birlikte bulunmuşlardır.

Erzurum Kongresi'nde görülen kararsızlıklar

Efendiler, hâtıra olarak küçük bir noktaya da işaret etmek isterim. Benim bu Erzurum Kongresi'ne üye olarak girip girmemekliğim, üzerinde düşünülmeye değer bulunduğu gibi, Kongre'ye katıldıktan sonra da başkan olup olmamaklığım konusunda kararsızlık gösterenler olmuştur. Bu kararsızlığı gösterenlerden bir kısmının düşüncelerini iyi niyet ve içtenliklerine vermek mümkün ise de, diğer bazı kimselerin bu hususta tamamen samimiyetten uzak, aksine mel'unca bir maksadın peşine düştüklerine daha o zaman şüphem kalmamıştı. Söz gelişi, düşman casusu olup her nasılsa Trabzon ilinde bir yerden kendisini kongreye temsilci seçtirerek gelen Ömer Fevzi Bey ve arkadaşları gibi. Bu zatın hainliği, sonradan Trabzon'da ve oradan kaçtıktan sonra da İstanbul'daki faaliyet ve hareketleri ile sabit olmuştur.

---

41) Deniz Kuvvetleri Komutanı'nın görevini yapan bir Deniz Kuvvetleri Bakanı, Donanma Bakanı.

Kongrenin bitiminden iki üç gün önce başka bir tartışma da söz konusu olmaya başlamıştı. Bazı yakın arkadaşlarım benim Hey'et-i Temsiliye'ye girerek açıkça faaliyet göstermemi sakıncalı buluyorlardı. Görüşleri şu noktalarda özetlenebilir : «Millî teşebbüs ve faaliyetlerin bütün anlamıyla milletten doğduğunu, gerçekten millî olduğunu göstermek lâzımdır. Bu takdirde, yapılacak teşebbüsler daha güçlü olur ve kimsenin kötü yorumuna ve özellikle yabancıların olumsuz düşüncelerine fırsat vermez. Fakat tanınmış ve hele İstanbul Hükûmeti'ne Hilâfet ve Saltanat makamına karşı âsî duruma düşmüş, hücumların hedef noktası haline gelmiş olan benim gibi bir adamın bütün bu millî teşebbüslerin başında bulunduğu görülürse, faaliyetin millî gayelere dayanmaktan çok, şahsî emellerin gerçekleştirilmesi maksadına dayandığı inancı uyanır. Bu bakımdan Hey'et-i Temsiliye'yi illerin ve müstakil sancakların seçeceği kimseler oluşturmalıdır. Ancak, bu şekilde millî bir güç gösterilebilir.»

Bu görüşlerin ne dereceye kadar yerinde olup olmadığını araştıra- 41
cak değilim. Yalnız benim de bu görüşlere karşı olan düşüncelerimi ve bunları dayandırdığım noktalardan bazılarını sayayım: Özellikle, ben mutlaka kongreye katılmalı ve onu idare etmeliydim. Çünkü, zaman geçirmeksizin millî iradenin faaliyete geçirilmesini ve milletin doğrudan doğruya fiilî ve silâhlı olarak tedbirler almaya başlamasını sağlamak zaruretine inanıyordum. Bu esaslı noktaları, takdir ve tespit ettirebilmek için, kongrede aydınlatmak, yol göstermek ve bizzat idare etmek suretiyle çalışmamı zarurî görüyordum. Nitekim öyle oldu. Erzurum Kongresi'nin daha önce açıkladığım ilke ve kararlarını, herhangi bir temsilciler hey'etinin uygulama alanına sokturabileceğime henüz güvencim olmadığını itiraf ederim.

Nitekim zaman ve olaylar beni doğrulamıştır. Bundan başka, daha Amasya'da iken karar verilip de bütün millete her türlü vasıta ile tebliğ ettirdiğim Sıvas Genel Kongresi'nin toplanmasını sağlamak, bütün milleti ve memleketi yalnız bir hey'etle temsil etmek, ayrıca yalnız Doğu illerini değil, vatanın her köşesini aynı dikkat ve duyarlıkla savunma ve kurtarma çarelerini bulmaya çalışmak hususlarını herhangi bir hey'etin gerçekleştirebileceğine inanmadığımı açıkça ifade etmek zorundayım. Çünkü, bende böyle bir kanaat var olsaydı, benim işbaşına geçtiğim güne kadar teşebbüs ve faaliyette bulunanların çalışmalarının sonuçlarını bekler ve istifa etmemek yolunu tutardım. Hükûmet'e, Padişah ve Halife'ye karşı isyan gereğini duymazdım. Aksine, ben de bazı iki yüzlü ve iki taraflı oynayanlar gibi görünüşte pek şatafatlı ve gösterişli olan, o günün Ordu Müfettişliği görevini ve Padişah Hazretleri'nin Yaveri ([42]) sıfa-

42) Yaver-i Hazret-i Şehriyarî.

tını taşımakta devam ederdim. Gerçi, benim açıkça ortaya atılmamda ve bütün millî ve askerî hareketlerin başına geçmemde elbette sakınca vardı. Ancak, o sakınca, başarısızlık halinde herkesten önce ve herkesten çok benim, en büyük ceza ve azaba uğratılmamdan başka bir şey olabilecek miydi? Oysa, bütün vatanın ve koskaca bir milletin ölüm kalım dâvâsı söz konusu olurken vatanseverim diyenlerin kendi sonlarını düşünmelerinin yeri var mıydı?

Efendiler, ben, bazı arkadaşlarca ileri sürülen düşünce ve kuruntulara uymuş olsaydım, iki bakımdan büyük sakıncalar ortaya çıkacaktı. Birincisi; düşüncelerimde, kararlarımda ve bütün kişiliğimde yetersizlik ve güçsüzlük olduğunu itiraf etmek ki, bu husus, benim, vicdanımın emrine uyarak yüklendiğim görev bakımından düzeltilmesi imkânsız bir yanılma olurdu.

Efendiler, tarih, itiraz edilemez bir şekilde ispatlamıştır ki, büyük dâvâlarda başarı için sarsılmaz bir kabiliyet ve kudrete sahip bir önderin varlığı şarttır. Bütün devlet adamlarının ümitsizlik ve beceriksizlik içinde . . . . bütün milletin başsız olarak karanlıklar içinde kaldığı bir sırada, her vatanseverim diyen binbir çeşit insanın, binbir hareket ve görüş tarzı ortaya attığı ve her şeyin allak bullak oduğu bir dönemde, danışmalar yolu ile, birçok hatırlı ve nüfuzlu kimselere bel bağlama gereğine inanmakla, güvenli ve kararlı bir şekilde ve özellikle sür'atle yol almak ve en sonunda çok çetin olan hedefe ulaşmak mümkün müdür? Tarihte, bu tarzda başarıya ulaşmış bir toplum gösterebilir mi? İkincisi Efendiler; millet, memleket, siyaset ve ordu yönetimi ile hiçbir ilgi ve ilişkileri bulunmamış, bu alanda başarıları görülmemiş ve denenmemiş olan gelişigüzel kimselerden, söz gelişi Erzincanlı bir Nakşî Şeyhi ve Mutki'li bir aşiret reisi gibi zavallılardan da kurulması ihtimalden uzak olmayan herhangi bir temsilciler hey'etine, söz konusu durum ve görev emanet edilebilir miydi? Edildiği takdirde, memleket ve milleti kurtaracağız dediğimiz zaman, milleti ve kendimizi aldatmış olmak gibi bir ya- 42
nılgıya düşmeyecek miydik?

Bu nitelikteki bir hey'ete perde arkasından yardım edilebileceği söz konusu olsa bile, bu tarz güvenli bir yol sayılabilir miydi?

Bu söylediklerimin, o günlerde değilse bile, artık bugün bütün dünyaca inkâr edilemeyecek gerçekler olarak kabul edildiğine asla şüphe yoktur. Bununla birlikte, ben burada bu söylediklerimi geçmiş günlere ait bazı hâtıra ve belgeler ile bir kere daha belirtmeyi, gelecek nesillerin siyasî ve sosyal ahlâk terbiyesi açısından bir görev sayarım.

Bu dakikaya kadar olduğu gibi bundan sonra da üzerinde duracağım olaylar dolayısıyla, bu husus, kendiliğinden aydınlığa kavuşacaktır.

***

Efendiler, Erzurum Kongresi'nin bitiminde, Ferit Paşa'dan sonra Harbiye Nezareti'ne yeni geldiği anlaşılan bir Nazım Paşa imzasıyla, 15'inci Kolordu Komutanlığı'na 30 Temmuz 1919 tarihli şöyle bir emir geldi.

Mustafa Kemal Paşa ile Refet Bey'in hükûmetin kararlarına aykırı faaliyet ve hareketlerinden dolayı hemen yakalanarak İstanbul'a gönderilmeleri Bâbıâlî'ce uygun görülüp, o bölgedeki memurlara emirler verildiğinden, Kolordu'ca gereken yardımda bulunulması ve sonucundan bilgi verilmesi rica olunur.

Bu emre Kolordu Komutanlığı tarafından lâyık olduğu şekilde cevap verildi. Bu cevabı öteki komutanlara da verdirerek dikkatlerini çektirdim.

Kongre bildirisi, memleket içinde her yere ve yabancı devlet temsilcilerine çeşitli vasıtalarla gönderildi. Tüzük de komutanlara ve öteki güvenilir makamlara kısım kısım şifre ile verilerek, oralarda basılmasının ve çoğaltılıp dağıtılmasının sağlanmasına çalışıldı. Bu durum tabiatıyla günlerce devam etti. Bu münasebetle Sıvas'ta 3'üncü Kolordu Komutanı Salâhattin Bey'den aldığım 22 Ağustos 1919 tarihli bir telgrafta: «Tüzüğün ikinci ve dördüncü maddelerinin yayınlanmasını sakıncalı bulduğu, bir kere daha incelenmesi gereği» bildiriliyordu *(Belge: 42)*.

İkinci madde — Topyekûn savunma ve direnme esasının kabul edildiği;

Dördüncü madde — Geçici bir idare kurulabileceği hususundaki maddelerdir.

Karakol Cemiyeti

Biz Erzurum'da kongre kararlarının her tarafça anlaşılmasını ve topyekûn uygulanmasını sağlayıcı tedbirleri almaya çalışırken, bize «Karakol Cemiyetinin Teşkilât-ı Umumiye Nizamnamesi ([43]), ve Karakol Cemiyetinin Vezaif-i Umumiye Talimatnamesi ([44]) diye basılı birtakım kâğıtların, bütün orduya, komutan, subay, herkese dağıtıldığı bildirildi.

Bu yönetmeliği okuyan bana en yakın komutanlar bile, bu teşebbüsün benden geldiğini sanarak, birçok şüphe ve kararsızlıklara düşmüş-

43) Karakol Cemiyetinin Genel Kuruluş Tüzüğü.
44) Karakol Cemiyetinin Genel Görev Yönetmeliği.

ler. Benim bir yandan kongrelerle açıkça ortak millî faaliyetlerde bulunurken, bir yandan da esrarengiz ve korkunç bir komite kurmaya çalıştığım zannına kapılmışlar. Gerçi, bu örgütün ve teşebbüslerin elebaşıları İstanbul'da bulunuyorlarmış; fakat, teşebbüslerini benim ad ve hesabıma yapmakta imişler.

Karakol Cemiyeti'nin genel kuruluş tüzüğü'ne göre, genel merkez üyeleri, sayıları, toplantı yer ve toplanış şekilleri, seçim usulleri ve görevlendirilmeleri kesinlikle gizli tutulur.

Bir de, en ufak bir sırrı açığa vuran, Karakol Cemiyeti'ne bir teh- 43
like getiren, hattâ tehlikeye yol açabilecek bir şüphe uyandıran kimseler
derhal idam edilir.

Genel Görev Yönetmeliği'nde de bir «millî ordu'dan» söz ediliyor ve «bu ordunun başkomutanı, büyük kurmay hey'eti, ordu, kolordu ve tümen komutanları ile kurmayları seçilmiş ve tayin edilmiş olup gizli tutulur. Bunlar görevlerini gizli olarak yaparlar» açıklaması okunur.

Efendiler, derhal komutanları uyararak, bu tüzük ve yönetmelik hükümlerini asla uygulamamaları gerektiğini ve bu teşebbüsün kaynağını araştırmakta olduğumu bildirdim.

Sıvas'a varışımdan sonra, oraya gelen Kara Vasıf Bey'den anladım ki, bu işi yapan kendisi ve bazı arkadaşları imiş.

Herhalde, bu hareket tarzı doğru değildi. Herkesi idam ile tehdit ederek bilinmeyen bir merkezin, bilinmeyen bir başkomutanın, bilinmeyen birtakım komutanların emirlerine uymak mecburiyetinde bırakmaya kalkışmak çok tehlikeliydi. Gerçekten de, bütün ordu mensuplarında biribirlerine karşı bir güvensizlik ve korku başladı. Söz gelişi, herhangi bir kolordu komutanının, «benim komuta etmekte olduğum kolordunun acaba bilinmeyen gizli komutanı kimdir? Bu gizli komutan ne vakit ve nasıl komutayı ele alacak ve bana ne gibi bir işlem uygulayacak gibi haklı birtakım kuruntulara kapılması ihtimalden uzak değildi.

Sıvas'ta Kara Vasıf Bey'e bu gizli merkezin, gizli başkomutanın ve gizli büyük kurmay hey'etinin kimler olduğunu sorduğum zaman, hepsi siz ve arkadaşlarınızdır, karşılığını vermişti. Bu beni büsbütün şaşırtmıştı. Böyle bir karşılık elbette akla yatkın olamazdı. Çünkü, bana asla böyle bir örgütlenmeden kimse söz etmiş ve iznimi de almış değildi.

Bu derneğin, sonradan, özellikle İstanbul'da yine aynı adla faaliyetini sürdürmeye çalıştığı anlaşıldıktan sonra, kuruluşunda ve bununla ilgili olarak bize vermek zorunda kaldıkları bilgilerde samimiyet bulunabileceği iddia edilemez.

Avrupa'dan bir şey başaramadan dönen Ferit Paşa'ya çektiğim şifre

İstanbul Hükûmetini millî teşebbüsleri engellemekten vazgeçirmek, başarıda sağlayacağı çabukluk ve kolaylık bakımından önemli idi. Bu düşünce ile ve Ferit Paşa'nın, tabiatıyla hiç bir şey başaramadan, adeta hakarete uğramış bir durumda İstanbul'a dönüşünden yararlanarak, kendisine 16 Ağustos 1919 tarihinde bir şifreli telgraf yazdım. Bu telgrafta başlıca şu cümleler vardır :

Mösyö Clémenceau (Klemanso)'nun, siz Sadrazam Hazretleri'nin yüksek şahsiyetlerine olan ayrıntılı cevabını, ben âcizleri son günlerde okuyunca İstanbul'a nasıl acı ve üzüntüler içinde dönmüş olduğunuzu takdir ediyorum.

....

Vatanımızı paylaşma ve yok etme düşüncesini bu kadar açık ve haysiyet kırıcı bir şekilde ortaya koyan bu ifade karşısında titremeyecek duygulu bir insan düşünemiyorum. Tanrı'ya binlerce şükredelim ki, milletimiz, ruhundaki kahramanlık azmiyle, tarih boyunca sürüp gelen hayat ve varlığını, hiçbir zaman ne kaderin akışına ne de böyle cellâtça hükümlere kurban etmeyecektir. 44

Şimdi pek eminim ki, siz Sadrazam Hazretleri'nin yüksek şahsiyetleri, bugünkü genel durumu, devlet ve milletin gerçek çıkarlarını üç ay önceki gözlerle görmüyorlar.

Dokuz aydan beri iş başına gelen hükûmetlerin hep biribirinden daha çok yıpranması ve sonunda da ne yazık ki, artık iş göremez bir duruma düşmesi, milletin yüksek haysiyeti karşısında doğrusu pek üzücü oluyor. Şurası bir gerçektir ki, vatan ve milletin mukadderatı adına içeride ve dışarıda sesini duyurmak ve söz sahibi olabilmek, mutlaka millî iradeye dayanmayı şart kılar.

Hayat hakkı ve bağımsızlığı için çalışan milletin amacındaki bu asalet ve ciddiyete karşılık, İstanbul Hükûmeti, düşmanca davranmak yolunu tutuyor. Bu davranış tarzı, elbette büyük bir üzüntü doğuruyor. Milleti, İstanbul Hükûmeti'ne karşı istenmeyen hareketlere sürükleyebilecek niteliktedir. Çok açık olarak arzedeyim ki, millet her türlü iradesini kullanabilecek güçtedir. Teşebbüslerinin önüne geçebilecek hiçbir kuvvet yoktur.

İstanbul Hükûmeti'nin olumsuz teşebbüsleri hiçbir yerde hiçbir kimse tarafından uygulanamayacaktır. Millet, çizdiği program çerçevesinde pek kesin ve açık adımlarla hedefine doğru yürümektedir. İstanbul Hükûmeti'nin şimdiye kadar süregelen engelleyici teşebbüslerinin hiçbir yerde hiçbir etki yapamamakta olmasıyla, gerçek durumun takdir buyurulmuş olacağına şüphe edilemez.

İngilizlerin gösterdikleri yolda bir kurtuluş çaresi aramak da boşunadır ve sonucu bir hiçtir. Bununla birlikte, İngilizler de en sonunda kuvvetin millette olduğunu takdir ederek, hiçbir dayanağı olmayan ve millet adına hiçbir taahhütte bulunamayan, bulunsa bile milletçe kabul edilemeyecek olan bir hükûmetle sonuç alınabilecek bir işe girişmenin mümkün olamayacağına inanmışlardır ....

Bütün dilekler şu noktada birleşmiştir ki, hükûmet meşru olan milli akımı engellemeye çalışmaktan vazgeçerek, Kuva-yı Milliye'ye dayansın ve bütün teşebbüslerinde kendine millî gayeyi rehber edinsin.

Bunun için de millî varlığı ve millî iradeyi temsil edecek olan Meclis-i Meb'usan'ın en kısa zamanda toplanmasını sağlasın! ....

Sivas Kongresi hazırlıkları

Efendiler, Sıvas'ta toplanmasını sağlamaya çalıştığımız kongreye her taraftan temsilci seçtirmek ve onların Sıvas'a gelmelerini sağlamak üzere, daha Amasya'da iken başlamış olan çalışma ve yazışmalar devam ediyordu. Bütün komutanlar ve birçok vatansever her yerde olağanüstü bir çaba harcıyorlardı. Ne var ki, yine her tarafta olumsuz ve aleyhte propagandalar ve özellikle İstanbul Hükûmeti'nin engelleyici tedbirleri işi güçleştiriyordu.

Bazı yerlerden hem temsilci seçmiyorlar hem de maneviyat kıracak ve herkesi ümitsizliğe düşürecek cevaplar veriyorlardı. Örnek olarak, 20'nci Kolordu Komutanı adına Kurmay Başkanı Ö m e r H a l i s 45
B e y 'in İstanbul'dan gelen bilgileri içine alan 9 Ağustos 1919 tarihli şifresinde, şu maddeler dikkate değer görüldü:

«1 — İstanbul temsilci göndermiyor. Oradaki işleri uygun bulmakla birlikte, cür'etli bir duruma girmeyi de istemiyor.

2 — İstanbul'dan temsilci göndermek imkânsızdır. Gönderilmek istenen kimseler, orada verimli, başarılı iş göreceklerine emin olmadıklarından dolayı, boşuna masraf etmemek ve yolculuk sıkıntılarına katlanmamak için hareket etmiyorlar. (Bilindiği üzere, bazı kimseleri özel birer mektupla da davet etmiştik.)»

Biz, her yerden temsilci seçtirmek ve göndertmekte karşılaşılan güçlükleri yenmeye çalışırken, öte yandan kongrenin toplanması için en güvenli bir yer olarak seçtiğimiz Sıvas'ta da bir telâş ve heyecan başladı.

Efendiler, burada, sırası gelmişken arz edeyim ki, ben Sıvas'ı gerçekten de her bakımdan güvenli bir yer saymış olmakla birlikte, daha Amasya'da iken Sıvas'a gelen bütün yollar üzerinde uzaktan ve yakından her türlü askerî tedbir ve tertipleri aldırmayı da ihtiyatlı olmanın gereği saymıştım.

Sivas Valisinin endişeleri

Sıvas'ın heyecanı şöyle öğrenildi. 20 Ağustos günü öğleyin, Sıvas Valisi R e ş i t P a ş a tarafından telgraf başına davet olunduğum zaman, Paşa'nın uzun bir telgrafı veriliyordu. O telgraf şudur:

Erzurum'da Mustafa Kemal Paşa Hazretleri'ne

Önce, rahatsız ettiğim için beni bağışlamanızı diler ve zâtıdevletlerinin sağlığını sorarım. Neden rahatsız ettiğimi aşağıda arz ediyor ve açıklıyorum efendim. Görünüşte, Fransızlara ait kuruluşları teslim almak, gerçekte buraların durumu konusunda incelemelerde bulunmak üzere, Cizvit papazlarıyla birlikte İstanbul'dan önceki gün Sıvas'a gelerek valilik makamını ziyaret eden Fransız subaylarının ziyaretlerini iade için dün sabah yanlarına gitmiştim. Ziyaret ve görüşmenin sonunda orada hazır bulunan Fransız Binbaşılarından Jandarma Müfettişi Mösyö Brunot (Brüno) biraz özel görüşmek isteğinde bulunarak bendenizi başka bir odaya aldı. Söylediği sözleri olduğu gibi aktarıyorum:

«Mustafa Kemal Paşa ile Kongre Hey'etinin Sıvas'a gelerek burada da bir kongre yapacaklarını işittim. Bunu İstanbul'dan gelen Fransız subayları söylediler. Sizinle bu kadar samimi görüşüp şahsınıza karşı pek çok saygı duyarken bu konuyu benden saklamanıza çok üzüldüm», dedi. Bendeniz de gereken cevabı vererek kendisini inandırmaya çalıştımsa da son söz olarak: «Eğer Mustafa Kemal Paşa Sıvas'a gelir ve burada kongre yapmaya kalkışırlarsa, beş on gün içinde buraları, işgal etme kararının verildiğini kesin olarak biliyorum. İnanmazsanız, gerçekleştiğinde görürsünüz. O zaman vatanınızın felâketini hazırlayanlar arasına siz de girmiş olursunuz sözlerini söyledi. Dahiliye Nezareti'nden aldığım şifreli telgraf da başka şekilde yazılmış olmakla birlikte aynı kanaati verecek nitelikte idi. Yeni gelen Fransız subaylarından biri 46
de dün kolordu komutanı ile uzun uzadıya görüşerek, kongre hakkında komutan beyefendi'nin düşüncesini anlamaya çalıştığı gibi, bu sabah da Mösyö Brunot bendenize gelerek saat 15.00'te öteki Fransız subaylarıyla birlikte kongre hakkında görüşüleceğini, ancak kendisinin aradaki samimiyet dolayısiyle daha önce ayrıca görüşmek istediğini bildirdi. Bir süre konuşulduktan sonra sonuç olarak şunu da ekledi: «Ben dünden beri bu mesele üzerinde çok düşündüm. Sonunda şuna karar verdim ki, eğer Mustafa Kemal Paşa ile Kongre Hey'eti, Sıvas Kongresi'nde İtilâf Devletleri aleyhine kışkırtmalarda bulunmazlar ve onlar hakkında saldırgan bir dil kullanmazlarsa, kongrenin toplanmasında hiçbir sakınca yoktur. Bizzat ben General Franchet d'Esperey (Franşe Despere)'ye yazar, Mustafa Kemal Paşa hakkındaki tutuklama emrini geri aldırır ve kongrenin toplanmasına engel olunmaması için Dahiliye Nezareti'nden size emir verdiririm. Ancak, şu şartla ki, siz de benden hiçbir şeyi saklamayacaksınız ve samimî dostluğumuzdan dolayı birbirimize karşı daima açık bir dil kullanacağız. Yalnız, kongrenin toplanma tarihini öğrenmek gerekir» dedi. Bendeniz de kendisine bu konuda bir şey bilmediğimi, öğrendiğimde kendisine bildireceğimi ve aradaki dostluğa dayanarak hiçbir şeyi saklamayacağımı söyledim.

Binbaşının işgal konusunda dünkü kesin ifadesine rağmen bugünkü yumuşaklığının sebebini, bütün incelikleri gören yüksek dikkatinize arz etmeyi görev bilir ve bu hususta sözü uzatmayı gereksiz sayarım. Öyle anlaşılıyor ki, bunların düşüncesi, kongreyi Sıvas'ta toplatmaya razı görünerek sayın kongre üyeleri ile sizi burada toplamak ve el altından hazırlıklarda bulunarak bütün arkadaşları ele geçirmekten ve işgal mes'elesini de bir oldu bitti haline getirmekten ibarettir. Dün akşam Dahiliye Nezareti'nden aldığım şifreli telgraf da, başka şekilde yazılmış olmakla birlikte, nitelik bakımından hemen hemen aynı idi. İşte bendeniz her gerçeği gizli tutulmak istirhamı ile efendimize arz ediyorum. Bundan sonra tutulacak yolun tayini size düşer. Entrikalı bir tehlikenin bu kadar yakın ve âdeta elle tutulacak derecede görünürde olduğunu bilip dururken, durumdan zâtıâlîlerini haberdar etmemeyi ve dolayısıyla Sıvas'ta kongre toplanmasından vazgeçilmesini arz etmemeyi vicdanıma sığdıramadım. İşte bunun için zâtıdevletlerinden ve orada bulunan diğer sayın arkadaşlardan pek çok rica ederim ki, ikinci bir kongrenin toplanmasına mutlak bir ihtiyaç yoksa, vazgeçilsin. Varsa, dört yandan işgali pek kolay olan Sıvas'ın toplantı merkezi olmasından vazgeçilerek, işgal ihtimali pek uzak olan Erzurum'da veyahut uygun görülürse, Erzincan'da toplanması çarelerinin araştırılmasını, memleketin selâmeti adına istirham ederim. Kolordu Komutanı Salâhattin Beyefendi de bu husustaki düşüncelerini ayrıca Kâzım Paşa Hazretleri vasıtasıyla size yazacaklardır. Şimdi yanımda bulunan eski Sıvas milletvekili Rasim Bey de, eski Erzurum Milletvekili Hoca Raif Efendi Hazretleri'ne bu husustaki bilgi ve görüşlerini bildiren bir telgraf çekecektir. Elbette, okuduktan sonra, Hoca Raif Efendi Hazretleri'nin Ilıca'dan dönüşünde kendilerine yollamak lûtfunda bulunursunuz. İşte efendim durum bu merkezdedir. Herkesçe bilinen vatanseverliğinize karşı fazla rahatsızlık vermekten çekinir, cevabınızda vereceğiniz emrinizi beklerim efendim. İşte Rasim Bey'in telgrafı.

Reşit

Bu telgrafa orada verdiğim cevabı olduğu gibi arz edeceğim. Ertesi gün Heyet-i Temsiliye adına da aynı nitelikte uzun bir telgrafla vali yatıştırılmaya ve inandırılmaya çalışıldı *(Belge: 43)*. Ayrıca Kadı Hasbi Efendi'ye de dolaylı olarak bir telgraf çekildi *(Belge: 44)*. Kolordu Komutanı'na da gerektiği gibi yazıldı *(Belge: 45)*. Rasim Bey'e de endişeye kapılmaması için kendim yazdım *(Belge: 46)*. 47

Sıvas Valisi Reşit Paşa Hazretleri'ne

20/8/1919
Saat : 13.00

Verdiğiniz bilgilere ve yüksek düşüncelerinize özellikle teşekkürümü arz ederim. Mösyö Brunot ve arkadaşlarının bir gözdağı vermek için söyledikleri sözleri tamamiyle blöf olarak saydım. Sıvas Kongresi'nin toplanması yeni bir mesele değildir; aylarca öncesinden dünyaca bilinen bir teşebbüstür. Gariptir ki, İstanbul'da bulunan yetkili Fransız siyaset adamlarının da bana gönderdikleri haberler, Anadolu'da millet tarafından girişilmekte olan teşebbüslerin pek haklı ve meşru olduğu, milletimizin istekleri kendilerine ve açıkça bildirildiği takdirde, bunları memnunlukla kabul ile gereğini yerine getireceklerine dair şimdiden yazılı güvence vermeye hazır oldukları şeklindedir. Mösyö Brunot'nun ikinci görüşmede ağız değiştirmesi ve yumuşaması, beni kazanma maksadına dayanabilir. Binbaşı Brunot'nun dediği gibi Sıvas'ın Fransız'lar tarafından beş gün içinde işgali o kadar kolay bir şey değildir. Zâtıdevletinizin hatırında olsa gerekir ki, İngilizler bu konudaki tehditlerinde daha ileri giderek Batum'daki askerlerinin Samsun'a çıkarılmasına karar verdiler. Hattâ, sözde beni yıldırmak için, bir tabur bile çıkardılar. Fakat, bu teşebbüse karşı, milletin sarsılmaz bir azim, iman ve ateşle karşı koyacağı gerçeği kendilerince anlaşıldıktan sonra, hem kararlarından vazgeçmeye hem de Samsun'a çıkarmış oldukları askerleriyle birlikte orada bulunan taburu da alıp götürmeye mecbur olmuşlardır. Sıvas Kongresi'nde ele alınacak hususlar da, Erzurum Kongresi bildirisi'ndeki maddelerden kolaylıkla anlaşılacağına göre, İtilaf devletleri aleyhine kışkırtmalarda bulunmak gibi maksatlar asla söz konusu değildir. **Burada şunu da arz edeyim ki, bendeniz ne Fransızların ve ne de herhangi bir yabancı devletin yardımına tenezzül eden şahsiyetlerden değilim. Benim için en büyük korunma yeri ve yardım kaynağı milletimin bağrıdır.** Kongrenin gereği, zaman ve toplanma yeri hakkında söz sahibi olmak, bendenizin şahsî hükmünün pek üstünde bir söz sahibi olan millet kararına bağlı bir durumdur. Yalnız, tahmin buyurulduğu gibi, Fransızların, kongre üyelerinin Sıvas'ta toplanmasına taraftar görünerek, sonradan onları ele geçirme imkânını bulabilmesi bizce pek uzak kuruntulardandır. Bütün bu arz ettiklerimi Mösyö Brunot'ya aynen söylemenizde hiçbir sakınca görmüyorum. Bu münasebetle Mösyö Brunot ve arkadaşlarına, milletimizi savunmak için, Erzurum Kongresi Bildirisi ile, bütün dünyaya olduğu gibi kendilerinin İstanbul'daki siyasî temsilcilerine de duyurmuş olduğu temel kararları uygulamakta hiçbir şekilde kararsızlığa düşmesine imkân bulunmadığı bildirilmiş olur. Mösyö Brunot bilmelidir ki, Fransızların Sıvas'ı işgale karar vermeleri, kendilerine pek pahalıya mal olabilecek yeni kuvvetlerle ve çok paralarla yeni bir harbe karar vermelerine bağlıdır. Böyle bir kararın, Jandarma Binbaşısı Mösyö Brunot ve arkadaşları arasında söz konusu edilse bile, Fransız milletince kabul edilebileceğine ihtimal verilemez.

Milletvekili Rasim Bey'in, Raif Efendi Hazretleri'ne olan telgrafını okudum. Korkmanın yeri olmadığının kendisine bildirilmesini rica ederim. 48

Gerek bendenize vermiş bulunduğunuz bilgi ve düşünceleri gerek Rasim Bey'in telgrafını Hey'et-i Temsiliye'ye olduğu gibi takdim edeceğim yalnız, Sıvas Kongresi hakkındaki kesin karar ancak Hey'et-i Temsiliye'nin görüşmeleri sonunda belli olacaktır. Alınacak karar, yüksek şahsiyetinize elbette arz olunacaktır. Yalnız, bugün için istirhamım, Brunot'nun tehditlerinin halk arasında yayılıp maneviyatın bozulmasına engel olunmasıdır. Samimî saygılarımın kabulünü ve Sâlahattin ve Refet Beyefendi'lere selâmımın bildirilmesini istirham ederim. Muhterem Paşa Hazretleri.

Mustafa Kemal

(Verilen Cevap Üzerine Reşit Paşa'dan Alınan İkinci Telgraftır)

Bendeniz anlayabildiğim kadarını Efendimize arz etmekle vicdanî görevimi yerine getirmiş oluyorum. İstanbul'daki Fransız ordu ve siyaset adamlarının görüşlerini ve zâtıdevletlerine karşı vermiş oldukları sözlerin ne dereceye kadar güvenilebilir olduğunu kestirememekte haklıyım. Şüphe götürmez olan vatanseverliğiniz açısından vatanın kurtuluşu söz konusu olduğuna göre, iyice düşünerek tutulması gerekli yolun belirlenmesi Efendimize ve yüksek kongre hey'etinin orada bulunan sayın üyelerine düşer. Emirlerinizi yerine getireceğimizi arz ile derin saygılarımı sunarım, efendim.

Reşit

Efendiler, Diyarbakır ve Bitlis dolaylarındaki halkı aydınlatmak maksadıyla, oralarda ordu komutanı olarak bulunduğum sıralarda, bir kısmını şahsen tanıdığım birtakım ileri gelenlere özel mektuplar yazdım. Van, Bayezıt ve yakınlarında bulunan bazı aşiret beyleri ile de ilişki ve bağlantılar kurdum. *(Belge: 47, 48, 49, 50, 51, 52, 53)*.

Erzurumdan ayrılma gereği

Nihayet, Efendiler, Ağustos içinde, her yerden birtakım temsilcilerin Sıvas'a doğru yola çıktıkları ve kısmen Sıvas'a gelmeye başladıkları anlaşıldı. Sıvas'a gelen temsilciler tarafından bizim Sıvas'a ne zaman hareket edeceğimiz sorulmaya başlandı.

Artık, Erzurum'dan ayrılmak gerekiyordu. Fakat, şimdiye kadar verdiğim bilgilerden anlaşılmıştır ki, Sıvas Kongresi, Doğu ve Batı illeri ile Trakya'nın yani bütün bir memleketin birliğini sağlamak gayesini güdüyordu. Bu sebeple kongrede Doğu illerinin de temsilcileri bulunmak gerekirdi. Bu illerden Sıvas Kongresi için temsilciler seçtirmeye kalkışmak ise, uygulanması bakımından değeri olmayan bir düşünceydi. Erzurum Kongresi'ni yapan temsilcilerin, Sıvas'a gönderilmesine kalkışmanın da mümkün olamayacağı anlaşılıyordu. Zaten Vilâyât-ı Şarkiye Müdafaa-i Hukuk Cemiyeti adına, kendi illerinden yetki almış olan bu temsilcilerin daha genel bir gayeye yönelen yetkileri de yoktu. Bu bakımdan Erzurum Kongresi'nin, Sıvas Kongresi'ne Doğu'daki seçim bölgeleri adına, bir temsilci hey'et gönderme yetkisini alamayacağı da belliydi. 49

Yeniden temsilci seçtirmeye kalkışmak pratik bakımdan ne kadar geçersiz idiyse, birtakım teorik fikir çerçevesi içinde sıkışıp kalmak da o kadar geçersiz idi.

En basit ve çıkar yol, Vilâyât-ı Şarkiye Müdafaa-i Hukuk Cemiyeti'nin Temsil Hey'eti'ni Sıvas'a götürüp kongreye katmaktan ibarettir.

Üyelerden Mutki aşiret reisinin Mutki dağlarından çıkmaktan korktuğunu bilirdim. Siirt milletvekili Sadullah Bey de ortada yok.

Servet ve İzzet Beyler kongre biter bitmez birer mazeretle Trabzon'a gitmiş bulunuyorlar.

Erzurum'da Rauf Bey ve Raif Efendi var. Raif Efendi de özür diliyor.

Yolumuz üzerinde, Erzincan'da Şeyh Fevzi Efendi'yi bulabileceğiz.

Servet ve İzzet Bey'leri davet ettim, gelmediler. Raif Efendi'ye bizimle birlikte gelmesi için rica ettik, kabul etti.

Nihayet, Hey'et-i Temsiliye üyeleri olarak Erzurum'dan üç kişi, Erzincan'dan bir kişi ve Sıvas'ta bulduğum Bekir Sami Bey ile beş kişi olduk. Sıvas kongresi'ne katılan temsilcilerin ellerindeki kartları inceleme gereği duyulduğu, zaman, ben, orada şöyle bir belge hazırladım ve altına Hey'eti Temsiliye'nin mührünü bastım.

«Hey'et-i Temsiliye'den:
Mustafa Kemal Paşa
Rauf Bey
Ulemâdan [45] Raif Efendi

---

45) Din bilginlerinden.

Şeyh Fevzi Efendi
Bekir Sami Bey

Yukarıda adları yazılı şahıslar, Doğu Anadolu adına Sıvas Kongresi'nde bulunmak üzere Erzurum Kongresi'nce görevlendirilmiştir.» (Mühür)

Efendiler, Erzurum'dan ayrıldığımız tarih 29 Ağustos 1919'dur.

Sıvas yolunda

Amasya'dan Erzurum'a gelirken, Sıvas'ta küçük bir hikâyeye konu olan olay hatırlarınızdadır. Gariptir ki, Erzurum'dan Sıvas'a giderken de buna benzer küçük bir durumla karşılaştık.

Erzincan'dan batıya hareket ettiğimiz günün sabahı, Erzincan Boğazı'nın girişine gelir gelmez, bazı Jandarma erlerinin ve subaylarının, heyecanlı ve telâşlı bir şekilde otomobillerimizi durdurduklarını gördük.

Durumu açıkladılar : «Dersim Kürtleri boğazı tutmuşlardır. Tehlike var. Geçilemez.»

Bir subay, merkeze kuvvet gönderilmesini yazmış. O kuvvet gelince, tertibat alacak, hücum edecek ve eşkiyayı püskürterek yolu açacakmış..

Pek iyi ama, bu eşkiyanın kuvveti nedir? Neresini nasıl tutmus? Ne kadar kuvvet ve ne vakit gelecek?

Bu sorunlar çözülünceye kadar, geri Erzincan'a dönmek ve kimbi- 50
lir nice günler beklemek gerekir. Bizim ise, işimiz pek aceleydi. Ben Erzurum ile Sıvas arasındaki yolu belli bir zamanda katedip kararlaştırılan günde Sıvas'ta bulunamazsak, şurada veya burada şu veya bu sebeple korkup kaldığım, Sıvas'ta ve başka yerlerde duyulursa, panik başlayabilir, işler altüst olabilirdi.

O halde karar? Tehlikeyi göze alıp yola devam etmek. Başka çaremiz de yoktu. Yalnız ufak bir tedbir almayı uygun buldum.

Hafif makinalı tüfeklerle silâhlanmış olan fedâkâr arkadaşlarımızdan birkaçını – şimdi bir alay komutanı olan Osman Bey ki Tufan Bey adıyla tanınmıştır. Bunların başında idi – bir otomobille kendi otomobilimizin önüne geçirdik. Sağdan soldan gelecek uzak mesafedeki ateşlere aldırış etmeyerek, otomobiller, şose üzerinde sür'atle ilerlemeye devam edecekler. Vurulan, ölen olursa, onlarla meşgul olunmayacak... Tam şose üzerinde ve yakınında, şoseyi kapamış olan eşkıyaya rastlanırsa, hepimiz otomobillerden atlayacağız ve bunlara hücum ederek yolu açacağız. Kalanlar tekrar kullanılabilir durumdaki otomobillere binerek ve sür'atle uzaklaşarak yola devam edecekler... İşte verilen emir de buydu...

Bu tedbiri ve bu tarzdaki hareketi yerinde ve emniyetli görmeyenler bulunabilir. Gerçi bu tarihlerde Elâzığ Valisi Ali Galip Bey'in Dersim'de dolaştığı, bazı propaganda ve tertiplere giriştiği bilinmekte idiyse de, açıklayayım ki, ben, önce, boğazın gerçekten tutulmuş olduğuna inanmadım. Bunu İstanbul Hükûmeti'ne hizmet edeceklerini tahmin ettiğim bazı kimseler tarafından, sırf beni geri dönmeye mecbur etmek için kurulmuş bir plân olarak kabul ettim. İkincisi, eğer Dersim Kürtleri boğazı tutmuşlarsa, bunların alabilecekleri tertibatın, uzak tepelerden yola ateş etmekten ibaret kalması bence çok muhtemeldi.

Özet olarak, yürüdük, boğazı geçtik ve 2 Eylül 1919 günü Sıvas'a vardık. Halkın, şehrin çok uzaklarından başlayan büyük ve parlak gösterileriyle karşılandık.

3' üncü Kolordu Komutanı olan Salâhattin Bey, Sıvas'ta bulunuyordu. Vali Paşa ile birlikte, kongreye gelen temsilcilerin yerleştirilmesinde, Hey'et-i Temsiliye için lise binasının ve kongrenin yapılacağı salonun hazırlanmasında, ayrıca her türlü tedbirin alınmasında, bir konukseverlik örneği verecek şekilde mükemmel çalışmışlardır.

Refet Bey orada değildi. Nerede bulunduğunu da kimse bilmiyordu. 7 Temmuz 1919 tarihli genelgemiz uyarınca, kendi bölgesi olan 3' üncü Kolordu bölgesinden ayrılmaması gerekir ve özellikle tam Sıvas'ta kongre yapılacağı günlerde, orada bulunması uygun düşerdi. Haberleşme sonunda kendisinin Ankara'da olduğu anlaşıldı. Ankara'da Kolordu Komutanı Ali Fuat Paşa'ya «derhal ve mutlaka Sıvas'a gönderilmesini» emrettim. 7 Eylül'de geldi ve Hey'et-i Temsiliye üyesi olarak tarafımdan Kongre Hey'eti'ne takdim edildi.

Efendiler, bizden önce gelmiş olan temsilciler, gelişimizi beklerken, 51
aralarında toplantılar yapmışlar ve hazırlık olarak bazı tasarılar kaleme almışlar.

Bizim gelişimizden sonra da bazı özel toplantılar ve görüşmeler yapılmış. Bu defa bazı kararlar da verilmiş. Müsaade ederseniz, çok karakteristik olduğu için bu noktayı açıklayayım :

Sıvas Kongresi açılıyor

Sıvas Kongresi, 1919 Eylülünün 4'üncü Perşembe günü saat 14.00 te açıldı. Öğleden önce temsilciler arasında bulunan ve öteden beri şahsen tanıdığım Husrev Sami Bey yanıma gelerek şöyle bir haber getirdi : «Rauf Bey ve diğer bazı kimseler Bekir Sami Bey'in evinde özel bir toplantı yapmışlar ve beni başkan yapmamaya karar vermişler.» Arkadaşların, özellikle Rauf Bey'in böyle bir davranış içine girmesine asla ihtimal vermedim. Husrev Sami Bey'e itiraf edeyim ki, biraz ciddi olarak, böyle anlamsız sözleri bana getirmemesi uyarısında bulundum. Verdiği haberin aslı olmak imkân ve ihtimali bulunmadığını, arkadaşlar arasında, yanlış anlaşılmalara yol açabilecek sözler sarfedilmesinin doğru olmadığını da ekledim.

Efendiler, ben bu kongrede başkanlık meselesine önem vermiyordum. Başkanlığa, belki yaşlı bir zatın getirilmesinin uygun olacağını düşünüyordum. Bu maksatla, bazı arkadaşların da düşüncelerini yokladım. Bu arada, kongre salonuna girmeden önce koridorda Rauf Bey'e rasladım. «Kimi başkan yapalım?» dedim. Rauf Bey, âdeta heyecanlı bir sesle, zaten söylemeye hazırlanmış olduğu o anda halinden anlaşılan bir tavırla ve keskin bir dille: «Sen başkan olmamalısın.» dedi. Derhal Husrev Sami Bey'in verdiği haberin doğruluğuna inandım ve doğrusu üzüldüm. Gerçi, Erzurum Kongresi'nde de benim başkanlığımı sakıncalı görenler vardı. Fakat onların nasıl kimseler olduklarını belirtmiştim. Bu defa en yakın arkadaşlarımın aynı zihniyeti açığa vurmaları beni düşündürdü. Rauf Bey'e: «Anladım, Bekir Sami Bey'in evinde aldığınız kararı bana bildiriyorsun» dedim ve cevabını beklemeden yanından uzaklaşarak kongre salonuna girdim.

Kongrenin açılmasından sonra ilk söz alan bir yüksek zatın kongre zaptına aynen geçmiş olan şu konuşmasını dinledik:

«— Efendim, şimdi tabiî başkanlık meselesi söz konusu olacak. Bendeniz başkanlığın birer gün veyahut birer hafta devam etmek üzere sıra ile yapılmasını ve üyelerin veya temsil edilen il ve sancak adlarının baş harfleri esas alınarak alfabe sırasına uyulmasını teklif ediyorum.»

Efendiler, garip bir tesadüftür ki, bu teklif sahibinin temsil ettiği ilin adı elif (A) ile başladığı gibi, kendi adının ilk harfi de (A) ile başlıyordu. Ben davet sahibi sıfatıyla bir konuşma yaparak *(Belge: 54)* kongreyi açtıktan sonra, geçici olarak başkanlık makamında bulunuyordum.

«— Buna neden gerek duyuluyor, efendim?» diye sordum.

Teklif sahibi: «Bu şekilde işin içine şahsiyat karışmamış olacağı gibi, eşitlik ilkesine uyulduğu için dışarıya karşı da olumlu bir etki yapmış olur» dedi.

Efendiler, ben, vatanın, teklif sahibi ile birlikte bütün milletin ve hepimizin bir felâket çıkmazında bulunduğumuzu gözönüne getirerek, 52
kurtuluş çaresi olduğuna inandığım teşebbüsleri, sonsuz güçlük ve engellere rağmen, maddî, manevî bütün varlığımla bir sonuca ulaştırmaya çalışırken, benim en yakın arkadaşlarım daha dün İstanbul'dan gelmiş

ve tabiî olarak işin içyüzünü bilmeyen, saygı duyduğum yaşlı bir zatın diliyle, bana şahsiyattan söz ediyorlar.

Bu teklifi oya koydum. Çoğunlukla reddettiler. Başkan seçimini gizli oyla yaptırdım. Üç olumsuz oya karşı, beni başkan seçtiler.

*
**

Sıvas Kongresi'nin uğraştığı işler

Sıvas Kongresi'nin gündemini, Erzurum Kongresi'nin tüzük ve bildiri metinleri ile, bizden önce Sıvas'a gelmiş olan yirmi beş kadar üyenin hazırladığı bir muhtıra oluşturacaktı.

İlk açılış günü olan 4 Eylül ile, beşinci, altıncı günler yani üç gün, İttihatçı olmadığımızı ispat için yemin etmek gerektiğinden, yemin formülü hazırlamakla, Padişah'a sunulacak bir yazı (arîza) yazmakla, kongrenin açılışı dolayısıyla gelen telgraflara cevap vermekle ve özellikle, kongre siyasetle uğraşacak mı uğraşmayacak mı konusunun tartışması ile geçti. İçinde bulunulan mücadele ve yapılan işler siyasetten başka bir şey değilken, bu son konuyu tartışmak, hayretle karşılanacak bir durum değil midir?

En sonunda, Kongrenin dördüncü günü asıl maksada geldik ve aynı günde, Erzurum Kongresi Tüzüğü'nün metnini görüşerek hemen bir sonuca bağladık. Çünkü, Erzurum Kongresi'nin Tüzüğü'nde yapılması gereken değişiklikleri zaten hazırlamış ve gereken kimseleri de aydınlatmış bulunuyorduk.

Bununla birlikte, yapılan değişiklikler sonradan bazı itirazlara, anlaşmazlıklara, birçok yazışma ve tartışmalara yol açtığı için, değiştirilen noktaların önemli olanlarına işaret edeceğim:

1 — Derneğin adı «Şarkî Anadolu Müdafaa-i Hukuk Cemiyeti» idi. «Anadolu ve Rumeli Müdafaa-i Hukuk Cemiyeti» oldu.

2 — «Hey'et-i Temsiliye, bütün Doğu Anadolu'yu temsil eder» yerine «Hey'et-i Temsiliye bütün vatanı temsil eder» dendi. Mevcut üyelere altı kişi daha eklendi.

3 — «Her türlü işgal ve müdahaleyi Rumluk ve Ermenilik kurma gayesine bağlı sayacağımızdan, topyekûn savunma ve direnme ilkesi kabul edilmiştir» yerine «Her türlü işgal ve müdahalenin özellikle Rumluk ve Ermenilik kurma gayesine yönelmiş faaliyetin reddi konularında topyekûn savunma ve direnme ilkesi kabul edilmiştir» denildi.

Bu iki cümlede anlam bakımından elbette büyük fark vardır. Birincisinde İtilâf Devletlerine karşı düşmanca tavır alma ve direnmeden söz edilmiyor. İkincisinde bu husus açıklık kazanıyor.

4 — Tüzüğün dördüncü maddesinde yer alan konu oldukça tartışmalı geçti. Madde şuydu:

«Osmanlı Hükûmeti'nin yabancı devletlerin baskısı karşısında, buraları (yani Doğu illerini) bırakmak ve ilgilenmemek zorunda kaldığı anlaşılırsa, alınacak idarî, siyasî, askerî tedbirlerin tayin ve tespiti» yani geçici bir idare kurma konusu. 53

Sıvas Kongresi Tüzüğü'nün bu maddesindeki «buraları yerine yurdumuzun herhangi bir parçasını bırakmak ve ilgilenmemek...» şeklinde daha geniş ve genel bir kayıt kondu.

Amerikan mandası için propagandalar

Bundan sonra, 8 Eylül toplantısında sözünü ettiğim muhtıra ele alındı. Bu muhtırada başlıca Amerikan mandası üzerinde duruluyordu.

O günlerde, İstanbul'dan gelen bazı kimseler Amerikalı Mister Brown (Bravn) adında bir gazeteciyi de Sıvas'a getirmişlerdi.

Bu konu üzerinde kongrede geçen görüşmelere yer vermeden önce, yüksek hey'etinizi yeterince aydınlatabilmek için, bazı, ön bilgiler arz edeyim. Bu bilgiler, Erzurum'dan beri başlayan bazı haberleşmelerden daha iyi anlaşılacağı için, onları olduğu gibi sunacağım:

Güvenlikle ilgili ve çok ivedi

Amasya, 25/26.7.1919

Erzurum'da 3' üncü Ordu Müfettişliği Kurmay Başkanlığı'na

1 — Mustafa Kemal Paşa'ya özel: Bu gün 25 Temmuz 1919 akşamı Bekir Sami Beyefendi Amasya'ya geldiler. Kendileri ile uzunca bir süre görüşmek şerefine eriştim. Mustafa Kemal Paşa'ya ve Rauf Beyefendi'ye saygılarını sunarlar. Kendisi aşağıdaki düşüncelerini arz etmekliğimi rica etmiştir.

2 — Bağımsızlık, elbette istenir ve tercih edilir. Ancak, tam bağımsızlık istediğimiz takdirde, vatanın birçok parçalara ayrılacağı kesin ve şüphesizdir. Şu halde, iki üç ili içine almaktan ibaret olacak bağımsızlığa, vatanımızın bütünlüğünü garanti altına alacak yabancı bir devletin himayesi (mandaterlik) elbette tercih edilir. Osmanlı ülkesinin tamamını içine alan meşruluğumuz ve dışarıdaki temsil hakkımız eskiden olduğu gibi devam etmek şartıyla, belirli süre için Amerika mandasını istemeyi milletimiz için en yararlı bir çözüm şekli olarak kabul ediyorum. Bu konuda Amerika temsilcisiyle görüştüm. Birkaç kişinin değil, bütün bir milletin sesini Amerika'ya duyurmak gerektiğini söyledi ve aşağıdaki şartlar çerçevesinde Wilson'a, Senato'ya ve Amerikan Kongresi'ne başvurulmasını teklif etti:

a) Âdil bir hükûmetin kurulması,

b) Öğretim ve eğitimin yayılması ve genelleştirilmesi,

c) Din ve mezhep hürriyetinin sağlanması,

d) Gizli anlaşmaların kaldırılması,

e) Bütün Osmanlı ülkesini sınırları içine alacak şekilde, Amerikan Hükûmeti'nin bizi kumandası altına almayı kabul etmesi.

3 — Bundan başka kongremizin seçeceği bir hey'eti, Amerika'ya bir zırhlı ile göndermeyi de temsilci üzerine almıştır.

4 — B e k i r S a m i B e y, daha bir iki gün buralarda kalacağından, 52
her türlü emir ve talimatın benim aracılığımla gönderilmesini, özellikle Sıvas Kongresi'nin ne zaman toplanacağının ve kendilerinin o güne kadar nerede beklemesinin uygun olacağının bildirilmesini istirham eylemekte olduğu.

5' inci Kafkas Tümeni
Komutan Vekili
Arif

Şifre
İvedi ve kişiye özel — Erzurum
196

Amasya'da 5' inci Tümen Komutanlığı'na

1 — Şimdi Amasya'da bulunan eski Vali B e k i r S a m i B e y e f e n d i 'ye özel : Zâtıâlîlerinin telgrafından çok yararlandık. Toplanmış bulunan Vilâyât-ı Şarkiye Kongresi [46] hemen her tarafta kendi memleketleri halkınca etkili, hatırı sayılır ve söz sahibi olarak tanınmış kimselerden kurulmuş yetkili bir hey'et durumundadır. Bu kongrede, şimdiye kadar yapılan görüşmelerde, devlet ve milletin istiklâlinin bölünmezliği ısrarla savunulmaktadır. Bu bakımdan, bizce de daha şartları ve niteliği belirsiz olan bir Amerika mandaterliğinden kongrede doğrudan doğruya söz edilmesi pek sakıncalı olacağından, zâtıâlîlerinin İstanbul'da temasta bulunduğu kimselerle yaptığı görüşmelere dayanarak aşağıdaki noktaların açıklanmasını ve bizleri hemen aydınlatmanızı özellikle rica ederiz. Bundan önce de doğrudan doğruya İstanbul'dan gelen bu konudaki bilgiler şüpheli görüldüğünden, aynı esaslar çerçevesinde açıklama istendiği gibi, 21 Temmuz 1919 tarihinde Sıvas'ta R e f e t B e y vasıtasıyla İstanbul'dan alınan bilgilerde de yine şüpheli noktalar bulunduğundan, oradan da şartlar hakkında kestirmeden açıklama istenmiştir.

a) Tam bağımsızlık istendiği takdirde, vatanın birçok parçalara ayrılacağı kesin ve şüphesizdir, buyuruluyor. Bu görüşün kaynağı nedir?

b) Vatanın bütünlüğünden maksat, memleketin bütünlüğü mü, yoksa hâkimiyet hakları mıdır?

c) Osmanlı ülkesinin tamamını içine alan meşruluğumuz ve dışarıdaki temsil edilme hakkımız eskiden olduğu gibi devam etmek şartiyle mandaterlik istemeyi en yararlı bir çözüm olarak kabul buyuruyorsunuz. Ancak, temsilcinin ileri sürdüğünü bildirdiğiniz maddeler ile bu şekil biribiri ile çelişmiş görünüyor. Çünkü, meşruluğumuz eskiden olduğu gibi devam ettiği takdirde, hükûmet, yasama gücünün güvenine sahip ve denetimine tâbî bir hey'etten ibaret olur ki, artık bu hey'etin kuruluşunda Amerika'nın müdahalesi ve etkisi olamaz. Bu durumda ya meşruluk devam edecektir ve Amerika'dan âdil bir hükümetin kurul-

---

46) Doğu İlleri Kongresi.

masını istemeye gerek yoktur. Yahut da, istendiğine göre, meşruluğun devamı sözden ibaret kalır.

d) Öğretim ve eğitimin yayılmasından ve genelleştirilmesinden maksat nedir? İlk anda hatırımıza gelen, memleketin her tarafında Amerikan okullarının açılmasıdır. Çünkü daha şimdiden yalnız Sıvas'ta yirmi beş kadar okul açmışlardır ki, yalnız bir tanesinde bin beş yüz kadar Ermeni öğrenci vardır. Bu durum karşısında Osmanlı ve İslâm öğretim ve eğitiminin yayılması ve genelleştirilmesi ile bu teşebbüs nasıl bağdaştırılacaktır.

e) Din ve mezhep hürriyetinin sağlanması maddesi de önemlidir. Patrik- 55
hanelerin imtiyazları devam ederken bunun farklı yanı ve anlamı nedir?

f) Temsilcinin beşinci madde olarak sözünü ettiği bütün Osmanlı ülkesinin sınırları ne demektir? Yani savaştan önceki sınırlarımız mıdır? Eğer bu deyim içinde Suriye ve Irak da varsa, Anadolu halkının Arabistan adına mandaterlik isteğine hak ve yetkisi olabilir mi?

g) Bugünkü hükûmetin politikası nedir? T e v f i k P a ş a neden Londra'ya gitti? Amerikalılar gibi İngilizlerin de ayrıca bir mandaterlik politikası güttükleri anlaşılıyor. Aralarındaki fark nedir? Hükûmet Amerikan mandası için ne düşünüyor? Yani buna eğilimli mi, yoksa isteksiz mi? Amerikalılar neden Ermenistan mandaterliğini bıraktılar? Amerikalılar mandayı almaya ne dereceye kadar yatkın ve isteklidirler?

2 — Sıvas Kongresi'nin toplanması, Erzurum Kongresi'nin sonucuna bağlıdır. Bununla ayrıca uğraşılmaktadır. Yüksek şahsiyetlerinin bunu beklemek üzere ya Tokat'ta yahut Amasya'da bulunmaları uygundur. Saygılarımızı sunarız.

Mustafa Kemal

Güvenlikle ilgili

İvedi **Amasya, 30.7.1919**

93

3'üncü Ordu Müfettişliği
Kurmay Başkanlığı'na

1 — M u s t a f a K e m a l P a ş a'ya özel; B e k i r S a m i B e y'den alınan cevap aşağıda arz olunur:

a) Tam bağımsızlık istendiği takdirde, vatanın birçok bölgeye ayrılacağı ve birkaç mandaya tâbi tutulacağımız Dörtler Komisyonu'nca kararlaştırılmıştır. Bu bakımdan ve buna engel olmak için, Amerikan temsilcisi, bir manda istemenin en uygun olacağını söylemiştir.

b) Yalnız hâkimiyet hakları söz konusudur; yurt bütünlüğümüzün korunması temel ilkedir.

c) Amerika'dan herhangi şekilde bir hükûmet istemeyeceğiz. Amerika'ya âdil bir hükûmet kuracağımız konusunda güvence vereceğiz. Anayasamızın hükümleri yürürlükte kalmak, Hânedan'ın her türlü hüküm sürme haklarına dokunulmamak ve korunmak, eskiden olduğu gibi dışarıda temsilcilerimiz bulunmak şartıyla, Amerikan Hükûmeti'nin mutluluğumuza ve gelişmemize yardımcı olmasını isteyeceğiz. İsteyeceğimiz manda şekli budur.

d) Öğretim ve eğitimin yayılmasından ve genelleştirilmesinden maksat Amerikan okullarının köylerimize kadar girmesine izin vermek değil, milli ve islâmî öğretim ve eğitimi yaymaya ve genelleştirmeye çalışacağımız konusunda kendilerine söz vermekle birlikte yardımlarını istemektir. Mandaterliği Amerikan misyonerlerine değil Amerikan Hükûmeti'ne vermek istiyoruz.

e) Din ve mezhep hürriyeti esasen dinî ve islâmî ilkelerimizin gereğidir; Amerikan kamuoyu bu gerçeği bilmediği için, kendilerine bu konuda güvence vermek istiyoruz. Temsilcinin sözünü ettiği sınırlar savaştan önceki sınırlarımızdır. Suriye ve diğer memleketler üzerinde bizim mandaterlik isteğine yetkimiz olup olmaması kongrece çözülecek bir sorundur. Esasen Suriye ve Irak'ta Amerikan hey'etleri halk oyuna başvurdular. Suriye ve Filistin'de bağımsız bir Arap hükûmeti kurulmasını istemekle birlikte, Amerikan mandasını ötekilerden daha üstün tuttuklarını gösterdiler.

f) Bugünkü hükûmet daha yeni kurulduğundan politikası belli değildir. 56
Ancak, daha önceki hükûmetlerin siyasetleri güçsüzlük ve İtilâf kuvvetlerinin her emrine boyun eğmekti. Tevfik Paşa, Londra'ya gitmeyerek Ferit Paşa ile geri dönmüştür. Amerika, Ermenistan hükûmeti belli olmadan yalnız oralarda dolaşan heyetlerinin verdiği raporlara göre, büyük bir Ermenistan'ın kurulmasına maddî olarak imkân bulunmadığı görüşündedir. Manda konusundaki ayrıntılı bir rapor posta ile gönderilmek üzeredir.

g) Şimdilik tarafınızdan yapılacak tebligatı beklemek üzere Tokat'ta bulunacağım. Amasya ve Tokat ile ilçelerde gerekli tebliğlerde bulunmakta ve bunların iyi sonuçlar vereceğini ümit etmekteyim. Hepinize saygılarımı sunarım, efendim.

5' inci Tümen Komutanı
Arif

Şifre
Kişiye özel **Erzurum, 1.8.1919**

Amasya'da 5' inci Tümen Komutanlığı'na

Bu telgrafın hemen Bekir Sami Beyefendi'ye ulaştırılması ve cevabının acele olarak alınması rica olunur.

Bekir Sami Beyefendi 'ye Özel :

İlgi : 3.7.1919. Amerikan mandası hakkındaki son açıklamalarınızı öğrendik. Bu şartlara göre aslında korkulacak bir şey olmamak lâzım. Bununla birlikte daha bir nokta hakkındaki yüksek görüşlerinizi de almak istiyoruz. Lehimizde bu kadar elverişli şartlar ileri sürülmesine yatkın bulunacak olan Amerikan Hükûmeti, böyle bir mandaterliği kabul etmesine yani buna katlanmasına karşılık, Amerika adına ne gibi yarar ve çıkarlar sağlamış olacaktır? Bununla kendi hesaplarına elde edecekleri sonuç nedir? Bu konudaki yüksek düşünce ve bilgilerinizle de bizi aydınlatmanızı acele bekleriz, efendim.

Mustafa Kemal

Amasya, 3.8.1919

3' üncü Ordu Müfettişliği
Kurmay Başkanlığı'na

Bekir Sami Bey'den alınan cevap aşağıda arz olunur:

Mustafa Kemal Paşa'ya Özel: Amerikalılarla şimdiye kadar yapılan görüşmeler tabiatıyla hep özel bir şekilde olmuş ve sırf bir varsayımdan ibaret kalmış olduğu için, mandaterliklerin her iki tarafa yükleyeceği şartlar üzerinde durulmamıştır. Mümkünse, hazırlıklara başlanarak Sıvas Kongresi'nin bir an önce açılması gereğini özet olarak arz ederim.

Kurmay Yarbay
Arif

Mustafa Kemal Paşa
Hazretleri'ne

Saygıdeğer Efendim,

Memleketin siyasî durumu en son kertesine geldi. Kendimize bir yön çizebilmek için, Türk milletinin zarını atıp olumlu bir durum alma zamanı ise geçmek üzere bulunuyor.

Dış durum İstanbul'da şöyle görünüyor :

Fransa, İtalya, İngiltere, Türkiye'nin mandaterlik meselesini Amerikan Senatosu'na resmen teklif etmiş olmakla birlikte, Senato'nun bu teklifi kabul etmemesi için bütün güçlerini kullanıyorlar. Taksimden pay kaçırmak elbette işlerine gelmiyor.

Suriye'de aradığını bulamayan Fransa, zararını Türkiye'den kapatmak istiyor. İtalya namuslu bir emperyalist olduğundan, savaşa ancak Anadolu'nun bölüşülmesinde pay almak için girdiğini açıktan açığa söylüyor. İngiltere'nin oyunu biraz daha incedir.

İngiltere, Türk'ün birliğini, çağdaşlaşmasını, gerçek bir bağımsızlık kazanmasını, gelecekte bile istemiyor. Yeni imkân ve görüşlerle tamamen çağdaş ve kuvvetli bir Müslüman - Türk hükûmeti başında hilâfet de olursa, İngiltere'nin elindeki müslüman esirleri için kötü bir örnek olur. İngiltere Türkiye'yi bütünü ile ele geçirebilse, kafasını kolunu koparır, birkaç yılda sadık bir sömürge durumuna sokar. Buna, memleketimizde en başta ve özellikle dinî sınıflar çoktan taraftardırlar. Fakat bunu Fransa ile dövüşmeden yapabilmek mümkün olamayacağından taraftar olamaz. Fakat, Türkiye'yi bütün olarak korumak gereği duyulursa, yani bölüşmenin büyük askerî fedakârlıklarla yapılabileceğini anlarsa, Lâtinleri sokmamak için Amerikan görüşünü tutar ve destekler. Nitekim İngiliz siyasetçileri arasında zaten bu görüşe eğilimli olanlar vardır. M o r i s s o n (Morison) gibi ünlü kimseler Amerika'nın Türkiye'de manda kurmasını istiyorlar.

Başka bir çözüm yolu da, Türkiye'yi Trakya'dan, İzmir'den, Adana'dan, belki de Trabzon'dan ve hele İstanbul'dan yoksun bıraktıktan sonra, eski «Kapitülasyon» ları ve boğulmaya mahkûm iç sınırlarıyla başbaşa bırakmak.

Biz İstanbulda, kendimiz için, bütün eski ve yeni Türkiye sınırlarını içine almak üzere geçici bir Amerikan mandasını «ehven-i şer» [47] olarak görüyoruz. Dayandığımız noktalar şunlardır :

1 — Aramızda, hangi şartlar altında olursa olsun, Hristiyan azınlıklar kalacaktır. Bunlar hem Osmanlı vatandaşı olma haklarından yararlanacaklar hem de dışarıda bir Avrupa devletine dayanarak karışıklık çıkaracaklar, sürekli olarak müdahaleye yol açacaklar ve zaten göstermelikten ibaret olan bağımsızlığımızdan azınlıklar adına her yıl bir parça daha kaybedeceğiz.

---

47) Kötülüğün en az zararlısı.

Güçlü bir hükûmet ve çağdaş bir idare kurulabilmesi için, patrikhanenin siyasî imtiyazları, azınlıkların kuvvetli devletler vasıtasıyla yaptıkları sürekli tehditler ortadan kalkmalıdır. Küçük ve zayıf bir Türkiye bunu başaramayacaktır.

2 — Biribirini yok eden, çıkar sağlama, hırsızlık, macera ve şöhret için yaşayanların hırsını doyuran bu hükûmet anlayışı yerine, milletin refah ve kalkınmasını sağlayabilecek, halkı ve köyleri, sağlığı ve zihniyeti ile çağdaş bir halk durumuna getirebilecek bir hükûmet anlayış ve uygulamasına ihtiyacımız var. Bunun için gerekli olan paraya uzmanlığa ve kudrete sahip değiliz. Siyasî dış borçlar, siyasî esareti artırıyor. Taraf tutma, cahillik ve çok konuşmaktan başka olumlu bir sonuç veren yeni bir hayat yaratamıyoruz.

Bugünkü hükûmet, adamlarını takdir etmese bile, halkı ve halk hükûmeti kurulmasını yararlı gören Filipin gibi vahşî bir memleketi, bugün kendi kendini 58
idareye muktedir çağdaş bir makine haline koyan Amerika, bu konuda çok işimize geliyor. On beş. yirmi yıl sıkıntı çektikten sonra yeni bir Türkiye'yi, her ferdi öğrenimi ve zihniyetiyle gerçek bağımsızlığı kafasında ve cebinde taşıyan bir Türkiye'yi, ancak yeni dünyanın kabiliyeti yaratabilir.

3 — Yabancı devletlerin Türkiye üzerindeki rekabetlerini ve kuvvetlerini memleketimizden uzaklaştırabilecek bir yardımcıya ihtiyacımız var. Bunu ancak Avrupa dışında ve Avrupa'dan daha güçlü bir elde bulabiliriz.

4 — Bugünkü oldubittileri ortadan kaldırmak ve dâvâmızı sür'atle dünyaya karşı savunabilmek için, gerekli güce sahip bir devletin yardımını istemek lâzımdır. Yayılma siyaseti güden Avrupa'nın başvurduğu binbir yol ve alçakça siyasetine karşı böyle bir vekil olarak Amerika'yı kendimize kazanarak ortaya atabilirsek, Doğu Meselesi'ni de Türk Meselesi'ni de gelecek için kendimiz çözümlemiş olacağız.

Bu sebeplerden dolayı, bir an önce istememiz gereken Amerikan mandası da, elbette sakıncasız değildir. Haysiyetimizden epeyce fedakârlık etmek mecburiyetinde bulunuyoruz. Yalnız, bazılarının düşündüğü gibi, Amerika'nın resmî sıfatında dinî eğilim ve taraf tutma yoktur. Hristiyanlara para verecek misyoner kadın Amerika'sı, Amerika'nın yönetim mekanizmasında bir yer tutmaz. Amerika'nın yönetim mekanizması dinsiz ve milliyetsizdir. O, türlü cins ve mezhepten insanları çok uyumlu ve kaynaşmış olarak bir arada tutmanın yolunu biliyor.

Amerika, Doğu'da mandaterlik yapmak Avrupa'da başına dert açmak niyetinde değildir. Fakat onların onur meselesi yaptıkları şey, yöntemleri ve idealleri ile Avrupa'dan daha üstün bir milet olmak iddiasıdır. Bir millet içtenlikle Amerikan milletine başvurursa, Avrupa'ya, girdikleri memleket ve milletin yararına nasıl bir idare kurduklarını göstermek isterler.

Amerikan resmî mahfillerinin önemli şahsiyetleri arasında epey lehimize bir hava oluştu. İstanbul'a Ermeni dostu olarak gelen birçok hatırı sayılı Amerikalı, Türk dostu ve Türk propagandacısı olarak döndüler.

Bu akımı temsil eden resmî ve gayrî resmî Amerikan görüşünün altında yatan gizli düşünce şudur: Türkiye'yi parçalamamak, eski sınırları içinde bir bütün halinde olduğu gibi korumak şartıyla genel ve tek bir mandaya bağlamak. Suriye, Amerikan Komisyonu orada iken, genel bir kongre toplayarak Amerika'yı istemiştir. Suriye'nin bu isteği Amerika'da çok iyi karşılanmıştır.

Amerika, bizim topraklarımız üzerinde Ermenistan kurmaya niyetli görünmüyor. Eğer mandayı alırlarsa, bütün milletleri eşit şartlar altında bir memleket evdâdı olarak kabul edip alacaklarını önemli çevrelerden haber aldım.

Ne var ki, Avrupa, mutlaka bir Ermenistan meselesi ortaya çıkarmak - özellikle İngiltere - Ermenilere tavizler vermek istiyor. Amerikan kamuoyunda zulüm görmüş Ermeniler adına bir oyun oynamaya çalışıyor. Avrupa korkusu bizim fikir adamlarını düşündürüyor. Reşat Hikmet Bey gibi, Câmi Bey gibi, hattâ millî birliğe şekil veren diplomatlarımızın, Ermeni meselesi için bir çözüm yolu tavsiyeleri var. Resmen size yazılıyor.

Çok tehlikeli anlar geçiriyoruz. Anadolu'daki mücadeleyi dikkat ve sevgiyle izleyen bir Amerika var. Hükûmet ve İngilizler, bunun Hristiyanları öldürmek, 59
İttihatçıları getirmek için yapılan bir hareket olduğu düşüncesini Amerika'ya elbirliği ile benimsetmeye çalışıyorlar.

Her an bu Millî Mücadele'yi durdurmak için kuvvet gönderilmesi tasarlanıyor; bunun için İngilizleri kandırmaya çalışıyorlar. Millî Mücadele sür'atle ve olumlu isteklerle kendini ortaya koyarsa ve Hristiyan düşmanlığı gibi bir rengi de olmazsa Amerika'da hemen destek bulacağını yine çok önemli çevreler garanti ediyorlar.

Sıvas Kongresi toplanıncaya kadar, Amerikan komisyonunu alıkoymaya çalışıyoruz. Hattâ, kongreye Amerikalı bir gazeteci göndermeyi de belki başarabileceğiz.

İşte bütün bunlar karşısında, dâvâmızda bize yardımcı olabilmesi için, bu fırsat dakikalarını kaybetmeden, bölüşülme ve çözülme korkusu karşısında, kendimizi Amerika'ya başvurmaya mecbur görüyoruz Vâsıf Bey kardeşimizle bu hususta birleştiğimiz noktaları kendisi de ayrıca yazacaktır.

Türkiye'yi azim ve irade sahibi geniş görüşlü bir iki kişi belki kurtarabilir. **Macera ve boğuşma devri artık geçmiştir. Gelecek için kalkınma ve birlik savaşı açmaya mecburuz. Sınırlarında bu kadar çok evlâdı ölen zavallı memleketimizin düşünce ve medeniyet savaşında kaç tane şehidi var. Biz Türkiye'nin hayırlı evlâtlarından, yarının kurucuları olmalarını istiyoruz. Sizin, Rauf Bey kardeşimizle birlikte, temelleri bile çöken zavallı memleketimiz için uzakları görerek düşünüp çalışmanızı bekliyoruz.**

Saygılarımı gönderir, başarınıza dua ederim. Millî dâvâda canıyla başıyla çalışanlar arasında, sade bir Türk askerinin alçak gönüllülüğü ile, sizinle birlikte olduğumu ifade ederim. **10.8.1919**

Halide Edip

Afyonkarahisar, 13.8.1969

15' inci Kolordu Komutanlığı'na

Mustafa Kemal Paşa'ya özel : İstanbul'daki çeşitli partilerin birleşerek Amerika hey'etine verilmek üzere aldıkları kararlar aşağıda arz olunur :

1 — Ermenistan için Türkiye'nin doğu sınırları üzerinde Ermenilerin işine yarayacak bir toprak parçası vermeye Doğu illerindeki Türklerin ve orada iş başında bulunan büyüklerin, bu bölgenin gelecekteki refahını ve serbestçe gelişmesini düşünerek razı olabilecekleri görüşünde olduklarını, yalnız bu görüşlerini, oradaki Kürtlerle işbirliği yapmış olmaları ve Kürtlerin de Ermenilere toprak verme düşüncelerine kesinlikle karşı bulunmaları dolayısıyla açığa vurmak istemediklerini ve hattâ açığa vursalar bile, oradaki Türk çoğunluğunun, aşağıdaki şartların yerine getirileceği konusunda kendilerine güvence verilmedikçe bu düşüncede Kürtlerden ayrılmayacaklarını zannettiklerini tespit etmiştir. Şöyle ki : Birincisi,

Türk ve Kürt çoğunluğunun ve aralarındaki diğer azınlıkların yaşadıkları toprakların bütünlüğü; ikincisi, Türk bağımsızlığının tam olarak tanınması ve fiilen garanti edilmesi; üçüncüsü, Türkiye'nin çağdaş medeniyete ulaşabilmesi için serbestçe gelişmesine engel olan kayıtların kaldırılmasıyla Wilson prensiplerinde vadedildiği üzere, bağımsızlıklarından ve haklarından en güvenli bir şekilde yararlanmasına imkân verilmesi; dördüncüsü, bu hususlarda ve Türklerin gelişmelerinin çabuklaştırılmasında Amerika'nın bize yardımcı olacağını, Cemiyet-i Akvam (48)'a karşı üstlenmesi. 60

2 — Boşaltılacak topraklardan çıkarılacak olan Türk ve Kürtlerin gönderildikleri yeni topraklarda derhal yerleştirilmeleri ve bu topraklardan hemen yararlanmalarını sağlamak için Amerika'nın yardım etmesi.

3 — O çevrede ve özellikle Erzincan ve Sıvas arasında yoğun olarak bulunan Ermeniler'in yine Ermenistan sınırları içine gönderilmelerinin sağlanması.

4 — Ermenistan adına ve hesabına gerçekleşmesini muhtemel gördüğümüz toprak verme durumu, bağımsız bir Ermenistan adına değil, ancak büyük ve medenî bir devletin mandası altında gelişecek çağdaş bir devlet adına olacaktır. Çünkü, bugünkü Ermenistan'a toprak bırakmak, Türkiye'nin başına ikinci bir Makedonya derdi açmak demek olduğu gibi, Kafkasya için de bir gaile çıkarmak demektir.

5 — Bütün bunlar tartışılabilir bir «teklif» niteliğindedir. Ancak, bunların kesin bir şekil alabilmesi, memleketteki hey'etlerle temas kurmaya bağlı ise, oraya Amerikan hey'etinden birinin gönderilmesi şarttır.

6 — Ve en son olarak konunun kanunî ve meşru bir şekle sokulması için Osmanlı Millî Meclisi'ne (49) götürülmesi tabiîdir.

12'nci Kolordu Komutanı
Salâhattin

Şifre
Kişiye özel
339

Erzurum, 21.8.1919

12' nci Kolordu Komutanlığı'na
20' nci Kolordu Komutanlığı'na

(Yalnız 12'nci Kolordu). İlgi : 13.8.1919.

İstanbul'da çeşitli partilerin Amerikan Komisyonu'na verilmek üzere aldıkları kararlar, burada Hey'et-i Temsiliye'mizce son derece üzüntü ve esefle karşılandı. Çünkü, birinci maddede Ermenistan'a Doğu illerimizden toprak verilmesi söz konusu olmaktadır. Oysa, ezici çoğunluğu Türk ve Kürt olan bu illerden bir karış toprağın bile Ermeniler hesabına yazılmasının, bugün için uygulamada mümkün olamayacağı şöyle dursun, unsurlar arasındaki nefret ve öcalma duygusunun dehşet ve şiddeti, Osmanlı Ermenilerinin dönmeleri halinde bile iller içinde yoğun olarak yerleştirilmelerini tehlikeli göstermektedir. Bu bakımdan, suçlu olmayan Osmanlı Ermenilerine gösterilecek en büyük kolaylık, adaletli ve eşit şartlar altında vatanlarına dönmelerini kabulden başka bir şey olamayacaktır. Üçüncü maddede, Erzurum ve Sıvas arasında yoğun bir Ermeni topluluğu bulunduğu hayali, bilgisizlik ve vukufsuzluktan başka birşey değildir : Harpten önce bile, buralarda

---

48) Milletler Cemiyeti : Birleşmiş Milletler
49) Meclis-i Millî-i Osmanî'ye.

oturanların büyük çokluğu Türk, birazı Zaza denilen Kürtlerden ve pek azı da Ermenilerden ibaretti. Bugün artık varlığından söz edilecek sayıda Ermeni yoktur. O halde, bu gibi dernekler yetkilerini bilmeli ve bir iş yapmak isterlerse, hiç olmazsa Harbiye ve Hariciye Nezaretleri'nin barış hazırlıkları dolayısıyla yaptıkları resmî istatistik ve grafiklere olsun başvurmak zahmetinden kaçınmamalıdırlar. Bu telgrafın aynen İstanbul'a gönderilmesini rica ederiz.

Mustafa Kemal

Güvenlikle ilgili
2013 **Ankara, 14.8.1919**

3' üncü Ordu Müfettişliği Kurmay
Başkanlığı'na

1 — Mustafa Kemal Paşa'ya (özel) : İstanbul'a gönderilmek üzere yazmış olduğunuz son cevaplarınız, yerine ulaştırılmış ve buna cevap olarak basılı bir raporla, Ahmet Rıza Bey, Ahmet İzzet, Cevat, Çürüksulu Mahmut Paşalar, Reşat Hikmet, Câmi, Reşit Sadi Beyler, Esat Paşalar gibi pek çok şahsiyetin düşüncelerine uygun olan Kara Vasıf'ın yani Cengiz'in ve Halide Edip Hanım'ın görüşlerinin yer aldığı uzun mektuplar geldi. Bunlar sıra ile özetlenerek arz edileceği gibi, asılları da Sıvas'a gönderilecektir. Bunların hepsinde bir yardıma ihtiyaç duyulduğu ve bu yardımın Amerika tarafından yapılmasının en az zararlı yol olarak kabul ve uygun bulunduğu şeklinde bir gerekçe ileri sürülmektedir. Basılı rapor, Câmi, Rauf, Ahmet, Reşit Hikmet, Reşit Sadi Bey'ler ile Halide Hanım, Kara Vasıf, Esat Paşa, bütün parti ve derneklerin düşünceleri yoklandıktan sonra büyük çoğunluğun görüşüne göre düzenlenmiştir. Vakit varmış. Kongrede bir an önce iş görmek, Amerikalılar gitmeden tebligat yapılmak gerekirmiş. Amerikalıları oyalayarak hareketleri geciktirilmeye çalışılıyormuş. «Kongre hemen kesin bir karar verebilir mi?» sorusuyla Amerikalılar bu düşünceyi benimsediklerini hissettiriyorlarmış. Kongrenin toplanmasını çabuklaştırmanız rica olunur.

20' nci Kolordu Komutanı
Ali Fuat

Bu telgrafta sözü edilen uzun mektuplar günlerce telleri işgal eden şifrelerle verildi. Birbirine ekli olan o şifrelerden biri de şuydu:

Güvenlikle ilgili
Kişiye özel **Ankara, 17.8.1919**

3'üncü Ordu Müfettişliği Kurmay Başkanı
Kâzım Beyefendi'ye

Mustafa Kemal Paşa Hazretleri'ne (özel) : 16.7.1919 tarih ve 880 sayılı şifrenin dokuzuncu maddesinin ekidir :

Kara Vasıf'ın 10 numaralı madde hakkında ek olarak verdiği bilgi :

1 — Bir yardım şeklinde Amerika'ya taraftar olursak ve bunu Doğu İlleri Kongresi, Millî Kongre, bir istek gibi telgrafla hükûmetimize bildirirse, W i l s o n'-un Amerikan Kongresi'ne karşı güzel bir dayanak noktası olacaktır. İstanbul'da pek çok aydın bu görüşten yanadır ve böyle bir şey hazırlıyorlar. «Eğer Anadolu da yaparsa yararlı olur,» diyorlar. Böyle olursa, Amerika'nın mandasından yararlanarak öteki alçak düşmanları memleketimizden çıkarmak ve sonra yalnızca Amerikalılarla karşılaşmak mümkün olur ve uğraşmak da kolay olur. Bir de Amerikalılar bizi şiddetle suçluyorlar. Yani hükûmeti aşağılayıp milletimizi de horluyorlar. Temsilcilerine İstanbul'dan çıkışını, Paris'e gidişini, muhtıraları .... sonra diyorlar ki, Avrupa'nın yapmaya cesaret edemediğini siz kabul ediyorsunuz. Söz gelişi, Avrupa büyük bir Ermenistan kurulmasını düşünmüyor. Sizin sadrazam, Toros'tan sınır veriyor, Ermenistan istiyor. Oysa, şimdiye kadar Amerikan komisyonlarından hiçbirisi bile, buna olabilir demedi. Bütün raporlara göre, Anadolu'da, Türkiye'de bir Ermenistan kurmak şöyle dursun, muhtar ve bölgesel idareler bile oluşturmak mümkün değildir. Nüfusları yok, toprakları yok. Bu yönetim müthiş bir askerî kuvvete dayandırılmazsa olmaz. Ermenilerde bu kuvvet olamaz. Amerika bu lûtfu yapamaz. Öteki devletler de buna tahammül edemez. Meğer ki, oraları zaptetsinler ve «... barış» yapsınlar. Bu da mümkün değil. Rekabet bunu engeller. İşte İstanbul'un haberleri. Orada iyice düşünülsün : Epeyce zaman vardır. Amerikan Kongresi hemen hemen W i l s o n' u dinlemek üzeredir. 62

2 — İstanbul'da büyük çapta temaslar var. Onun için M u s t a f a K e m a l P a ş a genel bir emir verir mi? Yoksa İstanbul'un karar ve çalışmalarını benimser mi? Bu çalışmaların amacı, milletin birliği, vatanın bütünlüğü, istiklâl ve hâkimiyetin elde edilmesi! Eğer M u s t a f a K e m a l P a ş a buraya genel bir emir vermezse ve kendisi hemen oradan Amerikalılar, İngilizler ve diğer yabancılarla temasa geçmezse, tabiî burada faaliyet devam edecektir. Belki, ters bir sonuç ortaya çıkabilir. Buna dikkati çekerim. Bu rolü, siyaseti çok daha iyi yürüten bir (t g t l k h n) M u s t a f a K e m a l P a ş a'nın mücadelesine ve kuvvetine dayanmak ise (b t l s t n), onun sözleri, demeçleri, tavır ve hareketleriyle tutum ve söz olarak yalanlanmış.

3 — Ç o l a k H ü s e y i n S a l â h a t t i n iki yüzlü davranışını sürdürüyor. S a d ı k Bey'in en gözde bendelerinden olan bu şahsın bir mevki sahibi olmaması için ne yapılacağı düşünülüyor.

20' nci Kolordu Komutanı
Ali Fuat

K a r a V a s ı f B e y'e bildirilmek üzere verilen cevap şuydu :

Şifre
Kişiye özel ve ivedi **Erzurum, 19.8.1919**
152

20' nci Kolordu Komutanı
Ali Fuat Paşa Hazretleri'ne

İlgi : 17.8.1919.

1 — Sözü edilen Amerikan mandasının nasıl bir yardım sağlayacağının dikkatli bir incelemeden geçirilmesi ve millî gayemiz açısından bir yararı olup olmayacağının da hesaplanması pek önemlidir. İstanbul'da çalışan grubun gayesi milletin birliği, vatanın bütünlüğü, istiklâl ve hâkimiyetin elde edilmesi noktasında

toplanmış gösterildiğine göre, Amerikan mandasını kabul durumunda bu gaye korunmuş olabilir mi?

2 — Millî isteklere bağlı kalmayan ve onlara uygun düşmeyen kararlar, hiçbir zaman milletçe kabul edilemeyeceğinden, milletimizin ve vatanımızın alınyazısını tayinde, millî vicdana tercüman olmaktan ibaret bulunan görevimizi tam olarak yerine getirebilmek için, millî isteğin odaklaşarak tek bir hedefe yönelmesini beklemeden hiç bir meselede yetkili görünmemiz doğru değildir. Bundan dolayıdır ki, tarafımızdan yabancılarla olan temas ve ilişkilerin, kongrenin kararlarına uyularak millet adına yapılmasını tercih etmekteyiz. Tanrı'ya şükür, yurdumuzdaki millî akımın pek çok gelişmekte, kökleşmekte ve güçlenmekte oluşu, bizleri sürekli olarak bu noktaya doğru çekiyor ve davet ediyor.

3 — Şurası da gözönünde tutulmalıdır ki, memleket ve milletin alınyazısı 63
üzerinde Amerika veya herhangi bir devletle anlaşmaya yetkili olabilecek bir hükûmet, ancak millî hâkimiyet ilkesini kabul ve millî bir meclis'in varlığını benimseyerek ona dayanmayı gerekli sayan bir hükûmettir. Bu takdirde, İstanbul Hükûmeti'ni oluşturacak şahısların da mutlaka bu vasıfları taşıması gerekir.

Burada bizce olduğu gibi oradaki çalışmalarınız da bu amacın sağlanmasına yönelmelidir.

4 — Yakında kongre kararlarını öğreneceksiniz. Gözlerinizden öperiz.

Mustafa Kemal

Bir küçük bilgi daha vereyim. Sıvas'a gelmiş olan gazeteci Mister Brown (Brovn) ile bizzat görüşmeyi uygun gördüm. Karşısındakini kolaylıkla anlayan çok zeki bir genç.

Manda meselesinin kongrede görüşülmesi

Şimdi, Efendiler, Kongre'de manda konusunda yapılmış olan görüşme ve tartışmaları elden geldiğince, olduğu gibi yüksek hey'etinize dinletmeye çalışacağım :

Birçok kimse söz aldı. Hiç kimseye söz vermeden önce, başkanlık kürsüsünden zabıtlara aynen geçmiş olan şu kısa konuşmayı yaptım : Bu rapor üzerinde görüşmeye başlamadan önce bazı noktalara dikkatinizi çekmek isterim. Raporda, söz gelişi Mister Brown'dan söz edilmekte ve elli bin kişilik bir işçi ordusunun getirileceğini söylediği bildirilmektedir.

Efendiler, Mister Brown: «Ben hiçbir resmî sıfatla görüşmüyorum. Tamamiyle özel olarak görüşüyorum» diyor ve hattâ Amerika'nın mandayı kabul edeceğini değil, belki etmeyeceğini söylüyor. Onun için sözleri Amerika adına değil, kendi adınadır. Mandanın ne olduğunu kendisi de bilmiyor. «Manda siz ne derseniz odur», diyor. Bu raporda önemli olarak manda meselesi vardır. Bu konuda görüşmeden önce on dakika ara verelim (saat 15.25).

Sonraki oturumda — İlk söz Vasıf Bey'indir, dedim. Vasıf Bey, önce mandanın ne olduğu konusunda uzun açıklamalar yaptı. Sözü başkalarına bıraktı. Yeniden söz aldı ve «bir kere prensip olarak mandayı kabul edelim, şartları üzerinde daha sonra görüşürüz» dedi.

Üyelerden Macit Bey adında bir zat, genel kurulda asıl görüşülecek mesele, bundan sonra yalnız yaşayabilecek miyiz, yaşayamayacak mıyız? Mandayı nasıl yorumlayacak ve mandaterle ne tarzda görüşeceğiz? Bizi mandasına alacak devlet kim olacaktır? Asıl mesele budur, şeklinde konuştu. Ben, başkanlık kürsüsünden «Zannederim bu rapordan iki görüş ortaya çıkıyor. Bunlardan birincisi, devletin içte ve dışta bağımsızlığından vazgeçmemesi; ikincisi de, devlet ve milletin yabancı devletlerin zararlı baskıları karşısında bir yardım ve destek ihtiyacında bulunup bulunmamasıdır. Asıl kararsızlık doğuran nokta budur. Müsaade buyurulursa, bu noktayı etraflıca düşünmek için Teklif Komisyonu[50]'na havale edelim. Sonra da yüksek huzurlarınıza arz edelim. Herhalde içeride ve dışarıda istiklâlimizi kaybetmek istemiyoruz» dedim. Bunun üzerine söz alan Bekir Sami Bey: «yüklendiğimiz görev pek ağır ve önemlidir. Boş tartışmalara ayıracak hiçbir dakikamız yoktur. Bu raporumuzu görüşelim ve vakit geçirmeden hemen bir karar alalım» dedi. 64
Ben, başkanlık kürsüsünden «bu meseleyi komisyon başkanı olmak dolayısıyla açıklayayım (ben aynı zamanda Teklif Komisyonu Başkanı idim). Bu rapor metni komisyonda okundu, üzerinde birçok konuşma ve tartışma yapıldı. Ancak, kesin karar verecek şekilde bir görüş belirmedi. Daha önce, Genel Kurul'da okunmaksızın Teklif Komisyonu'na gönderilmişti. Bu sebeple bir defa da burada okunup Genel Kurul'un görüşü belirdikten sonra yeniden Teklif Komisyonu'na gönderilerek kesin karar verilmesini istemiştik» dedim. İsmail Fazıl Paşa merhum da söz alarak şu konuşmayı yaptı: «Bekir Sami Bey'in düşüncesine katılırım; kaybedecek vaktimiz yoktur. Aslında sorun da basitleşmiştir. Tam istiklâl mi, yoksa manda mı kabul edeceğiz? Alacağımız karar budur. Böylesine önemli, hattâ pek önemli olan bir meseleyi yeniden komisyona götürmek ve oradan yeniden Genel Kurul'a getirmekle vakit geçirmeyelim. İş uzar. Zamanımız değerlidir. Buna bugün yarın yahut öbür gün her halde Genel Kurul'da bir karar verelim. Komisyonda vakit geçirmeyelim. Çünkü, pek ince bir konudur.

Bunun arkasından Hâmi Bey söz alarak İsmail Paşa Hazretleri ile Bekir Sami Beyefendi'nin düşüncelerine katıldığını söyledikten sonra: «Herhalde bir desteğe muhtacız, bunun en basit delili de, devlet gelirlerinin ancak borcumuzun faizini karşılayabilmesidir!» buyurdular.

---

50) Teklif Encümeni.

Bundan sonra, Raif Efendi manda aleyhinde konuştu. İsmail Fazıl Paşa ona karşılık olacak şekilde uzun bir konuşma yaptı. Daha sonra tekrar Bekir Sami Bey söz aldı ve dedi ki: İsmail Fazıl Paşa Hazretleri'nin tamamiyle katıldığım konuşmasına yalnız bir şey ilâve edeceğim: Kırım Muharebesi'nden savaşı kazanmış olarak çıkıp da katıldığımız Paris Kongresi'nde, müttefiklerimizin bize yüklemiş oldukları bilinen şartlarla bu şimdi okunan rapordaki isteklerimiz karşılaştırılacak olursa, bunlardan hangisinin daha çok bağımsızlığı yok edici olduğu anlaşılır sanırım.»

Bekir Sami Bey'den sonra Hâmi Bey, Hâmi Bey'den sonra da Refet Bey (Refet Paşa) konuştular. Refet Bey'in konuşması aynen şöyleydi: «Mandanın bağımsızlığı yok etmeyeceği gerçeği ortada iken, bazı arkadaşlarımız – bağımsız mı kalacağız yoksa mandayı mı kabul edeceğiz? – tarzında birtakım görüşler ileri sürüyorlar. Onun için her şeyden önce mandanın ne olduğu anlaşılmalıdır. Bununla birlikte daha mandadan söz etmeden önce, düşünceleri gıcıklayan bu raporda bu deyimin ne şekilde anlaşılmış olduğunu bilmek gerekir. Fazıl Paşa Hazretleri «bağımsızlığı korumak şartıyla manda» buyuruyorlar. Hâmi Beyefendi tarafından verilmiş olan rapor iki bölüme ayrılıyor. Bir gerekçe bölümü var, ondan sonra bir de mandanın ne olduğunu anlatan bölüm var. Manda meselesini buradaki görüş açılarından değerlendirebilmek için önce bir noktayı anlamak isterim. Bu rapor metni genel kurulda görüşülmeye sunulmuş mudur, sunulmamış mıdır?»

İsmail Fazıl Paşa: «Yanlış anlaşıldığı için biz üçümüz – yani Fazıl Paşa, Bekir Sami ve Hâmi Bey'ler – bu raporu geri çekiyoruz. Hiç verilmemiş saydık» dedi (bu raporun müsveddesi de temize çekilmişi de kendilerinde kalmıştır).

Başkanlıktan — «Rapor geri alınmıştır» dedim. Raporun geri alınmış olmasına rağmen, söz alan Refet Bey, zabıtlarda beş altı sayfa yer tutan özentili bir konuşma yaptı. Bu konuşmadan, zabıtlara dayanarak olduğu gibi aldığım bazı cümleler, hatibin maksadını açıklamaya yetecektir, sanırım.

Refet Bey diyordu ki: «Bizim, Amerika mandasını tercih et- 65
mekten maksadımız, bütün toplumları kendine tutsak eden, kalpleri, vicdanları söndüren İngiliz mandasından kurtulmak ve sakin milletlerin vicdanlarına saygılı olan Amerika'yı kabul etmektir. Yoksa asıl iş para meselesi değildir ....

....

.... Söz olarak, manda ile bağımsızlık biribirine engel olan şeyler değildir. Yalnız, eğer biz gerçekte güçlü olmayacak olursak, işte o zaman mandanın altında eziliriz ve o zaman manda bizim için bağımsızlığımızı yok edici bir unsur olur. Bir de diyelim ki, biz dışarıda ve içeride tam bir bağımsızlık isteriz. Ancak, acaba hemen kendi başımıza yapabilecek miyiz, yapamayacak mıyız? Ondan da önce acaba bizi kendi başımıza bırakacaklar mı, bırakmayacaklar mı? Bunu düşünelim. Şurası bir gerçektir ki, bugün bizi İngiltere, Fransa, İtalya ve Yunanistan aralarında bölüşmek istiyorlar; Ancak, eğer biz bugün bu devletin kefilliği altında bir barış anlaşması yapacak olursak, ileride, uygun şartlar altına girer girmez hemen döner ve kendi yararımızı sağlarız. Fakat, eğer olumsuz bir durum ortaya çıkacak olursa, acaba büsbütün heder etmiş olmayacak mıyız? ....

....

Herhalde bir Amerikan kefilliğini kabul etmek zorundayız. Yirminci yüzyılda, beş yüz milyon lira borcu, harap bir memleketi, pek verimli olmayan bir toprağı ve ancak on onbeş milyon lira geliri olan bir millet için, bir dış dayanak olmaksızın yaşamak imkânı olamaz: Eğer bundan sonra da bu durumumuzda kalır ve dışarıdan bir destekle kalkınamayacak olursak, belki de ileride, Yunanistan'ın saldırılarına karşı bile kendimizi savunmayız...

Allah korusun, eğer İzmir Yunanistan'da kalsa ve aramızda bir savaş çıksa, düşmanımız, Yunanistan'dan vapurlarla asker getirebileceği halde, acaba biz Erzurum'dan hangi demiryolları ile ulaştırmamızı sağlayabileceğiz. O halde, Amerikan mandası her şeyden önce bir kefil ve yardımcı bulmak için gereklidir». Hatip, sözlerini şu cümle ile bitirdi: «Eğer sunmuş olduğum bu açıklamalarla ilerideki görüşmeler için bir giriş yapabildimse ne mutlu.»

Efendiler, bu parlak ve ustalıklı nutkun, dinleyenlerin düşünce ve görüşleri üzerinde yapabileceği yanıltıcı etkinin derecesini kolaylıkla takdir buyurursunuz. Zihinlerin, bunun ardından gelebilecek aynı görüşteki hatiplerin konuşmalarıyla büsbütün zehirlenmesine meydan vermemek ve kendilerini özel olarak aydınlatıp yol göstermeye fırsat bulabilmek için, derhal – on dakika dinlenelim efendim – diyerek oturuma ara verdim (Saat: 17.30).

Efendiler, bu nutkun son cümleleri üzerinde dikkatle durulmaya değer. Refet Beyefendi, Yunanlılar'ın İzmir'i işgalini geçici sayıyor ve savaş halinde olduğumuzu kabul etmiyor. Yunanlılar İzmir'de kalır da savaş durumuna girilirse başa çıkamayacağımız görüşünde bulunuyor,

Bundan sonraki oturumda, Bursa temsilcilerinden Ahmet Nuri Bey, manda aleyhinde uzun bir konuşma yaptı. Hâmi Bey, buna daha uzun bir konuşma ile cevap verdi ve gerçekten de pek uzun olan konuşmasının sonlarına doğru, anlattıklarını şu bilgilerle doğruluyordu:

«Fakat, şimdi biraz da işin kesin bildiğim bir yanından söz edece- 66
ğim. Konunun bu safhasında, ilgili zat ile şahsen bağlantı kurmuş olduğum için, sözlerim tahminî değildir; kesin bilgilere dayanıyor. İstanbul'dan hareket etmeden önce, eski Sadrazam İzzet Paşa Hazretleri'ni ziyarete gitmiştim. Herhalde bir manda ihtiyacında olduğumuza kendileri de inanıyorlardı. Bendenizden de bu konudaki düşüncemi sordular, ben de düşündüklerimizi arz ettim. Birkaç gün sonra bendenizi çağırtıp şu meseleyi açıkladılar: Suriye ve Adana bölgesinde dolaştıktan sonra, İstanbul'a gelip siyasî partilerin görüşlerini öğrenmeye çalışan Amerikan Araştırma Komisyonu üyeleri, İzzet Paşa'yı konağında ziyaret ederek, Anadolu'daki millî teşkilâtın Türk milletini temsil ettiği inancında olduklarını ve paşayı da (yani İzzet Paşa'yı) bu işin öncüsü bildiklerini söylemişler ve «eğer siz Erzurum ve Sıvas Kongrelerine Amerikan mandasını istettirecek olursanız, Amerika da Osmanlı mandasını kabul edecektir.» demişler, Paşa, bunu bendenize açıkladıktan sonra, bu milletin bir harbe daha gücü kalmadığından ve herhalde böyle bir çareye başvurmak zorunda kaldığımızdan söz etti ve Sıvas'a gittiğim zaman oradakilere bu durumu anlatmaklığımı tavsiye buyurdu. İzzet Paşa'nın inancı da bu şekilde istenecek bir mandanın yüzde doksan kabul ihtimalinin bulunduğu ve yalnız bizim için birtakım şartlar ileri sürmenin zarurî olduğu merkezindedir. Hattâ Paşa, Amerika için milletin isteğine dayanmayan bir mandayı kabul etmek mümkün olmadığından, kongremiz tarafından gösterilecek isteğin Avrupa devletlerine karşı Amerika lehinde bir dayanak noktası olacağını da söyledi. Bendeniz bu meseleyi İstanbul'dan şifre ile Erzurum'da Rauf Bey'e bildirdim. «Manda'nın kendinden çok adına karşı çıkanlar boşuna telâşlanıyorlar, kelimenin önemi yoktur. Önem, işin gerçeğinde ve niteliğindedir. Manda altına girdik demeyelim de isterlerse «varlığını ebedî olarak sürdürecek devlet ([51]) olduk» diyelim.

Bu son söze cevap verenler arasında, Husrev Sami Bey'in şu sözleri işitildi: **«Fakat bizim bu çalışmalardan beklediğimiz kendimizi savunmak suretiyle, ebedî olarak varlığını koruyacak bir millet ([52]) olduğumuzu ispat etmektir!»** Hâmi Bey, buna düşüncesinde bir geriye dönüş sezgisi uyandıracak şekilde cevap verirken, Kara Vasıf Bey söz aldı ve o günkü toplantının sonuna kadar konuştu. Vasıf Bey'in uzun sözlerinin özetini, zabıtlara olduğu gibi geçmiş olan şu cümlelerle

51) Devlet-i ebed-müddet.
52) Millet-i ebed-müddet.

yüksek dikkatlerinize sunuyorum : «Bütün devletler bizi tamamen bağımsız bırakacaklarını söyleseler bile, biz yine bir dış desteğe muhtacız (Vasıf Bey, sözlerinin başında mandaya «dışarıdan destek» adını verelim demişti). Dört yüz ilâ beş yüz milyon lira borcumuz var. Bu parayı kimse kimseye bağışlamaz; bize bunu ödeyiniz diyecekler; halbuki bizim gelirimiz bunun faizine bile yeterli değildir. O zaman güç bir durumda kalacağız; bunun için bağımsız olarak yaşamaya malî durumumuz elverişli değildir. Sonra, yanı başımızda, bizi bölüşmeyi emel edinmiş hükûmetler var; onların ihtirasları karşısında mahvoluruz. Parasız, ordusuz ne yapabiliriz? Onlar uçakla havada uçuyorlar, biz henüz kağnı arabasından kurtulamıyoruz. Onlar savaş gemisi yapıyorlar, biz yelkenli bir gemi yapamıyoruz. Bu şartlar altında bugün bağımsızlığımızı kurtarsak bile yine günün birinde bizi bölüşürler.» «Vasıf Bey, konuşmasını şu sözlerle bitiriyordu :

« .... İstanbul'daki Amerikalılar : «Manda'dan korkmayınız. Milletler Cemiyeti Tüzüğünde ([53]) yeri vardır.» diyorlar. İşte bütün bunlardan dolayı İngiltere'yi kendimize sürekli düşman Amerika'yı da en az kötülük gelebilecek bir devlet olarak kabul ediyorum. Eğer uygun bulursanız, bu- 67
radan İstanbul'daki temsilciye bir mektup yazıp gizlice bir hey'et göndermek için bir torpido isteyebiliriz.»

Eylül'ün dokuzunda salı günü yapılan toplantıda, manda meselesine dokunan Rauf Bey'in zabıtlara geçen konuşması aynen şöyledir : «Bu manda konusu üzerinde şimdiye kadar gerek basın ve gerekse başka çevreler tarafından birçok sözler söylendi. Gerçi yüksek hey'etiniz dış destek prensibini kabul buyurmuş ise de, bu desteği kimden isteyeceğimiz açıklanmadı. Bunun Amerika olduğu dolaylı olarak anlatılıyorsa da, bence doğrudan doğruya belirtilmesinde bir sakınca olamaz!»

Erzurum Kongresi hiçbir şekilde manda kabulü hakkında karar vermiş değildir

Bu sözlerden anlaşılacağı üzere Rauf Bey'in görüşüyle, gerek Sıvas Kongresi Hey'eti'nin ve gerek Erzurum Kongresi Hey'eti'nin anlayışları arasında bir görüş ayrılığından doğan yanlışlık olduğuna şüphe yoktur. Rauf Bey'in görüşünün yorumu niteliğinde olan bu sözlerin, gerek Erzurum ve gerek Sıvas Kongreleri bildirilerinin yedinci maddesindeki yazılış şeklinden kaynaklandığına hükmedilebilir. Gerçekten de bu maddenin yazılış şeklinde, belki de mandacılıkta pek ileri giden ve sonu gelmemiş propagandalarıyla kamuoyunu bulandıranları susturmak ve belki bundan da çok, onların iddialarına cevap olacak bir özellik vardır. Madde metni dikkatle okunur ve incelenirse

53) Cemiyet-i Akvam Nizamnâmesi'nde.

ne manda ne de Amerika'nın mandaterliğini istemek düşüncesinin yer almadığı kendiliğinden ortaya çıkar. Bu noktayı açıkça göstermek için, söz konusu maddeyi aynen hatırlatmak isterim :

Madde : 7 — Milletimiz çağdaş gayelerin büyüklüğüne inanır; teknik, sınaî ve ekonomik durumumuzu ve ihtiyacımızı takdir eder. Bu itibarla devlet ve milletimizin hakimiyet ve bağımsızlığı ile vatanımızın bütünlüğü korunmak şartıyla altıncı maddede belirtilen sınırlar içinde milliyetin gereklerine saygılı ve memleketimizi ele geçirme emeli beslemeyen herhangi bir devletin teknik, sınaî ve ekonomik yardımını memnunlukla karşılarız. Böyle adaletli ve insancıl şartları içine alan bir barışın bir an önce gerçekleşmesi, insanlığın güvenliği ve dünyanın huzuru adına başta gelen millî gayemizdir.

Efendiler, bu maddenin hangi noktasında manda ve mandaterin Amerika olacağı görüşü vardır? Olsa olsa «herhangi bir devletin teknik, sınaî ve ekonomik yardımını memnunlukla karşılarız» sözlerinden manda düşüncesi çıkaranlar olabilir. Ancak, mandanın anlam ve gayesinin bu olmadığı bir gerçektir. Her zaman ve bugün bile, bu açıklık çerçevesinde yapılacak yardımları kıvançla karşılamaktayız ve karşılarız. Nitekim Ankara-Ereğli ve Keller-Diyarbakır demiryollarının yapımı için bir İsveç firmasının; Kayseri-Sıvas-Turhal hatlarının yapımı için de bir Belçika firmasının teknik, sınaî ve ekonomik yardımını severek kabul ettik. Söz gelişi, Ankara şehrinin ve diğer Anadolu şehirlerimizin bir an önce kurulup yapılmalarında olsun, öteki bütün kara ve demiryollarımızın, limanlarımızın yapımlarında olsun teklifte bulunacak yabancı sermaye sahiplerinin yardımlarını severek kabul ederiz. Yeter ki, memleketimize sermaye getireceklerin içeride ve dışarıda devlet ve milletimizin hakimiyet ve bağımsızlığı ile vatanımızın bütünlüğünü bozmaya yönelmiş gizli emelleri olmasın. Bu maddede yer alan «milliyetin gereklerine saygılı ve memleketimizi ele geçirme emeli beslemeyen herhangi bir devlet »ifadesinden, Amerikan Devleti anlamının çıkarılması da yersizdir. Çünkü, milliyetin gereklerine saygılı dünya devletleri arasında yalnız Amerikalılar yoktur. Söz gelişi İsveç Devleti, Belçika Devleti aynı nitelikte devletler değiller midir? Bu devletlerden herhangi birinin mandaterliği de söz konusu olabilir mi? Bir de eğer dolaylı olarak Amerikan Devleti kastedil- 68
mek istenseydi, «herhangi bir devletin» ifadesi yerine bir devletin kelimeleri veya hiç olmazsa sadece «devletin» kelimesi ile yetinilmesi gerekirdi. Bu bakımdan maddenin açıkladığı şartlar çerçevesinde teknik, sınaî ve ekonomik yardımın iyi karşılanacağı hususunun bütün devletler için söz konusu olduğu açıktır.

Efendiler, bu manda konusu üzerindeki görüşümün – bu görüş bundan önce yapılan ve şu anda yüksek hey'etinizin' de öğrenmiş bulunduğu bunca yazışma ve tartışmalarımızla ortaya konmuştur – aylardan beri gece gündüz yanımda bulunan bir arkadaş tarafından hâlâ anlaşılmamış olduğuna hükmedilebilir mi? O halde R a u f B e y, ya aslında benimle aynı görüşte değildi veyahut aynı görüşte idi de, Sıvas'ta, İstanbul'dan gelenlerle yaptığı konuşmadan sonra görüş değiştirmiş oluyordu. Burasını kestirmek bence güçtür. Şimdi biraz da R a u f B e y'i dinleyelim; R a u f B e y, sözüne şöyle devam ediyor :

«Ateşkes Anlaşması yapıldığı sıralarda Almanların barış anlaşmasını imza etmeyecekleri sanılırken, İngiliz basını bazı sırları açığa vurdu. Bunun birinci bölümü, Almanya'nın barış anlaşmasını imza edeceği hususu idi. Bu gerçekleşti. İkinci bölümü de Türkiye'nin bölüşüleceği hususu idi. Bu çok şükür gerçekleşmedi. Bu bölümde, konferansın aldığı karar gereğince Kızılırmak'ın doğu tarafı Ermenistan sayılarak Amerikan himayesine veriliyor. Belki Gürcistan ile Azerbaycan da Amerika'ya bırakılıyor, deniliyordu. Kızılırmak'ın batısındaki topraklar da, İzmir ve İstanbul bunların dışında kalmak üzere, denize çıkış yeri Antalya olarak Türkiye'yi oluşturuyordu. Bu bölgenin kuzeyi, İtalyan ve Fransız, güneyi de İngiliz himaye ve yönetimine veriliyordu. İzmir'in işgali, bu açığa vurulan sırların doğruluğunu ispata başladı. O halde, böyle bir tehlike karşısında memleketimize karşı en tarafsız durumda bulunan Amerika'nın desteğini kabule mecburuz. Ben bu görüşteyim.»

R a u f B e y'in düşüncesini anlamak için bundan sonra daha çok devam eden sözlerini dinlemeye bilmem gerek kaldı mı?

Efendiler, pek uzun ve tartışmalı olarak geçen bu manda görüşmesi, taraftarlarını susturacak ortalama bir çare bulunarak sona erdi. Hem de bu çareyi teklif eden yine R a u f B e y oldu : «Amerika'da yıllardan beri aleyhimizde yapılmakta olan olumsuz yöndeki propagandaların doğurduğu düşünce akımını düzeltmek için, her şeyden önce Amerikan Kongresi'nden memleketimizi inceleyecek ve gerçeği görecek bir hey'et davet etmek. «Bu teklif oy birliği ile kabul edildi. Kongre Başkanlık Divanı'nın imzalarıyla bu yolda bir mektup kaleme alındığını hatırlıyorsam da bu mektubun gönderilip gönderilmediğini pek iyi hatırlamıyorum. Kaldı ki, ben bu mektuba özel bir önem de vermiş değildim.

Efendiler, sırası gelmişken kısaca şunu da belirteyim : Belge olarak başvurduğum Kongre tutanakları, Başkanlık Divan Kâtipliği'nde bulunan Afyonkarahisar temsilcisi Ş ü k r ü ve manda lehindeki konuşmalarını dinlediğimiz H â m i B e y l e r tarafından tutulmuş ve H â m i B e y'in yazısıyla, düzgün bir deftere, temize çekilmiştir.

Sıvas Kongresi'ni baltalama teşebbüsleri

Efendiler, Kongre 11 Eylül'de sona erdi. 12 Eylül'de Sıvas halkının da hazır bulunduğu açık bir toplantı yapılarak bazı nutuklar söylendi. Kongre görüşmeleri sırasında, önemli olarak Meclis-i Meb'usan seçimlerinin çabuklaştırılması ve Meclis'in nerede toplanması gerektiği konularına dokunuldu. Ancak, şimdi açıklamaya başlayacağım mes'eleler, Kongre görüşmelerini kısa kesmeyi gerektiriyordu. Bu son noktalarla daha sonra Hey'et-i Temsiliye meşgul oldu. 9 Eylül 1919 günü, toplanmış olan bazı bilgiler Kongre'ye şu şekilde açıklandı : «Eskişehir ve Afyonkarahisar'daki İngiliz Kuvvetleri bir kat daha artırıldı. General M i l l e r Konya'ya geldi. Konya Valisi C e m a l B e y ve Ankara Valisi M u h i t t i n P a ş a karşı koymaya çekiniyorlar. Yeni Kastamonu Valisi A l i R ı z a B e y de tıpkı C e m a l B e y türünden bir adammış. Pek sayın arkadaşların böyle durumlar karşısında şiddetli davranma taraflısı olduklarını bildiğimden, hemen sert tedbirler alınmasını F u a t P a ş a 'dan rica etmiştim. F u a t P a ş a da Kongre'nin kendisine olan güvenine dayanarak, Kongre adına gereken tebligat ve teşebbüslerde bulunmuştur. Bu davranış tarzının yüce hey'etinizce kabul edilmesini rica ediyor. F u a t P a ş a, valilere sert uyarılarda bulunuyor. Bölgelere yüksek rütbeli subaylardan millî komutanlar tayin ediyor ve bu komutanlara millet adına her türlü yetki verilmiştir» diyor. 69

Kongre teklifi kabul etti. Bundan sonra ben açıklamalara şöyle devam ettim :

«Buraya G a l i p B e y adında bir vali tayin edilmiş, geliyormuş. Ancak, bunun Harput Valisi A l i G a l i p B e y mi, yoksa Trabzon Valisi M e h m e t G a l i p B e y mi olduğu anlaşılamadı. Fakat biz başka bir bilgi elde ettik. M i s t e r N o w i l adında bir İngiliz binbaşısı Bedirhanlılar'dan K â m u r a n C e l â d e t ve C e m i l B e y'lerle birlikte, yanında on beş kadar Kürt atlısı olduğu halde Malatya'ya gelmiş ve mutasarrıf Bedirhanlı H a l i l B e y tarafından karşılanmışlardır. Harput Valisi de görünüşte bir posta hırsızının peşine düşme bahanesiyle otomobille Malatya'ya gelmiştir. Bu maksatla bunlara Adıyaman'daki müfreze de verilmiştir. Maksatlarının Kürtleri, Kürdistan kurulacağı vaadiyle aleyhimize çevirerek, bize karşı suikast yapılmasına yöneltmek olduğu anlaşılmış ve karşı tedbirlere de başvurulmuştur. Diyelim ki, valiyi ve diğerlerini tutuklatmak istiyoruz. Malatya Mutasarrıfı da Kürt aşiretlerini Malatya'ya çağırmıştır. Bu durum üzerine 13' üncü Kolordu bölgesinde faaliyete geçtik. Gereken tedbirler alınmıştır. Yarın akşam Harput'tan gönderilecek bir askerî birlik bozguncuları tepeleyecektir. Buradaki Kolordu Komutanı da gereken tedbirleri almıştır. Malatya'ya ve öteki yerlere de gereken emirler verilmiştir.»

Efendiler, Sıvas Kongeresi'nin hemen hemen bütün toplantı süresince, sinirlere gerginlik verecek nitelikte haberler almaktan geri kalmıyordum. Ancak, aldığım bütün bilgileri olduğu gibi Kongre hey'etine sunmakta yarardan çok sakınca buluyordum. Gördünüz ki, şimdi açıkladığım üzere, gerçekten tehlikeli sayılabilecek nitelikte olan Ali Galip meselesinden de söz ederken ihtiyatlı bir dil kullanmayı tercih etmiştim. Bence en önemli mesele, her türlü güçlük ve tehlikelere rağmen, Sıvas Kongresi'nin sonuca ulaşan kararlarla, görüşmelerini bir an önce tamamlamış olmak ve alınan bu kararları memlekette uygulamaya girişmekti. Bu isteğim yerine geldi. Bütün memleketi içine alan millî teşkilât tüzüğünün ve genel kongre bildirisinin hemen bastırılarak her yere dağıtılması yoluna gidildi. Ancak, beklenenlerin dışında yeni olaylar karşısında kalındığından, kongre sona erdiği halde, kongre üyelerinin yeni gelişmeler kendini gösterinceye kadar Sıvas'ta kalmalarını uygun gördüm ve gerekirse daha etkili olağanüstü bir kongre toplamak için de hazırlık yaptım. Ali Galip'in kaçması üzerine, kongre üyelerini Sıvas'ta bekletmekten vazgeçildiği gibi, Ferit Paşa Kabinesi'nin düşmesi üzerine olağanüstü kongre toplanmasına da gerek görülmedi *(Belge: 55)*.

Ali Galip olayı

Şimdi Efendiler, Millî Mücadele tarihimizde önemli 70
bir olay durumunda olan Ali Galip konusu üzerinde biraz açıklamalı bilgi vereyim:

Efendiler, daha Temmuz başında, Erzurum'da bulunduğum sıralarda Celâdet ve Kâmuran Ali adlarında iki şahsın yabancılar tarafından, bol para ile İstanbul'dan Kürdistan'a gönderileceği, bunların yıkıcı propaganda ve aleyhte kışkırtıcılık yapmakla görevlendirildikleri; bir iki gün içinde hareket etmiş ve edecek oldukları haberi alındı. Bu haber üzerinde, bunların dağdağaya meydan verilmeden gözetlenerek yakalanmaları gereğini 3 Temmuz tarihinde Diyarbakır'da 13'üncü Kolordu Komutanı'na, ayrıca Kurmay Başkanı Hâlit Bey'e ve Canik ([54]) Mutasarrıfı'na bildirdim.

20 Ağustos'ta 13' üncü Kolordu Komutanı'na verdiğim emirde, adı geçen kimselerin İstanbul'dan hareket ettiklerinin bildirildiğini ve alınacak tedbirler arasında, özellikle Mardin istasyonunun sıkı bir kontrol altında tutulmasının uygun olacağını yazdım.

Sıvas Kongresi'nin ikinci günü, yani 6 Eylül tarihinde, «Bedirhanlı ailesinden Celâdet ve Kâmuran ile Diyarbakırlı Cemil Paşazade Ekrem adlarında üç şahsın, yanlarında, vaktiyle Diyarbakır ilinde aleyhimizde propaganda yapan bir yabancı subay bulunduğu

---

54) Samsun.

halde, silâhlı Kürtlerin koruyuculuğunda Elbistan ve Akçadağ ([55]) üzerinden Malatya'ya geldikleri, orada Mutasarrıf ve Belediye Başkanı tarafından karşılandıkları» 13' üncü Kolordu'nun yazısından anlaşılıyor. 15' inci Kolordu Komutanı Kâzım Karabekir Paşa'nın 3' üncü Kolordu Komutanlığı'na bununla ilgili olarak gönderdiği 6 Eylül 1919 tarih ve 529 sayılı şifresinde verilen bilgide: «Yabancı subayın, Türk, Kürt ve Ermeni nüfusunu incelemek üzere, İstanbul Hükûmeti'nin izniyle dolaştığını söyledikleri; Malatya'da bulunan süvari alayının mevcudunun azlığı yüzünden bunları tutuklamaya cesaret edemediği, bununla birlikte hemen tutuklanmaları için İstanbul'a başvurulduğu 13' üncü Kolordu'dan bildirilmiştir. Bu adamların ne maksatla hangi görevle, nereleri gezecekleri konusunda bildiklerini Harput, Valisi'nden sordum» denilmekte idi. *(Belge: 56)* Harput Valisi Ali Galip Bey'dir. Bu adamların ne maksatla geldiklerini 3 Temmuz tarihinden beri bilmekteyiz. Beş on silâhlı Kürd'e karşı bir süvari alayının mevcudu az görülmüş, tutuklanmalarına cesaret edilememiş; asıl hayret verici olan husus, bunların tutuklanması için İstanbul'a başvurulmuş olduğu haberidir.

Bu küçük ve önemsiz gibi görünen noktaları, o zamanki durum değerlendirmesinde, dikkate değer anlayış ve zihniyet farklarının bulunduğunu göstermesi bakımından kaydediyorum.

Diyarbakır'da, 13' üncü Kolordu Komutanı'nın tutumu şüpheli görüldüğünden, doğrudan doğruya bu kolordunun Kurmay Başkanı'na 3'üncü Kolordu Komutanı'nın imzasıyla 1 Eylül 1919 tarihinde yazılan (kişiye özel) şifrede, Vali Galip, Malatya Mutasarrıfı Halil, Kâmuran, Celâdet ve Ekrem Bey'lerle beraber İngiliz binbaşısının mutlaka yakalanıp Sıvas'a gönderilmeleri için Elâzığ'da bulunan 15' inci Alay Komutanı İlyas Bey'in kendi komutasında altmış kadar atlı ve katırlı askerden oluşan bir müfrezenin en geç 9 Eylül'de Harput'tan Malatya'ya hareketi ile ilgili olarak ve işin kestirmeden bitirilmesi bakımından doğrudan doğruya tebligat yapıldığı bildirildi ve müfrezenin hemen hareketinin sağlanması rica edildi.

8 Eylül'de, Sıvas'tan da bir otomobille bazı subayların gönderileceği bilgisi verildi *(Belge: 57)*.

Diyarbakır'dan, Kurmay Başkanı'nın 7/8 Eylül 1919 tarihiyle bana gönderdiği şifrede şöyle deniyordu:

«Tutuklama ile ilgili isteği öğrendim. Bu hususta Komutan Bey'in emir vereceğini hiç sanmıyorum. Çünkü askeri özelliklerini biliyorum. Tarafımdan yapı-

---

55) Arga.

lacak tebligatı ise, yerine getirmekten çekinirler. Bu konuda İstanbul'la haberleşmekteyiz. Bu duruma göre ne yapılması gerekeceğinin tayini yüksek kararınıza bağlıdır. Şifre kaleminin 357 sayısıyla arz edilmiştir.»

13' üncü Kolordu Kurmay Başkanı
Hâlit

Elâzığ'daki Alay Komutanı İ l y a s B e y ' den 13' üncü Kolordu Komutanı'nın emrine cevap olarak gelen 8 Eylül tarihli telgrafta da «Kolordu'dan aldığım emir üzerine hareketim geri bırakılmıştır. Kolordunun izni olmadan, buradan hareket etmekliğim uygun düşmeyeceğinden, hareket emrinin Kolordu'dan bildirilmesine lûtfen yardımcı olunuz» denilmekte idi *(Belge: 58)*.

Hâlit Bey'e hemen verdiğim cevap, aynen şuydu:

.. 9.1919

Malûm şahısların alçaklıkları ortaya çıkmıştır. İstanbul Hükûmeti..... bu alçaklığa ortaktır. Oradan emir beklemek düşmana fırsat vermektir. Bu hususta tebligat yaparken, hiç kimseyi kararsızlığa düşürmeyecek şekilde, hemen emir vermek, vakit geçirmemek gerekir. Komutanın kararsızlığa düşeceğine ihtimal veriyorsanız, zâtıâliniz, tarafımızdan Elâzığ ve Malatya'daki alay komutanlarına yapılmış olan tebligatımızın uygulanmasını bildiriniz. Gerçekten lüzum varsa, komutayı uygun gördüğünüz tümen komutanlarından biri üzerine alsın! Ağırdan alma zamanı geçmiştir. Yapılanlarla ilgili cevabınızı bekliyoruz, kardeşim.

Mustafa Kemal

Alay Komutanı İ l y a s B e y 'e de aynı tarihte bizzat şu emri verdim: «Malûm şahısların hainlikleri ortaya çıkmıştır. İstanbul'daki merkezî hükûmet de bunların hainliğine ortaktır. Kolordunuz komutanı bu konuda izin istemiş ve cevap alamamış olabilir. Bu bakımdan bu meselenin çözüme bağlanmasını zâtıâlinizden beklerim.

Cevabınızı bekliyorum, efendim. Malatya'da bu işi hallettikten sonra, gerekirse Sıvas'ta bize katılırsınız. M u s t a f a K e m a l». Şifre dışındaki imza da 3' üncü Kolordu Kurmay Başkanı Z e k i B e y ' indi.

Malatya'da bulunan 12' nci Süvari Alayı Komutanını da 7/8 Eylül gecesi bizzat telgraf başına çağırmış ve görüşmekte idim. Alay Komutanı C e m a l B e y 'den durumu ve kuvveti hakkında bilgi aldım. Gelenlerin yanlarındaki silâhlı Kürtlerle beraber «on beş yirmi kişi kadar» olduğunu, alayın da merkezde «ancak o kadar kuvveti» bulunduğunu söyledi. Ben bu kuvveti yeterli gördüm. Hattâ Süvari ve topçu alayının yalnız subayları yeterli olabilirdi Ne var ki özel durumu ve maneviyatını anlamak istiyordum.

Bunun üzerine telgraf konuşması şöyle geçti:

«Ben — Vali Galip Bey, İngiliz binbaşısı, Kâmuran, Ce- 72
lâdet ve Ekrem Bey'lerin hep birlikte ustalıklı bir tertiple bu gece yakalanarak Sıvas'a gönderilmeleri zarurîdir. Durumunuz bunu yapmaya elverişli midir? Size buradan ve Harput'tan yardım yetiştirilecektir.

Cemal Bey — Valiyi de beraber mi?

Ben — Özellikle, evet.

Cemal Bey — Arz ettiğim üzere durum ve kuvvetim buna elverişli değildir. Kâmuran, Celâdet ve Ekrem Bey'lerin yakalanmaları hakkında 13'üncü Kolordu Komutanı ile haberleşme yapıldı. Sonunda, durumun nezaketi dolayısıyla, şimdilik tutuklanmalarının uygun olamayacağı hakkında emir de çıkmıştır» dedi.

Artık, bu zatın daha çok üzerine varılamazdı. «Kendilerine hissettirmeden sıkı bir şekilde göz hapsinde bulundurunuz. Kolordunuzdan emir gelecektir. Hareket ederlerse, ne tarafa doğru gittiklerini ve hangi vasıta ile hareket ettiklerini hemen bildiriniz» talimatını vermekle yetindim. *(Belge: 59).*

8 Eylül günü, Cemal Bey'den şifre ile «malûm şahısların hâlâ orada olup olmadıklarını ve göz hapsinde tutmak için alınan tedbirlerin güvenirlik derecesini» sordum ve «kendisine günde iki defa rapor vermesini» emrettim.

Hâlit Bey'e yazdığım telgrafa ertesi günü (8 Eylül 1919) aldığım cevapta, Elâzığ'daki Alay Komutanı İlyas Bey'e emir verildiği bildiriliyor ve bu emrin bir kopyası veriliyordu *(Belge: 60).*

Kolordu Komutanı Cevdet Bey de, İlyas Bey'in 52 katırlı asker ve iki makineli tüfekle 9 Eylül sabahı hareket ettiğini ve 10 Eylül akşamı Malatya'da bulunacağını bildirdi, 9 Eylül tarihli bir şifresinde «karşı koyma hareketlerinin yoğun olduğu bir çevrede daha fazla faaliyet göstermemek hususunda kendisini mazur göreceğimi» de söylüyordu *(Belge: 67).*

9 Eylül'de, İlyas Bey müfrezesinden başka, Aziziye [56]'den iki süvari bölüğü, Siverek'ten Malatya'daki alaya bağlı bir bölük de Malatya'ya gönderildi *(Belge: 62, 63, 64).*

Vali Ali Galip'in ve Bedirhanlılar ile Cemil Paşazâde'nin yaptıkları propagandanın etkisini kaldırmak için, Elâzığ ve Dersim

---

56) Malatya'ya bağlı bugünkü Başköy İlçesi.

(57) Bölgesi ile ilişkisi olduğunu bildiğim ve Kemah'ta bulunan Hâlet Bey'e (eski milletvekili) 9 Eylül'de Elâzığ'a hareket etmesini ve Haydar Bey'le bağlantı kurmasını yazdım *(Belge: 65).* Ayın sonuna doğru oraya vardı.

Van valisi bulunan Haydar Bey de Elâzığ valiliği görevine başlamak üzere Erzurum'dan yola çıkarılmıştır. Haydar Bey, 15'inci Kolordu'ya bağlı olup Mamahatun'da bulunan bir süvari alayı ile de bağlantı kurarak, gereğinde bu alayı Malatya'ya doğru harekete geçirecekti.

Otomobille bazı subayların da Malatya'ya gönderileceği konusunda bir kayıt vardı.

Gerçekten de arkadaşlarımızdan Recep Zühtü Bey görünüşte 3'üncü Kolordu yaveri sıfatıyla ve benden aldığı özel talimatla, yanında, başkaları da olduğu halde 9 Eylül'de, otomobille Malatya'ya hareket etti. Maalesef bindiği otomobil, yolların bozuk ve çamurlu olması yüzünden Kangal'da kırılmış ve tam zamanında Malatya'ya yetişememişti. Kangal'dan sonra kâh araba ve kâh hayvanla, gece gündüz yol alarak Sıvas'tan hareketinin dördüncü günü öğleden sonra Malatya'ya varabilmişti. Recep Zühtü Bey'in verdiği raporlar, durumun aydınlanmasında çok yararlı olmuştu.

Efendiler, 10 Eylül günü geç vakit şu telgrafı aldık: 73

Kişiye özel — **Malatya, 10.9.1919**
Hiç durmayacaktır

Sıvas'ta 3'üncü Kolordu Komutanlığı'na

Mustafa Kemal Paşa Hazretleri'ne özel:
1 — 10.9.1919 saat 14.00'de olaysız olarak Malatya'ya varılmıştır.
2 — Malûm şahısların hepsinin de maalesef Kâhta'ya doğru kaçtıkları, etraflı bilginin daha sonra sunulacağı arz olunur.

15' inci Alay Komutanı
İlyas

Aynı gün ve fakat, İlyas Bey'in telgrafından sonra da şu telgrafı alıyoruz:

Çok ivedi — **Malatya'dan, 10.9.1919**

Sıvas'ta 3' üncü Kolordu Komutanlığı'na

Mustafa Kemal Paşa Hazretleri'ne:
1 — Harput Valisi ile Malatya Mutasarrıfı, İngiliz binbaşısı ve yardakçıları olan malûm kimseler 15'inci Alay'ın Elâzığ'dan hareketini ve kendilerinin tutuk-

---

57) Tunceli.

lanacaklarını haber alır almaz, bu sabah erkenden kaçmışlardır. Bunların Kâhta'daki Bedir Ağa'nın yanına gittikleri ve oradan alacakları Kürtlerle burayı basmaya gelecekleri söyleniyor.

2 — Herhangi bir kötülüğe yeltendikleri takdirde, bunlar ve Bedir Ağa aşireti hakkında kovuşturma yapılması için Kolordu'dan emir alınmıştır, izlerinde gidilmektedir, sonuç ayrıca arz edilecektir.

3 — 15' inci Alay Komutanı'nın emrindeki kuvvetle, bu gün saat 14.00'te Malatya'ya geldikleri arz olunur.

12' nci Süvari Alay Komutanı
Binbaşı Cemal

Aynı tarihte yazılmış olan bu iki telgraf yanyana getirilerek incelenirse, dikkate değer bazı noktaların göze çarpmamasına imkân yoktur.

Süvari Alay Komutanı Cemal Bey, tarafımızdan aldığı talimat üzerine malûm şahısları sıkı ve güvenli bir şekilde göz hapsinde bulunduracak ve günde iki defa rapor verecekti.

Adı geçen kimseler, 10 Eylül günü sabah erkenden kaçtıkları halde, Cemal Bey, bu bilgiyi ancak, İlyas Bey müfrezesinin gelişinden ve İlyas Bey'in raporundan sonra bildiriyor. Cemal Bey, kaçakların, İlyas Bey müfrezesinin Elâzığ'dan hareketini haber aldıklarını söylüyor. Oysa, telgrafhane Cemal Bey'in gözetimi altındaydı.

Sonra, kaçakların Kürtleri toplayıp Malatya'yı basacaklarının söy- 74
lendiğini de ekliyor. Bu noktalar, Süvari Alay Komutanı hakkında şüp-
he ve kararsızlık uyandırmaktadır.

Daha sonra alınan bilgilerden anlaşıldı ki, Ali Galip ve arkadaşlarına 9 Eylül akşamı haber getirilmiş. Ali Galip geceyi uyumadan hükûmet dairesinde geçirmiştir. 10 Eylül'de, yanlarında birkaç jandarma ve silâhlı Kürtle birlikte, hükûmet dairesinde toplanıyorlar, veznedarın odasına giriyorlar, kasayı açıyorlar, yanlarında götürmek üzere altı bin lira sayıp bir kenara koyuyorlar ve kasaya konmak üzere de şu senedi yazıyorlar:

«Mustafa Kemal Paşa ve adamlarının ortadan kaldırılması masraflarını karşılamak üzere, bununla ilgili emre uyularak altı bin lira alınmıştır. 10 Eylül 1919. Halil Rahmi, Ali Galip.»

İlyas Bey müfrezesinin Malatya'ya yaklaşmakta olduğunun anlaşıldığı bir sırada, Süvari Alay Komutanı, subaylara mutasarrıfın evini hedef gösteriyor. Mutasarrıfın evini sarıyorlar. Telefon tellerini kesiyorlar ve evi basıyorlar. Bu hareketin başladığını sezen Halil Bey'in ailesi hükûmet dairesine haber veriyor. Hükûmette, para almakla meşgul olan vali, mutasarrıf ve arkadaşları, durumdan haberdar olur olmaz, korku ve telâşla her şeyi unutup ayırdıkları parayı ve yazdıkları senedi de olduğu gibi bırakıyorlar; yanlarındaki adamları ile birlikte hazır bulunan atlarına binerek kaçıyorlar *(Belge: 66, 67)*.

Süvari Alay Komutanı'nın ve Topçu Alay Komutanı'nın, valinin geceyi hükûmet dairesinde geçirmekte olduğunu bilmedikleri kabul edilemez. Mutasarrıftan çok valinin yakalanmasının önemli olduğu da açıktı. O halde, malûm kişilerin kaçmasına göz yumulduğu bir gerçektir. En basit bir yorumla, malûm kimselerin, yanlarındaki beş on silâhlı jandarma ve Kürtle çatışmaktan büyük fenalık çıkabileceği kuruntusu Malatya'dakileri dolaylı yoldan tedbir almaya yöneltmiş ve onlara bu şahısları ürküterek kaçırma yolunu benimsetmiştir, denebilir.

10 Eylül'de İlyas Bey'e verdiğim talimatta belirttiğim başlıca noktalar:

1 — Kaçakların sür'atle yakalanmaları;

2 — Kürtlük akımına asla elverişli bir ortam bırakılmaması;

3 — Malatya'da, mutasarrıflığı Jandarma Komutanı Tevfik Bey'in üzerine alması; uygun namuslu ve vatansever bir zatın da Harput'ta hemen valilik makamına getirilmesi;

4 — Malatya ve Harput'taki hükûmet kuvvetlerini tamamen ele alarak vatan ve millet aleyhine hiçbir harekete meydan verilmemesi.

5 — Kaçaklara uyanların amansızca ve merhametsizce yok edileceğinin ilânı ve namuslu halkın gerçek durumundan haberdar edilmesi;

6 — Millî varlığımızı tehlikeye sokacak olan yabancıların askerlerine de karşı konulacağının belirtilmesi ve gerekli düzen ve tedbirlerin alındığının» bildirilmesinden ibarettir *(Belge: 68)*.

Efendiler, kaçakların, yakındaki veya çevredeki aşiretlerden bir takım Kürtleri toplayabileceklerini, hattâ, Maraş'ta bulunan yabancı kuv- 75
vetlerden bile yararlanabileceklerini kesin gibi kabul etmek lâzım geliyordu. Onun için de alınmış olan tedbirleri ve bu işe ayrılmış olan kuvvetleri güçlendirmek gerekiyordu. Bu maksatla Sıvat'tan Malatya'ya 9 Eylül akşamı bir katırlı müfreze daha gönderildiği gibi, 3' üncü Kolordu elden geldiği kadar kuvvetlerini güneye indirecek, 13' üncü Kolordu takip işini yüklenecek ve hainlere kıpırdayacak bir fırsat vermemek için pek etkili olmak gerektiğinden, Mamahatun'daki süvari alayı da Harput yönüne doğru hareket ettirilecekti.

Bu hususta 3' üncü, 13' üncü ve 15' inci Kolordu Komutanlarına gerektiği şekilde tebligat yapıldı ve istekler bildirildi *(Belge: 69)*.

Efendiler, verdiğimiz direktifler çerçevesinde kaçakları takip ettirirken, bir yandan da elimize geçen bazı belgeleri gözden geçirelim. Bu belgelerin, söz konusu olayı, Ali Galip'in teşebbüsünü ve İstanbul Hükûmeti'nin bayağılığını her türlü açıklamadan daha mükemmel bir şekilde ortaya koyacağını zannettiğimden, onların olduğu gibi gözden geçirilmesinin yersiz olmadığı görüşündeyim.

Önce, Dahiliye Nâzırı Âdil Bey'le Harbiye Nâzırı Süleyman Şefik Paşa'nın ortak imzalarıyla Elâzığ valisi Ali Galip Bey'e verilen 3 Eylül 1919 tarihli talimatı birlikte okuyalım.

Bundan sonra, Dahiliye Nâzırı'nın gönderilecek kuvvet ve sarf edilecek para miktarı ile ilgili olarak Bâbıâlî'den çektiği telgrafını görürüz:

İstanbul
906
Kendisi tarafından
çözülecektir

Elâzığ Valisi Galip Beyefendi'ye

İlgi : 2 Eylül 1919, sayı : 2.

Arz olunmuştur. Padişah'ın, hakkındaki yüce buyruğu bu gün çıkacaktır. Bu bakımdan kesinlik kazanmıştır. Talimat şudur: Bildiğiniz üzere, Erzurum'da Kongre adı altında birkaç kişi toplanarak birtakım kararlar aldılar. Ne toplananların, ne de aldıkları kararların bir değeri ve önemi vardır. Ancak, bu durumlar ülke çapında birtakım dedikodulara yol açıyor. Avrupa'ya da pek abartılarak aksettiriliyor. Bundan dolayı da kötü etkiler yaratıyor. Ortada önem verilmeye değer hiçbir kuvvet ve hiçbir olay bulunmadığı halde, sırf bu abartma ve kötü etkilerden endişeye düşen İngilizlerin, yakında Samsun'a epeyce bir kuvvet çıkaracakları tahmin ediliyor. Hükûmetin her yere olduğu gibi size de gönderdiği, malûm genelgeye aykırı hareketler devam ederse, çıkarılacak yabancı kuvvetlerin Sıvas'ı ve oradan daha da ilerleyerek birçok yerleri işgal etmeleri ihtimalden uzak değildir. Bu da memleketin çıkarlarına elbette aykırıdır. Erzurum'da toplanan malûm şahısların yakında Sıvas'ta birleşerek yine bir kongre toplamak istedikleri, olaylarla ilgili haberleşmelerden anlaşılıyor. Böyle beş on kişinin orada toplanmasından hiçbir şey çıkmayacağı hükûmetçe bilinmektedir. Ne var ki, bunları Avrupa'ya anlatmak mümkün değildir. İşte bunun içindir ki, onların orada toplanmasına meydan vermemek
gerekiyor. Bunu sağlayabilmek için, her şeyden önce, Sıvas'ta hükûmetin tam ola- 76
rak güvenini kazanmış ve memleketin iyiliğine olan tebligatı olduğu gibi yerine getirmeye azimli bir vali bulundurmak gerekmektedir. Yüksek şahsınızı onun için oraya gönderiyoruz. Gerçi, Sıvas'ta kongre toplamak isteyen birkaç kişiye engel olmak o kadar güç birşey değilse de, yüksek dereceli sivil memurlarla, komutanların, subayların ve askerlerden bazılarının da bunlarla aynı düşüncede olmaları dolayısıyla, hükûmetin aldığı tedbirleri ellerinden geldiğince boşa çıkarmaya ve

malûm şahısları güçleri yettiği kadar korumaya çalışacakları gözönünde bulundurularak, güvenilir bir iki yüz kişinin yanınızda bulunması başarı sağlama bakımından uygun görülmektedir. Bundan dolayı, daha önce yazdığım gibi, oralardaki Kürtlerden güvenilir yüz elli kadar atlıyı birlikte alarak, oradan niçin gidildiğini hiç kimseye sezdirmeden, Sıvas'a hiç kimsenin beklemediği bir zamanda vararak, vali ve komutanlığı hemen ele alacak ve sayıları az olmakla birlikte oradaki jandarma ve askeri iyi kullanacak olursanız, karşınızda başka bir kuvvet bulunmayacağı için derhal otoritenizi kullanarak toplantıya meydan vermemiş olacağınız ve orada bulunanlar varsa hemen yakalayıp, göz altında İstanbul'a gönderebileceğiniz âşikârdır. Böylece, kazanılacak hükûmet nüfuz ve otoritesi, içeride macera peşinde koşanları yıldırarak bir daha bu gibi kötü hareketlerin meydana gelmesini önleyeceği gibi, dışarıda da pek iyi bir etki yapacak, yabancıların asker çıkararak oraları işgal etmek konusundaki tasarılarından vazgeçmeleri için hükûmetçe yapılacak müracaat ve teşebbüslere sağlam bir dayanak oluşturacaktır. Zaten Sıvas halkının bazı tanınmış kimselerinden araştırılarak elde edilen doğru bilgilere göre, halk bu politikacıların kışkırtmalarından, para toplamak için yaptıkları baskılardan pek nefret etmiş. Bu hareketlerin önlenmesi için, hükûmete her türlü yardıma hazırdır. Orada derhal jandarmaya yazılacak, istenildiği kadar asker bulunacağı, bunlara nüfuzlu kimseler tarafından özel olarak yardım edileceği haber verilmektedir. Bu şekilde, yeteri kadar ve hükûmete kuvvetle bağlı jandarma birliği kurulduktan sonra, birlikte götüreceğiniz süvarileri hoşnut ederek yerlerine göndeririz. İşte alınacak tedbirler bundan ibarettir. Bunun kolaylıkla ve başarıyla uygulanması, sadece son derece gizli hareket etmeye bağlıdır. Sıvas'a tayininizden, hattâ o taraflara gideceğinizden kendi aileniz içinde en çok güvendiğiniz bir tek kimseye bile bahsetmeyiniz. Sıvas'a girinceye kadar, maksadınızı yanınızdakilere bile sezdirmeyiniz. Bu, başarının temel şartıdır. Bu itibarla, şimdilik ailenizi herhalde orada bırakarak, etraftaki aşiretleri teftiş için beş on gün kalacağınızı ailenize ve çevrenizdeki yakınlarınıza anlatarak, hemen yola çıkıp bir gün öncesinden Sıvas'a ansızın girmeye gayret etmelisiniz. Oraya vardığınızda, aşağıdaki telgrafı gereken kimselere gönderip, valilik ve komutanlığı ele alarak hemen işe başlamalısınız. Bir yandan da makine başında durumu Nezaret'e bildirmelisiniz. Böylece, oradaki şartlar belli olur olmaz, size yine makine başında tarafımdan gereğine uygun tebligat yapılacaktır. Bu şekilde işe başladıktan sonra, ne vakit uygun görürseniz ailenizi ve eşyanızı Sıvas'a getirtebilirsiniz. Yalnız, şimdi orada bulunan Reşit Paşa'nın valilik görevinden alındığı, yerine bir başkasının gönderileceği her nasılsa duyularak, kendisi tarafından Nezaret'e başvurulmuş olduğundan ve adları malûm kimselerin yakında Sıvas'ta toplanmak istedikleri alınan haberlerden anlaşıldığından, boşuna bir dakika geçirilmeksizin bir an önce hareketle,
oraya vaktinden önce ulaşmaya gayret etmeniz, işin gereği olarak pek önemli ve 77
zaruridir. Bu durum karşısında, ne zaman hareket edeceğinizin ve ne kadar zamanda oraya varabileceğinizin bildirilmesi gerekiyor.

Sıvas'ta ilgililere göstereceğiniz telgraf şudur :

Zâtıâlilerinin Sıvas ve komutanlığına tayinleri Meclis-i Vükelâ [58] kararıyla Padişah Hazretleri'nin yüce buyruklarına sunulmuş ve gereği şerefle onaylanmış olduğundan, hemen hareketle, bu telgrafı Sıvas'taki sivil ve askerî memurlardan gerekenlere gösterip, vali ve komutanlığı üzerinize alarak göreve başlamanız ve durumu hemen bildirmeniz tebliğ olunur. 3.9.1919

Dahiliye Nâzırı **Harbiye Nâzırı**
Âdil **Süleyman Şefik**

---

58) Bakanlar Kurulu.

Çok İvedi **Bâbıâli, 6.9.1919**

Malatya'da Elâzığ Valisi Galip Beyefendi'ye

İlgi : 6.9.1919.

Eşkıya takibi için gönderilecek kuvvetin masraflarının jandarma ödeneği hesabına malsandığından karşılanması zarurîdir. Kaç kuruş sarf edileceğinin ve gönderilecek kuvvetin miktarı ile hareket gününün hemen bildirilmesi.

Nazır
Âdil

Dahiliye nâzırı üç gün sonra da Ali Galip'in bir telgrafına karşılık olduğu anlaşılan şu telgrafı veriyor:

İvedi **İstanbul, 9.9.1919**

İlgi : 8.9.1919. Sayı : 2

Malatya'da Elâzığ Valisi Beyefendi'ye

Sıvas'ta güvenilir bir vasıta olmadığından yeterli bilgi alınamamakta ise de, ora halkından burada bulunan bir adamın ifadesine ve başka yerlerden de alınan genel bilgilere göre, önce halk bu kışkırtmalara taraftar değildir. Sonra, asker yok denecek kadar azdır. Bu hareketi idare etmekte olanlar, malûm şahıslar ile komutan ve subaylardan bazılarıdır. Bunlar, işe millî bir yön vererek maksatlarını benimsetmeye çalışmaktadırlar. Oysa, millet bu işlere taraftar değildir. Orası daha yakın olduğu için, istediğiniz bilgiyi kolaylıkla elde edebilirsiniz: Bununla birlikte, gazeteler her nasılsa Sıvas'a tayininizden bahsetmiş olduklarından, bir gün önce yola çıkmanız daha da önem kazanmıştır. Birlikte bulunduracağınız kuvvet ne kadar çok olursa, başarının o oranda kolaylaşacağı âşikârdır. Bu kuvvetin miktarları ile, hareket tarihinizin bir gün öncesine kararlaştırılarak bildirilmesini bekliyorum.

Nâzır
Âdil

Ali Galip Bey bu telgrafa karşılık olarak, Malatya'dan son 78
defa şu telgrafı veriyor:

Çok ivedi ve gizli
Kendisi tarafından
çözülecektir

Dahiliye Nezareti'ne

Bu ayın 14'üncü günü yeterince kuvvetle eşkiyanın peşine düşüp ve yakalanması için Malatya'dan hareket edecek şekilde gerekli tedbirler alınmıştır. Tanrı'nın yardımı ile çarpışmadan başarılı sonuç alınacağına güven buyurulsun. Yalnız yazıların cevapları ve gerekleri geciktirilmemelidir.

9.9.1919
Elâzığ Valisi
Ali Galip

Bu telgraftan, 9-10 Eylül gecesini hükûmet dairesinde heyecanlar içinde ve sabaha kadar uykusuz olarak geçiren Ali Galip'in 9 Eylül 1919 günü, henüz kahramanlığının üzerinde ve Tanrı'nın yardımı ile çarpışmada başarıdan pek ümitli olduğu anlaşılıyor.

Efendiler, bu olaydan ve bu belgelerden haberdar edilen sivil âmirlerden Dahiliye Nâzırı Âdil Bey'e Komutanlardan da Harbiye Nâzırı Süleyman Şefik Paşa'ya, güvensizlik bildiren telgraflar çekilmesinin uygun olacağı düşünüldü. Halkın dikkati çekildi.

Sıvas Valisi Reşit Paşa'nın telgrafına cevap veren Âdil Bey'in şu sözleri ne kadar garip ve şaşırtıcıdır. Âdil Bey sözünü ettiğim telgrafı şu cümlelerle bitiriyordu: «...... Elbette Halife Hazretleri'nin yüce buyruklarına uyma gereğini takdir edersiniz!»*(Belge: 70)*.

Efendiler, bir tesadüf eseri olarak bu görüşme sırasında ben de telgrafhanede bulunuyordum. Bir aralık dayanamadım. Şu telgrafı yazıp çekilmek üzere memura verdim.

10, 11.9.1919

Dahiliye Nâzırı Âdil Bey'e

Milletin, Padişah'ına maruzatta bulunmasına engel oluyorsunuz. Alçaklar, caniler! Düşmanlarla millete karşı haince tertiplere girişiyorsunuz. Milletin kudret ve iradesini takdirden âciz olduğunuza şüphe etmiyordum. Ancak, vatan ve millete karşı haince ve son bir çırpınışla alçakça harekette bulunacağınıza inanmak istemiyordum. Aklınızı başınıza toplayın. Galip Bey ve yardakçıları gibi aptalların verdikleri ahmakçasına ve asılsız sözlere kapılarak ve Mister Nowil gibi milletimiz ve vatanımız için zararlı olan yabancılara vicdanınızı satarak yaptığınız alçaklıkların milletçe sorulacak hesabını göz önünde bulundurunuz. Güvendiğiniz şahısların ve kuvvetin sonunu öğrendiğiniz zaman, kendi sonunuzla karşılaştırmayı unutmayınız.

Mustafa Kemal

Bütün komutanlar da gerektiği şekilde müracaatta bulundular. 79

12 Eylül'e kadar aldığımız raporlardan, kaçakların, 10-11 Eylül gecesini Raka'da geçirdikleri, 11-12 Eylül gecesini de Raka'nın yarım saat yakınındaki bir köyde, bir aşiret reisinin yanında geçireceklerinin anlaşıldığı bildiriliyordu *(Belge: 71)*. Bu bilgi, 20'inci, 15'inci ve 13'üncü Kolordu Komutanları'na bildirildi *(Belge: 72)*.

11 Eylül ve 11-12 Eylül'de Malatya ile telgraf başında yapılan haberleşmeler, daha Malatya'da, kesin emir ve talimat almış olan şahısların zihinlerinin daha henüz bir karışıklık içinde bulunduğunu gösterecek nitelikte idi.

Elâzığ'dan gelen Alay Komutanı İlyas Bey «Mutasarrıf Bey'in gönderdiği özel bir adam tarafından Vali Ali Galip ve Mutasarrıf

H a l i l B e y'lerin bazı şartlarla yerlerine dönmek istedikleri» bildirilmiş. «Memleketin selâmeti adına bunların bu şekildeki tekliflerini kabul etmenin uygun olup olmadığı konusundaki emrinizi beklemekte olduğumuz arz olunur» demekteydi (11 Eylül) *(Belge: 73)*.

Bunun arkasından İ l y a s B e y, 11/12 Eylül gecesi yine telgraf başına gelen Süvari Alay Komutanı C e m a l, Mutasarrıf Vekili T e v f i k, Topçu Alay Komutanı M ü n i r, Jandarma Yüzbaşısı F a r u k, Baytar Binbaşısı M e h m e t ve Elâzığ'dan gelen Alay Komutanı İ l y a s B e y-ler adına şunları yazdırdı:

Malatya'dan İ l y a s B e y: Güvenilir bir kimse olan Jandarma Yüzbaşısı F a r u k B e y'den biraz önce alınan bilgiler aşağıda verildiği gibidir:

F a r u k B e y, Kâhta ve çevresinde takipte, Malatya'ya beş saat uzaklıktaki Raka köyünde Kürtlerin toplandıklarını, şimdi Mutasarrıf ile arkadaşlarının orada bulunduklarını, Siverek'e kadar uzanan bölgedeki aşiretlerin birbiri ardınca buraya gelmekte olduklarını; Dersim aşiretlerine varıncaya kadar Kürtlük adına çağırıldıklarını, Mutasarrıf'ın plânına uyularak önce Malatya'ya saldırıp tamamiyle yağmaladıktan sonra, bütün kuvvetleri ile Sıvas'a doğru yürüyeceklerini, Malatya'da bulunan Türkleri öldüreceklerini ve süreceklerini, Dersim'lilerin de aynı zamanda Harput'a yürüyeceklerini bildiriyor. Çünkü, mutasarrıfın Malatya'dan gitmesi Kürtlük adına kendilerine karşı büyük bir aşağılama ve hakaret olarak sayılıyormuş. Vali böyle bir yağmaya ve katliama ([59]) taraftar ve razı olmadığını, ancak, mutasarrıfın düşüncesine de engel olamayacağını bildirmiştir. Malatya'ya çarpışarak girdikleri zaman Kürt bayrağı çekileceğini ve yanlarındaki İngiliz binbaşısı da Urfa'da bulunan İngiliz tümeninin harekete hazır olduğunu bildirmiş ise de, H a c ı B e d i r A ğ a'nın bunun kabul etmediği ve aşiretlerin, Malatya'nın Kürdistan sayılıp Malatya'da Kürt bayrağı çekilmesinde direndikleri, dün akşam Malatya'ya dönmek isteyen valiyi bırakmadıkları abartılmadan arz olunur.

Şartları aşağıdadır:

1 — Valinin yerine dönmesi;

2 — Mutasarrıfın eskiden olduğu gibi yerinde kalması;

3 — Elâzığ'dan gelen askerin geri gönderilmesi;

4 — Vali yüz silâhlı Kürtle Malatya'ya girdiği zaman huzurun sağlanması ve Sıvas'a doğru yürümesi;

59) Toplu öldürme, soykırımı.

5 — Aşiretlerden alınan yedi tüfekle bir tabancanın geri verilmesi; 80

6 — Yukarıda arz ettiklerime emirleri.

İ l y a s B e y'e şunu yazdım:

11, 12.9.1919

Malatya'da İlyas Beyefendi'ye

1 — Verdiğiniz bilgiler hey'etimizce dikkate alındı. Zâtıâlinize şartlar ileri sürenler kimlerdir? Böyle bir ilişkiye girişmek asla doğru değildir. Hainlikleri ortaya çıkan vali, mutasarrıf ve yardakçılarının yakalanmaları, kışkırtmaya çalıştıkları bazı gafil kimselerin de uyarılması söz konusudur. Bunun için bütün şiddeti ile karşı koymak gerekir. 13' üncü, 15' inci ve 3' üncü Kolordu Komutanları şu dakikada telgraf başında, alınacak ortak tedbiri kararlaştırmaktadırlar. Elde edilebilen kuvvetler her taraftan harekete geçirilmiştir. Oraca alınması gereken tedbirlerin zâtıâlîniz tarafından sükûnet ve ciddiyetle alınmış bulunduğuna güvenimiz tamdır. O bölgede bulunan bütün telgrafhanelerin tutulması ve Mutasarrıf Vekili T e v f i k B e y kardeşimizin de hükûmetin güç ve otoritesini en üstün bir şekilde göstermesi dikkate alınmalıdır.

2 — Şu anda Anadolu'nun bütün merkezlerinden Zâtışâhâne'ye, yapılan hainlik arz edilmektedir .Oraca da aynı şekilde hareket edilmelidir.

3 — İngiliz binbaşısının sözleri blöftür. Kürtlerin de birleşip toplanabilseler bile, asker kuvveti karşısında ne dereceye kadar başarı gösterebileceklerini takdir buyurursunuz.

4 — B e d i r A ğ a 'yı, Keven aşiretinin reislerini ve bu haince hareketlere karşı olan beyleri tarafınıza çekmeye çalışmanız uygun olur.

5 — Adıyaman'dan (60) hareket eden süvari bölüğü ile, Siverek ve Diyarbakır'dan hareket eden birer taburla bağlantınız var mı? Nerelere vardılar?

Telgrafhanede bulunan
Kongre Hey'eti
adına
Mustafa Kemal

Gerçi, kongre toplantı halinde değildi ve telgrafhanede bulunmuyordu. Fakat maneviyatı kuvvetlendirmek için, Kongre Hey'eti ile ilgili göstermeyi uygun buldum ve imza olarak, yalnız «Kongre Hey'eti» diye aynı nitelikte ayrıca bir telgraf da yazdım *(Belge: 74)*.

Bu telgrafıma ek olarak, Urfa'da, Ayıntap'ta, Maraş'ta bulunan ve sayıları pek az olan yabancı kuvvetlerini bildirerek «size bir yabancı tümeninden bahsedenlerin sözleri vatan ve millet hainlerinin yalanını aktararak maneviyatınızı kırmak alçaklığından...» dır dedim *(Belge: 75)*.

İ l y a s B e y, telgrafıma verdiği cevapta, «bir saldırı halinde, şiddetle karşı konulması kesin olarak kararlaştırılmıştır.» dedikten son-

60) Hısnımansur.

ra, «eldeki kuvvet, Malatya'yı uzun bir süre bir Kürt saldırısına karşı savunmaya yeterli değildir. Bunun için elden gelen sür'atle yardımcı kuvvetler gönderilmesine emir buyurulması bir kere daha istirham olunur» dedi *(Belge: 76)*. 81

İ l y a s B e y'e gereğinde bir şey bildirilebilsin diye, telgrafhanede bir subay bırakarak, önemli olan işinin başına dönmesini rica ettim *(Belge: 77)*.

İ l y a s B e y tarafından 12 Eylül'de çekilen bir telgrafı, subaylarınız ve memurlarınız için çeşitli bakımlardan yararlı olacağı düşüncesiyle, olduğu gibi bilginize sunacağım:

Malatya, 12.9.1919

Sıvas'ta 3' üncü Kolordu Komutanlığı'na

Halep'teki İngiliz ordusuna bağlı albay rütbesinde M ö s y ö P. P e e l (Pîl) adında bir İngiliz subayı, bugün 12.9.1919 tarihinde öğle üzeri Malatya'ya gelmiştir. Maksadının Malatya, Harput ve Diyarbakır bölgelerinde, bölgenin ileri gelenleri, sivil ve askerî memurlarla görüşmek olduğunu, kaçak M i s t e r N o w i l' in görevi ile ilgili bir şey bilmediğini ve bu konuda İngiliz Hükûmeti'nin kesinlikle bilgisi olmadığını ve böyle bir propagandacı subayın buralarda gezmesini kabul edemeyeceğini ve aşiretler içerisinde derhal buraya getirilmesi için kendisine emir verileceğini söyledi. Eğer haince bir maksatla buralarda dolaştığı kanısına varırsa, tutuklu olarak Halep'e göndereceğini ekledi. Vali G a l i p B e y' i de kendisiyle görüşmek üzere, hayatının korunması hususunda kendisine güvence vererek buraya davet etme isteğinde bulundu. Bu hususta, üst makamdan adı geçenin buraya gelebilmesi için emir almadan gelmesinin mümkün olamayacağını, bunun için ilgili makamlara başvuracağımı da söyledim. Bu izin emrinin sür'atle bildirilmesi için aracı olmamı rica etti. Kendisi «yüksek siyasî mutemet» adıyla anılırmış. İstanbul Hükûmeti onu tanırmış. Burada iki gün kaldıktan sonra Harput'a gidecekmiş. Giriş belgesi yoktur. Kendisine, saygıdeğer bir misafir olduğu ve özel bir saygı gösterileceği söylenmiştir. Valiyi buraya getirtmesine ve bu zatın Harput'a doğru seyahat etmesine izin verelim mi? Bildirilmesi. Sıvas'tan iki subayın şimdi geldiği arz olunur.

15' inci Alay Komutanı
İlyas

Bu telgrafta söz konusu edilen hususlarda nasıl hareket edileceğini gösteren görüşlerimiz, şu şekilde kısaca bildirildi:

Tel
Çok ivedi **Sıvas, 12.9.1919**

Malatya'da 15' inci Alay Komutanlığına

İlgi : 12.9.1919.

1 — Kim olursa olsun, giriş belgesi olmayan bir yabancı subayın Osmanlı ülkesinde işi yoktur. Kendisine büyük bir nezaketle, fakat askerce, kesin bir tutumla durumu bildiriniz ve geldiği yere hemen dönmesini isteyiniz. Memleketten çıkıncaya kadar da ileri gelen kimseler ve memurlarla hiçbir siyasî temasa gelmemesi için yanına yetenekli, uyanık bir subay katınız. 82

2 — Kaçak valinin vatan hainliği ile suçlandığını, ele geçince yakalanarak kanunun adaletli pençesine teslim edileceğini, bu konuda başka bir şey yapma imkânı olmadığını ayrıca anlatırsınız, efendim.

Mustafa Kemal

Efendiler, alınan tertip ve tedbirler ve özellikle gösterilen sertlik ve şiddet sayesinde, Ali Galip ve Halil Bey'lerin ayartmaya çalıştıkları aşiretler dağılmış, ümitsizliğe düşen Ali Galip, önce Urfa'ya oradan da Halep'e kaçmıştır. Mister Nowil de göz altında rahatça Elbistan üzerinden gitmiştir. Ötekiler de birer yolunu bularak kaçmışlardır. Bu safhaları daha çok açıklamakta bir yarar görmüyorum. Bu konuda söylediklerime ek olarak yayınlanacak belgelerin okunmasından, bugün ve gelecek için ibret dersi olabilecek noktalar çıkarılacağını umarım *(Belge: 78, 79, 80, 81)*.

***

Hainlerle işbirliği yapan Ferit Paşa Kabinesi'ne hücum

Efendiler, bilginize sunduğum belgeleri gördükten sonra, zannederim Ali Galip tarafından yapılan teşebbüsün Padişah'ın ve Ferit Paşa Hükûmeti'nin ortak bir teşebbüsü olduğuna şüphe ve tereddüt edenler kalmaz. Bu hainliğin ortak elebaşılarına karşı nasıl bir durum almak gerektiği bellidir. Ancak, buna karşı yapılacak teşebbüste elden geldiğince açıktan açığa hareket etmekten vazgeçmek ve o günün gereğinden olmakla birlikte teşebbüs gücünü çeşitli hedeflere yöneltmekten sakınarak bir noktada toplamak ihtiyatlı bir davranış olurdu. Biz de hücuma hedef olarak yalnız Ferit Paşa Kabinesi'ni tespit ettik ve Padişah'ın da bu Ferit Paşa Kabinesi'nin Padişah'ı olaylardan haberdar etmeyip aldatmakta olduğu tezini tuttuk. Padişah, durumu öğrenecek olursa, kendisini aldatanlara müstahak oldukları işlemi uygulayacağına güvenimiz olduğunu ileri sürdük. Hükûmetin ortaya çıkmış olan cinayeti üzerine, kendisine güven duyulmaması tabiî olduğundan, gerçeklerin yalnız ve ancak doğrudan doğruya Padişah'a arz edilmesi ile durumun düzeltilebileceğini, teşebbüslerimiz için hareket noktası olarak kabul ettik. Bu düşünceyle, Eylül'ün 11'inci günü, Padişah'a çekilmek üzere telgraf hazırlandı. Bu telgrafta, tahmin buyuracağınız üzere, zamanın gereği olan birçok basmakalıp sözler içinde: «Hükûmetin silâh zoruyla kongreyi basma yoluna giderek Müslümanlar arasında kan dökülmesine sebep olacağı, Kürdistan'ı ayaklandırmak suretiyle vatanı parçalatmak plânını para karşılığında yüklenmiş olduklarının belgelerle açığa çıktığı, hükûmetin bu işlerde âlet olarak kullandığı adamların perişan edilerek kaçmaya mecbur edildiği, yakalandıkları takdirde kanunun pençesine teslim edilecekleri, bu cinayetleri hazırlayan, Dahiliye ve Harbiye Nâzırları vasıtasıyla da emredip uygulatan İstanbul Hükûmeti'ne milletin güveninin kalmamış olduğu bildirildikten sonra, namuslu kimselerin oluşturduğu yeni bir hükûmetin kurulması, bu casus şebekesi hakkında sür'atle kanunî soruşturma yapılarak suçluların cezalandırılması isteniyor; âdil bir hükûmet kuruluncaya kadar, İstanbul Hükûmeti ile hiçbir haberleşme ve ilişkide bulunmamaya karar vermiş olan milletten ordunun ayrılamayacağını, olayın içyüzünü bilen ve o çevrede bulunan biz kolordu komutanları arza mecbur olduk» deniyordu *(Belge: 82)*. 83

İşte bu telgraf suretinin bütün kolordularca İstanbul'a çekilmesinin uygun olacağı düşünüldü. 11 Eylül günü telgraf başında kolordu komutanlarına şu talimatı verdim:

«Şimdi bir suret vereceğiz. Bu suretin 3' üncü, 15' inci, 20' nci, 13 ve 12' nci Kolordu Komutanlarının ortak imzalarıyla çekilmesini uygun görüyoruz. Okuduktan sonra diğer komutanlarla aynı zamanda çekmek için bekleyiniz.»

Suret
Sadrazamlık Yüksek Katına

«Şimdi doğrudan doğruya kutsal Başkomutanı'mız, şanlı Halife'miz Efendimiz'e önemli bir arzda bulunmak mecburiyetindeyiz. Engellenmemesini rica eder, aksi takdirde bundan doğacak ağır sonuçların sorumluluğunun yalnızca yüksek şahsınıza ait olacağını arz ederiz. 12' nci Kor., 13' üncü Kor., 20' nci Kor., 15' inci Kor., 3' üncü Kor.»

Yapılacak önemli maruzat, yukarıda arz etmiş olduğum üzere, padişaha çekilen telgrafta yazılanlardan ibaretti.

Eylülün 11' inci günü ve özellikle 12/13 gecesi, her tarafta, kolordu komutanları telgraf merkezlerine gelerek kararlaştırıldığı şekilde İstanbul'la haberleşmeye çalışıyorlardı. Fakat sadrazam ortadan kaybolmuş gibiydi. Cevap vermiyordu. Biz de, telgraf başında, sadrazamın telgrafları alıp cevap vermesi için baskıda bulunuyorduk. İstanbul merkezindeki telgraf memurları ile yapılan uzun çekişmelerden sonra, bir telgraf memuru şu bilgiyi verdi:

«Sadrazam Paşa'ya yazılanlar telefonla söylendi. Alınan cevapta: Telgraf metni Sadrazam Paşa Hazretleri'ne arz olundu. Bildirecekleri maruzatları usulünce telgrafla arz olunmalıdır. Gelen telgraflar da usulüne uygun olarak Padişah'a takdim edilir, buyurduklarını Müdür Bey söylüyor, efendim.» *(Belge: 83)*.

Bunun üzerine, gece yarısından sonra saat 4.00'te Sıvas telgrafhanesine çekilmek üzere şu telgraf gönderildi:

11/12.9.1919

Sadrazam Ferit Paşa'ya

Vatan ve milletin haklarını ve kutsal varlıklarını ayak altına alarak, Padişah Hazretleri'nin yüce padişahlık şeref ve haysiyetlerini çiğneyerek, gafilce bir-

takım hareket ve teşebbüslerde bulunduğunuz ortaya çıkmıştır. Milletin padişahımızdan başka hiçbirinize güveni kalmamıştır. Bu sebeple durum ve dileklerini ancak Padişah Hazretleri'ne arz etmek zorundadır. Hükûmetiniz meşru olmayan hareketlerinin ağır sonuçlarından korkarak, millet ile padişah arasına artık engel çekiyor. Bu konudaki direnmeniz daha bir saat sürerse, millet kendisini her türlü 84
hareket ve faaliyetlerinde serbest saymakta haklı bulacaktır ve bütün vatanın meşru olmayan hükûmetinizle kesin olarak ilgi ve bağlantısını kesecektir. Bu son uyarımızdır. Bundan sonra milletin tutacağı yol burada bulunan yabancı subaylar vasıtasıyla, İtilâf Devletleri temsilcilerine de ayrıntılı olarak bildirilecektir.

Genel Kongre Hey'eti

Sıvas Telgraf Müdürlüğü'ne de aynı zamanda, telefonla şu emir verildi:

«Kongremizden seçilen bir hey'etle telgrafhaneye gönderilecek bir telgrafımızın doğrudan doğruya Mâbeyn-i Hümâyûn'a (61) çekilmesine İstanbul'ca engel olunduğu bildiriliyor. Bir saat içinde telgrafın çekilmesine izin verilmediği takdirde, İstanbul'la bütün Anadolu telgraf haberleşmelerini kesmeye mecbur olacağımızı üstünüze bildiriniz.»

Genel Kongre Hey'eti

Kolordu Komutanlarına da aşağıdaki genel duyuru yapıldı:

Sıvas, 11/12.9.1919

20' nci Kolordu Komutanlığı'na
15' inci Kolordu Komutanlığı'na
13' üncü Kolordu Komutanlığı'na
3' üncü Kolordu Komutanlığı'na

Kongrenin Padişahlık yüce katına olan maruzatına İstanbul'da Telgraf Başmüdürlüğü'nce engel olunmuştur. Bir saatlik bir sürede Saray'a yol verilmezse bütün Anadolu'nun İstanbul'la haberleşmesinin kestirileceği cevap olarak adı geçen müdürlüğe bildirilmiştir. Kongrenin bu meşru isteğine olumlu cevap alınmadığı takdirde, tebliğ anından başlayarak Ankara, Kastamonu, Diyarbakır telgraf merkezleriyle Sinop'taki telgraf haberleşmelerinin durdurulması, yani kongre ile ilgili haber ve bildiriler dışında hiçbir telgrafın İstanbul'a geçirilmemesi ve İstanbul'dan da kabul edilmemesi; Batı Anadolu ile haberleşmemize engel olmayacaksa Geyve Boğazı (62) yönündeki hattın da tutulması veya geçici olarak kesilmesi ve yapılan işlerin sonuçlarının bildirilmesi rica olunur.

Bu talimatın yerine getirilmesine engel olacak telgraf memurları, bulundukları yerlerde derhal Divan-ı Harb'e verilerek haklarında en ağır ceza uygulanacaktır. İşbu tebligat gereğinin yerine getirilmesi 20' nci, 15' inci, 13' üncü ve 3' üncü Kolordu Komutanlarından rica edilmiştir. Alındığının bildirilmesi.

Sıvas'ta Genel Kongre Hey'eti

---

61) Saray Genel Sekreterliği'ne.

62) Sakarya ırmağı üzerindeki Geyve boğazı'dır. Kasabanın adı da Alifuatpaşa'dır.

Bu telgrafla verilen talimat daha sonraki telgraflarla da tamamlanmıştır *(Belgeler: 84, 85)*.

11 - 12 Eylül gecesi yapılmış olan genel tebliğe ek olarak da şu ricada bulunuldu.

Bu gece sonuç elde edilinceye kadar bütün komutanlarla sivil idare âmirlerinin ve ilgili hey'etlerin telgrafhaneden ayrılmamaları rica olunur.

Genel Kongre Hey'eti

Telgrafhanelere de şu uyarıda bulunuldu: 85

Ektir : Bu tebligat gereğinin yerine getirildiği haberi Kongre Hey'eti'nce öğrenildikten sonra, yine aramızda haberleşmeye devam edileceğinden telgrafhanelerde adam bulundurulması rica olunur.

Kongre Hey'eti

İstanbul'daki hükûmetle ilişkiyi kesme kararı

İstanbul'un kendilerine tanınan bir saatlik süre içinde saraya telgraf bağlantısı vermeyeceği anlaşılıyordu. Bu sebeple, 12 Eylül 1919 günü bütün komutanlara şu genel duyuru yapıldı:

Sureti aşağıya çıkarılmış olan telgraf, Genel Kongre Hey'eti tarafından bir saate kadar sadrazama çekilmiş olacaktır. Bu itibarla, siz de hemen bu esas ve nitelikte birer telgraf çekiniz ve hemen bildiriniz, efendim.

Genel Kongre Hey'eti

Saat beşte Sadrazama «bilgi için» diye gönderilen ve aynı zamanda bütün komutanlara ve illere yapılan tebligat şundan ibarettir:

1 — Hükûmet, milletin sevgili padişahına olan maruzat ve bağlantısını kesmekte ve ortaya çıkan haince hareketlerine devamda direndiğinden, millet de meşru bir hükûmet iş başına geçinceye kadar, İstanbul Hûkûmeti ile olan idarî ilişkilerini ve İstanbul ile yapılan her türlü posta, telgraf haberleşme ve ulaştırmalarını kesmeye karar vermiştir. Bölgelerindeki sivil memurlar, askerî komutanlarla, işbirliği yaparak bu hususu sağlayacak ve sonucu Sıvas'taki Genel Kongre Hey'etine bildirecektir.

2 — Bu tebligat bütün komutanlara ve sivil idare âmirlerine gönderilmiştir.

12.9.1919 **Genel Kongre Hey'eti**

Milletvekillerinin seçimi ile meşgul olunmaya başlanması

Efendiler, ayın 12'nci günü İstanbul Hükûmeti ile genel olarak haberleşme ve bağlantı kesildi. Bunların dışında kalan bazı yerler ve bu yerlerle olan tartışmalarımızı ayrıca açıklayacağım. Fakat müsaade buyurursanız, bundan önce daha önemli sayılması gereken bir konu üzerinde bilgi arz edeyim. Yüksek hey'etinizce bilinmektedir ki, F e r i t P a ş a Hükûmeti milletvekillerinin seçimleri için görünüşte bir emir vermişti. Ancak, içinde bulunduğumuz tarihe kadar, yani Anadolu'nun İstanbul'la bağlantısını kestiği 12 Eylül gününe kadar, bu emir uygulanmamıştı. Son durum üzerine, en önemli meselenin, milletvekillerinin seçimini bir an önce yaptırmak olacağını takdir buyurursunuz. Bu bakımdan 13 Eylülde derhal bu konu üzerine de eğilindi *(Belge: 86)*. Uzun açıklamalar yapmaktansa, bildirdiğim tarihte verilen ilk genel talimatı, olduğu gibi bilgilerinize sunmayı daha yararlı buluyorum. Tebligat şudur:

Tel. **13.9.1919**

Balıkesir'de 14' üncü Kolordu, Konya'da 12' nci Kolordu., Diyarbakır'da 13' üncü Kolordu, Erzurum'da 15' inci Kolordu, Ankara'da 20' nci Kolordu, Bursa'da 17' nci Tümen, Çine'de 58'inci Tümen, Bandırma'da 61'inci Tümen Komutanlıklarına ve 61'inci Tümen Vasıtasıyla Edirne'de I' inci Kolordu, Niğde'de 11' inci Tümen Komutanlıklarına, illere, bağımsız sancaklara, Belediyelere. **86**

(Müdafaa-i Hukuk Cemiyeti Merkez Hey'etlerine)

İstanbul Hükûmeti'nin tuttuğu ve takip etmekte olduğu gericilik yoluna ve yaşamakta olduğumuz günlerin büyük korku ve tehlikelerine karşı haklarımızı savunmak ve varlığımızı korumak için Millî Meclis'in seçilmesini ve toplanmasını sağlamak ve çabuklaştırmak bugünün en önemli görevidir.

İstanbul Hükûmeti milleti aldatarak milletvekillerinin seçimini aylarca ertelemiş olduğu gibi, son zamanda vermiş olduğu seçim emrini de türlü sebeplerle savsaklamakta ve geciktirmektedir. Ferit Paşa'nın, Toros'un ötesindeki illerimizden vazgeçtiği Barış Konferansı'na vermiş olduğu notadan anlaşılmış, Aydın ili üzerinde Yunanlılarla sınır tespitine kalkışması, oradaki işgali oldu bitti halinde bir ilhak olarak kabul etmiş olduğuna delil sayılmış ve memleketin işgal edilen başka bölgeleri için de bunlara benzer gafilce ve haince siyasetiyle memleket ve milleti parçalayacağı kesinlikle anlaşılmıştır. Meclis-i Millî'nin toplanmasından önce barış anlaşmasına imza koyarak milleti bir oldubitti karşısında bulundurmak niyetinde olduğu anlaşılmıştır. Bu itibarla, Genel Kongre, orduyu ve milleti uyanık olmaya davet ederek aşağıdaki hususların en kısa zamanda yerine getirilmesini, milletin hayatî konusu olarak kabul eder ve bildirir :

İlk olarak — Seçim hazırlıklarının yürürlükteki kanunda yer alan en kısa zamanda yapılıp tamamlanması için Belediyeler ile Müdafaa-i Hukuk Cemiyetleri yoğun bir faaliyet içine girmelidir.

İkinci olarak — Sancaklardan çıkarılacak milletvekili sayısı oraların nüfus durumuna göre hemen tespit edilerek Hey'et-i Temsiliye'ce şimdiden bildirilmelidir. Adaylar konusu daha sonraki haberleşmelerde ele alınacaktır.

Üçüncü olarak — Seçim hazırlıkları yapılırken gerek seçimler sırasında gecikmeye yol açacak engellerin şimdiden düşünülerek ortadan kaldırılması ve hiçbir gecikmeye meydan verilmeyerek seçimlerin en kısa zamanda sonuçlandırılması.

Bu kararı bölgenizdeki bütün Belediye ve Müdafaa-i Hukuk Cemiyetleri'ne bildirerek, gereğinin hemen yerine getirilmesine yardımcı olmanız rica olunur.

Hey'et-i Temsiliye

Memleketi başvurulacak bir yerden yoksun bırakmamak için

F e r i t P a ş a Hükûmeti inadında devam ediyordu. Bilindiği gibi bu durum hükûmet düşünceye kadar süregeldi. Memleketi günlerce başvurulacak bir yerden yoksun bırakmak elbette büyük sakıncalar doğururdu. Bundan dolayı, önce fikir sormak üzere, sonra da bazı itirazlara aldırmadan emir şeklinde bildirdiğimiz kararları Eylülün 13/14' üncü gecesi şu şekilde tespit etmiş ve kaleme almıştır.

Kongrece alınması düşünülen tedbirleri gösteren suret aşağıda arz edilmiştir : Bu konudaki yüksek görüş ve düşünceleriniz alındıktan sonra, genel kurulca görüşülerek uygulamaya konacaktır. 15.9.1919 günü öğleye kadar cevabınızı bekliyoruz, efendim.

Millî davayı haince bir saptırma ve yorumla olduğundan başka türlü göstererek millî teşebbüs ve faaliyetlerimizi gayri meşru ilân eden, milletin saltanat ve Hilâfet makamına karşı duyduğu ebedî bağlılığını bütün meşru ve kanunî vasıtalarla ispata çalıştığımız halde, padişah ile millet arasında bir engel perdesi oluşturan ve halkı biribiri aleyhinde silâhlanıp öldürmeye sürükleyerek bunun kışkırtıcılığını yapan İstanbul Hükûmeti ile ilişkilerini kesmek mecburiyetinde kalan Genel Kongre Hey'eti, aşağıdaki kararları zâtıâlîlerine bildirmeyi görev sayar.

1 — Padişah Hazretleri'nin yüce adına ve yürürlükteki kanunlar çerçevesinde devlet işleri eskiden olduğu gibi yürütülmeye devam edilecektir. Irk ve 87
mezhep ayrılığı gözetilmeden halkın canı, malı, namusu ve her türlü hakları güvence altında bulundurulacaktır.

2 — Devlet memurlarının, kendilerine verilmiş olan görevleri milletin meşru dâvâsına uygun bir şekilde yürütmeleri tabiîdir. Aksi takdirde, görevden kaçınanların mazeretleri bir istifa gibi işlem görerek, yerlerine uygun görülen kimseler vekil olarak getirilecektir.

3 — Görev sırasında millî dâvâ ve akıma ters düşen davranışları görülecek ve tespit edilecek memurlar, din ve milletin selâmeti adına kesinlikle ve şiddetle cezalandırılacaktır.

4 — İstifa etmiş memurlardan ve halktan her kim olursa olsun, millî kararlar aleyhinde kışkırtıcı ve bozguncu hareket ve telkinlerde bulunanlar da şiddetle cezalandırılacaktır.

5 — Memleket ve milletin selâmet ve saadeti, hak ve adalet, ülkede güven ve huzurun sağlanması ile mümkündür. Bu konuda gereken her türlü tedbirin alınması kolordu komutanlıklarıyla vali ve bağımsız mutasarrıflardan beklenmektedir.

6 — Millet isteklerinin, Zâtışâhâne'ye arzı ve duyurulması başarılıp da milletin güven ve desteğini kazanmış meşru bir hükûmet kuruluncaya kadar, haberleşme merkezi, Sıvas'ta Genel Kongre Temsil Hey'eti olacaktır.

7 — Bu kararlar, bütün millî teşkilât merkezlerine gönderilecek ve ilân edilecektir.

Mustafa Kemal

*
**

Yapılan itiraz ve eleştiriler

Efendiler, bilginize sunduğumuz bu son tebligatımız üzerine, kısmen hafif fakat kısmen de oldukça şiddetli itirazlara, direnmelere, hattâ karşı teşebbüslere ve tehditlere uğradık. Karşı koymalar ve eleştiriler yalnız son tebligatımız hükümlerine de bağlı kalmadı. Bu tebligat dolayısıyla daha başka noktalara da sıçradı. Bu konuda yüksek hey'etinize açık bir fikir vermiş olmak için yapılmış olan yazışmalardan bazılarını kısaca bilginize sunmama müsaadelerinizi rica ederim.

Erzincan Müdafaa-i Hukuk Cemiyeti Merkez Hey'eti'nin 14 Eylül 1919 tarihli telgrafında: «Kararların uygulanmasından önce, İstanbul Hükûmeti'ne kırk sekiz saatlik bir süre verilmesinin uygun olacağı bütün üyelerce kararlaştırılmıştır.» şeklinde zararsız bir görüş ileri sürülüyordu *(Belge: 87)*.

Diyarbakır'dan 13'üncü Kolordu Komutanı Cevdet Bey, 14 Eylül 1919 tarihli uzun şifresinde: «Hükûmet merkeziyle büsbütün ilgi kesilerek yazışmalar Kongre Temsil Hey'eti ile yapılacak olursa, muhalifler, siyasî bir maksat peşinde olanlar, bu hareketi hilâfete karşı isyan edilmiş göstererek, kamuoyunu yanıltacaklardır.» Bu durum devam ederse memur ve asker maaşları ile yiyecek harcamaları için kaynak ve tedbir düşünüldü mü?» «İstanbul Hükûmeti, İngiliz nüfuzu altındadır. Her türlü ısrar ve gayrete rağmen başka türlü hareket edebilecek bir hükûmet kurulmasına imkân yoktur. İngilizler, hükûmetin iznine dayanarak geniş çaplı bir işgal plânı uygularsa, yeni baştan İngilizlerle savaşa girişmeye taraftar mısınız? Girişildiği takdirde başarı sağlanacağından ne dereceye kadar eminsiniz? Böyle bir ayak direme hareketi vatanın çıkarlarına uygun düşer mi?» şeklinde birtakım düşünce ve soruları içine alıyordu *(Belge: 88)*.

Erzurum Hey'et-i Merkeziyesi'nin 15 Eylül 1919 tarihli telgrafında: 88

Yönetmeliğimizin altıncı maddesinin (yani Hey'et-i Temsiliye'nin başvurma yeri olarak kabul edilmesi ile ilgili madde) tüzüğümüzle uygunluğunun sağlanması için merkez hey'etlerinden olur alınması gerekir» denilmekte idi.

Malatya'dan komutan İlyas Bey'in 15 Eylül 1919 tarihli telgrafında: «Elâzığ ili halkının, kongrenin maksat ve emelinden haberdar edilerek hiç olmazsa bir derece aydınlatılmalarına kadar bu hususun ertelenmesi uygun görülürse katıldığımı arz ederim» düşüncesi ileri sürülüyordu *(Belge: 89)*.

İçinde bulunduğumuz Sıvas'ın Müdafaa-i Hukuk Cemiyeti Merkez Hey'eti de uzun bir raporunda: «Bildirilen maddelerin bütününden memlekette geçici bir yönetim ilân edileceği anlaşılmaktadır» şeklinde başladıktan sonra, «bunun, cemiyet tüzüğünün ne özel maddesine ne de öteki maddelerine dayandırılma imkânı görülemediği noktasında» dikkatimiz çekiliyor ve «Padişah'a arz olunacak hususları ulaştırabilecek yolları büyük bir sükûnet ve samimiyetle ve tatlı bir şekilde aramayı» tavsiye ediyordu *(Belge: 90)*.

Hey'et-i Temsiliye üyelerimizden olduğu halde, birçok davet ve ricalarımıza rağmen bize katılmayan, Sıvas Kongresi'nde bulunmamak için mazeretler uyduran S e r v e t B e y 'in «Esselâmü aleyküm» ([63]) dindarca hitabı ile başlayan, 15 Eylül 1919 tarihinde Trabzon'dan çektiği açık telgrafında: «Sıvas Kongresi Bildirisi'ni ve arkasından da duyurunuzu aldık. Cevap olarak bildirdiğimiz düşünceler K â z ı m P a ş a Hazretleri'nce görülmek istenmiş ve görülmüştür»... «Önce Sıvas Kongresi'nin, genel kongre şekline girmiş ve bir Hey'et-i Temsiliye meydana getirmiş olduğu anlaşılıyor ki, bu husus kararlarımıza aykırıdır»... «Sıvas Kongresi, Hey'et-i Temsiliye'miz arasına üye seçmeye yetkili olamayacaktır. «İstanbul Hükûmeti ile haberleşmenin kesilmesi bir oldubitti haline geldi»... «Hey'et-i Temsiliye'nin bir başvurma yeri olması hususu kamuoyu üzerinde pek kötü etkiler yapacaktır. Bundan kesinlikle vazgeçilmelidir»... «Sıvas Kongresi, Erzurum Kongresi'nin tüzüğünü değiştirmeye yetkili değildir. Bu kongre, Doğu İlleri Hey'et-i Temsiliyesi'ne uymaya mecbur olacaktı. Erzurum kararları üzerinde zihinlerin genel bir sarsıntı devresi geçirdiği bugünlerde, onun dışındaki hükümlere şüpheli gözlerle bakılacağından şüpheniz olmasın»... «Erzurum Kongresi kararlarına uymayan işlere katılamayacağız» protestosu ile son buluyordu *(Belge: 91)*.

15' inci Kolordu Komutanı K â z ı m K a r a b e k i r P a ş a 'nın 15 Eylül 1919 tarihli yazısında: «Sıvas Kongresi'nin sorusuna cevap olarak Trabzon hey'etinden S e r v e t, İ z z e t ve Z e k i B e y 'lerin vermek istedikleri karşılığı okudum. Pek yakından tanıdığım bu şahıslara karşı duyduğum güven ve saygı sonsuzdur. Kendilerinin görüşlerine yön veren temel düşünceyi anlıyor ve benimsiyorum» dedikten sonra ayrıntılar üzerindeki görüşlerini bildiriyor ve özellikle «Erzurum Kongresi, Doğu Anadolu illeri adınadır. Sıvas Kongresi ise bütün milleti temsil eden bir kongredir. Bu kongrenin de ayrıca bir temsil hey'eti bulunması tabiîdir. Ancak, Sıvas Genel Kongresi Hey'et-i Temsiliyesi Doğu Anadolu İlleri Hey'et-i Temsiliyesini ortadan kaldırmış olmuyor. Bu Hey'et-i Tem- 89
siliye tabiatiyle her an vardır. Yalnız, bu Hey'et-i Temsiliye'den olup da bugün Sıvas Kongresi Hey'et-i Temsiliyesi'ne girmiş bulunanlar varsa, bunların Doğu Anadolu İlleri Hey'et-i Temsiliyesi'nden istifa etmelerini istemek doğru olabilir. Sıvas Kongresi, bütün milletin çıkarlarını, Doğu Anadolu İlleri Hey'et-i Temsiliye'si ise yalnızca Doğu Anadolu illerinin hak ve çıkarlarını korur»... «Hey'et-i Temsiliye'nin başvurma yeri

---

63) Size selâmlar olsun.

oluşu ve yetki durumu, konunun en önemli noktasını oluşturmaktadır. Bu konuda şimdiden acele edilmemesi hususunda sizinle tam bir görüş birliği içindeyim. Hey'et-i Temsiliye'ce yapılan tekliflerin birden beşe kadar olan maddelerine gelince, bunların değil sorulmasını, bir bildiri halinde veya bir istek şeklinde bile yayınlanmasını yersiz bulurum» görüşünde bulunuyordu *(Belge: 92)*.

Trabzon'da Servet Bey'e cevap olarak yazdığımız telgrafla, Kâzım Karabekir Paşa'ya verdiğimiz karşılıktan da söz edeyim. Servet Bey'e yazılan telgraf şuydu:

Trabzon'da Servet Beyefendi'ye

Trabzon Merkez Hey'eti'nden beklenen görüşe daha cevap gelmedi. Bu husus ayrıca Kâzım Paşa Hazretleri'nden de sorulmuştu. Görüşlerin birleştirilmesine neden lüzum görüldüğü tabiatıyla anlaşılamamıştır. Sıra ile belirtilen görüşlerinizin cevabını aşağıda yine aynı sıra ile bildiriyorum :

Önce, Sıvas Kongresi'nin genel bir kongre olacağı herkes tarafından biliniyordu. Bunun sizce başka türlü kabul edilmekte olduğunu ilk defa şimdi yine sizden işitiyorum. Hey'et-i Temsiliye konusuna gelince, bu hey'et, aslında Erzurum Kongresi'nin seçtiği ve kabul ettiği bir hey'ettir. Şu sırada bendenizle birlikte Rauf Bey, Bekir Sami Bey, Raif Efendi ve Şeyh Hacı Fevzi Efendi Sıvas'ta hazır bulunmaktadırlar. Daha dört üyemiz eksik olmakla birlikte, çoğunluk görevini yapmaktadır. Bu noktanın da sizce açık olarak bilineceğine şüphemiz yoktur. Çünkü, durumun önemi dolayısıyla, daha Erzurum'da iken sizi de davet etmiş ve diğer arkadaşların birlikte götürüleceği bildirilmişti. Tüzüğümüzün sekizinci maddesi uyarınca, Sıvas Genel Kongresi'nin bazı üyelerle Hey'et-i Temsiliye'mizi güçlendirebileceği birlikte görüşülmüş, bunda bir sakınca bulunmamış, aksine millî birliği temsil bakımından gerekli de sayılmıştı. Sıvas Genel Kongresi'nde bundan başka bir şey yapılmamıştır. İstanbul Hükûmeti ile haberleşmenin kesilmesi, temel kararlarımızın dördüncü maddesinin dışında değil, içinde ve hattâ o maddenin içine giremeyecek akıl almaz haince sebeplere dayanır bir niteliktedir. Esasen bu oldubittiyi yapan biz değil İstanbul Hükûmeti'dir. Şifreli telgrafımızın gereğinin yerine getirilmesi bir zarurettir. Bundan vazgeçmeye hiçbir şekilde imkân kalmamıştır. Biz, işe başlarken, olumlu oyunuzu almak üzere size başvurmayı da bir görev saydık. Uygun bulup bulmamak sizce takdir edilecek bir husustur. Yalnız, şunu da belirteyim ki, bugün Anadolu ve Rumeli'nin birlikte harekete mecbur olduğu bir yönelişte, azınlığın değil çoğunluğun tuttuğu yolu benimsemeye ve azınlıkları bu yola çevirmeye kesin bir
mecburiyet vardır. Başvurma yeri ve yetki konusunda daha akla yatkın bir görü- 90
şünüz varsa, lûtfen bildiriniz. Tutulması kaçınılmaz olan bugünkü yol dikkatle incelenirse, görülür ki, tüzüğümüze ve Erzurum Kongresi'nin temel kararlarına tıpı tıpına uygundur. Bunun dışına çıkılmış bir nokta göremiyorum. Bu duruma göre, zâtıâlilerinizin, kendinizi katmak istemediğiniz tüzük ve bilinen kararlar dışında kalan işlerin açıklanmasını rica ederim. Bugün kaçınılması mümkün olmayan bir hareket varsa, o da İstanbul Hükûmeti'nin millet ve memleketin kaderini alçakça İngilizlerin isteğine bırakması ve kendi çıkarlarına kurban etmesidir. Buna karşı, buraca alınan karardan başka bir karar alınmasına imkân varsa, lûtfen bildiriniz.

Mustafa Kemal

K â z ı m K a r a b e k i r P a ş a 'ya da verdiğimiz etraflı cevabın başlangıcı aynen şöyle idi:

S e r v e t ve İ z z e t B e y ' lerin, Hey'et-i Temsiliye'nin, Trabzon Merkez Hey'eti'nden açıklanmasını istediği hususlara karşılık olarak çektikleri açık telgraf alındı. İçindeki, açıkça duyurulması sakıncalı olan düşünceleri, Hey'et-i Temsiliye tamamen S e r v e t ve İ z z e t B e y ' lerin kendi görüşleri olarak kabul eder. Hey'et-i Temsiliye genelge göndererek istemiş olduğu düşünceleri, S e r v e t ve İ z z e t B e y'lerden değil, tüzük gereğince Trabzon Merkez Heye'ti'nden istemiştir. S e r v e t ve İ z z e t B e y ' lerin görüşlerini içine alan özel bir telgrafla tarafınızdan hem kendilerine hem de Hey'et-i Temsiliye'ye cevap olmak üzere ileri sürülen düşüncelerle ilgili olarak aşağıdaki açıklamalara gerek duyulmuştur :

a) Her şeyden önce, adı geçen kimseleri sizce de bilinen görüşlere sürükleyen temel düşünce, ne yazık ki, Hey'et-i Temsiliye'ce anlaşılamamıştır.

b) Tüzüğün dördüncü maddesi, bir geçici idare kurulmasını öngören sebep ve şartları açıklar. Oysa, bilinen son haince olaylar dolayısıyla alınmış ve alınması gereği hakkında düşünce sorulmuş olan tedbirler, hiçbir vakit geçici idare kurma gayesi ile ilgili değildir. O halde, bu nokta ile dördüncü madde arasında bir ilişki aramak gereksizdir. Tedbirler, Zâtışâhâne'ye doğrudan doğruya başvurma yolunu bulmak ve meşru bir hükûmetin iş başına getirilmesini dilemek için alınmıştır.

c) Sıvas'ta toplanan kongre, Batı Anadolu temsilcileriyle Erzurum Kongresi'nin Genel Kurulu ve dolayısıyla da bütün Doğu Anadolu illeri adına, kongre kararlarına uygun olarak seçilen özel, yetkili bir hey'et bulundurmakla, elbette hem bütün Anadolu ve Rumeli'yi hem de bütün milleti temsil edebilecek bir genel kongre niteliği kazanmıştır. Sıvas Kongresi, Erzurum Kongresi'nin kararlarını ve teşkilâtını olduğu gibi fakat daha da genişleterek kabul etmiş ve sonuç olarak **Doğu Anadolu Müdafaa-i Hukuk Cemiyeti, «Anadolu ve Rumeli Müdafaa-i Hukuk Cemiyeti»** adıyla genişletilerek birleştirilmiştir.

Tüzüğün üçüncü maddesi ve kongrenin temel kararları, zaten bu yüksek gayenin sağlanmasını kesin bir dilek olarak göstermiştir. Sıvas Genel Kongresi, Erzurum Kongresi'nde Doğu Anadolu Müdafaa-i Hukuk Cemiyeti adına seçtiği Hey'et-i Temsiliye'ye güvenini tam olarak bildirmek suretiyle, onu Anadolu ve Rumeli Müdafaa-i Hukuk Cemiyeti için de aynen bir Hey'et-i Temsiliye olarak kabul etmiştir. Bu duruma göre, Sıvas Genel Kongresi'nin kararları başka, Erzurum Kongresi'nin kararları başka; Doğu Anadolu Müdafaa-i Hukuk Cemiyeti'nin Hey'et-i Temsiliyesi başka, Anadolu ve Rumeli Müdafaa-i Hukuk Cemiyeti'nin Hey'et-i Temsiliyesi başka gibi başkalıklar ve ayrılıklar elbette söz konusu olamaz. Böyle bir durumdan söz edilmesi, şüphesiz ki pek samimî olan millî birlik gayemiz ve kutsal hedefimiz için son derece zararlıdır. O halde biribirini ortadan kaldıran Hey'et-i Temsiliye'ler olmadığı gibi, birine girince diğerinden çekilme isteğinin doğru olabileceği üyeler de yoktur. Bugün bütün Anadolu ve Rumeli'yi içine alan cemiyetimizin, Sıvas'ta bulunan tek Hey'et-i Temsiliyesi Erzurum Kongresi'nce tüzüğün özel maddelerine uyularak seçilmiş bulunan dokuz kişiden beşinin katılmasıyla göreve devam etmektedir...» «Hakları, yetkileri ve yararları Doğu Anadolu illerininkinden hiçbir şekilde daha az olmayan Batı Anadolu'nun, haklı ve yerinde olan tekliflerini dikkate almayarak, onları, sıradan bir uydu durumunda bulundurmaya kalkışmak, bizim aklımızın bir türlü kabul edemediği 91 hususlardandır.»...... «Bunun içindir ki, Hey'et-i Temsiliye'miz altı üye daha eklenerek güçlendirilmiştir» *(Belge : 93).*

Bundan sonra daha birçok açıklamaları içine alan bu telgrafımız, aynen Trabzon Merkez Hey'eti'ne de çekilmiştir *(Belge: 94).*

Bu tartışmalar üzerinde daha bir hayli açıklamalar yapıldı ve açıklama isteklerinde bulunuldu. Hattâ «Müdafaa-i Hukuk Hey'eti Trabzon Merkezi» sahte imzasıyla öteki illere aleyhimize telgraflar da çekildiği görüldü *(Belge: 95).* Nihayet, on beş gün sonra Trabzon'dan bir telgraf aldık. Fakat S e r v e t B e y 'den değil... Bu telgrafı olduğu gibi arz edersem durum anlaşılır.

Sıvas'ta Hey'et-i Temsiliye adına Mustafa Kemal Paşa Hazretleri'ne

Sureti aşağıda verilen Trabzon Belediye Meclisi'nin telgrafı İstanbul'a şimdi çekiliyor. Bu suretin 15' inci Kolordu Komutanlığı'na yazdırdığı arz olunur.

Mevki Komutanı
Ali Rıza

Suret

1.10.1919

İstanbul, Sadrazam Ferit Paşa Hazretleri'ne

Bugüne kadar Anadolu'dan yükselen millî feryadı Trabzon kendisine has ağırbaşlılık ve sükûnetle inceledi ve takip etti. Memleket bu duruma daha fazla katlanamaz. Vatan sevginiz varsa artık mevkiinizi terkediniz Paşa Hazretleri.

Belediye Başkanı Hüseyin — Üye A h m e t — Üye M e h m e t A v n i — Üye M e h m e t S a l i h

Üye H ü s n ü — Üye T e m e l — Üye M e h m e t — Üye Ş e f i k

*
**

Kâzım Karabekir Paşa'nın tavsiyeleri

92 K â z ı m K a r a b e k i r P a ş a 'dan 17 Eylül 1919 tarihinde de, kişiye özel bir şifre aldım. Pek içtenlikle ve kardeşçe bir dille yazılmış olan bu şifre bir iki uyarıyı içine alıyordu. K â z ı m K a r a b e k i r P a ş a: «Paşam, diyor, Sıvas'tan gelen tebligat ve genelgeler, bazen Hey'et-i Temsiliye adına bazan doğrudan sizin adınızadır. 10 Eylül 1919 tarihinde, İstanbul'daki hükûmete hitaben, kendi adınıza duyuru ve uyarılarınız olmuştur. Şuna inanınız ve güveniniz ki, bu şekilde sizin imzanızla yapılan tebligat, sizi çok büyük bir saygı ile sevenlerce bile, büyük bir samimiyetle ve iyi niyetle eleştiriliyor......Bunun ne kadar etkili olacağını ve tepkiye yol açacağını takdir buyurursunuz»... «Bu bakımdan Hey'et-i Temsiliye ve Kongre kararlarının, daima imzasız ve sadece Hey'et-i Temsiliye diye yayınlanmasını rica ederim.» Telgraf şu

cümlelerle son buluyordu: «Yüksek şahsiyetinizin herhalde ortada tek başına görülmemesi memleketin yararı bakımından gereklidir. Oy birliği ile (bu noktada oyları alınan şahısların veya hey'etin kimler olduğunu daha bugüne kadar öğrenebilmiş değilim) arz olunan bu ricalarımın iyi karşılanacağından eminim, ellerinizden öperim» *(Belge: 96)*.

Kâzım Karabekir Paşa'yı gerçekten kararsızlık ve eleştiriye sürüklediğini gördüğümüz noktaları, mümkün olan açıklıkla bir mantık süzgecinden geçirerek aydınlatma gereği ortadadır. O günlerdeki duygu ve düşüncelerimden kaynaklanan görüşlerimi, kendimi bugünün etkilerine kaptırmaktan çekinerek belirtmek için, o tarihte verdiğim cevabı olduğu gibi arz etmeyi tercih ederim:

19.9.1919

15'inci Kolordu Komutanı
Kâzım Paşa Hazretleri'ne

C.:

Saygıdeğer Kardeşim,

Derin bir samimiyete dayandığına asla şüphe etmediğim görüşlerinizi açık ve kardeşçe bir dille bildirmiş olmanız, kardeşlik bağlarımızın sağlamlaşmasına ve yürekten bir sevinç duygusunun doğmasına vesile olmuştur. Zihninizde beliren sakıncaları çok iyi anlıyorum. 10 Eylül tarihinde hükûmete kendi adımla gönderilmiş bir tebliğim yoktur. Yalnız, telgrafhanede bulunduğum bir sırada, tesadüfen Dahiliye Nâzırı Adil Bey'le makine başında karşı karşıya geliverdik. Onun Sıvas Valisi Reşit Paşa'ya verdiği anlamsız cevaplara karşı, bendeniz sırf şahsî olmak üzere, onun şahsına karşı bildiğiniz biraz sertçe uyarılarda bulundum. Bu hemen hemen bir karşılıklı konuşma şeklinde geçmiştir. Bundan başka gerek hükûmete, gerek Padişah'a ve gerek yabancılara karşı yapılan müracaatlarda hep «Kongre Hey'eti» veya «Hey'et-i Temsiliye» ifadesi imza yerine geçmiştir. Yalnız, Amerikan Senatosu'na yazılan, sizin de bildiğiniz bir mektuba kongre kararıyla beş kişi imza koymuştur ki, bunlar arasında bendenizin de imzası vardır. İçeride yapılan açık yazışmalara gelince, bunda da «Hey'et-i Temsiliye» ibaresini imza yerine kullanmakta idik. Ancak, bunun bazı çevrelerde kötü etki yaptığı ve güvensizliğe yol açtığı görüldü. Gerçekten de böyle genel bir ibarenin, içine aldığı şahıslar ve kuvvet gizli kalıyordu. Ortada sorumlu kimdir? Bazı yerlerden, özellikle Kastamonu, Ankara, Malatya, Niğde, Canik gibi yerlerden doğrudan doğruya şahsen makine başına çağrılmaya başlandım. Neredeyse, Hey'et-i Temsiliye adı altında gizlenen şahıslarla birlikte olup olmadığım konusunda bir kararsızlık belirtisi sezildi. Hattâ, Trabzon'dan Servet Bey de Hey'et-i Temsiliye imzasını taşıyan tebligatı kötüye yorarak ve sözü edilen hey'etin nitelik ve niceliği 93
konusunda birçok yanlış düşüncelere kapıldıktan sonra, bendenizi şahsen makine başına çağırdı. Görüşüldükten sonra, bütün bu tartışmaların, imzanın «Hey'et-i Temsiliye» olarak ve belirsiz bir şahsiyet ifade eder şekilde konulmuş olmasından ileri geldiğini söyledi. İşte bunlardan dolayıdır ki, bu imza meselesi sizin kardeşçe bildirmenizden önce Hey'et-i Temsiliye'de görüşme konusu olmuştu. Hey'et-i Temsiliye'nin, gizli bir komitenin yürütme kurulu olmayıp, hükûmetin resmî iznini almış, kanunî resmî bir derneğin temsilcilerinden oluşmuş bulunması dolayısıyla, ilgili kanun uyarınca kararların ve tebliğlerin sorumlu bir şahıs tara-

fından imzalanması usulü zarurî görülmüştü. Hey'et-i Temsiliye'nin tebliğlerine ve yayınlarına genel ve belirsiz bir ad vererek düşeceği kanun dışı durumdan doğacak sakıncalar, millî akıma karşı gelenlerin esasen yapmakta oldukları zararlı propagandalara imza bulma yüzünden doğacak sakıncalardan daha tehlikeli görüldü ve sonuçta oy birliği ile imza koyma usulü karar altına alındı. Bu karara rağmen, bu defa yaptığımız kardeşçe uyarı üzerine, konunun bir kere daha görüşülmesini Hey'et-i Temsiliye'ye teklif ettim. Daha önce ileri sürülmüş olan düşünce ve görüşler dolayısıyla, aynı şekilde, yazılan şeylerin Hey'et-i Temsiliyen'in kararına dayandığı belirtilerek yazılmasına oy birliği ile karar verdiler. Şahsımla ilgili olduğu için bu görüşmede tarafsız kalmayı uygun buldum. Prensip olarak bir kişinin imza etmesi kabul edildikten sonra, benim yerime başka birinin imza atması söz konusu oldu. Bu noktada hey'etin ileri sürdüğü sakıncalar şunlardır : Bütün dünya benim bu işin içinde bulunduğumu bilir. Bugün bir başkasının imzasıyla tebligata başlanınca ve benim adım ortadan kalkınca ya aramızda bir geçimsizlik ve ayrılık olduğu sanılacak yahut da benim ortaya çıkmaktan çekinir gayri meşru bir durumda olduğuma, dolayısıyla da yapılanların gayri meşru olduğu zannına düşülecektir. Bunu bir yana bırakalım, herkesçe inanılacak ve güvenilecek bir arkadaşımız kendi imzası ile ortaya çıktığı takdirde, bugün benim için söz konusu olan sakıncalar yarın o arkadaşımız için de söz konusu olacaktır. O halde, onun da çekilip yerine bir başkasının imza atmaya başlaması gibi sonuç olarak bizim için güçsüzlük belirtisi olacak bir sıra takip etme gereği doğacaktır. Bilmem bu yolu ne dereceye kadar doğru bulursunuz? Gerçekten de bendenizin şahsı, özellikle işin başlangıcında bir saldırı hedefi olarak görülmüştü. Ancak, hem içeriden hem de dışarıdan beklenen saldırılar yapılmış, Tanrı'ya şükür hepsi de maksadımıza uygun olarak sonuçlanmıştır. İstanbul Hükûmeti ve kötülüğümüzü isteyenler, her teşebbüslerinde yenilmişlerdir. Yabancılara gelince; Amerikalılar, Fransızlar ve İngilizlerle pek ciddî temaslar yapılmış; bunların Sıvas'a kadar gelen yetkili memurları lehimizde olmuşlar, bizimle iyi ilişkilere girişmişlerdir. Bizim de içinde bulunduğumuz Kuva-yı Milliye'nin, bir iki kişinin kışkırtmasından doğmuş bir hareket olmayıp tam anlamıyla millî nitelikte genel bir hareket olduğunu bize de bilgi vererek bağlı bulundukları makamlara rapor halinde bildirmişlerdir. Bir de, memleketimizde, bilinen ahlâksızlık gereği bazı kirli vicdanlı insanların, bu gibi hareketlerde az çok önayak olanlar hakkında çıkardıkları dedikodunun önüne geçmek mümkün değildir. Bu duygusal davranış her millette de aynıdır. Bu türlü sakıncalara karşı burada düşünülen tek çare, bizim sarsılmaz bir dayanışma ve içtenlikle yüce gayemize doğru yürümekte bir an olsun kararsızlık göstermemekliğimizdir. Bendenizin, kamu yararı ile ilgili iş ve hareketlerimizde şahsî görüşlerimle değil, bütün saygıdeğer arkadaşlarımın vicdan ve gönül birliği ile hareketi tercih ettiğim, siz kardeşimce de bilinmektedir. Bununla birlikte bu hususta siz kardeşimin hatırına gelebilecek daha başka düşünceleri de bildirmenizi bekler, üstün saygı ve samimiyetle gözlerinizden öperim, kardeşim. 94

Mustafa Kemal

⁂

Efendiler, İstanbul Hükûmeti ile haberleşmeyi kestiğimiz 12 Eylül 1919 tarihinden sonra, F e r i t P a ş a Kabinesi'nin düştüğü tarihe kadar geçen süre içindeki değişik tarihlerde, tekrar Padişah'a, yabancı devlet temsilcilerine, İstanbul Belediyesi'ne ve bütün basına çeşitli muhtıra ve bildiriler yazıldı *(Belge: 97).*

Padişah'ın bildirisi

20 Eylül 1919 tarihli, Sadrazam Damat Ferit Paşa imzalı bir genel duyuru ile Padişah'ın da bir bildirisinin yayınlandığını hatırlayacaksınız *(Belge: 98).* Bu bildirinin dikkate değer noktalarını tekrar hatırlatmak isterim. Bu noktaları sıra ile işaret edeceğim:

1 — Hükûmetin güttüğü siyaset sonunda, İzmir'de meydana gelen facialar, Avrupa devletlerinin ve medenî milletlerin dikkatini çekti ve bize karşı sevgi uyandırdı.

2 — Bir özel hey'et, yerinde tarafsız olarak soruşturmaya başladı. Hakkımız medenî dünyanın gözleri önüne serilmektedir.

3 — Millî birliğimizi bozacak hiçbir karar ve teklif olmadı.

4 — Bazı kimseler tarafından halk ile hükûmet arasında sözde bir anlaşmazlık varmış gibi ilân ediliyor.

5 — Bu durum, kanun şartları içinde bir an önce yapılmasını istediğimiz seçimleri de geri bıraktırıyor ve barışın yaklaşmakta bulunduğu bir sırada, varlığı zarurî olan Meclis-i Mebusân'ın toplanmasını da geciktirecektir.

6 — Bugün vatandaşlarımdan beklediğim, hükûmetin emirlerine tamamiyle uymaktır.

7 — Büyük devletlerin [64] hak verici duyguları, Avrupa ve Amerikan kamuoyunun ölçüseverliği, yakında durumumuzu ve haysiyetimizi koruyacak bir barışa kavuşma ümidimi kuvvetlendirmektedir.

Yüksek hey'etinizce de bilinmektedir ki, bu bildirinin yayınlanması ve dağıtılması, bizim, memleketle İstanbul Hükûmeti arasındaki haberleşme ve ilişkileri kestiğimiz ve bu noktada ısrar etmekte bulunduğumuz günlerde olmuştur. Herhalde verdiğimiz talimat ve genel emirlere uyulduğu takdirde, bu bildirinin hiç bir yerden alınmaması ve millete de okutturulmaması gerekirdi. Oysa, şimdi arz edeceğim bir telgraftan, karar ve tebliğlerimize aykırı ve görüşümüze büsbütün ters düşen bu bildirinin bazı yerlerden alındığı anlaşıldı.

Trabzon Mevki Komutanı'na

Yüce Padişah Hazretleri'nin milletine karşı yayınlamak lûtfunda bulundukları bildirinin derhal memurlara ve şehir halkına duyurulması gerekir. Ta ki, iş başındaki hain hükûmetin, melek huylu Padişahımız Efendimiz'i ne kadar küstahça bir cür'etle hâlâ aldatmakta olduklarını anlamayanlar kaldıysa, iyice öğrensinler. Millet ve memleketi için mübarek yüreklerinin ne kadar büyük bir sevgi

---

64) Amerika, İngiltere, Fransa, İtalya'yı içine alan Dört Büyükler'in.

ve koruyuculukla dolu olduğunu gösteren bu bildiride, en açık bir biçimde göze çarpan nokta, kabinenin haince hareketi hakkında Hilâfet makamına millet tarafından arz olunan şikâyetnamenin hâlâ Padişah Hazretleri'nin bilgisine ulaşmamış bulunmasıdır. Çünkü, millete ve vatana karşı doğrudan doğruya kabine üyeleri tarafından yöneltilen ihanet hançerini görüp bilmiş olsalardı, bu hainleri bir dakika bile yerlerinde tutmayacaklarına mübarek bildirideki ifade içtenliği en büyük tanıktır. Bu hainler, bu gerçeği bildikleri için, Halifemiz Efendimiz'i doğrudan doğruya milletle karşı karşıya getirmiyorlar. Bu durumda, millete düşen görev, şanlı padişahına olan sonsuz sevgi ve bağlılığını biribiri ardınca tekrarlayarak göstermekle birlikte, bütün milletin ve ordunun, ayrılmaz bir bütün halinde, millet varlığını ve memleketi kurtarmaya çalıştıklarını, ancak bu hain kabinenin, milletin bağlılık belirten bu meşru hareketini Padişahımız Efendimiz'den gizleyerek büsbütün ters bir şekilde göstermiş oldukları gerçeğini, dün karar verildiği üzere, Hilâfet makamına aracı kullanmadan arz etmek ve duyurmaktır. Erzurum halkının bu yolda yazacakları telgraf sureti oraya bildirilecektir. 95

21.9.1919

15' inci Kolordu Komutanı

Kâzım Karabekir

K â z ı m K a r a b e k i r P a ş a, bu telgrafını şöyle bir notla bize de bildiriyordu:

«Bu konuda yüksek düşünceleriniz var mı? Bu kutsal bildiri, milletin padişahına karşı gerçeği bildirmesine yeniden fırsat vermiştir. Erzurum halkı, kabinenin bütün cinayetlerini tekrar etmek suretiyle, yeniden huzura maruzatta bulunacaktır. Bunun suretini ya çekilmek üzere yahut da bilgi için sayın hey'etinize takdim edeceğim.

Kâzım Karabekir

Makine başında buna cevap olarak bildirdiğimiz görüş şuydu:

«F e r i t P a ş a Kabinesi'nin canice iş ve hareketleri ile ilgili belgelerin aldatıcı bildirinin Bâbıâli'de hazırlanmakta olduğunu daha önce haber almış olduğu yüksek malûmlarıdır. Böyle olsa bile, bu tebligat ile padişahın bildirisini biribiri ile karşılaştırarak muhakemeye dayanan bir sonuç elde etmek ve gerçek durumu kavramak pek mümkün değildir. Bu bakımdan ve biz, aslında böyle bir aldatıcı bildirinin Bâbıâli'de hazırlanmakta olduğunu daha önce haber almış olduğumuzdan, bunun milletin zihnini bulandırmasını önlemek için İstanbul'dan alınmamasını uygun bulmuştuk. Zaten İstanbul ile resmî haberleşmenin kesilmiş bulunması dolayısıyla, doğrudan doğruya Saray'dan değil, yine F e r i t P a ş a ' nın notu ile Bâbıâli'den verilen bu bildirinin Sıvas, Ankara, Kastamonu ve öteki merkezlerde olduğu gibi hiçbir yerden alınmamış olduğunu sanıyorduk. Bu bildiriyi almak için daha önce milletin padişaha durumu ve gerçeği anlatmasına izin verilmesi gerekirdi. Bu sebeple bildirinin yayılıp herkese duyurulmasına aracılık etmeyi yararlı bulmuyoruz. Ne var ki, bu bildiri Trabzon, Erzurum ve Sıvas gibi merkezlerde ilgililer tarafından okunmuş bulunduğuna göre, düşündüğümüz gibi her merkezden İstanbul'a bir telgraf çekilmesi uygun olur .

Mustafa Kemal

Padişah'ın bu bildirisinin, kamuoyunda yaratacağına şüphe olmayan olumsuz etkinin bir dereceye kadar olsun önüne geçebilmek için, bu bildiride yer alan düşünceleri yalanlamaya ve çürütmeye yarayacak şekilde Padişah'a bir cevap yazmayı ve bunu memlekete yayıp duyurmayı tek çıkar yol olarak düşündük ve öyle yaptık *(Belge: 99)*. 96

Halit Bey'in Trabzon ve çevresinde millî teşkilât kurmak üzere görevlendirilmesi

Efendiler, Trabzon'da bir iki kişinin, pek vatansever ve saygıdeğer Trabzon halkının hiçbir bilgisi bulunmadığı halde, onlar adına, oradaki millî varlığı kendi şahıslarında temsile kalkıştıkları ve bu yüzden millî teşebbüs ve kararların gerektiği şekilde uygulanıp yerine getirilemediği kanaatına vardım. Trabzon'da vali bulunan Galip Bey adında bir zatın da olumsuz akım yaratmakta rol oynadığını anladım. Bunun üzerine, Trabzon yakınında Torul'da bulunan ve daha tümenine komutaya başlamamış olan Hâlit Bey'in Trabzon çevresinde millî teşkilât kurmak üzere görevlendirilmesi uygun bulundu ve bu düşünce Kolordu Komutanı'na bildirildi. 20 Eylül 1919 tarihinde alınan cevapta: «İngilizlere karşı gizlenmekte olan Hâlit Bey'in, yaradılışı dolayısıyla ortaya çıkarabileceği durumların, bu nazik zamanda belki düzeltilmesi mümkün olamaz» yolunda bazı düşüncelerden sonra «Hâlit Bey haberim olmadan maruzatta bulunsa bile yerine getirilmemesi» bildiriliyordu *(Belge: 100)*.

Kâzım Karabekir Paşa'nın bu telgrafına verdiğimiz karşılıkta: «İngiliz engelinin bizlerce söz konusu olamayacağını, şiddetli ve kesin hareket sakıncalı görüldüğüne göre, Trabzon'da durumun düzeltilmesi neye ve ne gibi bir tedbire bağlı ise, onun doğrudan doğruya kendisi tarafından alınmasını, 22 Eylül 1919 tarihli bir şifreli telgrafla rica ettik *(Belge: 101)*.

Bizim, 15'inci Kolordu Komutanı ile bu haberleşmeleri yaptığımız tarihlerde, Torul'dan Yarbay Hâlit Bey de doğrudan doğruya bizimle haberleşmeye başladı. Kendisini cevapsız bırakmamak ve durumu aydınlatmak üzere karşılık verdik.

15'inci Kolordu Komutanı'nın bir bakıma bizim 22 Eylül 1919 tarihli telgrafımıza cevap oluşturan, 27 Eylül 1919 tarihli bir şifreli telgrafını aldık. Bunda, halkı, önce aydınlatma ve doğru yola çekme görevini yaptıktan; karşı gelenler görülürse, onları da müstahak oldukları muameleye uğratmaktan ibaret olan ve pek büyük tecrübelerle elde edilen prensibini aynen Trabzon çevresinde uyguladığını belirttikten, 9'uncu Tümen Komutanı Rüştü Bey'i kurmay hey'eti ile birlikte, 3'üncü Tümen Komutanlığı vekilliği ile Trabzon'a gönderdiğini, Hâlit Bey'i Trabzon için uygun bulmadığını bildirdikten sonra, «İngilizlerle ilgili görüşe gelince, bana kalırsa, elden geldiği sürece açıktan ve belirli bir düşmanlıktan kaçınmayı tercih ederim» kanaatı ileri sürülüyordu *(Belge: 102)*. Buna verdiğim 29 Eylül 1919 tarihli özel cevabımda şunları yazdım: «Trabzon ilinde halkın ne düşündüğü konusunda buraca da aydınlanılmıştır. Trabzon merkezi dışında, bütün ilçe ve sancakları ile haberleşilmektedir. Merkezdeki gergin durum da valinin tutuklanıp uzaklaştırılmasından sonra ortadan kalkmıştır (Emrim üzerine valiyi tutuklayarak göz altında Erzurum'a gönderen Hâlit Bey'dir). Rüştü Bey' in 3' üncü Tümen Komutanlığı Vekilliği ile Trabzon'a gönderilişinde hatırıma gelen noktaları arz edeceğim.

Önce, valiyi tutuklayan Hâlit Bey' dir. Birkaç gün sonra Rüştü 97
Bey' in bu şekilde gönderilmesi, Hâlit Bey' in hareketini oradaki kötü niyetlilere karşı eleştirmek gibi olabilir.

İkincisi, Hâlit Bey, nazik durumlarda tümeninin başına geçmeyi beklerken, bugün geçirmekte olduğumuz ciddî ve tarihî anlarda, başka bir şahsın yerine geldiğini görmekten üzüntü duyabilir. Bu tutumdan vazgeçilmesini rica ederim. Bununla birlikte kolordunuzun askerî işlerine karışmak istemem» *(Belge : 103)*.

Kâzım Karabekir Paşa'nın verdiği 2 Ekim 1919 tarihli uzun cevapta, bu işlemin Hâlit Bey' in müracaatı üzerine yapıldığını ve kendisine durumu iyice anlatmak için Erzurum'a davet edildiğini bildirdi *(Belge: 104)*. Halbuki, 1 Ekim 1919 tarihinde 3'üncü Tümen Emir Subayı Üsteğmen Tarık imzasıyla, Başyaverim Cevat Abbas Bey'e gelen özel bir şifrenin son cümleleri şöyleydi:

«Son günlerde Komutan Bey, 3' üncü Tümen'in bugünkü komuta durumunun değiştirilmesini kolordudan istedi. Eğer kolordu bu teklifi kabul etmez ve yerine getirmezse, emir almadan komutayı ele alacağını ve daha önce alınan karar uyarınca kolordudan ayrılarak doğrudan doğruya kongrenin emrinde olacağını arz ederim. Paşa Hazretleri'ni gerektiği şekilde aydınlatınız efendim» *(Belge : 105)*.

Bu tarihten on beş gün sonraydı. Kâzım Karabekir Paşa'dan 17 Ekim 1919 tarihli şu telgrafı aldım:

«Kendi bölgemde millî isteğin gerçekleştirilmesi ve yerine getirilebilmesi için son noktaya kadar askerlikten ve komuta zincirinin gereklerine uymaktan ayrılmamayı, geleceğin disiplini bakımından da son derece gerekli görüyorum. Cür'etkârlıkla ileri görüşlülüğün bağdaştırılamadığı yerlerde ve işlerde, sonuç pek parlak da olsa, bunun tezelden tersine döndüğü ve yararsız kaldığı örnekleriyle görülmüştür. Özellikle, İngiliz, Fransız temsilcilerinin bulunduğu Trabzon çevresinde, komuta zincirine değer verilmesine, pek uyanık ve ileri görüşlü davranılmasına büyük bir ihtiyaç duyulmaktadır.

Maalesef, verdiğim açık talimata rağmen, Hâlit Bey' in kendi kendine ve askerî kıyafetiyle valiyi tutuklayarak gösterdiği tuhaflık dillere destan olmuştur (Hâlit Bey'i bu işe yöneltenin kim olduğunu arz etmiştim). Seçimler konusunda da bu şekilde faaliyet gösterirse kendisi için İngilizlerce bir çıkış daha yapılması ve güç bir duruma düşülmesi kaçınılmaz olur (Seçimler konusunun çabuklaştırılması ve millî isteğe uygun bir sonuca bağlanabilmesi için H â l i t B e y ' e ve gereken daha birçok kişiye yardım ve gayrette bulunmaları özellikle rica edilmişti.

Bir de İngilizler tarafından yapılacak çıkışın kaçınılmaz ne gibi bir durum yaratabileceğini, kendi durumumu göz önüne getirerek bir türlü anlayamamış olduğumu itiraf edeyim. Bunun için adı geçen kimse ile haberleşme yapılmayarak, yüksek arzularınızın yerine getirilmesinde bendenizin aracılığını istirham ederim. Adı geçenin kişiliği her türlü iddianın ötesinde ise, herhangi bir bölgeden milletvekili seçilmesi hakkındaki yüksek düşüncelerinizin bildirilmesi arz olunur.»

Bu telgrafa 19 Ekim 1919 tarihinde sadece şu cevabı verdim:

«H â l i t B e y' in milletvekili olmak veya olmamak konusundaki eğilimlerini bilemediğimden bu hususta görüş bildiremeyeceğim efendim.»

Efendiler, F e r i t P a ş a Kabinesi'nin düşmesine kadar geçen günler içinde karşılaştığımız sorunlar çeşitlidir. Engeller ve güçlükler az değildi. Bunların hepsini saymak ve açıklamaya kalkışmak yüksek hey'etinizi çok yorabilir. Bu sebeple bu safhayı tamamlayacağını sandığım bazı noktalara yalnız dokunmakla yetineceğim. 98

A l i G a l i p'in tavsiyesi üzerine, İstanbul Hükûmeti'nce Dersim Mutasarrıflığı'na tayin edildiği anlaşılan ve Sıvas'a gelen O s m a n N u r i B e y 8 Eylülde Sıvas'ta alıkonuldu.

Millî akıma karşı haince hareketlerde bulunduğu ortaya çıkan Ankara Valisi M u h i t t i n P a ş a, belli bir maksatla geziye çıkmıştı. 13 Eylülde Çorum'da bulunuyordu. M u h i t t i n P a ş a'nın yakalanıp korumalı olarak Sıvas'a gönderilmesi için Ankara'da Kolordu Komutanı'na ve Samsun'da 5' inci Kafkas Tümeni Komutanı'na emir verildi. M u h i t t i n P a ş a tutuklu olarak Sıvas'a getirilmiştir. Kendisiyle bizzat görüştüm. Gereken öğüt ve uyarılardan sonra yaşına hürmeten Samsun üzerinden İstanbul'a gönderdim. Çorum Mutasarrıfı S a m i h F e t h i B e y de üç dört gün sonra özel olarak Sıvas'a davet olundu.

Millî Mücadele'ye karşı geldikleri anlaşılan Niğde Mutasarrıfı, muhasebecisi ve komiserinin korumalı olarak Sıvas'a gönderilmeleri için 16 Eylülde Niğde'de Tümen Komutanlığı'na emir verildi.

Kastamonu Valisinin İstanbul Hükûmeti'nce değiştirilmesi ve bundan çıkan olay

Efendiler, Kastamonu'da vali bulunan İ b r a h i m B e y, ben ordu müfettişi iken, kurmay başkanım olan Albay K â z ı m B e y'in şahsen tanıdığı bir kimseydi. Bu sebeple kendisine her türlü sırlar bildirilmişti. Aramızda şifreli haberleşmeler yapılıyordu. Kendisi İstanbul Hükûmeti tarafından İstanbul'a davet edildi. Bu daveti, yerine getirmemesi gerekirken, anlaşılmaz gerekçe ve düşüncelerle

- İstanbul'da tutuklanmak için - Kastamonu'dan ayrılmıştı. İstanbul, İbrahim Bey'in yerine bir başkasını Kastamonu'ya vali olarak atamıştı. Bu zat, Eylülde İnebolu'ya varmış bulunuyordu. Kendisinin tutuklanmasını oradaki ilgililere emrettik. Bu konuda ilgi çekici küçük bir şey geçti. Müsaadenizle biraz etraflıca anlatayım: Kastamonu bölgesinde ve Kastamonu il merkezinde gevşeklik ve zayıflık belirtileri görülmeye başlayınca, Kastamonu'ya güvenilir ve güç sahibi bir subayın gönderilmesini Ankara'da bulunan Ali Fuat Paşa'dan rica etmiştim. Fuat Paşa, Kastamonu Bölge Komutanı sıfatıyla oraya Albay Osman Bey'i göndermişti. Osman Bey, tam 16 Eylül günü Kastamonu'ya varmıştı. Biz de kendisinden yeni gelen vali için verdiğimiz emrin uygulanmasını bekliyorduk. Arzettiğim emri verdikten sonra, uygulama ve yürütme hakkında telgraf başında bilgi bekliyordu. Gece olmuştu. Kastamonu'dan benimle konuşarak istediğim bilgiyi verecek bir kimseyi bulamıyordum. Nihayet, 16/17 Eylül gecesi, Kastamonu ve Dolayları Komutanı Albay Osman Bey, Kastamonu telgrafhanesine geldi ve aynen şu telgrafı verdi:

> Bugün Kastamonu'ya geldim. İstanbul Hükûmeti'nin adamları, vali vekili ve Jandarma Komutanı'nın oyunu ile evimde tutuklandım. Vatanseverlik örneği subaylarımızın yardımlarıyla şimdi kurtuldum. Ben de vali vekilini ve Jandarma Alay Komutanı'nı birlikte tutuklattım. Telgrafhaneyi işgal ettim. Buradaki durum önemlidir. Kongreden istirham ediyorum, buraya, aldığı bütün kararları ile ilgili bilgi vererek sayın Kastamonu halkını aydınlatsın. Yeni valinin İnebolu'ya indiği haber alındı. Hakkında nasıl bir işlem yapılacaktır? Burada, vali vekili ve başka- 99
> larının tayini konusunda millî kongrenin bana yetki vermesini ve bu istirhamımla ilgili cevabı şu anda makine başında beklemekte olduğumu arz ederim.

Osman Bey ile makine başındaki görüşmemiz şu şekilde devam etti. Kendisinden sordum:

«Şimdi orada duruma hâkim misiniz? Ne kadar kuvvetiniz vardır? Orada il ileri gelenlerinden güvenilir kim vardır? Yeni tayin edilip İnebolu'ya geldiği haber alınan valinin adı nedir?».

Osman Bey'in cevabı şuydu: «Hâlen ile hâkim durumdayım. Her halde, kongrenin bana yardımcı olması ve beni aydınlatması gerekir. Atanan valinin Konya valiliğinden emekli, çok eski bir zat olduğu söyleniyor. Adı Ali Rıza'dır. Kuvvetim iki yüz elli kişilik bir tabur ve dört tüfekli, bir ağır makineli bölüğünden ibarettir. Daha halk ile görüşülememiştir. İl ileri gelenlerinden Defterdar Ferit Bey vardır.»

Osman Bey'e şu emri verdim: «Şimdi siz vali vekilliğini kendi üzerinize alınız. Bütün askerî ve sivil kuvvetleri elinizde tutmaya tam olarak yetkilisiniz: Gelmekte olan valiyi hemen tutuklatacak çabuklukta tedbirler alınız. Yaptıklarımıza açıktan açığa karşı koyanlara karşı kararsızlığa düşmeden silâh kullandırınız. İl defterdarı, benim Diyarbakır'dan tanıdığım Ferit Bey ise, size yardım etmesi gerekir. Bolu mutasarrıfına, aldığınız durumu ve yetkiyi hemen şimdi bildirerek onun da İstanbul'a karşı aynı şekilde hareket etmesini tarafımızdan söyleyiniz. Sinop Mutasarrıfı Mazhar Tevfik Bey'e de benim tarafımdan aynı talimatı veriniz. Yanınızda hangi şifre anahtarı vardır?»

Osman Bey'in cevabı: «Vali vekilliğini Defterdar Ferit Bey'e vereceğim, kendi üzerime alamayacağım. Bildiğiniz Ferit Bey'dir. Sinop mutasarrıfı bildiğinizdir; kendisi görevden alınmıştır. Vekilliği Jandarma Tabur Komutanı Remzi Bey'dedir. Mazhar Tevfik Bey'in Sinop'ta olduğu bildiriliyor. Şifre anahtarı tutuklu alay komutanındadır; istendi, alacağım cevaba göre arz ederim, efendim.»

«Yanınızda başka şifre anahtarı var mıdır? Ferit Bey şimdi neredeir? Durum hakkında bilgisi var mıdır? diye sordum.

«Durumdan bilgisi yoktur, şimdi çağrıldı, gelecektir. Ben hiç şifre anahtarı almadım; çünkü tutuklanacağımı bilmiyordum, makam şifresi ile yazarım ümidinde idim» cevabını verdi.

«Oradaki jandarma tabur komutanı kimdir; ne kadar jandarma kuvveti vardır; emriniz altına girdi mi?» sorusunu yazdırdım. Buna da verdiği cevapta: «Jandarma Komutanı Emin Bey, yanımda ve benimle işbirliği yapmıştır. Merkezde jandarma sayısı otuz beş kadardır. Polis Müdürü Halil Bey de yanımda ve benimle işbirliği etmiştir. Polis sayısı kırktır. Piyade Tabur Komutanı Şerif Bey biraz budala olduğundan şimdilik tutuklanmıştır. Jandarma Tabur Komutanı Emin Bey, yüzbaşıdır. Defterdar Ferit Bey geldi, yanımdadır.»

«Emin Bey'i biraz anlatır mısınız» sorusuna 1902 (318) çıkışlı, Üsküp'lü Emin, tanırsınız. Ayrıca ellerinizden öpüyorlar.»

Bunun üzerine şu satırları yazdırdım: «Emin Efendi'yi tanı- 100
rım, teşekkür ederim. Ferit Bey'e durumu anlattınız mı? Önemli hususlar makam şifresiyle bildirilebilir. Sinop mutasarrıf vekili olan Jandarma Komutanı güvenilir bulunmadığı takdirde, yerine sizce uygun görülecek birinin vekilliğe getirilmesi için gerekli olan tedbirler düşünülmelidir. Yardıma ihtiyaç duyuyor musunuz?» «Osman Bey:» Kuvvete ihtiyaç duyup duymadığımı daha sonra arz edeceğim; Jandarma Tabur Komutanı yeni geldiği için durumu anlaşılamamıştır, efendim» cevabını verdi. Osman Bey'e başka bir söyleyeceği olup olmadığını ve Ferit Bey'le durum değerlendirmesi yapıp yapmadıklarını sorup anladıktan sonra, şu telgrafı yazdırdım:

Osman Bey'e ve Ferit Beyefendi'ye

Alınacak tedbirler ve yapılacak işlerinizde başarılar dilerim. Bize durumunuzdan ve gelmekte olan valinin tutuklandığından haber vermenizi bekleriz.

Mustafa Kemal

Kastamonu da İstanbul'a karşı harekete geçiyor

Ferit Bey vali vekili; Albay Osman Bey, Kastamonu ve dolayları komutanı olarak faaliyete geçtikten bir iki gün sonra, kendilerini tekrar telgraf başına çağırarak bilgi istemiştim.

İstanbul'da gereken makamlara, istenildiği şekilde ve halkın imzası ile telgraflar çekildiği, bütün illere ve sancaklara da bu telgrafların duyurulduğu bildirilmekle birlikte, birtakım sorular da soruluyordu. Söz gelişi «Halk diyormuş ki:

1 — Öteki illerin kamuoyu bizimle birlikte değiller midir?

2 — Bu olağan dışı durum ne zamana kadar sürecektir?

3 — Kabinenin direnmesine karşı ne gibi tedbir buyuruldu? Lûtfen bizi aydınlatınız Paşam!»

Halk adına yöneltilen bu soruların vali vekili ve komutan beylerin de zihinlerini işgal etmekte olduğunu hesaba katarak ona göre cevap vermek, yorgunluğuna değerdi. Bunun için Sıvas-Kastamonu telini saatlerce işgal eden uzun bilgi verildi ve açıklamalar yapıldı. Bu açıklamaları şöylece özetleyebilirim:

1 — Millî kaynaşma, vatanın her köşesinde kuvvetli ve ateşli bir şekilde vardır. Bütün illerin en ufak köylerine varıncaya kadar halk, en ufak birliğine kadar da bütün ordularımız tam bir duyarlık içinde ve tam bir birlik halinde, bildirilen kararları uygulamakta ve yürütmektedirler. Halkın ikinci ve üçüncü sorusuna cevap olmak üzere de:

2 — Ne zaman Kastamonu halkı bu durumu olağan dışı bulup endişeye düşmek zayıflığından kurtularak, amacımıza ulaşıncaya kadar dayanmakta kararsızlık göstermezse, işte o zaman bu olağandışı durum kendiliğinden ortadan kalkacaktır. Kabinenin direnmesi tabiîdir. Buna karşı başka bir tedbire girişmeden önce, ilk tedbirimizi hakkıyla ve her yerde kesinlikle uygulama çarelerini düşünelim. Söz gelişi, Bolu'nun durumu hakkında ne yapılmıştır? Bolu kesimine kadar olan bütün yerlerin İstanbul ile resmî haberleşmelerinin kesildiğinden emin miyiz? Bununla ilgili olarak, beklemekte olduğumuz bilgiler daha gelmemiştir. İşte, bu dediğim tedbir İstanbul'a kadar yaygınlaştırıldığı takdirde, kabinenin diren- 101
meye gücü kalmayacağını sanırım. Bununla birlikte, bundan sonra da pek cahilce ve pek ahmakça bir inadı devam ettirmek isterlerse, herhalde daha etkin tedbirler uygulanmasına imkân vardır.

Bundan sonra vali ve komutanın verdiği bilgilerden şunlar anlaşıldı: İnebolu'dan İstanbul'a geri gönderilen yeni vali, Zonguldak'ta, Dahiliye Nâzırı'ndan şöyle bir emir almış:

«Bolu ve çevresi serbesttir. Zonguldak'a çıkınız. İlin gereken yerleri ile haberleşiniz ve son gelecek emre kadar orada bekleyiniz.» Gerçekten yeni vali Zonguldak'ta kalmış ve etrafa gözdağı vermeye başlamış.

Ferit ve Osman Beyler, Zonguldak mutasarrıfına yeni valinin tutuklanıp karadan Kastamonu'ya gönderilmesini emretmişler. Mutasarrıf bunu yapmamış. Bununla birlikte, durumu öğrenen yeni vali orada barınamayarak, İstanbul'a dönmüş (Belge: 106).

Ali Fuat Paşa Batı Anadolu Kuva-yı Milliye Komutanı

Bir münasebetle arz etmiştim ki, 20'nci Kolordu Komutanı Ali Fuat Paşa, kongre adına bazı kararlar alıp, hazırlıklar yapmıştı. Ali Fuat Paşa'ya kongrece «Batı Anadolu Kuva-yı Milliye Komutanı» ünvanı verildi. Paşa, Eskişehir ve dolaylarını millî bir bölge olarak kabul edip komutanlığına Süvari Yarbayı Atıf Bey'i; Afyonkarahisar dolaylarını da millî bir bölge olarak kabul edip Komutanlığı'na 23'üncü Tümen Komutanı Ömer Lütfi Bey'i tayin etmişti. Bu tümen ile, Anadolu'ya geldiğimizin daha ilk günlerinde temas kurup ilgilenildiğini o günlere ait açıklamalarım arasında belirtmiştim. İstanbul Hükûmeti, Fuat Paşa'nın yerine Hamdi Paşa'yı tayin etmiş ve göndermişti. Hamdi Paşa, Eskişehir'e kadar geldi. Orada kendisine, 16 Eylülde İstanbul'a dönmesi gerektiği bildirildi.

İngilizler, Eskişehir Bölgesi Kuva-yı Millîye Komutanı Atıf Bey'i tutuklayıp İstanbul'a gönderdiler. Kuva-yı Milliye Komutanı olan bir şahsın, kendisini kolaylıkla düşman eline düşürmeyecek tedbirleri almış olması gerekirdi. Bu konudaki gaflet ve tedbirsizlik kendisini kurtarmak için uzun zaman biribiri ardınca teşebbüslerde bulunmamızı gerektirdi. Bildiğiniz üzere, o tarihlerde Eskişehir'de İngiliz birlikleri vardı. Fuat Paşa, toplayabildiği millî kuvvetlerle birlikte Eskişehir'e yakın Cemşit'e gitmişti. Eskişehir'i uzaktan çevirtti. Eskişehir'de bulunan İtilâf Kuvvetleri Komutanı General Solly Flood (Soli Flud)'un Fuat Paşa'ya gönderdiği bir mektupla kullanılan ifadeler ve Kuva-yı Milliye'nin tanıtma şekli, millî komutanlarımızın ve Kuva-yı Milliye'mizin yüksek şeref ve haysiyetlerine karşı bir saldırı sayıldığından ve adı geçen generalin hak ve yetkisi dışında görüldüğünden, bu konuda İstanbul'da bulunan İtilâf Devletleri siyasî temsilcilerinin bir muhtıra ile dikkatleri çekilmişti. 25 Eylül 1919 tarihinde General Solly Flood'un Fuat Paşa'ya gönderdiği, bir kurmay binbaşı ile Eskişehir İngiliz kontrol subayından oluşan bir hey'et, İngilizlerin, iç işlerimize ve Millî Mücadele'mize asla karışmayacakları konusunda söz verdiler. Bu sıralarda, İngilizler, Merzifon'da bulunan kuvvetlerinin geri çekilmesine memnun olup olmayacağımızı öğrenmek istemişlerdi. El-

bette pek memnun olacağımızı bildirmiştik. Gerçekten de oradaki kuvvetlerini bütün ağırlıkları ile birlikte önce Samsun'a çektiler, daha sonra oradan da İstanbul'a götürdüler. Eskişehir'e hâkim olduktan sonra, 102
Fuat Paşa'yı Bilecik ve Bursa yörelerine göndermeyi düşünüyorduk.

Konya Valisi Cemal Bey İstanbul'a kaçıyor ve Konya halkı da İstanbul'u tanımıyor

Efendiler, Konya'da Vali bulunan Cemal Bey, Ferit Paşa Kabinesi'nin Anadolu'da önemli bir dayanak noktası durumuna geldi. Ordu Müfettişi olan Cemal Paşa'nın İstanbul'a gidip dönmemesi, orada bulunan Kolordu Komutanı Selâhattin Bey'in kararsızlık içindeki tutum ve davranışları ve sonunda da haber vermeden İstanbul'a çekip gitmesi, Konya ve dolaylarını Vali Cemal Bey'in hükmü altında bırakmıştı. Oraya, maksadı iyice kavramış bir kimsenin gönderilmesi gerekiyordu. Sıvas'ta iken yanımızda bulunan Refet Bey'in gönderilmesi uygun bulundu. Refet Bey hareket etti. Konya'da, Hey'et-i Temsiliye tarafından gönderilen bir komutanın gelmekte olduğu haber alınınca, vatan sevgisi ile dolu kimseler canlanmıştı. Ancak, öte yandan da Vali Cemal Bey, hapishanede ne kadar kanlı katil ve tutuklu varsa hepsini çıkarıp silâhlandırarak kendisine bir kuvvet yapmak istemişti. Konya'nın sayın halkı, bu alçakça harekete karşı ayaklanarak vatanseverliğin gerektirdiği şeyin yapılmasına karar vermiş; bunun farkına varan Cemal Bey de 26 Eylül'de İstanbul'a kaçmıştır *(Belge: 107)*. Halk, Belediye'de toplanarak Hoca Vehbi Efendi'yi vali vekilliğine getirmişti.

Refet Bey'in yerinde olmayan bazı teklifleri

Efendiler, dikkate değer bir noktadır. Şu anda hatırıma geldi. Yüksek hey'etinize arz etmeden geçemeyeceğim. Sıvas-Konya yolu üzerindeki bir telgraf merkezinden Refet Bey'in özel bir telgrafını aldım Refet Bey, bu telgrafında Konya ve dolaylarında başarı sağlanabilmesi için, kendişine İkinci Ordu Müfettişliği ünvan ve yetkisinin verilmesi gereğini bildiriyordu, Refet Bey birçok zaman sonra Ankara'da bulunduğum sırada, Bolu ve dolaylarındaki âsîlerin tepelenmesi ile görevlendirildiği zaman bile, orada bir şifre ile ve halk üzerinde önemli etkisi bulunacağı gerekçesi ile, benden, kendisine paşa ünvanının verilmesini istemişti. O zamanlar Refet Bey'in gerek birinci gerek ikinci isteklerini yerine getirecek resmî bir mevki ve yetkide bulunmadığımı açıklamaya gerek yoktu. Özellikle Refet Bey'in bunu çok iyi bilmiş olmasından şüphe edilebilir mi? Refet Bey, bu isteklerini yerine getirtmek için, dolaylı yoldan benim İstanbul Hükûmeti'ne aracılık etmemi istiyordu da denemezdi. Çünkü dünyaca bilinmekte idi ki, ben ordu müfettişliğinden ve askerlikten istifa etmiş olma bir yana, Padişah ve İstanbul Hükûmeti tarafından da kovulmuş ve idama mahkûm edilmiş bulunuyordum. Çalışmalarım bir kongrenin seçmiş olduğu bir hey'et içinde, yani bir Hey'et-i Temsiliye içinde ve onun adına idi. **Millî amaca hizmet için çalışmak ve özellikle bu konuda başarıya ulaşmak için, resmî bir ünvan ve yetki şartı var idiyse, o şart zaten benim kendimde yoktu.** İçinde bulunduğum durum ve şartların nelerden ibaret olduğu anlaşıldıktan sonra, başarıya ulaşabilmek için, benden resmî formalitelere bağlı ünvan ve yetki beklenemeyeceği tabiî idi. Esasen, biz Refet Bey'i Konya'ya gönderirken, kendisine, amaca uygun bütün iş ve faaliyetler için tam ve geniş bir yetki vermiştik. Bunun kullanılması ve yerini bulabilmesi, onun göstereceği şahsî güç ve kudrete bağlı idi.

Efendiler, her tarafı faaliyet göstermeye ve millî teşkilâtlar kurmak için yöneltmeye çalışırken, İstanbul Hükûmeti'nin emeline hizmet eden bazı sivil idare âmirlerinden, sözde manevî birer gözdağı olabilecek telgraflar da alıyorduk. Söz gelişi, Urfa Mutasarrıfı Ali Rıza adında biri tarafından, yaptıklarımızın İtilâf Devletleri'ne karşı bir saldırı gibi sayıldığı, bu yüzden bütün Osmanlı ülkesinin İtilâf Devletleri'nce askerî 103
işgal altına alınarak Türk Hükûmeti'ne son verileceği, temas sonucu elde ettiği bilgilere dayanılarak belirtiliyor ve kabine ile uzlaşma önerisinde bulunuluyordu. Bu telgrafın mutasarrıfa yabancılar tarafından dikte ettirildiğine şüphe yoktu. Buna elbette gerektiği şekilde karşılık verildi *(Belge: 108)*.

4
General Harbord hey'eti ve General'e verdiğim cevap

Efendiler, hatırlarınızda olsa gerektir ki, memleketimizde ve Kafkasya'da incelemeler yapmak üzere Amerikan Hükûmeti General Harbord'un başkanlığında bir hey'et göndermişti. Bu hey'et Sıvas'a geldi. 22 Eylül 1919 günü General Harbord ile uzun uzadıya görüştük. General'e, Millî Mücadele'nin maksat ve gayesi, millî teşkilât ve birliğin ortaya çıkış sebebi, müslüman olmayan azınlıklara karşı gösterilen duygular, yabancıların memleketimizdeki yıkıcı propaganda ve eylemleri üzerinde ayrıntılı ve belgelere dayanan açıklamalarda bulundum. General'in bazı garip soruları ile de karşılaştım. Söz gelişi: «millet, tasarlanıp yapılabilecek her türlü teşebbüs ve fedakârlığa başvurduktan sonra da başarı sağlanamazsa ne yapacaksın?» gibi. Yanlış hatırlamıyorsam, verdiğim cevapta demiştim ki: **Bir millet varlığını ve istiklâlini kurtarabilmek için düşünülebilen her türlü teşebbüs ve fedakârlığı yaptıktan sonra başarıya ulaşır. Ya başaramazsa demek, o milletin ölmüş olduğu hükmüne varmak demektir. Öyle ise, millet yaşa-**

dıkça ve fedakârca teşebbüslerine devam ettikçe başarısızlık da söz konusu olamaz.

General'in bu sorusunun altında yatan asıl maksadın ne olabileceğini araştırmak istemedim. Ancak, verdiğim cevabın kendisince takdirle karşılandığını bugün yeri gelmişken belirtmek isterim.

Abdülkerim Paşa'nın aracılıkları

Efendiler, Eylülün 25'inci günü akşamı, Ankara'da bulunan Kolordu Komutan Vekili Mahmut Bey'den aldığım bir şifreli telgrafta şunlar bildiriliyordu: «Bu gece İstanbul telgrafhanesinden Fuat Paşa'yı telgraf başına istediler. Dahiliye Nezareti'nin vilâyet şifresi ile bir şifre yazdırdılar. Bunun özeti: vatanın kurtulması yalnız padişah'ın bildirisindeki en doğru yol göstermelere uygun hareket etmekle kolaylaşacaktır. Millî Mücadele, medeniyet dünyasına iğrenç gayeler gibi aksettirildi. Hükûmet ile millet arasındaki ayrılık yabancıların işe karışmasına yol açacaktır. Konferans, bizim hakkımızda karar verirken, bu anlaşmazlık iyilik ve kurtuluş belirtisi olmayacaktır. Sonuç olarak, hareketin liderleri ile görüşmek üzere, yüksek şahsiyetlerle, bildirilecek yerde buluşma bir oldubitti şekline sokularak, vaktin darlığı dolayısıyla hemen cevap beklenmektedir. Görüş ayrılıklarına saygılı davranılacağını, şahsa ve şerefe dokunulmayacağını abartmalı bir şekilde ekliyor. Telgrafı yazan zat, Genelkurmay Tuğgenerallerinden Abdülkerim Paşa'dır. Bu telgrafa Ticaret ve Ziraat Nâzırı Hâdi Paşa vasıtasıyla ve aynı şifre ile cevap beklemektedir. Adı geçenin, böyle bir hileye başvurarak, müracaatın bizden geldiğini ilân etme ve yayma gayesi güttüğü anlaşılıyor. Telgraf başında beklediklerinden, bir an önce, kabul edilip edilmeyeceği ile ne cevap verileceğinin bildirilmesi istenmektedir. Ali Fuat Paşa Hazretlerine de yazılmıştır» *(Belge: 109).*

Mahmut Bey'e aynı gün saat 19.00'dan sonra makine başında verdiğim telgrafta şunları bildirdim: «Kerim ve Hâdi Paşa'lara, Fuat Paşa'nın Ankara'da olmadığını ve meşgul bulunduğunu, ancak, görüşmek istedikleri takdirde, Sıvas'ta bulunan Hey'et-i Temsiliye ve bu Hey'et içinde bulunan Mustafa Kemal Paşa ile istedikleri şekilde görüşmenin mümkün olduğunu bildirirsiniz (onlar görüşme isteğinde iseler), diye kaydettirirken dikkatli bulunmak gerekir» *(Belge: 110).* **104**

Mahmut Bey, Kerim Paşa'nın Ankara'ya çektiği telgrafı aynen bize de yazdı. İçindekiler aşağı yukarı Mahmut Bey'in özetledikleriydi *(Belge: 111).*

Efendiler, İstanbul Hükûmeti ile haberleşmeyi kesişimizin on beşinci günündeyiz. Millî karara karşı muhalefet durumuna geçen bazı yerler, ister istemez millî akıma uymaya mecbur edildi. İstanbul'a, her gün bütün memleketten, hükûmetin düşürülmesi isteği ile ilgili telgraflar yağdırılmaya başladı. İtilâf Devletleri'nin, Anadolu'da dolaşan subay ve memurları, her yerde açıktan açığa, Millî Mücadele'ye karşı tarafsız olduklarını ve memleketin iç durumuna karışmadıklarını söylemeye başladılar. Bu durum karşısında, Padişah ve Ferit Paşa'nın, artık Millî Mücadele liderleri ile uzlaşmaktan başka çıkar yol kalmadığını hesaba katarak, fakat, herhalde mevkilerini de korumak şartıyla, bir uzlaşma yolu olabilecek imkânlar araştırmaya başladıkları kanısına varmak yanlış olmaz inancındayım.

Efendiler, adı geçen rahmetli Abdülkerim Paşa, benim çok eski bir arkadaşımdı. Pek namuslu, gayretli, temiz kalpli bir vatanseverdi. Selânik'te, ben kolağası (65) o binbaşı olarak aynı büroda çalışmış, yıllarca özel arkadaşlık etmiştik. Rahmetlinin tavır ve durumundan bir tarikata bağlı olduğu anlaşılıyordu. Bazı tekkelere devam ettiği de görülmüştür. Ancak, herhangi bir şeyhe bağlılığını bilen yoktur. Çünkü, kendisini inançları ve vicdanî değerlendirmelerinde taşıdığı manevî derece bakımından «hazret-i evvel (66), büyük hazret» olarak kabul eder, kendi dostluk çevresi içinde yer alanlara, kendisince, karşısındakinde gördüğü yeteneğe uygun «hazret, kutup (67) gibi makamlar verirdi. Bana «kutbu'l-akdâb (68)» derdi. Şimdi açıklayacağım görüşmemizde de bu noktalara tesadüf edeceğiz. Kerim Paşa'nın, kendine has bir konuşma ve yazış tarzı vardı. Kerim Paşa, çok samimî ve zamanında kendisine büyük şöhret kazandıran yüksek bir söz söyleme gücü ile konuşur ve öyle yazardı. Kendisinde, inandırma güç ve kudreti olduğu da sanılır ve öyle kabul edilirdi. Bizim, Selânik'te bulunduğumuz sıralarda, orada ordu komutanlığı ve ordu müfettişliği ile bulunmuş olan Hâdi Paşa, Kerim Paşa'yı açıkladığım vasıflar ile, dostlar arasında sayılır ve sevilir bir kimse olarak tanımıştı.

İşte Ferit Paşa'nın kabine arkadaşı Hâdi Paşa, sıkışmış olan Padişah'ın ve Ferit Paşa'nın pek elverişli bir yolla imdadına yetişmek istiyordu. Kerim Paşa, Ali Fuat Paşa'yı da Selânik'ten tanıyordu.

---

65) Kıdemli yüzbaşı.

66) Birinci hazret. Kutsallık veya saygı ifadesi için kullanılan bir söz.

67) Tarikat ulusu, çağının pek saygıdeğer kişisi.

68) Kutuplar kutpu.

Efendiler, 27/28 Eylül 1919 gecesi, gece yarısına bir saat kala telgraf başında, **Kerim Paşa** ile karşı karşıya geldik. İki taraf biribirini şu sözlerle tanıdı:

Sıvas — Mustafa Kemal Paşa telgraf başındadır. Kerim Paşa'ya söyleyiniz, buyursunlar diyorlar.

İstanbul — Yüksek şahsiyetleri, Mustafa Kemal Paşa Hazretleri misiniz, ruhum?

Ben — Evet, sayın Kerim Paşa Hazretleri, dedikten 105
sonra:

Kerim Paşa — «Sıvas'ta Mustafa Kemal Paşa Hazretleri'ne» adresini yazdırdı ve «Paşa'ya söyleyiniz anlar; Hazret-i Evvel karşınızdadır »sözlerini bir çeşit parola gibi ilâve etti. Kerim Paşa: «Zâtıâlîlerinin afiyetleri iyidir inşallah kardeşim» diye başladı.

Kerim Paşa'nın İstanbul Hükûmeti tarafından kalbinin temizliğinden ve ahlâkının güzelliğinden yararlanılarak nasıl aldatıldığını anlamak için, sözlerinin başlangıcını kendisine olduğu gibi tekrarlatacağım. Rahmetli Kerim Paşa şöyle devam etti:

«Vatanın iyiliği için büyük vatansever kardeşimle ve sayın temsilci kardeşlerimle görüşmek isterim. Ayağınız toprağına [69] ulaştırılmak üzere Ali Fuat Paşa vasıtasıyla bir telgraf göndermiştim. İşte, zâtıâlînizin eline ulaşan o telgraftaki esaslar üzerinde inşallah sevindirici bir çözüm buluruz. Memleketin geçirmekte olduğu nazik ve pek önemli karışık devreyi Allah'ın lûtfu ile kolayca aydınlığa çıkartırız. Bunun için de Allah'ın keremi ve nurdan yaratılmış kurtarıcı emellerinizin gönül mürşîdi [70] ile, bu konuda önemli şeyler konuşarak, vatan için olan dileklerimizi birleştirelim değil mi? Pek anlayışlı ve tedbirli kardeşim! Ne buyurursunuz, ruhum? Yere batasıca kötü niyetlilerin bu güzel memleketimiz üzerindeki iftiralarına ve açıktan açığa kötülük yapmalarına engel olalım, onları ümitlerinin pusularında kötürüm ve cansız olarak bırakalım. Yalnız hükûmet ile milletin sırf vatanın kurtuluşu ile ilgili hizmetlerini ve işlerini birleştirelim. Çünkü ortak ve yüce gaye aslında hep birdir. Vatan düşüncesiyle gösterilen bunca asil tepkilerin, medeniyet dünyası karşında aziz topraklarımızın korunması ile ilgili en büyük vatanseverlik olduğunu bir kere daha belirtmek üzere içinde bulunduğumuz durumun güçlüklerini yok edelim ve buna bir çare bulmak için de bu aziz kardeşiniz ile görüşmeye başlayalım, bekliyorum kardeşim. Bu teşebbüsüm hakkında, hükûmetin geniş ölçüde iyiniyet gösterdiğini ilâve ederim, ruhum!»

Efendiler, Kerim Paşa ile 27/28 Eylül, gece yarısından önce saat 23.00'te başlayan bu görüşmemiz, sabah saat 07.30'a kadar tam sekiz buçuk saat sürdü. Üç ana noktaya ayrılabilen bu görüşmemiz, yazıda

69) Hâk-i payinize.
70) Yol gösterici.

esercedit denilen büyük tabaka kâğıtlardan yirmi beş sayfayı doldurdu. Bunların hepsini burada okuyarak sabrınızı kötüye kullanmaktan korkarım. Rahmetli Kerim Paşa'nın, sağlam görüşlere ve – kendi inancına ters düşmesine rağmen – maalesef güçlü bir mantığa da dayanmayan bu tatlı sözlerinin ve tantanalı cümlelerinin okunup dinlenebilmesi için, yayınlayacağım belgeler arasında bu konuşmaya da olduğu gibi yer vereceğim.

Yalnız, bu görüşmede her iki tarafın güttükleri hedef ve dayandıkları temel noktalar hakkında, özellikle sonucu bakımından kısa bir fikir verebilmek için müsaade buyurursanız bu noktaların her birine bir parça dokunacağım.

Kerim Paşa'nın bilginize sunduğum ilk telgrafına karşılık verirken biraz da onun tarz ve üslûbuna uymuş olduğum görülecektir.

Cevabımda, ben de böyle başladım :

«Kerim Paşa Hazretleri'ne «kutbü'l-akdâb» deyiniz, 106
anlar» diye başladıktan sonra «şimdi cevap veriyorum» dedim.

«Pek sayın ve temiz kalpli kardeşim Abdülkerim Paşa Hazretleri'ne. Tanrı'ya şükürler olsun, sağlığım yerindedir. Büyük ve asil milletimizin meşru haklarının bilincine varmış, onu korumaya ve savunmaya bütün varlığı ile girişmiş olduğunu görmekle pek mutluyum... Karşılıklı görüş belirtmek hususunda gösterilen isteğe içten gelerek teşekkür ederiz ....
Fuat Paşa aracılığı ile çekilmiş olan telgrafın içindekileri öğrenmiş bulunuyoruz ....
....
Dayanak noktası olarak kabul buyurulan bildiride ileri sürülen hususların, Ferit Paşa ve arkadaşlarına karşı yöneltilmiş bir haykırış ve çıkışma olduğu azıcık bir düşünme ve inceleme ile anlaşılacak açıklıktadır. Padişah'ın kalbini derin üzüntülere boğan durum ve davranışlar, milletimiz tarafından değil, Ferit Paşa, Dahiliye Nâzırı Adil Bey, Harbiye Nâzırı Süleyman Şefik Paşa ve bunların çalışma arkadaşları olan Harput Valisi Ali Galip Bey, Ankara Valisi Muhittin Paşa, Trabzon Valisi Galip Bey, Kastamonu Valisi Ali Rıza Bey ve Konya Valisi Cemal Bey tarafından işlenen kötülüklerle ortaya konmuştur.

Malatya'daki ihanet teşebbüsü, Çorum'daki haince tertip, Konya'daki kanlı teşebbüs eğer içyüzleri ile bilginize ulaşmış değilse, zâtıâlîlerinizi bir çözüm başlangıcı olarak düşündüğünüz noktadaki isabetsizlikten dolayı mazur görürüz ....

Yabancıların görüşlerinin lehimize döndüğü tamamiyle doğrudur. Ancak, bu dönüş, hiçbir vakit Ferit Paşa Hükûmeti'nin güttüğü siyasetin sonucu değildir. Bu sonuç, milletimizin varlığını göstermek ve ispat etmek için kendi kendine girişmiş olduğu kararlı teşebbüsünün eseridir. İşte bu konuda Zâtışâhâne'yi aldatıyorlar.

Kurtuluş çaresi ve yaşama ilkesi ancak ve ancak Kuva-yı Milliyenin önderliğinin benimsenmesinde ve millî iradenin hâkim olmasındadır. Bu sağlam ve meşru temelden en küçük bir sapma, Allah korusun, devlet, millet ve vatanımız için pek acı bir yıkım getirir. ....

....

Milletimizin asil mücadelesini kötüye yormaktan ve etrafa öyle tanıtmaktan geri durmayan kötü niyetli aşağılık kimselerin çok olduğu bir gerçektir. Ancak, asıl derin bir esefle karşılanacak olan husus, bu kötülükten başka bir şey düşünmeyenlerin başında, sonsuzluğa kadar yaşayacak olan devletimizin sadrazamı Ferit Paşa ile nâzırlık mevkilerini tutan Âdil Bey, Süleyman Şefik Paşa gibi devlet adamlarının yer almış bulunmasıdır.

Memleketimize takım takım bolşeviklerin girdiğini ve Millî Mücadele'nin bir bolşevik mücadelesi olduğunu resmî olarak ilân eden ve yayan bu bahtsızlardır.

Asil ve temiz Millî Mücadele'mizin, İttihatçıların son çırpınışları ve kanlı hareketleri olduğunu ve onların parasıyla yürütüldüğünü resmen ve açıktan açığa bütün dünyaya ve yabancı gazetecilere söyleyen bu gafillerdir.

Anadolu'da karışıklık olduğunu basın yoluyla resmen ilân eden ve Ateşkes Anlaşması'nın özel maddesine göre aziz vatanımızı düşman işgaline uğratmak isteyen bu cahillerdir.

Malatya'nın Müslüman halkı ile Sıvas'ın Müslüman halkını biribir- 107
leri ile boğazlaşmaya sürüklemek isteyenler bu zavallılardır. Millî Mücadele'nin önüne geçeceğim diye Sıvas'ın ve millî duyarlığın görüldüğü her yerin yabancılar tarafından işgalini isteyen bu hainlerdir. Bununla birlikte, bizim en yüce gayemiz, tıpkı siz kardeşimin düşündükleri gibi, kötü niyetlilerin bu güzel memlekete yönelttikleri iftiraları ve açıktan açığa yürüttükleri mel'unlukları kırmak ve onları kendi ümitlerinin pusularında körkötürüm ve cansız düşürmek, devlet ile milletin faaliyetini sırf vatanın kurtuluşu ile ilgili noktada birleştirmektir. Yüce Tanrı'ya şükürler olsun, bu gayenin gerçekleştirilmesinde, artık milletimiz her türlü kötü niyet belirtilerini kırmış, bütün kahramanlığı ile dönüşü olmayan

kesin adımlarını atmıştır. Yabancılar bile, milletin yaygın gücünü ve kesin kararını, buna karşılık İstanbul Hükûmeti'nin ne kadar soysuz ve milletle ilgisi bulunmayan âciz bir hey'et olduğunu iyice anlamıştır. Merzifon'u boşalttılar. Samsun'u da boşaltmaya başladılar. İç işlerimize ve Millî Mücadele'mize karşı tarafsız kalacaklarını söylüyorlar. İşte millî teşebbüslerimizin, istiklâlimizi güvence altına alma yolunda elde etmeyi başardığı ilk sonuç budur.

Millî akım, İstanbul'da Kanun-ı Esasî hükümlerine uyulmasını sağlamakla sonuca ulaşacaktır.

Şimdiki hükûmetin, geniş ölçüde bir iyiniyete sahip olduğunu sanmanın doğru olmadığını arz etmeme müsaade buyurmanızı rica ederim.

Ben, daha Erzurum'da iken Ferit Paşa'ya gerçeği ve durumu açıklayarak, milletin kuvvet ve iradesine karşı çıkacak hiçbir kuvvet kalmadığını yazmış; kendisini, karşı koyma ve engelleme yolunda devam etmemesi gereği ile uyarmıştım. Bu gafil zat, buna cevap vermediği gibi, millî akımın birkaç kişinin körüklemesinin eseri olduğunu da ilân etti. Çıkar hırsı ile, bilgisizlik gaflet ve körlüğü ile iki tarafı da idare ederek mevkilerini koruyabilecekleri şeklinde boş bir zan içinde bulunan birkaç valinin aldatıcı raporlarını benim tertemiz ve vatanseverce uyarılarımdan daha üstün tuttu. Bugün, her türlü kötülük, hainlik, beceriksizlik ve zavallılık durumunda kaldıktan ve millet de bütün olup bitenlerin içyüzünü tam bir açıklıkla kavradıktan sonra, bize düşen görev, hemen millî dâvâyı benimseyecek yeni bir kabinenin iş başına gelmesini sağlamaktır.

Eğer şimdiki kabinenin şahısları ve hayatları bakımından herhangi bir çekinceleri varsa, bugün için bu gibi şeylerle uğraşma tenezzülünden pek yüksek olan milletimiz adına kendilerine istedikleri söz ve güvenceyi vermeyi de milletimizin çıkarı açısından gerekli sayarız. Ancak, tuttukları yanlış yolda inatla direnmeye devam edecek olurlarsa, bundan doğacak sonuçların sorumluluğu kendilerine ait olacaktır.

İşte yapılan bu iyi niyetli teşebbüs dolayısıyla, durumu bir defa daha ve son olarak, asil yüksek şahsiyetleri gibi kalbi gerçekten de vatan ve millet sevgisi, padişaha muhabbet ve bağlılıkla dolu olan ve kardeşlik hatıralarını daima saygı ile taşımakta olduğum siz kardeşim Abdülkerim Paşa Hazretleri ile de bildirmiş olmak, bizim için her türlü vicdan huzurunun daha da sağlamlaşmasına vesile olmuştur.»

Efendiler, buraya kadar söylediklerim bir tek maddenin özetidir.

Bundan sonra gelen maddede :

«Millî Mücadele bütün genişliği ile İstanbul'a doğru ilerlemektedir. Ferit Paşa ve arkadaşları bunu bilmektedir. Zâtıâlîleri de bu bilgi- 108 leri isteyip aydınlanınız» dedikten sonra, o günlerde yapılmış olan başarılı hareketlerin raporlarını özetleyerek açıkladım ve : «artık bütün bu hareketleri durdurmak yalnız ve ancak bir tek şeye bağlıdır. O da kabine başkanlığının millî dâvâyı bütün anlamıyla benimseyecek bir zata verilmesi ve o zatın da bu millî dâvâyı kavrayarak ona göre tedbir almaya girişmesidir» dedim.

«Bütün bu söylenenler karşısında siz kardeşimin de bir düşünceleri varsa lûtfen bildirmenizi rica ederim» cümlesinden sonra, «Anadolu ve Rumeli Müdafaa-i Hukuk Cemiyeti Hey'et-i Temsiliyesi adına M u s t a f a K e m a l » diye imzamı koydum.

Bundan sonra K e r i m P a ş a: «Önce, zâtıâlîleriyle birlikte olan sayın zevatın hepsine selâm ve saygılarımızı arz etmek ve duyurmak lûtfunda bulunmanızı rica ederim» girişi ile görüşmemizin ikinci noktasına geçtiler. K e r i m P a ş a devam etti :

«Başladığım kısa konuşmanın bütün safhalarını zâtıâlîniz anlattınız. İşin çözüme götürülmesi bakımından iki yerde isabet gösterilmediğini söyleyerek mazur görüleceğimi belirttiniz. Gerçi, bütün durumlar ve çeşitli bölgelerdeki olaylar bilinmedikçe, bir konuda hakemlik etmek güç ise de, memleketle ilgili bir işin çözüme bağlanmasında bize ışık tutan, tertemiz vatan endişesi olduğundan, dayanağımız sağlam ve açıktır. Vatanın alın yazısına karar verileceği şu sıralarda, tek vücut olarak birleşmiş bir millet ve hükûmetin göreceği işi göz önünde bulundurarak, bunun kolaylıkla bir çözüme ulaşması dileğimi arz etmek isterdim.

Padişahın hareket noktası olarak aldığıma işaret buyurduğunuz bildirisini anlamakta bendenizin yanılmış olması mümkündür. Yalnız, müsaade ediniz de, asıl, işlerin çözümünde en büyük dayanak sayılan bu yüksek bildirideki toplayıcı yönleri açıklayarak, Padişah'ın sözlerinin neleri içine almış olduğunu belirteyim. Ben zannediyorum ki, Padişahımız...»

Ben, derhal K e r i m P a ş a 'nın devam etmesine fırsat vermeden şunu yazdırdım :

— K e r i m P a ş a H a z r e t l e r i, gereğinden fazla açıklama yapmak, her ikimizi de asıl gayeden uzaklaştırabilir. Bir de Padişah'ın bildirisinin yorumları ile fazla uğraşmanın yararı yoktur. Rica ederim asıl konu üzerinde görüşelim.

K e r i m P a ş a cevap verdi :

— Asıl konu üzerinde görüşeceğiz. Müsaade buyurursanız devam edelim efendim.

Ben — Rica ederim en son söz ve teklif üzerinde anlaşalım, dedim.
Kerim Paşa — Evet, oraya geleceğiz efendim.

Ferit Paşa Kabinesi çekilmelidir

Söze ben devam ettim ve: «Kerim Paşa Hazretleri, meşru çalışmalarımızın ve millî tepkilerimizin artık daha fazla kötüye yorulmasına ve düzeltilmeye muhtaç görülmesine; hele bu düzeltme ve değiştirmeler içinde, suçluluğu ve hainliği ortaya çıkmış bir kabine üyelerinin meşru olmayan savunmalarının esas alındığını görmeye tahammülümüz yoktur. Biz, son durumu açıklayarak milletin kesin isteğini arz ettik. Bilmem tekrarı gerekli midir? Zâtıâlîleri sonuçlandırılması gerekli bu millî isteğe karşı, Ferit Paşa Kabinesi'nin, devletin en yüksek sadrazamlık mevkiini hâlâ kirletmesine aracılık 109
etmek istiyorsanız, bu gayretiniz hiçbir yararlı sonuç veremeyeceği gibi siz kardeşimiz hakkındaki eski kardeşlik duygularımızın da sarsılmasına yol açacağından endişe ederim.

Şimdi, Ferit Paşa, bir an bile kaybetmeden mevkiini bir namuslu kimseye bırakacaksa ve buna siz de inanıyorsanız, çözüm bekleyen hiçbir güçlük kalmamış demektir. Aksi takdirde, aracılığınız, kalbinizin kırılmasından ve boşuboşuna yorgunluktan başka bir sonuç vermeyecektir.

Ferit Paşa, mevkiini korumaya devam ederse, kendisinin çok acı bir sonla karşılaşmasına yol açacaktır. En son ve en kesin söz şudur : Maksadımız bu sarsılmaz gerçeği Padişah'ın bilgisine sunmaktır. Siz, ancak bu asil görevi yerine getirerek bugün vatan ve milletin yüksek kişiliğinizden beklediği dinî ve millî görevi yapmış olursunuz. »

Kerim Paşa, «Sözü uzatmamak elbette asıl maksattır» diye başlayarak, sözü gereğinden fazla uzattı. Bu uzun sözler şu cümle ile son buldu : «Burada vatan için yaptığım şu teşebbüs elbette Allah ve millet katında bütün asaletiyle bezenmiş olarak kalır ve işin gerçek sahibi olan her şeye kadir ulu Tanrı, millet ve vatanın kurtuluşunu sağlayacak esasları orada bulunanlara böylece bağlayarak tamamlar. Ulu Tanrı güçlükleri çözücüdür. Değerli gözlerinizden öperim.»

Yeniden cevap verme sırası bana gece yarısından sonra saat 4.30'da geldi. Kerim Paşa'nın dokunduğu noktaları karşılıksız bırakamazdım. Ben de uzun düşünceler ileri sürdüm ve sonunda : «O halde, dedim, bizim ve sizin gibi onur sahibi ve vatansever kimselerin yapacakları teşebbüsün gayesi ne olmak gerekir? Yönetiminin her dakikasından millet için, gelecekteki kaderimiz için yeni bir yıkım yolu hazırlamaktan başka bir sonuç beklenmeyen Ferit Paşa ile milletin arasını bulmak imkânsızlığı ile uğraşmak mı, yoksa bir an önce bu meşru olmayan kabinenin yerine millet ve memleketin ihtiyaçlarına cevap verebilecek nitelikte yeni bir hey'etin devlet işlerini üzerine alması gereğini Padişah'a bildirmek üzere yol aramak mıdır? Lûtfedip bu iki noktadan biri için evet veya hayır şeklinde cevap verirseniz, Tanrı ve millet katında bütün asaletiyle değerli kalacağına şüphe olmayan bu asil teşebbüsünüzün bizlerle ilgili yönünü tamamlamış olursunuz.»

Kerim Paşa, istediğimiz kısa cevaba yine uzun bir cevap verdi. Fakat bu uzun sözler arasında, bazı cümlelerle, bize padişahın aldatılmış olmayıp her şeyi bildiğini anlatıyordu.

Kerim Paşa'nın bazı cümlelerinde şu sözler vardı: «Yüce padişahlık katı kesin karar ve çözüm makamı olup meşru bir devlette bu yüksek makam, bütün millet fertlerinin yöneleceği mihraptır. Anadolu'nun bütün dileklerinin Halife Hazretleri'ne duyurulduğu hakkında bendenize bilgi vermişlerdir. O halde, millet işlerinin yöneleceği ve dileklerinin kabul edileceği yüksek bir makam olan Padişahımız Efendimiz her şeyi bilmektedir.»

Kerim Paşa, kendisine has cümlelerle devam ettiği görüşlerine şöylece son verdi:

«Ulu Tanrı, nice yüksek sebepler yaratarak ve telkin ederek bu çözülmesi güç düğümü bütünüyle çözecektir. Elbette ki, Tanrı'nın buyruğu güzeldir ve yakındır. Tanrı'nın eli bütün ellerden üstündür ([71]). Geleceğimiz, Tanrı'nın lûtfu ile milletçe lâyık olduğumuz yücelikte uğurlu ve hayırlı olacaktır. İşte Kerim'in inancı budur aziz ruhum.»

Bu defa Efendiler, gece yarısından sonra saat 6.10'a gelmiş olması- 110
na rağmen, üçüncü safhanın açılmasına ben sebep oldum.

Merhum Kerim Paşa'nın pek hoşlandığını bildiğim bir ifadeyle «Büyük Hazret» diye söze başladım:

«Ümmetin ve milletin yüce mihrâbı olduğu içindir ki, milletin dileklerini bildirme yolunu bulma teşebbüsünden geri durmadık.

Yalnız, zâtıâlînizi büyük bir yanlışlıktan kurtarmak maksadıyla arz edelim ki, Anadolu'nun bütün dileklerinin Halife'ye duyurulduğu hususundaki sözlere, milletin daha, kesin bir güveni yoktur. Çünkü, millet bilmektedir ki, Padişah, hainlikleri ortaya çıkmış birkaç kişiyi millete tercih buyurmazlar.»

Kerim Paşa'nın dokunmuş olduğu noktalara cevap verirken şunları da söyledim: «Pek güzel ve yakın olan Tanrı emrinin yerine gelmesi ile, bahtsız ve zulme uğramış asil milletimizin kurtuluşa ve huzura

71) Yedu'l-lahi fevka eydihim. Kur'an: el-Feth XLIX 10' uncu âyet-i kerîme.

kavuşmasını yüce Tanrı'nın denizler kadar engin olan koruyuculuğundan ümitle diler ve ufukları hep inatçı bir dumanla sarılı olan İstanbul'daki bazı kimselerin gerçeği görmemek için aşağılıkça direnen duygularının eriyip kaybolmasını bekleriz. Milletin asil ruhu da işte böylesine duygularla doludur.

Yalnız tekrarlamama müsaadenizi rica ederim ki, evet veya hayır şeklinde karşılık verilmesini istirham ettiğimiz sorular maalesef karşılıksız bırakılmıştır. Azizim, Allah'ın eli bütün ellerden üstündür. Ancak bununla birlikte güçlükleri yenmeye ve problemleri çözmeye girişenlerin kesinleşmiş bir hedefi olmak gerekti........» Millet, Tanrı'nın buyruğunu yerine getirecektir ve buyurduğunuz gibi milletçe elde edeceklerimiz hayırlı ve uğurlu olacaktır. Lûtufkâr dualarınızın eksik edilmemesini rica ederim. Gayret bizden, yardım ve kolaylık ölümsüz Tanrı'dandır.»

Mustafa Kemal

Artık Kerim Paşa'nın yorulduğu anlaşılıyordu. «Son iki sözüm ruhum» diyerek «millî dâvâ'nın ilkelerini üstün tutmak ve korumak şartıyla, içten gelen dileklerin sayılıp döküldüğünü ve Tanrı'nın eli... yüce âyetinin, Tanrı tarafından hayırla kabul buyurulması için kullanılmış olduğunu söyledikten sonra «Allaha ısmarladık yine görüşeceğiz...» diyerek çekilmek istedi.

Bırakmadık!

Son sözü biz söylemek istedik ve dedik ki: «Kardeşimizin hatırında kalsın diye son bir cümle arz ediyorum:

— Millet güçlü, her şeyi kavramış ve tuttuğu yolda kesin kararlıdır. Millî Mücadele hızlı bir gelişme seyrindedir. Yüce ve Şevketli (72) Padişahımız Efendimiz'in lûtuflarının ve sevgilerinin bir belirtisi olmak üzere karar vermelerinin ve soruna çözüm getirmelerinin zamanıdır» *(Belge: 112).*

Efendiler, bundan sonra Ferit Paşa Kabinesi ancak üç gün dayanabilmiştir.

Kendisi ile görüşemediğim dostum Rahmetli Kerim Paşa'nın 111
bazı kimselere söylediğine göre, bu görüşmemizi olduğu gibi Padişah'a göstermeyi başarmış ve bunun üzerine direnme gücü kırılmış.

Kerim Paşa'nın **Kara Vasıf Bey**'e yazmış olduğu 8 Kasım 1919 tarihli mektubunda da buna işaret edilmiştir.

---

72) Heybetli, ulu taç sahibi.

Rahmetlinin bu mektubunda şu satırlar vardır: «Eski sadrazam, en son yapılan görüşme, bunun yol açtığı sürekli etki ve ciddî tartışmalar sonunda, çekilmek gerektiğine inanarak ve bütün direnme gücü kaybolarak istifasını sundu... İşte sessiz sedasız, vatan için çalışan ve tek başına bendenizin tertemiz gayreti ile başarılan büyük olay budur...

Dikkate almak gerekir ki, bu yazıları ben yazmıştım. Eski sadrazam ile Padişahımız Efendimiz Hazretleri, bütün bu görüşmelerin sonuçlarını öğrendikten sonra, dayandıkları sağlam temeller karşısında kararlarını vermişlerdir... Yapılan teşebbüsün ve yazılan yazıların ne dereceye kadar önemli noktaları içine aldığı ve nasıl bir dürüst vicdan ve keskin görüşle, yaşanan gerçeklerin kâğıda geçirildiği, elbette Tanrı katında ve milletin tarihî değerlendirmesinde asaletle bezenmiş bir değer olarak kalacaktır...

Beni, bütün bunları sayıp dökmeye yönelten gerekçeler, geride kalmış olayları gerçek yüzleri ile ortaya koymaktır....» Rahmetli Kerim Paşa mektubunun sonunda, «bu kâğıdımın bir kopyasını Hey'et-i Temsiliye'ye göndermek lûtfunu esirgemezseniz, büyük gerçeklerin tam olarak ve birlikte yayınlanmasına yardım etmiş olursunuz» demiş. Oysa, bana mektubun kopyası değil aslı gönderilmişti. Bu mektubu da yayınlanacak belgeler arasına koyacağım *(Belge: 113)*.

Efendiler, bu görüşmenin yapıldığı gecenin ertesinde, yani 28 Eylül günü, görüşme özeti bütün kolordulara şifre ile bildirildi.

Trabzon'dan gelen teklif

Rahmetli Kerim Paşa'nın Fuat Paşa'ya yazdığı ilk telgrafında, İstanbul'daki yüksek mevkili şahısların mücadele liderleriyle belli bir yerde buluşup konuşmalarından söz edildiğini görmüştük. Bunun benzeri, fakat aksine yani Anadolu'dan İstanbul'a gitme yolunda bir teklif de, bundan daha önce Trabzon'dan çıkmıştı. Müsaade buyurursanız bunu biraz açıklayayım: Trabzon Valisi Galip Bey, 18/19 Eylül tarihlerinde teftiş göreviyle Ardasa ([73])'da bulunuyordu. Kâzım Karabekir Paşa'nın Ardasa'ya gidip vali ile görüşmesi söz konusu idi. Bu konu üzerinde 19 Eylülde telgraf başında Kâzım Karabekir Paşa ile görüştük. Sebebi Trabzon'dan aldığım 18 Eylül tarihli bir telgraftı. Kendisine olduğu gibi verdiğim bu telgrafta: «Millî çıkarları bozan altı maddeyi kabul etmiyoruz (Bu altı madde İstanbul ile ilişki kesme konusundaki emirdir). Arzedeceklerimizin Zâtışâhâne'ye ulaştırılması da oraya gönderilecek bir hey'etle sağlanabilir kanısındayız» denilmekte idi *(Belge: 114)*. Kâzım Karabekir Paşa, makine başında Trabzon Valisi ile görüşmüş,

73) Gümüşhane iline bağlı Torul ilçesi.

özetini bildirdi. Vali soru tarzında birtakım görüşler ileri sürmüş. Karabekir Paşa uygun karşılıklar vermiş. Vali, en sonunda: «İstanbul'a bir hey'et gönderilerek durumun Padişah'a arzını ve bu hey'etle birlikte kendisinin gitmesini teklif etmiş ise de, artık bizim çeşitli yollarla konuyu arza bir çare düşünmüş olmamız dolayısıyla, bu düşüncesinden vazgeçmiştir. Böyle bir hey'etin gitmesi ve buna sarayın durumunu iyi bilen Gümüşhane temsilcisi Zeki Bey'in de katılması teklif edilmektedir» denilmekte idi *(Belge: 115)*. 112

Gariptir ki, iki gün sonra, yani 21 Eylül 1919'da, Torul'daki Yarbay Halit Bey'in gönderdiği bir şifrede de bu hey'et meselesinden söz ediliyordu. Fazlasıyla kuşkuya düşen Padişah'ı yabancıların ve Ferit Paşa'nın kucağına atmamak için, İstanbul'a gizlice bir hey'et gönderilmesinin uygun olacağı, eğer bu hey'ete Servet ve Zeki Beyler de temsilci olarak alınırsa kendilerinin sevinerek kabul edecekleri, Zeki Bey'in ağzından bildiriliyordu *(Belge: 116)*. Halit Bey'e 22 Eylül'de verdiğim cevapta Zeki ve Servet Beyler'in de içinde bulunacağı bir hey'etin İstanbul'a gönderilmesinin uygun olmadığını bildirdim. 24/25 Eylül tarihinde Hâlit Bey'den aldığım bir telgrafta, «Trabzon'daki muhalefetin başı durumunda olan Trabzon Valisi Galip Bey'i, kolordunun ve Erzurum valisinin davetini kabul edip Erzurum'a gitmediğinden, mecburiyet karşısında ve silâhlı koruma ile bu gece (24/25 Eylül) Erzurum'a gönderdim» deniliyordu *(Belge: 117)*.

Efendiler, garip bir tesadüf değil midir ki, rahmetli Kerim Paşa'nın ilk aracılık telgrafı, Trabzon valisinin tutuklandığı gecenin ertesi günü, Trabzon'da, vali, Zeki ve Servet Bey'lerle, bunların aldatması üzerine bazı kimselerin İstanbul ile ilişki kesme konusundaki teşebbüslerinin ve İstanbul'a bir gizli hey'et olarak gitme plânlarının başarısızlığa uğratılmasının gerçekleştiği bir günde, yani 25 Eylül günü çekiliyor ve bizi ancak 27/28 Eylül gecesi aramak gereği duyuluyor. Yazışmaların şeklinden anlaşıldığına göre, Erzurum'a giden Vali Galip Bey, Kâzım Karabekir Paşa'ya, yeniden İstanbul'a bir hey'et aracılığı ile başvurmaktan söz etmiştir. Bununla ilgili olarak, Paşa'nın 27 Eylül tarihli bir «olur» isteme telgrafını alıyoruz. Buna 28 Eylülde karşılık olarak çekilen telgrafta, Kerim Paşa ile yapılan görüşmemin özeti verildikten sonra, «söz konusu müracaatın gerekli görülüp görülmediğinin bildirilmesini rica ederiz. Gerekli görüldüğü takdirde, Trabzon valisinin, Millî Mücadele'mize karşı gelme konusunda Dahiliye Nâzırı Âdil Bey'den hiçbir farkı olmadığından, kendisinin asil Millî Mücadele'mize hiçbir şekilde karışmasına müsaade buyurulmaması» karşılığı veriliyor *(Belge: 118)*. Kâzım Karabekir Paşa'nın 30 Eylülde verdiği karşılıkta: «Trabzon valisinin bu gibi işlere karıştırılmaması konusundaki» düşüncemizin yerinde olduğu kabul edildikten sonra, «Trabzon'un durumunda çoktandır beklenen düzelme gerçekleşti» deniliyordu *(Belge: 119)*.

Efendiler, son olarak sunduğum bilgilerle bir gerçek üzerinde daha düşünceleri aydınlatmak isterim. Trabzon Valisi Galip Bey ile Zeki Bey, saray ve Ferit Paşa ile ilişki içinde idiler. Bir hey'et halinde İstanbul'a gitmekten maksatları, millî gayeye hizmet değil, orada gerekenleri aydınlatarak ve bazı tedbirler tavsiye ederek, yeni talimat almak gibi bir maksada dayandığına bence şüphe yoktur. Nitekim, Zeki Bey daha sonra İstanbul'a gidince, arkasından gerektiği kadar para ve cephane göndermeye söz verilerek ve özel bir talimat ile Trabzon ve Gümüşhane dolaylarında örgütler kurmak üzere gönderilmiştir. Kendisini İnebolu'da tutuklatıp Ankara'ya getirtmiştim. Bana, bu söylediklerinin hepsini itiraf etti. Yalnız, sözde İstanbul'u aldattığını, alacağı
para ve silâhları bize teslim etmek niyetinde bulunduğunu söyledi. Buna 113
o gün ve hattâ bugün bile inanacak saf kimseler bulunabilir mi? Bununla birlikte, ben bu zâtı, Erzurum Kongresi'ndeki ilişkinin hatırasına saygı duyarak, yalnız gerekli uyarı ve nasihatlarda bulunmakla yetinmiş ve serbest bırakmıştım.

İlk Bozkır olayı ve İzmit Mutasarrıfının karşı koyması

Efendiler, İstanbul Hükûmeti tarafından kolordu komutanı olarak Konya'ya gönderilen Sait Paşa'yı 30 Eylülde İstanbul'a geri gönderdik. Konya Valisi kaçak Cemal Bey'in kaçışından önce tertiplediği ilk Bozkır olayının önüne geçmek için, 20'nci Kolordu ve Niğde'de 11'inci Tümen vasıtasıyla ve bunların yardımlarıyla gerekli tedbirler alınarak, İstanbul'un, çıkmasını beklediği olayları önledik. Ereğli, Bolu, Adapazarı, İzmit dolaylarında kurulmasına çalışılan Kuva-yı Milliye teşkilâtı, Eylül ayının son günlerinde büyük bir hassasiyet göstermeye başladı. O çevrelerdeki Kuva-yı Milliye liderleri, kabinenin direnmesi halinde İstanbul'a harekete hazır bulunduklarını bildiriyorlardı. Bu hususu, 28 Eylülde, bütün memlekete ve tabiî olarak İstanbul'a da bir genelgeyle bildirdik. Ancak, İzmit şehrinde, 2 Ekim günü olumsuz denebilecek yeni bir durum karşısında kaldık. O tarihte, İzmit mutasarrıfı, Suat Bey adında bir zattı. Kendisini telgraf başına çağırdık. Son günlerde yapılan tebliğlerin hepsinin alınıp, gereklerinin yerine getirilip getirilmediğini sordum. Mutasarrıf Bey, yaptığı açıklamada diyordu ki: «Yapılan tebliğleri aldım. Anlaşmazlık ve karışıklık olmaması için halkı serbest bırakarak dinlemeyi en doğru hareket saydım. Olumsuz söylentiler vardır. Hey'et-i Temsiliye'den açıklama istemek ve özellikle maksadın İttihat Hükûmeti'ni önceki şekliyle yeniden diriltmek olup olmadığını kesin olarak anlamak kararındadırlar. Bendeniz en tarafsız bir kimse olarak huzur ve güvenliği koruma görevini yüklenmiş bulunuyorum. Her kim ve her ne için olursa olsun, sonucu bilinmeyen bir maceraya başkalarını sürüklemeyi doğru bulmam. Tedbirli ve ihtiyatlı hareket etme yanlısı olduğumu bütün tecrübelerime dayanarak arz ederim» *(Belge: 120).*

Verdiğim cevap aynen şu idi:

Sıvas, 2.10.1919

Suat Bey'e

C — İzmit'te en küçük bir anlaşmazlık ve karışıklığa meydan vermemek asıl görevimiz olduğu gibi, tarafımızdan da özellikle rica edilmiş bir husustur. Millî teşkilât ve mücadelemizin meşru maksadını ve niteliğini gerek zâtıâlînize gerek İzmit'teki birçok kimseye ve bütün dünyaya karşı yazmış ve yazmakta bulunduğumuz bildiri ve açıklamalarla, en kinci düşmanlarımıza bile anlatmış olduğumuza şüphemiz kalmamıştır. Artık, ayak takımının dedikodusundan öteye bir değeri olmayan söylentilerin, karar verme konusunda etkili olabileceğine imkân vermiyoruz. Bundan başka, eğer halkın açıklanmasını istediği noktalar var idiyse, bunlar neden derhal bize sorulup, çözüme kavuşturulmamış bulunuyor. Siz, tarafsız olarak kalmayı tercih buyuruyorsunuz. Oysa, tuttuğunuz yol kesinlikle tarafsızlık yolu olamaz. Çünkü, siz milletin meşru mücadelesine karşı tarafsızlık iddiasında bulunduğunuz halde, haince davranışları ile kanun dışı ve aslında yok hükmünde olan Ferit Paşa Kabinesi'nin memurluğunu yapmakla meşgulsünüz. İttihatçılığın diriltilmesi ile uğraşacak kısır görüşlülerden olmadığımı siz pek güzel anlayabilirsiniz. Size en temiz duygularla ve fakat bütün kesinliği ile şunu arz ederim ki, siz artık Ferit Paşa Kabinesi'ne güven duymuyor iseniz, bunu Dahiliye Nezareti'ne resmen bildirmelisiniz. Eğer milletin hüküm ve isteklerine aykırı olarak Ferit Paşa Kabinesi'ne güveniniz varsa, İzmit'in sayın halkını meşru olan millî mücadelesinde serbest bırakmak üzere derhal yerinizi terk ile İstanbul'a hareket ediniz. Bu iki noktadan herhangi birine uymamanız halinde, yüksek şahsınızın karşılaşabileceği durumun sebep ve sorumlusunun yine siz olmuş bulunacağını pek samimî olarak bildirmeyi vicdanî bir görev sayarım. 114

Hey'et-i Temsiliye Adına
Mustafa Kemal

Mutasarrıf Bey'in, «kulunuzu sükûnetle dinleyiniz efendim, bendeniz iyi ifade edemedim. Maksadınızın yüceliğinden ve meşruluğundan zaten söz edilemez» cümleleriyle başlayan cevabında yazılan satırlar, «bizi yarınki cuma namazına kadar kendi halimize bırakınız. Ferit Paşa'ya kimbilir kaç defa kalemle hücum eden bendenizi ne kadar kötü gözle görüyorsunuz efendim» cümleleriyle son buluyordu *(Belge: 121).*

Bunun üzerine, ertesi günkü cuma namazına kadar bekleyeceğimizi bildirmek üzere yazdırdığım telgrafa şu iki cümleyi ekledim: «Sizi kötü gözle gördüğüm şeklindeki zan doğru değildir. Çünkü, vicdanımız sızlamadan verebileceğimiz hükümler, ancak fiilî sonuçlara bağlıdır, efendim» *(Belge: 122).*

O tarihte, İzmit'te, Albay Asım Bey adında bir zat tümen komutanı olarak bulunuyordu. Asım Bey'e de, bir iki günden beri,

telgraf başında tebligatta bulunulmuştu. Ancak, hiçbir cevap alınamıyordu. Onu da 2 Ekim günü makine başına çağırdım ve konuştum. Kendisine: «Kabinenin düşeceği ve belki de düşmüş olması kesindir. Bu bakımdan milletin azim ve iradesi her türlü kararsızlığın üstünde bir güce sahiptir» dedikten sonra, kesin düşünce kararını beklemekte olduğumu söyledim *(Belge: 123)*. Tümen Komutanı Asım Bey'in uzun özür dilemeler ve görüş bildirmelerle dolu cevabından çıkan elle tutulur anlam, şimdiye kadar cevap vermeyişinin sebebinin İstanbul'daki Kolordu Komutanı'ndan sorduğu sorulara cevap alamamış olmasından ileri geldiği *(Belge: 124)* ve yarınki cuma namazında karar alınacağı cümleleri ile özetlenebilir *(Belge: 125)* Bazı nasihat ve teşvikleri içine alan cevabımızda başlıca şunları söyledim: «Ferit Paşa'nın yarına kadar 115
çekilmesi pek muhtemeldir. Bu takdirde, yarınki toplantınız sonunda Zâtışâhâne'ye ve kesinleştiği takdirde yeni hükûmet başkanına, kabinenin millî gayeyi tam olarak benimsemiş tarafsız kimselerden kurulmasının istirham edilmesini ve bunun beklendiğinin arzedilmesini sağlayınız. Bir de, vatanımızı ve millî bağımsızlığımızı kurtarmak için, kurulacak yeni kabine ile işbirliği hâlinde daha pek çok çalışmaya ihtiyacımız olduğundan, tam bir sükûnet içinde, Hey'et-i Temsiliye kararıyla arzettiğim hususları göz önünde bulundurarak teşkilâtlanmaya devam buyurulmasını rica ederim» *(Belge: 126)*.

Ferit Paşa'nın istifası

Efendiler, ben, Asım Bey'e bu son cümleleri yazdırırken (2 Ekim 1919, saat 15.40'ta) araya imzasız şöyle bir telgraf girdi: «Paşa Hazretleri, İstanbul'daki yakın arkadaşlar söylediler. Bütün akşam gazeteleri yazıyormuş. Ferit Paşa sağlık durumu dolayısıyla istifa etmiş. Kabineyi kurmak üzere Tevfik Paşa görevlendirilmiş. Daha sabahtan söyleniyordu, fakat doğrulanmamıştı, şimdi doğrulandı efendim.»

Bu telgrafı kim veriyor? Anlayınız, dedim. Sormaya zaman kalmadan telgraf şu şekilde devam etti.

«Biz, Ankara telgrafçıları, Paşa Hazretleri'nin huzurunda derin saygı ile eğiliriz ve vatanımızın başına bir belâ kâbusu olan bu kabinenin devrilmesi için milletin başına geçerek kazandığı başarıyı kutlarız. Lûtfen söyleyiniz.»

Telgraf haberleşmesi kesildi. Gerçekten de 2 Ekimde Ferit Paşa Kabinesi düşmüş bulunuyordu. Ancak, yeni kabineyi kuran Tevfik Paşa değil Âyan'dan ([74]) Birinci Ferik ([75]) Ali Rıza Paşa idi.

---

74) Senatörler, Senato üyeleri.
75) Orgeneral.

Efendiler, sırası gelmişken arz edeyim. Bütün telgrafçılarımızın, teşebbüslerimiz ve Millî Mücadelemiz için yaptıkları fedakârca hizmetlerinin millî tarihimizde önemli bir yeri vardır. Kendilerine bugün açıkça teşekkür etmeyi bir borç sayarım.

III

Ali Rıza Paşa Kabinesi

Efendiler, Ferit Paşa Kabinesi'nin düştüğünü ve Ali Rıza Paşa'nın kabine kurmak üzere görevlendirildiğini 2/3 Ekim 1919 tarihinde yazdığım bir genelge ile bütün millete bildirdim. Bu genelgenin bir suretini de bilgi için yeni sadrazama verdim *(Belge: 127)*.

2 Ekim günü, yeni kabine başkanıyla bağlantı kurmaya çalıştık. Ertesi günü Meclis-i Vükelâ'nın ([76]) oturumunda Hey'et-i Temsiliye ile görüşeceklerine söz verilmişti.

Arz ettiğim bu genelgedeki belli başlı noktalar şunlardı:

1) Yeni kabine, Erzurum ve Sıvas Kongreleri'nde belirlenen ve tespit edilen millî teşkilât ve gayelere saygılı olduğu takdirde, Kuva-yı Milliye ona yardımcı olacaktır.

2) Yeni kabine, Meclis-i Millî'nin ([77]) toplanmasıyla fiilî denetleme görevine başlanıncaya kadar, milletin kaderi ile ilgili herhangi bir taahhüde girmeyecektir. 116

3) Barış Konferansı'na tayin edilecek temsilciler, millî dâvâyı gerçekten kavramış ve milletin güvenini kazanmış bilgili ve yetenekli kimselerden seçilecektir.

Bildiride, bu saydığım ilkelerin, yeni kabine tarafından kabul edilmesinin teklif edileceği açıklandıktan sonra, «bu konuda başkaca görüşleri varsa, yarın öğleye kadar hemen bildirilmesi» isteğinde bulunuldu.

3 Ekim 1919 günü, Sadrazam Ali Rıza Paşa'ya yazdığım telgrafta «millet, şimdiye kadar işbaşına geçenlerin Anayasa'ya ve millî gayeye aykırı hareketlerinden üzüntü duydu. Bundan dolayı meşru olan haklarını tanıtmak ve mukadderatını ehliyetli ve güvenilir ellerde görmek hususunda kesin kararını verdi. Gereken sağlam teşebbüsleri yaptı. Düzenli bir teşkilâtı bulunan Kuva-yı Milliye, milletin kesin iradesini tam olarak gösterme ve ispat etme kudretini elde etti.

Millet, padişahın güven ve itimadını kazanmış olan yüksek şahsiyetiniz ile saygıdeğer arkadaşlarınızı müşkül durumda bırakmak istemez. Aksine, yardımcı olmaya bütün içtenliği ile hazırdır. Ancak, Hükûmet

---

76) Vekiller Hey'eti: Bakanlar Kurulu.

77) Millî Meclis'in.

içinde, **F e r i t P a ş a** ile birlikte çalışmış nâzırların bulunması, yüksek hey'etinizin görüşleriyle millî gayenin biribiri ile ne dereceye kadar bağdaştığını, büyük bir açık kalplilikle anlamak mecburiyetini doğurmuştur. Millete tam bir güven gelmedikçe, atılmış olan kurtuluş adımının durdurulması ve yarım tedbirlerle yetinilmesi uygun görülmemektedir. Bu bakımdan, şu hususların sizce kabul edilip edilmeyeceğini kesin ve açık olarak anlamak isteriz» dedik ve genelge dolayısıyla belirttiğim üç esası saydık. Daha sonra, «bu temel noktalarda uyuşma bulunduğu anlaşıldıktan sonra, olağan dışı durumun giderilmesi için ikinci derecede bazı hususları da» arz edeceğimizi bildirdik *(Belge: 128)*.

Ali Rıza Paşa, bu gün, Saray'a ant içmek üzere gideceklerinden, telgrafımıza yarın cevap verileceği bildirildi.

Ali Rıza Paşa Kabinesinde sezilen kararsızlık

Biz, bazı tavırlardan, A l i R ı z a P a ş a Kabinesi'nde bir çekingenlik, bu kabineyi oluşturan şahısların da kafalarında bir bulanıklık sezer gibi olduk. Onun için bazı tedbirler almayı uygun gördük.

Aynı günde bir genelge yazdık. Bunda, «hükûmet ile millet arasında görüş ve gaye birliğinin sağlandığı bir tebliğ ile bildirilinceye kadar eskiden olduğu gibi resmî haberleşmenin kesilmiş bir durumda bulundurulması» gereğini bildirdik *(Belge: 129)*.

Bundan başka, her taraftan gelen teklif ve görüşleri birleştirerek, bütün kolordu komutanlarına ve Millî Mücadele'ye yardımcı olan valilere de 3 Ekim günü, bazı gizli tebliğlerde bulunduk. Yeni kabine ile ilk temasımıza ait olan bu belgeleri, olduğu gibi yüksek hey'etinizin gözleri önüne sermeyi, bundan sonraki haberleşme ve ilişkilerin kolaylıkla anlaşılabilmesi bakımından uygun görüyorum. Müsaade buyurur musunuz?

Şifre **Sıvas, 3.10.1919** **117**

Bütün Kolordu Komutanlarına ve Millî Mücadele'ye Yardımcı olan Vali ve Vali Vekillerine

Aşağıdaki telgrafın Harbiye ve Dahili Nâzırlarına çekilerek sonucun bildirilmesi rica olunur :

Dahiliye Nâzırı'nın haince hareketlerine âlet olarak halkı fiilî olarak silâhlandırmaya ve biribirini öldürtmeye kalkışan Konya Valisi C e m a l , Elâzığ Valisi A l i G a l i p ve Malatya Mutasarrıfı H a l i l B e y ' lerin tutuklanarak harp divanına verilmeleri, Trabzon Valisi G a l i p , eski Kastamonu Valileri İ b r a h i m ve A l i R ı z a B e y ' ler ile Ankara Valisi M u h i t t i n P a ş a' nın herhangi bir göreve getirilmemeleri; milletin kanunî haklarını çiğnemediklerinden, millî dâvâ ve mücadeleye yardımlarından dolayı azledilen Sıvas Valisi R e ş i t P a ş a ' nın eski görevine getirilmesi, eski Bitlis Valisi M a z h a r

M ü f i t ve eski Van Valisi H a y d a r B e y ' lerin derhal boş illere tayin edilerek görevlendirilmeleri istenmektedir.

Anadolu ve Rumeli Müdafaa-i Hukuk
Cemiyeti
Hey'et-i Temsiliyesi adına
Mustafa Kemal

Şifre **Sıvas, 3.10.1919**

Bütün Vali ve Kolordu Komutanları ile
Bağımsız Mutasarrıflıklara

Aşağıdaki örneğe uygun olarak Sadrazam'a müracaat buyurulması ve sonucun bildirilmesi rica olunur :

Müslüman halkı silâhlandırmaya ve biribirini öldürtmeye kalkışan ve orduyu içten yıkarak sonunda vatanı savunmasız bırakmak için emir veren, ordunun sırlarını, şifreleri çalmak için fiilî tertiplere girişmek suretiyle açığa vuran ve Anayasa hükümleri gereğince dokunulmazlığı bulunan milletin özel haberleşmelerine engel olan eski nâzırlardan A l i K e m a l B e y , S ü l e y m a n Ş e f i k P a ş a , Dahiliye Nâzırı A d i l B e y ' in, Millet Meclisi açılınca, Yüce Divan'a verilmek üzere hiçbir yere kaçmalarına meydan verilmemesini ve Telgraf Genel Müdürü R e f i k H a l i t B e y ' in aynı sebeplerle derhal tutuklanarak ilgili mahkemeye verilmesini kanunun dokunulmazlığı ve kutsallığı adına istemekteyiz.

Anadolu ve Rumeli Müdafaa-i Hukuk Cemiyeti
Hey'et-i Temsiliyesi adına
Mustafa Kemal

Harbiye Nezareti'ne geçen C e m a l P a ş a, elbette orduya resmî bir tebliğ yapacaktı. İşte ona ilk cevap olmak üzere kolordulara şu telgrafın verilmesini tavsiye ettik : **118**

Şifre

3' üncü, 20' nci, 12' nci, 15' inci, 13' üncü Kolordu
Komutanlıklarına
20' nci Kolordu Komutanı Fuat Paşa'ya (ayrıca)
Konya'da Refet Bey'e (ayrıca)

Harbiye Nâzırı C e m a l P a ş a ' nın ilk tebliğine karşılık olmak üzere aşağıdaki telgrafın gizli olarak kendisine çekilmesi ve sonucun bildirilmesi rica olunur.

«Zâtıdevletlerinin, meşru Millî Mücadele'nin başlangıcından beri büyük bir kanaat ve inançla başında bulunduğunuzu bilmekteyiz. Harbiye Nezareti'ne getirilmeniz sevinçle karşılanmıştır. Zâtıdevletlerinin başarıya ulaşması için bütün ordu ve bütün Kuva-yı Milliye yardımcı olacaktır. Başarınızı tam olarak sağlayabilme bakımından aşağıdaki hususların mümkün olan en kısa zamanda yerine getirilmesini rica ederiz :

a) Cevat Paşa yahut eski 1'inci Ordu Müfettişi Fevzi Paşa Genelkurmay Başkanlığı [78]'na atanmalıdır.

b) Galatalı Albay Şevket Bey yahut Yusuf İzzet Paşa İstanbul'daki Kolordu Komutanlığı ve İstanbul Merkez Komutanlığına atanmalıdır. Yusuf İzzet Paşa, İstanbul Merkez Komutanı ve Galatalı Şevket Bey 25'inci Kolordu Komutanı şeklinde de olabilir.

c) Albay İsmet Bey'in Harbiye Nezareti Müsteşarlığı'na.

d) Tümen Komutanı Yarbay Kemal Bey'in Emniyet Genel Müdürlüğü'ne atanmasına aracı olunmalıdır.

e) Ordu üzerinde kötü etki yapmış olan, Harbiye Nezareti'ni işgörmez ve değersiz bir duruma düşüren ve Meclis-i Millî'den geçmeden eski rütbeleri ile göreve alınıp kendilerine sırf siyasî düşünceleri dolayısıyla iş verilmiş bulunan emeklilerin derhal görevlerine son verilerek, önemli ve hassas makamların güvenilir ellere teslimi gerekir.

f) 3'üncü Kolordu eski Komutanı Albay Refet Bey sebepsiz olarak istifaya mecbur edildiğinden, bu işlemin düzeltilerek kendisinin, bugün bulunduğu Konya'da 12'nci Kolordu Komutanlığı'na atanması, Fuat Paşa ile ilgili işlemin de düzeltilerek kendisinin 20'nci Kolordu Komutanlığı'nda bırakılması.

g) Fuat Paşa'nın yerine atanan Hamdi Paşa ve 12'nci Kolordu'ya atanan Sait Paşa derhal asıl görevlerine döndürülmelidirler.

h) İlk fırsatta müfettişliklerin yeniden kurularak, Doğu Anadolu'daki kolorduların 13'üncü Kolordu da dahil olduğu halde Kâzım Karabekir Paşa'ya, Batı Anadolu'daki kolorduların İstanbul ve Edirne de dahil olduğu halde Ali Fuat Paşa'ya verilmesi ve şimdilik iki müfettişlik ile yetinilmesi uygun görülmüştür.

Hey'et-i Temsiliye Adına
Mustafa Kemal

Efendiler, yeni sadrazamdan beklediğimiz cevap nihayet geldi, şu- 119
dur:

Çok ivedi **Sadaret, 4.10.1919**

Sıvas'ta Müdafaa-i Hukuk Cemiyeti
Delegelerine

İlgi: 2 ve 3 Ekim 1919

Ali Rıza Kabinesi Millî teşkilât ve gayeleri soruyor

Erzurum ve Sıvas Kongrelerinde, tayin ve tespit edildiği, telgraflarında bildirilen teşkilât ve gayelerin neden ibaret olduğu Vekiller Hey'eti'nce bilinmediğinden, durumun gereği incelenmek üzere her şeyden önce söz konusu kongrelerin kararlarının acele olarak bildirilmesi istenmektedir, efendim.

Sadrazam
Ali Rıza
Sadaret, 4.10.1919

78) Erkân-i Harbiye-i Umumiye Riyaseti.

Sadrazam Paşa ve saygıdeğer arkadaşlarının – içlerinde biraz sonra görüleceği üzere, Kuva-yı Milliye'nin temsilcisi olarak kabineye girdiğini söyleyen Cemal Paşa'nın da bulunmuş olmasına rağmen – hükûmeti kurmuş oldukları güne kadar, millî gayelerin neden ibaret olduğunu bilmediklerini söylemeleri, şaşılacak bir şey değil midir?

Bundan daha da çok dikkati çeken nokta, millî gayelere uyup uymamak konusunda karar verebilmek için, öncelikle kongrelerin kararlarını istemiş olmalarıdır. Oysa, bu kadar dağdağaya ve uygulanması selefi Ferit Paşa'nın düşmesine yol açan kongrelerin kararlarını bilmemeleri düşünülebilir miydi?

Maksatlarının zaman kazanmak ve bize karşı hiçbir taahhüde girmeksizin, yeni ve şeytanca tedbirlerle milleti aldatarak, kendini göstermiş olan dayanışma ve bağlılığı gevşetmek olduğuna asla şüphe etmedim. Ancak, eğer aradaki bağlar koparılacaksa ben de her şeyden önce onların bütün içyüzlerini milletin gözü önüne serecek bir davranışı tercih ettim. Bu yüzden, Sadrazam'ın ve saygıdeğer arkadaşlarının isteğini yerine getirdim. 4 Ekim 1919 tarihli telgrafla, kongrenin bildirisini olduğu gibi, tüzüğünde yalnız teşkilâtla ilgili ana noktalarını özet olarak bildirdim *(Belge: 130)*. Hiçbir yerden hükûmetle resmî yazışmalara girişilmemesi için yeniden genel tebliğler yapıldı *(Belge: 131)*.

Efendiler, aynı günde şöyle bir telgraf aldım :

C :

Başkanlığım altında kurulmuş olan yüce kabine, milletin isteğine uygun olarak, vatanın saadet ve selâmetini sağlamak için sarsılmaz bir kararlılıkla ça- 120
lışma konusunda tam bir görüş birliğine varmış bulunmaktadır. Osmanlı topluluğunda birliğin sağlanması, millî bağımsızlığın korunması, yüce hilâfet ve saltanat makamının dokunulmazlığı, Anayasa hükümleri gereğince, hiç şüphe yok ki, bütün bir milletin iradesine dayanılarak gerçekleştirilebilecektir. Ateşkes Anlaşması'nın yapıldığı tarihteki sınırlar içinde kalan bütün Osmanlı topraklarının ve şehirlerinin, bu anlaşmanın kendisine temel dayanak yaptığı Wilson prensipleri gereğince doğrudan doğruya Osmanlı saltanatının idaresi altında bırakılması ve bu sınırlar içinde kalıp da nüfusunun büyük çoğunluğu müslüman olan vatan birliğinin parçalanmasını önleyerek, bu topraklar üzerindeki tarihî, dinî ve coğrafî haklarımıza ve adalet anlayışına uygun bir karar alınmasının sağlanması da bugünkü hükûmetin vazgeçilmez bir gayesidir. Meclis-i Millî toplanıncaya kadar milletin kaderi üzerinde hiçbir kesin ve resmî taahhüde girilmemesi, Barış Konferansı'na gönderilecek delegelerin millî dâvâyı kavramış, güvenilir, ileriyi gören ve yetenekli kimselerden seçilmesi tabiîdir. Memleketimizdeki meşrutiyet idaresi gereğince millî hâkimiyet geçerli olduğundan, görevini hakkıyla kavramış olan bugünkü hükûmet, milletin kararını almadan memleketin alınyazısı hakkında karar veremeyeceği için, seçimlerin bir an önce yapılması konusunda her türlü teşebbüsleri yapmakta, Meclis-i Meb'usan'ın toplanmasını çabuklaştırma bakımından gereken kolaylıkları göstermeye çalışmaktadır. Ancak, hükûmetin politikasında hâkim olan ilke, kanun hükümlerine bütünüyle uyarak aksi durumları anlamak

ve ortadan kaldırmaktan ibarettir. Olağan dışı ve kanunsuz durumların süregelmesi, Osmanlı Devleti'nin hükûmet merkezi ile Anadolu'yu biribirinden ayırarak birçok kötü sonuçlar doğuracağından, Allah korusun, devlet merkezinin varlığını tehlikeye düşürecek ve memleketin öteki bölgelerinin de işgal altına alınması sonucunu vererek vatanın birliğini bozacaktır. Bu bakımdan bugünkü hükûmet, tarafınızdan işgal olunan resmî dairelerin boşaltılması, hükûmet işlerinin aksatılmasına son verilmesi, en küçük bir eksikliğe bile uğratılmaması şart olan hükûmet otoritesine saygı gösterilmesi, yabancılarla siyasî ilişkilere girişilmemesi ve milletvekili seçimlerinde halkın hürriyetine asla karışılmaması hususlarına tarafınızdan söz verilmesini istiyor.

Saygıdeğer Efendiler, dikkat buyurulursa, bu telgrafta ne adres vardır ne de imza... Gerçi, Sadrazamlık makamından yazıldığı anlaşılıyordu. Fakat, başka bir şey daha anlaşılıyordu ki, bu satırları yazan şahıs veya şahıslar, bir defa Hey'et-i Temsiliye'yi tanımak ve onunda imzalı resmî yazışma ve görüşmelerde bulunmak istemiyorlardı.

Bir de, bizim kongrelerde tespit ettiğimiz kararları ve kendilerine teklif ettiğimiz üç noktanın göz önünde bulundurulmasını, yeni kabinenin sadrazamı ve vekilleri tabiî buluyorlar. Bu kararların ve ilkelerin gerçekleştirilmesine zaten gayret etmekte olduklarını söylüyorlar.

Ancak, Sadrazam, «hükûmetin politikasındaki ana ilke, kanun hükümleridir. Görevi, aksi durumların önlenmesinden ve ortadan kaldırılmasından ibarettir» şeklindeki bir girişten sonra bizim tavır ve hareketlerimizin olağandışı ve kanunsuz olduğunu dolaylı yoldan belirtmeye çalışarak bunun devamı halinde, merkez ile Anadolu'nun biribirinden kopmakla sonuçlanacağını ve bunun doğuracağı tehlikeleri sayarak, sonunda baklayı ağzından çıkarıyor: «Tarafınızdan işgal edilen resmî daire- 121
rin boşaltılması, hükûmet işlerinin aksatılmasına son verilmesi, hükûmet otoritesine saygı gösterilmesi, yabancılarla siyasî ilişkilere girişilmemesi, milletvekillerinin seçiminde halkın hürriyetine asla müdahale edilmemesi hususlarına tarafımızdan söz verilmesini istemek» suretiyle, bizim varlığımıza ve faaliyetimize son vermek maksadında olduğunu belirtiyor.

Efendiler, belki unuturum, ayrıntılı açıklamalara girişmeden önce söylemeliyim ki, tarafımızdan işgal edilmiş resmî daireler yoktur. Yalnız Sıvas ili, okulların tatilde bulunması dolayısıyla, Hey'et-i Temsiliye'yi lisede misafir etmişti. Söz konusu edilmek istenen resmî daire bu olacaktı. Yeni kabine, her türlü faaliyetine başlangıç olmak üzere Hey'et-i Temsiliye'yi buradan kovarak, halkın gözünde onun nüfuz ve haysiyetini kırmak istiyordu.

Efendiler, kimden kime yazıldığı belirtilmemiş olan bu telgraf üzerine, Sıvas telgraf merkezi ile İstanbul telgraf merkezi arasında aynen şu haberleşme yapıldı:

Olağanüstü

İstanbul Merkez Müdürlüğü'ne

Sadaret merkezinden yazılan telgraf, başlık ve imzası bulunmadığı için Anadolu ve Rumeli Müdaa-i Hukuk Cemiyeti Hey'eti Temsiliyesi tarafından kabul edilmedi. Telgraf sureti merkezimizde alıkonmuştur. Gerekenlere bilgi verilmesi rica olunur.

İmza
Kongre Merkezi

«— Bize, üzerinde Sadrazam Paşa Hazretleri'nin cevabıdır, başlığıyla Âmetçi Bey ([79]) verdi; kopyası telgrafhanededir. Siz Paşa Hazretleri'ne böyle veriniz.»

«— Hey'et-i Temsiliye'ye denilmemekte ve kimden geldiği bilinmemektedir. Bu yüzden, başlık ve imza olmadığı için kabul etmiyorlar.»

«— O halde, şimdi dağıldı. Kabinede bu konuda bir şey yazarlarsa durum elbette aydınlanır efendim.»

«Bu cevabı verdikten sonra dağıldılar. Artık bize bir şey gelmez. Fakat, Sadrazam Paşa belki evinden yazar. Bizim bu merkezin işi kabine toplantısı bitince son bulur, kapanır azizim.»

«— Siz, dediğimizi Âmetçi Bey'e söyleyin.» 122

«— Âmetçi Bey de gitti. Yalnızım.»

«— Telefonla söyleyiniz.»

«— Bizde şehir telefonu yok. Bununla birlikte siz telgrafı öylece saklayınız da sabahleyin resmen bir şey yazdıralım efendim.»

«— Sadrazam Paşa'ya telefon edin.»

«— Kardeşim, Sadrazam Paşa'ya anlatamayız ki...»

Olağanüstü

Bâbıâlî, 4.10.1919

Sıvas Kongre Merkezi Müdürlüğü'ne

Erenköyü'nde oturan Sadrazam Paşa Hazretleri telefonla arandığı ve saat yirmi biri yirmi beş geçtiği halde bulunamadı. Bu haberleşme çaresiz olarak yarın arz edilecektir, efendim.

Bâbıâlî Müdürü
Hüseyin Hüsnü

---

79) Bâbıâli Genel Evrak Müdürü.

Olağanüstü **İstanbul, 4.10.1919**

Kongre Merkezi'ne

C : Bâbıâlî Müdürlüğü'nden de bildirildiği gibi, şimdi yirmi biri yirmi beş geçeye kadar telefondan arandıkları halde, Sadrazam Paşa Hazretleri'nin konaklarından cevap alınamadı. Biraz sonra yine arayacağım. Cevap alırsam derhal bildiririm. Alamazsam sabahı beklemek zarurî olacaktır, efendim.

İstanbul Telgraf Müdürü
Tevfik

Efendiler, ertesi günü, yani 5 Ekim 1919 tarihinde, Hey'eti Temsiliye'ye çekilen imzasız telgrafın, cevap olarak Sadrazam tarafından yazıldığı söylendi. Bunu doğrulayan resmî ve imzalı bir yazı olmamakla birlikte, biz böyle küçük bir nokta üzerinde daha fazla durmayı yararlı ve gerekli görmedik. Sadrazam Paşa'ya cevap yazmayı uygun bulduk. 5 Ekimde yazdığımız uzun karşılığın ana noktalarını özetleyeyim :

«Tekliflerimizin hepsinin benimsenip kabul edilmiş olduğu anlaşıl- 123
dı» dedikten sonra, tarafımızdan söz verilmesi istenen noktalar üzerinde açıklamalar yaptık ve şunları söyledik : «Olağandışı ve kanunsuz durumları yaratan Ferit Paşa Kabinesi idi. Ferit Paşa Kabinesi tarafından girişilmiş olan gayrimeşru iş ve hareketleri doğuran sebeplerin ortadan kaldırılması için tarafınızdan kesin tedbirler alındığı takdirde, kendiliğinden yok olur.»

«Cemiyetimizin, bugünkü kabineye söz verip yardımlarda bulunabilmesi için önce, hükûmetin millî teşkilâtımızı olumlu karşıladığını açık ve kesin bir dille ifade etmesi gerekir. Aksi takdirde, karşılıklı güven ve samimiyetin varlığı şüpheli kalacak ve biribiri ile zıtlaşan davranış ve teşebbüslerin ortaya çıkması ihtimali bulunacaktır.»

Ali Rıza Paşa'nın imzasız telgrafında : «memleketimizdeki meşrutiyet idaresi gereğince, millî hâkimiyetin geçerli olduğu» noktasına da : «Gerçekten öyle ise de, dağıtılmasından başlayarak Meclis-i Mebusan'ın dört ay içinde toplanması Anayasa'mızın açık hükümlerinden iken, bugüne kadar seçmen kütükleri bile düzenlenmemiştir. Bu davranış, Ferit Paşa Kabinesi'nin açıktan açığa meşrutiyete bir darbesi ve Anayasa'ya kesin bir tecavüzü demektir; ceza kanununun ilgili maddesine göre bir cinayet sayılarak işleyenler hakkında kanun hükümlerinin tam olarak uygulanması, millî hâkimiyeti kabul edecek ve kanun hükümlerinin yerine getirilmesini kendisi için kanunî bir görev sayacak her meşru hükûmetin ilk kutsal görevidir» karşılığında bulunduk. Ondan sonra şu teklifleri ileri sürdük :

1 — Memlekette sükûn ve güven olduğunu ve millî dâvânın tamamiyle haklı ve meşru bulunduğunu resmî bir bildiri ile ilân ederek, milletin tümünün birliğine hükûmetin de katıldığını gösteriniz.

2 — Düşmüş olan hükûmetin haince hareketlerine âlet olmuş bulunan birtakım yüksek dereceli memurlar vardır. Onları ilgili bulundukları mahkemeye veriniz. Millî Mücadele'ye karşı çıkan bazı valiler hakkında devlet hizmetinde kullanılmamaları için gereken işlemi yapınız. Millî Mücadele'ye hizmet ettikleri için görevden alınmış olanları görevlerine iade ediniz.

3 — Rütbelerinin iadesi Meclis-i Millî'nin onayından geçmemiş bulunan ve tek çalıştırılma nedeni, birtakım siyasî düşüncelerden ibaret bulunan emeklileri, derhal eski durumlarına döndürünüz. Önemli askerî mevkileri ehliyetli ellere teslim ediniz.

4 — Eski nâzırlardan Ali Kemal ve Âdil Beyler ile Süleyman Şefik Paşa'nın Meclis-i Millî'nin açılışında Yüce Divan'a verilmek üzere, hiçbir yere kaçmalarına meydan verilmemesini, Posta ve Telgraf Genel Müdürü Refik Halit Bey'in derhal tutuklanarak ilgili bulunduğu mahkemeye teslimini, kanunun dokunulmazlığı ve millî hakların kutsallığı adına isteriz.

5 — Millî Mücadele'ye katılmış veya Millî Mücadele'yi desteklemiş olanlar aleyhine başlanmış olan kovuşturma ve baskılara son veriniz.

6 — Basını yabancı sansüründen kurtarınız.

İşte Efendiler, özet olarak saydığım bu noktalarla ilgili görüş ve 124
tekliflerden sonra, telgrafımızı şöyle bitirdik: «Arz edilen noktalara ve ileri sürülen tekliflere millet için yeterli, açık ve uygun bir cevap verileceği zamana kadar, millî gayelerin gerçekleşmesi için milletçe alınmış olan fiilî tedbirlere, eskisi gibi devam zorunda kalınacağını, bütün illerden, bağımsız sancaklardan ve onlara bağlı yerlerden aldığımız kararlar üzerine tam bir kesinlikle arz ederiz.

İmza : Anadolu ve Rumeli Müdafaa-i Hukuk Cemiyeti Hey'et-i Temsiliyesi adına, Mustafa Kemal» *(Belge: 132).*

Efendiler, İstanbul ile haberleşme biter bitmez, derhal şu genelge ile durumu memlekete bildirdim :

5.10.1919

Genelge

İstanbul Belediyesi'ne, Basına

Sadrazam Paşa Hazretleri, Erzurum ve Sıvas Kongrelerindeki temel kararları ve millî teşkilâtın gayelerini tabiî bulmakla birlikte, düşüncelerinde açıklanması gereken bazı noktalar görüldüğünden, hükûmetle milletin gerçek anlamda uzlaşmalarını sağlamak amacıyla ve bütün merkezlerin görüşlerinin özüne dayanılarak verilen cevap ve ileri sürülen teklifler aynen aşağıdaki genelge ile duyurulur. Gelecek cevap ve ona göre alınacak kararlar derhal duyurulacaktır.

Anadolu ve Rumeli Müdafaa-i
Hukuk Cemiyeti
Hey'et-i Temsiliye'si adına
Mustafa Kemal

Yunus Nadi Bey'e arabuluculuk yaptırılıyor

Efendiler, Ali Rıza Paşa Kabinesi'nin iktidar mevkiine geçtiğinin beşinci gününe geldik. Hâlâ anlaşamıyoruz. Memleketin İstanbul ile olan resmî haberleşme ve ilişkileri hâlâ kesilmiş olarak sürüp gidiyor. Sadrazam Paşa Hazretleri, tekliflerimize cevap vermiyor ve hiçbir vakit vermemiş olduğunu göreceksiniz. Kabineden hiç kimse bizimle görüşmek istemiyor.

Bu gün, yani 6 Ekim 1919 günü, Yunus Nadi Bey arkadaşımız, Harbiye Nâzırı olan Cemal Paşa'yı, daveti üzerine makamında ziyarete gitmiş. Cemal Paşa, Yunus Nadi Bey'e durumdan özellikle hükûmetle Hey'et-i Temsiliye arasında daha bir anlaşma olmadığından söz etmiş ve anlaşıldığına göre, bizi haksız göstermiş; kendilerinin her şeyi kabul ve uygulamaya hazır bulunduklarını anlatmış. Her halde anlaşmazlık çıkaran ve bunda direnen tarafın Hey'et-i Temsiliye olduğunu söylemiş. Öyle anlaşılıyor ki, Yunus Nadi Bey'in bizimle olan şahsî dostluğuna dayanarak, tarafları uzlaştırmak için arabuluculuk yapmasını teklif etmiş olacak.

Yunus Nadi Bey, bu aracılık teklifini sevinerek kabul etmiş.
Yalnız, Yunus Nadi Bey'in, Cemal Paşa'nın verdiği bilgileri 125
sağlam ve gerçek olarak kabullendiği ve durumu ona göre değerlendirdiği, şimdi sözünü edeceğim telgrafının ifadesinden anlaşılmaktaydı.

Yunus Nadi Bey'le telgraf başında yapılmış olan bu görüşmemiz, yeni kabine ile bizi, görünüşte de olsa, uzlaşmaya yöneltme bakımından önemlidir. Bu sebeple, müsaade buyurursanız biraz açıklayacağım.

Harbiye Nâzırı Paşa'nın beni telgraf başına davet ettiğini haber verdiler. Zaten dairemizde bulunan makine başına gittim.

İstanbul – «Harbiye telgrafhanesi, Yunus Nadi Bey zâtıdevletinizle görüşmek istiyor efendim», denildikten sonra; «Harbiye telgrafhanesinde makine başında hazırım» dendi. «Hazır olan kimdir?» dedim.

Telgrafçı – »Yunus Nadi Bey ve yanında Nâzır Paşa'nın yâveri Cevat Rifat Bey vardır efendim. Nâzır Paşa'yı istediler mi, yoksa...» açıklamasında bulundu.

«— Kendileriyle şimdi görüşürüz. Yalnız, beni telgrafa davet ettikleri zaman Nâzır Paşa istiyor» demişlerdi.» Davet eden Nâzır Paşa mıdır, yoksa zâtıâlîleri mi?»

Yunus Nadi Bey - «Nâzır Paşa'nın müsaadesiyle ve yaveri vasıtasıyla, Harbiye merkezinden zâtıdevletlerini aradık. Bu yüzden yanlış anlaşıldı efendim,» dedi.

Ben - «Teşekkür ederim. Buyurun», dedim.

Bunun üzerine Yunus Nadi Bey'in sözleri alınmaya başlandı. Yunus Nadi Bey, düşüncelerine şöyle bir giriş yaptı: «Millî iradenin, millet hâkimiyetini etkili kılmasının olumlu bir sonucu olarak meydana gelen değişiklik üzerine, burada kurulan hükûmetle, millî teşkilât arasında uyumlu bir birliğin sağlanmasının gecikmeyeceğine hükmetmiştim. Yaptığım soruşturmadan sonra, daha bir iki noktada anlaşmazlık bulunduğunu anladım. Bu uyumun kurulmasındaki gecikme içte ve dışta iyi olmayacağı için, bazı hususları arz etmeyi bir görev saydım.»

Ondan sonra, şimdi özetleyeceğim noktalarla ilgili bilgi ve düşüncelerini, ilk konu olarak belirttiler.

1 — Ferit Paşa Kabinesi'nde bulunmuş olan bazı şahısların, bu kabinede yer aldıkları için kötü gözle görülmelerinin doğru olmadığını, Abuk Paşa (Ahmet Abuk Paşa)'nın Ferit Paşa Kabinesi'nin düşmesinde rol oynadığını;

2 — Rıza Paşa Hükûmeti'nin bir geçiş devresi hükûmeti olduğunu, süresinin Meclis-i Meb'usan seçiminin sonuna kadar devam edebileceğini;

3 — Bugünkü hükûmetin, millî gaye ve isteklerinin hepsini yerinde bulma ve olumlu bir sonuca ulaşmasına da çalışma konusunda en ufak şüpheye yer vermemekte olduğunu, belirttiler ve;

4 — Özellikle, Cemal ve Abuk Paşa gibi kimselerin, hükûmette millî dâvânın birer temsilcisi ve kefili gibi kabul edilmelerinde kararsızlığa yer yoktur, hükmünü verdiler.

İkinci konu olarak da Yunus Nadi Bey, şahıslarla ilgili noktaya dokundular. Bunda bizimle tamamen aynı duyguda olmakla birlikte, 126
«biraz ılımlı olma tavsiyesine cesaret edeceğim» dedi ve görüşünü, millî başarının uyandırdığı iyi etkilerin, bazılarında intikamcılıkla yorumlanarak lekelenmekten korunmanın önemli olduğu şeklinde belirtti.

Yunus Nadi Bey, «Bugünkü hükûmet üyeleri ile yaptığım temaslardan, hükûmetin, millî teşkilâtın isteklerinin yerine getirilmesinde kararlı olduğu anlaşılıyor» dedikten sonra şu bilgiyi verdi:

«Harbiye Nâzırı Cemal Paşa, bu gün yayınlanacak bildiride bu noktanın aslında yeterince açıklanmış olduğunu; ancak, bildiri, hükûmetin ağzından, resmî bir dille yazılmış olduğuna göre, her yön dikkate alınarak araya sıkıştırılmış göstermelik birkaç kelimeye önem verilmemesi gerektiğini söyledi.»

Yunus Nadi Bey, yeni sadrazam ile hükûmetinin – her türlü yanlış anlaşılmayı gidermek için – millî teşkilâtın ileri gelenlerinin göstereceği bir hey'etle doğrudan doğruya temas kurma konusundaki samimî isteğini bildirdikten sonra, bütün düşüncelerini şu cümle ile özetledi : «Bugün bendenizin en gerekli saydığım husus, bunalımın sona ermesi ve karmakarışık bir durumda sürüp gitmemesinden ibarettir» *(Belge : 133)*.

Yunus Nadi Bey, bu konudaki düşüncelerimi beklediği için, ben de şu cevabı verdim :

Sıvas, 6.10.1919

Yunus Nadi Beyefendi'ye

Hey'et-i Temsiliye'ce Sadrazam Paşa Hazretleri'ne yapılan birinci ve ikinci derecedeki tekliflerle, kendisinin hey'etimize vermiş olduğu cevap ve özellikle bu cevabın son bölümleri bilmem tarafınızdan görülmüş müdür? Söylediklerinizden ve yüksek düşüncelerinizden, bu yazıları görmemiş olduğunuza ve tekliflerimizin zâtıâlînize bunların nitelik ve samimiyetini tam olarak anlamamış olanlar tarafından anlatılmış bulunduğuna hükmediyoruz. Bu nedenle, burada konunun esası üzerinde bir tartışmaya girmeyi müşkül görüyoruz. Yalnız, şahsî olan yüksek düşüncelerinizdeki bazı noktaları aydınlatmak maksadıyla, aşağıda, sırayla açıklamalar yapılmıştır.

Yeni kabine ile millî teşkilâtımız arasında uyumlu bir birlik kurulmasının gecikmeyeceği yargısına biz de varmıştık. Bu gecikmenin sebebini bizde değil, yeni kabinenin dört gündür göstermekte olduğu kararsız tavırda aramak gerekir. Yeni kabine, bize aramızda bir anlaşmazlık olduğunu da bildirmemiştir. Yeni kabinede, yerlerinde bırakılan eski nâzırların namuslarından şüphe etmemekle birlikte, eski kabinenin ağır suç sayılacak işlerine bilerek veya bilmeyerek katılmış olmaları göz önünde tutulacak önemli bir noktadır. Abuk Paşa'nın kabinenin düşmesinde oynamış olduğu rol bizce bilinmemektedir. Biz, sonucu sağlayan gücü 127
pek iyi biliriz. Bizim maksadımız, bu hükûmeti, sanıldığı gibi bir geçiş devresi hükûmeti olarak kabul etmek değildir. Aksine, milletin kaderi üzerinde karar verecek ve barışı yapacak en önemli bir hey'et olabilmesini dileriz. Milletimizin ana çıkarları açısından, yabancıların bizce hiç önemi yoktur. Biz, davranışlarımızı yabancıların dedikodusuna uydurma güçsüzlüğünü reddetmiş olanlardanız. İç ve dış durumu bütün açıklığı ile biliyoruz. Attığımız adım tesadüflere bağlı değildir, derin düşüncelere, sağlam temellere, bütün milletin düzenli bir teşkilâta bağlı gerçek kuvvetine ve irade gücüne dayanmaktadır.

Millet, egemenliğini bütün anlamıyla bütün dünyaya tanıttırmaya kesin olarak karar vermiştir. Bunun için de her yerde, her türlü tedbir alınmıştır. Bugünkü hükûmetin millî dâvâ ve istekleri olumlu karşılamasını ve olumlu bir sonuca bağlamaya çalışmasını bekleriz. Çünkü, başka türlü iktidarda kalamaz. Abuk Paşa'yı bilmiyoruz. Ancak, Cemal Paşa'dan millî teşkilâtımızın temsilcisi olmaktan başka bir şey beklemeyiz.

(Efendiler, şunu belirtmeliyim ki, Cemal Paşa bizim temsilcimiz değildi. Kendisine böyle bir mevki ve görevin verilmiş olması, sizce bilinen tutumundan dolayı doğru da değildi. Ancak, Yunus Nadi Bey'in telgrafında, Cemal Paşa'nın temsilci gibi kabul edilmesinde şüpheye gerek yoktur denilmiş olmasından, Cemal Paşa'nın bunu istediği kanısına varılmış ve bu görev kendisine bir oldubitti halinde verilmiştir.)

Cemal Paşa nâzır olur olmaz, kendilerinin herkesten önce bizimle ilişki kurup gerçek durumu anlayacağını ve ona göre hükûmetle millî teşkilâtın görüşlerini birleştirmeye çalışacağını umuyorduk. Oysa, daha böyle bir temastan kaçındığı görülüyor. Bizim yeni kabineye karşı ileri sürdüğümüz teklif ve istekler, şahsî ve keyfî olmayıp, bütün iller ve bağımsız sancaklarla bunlara bağlı yerlerin, beş kolordu komutanının ve millî teşkilâta bağlılık gösteren yüksek dereceli memurların Hey'et-i Temsiliyemize bildirmiş oldukları tekliflerin, Hey'et-i Temsiliye'mizce, hükûmeti mümkün olduğu kadar güç bir duruma sokmama düşüncesi ile yapılmış özetinin özeti durumundaki bir sonucundan ibarettir. Bu teklif ve isteklerde sandığınız ve belirttiğiniz sakıncalar da yoktur. Hükûmet, Hey'et-i Temsiliye'mizle samimî ve ciddî ilişki ve görüşmelerde bulunduğu takdirde, ileri sürülmüş olan istek ve tekliflerin hükûmetçe uygulanabilecek şekil ve zamanını kararlaştırmaya hiçbir engel bulunmamaktadır. Yalnız, Sadrazam Paşa'nın, Hey'et-i Temsiliye'mize 4 Ekimde cevap olarak gönderdiği telgrafındaki son paragraflar dikkati çeker niteliktedir. Eğer meşru olan millî teşkilâtımız ile bunun yönetimini elinde bulunduranları, gayrimeşru ve kanun dışı tanıma zihniyeti devam ettirilecekse, hiçbir uyuşma imkânı bulunamayacağına şüphe yoktur.

Bugün yayınlanacağını bildirdiğiniz bildiride, her ne sebeple olursa olsun, millî teşkilât ve mücadelemiz hakkında eleştirici bir dil kullanıldığı takdirde, hattâ bu tutum önemsiz birkaç kelimeden ibaret kalsa bile, tarafımızdan her türlü anlaşma imkânı ortadan kaldırılmış sayılacaktır. Zaten İstanbul Hükûmeti, Hey'et-i Temsiliye ile iyiden iyiye anlaşmadıkça, bildirisi hiçbir yerden alınmayacaktır. Belki, yalnızca İstanbul bunun dışında kalabilir.

Hey'et-i Temsiliye'miz bütün iller ile bağımsız sancaklar adına kendi bölgelerinde milletin genel oyları ile seçilmiş temsilcilerinin oluşturduğu Erzurum ve Sıvas'ta toplanan genel kongreler tarafından kararlaştırılmış ve seçilmiş bulunan meşru bir millî teşekküldür. Temsil yeteneği ve kudreti de fiilî çalışmaları ile ortadadır. Meclis-i Meb'usan'ın toplanıp da fiilen denetleme görevine başlayacağı
güne kadar, Hey'et-i Temsiliye'nin millet ve memleketin kaderi ile ilgilenmesi za- 128
rurîdir. Hükümetin, hey'etimizle samîmî temas ve ilişkisi, elbette kendi mevki ve kuvvetini güçlendirecektir. Ayrı ayrı yönlerde yürüdüğü takdirde, bunun memleket ve millet çıkarları için sakıncalar doğuracağı tabiîdir.

Biz, bugünkü kabinede, varlıkları memleket ve millet için özellikle yararlı olacağına inandığımız bazı kimselerin, daha önce olduğu gibi, birer birer kabineden çıkarılması şeklindeki son moda kabine taktiklerine uğradıklarını görmek istemeyiz (Efendiler bu dediğimizin çıktığını göreceksiniz). Sıvas'ta toplanmış bulunan Hey'et-i Temsiliye, bizzat ve doğrudan doğruya hükûmetle en samimî temas ve ilişkide bulunmaya hazır ve isteklidir. Bu görevi başkalarına vermek yetkisine sahip değildir. Hükûmetle tam bir anlaşma gerçekleştiği takdirde, temasın kolay ve güvenilir olabilmesi için daha başka çareler de düşünülebilir. Özet olarak, karışık duruma bir an önce son verilmesi, öncelikle, hükûmetin kendisine arz ve teklif ettiğimiz şekildeki bir bildirisinin, göstermelik kelimelerle değil, samimî bir dil ile yayınlanması ve öteki tekliflerin olumlu karşılanıp yerine getirileceği konusunda, Sadrazamlığın, arz ettiğimiz hususlara doğrudan doğruya cevap vermesiyle mümkün olacaktır. Yoksa, Refik Halit Bey tarafından hâlâ telgraflarımız ve bildirilerimiz kontrol edilir, çalınır ve alıkonulurken, hükûmetin samimiyetinden söz edilmesi, bize pek garip geliyor.

Hükûmet, bu kararsız durumunda birkaç gün daha devam edecek olursa, millet gözünde daha pek kazanamadığı güven ve itimadın büsbütün kaybolmasına yol açacaktır. Her yerden aldığımız telgraflarda, yeni hükûmetin güvenilir olup olmadığına dair sorular sorulmaktadır. Saygılarımı arz ederim kardeşim.

Mustafa Kemal

Efendiler, Yunus Nadi Bey, verdiğim bilgiler ve yaptığım açıklamalardan gerçek durumu anladı. Bizimle haberleşmenin devamına gerek görmedi. Aksine, yeni hükûmeti ve özellikle Cemal Paşa'yı uyarmaya çalışmış... Gerçekten, açıklayacağım üzere, görünüşte de olsa, bir anlaşma durumu ve manzarası ortaya çıktı.

Efendiler, 6 Ekim 1919 günü de geçti. Biz eldeki tedbirlerin önemle ve dikkatle yürütülmesi gereğini bir genelge ile emrettik *(Belge: 134)*.

Efendiler, Yunus Nadi Bey'le haberleşmemizin ertesi günü, nihayet, sadrazamdan cevap değil, fakat Cemal Paşa'dan şu telgrafı aldık:

Harbiye 7.10.1919
Saat 12.07

Mustafa Kemal Paşa Hazretleri'ne

Cemal Paşa, kabine adına millî iradeye aykırı hareketlerden kaçınılacağına söz veriyor.

Şimdiye kadar yapılan haberleşmelerin özeti :

1 — Kabine sizinle aynı düşüncededir, millî iradenin hâkimiyetini kabul eder. Ancak, bir öç alma kabinesi olmaktan çekinir. Suçluların cezalandırılmasını kanunî yollarla yerine getirmeyi de uygun buluyor.

2 — Zarara uğramış valilerin uğradıkları haksızlıklara son verip durumlarını düzeltmeyi, yeterli olanlarını seçip özellikle atamayı, ordunun şeref ve disiplinini de iade etmeyi tamamen üstlenir. 129

3 — Devlet, dışarıya karşı şeref ve haysiyetini yeniden kazanabilmek için millî iradeye ve Hey'et-i Temsiliye'ye dayanacaktır.

4 — Hey'et-i Temsiliye'nin bir temsilcisi olarak, bütün içtenliğimle ve saygılı bir duygu ile arz ediyorum ki, kabine, Hey'et-i Temsiliye'nin hem dışa hem de içe karşı, hâkim oluyor anlamını vermeksizin kendisine yardımcı durumda kalmasını ister ve bu büyük gücün yararını takdir eder. Herşeyden önce, telgrafların karşı-

lıklı olarak ve serbestçe çekilmesini, yerinde bırakılacak veya yeniden tayin edilecek vali ve komutanların hemen hareket edebilmesini, özellikle, kabul edilen yeni Milletvekilleri Seçimi Kanunu'nun ([80]) her yere dağıtılarak duyurulabilmesini pek yararlı görür.

5 — Millî iradeye aykırı davranışlardan kaçınılacağına söz verirsem, geriye yalnız, ayrıntılarının şekil ve zamanı kalır ki, bunun da pek kolay olabileceğine inancım vardır. Vatanın kurtarılmasını hedef alan gayenin gerçekleşmesine, hemen elbirliği ile çalışabilmek için, ayrıntılar üzerinde ısrar edilmemesini, zâtıdevletlerinin yardımlarını bekler (a m h s n y), pek rica eder, saygıdeğer arkadaşların hepsine de saygılarımı sunarım.

Harbiye Nâzırı
Cemal

Bu telgrafa hemen olumlu ve samimî olan şu cevabımızı verdik:

Şifre Sıvas, 7.10.1919

Harbiye Nâzırı Cemal Paşa Hazretleri'ne

İlgi : Zâtıdevletlerinin telgrafta belirttikleri hususlara, madde madde, sırayla aşağıdaki cevap arz olunur :

1 — Kabinenin bizimle tam bir birlik ve beraberlik içinde, millî iradenin hakimiyeti ilkesini kabul buyurmasına, millet adına teşekkürlerimizi arz ederiz. Kabinenin, Hey'et-i Temsiliye'nin ve bütün millî teşkilâtımızın öç alıcılıkla lekelenmesi, bizce de son derecede sakınılacak ve çekinilecek bir husustur. Bu noktada ve suçluların kanunî yollarla cezalandırılmaları gereğinde de kabine ile bir görüş birliği içindeyiz.

2 — İkinci maddede yazılanlar için de özellikle teşekkür ederiz. Bundan önce arz edilmiş olan hususlarda, bu noktanın üzerinde durulmasının sebebi şuydu :

Millî dâvâya ve Millî Mücadele'ye karşı tutumlarından dolayı, millet tarafın- 130
dan reddedilen bazı vali ve komutanlar, şekle uyma düşüncesi ile, geçici bir süre için de olsa, görevlerine iade edildikleri takdirde, gittikleri yerlerde kabullerine imkân görülmediğinden, hükûmet otoritesine karşı saygısızlık doğabilir endişesi idi.

3 — Üçüncü madde, özellikle şükranla karşılanmaya değer. İnşallah birlik ve beraberlik içinde, vatan ve milletimizin kurtuluş ve mutluluğunu sağlamamız kısmet olur.

4 — Tam bir içtenlikle ve büyük bir güvence ile arz ederiz ki, kabinenin gösterdiği ciddiyet ve samimiyete karşılık, Hey'et-i Temsiliye ne içeriye ne de dışarıya karşı hiçbir vakit bir hâkim olma durumu almayacak, aksine tam bir görüş birliği ile kabul buyurulan esaslar çerçevesinde, hükûmetin güç ve otoritesini artırıp sağlamlaştırmayı vatan ve milletin selâmeti için görev sayacaktır. Bu konuda asla şüphe ve tereddüt buyurulmamasını arz ve rica ederiz. Özellikle zâtıdevletlerinin, tüzüğümüzün sekizinci maddesi gereğince, doğrudan doğruya Hey'et-i Temsiliye'miz üyesi sıfatıyla kabinede temsilci olarak bulunmaları her iki tarafın da işlerinde ve kararlarında anlaşmaya varmaları bakımından bir güvence sağlayacağı için sevindiricidir.

---

80) İntihab-ı Meb'usan Kanunu.

Artık kabine ile millî teşkilâtımız arasında, her noktada görüş birliği ve uzlaşmaya varıldığı anlaşıldığına göre, elbette, haberleşme konusundaki kayıtlar da kaldırılacaktır. Ancak, Hey'et-i Temsiliye, bütün Anadolu ve Rumeli'deki teşkilât merkezleri ile bağlantısını devam ettirmek zorunda olduğundan, özel telgraflar şeklinde yapılmakta olan telgraf haberleşmelerimizin eskiden olduğu gibi devamına müsaade buyurulmasını özellikle istirham ederiz. Burada şunu da arz edelim ki, hükûmet, emirlerini tebliğe başladığı dakikada, hiçbir tarafta herhangi bir engelle karşılaşmamak ve en küçük bir otorite sarsılmasına uğramamak gerektiğinden, bu hususun sağlanması ve Hey'et-i Temsiliye tarafından gerekenlere, gerekli tebligatın yapılabilmesi için, kırk sekiz saat kadar zaman bırakılmasını rica ederiz. Hey'et-i Temsiliye tarafından yapılacak tebligata esas olmak ve millete güven vermek üzere yayınlanmasını rica ettiğimiz kabine bildirisinin gizli olarak yayınlanmadan önce, bu suretinin hey'etimize lûtuf buyurulmasını özellikle istirham ederiz. Çünkü bu bildiride, bir kelimenin bile milletçe yanlış anlamaların devamına yol açabileceğini ve Hey'et-i Temsiliye'yi de millete karşı pek güç bir durumda bırakabileceğini bütün samimiyetimizle arz ederiz.

Hey'et-i Temsiliye tarafından Zâtışâhâne'ye takdim edilecek bir teşekkür yazısı ile millete yapılacak tebliğ suretini gerekli yerlere göndermeden önce, zâtıdevletlerine şimdi arz edeceğiz ve bunların metinine dair kabinece ileri sürülecek düşünceler saygıyla dikkate alınacaktır.

Yeni Milletvekilleri Seçimi Kanunu üzerindeki görüşümüzü daha sonra arz etmek üzere, söz konusu kanunun hangi görüşle hazırlanmış olduğunu lûtfen bildirmenizi rica ederiz.

5 — Temel noktalarda tam bir uzlaşma doğduktan sonra, zâtıdevletleriyle saygıdeğer arkadaşlarınızın samimiyetlerinden şüphe edilemeyeceğinden, konunun ayrıntıları üzerinde kendiliğinden görüş birliğine varılabileceği tabiîdir. Bendenizin ve bütün çalışma arkadaşlarımın, en büyük saygı ve samimiyetlerimizle, zâtıdevletinizin ve içinde bulunduğunuz kabinenin başarıya ulaşmasına ve bu sayede vatanın kurtarılmasını hedef alan gayenin bir an önce gerçekleşmesine bütün varlığı- 131
mızla çalışacağımıza emniyet buyurmanızı arz ve burada hazır olan bütün arkadaşlarımın selâm ve saygılarını sunarım.

Mustafa Kemal

Cemal Paşa, bu telgrafımıza o gece cevap verdi. Bunda «bildirinin hemen yayınlanmasının zarurî olduğunu, ancak, gerekli noktalara dikkat edildiğini» bildiriyordu *(Belge: 135)*. Biz de aynı gece, nezaket gereği olmak üzere cevap verdik *(Belge: 136)*.

Fakat Efendiler, hükûmetin, bildirisini yayınlamadan önce bize göstermek istemediği anlaşılınca, biz de millete olan bildirimizi hükûmete danışmadan yayınladık; Padişah'a olan telgrafı da aynı şekilde çektik.

Efendiler, 7 Ekim 1919 tarihini taşıyan bildirimiz; milleti, tutulan yolun isabetli ve başarılı olduğu, bu yolda millî birliği koruyarak bugüne kadar olduğu gibi devam edilmesi konusunda, dolayısıyla aydınlatmaya, uyarmaya ve milletin manevî gücünü kuvvetlendirmeye yardımcı olmak maksatlarını dile getirmekte idi *(Belge: 137)*.

Padişah'a yazılan telgraf da millet adına teşekkürü içine alıyordu (*Belge: 139*).

Efendiler, bu arada küçük bir bilgi arz edeceğim. Hey'etimiz, bütün memlekete milletin ortak isteğinin gereğini yerine getirtmeye çalıştığı sırada, işgal altında bulunan İzmir'e de doğrudan doğruya tebligatta bulunuyordu. Ali Rıza Paşa Kabinesi'yle anlaşmakta olduğumuz 7 Ekim 1919 tarihinde, İzmir'e de şu telgrafı çekiyorduk:

İvedi **Sıvas, 7.10.1919**

İzmir Valiliği Yüksek Katına

Şimdiye kadar gönderilen tebligat ve yazılarımız size ulaştıysa, gereklerinin yapılmakta olup olmadığının, ulaşmamış ise, engelleyici sebeplerinin acele bildirilmesi rica olunur.

Anadolu ve Rumeli
Müdafaa-i Hukuk Cemiyeti
Hey'et-i Temsiliyesi adına
Mustafa Kemal

İzmir'in ve İzmir valisinin ne durum ve şartlar içinde bulunduğunu şüphesiz biliyorduk. Tebliğlerimizi alıp alamayacağı şüpheli olmakla birlikte, uygulayamayacağı tabiî idi. Fakat, biz, bütün memleketin kaderiyle meşgul ve işgal tanımayan bir kuvvet merkezinin bulunduğunu düşmanlarımıza da bildirmekte yarar görüyorduk.

Kâzım Karabekir Paşa'nın benim hükûmetin işlerine karışmam konusundaki düşüncesi

Efendiler, içinde bulunduğumuz günlere ait olaylara ve konulara dokunmuşken, burada küçük bir noktayı daha açıklamama müsaadenizi rica edeceğim. 132

Kâzım Karabekir Paşa'dan gelen 8 Ekim 1919 tarihli bir telgrafta, şöyle bir görüş ileri sürülüyordu:

«Hey'et-i Temsiliye'den yüksek şahsiyetleri ile, Rauf Beyefendi'nin ve bu gibi önemli şahsiyetlerin, milletvekili olduktan sonra da hiçbir şekilde hükûmete karışmayarak Meclis'teki grubun başında daima söz sahibi olarak bulunulmasını, kabinenin şekli ve kuruluş tarzı, üyelerinin değer ve kişiliği ne olursa olsun Meclis-i Millî içinde hep denetleyici bir mevkide kalınmasını başarının önemli şartı ve uygulanması zarurî bir karar sayarım.»

«Bir dâvânın ve bir grubun en yüksek ve güçlü tanınmış olan şahsiyetleri, kendi yetki çerçevelerini aşıp da hükûmet işine karışınca, Meclis-i Millî daima zayıf kalmış ve akımlar karşısında ya sürüklenmiş yahut da parçalanmıştır.»

«Vatan ve milletin bir bütün olarak kurtuluşunun şiddetle söz konusu olduğu bu devrede, arz ettiğim bu hususlar üzerinde kesin bir karara varmanızı derin saygılarımla istirham ederim.»

Efendiler, gerçekten de Erzurum'da bulunduğum zamanlarda, Kâzım Karabekir Paşa, karşılıklı olarak yaptığımız konuşmalarda da buna benzer görüşler ileri sürmüştür. Benim ileri sürdüğüm görüşler de aşağı yukarı şöyleydi: «Her şeyden önce, memlekette, milletin varlık ve iradesini ortaya koymak ve bunu sarsılmaz bir şekilde Millî Meclis'te temsil etmek gerekir. Bu da, memlekette millî bir ülkü etrafında kuvvetli bir teşkilât kurmak ve Meclis'te bu teşkilâta dayalı bir grup bulundurmakla mümkündür. En güçlü şahsiyetlerin gayesi bu olmalıdır. Oysa, şimdiye kadar görüldüğü üzere, asıl olan bu noktaya önem verilmeksizin, kendilerinde azçok liyakat görenler, hemen hükûmete geçmek heves ve hırsına kapılıyorlar. Bu gibi insanlar, Meclis'te kendilerine dayanak olarak millî teşkilâta bağlı güçlü bir grup oluşturamayınca, geride yalnız saltanat ve hilâfet makamı kalıyor. Bu yüzden millî meclisler, millî şeref ve kudreti temsil edemiyor. Millî istekler ortaya konamıyor ve gerekleri yerine getirilemiyor. Bu bakımdan bizim için başta gelen en önemli ilke önce memlekette millî teşkilâtı kurmak, sonra da bu teşkilâttan kuvvet alan bir grubun başında, Meclis'te çalışmak olmalıdır. Hükûmet kurmaya veya kurulacak herhangi bir hükûmete girmeye kalkışmakta yarar yoktur. Çünkü, bu nitelikte bir hükûmet, vatana ve millete hiçbir esaslı hizmet veremeden hemen düşmeye yahut da padişaha dayanarak Meclis'e karşı ve dolayısıyla da millete karşı düşen bir durum almaya mecbur olacaktır. Böyle olunca da, birincisinde istikrarsızlık gibi büyük bir sakınca sürüp gidecek; ikincisinde de millî hâkimiyetin yavaş yavaş yok derecesine getirilmesine hizmet edilmiş olacaktır.» Nitekim sizlerce bilindiği ve fiilî olarak da görüldüğü üzere biz memlekette önce millî teşkilât kurduk. Sonra Meclis'i topladık. Önce Meclis Hükûmeti kurduk. Ondan sonra da Cumhuriyet Hükûmeti'ni teşkil ettik.

Bundan başka, fırsat düştükçe kabineye girilmeyeceği, yüksek makam ve memuriyetler kabul edilmeyeceği ve aslında büyük ve millî gayeden başka hiçbir maksadın peşinde olmadığımız ve faaliyetimizin en büyük kısmının şimdiye kadar olduğu gibi, bundan sonra da Kuva-yı Mil- 133
liye'nin bir denge unsuru olarak kalmasına çalışmaktan ibaret bulunduğu noktalarında millete karşı demeç ve bildirilerimiz vardı. Kâzım Karabekir Paşa, telgrafında, Erzurum'daki görüşlerimi ve bu görüşe bağlı olarak yayınlanan bildirilerimizi hatırlatarak takdirlerini ifade ettikten sonra; «ancak, bu güzel azim ve kararın, şimdiye kadar bizde yapılmış denemeleri ve bunların verdiği sonuçları göz önünde bulundurarak

daha geniş çaplı olmasını düşündüğümü de özellikle arz ederim» diyorlardı *(Belge: 140)*.

Efendiler, Kâzım Karabekir Paşa'nın bu görüş ve teklifi, telgraflarının sonunda söyledikleri gibi, vatan ve milletin kurtuluşunun söz konusu olduğu bir devirde ve benim de açıkladığım üzere, daha memlekette hiçbir teşkilât ve Meclis yokken ve Meclis toplandığı zaman da Meclis'te böyle bir teşkilâta ve millî kudrete güvenir ülkü sahibi bir grup varlığını ispat edememişken, her ne şekilde olursa olsun hükûmet kurmaya veya kurulacak hükûmete girmeye heves etmek, elbette doğru olmazdı. Böyle bir davranışı memleket ve millet yararına hizmet gayesinden çok, şahsî hırs ve menfaate yahut da hiç olmazsa bilgisizliğe vermekte, kanaatimce asla isabetsizlik yoktur.

Ancak, Efendiler, Karabekir Paşa'nın dediği gibi kabinenin ne şekilde ve nasıl kurulacağı, üyelerinin değer ve kişiliği ne olursa olsun, Meclis'te şekil bulmuş siyasî bir grubun ön plânda gelen şahsiyetlerinin Meclis içinde sürekli olarak söz sahibi ve denetleyici bir mevkide kalması, en önemli başarı şartı ve uygulanması zarurî bir karar sayılamaz.

Gerçekten de millî hakimiyet ilkesine bağlı olarak idare edilen medenî devletlerde, kabul edilmiş olan ve fiilen yürürlükte olan kural, milletin genel eğilimlerini en yüksek düzeyde temsil eden ve bu eğilimlerin bağlı bulunduğu yararları en yüksek kudret ve yetki ile gerçekleştirebilecek siyasî grubun, devlet işlerini üzerine alması ve bunun sorumluluğunu en yüksek liderinin omuzlarına yüklemesi ilkesinden ibarettir.

Zaten bu şartları taşımayan bir hükûmet görev yapamaz. Hükûmetin, kuvvetli grup üyeleri arasından ve fakat birinci derecede olmayanlarından zayıf bir hükûmet kurmak, onu partinin birinci derecedeki liderlerinin direktif ve tavsiyeleriyle yürütmeye kalkışmak düşüncesi, elbette doğru değildir. Bunun feci sonuçları özellikle Osmanlı Devleti'nin son günlerinde görülmüştür.

İttihat ve Terakkî liderlerinin elinde oyuncak olan sadrazamlardan ve onların hükûmetlerinden millete gelen zararlar sayılamayacak kadar çok değil midir?

Mecliste, hâkim olan partinin, hükûmetin kurulmasını, muhalif ve azınlıkta bulunan bir partiye bırakması ise asla söz konusu olamaz.

Kural ve yöntemlere göre, milletin çoğunluğunu temsil eden, programı belli olan parti, hükûmeti kurma sorumluluğunu üzerine alır, memlekette kendi gaye ve ilkelerini uygular.

Kâzım Karabekir Paşa'nın kendisi de hükûmet işlerine karışmak istiyor

Zaten herkesçe bilinen ve o yolda hareket edilmekte olan bir gerçeği, burada açıklamaktan maksadım, vatanseverlik, ahlâk üstünlüğü, olgunluk ve buna benzer birtakım seçkin vasıflar gereği imiş gibi gösterilmek istenen safsatalara karşı, milletin ve gelecek nesillerin dikkatli ve uyanık bulunmalarını sağlamaktır. Bu düşüncelerine vesile teşkil etmiş olan Kâzım Karabekir Paşa'nın da bu noktada, genellikle benimle aynı düşünce ve görüşte bulunduğuna asla şüphem yoktur. Çünkü 134
Kâzım Karabekir Paşa'nın maksadı, elbette, yalnız benim veya Hey'et-i Temsiliye'de bulunan bazı arkadaşların hükûmet kurmamasını veyahut hükûmete girmemesini hedef almak değildi. Kâzım Karabekir Paşa, bu konuyla ilgili telgrafında, Rauf Bey'in ve benim adımı söylerken «bu gibi ön plândaki şahsiyetler» demiş olduğuna ve kendisini aynı safta gördüğü tabiî bulunduğuna göre, elbette kendilerinin de prensiplerinin dışında kalamayacağı belli idi. Oysa, Kâzım Karabekir Paşa, hâtıramda yanılmıyorsam, milletvekili olarak, Meclis'te çalıştığı sırada, bir durumun gereği olarak yeni bir kabine kurulması söz konusu oldu. Ben bu hususta görüşmek üzere Fethi Bey, Fevzi Paşa, Fuat Paşa, Kâzım Paşa, Ali Bey, Celâl Bey, İhsan Bey ve Hükûmet'teki arkadaşlarla daha başka on onbeş arkadaşı ve bu arada Kâzım Karabekir Paşa'yı Çankaya'ya davet etmiştim. Kâzım Karabekir Paşa, bana gelmeden önce, Meclis'te, o tarihte parti genel sekreteri olan Recep Bey'in yanına giderek, kendisini davet ettiğimi ve büyük bir ihtimalle hükûmet başkanlığını teklif edeceğimi söyledikten sonra, şimdiden, kendisinin durum hakkında aydınlanmasına yardım edecek bilgileri varsa bildirilmesini söylemiştir.

Kâzım Paşa'nın Çankaya'da, toplantı ve görüşme sırasındaki tutumu da, orada hazır bulunanlar tarafından anlamlı görülmüştü. Kâzım Karabekir Paşa, görüşme sırasında, «bu şekilde de millete hizmetten çekinmediğini» pek haklı ve yerinde olarak ifade etmişti. Görüşmeler bir noktaya saplandı. Hükûmet başkanı Fethi Bey mi, Karabekir Paşa mı olsun? Bu nokta üzerinde tartışılırken Kâzım Karabekir Paşa, bana 8 Ekim 1919 tarihinde tavsiye ettiği gibi, «kabinenin şekli ve kuruluş tarzı, üyelerinin değer ve kişilikleri ne olursa olsun, Millî Meclis içinde daima söz sahibi ve denetleyici olarak kalmayı, uygulanması zarurî bir karar saydığını» söylemedi. Aksine, durumu, hükûmet kurmaya yetkili kılınmasını bekler nitelikte görülüyordu. Oysa, daha vatan ve milletin tam olarak kurtuluşunun söz konusu olduğu devrin korkunç ve karanlık bir safhasını daha yaşıyorduk.

Görüşmeyi sonuca bağlamadım. Ara verdiğim bir sırada, Fevzi Paşa Hazretleri'ni bahçeye götürdüm. Kendisinin, Fethi Bey ve Kâzım Karabekir Paşa'lardan birini hükûmet başkanlığına seçmekte hakem olmasını rica ettim. Fakat ikisini de aynı zamanda çağırıp «konunun şahsî ve basit bir konu olmadığını, sorumluluğun vatanla ilgili ve büyük olduğunu belirttikten sonra, açıktan açığa kendilerine, bu görevi hangisinin daha iyi yapabileceklerini, vicdanlarına başvurarak bizzat söylemeleri isteğinde bulunacaktı».

Yeniden toplandık. «Hükûmeti ya Fethi Bey yahut da Karabekir Paşa kuracaktır. Görüşmelerin sonucundan bunu anlıyorum. Konunun çözüme bağlanmasında, Fevzi Paşa Hazretleri'ni hakem yapalım» dedim. Kabul edildi. Mareşal, Fethi Bey'i ve Karabekir Paşa'yı aldı. Bahçeye çıktılar. Belirttiğim şekilde hareket edilmiş. Fethi Bey, «ben daha iyi yaparım» demiş. Mareşal da bu kanıda bulunmuş ve Fethi Bey seçilmiştir. Böylece, Karabekir Paşa'nın hükûmeti kurmakla görevlendirilmesine yardımcı olma fırsatı ortadan kalkmış bulundu.

Padişah köleliğiyle elde edilen iktidar makamı, iktidarsızlık örneğidir

Efendiler, Ali Rıza Paşa Kabinesi'yle başladığımız temas noktasına gelelim: 135

Arz etmiştim ki, hükûmet, bize bildirisini yayınlanmadan önce vermediği için, biz de millete yapacağımız bildiriyi, hükûmetin görüşünü almaya gerek duymadan yayınlamıştık.

Bunun üzerine, hükûmet, Cemal Paşa vasıtasıyla, daha dört maddenin çeşitli yollarla yayınlanmasını gerekli bulmakta olduğunu, 9 Ekimde bildirdi. Bu maddeler şunlardı:

1 — İttihatçılarla bir ilişkinin bulunmadığı,

2 — Osmanlı Devleti'nin Birinci Dünya Savaşı'na ([81]) karışmasının doğru olmadığı, buna sebep olanlar aleyhinde adları da açıklanarak bazı yayınlar yapılması ve haklarında kanunî kovuşturma açılarak cezalandırılmaları,

3 — Bütün savaş suçlularının kanunî cezadan kurtulamayacakları,

4 — Seçimlerin serbestçe yapılacağı.

Cemal Paşa, bu maddeleri saydıktan sonra, bunların açık bir şekilde belirtilerek yayınlanmasının, içeride ve dışarıda birtakım yanlış anlamaların önüne geçeceğini ileri sürerek ve memleketin yüksek çıkar-

---

81) Harb-i Umumî'ye.

larının bir gereği olarak, özellikle olumlu karşılanmasını rica ediyordu *(Belge: 141)*.

Efendiler, Ali Rıza Paşa Kabinesi'nin ne kadar cılız düştüğünü ve gerçeği kavramaktaki görüş kıtlığını anlamak için bu maddeler sanki birer ölçüdür. Devletin, içine düştüğü felâket uçurumunun derinlik ve dehşetini görmekten âciz olan zavallılar, elbette ciddî ve gerçek çareyi görmemek için gözlerini yumarlar. Çünkü, o ciddî ve gerçek çare kendilerini daha çok dehşete düşürür.

Akıl ve kavrayışlarındaki kısırlık, tabiat ve ahlâklarındaki zayıflık ve soysuzlaşma gereği böyledirler.

Çoktandır, köle olduğuna şüphe kalmamış olması gereken Padişah ve Halife'nin köleliği ile elde edilebilecek iktidar makamının, iktidarsızlığa örnek olması tabiî değil miydi?

Ferit Paşa'nın yerine gelen Ali Rıza Paşa ile bir kısmı bundan önceki kabinede de görev almış bulunan yeni çalışma arkadaşları, Ferit Paşa'nın bırakmış olduğu noktadan başlayarak, onun sonuçlandıramadığı düşman emellerini takip ve sonuçlandırmaya çalışmaktan başka zaten ne yapabilecekti?

Bu, bizce, açık olarak biliniyordu. Fakat, tahmin ve takdir buyurulacak birçok düşünce ve sebeplerle, hazımlı ve sabırlı davranmaktan başka çıkar yol yoktu.

Efendiler, uzlaşmış görünmeyi uygun bulduğumuz bu yeni kabine ile bizim görüşlerimiz arasındaki ayrılığın beliren ilk safhalarını görmek için, bu dört madde ile ilgili görüşlerimizi içine alan cevabımızı, Büyük Millet Meclisi zabıtlarının ilk günlerine ait sayfalarında, lûtfen bir daha gözden geçirirsiniz *(Belge: 142)*.

Efendiler, bugünlerde İstanbul'daki basın mensupları bir dernek kurmuşlar. 9 Ekimde, **Tasvir-i Efkâr, Vakit, Akşam, Türk Dünyası ve İstiklâl** gazeteleri adına bazı sorular soruyorlar ve yayına esas olacak görüş- 136
lerimizi almak istiyorlardı. Bunlara, gereken açıklamalar yapıldı ve bilgiler verildi *(Belge: 143)* (82).

Bu basın hey'etinin başkanı Velit Bey'in de kendi gazetesi adına ilgi çekici soruları içine alan bir telgrafı vardı. Ona da yaverim vasıtasıyla karşılık verdirdim *(Belge: 144)*. Bunları belgeler arasında okuyacaksınız.

---

28) Bu sorulara verilen cevaplarla ilgili ayrıntılar için Belge 143, 144 dışında ayrıca Bkz. *Atatürk'ün Söylev ve Demeçleri,* Türk İnkılâp Enstitüsü Yay. C. III., Ankara 1981, s. 2-5, 5-12, 12-14; *Atatürk ve Sosyal Güvenlik* T. C. Emekli Sandığı Genel Müdürlüğü, 100. Yıl Yay., Ankara 1981, Birinci Bölüm : Müşir Gazi Mustafa Kemal Paşa'nın Emeklilik Dosyası, s. 5, 12, 14, 16.

Damat Şerif Paşa Milleti zehirliyor

Efendiler, yeni kabine içinde yer alan ve Hey'et-i Temsiliye'mizin elçisi durumunda olan C e m a l P a ş a ile yapılan ve yapılmakta olan haberleşmelerimiz, yüce topluluğunuza Dahiliye Nezareti makamını tutan D a m a t M e h m e t Ş e r i f P a ş a 'dan söz etmemi geciktirdi.

Biz, yeni kabine ile uzlaşma yolu ararken, Ş e r i f P a ş a, çoktan milleti zehirlemeye başlamış bulunuyordu.

Nezarete geçtiğini bildiren 2 Ekim tarihli genelgesinin metni hatırlanırsa, orada şu cümlelere rastlanır:

«Vatandaşların tam bir uyum ve birlik içinde bulunmaları, devletin gerçek çıkarlarının bir gereği olduğu halde, bir süredir memlekette bozgunculuk ve bölücülük belirtilerinin görülmesi, güçlüklerin bir kat daha artmasına yol açacağından, pek çok üzüntü vericidir.

«..... Başarı.... Hükûmet'in gösterdiği yolda gitmekle ve memleket çıkarlarını ilgilendiren konularda zararlı davranışlardan kaçınmakla elde edileceğinden, hemen merkezlere ve merkeze bağlı olan yerlere bu yolda tavsiyelerde bulununuz *(Belge: 145)*.

Efendiler, D a m a t F e r i t P a ş a 'dan daha akıllı olduğu söylenen D a m a t Ş e r i f P a ş a, pek acemice işe başlamış oluyor. O tarihlerde İstanbul'da, bizi «âsî, anarşist», «simple soldat - basit asker -» sayan bazı romancılar gibi, D a m a t P a ş a da bizi; ancak ahmakları aldatabilecek kendi kısa aklınca, gafil ve anlayışsız sanıyordu galiba!..

Oysa, biz, N â z ı r P a ş a' nın alçakça niyetini hemen anlamış ve daha uyanık bir durum almış bulunuyorduk. Ş e r i f P a ş a, bizim tutum ve gidişimizi, F e r i t P a ş a Kabinesi'ni düşürmek için milletçe yapılan teşebbüsleri, memlekette bozgunculuk ve bölücülük belirtileri olarak gösteriyor ve pek çok esef ediyor.

Bir de, Efendiler, Hükûmet'in, Dahiliye Nâzırı M e h m e t Ş e r i f imzasıyla yayınlanan duyurusunun birkaç noktasına hep birlikte göz gezdirelim *(Belge: 146)*.

«Bugünkü kabine tam bir uyum içindedir.» Çok doğrudur. Bu durum bütün çıplaklığı ile kendini gösterecektir.

«Temel konularda görüş birliği içindedir. Hiçbir partiye bağlı değildir. Çeşitli siyasî grupların hiçbirine de eğilimi yoktur. Hepsinden manevî destek bekliyor.»

Bu cümlelerden çıkan anlam açıktır. Hükûmet, millî teşkilât ve onu idare eden Hey'et-i Temsiliye ile beraber değildir. Hattâ, ona karşı bir 137 eğilimi bile yoktur. İtilâf ve Hürriyet Partisi'nden, Muhipler Cemiyeti'nden, Kızıl Hançerliler'den, Nigehbancılar'dan ([83]) ve mevcut öteki derneklerden ne kadar destek bekliyorsa, bizden de ancak o kadar... Cemal Paşa vasıtasıyla bizi oyalama ve aldatma gayesiyle çekilen telgraflarda yazılanlar hep yalandır.

Sonra Efendiler, şu cümleyi okuyalım: «Memleket kaderinin milletin vekilleri aracılığı ile belirlenmesi başlıca emelimizdir.»

Bundan çıkan anlam da şudur: Sıvas'ta birkaç kişi toplanmış, millet adına söz söylüyor. Milletin kaderi ile ilgileniyor. Hey'et-i Temsiliye diye bir de ünvan takınarak, üstlerine vazife olmadığı halde, millet ve memleketin işlerine karışıyorlar. Bunların sözünü dinlemeyiniz. Çünkü bunlar milletin vekilleri değildir!

Hûkümet, bu bildiride barış konusundaki görüşünü de şöyle açıklıyor: «Wilson prensiplerinden hakkıyla yararlanılarak, Osmanlı Devleti'nin bir bütün halinde ve Padişah'ının etrafında toplanmış müstakil bir devlet olarak yaşamasını sağlayıcı hiçbir teşebbüsten geri durulmayacaktır.»

Yeni kabine, bu görüşlerinde başarıya ulaşacaklarını belirtmek üzere şu delili ileri sürüyor: «Zaten büyük devletlerin adalet duyguları ile, gerçekten gittikçe açıklık kazanmakta olan Avrupa ve Amerikan kamuoyunun ölçülü davranma isteği de bu konuda güven verici olmaktadır.»

Efendiler, bütün bu düşünceler, Ferit Paşa Kabinesi'nin Padişah ağzından yayınladığı bildiride yazılanların harfi harfine aynı değil midir?

Bu türlü bildiriler yayınlamaktan maksat milleti aldatmak ve miskinliğe sürüklemek değil midir?

Hangi adaletten söz ediliyor? Hangi ölçülü davranma isteğinden dem vuruluyor? Bunların asılları var mıydı? Memleketin hükûmet merkezinden başlayarak yabancılar tarafından her yerde yapılagelenler gerçekten bunun aksini ispat edecek fiilî ve apaçık deliller değil miydi?

Gerçekte, Wilson, prensipleriyle birlikte sahneden çekilmiş ve Osmanlı ülkesine ait toprakların Suriye'de, Filistin'de, Irak'ta, İzmir'de, Adana'da ve her yerde işgaline seyirci bulunmuyor muydu?

Bu kadar kesin yıkılış belirtileri karşısında aklı, kavrayışı, vicdanı olan adamların kendi kendilerini aldatmalarına ihtimal verilir mi? Bu gibi adamlar, aslında kendilerini aldatacak kadar budala olurlarsa, onların

83) Nigehban: Koruyan, koruyucu.

memleket kaderini elde tutmalarına, aklı eren ve korkunç gerçeği görenler katlanabilirler mi? Eğer bu adamlar, gerçeği biliyorlar ve kendilerini aldatmıyorlarsa, milleti kandırarak bir koyun sürüsü halinde düşmanın pençesine teslim etmek için canla başla çalışmalarına ne anlam verilebilir?

Bütün bu noktalar gözönünde bulundurularak verilecek hükmü kamuoyuna bırakırım.

Tek kusurumuz

Efendiler, hükûmetin bildirisinin anlamsızlığına ve taşıdığı düşüncelerin sakatlığına rağmen, biz Hey'et-i Temsiliye adına aynı 138
tarihte, 7 Ekim günü, yeni kabineyi destekleme kararı veriyoruz. Yeni hükûmet ile millî dâvâ arasında tam bir uzlaşma meydana geldiğini millete müjdeliyoruz. Her yerde hükûmet işlerine asla karışılmamasını sağlayarak, hükûmetin kuvvetini artıracak ve işlerini kolaylaştıracak tedbirler alıyoruz. İçeride ve dışarıda tam bir birlik olduğunu fiilen ispat edecek bir durum alıyoruz. Özet olarak; memleketin kurtuluşunu sağlayabilmek için, dürüstlük ve içtenlikle düşünenlerin, akıl ve vicdan bakımından yapmaya mecbur oldukları – akla gelebilecek – her şeyi yapmaya çalışıyoruz. Milletvekillerinin bir an önce seçilmesini sağlamak için teşvik ve tavsiyelerde bulunuyoruz. Yalnız bir şey yapmıyoruz. Millî teşkilâtı dağıtmıyoruz. Tek kabahatimiz budur.

Damat Ferit Paşa'dan sonra, diğer bir damat paşanın etrafında, sadrazam diye, nâzır diye toplanmış birtakım kuşbeyinlileri, alçak bir padişahın alçakça düşüncelerini kolaylıkla uygulayabilsin diye serbest bırakmayacağımızı hissettiriyoruz.

Temsilcimiz Cemal Paşa, kabine hakkında bizim olumlu kanaatımızı alabilmek ve güvenimizi kazanabilmek için her çareye başvurmaktan geri durmuyor. Ahmet İzzet Paşa'ya da kabineyi övdürerek varlığımızın silinmesi gereğine dair öğütler verdiriyordu.

Ahmet İzzet Paşa'nın öğütleri

Gerçekten de, Ahmet İzzet Paşa'nın şifre içinde kalan imzasıyla, Cemal Paşa'dan 7/8 Ekim 1919 tarihli şöyle bir telgraf almıştık:

Harbiye, 7/8.10.1919

Mustafa Kemal Paşa Hazretleri'ne

Yeni kabinede, çoğunlukta olan eski ve yakın arkadaşlarımı ziyaret ederek durumun ne merkezde olduğu konusunda bir sohbet görüşmesi yapmış idim. Öğrendiğim bazı durumlar üzerine, millet ve memleketin hayatî çıkarlarını düşünerek ve aramızda öteden beri süregelen dostça ilişkilere askerlikten gelen kardeşçe duygulara güvenerek, aşağıdaki düşünceleri hemen belirtmek istiyorum :

Birkaç aydan beri, memleketin uğradığı istilâ ve yok olma tehlikesinin önüne geçilebilmek için şimdiye kadar, Kuva-yı Milliye'nin ve Millî Mücadele'nin yaptığı yararlı etkiler herkesçe kabul edilmiştir.

Yalnız, bu hizmetin sonuçlarını alabilmenin, bundan sonra bilgi ve görüş sahibi kanunî bir yönetimin kurulmasına bağlı olduğu da, gerçeği görenlerce kabul edilmektedir. Artık hükûmet ve milletin ikilikten ayrılarak bir birlik manzarası göstermesine, âciz görüşüme göre tezelden zaruret vardır. Kabineyi oluşturan şahısların iyi niyetli ve tutarlı düşüncelerine herkesin güveni olduğu inancındayım. Hiçbir kabinenin görevini sürekli olarak yapmasına imkân bırakmayacak iç me-
selelerin, dış siyaset üzerindeki korkunç etkileri bir açıklamayı gerektirmeyecek 139
kadar belirgindir. Milletvekillerinin bir an önce seçilmesi ve Meclis'in toplanması için Osmanlı Hükûmeti'nce âcil tedbirler alınmaktadır. Vatanın kurtarılması uğrunda gösterdikleri kahramanca azim ve niyetlerinin, hükûmet üyelerince nasıl karşılandığı, bugünkü bildirilen anlaşılacağından, samimiyetle bir görüş birliğine varılacağına güvenim tamdır.

Ancak, bu sabah bendenizin yanına gelen, duruma vakıf ve güvenilir bir zat, Kütahya ve Bilecik taraflarında istenmeyen bazı nahoş olayların çıktığını söylemiştir. Bizi, anlaşmazlık ve çözülmeye sürüklemek için dışarıdan ve içeriden birçok teşvik ve kışkırtmalar olacağını tahmin ve kabul etmek tabiîdir. Öte yandan, dün nâzırlardan birinin gösterdiği, Kastamonu vali vekilinden gelmiş bir telgrafla da, bazı memurların tayini ve cezalandırılması gibi işlerde İstanbul Hükûmeti'ne sanki emredilmek isteniyordu. Bu gibi durumlar, devleti bu kerteye indirmiş olan ve sizce de ne derecede kötülendiği bildiri ve yetki tanıma belgelerinde memnuniyetle görülen kötü idareyi aynen taklit etmek olacağından, böyle kimselere bu türlü davranma fırsatının verilmemesini, herkesçe bilinen zekâ ve anlayışınızdan beklerim. Özet olarak, artık memlekette birliğin sağlanmasını ve temel kanunlar çerçevesinde hükûmetle bağlantı kurulmasını içtenlikle tavsiye ve rica ederim (Ahmet İzzet).

Harbiye Nâzırı
Cemal

Bu telgrafa, elden geldiği kadar hiçbir şahsî duygu ve düşüncemizi belli etmemeye çalışarak yumuşak ve hattâ inandırıcı bir karşılık vermek uygun görüldü. Cevap şudur:

Şifre : **Sıvas, 7/8.10.1919**
İlgi : 7/8.10.1919

Harbiye Nâzırı Cemal Paşa Hazretleri'ne
«Ahmet İzzet Paşa Hazretleri'ne»

Yüksek düşünceleriniz değerine yaraşır önemle dikkate alındı. Millî Mücadele'nin etkileri ile ilgili olumlu kanaata teşekkür edilir. Bugüne kadar olduğu gibi bundan sonra da, yapılan millî hizmetlerin tutarlı ölçülerle devam ettirileceğine, kanunî bir yönetimin tam olarak kurulmasına bütün varlığımızla çalışılacağına güven buyurulmasını rica ederim. Çünkü mücadelemiz kanunî bir devrenin açılmasını hedef almaktadır. Tanrı'ya şükürler olsun, hükûmet ile millet, tam bir görüş birliğine varmış olduklarından, bundan sonra da devam edeceğinden emin bulunduğumuz karşılıklı samimiyet ve olgunluk derecesine ulaşmış olan birlik, kendini, millet ve memleket çıkarlarını garanti edecek şekilde ortaya koyacaktır.

Kötü icraat ve siyaseti herkesçe bilinen Ferit Paşa Kabinesi'ne milletin uymaması, gaye ve hareketlerine katılmamış olması, dış politikamız üzerinde hiçbir tehlikeli etki uyandırmamış; aksine, Ferit Paşa Kabinesi'nin sebep olduğu bütün kötü etkileri ortadan kaldırarak şükranla karşıladığımız bugünkü elverişli siyasî durumumuzu sağlamıştır. 140

Milletin güvenini kazanmış olan bugünkü kabineyle anlaşmış bulunmanın, içteki durumumuzu dış siyaset üzerinde pek yararlı ve etkili kılacağına şüphe yoktur. Olağanüstü durumlarda, bazı yerlerde istenmeyen bazı olayların çıkmış olması, kaçınılması imkânsız zarurî ve olağan şeylerdir. Özellikle Kütahya, Bilecik ve Eskişehir gibi yerlerdeki suçsuz, haksızlığa uğramış halkın karşılaştığı baskı ve kötülükler lûtfen ve biraz da insaflıca düşünülürse, şikâyet konusu olarak gösterilen olayların ne kadar haklı olduğu bir an üzerinde durmakla anlaşılır. Buralardaki acıklı ve iç sızlatıcı duruma da, eski hükûmetin miskince davranışının sebep olduğu düşünülünce, bu olaylardan Millî Mücadele'yi sorumlu tutmaya kalkışmak haksızlık olur inancındayım. Kastamonu Vali Vekilinin, zâtıdevletlerince sözü edilen telgrafından dolayı kendisini de mazur görmenizi rica edeceğim.

Çünkü, bu biçim müracaat yalnız Kastamonu'dan değil, daha başka yerlerden de yapılmıştı. Yeni kabinenin kararsız gibi görünen başlangıçtaki tutumu bir iki gün daha devam etseydi, bu türlü başvurular memleketin her köşesinden yağacaktı. Bundan böyle, bu gibi hareketlere asla meydan verilmemesi için gereken her türlü tedbir alınacak, gerekli etkiler yapılacak ve zâtıdevletlerinin tavsiyelerine uyularak tam anlaşmanın gerçekleşmesi ve temel kanunlar çerçevesinde hükûmetle yakın işbirliği sağlanması için samimî olarak çaba harcanacaktır. Saygı ve ta'zim ile ellerinizden öperim efendim.

Mustafa Kemal

Ali Rıza Paşa Cumhuriyet kurulacağını keşfediyor

Efendiler, Ahmet İzzet Paşa'nın yazdığı nasihatnamenin ve buna verdiğimiz cevabın gözden geçirilmesi bir hatıramı canlandırdı. Milletçe bilinmesi ve tarihe geçmesi için onu da söylemiş olayım:

Ali Rıza Paşa, bir gün Ahmet İzzet Paşa'yı ziyaret eder. Sohbet sırasında, aleyhimde olur olmaz bazı şeyler söyler ve bu dedikodulara önemli bir keşfini de ekler: «Cumhuriyet kuracaklar, Cumhuriyet!» diye bağırır. Doğrusunu isterseniz efendiler, Makedonya'da, Osmanlı İmparatorluğu'nun Batı Orduları Başkomutanı Ali Rıza Paşa'nın arslanlardan oluşmuş bulunan koskoca Türk ordularını bozguna uğratıp yok ettirdikten ve verimli Makedonya topraklarını düşmana terkedip bağışladıktan sonra; devletin en kritik anında, Vahdettin'in emellerine hizmet için gereken vasıfları kazanmış olduğuna ve bu ünlü ordular başkomutanının bu defa da kendine en becerikli yardımcı olarak, eski Genelkurmay Başkanı'nı Harbiye Nezareti'ne getirmeyi düşüneceğine olağan gözüyle bakılabilirdi. Fakat Millî Mücadele'nin cumhuriyeti hedef aldığını bu kadar çabuk ve kolaylıkla sezip kavrayabileceğine hayran olmamak mümkün değildir.

Efendiler, bana bu bilgiyi veren, hikâyeyi bizzat İzzet Paşa'nın ağzından işiten ve şimdi içinizde bulunan çok değerli bir arkadaştır.

Salih Paşa Hey'et-i Temsiliye ile görüşmek için geliyor

Efendiler, Cemal Paşa, 9 Ekim 1919 tarihli bir şifre ile, Hey'et-i Temsiliye ile yakından görüşmek üzere Bahriye Nâzırı Salih Paşa'nın yola çıkmasının uygun görülmekte olduğunu bildirdi. Fakat, Salih Paşa biraz rahatsız olduğu için, görüşme yerinin mümkün olduğu kadar yakın olması ve İstanbul'dan deniz yoluyla hareketinin yerinde olacağının düşünüldüğü belirtildikten sonra, Hey'et-i Temsiliye'den kimlerle ve nerede görüşüleceğinin tasarlandığını sordu. 141

10 Ekimde verdiğimiz cevapta, görüşme yeri olarak Amasya'yı tespit ettik. Görüşmek üzere, Hey'et-i Temsiliye'den benimle birlikte Rauf ve Bekir Sami Bey'ler gidecekti. Bunu da bildirdik.

Salih Paşa'nın İstanbul'dan hangi gün hareket edeceğinin ve Amasya'ya ne zaman gelebileceğinin gün ve saatinin de bildirilmesini rica ettik.

Efendiler, memleketin her tarafında millî teşkilâtın genişletilmesi ve köklendirilmesi çalışmalarına devam ediyorduk. Aynı zamanda milletvekili seçimlerinin yapılmasını sağlamaya ve çabuklaştırmaya çalışıyorduk. Bu konudaki görüşlerimizi gerekenlere de bildirerek, bazı kimseleri tavsiye bile ediyorduk. Ancak, cemiyet adına aday göstermemeyi prensip olarak kabul etmemekle birlikte, milletvekili olmak için başvuranların Anadolu ve Rumeli Müdafaa-i Hukuk Cemiyeti'nin ilkelerini ve kararlarını benimsemiş kimselerden olmasını yürekten istiyor ve bu gibi kimselerin, cemiyet adına kendiliklerinden adaylıklarını koymaları gereğini de ilân ediyorduk.

11 Ekim 1919 tarihinde, bu arz ettiğim hususlarla ilgili olarak yeniden bazı emirler verdik *(Belge: 147, 148, 149)*.

Millî dâvâya hizmet eden memurların birer sebep uydurularak nakledilmesi ve yerlerinin değiştirilmesi, millî dâvâya karşı oldukları için millet tarafından kovulan memurların da memurluk sıfatlarının korunmaya devam edilmesi yüzünden, bazı yerlerden, yeni kabine ile uyuşmanın ne demek olduğunun anlaşılamadığı yolunda sitem ve şikâyetler gelmeye başladı. Bu hususu 11 Ekimde Cemal Paşa'ya yazarak, kabinenin dikkatini çekmek istedik.

Askerî Nigehban Cemiyeti

Bir de, Efendiler, bilirsiniz ki, İstanbul'da **Askerî Nigehban Cemiyeti** diye bir bozguncu grubu türemişti. O zamanki bilgilere göre, bu grubun başında bulunanlar, Kiraz Hamdi Paşa, hırsızlıktan dolayı ordudan kovulmuş Kurmay Albay Refik Bey, eski Halaskâr ([84]) Grubu'ndan Binbaşı Kemal Bey, eski Bandırma Sevkıyat Başkanı Topçu Binbaşılarından Hakkı Efendi ve daha bu dernekle ilişkisini kesip kesmediği bilinmeyen ve ordudan atılmış bulunan Kurmay Binbaşı Nevres Bey gibi çeşitli yolsuzlukları yüzünden ordudan atılmış yahut da emekli edilmiş bulunan kimselerle, ahlâksızlıkları ile tanınmış az sayıdaki kimselerden ibaretti.

İşte bu dernek, İkdam gazetesinin 23 Eylül 1919 tarih ve 8123 sayılı nüshasında bir bildiri yayınlamıştı. Dernek, bu bildirisiyle, kendilerine vatan ve milletin bekçisi süsünü vermek istiyordu. Cevat Paşa'nın Harbiye Nâzırlığı zamanında, bu dernek hakkında kovuşturmaya başlanmıştı. Değişikliklerden dolayı arkası kesildi.

Böyle bir derneğin varlığı ve faaliyeti ordu mensuplarının sinirlerini geriyordu. Hey'et-i Temsiliye'ye müracaatlar başlamıştı.

12 Ekim 1919 tarihinde, Harbiye Nâzırı Cemal Paşa'dan, kendi 142
başarısı bakımından, bu fesat yuvasının kökünden sökülüp atılmasını ve mensuplarının şiddetle cezalandırılmalarını ve bu yoldaki işlemlerin orduya bildirilmesini rica ettim *(Belge: 150)*.

Cemal Paşa'dan 14 Ekimde aldığım «bu kesin olarak kararlaştırılmıştır» *(Belge: 151)* şeklindeki kısa ve kesin dilli telgrafı 15 Ekimde bütün orduya özel olarak duyurdum *(Belge: 152)*.

Fakat, Cemal Paşa'nın bu kesin kararının hiçbir zaman uygulandığını hatırlayamıyorum.

İşgali suçlamayan bir siyaset

Efendiler, hatırlayacaksınız, İngilizler Merzifon'u ve arkasından da Samsun'u boşaltmışlardı. Bu münasebetle ve Ferit Paşa Kabinesi'nin düşmesi üzerine, Sıvas halkı fener alayı düzenledi ve gösterilerde bulundu. Birtakım nutuklar verildi. Bu sırada halk da «kahrolsun işgal» diye bağırdı. Sıvas'ta yayınlanan **İrade-i Milliye** ([85]) gazetesi, bu olayı olduğu gibi yazdı. Dahiliye Nâzırı Damat Şerif Paşa, bu gazetenin haberlerine dayanarak Sıvas iline yaptığı bir tebliğde «kahrolsun işgal» şeklindeki yazılar, hükûmetin bugünkü siyasetine uygun değildir, diyordu.

---

84) Kurtarıcılar.

85) Milli Irade.

Bu ne demektir, Efendiler? Hükûmet, işgali suç saymayan bir politika mı güdüyordu? Yoksa, «kahrolsun işgal» dedikçe, memleketi daha çok işgale mi yol açılacaktı? İşgal ve saldırı karşısında, milletin sessizlik ve sükûnet içinde kalması, işgalden tepkilenmiş görünmemesi mi akla ve politikaya uygundu?

Böyle sakat ve hayvanca bir düşünce, çöküş ve yokoluş uçurumuna kadar tekmelenmiş bir devleti kurtarabilecek siyasete temel olabilir miydi?

İşte bu münasebetle, 12 Ekim 1919 tarihinde, Harbiye Nâzırı Cemal Paşa'ya yazdığım bir telgrafta: «Vatanın bir kısmının boşaltıldığını gören milletin, bu şekilde, hattâ daha da belirgin bir şekilde, duygularını açığa vurmuş olmasını pek uygun ve yerinde gördüğümüzü» ve «milletin gerçek duygularına dayanarak hükûmetin bu haksız işgalleri siyasî bir dille ve resmen reddetmesini, bu güne kadar Ateşkes Anlaşması'na aykırı olarak yapılmış müdahaleleri protesto ederek, yapılanların düzeltilmesini isteyeceğini beklemekteyiz» dedikten sonra, «bu vesileyle, hükûmetin gütmekte olduğu politikada Hey'et-i Temsiliye'ce henüz bilinmeyen noktalar varsa, aydınlatılmasını» rica ettim *(Belge: 153).*

Temsilcimiz ve Harbiye Nâzırı Cemal Paşa'nın cevabı pek ilgi çekicidir *(Belge: 154).* 18 Ekim 1919 tarihli olan bu cevapta şu cümlelerin taşıdığı anlam dikkate değer: «Millî dâvâ çerçevesi içinde işleri yürütme sorumluluğunu yüklenmiş olan İstanbul Hükûmeti, tutumunda ve işlerinde siyasî mecburiyetleri kollamak, yabancılara karşı daha konukseverce ve yumuşakça hareket etmek zorunda» dır.

Süngülerini milletin kalbine saplayan yabancıları misafir sayan bir Harbiye Nâzırı

Efendiler, Rıza Paşa Kabinesi ve o kabinede Harbiye Nâzırı olan zat, aziz vatanımızı işgal eden, süngülerini milletin canevine saplayan düşmanları misafir kabul ediyor ve onlara karşı konukseverce ve yumuşakça harekette bir zaruret görüyor. Bu ne görüştür, bu ne kafadır? Millî dâvâ bu muydu?

Harbiye Nâzırı, «özellikle millî teşebbüslerinin yanlış yorumlanması yolunda girişilen faaliyetlerin daha güçten düşmediği şu sıralarda, işaret ettiğim ihtiyatlı davranışların yersiz olmadığı kabul buyurulur» inancında olduğunu söyleyerek, millî teşebbüslerden zarar görülmüş olduğunu an- 143
latmaya, bu yüzden meydana gelen kötülüğü tamir için tedbirlerinin yersiz olmadığını bize de kabul ettirmek ustalığını göstermeye çalışıyor.

Harbiye Nâzırı, telgrafını şu cümle ile bitiriyor: «Olgunluğunu eserleri ile ispatlamış olan yüce milletin güvenini kazanmış bulunan bugünkü hükûmetin, işlerinde serbest kaldıkça, dışarıya karşı sözünü daha çok dinleteceği açık bir gerçek olduğuna göre, saygıdeğer Hey'et-i Temsiliye'den hükûmetin yaptığı işleri daha çok desteklemelerini rica ederim.»

Efendiler, C e m a l P a ş a, gerçekten önemli noktalara dokunuyor : Önce, milletin olgunluğunu ispat ettiğini söyleyerek, bizim millet adına öne düşüp yol göstermemize ihtiyaç olmadığını dolaylı bir şekilde hissettirerek, bizi millet nazarında gereksiz birtakım müdahaleciler sayıyor. İkinci olarak, bizim, hükûmeti serbest bırakmadığımızı ve bu yüzden dışarıya karşı sözünü dinletmeye engel olduğumuzu söylüyor.

Efendiler, yüce milletimizin olgunluğunu ispat eden eserler, Erzurum, Sıvas Kongreleri ile bu kongrelerde aldığı kararlar, bu kararların uygulanmasına çalışmak suretiyle birlik ve dayanışma yaratılmaya başlanması ve Sıvas Kongresi'ni yapanları yok etmeye kalkışan D a m a t F e r i t P a ş a Kabinesi'ni düşürmek gibi işler, davranışlar ve uyanıklıktı.

Bu kadarla yetinmek, bütün bu hareket ve faaliyetlerde olduğu gibi bundan sonra da millete önderlik etmek gibi vicdanî bir görevden vazgeçerek hükûmeti serbest bırakabilmek, ancak bir şartla mümkün olabilirdi. O da, serbest kalmaya lâyık olduğu anlaşılacak, Millet Meclisi'ne dayalı millî bir kabinenin memleket ve millet mukadderatını gerektiği şekilde üstlendiğine inanmaktı. Milletin, «kahrolsun işgal!» şeklindeki protestosunu boğmaya çalışan duygu ve kavrayıştan yoksun hayvanca insanlardan kurulu ve içinde hain bulunan bir hey'etin, ahmakça, bilgisizce ve miskince hareketlerinin seyirci kalmak, akıl ve anlayış sahibi vatansever kimselerden beklenebilir miydi?!.

Bir de Efendiler, C e m a l P a ş a : «Milletin güvenini kazanmış bulunan bugünkü hükûmet» sözüyle pek büyük ve apaçık bir yalana başvuruyordu. Milletin hükûmete güven duyup duymadığı daha belli değildi. Bu söz ancak ve hiç olmazsa, kabine Millet Meclisi huzurunda güven oyu aldıktan sonra söylenebilirdi. Oysa, daha Millet Meclisi'nin üyeleri bile seçilmiş değildi.

Harbiye Nâzırı bu sözü söylediği dakikada, yalnız bir tek kişinin güvenini kazanmış bulunuyordu. O da devlet başkanlığı makamını kirletmekte olan hain V a h d e t t i n idi.

Hey'et-i Temsiliye'nin kendileri ile uyuşmaya ihtiyaç duymuş olmasını, millet adına güvene sahip olmakmış gibi kabul etmek istiyordu. Eğer maksatları bu idiyse, milletin kendilerine güven vasıtası olan bu hey'eti aradan çıkarma gereği nereden doğuyordu?

***

Milli Teşkilât genişliyor ve güçleniyor

Efendiler, Ferit Paşa Hükûmeti'nin düşmesi, memlekette kararsızlık içinde bulunan bazı yerlerin de duyguları ve maneviyatları üzerinde olumlu etki yaptı. Her tarafta sivil ve askerî âmirler başta olmak üzere, teşkilâta hız verildi. 144

Ali Fuat Paşa, batıdaki illerin hemen hepsi ile ilgilendi. Eskişehir, Bilecik ve arkasından Bursa bölgelerinde bizzat dolaşmak ve gereken kimselerle haberleşmek suretiyle çalışıyordu.

Balıkesir'de bulunan Albay Kâzım Bey (Meclis Başkanı Kâzım Paşa), o bölgenin millî teşkilât ve askerî hazırlıklarıyla ilgileniyor ve uğraşıyordu.

Bursa'da bulunan Albay Bekir Sami Bey, 8 Ekimde, Ferit Paşa'nın adamı olan valiyi İstanbul'a göndererek, Kongre'nin kararlarını uygulatmaya başlatmış ve bir merkez hey'eti oluşturmuştu.

Millî teşkilât ile uğraşıldığı kadar, milletvekili seçimi ile de büyük bir ilgiyle uğraşılıyordu.

Memleketteki bütün millî kuruluşların aynı ad altında, Hey'et-i Temsiliye'ye bağlı olması ilkesi izleniyordu. Eskişehir, Kütahya, Afyonkarahisar bölgelerinde teşkilâtın kuvvetlendirilmesi için, Aydın, Konya, Bursa, Balıkesir bölgelerinde bağlantı kolaylığı sağlayıcı tedbirler alınıyordu. Batı Cepheleri üzerinde Harbiye Nezareti'ne bilgi veriliyor, hükûmetçe ne gibi işler ve tedbirler düşünüldüğü de sorularak hükûmetin ilgisi çekilmeye çalışılıyordu.

Efeler tarafından idare edilen Aydın cephesindeki kuvvetlere bir komutan gönderme konusu düşünülmeye başlandı. İşgal altındaki yerlerde gizli millî teşkilât kurulması için 14 Ekimde Ali Fuat Paşa'ya ve Afyonkarahisar'daki 23'üncü Tümen Komutanı Ömer Lütfü Bey'e yazıldı. Bununla birlikte, bu tarihlerde, daha bazı yerlerden amacın iyice anlaşılamadığı görülüyordu. Örnek olarak, Redd-i İlhak Cemiyetleri'nin kendi adlarına tebliğler yayınladıkları oluyordu. 10 Ekim 1919 tarihinde Redd-i İlhak Cemiyeti Başkanı'nın imzası ile gönderilen bir yazıda, 20 Ekimde büyük bir kongrenin toplanacağı, bu kongreye iki temsilci gönderilmesi illerden isteniyor ve birtakım tedbirler alınması bildiriliyordu.

Öbür taraftan, Karakol Cemiyeti'nin de İstanbul'dan başka Bursa yöresinde de faaliyette bulunduğu anlaşıldı.

Bu dağınıklığın önüne geçmek için gereken tedbirler alındı. Özellikle, Ali Fuat Paşa'ya, Balıkesir'de Kâzım Paşa'ya, Bursa'da Bekir Sami Bey'e, Bursa Merkez Hey'eti'ne gerektiği şekilde yazıldı *(Belge: 155)*.

İtilâf ve Hürriyet Cemiyeti de düşmanlarla birlikte Anadolu'da millî dâvâya karşı örgütlenmek üzere yetmiş beş kişi kadar göndermiş. Bu haber alındı. Kolorduların dikkati çekildi.

İstanbul'da gizli çalışmaya karar verildi. Teşkilâtın genişletilmesi için Trakya'ya Cafer Tayyar Bey vasıtasıyla talimat verildi.

Meclis-i Meb'usan'ın toplanacağı yer

Efendiler, bir yandan milletvekillerinin seçilmesine çalışırken, bir yandan da Meclis-i Meb'usan'ın nerede toplanabileceği düşüncesi kafamızı kurcalıyordu.
Hatırlayacaksınız ki, Erzurum'dan Refet Paşa'nın bu konu ile ilgili 145
bir telgrafına cevap verirken «Meclis toplanmalı, fakat İstanbul'da değil, Anadolu'da» demiştim. Çünkü ben, Meclis'in İstanbul'da toplanması kadar mantıksız ve maksatsız bir davranış tasavvur edemiyordum. Ancak, bu hususta yetkili olanları ve kamuoyunu bu gerçeğe inandırmadıkça, düşüncemizin gerçekleşmesi mümkün değildi. İstanbul'da toplanmanın sakıncalarını olduğu gibi gözler önüne sermek gerekiyordu. Bu maksatla ve millî dâvâyı Rumlara ve yabancılara, Hristiyanlara karşıymış gibi göstermek için, Ali Kemal ve Mehmet Ali Bey'lerin gayretleriyle Ermeni Patrikhânesi'nde yapılan toplantılar ve Hürriyet ve İtilâf Partisi'nin teşebbüsleri üzerine, Harbiye Nâzırı vasıtasıyla, İstanbul Hükûmeti'nin dikkatini çektik.

13 Ekim 1919 tarihinde, Meclis-i Meb'usan'ın açılışından sonra Müdafaa-i Hukuk Cemiyeti'nin nasıl bir siyasî durum alması gerektiği görüşünde bulunduğunu, Cemal Paşa vasıtasıyla hükûmetten öğrenmeye çalışırken, Meclis-i Meb'usan'ın İstanbul'da toplanmasında ne gibi siyasî bir güvence elde edileceğinin düşünüldüğünü de sorduk. Aynı tarihte, Meclis-i Meb'usan'ın İstanbul'da korkusuzca toplanmasını sağlamak için hangi güvenlik ve korunma tedbirlerinin alınması düşünüldüğünü ve ne yapılmak gerektiğini, İstanbul'da teşkilâtımızın merkez hey'etinde bulunan ve Çanakkale Müstahkem Mevki Komutanı olan Albay Şevket Bey'den sorduk.

***

Amasya Mülâkatı (86)

Efendiler, hatırınızdadır ki, Bahriye Nâzırı Salih Paşa ile, Amasya'da bir görüşme kararlaştırılmıştı. Nâzır Paşa ile, hükûmetin dış politikası, iç idaresi ve ordunun geleceği ile ilgili konular üzerinde görüşülme ihtimali vardı. Bu nedenle, kolordu komutanlarının düşünce ve görüşlerini önceden bilmek, bence pek yararlı idi.

---

86) Amasya Görüşmesi.

14 Ekim 1919 tarihli şifremde, kolordu komutanlarının bu üç nokta üzerindeki görüşlerini rica ettim. Komutanların raporlarını belgeler arasında okursunuz *(Belge: 156)*.

Salih Paşa, 15 Ekimde İstanbul'dan hareket etti. Biz de, 16 Ekimde Sıvas'tan hareket ettik. 18 Ekimde Amasya'da bulunduk.

Salih Paşa'ya, uğrayacağı iskelelerde, millî teşkilât tarafından parlak karşılama törenleri yapılması ve tarafımızdan hoşgeldiniz denilmesi için talimat verilmişti *(Belge: 157)*.

Biz de kendisini, Amasya'da büyük bir törenle karşıladık.

Salih Paşa ile, Amasya'da, 20 Ekimde başlayan görüşmelerimiz, 22 Ekimde son buldu. Üç gün süren görüşmelerin sonunda, ikişer nüsha olmak üzere beş ayrı protokol düzenlendi. Bu beş ayrı protokoldan 146
üçü – Salih Paşa'da kalanlar bizim tarafımızdan, bizde kalanlar Salih Paşa tarafından – imza edildi. İki protokol gizli sayılarak imza edilmedi.

Amasya Mülâkatı sonunda alınan kararlar, kolordulara da bildirildi *(Belge: 158)*.

Efendiler, bu münasebetle, bir noktayı belirtmek isterim. Bizce temel alınan husus, millî teşkilâtın ve Hey'et-i Temsiliye'nin İstanbul Hükûmeti tarafından resmen tanınmış bir siyasî varlık olduğunun, görüşmelerimizin resmî bir nitelik taşıdığının ve sonuçlarına mutlaka uyulması gerektiğinin taraflarca resmen taahhüt edilmiş bulunduğunu tasdik ettirmekti.

Bundan dolayı, görüşmelerin sonuçlarını içine alan zabıtların protokol olduğunu kabul ettirmek ve İstanbul Hükûmeti'nin temsilcisi olan Bahriye Nâzırına imza ettirmek önemliydi.

21 Ekim 1919 tarihli protokol metni, denebilir ki, hemen bütünüyle Salih Paşa'nın teklifleri olup, kabulünde sakınca görülmeyen birtakım maddelerden ibarettir *(Belge: 159)*.

22 Ekim 1919 tarihli ikinci protokol, uzun süren tartışmalı bir görüşmenin zabıt şeklindeki özetidir.

Bu görüşmede, her iki tarafın, Hilâfet ve Saltanat konusundaki karşılıklı güvenceleri ile ilgili geniş açıklamaları içine alan bir girişten sonra, Sıvas Kongresi'nin 11 Eylül 1919 tarihli bildirisindeki maddelerin görüşülmesine başlandı:

1 — Bildirinin birinci maddesinde, tasarlanan ve kabul edilen sınırların en düşük düzeyde bir istek olmak üzere elde edilmesinin sağlanması gereği ortaklaşa kabul edildi.

Görünüşte, Kürtlere bağımsızlık kazandırmak gayesiyle yapılmakta
olan bozguncu propagandaların önüne geçme hususu uygun bulundu. Bu-
gün için düşman işgali altında bulunan bölgelerden Çukurova (Kilikya)'yı,
Arabistan ile Türkiye arasında bir tampon devlet yapmak üzere anavatan-
dan ayırma isteğinde bulunulduğundan söz edildi. Anadolu'nun, en koyu
Türk çevresi, en bereketli ve zengin bir bölgesi olan bu parçasının hiçbir
şekilde ayrılmasına razı olunmayacağı; Aydın ilinin de aynı kesinlikle (ve
öncelikle) vatan topraklarından kopmasının mümkün olmadığı ilkesi ge-
nellikle kabul edildi.

Trakya konusuna gelince: Burada da, görünüşte bağımsız bir hü-
kûmet, gerçekte bir sömürge devlet kurulması, böyle olduğu takdirde de
Doğu Trakya'dan Midye - Enez çizgisine kadar olan bölgeyi bizden ayırma
isteğinin söz konusu olabileceği ihtimali göz önünde bulunduruldu. An-
cak, Edirne'nin ve Meriç sınırının bağımsız bir İslâm hükûmetine katıl-
mak için bile olsa, hiçbir şekilde bırakılmasına rıza gösterilmemesi ilkesi
ortaklaşa kabul edildi. Bununla birlikte, bütün bu maddede söz konusu
edilen hususlar hakkında Meclis'in vereceği en son karara elbette uyula-
caktır, dendi.

2 — Bildirinin dördüncü maddesindeki, azınlıklara siyasî hakimiyet
ve sosyal dengemizi bozacak nitelikte imtiyazlar verilmesinin kabul edil-
meyeceği konusundaki fıkra üzerinde önemle duruldu. Bu kaydın, bağım-
sızlığımızı fiilen sağlamak için, elde edilmesi zarurî bir istek olarak düşü-
nülmesi ve bundan yapılacak en küçük bir fedakârlığın bağımsızlığımızı
derinden zedeleyeceği öne sürüldü. Bu maddede söz konusu olan ve azın- 147
lıklara fazla imtiyazlar verilmemesine yönelmiş olan gaye, ulaşılması ge-
rekli bir hedef olarak kabul edilmiştir. Bununla birlikte, gerek bu konuda,
gerek yaşama hakkımızın savunulması konusundaki öteki isteklerimizle
ilgili hususlarda - birinci maddenin sonunda olduğu gibi burada da - Millî
Meclis'in oy ve kararlarının geçerli olacağı kaydı konuldu.

3 — Bildirinin yedinci maddesi gereğince, bağımsızlığımız tam ola-
rak korunmak şartıyla, teknik, sanayi ve ekonomi alanlarındaki ihtiyaç-
larımızın nasıl giderilebileceği konusu tartışıldı. Memleketimize pek çok
sermaye dökecek olan bir devlet olursa, bunun malî işlerimiz üzerinde
gerektirebileceği bir kontrol hakkının genişlik derecesi kestirilemeyece-
ğinden, bu hususun bağımsızlığımıza ve gerçek millî çıkarlarımıza zararı
vermeyecek biçimde, uzmanlarca esaslı bir şekilde düşünülerek sınırlan-
dırıldıktan sonra Millî Meclis'çe uygun bulunacak şeklin kabulü görü-
şüldü.

4 — 11 Eylül 1919 tarihli Sıvas Kongresi kararlarının öteki madde-
leri de Meclis-i Meb'usan'ın kabulüne sunulmak şartıyla uygun görüldü.

5 — Bundan sonra, Sıvas Kongresi'nin 4 Eylül 1919 tarihli kararlarının teşkilât bölümü ile ilgili 11'inci maddesinde yer alan Anadolu ve Rumeli Müdafaa-i Hukuk Cemiyeti'nin durumu, bundan sonraki çalışma şekli ve alanı üzerinde duruldu.

Bu maddede, millî iradeyi hâkim kılacak olan Meclis-i Millî'nin yasama ve denetleme haklarına güvenlik ve serbestlikle sahip olduktan, bu güvenlik Meclis-i Millî'ce de doğrulandıktan sonra, cemiyetin şeklinin kongre kararı ile belirleneceği açıklanmıştır. Burada söz konusu olan kongrenin, şimdiye kadar yapılan Erzurum ve Sıvas Kongreleri gibi İstanbul dışında ayrı bir kongre halinde olması şart değildir, dendi.

Cemiyetin programını kabul eden milletvekilleri, cemiyetin tüzüğünde gösterilen temsilciler gibi kabul edilerek, bunların yapacakları özel toplantı, kongre yerine geçebilir. Bundan sonra, Meclis-i Millî'nin İstanbul'da tam bir güvenlik içinde, serbest olarak görev yapabilmesi şarttır, dendi. Bunun bugünkü şartlara göre ne dereceye kadar sağlanabileceği etraflı şekilde düşünüldü. İstanbul'un düşman işgâli altında bulunması dolayısıyla, milletvekillerinin yasama görevlerini hakkıyla yerine getirmelerine pek elverişli olamayacağı düşüncesi ortaya atıldı. 1870 - 1871 savaşında Fransızların Bordeaux (Bordo)'da ve daha sonra Almanların Weimar (Vaymar)'da yaptıkları gibi, barış anlaşması yapılıncaya kadar, geçici olarak, Meclis-i Millî'nin Anadolu'da, saltanat hükûmetinin kabul edeceği güvenilir başka bir yerde toplanması uygun görüldü.

Meclis-i Millî'nin toplanmasından sonra, çalışma şartları bakımından ne dereceye kadar güvenlik ve gizlilik içinde bulunacağı belli olacağından, tam bir güvenlik görüldüğü takdirde, Cemiyet, Hey'et-i Temsiliye'nin faaliyetine son vererek teşkilâtının çalışma hedefinin, yukarıda bildirdiğim üzere, kongre yerini tutacak olan özel bir toplantıda kararlaştırılacağı belirtildi.

Milletvekilleri seçiminde tam bir serbestlik bulunması gerektiği 148
hükûmetçe emredilmiş olduğundan, seçimler yapılırken Cemiyet Hey'et-i Temsiliyesi'nce müdahale edilmekte olduğu belirtildi.

Milletvekilleri arasında, İttihat ve Terakki üyesi ve orduda lekeli şahıslar bulunduğu takdirde, bunların milletvekili seçilmesine meydan verilmemek için, Hey'et-i Temsiliye'ce yol gösterme maksadıyla ve uygun şekilde bazı telkinler yapılmasının yerinde olacağı hesaba katıldı. Hey'et-i Temsiliye'nin bu konudaki yardım şekli de, ayrıca bir formül halinde üçüncü protokol olarak tespit edildi *(Belge: 160)*.

Gizli sayıldığı için imza altına alınmayan dördüncü protokol şuydu

1 — Bazı komutanların ordudan atılması ve bir kısım subayların Divan-ı Harb'e verilmeleri ile ilgili olarak çıkarılan padişah iradeleri ile diğer emirlerin düzeltilmesi.

2 — Malta'ya sürülmüş olanların, ilgili bulundukları kendi mahkemelerimizde kovuşturma yapılmak üzere İstanbul'a getirtilmeleri çarelerinin araştırılması.

3 — Ermeni zulmü ile ilgili görülenlerin de mahkemeye verilmesi (Millî Meclis'e bırakılacaktır).

4 — İzmir'in boşaltılmasının İstanbul Hükûmeti tarafından yeniden protesto edilmesi ve gerekirse gizli tâlimatla halka gösteri toplantıları yaptırılması.

5 — Jandarma Genel Komutanı, Merkez Komutanı, Polis Müdürü ve İçişleri Müsteşarı'nın değiştirilmeleri (Harbiye ve Dahiliye Nezaretlerince).

6 — İngiliz Muhipler Cemiyeti'nin (kapı kapı dolaşıp) halka kâğıt mühürletmelerine engel olunması.

7 — Yabancı parasıyla satın alınmış derneklerin faaliyetlerine ve bu gibi gazetelerin zararlı yayınlarına son verilmesi (özellikle subay ve memurların bu gibi derneklere girmelerinin kesinlikle yasaklanması).

8 — Aydın Kuva-yı Milliye'sinin güçlendirilmesi ve beslenmelerinin kolaylıkla sağlanması (bu husus Harbiye Nezareti'nce düzenlenir. Donanma Cemiyeti'nin 400.000 lirasından gerektiği kadarı, hükûmet tarafından bu maksat için ayrılabilir).

9 — Millî Mücadele'ye katılmış memurların genel bir yatışma ve güvenlik sağlanıncaya kadar yerlerinden alınmamaları ve millî dâvâya aykırı hareketlerinden dolayı millet tarafından işten el çektirilmiş memurların yeni görevlere tayinlerinden önce durumun özel olarak görüşülmesi.

10 — Batı Trakya göçmenlerinin taşınmalarının sağlanması.

11 — Âcimî Sadun Paşa ve adamlarının uygun şekilde desteklenmesi.

İmzasız beşinci protokol da, Barış Konferansı'na gidebilecek kimselerin adlarını içine alıyordu. Bununla birlikte, hükûmet bu konuda, ana ilkelere uymak şartıyla serbest bulunacaktı.

Delegeler :

Tevfik Paşa Hazretleri	Başkan
Ahmet İzzet Paşa Hazretleri	Askerî temsilci 149
Hariciye Nâzırı	Siyasî temsilci
Reşat Hikmet Bey	Siyasî temsilci

Uzmanlar Hey'eti :

Hâmit Bey	Maliye
Albay İsmet Bey	Askerlik
Reşit Bey	Siyasî işler
Mühendis Muhtar Bey	Bayındırlık işleri
Albay Ali Rıza Bey	Deniz Albayı
Refet Bey	İstatistik
Emirî Efendi	Tarih
Münir Bey	Hukuk Müşaviri
Uzman bir şahıs	Ticaret işleri
Uzman bir şahıs	Çeşitli mezheplerin imtiyazlarını bilen

Yazı Hey'eti :

Reşit Saffet Bey	Maliye Bakanlığı eski Özel Kalem Müdürü
Şevki Bey	
Salih Bey	
Orhan Bey	
Hüseyin Bey	Robert Kolej Türkçe Öğretmeni

Efendiler, bu görüşmelerimizde tespit edilen esaslar arasında, en önemli noktanın Meclis-i Millî'nin toplanma yeri ile ilgili olduğunun yüksek dikkatlerinizi çekmiş olacağını sanırım.

Meclis'in, İstanbul'da toplanmasının doğru olmadığı konusundaki eski görüş ve kanaatimizi Salih Paşa'ya kabul ve tasdik ettirdik. Ancak, Paşa, kendisi bu görüşe katılmakla birlikte, bu katılışın şahsına ait olup kabine adına şimdiden söz veremeyeceği kaydını da eklemişti. Kendisi, kabine üyelerini bu görüşe inandırmak ve katılmalarını sağlamak için elinden geleni yapacağına söz vermiş, başaramadığı takdirde, kabineden çekilmekten başka yapacak bir şey olmadığını söylemiştir.

Salih Paşa, bu konuda başarı sağlayamamıştır.

Meclis-i Meb'usan'ın toplanma yeri konusuna tekrar dönmek üzere, Amasya Mülâkatı ile ilgili açıklamalarıma son veriyorum.

Sıvas'ta bana karşı yapılan bir teşebbüs : Şeyh Recep olayı

Yalnız, Efendiler, biz Amasya'ya gelmek üzere Sıvas'tan ayrılır ayrılmaz, Sıvas'ta pek de hoşa gitmeyen bir olay geçmiştir. Bu olay hakkında kısaca bilgi sunayım : 150

Amasya'ya vardıktan sonra, İtilâf ve Hürriyet'çilerin yabancılarla birleşerek birtakım haince işlere giriştikleri yolunda bilgiler almıştık. Bunu derhal bir genelge ile her yere bildirmiştim. Sıvas'ta da, Padişah'a, aleyhimde telgraf çekilme gibi bir teşebbüs bulunduğunu haber aldım, fakat inanmadım. Elbette, Hey'et-i Temsiliye'deki arkadaşlarımızın, karargâhımıza bağlı şahısların, valinin ve daha başkalarının dikkat ve uyanıklığı buna engeldir dedim.

Oysa, Ş e y h R e c e p ve arkadaşlarından A h m e t K e m a l ile C e l â l adlarında üç kişi, bir gece telgrafhanede, kendilerine bağlı bir telgrafçı vasıtasıyla istedikleri telgrafları çekmişler...

Gerçekten, Amasya telgrafhanesinden S a l i h P a ş a 'ya ait şu telgrafı getirdiler:

16613 K.
82 **Sıvas, 18.10.1919**

Bahriye Nâzırı Devletli Salih Paşa Hazretleri'ne
Padişah Hazretleri'nin Yaveri (87) Saadetli Naci Bey
Hazretleri'ne

Aylardan beri memleketimizde olup bitenleri anlamak ve bunların içyüzünü öğrenmek üzere, il merkezine kadar zahmet buyurup gelmenizi memleket ve millet menfaatları adına diler, yine memleket ve millet adına makine başına teşriflerini bütün bağlılığımızla istirham ederiz.

Şeyh Şemseddin-i Sıvasî
torunlarından Recep Kâmil,
Zaralı-zâde Celâl

Ulemâ (88) Eşraf (89)
tüccar ve esnaftan
yüz altmış kişinin
mührü vardır.
İlyas-zâde Ahmet Kemal

Bana da 19 Ekim 1919 tarihli olan şu telgraf geldi:

Amasya'da Mustafa Kemal Paşa'ya

Halkımız, Padişah'ın ve hükûmetin görüşlerini S a l i h P a ş a 'nın kendisinden yahut da güvenilir bir ağızdan işitmedikçe, aradaki anlaşmazlığa çözülmüş gözüyle bakamayacaktır. Bu bakımdan iki yoldan birini seçmek zorunda olduğunuzu arz ederiz.

İlyas-zâde
Ahmet Kemal

Zaralı-zâde
Celâl

Şeyh Şemseddin-i Sıvasî
torunlarından Recep Kâmil

---

87) Yaver-i Hazret-i Şehriyari.

88) İslâm dini bilginleri.

89) İleri gelenler.

Efendiler, biz bütün memleket için doğru yolu göstermek ve halkı aydınlatmakla uğraşıyoruz. Fakat düşmanlarımız da bize karşı, her yerde ve hattâ içinde bulunduğumuz Sıvas şehrinde bile, alçakça niyetlerini gerçekleştirebilecek aşağılık vasıtalar bulmakta başarılı olabiliyorlar. 151

Bütün uyarılarımıza rağmen, ben oradan ayrılır ayrılmaz, Sıvas'taki şahısların dalgınlığı, her yerde ne kadar çok ilgi gevşekliklerinin ve göz yummaların doğmuş olduğuna güzel bir örnek oluşturuyor.

19 Ekim günü, Sıvas'taki arkadaşlar, Hey'et-i Temsiliye imzasıyla şu telgrafı veriyorlardı:

Amasya'da Mustafa Kemal Paşa Hazretleri'ne

Şeyh Recep ve arkadaşlarının Zâtıdevletlerine çekilmek üzere telgrafhaneye şimdi verdikleri telgraf sureti, aşağıda aynen arz olunur:

Bu konuda Topçu Binbaşısı Kemal Bey, ayrıca soruşturma yapmaktadır.

Bu telgrafa, aldığımı arz ettiğim telgrafın suretini de ekliyorlar.

Sıvas Telgraf Müdürü de aynı gün şu bilgiyi veriyor:

Mustafa Kemal Paşa Hazretleri'ne

Şeyh Şemseddîn-i Sıvasî Torunlarından Recep, İlyas-zâde Ahmet Kemal ve Zaralı-zâde Celâl imzalarıyla yazılan telgrafları takdim ederim. Bu telgraflar gece getirilmiş ve memurlarımız tehdit edilerek yazdırılmıştır. Herkesin, kendi şartları içinde elbette telgraf yazma hakkı vardır. Ancak, makine odasına önüne gelenin girmesi yasak olmak şöyle dursun, memurlara gözdağı verilerek korkutulmaları gibi hükûmetin otorite ve haysiyetini zedeleyecek davranışlarda bulunmak, doğrusu isyan niteliğindedir. Durumu Valilik yüksek katına arz ettim. Memlekette sağlıklı bir düzenin kurulması için çalışmakta olan zâtıdevletlerine de arz ederim. Derin saygılarımın kabul buyurulması istirham olunur.

19 Ekim 1919 **Başmüdür**
Lütfü

İstanbul Merkez Şefi Bey'e:

Halkın ağzından arz olunan, memleket ve milletin selâmeti için takdimi istirham edilen telgraflarımızın yerine ulaştırılmasına engel olan din ve devlet hainidir. Sonunda kan dökülmesine sebep olacaktır. Padişah'a duyurmak için kararlılığımız kesindir. Cevap bekliyoruz.

Mabeyn-i Hümâyûn Başkitabeti (90) 152
Yüksek Katına

Yüksek aracılığınızla Padişah Efendimiz'e biz kullarınca takdim kılınan dilekçenin cevabını, vatan ve millet adına makine başında bekliyoruz.

---

90) Saray Genel Sekreterliği.

Mabeyn-i Hümâyûn Aracılığı ile
Halife Hazretleri'nin Yüce Katına

İlimiz Sıvas'ta, Anadolu ve Rumeli Müdafaa-i Hukuk Cemiyeti adıyla kurulan Kongre Hey'eti'nin başkanı M u s t a f a K e m a l P a ş a, etrafa, siz Padişah Efendi'mizin güven belgelerini taşıdığı haberini yayarak, memleketimizde kötülüklerini örtbas etmek isteyen küçük bir grupla birlikte, kendilerini millî iradenin temsilcisi gibi gösteriyorlar. Oysa, şanlı Halîfemiz ve sevgili Padişahımız'a bu yönden bağlı olmamız ve mutlak olarak bağlanmamız dinimizin gereği olduğundan, Bahriye Nâzırı S a l i h P a ş a ile Efendimiz Hazretleri'nin Başyaveri N a c i B e y e f e n d i' nin Amasya'ya gönderildiklerini haber aldık. Halk arasında kendini gösteren heyecanı yatıştırmak için, bilginlerden, şehrin ileri gelenlerinden ve tüccardan iki yüzü aşkın imzayı taşıyan davetiye telgrafımıza cevap alamadık. Kamuoyunun ne durumda olduğunun bizzat yerinde görülmek üzere, kendilerinin Sıvas'a kadar gönderilmesini bütün bağlılığımızla eşiğinize yüz sürerek yalvarır ve niyaz ederiz. Bu konuda ve her halde emir ve ferman Padişahımız Efendimiz Hazretleri'nindir.

Efendiler, düşmanlar, Ş e y h R e c e p 'e gerçekten önemli bir rol oynatmış bulunuyorlardı. Sırası gelince arz edeceğim belgelerden, S a i t M o l l a 'nın Rahip F r e w 'a yazdığı 24 Ekim tarihli bir mektubunda, M o l l a, papaza «Sıvas olayını nasıl buldunuz? Biraz düzensiz ama yavaş yavaş düzelecek» diyordu.

Bütün milletin birlik ve dayanışmasından ve millî teşkilâtın memleketin her köşesine yayıldığından bahseden, milletin ortak isteğine uyarak, askerî ve millî teşkilâta dayanarak kabineyi düşüren, yeni kabine ile karşı karşıya geçen bir hey'etin başkanı aleyhinde – tam yeni kabine temsilcisiyle görüşmelere girişeceği bir sırada ve bu maksatla Sıvas'tan ayrıldığının hemen ertesi günü – bütün Sıvas halkı adına ayaklanma çıktığını gösterir bir telgrafın, telgrafhane tehdit edilerek çektirilebilmesi elbette anlamlı idi.

Bizzat içinde bulunduğu Sıvas halkı, böyle bir hey'etin aleyhinde olunca, bütün milletin, aynı duygu ve düşüncede olmayacağını ispat etmek gerçekten güçtür. O halde, temsil yeteneği böyle olan bir hey'etle başkanının dayandığı gücün de çürük olacağı yargısına varmak neden doğru olmasın!

Sıvas'tan yükseltilen bu sesin düşmanlar için ne kadar kuvvetli ve önemli olduğu takdir buyurulur.

Efendiler, S a l i h P a ş a 'ya ait telgrafı, Amasya'ya geldiğinde kendisine verdirdim. Ancak, Ş e y h R e c e p ve arkadaşlarının hükûmetçe cezalandırılmalarını istedim. Sıvas'taki Hey'et-i Temsiliye üyelerine de telgraf başında 19 Ekimde şunları sordum :

1 — Ş e y h R e c e p, A h m e t K e m a l ve C e l â l imzalarıyla Saray Genel Sekreterliği'ne çekilen telgrafı gördünüz mü?

2 — Telgrafhânede nöbetçi subayı yok mu?

3 — Hepiniz orada olduğunuz halde böyle bir küstahlık nasıl yapılabilir? Kaldı ki, bu çılgınların teşebbüsleri hepinizce biliniyor. Salih Paşa'ya ve Naci Bey'e yazılmış üç imzalı telgraf hazırladıklarını biz buradan işitmiştik. Sizin bundan haberiniz yok muydu?

4 — Yabancılarla birlikte İtilâf ve Hürriyet'çilerin birtakım haince hare- 153
ketlere giriştikleri konusunda dün bir genelgeyle yapılan tebligat alınmadı mı?

5 — Baskı yapılan ve kendilerine gözdağı verilen telgraf memurlarının, hemen gereken kimseleri, Vali Paşa'yı ve diğer ilgilileri haberdar etmemelerinin ve nöbetçi subayının bunda gaflet göstermesinin sebebi nedir?

6 — Başmüdür Bey'in bilgi vermesi üzerine alınmış olan tedbirler nelerdir?

Mustafa Kemal

Valiliğin, konuyu askerî makamlara bıraktığının anlaşılması üzerine Kolordu Kurmay Başkanı Zeki Bey'e de şunu yazdım :

Söz konusu olan olaya karışmış olanların tutuklanıp cezalandırılmaları için valilikçe elde bulunan imkânlar kullanılmış yahut yetersiz görülmüş de mi, iş kolorduya atılıyor? Yoksa, bu küstahça hareketlere karşı da valilikçe tedbir alınmasında kararsızlık mı gösteriliyor? Bu durum anlaşıldıktan sonra, konunun çözümü daha kolay ve esaslı olur.

Mustafa Kemal

Daha sonra Sıvas'ta bulunanlara şu emri verdim :

1 — Telgrafhâne tamamen kontrol altına alınacaktır. Bir subay komutasında bir manga asker yerleştirilecektir. Bundan önce olduğu gibi, telgrafhaneyi işgal ve memurlara baskı yaparak milletin meşru birliği aleyhinde zihinleri bulandırıcı ve güvenlik bozucu teşebbüslerde bulunacak hainler kesinlikle engellenecektir. Bu gibi güvenlik bozucu hareketlerde kanunî sınırları aşan ve askere saldıranlara karşı, duraklamadan her nerede olursa olsun silâh kullanılacaktır.

2 — Küstahça hareketlere yeltenenleri yola getirme açısından, Kurmay Başkanı'nın ileri sürdüğü sebeplere dayanılarak, kaçmalarına fırsat verilmeksizin derhal gereği yapılacak ve sonucu bir iki saate kadar bildirilecektir. Ancak, bu konuda karar vermek için orada bulunan kimselerden hiçbirisinin teşebbüse geçmeyip de ne yapılacağının bizden sorulmaya kalkışılması, gerçekten esef edilecek bir durumdur. Bu karar, bir taburu Sıvas'ta bulunan 5'inci Tümen Komutanı Cemil Cahit Bey tarafından tabur komutanına emredilmiştir. Oraca bu kararın sür'atle uygulanmasına hiç olmazsa yardım buyurulması istirham olunur.

3 — Sıvas'ta disiplinin sağlanabilmesi için, uyanıklıkla, bütün ilgililerle kesin ve şiddetli tedbirler alınması gereğini rica ederim.

Mustafa Kemal

Özel olarak Osman Tufan ve Recep Zühtü Beyler'e, şu direktifi verdim :

Milli Mücadele aleyhinde küstahlık edenler için yapılacak işlemler ilgililere 154
bildirilmiştir. Durumu takip ederek gereğinin tam olarak yapılıp yapılmadığını ve gözyumulduğu takdirde bizzat müdahale ederek bilinen şahısların tutuklanması ve

yardakçılarının zararsız duruma getirilmesi istenmektedir. Bu konuda, lüzum görülürse, her kime karşı olursa olsun gereğini yapmakta çekingenliğe düşülmemelidir.

Mustafa Kemal

20 Ekimde Vali R e ş i t P a ş a, konuyu uzun uzadıya anlattıktan sonra, «olayın genişlemesi ihtimali varken önüne geçilmiş ve gösterilen sür'atli ve şiddetli müdahaleden dolayı, bundan sonra benzer durumların ortaya çıkmayacağının anlaşılmış» olduğunu yazıyordu *(Belge: 161)*.

Efendiler, İstanbul Hükûmeti'nin Ş e y h R e c e p 'i ve arkadaşlarını cezalandırmış olduğuna elbette ihtimal vermediniz. «Sıvaslı Şeyh Şemseddîn'in torunlarından» diye imza atan bu miskin ve âdî şeyhin, bundan sonra da düşmanların elinde âlet olarak girişeceği alçaklıklara tesadüf edeceğiz.

Adapazarı dolaylarında kışkırtmalar

Efendiler, daha Amasya'da iken karşılaştığımız durum, yalnız, Ş e y h R e c e p olayı ile kalmadı. Adapazarı dolaylaylarında da buna benzer bir olay görüldü. Müsaade ederseniz onu da kısaca bilginize sunayım :

Adapazarı ilçesinin Akyazı taraflarında türeyen T a l u s t a n B e y, İstanbul'dan para ve direktifle gelerek, süvari olacaklara 30, piyade yazılacaklara 15 lira vaadeden B e k i r B e y ve Sapanca'nın Avşar köyünden B e s l â n adında bir tahsildar birleşiyorlar. Bu adamlar başlarına topladıkları atlı, yaya birtakım kimselerle Adapazarı kasabasını basmaya karar veriyorlar. T a h i r B e y adındaki Adapazarı kaymakamı bunu haber alıyor. T a h i r B e y, İzmit'ten gönderilen bir binbaşı ile kendi topladığı yirmi beş kadar atlıyı alarak, kasabayı basmaya gelenlere karşı hareket ediyor. Lâtife denilen bir köyde karşılaşıyorlar. Bu başıbozuk gruba hareketlerinin sebebi sorulmuş... Verdikleri cevap şuymuş : «Padişah Hazretleri'nin hayatta ve yüce hilâfet makamlarında olup olmadığını öğrenmek için Adapazarı'na makine başına gelmek istiyoruz. M u s t a f a K e m a l P a ş a 'yı, Padişah yerine koyamayız...»

T a h i r B e y 'in makina başında, İzmit Mutasarrıfı'na verdiği bilgide, «adı geçenlerin İstanbul'da önemli kimselerle ilişkide olduğunu ve hattâ Padişah'ın da bu hareketlerinden haberli bulunduğunu söyledikleri» kaydediliyordu. Resmî olarak verilen bilgide: «B e k i r' in, orada toplanan kimselere, bu iş için İstanbul'da bir hafta süre koydular, beş gün geçti. İki günümüz kaldı. İşi çabucak bitirelim» dediği de bildiriliyordu *(Belge: 162)*.

İzmit'teki Tümen Komutanı, Adapazarı üzerine bir müfreze gönderecekti. Ali Fuat Paşa da, Düzce üzerine bir miktar kuvvet sevk edecekti.

23 Ekim tarihinde, İzmit'teki Tümen Komutanı'na, Bekir'in İtilâf ve Hürriyet'çilerle yabancı düşmanlar tarafından gönderildiği ve bozguncu hareketlerinin önlenmesi gerektiği bildirildi.

Adapazarı kaymakamı Tahir Bey'e de, 23 Ekimde doğrudan 155
doğruya, «Bekir ve arkadaşları için uygulanacak sert ve sür'atli tedbirlerde asla gevşek davranılmamasını, zararlarının önlenmesini ve sonucun bildirilmesini» emrettim *(Belge: 163).*

Efendiler, 23 Ekim tarihli bir şifre ile, Bekir ve yardakçılarının, yaptıkları işler ve kimlikleri hakkında elde ettiğimiz bilgileri, Harbiye Nâzırı Cemal Paşa'ya bildirdik ve «Saltanat Hükûmeti'nce bu gibi bozguncu eylem ve hareketlere karşı, zamanında etkin tedbirler alındığı ve konu millî teşkilâta dokunduğu takdirde, en şiddetli tedbirlere başvurmak zorunda kalacağımızı arz ederiz» dedik *(Belge: 164).*

İzmit'ten giden ve olay yerinde takviye edilen millî ve askerî bir müfreze, «pek çok sayıda toplanmış ve toplanmakta olan fesatçıları dağıtmış, tahsildar Beslân ve kardeşi Hasan Çavuş'u ele geçirmiş, asıl özel direktif ve para ile bir hafta önce İstanbul'dan gelmiş olan Bekir, kaçmış.» Bu Bekir, subaylıktan kovulma ve Manyaslıdır *(Belge: 165, 166).* Bundan sonra vermeye mecbur olduğumuz emirlerle, İzmit'te kışkırtıcı ve tertipçi olanlardan, İngiliz İbrahim diye tanınan biri ve diğer birtakımları hakkında kovuşturma başladı *(Belge: 167, 168).*

«Bekir'in, olay yerinde alınan tedbirler sonunda teşebbüsünün boşa çıktığını ve kaçtığını, ancak, İstanbul'a dönerek, orada yeniden mel'unca teşebbüslerde bulunmasının kuvvetle muhtemel olduğunu, hakkında özel kovuşturma yapılmasını» Amasya'dan 26 Ekim 1919 tarihinde Harbiye Nâzırı Cemal Paşa'ya yazdım *(Belge: 169).*

27 Ekim 1919 tarihinde Bolu Mutasarrıfı Haydar Bey'den gelen telgrafta: «Bekir'in emrinde iki subay, kırk silâhlı adam olduğu halde Abaza köylerinde halkı, bugünkü hükûmet adına, Millî Mücadele aleyhine kıştırtarak birçok para sarfettiği ve Nezaret'e yazdığı yazıların kabul edilmediği» bildiriliyordu *(Belge: 170).*

Efendiler, bu gibi konularda, hükûmeti uyarma ve görevini yapmaya davetten ibaret olan müracaatlarımız, elbette, hükûmetin işine karışma gibi sayılmaz, inancındayım.

İstanbul'da hükûmetin gözü önünde tertiplenen, içteki ve dıştaki düşmanların Padişah'ın bilgi ve rızası ile olduğuna şüphe etmediğimiz teşebbüslerinin, fiilen başarıya ulaşacağı dakikaya kadar beklemek ve «elbette hükûmet tedbir alır, engel olur» diyerek safça bir boyun eğmeye kapılmak yerinde olamazdı.

Efendiler, Amasya'da görüşmelere başladığımız 20 Ekim günü, alınan bilgilerin özeti şuydu : İstanbul'da, Hürriyet ve İtilâf Partisi, Askerî Nigehban Cemiyeti ve Muhipler Cemiyeti bir blok kurdular. Bu blokla, Ali Kemal ve Sait Molla gibi kimseler, azınlıkları sürekli olarak Kuva-yı Milliye aleyhine kışkırtmaya başladılar. Rum ve Ermeni patrikleri, Kuva-yı Milliye aleyhine İtilâf Devletleri temsilcilerine başvurdular. Ermeni Patriği Zaven Efendi, **Neologos** gazetesinde yayınladığı bir mektupla, son Millî Mücadele hareketinden dolayı Ermenilerin göç etmekte olduklarını ilân etti.

İdam edilmiş bulunan Kâzım'ın kardeşi Hikmet adında bi- 156
ri, İstanbul'dan aldığı direktifle Adapazarı çevresinde başına birtakım silâhlı adamlar toplamaya başladı. Bu Hikmet'in adına önemli bir belgede de rastlayacağız. Adapazarı yakınlarında, Değirmendere'de de para ile adam toplanmaya başlandı. Çete halinde toplananların, Geyve hükûmet binasını basmaya karar verdikleri haber alındı Karacabey'de de buna benzer ufak tefek hareketler görüldü. Bursa'da, Gümülcüneli İsmail'in topladığı çetelerin, Kuva-yı Milliye aleyhindeki hareketleri duyulmaya başladı. Nigehbancılardan tutuklu bulunanların hepsi bir günde hapisten çıkarıldı.

Düşmanlar tarafından Kuva-yı Milliye aleyhine kurulan çetelerin çatışmaya geçmeleri, karşı blokun açıktan açığa hareketi, İstanbul polis müdürünün aleyhte faaliyeti, Ali Rıza Paşa Kabinesi'nde bizim aleyhimizde nâzırların bulunması, bazı teşkilât merkezlerimizi, özellikle İstanbul merkezimizi ümitsizliğe düşürmeye başlamıştı *(Belge: 171, 172)*.

Hükûmetin, bir maksat ve karar sahibi olduğunu gösterecek hiçbir harekette bulunamaması ve yalnız Dahiliye Nâzırı Şerif Paşa'nın olumsuz ve aralıksız faaliyetini doğru bulan davranışı, gerçekten düşünülecek ve endişe edilecek bir durumu sergiliyordu.

İstanbul'da Kuva-yı Milliye'ye karşı kışkırtmalar

Bu konuda, ilk defa, duyarlık gösteren ve harekete geçme önceliği taşıyan Ankara oldu. Ankara Vali Vekili Yahya Galip Bey'in Sıvas'a çektiği 15 Ekim 1919 tarihli bir şifresini, rahmetli Hayati Bey'in imzasıyla diğer bir şifre içinde 22 Ekimde Amasya'da aldım. O şifre aynen şöyledir :

Mustafa Kemal Paşa Hazretleri'ne

Paşa Hazretleri; biz kendi kaderimizi ne böyle milletin kaderinden habersiz hükûmete ne de rastgele gönderilecek valilere bırakamayız. Birçok defa zâtıâlilerine arz ettiğimiz düşünceler dikkate alınmadığından, İstanbul Hükûmeti, Ferit Paşa Kabinesi'nin atayıp da gönderemediği eski Bitlis Valisi Ziya Paşa'yı buraya ve bütün görevlerinde hayatı boyunca hiçbir varlık gösterememiş olan Suphi Bey'i de Konya'ya vali atamak suretiyle ilk adımını atmaya başladı. İşte bu gibi durumlar dolayısıyla, Meclis-i Meb'usan kurulmadan önce, hiçbir göreve dışarıdan kimsenin getirilmemesini geçenlerde arz etmiştik. Madem ki şimdiki hükûmet, buraya yeniden vali göndermeye kalkışmıştır, şu halde, buradaki Millî Mücadele'nin söndürülmesi isteniyor demektir. Nasıl ki, zâtıâlileri askerlikten ayrılarak milletin bir ferdi olarak çalışmaya karar verdiniz, bendeniz de buradan çekilerek aynı şekilde milletimin bana vermiş olduğu görevi yapmaya karar verdim. Vali gelinceye kadar vekâleti kime bırakacağımı lûtfen bildiriniz efendim.

15 Ekim 1919

Ankara Vali Vekili
Yahya Galip

Bir gün sonra da, 23 Ekimde Cemal Paşa'nın, 21 Ekim 1919 tarihli şu telgrafını aldım : **157**

Sayı
419

Kadıköy, 21.10.1919

Amasya'da Mustafa Kemal Paşa Hazretleri'ne

Ankara'dan Belediye Başkanı ve Müftü Efendi; dışarıdan gelecek valiyi kabul etmeyeceklerini; Ankara'ya, Ankara'dan vali atanması gereğini kendi yetkilerine dayanarak ileri sürüyorlar. Böylece, her taraftan ayrı ayrı isteklerin ileri sürülmesi, hükûmeti güç duruma sokmaktadır. Kötü niyetliler ve azınlıklar bu gibi durumları türlü türlü yorumluyor. (...) Hükûmetin destekleneceğine söz verilmesi üzerine, bu gibi hususların önlenmesi gereğini rica ederim. Atanması, Padişah'ın onayından geçen valinin yola çıkması gerektiğini elbette kabul buyurursunuz.

Harbiye Nâzırı
Cemal

Gerçekten de, başta müftü efendi olduğu halde (bugün Diyanet İşleri Başkanı bulunan sayın Rifat Efendi Hazretleri idi), Ankaralılar, bu atamayı protesto etmek üzere, İstanbul'a başvurmuşlardı.

Ankara'yı yatıştırarak, hükûmet otoritesini kırmamak için telgraf başında birçok nasihatlarda bulundum. Ancak, Ankara'nın haklı olduğunu teslim etmemek mümkün değildi. Sonunda, Cemal Paşa vasıtasıyla hükûmete yazdığım telgraftan söz ederek, alınacak cevaba kadar durumun iyi idare edilmesini Ankara'daki Kolordu Komutan vekili Mahmut Bey'e yazdım.

Bu noktada, sırası gelmişken bir gerçeği bilginize sunmak uygun olur. Hey'et-i Temsiliye olan bizler, hükûmetin durumunu ve nasıl bir hükûmet olduğunu pekâlâ anlamıştık. Hükûmet üyelerinden bazılarının hükûmette bulunmaktan pişmanlık duyduklarını ve çekilmek için bahane aradıklarını da anlıyorduk. Bundan başka dış ve iç düşmanların ve Padişah'ın el birliği ile, Ali Rıza Paşa Kabinesi yerine, kendi görüşlerini açıktan açığa ve sür'atle uygulayacak diğer bir kabineyi iktidara getirmeye kararlı olduklarından da habersiz değildik. Bunun içindir ki, Ali Rıza Paşa Kabinesi'ni, en az zararlısı sayıyorduk. Bir de Ferit Paşa'nın düşmesinden sonra, yeni kabine ile anlaşmak için geçen dört beş gün içinde, bazı taraflardan elden geldiği kadar çabuk anlaşma hususunda alınmış olan tavsiyeler de, bizce göz önünde tutulması gereken anlam ve nitelikte idi. Bu bakımdan, gayeye güvenli bir şekilde ulaşıncaya kadar, gerekirse, biraz da fedakârlık yapmak zaruretini duyuyorduk.

Mahmut Bey'e yazdığım şifrede kapalı bir şekilde bu nokta- 158
lar da belirtilmişti *(Belge: 173).*

Cemal Paşa'ya verdiğim cevabı olduğu gibi bilginize sunacağım :

Şifre **Amasya, 24.10.1919**
Özel, İvedi

Harbiye Nâzırı Cemal Paşa Hazretleri'ne

İlgi : 21.10.1919 tarih ve 419 sayılı şifre :

Ankara'dan vali hakkında yapılmış olan müracaat ve istirhamın aşağıdaki sebeplerden ileri geldiği anlaşılmıştır :

Şöyle ki : İstanbul'dan alınan güvenilir haberlerde İngilizler ile İngiliz Muhipler Cemiyeti'nin, İtilâf ve Hürriyet ve Nigehbancıların, Hristiyan azınlıklar ile işbirliği yaptıkları, Anadolu'ya birçok bozguncular göndererek millî teşkilâtı sakatlama ve İstanbul Hükûmeti'ni dağıtma teşebbüslerinde bulundukları, bu bozguncuların Adapazarı ve Bursa'dan yola çıktıkları bildirildiği gibi, son günlerde Adapazarı'nda da bazı olayların görülmesi endişe yaratmıştır. Konya'ya gönderilen Vali Suphi Bey'in, İngiliz Muhipler Cemiyeti'nin İstanbul Yönetim Kurulu üyelerinden olduğunu Konya'da Refet Bey'e söylemiş olduğu haberinin yayılmış olması, uyanan şüpheyi daha da artırmıştır. Ankara valiliğine atanan Ziya Paşa'nın tutumu ve namusu hakkında bir şey denemezse de, kendisinin ehliyet ve iktidarı da şüpheli görüldüğünden, Ankara ili gibi millî teşkilât ve mücadelemizin en önemli merkezlerinden olan bir bölgede, daha durumlar açıklık kazanıp da tam bir sükûnet ve güvenlik sağlanamadan, buradaki önemli işlerin başına, hiçbir tecrübesi bulunmayan âciz bir valinin getirilmesi tereddüt uyandırmıştır. Ankara'da bulunan vali vekili ve komutan ile Hey'et-i Temsiliye arasında yapılan haberleşmeler üzerine, şimdiki hükûmetin, her ne şekilde olursa olsun emirlerine ve yaptıklarına uymak tabiî görülmüş ve o yolda hareket edilmiş ise de, doğrudan doğruya halkın kendisi, tasavvur ettikleri tehlikeye karşı verilen güvenceyi yeterli görmeyerek, tam bir güvenlik ortamı doğuncaya kadar, kendilerince millî dâvâya bağlılığı denenmiş bulunan vali vekilinin göreve devamını elzem sayarak doğrudan doğruya hükûmete başvurmuşlardır. Zâtıdevletlerinin son yazıları üzerine Ankara'da gereken kimselerle yeniden görüşülmüş, hattâ sakıncaları bulunsa bile, sırf hükûmet otoritesini sarsmamak için Ziya Paşa'nın iyi karşılanmasının sağlanmasına çalışılmıştır. Ancak, karşılaştığı tehlikelerden ve fesatlıkların ağır bastığı gidişattan son derece ürkmüş olan halkı, bunu kabule inandırmak mümkün olamamıştır.

Dahiliye Nâzırı Paşa Hazretleri'nin, içinde bulunduğumuz durumun önem ve ciddiyetini, düşmanlarımızın durmadan ne kadar iblisçe çalışmakta olduklarını takdir buyurdukları şüphesiz bulunduğuna göre, Nezaret makamına yeni geçmiş olmaları yüzünden, çalıştırılmaya lâyık olan memurları tanımakta mazur oldukları gibi, Âdil Bey' in bile müsteşarlığını yapmış olan Keşif Bey' in, hâlâ 159
müsteşarlık yapmakta olduğu gözönünde bulundurulunca, özellikle yüksek dereceli memurların atanmasında ne dereceye kadar uzak görüşlü davranılmasının gerekeceği kendiliğinden anlaşılır. Bu bakımdan Ziya Paşa'nın şimdilik gönderilmemesinin sağlanmasına yüksek yardımları ve sonucun bir emirle bildirilmesi arz ve istirham olunur.

Mustafa Kemal

Efendiler, Ali Fuat Paşa, 28 Ekim 1919 tarihli bir şifresiyle, İstanbul'daki teşkilâtımızın, adıma gönderdikleri bir telgrafı bildirdi. Bu telgrafta verilen bilgiler önemliydi.

Çerkez Bekir'in yarattığı, o bilinen olay, Adapazarı ve çevresinde Kuva-yı Milliye'ye karşı isyan başlangıcı sayılmış. Bundan nasıl yararlanılacağı konusunda «Padişah, Ferit Paşa, Âdil Bey ve Sait Molla ile Ali Kemal Bey'den kurulu» bir hey'et, birtakım tasarlamalar da bulunmuşlar.

Bu telgrafta, yukarıda adı geçen Hikmet hakkında da bilgi veriliyordu. Bu Hikmet, iki ay önce Amasya'dan Adapazarı'na gelmiş. O çevrede öteden beri kendisine ve ailesine karşı olanların millî teşkilâta girdiğini anlamış. Hikmet Bey, Amasya'dan geldiğini, beni tanıdığını ve millî teşkilâtı kurmaya yalnız kendisinin yetkili olduğunu ileri sürerek, Sıvas'la haberleşmeye kalkışmak ister. Karşı taraf engel olur. Hikmet, karşı teşkilât kurar. Bunu sezen Sait Molla, Hikmet'i elde edecek çareyi bulur. Kendisini Hristiyanlara karşı bir isyan için ayartır.

Efendiler, Hikmet ile ve düşmanlarımızın Hristiyanlar aleyhindeki tertipleri ile ilgili olan bilgiler, daha sonra dokunacağımız bazı durumların kolaylıkla anlaşılmasına yarayacağı için, bunların gereksiz sayılmamasını rica ederim *(Belge: 174, 175)*.

Efendiler, bu bilgiler üzerine Cemal Paşa'ya yazdığım telgrafa yüce meclisinizin de dikkatini çekmek isterim :

Şifre **Sıvas, 31.10.1919**

Harbiye Nâzırı Cemal Paşa Hazretleri'ne

Adapazarı dolaylarında, hükûmet ve millî teşkilât aleyhinde geçen olay yüksek şahıslarınca bilinmektedir. Bu olay, millî birlikteki kararlı tutum, İstanbul Hükûmeti'nin yerinde ve kesin tedbirleri sayesinde bastırılmış ise de, daha oralarda bozgunculuk tohumu tükenmiş değildir. Milletin birliği karşısında bunların tamamen ezilip yok olacağına şüphe yoktur. Ancak, bu bozgunculuk hareketlerinde Damat Ferit Paşa'nın, eski Dahiliye Nâzırı Âdil ve ondan önceki Ali Kemal Bey'lerle Sait Molla'nın teşvikçi ve tertipçi oldukları anlaşılmıştır. Adları bildirilen bu zatlar, kendi vatan hainliklerinin yanında, çok bü- 160
yük ve tehlikeli bir hatâ daha işlemişlerdir. O da, mel'unca işlerinden sanki kutsal Padişah Hazretleri'nin de bilgisi bulunduğunu çevreye yaymak gibi büyük bir alçaklıktır. Kabinenin saygıdeğer hey'etinden büyük bir samimiyetle rica ederiz; şimdi vakit geçirmeden durumu uygun bir şekilde Padişah Hazretleri'nin tertemiz huzuruna arz etsinler. Milletin ve teşkilâtın bu gibi uydurmalara elbette değer vermeyeceği açık bir gerçektir. Bozguncuların, yalanlarla millî birliği lekelemek istediklerini ileri sürerek, Saltanat Hükûmeti'nce, olayın geçtiği bölgede resmen yalanlanmak suretiyle, herhangi bir yanlış anlaşılmaya meydan verilmemesi ve bu zararlı şahıslar hakkında gerekli incelemelerin yapılarak kovuşturmaya geçilmesi hayatî bir konu sayılmaktadır, efendim.

Hey'et-i Temsiliye adına
Mustafa Kemal

Ali Rıza Paşa Kabinesi'ni iktidarda tutma kararı

Efendiler, Ali Rıza Paşa Kabinesi'nin sizlerce de bilinen kuruluş tarzına rağmen, yerinde kalmasının ve elden geldiği kadar desteklenmesinin neden gerekli görüldüğünü birazcık belirtmiştim.

Amasya'dan Sıvas'a döndükten sonra, Hey'et-i Temsiliye ve orada bulunan öteki arkadaşlarla yaptığımız toplantıda, Amasya Mülâkatı ve diğer konular üzerinde arkadaşlara uzun uzadıya bilgi verdim. Bu toplantıda, Hey'et-i Temsiliye'ce alınan kararlara ait zabıtların 29 Ekim 1919 günü yapılan görüşmeyle ilgili sayfasında aynen kayda geçmiş olan şu kararı tespit ettik:

Başta Sadrazam Ali Rıza Paşa olmak üzere hepsinin âciz, Padişah gözünde bir mevki tutmak isteyen kimseler oldukları, bir kısmının Millî Mücadele'nin yanında bir kısmının da karşısında bulundukları, bununla birlikte, Zâtışâhane, ilk fırsatta bunları düşürerek yerine istibdadı sürdürecek bir hey'et getirmek isteyeceğinden, Millî Meclis kurulup da yasama görevine başlayıncaya kadar, Hey'et-i Temsiliye'nin bu kabineyi desteklemesinin vatan ve millet için hayırlı bir iş olduğu kabul edildi.

Gerçekten de bu kararımızı uyguladık. Bunu doğrulayan bir durumu yeri gelmişken bilginize sunayım: İstanbul'daki teşkilâtımız, güvenilir kaynaklara dayandığını bildirdiği bazı bilgileri, 31 Ekim 1919 tarihinde bize gönderdi. O bilgiler şöyleydi:

«İki günden beri Kiraz Hamdi Paşa, Mabeyn'e gidiyor, iki
üç saat huzurda (Padişah'ın yanında) kalıyor ve şu karar alınıyor: Ma-
reşal Zeki Paşa başkanlığında bir kabine kurulacak, Hamdi
Paşa Harbiye Nâzırı, Prens Sabahattin Bey Hariciye Nâ-
zırı olacak; Tevfik Hamdi Bey Dahiliye, Eşref, Mahir
Sait ve daha başkaları öteki nezaretleri alacaklardır. Bunlardan Sa-
bahattin ve Mahir Sait'e daha teklif yapılmamıştır. Zâtışâ-
hâne, Ali Rıza Paşa'ya, uygun bir zamanda, belki bu günlerde is-
tifa teklif edecektir. Bu konuda daha önce faaliyetinden söz edilen bir
blok, bir gizli dernek vardır.» Bu bilgiler üzerine, Cemal Paşa'ya
2 Kasım 1919'da, Sadrazam'a hiçbir sebep ve bahane ile mevkiini bırak-
mamasına kesin olarak ihtiyaç duyulduğunun bildirilmesi, istifa gerçek-
leştiği takdirde, bütün memleketin İstanbul ile kesinlikle ilgisini kese-
ceği bildirildi *(Belge: 176)*. Rumeli ve Anadolu'da bulunan bütün komu- 161
tanlara da, bu durumla ve Cemal Paşa'ya yazılan telgrafla ilgili
bilgi verildi. Ayrıca, ilişkide bulunulan Müdafaa-i Hukuk merkez hey'et-
lerinin de durumdan haberdar edilmesi gereği bildirildi *(Belge: 177)*.

Efendiler, Salih Paşa'nın İstanbul'a dönmesi üzerine, 21 Ekim tarihli protokolda belirtilmiş bulunan ve önemli olduğuna yaptığım sunuşlar sırasında işaret ettiğim nokta üzerinde, yani Meclis-i Meb'usan'ın toplanacağı yer hakkında, hükûmetle aramızda tartışma başladı. Hükûmetin Cemal Paşa vasıtasıyla yazdıkları ile bizim ileri sürdüğümüz görüşler bir defa daha incelenmeye değer inancındayım. Bu haberleşmemizin aslını Büyük Millet Meclisi'nin ilk toplantısına ait zabıtlarda görebileceğiniz için, burada ondan tekrar söz etmeyeceğim.

Ancak Efendiler, bu konudaki haberleşme ve tartışmalar yalnız İstanbul Hükûmeti ve Cemal Paşa ile yapılmakla kalmıyor. Bütün memleketin ve özellikle İstanbul'daki teşkilâtımızın da bu konu ile ilgili görüşünü almak gerekiyordu. Burada, bu noktalar üzerinde bazı bilgiler sunacağım.

Barış Anlaşması'na kadar İstanbul'a ayak basmamamız ve milletvekili olmamamız tavsiyesi

İstanbul teşkilâtımızdan, 13 Ekim 1919 tarihinde açıklanma istenmek üzere çekilen telgrafımıza verdikleri 20 Ekim 1919 tarihli cevapta, «milletvekillerinin İstanbul'da toplanmasında bir sakınca ve tehlike bulunmadığı, İtilâf Devletleri'nin herhangi bir davranışının medeniyet dünyasına karşı kötü etki yapacağının imkân dahilinde görüldüğü» sözlerine; yalnız «yasama gücü, şimdiki yetkisinin genişletilmesine teşebbüs ederse, Zâtışâhâne'nin Meclis'i kapatmaya kalkışması ve muhaliflerin tehlikeli durum almaları, İtilâf Devletleri'nin de bundan yararlanarak zâtıdevletleri gibi yüksek şahsiyetlere saldırma cesaretini göstermeleri muhtemeldir» sözleri ekleniyordu. Bu telgrafın sonunda da «bizim barış anlaşması yapılıncaya kadar, İstanbul'a ayak basmamaklığımız ve milletvekili olmamaklığımız» tavsiye olunuyordu *(Belge: 178, 179).*

İstanbul'daki teşkilât merkezimizden Kara Vasıf Bey'in gizli, Şevket Bey'in açık imzasıyla aldığımız 30 Ekim 1919 tarihli şifrede, teşkilâtımızda bulunanların görüşleri, daha birçok kimsenin görüşleri ile destekleniyordu. Bu şifrenin birinci maddesi şöyle başlıyordu: «Ahmet İzzet Paşa, Sadrazam, Harbiye Nâzırı, Genelkurmay Başkanı, Nafıa Nâzırı ([91]) ve programlara gerçekten bağlı olan ve hizmet eden, bağlılığı ile birlikte önemli bir kuvveti de bulunan göz doktoru Esat Paşa ile, ayrıca Rauf Ahmet Bey ve diğer zatlarla gerek kendi istekleri üzerine gerek ilişkimiz dolayısıyla görüştüm. Bütün düşüncelerin birleştiği noktalar aşağıdadır:»

Bundan sonra bütün düşüncelerin birleştiği noktalar özetleniyordu:

1 — Meclis-i Meb'usan'ın İstanbul'da toplanması zarurîdir. Yalnız, biz İstanbul'a gitmemeliyiz. Sadrazam Paşa, meclisin İstanbul'da vicdan huzuru içinde kararlar alabileceğini yabancılardan söz alarak vâdetti. Fakat, yalnız bizim için güvence sağlamak mümkün olamayacağından, «milletvekili olurlarsa izinli olarak veyahut milletvekili olmadan daha yüksekte ve milletin sevgilisi olarak kalmaları uygun olur» deniliyordu.

Birinci maddenin (b) fıkrasında: «Zaten hükûmet, yapılacak an- 162
laşmada nisbî temsili, azınlıkların hakları bakımından kabule mecburdur. Şu halde, Millî Meclis'in, azınlıkların da yeniden seçime katılmaları için dağılıp yeniden seçileceği bazı çevrelerce kesin olarak ümit edilmektedir» şeklinde yeni bir bilgi veriliyordu.

Birinci maddenin (c) fıkrasında da: «Hükûmet gerçekte iyi niyetlidir. Ancak isteksizlik içindedir» güvencesi okunuyordu.

İkinci maddede de: «Elden geldiği kadar sosyalist, birkaç temiz Hürriyet ve İtilâfçı v.b. çıkarmak» gibi bizim anlayamayacağımız çapraşık ve karışık bir anlayışın belirtisine rastlıyorduk. Ondan sonra:

3'üncü maddeyi: «Hükûmeti güç durumlara düşürmemek.»

4'üncü maddeyi de: «Bize zararı dokunacakları, her şekilde inandırarak elde etmek istiyorum. Herkes de bana bunu tavsiye ediyor. Ör-

---

91) Bayındırlık Bakanı.

nek olarak, Refi Cevat, sosyalistler gibi» görüşleri içine alıyordu *(Belge: 180).*

1 ve 4 Ekim 1919 tarihlerinde, İstanbul'daki teşkilâtımıza uzun düşünce ve yorumların yer aldığı cevaplar verdik. Bu cevaplarımızda, özet olarak: «Milletvekillerinin İstanbul'da toplanması her bakımdan tehlikeli ve sakıncalıdır» dedik ve açıklamasını yaptık. Cemal Paşa vasıtasıyla hükûmete bildirdiğimiz görüşleri özetledik. «Bizim için var olan tehlikenin bütün milletvekilleri için söz konusu olduğunu» ispata çalıştık. «Bizim seyirci durumunda kalmamız mutlaka arzu buyuruluyorsa, gerekçeleriyle birlikte» bildirilmesini istedik *(Belge: 181).*

Yalnız, Kara Vasıf Bey'e çekilen telgrafta:

«Ahmet İzzet Paşa Hazretleri, aslında Millî Mücadele'nin İstanbul'da katliama yol açabileceği zannında idi. Sözlerinin ciddiye alınması öncelikle bu kanaatlarının değişip değişmediğini bilmekle mümkündür. Harbiye Nâzırı Cemal Paşa Hazretleri'ne gelince: Onun da kararsız olduğunu bilmez değilsiniz. Abuk Paşa da aynı zihniyet ve ruh hali içindedir. Göz doktoru Esat Paşa hakkında kesin bir düşüncem yoktur. Yalnız, bazıları bu zatı son derece dar görüşlü, pek fazla şan ve şöhret düşkünü olarak gösteriyorlar. Sözün kısası, irade ve düşüncelerinde kararlılık ve isabet olmayan ve İstanbul'da düşman baskısı altında düşünen resmî ve özel şahısların tavsiyeleri incelenmeye değer» dedikten ve söz konusu olan toplantı yeri hakkında, yeniden, gelebilecek tehlike ve sakıncaları saydıktan sonra «asıl garip karşılanacak olan nokta, bizi, yani adları bilinen iki üç kişiyi korumakta güçsüzlüğe düşen hükûmetin, öteki milletvekillerini nasıl koruyacağı meselesidir.

Bizde yavaş yavaş yer etmeye başlayan görüş ve kanaat, ne yazık ki yabancılar değil, aksine belki onlardan çok, şimdiki hükûmet üyeleri ile diğer şahıslardan bazılarının bizi tehlikeli saymakta olmalarıdır» dedik.

Bundan sonra yer alan fıkralardan birinde: «Nisbî temsili kabul etme zarureti karşısında Meclis'in dağıtılmasını şimdiden düşünen bir çevrede, Meclis-i Meb'usan'ın toplanmaması gereği tabiî görülmelidir» kanaatını belirttik.

Bir fıkrada da: «Hükûmetin istekli olmadığı sözünden bir şey 163
anlayamadığımıza işaret ederek, «maksadı bizi güç zamanlarda yalnız bırakmak mıdır?» sorusundan sonra, onların bir düşüncelerine karşılık olarak da «muhaliflerin iktidara geçmesinden korkmak yarar sağlamaz. Bundan dolayı politika ve tutum değiştirilemez» dedik *(Belge: 182).*

Efendiler, bu yazışmalardan ve bu yazışmalarda ileri sürülen düşüncelerden kolaylıkla anlaşılmaktaydı ki, bizim İstanbul'daki teşkilâtımızın ileri gelenleri, hükûmet adamlarının, şunun bunun görüşlerine tutsak olmuşlar ve artık onlara sözcülük etmekten öteye bir görev yapmıyorlardı.

İşte, diğer bir şifre telgraf ki, 6 Kasım 1919 tarihinde yazılıyor, ancak şifrenin metninde Kara Vasıf Bey'in görüş ve üslûbu hâkim oluyor ve Harbiye Nâzırı Cemal Paşa imzasıyla geliyordu. Bu şifrede yine toplanma yerinden söz edilerek, özellikle: «Önce siyasî sakıncalar var, sonra idarî sakıncalar var, daha sonra toplanma imkânı yoktur... Zaruret duyguya hâkim olmalıdır... Uygun karşılığınızı acele olarak kabineye bildiriniz» sözleriyle baskı yapılıyor ve «Japon Rıza Bey'le birlikte pek yakında iyi haberlerle sizin yanınızda olacağım» müjdesi veriliyordu. «Sulh ve Selâmet'i iyice kazandık demektir. Millî Türk de bizim. Milî Ahrâr'ı (92) yıkıyoruz. Millî Kongre yola gelecek» cümleleriyle de iyi haberlerin nelere, ne gibi boş şeylere ait olduğunu belirtmekte acele ediliyordu *(Belge: 183)*.

Kara Vasıf Bey'e 7 Kasım 1919'da hemen Sıvas'a gelmesini yazdım.

Kara Vasıf Bey'in yine aynı konu ile ilgili olarak gönderdiği, 19 Kasım 1919 tarihli şifresinde uzun düşüncelere dayandırdığı muhakeme ve mantığını şu cümlede özetliyordu:

«Kuva-yı Milliye ile aynı görüşte olan Meclis, Padişah'a karşı düşmanlık ilân ederse, Anadolu kimin arkasından gider?!... Kuva-yı Milliye'ye mi tâbi olsun?!...

Meclisi Anadolu'da toplamak düşüncesinden vazgeçmek, bir vatan borcudur...» *(Belge: 184)*.

Komutanların görüşlerini almak

Efendiler, çok önemli olan bu Meclis'in toplanacağı yer konusunda kendi başına karar verip, bu kararı da millete ve seçilen milletvekillerine uygulatmak, pek tehlikeli olurdu. Bu sebeple, büyük bir dikkat ve incelikle bütün şahsî veya genel duygu ve düşünceleri gözden geçirmek, gerçek eğilimi anlayarak uygulanabilecek kararı bulmak zarureti ile karşı karşıya idim.

Gördüğünüz gibi, bir yandan İstanbul'un ileri gelenleriyle haberleşirken, bir yandan da çeşitli yollarla kamuoyunu yokluyordum. Vereceğim kararın uygulanmasını sağlamak için ordunun görüşünü almak

---

92) Çeşitli parti adları verilmiştir. Ahrâr: Hür olanlar, esir olmayanlar.

da pek önemliydi. Bu yüzden daha Ekimin 29'unda, 15'inci, 20'inci, 12'nci ve 3'üncü Kolordu Komutanları'nı Sıvas'ta bir toplantıya davet ettim.

Diyarbakır'daki Kolordu Komutanı'na, Edirne'deki Kolordu Komutanı Cafer Tayyar Bey'e, Bursa'da Yusuf İzet Paşa'ya Balıkesir'de Kâzım Paşa'ya, Burša'da Bekir Sami Bey'e de «kendilerini, aradaki yolun uzaklığı ve özel durumları dolayısıyla davet etmediğimi, alınan kararları bildireceğimi» yazdım *(Belge: 185, 186)*.

Efendiler, davet edilen komutanlardan Salâhattin Bey za- 164
ten Sıvas'ta idi. Kâzım Karabekir Paşa Erzurum'dan, Ali Fuat Paşa Ankara'dan ve Konya'daki Kolordu Komutanı'nın cephe ile ilgili önemli işleri bizzat düzene sokması gerektiğinden, kendisine vekil olarak Konya'dan da Kurmay Başkanı Şemsettin Bey gelerek Sıvas'ta toplandılar. Hey'et-i Temsiliye'den olan veya bu hey'etten olmayıp da toplantıda bulunmaları yararlı görülen şahısların ve komutanların katılmasıyla, 16 Kasım 1919 günü görüşmelere başladık. Toplantı gündemimiz şu üç noktadan ibaret olacaktı:

1 — Meclis-i Meb'usan'ın toplanma yeri,

2 — Meclis'in toplanmasından sonra Hey'et-i Temsiliye'nin ve millî teşkilâtın alacağı şekil ve çalışma yöntemi,

3 — Paris Barış Konferansı'nın bizim için olumlu veya olumsuz bir karar vermesi halinde tutulacak yol.

Dört aykırı görüş ve aldığımız karar

Efendiler, bu tarihe kadar cemiyetimizin merkez hey'etlerinden istediğimiz bilgilere gelen cevaplar dört görüş etrafında toplanıyordu:

1 — Birinci görüşe göre, Meclis-i Meb'usan'ın İstanbul dışında toplanması uygun görülüyordu.

2 — Başında Erzurum, Trabzon, Balıkesir ve bütün Karesi ([93]), Saruhan ([94]) hey'etlerinin bulunduğu ikinci görüşe göre İstanbul'da... İstanbul'daki devlet adamları ile ileri gelenlerden hemen hepsinin bu görüşte olduğunu biliyoruz. Padişah'ın isteği, hükûmetin ısrarı da buydu.

3 — Trakya-Paşaeli'nden gelen üçüncü görüşe göre, İstanbul yakınlarında...

4 — Bir kısım merkez hey'etleri de Salih Paşa'nın şahsî görüşüne dayanarak, hükûmetin «olur» demesi halinde, İstanbul dışında toplanmakta bir sakınca görmüyorlardı.

---

93) Merkezi Balıkesir olan sancak.
94) Merkezi Manisa olan sancak.

Efendiler, İstanbul Hükûmeti ile yardakçılarının kamuoyunu ne kadar bulandırıp karıştırmış olduğunu, milletin ortaya koyduğu bu farklı görüşlerden kolaylıkla anlamak mümkündür.

Artık bunun üzerine direnmenin kötü sonuçlar vereceği yargısına varmak da güç değildir.

Şimdi, 16 Kasım 1919'dan 29 Kasım 1919 tarihine kadar, günlerce süren görüşme ve tartışmalardan çıkan sonuçları ve alınan kararları olduğu gibi yüksek bilgilerinize sunuyorum:

1 — Millî Meclis'in İstanbul'da toplanmasının sakınca ve tehlikelerine rağmen, Saltanat Hükûmeti İstanbul dışında toplanmayı kabul etmediği ve memleketi bir bunalıma sürüklemekten sakınıldığı için, Meclis'in İstanbul'da toplanması zarureti kabul edildi. Ancak, aşağıdaki tedbirlerin alınması gereği de karara bağlandı:

a) Bütün milletvekillerinin durum hakkında aydınlatılarak teker teker görüşlerinin alınması,

b) Millî Meclis İstanbul'da toplanacağına göre, milletvekillerinin İstanbul'a gitmeden önce, Trabzon, Samsun, İnebolu, Eskişehir ve Edirne gibi yerlerde kısım kısım toplanarak, gerek İstanbul'da gerek İstanbul dışında alınması gereken güvenlik tedbirlerini ve programımızın esaslarını savunacak kuvvetli bir grup oluşturma yolları üzerinde görüşmeleri,

c) Cemiyetin teşkilâtını sür'atle genişletmek ve güçlendirmek için, kolordu komutanlarının, bölge komutanları ve askere alma teşkilâtı başkanları vasıtasıyla vakit kaybetmeden fiilî yardımda bulunmaları,

d) Bütün sivil idare âmirlerinden, her ihtimale karşı, millî teşkilâta bağlı 165
kalacaklarına dair söz alınması ve kendilerinin eldeki imkânlarıyla cemiyetin teşkilâtını kurmaya sür'atle girişmelerinin istenmesi,

2 — Millî Meclis İstanbul'da toplandıktan sonra, milletvekillerinin, tam bir güvenlik ve serbestlik içinde yaşama görevlerini yapmakta olduklarını açıklayacakları güne kadar, Hey'et-i Temsiliye, şimdiye kadar olduğu gibi yine İstanbul dışında kalarak millî görevine devam edecektir. Ancak, bütün sancaklardan ve milletvekili olan kimseler arasından seçilmek üzere birer, illerden ve müstakil sancaklardan ikişer zatın, tüzüğün sekizinci maddesi gereğince Hey'et-i Temsiliye üyesi olarak Eskişehir yakınında toplantıya çağırılıp, durumun açıklanması ve Meclis-i Meb'usan'daki tutumun kararlaştırılması üzerinde görüşülecektir. Bu sebeple Hey'et-i Temsiliye de oraya gidecektir. Bu toplantıdan sonra, Hey'et-i Temsiliye de uygun şekilde yeni üyelerle desteklendikten sonra, öteki milletvekilleri de İstanbul'a Millî Meclis'e gideceklerdir. Hey'et-i Temsiliye göreve devam ettiği sürece, millî teşkilâtın şekli ve çalışma yöntemi tüzükte yazıldığı şekilde olacaktır.

Meclis-i Meb'usan, tam bir güvenlik içinde bulunduğunu açıkladığı zaman, Hey'et-i Temsiliye tüzükteki yetkisine dayanarak, genel kongreyi toplantıya çağırıp on birinci madde uyarınca da cemiyetin ileride alacağı şeklin belirlenmesini, kongrenin kararına bırakacaktır. Kongrenin nerede ve nasıl toplanacağı o zamanki durum ve şartlara göre ayarlanacaktır. Kongrenin toplantıya çağırıldığı zaman ile toplanması arasında geçecek süre içinde, Hey'et-i Temsiliye, İstanbul Hükûmeti ve Meclis-i Meb'usan Başkanlığı ile kesin bir zaruret görmedikçe resmî ilişkilerde bulunmaz.

3 — Paris Barış Konferansı, bizim için olumsuz bir karar verdiği ve bu karar hükûmet ve Millî Meclis'çe kabul edilip onaylandığı takdirde, elverişli en kestirme yoldan millî iradeye başvurularak, tüzükte açıklanmış olan esasların gerçekleştirilmesine çalışılacaktır.

Mustafa Kemal

	Rüstem	**Mazhar Müfit**	**Ali Fuat**
Hüsrev	**Hüseyin Rauf**	**Kâzım Karabekir**	**Hakkı Behiç**
Hüseyin Selâhattin	**İbrahim Süreyya**	**Bekir Sami**	**Ömer Mümtaz**
Vâsıf			

12'nci Kolordu Kurmay Başkanı
Şemsettin

Milletvekillerine verilen direktif

Efendiler, bu kararlar gereğince, milletvekillerini aydınlatmak için verdiğimiz bilgi ve direktifleri olduğu gibi bilginize sunacağım:

Seçilen milletvekillerine verilen bilgi ve direktifler şunlardır:

Madde 1 — İstanbul'un, İtilâf Devletleri'nin ve özellikle İngiliz kara kuvvetlerinin işgali altında ve deniz kuvvetlerince kuşatılmış olduğu, güvenlik kuvvetlerinin de yabancılar elinde ve karmakarışık durumda bulunduğu bilinmektedir. 166
Bundan başka, Rumların kendi aralarından İstanbul milletvekili adıyla kırk kişi seçtikleri ve Atina'dan gelmiş Yunan lider ve komutanlarının yönetimi altında olmak üzere, gizli polis ve ihtilâlci örgütler kurarak, devletimize zamanı gelince isyan edecekleri anlaşılmıştır. Maalesef, hükûmetin İstanbul'da serbest olmadığını itiraf etmek mecburiyeti vardır. İşte bu sebeplerle, Millî Meclis'in toplanma yerini tartışmak gibi bir konu ortaya çıkmış bulunuyor. Millî Meclis İstanbul'da toplandığı takdirde, milletvekillerinin yapacakları vatan görevi dikkate alınırsa, tehlikeye uğramalarından cidden korkulur. Gerçekten de İtilâf Devletleri'nin Ateşkes Anlaşması hükümlerini bozarak barış anlaşmasını beklemeye gerek duymadan, vatanımızın önemli bölgelerini işgal etmek ve Hristiyan azınlıklara haklarımızı çiğneme fırsatını vermek suretiyle yapılan haksız muamelelerini eleştirip reddedecek, toprak bütünlüğümüzü ve bağımsızlığımızın dokunulmazlığını yılmadan isteyecek ve savunacak olan Meclis-i Meb'usan'ın dağıtılması ve üyelerinin tutuklanması veya sürgün edilmesi, uzak bir ihtimal değildir. Tıpkı Kars'ta toplanan Millî İslâm Şûrası'na İngilizlerin yaptıkları gibi. Seçimlere katılmamış olan Hristiyan azınlıkların, onlara uyan İngiliz Muhipleri ve Nigehban Cemiyetleri'nin, bu konuda düşmanların gayelerine hizmet ederek her türlü kötülüğü yapabilecekleri de akla gelebilir. Bu bakımdan, Millî Meclis'in İstanbul'da toplanması, Meclis'ten beklenen ciddî ve tarihî görevin yerine getirilmesini imkânsız kılacağından ve Millî Meclis de devlet ve milletin bağımsızlığının temsilcisi olduğundan, ona vurulacak darbe ile bağımsızlığımızın da zedeleneceğini belirtmeye gerek yoktur. Kabine adına, Amasya'da Heyet-i Temsiliye ile görüşmelerde bulunan Bahriye Nâzırı Salih Paşa Hazretleri bile bu gerçekleri göz önünde tutarak Millî Meclis'in İstanbul'un dışında güvenli bir yerde toplanması gereğine vicdanı ile de düşüncesi ile de kanaat getirmiş ve bu hususu uygun bulduğunu imzası ile

doğrulamıştır. Millî Meclis'in düşman baskısından uzakta ve tam bir güvenlik içinde bulunan bir yerde toplanması halinde, İstanbul'da toplandığı takdirde akla gelebilecek bütün sakıncalar ortadan kalkmış olacağı gibi, hilâfet ve saltanatın tehlikede olduğunu dünya kamuoyuna ve özellikle İslâm âlemine fiilen duyurmuş olacak, millî varlık ve bağımsızlığımızın aleyhinde alınması muhtemel bir karar karşısında vatana ve millete karşı olan görevlerini yerine getirebilecek ve İtilâf Devletleri karşısında, Meclis'in milletin kaderine tamamen hâkim bulunduğu daha açık bir şekilde ortaya konabilecektir. Meclis'in İstanbul dışında toplanması halinde akla gelebilecek olan sakıncalar aşağıdadır :

Millet düşmanları, İstanbul'un gözden çıkarıldığı yolunda zararlı bir propagandaya fırsat bulacaktır. Hükûmet, İstanbul'da olduğu gibi, Meclis ile kolayca temas ve bağlantı kuramayacaktır. Meclis'in açılış töreni, Zâtışâhâne'yi yolculuk külfeti ile karşı karşıya bırakmamak için, vekil tayin buyuracakları bir zat vasıtasıyla yapılabilecektir. İşte bu sakıncalar dolayısıyla şimdiki hükûmet, Millî Meclis'in İstanbul dışında açılmasını kabul etmemiştir. Hükûmetin bu olumsuz kararı yüzünden söz konusu sakıncalara aşağıdaki sakıncalar da eklenmektedir :

Millî Meclis'in kanuna uygun olarak toplanması, Meclis-i Meb'usan ile Âyân Meclisi'nin ([95]) aynı yerde ve aynı zamanda bulunmasına bağlı olduğundan, hükûmetin İstanbul dışında, uygun göreceği bir yerde toplanmaya razı olması yüzünden, Âyân Meclisi ve Hükûmet, İstanbul dışındaki toplantıya katılmayacak ve Zâtışâhâne'ye usulüne uygun olarak Meclis'i açtırmayacaktır.

Bu durum karşısında Millî Meclis'in İstanbul dışında toplanmasına kanun bakımından imkân kalmadığı için, yukarıda arz edilen sıkıntılara rağmen, İstanbul'da toplanması bir zaruret hükmüne girmiş bulunuyor. Sayın milletvekilleri İstanbul'a gitmekten çekinerek, İstanbul dışında kendiliklerinden toplandıkları takdirde, böyle bir toplanma elbette Millî Meclis'in herkesçe bilinen yasama gücünü temsil edemez. Belki, milletin varlığını, gayelerini, bağımsızlığını temsil edecek, onun hakkında verilecek hükümleri eleştirecek ve yine millete dayanarak reddedebilecek bir millî kongre şeklinde olabilir. Bu takdirde, Millî Meclis de elbette İstanbul'da toplanmamaya mahkûm olur. Böyle bir davranışın, hükûmetin karşı çıkmasına, zorlayıcı tedbirler almasına ve sonunda millet ile İstanbul Hükûmeti arasındaki her türlü ilişkinin kesilmesine yol açacağı da düşünülebilir.

Anadolu ve Rumeli Müdafaa-i Hukuk Cemiyeti, yukarıda dile getirilen bütün hususları gözden geçirip tartıştıktan sonra, Millî Meclis'in İstanbul'da toplanma zaruretine karşı, durumu bütün milletvekillerine bildirerek, her birinin düşünce ve görüşlerini almayı görev saymıştır. Bundan başka, sayın milletvekillerinin İstanbul'da Millî Meclis'e girmeden önce, kolayca bir araya gelebilecekleri bazı yerlerde toplanıp aşağıdaki hususları görüşmeleri ve görüşme sonuçlarının birleştirilebilmesi için bunları Hey'et-i Temsiliye'ye bildirmeleri gerekli görülmüştür. Görüşülecek hususlar şunlardır :

a) Meclis'in İstanbul'da toplanması zaruretine karşı, İstanbul ve İstanbul dışında olmak üzere bütün yurtta alınması gerekli tedbirler, yapılması gerekli hazırlıklar;

b) Meclis-i Meb'usan'da vatanın bütünlüğünü, devlet ve milletin bağımsızlığını kurtarmaktan ibaret olan gayeyi korumak ve savunmak için birleşmiş azimli bir kadro kurma çarelerinin düşünülmesi;

---

95) Padişahın ataması ile oluşturulan ve bugünkü anlamda senatonun yerini tutan bir üst meclis, ikinci meclis.

Milletvekillerinin yukarıdaki hususları görüşmek için toplanmaları uygun görülen yerler şunlardır :

Trabzon, Samsun, İnebolu, Eskişehir, Bursa, Bandırma, Edirne.

Madde 2 — Birinci maddeyi, olduğu gibi bölgelerinizde bulunan milletvekillerine bildirerek, önce, en kısa zamanda onların şahsî görüşlerini almak ve bunları vakit kaybetmeden bir yandan Hey'et-i Temsiliye'ye bildirmek, bir yandan da bölgelerinizdeki merkez hey'etlerine ulaştırarak bu konuda faaliyet göstermelerini sağlamak.

İkinci olarak, bölgelerinizdeki milletvekillerinin birinci maddede gösterilen yerlerde huzur ve güven içinde toplanmalarını sağlayarak, görüşme sonuçlarının Hey'et-i Temsiliye'ye bildirilmesi için gereken tedbirlerin alınması istirham olunur.

Sizlerin seçim bölgelerinden milletvekili olup da şimdi İstanbul'da bulunanların, kendi seçim bölgelerindeki teşkilâtı tarafından, İstanbul'a yakın toplanma yerlerinden birine davet ettirilmesi gerekir.

Ekim 1919'da önemli iç olaylar

Efendiler, 1919 yılı Ekimine ait olup da dokunmak istediğim bazı olayları da birkaç kelime ile özetlememe müsaadenizi rica ederim.

İşgal altında bulunan İzmir ilindeki müslüman halk, zulüm görü- 168
yor ve öldürülüyordu. Bunun için, hükûmetten, İtilâf Devletleri'nin temsilcileri katında etkileyici teşebbüslerde bulunmasını rica ettik. Yunanlıların zulüm ve zorbalıkları devam ederse, aynı şekilde karşı koymak mecburiyetinde kalınacağını da bildirdik. İzmir'deki fecî olaylar üzerine İstanbul'da bir gösteri toplantısı yapılmak istenmişti. Bunun engellendiği haber alınınca C e m a l P a ş a' nın dikkatini çektik.

A n z a v u r, Bandırma çevrelerinde haince ve canavarca hareketlere başlamıştı *(Belge: 187)*. Verdiği zararları önlemek için ve Karabiga, ([96]) Bandırma taraflarına çıkan Nigehban Cemiyeti'ne bağlı subaylar hakkında, Balıkesir'de, K â z ı m P a ş a 'ya ve diğer ilgililere yazdık. Otuz kadar Nigehbancı subayın da bir yabancı işgaline zemin hazırlamak için, Hristiyanlara karşı hareket etmek üzere, Trabzon ve Samsun'a çıkacaklarını haber aldık. Derhal 15' inci Kolordu'nun ve Canik Mutasarrıfı'nın dikkatlerini çektik.

Yüksek hey'etinizce bilinmektedir ki, başlangıçta Maraş, Urfa ve Ayıntap'ta İngiliz birlikleri vardı. Bu birlikler Fransız askerleri ile değiştirildi. Bu yüzden işgali yeniden önlemeye çalıştık. İşgalden sonra da önce siyasî, daha sonra fiilî teşebbüslere geçtik.

Bozkır ([97])'da, yeniden önemli sayılabilecek bir ayaklanma oldu. Onun bastırılması için çeşitli tedbirlere başvurduk.

---

96) Çanakkale'nin Biga ilçesinin iskelesi.
97) Konya'ya bağlı bir ilçe.

Maraş ve Antep'te K ı l ı ç A l i B e y'i, Çukurova bölgesine de Topçu Binbaşısı K e m a l ve Yüzbaşı O s m a n T u f a n B e y' leri göndererek ciddî teşkilatlanmaya ve teşebbüslere geçtik.

Efendiler, bu arada hatırıma gelen bir noktayı da arzetmiş bulunayım: Sıvas Kongresi'nden sonra, Hey'et-i Temsiliye, sorumluluğu kendi üzerine alarak, kongrelerin tüzük ve bildirileri dışında ve Sıvas Kongresi Tüzüğüne ek olmak üzere, «Müdafaa-i Hukuk Cemiyeti Kuruluş Tüzüğüne Ektir(1)» başlıklı, «yalnız üyeleri için ve gizlidir» kayıtlı, silâhlı millî teşkilâtlar için gizli bir yönerge düzenlendi. Düşmanla çatışılan yerlerde bu yönergeye göre, silâhlı müfrezeler ve birlikler kuruldu *(Belge: 188).*

Ali Rıza Paşa Kabinesi görüşünde direniyor

Efendiler, 2 Kasımda, Harbiye Nâzırı C e m a l P a ş a 'dan aldığım bir şifreli telgrafta: «Zaten az olmayan dedikodulara biri daha eklendi. Z i y a P a ş a 'nın Ankara'ya kadar gitmemesi, destek lûtfedilen hükûmetin otoritesini kırmaktan başka bir anlama gelemez. Bu konuda hükûmet, görüşünde ısrarlıdır» denilmekte ve bunun cevabının acele beklenmekte olduğu bildirilmekteydi. Z i y a P a ş a 'nın gönderilmemesi ile ilgi ricamıza hükûmet iltifat etmemişti. Z i y a P a ş a 'yı görevlendirmiş ve göndermişti. Z i y a P a ş a Eskişehir'e kadar gelmiş ve oradan izin alarak geri dönmüştü.

C e m a l P a ş a, aynı telgrafında «Bozkır olayından dolayı basına verilen bildirinin tarzını, hükûmet, aramızdaki uzlaşmaya aykırı görmektedir» diyordu. Oysa, böyle bir bildirimiz yoktu.

C e m a l P a ş a 'nın bu telgrafına şu karşılığı verdik:

Şifre **Sıvas, 3.11.1919** **169**
İvedi

Harbiye Nâzırı Cemal Paşa Hazretleri'ne

İlgi : 2.11.1919 tarih ve 501 sayılı şifre :

1 — Hükûmetle millî teşkilât arasında samimî bir uzlaşmaya ve gerçek bir görüş birliğine vardık. Zâtıdevletleri vasıtasıyla pek önemli bir istirhamımız vardı. O da meşru bir gayeye yönelen millî teşkilâtın zarar görmemesi için, bütün yüksek dereceli memurların bu görüşe göre seçilmesi, karşı olanların değiştirilmesiydi. Bunlarla ilgili olarak birbiri ardınca yaptığımız istirhamlara cevap alamadık. Trabzon ve Diyarbakır valileri ile Antalya mutasarrıfı hakkında ne yapıldığını daha bilmiyoruz. Yalnız, durumu yerinde incelemeksizin, Dahiliye Nezareti, Konya'ya Muhipler Cemiyeti üyelerinden, pek yetersiz ve güçsüz olan S u p h i B e y'i vali olarak gönderdi. Dahiliye Nâzırı'nın bu gibi konularda bizimle hiçbir temas ve ilişki kabul etmediği; sanki millî teşkilâta karşı imiş gibi davrandığı kanaatı uyanıyor.Bu düşüncemizde yanılıyorsak, durumun açıklanmasını ve aydınlatılmamızı rica ederiz. Ankara Valisi Z i y a P a ş a'nın kendi isteği ile izin

aldığını arz etmiştim. Tabiî yine kendi kendisi, resmî olarak Ankara Valisi sayılmaktadır. Ancak, arz ettiğim noktadaki şüphe ve zan ortadan kalkıncaya kadar, adı geçen valinin izinli oluştan yararlanmaya devam etmesi en iyi şekil olarak kabul edilmelidir. Polis Müdürlüğü'nün hâlâ Nurettin Bey gibi bir kimsenin elinde bulunuşu, zâtıdevletinizin de bu pek önemli noktaya karşı kayıtsız davranmakta olduğunuz kanaatını vermektedir. Halbuki, bu hoşgörürlüğün sonucu hem hükûmete hem de millî teşkilâta zararlı olacaktır. Hey'et-i Temsiliye'nin millî teşkilâtı ve millî birliği bozacak en ufak bir durum karşısında görmezlikten gelemeyeceğini elbette hoş görürsünüz.

2 — Bozkır olayı hakkında, Hey'et-i Temsiliye'ce basına bir bildiri verilmemiştir. Bunda bir yanlışlık olacaktır. Belki de, bu haberler, İrade-i Milliye gazetesinin aldığı bilgilere dayanmaktadır. Hey'et-i Temsiliye'nin bir gazeteye sansür koyma yetkisinin bulunmadığı yüksek malûmunuzdur. Bununla birlikte gazetenin dikkati çekilmek üzere, bu haberde, hükûmet ile aramızdaki uzlaşmaya aykırı görülen noktaların açıklanmasını istirham ederiz.

Hey'et-i Temsiliye adına
Mustafa Kemal

Hey'et-i Temsiliye'nin temsilcisi ve Millî Mücadele'den yana olduğunu iddia eden Cemal Paşa'nın telgrafımıza cevabı şudur:

Harbiye, 4/5.11.1919

Sıvas'ta 3'üncü Kolordu Komutanlığı'na **170**

Mustafa Kemal Paşa Hazretleri'ne: Resmî bildiride yazıldığı gibi, bugünkü hükûmet, böyle bir zamanda, sırf vatan ve memlekete hizmet emeliyle büyük bir sorumluluğu üzerine almış ve bu görevini yerine getirmek için tam bir tarafsızlık ve samimiyetle hareket etmekte bulunmuş olduğundan, aşağıdaki noktaların acele olarak açıklanmasına gerek duyuldu :

Birincisi; milletvekili seçimlerine azınlıklar katılmadığı gibi, bugün çeşitli partiler de çekingen durumdadır. Çeşitli partiler, memlekette iki hükûmetin bulunduğunu, seçimlerin tarafsız yapılmadığını buna sebep olarak göstermekte ve azınlıkların da, sonradan, bu sebebe dayanarak seçime katılmadıklarını ileri sürmeleri büyük bir ihtimal dahilinde görülmektedir... Seçimlerin tarafsızlık içinde yapılmadığı konusundaki şikâyet ve söylentiler artarak, yabancı basın ve çevrelere kadar uzanmıştır. Meclis-i Meb'usan, milletin bütün unsurlarını temsil etmediği ve özellikle Kuva-yı Milliye'nin etkileri ile kurulduğu takdirde, bunun dünya kamuoyunda nasıl karşılanacağı açıklanmaya muhtaç değildir. Bu bakımdan, milletvekili seçimlerinde baskı yapılmasına meydan verilmemesi zarurîdir.

İkincisi; tekrarı gereksiz sebeplerden dolayı, Meclis-i Meb'usan'ın hükûmet merkezinin dışında bir yerde toplanması, içte ve dışta çeşitli sakınca ve zararlar doğuracağından, Meclis'in mutlaka İstanbul'da toplanması memleketin hayatî çıkarlarının gereğidir.

Üçüncüsü; taşralarda, bazı kimseler tarafından, millî teşkilât adına hükûmet işlerine karışılmakta olduğu biribirini kovalayan bilgi ve haberlerden anlaşıldığından, bu karışmaların bir an önce ve sür'atle önlenmesi zarurîdir.

Bugünkü hükûmet, bu üç isteğinde ısrar etmektedir. Bunun dışında bir formülle hükûmet işlerini yürütme imkânı yoktur.

Harbiye Nâzırı
Cemal

Cemal Paşa'nın bu telgrafına - Başyaver Salih Bey tarafından açılacaktır kaydıyla - verdiğimiz karşılığı olduğu gibi bilginize sunmak isterim:

Şifre **Sıvas, 5.11.1919**

Harbiye Nâzırı Cemal Paşa Hazretleri'ne

İlgi : 4/5.11.1919

1 — Azınlıklar ile, bu vatan ve bu millet için azınlıklardan daha da zararlı olan bazı siyasî partilerin seçimlere katılmayışlarını, onların kasıtlı ortaya attıkları sebeplere dayandırmak elbette doğru olamaz. Hristiyan azınlıkların, daha 171
millî teşkilâtın adı bile yokken, seçimlere katılmayacaklarını ilân ettikleri bilinmemekte midir? Yaygara koparan siyasî partilere gelince, bunlar yalan söylüyorlar. Çünkü, her yerde seçimlere katılmışlardır. Ancak, beşer onar kişiden ibaret olan bu partilerin millet gözünde bir değerleri olmadığından ve millet, temsilcilerini, bu defa İstanbul'daki politikacılardan değil, kendi bağrındaki öz vatandaşları arasından seçmekte olduğundan, bunlar kendilerinin başarı elde edemeyeceklerini anlayarak telâş ediyorlar. Buna karşı bizim elimizden ne gelebilir? Bu noktadaki gerçek karşısında, kabinenin kararsızlık içinde oluşu çok şaşırtıcıdır. Sözü edilen baskı nerede, kimin tarafından ve nasıl yapılmıştır? Lûtfen açıklanmalıdır ki, Hey'et-i Temsiliye görevini yerine getirebilsin. Asıl iddialara önem vererek telâşa düşmek doğru değildir.

2 — Meclis'in nerede toplanacağı konusundaki görüşte, hükûmetin direnmesinin yerinde olup olmadığını zaman ve olaylar ispat edecekktir. Bu konudaki son düşüncelerimizin merkezlerden alınacak cevaplar üzerine arz edileceğini bildirmiştik.

3 — Millî teşkilât adına, hükûmet işlerine nerede ve kimin tarafından karışılmışsa, derhal bildirilmelidir ki, gereken işlemler yapılabilsin. Ancak, Dahiliye Nâzırı Paşa Hazretleri'nin şüphe uyandırabilecek tarzdaki davranışlarına yüksek dikkatlerinizi çekmeyi gerekli görürüz, efendim.

Hey'et-i Temsiliye adına
Mustafa Kemal

Dahiliye Nâzırı'nın memleket içine gönderdiği öğütçüler

Dahiliye Nâzırı, memlekete birtakım hey'etler göndermeye kalkıştı. Bunlardan biri de Harbiye Nezareti Eski Müsteşarı Ahmet Fevzi Paşa adında bir zatın başkanlığında, Temyiz Mahkemesi (98) üyelerinden İlhami ve Fetva Emini (99) Hasan Efendi'lerden kurulmuştu.

Hey'et-i Temsiliye'mizin temsilcisi olan Cemal Paşa, bize bunu bildirmemişti. 5 Kasım 1919 tarihli bir şifre ile kendisinden bu hey'etin niçin gönderildiğini sorduk ve «özellikle Fetva Emini ile Kâmil Paşa Kabinesi zamanında polis müdürü olan kimselerin böyle bir hey'ette neden bulunduklarının» anlaşılamadığını belirttik *(Belge: 189)*.

---

98) Yargıtay.
99) Fetva işleriyle uğraşan dairenin başkanı.

Efendiler, Fuat Paşa'nın, Ankara'da kolordusunun başında bulunmasını gerektiren sebepler ortaya çıkmaya başladı. Bu sebeplerin önemlisi, memleket içinde halkın zehirlenmeye başlanmasıydı. İç ve dış düşmanlarla işbirliği yapanlar, Ali Rıza Paşa Kabinesi zamanında, Ferit Paşa zamanındakinden çok daha fazla başarılı olmaya başlamışlardı.

Refet Paşa Salihli ve Aydın Cephelerine komutan olarak gönderiliyor

Kâzım Paşa, Balıkesir bölgesinde cephe kurmaya ve duruma hâkim olmaya çalışıyordu. Salihli ve Aydın Cepheleri'ndeki sevk ve idarenin askerî bir düzene sokulması gerekiyordu. Buraya, azçok tanınmış bir askerin gitmesi lâzımdı. Elimizde yararlanabileceğimiz komutan olarak Konya'da bulunan Refet Paşa vardı. Konya'daki kolordunun başına Fahrettin Bey (Müfettiş Fahrettin Paşa Hazretleri) geçmiş bulunuyordu. Bundan dolayı, Aydın Kuva-yı Milliye Komutanlı- 172
ğı'nı yürütmek üzere cepheye hareketini Refet Paşa'ya, Ankara'ya dönmesini de Ali Fuat Paşa'nın kendisine yazmıştık.

Refet Paşa'nın Nazilli'ye vardığı anlaşıldıktan sonra da Genel Kurmay Başkanlığı'na gelmiş olan Cevat Paşa'dan, geçen savaşta tecrübe görmüş genç kurmaylardan seçilecek dört beş subayın, Nazilli'ye Refet Paşa'nın yanına gönderilmesini rica ettim. Bu durumu Refet Paşa'ya da bildirdim.

Refet Paşa Demirci Efe'nin emrine giriyor

Efendiler, Nazilli'ye giden Refet Paşa, Demirci Mehmet Efe'den komutayı almaya gerek ve bunda bir yarar görmemiş; kimbilir ve belki de komuta kendisine teslim edilmemiş. Demirci Efe'nin emrinde kurmay gibi görev yapmayı daha yararlı ve uygun bulmuş... Refet Paşa bunu bize bildirdi. Bölge şartlarını yakından görmüş bir zatın kararını değiştirmek çok defa güçtür. Çünkü, gerçekten Refet Paşa'nın gördüğü ve tercih ettiği gibi, Efe'nin komutasını devam ettirmekte ve ona yardımcı olmakta yarar vardı yahut da Refet Paşa o cephenin komutasını herhangi bir sebeple ele alamıyordu. Her iki ihtimale göre de, mutlaka komutayı al, diye emir vermek, anlamsız olurdu.

Asıl gariplik bundan sonra görüldü. Bir süre sonra, Refet Paşa, Nazilli'de gözden kayboldu. Birkaç gün sonra, Balıkesir'de olduğunu, birtakım yabancı subaylarla ilişkiye girip girmemesini bizden sorması dolayısıyla anladık.

22 Aralık 1919 tarihinde verdiğimiz cevapta: «Millî teşkilâta bağlı bulunanların, özellikle Hey'et-i Temsiliye üyesi olarak tanınmış olmaları dolayısıyla, kendisinin yabancılarla hiçbir şekilde ilişki kurmasını isteme-

diğimizi bildirdik. «Refet Paşa, yine ortadan kayboldu. Nihayet bir gün, Bursa'dan Refet imzalı kısa bir telgraf aldık: «İstanbul üzerinden, Bursa'ya geldim.»

Bu telgrafın ne demek olduğunu bir türlü anlamıyordum. Refet Paşa'nın İstanbul ile ne ilişkisi vardı? Bir de «Nazilli - Balıkesir - Bursa» yolu İstanbul'dan mı geçer? Bu bilmeceyi bir türlü çözemedim. Sonunda mesele anlaşıldı.

Refet Paşa, Nazilli'den ayrıldıktan ve Balıkesir'de Kâzım Paşa'ya uğradıktan sonra, Bandırma'ya inmiş; oradan da bir Fransız torpidosuyla İstanbul'a gitmiş; orada bazı arkadaşlarıyla görüşmüş; daha sonra da Bursa'ya dönmüş...

Efendiler, bu bilmeceyi hâlâ çözemiyorum. Beni bunda mazur göreceğinizi umarım.

Refet Bey'in yerine bir İngiliz gemisi ile Samsun'a gelen Salâhattin Bey'in gönderildiğini, aynı gemi ile Refet Bey'in İstanbul'a dönmesinin istendiğini ve bunun üzerine gitmeyip istifa ettiğini, İstanbul Hükûmeti'nin benimle birlikte kendisinin de yakalanarak İstanbul'a gönderilmemiz için her tarafa emir verdiğini biliyorsunuz. Bu kadar çok bilinmeyeni çözememek, cebir bilenlerce pek bağışlanmazsa da, benim bu noktada acze düştüğümü itiraf ederim. Gerçi, Ferit Paşa Kabinesi yerine Ali Rıza Paşa Kabinesi geçmişti. Fakat, yeni kabinenin haber alma ve yürütme vasıtalarının öncekinin aynı olduğunu biliyoruz.

Efendiler, Refet Paşa'nın bu hafif hareketi, Aydın ve Salihli 173
Cephelerinde, düzenli bir ordunun teşkiline kadar, ciddî bir sevk ve idare kurulamamasına sebep oldu.

Dahiliye Nâzırı'nın şüphe uyandıran davranışları

Efendiler, bu garip hikâyeden sonra, olayları yeniden bıraktığımız noktadan izlemeye başlayalım:

Cemal Paşa, bizim 5 Kasım 1919 tarihli şifremizin bir noktasını anlayamamış. Bâbıâlî merkezinden çektiği kısa bir şifre ile, şu şekilde bir açıklama istiyordu: «Dahiliye Nâzırı'nın şüphe çekebilecek şekildeki muamelelerine dikkatinizi çekmeyi gerekli görürüz» cümlesinden maksadın ne olduğu anlaşılamadı .Bu noktanın acele olarak ve açıklanarak bildirilmesi» *(Belge: 190).*

Bu kısa şifreye verdiğimiz cevap biraz uzundur. Sıkılmazsanız, olduğu gibi bilginize sunayım:

Şifre **Sıvas, 12.11.1919**

Harbiye Nâzırı Cemal Paşa Hazretleri'ne

İlgi : 8.11.1919 tarih ve 8084 sayı :

Dahiliye Nâzırı Paşa Hazretleri'nin şüphe uyandıran iş ve davranışlarından akla gelenler aşağıda bilginize sunulur :

1 — Ankara gibi bazı illerde, sivil idare âmirlerini telgraf başına çağırarak, Millî Mücadele sırasında Ferit Paşa Kabinesi aleyhinde faaliyete girişenlerin durumlarını, hükûmeti neden suçladıklarını, bütün bunların kanuna ne dereceye kadar uygun olduğunu tehdit edercesine soruşturma;

2 — Uzun süredir hasta iken tifodan ölen Tokat Mutasarrıfı'nın ölümü sebebinin, esrarlı bir vak'a sayılarak, Sıvas ilinden şifre ile sorulması...

3 — Adliye Nâzırı ile birlikte, Balıkesir cephesinden gelen millî hey'et ile yapılan gizli görüşme sırasında, Adliye Nâzırı'nın Millî Mücadele liderleri aleyhinde harekete geçilip geçilemeyeceğini, kendisinin yanında söz konusu edebilmesi;

4 — Nezaret'e geçildiği zaman, ilk vatanperverce iş olmak üzere, vatan hainliği maddî delilleriyle ortaya çıkmış bulunan eski Dahiliye Nâzırı Â d i l B e y'-in düşünce ve hareketlerinde kendisine sır ortaklığı eden Dahiliye Müsteşarı K e ş f i B e y'in, görevinden atılması gerekirken, hâlâ yerinde bırakılması ve onun vasıtasıyla sivil memurlar arasında değişiklikler yapılması.

Tabiîdir ki, bu müsteşarın tayin ettireceği memurlar pek haklı olarak milletin güvenini kazanamaz. Söz gelişi, Millî Mücadele'nin başlangıcından sonuna kadar muhalif bir tutum takınmış ve sonunda halk tarafından işten el çektiril- 174
miş ve hastalığı dolayısıyla da o zaman tutuklanması ve uzaklaştırılması yoluna gidilmemiş olan eski Kayseri Mutasarrıfı A l i U l v i B e y, yöneticilik vasıflarından büsbütün yoksun ve güçsüz takımından olmasına rağmen Burdura tayin buyurulmuştur.

Yine yetersizliğinden ve Canik sancağı için uygun görülmediğinden, kendi isteği ile vaktiyle İstanbul'a gönderilen E t h e m B e y de Menteşe'ye atanmıştır. Aydın Mutasarrıflığına da eskiden Niğde Mutasarrıfı iken Sıvas'a getirilen C a v i t B e y atanmıştır.

Bütün bunlara rağmen, eski Konya Valisi vatan haini C e m a l B e y'in adamı olan Antalya Mutasarrıfı, arka arkaya yaptığımız müracaatlara ve halkın feryatlarına karşılık, hâlâ yerinde oturuyor.

5 — Özlük İşleri Müdürlüğü [100] gibi en önemli görev bir Ermeni elinde bulunduruluyor.

6 — Basın-Yayın Müdürlüğü'nde [101] ve Ajans'ın durumunda bir değişiklik görülmemektedir.

7 — Memleketin geleceğini garantiye alacak tek kuvvetin millî birlik olduğu ve bunu da ancak millî teşkilâtın devam ettirebileceği bilinmektedir. Bu birlik ve teşkilâtın, vatanı parçalanmaktan kurtarmak, devlet ve milletin bağımsızlığını korumaktan ibaret olan kutsal gayesini bozmaya çalışanlar da İstanbul'daki bozguncılardır. Bunların zararlarının önlenmesi, ancak kuvvetli ve ciddî bir disipline bağlıdır. Bunun da başlıca çaresi, polis müdürünü namuslu, milliyetçi, yetenekli, teşebbüs gücü taşıyan kimselerden seçmek ve atamaktır.

---

100) Memurin Müdüriyeti.
101) Matbuat Müdürlüğü'nde.

Oysa, zâtıâlîlerince de bilinmektedir ki, bugünkü Emniyet Genel Müdürü, (102) düşürülmüş olan vatan haini eski kabinenin ve ona bağlı olanların biricik koruyucusudur. Sait Molla'nın Mister Frew'a yazmış olduğu mektuplardan anlaşıldığına göre de bu zat, muhaliflere yani millet düşmanı olanlara bugün kucak açmakta, sığınaklık etmektedir. Amasya'da Salih Paşa Hazretleri de bunu doğrulamışlardır. Halbuki, Dahiliye Nâzırı, memleket ve milletin mukadderatını böyle bir şahsın elinde bırakmakta bir sakınca tasavvur etmiyor, belki yarar görüyor demektir. Jandarma Komutanı Kemal Paşa'nın ise, gerek millî dâvâ ve gerek sizler için zararlı bir şahıs olduğu bir gerçek iken, hâlâ makamında kalması da Dahiliye Nezareti'nin iyi niyetine mi verilmelidir?

Hey'et-i Temsiliye adına
Mustafa Kemal

Ali Rıza Paşa Kabinesi Millî Teşkilâtı düşman teşkilâtla, bizi de Ali Kemal ve Sait Molla ile bir tutuyor

Efendiler, Harbiye Nâzırı'nın 9 Kasım 1919 tarihli bir telgrafı vardı. O telgrafın içindekiler de ilgi çekicidir. Cemal Paşa bu telgrafında, kabinenin düşüncesini şu noktalar üzerinde yoğunlaştırıyordu:

«1 — Seçimlerin güvenlikle yapılabilmesi,

2 — Meclis-i Meb'usan'ın İstanbul'da toplanması,

3 — Millî Teşkilât adına hükûmet işlerine müdahale edilmemesi için hükûmetin tarafınıza başlangıçtan beri yaptığı tebliğler kesindir.

4 — Birçok telgrafınızda ileri sürülen isteklerin de aynı nitelikte – 175
yani müdahale niteliğinde – olduğu âşikârdır.

5 — Hükûmet, kendi bildirisinde tespit ve ilân ettiği tarafsızlıktan ayrılmayacaktır. Bu bakımdan millî teşkilât aleyhinde bulunanları baskı altında tutma ve cezalandırma yoluna gidemez.» Telgrafın sonunda da şu tehdit vardı: «Şimdiki durum bir sürecik daha devam edecek olursa kabine kesinlikle çekilecektir *(Belge: 191)*.

Saygıdeğer Efendiler, bu maddelerin ifade ettikleri anlamlar, aslında bütün gerçekleri ortaya koymuş bulunuyordu. Kabine, millî teşkilât aleyhinde bulunanların memleket ve millete düşman olduklarını kabul etmiyordu. Millî teşkilât ile düşmanın ihanet teşkilâtını; Ali Kemal ile ve Sait Molla ile bizi bir tutuyordu. Adapazarı, Karacabey, Bozkır, Anzavur olaylarını suç olarak saymıyordu.

Cemal Paşa'ya verdiğimiz karşılıkta, bu noktaları açıkladıktan sonra, hükûmetin duygu ve eğilimini açık olarak söyletmek maksadıyla şu cümleyi de ekledik: «Bildirdiklerinizden anladığımıza göre, İstanbul Hükûmeti, millî teşkilâtın varlığını belki de gereksiz görüyor. Gerçekten durum bu merkezde ve millî teşkilâta ihtiyaç olmaksızın memleketi kurtaracak bir güce sahip bulunuluyor ise, ona göre gerekenlerin yapılmak

102) Polis Müdür-i Umumîsi.

üzere açıkça bildirilmesini, aradaki her türlü yanlış anlamanın giderilmesi için arz ve istirham ederiz *(Belge: 192)*.

Dahiliye Nâzırı Damat Perit Paşa sürekli olarak millî birliği bozmakla, temsilcimiz olan Harbiye Nâzırı Cemal Paşa da hükûmetin yaptıklarını savunmakla meşgul

Efendiler, C e m a l P a ş a'nın özel olarak Sıvas'a gönderildiği 10 Kasım 1919 tarihli ve kendi el yazısıyla olan bir mektubunu da 18 gün sonra -- yani 28 Kasım 1919 tarihinde -- almıştım. C e m a l P a ş a bu mektubunda, yapılan yazışmalarda söz konusu olan sorunları madde madde özetliyor ve her biri hakkında açıklamalar yapıyordu.

Hele, Meclis-i Meb'usan'ın İstanbul'dan başka bir yerde toplanmasından söz ederken «bu konuda Padişah'ın rıza göstermeyeceği iyice anlaşılmıştır. İşgal kuvvetlerinin Meclis-i Meb'usan'a saldırmalarının, belki Osmanlı Devleti için iyi sonuçlar verebileceğini, Amerikalılar hissettirdiler ve hattâ açıkça da belirttiler» diyordu.

C e m a l P a ş a, «Kuva-yı Milliye ruhu taşımayan memurların kodamanları, işgal ordularına âdeta sırtlarını dayamış durumdadırlar» şeklinde, sanki bilinmeyen bir bilgi verdikten ve bu bilgiyi, «eski kabine üyelerinin çoğu sırtını dayamıştır» bilgisi ile tamamladıktan sonra, «söz gelişi, Polis Müdürü'nün değiştirilmesinde bu durum bütün açıklığı ile ortaya çıktı» diye bir de örnek veriyor.

C e m a l P a ş a, kabine birçok işler yapmayı düşünmüş ise de «Köklü bir teşebbüs için dayandığı kuvvetin ciddiyetine hâlâ inanamadı» cümlesi ile bizi suçladıktan sonra, kanaatını şöyle dile getiriyordu: «Dahiliye Nâzırı bu kuvvete -- yani Kuva-yı Milliye'ye -- ihtiyaç gösterenlerin başındadır, desem abartılmış olmaz.»

C e m a l P a ş a'nın, mektubuna imza koyduktan sonra, yine kendi imzası ile eklediği bir özette şu cümle yer alıyordu: «Muhalifler ve ya- 176
bancılar Meclis'in açılmasına engel olmaya karar vermişlerdir. Hey'et-i Temsiliye de bu engellemeye toplanma yeri çekişmesiyle devam ederse işimiz Allah'a kalıyor demektir» *(Belge: 193)*.

Efendiler, bu mektupta yazılanlarda ve bundan önce gelen yazılarla bundan sonra devam edecek olan düşüncelerde hâkim olan mantık, yorumlama ve görüş sağlamlığı hakkında söz söylemeyeceğim. Yalnız, bu mektuba 28 Kasım 1919 tarihinde verdiğimiz etraflı cevabın bir tek cümlesini olduğu gibi aktarmakla yetineceğim. O cümle şudur: «Saltanat Hükûmeti'nin köklü bir teşebbüs için dayandığı kuvvetin ciddiyetine güvenemediğini gösteren maddeleri gerçekçi bulmuyoruz.»

Efendiler, Dahiliye Nâzırı Damat Ferit Paşa, durup düşünmeden sürekli olarak millî birliği bozacak, milleti her gün biribiri ardınca yayılmakta olan saldırılar karşısında sessiz ve hareketsiz tutacak tedbirler almaktan geri kalmıyordu. Diğer Nezaretleri de aynı prensip doğrultusunda harekete teşvik ettiği görülüyordu. Söz gelişi, Eskişehir'de Hamdi Efendi adında bir kadı vardı. Kuva-yı Milliye'nin aleyhinde olduğu için orada duramamış, bir daha dönmemek üzere İstanbul'a gitmiş ve bu Kadı Efendi yeni kabine tarafından tekrar Eskişehir'e gönderilmiş. Durum açıklanarak adı geçen kadının değiştirilmesi gereği, Mutasarrıf tarafından Adliye Nezareti'ne yazılmış, cevap verilmemiş. Mutasarrıf ve Eskişehir Bölge Komutanı, bu durumu Hey'et-i Temsiliye'ye bildirmekle birlikte, «eğer Nezaret bu yazıyı dikkate almayacak olursa, bu Kadı'nın kovulması zarurîdir. Zâtıdevletlerinin görüş ve emirleri istirham olunur» deniliyordu. Biz de görüşümüzü bekleyenlere şu karşılığı vermek zorunda kaldık: «Millî dâvâya bağlı olacağına söz veren ve bu ilke çerçevesinde millî teşkilât'ın her türlü yardımını sağlamış olan Saltanat Hükûmeti'ne, adı geçen kadının değiştirilmesi kabul ettirilemezse, sonunda kovulmasının bir zaruret haline geleceği âşikârdır.» Şüphesiz, bu durumda bulunan İstanbul memurları az değildi.

Harbiye Nâzırı Cemal Paşa'nın, buna benzer birtakım işlerden sözeden ve kabinenin görüşünü bildiren 24 Kasım 1919 tarihli bir şifresinin ilk cümlesi şuydu:

«Devletin iç işleri ve siyasî politikası kesinlikle ortaklık kabul etmez» *(Belge: 194)*. Bu telgrafa 27 Kasım 1919 tarihinde verdiğimiz ayrıntılı cevapta, biz de şöyle dedik: «Devletin iç işleri ve siyasî politikasının kesinlikle ortaklık kabul etmediği bir gerçek olmakla birlikte, benzeri görülmemiş olan bugünkü durum karşısında, vatan ve milletin geleceğini güvence altına alacak olan millî teşkilâtı, bilerek veya bilmeyerek zayıflatacak ve millî birliği bozacak hiçbir muameleye milletin razı olamayacağı da pek meşru ve tabiîdir.» Bu telgrafın son cümlesi şöyleydi: «Hey'etimiz, imzasını taşıyan taahhütlerine tamamiyle bağlıdır... Şu kadar ki, taahhütler karşılıklı olmak gerekir. Oysa, hükûmet, Salih Paşa'nın imzasını taşıyan taahhütlerin ve notların daha hiçbirini yerine getirmemiş ve eğer varsa, engelleyici sebepler bile bildirilmemiştir *(Belge: 195)*.

Efendiler, şimdi vereceğim kısa bilgiler ve bu bilgileri doğrulamak üzere göstereceğim belgeler, Ali Rıza Paşa Kabinesi'nin bizi suçlamakta ne kadar haksız ve hükûmet işlerinde, en hafif anlamıyla ne kadar kayıtsız olduğunu yüksek hey'etinizin gözleri önüne serecektir zannederim.

Efendiler, İstanbul'daki gizli dernekler ve bu derneklere öncülük eden ve Harbiye Nâzırı Cemal Paşa'nın mektubunda da itiraf edildiği üzere, sırtlarını yabancılara dayamış olan birtakım şahıslar, bol para ve Ali Rıza Paşa Kabinesi'nin gösterdiği alabildiğine hoşgörme ve uyuşukluk sayesinde, memleketi baştan başa ateşe vermek için olanca güç ve gayretleriyle çalışıyorlardı. Bu konudaki bilgiler ve elde edilen belgeler de, hükûmetin vukuf ve bilgileri dışında bırakılmış değildi. İstanbul'daki teşkilâtımız ve aldığımız tedbirler sayesinde elde edilmiş birkısım belgeler, olduğu gibi Cemal Paşa'nın ve Sadrazam Paşa'nın ellerine teslim edilmişti. Bu belgeler, o tarihte yabancı temsilcilere de verilmiş ve bu yolla İtilâf Devletleri hükûmetlerinin çoğunca öğrenilmiş ve o tarihlerde özetleri bütün komutanlara ve öteki ilgililere duyurulmuş olduğuna göre, artık olayın tarihe karışmış olduğu bugünde, yüce hey'etinizce ve milletçe bilinmesinde bir sakınca görmüyorum. 177

Sait Molla nasıl çalışıyordu

Millî Mücadele sırasında uğradığımız açık ve gizli güçlükler üzerinde köklü bir fikir verebilecek ve gelecek kuşaklara ibret ve ders olacak nitelikteki sözkonusu belgeleri, olduğu gibi bilgilerinize sunmayı uygun buluyorum. Bu belgeler, İngiliz Muhipler Cemiyeti'nin sözde başkanı olarak tanınmış bulunan Sait Molla'nın Mister Frew adındaki rahibe gönderdiği mektupların kopyalarıdır.

Efendiler, bu mektupların suretlerinin alındığını hisseden Sait Molla'nın, Türkçe İstanbul gazetesinin 8 Kasım 1919 tarihli nüshasında bu mektuplardan söz ederek uzun ve sert bir dille kaleme alınmış bir tekzip yayınlamış olmasına rağmen, gerçekler inkâr edilemez. Bu mektupların suretleri, Sait Molla'nın evinden ve mektupların müsveddelerinin yazılı bulunduğu bir defterden aynen alınmıştır. Bu durum bir yana, mektupların içindekiler, memlekette kendini gösteren durumlar ve olaylarla ve ayrıca, ne oldukları ortaya çıkan bazı şahıslarla tam bir uygunluk göstermektedir. Şimdi müsaade buyurursanız bu mektupları tarih sırasıyla arz edeyim :

Birinci Mektup

Aziz dostum,

Verilen iki bin lirayı Adapazarı'nda Hikmet Bey'e gönderdim. Oradaki işlerimiz pek yolunda gidiyor. Birkaç gün sonra verimli sonuçlarını elde edeceğiz. Şimdi aldığım şu bilgileri, şu pusulamla acele olarak size müjdelemek istedim. Yarın sabah kendim gelip etraflı bilgi vereceğim.

Kuva-yı Milliye taraftarlarının Fransa'ya büyük bir eğilim gösterdiklerini ve General Franchet d'Esperey'nin Sıvas'a gönderdiği subayların, Mustafa Kemal Paşa ile görüşerek İngiliz Hükûmeti aleyhinde bazı kararlar aldıklarını Ankara'daki «N.B.D. 285/3» adamımız bize özel olarak bir kur-

ye ile gönderdiği mektupta bildiriyor. «D.B.K. 91/3» her ne kadar derneğimiz üyesi ise de, bende, bu zatın Fransızlara casusluk ettiği ve sizin bu örgüte başkanlık 178
ettiğinizi etrafa yaymış olduğu kanaatı uyanmıştır. Bu konu üzerinde de zâtıalîlerinin görüşlerine ve yüksek güvenlerine aykırı olarak söyleyeceklerimle, şimdiye kadar o zata güvenmekle yapmış olduğunuz hatâyı ortaya koymuş olacağım. Dün sabah Âdil Bey'le birlikte Damat Ferit Paşa Hazretleri'ni ziyaret ettim. Biraz daha sabretmeleri ve beklemeleri gereğini tarafınızdan kendilerine bildirdim. Paşa Hazretleri, cevap olarak size teşekkür etmekle birlikte, Kuva-yı Milliye'nin Anadolu'da tamamen kök saldığını, buna karşı bir hareketle başındaki mel'unlar tepelendirilmedikçe, kendilerinin iktidar mevkiine gelemeyeceklerini, Zâtışâhâne'nin de tasvibine sunulan anlaşma hükümlerinin konferansta savunulmasına imkân olmadığını, Kuva-yı Milliye'nin dağıtılması için şanlı İngiliz Hükûmeti nezdinde hemen teşebbüse geçilerek, Bâbıâli'ye, milletvekili seçiminden önce ortak bir notanın verilmesini, Adapazarı, Karacabey ve Şile'de Rumlara karşı girişecekleri saldırıları esas alarak ve Kuva-yı Milli'yenin güvenliği bozduğunu ileri sürerek, işin çabuklaştırılmasına çalışmamızı ve İngiliz basınının Kuva-yı Milliye aleyhinde yayın yapmasının sağlanmasını torpido ile özel olarak gönderilen «E.B.K. 19/2»'ye telsiz telgrafla dün görüştüğümüz konular üzerinde talimat verilmesini rica ediyor. Bu gece 23.00'te Âdil Bey sizi (K) da görecek ve Ferit Paşa'nın özel bazı ricalarını daha bildirecektir. Ondan sonra da Zâtışâhâne ile Mister «T. R.» görüşebilecektir Refik Bey'e artık güvenmeyiniz. Sadık Bey de bizimle çalışabilecektir. Saygılarımı sunarım.

11.10.1919 **Sait**

Not :
Karacabey ve Bozkır'dan henüz bir haber alamadık.

İkinci Mektup

12 tarihiyle Ankara'daki «N.B.D. 285/3» tarafından gönderilen mektupta, Sıvas Hey'et-i Temsiliyesi'nden ve Em. Kur. Alb. Vasıf Bey'in, d'Esperey ile temas etmek üzere gönderileceği ve birkaç güne kadar yola çıkacağı bildiriliyor. Hikmet Bey paraları almış. Biraz daha para istiyor. Önceki gün sizi ziyarete geldiğimde takip edildiğimi söylememiştim. Dönüşümde biri sarı bıyıklı, diğeri kumral ve köse iki şahsın sokak başında beni beklediklerini gördüm. Gece olduğu için epeyce korktum. Yalnız biribirlerine yavaşça «bu Sait Molla imiş, artık gidelim» dediklerini işittim. Bu fazla temas benim için hayırlı olmayacak. Fuat Paşa Türbesi yakınlarındaki görüştüğümüz evi tutabilirseniz buluşabiliriz. Nâzım Paşa cemiyetimizden haberdar olmuş. Bana çok gücendi. Müsaadenizle «N.B.S. 495/1» düzenine kendilerini kattım. Ev işi yoluna konuncaya 179
kadar teması bu zat yapacaktır. Karacabey'de «N.B.D. 289/3»'e gönderilen bin iki yüz lira alınmıştır. Yola çıkacaklardır. Ferit Paşa, Bâbıâlî'ye verilecek notayı her dakika beklemektedir. Zâtışâhâne bu durumdan pek üzgündür. Teselli ettirmeniz ve daima kendisine ümit verici demeçler verdirmeniz çıkarlarımız gereğidir. Bizim padişahların her şeye karşı zayıf olduklarını unutmayınız. Seyit Abdülkadir Efendi, o konu üzerinde pek tuhaf sözler söyledi. Sözde arkadaşları «vatanseverliğe sığmaz» diyorlarmış. Artık siz gereğini yapınız. Polis Müdürü Nurettin Bey'in değiştirileceği söyleniyor. Hepimizin koruyucusu

olan bu zat hakkında gereken kimselerin dikkatini çektiriniz. Saygılarımı sunarım.

Not :

Ali Kemal Bey o zatla görüşmüş. Konuşmayı idare edemediğinden karşısındaki maksadını anlamış ve hattâ kendisine esaslı bir hakaretle «biz sizin İngilizler hesabına çalıştığınızı anladık» demiş.

Üçüncü Mektup

Yapılan propagandaları göz doktoru Esat Paşa kolu ve özellikle Çürüksulu Mahmut Paşa, resmî bilgilere dayanarak durmadan tekzip ettiriyor ve halkın heyecanını yatıştırmaya çalışıyorlar. Bu adamlara başvurulduğunda hiç cevap verilmemesini, dün kararlaştırılan zâta, Zâtışâhâne vasıtasıyla emir vermenizi rica eder saygılarımı sunarım.

19.10.1919

Sait

Dördüncü Mektup

Aziz üstâd.

Muhipler (İngiliz Muhipler Cemiyeti üyeleri) arasında **Franmason** örgütü itirazlara sebep oluyor. İttihatçıların tuttuğu yoldan gidilmesinden çekiniliyor. Bu programı, örgütün idaresine tam bir imanla yetiştirilmiş gençlerin alınmasıyla uygulayabileceğiz. Benim kıyafetimin engel olması yüzünden, eski dostunuz «K.B. 180
V.4/35» kararlaştırılmış olan esaslar çerçevesinde işe başlayacaktır. Ankara ve Kayseri'den yine haber yok. Saygılarımı sunarım üstâdım.

19.10.1919

S.

Beşinci Mektup

Üstâd,

Kasideci-zâde Ziya Molla dün Adam Block'a haber göndermiş, eski dostu olduğuna güvenerek benim başında bulunduğum Muhipler Cemiyeti'nin gördüğü himayenin, İngilizlerin karakter yapısı ile bağdaştırılamadığını ve bunun kamuoyunda kötü etkiler yaptığını, bu bakımdan cemiyeti namuslu kimselerin temsil etmesi gerekeceğini dolaylı olarak bildirmiş ve benim aleyhimde pek çirkin şeyler ilâve etmiş. Bu zatın bana karşı şahsî düşmanlığı olduğunu hatırlatmak isterim. Ziya Molla'nın damadının kardeşi eskiden benim karımdı. Kendisini boşadığım için bana böyle bir düşmanlık yöneltildi. Durumun Adam Block Hazretleri'ne bildirilmesini ve Ziya Molla'nın şimdi İngiliz yanlısı olmayıp, Millî Mücadele'yi benimseyenlerin bir propaganda aracı ve Mustafa Kemal Paşa ile aralarında ilişki bulunduğunu ve beni suçlamakla kendi içyüzünü göstermekte olduğunu yüksek dikkatlerinize sunmak isterim.

21.10.1919 S.

Not :

Bir sakınca yoksa Adam Block Hazretleri'ne size olan hizmetimi bildiriniz.

Altıncı Mektup

Sayın üstâd,

Ankara'dan «N.B.D. 295/3» ten kurye ile gelen 20 Ekim 1919 tarihli mektupta, «K.D.S. 93/1», talimatımız gereğince orada bırakılarak kendisi Kayseri'ye hareket etmiştir. Talimatın onaylı bir suretini de Galip Bey'e gönderdiğini bildiriyor. Önceki ödenek sarf edildiği için yeniden ödenek istiyor. Gizli örgütün yayıldığını, başındaki bozgunculardan yakasını kurtaran Muhiplerimizin, şimdilik köylerde kalmak şartıyla, el altından işe başladıklarını müjdeliyor ve zâtıâlilerinin son plânlarının iyi sonuç vereceğini bildiriyor. «M.K.B.» düzgün Türkçesi sayesinde önemli roller çeviriyormuş. Hele hocalığına diyecek yok diyor. Talimatın «XVV.» plânı tamamen hazırlanmış. Aramıza yeni yabancılar girmemiş ise, durum sezilmeden, maksat fiilen elde edilmiş olacaktır. Yeni ödeneğin gönderilmesini beklemek üzere kurye «4R» burada alıkonulmuştur. 181

S.

23/24.10.1919

Not :

Ahmet Rıza Bey'in İtalyan mandası ile ilgili demecini mektubun sonuna ekledim. Kendisinin Fransa'ya geçmesi bizce tehlikeli olur. Bunu engelleyiniz.

Yedinci Mektup

Üstâdım,

Ali Kemal Bey dün o zatla görüşmüş. Basın konusunda biraz ağır olmak gerektiğini söylemiş. Bir kere bir görüşe inandırılmış olan düşünce ve kalem erbabını, o görüşe zıt bir gayeye yöneltmek, bizde kolaylıkla mümkün olmaz. Bütün resmî memurlar, Millî Mücadele'yi şimdilik iyi görüyor demiş. Ali Kemal Bey, talimatınıza harfi harfine uyacak. Zeynel Abidin Partisi'yle de işbirliği yapmaya çalışıyor.

Sözün kısası, işler bulandırılacak. Bugünlerde Fransız ve Amerikan çevrelerinde benim adım çok geçiyormuş. Bunun hikmetini hâlâ anlayamadım. Millî Mücadele taraftarlarının, bu hükûmetin siyasî memurları üzerinde yaptıkları etkinin sonucu olarak, hayatımın korunması size emanet edilmiştir. Ben kendi kendime bu ümitle cesaret veriyorum. Hikmet ile bizzat görüştüm. Bu sefer kendisini kaypakça gördüm. Bununla birlikte kesin olarak söz verdi. «Ben merdim. Sözümden dönmem» dedi. Sıvas olayını nasıl buldunuz? Biraz düzensiz ama yavaş yavaş düzelecek. Kadıköylü de işi üzerine alıyor. Fakat o yere batası İttihatçı basın, bazan bizim işlere engel oluyor. Bunların yazılarına dikkat etmek gerekir. Paşamız hâlâ sinirli. «Ne vakit olacak?» diyor. Ev sorununun hâlâ çözülmemiş bulunması, temas ve ilişkilerimizi güçleştiriyor. «N.B.S. 495/1 «Konya'ya önem verilmesini tavsiye ediyor. Size kendisinin ağızdan anlattığı konu üzerinde dikkatini çekmemi rica ediyor. Ali Kemal Bey'in son felâketi üzerine üzüntülerinizi bildirdiğinizi söyledim. Bu zatı elde bulundurmak gerekir. Bu fırsatı kaçırmayalım. Bir hediye sunmak için en uygun zamandır. 19 Ekim tarihli mektubumu 182
almadığınıza üzgünüm. Aracı olan şahsı biraz sıkıştırınız. Tehlikeden sakınmak benim için pek önemlidir. Yeni bir parola gönderiniz. Hikmet'e ve Kadıköylü'ye numaralarını vereceğim. Saygılarımı sunarım üstâdım.

24.10.1919

S.

Not :

Birkaç defadır söylemek istediğim halde unutuyorum. Mustafa Kemal Paşa'ya ve taraftarlarına biraz müsait görünmeli ki, kendisi tam bir güvenle buraya gelebilsin. Bu işe çok önem veriniz. Kendi gazetelerimizle taraftarlık edemeyiz.

Sekizinci Mektup

Aziz üstâd,

Seçimleri geciktirmek ve geri bıraktırmak için gerek Mustafa Sabri ve gerek Hamdi ve Vasfi Efendi'lerle talimatımız çerçevesinde uzun uzadıya görüştüm. Rızalarını aldım. Seçim bölgelerinde propagandalar başladı. Gereken şahısları elde edecekler. Bol para dağıtmak suretiyle oyları dağılmaya uğratacaklardır. Zâtışâhânenin bu hususta aydınlatılması çok gereklidir. Maksada sizin yüksek görüş ve tedbirlerinizle ulaşacağımızı temin ederim, üstâd.

26.10.1919

Dokuzuncu Mektup 183

«9.R» kurye geldi. Keskin'deki teşkilât bitmiştir. Arkadaşlara propaganda için talimat verdim. Başarılarımızın ilk meyvelerini yakında toplayacağımızdan eminim üstâdım.

27/28.10.1919

Onuncu Mektup

Aziz üstâd,

Sarayda, yeni kabine kurulması ile ilgili hazırlık ve plânların yer aldığı haberi etrafa yayılmıştır. Bu işin hızlandırılması kaçınılmazdır. Anadolu'daki örgütümüzün bazı plânları Kuva-yı Milliye'ce anlaşılmış. Özellikle Ankara ve Kayseri'de aleyhimizde çalışmalar başlamıştır. Kürt Cemiyeti söz verdiği halde bir varlık gösteremedi. Çetelerimizden bir kısmı yok ediliyor. Ne olursa olsun tasarlanan kabine mutlaka iktidara getirilmelidir. Ali Rıza Paşa'nın, plânlarımızı önleyici tedbirler alacağını da tahmin ediyorum Bozkır'a gidecek adamlarımız tanınmış kimseler oldukları için fazlasıyla korkuyorlar. Konya'da «K. B. 81/1»e, sizin aracılığınızla, olayın kızıştırılması için tebligat yapılarak propaganda hey'etlerinin bu konuda faaliyete davet edilmesi gerek ve zaruretini arz eder, saygılarımı sunarım.

29/30.10.1919

Not :

Benim bir mektubumdan Hikmet'e bahsedilmiş. Bu mektupta yazılanları nereden öğrenmişler? Hikmet'le kendim görüştüm. Bunun doğru olduğunu Hikmet'ten şaşkınlık içinde dinledim. Casus benim çevremde midir; yoksa sizin çevrenizde mi?

On Birinci Mektup

Aziz üstâdım,

Kürt Tealî Cemiyeti'ndeki yakın dostlarımızla görüştüm. Yeni geldiklerinden, birkaç gün sonra verilen talimat çerçevesinde hazırlık yapacaklarını, yalnız Kürt aşiretlerinin bulunduğu Doğu illerine gönderilecek arkadaşlar için büyük bir ödeneğe ihtiyaç olduğunu söylediler. «D. B. R. 3/141» den gelen mektupta gösterdiler. Urfa, Antep, Maraş'ta Fransızlar aleyhine gereğinden fazla kışkırtmalar yaptıkları ve kolordu komutanının takip ettiği yumuşak politikaya rağmen, halkı kandırdıkları yazılıdır. Kabinenin başkanlığına Zeki Paşa'nın getirilmemesi ile ilgili görüş doğru değildir. Bu zat Kürtler üzerinde hâkimdir. Eski Ermeni meselesi unutulmuştur. Sizin ileri sürdüğünüz görüş, herhalde bugün için mevsimsizdir. Bunu, gereğinde başka türlü göstermek mümkündür. Üstâtça yardımlarını her dakika beklemekteyiz. Karşıdaki olayı diğerlerine de yaymaya çalışıyoruz. Bendeniz, saygılarımı sunarım.

4.11.1919 **S.**

On İkinci Mektup 184

Aziz üstâdım,

Ahmet Rıza'nın Tan (Le Temps) muhabirine verdiği demeç her halde dikkatinizi çekmiştir. Emir Faysal'a Fransızlarla anlaşma imzalamayı tavsiye etmesindeki anlamın taşıdığı siyasî incelik, efendimizin gözünden kaçmamalıdır. Kuva-yı Milliye liderleri, sonradan sonraya Fransa'ya dikkate değer şekilde bir yaklaşma eğilimi gösterdikleri gibi, Irak'ta çıkardıkları karışıklık bir yana, öte yandan Suriye'deki hâkimiyetinize de darbe vurmak istiyorlar. Bu kuvvetin devamında gösterilecek ilgisizlik ve kusur, İslâm dünyasının İngiltere aleyhindeki olağanüstü galeyanına yol açacaktır. Üzerinde özenle durulmuş olan bu noktayı büyük bir değer vererek görmek ve yüksek seviyedeki siyasî şahsiyetlerinize göstermek zarurîdir. İleri sürdüğüm bu görüşle, ilmî değerinize karşı bir saygısızlıkta bulunduğum yargısına varmayınız. Çünkü, Türkiye üzerinde, sizden başka bir kuvvetin nüfuz ve egemenliğini devam ettirmesi, siyasî gayemize aykırıdır. Fransa, İtalya ve özellikle Amerika'nın, gerek devlet adamları ve gerek basınıyla bu kuvvete karşı gösterdikleri çeşitli eğilimler, siyasî ve askerî üstünlüğünüzle rekabete girişildiğinin açık bir delilidir. Ahmet Rıza gibi Clemenceau (Klemauso)'nun, Pichon (Pişon)'un ve çeşitli politikacıların eskiden beri süregelen yakın dostluklarını kazanmış olan şahsiyetlerin Fransa'da önemli bir rol oynayacağından ve kamuoyunu tam anlamıyla istedikleri yöne çekebileceklerinden emin olunuz. Bu zatın İsviçre'ye geçeceğine dair bilgi alındığına göre, oradan bir fırsatını bulup Fransa'ya geçmek emelinde olduğuna inanabilirsiniz. Balıkesir yakınlarındaki kuvvetlerimiz bozularak kaçmış ve «A. R.» de gizlenmiştir. Yeni kuvvetler hazırlanıyor. Beş bin liradan aşağı olmamak üzere ödenek istiyor. Karaman'dan «D. B. S. 40/5» ten gelen mektupta, şimdilik beklemek zorunda olduklarını ve Kayseri'den «K. B. R. 87/4»ten gelen mektupta da, yakında harekete geçeceklerini bildiriyor. Ziya Efendi de «H. K.», «C. H.» bölgesinde örgütlenme tamamlanmış olduğundan yalnız ödenekle oraya hareket etmek mecburiyetinde olduğunu söylüyor. İsterseniz durum hakkında bizzat geniş bilgi verecektir. Sıkı bir şekilde takip edildiğimizi, plân ve hazırlıklarımızdan Sıvas'ın düzenli olarak haber aldığını arz edebilirim. Mehmet Ali'ye güvenmeyiniz. Ağzı sıkı değildir. Her halde boşboğazlık ediyor. Dış plânlama ve teşkilâtta bendenizden başkasını kullanmasanız daha isabetli hareket edersiniz. Ali Kemal Bey'in listeye alınması zarurîdir. Bu kadar sırrımızı taşıyan bu zatı gücendirirsek, plânlarımız olduğu gibi düşmanların eline geçer. Bu zatı sıkça sıkça kollayınız. Saygılarımı sunarım üstâdım.

5.11.6919 **S.**

Not :

Kemal yakalanmış, ona bağlı olması dolayısıyla «K. B. R. 15/1»)in örgütle ilişki derecesi ortaya çıkmış demektir. Bu zatı korumak zarurîdir.

Mister Frew'a yazdığım mektup

Efendiler, bu geniş örgütlenmeye engel olmak ve yaratılan tehlikeli durumlara son vermek için elimizden gelen her çareye başvurduk. Şimdiye kadar dile getirdiğim ve bundan sonra sırası geldikçe de hatırlatmaya çalışacağım, bildiğiniz isyanları, 185
ihtilâlleri, resmî düşman kuvvetlerinin tecavüzlerini bastırmak ve yok etmek için çok uğraştık. Ali Rıza Paşa Kabinesi, gözüne batan Kuva-yı Milliye'yi batırmaya ve bunun için bizimle didişmeye çalışmaktan başka

bir yardımda bulunmadığı gibi, ondan sonra iktidar mevkiine gelen sayın arkadaşları da onun yolunda gitmekten ve sonunda felâketten felâkete ve rezaletten rezalete sürüklenmekten başka bir hizmet görmediler.

Efendiler, bütün bu gizli tertip kaynaklarının, Rahip Frew'un kafasında toplandığı ve oradan din kardeşlerimiz olacak hainlerin kafalarına akıtılarak eylem haline dönüştüğü tahmin edildiğinden, Rahip Frew'un, bir süre için olsun, bu işlerden uzak kalmasını sağlar düşüncesiyle, bizzat kendisine bir mektup yazdım. Mektubun iyi anlaşılabilmesi için şu bilgiyi de ilâve edeyim ki, ben, Mister Frew ile İstanbul'da bir iki defa görüşmüş ve tartışmıştım. Frew'a Fransızca olarak gönderdiğim mektubun Türkçesi şudur:

Mister Frew'a

Sizinle, Mösyö Marten'in aracılığıyla yaptığımız görüşmelerin hâtırasını memnuniyetle saklamaktayım. Yıllarca memleketimizde ve milletimiz arasında yaşamış olan sizin, hakkımızda en doğru düşünce ve kanaatları taşıyacağınızı beklerdim. Oysa, ne yazık ki, İstanbul çevresinde sizinle bağlantı kuran bazı gafil ve menfaat düşkünü kimselerin, sizi yanlış yönlere sürüklediklerini pek büyük bir esefle anlıyorum. Bunlar arasında Sait Molla ile hazırlanıp uygulamasına başladığınız, güvenilir kaynaklardan haber alınan plânın, İngiliz milletinin gerçekten suçlanmasını gerektirecek bir nitelikte olduğunu bildirmeme müsaadenizi rica ederim. Milletimiz, Sait Molla'nın değil, fakat gerçek vatanseverlerimizin gözüyle görüldüğü takdirde, böyle plânların artık memleketimizde ve milletimiz üzerinde uygulama alanı kalmadığı yargısına kolaylıkla varılabilir. Nitekim, daha bugünün olaylarının arasında yer alan Adapazarı ve Karacabey hâdiselerinin başarısızlığa uğramış olması, sözümüzü doğrulamaya yeterlidir. Ancak, buna ne gerek vardı? İngiliz subayı Nowill'in, Diyarbakır bölgesinde, Müslüman Kürt halkını kışkırtmak için pek çok çalıştıktan sonra, Malatya'da eski Elâzığ Valisi Galip ve Malatya Mutasarrıfı Halil Bey'lerle Sıvas aleyhine yaratmaya çalıştığı olay, sonuç olarak bütün medeniyet dünyasına karşı utanç verici değil miydi?

Size bütün ciddiyet ve samimiyetimle arz ederim ki, İngiliz milleti, milletimizin kendisine karşı gösterdiği dostluk ve güvene değer vermiyorsa, bundaki yanılgı pek derindir. Aksi takdirde ise, kullandığınız yöntemler pek sakat olup sonuca ve başarıya ulaştıracak nitelikte değildir. Sait Molla vasıtasıyla Adapazarı'na gönderilen iki bin liranın, yakında olumlu sonuç getireceği şeklinde verilen sözün asılsızlığını, olaylar size ispat etmiş olacağından fazla söze gerek görmem. Özellikle sizinle bağlantı kuran sahtekârlar tarafından, ortak çalışmalarınızda ve meselelerinizde Osmanlı Padişahı'nın da rolü varmış gibi gösterilmesi pek tehlikelidir. Siz pekâlâ takdir edersiniz ki, Zâtışâhâne sorumsuz ve tarafsız olup, millî irade ve hâkimiyetimizi ilgilendiren gerçekleri değiştirmez ve bozmazlar. Memleketimizde bulunan İngiliz siyasî memurlarının, şüphesiz İngiliz mille- 186
tinin eğilim ve çıkarlarına aykırı olarak, vatan ve milletimiz aleyhinde, insanlık ve medeniyet dışı ölçülerle yapılagelmekte olan teşebbüslerini, elimizdeki belgelerle İngiliz milletinin gözleri önüne serersek, sonuç, dünyaca takdire değer görülmez sanırım. Ancak, bu konuda garipliği dolayısıyla şunu da arz etmek mecburiyetindeyim ki, siz bir din adamı olarak, siyaset oyunlarında ve hele kanlı çar-

pışmalarla sonuçlanacak işlerde rol oynamak sevdasına kapılmamalıydınız. Sizinle yaptığım görüşmelerde sizi bu türlü bir politika adamı olarak değil, insanlığa hizmet eden, adaleti seven, faziletli bir insan gibi görmüştüm. Bunda ne kadar aldandığımı, son aldığım güvenilir bilgilerin doğrulamakta olduğunu bildirmekle şeref duyarım.

Mustafa Kemal

Ali Rıza Paşa Kabinesi düşman iftira ve safsatalarına gerçekler diye inanıyor

Efendiler, İstanbul'da hükûmetin gözü önünde ve bilgisi altında yapılmış ve yapılmakta olan alçakça teşebbüslerin bütün memleketteki uğursuz sonuçlarını açıkça ortaya koyan olayların asıl kaynak ve sebeplerini İstanbul Hükûmeti'nin Hey'et-i Temsiliye'den daha iyi bildiğinden hâlâ şüphe edilebilir mi?

Efendiler, olaylar hakkında derinlemesine bilgiye sahip olan hükûmet üyelerinin, düşmanların sırf aldatmak ve bozgunculuk maksadıyla ortaya attıkları iftira ve söylentilere gerçek gözü ile bakıp, yine onların tavsiyelerini çare ve tedbir olarak uygulamaya kalkışacaklarına ihtimal verilebilir mi?

Bu sorulara cevap vermek için, yüce topluluğunuzun zihinlerini yormaktan çekinerek, sözü, A l i R ı z a P a ş a Kabinesi'nin düşüncesine tercüman olan Harbiye Nâzırı C e m a l P a ş a 'ya bırakmayı tercih ederim.

Efendiler, itiraf ederim ki, ben, C e m a l P a ş a 'nın bu konuda verdiği şifreli telgrafın anlamını kavramakta güçlük çektim ve hayrete düştüm. Kendilerinden telgraflarının tekrarını istedim. Nâzır Paşa, 9 Aralık 1919 günü arka arkaya, olduğu gibi bilginize sunacağım şu telgrafları çektiler :

9.12.1919

Sıvas'ta 3' üncü Kolordu Komutanlığı'na

Mustafa Kemal Paşa Hazretleri'ne :

Tekrarı istenen telgraf aşağıda sunulmuştur :

Hükûmetin Barış Konferansı'na davet edilme konusunda isteklerde bulunduğu bilinmektedir. Barış Anlaşması'ndan iyi sonuç alınabilmesi, ancak gidecek delegelerimizin hem milletimizin güvenini kazanmış kimseler olması hem de memleket içinde otoriteye sahip bir hükûmeti temsil edebilmesine bağlıdır. Yabancı 187 temsilciler tarafından memleket içinde güvenlik ve huzurun kurulması ve yerleşmesi ısrarla tavsiye olunuyor. Anadolu'da bir katliama uğrayacakları endişesiyle korku ve dehşet içinde olan Hristiyan halkın, bölük bölük işgal altında bulunan yerlere sığınmakta oldukları etkili ve dikkati çeken bir dille söyleniyor. Gerçi, işgal altındaki yerlere ve özellikle Adana bölgesine gidenler, o bölgedeki Ermeni nüfusunu artırmak maksadıyla gitmekte iseler de, Anadolu'da güvenlik ve huzurun bozulmuş olduğu ileri sürülerek, hükûmet tarafından yapılan red ve yalanlamanın etkisini azaltıyor. Çünkü, Hey'et-i Temsiliye tarafından verilen teminata rağmen, illerde bazı kimselerin kendilerine hoş görünmeyen görevlileri kendiliklerinden azletmek, değiştirmek, hükûmet işlerini sekteye uğratmak, zorla yardım ve vergi toplamak gibi hareket ve müdahalelerinin tamamiyle önü alınamadığından, daha yabancı çevrelerde de endişe devam etmektedir. Devletimizin, kara ve denizdeki bugünkü durumunda, geleceğimiz hakkında kararlar alacak olan devletlere karşı, tehdit edici bir tutuma girmesi her halde zararlıdır. Bundan başka, temsilcilere, Hey'et-i Temsiliye adına telgraflar çekilmesinin memlekette iki hükûmetin varlığını gösterdiği, Fransa temsilcisi tarafından açıkça söylenmiştir. Hele bunlardan herhangi birine karşı aşağılayıcı sözler sarfedilmesi, yaratılıştan sahip olduğumuz ahlâk temizliği, sağduyu ve uzak görüşlülükle bağdaştırılamaz. Tehlike ve felâket anlarında ağırbaşlılık ve sükûneti korumanın millî niteliklerimizden olduğu unutulmamalı, umutsuzluk ve bezginliğin akla getireceği aşırı ve tehlikeli emel ve tasavvurlara, vatanın yüksek çıkarları feda olunmamalıdır. Haklarımızı, bugünkü durumumuzda ancak siyaset, uyanıklık ve zamanın gereklerine göre akıllıca hareketle savunabiliriz. Bu düşünceler zâtıâlîlerine karşı bilineni tekrarlamak oluyorsa da, arkadaşlara ve şubelere de vatanseverce tavsiyelerde bulunmak mutlak bir gerekliliktir. Toplanması yaklaşmış olan Meclis-i Mebusan'ımızın, aziz vatanımızın kurtuluş ve selâmeti için alınacak isabetli tedbirleri bularak bu yüce gayenin gerçekleşmesine bütün gücü ile çalışacağı beklenmektedir.

Kabinenin düşüncesini arz ederim.

Harbiye Nâzırı
Cemal

Efendiler, dinlediğiniz bu telgrafta yazılanların açıklamasını yaparak yüce topluluğunuzu yormayı gereksiz sayarım. Yalnız, müsaade buyurursanız, buna verdiğim cevabı olduğu gibi sunmakla yetineceğim.

Şifre **Sıvas, 11.12.1919**

Harbiye Nâzırı Cemal Paşa Hazretleri'ne

Kabinenin düşüncesi olmak üzere gönderilen 9 Aralık 1919 tarihli telgraf hey'etimizce incelendi. Yaptığımız bunca açıklamalara ve sunduğumuz bilgilere rağmen, bu telgraf metni de daha önce bildirilen görüşlerin tekrarı niteliğinde 188
görülmüştür. Hey'et-i Temsiliye'mizin amacının hükûmet otoritesinin sarsılmasına meydan vermemek, milletin hükûmete karşı güvenini artırmak olduğu defalarca belirtilmiştir. Maalesef, bizde, sunulan hususlar üzerinde gerektiği ölçüde durulmadığı inancı doğmaktadır.

1 — Anadolu'da güvenlik ve huzurun bozulmuş olduğu doğru değildir. Belki, düşmüş olan Damat Ferit Paşa Kabinesi zamanında yaratılmış olan bu düşünce anarşisi ve güvensizlik, sonradan millî birlik sayesinde ortadan kalkmıştır.

2 — Şahıslar tarafından durup dururken memurları görevden alma ve yer değiştirme yapılmış değildir. Yalnız, Dahiliye Nezareti, Millî Mücadele aleyhinde oldukları için, düşmüş olan kabine zamanında, millet tarafından kovulan ve her tarafça adları bilinen memurları yeniden tayinde gösterdiği direnme ile pek anlamlı bir yol tutturuyor. Dahiliye Nezareti'nin millî dâvâya tamamen aykırı olan ve kamuoyunda, eski nâzır Âdil Bey zihniyetinin hâlâ süregeldiği duygusunu yaratan işleri, elbette pek haklı ve meşru olarak halkça iyi karşılanmamaktadır. Aynı müsteşarın, aynı İçişleri Genel Müdürü'nün ve aynı Özlük İşleri Müdürü'nün

görevlerinde devam etmeleri, gerçekten hem yüksek hükûmetimizi hem de millete karşı taahhüt altında bulunan Hey'et-i Temsiliye'mizi pek güç bir duruma sokmaktadır. .... tarihli telgrafla arz ettiğimiz Dersim Mutasarrıfı konusu dikkate değer. Artık bu konuda Hey'et-i Temsiliye'ce yapılacak bir şey kalmamıştır. Bundan sonra da, Dahiliye Nezareti'nin bu gibi işlemleri yüzünden ortaya çıkacak durumların düzeltilmesi için, Nezaret'çe iyi karşılanmadığı ve güven duyulmadığı için istirhamlarda da bulunulmayacaktır.

Son olarak şunu arz edelim ki, yüksek hükûmetleri, milletin güven ve desteğini hakkıyla kazanmak, bu vatan ve millete yararlı olmak istiyorsa, —ki buna hey'etimizin hiç şüphesi yoktur— kendine, milletin ruhuna ve durumun nezaket derecesine göre bir gidiş yolu seçmeli ve asıl derdi kendi içinde tedavi etmelidir. Yoksa, iktidar makamına gelindiğinden beri, tutulan yol bakımından, Hey'eti Temsiliye'yi hedef alarak ve sürekli olarak aynı nitelikte yazılar yazarak gayeye ulaşılamaz.

3 — Düşmüş olan hükûmetin, millete düşman, düşmanlara dost olarak takip etmiş oldukları haince politikanın mirası olan Aydın cephesinde, para toplama işinde belki bazı uygunsuzluklar olmuş olabilir. Şu kadar ki, Sıvas Genel Kongresi ile oluşan millî birlik ve Harbiye Nezareti'nin vatanseverce yardım ve himmetleri sayesinde, bu gibi durumların önü alınmış demektir.

4 — Millet, Ateşkes Anlaşması'nda bulunduğu düşman devletlerinden hiçbirine karşı tehdit edici bir durum almış değildir. Yalnız kutsal ve meşru haklarına karşı yapılan müdahaleleri, kesin bir lüzum görülürse silâhla bile önlemeye kararlıdır.

5 — Hey'et-i Temsiliye'nin, barış konferansına katılacak delegelere telgraf çekmesi konusuna gelince, bu ancak yüksek hükûmetlerinin onayından da geçmiş protestolardan ibarettir. Kaldı ki, millî birliğin temsilcisi olmak sıfatıyla, Hey'et-i Temsiliye'nin millet adına bu gibi müracaatlarda bulunması meşru bir hakkıdır. Eğer hükûmet de aynı duyarlığı gösterir ve böyle fırsatlarda, milletle aynı düşüncede olduğunu açıkça ortaya koymaktan çekinmezse, politikaya zarar vermek 189
şöyle dursun, aksine, çok büyük yararlar sağlanacağı âşikârdır. Oysa, yüksek hükûmetlerinin Adana'nın işgali gibi apaçık bir haksızlığı bile, protesto etmediğini Fransızlar söylüyor. Bu bakımdan, Fransız temsilcisinin açıkça konuşmasının hikmetini bu noktada aramalıdır. Özet olarak, şunu arz edelim ki, Hey'et-i Temsiliye ne umutsuzluk ve bezginliğe ne de kutsal görevlerinde millet ve vatanın selâmeti için yapılması gerekenleri kavrayamayacak bir bilinçsizliğe düşmüştür. Milletin selâmeti adına aldığı tedbirler ve giriştiği bütün işlerde ağırbaşlı ve haysiyetli davranışı uyuşukluğa ve alçalmaya tercihi bir ilke olarak benimsemiştir. Politika, uyanıklığın ve zamanın gereklerine göre hareketin ancak bu yolla olduğuna inanmıştır. Bu bakımdan acı gerçekler karşısında dikkatli ve uyanık olan millî ruhtan aldığı bu ilkelerin aksini millete tavsiye edemez ve yakında toplanmasını zarurî bulduğu Meclis-i Meb'usan'ın da aynı ruh ve duygu ile donanmış olacağı umudunu kuvvetle besler.

6 — Hey'et-i Temsiliye'mizin görüşü, yukarıda arz edildi. Temsilcimiz olmak dolayısıyla, bu durumlarda, zâtıdevletleri'nin kabineyi aydınlatmanız ve asılsız noktaları kendilerine açıklamanız gerektiğini, memleketin selâmeti adına derin saygılarımızla arz ederiz.

Hey'et-i Temsiliye adına
Mustafa Kemal

Çürüksulu Mahmut Paşa'nın demeci

Efendiler, İstanbul'da, vatanın kurtarılması ile ilgili en önemli işlerle uğraşan, saygıdeğer ve aklı başında olarak tanınmış kimselerin, o devirde, İstanbul'un zehirli havasını teneffüs yüzünden, zihniyet ve düşüncelerinde ne kadar olumsuz sapmalar meydana gelmiş olduğuna örnek olmak üzere, daha Sıvas'ta iken karşılaştığım küçük bir olayı müsadenizle bilginize sunmak isterim. Belki de sayın üyeler arasında hatırlayanlar vardır. Âyân üyelerinden Çürüksulu Mahmut Paşa, «Bosphore» gazetesi yazarlarından birine, siyasî durumumuzla ilgili bir demeç vermişti. Mahmut Paşa'nın o tarihlerde, Barış Hazırlıkları Komisyonu (103) üyesi olduğunu da hatırlarsınız. Paşa'nın 31 Ekim 1919 tarihli Tasvir-i Efkâr gazetesinde yanınlanan demecini, 17 gün sonra Sıvas'ta okudum. «Ermenilerin aşırı isteklerine hak vermemekle birlikte, sınırlarda bazı düzeltmelerin yapılmasına razı oluruz» ifadesi dikkatimi çekti. Doğu Anadolu'da Ermenistan lehine toprak tavizlerinde bulunulacağına söz verme anlamı taşıyan bu cümlenin, Barış Komisyonu üyesi olan bir devlet adamı tarafından söylenmiş olması, gerçekten üzerinde düşünülmeye ve hayretle karşılanmaya değerdi. Bu sebeple 17 Kasım 1919 tarihinde, Çürüksulu Mahmut Paşa Hazretleri'ne yazmayı yararlı saydığım bir telgrafta, demecindeki işaret ettiğim cümleden dolayı, «Doğu Anadolu halkının pek haklı olarak, son derece üzgün ve kırgın olduğunu belirttikten sonra, Erzurum ve Sıvas Kongreleri'nin kararları gereğince, milletin Ermenistan'a bir karış toprak terketmeyeceğini ve hattâ, eğer hükûmet, böyle acı bir mecburiyete boyun eğerse, milletin kendi haklarını bizzat savunmaya kararlı olduğunu ve bunun bütün dünyaya ilân edilmiş bulunduğunu» yazdım ve bu millî azim ve kararın herkesten önce, Barış Hazırlıkları Komisyonu'nun sayın üyelerince bilinmesi ve ona göre hareket edilmesi gereğini arz ettim *(Belge: 196)*. 190

Efendiler, Sıvas'ta bulunduğumuz sırada birçok mesele ve olaylarla karşılaşılmış ve ister istemez millî, idarî, askerî ve siyasî teşebbüs ve faaliyetlerde bulunulmuştur. Bunların hepsini ayrıntılarıyla anlatmak uzun sürer. Yalnız, izlediğimiz olaylar zincirinin biribirine bağlanmasını sağlayacak bazı noktalara işaret ederek geçeceğim.

*
**

Millî teşkilâtın yeniden düzenlenmesi

Efendiler, millî teşkilâtın bir düzene sokulması önemliydi. Bunun için özel tedbirler alındı. Seçimler dolayısıyla ortaya çıkan bazı görüş ayrılıklarının giderilmesi için çareler arandı.

---

103) İstihzârât-ı Sulhiye Komisyonu.

Maraş'taki bazı Çerkez vatandaşlar sözde Maraş'ın bütün Çerkezleri adına Cebel-i Bereket ([104]) guvernörünün ([105]) Maraş'a gönderilmesini, Antep'teki Fransız askerî komutanından telgrafla istemişlerdi. Buna izin veren Maraş mutasarrıfına teessüflerimiz duyuruldu. Adı geçen guvernör geldiği takdirde, Maraş eşraf ve ileri gelenlerinin karşılamamaları bildirildi. İstanbul Hükûmeti'nin de dikkati çekildi.

Bolu bölgesinde güvensizlik gittikçe artıyordu. İzmit'te Asım Bey' den sonra, 1' inci Tümen komutanı olan Rüştü Bey'e bu konuda direktif verildi.

Efendiler, 20 Kasım 1919 tarihinde, İstanbul'daki teşkilâtımızdan, Kara Vasıf ve Albay Şevket Bey imzalarıyla gelen bir şifrede: «Gebze kaymakamının Millî Mücadele'ye karşı olduğu, bu kaymakamın, birçok korkunç olaylara cür'et eden Yahya Kaptan'ın kötülüklerini örtbas etmeye ve daha başka şeylere başlayarak Kuva-yı Milliye'ye leke sürmeye çalıştığı» bildiriliyor ve kaymakamın yerinin değiştirilmesi söz konusu ediliyordu *(Belge: 197)*.

Biz de bu görüşe samimiyetle katılarak cevabımızda, konunun Cemal Bey vasıtasıyla çözüme götürülmesini bildirdik *(Belge: 198)*.

Efendiler, bu Yahya Kaptan konusu, inkılâp tarihimizin önemli safhalarından birinde yer aldığı ve pek anlamlı olduğu için biraz genişçe bilgi vermeyi uygun görüyorum.

Şimdiye kadar verilen bilgilerden anlaşılmış olacağına hiç şüphe yoktur ki, bir araya gelerek anlaşmış bulunan ortak iç ve dış düşmanların uygulamaya çalıştıkları plânın önemli bir noktası da, memleket içinde güvensizlik olduğunu ve Hristiyan azınlıklara saldırılarda bulunulduğunu, elle tutulur, gözle görülür delil ve olaylarla dünya kamuoyuna ispat etmek, bu olayların Kuva-yı Milliye tarafından yapıldığına inandırmaktı. Bu gizli ve iğrenç maksadın gerçekleşmesi için de, bildiğiniz gibi, birtakım çeteler kurarak, bunları özellikle Hristiyan halk üzerine saldırtmak ve bu çetelerin işleyecekleri cinayetleri, millî teşkilâta yüklemek yolunu tutuyorlardı. Bu teşebbüsler azçok memleketin her tarafında filiz vermeye başlamakla birlikte, en önemli gelişme ve faaliyet, İstanbul'a yakın- 191
lığı dolayısıyla Biga, Balıkesir ve özellikle İzmit, Adapazarı ve Bolu bölgelerinde görülür ve dikkat çekici bir durum gösteriyordu.

Biz, bu haince fakat - itiraf olunmalıdır ki - çok ustaca teşebbüse karşı olağanüstü tedbir almak ve teşebbüse geçmek zorunda kaldık. Çün-

---

104) Bugünkü Osmaniye, Islahiye, Dörtyol ilçelerini içine alan ve o zaman Adana'ya bağlı bulunan bir sancak.

105) Cebel-i Bereket sancağının Fransız yöneticisi.

kü, İstanbul Hükûmeti, düşmanın bütün bu oyunlarını gerçekten Kuva-yı Milliye'nin üzerine yüklüyor ve yok edilmeleri için sert tedbirler alacak yerde, durmadan Hey'et-i Temsiliye'yi suçlayarak ve baskı yaparak, bu facialarıı yaratan düşman çetelerinin faaliyetine son vermeyi bizden istiyordu. Ne yazık ki, hükûmet, bu düşünce ve kanısını, İstanbul'daki teşkilâtımızın başında bulunanlara da iyiden iyiye aşılamayı ve telkini başarabilmişti.

Efendiler, bizim özellikle İstanbul'a yakın olan İzmit bölgesinde uygulamayı düşündüğümüz tedbir, orada silâhlı millî müfrezeler kurmak ve o bölgede, kendilerine güvenilir komutan ve subaylarımızın, bu millî müfrezelere yapacakları yardım ve desteklerle, hain çetelerin peşine düşerek kötülüklerine ve varlıklarına son vermekti.

Yahya Kaptan konusu

İşte bu maksatla oluşturabildiğimiz millî müfrezelerin en önemlisi ve kuvvetlisi, Y a h y a K a p t a n diye tanınmış olan fedakâr bir vatanseverin müfrezesi idi.

Merhum Y a h y a ile ilk ilişkimiz şöyle oldu:

Bir gün telgrafçılar, Sıvas Telgraf Merkezi'ne şu bilgiyi veriyorlardı: «Çok acele bir telgrafı durdurdular, yani İstanbul'da durdurulmuştur. Telgraf metni aşağı yukarı şöyledir:

Sıvas'ta Mustafa Kemal Paşa Hazretleri'ne

Dün İzmit'ten tavsiye edilen Y a h y a benim. Yarın akşam Kuşçalı telgrafhanesinde emrinizi bekliyorum.

Kuşçalı, Üsküdar ile Gebze arasında bir köydür. Gerçekten de Y a h y a K a p t a n, bana İzmit'te teşkilâtımız tarafından tavsiye edilmişti.

4 Ekim 1919 tarihinde Kuşçalı merkezinden şu telgrafı aldım:

Sıvas'ta Mustafa Kemal Paşa Hazretleri'ne

Önemli ve çok ivedi

Bendeniz, size iki gün önce İzmit'ten tavsiye edilen Y a h y a 'yım. Emriniz üzere, telgraf başında emirlerinizi almaya geldim. En geç yarın akşama kadar Kuşçalı telgrafhanesindeyim.

Yahya

Anlaşıldığına göre, Y a h y a K a p t a n, İstanbul'dan telgrafının çe- 192
kilmediğini anlayınca, kendisi daha Kuşçalı'ya gelmeden, bu telgrafı Kuşçalı merkezine göndererek çektirmiş *(Belge: 199)*.

Ben de şu emri verdim *(Belge: 200)*.

4.10.1919

İzmit Merkezi Vasıtasıyla Kuşçalı Telgrafhanesi'nde Yahya Efendi'ye

Bulunduğunuz bölgede güçlü bir teşkilât kurunuz. Adapazarı Kaymakamı T a h i r B e y vasıtasıyla, bizimle bağlantı sağlayınız. Şimdilik hazır bulununuz.

Anadolu ve Rumeli
Müdafaa-i Hukuk
Cemiyeti Reisi
Mustafa Kemal

Efendiler, Y a h y a K a p t a n, aldığı bu emir üzerine, teşkilât kurdu ve aylarca İstanbul ile ilişkisi bulunan çevrelerde hain çetelerin faaliyetlerine engel oldu.

Sonunda, İstanbul Hükûmeti tarafından öldürtüldü. Gerçi, Y a h y a K a p t a n'ın faaliyeti ve feci bir şekilde şehit edilmesi, bundan sonraki ayları ilgilendirir bir olay ise de, burada, olaydan söz edilmişken, konuya bir daha dönmemek için şimdi açıklanması yerinde olur sanırım.

24 Kasım 1919 tarihinde Kartal Merkezi'nden şu telgrafı aldım:

Köy içinde suçsuz adam öldürme, nahiye müdürünü herkesin önünde dövme ve köylerdeki yağma olaylarından dolayı Y a h y a K a p t a n'ı hükûmete teslim mecburiyeti doğmuştur. Dahiliye Nezareti bu konuyu titizlikle takip ediyor. Hükûmetin güç durumda kalmaması, Y a h y a K a p t a n'ın teslimini gerektiriyor. Zâtıdevletlerinin emirlerini makine başında bekliyorum, efendim. *(Belge 201).*

İmza
Kartal Anadolu ve Rumeli
Müdafaa-i Hukuk Hey'et-i
Temsiliye Başkanı Binbaşı
Ahmet Necati

Askerlerin ve devlet memurlarının, açıktan açığa bizim millî teşkilât şubelerimizin başkanlıklarını almaları usulden değildi. Bir de bizim teşkilât tüzüğümüzü bilmesi gereken şube başkanlarının, Hey'et-i Temsiliye'nin yalnız bir tek hey'et olduğunu, her yerde birer Hey'et-i Temsiliye bulunamayacağını bilmesi gerekirdi. Bu telgraf üzerine, İzmit'teki Tümen Komutanı'na şu telgrafı yazdım.

Şifre Sıvas, 25.11.1919 193
İvedi

İzmit'te 1' inci Tümen Komutanı Rüştü Beyefendi'ye

Kartal Müdafaa-i Hukuk Cemiyeti Başkanı ünvanı ile A h m e t N e c a t i B e y tarafından gönderilen bir telgrafta : Öldürme, bucak müdürünü dövme ve köylerdeki yağma olayından dolayı Y a h y a K a p t a n'ın hükûmete teslimi mecburiyetinin doğduğu ve Dahiliye Nâzırı'nın da bu konuyu titizlikle takip ettiği bildirilmektedir.

Başından beri Millî Mücadele'de büyük yararlıklar göstermiş olan bu zatın, memleketimizin bu bunalımlı günlerinde hükûmete teslimi asla uygun görülmemekte olduğundan, işin, hükûmetin otoritesini de dikkate almak suretiyle, Yahya Kaptan'ın şu aralık kanunî kovuşturmadan kurtarılması şeklinde çözüme bağlanması, Kartal'da Necati Bey'e gereken direktifin verilmesi ve sonucun bildirilmesi önemle rica olunur.

Hey'et-i Temsiliye adına
Mustafa Kemal

26 Kasım 1919 tarihinde Hereke merkezinde de şu telgrafı aldım:

Millet adına istirham ediyorum; bugünlerde Binbaşı Necati Bey'in yolsuzlukları, Kuva-yı Milliye'yi lekelemektedir. Hemen soruşturma açılmasına emir buyurulmasını rica ederim.

Gebze İlçesi Milis Komutanı
Yahya

İzmit'teki Tümen Komutanı'ndan aldığım cevap aynen şudur:

İzmit, 29.11.1919

Sıvas'ta 3' üncü Kolordu Komutanlığı'na

İlgi : 25.11.1919

Hey'et-i Temsiliye Başkanlığı'na : Şimdiye kadar yaptığım soruşturmaya göre Yahya Kaptan'ın adam öldürme, bucak müdürünü dövme gibi suçlar işlemediği, yalnız Binbaşı Necati denilen zatın kendi şahsî çıkarlarını yürütebilmek için Yahya Kaptan'ın vücudunu ortadan kaldırma gayesini 194
güttüğü ve bu konuda zâtıâlinize telgrafla müracaatta bulundukları zaman Yahya'yı da aldatarak yanlarına getirip öldürme plânı kurdukları ve Yahya'nın durumu sezerek kendisini kurtarmış olduğu anlaşılmıştır. Soruşturmayı gerektiği şekilde derinleştiriyorum. Sonucu arz ederim.

1' inci Tümen Komutanı
Rüştü

Tümen Komutanı Rüştü Bey'in birkaç gün sonra verdiği tamamlayıcı bilgi şuydu :

İzmit, 5.12.1919

Sıvas'ta 3' üncü Kolordu Komutanlığı'na

Hey'et-i Temsiliye'ye :

Binbaşı Necati Bey'in, Maltepe Atış Okulu'nda görevli memur olmasına rağmen, Müdafaa-i Hukuk Cemiyeti Başkanı sıfatını takınarak, Kuva-yı Milliye adına başına topladığı Arnavut Küçük Aslan çetesiyle ortalığı soydurmakta olduğu ve Gebze Jandarma Yüzbaşısı Nail Efendi'nin de bununla işbirliği yaptığı hususunda, bende şüphe kalmamıştır. Son zamanlarda, hükûmetin başına dert açan Darıca Rum bekçilerinin öldürülmesi ve Stelianos adında bir zenginin dağa kaldırılarak para istenmesi gibi eylemlerin adı geçen çete vasıtasıyla yaptırılması ve bütün bu yapılanların, böyle bayağılıklara yanaşmayan Yahya Kaptan'a yükletilerek, kendisi hakkında gerek oraya gerek hükûmete asılsız ihbarlarda bulunulması, her halde bunların millî teşkilât

perdesi altında halkın ve hükûmetin başına dert açarak kendi keselerini doldurmaktan başka bir maksat beslemedikleri ve belki de daha başka siyasi bir maksatlarının bulunduğu yargısını doğuruyor. Şimdiye kadar pek namuslu hareket etmiş ve etmekte olan Yahya Kaptan'ın bu gibi eylemlere katılmaması ve yukarıda adı geçen çetenin kendi koruma bölgesinde hiçbir rezaletine meydan vermemesi dolayısıyla, onun vücudunu resmî veya gayri resmî olarak ortadan kaldırmaya çalışıyorlar. Dün Yahya Kaptan yanıma gelerek hayatının tehlikede olduğunu, bu yüzden adamlarının silâh ve cephanelerini getirip teslim ederek kendisinin de buradan uzaklaşacağını bana resmen söyledi. Kendisine gereken öğütleri vererek ve daha hizmet edecek önemli zamanlar bulunduğunu anlatarak, tekrar yerine gönderdim. Her şeyi iyi bilmesi gereken Gebze ilçesi kaymakamından durumu resmen sorunca, aldığım cevap da tamamen yukarıda arz ettiğim şekilde, yani Necati ve Nail Efendi'lerin aleyhinde, Yahya Kaptan'ın lehindedir. Necati Efendi'nin İstanbul'da nere ile haberleştiğini bilemiyor isem de, bir yerden arasıra para aldığı söyleniyor. Bunların varlığı ve cana kastetmiş olmaları dolayısıyla, Yahya Kaptan bu bölgede durmak istemiyor. Bu bakımdan zaten muvazzaf bir subay olan Necati 195
Efendi'nin başka bir yere, Nail Efendi''nin de daha başka bir yere gönderilmesinin zarurî olduğuna hükmediyorum. Oraları İstanbul ile haberleşmekte olduklarından, tabiî bendenizce bir şey yapılamamaktadır. Gereğinin oraca yerine getirilmesi arz olunur.

1'inci Tümen Komutanı
Rüştü

Rüştü Bey'in verdiği bilgilerden uzun uzadıya bahsederek, durumu 8 Aralık 1919 tarihinde, Harbiye Nâzırı Cemal Paşa'ya yazdım (*Belge: 202*).

Aynı tarihte, durum ve Cemal Paşa'ya yapılan müracaat açıklanarak, işin takibi, İstanbul'daki teşkilâtımızın başkanlarına da bildirildi (*Belge: 203*).

On dokuz gün sonra, yani 27 Aralık 1919 tarihli ve şifreli, şifrenin altında Vasıf, dışında Albay Şevket Bey'in imzalarını taşıyan uzun bir telgrafla, şu bilgi veriliyordu:

«... Güvensizlik ve huzur yokluğunun başlıca sorumluları Yahya Kaptan ile arkadaşı Kara Aslan ve Alemdağı'nda dolaşan Sadık çeteleridir.»

Yahya Kaptan'ın birtakım şımarıklıklarından bahsettikten sonra, «... Bizi, artık bu haydutu zarar veremeyecek bir duruma getirmeye teşebbüs ettirmişti.»

«Öteden beri araları iyi olmayan Küçük Aslan çetesinin itibarda olması (?!) kendisini çeşitli yollarla suçlarını örtbas etmeye yöneltmiştir.»

«Yüzbaşı Nail, Yahya'nın aleyhindedir. Necati Bey'e gelince, düşmüş olan eski hükûmet zamanında (!) Kartal ilçesince başkan seçilerek, Kuva-yı Milliye adına merkezle ilgisini kesmiş (?..), Millî teşkilâtı kuvvetlendirmiş... Yeniköy Rumlarının etraftaki sarkıntılıkları üzerine, K ü ç ü k A s l a n çetesini dolaştırmaya başlamış... Tarafınızdan para da verilmiştir (?!).»

«Y a h y a K a p t a n her şeyi sonuçsuz bırakmak manevrasına başvurmaktadır (?!)».

«Binbaşı N e c a t i, biraz idaresiz ise de cezayı hak etmiş değildir.»

«Gebze kaymakamının... bir an önce başka bir yere alınarak Rum ve Ermeni entrikalarına son verdirilmesi...» *(Belge: 204).*

Efendiler, bu bilgiler arasında, benim bilmediğim noktalar da vardı. Söz gelişi, ben K ü ç ü k A s l a n çetesinden ve onun itibarlı olduğundan habersizdim. Bu çeteye N e c a t i B e y vasıtasıyla para verdiğimi kesinlikle hatırlayamıyordum.

Y a h y a K a p t a n'ın, verdiğimiz direktif gereğince, düşman çetelerini yok etmeye ve hiç olmazsa, onların, Hristiyan halka saldırarak düşmanın maksadını gerçekleştirmeye yönelmiş olan bütün teşebbüslerini başarısız kılmaya çalıştığını pekâlâ biliyorduk.

Gebze kaymakamının içyüzü, şimdi ekleyeceğim belgelerle anlaşılabilecektir, sanırım. 196

4 Ocak 1920 tarihinde, Tümen Komutanı R ü ş t ü B e y'e, V a s ı f B e y'in verdiği bilgiyi olduğu gibi özetleyerek, bu bilgilerin kendisince verilen bilgilerle çeliştiğini bildirdim. Bu bakımdan durumun güvenilir ve inanılır kimseler vasıtasıyla bir kere daha soruşturulup incelettirilmesini ve kendi düşüncesiyle birlikte açık olarak bildirilmesini rica ettim *(Belge: 205).*

Efendiler, bu konuda, gerçeğin ortaya çıkmasına yarayan belgeler üzerinde bilgi sahibi olmanızı istediğim için, R ü ş t ü B e y'in cevabını olduğu gibi bilginize sunmama müsaade buyurunuz :

Düzce, 7/8.1.1920

20' nci Kolordu Komutanlığı'na

İlgi : 4.1.1920 tarihli şifre :

Hey'et-i Temsiliye Başkanlığına,

Y a h y a K a p t a n 'la ilgili türlü suçlamalar üzerine, birkaç defa, Yüzbaşı A l i A g u ş E f e n d i vasıtasıyla yaptırdığım soruşturma, onun lehinde çıktı. Bununla birlikte kendisi cahil olduğundan, hizmet ediyorum zannı ile bazı şeyler yapmış olabilir. B ü y ü k ve K ü ç ü k A s l a n 'lar zaten eşkıyadır. Ancak, millî teşkilâtın aleyhinde bir görüşe sahip olduğu şüphesiz olan ve Y a h y a hakkında herkesten çok şikâyetçi olması gereken Gebze kaymakamına bu konuda yazdığım yazılara almış olduğum 1.12.1919 tarih ve 17 sayılı cevabın sureti aşağıda olduğu gibi verilmiştir.

Bendeniz, bu telgraftaki bilgilere kısmen olsun inanmak zorunda kaldım ve aynı inançla bu yazıları İstanbul'a, bizzat Şevket Bey'e de gösterdim. Bendenizin bilemediği bazı sebeplerle, İstanbul'ca hakkında bir muamele yapılmasına gerek duyulduğu takdirde, elbette bir şey denemeyeceği arz olunur.

Suret

İlgi : 30.11.1919 tarih ve 53 sayılı yüksek emirleri.

Kartal Müdafaa-i Hukuk Cemiyeti Başkanı Binbaşı Necati Bey'in, adam öldürme ve bucak müdürünü dövme ile ilgili ihbarları, şahıs ve zaman belirtilmediği için gerçek olarak kabul edilemez. Çünkü, dövüldüğü bildirilen bucak müdürü Burhaneddin Bey, Yahya Kaptan tarafından dövülmediğini ve tecavüze uğramadığını yazılı olarak bildirdiği gibi, bu konuda bendenizin makamına herhangi bir şikâyette de bulunmamıştır.

Adam öldürme konusuna gelince, Yahya Kaptan hakkında hükûmete 197
ve adliyeye hiçbir yerden böyle bir cinayetle ilgili müracaat ve şikâyet olmadığı gibi, aleyhinde, yakalanması için bir tebligat bile yoktur. Eğer bununla, Darıca Rumlarından iki Rum'un öldürülmesi ve Kartal'ın Paşa köyünden Stelianos Çorbacı'nın dağa kaldırılarak fidye istenmesi kastediliyorsa, bu cinayetlerin Küçük Aslan çetesi tarafından işlendiği kanaati yaygın ve doğrudur. Bu çete Yahya Kaptan'a öteden beri düşman olduğundan ve esasen Yüzbaşı Nail Efendi tarafından kanat gerilip korunurken, sayısı on sekiz kişiye ulaşan bu çetenin, şimdi Binbaşı Necati Bey'in emrine verildiği ve hattâ kendilerine ellişer lira maaş bağlanmakta olduğu haber alınmıştır. Bu çetenin köyleri soymaktan geri durmadığı bilinmektedir. Binbaşı Necati Bey'in, Yüzbaşı Nail Bey'in eski okul arkadaşı olduğu, kendisiyle bir buçuk ay önce Aydınlı köyünde, Küçük Aslan çetesi üyelerinden Ali Kaptan'ın dağa kaldırdığı Çorbacı'dan alınan parayla yaptığı meşhur düğününde görüştüğü bilinmektedir. Daha sonra Binbaşı Necati Bey, birçok defa Yüzbaşı Nail Bey''in evine gelerek misafir olmuştur. Her ikisi de aynı düşüncede oldukları için, Yüzbaşı Nail Bey öteden beri Yahya Kaptan'ın aleyhindedir. Yahya Kaptan teşkilâtı kurduğu sırada, yüzbaşı Nail Bey, onu bulunduğum kazanın sınırları dışına çıkarmaya ve uzaklaştırmaya çalıştığı gibi, Küçük Aslan çetesi tarafından işlendiği söylenen ve doğruluğuna şüphe olmayan yukarıdaki iki cinayet olayının, Kuva-yı Milliye'yi kirletmek ve Yahya Bey'i lekelemek düşünce ve maksadını taşıdığı hissedilmiştir. Oysa, bu cinayetler, Aslan çetesinin faaliyet ve hareket alanı içinde işlenmiştir. Hattâ, Yüzbaşı Nail Bey'in, kovuşturma yapmak üzere gönderilecek olan İstanbul Muhafız Alayı'na mensup Suvari Müfrezesi Komutanı Hakkı Bey'i, artık gelmesine lüzum kalmadığı gerekçesi ile, haberleşme sırasında İstanbul'a naklettirip işi takipsiz bıraktırmış olduğu da bir gerçektir. Eğer sözü edilen adam öldürme olayı bundan başka bir olay ise, durumun açıklığa kavuşması için, şahıs ve zaman belirtilerek bildirilmesi gerekir. Darıca Rum bekçilerinin öldürüldüğü gün, cinayetin, çarşıda serbest gezen Küçük Aslan çetesi tarafından, işlendiği haberinin yayılması üzerine, Yüzbaşı Nail Bey, korkusundan başka bir yere naklini istemiş ve kesinlikle burada oturmayacağını söylemiştir. Ancak, alay ve tabur komutanları ile Binbaşı Necati Bey buraya gelerek ve Yahya

Kaptan hakkında bir işlem yapılması için temsilci Sırrı Bey'e yazı yazdıracaklarına söz ve güvence vererek, Nail Bey''in burada kalmasını istemişlerdir. Bunun üzerine yüzbaşı, 25 Kasım 1919 salı günü, gidip gelen Necati Bey''i aldatarak ona gerçeğe aykırı suçlamalar yaptırdığı gibi, bir yandan telefonla Yahya Kaptan'ı merkeze davet ettirirken bir yandan da Küçük Aslan çetesini kendi evinde hazır bulundurarak yakalamayı tasarlamıştır. Ancak, her nedense, bu işi gerçekleştirmeye cesaret edemeyerek teşebbüsünden vazgeçtiği için, Necati Bey de Kartal'a dönmek zorunda kalmıştır. İşte bundan dolayıdır ki, Yüzbaşı Nail Bey, gerek Necati Bey ve gerek kendine âlet ettiği Küçük Aslan çetesi vasıtasıyla, Yahya Kaptan aleyhinde suçlama ve tertiplere başvurmaktan bir an geri kalmamaktadır. Yahya Kaptan, kendisine karşı çıkan ve düşman olan Küçük Aslan çetesi gibi köyleri yağmalamaya ve Hristiyanları öldürüp yok etmeye izin vermemiştir. Kendi emrinde bulunan Büyük Aslan Bey çetesi tarafından bazı uygunsuzluklar yapıldığında, derhal bunları önleme ve cezalandırma yoluna giderek, millî bir gaye olan vatanın istiklâli ve kurtuluşu için disiplin ve güvenliğin korunmasına hizmet etmektedir. Daha önce de Büyük Aslan Bey çetesinin aman di- 198
lemesine ve sığınmasına yardımda bulunarak, hükûmetçe affedilmesini sağlamak suretiyle yaptığı hizmetler takdire değer. Aleyhindeki suçlamaların, yüzbaşının şahsî emellerine boyun eğmemiş olmasından, Küçük Aslan çetesi tarafından işlenip Yahya Kaptan'ın üstüne yıkılmak istenen cinayet olaylarının eksik olmamasından ve bunlara cür'et edenlerin korunması dolayısıyla teessüf ederek yüzbaşıya şiddetli uyarılarda bulunmasından ileri geldiği arz olunur.

(Gebze Kaymakamı Nurettin)
1'inci Tümen ve Bolu Bölgesi
Komutanı
Rüştü

Efendiler, bu bilgilerin alınmasından önce şöyle bir haber verdiler: «Tavşancıl'da Yahya Kaptan'ın etrafı sarıldı. Bunu yapan İstanbul'dan gelen bir askerî birliktir.»

Bu haber üzerine, İzmit'teki Tümen Komutanlığı'ndan, 7 Aralık 1920 tarihli şifre ile, makine başında durumu sorduk. Eğer bu haber doğru ise, «İstanbul'dan geldiği bildirilen birlik komutanına, Yahya Kaptan'ın bizim adamımız olduğunu, eğer bir kusur ve kabahati varsa, tarafımızdan gereğinin yapılmasının tabiî bulunduğunu, Yahya Kaptan'ın sarılmasına ve tutuklanmasına hiçbir şekilde razı olmadığımızı bildiriniz» dedik *(Belge: 206)*.

Efendiler, 7 Ocak 1920'de yazılıp, 8 Ocak'ta aldığımız iki telgraf vardır. Bunlardan biri İzmit'ten, «1'inci Tümen Komutanı Vekili» imzasıyla Fevzi Bey'dendir. Şunlar yazılıdır: «Bu gece iki bin kişilik bir kuvvet Tavşancıl'a çıkarak Kuva-yı Milliye Komutanı Yahya Bey'i çevirmişlerdir. Yapılacak işlemin bildirilmesi arz olunur.»

Diğer telgraf, Düzce'de bulunan asıl Tümen Komutanı'ndan geliyordu. Rüştü Bey, merkezde bulunan vekilinden aldığı aynı bilgileri veriyordu *(Belge: 207)*.

Tümen Komutan Vekili Fevzi Bey'in, 7 Ocak 1920 tarihli açıklama bekleyen telgrafımıza verdiği 7/8 Ocak 1920 tarihli cevabında, Yahya Kaptan'ın daha ele geçmediği, Kuva-yı Milliye ile gelen müfreze arasında bir çatışma ihtimalinin bulunduğu ve gelen müfreze komutanına emrimizi bildireceği haber veriliyordu *(Belge: 208)*.

Efendiler, o tarihte milletvekili olarak İstanbul'da bulunan yaverim Cevat Bey'den, 10 Ocak 1920 tarihinde şöyle bir telgraf geldi:

Harbiye, 10.1.1920

20' nci Kolordu Komutanlığı'na

Mustafa Kemal Paşa Hazretleri'ne :

6.1.1920 gecesi sabaha karşı Genel Jandarma Komutan Yardımcısı Hilmi Bey ve Üsküdar Jandarma Komutanı Nazmi Bey komutasında dört subay, elli jandarma ve Yüzbaşı Nahit Efendi komutasında, İstanbul Muhafız Alayı'ndan doksan er, Bandırma vapurunun ışıkları söndürülerek Hereke'ye götürülmüş ve sabahleyin erkenden Hereke'ye çıkan müfreze derhal Tavşancıl'ı kuşatmış ve birçok ev basılmıştır. Gelen Hey'et, köy ihtiyar hey'etini toplayarak, vatan haini olan Yahya'yı teslim etmez veya nerede olduğunu söylemezlerse, Tavşancıl'ı insanlarıyla birlikte yakacaklarını bildirirler. İhtiyar hey'eti, Yahya Kaptan'ın iki günden beri köylerinde olmadığını ve nerede bulunduğunu bilmediklerini ısrarla söyledi. Yahya, sağ olarak ele geçemeyecektir. Fakat Yahya'nın yok edilmesinden sonra Marmara Bölgesine sahip ve hâkim olan ve her gün İngilizler ve Fransızlar tarafından silâhlandırılan Rumların ve İstanbul'daki rezillerin pek büyük bir başarıya ulaşacakları bellidir. Kuva-yı Milliye adını taşımakta olan Yahya''nın ortadan kaldırılması, İzmit, Adapazarı ve İstanbul dolaylarında, düşmanlarımız hesabına birçok fesat çetelerinin de doğmasına yol açacaktır. Bundan dolayı, Cemal Paşa Hazretleri'nin işe el koymasıyla, Yahya'nın da ad değiştirerek daha önce arz ettiğim şekilde serbest bırakılmasının sağlanması için gerekenlere emir buyurulması istirham olunur (Cevat).

Harbiye Nâzırı
Cemal

Bu telgrafın, Harbiye şifresiyle ve Cemal Paşa imzasıyla kapatılmış olmasına rağmen, içinde «Cemal Paşa'nın işe el koymasıyla Yahya'nın kurtarılması» çaresinin bulunması cümlesi dikkat çekicidir. Demek ki, Cemal Paşa, Cevat Bey'in telgrafını, okumaya gerek duymadan, kendi şifresi ve imzası ile çekilmesine müsaade etmiştir. Çünkü, bir defa Yahya'yı takip ettiren Cemal Paşa'dır. Bundan başka serbest bırakılması için kendi yardımlarının kendisi tarafından emrolunmasını, kendi bilgisi dahilinde elbette yazdırmazlardı.

İzmit'ten Tümen Komutanı Vekili'nden gelen 9 ve 10 Aralık 1920 tarihli iki telgrafla, «duyulduğuna göre iki çarpışmadan sonra, Y a h y a K a p t a n' ın ölü olarak ele geçirildiği» bildirildi *(Belge: 209)*.

11 Ocak 1920'de, Tümen Komutan Vekili'nden, İstanbul'dan gelen müfreze komutanına, benim adıma tebligatta bulunup bulunmadığını sordum *(Belge: 210)*. Üç gün sonra 14 Ocak 1920 tarihli raporunda Tümen Komutanı Vekili şu bilgiyi verdi: «Bizzat yaptığım soruşturmadan... çarpışma olmadığı ve yalnız, Y a h y a K a p t a n 'ın teslim olduktan sonra, köy dışında kesici bir âletle öldürüldüğü anlaşılmıştır. Kafatasının olmaması bunu doğrulamaktadır» *(Belge: 211)*.

Efendiler, bu uğursuz haber üzerine, İstanbul'daki teşkilâtımıza, 20 Ocak 1920 tarihinde, Albay Ş e v k e t B e y vasıtasıyla şu telgrafı yazdık:

Y a h y a K a p t a n ' ın öldürülmesinin sebepleri ile, teslim olduktan sonra kasten şehit edildiği anlaşıldığından, öldürülmesinde kimlerin elinin ve etkisinin bulunduğunun, İstanbul'dan müracaat eden pek çok fedakâr arkadaşa açıklama yapılmak üzere acele bildirilmesi rica olunur, efendim. 200

Hey'et-i Temsiliye adına
Mustafa Kemal

Eski bir yazımıza karşılık olmak üzere, İstanbul'dan 20 Ocak 1920'de yazılıp bir gün sonra elimize geçen telgraf da şuydu:

Beşiktaş, 20.1.1920

Ankara'da 20' nci Kolordu Komutanlığı'na

Mustafa Kemal Paşa Hazretleri'ne Özel :

İlgi : 17.1.1920.

1 — Olay yerinde bulunan güvenilir bir zatın ifadesine göre, Y a h y a K a p t a n yakalanıp köy dışında bulunan karakola götürülürken, çevreden on kadar eşkıyanın karakol üzerine ateş etmesi üzerine, kaçmaya çalışmış ve bu sırada öldürülmüştür. Bununla birlikte, iyi bir soruşturma yapılması için hükûmete başvuruldu.

2 — Y a h y a K a p t a n ' ın Kuva-yı Milliye adına pek çok kötülükler yaptığı söylentisi ağızdan ağıza yayıldığı gibi, özel ve resmî yoldan yapılan soruşturma da bunu doğruladığı için, hükûmet kovuşturmaya karar vermişti. Ancak, Hey'etimizce kendisinin geçici bir süre için gizlenerek Kuva-yı Milliye işlerine karışmaması ve kötülüğe cür'et etmemesi, yanında bulunan kaçak er ve jandarmaları geri göndermesi şartıyla kovuşturma yapılmaması istenmiş ve ilgililer katında teşebbüslerde bulunulduğu gibi, Gebze'ye özel olarak bir memur da gönderilmişti. Bu sırada hükûmet, birdenbire gizlice asker göndermiş; yalnız Y a h y a K a p t a n ' ı ele geçirmek istediğini ilân etmiş ve arz edilen durum meydana gelmiştir, efendim (V a s ı f) .

Çanakkale Müstahkem
Mevki Komutanı
Şevket

Efendiler, «Köy dışındaki karakola götürülürken çevreden ateş edilmiş (?). Kaçmaya çalışmış, bu sırada öldürülmüş (?!).» Bu sözlerin, bu gibi suikastlerde bir formül gibi kullanıldığını anlamamak için, çok safdil olmak lâzımdır.

Y a h y a K a p t a n 'ı ortadan kaldırmak için, birlikte çalıştıkları ve karar verdikleri hükûmetin, gizlice, birdenbire bir oldubittiye getirivermiş olduğu yolundaki sözler de dikkate değer. İstanbul'da, jandarmadan, İstanbul Muhafız Alayı'ndan subay ve asker görevlendiriliyor... İstanbul'da duruma hâkim olduklarını iddia eden teşkilât başkanlarımız bunu öğrenemiyorlar. 201

K a r a V a s ı f B e y 'in bu telgrafına verdiğimiz cevapta şu hususu sorduk:

Şifre **Ankara, 22.1.1920**

İstanbul'da Çanakkale Müstahkem Mevkii Komutanı Şevket Bey'e,

Y a h y a K a p t a n 'ın öldürülmesi olayını ciddî olarak takip eden ve özellikle İstanbul'da hesabını isteyen pek çok kimse vardır. Gerçeğin anlaşılabilmesi için, yaygın söylenti derecesine vardığı bildirilen kötülüklerin nelerden ibaret olduğunun bildirilmesi rica olunur.

Hey'et-i Temsiliye adına
Mustafa Kemal

Efendiler, bu açıklama isteğimize gelen cevabı da, sabrınıza sığınarak olduğu gibi, bilginize sunacağım:

Beşiktaş, 24.1.1920

Ankara'da 20' nci Kolordu Komutanlığı'na

Mustafa Kemal Paşa Hazretleri'ne Özel :

İlgi : 20.1.1920

1 — Y a h y a K a p t a n 'ın teslim olduktan sonra öldürüldüğünü işittik. Soruşturma yapıyoruz. Sonucu arz edeceğiz.

2 — Öldürülmesinin sebebi hiç kimseyi dinlememesi, Kuva-yı Milliye adına açıktan açığa zulüm ve eşkıyalık yapması, eşkiyayı öteden beri gizlemesi veya gösterilen yere gitmesi için verilen emirleri dinlememesi üzerine hükûmetin, kendisine köylerden ve çevreden müracaat edenlerin ısrarına dayanamayarak, kendiliğinden ve hattâ hey'etimizin haberi olmadan teşebbüse geçmesidir, efendim (V a s ı f). 202

Çanakkale Müstahkem
Mevki Komutanı
Albay Şevket

Saygıdeğer Efendiler, telgrafın ikinci maddesindeki, Y a h y a K a p t a n 'ın hiç kimseyi dinlememesinin, öldürülmesine sebep olarak gösterilmesi asla doğru olamaz. Merhum şehit, beni dinliyordu, benden emir alıyordu. Verdiğim emre göre hareket ediyordu. Başka bir makama veya şahıslara bağlı olduğunu, onlardan emir alması gerektiğini kendisine emretmemiştim. Bu sebeple, İstanbul'dan her önüne gelenden, Dahiliye Nâzırı'ndan, Jandarma Komutanı hâin Kemal Paşa'dan verilen emirleri dinlememesi zaten bizim istediğimiz şeydi. Kuva-yı Milliye adına eşkıyalık ve zulüm yapanın da kendisi olmayıp, Küçük Aslan çetesi gibi, haince bir maksatla kuruldukları belgelere dayanılarak anlaşılmış bulunan çeteler idi. Yahya'nın bunların eşkıyalıklarını önlemeye çalıştığı da, sözlerine güvenilmesi gereken kimselerin soruşturmalarıyla kesinleşmiş bir durumdur.

Gebze Müdafaa-i Hukuk Hey'eti Başkanı ile Gebze kaymakamı Fevzi Bey'in ortak imzalarıyla, bu üzücü olayın meydana gelişinden önce, makine başında yapılmış bir müracaatı da belirtmeden geçemeyeceğim:

Gebze Kuva-yı Milliye Komutanı Yahya Bey hakkında bazı kimselerin yaptıkları iftiralar üzerine, en sonunda salı gecesi İstanbul'dan komutanlar ve yüksek rütbeli subaylar komutasında gelen iki bin kişilik kadar bir kuvvetle, kendisinin Tavşancıl'da kuşatıldığı ve kuşatmanın hâlâ devam etmekte olduğu şimdi halktan aldığım bilgilerden anlaşılmıştır. Böyle vatanı için çalışan bir kimseye karşı yapılan bu işlemin pek haksız olduğu yüksek komutanlığınızca bilinmektedir. Yahya Bey'in kurtarılması için ne gibi bir muamele yapılacağının emir buyurulmasını makine başında bekliyoruz.

Kaymakam	**Müdafaa-i Hukuk Hey'eti Başkanı**
Fevzi	**Hacı Ali**

Efendiler, o tarihlerde, İzmit bölgesinde Kuva-yı Milliye teşkilâtı ile uğraşan Milletvekili Sırrı Bey'in de bu konuda verdiği bilgileri olduğu gibi sunmama müsaadenizi rica ederim:

İzmit, 11.1.1920

20' nci Kolordu Komutanlığı'na

1 — Mustafa Kemal Paşa Hazretleri'ne özel : Haberleşmesi dört gün önce yapılmış olan Yahya Kaptan konusu, nihayet, haber almış olacağınız üzere, kendisinin şehit edilmesiyle sonuçlandı.

2 — Yahya Kaptan'ın, İstanbul girişinde teşkilâtlanmış bir du- **203**
rumda bulunması, herhalde Kuva-yı Milliye'ye karşı cephe almış bulunan kimseleri yıldırdığından, kendisinin ortadan kaldırılmasının plânlandığına şüphe yoktur.

3 — Yahya Kaptan''ın bu maksatla öldürülmüş olması, olayı sınırlı kalma niteliğinden çıkarmakta ve Hey'et-i Temsiliye'ce üzerinde düşünülmesini gerekli kılmaktadır.

4 — İzmit sancağı, eşkıya yüzünden tedirgin iken, yerinden kımıldamayan ve komutası altındaki hiçbir birliğe emir vermeyen, yanındaki hapishaneden on beş yirmi kişinin birden kaçmasını basit günlük olaylardan sayan Alay Komutanı

Hikmet Bey, Yahya'nın öldürülmesini önemli bir mesele saymıştır. Yanına aldığı jandarma kuvvetleri ile bizzat yola çıkmış ve sonunda Kuva-yı Milliye'ye ağır bir darbe vurmak suretiyle maksadına erişmiş bulunuyor. Devamı var (Milletvekili Sırrı).

1' inci Tümen Komutanı Vekili
Fevzi

20' nci Kolordu Komutanlığı'na

5 — Gebze'de kurulmuş bulunan Kuva-yı Milliye'nin başsız kalması, bundan sonra oraları korku içinde bırakacaktır.

6 — Buralarca bütün Kuva-yı Milliye'nin dayanağı olarak bilinen Yahya'nın bu şekilde ortadan kaldırılmış olması, kamuoyunu haklı olarak karıştırmıştır.

7— Yahya'nın öldürülmesi, hükûmetin Kuva-yı Milliye'ye karşı bundan sonra takınacağı saldırgan tavra delil sayılmaktadır.

8— Bu hareket üzerine, hiç şüphe yok ki, yabancılar tarafından da, Kuva-yı Milliye'nin hükûmetin gözünde değersiz ve yok edilebilir nitelikte görüldüğü yargısına varılacaktır. Bu bakımdan gerekli tedbirler alınmalıdır. Devamı var (Milletvekili Sırrı).

1' inci Tümen Komutanı Vekili
Fevzi

20' nci Kolordu Komutanlığı'na

68 sayılı şifreye ektir. Öncekilerin devamıdır :

1 — Durum karışıklıktan kurtarılmadığı ve Gebze kuvvetlerinin hemen güvenilir bir kimseye verilmesi tedbiri alınmadığı takdirde, Üsküdar sancağı da dahil olmak üzere, bütün İzmit sancağında, bir tek kişinin bile Kuva-yı Milliye'yi tutmasına imkân bulunamayacağı kesinlikle bilinmelidir.

2 — Jandarma Alay Komutanı Hikmet Bey''in vakit kaybetmeden 204
yerinden alınması şarttır.

3 — İzmit sancağında Kuva-yı Milliye'nin varlık gösterebilmesi, ordu hizmetinde bulunan Kaymakam Fevzi Bey''in, jandarma komutanı olmasına bağlıdır. Başka çare yoktur. Bunu önemle bliginize sunuyorum (Milletvekili Sırrı).

1' inci Tümen Komutanı Vekili
Fevzi

20' nci Kolordu Komutanlığı'na

79 sayılı şifreye ektir :

1 — Kuva-yı Milliye'ye Anadolu taraflarında değer verilmediği ve horlandığı yolundaki söylentiler, üzücü olay üzerine muhaliflere daha çok kuvvet kazandırmış olduğundan, kuvvet ve kudretin kayba uğramadığını gösterecek fiilî bir tedbir alınması şarttır.

2 — Ali Fuat Paşa Hazretleri'nin buraya kadar teşriflerini gerekli görmekteyim.

3 — İzmit sancağına önem verilmesini ve önem verildiğini gösterecek fiilî tedbirlerin alınması gereğini tekrara mecbur oluyorum (Milletvekili Sırrı).

1' inci Tümen Komutanı Vekili
Fevzi

O tarihte İstanbul'da bulunan Rauf Bey de şu mektubu gönderdi:

İstanbul, 19.2.1920

Mustafa Kemal Paşa Hazretleri'ne

Yahya Kaptan''ın teslim olduktan sonra öldürüldüğü buraca da anlaşılmıştır. Muhafızlığa müracaat edilmiş, otopsi de yapılmıştır. Hükûmet kanunî kovuşturmaya başlamıştır, efendim. Saygılarımızı arz ederiz.

Hüseyin Rauf

Vicdanî görevlerimden biri

Efendiler, Yahya Kaptan'ın öldürüldüğüne 205
şüphe kalmamıştı. Bu gerçek bilindikten sonra, onu öldürmüş olan hükûmetin, kanunî kovuşturmaya başlamış olması, cinayeti işleyenlerin meydana çıkamayacağına delil değil miydi? Fakat Efendiler; zaman, her şeyin, her gerçeğin, tarih önünde samimî olarak incelenmesine imkân hazırlar.

Saygıdeğer Efendiler, hükûmeti ve İstanbul'daki teşkilâtımızın başkanlarını böyle çirkin bir cinayetin işlenmesinde vasıta olmaya yönelten sebep ve etkenlerin incelenmesinin, gerçekten ibret verici sonuçlar getireceğine inandığım içindir ki, ilk bakışta önemsiz gibi görülebilecek bir olayı delillere ve belgelere dayandırarak açıkladım. Bu açıklamamla, milletin gözünde, gerçeği açıkça ortaya koyabilecek bir ortamın doğmasına yardım edebildiysem, vicdanî görevlerimden birini yapmış olduğuma inanacak ve gönül huzuru duyacağım.

Efendiler, bu olayı incelerken iki noktayı gözönünde bulundurmak yararlı olur. O noktalarda:

Birincisi: Sait Molla'nın üyesi bulunduğu gizli örgüt ve Gebze, Kartal bölgelerinde bu örgüte bağlı şahsî çetelerin oynadığı rol ile, bu rolü bizim adamlarımıza yüklemekte ve vatansever geçinen kimseleri aldatıp kandırmada gösterilen ustalık ve başarı.

İkincisi: İstanbul teşkilâtımızın başkanlarıdır ki, bunlar, bizim yani Hey'et-i Temsiliye'nin emrinde ve onun verdiği direktif ve bilgilere göre hareketle yükümlü bulunuyorlardı. Bunların, bu yükümlülüğü ancak samimî olarak yerine getirdikleri takdirde, asıl hedefe doğru yanılmadan yürümenin mümkün olabileceğini de kabul etmeleri gerekirdi. Oysa, bu kimseler, kendi akıl ve tedbirlerini, Hey'et-i Temsiliye'nin uyarılarına rağmen yüksek görmekten geri durmamışlar ve hareket serbestliklerine engel olunmasını bir haysiyet meselesi yaparak sinirlenmişler ve bu sakat duygunun etkisiyle, aldatılmaya kadar varmışlardır *(Belge: 212)*.

Şimdi Efendiler, vicdan ve şefkat sahibi olanların yüreklerini gerçekten kan ağlatan bir telgrafı daha merhametli gözlerinizin önüne serek bu konu ile ilgili açıklamalarıma son vereceğim:

4960 **İstanbul, 14.1.1920**

Ankara'da Kuva-yı Milliye Başkanı
Mustafa Kemal Paşa Hazretleri'ne,

Eşim Yahya Kaptan, sırf yüksek şahsiyetinizle olan ilgisi dolayısıyla ve kanun karşısında suçlu olmaksızın teslim olduğu halde, Gebze Jandarma Yüzbaşısı Nail ve Üsteğmen Abdurrahman Efendi'ler tarafından alçakçasına şehit edildi. Bütün Tavşancıl halkı olayın tanığıdır. Hakkın yerini bulması için Adliye ve Dahiliye Nezaretlerine başvuruldu. İki tane yetimle perişan bir durumdayız. Bu konuda yüksek teşebbüs ve yardımlarınızı bekliyoruz, emir sizindir.

Karagümrük'te Keçeciler'de
Karabaş Mahallesinde
19 numarada Yahya Kaptan
eşi
Şevket Hanım

***

1919 Sonbaharında karşılaştığımız diğer bazı olaylar

Efendiler, Yahya Kaptan meselesine 20 Kasım 1919 tarihindeki olaylar dolayısıyla dokunduk. Zaman ve mesafe bakımından birçok atlamalar yaparak bu olayı çeşitli yönleri ile açıklamak ve tamamlamak zorunda kaldık. Şimdi müsaade buyurursanız, tekrar bıraktığımız tarihe dönerek, olayları izleyelim: 206

Ankara - Eskişehir demiryolunun işletilmesine İtilâf Devletleri'nce engel olunmuştu. Bu yolun işletilmesi için, İtilâf Devletleri temsilcilerinin, şiddetle protesto edilmesi, 21 Ekim 1919'da Ankara Merkez Hey'eti'ne bildirildi.

Adana teşkilâtı kurucularının, Niğde'ye veya Kayseri'ye gelerek ve bizimle temas kurarak çalışmalarına devam etmeleri sağlandı.

Aydın cephesinde durum günden güne tehlikeli ve ciddî bir hal almakta olduğundan, Salih Paşa ile Amasya'da kararlaştırdığımız üzere, Donanma Cemiyeti'nin dört yüz bin lirasının bu cephenin ihtiyaçlarına ayrılmasını Harbiye Nâzırı'na yazdık. Bu cephedeki mücahitlere silâh, cephane verilmesini ve cephenin makineli tüfek ve topçu birlikleriyle desteklenmesini, Konya'daki 12'inci Kolordu Komutanı'ndan rica ettik.

Efendiler, Fransızlar, Bandırma - Soma demiryolunu denetlemek bahanesiyle, Bandırma'ya bir müfreze çıkarmışlardı. Bunların, güvenlik durumu mükemmel olan Bandırma'ya asker gönderme haklarının olmadığı açıktı. Bu noktaya, 24 Kasım 1919'da 14'üncü Kolordu ve 56'ncı Tümen Komutanları'nın dikkatlerini çektik.

Yabancı subaylar, Aydın cephesinde dolaşarak propaganda yapıyorlar ve durumu anlıyorlardı. Bu gibi subayların cephede birliklerle temas etmelerine kesinlikle izin verilmemesi, resmî müracaatlarını hükûmete, yapmaları, eğer Kuva-yı Milliye'ye bir söyleyecekleri olursa, merkez hey'etimiz vasıtasıyla bize başvurmaları gerektiğinin kendilerine duyurulması, propaganda yapanları olursa, korumalı olarak bölgeden çıkarılmaları ve kesin bir mecburiyet doğarsa, cephede görülecek İtilâf askerlerine karşı da silâh kullanılması cepheye bildirildi.

Efendiler, biz İzmir halkının da doğrudan doğruya seçimlere katılmasını sağlamak istiyorduk. Bunun için, maksadımızı çeşitli yollarla duyuruyorduk. Ne var ki, Yunanlılar tabiatiyle engelliyorlardı.

29 Kasım 1919 tarihinde, bu durumu İtilâf Devletleri temsilcileri ve tarafsız elçilikler katında protesto ettik ve bunu, İzmir Telgrâf ve Posta Başmüdürü bulunan Ethem Bey'e yazarak, İzmir halkına da duyurmak istedik.

Efendiler, belki de birçoklarınızın hatırındadır. İşgal yıllarında, Adana'da, Ferda adında, Kuva-yı Milliye aleyhinde yabancı bir gazete yayınlanıyordu. Bu gazete, sırf Anadolu'daki kamuoyunu yanıltmak ve bulandırmak maksadıyla yazılmış sütunlar ve bizim aleyhimizde uydurulmuş saçmalıklarla doluydu. Şüphesiz bu gazetenin Anadolu içine sokulmasına engel olduk.

Fakat, bu gazetenin memlekette okunmasını elbette yararlı bulan, Ali Rıza Paşa Kabinesi'nin Dahiliye Nâzırı ve Cemal Paşa'nın, defalarca temize çıkardığı Damat Şerif Paşa, **Ferda** gazetesi de- 207
nilen bu zehirli paçavranın serbestçe dağıtılmasına engel olunmaması için emirler vermişti. Bu sebeple, Şerif Paşa'nın arkadaşı Cemal Paşa'nın, 3 Aralık 1919'da dikkatini çekmeyi gerekli bulduk.

***

Ankara'ya geliş

Efendiler, Meclis-i Meb'usan'ın İstanbul'da toplanmasına engel olamamak zarureti üzerine, İstanbul'da toplanacak Meclis'te, «vatanın bütünlüğünü, devlet ve milletin bağımsızlığını elde etmekten ibaret olan gayeyi korumak ve savunmak için anlaşmış, kesin kararlı bir grup oluşturmayı» tek çare olarak düşündük. Bunun sağlanması için, bildiğiniz gibi, 18 Kasım 1919 tarihli talimat ve genelgede, milletvekillerinin belirli yerlerde grup grup toplanarak üzerinde görüşecekleri önemli noktalardan biri olmak üzere bu konuya yer vermiştik.

Aynı tarihte, düşündük ki, bu grubu oluşturabilmek için her sancaktan birer milletvekilini Eskişehir'e davet edelim. Eskişehir üzerinden trenle İstanbul'a gidecek milletvekillerini de, davet edeceğimiz milletvekilleri ile birleştirelim ve kendimiz de Eskişehir'e giderek, yapılacak genel bir toplantıda enine boyuna görüşmelerde bulunalım. Bu arada, milletvekillerinin İstanbul'daki güvenlikleri ile ilgili tedbirleri de söz konusu etmek istiyorduk. Ancak, bundan sonra vereceğim bilgilerden anlaşılacağı üzere, bu toplantıyı Ankara'da kalarak yapmayı tercih ettik. Sıvas'ta bir ay kadar daha kaldıktan sonra, Ankara'ya hareket ettik.

Ankara'ya gelişimizi, 27 Aralık 1919 tarihli şu açık tebliğ ile her yere duyurduk :

Sıvas'tan Kayseri yoluyla Ankara'ya hareket eden Hey'et-i Temsiliye, bütün yol boyunca ve Ankara'da, büyük mil etimizin çok sıcak ve içten gelen vatanseverlik gösterileri arasında, bugün şehre geldi. Milletimizin gösterdiği bü birlik ve kararlılık örneği, memleketimizin geleceğine güven konusundaki inançları sarsılmaz bir şekilde güçlendirici niteliktedir.

Şimdilik, Hey'et-i Temsiliye'nin merkezi Ankara'dadır. Saygılarımızı sunarız, efendim.

Hey'et-i Temsiliye adına
Mustafa Kemal

2 Ocak 1920 tarihinde, Cemiyet Merkez Hey'etlerine, Hacıbektaş'ta Çelebi Cemalettin Efendi'ye, Mutki'de Hacı Musa Bey'e ayrıca bir tebliğde bulunduk.

Bu tebliğimizin metni ve yazılış biçimi şöyleydi :

. . . yolculuğumuz sırasındaki gözlem ve incelemelerimiz, bizlere, gerçek koruyucu olan Ulu Tanrı'nın ilâhî lûtfuyla tecellî eden millî birliğimizin dayanmış olduğu millî teşkilâtın, kökleşmiş, millet ve memleketin geleceğini kurtarmak için gerçekten güvenilir bir kuvvet ve kudret haline gelmiş olduğunu, şükürler olsun gösterdi. 208

Dış durum, bu millî birlik ve kararlılık sayesinde ve Erzurum - Sıvas Kongreleri esasları çerçevesinde, vatanın ve milletin çıkarlarına elverişli bir şekle girmiştir.

Kutsal birliğimize, kararlılık ve imanımıza dayanarak, meşru isteklerimizin elde edileceği güne kadar, büyük bir dirençle çalışılması ve bu bildirimizin genelge halinde köylülere varıncaya kadar bütün millete duyurulması rica olunur.

Anadolu ve Rumeli Müdafaa-i
Hukuk Cemiyeti Hey'et-i
Temsiliye'si adına
Mustafa Kemal

Kâzım Karabekir Paşa Hey'et-i Temsiliye'nin Ankara'ya gitmesine taraftar değildi

Efendiler, Hey'et-i Temsiliye'nin merkezinin Ankara'ya nakli düşüncesi oldukça eskiydi. Bu düşünce ilk defa söz konusu olduğu sıralarda, Kâzım Karabekir Paşa'dan gelmiş olan bir telgrafı burada olduğu gibi aktaracağım :

Şifre **Erzurum, 3.10.1919**

3' üncü Kolordu Komutanlığı'na

Hey'et-i Temsiliye'ye : Kuva-yı Milliye'yi temsil eden yüksek hey'etin, değil Ankara'ya, hattâ Sıvas'ın batısına bile geçmemesi görüşündeyim. Çünkü, Doğu illerinin Kuva-yı Milliyesi demek olan bu hey'etin bütün bütün uzaklaşması, dolayısıyla bu illerin teşkilâtsız kalmasına yol açacaktır. Şimdiye kadar pek meşru ve mantıklı olarak yönetilmekte olan Millî Mücadele'nin, öteden beri her zaman her teşebbüsümüzü kötü görmek ve göstermek isteyen düşmanlarımıza karşı da eskiden olduğu gibi bir yerden yönetilmesi için, Hey'et-i Temsiliye'nin Sıvas'tan batıya geçmemesi görüşünde bulunduğumu arz ederim.

15' inci Kolordu Komutanı
Kâzım Karabekir

Böyle bir telgrafın asılsız olduğu yargısına varmak istedim. Fakat, ne çare ki, şifre telgraf Erzurum'dan Sıvas'taki 3' üncü Kolordu'ya çekilmiştir. Çözülen şifrenin altında «Açıldı. Fethi 4/5 Ekim» ilgiliye yazı ve imzası olduğu halde 3' üncü Kolordu'dan bize gönderilmiştir.

Efendiler, Kâzım Karabekir Paşa, davetimiz üzerine Sıvas'a geldikten ve bizimle görüşmelerde bulunduktan sonra, şüphesiz bu telgrafla daha önce bildirdiği düşünce ve görüşünün yerinde olmadığını anlamış olacaktır. Ancak, bu düşünce ve görüşündeki isabetsizliği anlamak için, mutlaka yüz yüze gelip görüşmeye hiç de ihtiyaç olmayacağı açıkça bellidir. Bu düşünce ve görüşün dayandırılmış olduğu sebeplere şöylece bir göz atmak bile, onların yanlışlığını anlamaya yeter sanırım. 209

Bir defa, Hey'et-i Temsiliye'nin yalnız Doğu illerinin millî gücünü oluşturmadığı veya temsil etmediği ve belki bütün memleketin – Anadolu ve Rumeli'nin – millî güçlerini temsil ettiği çoktan bilinmiş olmak gerekirdi. Kaldı ki, bu nokta üzerinde, günlerce süren telgraf başı tartışmaları olmuştu. Bir de, Hey'et-i Temsiliye'nin Sıvas'tan Ankara'ya taşınması, Doğu illerinde teşkilâtsızlık doğuracak bir sebep olamazdı. Hey'et-i Temsiliye'nin Doğu illerine Sıvas'tan telgrafla verdiği emirleri ve talimatı, aynı şekilde Ankara'dan verebileceğine de şüphe yoktu.

Buna karşılık, Hey'et-i Temsiliye'nin Doğu illerinden çok Batı illerine ve İstanbul'a yakın bulunmasını gerektiren ve haklı gösteren mantıklı sebepler elbette çoktu. Önce, Batı ve Güney - Batı illerimizden doğrudan doğruya düşman eline geçmiş olanlar vardı. Bu illerimizi işgal eden düşman karşısında sağlam savunma cepheleri kurmak ve onların kuvvetlendirilmesini sağlamak gerekirdi. Oysa, Doğu illerimizde böyle acıklı bir durum yoktu. Kesin olarak yakın bir fiilî tehlike de doğabileceğe benzemiyordu. Uzak bir ihtimale göre, diyelim ki, doğudan Ermenilerin doğrudan doğruya bir saldırıya geçecekleri kabul olunsaydı bile, onun karşısında Kuva-yı Milliye ile desteklenmesi kararlaştırılmış olan 15'inci Kolordu, kendilerinin komutası altında hazır bulunuyordu. Ne var ki, İzmir cephelerinde çeşitli komuta yöntemleri, değişik nitelikte kuvvetler ve türlü türlü olumsuz kaynaklardan gelen değişik yapıda türlü zararlı etkiler vardı. Adana'nın işgaline karşı daha cephe kurulamamıştı.

Genel durumu yönetme sorumluluğunu üzerine alanlar, en önemli hedefe ve en yakın tehlikeye elden geldiği kadar yakın bulunmalıdırlar

Bu bakımdan, uyulacak yol ve yöntem şudur ki, genel durumu yönetip yürütme sorumluluğunu üzerine alanlar, en önemli hedefe ve en yakın tehlikeye elden geldiği kadar yakın yerde bulunmalıdırlar. Yeter ki, bu yakınlık genel durumu gözden kaybettirecek derecede olmasın! Ankara bu şartları kendinde toplayan bir noktaydı. Her halde cephelerle ilgileneceğiz diye Balıkesir'e, Nazilli'ye veyahut Afyonkarahisar'a gitmiyorduk. Fakat, cephelere ve İstanbul'a demiryolu ile bağlı bulunan ve genel durumu yönetme bakımından Sıvas'tan hiçbir farkı olmayan Ankara'ya gelecektik.

Meclis-i Meb'usan'ın İstanbul'da toplanması zarurî görüldükten sonra ise, Ankara'ya gelmenin ne kadar yerinde ve yararlı sayılmak lâzım geldiğini açıklamayı gereksiz bulurum.

Efendiler, Hey'et-i Temsiliye'nin Ankara'ya taşınmaması için sebepler ileri sürülürken, bu arada, hele öteden beri her zaman her teşebbüsümüzü kötü görmek ve göstermek isteyen «düşmanlardan» söz edilmiş olmasına hiçbir anlam veremedim. Gerçekten, kendisinin dediği gibi, düşmanlar bizim hangi davranışımızı, hangi teşebbüsümüzü iyi görmüşlerdir veya görebilirler ki, ona göre hareket edelim!

Eğer bu düşünce ve görüşe yol açan : «İstanbul'da, millî dâvâya inanan bir Ali Rıza Paşa Hükûmeti vardır. Meclis-i Meb'usan da orada top- 210
lanarak millet ve memleketin mukadderatını denetlemeye başladıktan sonra, Hey'et-i Temsiliye'nin batı cepheleriyle, Meclis-i Meb'usan ile ilgi ve ilişkisine ne lüzum kalır? Bu takdirde, Hey'et-i Temsiliye'nin yalnız Doğu illerinin teşkilâtı ile ilgilenmesi ve yetinmesi daha yerinde ve daha yararlı olmaz mı?» şeklindeki bir düşünce ve görüş idiyse, bir dereceye kadar üzerinde durulabilir. Fakat, böyle olunca da, genel durumu, olayların iç yüzünü ve gerçek şartları görüş ve anlayış bakımından, Hey'et-i

Temsiliye ile Kâzım Karabekir Paşa arasında doldurulması imkânsız bir hendek olduğunu kabul etmek gerekir.

Hey'et-i Temsiliye'nin Ankara'ya gelmesini düşmanlar kötü görecektir, noktasında daha çok durularak, belki ileri sürülmüş olan düşünce ve görüşün çıkış kaynağı daha iyi kavranabilirse de, bizim şimdilik buna ayıracak fazla zamanımız yoktur.

Yeni milletvekilleri ile Ankara'da görüşme teşebbüsü

Efendiler, daha önce söylediğim gibi, bir iki günlük bir toplantı ve görüşme isteği ile, milletvekillerini davet için ilk yazdığımız telgrafta – ki bu telgrafın örneğini basılmış olarak yazılı evrak halinde postayla göndermiştik – maksat açıklandıktan sonra «Hey'et-i Temsiliye'nin bulunacağı bir yerde toplanılacaktır; toplantı tarihi, gönderilecek milletvekillerinin adları ve adresleri belli olduktan sonra haberleşilerek kararlaştırılacaktır. Hey'et-i Temsiliye kısa bir süre sonra İstanbul'a yakın bir yere gidecektir.» denmişti *(Belge : 213)*.

Ankara'ya varışımızda, Ankara - Eskişehir demiryolu işlemeye başlamış olduğundan, önceki tebliğimize 29 Aralık 1919 tarihinde yaptığımız bir ek ile, milletvekilleriyle görüşme yeri olarak Ankara'yı gösterdik ve bunu bir genelge ile bildirdik. Bu genelgenin bir maddesi de, öteki milletvekillerinden mümkün olduğu kadar çok kimsenin görüşmelere katılmasının fazlasıyla istenmekte olduğu yolundaydı *(Belge : 214)*.

Efendiler, sonucunun pek yararlı olacağını umduğumuz bu hayırlı ve vatanseverce teşebbüsün bile İstanbul Hükûmeti tarafından önüne çıkıldığını arz edersem, hayret etmezsiniz sanırım.

Müsaade buyurursanız, bu noktayı biraz açıklayayım : Biz milletvekillerini Ankara'ya davet ederken, birtakım kimseler de bu daveti geçersiz kılmak ve tasarlanan toplantıya engel olmak için karşı tedbir alıyor ve teşebbüste bulunuyorlarmış... Bazı milletvekillerinin çektikleri telgraflarla durumu anladık. Nitekim, Burdur Milletvekili Hüseyin Baki imzalı ve 29 Aralık 1919 tarihli şöyle bir telgraf geldi :

«İstanbul'da toplanan milletvekilleri adına, Aydın milletvekili Hüseyin Kâzım imzasıyla Teftiş Kurulu Başkanlığı'na gelen telgrafta, en sür'atli vasıta ile İstanbul'a gelmekliğimin pek gerekli olduğu duyurulmakta ve bu gün Dahiliye Nezareti'nden gelen telgrafta da yola çıkmaklığım bildirilmektedir.

Daha önce, Hey'et-i Temsiliye adına, Mustafa Kemal Paşa Hazretleri tarafından verilen emir ve duyuru üzerine, bu konudaki görüşüm açıklanıp bilginize sunulduğu halde, şimdiye kadar bu konuda bir emir alınamadığından, zâtıdevletlerinin emirlerini önemle beklemekteyim, efendim.»

Akdağmadeni [106] milletvekili Bahri imzalı ve aynı tarihli bir telgrafta da :

«Aydın milletvekili Hüseyin Kâzım imzasıyla gelen telgrafta, milletvekillerinin en sür'atli vasıta ile İstanbul'a gelmeleri bildiriliyorsa da, Hey'et-i Temsiliye'ye üye seçilen milletvekillerinin mi, yoksa bütün milletvekillerinin mi davet edildiği pek anlaşılamamıştır. Hangi yolu tutacağımın bildirilmesine lûtfen müsaadeleri istirham olunur, emir sizindir.»

Efendiler, biribiri ardınca buna benzer telgraflar geldi. Bu telgraf- 211
lardan anlaşılıyordu ki, milletvekili arkadaşlar, Hey'et-i Temsiliye ile İstanbul Hükûmeti'ni ve İstanbul'dan telgraf çekerek bütün milletvekillerini davet etme yetkisini kendinde görebilen kimseleri, ortak amaçta anlaşmış ve uyuşmuş sanıyorlardı. Hükûmetin ve sözü geçen kimselerin olumsuz niyetlerini hatır ve hayallerine bile getiremiyorlardı. Olsa olsa, bizimle İstanbul'daki kimseler arasında, yeni kararlaştırılmış bir durum bulunduğunu veyahut arada düzenleme bakımından bir yanlışlık olabileceğini sandıkları ve durumu öyle kabul ettikleri, bize gelen telgraflarındaki temiz yüreklilik ve içtenlikten anlaşılmaktaydı.

Bize başvuran milletvekillerine verdiğim cevap şuydu:

Hüseyin Kâzım Bey''in bildirdikleri ile bizim hiçbir ilgimiz yoktur. Adı geçenin, durumu iyice bilmediği anlaşılıyor. 12 ve 27 Aralık 1919 tarihli telgraflarımız gereğince hareket edilmesini, milletimizin ve vatanımızın çıkarlarına daha uygun olduğu için gereğinin tezelden yerine getirilmesini, Kâzım Bey''in kendi başına göndermiş olduğu telgrafa gerekli cevabın verilmesini ve sonucun bildirilmesini rica eder, saygılarımızı sunarız efendim.

Hey'et-i Temsiliye adına
Mustafa Kemal

Bütün milletvekillerine de şu genelgeyi yazdık :

Ankara, 30.12.1919

Aydın milletvekili Hüseyin Kâzım Beyefendi'nin sayın milletvekillerinden bazılarına, derhal İstanbul'a hareket etmeleri ile ilgili telgraflar çektiği anlaşıldı. Bu hareket, adı geçen kimsenin durumu iyice bilmediğini gösterdiğinden, kendisine bu durum anlatıldı ve .... gün ..... sayılı duyurularla ilgili bilgi verdirildi. Bu bakımdan, Hey'et-i Temsiliye'ce istirham olunduğu üzere, Hey'et-i Temsiliye üyesi olarak seçilmiş sayın milletvekilleriyle öteki milletvekillerinden görüşmelere katılmak isteyen sayın üyelerin, Ocak ayının beşinden başlayarak Ankara'ya teşrifleri bir daha rica olunur.

Hey'et-i Temsiliye adına
Mustafa Kemal

30 Aralık 1919 tarihli bir şifre ile de İstanbul'daki teşkilâtımıza: «Hüseyin Kâzım Bey' in teşebbüsünden söz ettikten sonra, ken-

106) Yozgat'a bağlı bir ilçe.

disinin bizim duyurumuzdan haberdar edilmesini ve görüşmelere katılmak istiyorlarsa, lûtfen ve derhal Ankara'ya teşrifleri gereğinin anlatılmasını» bildirdik *(Belge: 215)*.

Efendiler, biz İstanbul'daki teşkilâtımızdan haber beklerken, karşımıza biri çıktı. Bunun kim olacağını kestirmekte güçlük çekmezsiniz sanırım. Bildiğiniz gibi, bizim İstanbul'da hem temsilcimiz hem de nâzır olan bir zat... C e m a l P a ş a... Evet, 1 Ocak 1920 tarihli şu telgraf, «Harbiye Nâzırı C e m a l P a ş a» imzasıyla geliyordu : 212

Ankara'da 20' nci Kolordu Komutanlığı'na

Mustafa Kemal Paşa Hazretleri'ne özel :

İstanbul'da bulunan milletvekillerinden bir grubun, bize başvurarak verdikleri yazılı isteklerini, aşağıda olduğu gibi sunuyorum :

1 — Meclis-i Meb'usan'ın bir an önce toplanması zarurîdir. Şu sırada bazı milletvekillerinin Ankara'ya davet edilmeleri, Meclis'in derhal açılmasına engel olacaktır.

2 — Bu durumun ve yapılan davetin ortaya koyacağı kötü yorumlar arasında düşmanların en çok dikkatini çekecek olanı, yasama gücünün başka kuvvetlerin etkisi altında iş görmekte olduğu zannıdır. Bu durum içeride ve dışarıda elbette büyük bir güvensizlik doğuracaktır.

3 — Böyle bir durum ve tutum karşısında, Meclis'in, kendisinden beklenilen hizmetleri yerine getirebilmesi mümkün değildir.

4 — Daha önce yapıldığı gibi, milletvekilleri ile temas ve ilişki kurmak üzere geniş yetkiler taşıyan bir şahsın, temsilci olarak İstanbul'a gönderilmesi, maksadın gerçekleşmesi bakımından yeterlidir.

5 — Ankara'ya davet edilen milletvekillerinin gelişlerinin ertelenmesi ve orada toplananların da hemen İstanbul'a hareketleri için yeniden acele bir duyuru yapılması beklenmektedir.

Harbiye Nâzırı
Cemal

Efendiler, bu davranış ve yazış tarzında bir içtenlik ve asalet görüyormusunuz? Önce, bizim milletvekilleri ile toplantı yapma kararımız ve bununla ilgili duyurumuz, bundan bir buçuk ay öncesinden beri biliniyordu. Eğer bu teşebbüsümüz memleket çıkarlarına gerçekten aykırı ve sakıncalı görülmüş idiyse, bizimle aynı millî gaye peşinde oldukları iddiasında olan efendilerin ve hükûmetin, bizim davet ettiğimiz milletvekillerine, İstanbul'a çağırma telgrafları yazmadan önce, bizimle anlaşmaları, hiç olmazsa düşünce ve teşebbüslerinden bizi haberdar etmeleri gerekmez miydi? Böyle yapmayıp da doğrudan doğruya İstanbul'a gidişlerini çabuklaştırmak için, Teftiş Kurulu Başkanlıkları aracılığı ile, Ş e y h M u h s i n - i F a n î ' nin ([107]) ve Dahiliye Nâzırı'nın imzalarıyla, taşradaki milletvekil-

107) Hüseyin Kâzım Kadri'nin takma adı.

lerini sıkıştırıp şaşırtmak ve bir oldubitti yaratarak bizim teşebbüsümüzü başarısızlığa uğratmaya kalkışmak doğru muydu?

İkincisi, Efendiler, seçimlerin yenilenmesi işi aylarca ve aylarca ya- 213
pılmayıp da belirli kanunî süre çoktan geçirilmiş olduğu tarihlerde hiç de acele etmeyi akıllarına getirmeyen bu efendiler, bizim Erzurum'dan, Sıvas'tan beri yapageldiğimiz sayısız teşebbüs ve çalışmalarımızın bir başarısı olarak seçimlerin yenilenmesi sağlandıktan ve herbirinin milletvekilliği ayrıca aracılık edilerek ve uğraşılarak elde edildikten sonra, nihayet üç beş gün gibi az bir gecikme böyle bir aceleciliği gerektirir miydi? Hele bu gecikme, büyük bir gayenin gerçekleştirilmesi, özellikle İstanbul'da toplanmak gafletini gösterenlerin kendi şahıslarının da dokunulmazlığı ile ilgili tedbirlerin alınması yollarını görüşme maksadına dayandığına göre, bu efendileri bu kadar aceleye sürüklemeli miydi? Hiçbir tedbir ve karar almadan, bir an önce, hakaret ve rezalete uğramakta acele etmek neden ileri geliyordu?

Üçüncüsü, Efendiler, tertemiz ve lekesiz arkadaşlarını aldatarak, İstanbul'da kendilerinin içinde bulundukları tehlike ve hakaret çemberine çabucak sokmak isteyen bu efendiler, Anadolu ve Rumeli Müdafaa-i Hukuk Cemiyeti'nden değiller miydi? Bu millî cemiyetin üyeleri bulunmuyorlar mıydı? Bir cemiyetin üyeleri, milletvekili oldukları halde bile, cemiyetin önderleri ile görüşerek, sonunda tespit edilecek program çerçevesinde harekete mecbur değiller miydi? Dünyanın her tarafında, bütün medenî toplumlarda bu böyle değil midir?

Bir grubun, bir partinin liderleriyle görüşüp ilişki kurmasından, yasama gücünün başka kuvvetlerin etkisi altında hareket etmiş olduğu zannını doğuracağı kuruntusuna neden düşülüyor ve bunun, düşmanların dikkatini çekeceğinden neden korkuluyordu? Bu efendiler, seçimlerin yenilenmesini ve milletvekillerinin seçilmesini sağlamış olan teşkilâtın etkisi altında kalmış görülmeyi yüksek şeref ve onurlarına yakıştıramıyorlar mıydı?

Bu efendiler, milletvekillerinin memleket içinde güçlü bir millî teşkilâta bağlı olduklarını, o teşkilâtın tespit ettiği belirli gayelerden ayrılamayacaklarını ve her ihtimale karşı o teşkilâtın etkisi altında bulunduklarını açık bir vicdan ve açık bir alınla ilân etmenin, asıl bunun, içeride ve dışarıda en büyük güven ve saygı kazandırabileceğini takdir edemiyorlar mıydı?

Ve asıl böyle bir vicdan ve inanç gücüne sahip olarak, belirli millî gayeyi gerçekleştirme yolunda her tehlikeye göğüs germeye hazır bir tavır ve durum alınmadıkça, Meclis'in kendisinden beklenen hizmetleri yerine getirebilmesine imkân olamayacağını anlamak, kâhinliğe mi, yoksa görüldüğü gibi saldırı ve hakarete miskince boyun eğmeye mi bağlıydı?

Bu efendiler, benim milletvekilleri ile şahsen görüşmemi istemiyorlar. Yine, hükûmet ve bazı efendiler, benim İstanbul'a da gitmemi uygun görmüyorlar. Ancak, geniş yetkilerle bir delegenin gönderilmesini tavsiye ediyorlar. Doğrusu bu noktadaki akıl ve kavrayışlarına diyecek yok! Gönderdiğimiz temsilciler değil miydi ki, milletvekillerinin düşman pençesine düşmelerinde birinci derecede etkili olmuşlar ve en sonunda kendi şahıslarını bile korumanın tedbir ve çaresini bulmaktan âciz olduklarını ispat etmişlerdir.

Milletvekilerini kimseye sormadan İstanbul'a çağırma konusunda, onları aldatmayı ve oldubittiye getirmeyi başaramayınca, bu defa, bizim tarafımızdan duyuru yapılmasını istemekte gösterilen nezaket pek ince değil midir, Efendiler?

Saygıdeğer Efendiler, bu sözünü ettiğim telgrafa cevap olarak şu kısa şifreyi yazdım: 214

5.1.1920

Harbiye Nâzırı Cemal Paşa Hazretleri'ne

Önergeyi veren milletvekillerinin adlarının ve bu önergeyi kime hitaben verdiklerinin bildirilmesini bekliyoruz, efendim.

Hey'et-i Temsiliye adına
Mustafa Kemal

Harbiye (Nezareti), 6.1.1920

Ankara'da 20' nci Kolordu Komutanlığı'na

İlgi : 5 Ocak 1920

Mustafa Kemal Paşa Hazretlerine özel :

Milletvekillerinin adları şunlardır : Hüseyin Kâzım, Tahsin, Celâlettin Arif, Hâmit... ve başkalarıdır. Bana getirenler baştaki iki kişidir.

Harbiye Nâzırı
Cemal

Efendiler, sonradan bize verilen bilgilere göre, bana telgraf çeken kimseler, milletvekillerinden oluşmuş bir grup değildi. Sadrazam, Siverek milletvekili olduğunu öğrendiği ve kendisinin şahsen tanıdığı Hakkı Bey adında bir zatı ve Hüseyin Kâzım Bey'i yanına çağırarak, bana çekilmek üzere kısa bir telgraf yazdırmış. Bu telgrafı bazı kimselere elden imza ettirmişler. Şifre olarak gönderilmek üzere, Hakkı ve Hüseyin Kâzım Bey'ler Cemal Paşa'ya götürmüşlerdir.

Demek ki, beş maddelik olan ve önerge adı verilen telgraf sonradan uydurulmuştur. Zaten, önergeden söz edildiği halde, henüz bu önergenin sunulmuş olduğu makamın belli olmaması da bu işte bir dolap döndüğünü ve özel bir maksadın bulunduğunu göstermeye yeterdi. Daha Meclis açılmış ve Meclis Başkanlığı göreve başlamış değildi. Bununla birlikte, Cemal Paşa'nın bu telgrafını aldıktan sonra, şu şifreli telgrafı yazdım:

Ankara, 9.1.1920 215

Harbiye Nâzırı Cemal Paşa Hazretleri'ne

Hüseyin Kâzım, Tahsin, Celâlettin Arif, Hâmit Beyefendilere özel :

Ankara'ya gelmenin kötü yorumlara yol açacağını, Harbiye Nâzırı Paşa Hazretleri vasıtasıyla bildiren görüşlerinizi öğrendik. Konu, vatan ve milletin varlığı ile ilgilidir. Millî Meclis'te millî teşkilâta dayalı kuvvetli bir grup kurulmaz ve Sıvas Genel Kongresi ile milletin bütün dünyaya ilân ettiği kararlar, Meclisin büyük çoğunluğu tarafından bir inanç ve ilke olarak benimsenmezse, millî hizmetimizin sağlayacağı başarı boşa çıkar. Memleket bir felâkete uğrayabilir. Bundan dolayı, birtakım vatansız ve dinsizlerin propagandalarının bizim için uyulacak bir değeri olamaz. Gaye, vatan ve milletin kurtuluşudur. Bir iki gün için teşrifiniz ve karşılıklı görüşme ile bir ülkü birliğine varılması bizce pek önemlidir. Buna göre tutulacak yolun seçilmesi, yüksek görüşünüze bağlıdır. Saygılarımızı sunarız efendim.

Hey'et-i Temsiliye adına
Mustafa Kemal

Bayburt'ta bir yalancı peygamber

Saygıdeğer Efendiler, İstanbul'un dokunduğumuz ve açıklamasını yaptığımız bu can sıkıcı durumu ile uğraşırken, memleketin doğu ucunda da bir yalancı peygamberin yarattığı oldukça önemli ve kanlı bir olay geçiyordu. Bununla ilgili olarak 15'inci Kolordu Komutanlığı'ndan birçok raporlar geliyordu. Bayburt'a dört saat uzaklıkta Hart karyesi ([108]) vardır. Bu karyede oturan Eşref adında bir şeyh, şiîlik telkinlerinde bulunuyormuş. Bundan üzüntüye kapılan Bayburt müftüsü ve din adamları, şeyhi getirerek sorguya çekmek için kurdukları bir hey'eti Hart'a göndermişler ve mahallî hükûmet adına şeyhi davet etmişler... Şeyh bu davete uymamış... Mahallî hükûmet 50 kişilik bir birlik göndermiş. Buna büsbütün öfkelenen şeyh, müritleriyle birlikte birliğe saldırmış; silâhlarını ve cephanesini almış; er ve subaylarını esir, bazılarını da şehit etmiş... Bunun üzerine, çevredeki bazı birlikler Bayburt'a gönderilmekle birlikte, işin kan dökülmeksizin barış yolu ile çözüme bağlanması tercih edilmiş... Şeyhe din adamları ve yüksek rütbeli subaylardan kurulu birkaç hey'et gönderilmiş... Hükûmete boyun eğmesi için öğütler verilmiş... Böylece, boşu boşuna on altı gün kaybe-

108) Karye: İhtiyar hey'eti bulunmayan köy.

dilmiş. En son giden Erzurum kadısı başkanlığındaki hey'etin ricası da Şeyh Eşref üzerinde etkili olamamış. Aksine, şeyh bunlara: «Hepiniz kâfirsiniz! Kimseyi tanımam ve boyun eğmem. Savaşacağım. Allah bana, buyruğumu kullarıma duyurmakla görevlisin» dedi yolunda bir ültimatom vermekle birlikte, bir yandan da köylere «Sahib-i Şeriat» ([109]) ve «Mehdî-i Muntazar» ([110]) imzalarıyla birtakım bildiriler göndererek halkı 216
kandırmış ve kendisine katılmalarını sağlayarak başkaldırmış... Bunun üzerine, bizzat Bayburt'a gelip 9'uncu Tümen'in komutasını ele alan Yarbay Hâlit Bey, 25 Aralık 1919 günü, yeterince kuvvetle Hart'a hareket eder. Şeyh başına topladığı âsîlerle karşı koymaya karar verdiğinden, topçu ve piyade birliklerinin şeyhle çatışması ve çarpışması gerekir. Bu sırada, şeyhin müritlerinden birtakımları da Hart'a yardım etmek üzere, çevre köylerde toplanırlar. Nihayet, Yarbay Hâlit Bey'in doğrudan doğruya Bayburt'tan bana gönderdiği 1 Ocak 1920 tarihli şifresinde bildirdiği gibi, «Hart olayı, yalancı peygamberle oğullarının ve kendisine bağlı adamlarından bazılarının öldürülmesi ve Hart'ın teslim alınmasıyla sonuçlanmıştır.»

Hâlit Bey, bu şifresinde, milletvekilleri ile ilgili bazı bilgiler de verdiğinden, kendisine 1/2 Ocak 1920 tarihinde şu şifreli telgrafı yazdım:

Hart olayında siz kardeşimin elde ettiği başarıyı kutlar, milletvekillerinin Ankara'ya gelmeleri yolundaki çalışmalarınıza teşekkür ederim.

Mustafa Kemal

*
**

Harbiye Nâzırı Cemal Paşa genç komutanları başından uzaklaştırmak istiyor

Efendiler, Harbiye Nezareti ile Hey'et-i Temsiliye arasında bir türlü çözüme bağlanamamış bir konu vardı.

Nâzır Paşa, İstanbul'da bulunan generalleri kolorduların ve albay rütbesindeki komutanları tümenlerin başına geçirmek istiyordu. Öteki komutan ve subayları da Anadolu'daki birliklere göndereceğinden söz ediyordu. Bu isteği bir ılke olarak ileri sürmüş ve uygulamasını da; Harbiye Nezareti eski Müsteşarı Ahmet Fevzi Paşa'yı, Ankara'da Ali Fuat Paşa'nın yerine 20'nci Kolordu Komutanlığı'na, Nurettin Paşa'yı da Konya'da Albay Fahrettin Bey'in yerine 12'nci Kolordu Komutanlığı'na atamak suretiyle bir oldubittiye getirmek istemişti.

---

109) Sahib-i Şeriat: Şeriata sahip çıkan, şeriatta din kurallarının koruyucusu.
110) Mehdî-i Muntazar: Beklenen Mehdî. Dinî anlayışlara göre kıyamet kopmadan önce insanları doğru yola getirmek üzere Tanrı tarafından gönderileceği kabul edilen kimse.

Bu sisteme uyulup uygulandığı takdirde, Birinci Dünya Savaşı'nda yetişmiş, kolordu ve tümen komutanlıklarına yükselmiş ne kadar genç general ve komutan varsa, şüphesiz bunların hepsi de bu görevlerden uzaklaştırılmış olacaklardı. Çünkü, İstanbul'da toplanmış bulunan eski general ve komutanlar, kıdem ve rütbe bakımından, büyük ordu birliklerinin başında bulunan genç komutanlardan önde geliyorlardı.

Biz asla bu prensipten yana olamazdık. Özellikle, içinde bulunduğumuz şartlar unutularak girişilen böyle sakat işlere, elbette olur diyemezdik. Bundan dolayı, Cemal Paşa' ya, her zaman görüşümüze ve atanan yeni kolordu komutanlarının gönderilmemeleri gereğini bildiriyorduk.

Fahrettin Paşa, kolordusunun başında bulunarak Aydın cephesine yardım ve destek sağlamaya çalışıyordu. Ali Fuat Paşa, Ferit Paşa zamanında görevden alınmıştı. Cemal Paşa, o haksız işlemi düzeltmek istememişti.

20'nci Kolordu'ya, Ankara'da bulunan 24'üncü Tümen Komutanı 217
Yarbay Rahmetli Mahmut Bey, vekil olarak komuta ediyordu. Ali Fuat Paşa hem Kuva-yı Milliye Komutanlığını yapıyor hem de gerçekte kolordusuna hâkim bulunuyordu.

Biz, kolordu ve tümen birliklerinde komuta değişikliğini kabul etmemeye, özellikle millî gayenin emrine girmiş ve o yolda çalışmakta olan, şahsiyetleri bizce bilinen komutanları, böyle boş ve kimbilir nasıl özel bir maksat güttüğü de bilinmeyen bir prensibe feda etmemeye kesinlikle karar verdik. Yalnız, İstanbul'da bulunan genç ve fedakâr subaylarla doktorların bir an önce Anadolu'ya, ordu birliklerine gönderilmelerini yararlı buluyor ve istiyorduk.

Cemal Paşa, Ankara'ya geldiğimiz günlerde bu iş üzerinde daha ısrarlı durmaya ve acele etmeye başladı. Konuyu haysiyet meselesi yaptı. İstifa edeceğini bildirerek gözdağı vermeye başladı. Makine başında cevap verilmesi için yaptığı ısrar üzerine, Harbiye Nâzırı'na 29 Aralık 1919 tarihinde yazdığım şifreli telgrafta:

«Ali Fuat Paşa'nın komutanlıktan ayrılmasını, biz aslında hiçbir vakit devamlı olarak kabul etmedik. Ahmet Fevzi Paşa'nın komutanlığa asıl olarak atanması söz konusu olamaz. Barışın gerçekleşmesinden önce tasarlanan ve uygun bulunan esasların uygulanması çok büyük sakıncalar doğurur. Savaşta yararlık göstererek makam ve mevki kazanmış kimseleri ast durumuna düşürmek olmaz. Bu zamansız teşebbüsler millî teşkilât için çalışmakta olan kimselerin iş başından ayrılmalarına ve böylece millî birliğin sarsılmasına yol açar.

Açıkta kalmış, yetenekli subaylar, kolordulara bağlı birliklere, kolorduların emrindeki bölge ve mevki komutanlıklarına ve askerlik şubelerine, bulundukları rütbelerle atanarak tatmin edilebilirler.

Küçük rütbeli subay ve doktorların ise bir an önce gönderilmesi gerekir. 12' nci Kolordu'ya gelince, bu kolordu, savaşmakta olan Kuva-yı Milliye ile işbirliği etmiş ve iki taraf arasında fiilî ve karşılıklı bir güven doğmuştur. Değişiklik kesinlikle doğru değildir. Oradaki durumun da böyle bir şeye asla tahammülü yoktur» dedim.

Efendiler, bu konu üzerinde Anadolu ve Rumeli'de bulunan bütün komutanlarla yazışmalar yaparak dikkatlerini çekmiştim. Ocak ayı başında, Ankara'da bulunan Fuat Paşa'ya olduğu gibi, Konya'da bulunan Fahrettin Paşa'ya da: «Nurettin Paşa atanacak olursa, komutayı bırakmayarak eskisi gibi millî ve vatanî görevinize devam etmeniz gerekmektedir. Bu bakımdan, bu konuda yapılacak tebligattan bizi zamanında haberdar ediniz» emrini verdim.

Harbiye Nâzırı Cemal Paşa dediklerim yapılmazsa görevden çekilirim ve Millet Meclisi'nin açılması gerçekleşmeyecek bir hayal olur.

Cemal Paşa, Ocak ayı başlarında, o tarihte Harbiye Nezareti başyaveri bulunan Salih Bey'i 8'-inci Kolordu Komutanı Salih Paşa'dır-, kendisinin iki mektubu, bu mektuplara ekli olarak, İtilâf Devletleri olağanüstü temsilcilerinin 24 Aralık 1919 tarihli ortak bir notası ve bu notaya hükûmetin verdiği cevap sureti ile birlikte Ankara'ya gönderdi.

Cemal Paşa, bu mektuplarında da komuta değişikliği ve görevden alma düzenlemeleriyle ilgili prensibinden, komutanlığa atadığı Ahmet Fevzi ve Nurettin Paşa'ların görevleri başına gitmelerini sağlama gereğinden söz ediyor ve özellikle: «Ordunun önemli komuta mevkilerinde, son Millî Mücadele'ye açıkça katılmış olan 218
kimselerin bizzat ve resmen bulunmaları, dışarıya ve özellikle yabancılara karşı, orduda siyasetin hâkim olduğu görünümünü verir ve bu da herhalde kötü etki yapar; Nezaret doğrudan doğruya bu etkilerin fiilî baskısı ile karşı karşıyadır» diyordu. Görevinden çekileceğini yine tekrarlıyor ve bu defa, bu durumda artık Millet Meclisi'nin toplanmasının gerçekleşemeyecek bir hayal olacağını haber veriyordu *(Belge: 216)*.

Efendiler, bu konu ile ilgili olarak verdiğim cevapları şöylece özetleyebilirim: «Görüşlerimizde isabet bulunduğu yolundaki inancımızı tekrarlarız. Ferit Paşa'nın kötü yönetiminin mirası olan Aydın cephesinin ve bölgesinin ve oralardaki Kuva-yı Milliye'nin şimdiki ve gelecekteki durumunu, büyük bir ilgi ile dikkate alıyoruz. Gelecek için ümit verici bir durumun yaratılmasını düşünüyoruz.

Ali Fuat Paşa'nın devlet ve millet gözünde, her türlü eleştirinin dışında bulunduğu inancının korunması ana şarttır. Millî Mücadele sırasında her ne şekilde olursa olsun ileri atılmış olanların, görevlerinden uzaklaştırılmaları ve durumlarının değiştirilmesi, fedakârlıklarının suç sayıldığı şeklinde yorumlanır. Bu durum, bizim sonuna kadar değişmeyecek olan görüşümüze göre, asla uygun sayılamaz.»

Hükûmetçe söz konusu olan siyasî sakıncaları ortadan kaldırmak için yapılacak her şey yapılmıştır.

Ahmet Fevzi Paşa, bizimle işbirliği yapabilme kabiliyetine sahip değildir. Ahmet Fevzi Paşa'nın özel görevle gezip dolaşırken, gittiği yerlerde söylediği mantıksız sözleri bildirmiştik. Bunu kendisinden beklemem diye buyurmuştunuz. Ahmet Fevzi Paşa'nın arkadaşlara yazdığı özel bir şifreli telgrafta: «Ordu bugünkü anarşik durumunda kaldıkça memleket için felâket kaçınılmazdır» diyor. Bu zat, ordunun millî teşkilâtı desteklemesini anarşi olarak kabul ediyor. Oysa, bilmek gerekir ki, ordu millî teşkilât kadrosunun dışında değil, belki onun ruhunu ve temelini oluşturmaktadır.

Ahmet Fevzi Paşa'nın, Gönen'de ilk iş olarak yaptığı marifet, Anzavur olayından dolayı bin güçlükle ele geçirilen haydutların serbest bırakılmasını istemek olmuştur. Bizimle görüşmeden tayin ettiğiniz iki zatın kabul edilemeyeceği yolundaki zarurî ve haklı düşüncelerimize karşı, ortaya bir haysiyet meselesi çıkarmayınız. Bu, vatan ve millete bağlılıkla bağdaştırılamaz.

«Görevden çekilirseniz, Meclis-i Meb'usan'ın toplanmasının gerçekleşemeyecek bir hayal olacağı, yolundaki kaydınızdan, Sadrazam da dahil olduğu halde bütün kabinenin meşrutiyet idaresine karşı olduğu anlaşılmaktadır. Pek önemli olan bu noktanın tam olarak açıklanması ve belirtilmesi rica olunur.» *(Belge: 217).*

İtilâf Devletleri temsilcilerinin Ali Rıza Paşa Kabinesine verdikleri ortak nota

Efendiler, şimdi Başyaver Salih Bey aracılığı ile gönderildiğini bilginize sunduğum İtilâf Devletleri olağanüstü temsilcilerinin Ali Rıza Paşa Kabinesi'ne verdikleri ortak notadan da biraz söz edeyim:

Fransa, Büyük Britanya ve İtalya olağanüstü komiserleri, Karadeniz Ordusu ve Başkomutanı Sir George Milne (Sör Corç Miln) ile Osmanlı Harbiye Nâzırı arasında geçen birtakım yazışmalara Osmanlı Hükûmeti'nin dikkatini çektikten sonra, «bu yazışmalardan açıkça anlaşılıyor ki, Harbiye Nâzırı Cemal Paşa, Karedeniz Ordusu Başkomutanı'nın, Paris Konferansı kararlarına uyarak verdiği talimatı uygulayacak yerde, yüksek görevinin gerektirdiği sorumluluktan kaçınarak, birtakım kabulü imkânsız mazeretler ve sebepler ileri sürmüştür.

Olağanüstü komiserler, Harbiye Nâzırı'nın takındığı tavrın yol açacağı tehlikeli sonuçlar üzerine Osmanlı Devleti'nin dikkatini çekmekle birlikte, Karadeniz Ordusu Başkomutanı tarafından bildirilen Konferans kararlarının uygulanması için ne gibi tedbirler almayı düşündüğünü öğrenmek ister.

Olağanüstü komiserler, «olayı öğrenen İtilâf Devletleri Yüksek Meclisi'ni aydınlatmak üzere, Yüksek Meclis adına verilen emirlerin Harbiye Nâzırı tarafından yerine getirilmemiş olmasını, Osmanlı, Hükûmeti'nin nasıl karşıladığını hemen bildirmesini ister» diyorlar.

Efendiler, Osmanlı Hükûmeti, bu notaya verdiği cevapta: «İzmir'in işgalinin nasıl başladığını; karma komisyonun nasıl soruşturma yaptığını ve soruşturmaya kadar geçen zaman içinde, Yunan yırtıcılığı karşısında halkın nasıl can ve namusunu koruma kaygısına düştüğünü; hükûmetle ordunun daima araştırma komisyonunun adalet ve insafına güvendiğini; yalnız, akan kanları, hiç değilse şimdilik dindirmek için, Osmanlı Harbiye Nezareti'nin, General Milne Cenapları'na, 23 Ağustos 1919 tarihli bir yazı ile teklifte bulunmuş olduğunu bildiriyor. Bu teklifin, Yunan birlikleriyle Kuva-yı Milliye arasına Osmanlı birliklerinin yerleştirilmesinden ibaret olduğunu; ancak, bu teklifin kabul edilmediğini» ifade ediyor.

Sonra; «İşgal bölgesinin Yunan birliklerinden başka, İtilâf birlikleri tarafından da işgali teklifiyle ilgili 20 ve 27 Ağustos 1919 tarihli iki yazıya ve bunların da karşılıksız kaldığına» işaret olunuyor.

Bundan sonra da, «General Milne Cenapları'nın sınır tespitini gösterir yazılarının (3 Kasım 1919), Harbiye Nezareti'ne gönderildiği noktasına temas edilerek, Harbiye Nâzırı'nın böyle bir yazının hükümlerini uygulamaya tek başına yetkili bulunmaması dolayısıyla, hükûmete başvurduğundan ve hükûmetçe de durumun komiserlere bildirildiğinden» söz ediliyor.

Daha sonra, geçici sınır çizgisine kadar Yunanlıların işgaline engel olan kuvvetin, halk kitlesinden ibaret olduğunu söylüyor. Hükûmetin ve ordunun halka sözünü geçirmekte güçsüz olduğunu belirterek, konuya adaletli bir çözüm yolu bulunmasını bir daha rica ettikten sonra «gerek hükûmet ve gerek Harbiye Nezareti sanki Paris Konferansı kararlarını uygulamıyormuş gibi bir suçlamadan vazgeçilerek, lûtfedip kurtarmaya yardımcı olunması» yolundaki yalvarmalara yüksek saygıları da eklenerek, cevap yazısına son veriliyor *(Belge: 218)*.

Saygıdeğer Efendiler, şimdi de Cemal Paşa'nın mektuplarında dokunduğu noktalara işaret edeceğim:

Harbiye Nâzırı, bize İtilâf Devletleri komiserlerinin notasını okuturken, bir taraftan da öteden beri yaptırmak veya bizi yapmaktan alıkoymak istediği noktaları tekrarlıyor ve pekiştiriyordu. Cemal Paşa'nın, bu defa isteklerini ileri sürer ve teklif ederken, bu notayı da okutarak bizim ruh halimiz ve manevî gücümüz üzerinde etkili olmayı düşünmüş bulunduğuna ihtimal vermek bilmem doğru olur mu?

Cemal Paşa, İtilâf Devletleri'nin siyasî eğilimlerinden söz et- 220
tikten sonra, «Hükûmet, Wilson prensipleri çerçevesinde kabul edebilecekleri yeniliklere söz verir nitelikteki bir bildiriyi yakında yayınlayacaktır. Dahiliye Nâzırı'nı gücendirmemelidir; çünkü ayrılır. O takdirde hükûmet bunalımı olur. Meclis açılınca Dahiliye ve Hariciye Nâzırları'nın değiştirileceği kesindir. Düşmanlar, Meclis'i açtırmamak istiyorlar. Hattâ Muhipler Cemiyeti'nin, Zâtışâhâne'ye başvurarak ve bu Meclis'in meşru olmadığını bildirerek, dağıtılmasını isteyecekleri haber alındı» *(Belge: 219)*, diyor ve milletvekillerinin Ankara'ya gelmesi işinden söz ediyor.

İtilâf Devletleri'nin Karadeniz Başkomutanı, Osmanlı Devleti'nin Harbiye Nâzırı'na doğrudan doğruya talimat ve emir vermektedir

Şimdi Efendiler, bu üç belge metnini göz önünde bulundurarak hep birlikte kısa bir yorumlama yapalım:

Komiserlerin notasından anlıyoruz ki, İtilâf Devletleri'nin Karadeniz Başkomutanı Mr. George Milne, Osmanlı Devleti'nin Harbiye Nâzırı'na, Cemal Paşa'ya doğrudan doğruya kendi emri altındaymış gibi talimat ve emirler vermektedir. Cemal Paşa, şimdiye kadar bize bunu bildirmedi.

Ve yine anlıyoruz ki, Osmanlı Devleti'nin Harbiye Nâzırı, aldığı talimat ve emirleri yerine getirememekten ve kabulü imkânsız özürler ve sebepler ileri sürmüş olmaktan dolayı suçlanıyor.

Harbiye Nâzırı'nın aldığı emirlerin ne olduğunu kestiriyor ve ne için yapamamakta olduğunu da anlıyoruz. Çünkü, Kuva-yı Milliye engeldir... Kuva-yı Milliye, Harbiye Nâzırı'nın ve hükûmetin, Başkomutan Mr. George Milne'in emirlerine ve talimatına uyarak verdiği veya vereceği emirlere boyun eğmiyor... İşte komiserler, Paris Konferansı adına, bunu, kabul edilebilecek nitelikte bir özür ve sebep saymıyorlar. Demek istiyorlar ki, hükûmet iseniz, Harbiye Nâzırı iseniz, memlekete, millete, orduya hâkim olmalısınız! Hâkim iseniz, ileri sürülen özürler ve sebepler kabul edilebilecek gibi değildir.

Efendiler, Ali Rıza Paşa Kabinesi, 2 Ekim 1919'da iş başına geçti. Ondan önce Ferit Paşa Kabinesi vardı. Buna göre, Kuva-yı Milliye ile Yunan birlikleri arasında, Osmanlı birliklerinin yerleştirilmesiyle ilgili 23 Ağustos 1919 tarihindeki teklifi yapan Ferit Paşa Kabinesi'dir.

Ali Rıza Paşa Kabinesi, daha bir teklif ileri sürmüş değildir. Ancak, buna rağmen, Başkomutan Milne, 3 Kasım 1919 tarihinde düşmanların gireceği bölgenin sınırını çiziyor ve bu sınıra kadar Yunanlıların girmelerinin sağlanmasını Cemal Paşa'ya emrediyor. İşte Cemal Paşa'nın yerine getiremediği emir bu oluyor. Teşekküre değer bir durumdur ki, gerek kendisi gerek içinde bulunduğu kabine, nihayet iş başına geçtikten bir ay sonra, Kuva-yı Milliye'ye karşı güçsüz olduklarını yabancı komiserlere söyleyebilmişlerdir.

Efendiler, bu belgelerden anlaşılması gereken en önemli ve en anlamlı nokta, bence, kabinenin ortak notaya vermiş olduğu karşılıkta, komiserlerin ileri sürdükleri noktalara büyük bir alçak gönüllülük ve incelikle cevap verilirken, bir hususun asla dikkate alınmamış olmasıdır. O da, Efendiler; Mr. George Milne'in Osmanlı Devleti'nin Harbiye Nâzırı'na doğrudan doğruya emir ve talimat vermekte oluşudur. Bu durum ne millî teşkilât'a karşı onur meseleleri çıkaran Harbiye Nâzırı'nın 221
ne de Osmanlı Devleti'nin bağımsızlığını korumak sorumluluğunu yüklenmiş olan kabinenin şeref ve haysiyetine dokunmuyor. Bu durumun, kendilerinin haysiyetini ve devletin bağımsızlığını çoktan zedelemiş olduğunu farketmek istemiyorlar. Hiç olmazsa protesto etmiyorlar. Hiç olmazsa, bağımsızlığımıza darbe vuran bu saldırı ve tecavüze aracılık edemeyiz diye feryada cesaret edemiyorlar... Cesaret edemiyorlar Efendiler, çünkü korkuyorlar. Nitekim korktukları başlarına geldi. Bunu yakında göreceğiz. Korkmamak için, insan haysiyetini ve millî gururun saldıraya uğrayamayacağı çevre ve şartlar içinde bulunmak gerekir. Buna değer vermeyenlerin, aslında bir insan için, bir millet için, hiçbir saldırıya uğratılmaksızın korunabilmesi, en büyük namus borcu olan kutsal kavramlar üzerinde çoktan saygısız ve duygusuz oldukları yargısına hak kazandırmaktadır.

İnsaf ve merhamet dilenmekle millet işleri, devlet işleri görülemez

İnsaf ve merhamet dilenmekle millet işleri, devlet işleri görülemez. Milletin ve devletin şeref ve bağımsızlığı korunamaz...

«İnsaf ve merhamet dilenmek gibi bir ilke yoktur. Türk milleti Türkiye'nin gelecekteki çocukları, bunu bir an akıllarından çıkarmamalıdırlar.»

Efendiler, Cemal Paşa'ya komuta değişikliği ile ilgili noktalarda verdiğimiz cevabı bilginize sunmuştum. Müsaade ederseniz, o cevabın baş tarafını oluşturan diğer noktalar üzerindeki görüşlerimizi de özetleyeyim:

Temel noktalar üzerindeki görüşlerimiz şunlardı:

«1 — İtilâf Devletleri'nin her biri, bütün Türkiye'den en büyük çıkarlarını sağlamak peşindedirler. Bu da, Türkiye'de güvenilir bir dayanak noktasının elde edilmesini gerekli kılmaktadır. Yabancıların açıktan açığa aleyhte görünmelerinin ve hoşnutsuz olmalarının sebebini, kabinenin tarafsız tutumunda aramalıdır.

2 — Kabine bildiri yayınlamakta acele etmemelidir. Bildiri, kabine durumunu sağlamlaştırdıktan sonra yayınlanmalıdır. Kabinenin güçlü olması, her bakımdan Kuva-yı Milliye'ye dayandığı inancını verecek bir davranış tarzını benimsemesine ve bunu bütün dünyaya göstermesine bağlıdır.

Meclis toplandıktan ve orada kuvvetli bir «Müdafaa-i Hukuk Cemiyeti Grubu» meydana geldikten sonra, bildiriye sıra gelebilir. Bildiri, herhalde, Barış Konferansı'na gidecek delegeler yola çıkmadan önce, fakat grupla görüş birliğine varılarak düzenlenmelidir. Çünkü, böyle olmazsa hiçbir önem ve değeri olmayacaktır. Bir de, işe, kabul edilecek yenilikleri duyurmakla başlamak doğru değildir. Aksine, bildiride milletin bağımsızlığından ve ülkenin bütünlüğünden başlamak ve ancak bunun sağlanması şartına bağlı olmak üzere, hükûmet işlerinin ana çizgilerini tespit etmek yerinde olur.

Bu bildiriye temel olacak önemli noktalar Sıvas Genel Kongresi'nin bildiri ve tüzüklerinde yer almıştır. Orada, gelecekteki sınırlar, devlet ve
milletin bağımsızlığı, azınlıkların hakları, yabancı himayesinin milletçe 222
nasıl karşılandığı gibi hususlar açıklanmıştır. Böyle bir bildiri şimdiden hazırlanır ve Meclis'in açılışında çoğunluk grubuyla görüşüldükten sonra ilân edilir. Uygun olanı budur.

3 — Dahiliye Nâzırı'nın çekilmesiyle kabinede bir bunalım doğmasına sebep görülmemektedir. Böyle bir düşünceden, Dahiliye Nâzırı'nı sadrazam olarak kabul ettiğiniz anlamı çıkar. Bir kabinede bunalım ancak hükûmet başkanının çekilmesiyle çıkabilir. Kabinenin Dahiliye Nâzırı Şerif Paşa'ya, onun da Ferit Paşa'ya bağlı olduğu anlaşılıyor.

Meclis açıldıktan sonra, Dahiliye ve Hariciye Nâzırları'nın kesin olarak değiştirilecekleri yolundaki işareti anlayamadık. Bu nâzırlar şimdiden böyle bir söz verdiler mi?

Düşmanların Meclis'i açtırmak istemeyecekleri tabiîdir. Yalnız, Padişah'ın, Meclis'i dağıtma ihtimali de düşünülebilir mi? Eğer böyle bir ihtimal varsa, o halde Meclis'i, İstanbul'da dağıtmak ve milleti Meclissiz bırakmak için mi topluyoruz? Bu bakımdan, Padişah'ın bu konudaki görüşlerinin hey'etimizce kesin olarak şimdiden bilinmesi gerekir ki, milletvekillerini İstanbul dışında güvenli bir yerde toplamak için teşebbüslerde bulunalım. Aksi halde, «Meclis İstanbul'da toplanmak yüzünden yukarıda belirtilen durumlara düşerse, bunun sorumluluğu İstanbul'da toplanmasını ısrarla isteyenlere ait olacaktır.

4 — Milletvekillerinin görüşmelerde bulunmak üzere Ankara'ya gelmeleri yararlıdır.

***

Ankara halkı ile yakından tanışmak için verdiğim konferans

Efendiler, beni gerçekten samimî, parlak ve güven verici duygularla karşılamış olan sayın Ankara halkı ile daha yakından tanışmak ve onlarla görüşmek bir görev hükmünde idi. Onun için, görüşmek üzere davet ettiğimiz milletvekillerinin gelmelerini beklediğimiz günlerde, toplanmış olan sayın Ankaralılara, bir konferans vermiştim *(Belge: 220)*.

Bu konferansın temel noktaları üzerinde kısaca konuşayım:

W i l s o n prensipleri: Bu prensiplerin 14 maddesinden Türkiye ile ilgili olanları vardı. Zaten yenilmiş ve Ateşkes Anlaşması imzalamış Osmanlı Devleti, bu prensiplerin gönül okşayıcı ve göz aldatıcı manzarasıyla bir süre oyalandı.

30 Ekim 1918 tarihinde imzalanan **Mondoros Mütarekesi**'nin (111) maddeleri ve bu maddeler arasında özellikle yedincisi, beyni yakan ateşten bir zehirdi. Yalnız bu madde, vatanın geri kalan kısmını düşmanların işgal ve istilâsına hazır bulundurmaya yeterdi.

İstanbul'da biribiri ardınca gelen ve âciz kimselerden kurulmuş olan kabineler, şerefsiz, haysiyetsiz ve aşağılık görünüşleriyle, suçsuz ve Tanrı'ya bel bağlamış olan milletin sembolü olarak tanındı; değer vermeye lâyık görülmemeye başlandı. Bu yüzden dünyanın medenî devletleri medeniyetin gereklerini unutacak kadar saygısız oldular. Öteden beri Türk milleti aleyhinde bütün dünyada yapılan en mantıksız propagandalar, her zamankinden çok kulak vermeye değer bulundu.

Dokuz aydan beri, başlayan millî uyanış ve faaliyet, durumu ve gö- **223**
rünüşü değiştirdi ve daha, çok değiştirecektir. Millet kurulmuş olan bir-

---

111) Mondros Ateşkes Anlaşması.

liği korur ve bağımsızlığı için fedakârlıktan çekinmezse başarı muhakkaktır. Erzurum ve Sıvas Kongrelerinde alınmış olan kararlar, milletin gerçekleştireceği amaçların temelini oluşturur.

Ferit Paşa Kabinesi'ni düşüren millettir. Fakat Ali Rıza Paşa Kabinesi'ni iktidar mevkiine getirmiş olma sorumluluğu millete ait değildir. Bununla birlikte anlaşma durumundayız.

Ankara'ya gelen milletvekilleriyle yaptığım temaslar

Efendiler, şimdi Ankara'ya gelen milletvekilleriyle yapılan temas ve görüşmelere gelelim:

Milletvekilleri, aynı günde veya günlerde toplu olarak bulunamadılar. Teker teker veya küçük gruplar halinde gelip gittiler. Bu zatların veya hey'etlerin hepsine, ayrı ayrı ve hemen hemen aynı temel noktaları günlerce üst üste tekrarlamak zorunda kaldık.

Herşeyden önce, manevî gücün, kalp ve vicdan gücünün yüksek tutulması şarttır. Bunu bilirsiniz. Biz de bu gücü artırmak üzere:

Önce içteki ve dıştaki durumun güven ve ferahlık verici nitelikte gelişen noktalarını ve yönlerini araştırarak açıklamaya ve ispata çalıştık. Sonra, belirli bir amaç etrafında bilinçli ve azimli olarak birleşmenin, sarsılmaz bir güç olduğu gerçeğini, yorulmaksızın tekrar ettik.

Bir toplumun yaşamasının ve mutluluğunun, ancak gayelerinde ve gayelerinin gerçekleştirilmesinde tam bir birlik halinde bulunmasına bağlı olduğunu açıkladık. «Vatanın kurtuluşu, istiklâlin kazanılması» hedefine yönelmiş bulunan millî birliğimizin, köklü ve düzenli bir teşkilâtın varlığına ve bu teşkilâtı iyi yürütüp yönetebilecek yetenekli kafaların ve enerjilerin, bir tek beyin ve bir tek enerji halinde birleşmiş ve kaynaşmış olmasına bağlı bulunduğunu söyledik. Bu münasebetle İstanbul'da açılacak Meclis-i Meb'usan'da güçlü ve dayanışmalı bir grubun kurulması zaruretini ortaya koyduk.

Millet, tarihin, ancak devletlerin yıkılış ve çöküş gibi bunalımlı zamanlarında kaydettiği çok önemli ve tehlikeli anları yaşıyordu. Böyle anlarda, talih ve kaderini doğrudan doğruya kendi eline almakta gaflet gösteren milletlerin, gelecekleri karanlık ve felâketlerle doludur.

Türk milleti bu gerçeği anlamaya başlamıştı. Bu kavrayış sonucuydu ki, kurtuluş ümidi vaadeden her samimî işarete koşmaktaydı. Ancak, bir toplumun, uzun yüzyılların uyuşturucu yönetim ve terbiyesinin etkisinden bir günde, bir yılda kurtulup serbest kalabileceğini düşünmek ve kabul etmek doğru değildir.

Bu sebeple, durumu ve gerçeği bilenler, ellerinden geldiği kadar, bağlı bulundukları millete ışık tutup yol göstererek, ona kurtuluş hedefine yürümekte önderlik etmeyi en büyük insanlık görevi bilmelidirler.

Türk milletinin en belirgin istek ve inancı; kurtuluş

Türk milletinin kalbinden, vicdanından doğan ve ilham alan en köklü en belirgin istek ve inancı belli olmuştu: Kurtuluş!...

Bu kurtuluş feryadı Türk vatanının bütün ufuklarında yankılanmaktaydı. Milletten başka bir açıklama beklemeye gerek yoktu. Artık bu isteği dile getirmek kolaydı. Nitekim, Erzurum ve Sıvas Kongrelerinde millî istek açıkça ortaya konmuş ve dile getirilmişti. **224**

Bu kongrelerde alınan kararlara bağlı olduklarını bildirdikleri için milletçe vekil seçilen kimseler, her şeyden önce, bu kararlara bağlı şahıslardan oluşan ve bu kararları ilân eden dernekle ilişkili bulunduklarını gösterir ad taşıyan bir grup kuruculardı: **«Müdafaa-i Hukuk Cemiyeti Grubu»**... İşte bu grup, millî teşkilâta ve dolayısıyla millete dayanarak, her nerede olursa olsun, milletin kutsal gayelerini cesaretle dile getirecek ve savunacaktı.

Misak-ı Millî hazırlanıyor

Efendiler, milletin emel ve gayelerinin kısa bir programın temelini oluşturacak şekilde topluca ifadesi de görüşüldü. **Misak-ı Millî** (112) adı verilen bu programın ilk müsveddeleri de, bir fikir vermek maksadıyla kaleme alındı. İstanbul Meclisi'nde bu ilkeler gerçekten toplu bir şekilde yazılmış ve tespit olunmuştur.

Efendiler, görüştüğümüz her şahıs veya bütün şahıslar, bizimle düşünce ve görüş birliği yaparak ayrılmışlardı. Fakat, İstanbul Meclisi'nde, **«Müdafaa-i Hukuk Cemiyeti Grubu»** diye bir grubun kurulduğunu işitmedik. Niçin?! Evet, niçin? Buna bugün cevap isterim!

Çünkü, Efendiler, bu grubu kurmayı vicdan borcu, millet borcu bilmek durum ve kabiliyetinde bulunan efendiler inançsız idiler... korkak idiler... cahil idiler...

İnançsız idiler; çünkü, millî dâvânın ciddiliğine ve kesinliğine ve bu dâvânın dayanağı olan millî teşkilâtın sağlamlığına inanmıyorlardı.

Korkak idiler; çünkü, millî teşkilâttan olmayı tehlikeli görüyorlardı.

Cahil idiler; çünkü, tek kurtuluş dayanağının millet olduğunu ve olacağını takdir edemiyorlardı. Padişah'a dalkavukluk ederek, yabancılara

---

112) Millî ant, millî antlaşma.

hoş görünerek, yumuşak ve nazik davranarak büyük gayelerin gerçekleştirilebileceği gafletini gösteriyorlardı.

Millî ülkü ve millî teşkilâtın kısa bir zamanda sağladığı şeref ve varlığı küçümseyenler

Bundan başka, Efendiler, nankör ve bencil idiler... Millî ülkü ve millî teşkilâtın kısa bir zamanda sağladığı şeref ve varlığı küçümsüyorlardı. Ortaya çıkmış olan durum ve varlığın kolayca elde edilmiş olduğu zan ve vehmine kapılmakla çirkin gururlarını tatmin sevdasına düşüyorlardı...

Erzurum'da, Sıvas'ta söylenmiş ve tespit edilmiş bir adı, olduğu gibi kabul etmek küçüklük olmaz mıydı?! O addan daha anlamlı bir ad mı yoktu?!

Evet, işittik Efendiler; varmış: «Fellâh-ı Vatan Grubu» ([113]).

Efendiler, geçmişe ait safhaları ve olayları burada anlatabileceğim çerçeve içinde, gerçeğe uygun olarak tespit etmek kararındayım. Bu sebeple, tam üzerinde durduğumuz noktayla ilgili bir konuyu da büyük bir samimiyetle bilgilerinize sunacağım.

Ankara'da toplanma düşüncesi

Ben, Meclis-i Mebusan'ın, İstanbul'da saldırıya uğra- 225
yacağını, dağılacağını, kesin olarak bekliyordum. Böyle bir durum karşısında alınacak tedbiri kararlaştırmıştım. Hazırlığımız ve gerekli düzenlemelerimiz de başlamıştı: Ankara'da toplanmak..

İşte bu görevi yaparken, milletçe yanlış anlaşılmaya yol açmamak için, tedbir olarak da bir şey düşünmüştüm: Meclis-i Mebusan Başkanlığına seçilmek. Bundan beklediğim, dağıtılan milletvekillerini Meclis-i Mebusan Başkanı sıfat ve yetkisiyle yeniden davet etmekti. Gerçi bu tedbir, ancak görünüşü kurtarmak için ve geçici olarak işe yarayabilirdi. Fakat, böyle bunalımlı zamanlarda, yararı geçici de olsa, her türlü tedbirin alınmış olması her halde gereksiz sayılamazdı...

Gerçekte İstanbul'a gitmeyecektim. Fakat bunu açığa vurmaksızın, zaman kazanacak ve durum bir süre için uzakta bulunuyormuşum gibi ayarlanarak, Meclis, başkan vekilleri vasıtasıyla idare olunacaktı.

Bu tedbirin uygulanması, elbette, Meclis'e giden ve gerçek durumu kavramış olması gereken arkadaşların yardım ve gayretleri ile mümkün olabilecekti.

---

113) Bu grubun değersizliğini vurgulamak için kelimeyi özellikle şeddeli olarak ve «fellâh» diye okumak suretiyle «Fellâh-ı Vatan Grubu» (Vatanın Köle Çiftçileri Grubu) anlamı ile vermek istemiştir. Aslı, «Felâh-ı Vatan Grubu» (Vatanın Kurtuluşu Grubu)'dur.

Efendiler, bu konuyu gereken kimselere açtım. Düşünce ve görüşlerimi uygun buldular. Bu yolda çalışacaklarına söz ve güvence vererek İstanbul'a gittiler.

Ancak, pek az, belki bir veya iki arkadaştan başkasının, bu düşüncenin sözünü bile etmediklerini öğrendim.

Bu konuda hâkim olan düşünce ve mantık şuymuş : Bunca milletvekilleri içinde Meclis Başkanı olabilecek değerde bir adam bile yok mudur ki, Meclis'te bulunmayan bir milletvekilini kendi yokken başkan seçeceğiz... Meclisi oluşturan sayın üyeleri bu kadar yetersiz göstermek, yabancılar üzerinde kötü etki yapmaz mı?

Bir başka mantık da, Meclis Başkanlığı'na Kuva-yı Milliye Başkanı'nı seçmek, daha ilk günden, Meclis üzerine şüphe ve saldırıyı çekme fırsatı vermektir. Bu da akıl kârı olamaz.

Böyle düşünen ve mantık yürütenlerin, bana pek de uzak insanlar olmadığını görenler, susmayı tercih etmişler...

Efendiler, itiraf etmeliyim ki, bu tedbirin alınmamış olması, Meclis dağıldıktan sonra beni küçük bir güçlükle karşılaştırmıştır. Bu noktayı da sırası gelince bilginize sunacağım.

IV

Harbiye Nâzırı Cemal Paşa'nın işten uzaklaştırılması teklifi karşısında Ali Rıza Paşa Kabinesi

Efendiler, Meclis-i Mebusan 12 Ocak 1920 tarihinde açılmıştı. Aşağı yukarı on gün sonra, Harbiye Nâzırı'nın 21 Ocak 1920 tarihli telgrafını aldım. Olduğu gibi bilginize sunuyorum :

Geciktirilmesi sorumluluğu gerektirir. **Harbiye, 21.1.1920** **226**

Ankara'da 20' nci Kolordu Komutanlığı'na

Mustafa Kemal Paşa Hazretleri'ne :

İngilizler, hükûmete verdikleri bir notada, benimle Cevat Paşa Hazretleri'nin görevden çekilmemizi istediler. Kabinece şiddetli bir ret cevabı verildiyse de, durum kabinenin yerinde kalmasını ve yalnız benimle Cevat Paşa'nın çekilmemizi gerektirdi. Harbiye Nezareti'ne Salih Paşa vekâlet edecektir. Kabineyi güç duruma sokacak bir davranışta bulunulmamasını rica ederim. Aksi halde, durum, tasavvur buyurduğunuzdan daha tehlikeli olur.

Harbiye Nâzırı
Cemal

Bu telgraf 22 Ocakta elimize geçmişti. Hemen telgraf başında, saat 11.30'da şu telgrafı yazdım :

22.1.1920

Harbiye Nâzırı Cemal Paşa Hazretleri'ne

1 — Verilen notayı olduğu gibi lûtfeder misiniz?

2 — Yapılan teklifi yerine getirmekte acele etmeyiniz. Notayı inceledikten sonra görüşlerimizi arz edeceğim.

Mustafa Kemal

Cemal Paşa'nın, imzasını gizleyerek verdiği karşılık şuydu :

Çok ivedi **Kadıköy, 22.1.1920**

Ankara'da 20' nci Kolordu Komutanlığı'na

Mustafa Kemal Paşa Hazretleri'ne :

Notanın kısaltılmış sureti aşağıdadır :

1 — Özel olarak seçilmiş subayların Kuva-yı Milliye kurmaylıklarına gönderilmeleri,

2 — 14' üncü Kolordu'dan bir kısım erleri ayırıp terhis etmek suretiyle 227
Kuva-yı Milliye'ye asker gönderilmesi,

3 — Top kaması ve diğer malzemenin kaçırılması,

4 — Zonguldak'tan İstanbul'a gelen taburun geri gönderilmesini geciktirmek,

5 — Afyonkarahisar'dan Alaşehir'e alay nakletmek,

6 — Bursa'dan Bandırma'ya bir alay nakletmek,

7 — Bu işlerde, Harbiye Nâzırı ile Genelkurmay Başkanı'nın şahsen rolleri olduğu anlaşılmıştır. Kırk sekiz saat içinde bu iki şahsın görevlerinden uzaklaştırılması.

Dikkat buyurulursa, Aydın cephesi meselesi bu notada söz konusu bile değildir. Bu notaya cevap olarak : «bir, iki, üçüncü maddeleri yalandır. Dördüncü maddenin konusu benim zamanımda değildir. Ben, müracaatları üzerine geri gönderdim. Beşinci madde ile ilgili konuda, tümen komutanını değiştirdim. Altıncı maddedeki Ahmet Anzavur konusu da güvenlikle ilgilidir. Bu konuda yazışmalarımız vardır. Şimdi de dosyalar incelenirse anlaşılır» denildi. Kabul etmediler. Bunun üzerine üç şık üzerinde duruldu : Notaya birinci cevaptan sonra cevap vermemek ve hükümlerine kulak asmamak, kabinenin toptan görevden çekilmesi, benim görevden çekilmem. Birinci şık uygulanacak olursa, burada bir rezalet çıkmasından korkulurdu. İkinci şıkkın kabulü durumunda, zaten istediklerinin olacağı ve Ferit Paşa'nın kabinenin başına geleceği düşünüldü. Bu bakımdan benim görevden çekilmem ve Nezaret'in vekâletle idare edilmesi tercih edildi. Her halde, kararınızın önce bana bildirilmesini rica eder, sizlere üstün saygılarımı sunarım efendim (Ferik (114) Cemal).

Başyaver
Salih

Cemal Paşa, bu notada, Aydın cephesinin söz konusu edilmediğini işaret etmekle bilmem ne demek istiyor? Şüphe yok ki, söz konusu

---

114) Korgeneral.

olan Aydın cephesidir, ona yardımdır ve Kuva-yı Milliye'dir. Yalnız, Cemal Paşa dolaylı yoldan bütün bunlara Hey'et-i Temsiliye'nin sebep olduğunu anlatmak sevdasındadır.

Cemal Paşa'ya, bu telgrafına karşılık olarak verdiğim cevapta, şu emri verdim :

22.1.1920

Harbiye Nâzırı Cemal Paşa Hazretleri'ne

Görevden çekilmek suretiyle İngilizlerin isteğine uymanız, öyle tehlikeli bir durum yaratır ki, sizin görevden çekilmemekle ortaya çıkacağını düşündüğünüz tehlikeden daha ağırdır. Bundan başka, Hey'et-i Temsiliye'nin bir temsilcisi durumunda olan zâtıdevletlerinin, haberi olmaksızın ve onun görüşüne uymayarak çe- 228
kilmeniz kabul edilemez. İngilizlerin, sizi zorla görevden ayırmaları ihtimali bile bizce hesaba katılmış ve hemen tedbirleri alınmıştır. Bu duruma göre önce notayı olduğu gibi bildiriniz sonra durum hakkında bligi vererek kararımızı beklemeniz ve sarsılmaz bir dayanıklılıkla göreviniz başında kalmanız kesin isteğimizdir.

Hey'et-i Temsiliye adına
Mustafa Kemal

Ali Rıza Paşa'ya da şu telgrafı yazdım :

Ankara, 22.1.1920

Sadrazam Hazretleri'nin Yüksek Katına

İngilizlerin, Harbiye Nâzırı'nın ve Genelkurmay Başkanı'nın değiştirilmesini istemeleri, devletin siyasî bağımsızlığına kesin bir tecavüzdür. Bu tecavüz, bir süreden beri vatanımızın bölüşülmesi ve siyasi varlığımızın yok edilmesi yolunda, dünya kamuoyunda süregelen tartışmaların kesin bir karara bağlanmış olması sonucu mudur? Yoksa, siyasî varlığımızı yok etme yolunda yapılacak teşebbüslerin ne sonuç vereceğini anlamak için yapılmış bir deneme midir? Yoksa, İtilâf Devletleri'nin alıştıkları gibi, birbirinin olurunu ve kararını alma gereğini duymaksızın, tek başına nüfuz kullanma yolunda bir davranış mıdır? Bunları ayırt edebilecek bilgilere sahip değiliz ve sahip olamayız. Yine, Yunanlıların Salihli cephesinde başlayan taarruzlarının, bu teşebbüslerle ilişki derecesini de kestiremeyiz. Ancak, siyasî bağımsızlığımıza karşı yapılan bu açık tecavüze devletçe ses çıkarmaz, milletçe susarsak, siyasî varlığımız aleyhindeki en kötü karar ve uygulamalara kendimizin yol açmış olacağına hiç şüphemiz yoktur. Bu bakımdan, İngilizlerin İstanbul'da yapabilecekleri saldırılar ne şekil ve dereceye varacak olursa olsun, içeride ve dışarıda Müdafaa-i Hukuk Cemiyeti'ne dayandığı bilinen hükûmetin, bu teklifi şiddetle reddetmesini, Nâzır ile Genel Kurmay Başkanı'nın mutlaka yerlerinde bırakılmasını kesinlikle istiyoruz. Bunun dışında gösterilecek bir uysallık, yalnız milletin bağımsızlığına ve varlığına ters düşmez, aynı zamanda, hükûmeti millete karşı vermiş olduğu sözden dönmüş ve bağımsızlık uğrundaki millî mücadelemizi geciktirmiş ve güçleştirmiş bir duruma da sokar. Bu bakımdan Hükûmet kabul etmiş olsa bile, biz Hükûmet'in Hey'etimize karşı üstlenmiş olduğu görevi yerine getirmemekle, milletten almış olduğu gücü tamamen kaybetmiş olduğunu ve bağımsızlığımızı tehlikeye düşüren tavır ve hareketlerinden dolayı Hükûmet'i sorumlu saydığımızı ilân etmek zorunda kalırız. Hükûmetin direnmesi karşısında, İngilizler, Harbiye Nâzırı'nı zorla görevden uzaklaştırma ve bütün hükû-

meti düşürme yoluna bile başvursalar, bu durum, gerek dışarıya gerek içeriye karşı, onların emriyle Nâzır'ı feda etmekten daha elverişlidir. Durumun gelişme 229
sathaları üzerine bir iki saate kadar siz Sadrazam Hazretleri'nin cevap vermelerini istirham ederiz. İstanbul ile haberleşme İngilizler tarafından engellenirse, millî bağımsızlık uğruna millî ve dinî cihat ilân etme yolunda ilerleyeceğiz.

Anadolu ve Rumeli Müdafaa-i Hukuk
Cemiyeti Hey'et-i Temsiliyesi adına
Mustafa Kemal

O gün C e m a l P a ş a 'ya da şu telgrafı yazdım :

Kişiye özel, çok ivedi **22.1.1920**

Harbiye Nâzırı Cemal Paşa Hazretleri'ne

İngilizlerin emri üzerine Harbiye Nezareti görevinden ayrıldıkları anlaşılıyor. Devlet ve milletimizin bağımsızlığını tehlikeye düşüren bu çekilme durumunu, ne olursa olsun, kabul etmemek sizin ve bizim görevimiz gereğidir. Biz görevimizi sonuna kadar yerine getirmek için her türlü tedbiri alıyoruz. Sizi de, makamınıza oturup nâzırlığınızı yürütmek suretiyle görevinizi yerine getirmeye davet ediyoruz. Eğer şahsî bir sebep veya başka bir düşünceyle kalmak istemiyorsanız, İngilizlerin notası üzerine değil, hür bir milletin nâzırına yaraşır şekilde ayrılırsınız. Konuyu, şahsî bir görüş açısından değil, bu müdahale, vatanımız için hatıra gelebilecek ağır felâketlerin başlangıcı olabilir, görüşünden hareket ederek değerlendirmenizi rica ederiz. Nezaret'ten bu şekilde çekilmeniz, İngilizlerin müdahalesini ve millî bağımsızlığın tehlikeye düşmesini kolaylaştıracaktır. Eğer görev başına gelmemekte ısrar ederseniz, İngilizlerin milletin bağımsızlığına tecavüz ettiklerini ilân ederken, Harbiye Nazırı'nın da vatanî görevini yerine getirmemekten sorumlu olduğunu ağır bir dille eklemek zorundayız. Notada yazılanları bir gün sonra bildirmeniz ve şimdi de Hey'et'imizle ilişki kuramayacak şekilde uzaklaşmanız, durumu ağırlaştırmaktadır. Cevap vermenizi diler ve rica ederiz.

Hey'et-i Temsiliye adına
Mustafa Kemal

Sadrazam ile telgraf başında şu yazışmalar yapıldı :

Bâbıâli, 22.1.1920

Anadolu ve Rumeli Müdafaa-i Hukuk Cemiyeti
Hey'et-i Temsiliyesi'ne

Harbiye Nâzırı C e m a l P a ş a'nın kabineden çekilmesi ve Genelkurmay Başkanı C e v a t P a ş a'nın değiştirilmesi, yalnız İngilizler tarafından istenmiş
değildir. İngiliz, İtalyan ve Fransız temsilcileri, Bâbıâli'ye ortak bir ültimatom ve- 230
rerek ve gerekçe göstererek, kırk sekiz saat içinde bu talebin yerine getirilmesini istemişlerdir. Bu ağır teklif karşısında, kabinece durumu enine boyuna tartışan uzun görüşmelerden sonra, toptan çekilmeye karar verildi. Meclis-i Meb'usan toplanmış olsaydı, kabinece başka türlü hareket edilmek mümkündü. Tekliflerini geri aldırmak üzere, üç devlet temsilcisi nezdinde, ileri sürdükleri gerekçeler çürütülerek gerekli teşebbüslerde bulunuldu. Temsilciler isteklerinde direndiler. Kabinenin istifası kesinleşmişken, C e m a l P a ş a, Meclis-i Meb'usan'ın daha görüşmelere başlayamadığı bir zamanda, kabinenin çekilmesinin vatanın yüksek çıkarla-

rına aykırı düşeceğini belirterek ve böyle bunalımlı bir zamanda kabinenin istifasının, İstanbul'u Anadolu'dan ayırmaya kadar varan tehlikeli sonuçlar doğuracağını ileri sürerek, kendisinin istifası ile işin çözüme bağlanmasını tercih etmiştir. Konunun gelişme safhaları bundan ibarettir. Meclis-i Meb'usan'ın en geç bir iki güne kadar çoğunluğu sağlayarak toplanması kesinleşmiş olduğundan, hükûmet bütün sorunları Meclis'in gözleri önüne serecektir. Tarafınızdan bu konuda hiçbir girişimde bulunulmaması gerekir. Çünkü, söz sahibi Meclis-i Meb'usan'dır. Nâzırlar durumun ağırlığını kavradıklarından ve yaptıklarının doğru olduğuna inandıklarından, en az zararlı olanı seçmişlerdir. Müdahalelere son verileceği, Cumartesi sabahına kadar bildirilmediği takdirde, kabinenin iktidardan çekileceği ve bundan doğacak olayların sorumluluğunun kendisine ait olamayacağı bildirilir.

Sadrazam
Ali Rıza

Efendiler, Sadrazam Paşa kendilerine hakaret edene değil de bize dehşetli bir ültimatom veriyor.

Kongre, 22.1.1920

Sadrazam Paşa Hazretleri'ne

Yüksek şahsiyetlerinin telgrafları üzerine, Hey'et-i Temsiliye'ce bir karar alınmak için, öncelikle ültimatom suretinin olduğu gibi bilinmesine kesin bir ihtiyaç vardır. Bunun lûtfen bildirilmesini arz ve rica ederim.

Hey'et-i Temsiliye adına
Mustafa Kemal

Erenköy, 22/23.1.1920

Anadolu ve Rumeli Müdafaa-i Hukuk Cemiyeti
Hey'et-i Temsiliyesi'ne

C : Görüşüldükten sonra bildirilecektir.

Sadrazam
Ali Rıza

Burada söylemeliyim ki, hükûmet bu nota suretini bize olduğu gibi vermek istememiş ve vermemiştir. 231

Sadrazama verdiğim cevap şudur :

22.1.1920

Sadrazam Hazretleri'nin Yüksek Katına

Ültimatom suretini gördükten sonra kesin kararı sınacağız. Ancak, durum değerlendirilirken dayanılan ilkelerde, hükûmetle aramızda görüş ayrılığı vardır. Önce onu ortadan kaldırmak isteriz. Hükûmet bizim arz ettiğimiz hususları kendi işlerine müdahale olarak kabul etmiş, yani dıştan gelen müdahaleleri bir yana bırakarak, bir iç mes'ele karşısında bulunduğunu sanmıştır. Olayı, yalnızca, yabancıların bir nâzırı değiştirebilmesi açısından düşünmek gerekir. Üstelik, burada Harbiye Nâzırı'nın şahsı da söz konusu değildir. Aynı durumda başka bir nâzır veya herhangi bir şahıs bulunmuş olsaydı, olay yine bu şekilde yorumlanacaktı. Öte yandan, nâzırın değiştirilmesini emreden kuvvetin, Meclis-i Meb'usan'ın toplanmasına ve hükûmetin yapacağı açıklamadan sonra Meclis'in bir karar alması-

na müsaade edip etmeyeceği de şu anda belli değildir. Meclis-i Meb'usan söz sahibi olmadan önce, oldubittiler birbirini kovalar ve dış olayların niteliğine uygun tedbirlerin alınması gecikirse, bundan doğacak sorumluluğun da hey'etimize ait olmayacağı kabul buyurulur. Meclis-i Meb'usan gerçekten toplanır ve çalışmaya başlarsa, hükûmete hiçbir şey için başvuramayacağımız tabiîdir. Notayı yalnız İngilizlerin değil, İtilâf Devletleri'nin birlikte vermiş olmaları, bu konunun önemini kavramak için ayrı bir sebeptir.

Hey'et-i Temsiliye adına
Mustafa Kemal

Cemal Paşa, son telgrafımıza, 23/24 Ocakta verdiği karşılıkta, çekilmesinin zaruri olduğundan ve Millî Meclis'in nasıl bir davranış içinde olacağını beklemek gereğinden söz ediyordu *(Belge: 221).*

Efendiler, aynı gün öğle vakti, Ankara, Erzurum, Sıvas, Diyarbakır, Bandırma, Balıkesir, Konya, Edirne, İstanbul ve Bursa'da bulunan komutanlara durum ve görüşümüz bildirilerek dikkatleri çekildi ve düşünceleri soruldu *(Belge: 222).*

İstanbul'daki 10'uncu Kafkas Tümeni Komutanı Kemalettin Sami Bey'e de (Berlin Büyükelçisi Kemalettin Sami Paşa'dır), ayrıca şu emri verdim :

22.1.1920

10' uncu Kafkas Tümeni Komutanlığı'na

Hemen Rauf Bey'i bularak durumu birlikte ve güvenlik tedbiri alarak takip etmenizi rica ederiz. İngilizlerin isteğini yerine getirmek kesinlikle doğru 232
olmaz. Buraca o bakımdan âcil tedbirler alındı. İstanbul'daki telgraf haberleşmelerini güven altına almanız gerekir ***(Belge: 223).***

Efendiler, Rauf Bey, Bekir Sami, Cami Bey ve bütün milletvekillerine de Kafkas Tümeni Komutanı Kemal, Müstahkem Mevki Komutanı Şevket ve Harbiye Nezareti Başyaveri Salih Bey'ler vasıtalarıyla ve şifreli telgrafla şu tebliğde bulundum :

22.1.1920

İngilizler, Harbiye Nâzırı Cemal Paşa ile Genelkurmay Başkanı Cevat Paşa'nın görevden çekilmesini istemişlerdir. Bu teşebbüs, devletin bağımsızlığını ortadan kaldırmaya yönelmiş kesin bir harekettir. O halde, bu teşebbüse karşı milletin göstereceği tepki ve girişeceği hareketler, bağımsızlığın korunması için yapılacak kutsal bir mücadele niteliğindedir. Bu mücadelenin ilk basamağında görev, milletin vekillerinindir. Milletvekilleri, kabine üyelerinin durumlarına müdahale ve etkide bulunmak suretiyle, devletin siyasî bağımsızlığı aleyhine, İngilizlerin girişmiş oldukları tecavüzleri, içeriye ve dışarıya karşı kesinlikle ve hemen reddetmek zorundadırlar. Bunun nasıl yapılacağını kararlaştırarak buraya bildiriniz. Fakat, uygulamada şu noktaların mutlaka yerine getirilmesi gerekir :

Önce, Meclis'in dağıtılması ile ilgili olarak, Meclis'te ansızın bir iradenin okunması [115] ihtimali ile karşı karşıya kalınmamalıdır. Eğer bu ihtimalin gerçekleşmesi kesin olarak önlenemezse, milletvekillerinin çalışmalarını özel toplantılar halinde devam ettirmeleri de yeterlidir. İkincisi, devletin siyasî bağımsızlığı aleyhine kesin bir müdahalede bulunulduğunu, Barış Konferansı'na, Avrupa milletlerine, İslâm dünyasına ve memleketin her bir yanına ilân etmek gerekir. İngilizlerin tecavüzü geri alınmadığı takdirde, Meclis'in görevi, Anadolu'ya geçmek ve milletin idaresini üzerine almaktır. Bu hareket, bütün milletin gücünü kendi varlığında toplamış olan Kuva-yı Milliye tarafından her bakımdan desteklenecek tir. Gerekli tedbirler şimdiden alınmıştır.

Hey'et-i Temsiliye adına
Mustafa Kemal

Bu tebliğin sureti olduğu gibi bütün komutanlara bildirildi.

Efendiler, Ayrıca R a u f B e y 'e de 23 Ocak 1920'de, 10'uncu Kafkas Tümeni Komutanı vasıtasıyla yazdığım şifrede, «Harbiye Nâzırı'nın görevden çekilmesi bir oldubitti olmakla birlikte, işin önemi devam etmektedir» dedim. İtilâf Devletleri'nin temsilcileri, hükûmeti istedikleri gibi kurma yolunu tutmuş oluyorlardı. Yarın, Meclis'in güvenoyu vereceği bir hükûmete karşı da aynı şekilde davranmalarına böyle bir örnekle yol açılmış bulunuyordu. Hükûmetin, millete ve basına bilgi vermeksizin 233
ve toptan çekilme yoluna gitmeksizin buna boyun eğmesi, milletin bağımsızlığını tehlikeye düşürüyordu. Olayı kapatmamak, hükûmeti Meclis-i Meb'usan'da milletin bağımsızlığını koruyamadığı gerekçesi ile açıkça düşürmek gerekirdi. İşte, bütün bunları R a u f B e y 'e yazdim *(Belge: 224)*.

Aynı tarihte, 10'uncu Kafkas Tümeni Komutanı ile R a u f B e y 'e şu ortak talimatı vermiştim :

Hükûmetin, İtilâf Devletleri temsilcilerinin tekliflerini kabul etmemekte direnerek; Barış Konferansı'nı, İtilâf Devletleri'nin Kuva-yı Milliye'den dolayı Türk hükûmetini düşürmeye karar verdiğini, bütün dünyaya karşı ilâna mecbur etmesi gerekir. Kabinenin önceki kabinelerde olduğu gibi millî bağımsızlıktan sessizce fedakârlık etmesi, kendi yetkisi bakımından güçsüzlüğünü, anlayış ve kavrayış bakımından da asla güven verici olmadığını bir daha açıkca göstermiştir. Bu kadar çetin sorunları, karakter ve düşünce yapısı bakımından bu derece güçsüz olan kimselerle çözüme götürmeye çalışmak artık mümkün değildir. Bu bakımdan, kabinenin, son durum dolayısıyla düşürülmesi gerekir. Bütün milletin güvenine lâyık bir kabinenin iktidara gelmesi yolunda çalışınız *(Belge 225)*.

Anadolu'da bulunan yabancı subayların tutuklanması kararı

Efendiler, yabancıların İstanbul'da saldırılarını artırarak nâzır veya milletvekillerinden bazılarını tutuklamaları ihtimaline karşı, Anadolu'da bulunan yabancı subayların tutuklanmalarına karar verdim.

---

115) Osmanlı Devleti'nde padişah tarafından verilen kararın duyurulması.

Bu kararımı ve buna göre tedbirler alınması gereğini, 22 Ocak 1920 tarihinde, Ankara, Konya, Sıvas ve Erzurum'daki kolordu komutanlarına «kişiye özel» olarak şifre ile emrettim *(Belge: 226)*.

Efendiler, milletvekillerine yazdığım telgrafa, Vasıf, Rauf, Bekir Sami Beyler'in ortak imzasıyla cevap geldi. Bu cevapta: Meclis resmî olarak çalışmalara başlayınca, söz konusu mesele dolayısıyla kabine çekilecektir. O zamana kadar durumun emniyeti bakımından kabinenin işbaşında kalması gerekir. Siz, bir teşebbüste bulunmayınız ve müdahale etmeyiniz. Emirlerinizi bize bildiriniz. Görüşlerinizin her makam önünde gereği gibi savunulacağına güveniniz» denilmekteydi *(Belge: 227)*.

Ben, ne Hükûmet'e ne de Meclis'e bir şey yazmamaya karar vermiş ve işi artık sayın milletvekili arkadaşlarımıza bırakmıştım *(Belge: 228)*.

Efendiler, İstanbul'daki şahısların hareketlerini hangi tavsiyelere göre ayarladıklarını belirtebilmek için şu kısa bilgiyi arz edeyim:

Filân siyasî temsilci, çok namuslu ve doğru sözlü ve Türk dostuymuş. Bu zat, çok içten ve dokunaklı bir dille demiş ki, «eğer Harbiye Nâzırı ile Cevat Paşa çekilmeseydiler, Harbiye Nezareti işgal edilecekti: Kuva-yı Milliye'nin gösterdiği suskunluk ve kararlı tutum, bazılarını çıldırtıyor. Fakat acele etmeyin, ezilirsiniz. Bana güvenin. Hakaret varsa yapanlar utansın. Belki daha başka delilikler olacaktır. Fakat siz, sakın delilik etmeyin.»

İstanbul'daki şahıslar, «biz bu sözlerin samimiyetle söylendiğinden şüphe etmiyoruz» diyorlardı *(Belge: 229)*.

Meclis-i Meb'usan Başkanı seçilmem sakıncalı görülüyor

Efendiler, milletvekilleri, İstanbul'da toplandıktan bir hafta sonra, Başkanlık Divanı ve dolayısıyla Meclis Başkanlığı seçimi ile ilgili görüşmelere baş- 234
lamışlar. Bir yerde işaret etmiştim ki, ben Meclis Başkanı seçilmeyi, bazı yararlarından dolayı lüzumlu bir tedbir saymış ve gereken kimselere bu konudaki düşüncelerimi de bildirmiştim. İşte arz ettiğim gibi, bu konu üzerinde görüşülmeye başlandığı günlerde, 28 Ocak 1920 ve 1 Şubat 1920 tarihlerinde, Rauf Bey tarafından gönderilen yazılarda birtakım görüşlerden sonra, «biz pek büyük bir sakınca doğuracak olan bu konuyu ileri sürmekten vazgeçiyoruz» denmekte *(Belge: 230)* ve «.... özel gizli bir toplantıda yeniden söz konusu edildi. Şeref Bey seçilmenizin yararlarını anlattı... Seçim sırasında oyların dağılacağı yeniden kesin olarak hissedildiğinden, sizin, milletin başında, Millî Meclis'in koruyucusu olarak kalmayı zaten tercih buyurduğunuz tarafımızdan söylendi. Yüksek şahsiyetiniz hakkında alkışlarla içten göste-

rilerin yapıldığı görüldü. Genel toplantıda, Reşat Hikmet Bey Meclis Başkanı, Hüseyin Kâzım Bey birinci ve Hoca Abdülaziz Mecdi Efendi ikinci başkan vekili seçildiler» haberi verilmekteydi.

Efendiler, benim başkanlığımı ortaya atan demek ki, yalnız Şeref Bey oluyor. Gizli olarak yapıldığı bildirilen toplantıda, öteki şahıslar tarafından benim başkanlığa seçilmemin ne maksatla söz konusu edildiği, üstü kapalı olarak bile söylenmiyor. Önce, ciddî gerekçelere dayanarak benim başkanlığımı ileri sürmeliydiler. Ondan sonra da oyların dağılıp dağılmayacağını incelemeliydiler. Yalnız, Şeref Bey'in konuşması üzerine oyların hangi tarafa kayacağı konusunda bir karara varmakta isabet olmayabilirdi.

Efendiler, Rauf Bey'in başkanlık konusundaki açıklamasına verdiğim cevapta demiştim ki: «İleri sürülen sakıncalar, daha önce etraflıca düşünülen şeylerdir. Benim başkanlığımı gerektiren sebepler bellidir. Bunlar, Kuva-yı Milliye'nin millet tarafından kabul edildiğini göstermek, Meclis dağıtıldığı takdirde başkanlıkla ilgili görevleri güven içinde yapabilmek, millî varlığımızla bağdaştırılamaz bir barış teklifi karşısında milletçe bir ayaklanma, Meclis'in başkanı sıfatıyla, milletin maddî ve manevî güçlerini savunma durumuna geçirme düşünceleridir. Sözlerinizden, savunma ile ilgili olan bu durumların, bugün İstanbul çevresince önemli sayılmadığı anlaşılıyor. Eğer, görüşlerdeki isabetsizlikten dolayı, vatan ve milletin savunulmasında bugün için ve yarın aksaklıklar ortaya çıkarsa, sorumluluk bu yanlışlığı yapanlara düşer. Bunların benim şahsî isteklerimle ilgili olmadığını temine gerek yoktur.»

Efendiler, Harbiye Nâzırı'nın ve Genelkurmay Başkanı'nın zorla düşürüldüğünü biliyoruz. Meclis Başkanlığı'na seçilen merhum Reşat Hikmet Bey'in, bir uydurma sebeple yabancılar tarafından tutuklandığını haber almıştık. İstanbul'da bulunan Hey'et-i Temsiliye üyelerinin tutuklanmalarının düşünüldüğü, Rauf Bey'in 28 Ocak 1920 tarihli yazısında bildiriliyordu. Bu durumlardan, Kuva-yı Milliye aleyhtarlığının, Meclis'in dağıtılma ihtimalinin ve dolayısıyla milletçe savunmaya geçme zamanının daha da yaklaştığı meydanda idi. Fakat bu gerçeği sezebilen azdı.

Efendiler, Reşat Hikmet Bey'in kurtarılması için de Ankara'dan çalışmak gerekiyordu *(Belge: 231)*.

Rauf Bey'in, Meclis'in durumunu anlatan 27 Ocak 1920 tarihli şifreli telgrafında endişe verici bazı cümleler vardı. Söz gelişi, kabine başlangıçta çekilmeyi düşünmüş, fakat çekilmemiştir. Meclis'in bugünkü 235 durumu, bu işi çözüme bağlamaya elverişli değildir, Buradaki milletvekilleri, milletin Maraş bölgesi ile ilgili olarak gönderdiği telgrafları, genel kurulda okumak cesaretini bile gösteremiyorlar. İtilaf Devletleri'nden filânın falanın isteklerine uygun olarak davranmamızı tavsiye ediyorlar. Toplanacak yerimiz yoktur *(Belge: 232, 233)* gibi.

Rauf Bey'e, 7 Şubat 1920'de gönderdiğimiz bir yazıda, şu düşüncelerimizi bildirdik: «Milletvekilleri, İstanbul'daki iç ve dış etkilere kapılarak, barışa yönelme gayesini ihmal edip, kölelik, mevkî kapma hırsı, kıskançlık, kuruntu v.b. sebeplerle anlaşmazlığa düşmüşlerdir. Arkadaşlarımız, çok sayıda milletvekilini içine alan bir çoğunluk sağlayabilmek için, kendi düşünce ve inançlarından sürekli olarak fedakârlık yapmışlar ve uysal olmak sevdasıyla, hükûmet ve bilinen çevreler üzerindeki etkilerini büsbütün kaybetmişlerdir. Uyumsuzluk yaratmamak kaygısıyla bu davranışa devam edilecek olursa, millî dâvâya aykırı emellere ve türlü türlü ihtiraslara âlet olunmaktan, millî meseleler aleyhinde kararlar alınmasına engel olunamamaktan korkulur. Bu duruma karşı alınacak tedbir şudur: Azınlıkta olsalar bile, ilkelerimize her bakımdan bağlı arkadaşlardan kurulu bir grupla yetinmek... Bunun sakıncası uysallıktan azdır. Hükûmeti mutlaka düşürmek ve kesin mücadele durumuna geçmek gerekir *(Belge: 234)*.

Hükûmeti mutlaka düşürmek ve kesin mücadele durumuna geçmek gereği

Efendiler, Ali Rıza Paşa Kabinesi çekilmemiş, Meclis de bir problem çıkarmaktan sakınarak, onu düşürmek yoluna gidememiş ve bazı üyeleri değiştirilmiş olan Ali Rıza Paşa Kabinesi'ne güven oyu vermiştir.

Ali Rıza Paşa Kabinesi'nin Meclis huzurunda okuduğu hükûmet programını bilmem hatırlar mısınız? Bu programda :

Sadrazam Paşa, yaptığı en önemli görevi sözlerine başlangıç olarak alıyor; İstanbul Hükûmeti ile Anadolu arasında haberleşmenin kesilmesine kadar varan anlaşmazlığın giderilmesini başardığını, bundan böyle millî iradenin yüce Meclis'te tecellî edeceğini, artık meşrutiyet ilkelerine tam olarak uyulabilmesi için bir engel tasavvur etmediğini söylüyordu.

Efendiler, bu sözlerle, Hey'et-i Temsiliye'nin millî irade adına hareket etmesine ve meşrutiyet ilkelerine uygun hareketlere engel olmasına artık yer olmadığı gibi bir anlam sezdirilmek isteniyor. Daha dün Millî Meclis'in, İstanbul'da toplandığı bir sırada, millî iradeye de milletlerarası kurallara da aykırı olarak, bizzat kendilerinin ve kendileriyle birlikte Meclis'in ve milletin ne kadar ağır bir saldırıya uğradığını açıklama gereğini duymayan sadrazam, hâlâ Hey'et-i Temsiliye'yi jurnal etmekle durumunu kurtarmaya çalışıyor ve bizim sayın milletvekili arkadaşlarımız da, bu sözleri büyük bir sessizlikle dinleyebiliyorlar.

Hükûmet, siyasî zümrelere karşı tarafsızlıktan ayrılmadığını ve ayrılmayacağını bir kere daha belirttikten sonra, bugüne kadar elde ettiği başarıların derecesinin takdirini Meclis'e bırakıyor.

Sadrazam, devlet idaresinin düzeltilmeye muhtaç olduğunu söyleyerek, Osmanlı Devleti'nin, her yabancı devlet baskısı karşısında kaldıkça başvurduğu eski politikasını yeniden canlandırarak, dünyaya yeni düzeltmeler yapılacağı sözünü veriyor: «Yabancıların imtiyazlarını genişleteceğiz. Azınlıkların haklarını korumak için nisbî temsil yönetimini uygulayacağız. Adalet, maliye, bayındırlık ve güvenlik işlerinde ve hattâ sivil yönetimde yabancılara yeteri kadar kontrol yetkisi vereceğiz» diyerek düşündükleri düzeltmelerin esaslarını sayıyor. 236

Sadrazam Paşa, dışişlerinden bahsederken de «Ateşkes Anlaşması hükümlerinden ayrılmamak, hükûmetçe gerekli görülmektedir» taahhüdünde bulunurken, «İzmir'in işgalinden dolayı meydana gelen kaynaşma ve karışıklığa son verecek olan, ancak barıştır» demekle yetiniyor; kararlılık ve ileri görüşlülüğün güçlükleri yeneceğine tam bir inancı bulunduğunu söyleyerek, programını bitiriyor *(Belge: 235)*.

Ali Rıza Paşa ve kabinesinin içyüzü

Efendiler, Meclis-i Meb'usanca kabul edilen bu programı tahlil ve yorumdan geçirerek burada vakit kaybetmeyi gereksiz sayarım.

Yalnız Efendiler, Sadrazam A l i R ı z a P aş a 'nın ve kabinesinin içyüzünü ve utanmazlığını gösteren bir belgeyi aynen bilginize sunmama müsaadenizi rica edeceğim :

Çok ivedi **İstanbul, 14.2.1920**

Valiliklere ve Müstakil Sancaklara

Son olarak Meclis-i Meb'usan'da okunan ve büyük bir çoklukla kabul edilerek hükûmete güvenoyu verilmesini sağlayan programın önemli noktalarından birinde belirtildiği üzere, her türlü millî dâvâların tek tecelli yeri olan Meclis Genel Kurulu, Allah'a şükür artık toplanıp çalışmaya başladığına göre, meşrutiyet ilkelerinin her türlü engel ve etkilerden uzak olarak yürürlük kazanması gereken memleketimizde, bu Meclis'ten başka yerde, millî irade adına konuşmaya ve istekler ileri sürmeye artık sebep ve imkân kalmadığından, hükûmet işlerine müdahale şeklindeki her türlü faaliyet ve hareketlerin cezalandırılacağı duyurulur.

Sadrazam
Ali Rıza

Efendiler, böyle bir genelgeye ne gerek vardı? Hey'et-i Temsiliye'yi millet gözünde küçük düşürmekte, onun cezalandırılabileceğinden bahsetmekte ne yarar vardı? Eğer Hey'et-i Temsiliye zaman zaman hükûmetin dikkatini çekmeyi gerekli görüyor idiyse, bu hareketinin ne kadar temiz ve yüksek düşüncelere dayandığından ve ne derece vatanla ilgili zaruretler yüzünden yapıldığından hâlâ şüphe edilebilir miydi? Hey'et-i Temsiliye'yi, dolayısıyla milletin birlik ve dayanışmasını yok etmeyi asıl hedef olarak kabul eden hükûmet, Aydın, Adana, Maraş, Urfa Antep cephelerinde sürüp gitmekte olan çarpışmalardan ise, asla duygulanmış görünmüyordu. Yabancı devletlerin, doğrudan doğruya kendi kabinelerine yapmış olduğu baskıdan üzüntü duymuyordu. Şunu da açık olarak belirtmeliyim ki, her türlü millî davanın belirdiği tek yer olmak gereken Millî Meclis'in, Sadrazam Paşa'nın Tanrı'ya şükrederek söylediği gibi, çalışmalara başladığı da ne yazık ki daha görülmüyordu. 237

Efendiler, Sadrazam'ın bu genelgesi üzerine biz de şu genelge ile milletin dikkatini çekmeyi gerekli bulduk.

Tel **17.2.1920**

Genelge

Millî iradenin kanunî olarak varlığını gösterdiği yer olan Meclis-i Meb'usan'ı açarak millî hakimiyeti ispatlayabilen Cemiyetimizin, en önemli ve başlıca görevlerinden biri de, millî dâvâya uygun ilkeler çerçevesinde bir barış yapılıncaya kadar, millî birliği korumaktır. Cemiyetimizin, her güçlüğe göğüs gererek, vatanı ve millî varlığı koruma yolundaki kurtarıcı çalışmalarına, millî gaye gerçekleştirilinceye kadar, daha büyük bir azim ve iman ile devamı şarttır. Bu bakımdan, milletin yaşama ve varlığını devam ettirme temeline dayanan millî teşkilâtın, vatanın her köşesinde, geniş çapta ve yaygın bir biçimde kökleşmesine, eskisi gibi devam edilmesini bütün merkez ve idare hey'etlerinden bir kere daha önemle rica ederiz.

Anadolu ve Rumeli Müdafaa-i Hukuk
Cemiyeti Hey'et-i Temsiliyesi adına
Mustafa Kemal

Aldatıcı söz vermeler, ağır iftiralar

Efendiler, İstanbul'dan gönderilen 19 Şubat 1920 tarihli yazıda, «İngiliz Dışişleri Bakanlığı'ndan İstanbul'daki siyasî temsilciliğine gelen ve siyasî temsilcilik tarafından da resmen hükûmete yapılan sözlü tebligatta, padişahlık başkentinin Osmanlı Devleti'nde bırakıldığı bildirilmiş; fakat bununla birlikte, Ermeni katliamının durdurulması ve Yunanlılarla bütün İtilâf Devletleri'nin kuvvetlerine karşı olan tutumumuzun değiştirilmesi istenmiş; aksi takdirde, barış şartlarının değiştirilmesinin muhtemel bulunduğu da ayrıca ifade edilmiştir» denilmekte ve bazı hususlar, özellikle «şikâyete yol açacak en küçük olaylara bile meydan bırakılmaması» tavsiye edilmekteydi.

Efendiler, bu sözlü vaadin arkasındaki anlam ve maksat ne olabilirdi? Yunanlıların, Fransızların ve daha başkalarının işgali altında bulu-

nan vatan topraklarından başka, İstanbul'un da alınması kararlaştırılmıştı. Ancak, ileri sürülen şarta uyulursa, İstanbul'u almaktan vazgeçeriz mi, 238
denilmek isteniyordu? Yoksa, Yunanlıların, Fransızların, İtalyanların işgalleri zaten geçicidir, İtilâf Devletleri, yalnız İstanbul'u alacaktı, fakat teklif ettikleri şarta uyarsak, onu da bırakacaklardır, anlamı mı çıkarılıyordu?

Veyahut da Efendiler, İtilâf Devletleri Kuva-yı Milliye'nin işgal bölgelerinde, işgal kuvvetlerine karşı kurduğu cepheleri bozdurmaya ve açtığı savaşları, giriştiği hareketleri durdurmaya, İstanbul Hükûmeti'nin gücünün yetmeyeceğini çok iyi anladıklarından, Yunanlılar da dahil olmak üzere, İtilâf Devletlerine karşı yapılan saldırının önlenememiş ve aslı olmayan Ermeni katliamına son verilmemiş olduğu bahanesiyle İstanbul'u da mı işgal etmek niyetindeydiler?

Daha sonraki olaylar, bu son tahminin doğru olduğunu göstermiştir, sanırım. Ne var ki, İstanbul Hükûmeti'nin İngiliz temsilciliğinin teklifinden böyle bir anlam çıkarmaya yanaşmamış, aksine ümide kapılmış olduğu görülüyordu.

Efendiler, yapılmış olan teklifin ne derece yersiz olduğu hususunda bir fikir verebilmek için, biz de o günlerle ilgili bazı durumları hatırlayalım. Şüphe edilmemek gerekirdi ki, Ermeni katliamı konusundaki sözler, gerçeğe uygun değildi. Aksine, güney bölgelerinde, yabancı kuvvetler tarafından silâhlandırılan Ermeniler, gördükleri koruyuculuktan cür'et alarak bulundukları yerlerdeki Müslümanlara saldırmakta idiler. İntikam düşüncesiyle her tarafta insafsız bir şekilde öldürme ve yok etme siyaseti gütmekte idiler. Maraş'taki feci olay bu yüzden çıkmıştı. Yabancı kuvvetleri ile birleşen Ermeniler, top ve makineli tüfeklerle Maraş gibi eski bir Müslüman şehrini yerle bir etmişlerdi. Binlerce çaresiz ve suçsuz ana ve çocukları işkenceyle öldürmüşlerdi. Tarihte bir benzeri görülmemiş olan bu vahşeti yapan Ermenilerdi. Müslümanlar yalnız namuslarını ve canlarını korumak için karşı koymuş ve kendilerini savunmuşlardı. Yirmi gün süren Maraş katliamında, Müslümanlarla birlikte şehirde kalan Amerikalıların, bu olay hakkında İstanbul'daki temsilcilerine çektikleri telgraf, bu faciayı yaratanları, yalanlanamayacak bir şekilde ortaya koymakta idi.

Adana ili içindeki Müslümanlar, tepeden tırnağa kadar silâhlandırılmış olan Ermenilerin süngülerinin baskısı altında her dakika öldürülmek tehlikesi ile karşı karşıya bulunuyorlardı. Canlarının ve bağımsızlıklarının korunmasından başka bir şey istemeyen Müslümanlara karşı uygulanan bu zulüm ve yok etme politikası, medenî insanlığın dikkatini çekecek ve onları insafa getirecek nitelikte iken, aksinin yapıldığını iddia ederek ondan vazgeçilmesini isteme gibi bir teklif nasıl ciddî olarak kabul edilebilirdi?

İzmir ve Aydın dolaylarında durum buna benzer ve belki daha da acıklı değil miydi? Yunanlılar, her gün kuvvet ve vasıtalarını artırıyor ve 239 taarruz hazırlıklarını tamamlıyorlardı. Bir yandan da oraya buraya saldırmaktan geri durmuyorlardı. O günlerde İzmir'e yeniden bir piyade alayı ile tam teçhizatlı bir süvari alayı ve yirmi dört adet yük otomobiliyle çok sayıda nakliye arabası, altı tane top ve birçok savaş malzemesi çıkarıldığı, cephelere bol miktarda cephane gönderilmekte olduğu anlaşılmıştı. Gerçek şu idi ki, milletimiz, sebepsiz olarak hiçbir yerde hiçbir yabancıya saldırmış değildi.

Bu durum karşısında, Efendiler, vatanımızın işgal edilmiş yerlerinden düşmanların çekildiklerini görmeden veya hiç olmazsa çekileceklerine tam bir güven duymadan, aldatıcı sözlere gereğinden fazla değer vermek akıl kârı mıydı? Memleket kaderinin tek dayanak noktası olarak kalmış bulunan Kuva-yı Milliye'yi dağıtma gayesi güden bu gibi teklif ve teşebbüsleri anlamakta güçlük var mıydı? Geleceğin şüphe ve belirsizliği uğruna, millî dâvâdan hemen vazgeçmek doğru olur muydu? Yalnız İstanbul'un değil, Boğazlar'ın, İzmir'in, Adana bölgesinin, kısacası millî sınırlarımız içindeki bütün vatan topraklarının egemenliğimiz altında kalması millî gayemiz değil miydi? Bu duruma göre, yalnız İstanbul'un, Osmanlı Devleti'ne bırakılacağı vaadi karşısında, Osmanlı Devleti'nin sadrazamı Ali Rıza Paşa memnun olsa da, Türk milletinin memnun olacağı ve bununla yetinerek susup oturmayı tercih edeceği nasıl düşünülebilirdi? Vahdettin'in sadrazamı, Kuva-yı Milliye'yi dağıtmayı hedef alan bütün bu teşebbüslerin tarihî sorumluluğunu düşünmek istemiyor muydu?

Efendiler, yabancıların teklifine ve onu gerçekleştirmeye kalkışan hükûmetin istek ve emrine, milletçe de Kuva-yı Milliyece de boyun eğilmeyeceği şüphesizdi.

Millî bir kabine kurulmasının imkânsızlığı

Saygıdeğer Efendiler, Rauf Bey, 19 Şubat 1920 tarihli bir şifre ile, hükûmet ve Meclis hakkında üzerinde durup düşünülmeye değer bilgiler veriyordu. Bu bilgileri özetleyeyim :

«Şubatın on dokuzuncu günü, Sadrazam, Dahiliye Nâzırı, Bahriye Nâzırı Felâh-ı Vatan Grubu'nun toplantısına gitmişler. Sadrazam, Kuva-yı Milliye'nin ikinci bir hükûmet şeklinde görünmemesi, hükûmet işlerine karışmaması ve Maraş taraflarındaki çatışmaların daha ilerilere götürülmeyerek durdurulmasını, düzen ve güvenliğin sağlanması gereğini siyasî bakımdan yararlı gördüğünü söylemiş, Ziya Paşa'nın vali ve Ahmet Fevzi Paşa'nın da kolordu komutanı olarak Ankara'ya gönderileceğini bildirmiş. Dahiliye Nâzırı da serbestçe iş görmesine karışılmamasını istemiş. Polis Müdürü ile Jandarma Komutanı'nın değiştirilmesine güçlerinin yetmediğini anlatmış. Eskiden beri dostu olan Keşfî Bey'in dürüstlüğünden ve onu Bursa'ya vali, Faik Ali Bey'i de müsteşar yaptığından bahsetmiş. Salih Paşa da, Maraş ve dolaylarında boşaltılan yerlere, hükûmetçe el koymayı siyasî bakımdan mümkün görmemiş, Fransız basınını aleyhimize çevirir, demiş. Padişah, hükûmete, Meclis'ten çok hâkim imiş. Meclis'in ruh haline göre, bu hükûmeti düşürmek ve yerine gerekli şartları taşıyan millî bir kabineyi getirmek mümkün değilmiş» *(Belge : 236)*

Bu bilgileri, Anadolu ve Rumeli'de bulunan tekmil komutanlara bildirirken, şunu da ekledik:

Hey'et-i Temsiliye, işgal ve çeşitli yabancı etkilerin baskısı altında bulunan İstanbul'da, daha millî ve fedakâr bir hükûmetin işbaşına getirilmesindeki güçlükleri takdir ettiğinden, Sadrazam Paşa'nın bilinen bildirisine karşılık, 17 Şubat 240
1920 tarihindeki genelgeyle görüşünü bütün teşkilâtına duyurmuştu. Millî birliği bozma düşüncesi ile yapılacak her teşebbüs ve saldırıyı, akıllıca davranışlarla başarısızlığa uğratmak şarttır. Millî dâvâya uygun bir barış yapılmadıkça, Kuva-yı Milliye'nin faaliyetine son vermesinin mümkün olamayacağı hususunda ilgililerin yeniden dikkati çekilmekle birlikte, millî birlik ve dayanışmayı güçlendirme ve devam ettirme konusunda, her zamankinden daha ileri görüşlü ve uyanık bulunulmasını özellikle rica eder ve bekleriz *(Belge : 237)*.

Rauf Bey'e de cevap olarak şunu yazdım:

21.2.1920

Harbiye Nezareti Başyaveri Salih Bey'e

Rauf Bey'e

İlgi : 19.2.1920 tarihli şifre :

Felâh-ı Vatan Grubu'nun Sadrazam Paşa ve arkadaşlarıyla yaptığı tartışmalardan genellikle anlaşıldığına göre, bugünkü hükûmetin Millî Meclis'ten aldığı güven oyuna dayanarak, Kuva-yı Milliye'nin memleketteki nüfuz ve etkisini yok etmeye çalıştığı açıkça görülüyor. Millî Mücadele'ye karşı tutumundan dolayı azledilen Faik Ali Bey'i müsteşarlığa, Ferit Paşa ve Ali Kemal ile birlikte çalışan Müsteşar Keşfî Bey'i, Bursa valiliğine ataması ve daha önce memuriyetleri milletçe kabul edilmeyen Ahmet Fevzi Paşa ile Ziya Paşa'yı da Ankara'ya göndermek hususunda ısrar etmesi, açıktan açığa Kuva-yı Milliye aleyhine hareket edildiğinin kesin bir belirtisidir. Hükûmetle milletin tam bir birlik içinde çalışarak tespit edilen ilkeler çerçevesinde millî dâvâya uygun bir barış yapılması gereğini her zamandan daha çok takdir etmekte olduğundan, hükûmet işlerine karşı her türlü muhalefetten ve güçlük çıkarmaktan kaçınmayı bir vatan görevi sayıyoruz. Her şey bitmiş, millî gayeye ulaşılmış değildir. Arada pek korkunç ihtimaller vardır. Geleceğin sonsuz bilinmezlikleri içinde, Kuva-yı Milliye'nin kurtarıcı çalışmalarına değer verip vermediğinin hükûmetten sorulması gerekir. Bize gelince : Tarihin bu memlekette şimdiye kadar yaratmadığı bu millî birlik ve dayanışmayı bozmaya yeltenen her hareketi bir vatan hainliği sayarak ona göre gerekli tedbirleri almaktan çekinmeyeceğiz. Bu mecburiyet ve zaruretlerin hükûmet üyelerince bilinmesi pek yararlı olacaktır. Hükûmet ile aramızdaki uyum ve birliğin korunması, ancak bugünkü durumun devam ettirilmesiyle mümkün olabilir. Gereksiz atama ve görevden almaların yapılması ve özellikle Millî Mücadele'ye karşı geldikleri için görevden alınmış olan memurlar üzerinde ısrar edilmesi, Kuva-yı Milliye aleyhinde bir düşmanlık sayılacağından, bu gibilerin memuriyetlerine göz yumulmayacaktır. Hele Ahmet Fevzi Paşa ile Ziya Paşa'nın, gönderildikleri takdirde hemen geri çevrilmelerinin bir oldubitti sayılması gerekir.

Bugünkü durumun ağırlığını kavramış olan Millî Meclis'teki arkadaşların 241 bile, böyle anormal olaylar karşısında susmayı tercih etmesi, her taraftan kışkırtılan ve teşvik gören hükûmeti cesaretlendireceğinden, gayeye bağlı arkadaşların bu konuda da kesin ve açık bir tavır takınmaları gerekmektedir. Hükûmetin Meclis'e hâkim olması, denetleme görevini güçleştireceğinden, böyle bir durum ortaya çıktığı takdirde, vatanın kurtuluşu için yerinde kararların alınamayacağı ve sonunda millî gayenin gerçekleşemeyeceği şüphesizdir. Bütün milletçe benimsenen ve kutsal sayılan Kuva-yı Milliye gayelerinin, Meclis'çe de benimsenip gerçekleştirilmesinin sağlanması ve hükûmet işlerinin bu gayeler açısından denetlenmesi konusunda, vatanseverlik görevinin sonuna kadar esirgemeden yerine getirilmesini önemle rica ederiz.

Hey'et-i Temsiliye adına
Mustafa Kemal

Rauf Bey'in bir başka yazısına verdiğimiz karşılığı da arz edeyim:

Şifre **21.2.1920**

Harbiye Nezareti Başyaveri Salih Bey'e

Rauf Bey'e:

İlgi : 20.2.1920 tarihli şifre :

Hükûmetin Millî Meclis'teki gruba karşı gözdağı verici bir tavır takınmasının, grubun, dayanışma halinde bir siyasî güç olarak gelişip varlığını gösterememesinden ileri geldiği açıkça anlaşılmaktadır. Her şeyden önce, grubun bu bakımdan bilinçli bir denetim gücü haline getirilmesi gerektiği belli oluyor. Hükûmetin sonradan gönül almak maksadıyla sizleri davet etmesi, bugünkü güçsüzlüğünü anlamasından ve güç kazanıncaya kadar oyalayıp vakit kazanmak düşüncesinden kaynaklanmaktadır. Hükûmete karşı kesin bir durum alma zamanı gelmiştir. Sadrazama ve Dahiliye Nâzırı'na açıkça söylemek gerekir ki, Kuva-yı Milliye, sonuç alınıncaya kadar çalışmalarını sürdürecektir.

Memleketi işgal eden ve milletimizi tam bir kölelik derecesine düşürmek isteyen düşmanlarımız, Kuva-yı Milliye'nin faaliyetini istememekte kendilerini haklı bulabilirler. Fakat, devlet ve milletin kurtarılmasına çalışan bir millî kuvvete, kendi hükûmetimiz tarafından hücum ve saldırıya geçilmesi görülmemiş bir şeydir.

İtilâf Devletleri'nin, İstanbul'un Osmanlı hâkimiyetinde bırakılması ile ilgili görüşü ne kadar sevinçle karşılanmış ise, İzmir ve Adana cephelerinde savaştan 242 vazgeçilmesi konusundaki istekleri de o kadar hayretle karşılanmıştır. Harbiye Nâzırı'na, İzmir ve Adana'nın da Osmanlılar'ın elinde kalması sağlanıncaya kadar silâhların bırakılamayacağı, Ermenilere karşı bizim tarafımızdan bir saldırının yapılmadığı, Fransızlar tarafından silâhlandırılan ve kışkırtılan Ermenilerle aramızda bazı olaylar çıkmışsa, bunun sorumluluğunun Ermeni milliyetçilerine ve onları kışkırtanlara ait olacağı bildirilmiştir.

Hükûmetin, Maraş ve Urfa'dan ileriye geçilmemesi yolundaki teklifine karşı, millete güven vermek ve Kuva-yı Milliye'yi durdurabilmek için, Fransızların Adana'yı derhal boşaltmaya başlamaları istenmelidir. Aksi takdirde, Kuva-yı Milliye'yi, memleketi kurtarma mücadelesinden alıkoymanın mümkün olamayacağını, bu ateşin Halep ve Suriye'ye sıçramak üzere bulunduğunu; Fransızların, Adana ve dolaylarının boşaltılmasında ne kadar çabuk davranırlarsa, o kadar kârlı çıkacaklarını kendilerine açıkça anlatmalıdır. Anadolu basınının kullandığı sert dilin hafifletilmesi, İtilâf Devletleri'nin zulüm ve saldırılarına son vermeleriyle mümkündür. Bunca haksızlıklara, zulümlere, hattâ katliamlara karşı feryat eden suçsuz bir milleti susturmak zulmünü bizden istemelidir. Aslında, dünyanın her yerinde basın, bu türlü sıkı kayıtlardan kurtulmuş olup hür ve serbesttir. Akbaş cephesinden bir kısmının İngilizlere geri verilmesi için hiçbir yardımda bulunmamanızı isterdik. **Boş bir fişek kovanının bile İngilizlere geri verilmemesi daha yerinde olur, düşüncesindeyiz.**

Hükûmet, İtilâf Devletleri'ne karşı böyle sahte yaranma hareketlerinde bulunarak merhamet uyandırmayı başarabileceği ve iki yüzlü davranışların, barış şartlarının değişmesini etkileyeceği zannını besliyorsa, kendilerinin gafletine acırız. Kısacası, barışımızın söz konusu olduğu şu çetin günlerde, Kuva-yı Milliye'yi zayıf gösterecek her hareketin, milletimizin kaderi üzerinde uğursuz bir etki yapacağı şüphesiz olduğundan, Meclis'teki arkadaşlara düşen denetleme görevinin her türlü fedakârlığa katlanarak yerine getirilmesini özellikle rica ederiz.

Hey'et-i Temsiliye adına
Mustafa Kemal

Kuva-yı Milliye'nin mücadeleye devamı konusunda kamuoyunun yoklanması

Efendiler, bugünlerde duyulan ihtiyaç üzerine Rauf Bey'e, aynı tarihte şu telgrafı da yazdım. Bu ihtiyaç, Hey'et-i Temsiliye'nin ve Kuva-yı Milliye'nin mücadeleye devamı konusunda kamuoyunu yoklamaktı. Rauf Bey'e yazdığım bu telgrafı, Erzurum'daki Kâzım Karabekir Paşa'ya da çektirmiştim.

Çok ivedi ve günlüdür. **21.2.1920**

Rauf Bey'e özel :

Anadolu ve Rumeli Müdafaa-i Hukuk Cemiyeti'nin durumunu değiştirmeye yetkili olacak kongrenin toplanması, tüzüğünün sonuncu maddesi gereğince, 243
Meclis-i Meb'usan'ın yasama görevini tam bir güvenlik ve serbestlik içinde yerine getirdiğinin Meclis'çe açıklanmasına bağlıdır. Hey'et-i Temsiliye'nin genel teşkilâtının başında, barış yapılıncaya kadar eski şeklini koruması gereği, bütün arkadaşlarımızın onayı ve ısrarı üzerine kabul edilmiştir. Oysa, hükûmet tarafından âdeta teşvik edilen muhalif gazetelerin hücumları, Âyân Meclisi'nin açık saldırıları, hükûmetin tutum ve işleri ve özellikle Sadrazam Paşa'nın bildirisi, Meclis-i Meb'usan'da Kuva-yı Milliye'nin kanun dışı olduğunu alkışlattıran nutuklar, kamuoyunu millî teşkilât aleyhine çevirmekte ve Hey'et-i Temsiliye'mizi güç bir duruma sokmaktadır.

Bir yandan Padişah'ın isteğine uyarak Zeynelabidin, Hoca Sabri, Sait Molla gibi kimselerin, sırf Kuvayı Milliye'yi yok etme maksadıyla her tarafta kurmaya çalıştıkları Teâlî-i İslâm Cemiyeti adı altındaki kuruluşlar, millî teşkilâta doğrudan doğruya saldırılara başlamışlardır. Söz gelişi, Niğde ve

Nevşehir'de, bu ayın on dokuzuncu günü, «Meclis-i Meb'usan açıldı. Millî teşkilâtı padişahımız istemiyor» gibi sözlerle, halkı açık toplantı ve gösterilere sürüklemişlerdir. Bu durum Sadrazam Paşa'nın bildirisini alan bazı memurlar tarafından da teşvik edilmiştir. Bu olayın Konya'ya ve daha başka yerlere de yayılması uzak bir ihtimal değildir. Bu bakımdan :

1 — Hükûmetin, Kuva-yı Milliye'nin devamına taraftar olup olmadığını kesin olarak bildirmesini kendisinden istemek gerekir.

2 — Felâh-ı Vatan Grubu'nun, söz konusu edilen tam bir güvenlik ve serbestliğe sahip olduğunu, bu bakımdan, Kuva-yı Milliye'yi dağıtmak lüzumuna inanıp inanmadığını bildirmesi gerekir. Eğer bu kuvvetin devamına lüzum görüyorsa, ona göre hükûmetin dikkatini çekmekle birlikte, bunu, Meclis'te de gerektiği şekilde savunmalıdır. Bu konunun, grupça görüşülmesi ve tartışılması düşüncesindeyiz.

3 — Vatanın çıkarları açısından, millî teşkilâtın ve Kuva-yı Milliye'nin ortadan kaldırılması tercih edildiği takdirde, İzmir, Maraş ve öteki cephelerde bulunan düşman kuvvetlerine karşı da hükûmetçe gerekli tedbirlerin alınmasını sağlama bağlamak söz konusudur.

Yukarıda arzedilen düşüncelerin büyük bir önem ve ciddiyetle dikkate alınıp gereğinin yerine getirilmesini, bizi şahsen de güç durumdan kurtarmak için, sonucun bir an önce bildirilmesini rica ederiz. İstanbul'daki bazı arkadaşların, bunca emeklerle meydana getirilmiş olan millî birliğe ve Kuva-yı Milliye'ye vurulan darbelere karşı kesin tedbir alma konusunda, sonuna kadar gayret ve ciddiyet göstermekten çok, dışarıdaki uzak kuvvetlerden büyük ümitlere kapılarak teselli buldukları zannı uyanıyor. Biz, elimizdeki kuvveti iyi koruyamadığımız takdirde, dış kuvvetlerin de bize değer vermeyeceklerini hatırlatmak isteriz.

Hey'et-i Temsiliye adına
Mustafa Kemal

K â z ı m K a r a b e k i r P a ş a, bu telgrafa verdiği 23 Şubat 1920 tarihli cevabında, «İstanbul'da Meclis-i Millî'de beliren akıma karşı, Hey' et-i Temsiliye'nin ve Kuva'yı Milliye'nin ters ve hükmedici bir tavır almasını hiç de uygun bulmuyorum. Yalnız, Hey'et-i Temsiliye'nin bu işin 244
içinden vekarla çekilmesini, işin sorumluluğunu ve durumun takdirini, Meclis-i Millî'nin namusuna ve vatanseverliğine bırakmayı sürdürmelerine «Kuva-yı Milliye'nin ve Hey'et-i Temsiliye'nin varlığını sürdürmelerine Meclis-i Millî taraftar olmazsa... Kongrelerin aldığı kararlar gereğince, tam bir güvenlik içinde yasama ve denetleme yetkisine sahip ve hâkim olduğundan, Hey'et-i Temsiliye, kararların uygulanmasını Meclis-i Millî'ye bırakarak dağılır, faaliyetine son verdiğini yazar ve bir de teşekkür eder.» «Fakat, Meclis-i Millî'nin, böyle bir sorumluluğu yüklenerek, durumunun ve geleceğinin güvenilir olduğu yolunda bir karar alarak bunu duyuracağı pek şüphelidir. R a u f B e y e f e n d i bu teklifi yapar ve bu kararları aldırır da, Hey'et-i Temsiliye'nin işbaşından çekilmesi gereğini bildirirse, o zaman Hey'et-i Temsiliye bunu isteyerek kabul eder. Basına ve millete ilân ederek faaliyetten uzaklaşır. Şerefli ve onurlu yerini de meşru bir şekilde korumuş olur. Şüphesiz ki, bir yıldan beri milletin ıs-

rarı ile kurulmuş olan Aydın cephesi, ne dağılıp kendi kaderini Yunanlıların eline teslim eder ve ne de hükûmet bunları dağıtabilir. O mücahitler kendiliklerinden ve eskiden olduğu gibi savaşa devam ederler. Fakat, bu durum o cepheye bağlı kalır ve kolordu komutanları kendi bölgelerinde bunu durum ve maksada göre iyi bir şekilde yürütürler. Ondan sonra da gelecekteki durum ve faaliyetlerimizde olayların akışına ayak uydurulur... İşte benim âciz görüşümün bundan ibaret olduğu arzedilir» diyor *(Belge: 238).*

Olayların akışına ayak uyduramazdık

Efendiler, İstanbul'un fiilî olarak işgalinden aşağı yukarı yirmi gün önce ortaya konulan bu görüş ve düşünce incelenmeye değer. Ben yalnız bir noktaya işaret etmekle yetineceğim. O nokta, olayların akışına ayak uydurma şeklinde bir kaderciliği benimsemektir. Biz elbette, işi böylesine bir kaderciliğe bırakamazdık. Aksine, olayların akışının ne olabileceğini önceden kestirip tesbit ederek, karşı tedbirleri düşünmek ve ânında, bir kararsızlığa düşmeden uygulamak taraftarı idik. İşte bundan dolayıdır ki, daha öncesinden kamuoyunu yoklamaya başlamıştık.

Efendiler, Milletvekili Mazhar Müfit Bey'in bir mektubuna verdiğim cevabı olduğu gibi bilginize sunarsam, Kâzım Karabekir Paşa'nın görüşlerine verilmesi gereken cevap da kendiliğinden anlaşılmış olur. Mazhar Müfit Bey'in mektubunda yazdıklarını tekrar etmeyeceğim. Onu gerekirse kendileri yayınlarlar. Benim verdiğim cevap şuydu :

Ankara, 25/26.2.1920

Hakkâri Milletvekili Mazhar Müfit Beyefendi'ye

Efendim Hazretleri,

14.2.1920 tarihli uzun mektubunuzu ancak dün aldım ve yarınki postaya yetiştirmek üzere cevabını şimdi yazıyorum. Yüce Meclis-i Millî'nin ve Felâh-ı Vatan adını taşıyan grubun, gerçek durumlarını tasvir eden değerli ifadeleriniz, bende üzüntü yarattı. Açıklama ve tasvirlerinizle gözümün önünde beliren manzara elem vericidir. Zavallı millet; hayatını, varlığını, kaderini savunmak, korumak ve güven altına almakla yükümlü bildiği sayın milletvekillerini, gerçek millî ve vatanî görevlerini daha ilk anda ve ilk adımda unutmuş görüyor. Batılıların ve bütün düşman dediğimiz milletlerin, Türklerde kabiliyet olmadığı gerekçesiyle, Türkiye'de, her şeyin, bizim için olumsuz olan şeyin yapılmasına göz yumdukları bilinirken ve her birimiz, ayrı ayrı bu zannın yanlışlığını ispata kararlı olduğumuzu iddia ederken, çıkar duygularımız, basit bencilliklerimiz bize her şeyi unutturabilir. Önce gelen milletvekilleri şöyle yapacakmış, sonra gelen milletvekilleri böyle tavır almış, Hey'et-i Temsiliye şunu kendinden saymış, bunu bayağı görmüş... Bunları söyleyenler, koca Türk milletinin sayın milletvekilleri, öyle mi? Bu ruh hali, böyle bir ahlâkî davranış karşısında hayret ve şaşkınlıktan donakalırım. Yeni grup veya parti teşkilâtından söz ediliyor. Azizim Mazhar Müfit Bey açıkladığınız zihniyet ve yaratılışların kuracakları gruptan da, partiden de, ben memleketi kurtarıcı sağlam bir tavır alınabileceğine hükmedemiyorum. Ben de 245

Hey'et-i Temsiliye adı altında fedakârca görev yapan arkadaşlar, bu vatanın kurtuluşu ve milletin huzuru için ölünceye kadar çalışmak isterken, sayın milletvekilleri tutum ve tavırlarıyla ve gaflet uçurumuna yuvarlanmalarıyla, anlıyorum ki, buna bile müsaade etmeyeceklerdir. Anadolu ve Rumeli Müdafaa-i Hukuk Cemiyeti'nin teşkilâtına ve bu teşkilâtın meydana getirdiği Kuva-yı Milliye'ye dayanma gereği kalmadığını, çocukça ve gafilce davranış ve hareketleriyle belli eden Meclis-i Meb'usan'ın ve Felâh-ı Vatan Grubu'nun, bu konudaki kesin kararının öğrenilmesini ve tarafımıza bildirilmesini R a u f B e y ' e yazdık. Bu kararın, bir an önce alınabilmesi için sizin de yardımınızı rica ederiz. Bu kararı verirken, sayın milletvekillerinin, toplantı yeri olan İstanbul'da, kırk bin Fransız, otuz beş bin İngiliz, iki bin Yunan ve dört bin İtalyan kara kuvvetlerinin yığınak yaptığını ve İngiliz Akdeniz donanmasının da Fındıklı sarayına karşı demir atmış olduğunu gözönünde bulundurmaları gerektiğini hatırlatırım.

Mustafa Kemal

Akbaş Cephaneliği ve Köprülü Hamdi Bey

Efendiler, R a u f B e y 'e yazdığımız son şifrede, Akbaş Cephaneliğindeki cephanenin bir kısmının İngilizlere verilmesine yardım ettikleri yolunda bir eleştiri vardı. Bu meseleyi biraz açıklayayım. Rumeli sahilinde, Gelibolu yakınlarında, Akbaş denilen yerde, bir cephane deposu vardı. Orada Fransızların eli altında bol miktarda silâh ve cephane bulunuyordu. Hükûmet, İtilâf Devletleri'ne tamamiyle boyun eğmiş görünmeyi yararlarına uygun saydığından, sözünü ettiğim cephanelikteki silâh ve cephanenin bir kısmını İtilâf Devletleri'ne vermeyi vaadetmiş. Onlar da Wrangel ordusuna göndereceklermiş. Rusya'ya nakli için bir Rus vapuru da Gelibolu'ya gelmiş. Hükûmet daha önce, İstanbul'daki teşkilât başkanlarımızın izin ve yardımlarını da sağlamış...

Halbuki, Efendiler, K ö p r ü l ü H a m d i B e y adında kahraman bir arkadaşımız, Kuva-yı Milliye'den bir müfreze ile, 26/27 Ocak ([116]) 1920 gecesi, sallarla Rumeli sahiline geçti. Akbaş cephaneliklerini ele geçirdi. Depo bekçileri olan Fransızları tutukladı ve haberleşme hatlarını kesti. Silâhların hepsini cephanenin bir kısmını ve muhafız Fransız askerlerini de göz altında Lapseki'ye nakletti. Silâhları ve cephaneyi Anadolu'ya gönderdikten sonra, Fransız erlerini iade etti. Akbaş deposunda sekiz bin Rus tüfeği, kırk Rus makineli tüfeği, yirmi bin sandık cephane bulunduğu tahmin ediliyordu *(Belge: 239)*.

Bu olay üzerine, İngilizler, Bandırma'ya iki yüz kişilik bir kuvvet çıkardılar. İtilâf kuvvetlerinin, millî savaş bölgelerinin gerilerinde İtilâf Devletleri askerlerinin de bulundukları yerlerdeki depolarda bulunan silâhların ve cephanenin başka yere nakli, kullanılamaz duruma getirilmeleri veya bu gibi yerlerin işgal edilmeleri ihtimaline karşı, komutanlara verdiğimiz emirde, bazı tedbirler tavsiye etmekle birlikte, bütün komu-

---

116) Metne yanlışlıkla «Şubat» olarak geçmiştir. «Ocak» ayıdır. Bkz. Belge 239.

tanların büyük bir kararlılık ve kesinlikle hareket etmeleri gereğini bildirdik *(Belge: 240)*.

Anzavur'un millî cephelerimizi arkadan vurma teşebbüsü

Efendiler, hemen aynı günlerde, Anzavur, Balıkesir ve Biga dolaylarında, oldukça önemli ve tehlikeli durumlar yaratmayı başarmıştı. Balıkesir'de, millî cephelerimizi arkadan vurmak istiyordu. Başına bir yığın adam toplamıştı. Karşısına gönderilen millî kuvvetlerle, Biga'da kanlı bir çarpışma yapıldı. Anzavur galip geldi. Kuvvetlerimizi dağıttı. Toplarımızı ve makineli tüfeklerimizi ele geçirdi. Erlerimizi ve subaylarımızı esir ve şehit etti. Akbaş kahramanı Hamdi Bey de bu şehitler arasındaydı. Bundan sonra, Ahmet Anzavur, kendi adına verdiği **Ahmediye Cemiyeti** adı altında alçaklıklarını gittikçe artırdı.

Efendiler, 3 Mart 1920 tarihinde, içinde fevkalâde önemli haberler bulunan bir şifre aldım. Bu şifre, İstanbul'dan İsmet Paşa'dan geliyordu. Ben Ankara'ya geldikten sonra, İsmet Paşa, Ankara'ya yanıma gelmişti. Birlikte çalışıyorduk. Fakat Cemal Paşa'dan sonra Harbiye Nâzırlığı'na Fevzi Paşa Hazretleri geldi. Paşa Hazretleri'nin özel istekleri üzerine ve çok önemli bir iş için İsmet Paşa'yı bu tarihten birkaç gün önce İstanbul'a göndermiştim.

Önemli saydığımız nokta şuydu: Yunanlılar taarruza hazırlanıyorlardı. Buna karşı, akla yakın olan tedbir, bütün kuvvetleri seferber ederek düzenli bir savaşa girmekti. Özellikle Fevzi Paşa Hazretleri, bu gerek ve zarureti takdir etmekteydi.

İşte, bu hazırlığı yapmak üzere İsmet Paşa'nın İstanbul'da bulunması ve hattâ Genelkurmay Başkanlığı'na resmen tayin edilerek işe başlaması çok yararlı olacaktı. Bu maksatla İstanbul'a gitmesini gerekli bulmuştum. İsmet Paşa'nın telgrafı şudur:

Harbiye Nezareti **3.3.1920**

Mustafa Kemal Paşa Hazretleri'ne

Alınan bilgilere göre, İstanbul'da bir dernek kurulmuş ve İngilizlerle birlikte kararlar almış. Hükûmetin düşürülmesi ve malûm bir hükûmetin kurulması, Meclis'in dağıtılması, İzmir ve Adana'nın işgalleri için Kuva-yı Milliye'nin ortadan 247
kaldırılması, dünya barış ve güvenliğini sağlamak üzere İstanbul'da Müslümanlararası bir Hilâfet Şurası'nın toplanması ve bolşevikler aleyhine fetva çıkarılması bu kararlar arasındaymış. Nâzır Paşa, bu derneğin çalışmalarına önem veriyor. Anadolu'daki Anzavur hareketi bu kararlara bağlı olduğu gibi, İngilizlerin hükûmete çok fazla baskı yapmaları da aynı sebeptendir Bilgi olarak arz etmekliğimi istediler (İsmet).

Harbiye Nezareti Başyaveri
Binbaşı
Salih

Ali Rıza Paşa Kabinesi'nin istifası

Efendiler, yüksek şahıslarınızca bilinmektedir ki, İngiliz temsilcisi, Yunanlılar da dahil olmak üzere bütün İtilâf kuvvetlerine karşı mücadelenin durdurulmasını hükûmete teklif etmişti. Bu teklifin gereği yerine getirilirse, İstanbul'u Osmanlı Devleti'ne bırakacakları yolunda yaldızlı bir vaatte de bulunmuşlardı. Fakat İstanbul'da bu teklif yapılırken, Şubat'ın 18, 19 ve 20'nci günlerinde, Yunanlıların İzmir'e yeni kuvvet, taşıt araçları, çok miktarda cephane getirdiğini ve bunları cephelere göndererek yeni bir taarruza hazırlandığını biliyorduk. Bu bilgilerimizi, hükûmetin işlerine karışmayınız yaygarasına kulak asmadan İstanbul Hükûmeti'ne de ulaştırarak dikkatini çekmekten geri kalmadık.

Yunanlılar, bu şekilde taarruza hazırlanırken, Ali Rıza Paşa Kabinesi başka bir teklif karşısında kalıyor.

«Yunanlılar karşısında bulunan Kuva-yı Milliye'yi üç kilometre geri aldırmak!..»

Ali Rıza Paşa Kabinesi'nin buna gücünün yetmeyeceği belliydi. Fakat, maksat onun düşürülmesiydi. Sadrazam, ister istemez bu teklifin yerine getirilemeyeceğini bildirmiş.

3 — Mart 1920 günü Yunanlılar taarruza geçtiler. Gölcük yaylasıyla Bozdoğan'ı işgal ettiler.

İşte bu olay üzerine, Ali Rıza Paşa'nın, düşünebildiği tek çare, makamında daha fazla kalmaktan vazgeçerek, hemen istifa edip bu sorumlu işten yakayı sıyırmak olmuştur. Çünkü, Millî Mücadele'yi durdurma konusunda yapılan teklifi yerine getirmeye çalışmış fakat başaramamış olan Ali Rıza Paşa'nın, bu defaki teklifi de yerine getireceğim diye söz verip de başaramadığı takdirde, İtilâf Devletleri'nce de sorumlu tutulması ihtimali de hatıra gelmez miydi?

Harbiye Nazırı Cemal Paşa, Başkomutan Mr. George Milne'in emirlerini uygulatamadığı için sonunda kabineden uzaklaştırılmak durumuna düşürülmemiş miydi? Aynı işlemin Ali Rıza Paşa'ya da uygulanmasına kalkışıldığı takdirde, kendisini Padişah'ın koruyabileceğine güvenebilir miydi? Böyle bir durum karşısında, millî davanın belirdiği tek yer olduğu söylediği İstanbul'daki Meclis-i Millî'ye güvenebilecek miydi? Millî irade adına konuşmaya ve isteklerde bulunmaya artık gerek ve imkân kalmadığını söyleyerek cezalandıracağım diye 248
gözdağı verdiği Hey'et-i Temsiliye'ye dayanmaya tenezzül etmeli miydi? O halde kendisi için istifadan başka çıkar bir yol olamazdı. İşte o da öyle yapmıştır *(Belge: 241)*. Ali Rıza Paşa, hükûmete ilk saldırı yapıldığında, çekilmesi gerektiği yolundaki uyarılarımızı kabul etmedi.

Yerinde kalmakla vatana yararlı olacağını söyledi. Meclis-i Meb'usan da bu cahilce düşünceyi yerinde görerek onu makamında tuttu. Acaba yerine getirilmesi söz konusu olan görev, Yunanlıların taarruz hazırlıklarını tamamlayarak vatanın kutsal topraklarından bir kısmını daha çiğnemek ve aziz vatandaşlardan bir kısmını daha süngüler altında inletmek için, muhtaç olduğu fırsatı ona bahşetmek miydi?

Padişah, işin gidiş ve durumuna göre birisini sadrazamlığa seçeceğim diyor

Rauf ve Kara Vasıf Beyler, 3 Mart 1920 tarihli şifrelerle, bu istifa haberini verirlerken, Felâh-ı Vatan Grubu başkanının ve Meclis başkan vekillerinin saraya gönderildiğini de bildiriyorlardı. Bu başkanlar, Padişah'ın huzuruna kabul olunmamışlar. Başkâtip ve Başmâbeyinci ile görüşmeleri irade buyurulmuş. Grup başkanı, millî teşkilât'ın Padişah'a bağlılığını bildirmiş. Sözü hükûmetin çekilmesine getirmiş. Padişah, Başkâtip aracılığı ile şu iradeyi bildirmiş: «Bütün milletvekillerine selâm. İşlerin gidiş ve durumundaki ağırlığı ben de onlar kadar biliyorum. Gidişatın ve durumun gereğine göre birisini sadrazamlığa seçeceğim. Onun yetkisine el uzatarak arkadaşlarını seçmesine karışamam. Ancak, ona çoğunluk grubuyla anlaşmasını tavsiye edeceğim.»

Beni hükûmet işlerine karışmaktan menetmek isteyenler benden etkili tedbirler bekliyorlar

Başkanlar hey'eti teşekkür edip ayrılmışlar *(Belge: 242)*. Verilmekte olan bilgiler arasında şunlar da vardı: «Milletvekilleri, telâştalar. Fakat istenildiği şekilde bir kabine kurulacağına güveniyorlar. Yabancıların, Hürriyet ve İtilâfçıların ve Nigehbancılar'ın, düzenledikleri gericilik hareketlerinde başarılı olabilmeleri için, Ferit Paşa'yı veya yakınlarından birini iktidar mevkiine getirmeleri de muhtemeldir. Meclis'i elbette dağıtacaklardır. Padişah katında etkili olacak tedbirlerin, oradan alınması... arz olunur.»

Efendiler, garip değil midir ki, bugün bu maruzatta bulunanlar, daha birkaç hafta önce «Meclis resmen açılmış olduğuna göre, bundan sonraki emirlerinizin bize bildirilmesini ve görüşlerinizin her makamın önünde gerektiği gibi savunulacağına güven buyurulmasını» diyen kimselerdir. Birkaç hafta önce, İstanbul Hükûmeti ile birlik olarak, beni hükûmet işlerine karışmaktan menetmek isteyen kimseler, bu gün, İstanbul'da hiçbir şey yapmaya güçleri yetmediğini itiraf ederek, buradan, Hey'et-i Temsiliye'den etkili tedbirler bekliyorlar.

Biz bu isteği de yerine getireceğiz. Fakat bu kimselerin istekleri olduğu için değil, bunu vatanın çıkarları emrettiği için...

Efendiler, 3 Mart ve 3/4 Mart gecesi, İstanbul'la haberleşme ve oradaki durumu anlamakla geçti. 4 Mart günü, gerek İ s m e t P a ş a'dan ve gerek diğer kimselerden aldığım bilgiler üzerine, durumu bir genelge ile bütün ordulara, teşkilât merkezlerimize ve millete bildirdim *(Belge: 243, 244)*. Meclis-i Meb'usan Başkanlığı'na da şunu yazdım:

Ankara, 4.3.1920 249

Meclis-i Meb'usan Başkan Vekilliği
Yüksek Katına

İtilâf Devletleri'nin durmadan işlerimize karışmaları karşısında, Ali Rıza Paşa Kabinesi'nin, nihayet Meclis huzurunda istifasını verdiği üzüntüyle haber alınmıştır. Aydın cephesinde, kutsal vatanı ele geçirmeye çalışan düşmanla Kuva-yı Milliye çarpışmakta ve her karış toprağına, sadık ve fedakâr evlâtlarının şehit olmuş vücutlarını gömmektedir. Hiçbir güç, hiçbir yetki, milletimizi tarihin emrettiği bu görevden alıkoyamayacaktır. Vatan ve milletimizin istiklâli korumak için her fedakârlığa hazır bulunan milletimizin, kutsal heyecanını ancak milletin tam olarak güvenini kazanmış bir hükûmetin işbaşına getirilmesi yatıştırabilir. Bütün millet, bu tarihî günlerde, millî iradesinin mutlak vekilliğini üzerine almış bulunan milletvekillerinin kararlarını sabırsızlıkla beklemektedir. Vatana ve tarihe karşı, üzerinize aldığınız büyük sorumluluğu ve bütün dünyanın kürsülerinize çevrilmiş olan dikkatli bakışlarını düşünerek, milletin azim ve fedakârlığına yaraşır kararlar alınacağına güvendiğimizi ve vatan uğruna yaptığınız çalışmalarda bütün milletin yanınızda ve yardımınızda olduğunu arz ederiz.

Hey'et-i Temsiliye adına
Mustafa Kemal

Padişah'a da şu telgrafı çektim Efendiler:

Ankara, 4.3.1920

Padişah Hazretleri'nin Yüce Eşiğine

İtilâf Devletleri'nin istiklâl ve haysiyeti ayak altına alıcı saldırılarına ve Ateşkes Anlaşması hükümlerine aykırı müdahale ve hareketlerine daha fazla dayanamayan Kabine'nin istifası ile yeniden yüce devletlerinde bir hükûmet bunalımının ortaya çıkması, kamuoyunda derin bir heyecan yaratmıştır. Yüce saltanat ve hilâfet makamları etrafında düşünce ve ülkü birliği ederek, yüksek istiklâl ve dokunulmazlığınız ve yüce Osmanlı Devleti'nin ülke bütünlüğü için son fedakârlığı göze almış olan bütün vatandaşlarınız, düşmanlar tarafından idare edilen bazı bozgunculuk ve ihtilâl tertiplerinden dolayı, zaten kederli ve endişeli bir
durumda, hükûmet bunalımının bir an önce sona ermesini ve millî emelleri ge- 250
rektiği gibi gerçekleştirebilecek değerli bir hükûmetin kurulmasını beklemektedir. Meclis-i Millî'nin çoğunluk grubunda yoğunlaşan millî gaye ve eğilimlerin yüce katınızda da destekleneceğine, bütün vatandaşlarınız gibi, Hey'etimiz de emindir. Ancak, içten ve dıştan gelen bin türlü ihtirasın kaynayıp köpürmesiyle, dirlik ve huzuru tehdit altında bulunan memleketimizin, millî vicdana güven veremeyecek bir kabine başkanına bir dakika bile katlanamayacağını ve Tanrı korusun, böyle bir durum ortaya çıkarsa, Osmanlı Devleti'nin tarihinde benzeri görülmemiş fecî

olaylara yol açacağını, Padişah Efendimiz Hazretleri'nin yüce eşiğine arz etmeyi vatan borcu sayarız. Ferman Padişah'ımızındır.

Anadolu ve Rumeli Müdafaa-i
Hukuk Cemiyeti Hey'et-i
Temsiliyesi
adına
Mustafa Kemal

Bu telgrafın birer suretini bilgi için Meclis-i Meb'usan Başkanlığı'na ve kolordu komutanlarına vermekle birlikte, bunun bir kopyasını çıkararak, İstanbul gazetelerine ve Basın Cemiyeti'ne vermesini de İstanbul telgrafhanesine emrettik. Bundan başka Efendiler, komutanlara, valilere, mutasarrıflara ve Müdafaa-i Hukuk Merkez Hey'etleri'ne ayrıca şu genelgeyi de gönderdik.

4.3.1920

İtilâf Devletleri'nin katlanılmaz bir duruma gelen müdahale ve baskılarından dolayı kabine 3 Mart günü yani dün istifa etmiştir. Güvenilir kaynaklardan aldığımız bilgilere göre, kabinenin düşürülmesi, F e r i t P a ş a veya ona benzer birinin iktidar mevkiine getirilmesi ve İstanbul'da yabancıların emellerine hizmet edecek bir Hilâfet Şûrası kurulmasını sağlamak üzere, dış düşmanlar tarafından idare edilen ve muhalif partilerin aracılığı ile meydana gelen bir komitenin çalışmalarının eseridir. Yani, komitenin çalışmalarına yer verebilmek için İtilâf Devletleri, önce hükûmeti istifaya mecbur edecek baskılar yapmışlardır. Durumun bu ağırlığı karşısında, Meclis-i Meb'usan, elbette gereken etkili tedbirleri almaya devam etmektedir. Ancak bu teşebbüslerin fiilî olarak desteklenmesi için, hemen, millî gayeyi gerçekleştiremeyecek bir hükûmet başkanına milletin katlanamayacağını çok sert bir dille Saray'a, Meclis-i Meb'usan Başkanlığı'na ve basına bildirmek gerekir. Bu telgraf alındığında, bir dakika kaybedilmeden bu şekilde telgraglar hazırlanmasını ve bu gece mutlaka çekilmesi çarelerinin bulunmasını, buraya da yarın sabaha kadar bilgi verilmesini önemle rica ederiz.

Anadolu ve Rumeli Müdafaa-i
Hukuk Cemiyeti Hey'et-i
Temsiliyesi adına
Mustafa Kemal

Efendiler, verdiğimiz talimat gereğince, memleketin her tarafından, milletin her türlü yönetim kademesinden, 4/5 Mart gecesinden başlayarak 251
telgraf fırtınası ayın beşinci ve altıncı günleri, Padişah sarayında ve Meclis-i Meb'usan üzerinde beklenen etkiyi yaptı.

Salih Paşa Sadrazam oluyor

Nihayet, 6 Mart günü kim ve ne olduğunu anlayamadığımız biri tarafından şu haber verildi :

İstanbul, 6.3.1920

Hey'et-i Temsiliye'ye

Sadrazamlığa, Bahriye Nâzırı S a l i h P a ş a'nın getirildiği arz olunur.

Müdafaa-i Hukuk Cemiyeti
Genel Sekreter Vekili
Hâlit

Bu telgrafın arkasından da şu telgraf geldi:

Meclis-i Meb'usan, 6.3.1920

Mustafa Kemal Paşa Hazretleri'ne

Pek mukaddes Halife Hazretleri, şimdi Meclis-i Meb'usan Başkanı'nı yüksek huzurlarına kabul şerefini bahşederek, sadrazamlığı, Âyân Meclisi'nden eski Bahriye Nâzırı Salih Paşa'ya verdiklerini ferman buyurmuşlardır. Salih Paşa da kabineyi kurma işi ile meşgul bulunmakta olduğundan, bunalımın yarın akşama kadar tamamiyle ortadan kalkacağı bildirilir.

Meclis-i Meb'usan Başkanı
Celâlettin Arif

Efendiler, Rauf Bey'in de aynı günde fakat daha kabine başkanı belli olmadan verdiği bilgiler vardır. Dikkate değer olduğu için bu bilgileri veren telgrafı olduğu gibi bilginize sunuyorum:

Kişiye özel, çok ivedi
Dakika geciktirilemez. **Harbiye Nezareti, 6.3.1920**

Ankara'da 20' nci Kolordu Komutanlığı'na

Mustafa Kemal Paşa Hazretleri'ne:

1 — Dün gece İzzet ve Salih Paşa'larla görüştüm. Her ikisine de sadrazamlık teklifi yapılmamıştır. Vekâlet eden, kabinede kimin yer alacağını bilmiyor. Eski Dahiliye Nâzırı Reşit Bey'in, Saray'la Fransız ve İngiliz elçilik- 252
leri arasında mekik dokuduğu inanılır kaynaklardan haber alınmıştır. Bir söylentiye göre, kendisi sadrazamlığa getirilecektir. Önceki gece Padişah, Tevfik Paşa'yı kabul etti. Daha sonra Ferit Paşa'yı kabul ederek saat 17.00'den 22.00'ye kadar görüştü. Dünkü cuma günü Baltalimanı'nda, Ali Kemal ve eski Dahiliye Nâzırı Mehmet Ali de bulunduğu halde, uzun görüşmeler yapıldı. Daha sonra Rahip Frew'un da katılmasıyla görüşmeler Ali Kemal'in evinde devam etti. Celâlettin Arif Bey, dün 16.00'da huzura kabul edildi. Bugünkü bunalımın devama tahammülü olmadığından, milletin ve milletvekillerinin güvenini kazanabilecek bir kabinenin bir an önce iş başına getirilmesi konusundaki ısrarlı maruzata karşı, Padişah, durumun nezaketini aynı şekilde kavradığını ve Kuva-yı Milliye'nin gereğini belirttikten sonra, içeride ve dışarıda güven uyandırabilecek bir kimsenin atanmasının pek acele yapılamayacağı ve pazara kadar düşünmek gerektiği şeklinde cevap vermişler. Yukarıda bilginize sunulan hususlardan edindiğim şahsî sezgim, Padişah'ın İngilizler ile konuşmakta ve yazışmakta olduğu ve Londra'dan cevap beklemekte bulunduğu kanaatını vermektedir. Her halde durum pek bunalımlıdır. İngilizlerden ümitli olurlarsa, Ferit Paşa'nın sadrazamlığa getirilmesi de uzak bir ihtimal değildir. Kısacası, şimdiye kadar Padişah doğrudan doğruya Tevfik ve Ferit Paşa'lardan başka kimseyi kabul etmemiş ve Ferit Paşa ile görüşmesi de gizli olmuştur. Saray'ın adamlarından, güvendiğinizi bildiğim bir zat, Perşembe günü, Padişah'ın pek yakınları adına bendenizi özel olarak gördü ve düşüncemi sordu. Cevap olarak, bugünkü durumu saltanat, devlet ve millet yararına yürütebilecek kimsenin, zâtıdevletleri olabileceğini, fakat şu sırada işgal altındaki İstanbul'a dönmeniz mümkün olamayacağına göre, İzzet Paşa'nın iş başına geçmesi

gereğini açık bir dille söyledim. Salih Paşa, Meclisin kapatılması ihtimalinin bulunduğunu da ima ediyor. Birinci Başkan Vekili Hüseyin Kâzım Bey'in de Saray ve İngilizler ile Meclis adına dolap çevirdiği anlaşılıyor. Bilgilerinize sunulur.

Celâlettin Arif Bey, bugün saraya gidecek. Durumu pek açık bir şekilde Padişah'a anlatacak. Muhalifleri iktidar mevkiine getirirse, Anadolu'daki teşkilâtın sarsılacağını ve böylece, Doğu'daki, sonuç olarak kendileri için zararlı olacak prensiplerin memleketimize gireceğini ve halifeliğin Müslümanların gözünde düşeceği durumu açıklayacak ve Anadolu'dan millî teşkilât merkezlerinden bu konuda gelmiş olan bütün telgrafları gösterecek ve bu konu ile ilgili olarak ayrıca yazılı bir rapor da sunacaktır. Rapor birlikte yazılmıştır. Suretini daha sonra takdim ederiz (Rauf).

2 — Bu telgraf, 6.3.1920 günü öğleden sonra saat 17.15'te Harbiye telgrafhanesine verilmiştir.

Harbiye Nezareti Başyaveri
Salih

Efendiler, Rauf Bey'in sadrazam bulmak söz konusu olurken, benden bahsetmesi elbette gereksizdi. Aramızda asla böyle bir şey konuşulmuş değildi. Ben, aslında İstanbul Hükûmeti'nin yaşayacağından ümitli değildim. Osmanlı Devleti'nin ömrünü tamamlamış olduğuna artık çoktan inanmıştım. Osmanlı Devleti'nin sadrazamlık makamına geçmek gibi 253
zayıf ve anlamsız bir düşüncenin benim kafamda yeri olamayacağı tabiî idi. Ben gelip geçmesi tabiî olan inkılâp safhalarını sakin bir şekilde takip ederken, yarının tedbirlerinden başka bir şey düşünmüyordum.

Rauf Bey, sözünü ettiği Celâlettin Arif Bey'in raporunun suretini de gönderdi *(Belge: 245)*. Kabine kurulduktan sonra da şu bilgileri verdi:

Harbiye (Nezareti) 8.3.1920

20' nci Kolordu Komutan Vekilliği'ne

Mustafa Kemal Paşa Hazretleri'ne:

1 — Kabine şöyle kurulmuştur : Sadrazam Salih Paşa; Şeyhülislâm Dahiliye Nâzırı. Hariciye Nâzırı Safa Bey, Harbiye Nâzırı yerlerinde bırakılmış; Bahriye Nâzırlığına Salih Paşa vekil, Nafıa Nâzırlığına Tevfik Bey asıl, Maliye Nâzırlığına Tevfik Bey vekil, Devlet Şûrâsına Abdurrahman Şeref Bey vekil, Maarif Nâzırlığına Abdurrahman Şeref Bey asıl, Evkaf Nâzırlığına eski Şeyhülislâm Ömer Hulûsi Efendi asıl olarak, Adliye Nâzırlığına Celâl Bey, Ticaret Nâzırlığına Defterhane Emini Ziya Bey.

2 — Celâl Bey'in tutumunu bilmiyoruz. Bu şekil Damat Ferit Paşa'ya zaman kazandırmak için sarayın bir tertibidir. Salih Paşa, bir bunalımı önlemek suretiyle vatana yararlı bir hizmet yaptığı inancındadır. Bizim düşüncemiz bu kabineye güvenoyu vermemektir. Bunu sağlamak için grupta çalışıyoruz. Ferit Paşa tehlikesi hâlâ vardır. Ona göre tedbirler alınması arz olunur.

3 — Dikkate değer bir nokta olarak şunu da arz edelim : S a l i h P a ş a, Meclis-i Meb'usan içinden nâzır almanın imkânsızlığı anlaşıldıktan sonra, dışarıdan alınacak kimselerin tesbiti için grubun düşüncesini soracaktı. Sonradan, bundan vazgeçerek, adları bılginize sunulan kimselerden ibaret kabineyi kendiliğinden kurmuştur, efendim (R a u f).

Harbiye (Nezareti) Başyaveri
Salih

Trakya'da Cafer Tayyar Bey'in tuttuğu yanlış yol

Efendiler, İstanbul bunalımı üzerine yaptığım açıklamalar epeyce uzadı. İstanbul'da zaten öteden beri süregelmekte olan durumdan, daha birçok şeyin ortaya çıktığına şahit olacağız.

Müsaade buyurursanız, tekrar İstanbul'a dönmek üzere, biraz da Edirne taraflarındaki duruma göz atalım. Şimdiye kadar yaptığım genel açıklamalar sırasında, yeri geldikçe Trakya'yı da teşkilât ve tasarılarımı- 254
zın hiçbir vakit dışında tutmadığımızı anlattığımı sanırım. Edirne ile olan ilişki ve haberleşmelerimiz, memleketin her yeriyle olduğu gibi devam ettirilmekteydi.

Yapılan haberleşmelerimizdeki dikkate değer bazı noktaları yüksek hey'etinize açıklayarak bildirmek uygun olur :

1'inci Kolordu Komutanı C a f e r T a y y a r B e y, 31 Aralık 1919 tarihli pek etraflı bir raporunda, Trakya ve özellikle Batı Trakya'da Yunanlıların yaptıkları işleri ve giriştikleri teşebbüsleri pek güzel açıklıyordu. Bu olağanüstü çalışmalara karşı kendisinin gerektiği gibi tertibat alamadığından şikâyet ediyordu.

«Kolordusunun bu durumda ve ileride ortaya çıkabilecek olaylar karşısında, görevini yapmaya imkân verecek bir durum almasına G e n e r a l M i l n e'in müsaade etmediğinin, haberleşme sonunda anlaşıldığını» haber veriyordu *(Belge: 246)*.

G e n e r a l M i l n e'in tertibat almamıza müsaade etmeyeceğine elbette şüphe yoktu. Bu açık gerçeği yazışma yoluyla anlamaya bilmem nasıl bir düşünce ve mantıkla kalkışılmıştı?

C a f e r T a y y a r B e y'e 3 Ocak 1920 tarihinde verdiğim talimatta, gönderdiğimiz gizli yönetmeliğe uyularak silâhlı birlikler kurulmasını yeniden hatırlattım. «Askerî durumun değiştirilmesi ile elde edilemeyen yararların bu şekilde elde edilmesi gerekir» dedim *(Belge: 247)*.

Harbiye Nâzırı C e m a l P a ş a'ya da yine aynı tarihte durumdan bahsederek, Yunanlıların Doğu Trakya'da olsun, hazırlıklarına engel olmasını yazdım *(Belge: 248)*.

Trakya Paşaeli Cemiyeti'nin gönderdiği raporlarda, gerektiği gibi teşkilât kurulamamakta olduğuna işaret ediliyor ve bazı yüksek dereceli memurlardan şikâyet ediliyordu *(Belge: 249)*. Bu gibi memurlara, öteden beri bazı uyarılarda bulunuyordum *(Belge: 250)*. Asıl şikayet C a f e r T a y y a r B e y'den gelmeye başladı. Örnek olarak, bununla ilgili olarak okuyacağım şu mektup bir fikir verebilir sanırım :

26.1.1920

Sayın Paşam,

A r i f B e y ' in, Trakyalılar hakkında söylediklerini doğrularım. Trakya Cemiyeti maddî güçle desteklenmemiştir. Maalesef C a f e r T a y y a r hepimizi aldatmış. En küçük bir teşkilâtlanmaya girmemiş, bir tek tüfekle bile silâhlandırma yolunu tutmamıştır. C a f e r ' i şahsını düşünmekle suçlarım. Bulgaristan olaylarından da tamamen habersiz, tam bir gaflet içindedir.

Son günlerde, C a f e r ' in tümenlerine gönderdiği yazılı bir emir tesadüf eseri olarak elimize geçti. Yunanlıların yaptıklarından ve niyetlerinden, bu durum 255
karşısında, artık Müdafaa-i Hukuk talimatı uyarınca, millî teşkilâta başlamak gerekirken, komutanların bu konuda, subaylar vasıtasıyla halka yardım edip etmemek hakkındaki düşüncelerini soruyor. Artık düşününüz... Allah millî meselelerde aldatanları kahretsin. Fakat aldanmış olanlara da çok yazık!

Sonuç : Bulgar askeri Batı Trakya'yı boşaltarak gittiği, beş on memurla 150 - 200 jandarmadan başka kuvveti bulunmadığı halde, kendisinden ihtilâl ve savaşla vatanı savunmasını beklediğimiz Trakya bir şey yapamadı. C a f e r bu durumun üzüntüsünü çekti mi bilmem. Bu yüzden, artık T o p ç u İ h s a n'ı, B a y t a r R a s i m ' i (zeki, hareketli, ölçülü, kendisine güvenilir bir arkadaş) teşkilât kurmak üzere Trakya'ya göndereceğiz. Buradan silâh da göndereceğiz. Kör olası C a f e r , yalnız bunları serbest bıraksın. Gölge etmesin başka ihsan istemeyiz.

Edirne hattını, İngilizler, kendi askerleriyle teslim alıyor. Yunanlılar Hadımköy, Çorlu, Lüleburgaz'da toplanıyor. Bulgaristan kaynaşıyor. Yunan eşkiyalığı artmakta, halkın şikâyeti karşısında vali elini oğuşturmakta, C a f e r âcizliğini göstermekte. Trakya'nın bolşevikliğe karşı yabancı kuvvetlerin yığınak yeri olması, Bulgarların saldırılarına uğraması beklenebilir. Orada kuvvetli bir pençe ve beyin lâzım. Ne C a f e r ne vali bu işin ehli de değillerdir, fedakâr da değillerdir. İşte durum budur. Ben bunlarla çok uğraşıyorum. Geçen gün bir şifrenizi almış, pek üzülmüş ve şifre ile açıklama rica etmiştim. Cevap alamadım. Paşam, şahsî bir siyaset güttüğümü mü zannediyorsunuz? Yoksa maksadı kavramayacak, durumu etraflı olarak anlamayacak ahmaklardan olduğumu mu zannediyorsunuz? Her iki durumu da protesto ederim. İnancım ve gayem birdir. Hiç şaşmadan yürüyorum. Yalnız, başka bir şey düşünüyor da bana söylemek istemiyorsanız, ona bir şey demem. Açıkça bildirmenizi rica ederim. Sert ve azarlayıcı sözlere son derece üzülürüm. Bu, beni çalışmaktan alıkoymaz. Beni muhalefete geçirmez. Fakat, arada pekâlâ bir kişilik meselesi doğurabilir. Buna dikkatinizi çeker, bir gerçek ortaya çıkmadan ve benim neler çektiğimi anlamadan teşebbüslerde bulunmamanızın, mevkiinizden beklenen ve hiç ihmal götürmeyecek olan incelik ve yumuşaklık gereği olduğunu, şuracıkta belirtmeme müsaade buyurunuz. Saygılarımı sunar, başarılar dilerim Paşam.

Vasıf

Efendiler, Edirne'den gelen yazılardan ve raporlardan, bence, yanlış bir görüş takip edildiği anlaşılıyordu. Şimdi okunan mektupta da bu yanlış görüşün benimsendiğini gösteren cümleler vardır. Bu yanlış tutumu düzeltmek için, öteden beri belirtilen görüşlerimizi, 3 Şubat 1920 tarihinde C a f e r T a y y a r P a ş a'ya ve İstanbul'da R a u f B e y'e bir kez daha bildirdim.

Tekrar ettiğim görüş şuydu :

Doğu ve Batı Trakya'nın millî bir bütün olarak tasavvur ve ifadesi doğru bir politika değildir. Doğu Trakya, itiraz ve tartışma kabul etmez şekilde yurdumuzun bir parçasıdır. Batı Trakya ise, bir antlaşma ile daha önce terkedilmiş olan bir bölgedir. 256

Olsa olsa, Doğu Trakya, Batı Trakya'nın kurtarılmasına çalışanların bir hareket üssü olabilir.

Doğu ve Batı Trakya'nın birliği üzerinde ısrarla direnmek, Doğu Trakya üzerinde de bazı iddiaların ileri sürülmesine yol açabilir.

Bulgarların da Adalar Denizi'nde iktisadî bir çıkış kapısı istemeleri, üzerinde ayrıca düşünülmeye değer. Bulgaristan içinde bu bakımdan gayret sarfedilmelidir *(Belge : 251).*

C a f e r T a y y a r P a ş a da, memurlardan, ileri gelenlerden ve halktan şikâyet ediyordu. 7/8 Mart 1920 tarihli bir şifresinde, «bizde halk her işi hükûmetten beklemekte; sivil idare âmirlerinin nemelâzımcı tutumları yüzünden millî teşkilât yüksek emirlerinize uygun olarak kurulamamaktadır. İl sınırları içinde sık sık yapmakta olduğum teftişlerde, özellikle köylülerle sıkı temas kurmaktayım... Fakat, her köye gitmek mümkün olamıyor». «Teşkilâtın köklü ve yaygın olması hepimizin ortak isteği olup, bunun da ileri sürülen sakıncaların ortadan kaldırılmasına çalışmakla gerçekleştirilebileceği bilgilerinize sunulur» diyordu *(Belge : 252).*

Efendiler, G e n e r a l M i l n e, C a f e r T a y y a r P a ş a'ya askerî durumu değiştirtmiyor. Vali ve mutasarrıflar tarafsız kalıyor. Her işi hükûmetten bekleyen halka, millî teşkilâtın kurulmasında yardım ve öncülük etmiyorlar. Bu sakıncalar giderilmedikçe, teşkilâtın köklenip yaygınlaşması da mümkün görülmüyor.

Karakol Cemiyeti İstanbul'da teşkilâtını genişletmeye çalışıyor

Efendiler başka bir münasebetle Karakol Cemiyeti'nden ve onun çalışmalarını yasaklama konusundaki teşebbüslerimizden bahsetmiştim. Bu cemiyetin İstanbul'da hâlâ teşkilâtını genişletmeye çalıştığı anlaşılıyordu. Yeniden şöyle bir uyarıda bulunmak gerekti :

Yazı ile **12.3.1920**

Çanakkale Müstahkem Mevki Komutanı
Albay Şevket Beyefendi'ye

İstanbul'da bulunan teşkilâtımızın gayeye hizmet konusunda yetersiz olduğu anlaşılmaktadır. Çeşitli zamanlarda ve özellikle bugünlerde Ankara'ya gelen ve durumu bilen bazı kimselerin verdiği bilgilere göre, bundaki başarısızlık sebebi, Anadolu ve Rumeli Müdafaa-i Hukuk Cemiyeti teşkilâtı adı altında Karakol Cemiyeti tüzüğünün uygulanmaya çalışılmasından ileri gelmektedir.

Karakol Cemiyeti'nin tüzüğü, birçok kimseyi teşkilâtla ilişki kurmaktan ürkütmüştür. Bu sebeple, Müdafaa-i Hukuk Teşkilâtı Tüzüğü'nün esaslarına göre teşkilâtlanmak, özellikle İstanbul için yeterlidir. Çünkü, İstanbul'da asıl gücü fikir akımlarını birleştirmede aramalıdır. İstanbul'da fiilî hareketler ve özel teşebbüsler için kurulacak silâhlı teşkilâtta bile, Müdafaa-i Hukuk Tüzüğü ekinin uygulanması gerekir. İstanbul Merkez Hey'eti'nin ve ona bağlı şubelerdeki yönetim kurullarının ortaya çıkmasında bir sakınca görülüyorsa, bu kurullara girecek olan kimseler şahıslarını gizli tutabilirler. Bu esaslar çerçevesinde kurulmuş ve kurulacak olan teşkilâtın ve bunların merkez hey'etleri ile yönetim kurullarını oluşturan kimselerin adlarının güvenilir bir vasıta ile gönderilmesine yüksek lûtuf ve yardımları özellikle istirham olunur efendim. **257**

Hey'et-i Temsiliye adına
Mustafa Kemal

İstanbul'daki Kuva-yı Milliye Başkanlarının tutuklanması hakkında Londra'dan gelen emir

Şimdi, isterseniz yeniden İstanbul'a dönelim. 11 Mart 1920 tarihli bir telgrafta, Rauf Bey şu bilgileri veriyordu: 10 Mart 1920 günü öğleden sonra, İtilâf Devletleri'nin temsilcileri toplanmışlar. Londra'dan gelen ve İstanbul'daki Kuva-yı Milliye başkanlarının tutuklanması emrini içine alan bir meseleyi görüşmüşler ve emri yerine getirmeye karar vermişler. Bu bilgi, güvenilir bir kimseye sağlam bir kaynaktan gizlice verilmiş ve bu gibi kimselerin bir an önce İstanbul'dan uzaklaşmaları gereği bildirilmiş. Bu durumu çeşitli ihtimallere göre değerlendirdikten sonra, işin sonuna kadar İstanbul'da kalarak namus görevini yerine getirmeye karar vermişler. Sadrazam Salih Paşa, bu duruma bile bile yol açmaktaymış. Onun için kabineyi düşürmeye çalışacaklarmış. Başaracaklarına da güveniyorlarmış *(Belge: 253)*.

Rauf Bey'in, bu telgrafın arkasından aynı gün gelen kısa bir telgrafında, «son arz ettiğimiz hususlar ve hükûmetin durumu hakkında bir türlü düşüncelerinizi öğrenemediğimizden, telgrafın size ulaşmamış olmasından ve sağlığınızdan haklı olarak endişe ediyorum. Cevabınızı bekliyoruz.» denilmekteydi.

Rauf Bey'e ve bilgi için 15'inci ve 3'üncü Kolordulara 11 Mart tarihinde şu bilgileri vermiştim:

11.3.1920

Dün akşam, yani 10/11 Mart 1920'de, Ankara'da Fransız temsilcisi Yüzbaşı B o i z e a u (Buazo)'nun tercümanı olup bize öteden beri gizli haberler getiren biri Ankara'daki İngiliz temsilcisi W i t h a l l (Vitol)'ün, aldığı bir telgraf üzerine, bütün eşyası, ağırlıkları ve yanındaki adamlarıyla birlikte bugün Ankara'dan ayrılarak İstanbul'a hareket edeceğini ve bu trenden sonra, demiryolu ulaşımının İngilizlerce durdurulacağını ihbar etti. Adı geçen W i t h a l l , bugün gerçekten haber verildiği şekilde yola çıktı. Bu bakımdan tren seferlerinin de kesilmesi kuvvetle tahmin edilmektedir. Bu durumun, İstanbul'da İtilâf Devletleri'nce alınan tedbirlerle ilgili bulunduğuna şüphe yoktur.

Mustafa Kemal

R a u f B e y'in son telgrafına da şu cevabı vermiştim : 258

Kabineye güvensizlik oyu vererek, sizlerin bir hücuma geçmeniz o kadar kuvvetli bir sebebe dayandırılamayacaktır. Grubun dayanışma ve direnme derecesi ile işbirliği yapma konusundaki kesin tutumu üzerinde açık bir düşünce ve kanaata varmadıkça, S a l i h P a ş a ' nın Grup Yönetim Kurulu'yla görüşmeden hareket etmesini, bir şartlılık meselesi yapma hususundaki kararınız hakkında hiçbir fikir ileri süremem. İngilizlerin tutuklama kararına karşı, Meclis'in, cesaretle sonuna kadar görevine devamı pek yararlı ve parlaktır. Ancak, sizinle birlikte, kendileri ileriki teşebbüs ve çalışmalarımız için çok gerekli olan arkadaşların sonunda bize katılmalarını sağlayacak çarelerin düşünülmüş ve bulunmuş olması şarttır. Aksi takdirde, grubun birlik halinde ve kararlılık içinde hareketini düzenleyebilecek kimselerin şimdiden görevlendirilmesi ve sizlerin hemen buraya gelmeniz gerekir. Buraya gelecek kimseler arasında, memleketi temsil edebilme niteliğini taşıyanlarla, gerektiğinde hükûmet kurabilecek ve yönetebilecek değerde olanların bulunması önemlidir. İtilâf Devletleri'nin zorlayıcı tedbirlere başvuracaklarına şüphe yoktur... v. b. *(Belge : 254)*.

Efendiler, R a u f B e y'i ve öteki şahısları tam zamanında çağırmış olduğumuz, olaylarla hem de üç dört gün geçmeden belli oldu. Ancak, ne yazık ki, bu davetimiz, gereken önem ve ciddiyetle dikkate alınacak değerde görülemedi. R a u f B e y ve V a s ı f B e y gibi kimseler, en sonunda büyük bir uysallıkla Malta'ya gittiler. Bu durumu biliyorsunuz.

Son dakikaya kadar Anadolu'ya geçmek ve Ankara'ya gelmek fırsat ve tedbirlerinin bazı bazı arkadaşlar tarafından hazırlandığı ve sağlandığı bana anlatılmıştır. Eğer böyle idiyse, bu kimselerin Ankara'ya gelmeye razı olmayıp İngilizlere teslim olmayı ve Malta'ya gitmeyi tercih etmelerindeki sebep ve özür, cidden incelenmeye değer. Gerçekten, Türkiye'nin durumunun ve geleceğinin şüpheli, karanlık, tehlikeli görüldüğü varsayımına göre, bu karanlık tehlike içine atılacakların, korkunç ve müthiş bir sonla karşılaşma kuruntusunun etkisi ile en sonunda bir süre kalmak üzere, düşmana teslim olmayı daha uygun bulacakları gözden uzak tutulamaz. Bununla birlikte, ben burada böyle ağır bir yargıya varmaktan çekinirim. Bu düşünceyledir ki, bu şahısları Malta zindanlarından kurtarmak için her fırsattan yararlanarak mümkün olan teşebbüslerde bulunmaktan geri durmadım.

İstanbul'un işgali

Efendiler, İstanbul'da 10' uncu Tümen Komutanı'ndan Ankara'da 20' nci Kolordu Komutanlığı'na 9 Mart 1920 tarih ve 456 sayılı şifre olarak 14 Mart 1920 günü bir yazı geldi. Çözülmüşü şuydu:

M u s t a f a K e m a l P a ş a H a z r e t l e r i ' ne özel : İngilizler tarafından Türk Ocağı binasının işgali üzerine Millî Talim ve Terbiye binasına taşınan Ocağın, bu yeni taşındığı bina, dün öğle vakti İngilizler tarafından yeniden işgal edilmiştir, efendim. 9 Mart 1920 (â d i).

Efendiler, 1920 senesi Martının 16' ncı günü öğleden önce, saat 10.00'da makine başında şöyle bir telgraf geldi :

İstanbul, 16.3.1920 259

Ankara'da Mustafa Kemal Paşa Hazretleri'ne

Bu sabah, Şehzadebaşı'ndaki Muzıka Karakolu'nu İngilizler basıp oradaki askerlerle çarpışarak, sonunda şimdi İstanbul'u işgal altına alıyorlar. Bilgilerinize arz olunur.

Manastırlı
Hamdi

Ben bu telgrafın altına kurşun kalemle «ivedi olarak kolordulara benim imzamla M. K e m a l» işaretini koyduktan sonra, telgrafı verenden açıklama istemeye başladım. M a n a s t ı r l ı H a m d i E f e n d i birbiri ardınca bilgi vermeye devam etti.

Bizim en çok güvendiğimiz bir arkadaşımız var ki, yalnız o değil, herkes, yani gelenler söylüyor. Şimdi de Harbiye'nin işgalini haber aldık. Hattâ, Beyoğlu telgrafhanesinin önünde İngiliz askerlerinin bulunduğunu öğrendik, fakat telgrafhaneyi işgal edip etmeyecekleri bilinmiyor.

Bu sırada Efendiler, Harbiye telgrafhanesinden memur A l i bilgi vermeye başladı :

Sabahleyin İngilizler basarak altı kişiyi şehit ettiler. On beş kadar da yaralı var. Şimdi İngiliz askerleri dolaşıyor. Şimdi, işte, İngiliz askerleri Nezaret'e giriyorlar. İşte içeri giriyorlar. Nizamiye kapısına. Teli kes! İngilizler buradadır.

Manastırlı H a m d i E f e n d i, bizi yeniden buldu.

Paşa Hazretleri,
Harbiye telgrafhanesini de İngiliz askerleri, işgal edip teli kestikleri gibi bir yandan Tophane'yi işgal ediyorlar, bir yandan da zırhlılardan asker çıkarılıyor. Durum ağırlaşıyor efendim. Sabahki çarpışmada 6 şehit 15 yaralımız var. Paşa Hazretleri, yüksek emirlerinizi bekliyorum.
16 Mart 1920.

Hamdi

H a m d i E f e n d i devam etti:

Sabahleyin bizim asker uykuda iken, İngiliz deniz askerleri karakola gelip giriyor. Askerimiz uykudan şaşkınlık içinde kalkınca çarpışmaya başlanıyor. Sonunda bizden 6 kişi şehit oluyor, 15 kişi yaralanıyor. Bunun üzerine, zaten mel'unluklarını tasarlamışlar ki, hemen zırhlıları rıhtıma yanaştırıp bir yandan Beyoğlu tarafını ve Tophane'yi bir yandan da Harbiye Nezareti'ni işgal etmişlerdir. Şimdi artık, ne Tophane'yi ne de Harbiye telgrafhanesini bulmak imkânı olmuyor. Şimdi aldığım habere göre işgal Derince'ye kadar yayılıyormuş, efendim. 260

İşte Beyoğlu telgrafhanesi de yok. Orayı da işgal ettiler galiba, Allah korusun, burayı işgal etmesinler. İşte Beyoğlu telgraf memurları, müdürleri geldiler. Kovmuşlar.

«Bir saate kadar burası da işgal olunacaktır. Şimdi haber aldım, efendim.»

Rahmetli H a y a t i B e y, benim ilk haber telgrafı üzerine yaptığım işarete uygun olarak, verilen bilgileri özetlemiş; Rumeli ve Anadolu'daki bütün komutanların adresine telgraf çektiriyordu. Bir an önce İstanbul üzerinden Edirne'ye çektirilmesini söylemiştim *(Belge: 255)*. H a m d i E f e n d i:

Yüksek emirleriniz yerine getiriliyor. Edirne'ye yazıyorum ve bütün merkezleri hazır ettirdik.

H a m d i E f e n d i'den:

«Milletvekilleri ile ilgili bir haber aldınız mı? Meclis telgrafhanesi cevap veriyor mu?» diye sordum. H a m d i E f e n d i:

Evet veriyor. 14'üncü Kolordu Komutanı hazır. Paşa istiyordu, verelim mi?

Efendiler, bundan sonra artık H a m d i E f e n d i'nin sözünü işitemedik. İstanbul merkezinin de işgal edilmiş olduğuna hükmettik.

Manastırlı Hamdi Efendi

Bu vatansever ve cesur, M a n a s t ı r l ı H a m d i E f e n d i olmasaydı, İstanbul felâketinden haber almak için, kimbilir, ne kadar çok beklemek zorunda kalacaktık. İstanbul'da bulunan nâzır, milletvekili, komutan ve teşkilâtımızdan bir kimsenin çıkıp da bize vaktinde haber vermeyi düşünememiş olduğu anlaşılıyor. Demek ki, hepsini heyecan ve korku bürümüştü. Bir ucu Ankara'da bulunan telin İstanbul'da bulunan ucuna yanaşamayacak kadar şaşkın bir duruma gelmiş olduklarına hükmetmek, bilmem ki doğru olur mu? Telgraf memuru H a m d i E f e n d i, daha sonra Ankara'ya gelerek karargâhımız telgraf memurluğunu yapmıştır. Kendisine borçlu olduğum teşekkürü burada açıkça ifade etmeyi millî ve vatanî görevlerimden sayarım.

Efendiler, bu durum üzerine, meydana gelebilecek bir felâketin önüne geçmek için şu emri verdim:

Bütün Vali ve Mutasarrıflara

Sıvas'ta 3' üncü Kolordu, Bandırma'da 14' üncü Kolordu, Ankara'da 20' nci Kolordu, Erzurum'da 15' inci Kolordu, Konya'da 12' nci Kolordu, Diyarbakır'da 13' üncü Kolordu Komutanlıklarına

İzmir Cephesinde R e f e t B e y e f e n d i ' ye, Balıkesir'de 61' inci Tümen Komutanlığı'na, bütün Müdafaa-i Hukuk Merkez Hey'etleri'ne ve Yönetim Kurullarına

Telgraf, ivedi **Ankara, 16.3.1920** **261**

Bugünkü duruma göre, milletimi, medeniyet dünyasının insanca duygularla dolu vicdanlarına ve bütün İslâm dünyasının manevî birliğine güvenmekle birlikte, dost olsun düşman olsun, bütün resmî dış dünya ile geçici olarak bir süre için ilişki kuramayacaktır.

Bugünlerde, yurdumuzdaki Hristiyan halka karşı göstereceğimiz insanca davranışın değeri pek büyük olduğu gibi, hiçbir yabancı hükûmetin açıktan veya dolaylı yoldan yardımını görmeyen Hristiyan halkın tam bir huzur ve sükûn içinde yaşamaya devam etmeleri, ırkımızın yaratılıştan bezenmiş olduğu medenî kabiliyetine kesin bir delil olacaktır. Yurt çıkarları aleyhinde çalıştıkları görülenler ile, memleketin huzur ve güvenliğini bozanlar hakkında, din ve milliyet ayrımı yapılmaksızın, kanun hükümlerinin eşit olarak ve şiddetle uygulanmasını; bulundukları yerlerdeki mahallî idarelere bağlılık gösteren ve vatandaşlık görevlerini yapmakta kusur göstermeyenler hakkında ise, yumuşak ve şefkatli davranılmasını özellikle ister, bu hususların bütün ilgililere hemen bildirilmesini ve bütün yurttaşlara uygun vasıtalarla duyurulmasını rica ederiz, efendim.

Müdafaa-i Hukuk Hey'et-i
Temsiliyesi adına
Mustafa Kemal

İtilâf Kuvvetleri'nin telgrafla memlekete yapmak istedikleri resmî tebliğ

Efendiler, İtilâf Kuvvetleri, İstanbul telgraf merkezlerini işgal ettikten sonra, memlekete telgrafla bir resmî tebliğde bulunmak istediler. Tarafımızdan yapılan uyarı ve hatırlatmalar üzerine, bazı merkezler dışında bu resmî tebliğ alınmadı. Alanlar ve cevap verenlerden belli başlıları şunlardır: İzmit Mutasarrıfı S u a t B e y *(Belge: 256)*, Konya Valisi S u p h i B e y *(Belge: 257)*.

Resmî Tebliğ

Beş buçuk yıl önce, Osmanlı Devleti'nin mukadderatını her nasılsa elde etmiş olan İttihat ve Terakkî Cemiyeti'nin liderleri, Alman telkinlerine kapılarak Osmanlı Devlet ve Milletini I. Dünya Savaşı'na soktular. Bu haksız ve uğursuz siyasetin sonucu bilinmektedir. Osmanlı Devlet ve Milleti, bir türlü felâket geçirdikten sonra, öyle bir yenilgiye uğradı ki, İttihat ve Terakkî Cemiyeti'nin liderleri bile ;bir Ateşkes Anlaşması yaparak kaçmaktan başka çare bulamadılar. Anlaşmanın yapılmasından sonra, İtilâf Devletleri'ne bir görev düştü. Bu görev eski Osmanlı İmparatorluğu'nun bütün halkının, ırk ve mezhep ayrılığı gözetilmeksizin gelecekteki mutluluklarını, gelişmelerini, sosyal ve ekonomik hayatlarını güven altına alan bir barışın temellerini atmaktan ibaretti. Barış Konferansı, bu

görevi yerine getirmekle uğraşırken, kaçmış olan İttihat ve Terakkî ileri gelenlerinin taraftarı olan bazı kimseler, «Millî Teşkilât» takma adı ile bir teşkilât kurarak ve Padişah ile İstanbul Hükûmeti'nin emirlerini hiçe sayarak, savaşın acı sonuçlarıyla büsbütün tükenmiş olan halkı askerlik için toplamak, çeşitli unsurlar 262
arasında nifak çıkarmak, millî yardım bahanesiyle halkı soymak gibi işleri yapmaya yeltendiler ve böylece barış değil, sanki yeni bir savaş devrini açmaya çalıştılar. Bu teşebbüs ve kışkırtmalara rağmen, Barış Konferansı görevine devam etti ve nihayet İstanbul'un Türk idaresinde kalmasına karar verdi. Bu karar Osmanlıların kalplerini ferahlatacaktır. Ancak, bu kararlarını Bâbıâlî'ye bildirdikleri zaman, uygulamanın ne gibi şartlara bağlı olduğunu da hatırlattılar. Bu şartlar, Osmanlı vilâyetlerinde bulunan Hristiyanların hayatlarını tehlikeye sokmamak, bugün İtilâf Devletleri ile müttefiklerinin askerî kuvvetleri aleyhinde yapılmakta olan sürekli hücumlara son vermekti. İstanbul Hükûmeti, bu uyarıya karşı bir dereceye kadar iyiniyet göstermiş ise de, «Millî Teşkilât» takma adı ile hareket eden kimseler, ne yazık ki, teşvik ve tahriklerinden vazgeçmek istemediler. Aksine, hükûmetin kendileri ile işbirliği yapmasını sağlamaya çalıştılar. Herkesin sonsuz bir hasretle beklediği barış için büyük bir tehlike demek olan bu duruma karşı, İtilâf Devletleri, yakında karara bağlanacak barış hükümlerinin uygulanmasını sağlamak üzere, gerekli tedbirleri düşünmeye mecbur oldular. Bunun için bir tek çare buldular. Bu da, İstanbul'u geçici olarak işgal etmekti. Bu karar bugün yürürlüğe girmiş olduğundan, kamuoyunu aydınlatmak için aşağıdaki noktaların açıklanması gerekir :

1 — İşgal geçicidir.

2 — İtilâf Devletleri'nin niyeti, saltanat makamının nüfuzunu kırmak değil, aksine, Osmanlı idaresinde kalacak olan memleketlerde o nüfuzu güçlendirmek ve sağlamlaştırmaktır.

3 — İtilâf Devletleri'nin niyeti, yine Türkleri İstanbul'dan mahrum etmemektir. Fakat, Allah korusun, taşrada genel bir karışıklık veya katliam gibi olaylar ortaya çıkarsa, bu karar değiştirilebilir.

4 — Bu nazik dönemde, ister Müslüman ister gayrimüslim olsun, herkesin görevi, kendi işine gücüne bakmak, güvenliğin sağlanmasına yardımcı olmak, Osmanlı Devleti'nin yıkıntısından yeni bir Türkiye'nin kurulması için var olan son bir ümidi, çılgınlıklarıyla mahvetmek isteyenlerin aldatıcı sözlerine kapılmamak ve hâlâ saltanat merkezi olarak kalan İstanbul'dan verilecek emirlere uymaktır.

Yukarıda sayılan kışkırtmalara katılan şahısların bazıları, İstanbul'da yakalanmışlardır. Onlar elbette kendi yaptıklarından ve sonra da, o yaptıklarının sonucu olarak ortaya çıkabilecek olaylardan sorumlu tutulacaklardır.

İşgal Kuvvetleri

Bu tebliğ dolayısıyla, derhal şu genelgeyi yayınladım :

16.3.1920

Bütün Vali ve Komutanlara ve Müdafaa-i Hukuk Hey'etlerine

İtilâf Devletleri tarafından silâhlı çarpışma sonunda, İstanbul'un işgali zorla gerçekleştirilmiştir. Bu suikasttan yararlanarak hainlik düşünen birçok kimsenin 263
milleti aldatmaya kalkışmaları muhtemeldir. Nitekim, resmî bildiriler şeklinde imzasız bazı bildirilerin yayınlanmak istendiğini öğreniyoruz. Yanlış hareketlere

yer verilmemek ve gerçek duruma ters düşen heyecanlar yaratılmamak bakımından, bu gibi bildirilere asla değer verilmemesi gerekir. Gerçek durumu izleyen Anadolu ve Rumeli Müdafaa-i Hukuk Cemiyeti, milleti aydınlatacaktır.

Mustafa Kemal

Yabancı devletlere yaptığım protesto

Efendiler, aynı günde çeşitli vasıtalarla şu protestoyu gönderdim :

16.3.1920

Protesto

İstanbul'da İngiliz, Fransız, İtalyan Siyasî Temsilcilerine, Amerikan Siyasî Temsilcisine, Bütün Tarafsız Devletler Dışişleri Bakanlıklarına, Fransa, İngiltere, İtalyan Millet Meclislerine verilmek üzere Antalya'da İtalyan Temsilciliğine

Millî, bağımsızlığımızı temsil eden Meclis-i Meb'usan da dahil olmak üzere, İstanbul'da bütün resmî daireler, İtilâf Devletleri'nin askerî kuvvetleri tarafından resmen ve zorla işgal edilmiş ve millî dâvâ uğrunda çalışan birçok vatansever kimsenin de tutuklanmasına teşebbüs edilmiştir. Osmanlı milletinin siyasî hakimiyet ve hürriyetine indirilen bu son darbe, ne pahasına olursa olsun hayatını ve varlığını savunmaya azmetmiş olan biz Osmanlılardan çok, yirminci yüzyıl medeniyet ve insanlığının kutsal saydığı bütün esaslara, hürriyet, milliyet, vatan duyguları gibi bugünkü insan toplumlarının temelinde yatan bütün ilkelere ve insanlığın bu ilkeleri meydana getiren ortak vicdanına indirilmiş demektir.

Biz, haklarımızı ve bağımsızlığımızı savunmak için giriştiğimiz mücadelenin kutsallığına ve hiçbir kuvvetin bir milleti yaşama hakkından mahrum edemeyeceğine inanıyoruz. Tarihin bugüne kadar kaydetmediği bir suikast olan ve Wilson prensiplerine dayanan bir Ateşkes Anlaşması'nın, milleti savunma imkânlarından yoksun bırakmış olmasından doğan bir hileye de dayanmış olması bakımından, ilgili milletlerin şeref ve haysiyetleriyle de bağdaşmayan bu hareketin ne demek olduğunun takdirini, **resmî Avrupa ve Amerika'nın değil, bilim, kültür ve medeniyet Avrupa ve Amerika'sının*** vicdanına bırakmakla yetinir ve bu olaydan doğacak büyük tarihî sorumluluğa, son olarak bir kez daha dünyanın dikkatini çekeriz. 264 Dâvâmızın haklılık ve kutsallığı, bu güç zamanlarda, Tanrı'dan sonra en büyük yardımcımızdır.

Anadolu ve Rumeli Müdafaa-i Hukuk Hey'et-i Temsiliyesi adına Mustafa Kemal

Aynı günün gecesi şu talimatı bir genelgeyle yayınladım :

Şifre **16.3.1920**

Bütün Vali ve Komutanlara

İstanbul'un ve resmî dairelerin, özellikle Meclis-i Meb'usan'ın, İtilâf Devletleri tarafından ve zorla işgal edilmiş olduğunu, ayrıca, bu hareketin, ateşkes anlaşması ile milleti silâhsız bıraktıktan sonra yapıldığını dile getirerek, İtilâf Devletleri temsilcilerine, bütün tarafsız devletlerin dışişleri bakanlıklarıyla, İtilâf

---

(*) Amerika'ya siyah dizgili kısım yazılmamıştır. Yalnız «Amerika'nın» kelimesi yazılmıştır.

Devletleri'nin Millet Meclisi Başkanlıklarına protesto telgrafları çekilmek üzere mitingler yapılması gerekli görülmektedir. Protesto telgraflarında özellikle, yapılan saldırının Osmanlı hakimiyetinden çok, yirmi asırlık bir medeniyet ve insanlığın eseri olan hürriyet, milliyet ve yurtseverlik prensiplerine bir darbe olacağı, Osmanlı milletinin varlık ve bağımsızlığını savunma konusundaki kararlılık ve imanına bu olayın hiçbir etki yapamayacağı, yalnız, medenî milletlerin bu saldırıyı kabul etmekle, büyük bir tarihî sorumluluk altına girmiş olacakları belirtilmelidir. Tarafsız devletlerin dışişleri bakanlıklarıyla Millet Meclisi Başkanlıklarına çekilecek telgraflar, İstanbul'da ait oldukları makamlara verilmekle birlikte, Antalya'da İtalyan temsilcisi vasıtasıyla da verilmelidir. Protesto telgraflarının birer suretinin de buraya gönderilmesini rica ederiz.

Hey'et-i Temsiliye adına
Mustafa Kemal

Şifre **16.3.1920**

Albay Refet Bey'e

Son olaylar dolayısıyla, her tarafta yapılan gösteri toplantıları sonunda çekilecek protesto telgraflarının birer suretlerinin de İtilâf Devletleri'nin toplantı halinde bulunan Millet Meclisleri Başkanlıklarına ve tarafsız devletlerin'de Dışişleri Bakanlıklarına gönderilmesini yararlı buluyoruz. Bu konuda Antalya'daki İtalyan 265
temsilcisinin de yardımını sağlamanızı rica ederiz.

Hey'et-i Temsiliye adına
Mustafa Kemal

Millete yayınladığım bildiri

Efendiler, aynı günde millete de şu bildiriyi yayınladım:

Bildiri

Bütün komutanlara, vali ve mutasarrıflara, Müdafaa-i Hukuk Cemiyetlerine, Belediye Başkanlıklarına ve Basın Derneğine

İtilâf Devletleri'nin şimdiye kadar memleketimizi paylaşmaya yol bulmak için başvurdukları çeşitli tedbirler bilinmektedir. Önce, Ferit Paşa ile anlaşarak ve milleti savunmasız bırakarak yabancı idaresine esir etmek ve memleketin birçok önemli yerlerini galip devletlerin sömürgeleri arasına katmak düşünülmüştü. Kuva-yı Milliye'nin, bütün bir milletin desteği ile bağımsızlığı savunma konusunda gösterdiği azim ve kararlılık, bu tasavvuru altüst etti. İkincisi, Kuva-yı Milliye'yi aldatmak ve onun müsaadesi ile Doğu'da bir üstünlük sağlama siyaseti gütmek için Hey'et-i Temsiliye'ye başvuruldu. Heyet, milletin bağımsızlığı ve vatanın bütünlüğü garanti edilmedikçe ve özellikle işgal bölgelerinin boşaltılmasına teşebbüs edilmedikçe, herhangi bir görüşmeye yanaşmadı. Üçüncüsü, Kuva-yı Milliye ile işbirliği yapan hükûmetlerin çalışmalarına karışmak suretiyle millî birliği sarsmak, haince muhalefetleri teşvik etmek ve cür'etlerini artırmak yolu benimsendi. Ne var ki, millî birliğin yarattığı kuvvet ve dayanışma karşısında bu saldırılar da eridi. Dördüncüsü, vatanın kaderi ile ilgili kaygı verici kararlar alındığından söz edilerek, kamuoyuna baskı yapılmaya başlandı. Namusunu ve yurdunu savunma uğrunda her fedakârlığı göze almış olan Osmanlı milletinin azim ve iradesi önünde, bu gözdağının da bir yararı olmadı. Nihayet bugün, İstanbul'u zorla işgal etmek suretiyle, Osmanlı Devleti'nin yedi yüz yıllık hayat ve hakimiyetine son verildi. Yani, bugün Türk milleti, medenî kabiliyetinin, yaşama

ve bağımsız kalma hakkının ve bütün bir geleceğinin savunulmasına çağrıldı. İnsanlık dünyasının takdirlerini kazanmak ve İslâm dünyasının kurtuluş emellerini gerçekleştirmek, Hilâfet makamının yabancı etkilerden kurtarılmasına ve millî bağımsızlığın şanlı geçmişimize yaraşır bir imanla savunulup kazanılmasına bağlıdır. Vatanımızı ve istiklâlimizi kurtarmak için giriştiğimiz kutsal mücadelede Tanrı'nın yardım ve koruyuculuğu bizimledir.

Anadolu ve Rumeli Müdafaa-i Hukuk
Cemiyeti Hey'et-i Temsiliyesi adına
Mustafa Kemal

Efendiler, aynı zamanda bütün İslâm dünyasına da seslenilerek, **266**
yapılan saldırı, bir bildiride etraflı şekilde anlatılarak çeşitli vasıtalarla ilân edildi.

Efendiler, olay üzerinde fazla bilgi almayı beklemeksizin, telgrafçı, Manastırlı Hamdi Efendi'nin verdiği bilgilerden ve işgal kuvvetlerinin bu bilgileri doğrulayan bildirisinden, durumun içyüzünü anlayarak gerekli bulduğum ve derhal alınmasında zaruret gördüğüm tedbirleri, açıklandığı gibi hemen işgal günü aldım ve uyguladım. İstanbul'un işgal şekli ve tutuklamalar hakkında çeşitli kaynaklardan biribirini tutmaz abartılmış bilgiler gelmeye başladı. Biz de çeşitli yollarla araştırma ve soruşturmalarımıza devam ettik. Yasama görevinin yerine getirilmesine imkân göremeyerek dağılan milletvekillerinin ve bazı şahısların İstanbul'dan kaçarak Ankara'ya gelmekte oldukları anlaşıldı. Yolculuklarını kolaylaştırmak için, geçecekleri yerlerdeki ilgililere gereken emirleri verdim.

Olağanüstü yetkiler taşıyan bir meclisin Ankara'da toplanması kararı

Efendiler, 16 Martta İstanbul işgal edilir edilmez, hemen aldığım tedbirler arasında, daha birtakımları vardır ki, onları Büyük Millet Meclisi'nin ilk açılışında anlattığım için burada yeniden açıklamadım. Örnek olarak, Eskişehir ve Afyonkarahisar'daki yabancı birliklerin silâhlarının alınması veya oradan uzaklaştırılmaları, Geyve ve Ulukışla yakınlarındaki tahribi ve Anadolu'da bulunan yabancı subayların tutuklanması gibi tedbirlerle ilgili ayrıntıları, Büyük Millet Meclisi'nin ilk tutanaklarında okumuşsunuzdur. Bu tedbirler arasında en önemlisi; olağanüstü yetkiler taşıyan bir meclisin Ankara'da toplanmasını sağlama konusundaki millî ve vatanî görevimize ait karar ve bu kararın uygulanmasıdır.

Efendiler, bu konudaki kararımızı ve bu kararın nasıl uygulanacağını gösteren bir bildiriyi, 19 Mart 1920'de, yani İstanbul'un işgalinden üç gün sonra yayınladım.

Efendiler, bu konu üzerinde, iki gün kadar komutanlarla makine başında görüşerek düşüncelerini aldım. Ben ilk yazdığım müsveddede

«Kurucu Meclis» ([117]) deyimini kullanmıştım. Maksadım da toplanacak meclisin ilk anda «rejim» i değiştirme yetkisine sahip olmasını sağlamaktı. Fakat bu deyimin kullanılmasındaki maksadı gereğince açıklayamadığım veya açıklamak istemediğim için, halkın alışkın olmadığı bir deyimdir, gerekçesiyle Erzurum ve Sıvas'tan uyarıldım. Bunun üzerine «olağanüstü yetkiye sahip bir meclis» deyimini kullanmakla yetindim.

Valiliklere, Bağımsız Sancaklara ve Kolordu Komutanlarına

İtilâf Devletleri tarafından devlet merkezinin bile resmen işgali, devletin yasama, yargı ve yürütmeden ibaret olan millî güçlerini işlemez duruma sokmuş ve bu durum karşısında görev yapmaya imkân bulamadığını hükûmete resmen bildirerek. Meclis-i Mebʼusan dağılmıştır Şu halde, devlet merkezinin korunmasını, milletin bağımsızlığını ve devletin **kurtarılmasını sağlayacak tedbirleri** düşünmek ve uygulamak üzere, millet tarafından olağanüstü yetkiler taşıyan bir meclisin, Ankara'da toplantıya çağrılması ve dağılmış olan milletvekillerinden Ankara'ya gelebileceklerin de bu meclise katılmaları zarurî görülmüştür. Bu bakımdan aşağıda verilen talimat gereğince seçimlerin yapılması, yüksek ve derin vatanseverlik anlayışından beklenir : 267

1 — Memleket işlerini idare etmek ve denetlemek üzere, Ankara'da olağanüstü yetkilere sahip bir meclis toplanacaktır.

2 — Bu meclise üye olarak seçilecek kimseler, milletvekilleri ile ilgili yasa hükümlerine bağlıdırlar.

3 — Seçimlerde sancaklar esas alınacaktır.

4 — Her sancaktan beş üye seçilecektir.

5 — Seçim, her sancakta, o sancağın kendi ilçelerinden çağıracağı ikinci seçmenlerle, sancak merkezinden seçilecek ikinci seçmenlerden, sancak idare ve belediye meclisleriyle Müdafaa-i Hukuk yönetim kurullarından; illerde, il merkez kurullarıyla, il yönetim kurullarından, il merkezindeki belediye meclisinden, il merkezi ile merkez ilçesi ve merkeze bağlı ilçelerin ikinci seçmenlerinden oluşturulmuş bir kurul tarafından aynı günde ve aynı oturumda yapılır.

6 — Bu meclis üyeliğine, her parti, zümre ve dernek tarafından aday gösterilmesi mümkün olduğu gibi, her ferdin de bu kutsal mücadeleye fiilen katılması için bağımsız olarak adaylığını istediği yerden koyma hakkı vardır.

7 — Seçimlere her bölgenin en büyük sivil yöneticisi başkanlık edecek ve seçim güvenliğinden sorumlu olacaktır.

8 — Seçim, gizli oyla ve salt çoğunluk esasına göre yapılacak; oylar, kurulun kendi içinden seçeceği iki kişi tarafından ve kurul önünde sayılacaktır.

9 — Seçim sonunda, bütün kurul üyelerinin imzalayacakları veya kendi mühürleri ile mühürleyecekleri üç nüsha tutanak düzenlenecek; bir tanesi yerinde alıkonularak, öteki iki nüshadan biri seçilen şahsa verilecek, diğeri Meclis'e gönderilecektir.

10 — Üyelerin alacakları ödenek daha sonra Meclis'çe kararlaştırılacaktır. Ancak, geliş yollukları seçim kurullarının zarurî masraflar olarak uygun görecekleri miktar üzerinden mahallî idarelerce karşılanacaktır.

---

117) Meclis-i Müessisan.

11 — Seçimler, en geç on beş gün içinde Ankara'da çoğunlukla toplanmayı sağlayacak şekilde tamamlanarak, üyeler hareket edecek ve sonuç üyelerin adlarıyla birlikte derhal bildirilecektir.

12 — Telgrafın alındığı saat bildirilecektir.

Dağıtım : Kolordu komutanlarına, valiliklere ve bağımsız sancaklara tebliğ edilmiştir.

Hey'et-i Temsiliye adına
Mustafa Kemal

Efendiler, bir hafta icinde, çeşitli yerlerden Ankara'ya gelmekte olan milletvekilleriyle, telgrafla haberleşilerek bizzat temasa geçildi. Kendilerine, üzüntülerinin giderilmesine, maneviyatlarının yükseltimesine yarayacak bilgiler verildi. İstanbul'da artık dâvâmızı yürütecek kimse kalmamıştı. Aylarca ve çeşitli yol ve yöntemlerle yaptığımız uyarmalara rağmen, bizim dediğimiz şekilde teşkilât kurmayıp Karakol Cemiyeti'nin kurulmasına çalışanların başları Malta'ya gitmiş, İstanbul'daki üyelerinin hayat ve faaliyetlerinden eser kalmamıştı. Orada yeniden teşkilât kurabilmek için çok zahmetli çalısmalara ve o günkü durumumuza göre imkânlarımızın üstünde para harcamaya mecbur oldum. 268

Saygıdeğer Efendiler, genel konuşmalarım arasında bir iki yerde, benim İstanbul'daki Meclis-i Meb'usan'a başkan seçilmem konusundan ve bundaki maksattan bahsetmiştim. Bunun gerçekleştirilememiş olması dolayısıyla küçük bir güçlükle karşılaştığımı da arz etmiştim. Gerçekten de, İstanbul'da Meclis saldırıya uğrayıp dağılınca, milletvekillerini toplamak ve özellikle daha önce de açıkladığım üzere bir meclis kurulmasına teşebbüs edebilmek için bir an kararsızlık geçirdim. Meclis-i Meb'usan Başkanı olan Celâlettin Arif Bey'in Ankara'ya gelip gelmeyeceğini şüphesiz bilemiyordum. Gelmesi halinde, onun gelişini beklemeyi ve daveti onun vasıtasıyla yaptırmayı düşündüm. Ne var ki, durum çok acele hareket etmemizi gerektiriyordu. Gerçekleşip gerçekleşmeyeceği bilinmez bir ihtimale bağlanarak vakit kaybetmeyi ihtiyata uygun bulmadım. Fakat vereceğim kararın uygulanmasını sağlamak için de, bir iki gün telgraf başında, bütün komutanların görüşlerini almakla vakit geçirme gereğini duydum. Celâlettin Arif Bey'le 27/28 Mart gecesi Düzce'ye varışında bağlantı kurulmuştu. Kendisine şu telgrafı yazdım :

Sayı : 34 **Ankara, 27.3.1920**

Düzce'de Meclis-i Meb'usan Başkanı Sayın Celâlettin Arif Beyefendi'ye

İstanbul'un resmen ve fiilî olarak İngilizler tarafından işgaliyle devlet kuvvetlerinin baskı ve esareti altına alınmış, Meclis-i Meb'usan'a saldırılarak milletin istiklâl ve namusuna tecavüz edilmiş olması ve bu yüzden milletvekillerinin memleketin kaderi ile ilgili görevlerini yerine getirmeyi başaramayacaklarını anlayarak milletin bağrına sığınmak mecburiyetinde kalmaları dolayısıyla, devlet ve milletin bütün kuvvetlerini hüküm ve denetimi altında bulunduracak olağanüstü bir meclisin toplanmasına şiddetle ihtiyaç duyulmuş olduğundan, Hey'et-i Temsiliye'nin, Ankara'da olağanüstü yetkilere sahip bir meclisin toplanmasına karar verdiği ve gereğinin yapılmasının her yere genelge ile bildirildiği yüksek malûmlarıdır. Bu konudaki 19.3.1920 tarihli bildiri metnini inceledikten sonra, içindekileri bir kere daha belirtmek ve seçimlerin en kısa zamanda yapılarak meclisin bir an önce toplanmasını sağlamak için, bu görüşümüzün sizin tarafınızdan da bir bildiri şeklinde kamuoyuna şimdiden duyurulmasını yararlı buluyoruz.

Değerli cevabınızı beklemekteyim, efendim.

Mustafa Kemal

Celâlettin Arif Bey'in verdiği cevap şudur:

Ankara'da Mustafa Kemal Paşa Hazretleri'ne

Celâlettin Arif Bey'le görüş ayrılığı

Söz konusu edilen 19.3.1920 tarihli bildiriyi görmedim. Olağanüstü bir meclisin toplanması her ne kadar yerinde ise de, böyle bir meclisin, elden geldiği kadar kanuna dayanması gereklidir. Gerçi, bizim Anayasa'mızda böyle olağanüstü bir meclisin toplanabilmesi ile ilgili bir işaret yoksa da, başka anayasalarda bulunan hükümlerden yararlanılabilir. Söz gelişi, Fransız anayasasına göre, meclis kanunsuz olarak dağıtılır veya bir saldırıya uğrarsa, saldırıya uğrayan meclis üyelerinden kurtulabilenler, vilâyet ve sancak idare meclislerinden seçilecek ikişer üye ile birlikte uygun bir yerde toplanırlar. Meclisin yeniden açılması veya saldırının önlenmesi için kararlar alırlar. Bu meclisin kararları mutlaktır, uyulması zarurîdir. Bu kararları dinlemeyenler vatan hainliği ile suçlandırılırlar. Bendeniz de bu yolu düşünmekte idim.

19.3.1920 tarihli bildirinin ne gibi esaslara dayandığı anlaşıldıktan sonra, Ankara'ya varışımda yapacağım görüşmeler sonunda, bir bildiri hazırlamak düşüncesindeyim. Yine görüşürüz. Makine başında yanımda bulunan İsmail Fazıl Paşa ile Saruhan Milletvekili Reşit Bey'le birlikte saygılarımızı sunarak veda ederiz. Arkadaşlarımdan Kırşehir milletvekili Rıza Bey de saygılarını sunuyor ve kendisinin de Bolu'da bulunduğunun Keskin'deki babasına haber verilmesini istirham ediyor, efendim.

Celâlettin Arif

Bu cevap telgrafında yazılanlar dikkatle gözden geçirilirse, Celâlettin Arif Bey ile görüşlerimiz arasında büyük ayrılık olduğu kolaylıkla farkedilir. Ben, olağanüstü yetkilere sahip bir meclisin Ankara'da toplanmasına karar verirken, bizim Anayasa'mızda böyle bir meclisin toplanmasıyla ilgili bir işaret bulunmadığını elbette bilirdim. Fakat kararımı verebilmek için böyle bir işaretin var olup olmadığını düşünmek asla hatırıma gelmedi. Bundan başka, saldırıya uğrayan meclis üyelerinden kurtulabilenlerle vilâyet ve sancakların idare meclislerinden seçilecek ikişer üyeyle birlikte, Meclis-i Meb'usan'ın yeniden eski şekil ve niteliğinde toplanmasını sağlamak için çalışmayı asla hatırıma getirmedim. Aksine, büsbütün başka nitelik ve yetkide, sürekli bir meclis kurmayı ve bu meclisle, tasavvur ettiğim inkılâp safhalarını birlikte geçirmeyi düşündüm. Buna göre biribirleriyle zıtlaştığına şüphe etmediğim düşüncelerimizin, görüştükten sonra da birleşmesine imkân bulunacağına ümidim kalmadı. Bununla birlikte 19 Mart 1920 tarihli bildirimi telgrafla C e l â l e t t i n A r i f B e y'e verdirdim. Ertesi gün aldığım cevap şuydu : 270

Düzce, 28.3.1920

Ankara'da Mustafa Kemal Paşa Hazretleri'ne

Yüksek Hey'et-i Temsiliye'nizin 19.3.1920 tarihli genel bildirisi incelendi. İçindeki maddeler ana hatlarıyla bendenizin düşündüğü esaslara uygundur. Bu bakımdan, bendenizin Ankara'ya gelişinden sonra, görüşülerek ayrıca bir bildirinin yayınlanması tabiîdir. Yarın ister istemez Bolu'da kalınarak 29 Mart 1920'de Ankara'ya hareket edileceği saygıyla arz olunur.

Meclis-i Meb'usan Başkanı
Celâlettin Arif

Celâlettin Arif Bey Meclis-i Meb'usan Başkanlığını bırakmıyor

C e l â l e t t i n A r i f B e y, bildirimizi inceledikten sonra, içindekilerin, düşündüğü esaslara genellikle uygun olduğunu söylemekle birlikte, bu esas ları destekler nitelikte bir bildiri yazıp ilân etmiyor. Bunu Ankara'ya geldikten ve görüşmeler yaptıktan sonraya bırakıyor.

Efendiler, C e l â l e t t i n A r i f B e y, Ankara'ya geldikten sonra, kendisiyle ve diğer bazı hukukçularla bu konu üzerinde uzun süren görüşmeler ve tartışmalar yapıldı. Fakat aldanmıyorsam, C e l â l e t t i n A r i f B e y, hiçbir vakit benim Büyük Millet Meclisi'nin nitelik ve yetkisi hakkındaki görüşüme katılmamıştır. O, daima toplanmış olan hey'etin esas görevini, İstanbul Meclis-i Meb'usan'ının toplanmasını sağlamaktan ibaret olarak görmüş ve kendisini de daima İstanbul'daki Meclis-i Meb'usan'ın Başkanı saymıştır. Bu kanaatta yanılmadığımı gösteren ufak bir hâtıramı müsaade ederseniz bilginize sunayım.

Ben, Türkiye Büyük Millet Meclisi Başkanı ve kendisi İkinci Başkan bulunduğu sırada, bir gün, Başkanlık Divanı toplantısında, C e l â l e t t i n A r i f B e y'in, ödenek meselesini açtığını ve kendisinin Meclis-i Meb'usan Başkanı olması dolayısıyla o makama ait ödenek isteğinde bulunduğunu, o tarihte Meclis Genel Sekreteri olarak bulunan R e c e p B e y anlattı. Yüksek malûmlarınızdır ki, o devirde Meclis Başkanı ve İkinci Başkanı ile diğer başkanlar ve Meclis üyelerinin ödenekleri arasında fark yoktu. C e l â l e t t i n A r i f B e y, Meclis-i Meb'usan Başkanı sıfatıyla yalnız kendisini ayrı tutarak, fazla ödenek almanın kanunî hakkı olduğundan bahsediyordu. Ben Başkanlık Divanı'nın bu meselenin çözümünde yetkili olmadığını, kendisi bu istek ve iddiada ısrar ederse, konuyu Meclis Genel Kurulu'na sunarak, alınacak karara göre hareket edilebileceğini ileri sürdüm. C e l â l e t t i n A r i f B e y, Meclis önüne çıkmayı uygun bulmayarak isteğinden vazgeçti.

Seçimler sırasında bazı yerlerdeki büyük hükûmet memurlarının çıkardıkları güçlükler

Saygıdeğer Efendiler, 19 Mart 1920 tarihli talimat gereğince, memleketin her tarafında seçimler, sür'atle ve ciddiyetle yapılmaya başlandı. Yalnız, bazı yerlerde kararsızlık ve direnmeler görüldü. Bunlardan bazıları kısa, bazıları uzunca bir süre bu kararsızlık ve direnmelerinde ısrar ettiler. Ancak sonunda, bütün seçim bölgelerinin milletvekilleri, Büyük Millet Meclisi'nde, bütün milletin ve memleketin temsilcisi olarak hazır bulundular. Kararsızlık ve direnme gösteren bazı yerler şunlardı: 271

Dersim, Malatya, Elâzığ, Konya, Diyarbakır, Trabzon... Efendiler, gerçek durumu belirtmiş olmak için şunu da açıklamalıyım ki, kararsızlık ve direniş gösteren bu seçim bölgelerinin halkı değildir. Belki o tarihte, o bölgelerde bulunan sivil idare âmirleridir. Halk, gerçeği anlar anlamaz, derhal milletin ortak isteğine katılmakta asla kararsızlık göstermemiştir.

Şimdi Efendiler, yeniden inkılâbın tabiî sonuçlarından sayılan olaylardan bazılarına temas edelim:

Samsun'daki subaylar arasında sözde Padişah taraftarlığı varmış

3'üncü Kolordu Komutanı S e l â h a t t i n B e y'den aldığım 29 Mart 1920 tarihli bir şifrede, «Samsun'da bulunan 15'inci Tümen'in maneviyatının bozuk olduğundan ve sözde, subaylar arasında Padişah taraftarlığı bulunduğundan» söz ediliyordu. «Subaylar, Padişah aleyhinde verilecek emirleri yerine getirmeyeceklerini komutanlarına bildirmişler. Baskı yapılırsa, görevlerini terketmeleri ihtimali varmış. İstanbul'dan gelen yolculardan ve gazetelerden, işgalin ikinci günü, elkonmuş olan binaların hepsinin boşaltıldığı, S a l i h P a ş a'nın yerinde olduğu, Âyân Meclisi'nin görevine devam ettiği ve son cuma selâmlığında, Harbiye ve Bahriye Nâzırları da hazır bulunarak, gerekli törenin eskiden olduğu gibi yapıldığı anlaşılmış...» «Şu duruma göre, İstanbul'da bir hükûmet varken, bu hükûmetin haberi olmadan yapılan işler nedir?» diyorlarmış. Subayların bu düşünce ve davranışlarını bildiren 15'inci Tümen Komutanı şu görüşleri ileri sürüyordu: «Burada bir subayı hapsetmenin olağanüstü bir durum yaratması düşünülemez. Ancak, bundan yararlanarak Anadolu üzerine yürümek gibi olaylar meydana gelecektir. İzmir cephesinde Kuva-yı Milliye'ye nasıl hizmet gördürüldüğünü bilemiyorum. Zannederim, bunlar para ile çalıştırılmaktaymış. Bir savaş çıktığında, bütün halka maaş verilemeyeceği meydanda olduğundan, Kuva-yı Milliye adı altındaki mevcut kuvvetten orada da hiçbir kuvvet kalmayacağına eminim. Ordu birliklerine gelince, şimdiden firar olayları başlamıştır. Parasızlık böyle devam ettikçe ve İstanbul'da merkezî hükûmet bulundukça subaylardan bile şüphe ederim.» Bundan başka, 3'üncü Kolordu Komutanı S e l â h a t t i n B e y, vermiş olduğumuz talimat gereğince, Amasya'ya gelen kontrol memuru F o r b e s adındaki yüzbaşıyı tutuklamış. Samsun'a bir İngiliz temsilcisi yüzbaşı gelmiş. S e l â h a t t i n B e y'e, Yüzbaşı F o r b e s'in bir dakika bile geçirilmeden Samsun'a gönderilmesini yazmış; aksi takdirde, S e l â h a t t i n B e y'in sorumlu olacağını ilâve etmiş. Bu konudaki düşüncemi soran S e l â h a t t i n B e y'e, vereceği cevap hakkında şu tavsiyede bulundum: «F o r b e s'i tutuklayan ben değilim; hükûmet merkezleri, Ateşkes Anlaşması'na ve insanlığa aykırı olarak işgal edilen millettir. Bu bakımdan serbest bırakılmasını da ancak millet yapabilir.» Buna rağmen, bu F o r b e s memleketten çıkarılmakla yetinilmiş, tutuklanmamıştır.

Bolu Mutasarrıfı H a y d a r Be y'in 9 Nisan 1920 tarihli kısa bir şifresinden, Adapazarı ile Hendek arasında bulunan ve Çatalköprü denilen yerdeki köprülerle Mudurnu Suyu köprüsünün Kuva-yı Milliye'nin aleyhinde olanlar tarafından tahrip edildiği anlaşıldı. 272

Bolu ve dolaylarının Komutanı M a h m u t N e d i m B e y'in, Düzce'den yazdığı 9 Nisan 1920 tarihli şifresinden de, 8 Nisanda Adapazarı'nda Kuva-yı Milliye aleyhine gösteriler yapıldığı, Hendek ile Adapazarı arasında telgraf ve telefon hatlarının kesildiği, Düzce Abazalarından tarafsız kalanların da muhaliflere katılmak üzere hareket ettikleri anlaşıldı. Hendek ile Adapazarı arasında, Mudurnu Suyu üzerindeki büyük köprünün tahribi dolayısıyla ulaşımın kesilmiş olduğu da anlaşılıyordu. Bu bilgiler üzerine, Gevye'de bulunan 24'üncü Tümen Komutanı M a h m u t B e y'in dikkati çekildi.

Nevşehir'de de, Nevşehir Kaymakamı N e d i m B e y'in başkanlığında Teâlî-i İslâm Cemiyeti'nin bir şubesi kurulmuş. Verilen raporda, cemiyetin en bozguncu üyelerinden sekiz kişinin Niğde'ye gönderildiği bildiriliyordu. Bu cemiyetin üyeleri, «Padişah'tan başka hiçbir kuvvet tanımayız. Kuva-yı Milliye'yi dağıtmak için mal ve can bakımından bütün kuvvetlerimizi feda etmeye yemin ettik» diyorlarmış. Her gece toplantı yapıyorlarmış. İleri gelenleri, Niğde'deki Tümen Komutanı'nın gönderdiği bir müfreze ile tutuklanmış.

Türkiye Büyük Millet Meclisi toplanıyor

Efendiler, bu türlü olaylara bundan sonra daha geniş çapta rastlayacağız. Büyük Millet Meclisi'nin toplanmasını ve açılmasını sağlamaya çalıştığımız günlerde, bizi en çok uğraştıran, Düzce, Hendek, Gerede gibi Bolu bölgesindeki yerlerden başlayıp, Nallıhan, Beypazarı üzerlerinden Ankara'ya yaklaşacak kadar genişleyen gericilik ve isyan dalgaları olmuştur. Ben bir taraftan bu dalgaların durdurulmasına çalışırken, bir taraftan da Ankara'da toplanmakta olan ve genel durumu daha iyice bilmeyen milletvekillerini dehşete düşürecek olaylar karşısında bırakmamak ve böyle durumların ortaya çıkmasıyla Meclis'in toplanamaması gibi uğursuz ihtimalleri önlemek çarelerini, düşünüyordum. Bunun için Meclis'in açılmasında acele ediyordum. Nihayet, gelebilmiş olan milletvekilleriyle yetinerek, Meclis'in, Nisanın 23' üncü Cuma günü açılmasına karar verdik. Bu karar üzerine, 21 Nisan 1920 tarihinde bütün memlekete yaptığım tebligat metnini, o günün duygu ve düşüncelerine ne kadar uymak zorunda kalındığını gösteren bir belge olmak bakımından aynen bilgilerinize sunmayı yerinde buluyorum.

Telgraf : çok ivedi
Ankara'ya acele yazı gönderilmesi — **Ankara, 21.4.1920**

Kolordulara (14' üncü Kolordu Komutan Vekilliğine), 61' inci Tümen Komutanlığına, Refet Beyefendi'ye, Bütün Valiliklere, Bağımsız Sancaklara, Müdafaa-i Hukuk Merkez Hey'etlerine, Belediye Başkanlıklarına

1 — Tanrının lûtfuyla Nisanın 23' üncü Cuma günü, cuma namazından sonra, Ankara'da Büyük Millet Meclisi açılacaktır. 273

2 — Vatanın istiklâli, yüce Hilâfet ve Saltanat makamının kurtarılması gibi en önemli ve hayati görevleri yapacak olan Büyük Millet Meclisi'nin açılış gününü cumaya rastlatmakla, o günün kutsallığından yararlanılacak ve bütün sayın milletvekilleriyle Hacı Bayram Veli Câmi-i Şerifinde cuma namazı kılınarak Kur'an'ın ve namazın nurlarındanda feyz alınacaktır. Namazdan sonra, Sakal-ı Şerif [118] ve Sancâk-ı Şerif [119] alınarak Meclisin toplanacağı yere gidilecektir. Meclise girmeden önce bir dua okunarak kurbanlar kesilecektir. Bu merasimde Câmi-i Şerîf'ten başlayarak Meclis binasına kadar Kolordu Komutanlığı'nca askerî birliklerle özel tören düzeni alınacaktır.

3 — Açılış gününün kutsallığını belirtmek için bu günden başlayarak vilâyet merkezinde, Vali Beyefendi Hazretleri'nin düzenleyeceği şekilde, hatim indirilmeye ve Buhari-i Şerif [120] okunmaya başlanacak ve Hatm-i Şerif'in son kısımları uğur getirsin diye cuma günü namazdan sonra Meclis'in toplanacağı yerin önünde tamamlanacaktır.

4 — Kutsal ve yaralı vatanımızın her köşesinde bu günden itibaren aynı şekilde Hatm-i Şerifler indirilmesine ve Buhari-i Şerif okunmasına başlanarak, cuma günü ezandan önce minarelerde salâ verilecek, hutbe okunurken, Halifemiz, Padişahımız Efendimiz Hazretleri'nin mübarek adları anılırken, Padişah Efendi-

---

118) Lihye-i Saadet: Sakal-ı Şerif, Hazret-i Muhammed'in sakallarının kırpıntısından toplanıp muhafaza edilen kıl.

119) Kutsal sancak.

120) Buharalı ünlü hadis bilgininin, Hazreti Muhammed'in sözlerini içine alan hadis kitabı.

miz'in yüce varlıklarının, şanlı ülkesinin ve bütün tebaasının bir an önce kurtulmaları ve saadete kavuşmaları için ayrıca dua okunacak ve cuma namazının kılınmasından sonra da hatim tamamlanarak yüce Hilâfet ve Saltanat makamı ile bütün vatan topraklarının kurtuluşu için girişilen Millî Mücadele'nin önemini ve kutsallığını, milletin her bir ferdinin, kendi vekillerinden meydana gelmiş olan bu Büyük Millet Meclisi'nin vereceği vatanî görevleri yapmaya mecbur olduğunu anlatan vaazlar verilecektir. Daha sonra, Halife ve Padişah'ımızın, din ve devletimizin, vatan ve milletimizin kurtuluşu, selâmeti ve istiklâli için dua edilecektir. Bu dinî ve vatanî merasim yapıldıktan ve camilerden çıkıldıktan sonra, Osmanlı vilâyetlerinin her tarafında, hükûmet konağına gelinerek Meclis'in açılmasından dolayı resmî tebrikler yapılacaktır. Her tarafta cuma namazından önce uygun şekilde Mevlid-i Şerîf okunacaktır.

5 — Bu tebliğin hemen yayınlanarak her tarafa ulaştırılabilmesi için her vasıtaya başvurulacak, sür'atle en ücra köylere, en küçük askerî birliklere, memleketin bütün teşkilât ve kuruluşlarına ulaştırılması sağlanacaktır. Ayrıca, büyük levhalar halinde her tarafa asılacak ve mümkün olan yerlerde bastırılıp çoğaltılarak parasız dağıtılacaktır.

6 — Yüce Tanrı'dan tam bir başarıya ulaştırması niyaz olunur.

Hey'et-i Temsiliye adına
Mustafa Kemal

22 Nisan 1920 tarihinde de şu küçük tebliği yayınladım:

Telgraf
Dakika geciktirilmeyecektir. **22.4.1920** **274**

Bütün Valiliklerle, Müstakil Sancaklara, Kolordulara, Nazilli'de Albay Refet Beyefendi'ye, Bursa'da 20' nci Kolordu Komutanı Ali Fuat Paşa Hazretleri'ne, Bursa'da 56' ıncı Tümen Komutanı Albay Bekir Sami Beyefendi'ye, Balıkesir'de 61' inci Tümen Komutanı Albay Kâzım Beyefendi'ye

Tanrı'nın lûtfuyla Nisanın 23' üncü Cuma günü Büyük Millet Meclisi açılarak çalışmaya başlayacağından, o günden itibaren askerî ve sivil bütün makamlarla bütün milletin tek merciinin Büyük Millet Meclisi olacağı bilgilerinize sunulur.

Heyet-i Temsiliye adına
Mustafa Kemal

Saygıdeğer Efendiler,

Şimdiye kadar bilginize sunmuş olduğum hususlar, şahsım ve Hey'et-i Temsiliye adına üzerinde durduğum olayların açıklanmasıyla ilgiliydi. Bundan sonra söyleyeceklerim, Türkiye Büyük Millet Meclisi'nin açılışından ve hükûmetin kuruluşundan bugüne kadar meydana gelmiş olan olayları ve değişiklikleri içine alacaktır. Burada söyleyeceklerim, aslında herkes tarafından açıkça bilinen veya kolaylıkla bilinmesi mümkün olan olayların safhaları ile ilgilidir. Gerçekte, Meclis tutanaklarında, Bakanlıkların dosyalarında, basın kolleksiyonlarında bu olay ve hâdiselerin belgeleri kayıtlı ve saklı bulunmaktadır. Bu bakımdan ben, bütün bu olayların genel akışını işaret ve tespit etmekle yetineceğim. Maksadım, inkılâbımızın incelenmesinde tarihe yardımcı olmaktır. Bütün bu olay ve hâdiselerin akışında, Türkiye Büyük Millet Meclisi ve Hükûmeti'nin Başkanı, Başkomutan ve Cumhurbaşkanı sıfatlarını taşımış olmaktan çok, teşkilâtımızın genel başkanı olarak kendimi bu görevi yerine getirmeye mecbur sayarım.

V

Türk milletinin takip etmesi gereken siyasî ilke: Millî siyaset

Efendiler, Meclis'in açıldığı ilk günlerde, Meclis'e, içinde bulunduğumuz durum ve şartları açıklayarak, takip edilmesini ve uygulanmasını yerinde bulduğum görüşlerimi arz ettim. Bu görüşlerin başlıcası, Türkiye'nin, Türk milletinin takip etmesi gereken siyasî ilke ile ilgiliydi. 275

Bilindiği gibi, Osmanlılar zamanında, çeşitli siyasî ilkeler takip edilmiş ve edilmekteydi. Ben, bu siyasî ilkelerin hiçbirinin, yeni Türkiye'nin siyasî şekillenmesinde ilke olarak kabul edilemeyeceğine inanmıştım. Bunu Meclis'e anlatmaya çalıştım. Bu nokta üzerinde daha sonra da çalışmaya devam edilmiştir. Bu hususla ilgili olarak, öteden beri söylediklerimin ana noktalarını, burada hep birlikte hatırlamayı yararlı bulurum.

Efendiler, bilirsiniz ki, hayat demek, mücadele ve müsademe ([121]) demektir. Hayatta başarı kazanmak, mutlaka mücadelede başarı kazanmaya bağlıdır. Bu da maddî ve manevî güç ve kudrete dayanır bir husustur.

---

121) Mücadele ve müsademe: uğraşma ve kavga.

Bir de, insanların uğraştığı bütün meseleler, karşılaştığı bütün tehlikeler, elde ettiği başarılar, toplumca yapılan genel bir mücadelenin dalgaları içinden doğagelmiştir. Doğulu kavimlerin Batılı kavimlere taarruz ve hücumu tarihin bellibaşlı bir safhasıdır. Doğu milletleri arasında, Türklerin başta geldiği ve en güçlüsü olduğu bilinmektedir. Gerçekten de Türkler, İslâmlıktan önce ve İslâmlıktan sonra Avrupa içerisine girmişler, saldırılar, istilâlar yapmışlardır. Batı'ya saldıran ve İspanya'yı zaptederek Fransa sınırlarına kadar uzanan Araplar da vardır. Fakat Efendiler, her saldırıya, daima bir karşı saldırı düşünmek gerekir. Karşı saldırı ihtimalini düşünmeden ve ona karşı güvenilir bir tedbir bulmadan saldırıya geçenlerin sonu, yenilmek, bozguna uğramak ve yok olmaktır.

Batı'nın Araplara yaptığı karşı saldırı, Endülüs'te acı ve ibret alınmaya değer bir tarihî felâketle başladı. Fakat orada bitmedi. Kovalama Kuzey Afrika'ya kadar sürüp gitti.

A t t i l â 'nın Fransa ve Batı-Roma topraklarına kadar yayılmış olan imparatorluğunu hatırladıktan sonra, bakışlarımızı, Selçuklu Devleti'nin yıkıntıları üzerinde kurulmuş olan Osmanlı Devleti'nin, İstanbul'da Doğu Roma İmparatorluğu'nun taç ve tahtına sahip olduğu devirlere çevirelim. Osmanlı hükümdarları arasında Almanya'yı, Batı Roma'yı zaptederek çok büyük bir imparatorluk kurma teşebbüsünde bulunmuş olanı vardı. Yine, bu hükümdarlardan biri, bütün İslâm dünyasını bir merkeze bağlayarak yönetmeyi düşündü. Bu amaçla Suriye'yi ve Mısır'ı zaptetti. «Halife» ünvanını takındı. Diğer bir sultan da hem Avrupa'yı zaptetmek, hem de İslâm dünyasını hüküm ve idaresi altına almak gayesini güttü. Batı'nın sürekli karşı saldırısı, İslâm dünyasının hoşnutsuzluk ve isyanı ve bu şekilde bütün dünyayı ele geçirme tasavvur ve emellerinin aynı sınırlar içine aldığı çeşitli unsurların uyuşmazlıkları, sonunda, benzerleri gibi, Osmanlı İmparatorluğu'nu da tarihin sinesine gömdü.

Efendiler, dış siyasetin en çok ilgili bulunduğu ve dayandığı temel, devletin iç teşkilâtıdır. Dış siyasetin iç teşkilâtla uyarlı olması gerekir. Batı'da ve Doğu'da, başka başka karaktere, kültüre ve ülküye sahip biribirinden farklı unsurları tek sınır içinde toplayan bir devletin iç teşkilâtı, elbette temelsiz ve çürük olur. O halde, dış siyaseti de köklü ve sağlam 276
olamaz. Böyle bir devletin iç teşkilâtı özellikle millî olmaktan uzak olduğu gibi, siyasî ilkesi de millî olamaz. Buna göre, Osmanlı Devleti'nin siyaseti millî değil, belirsiz, bulanık ve kararsızdı.

Çeşitli milletleri, ortak ve genel bir ad altında toplamak ve bu çeşitli unsurlardan oluşan kitleleri eşit haklar ve şartlar altında bulundurarak güçlü bir devlet kurmak, parlak ve çekici bir siyasî görüştür. Fakat aldatıcıdır. Hattâ, hiçbir sınır tanımayarak, dünyadaki bütün Türkleri bile bir devlet halinde birleştirmek, varılması imkânsız bir hedeftir. Bu, yüzyılların ve yüzyıllarca yaşamakta olan insanların çok acı, çok kanlı olaylarla meydana koyduğu bir gerçektir.

Panislâmizm ([122]) ve Panturanizm ([123]) siyasetinin başarıya ulaştığına ve dünyayı uygulama alanı yapabildiğine tarihte tesadüf edilememektedir. Irk ayrılığı gözetmeksizin, bütün insanlığı içine alan tek bir dünya devleti kurma hırslarının sonuçları da tarihe yazılmıştır. İstilâcı ([124]) olmak hevesleri konumuzun dışındadır. İnsanlara her türlü şahsî duygu ve bağlılıklarını unutturup, onları tam bir kardeşlik ve eşitlik içinde birleştirerek, insancı bir devlet kurma teorisinin de kendine göre şartları vardır.

Bizim, kendisinde açıklık ve uygulama imkânı gördüğümüz siyasî ilke, millî siyasettir. Dünyanın bugünkü genel şartları, yüzyılların dimağlarda ve karakterlerde yerleştirdiği gerçekler karşısında hayalci olmak kadar büyük yanılgı olamaz. Tarihin ifadesi budur, ilmin, aklın, mantığın ifadesi böyledir.

Milletimizin, güçlü, mutlu ve istikrarlı yaşayabilmesi için, devletin bütünüyle millî bir siyaset izlemesi, bu siyasetin iç teşkilâtımıza tam olarak uyması ve ona dayanması gerekir. Millî siyaset dediğim zaman kastettiğim anlam ve öz şudur: Millî sınırlarımız içinde, her şeyden önce kendi kuvvetimize dayanmakla varlığımızı koruyarak, millet ve memleketin gerçek saadet ve refahına çalışmak... Genellikle milleti uzun emeller peşinde yorarak zarara sokmamak... Medenî dünyadan, medenî, insanî ve karşılıklı dostluk beklemektir.

Hükûmetin kurulması

Efendiler, Meclis'e teklif ettiğim önemli bir husus da hükûmetin kurulması konusuydu. Bu meselenin ve bununla ilgili bir teklifte bulunmanın, o devir için ne kadar nazik olduğunu takdir buyurursunuz.

Gerçek, Osmanlı saltanatının ve hilâfetin yıkılmış ve ortadan kalkmış olduğunu düşünerek yeni temellere dayanan, yeni bir devlet kurmaktan ibaretti. Fakat durumu olduğu gibi dile getirmek, amacın büsbütün kaybedilmesine yol açabilirdi. Çünkü, halkın düşünce ve eğilimleri. daha Padişah ve Halife'nin mazur durumda bulunduğu yolundaydı. Hattâ. Meclis'te, ilk anda, hilâfet ve saltanat makamıyla temas kurmak ve İstanbul Hükûmeti'yle uzlaşma aramak akımı başgöstermişti.

---

122) İslâmcılık: Müslüman milletleri tek elden yönetme ideali.

123) Turancılık.

124) Bir ülkeyi kuvvet kullanarak ele geçiren ve yayılan.

İstanbul'daki şartların, Halife ve Padişah ile ne açıkça ne de özel ve gizli olarak görüşmeye elverişli olmadığını açıklamaya çalıştım. Böyle bir temasla ne anlamak istediğimizi sordum. Eğer «milletin, bağımsızlığını kazanmak ve vatanın bütünlüğünü sağlamak için çalışmakta olduğunu haber vermek için ise, buna gerek yoktur. Çünkü, Padişah ve Halife olan zatın da bundan başka bir şey düşünmesine ve istemesine imkân var mıdır? Bunun aksini ağzından işitsem inanmam; mutlaka zorlama ve baskı altında söyletildiğini kabul ederim» dedim. Aleyhimizde çıkarılmış olan fetvanın uydurma olduğunu, İstanbul Hükûmeti'nin emir ve bildirilerinin yoruma muhtaç bulunduğunu söyleyerek, bazı zayıf kalpli ve kıt düşünceli kimselerin göstermek istedikleri ihtiyatı gerekli bulmadığımızı belirttim.

Millî hâkimiyet temeline dayanan halk hükûmeti : Cumhuriyet

Şunu arz etmek istiyorum ki, hükûmetin kurulması ile ilgili bir teklif ileri sürmeden önce, duygu ve düşünceleri gözönünde bulundurmak zarureti vardı. Bu zarurete uymakla birlikte, asıl maksadı saklı tutan teklifimi bir önerge halinde sundum. Kısa bir tartışma ile ve bazı itirazlara rağmen kabul edildi.

Bu önergeyi bugün gözden geçirecek olursak, orada esaslı ilkelerin tespit ve ifade edilmiş olduğunu görürüz.

Müsaade buyurursanız, bu ilkeleri burada birer birer belirterek sayacağım :

1 — Hükûmetin kurulması zarurîdir.

2 — Geçici olarak bir hükûmet başkanı seçmek veya Padişah'a bir vekil tanımak mümkün değildir.

3 — Meclis'te yoğunlaşan millî iradenin, doğrudan doğruya vatanın mukadderatına el koymuş olduğunu kabul etmek temel ilkedir. Türkiye Büyük Millet Meclisi'nin üstünde bir kuvvet yoktur.

4 — Türkiye Büyük Millet Meclisi yasama ve yürütme yetkilerini kendisinde toplar.

Meclis'ten seçilecek ve vekil olarak görevlendirilecek bir hey'et, hükûmet işlerine bakar. Meclis başkanı, bu hey'etin de başkanıdır.

Not : Padişah ve halife, baskı ve zorlamadan kurtulduğu zaman, Meclis'in düzenleyeceği kanunî esaslar çerçevesinde durumunu alır.

Efendiler, bu ilkelere dayanan bir hükûmetin niteliği kolaylıkla anlaşılabilir. Böyle bir hükûmet, **millî hakimiyet temeline dayanan halk hükûmetidir. Cumhuriyet'tir.**

Böyle bir hükûmetin kurulmasında ana ilke, kuvvetler birliği teorisidir. Zaman geçtikçe bu ilkelerin taşıdığı kavramlar anlaşılmaya başladı. İşte o zaman tartışmalar ve olaylar biribirini kovaladı.

Türkiye Büyük Millet Meclisi, başkanlığına beni seçti

Saygıdeğer Efendiler, açık ve gizli oturumlarda, bir iki gün süren konuşma ve açıklamalardan ve işaret ettiğim ilkeleri içine alan teklifi yaptıktan sonra, yüce Meclis beni başkanlığa seçmekle bana karşı genel güvenini gösterdi.

Burada ufak bir noktayı da açıklamalıyım:

Hatırlarsınız ki, oluşmaya başlayan millî birliği, milletin coşmasına ve uyanmasına bağlamaktan çok, şahsî teşebbüs eseri sayıyorlardı. Bu arada benim teşebbüslerde bulunmamın engellenmesini önemli görüyor- 278
lardı... Beni millete ve hükûmete reddettirmekten ve lânetletmekten yarar umuyorlardı. Yapılan propaganda da: «Ben reddedildiğim ve lânetlendiğim takdirde, millet ve devlet aleyhinde hiçbir harekette bulunulmayacak... Bütün kötülüklerin sebebi benim şahsımdır. Bir adam için, bir milletin pek çok tehlikeleri göze alması akla sığmaz» şeklindeydi. Hükûmet ve düşmanlar, benim şahsımı, millete karşı bir silâh gibi kullanıyordu. Bu sebeple, 24 Nisan 1920 günü, gizli bir oturumda, Meclis'e bu durumu açıkladım. Başkanlık seçiminde, bunun da bir sakınca olarak dikkate alınmasını ve yalnız millet ve memleketin selâmeti düşünülerek oy ve kararlarının isabetle verilmesini rica ettim.

***

Bakanlar Kurulunun kurulması

Efendiler, Büyük Millet Meclisi, Bakanlar'ın (125) seçimi ile ilgili 2 Mayıs 1920 tarihli kanunla, Genelkurmay işlerini de yürütmek üzere, Büyük Millet Meclisi'nde 11 bakanlı bir Bakanlar Kurulu (126) meydana getirdi.

Görülüyor ki, Meclis'in açılış tarihi olan 23 Nisandan beri bir hafta kadar zaman geçmiş bulunuyor. Bu süre içinde memleket ve millet işleri ve özellikle yıkıcı akım ve faaliyetlere karşı tedbir alma hususu elbette bir an bile gecikemezdi ve gecikmemiştir. Yalnız, Bakanlar Kurulu'nun seçimi ile ilgili kanun çıktığı zaman, Meclis'çe bakanlığa seçilen kimselerden bazıları, daha önce fiilî olarak göreve başlamışlar ve bana yardım ediyorlardı. Bu arada İ s m e t P a ş a **Hazretleri** de Genelkurmay işlerini üstlenmiş bulunuyordu.

---

125) İcra Vekilleri.
126) İcra Vekilleri Hey'eti.

Efendiler, bu münasebetle bir noktayı belirtmeyi gerekli buluyorum: O günlerde, mevcut arkadaşların hangi işlerde görevlendirileceklerinin uygun olacağı düşünülürken, Genelkurmay Başkanlığı için İsmet Paşa'yı tercih etmiştim. Ankara'da bulunan Refet Paşa, beni özel olarak görerek bilgi vermemi istedi. Anlamak istediği, Genelkurmay Başkanlığı'nın en yüksek askerî makam olup olmadığı noktasıydı. Benden, söz konusu makamın en yüksek askerî makam olduğu ve ondan daha yüksek makamın Millet Meclisi olacağı cevabını alınca, buna itiraz etti. İsmet Paşa'nın, başkomutanlık demek olan bu durumuna razı olamayacağını söyledi. Görevin çok önemli ve nazik olduğunu, benim bütün arkadaşlar hakkındaki bilgi ve tarafsızlığıma güvenmenin uygun olacağını söyledim. Kendisinin böyle bir iddiada bulunmasının yakışık almadığını da ilâve ettim.

Efendiler, daha sonra Batı Cephesi Karargâhı'nda görüştüğüm Fuat Paşa da, İsmet Paşa'nın Genelkurmay Başkanlığı'na kesinlikle karşı çıktı. Fuat Paşa'yı da, duruma en uygun olan çözüm yolunun kabulündeki zarurete inandırmaya çalıştım. Refet ve Fuat Paşa'ların kendilerine has bazı düşüncelerine ilâve ettikleri itiraz şuydu: Kendileri daha önce Anadolu'da benimle birlikte çalışmışlar. Fakat İsmet Paşa sonradan katılmış. Oysa, bundan önceki konuşmalarımda, sırası ve yeri geldiği için arz etmiştim ki, İsmet Paşa, benim İstan- 279
bul'dan ayrılmamdan önce benimle işbirliği yapmıştı. Daha sonra Anadolu'ya gelmiş ve birlikte çalışmıştık. Fakat Fevzi Paşa Hazretleri'nin Harbiye Nazırlığı'na gelmesi üzerine bazı önemli düşüncelerle ve özel görevle tekrar İstanbul'a gönderilmişti. Bu bakımdan düşünce ve işbirliğinde kıdem söz konusu olamazdı.

Genelkurmay işlerinin ilk defa İsmet Paşa'ya verilmesinde isabetsizlik olsaydı, bu konuda Fevzi Paşa Hazretleri'nin de beni uyarmaları bir vatan görevi olurdu. Oysa, Paşa Hazretleri, aksine bu görevlendirmeyi pek yerinde bulmuş ve kendileri, teklif edilen Millî Savunma Bakanlığı'nı çok samimî bir duyguyla derhal kabul buyurmuştur. İsmet Paşa'nın, gerek Genelkurmay Başkanlığı'nda gerek daha sonraki Cephe Komutanlığı'nda gösterdiği liyakat ve üstün gayret, kendisine görev vermekte doğru hareket ettiğimi fiilî olarak ispat etmiş bulunduğu için, millete karşı, orduya karşı ve tarihe karşı tam bir iç huzuru içindeyim.

Hıyanet-i Vataniye Kanunu ve İstiklâl Mahkemeleri kurulması

Efendiler, Meclis, 29 Nisan 1920 tarihinde Hıyanet-i Vataniye Kanunu'nu (127) ve sonraki aylarda İstiklâl Mahkemeleri Kanunları'nı da çıkarmakla, inkılâbın tabiî gereklerini yerine getirmiş oldu.

---

127) Vatan Hainliği Kanunu'nu.

Efendiler, İstanbul'un işgalinden sonra başlayan birtakım yıkıcı akımlara, olaylara, isyanlara dokunmuştuk. Bunlar hızla memleketin her tarafından biribiri ardınca ortaya çıktı ve sürüp gitti.

İstanbul'da D a m a t F e r i t P a ş a, derhal yeniden iktidar mevkiine getirildi. Damat Ferit Paşa Kabinesi, İstanbul'daki bütün yıkıcı ve hain kuruluşların meydana getirdiği blok, bu blokun Anadolu içindeki bütün isyan teşkilâtı, bütün düşmanlar ve Yunan ordusu elbirliği ile aleyhimizde faaliyete geçtiler. Bu ortak saldırı politikasının talimatı da, Padişah ve Halife'nin, düşman uçakları da dahil olduğu halde, her türlü vasıtayla memlekete yağdırdığı «Padişah'a karşı ayaklanma» ([128]) fetvasıydı.

Bu genel, çeşitli ve haince saldırılara karşı, biz de, daha Meclis açılmadan önce, Afyonkarahisarı'nda, Eskişehir'de ve bütün demiryolu boyunda bulunan düşman birliklerini Anadolu'dan çıkarmak, Geyve, Lefke ([129]), Carablus ([130]) köprülerini yıkmak ve Meclis toplanır toplanmaz Anadolu ulemâsının fetvasını almak suretiyle karşı tedbirlere giriştik.

İç isyanlar

Efendiler, 1919 yılı içinde, millî teşebbüslerimize karşı başlayan iç isyanlar, sür'atle memleketin her tarafına yayıldı.

Bandırma, Gönen, Susurluk, Kirmastı, Karacabey, Biga ve dolaylarında; İzmit, Adapazarı, Düzce, Hendek, Bolu, Gerede, Nallıhan, Beypazarı dolaylarında; Bozkır'da; Konya, Ilgın, Kadınhan, Karaman, Çivril, Seydişehir, Beyşehir, Koçhisar dolaylarında; Yozgat, Yenihan, Boğazlıyan, Zile, Erbaa, Çorum dolaylarında; İmranlı, Refahiye, Zara, Hafik ve Viranşehir dolaylarında alevlenen karışıklık ateşleri, bütün memleketi yakıyor, hainlik, cehalet, kin ve bağnazlık dumanları bütün vatan göklerini yoğun karanlıklar içinde bırakıyordu. İsyan dalgaları, Ankara'da karargâhımızın duvarlarına kadar çarptı. Karargâhımızla şehir arasındaki telefon ve 280
telgraf hatlarını kesmeye kadar varan kudurmuşcasına kasıtlar karşısında kaldık. Batı Anadolu'nun, İzmir'den sonra, yeniden önemli bölgeleri de, Yunan ordusunun taarruzlarıyla çiğnenmeye başlandı.

Dikkatle üzerinde durulmaya değer bir husustur ki, sekiz ay önce, millet, Hey'et-i Temsiliye etrafında toplanarak, Damat Ferit Hükûmeti ile ilişki ve haberleşmelerini kesmiş iken, A l i G a l i p'in teşebbüsü gibi tek tük olaylardan başka, böyle genel bir ayaklanma olmamıştı. Bu seferki yaygın ve genel ayaklanmalar, sekiz ay zarfında, memleket içinde çok hazırlık yapıldığını gösteriyordu. Damat Ferit Hükûmeti'nden sonraki

128) Hurûc ale's-sultan.
129) Bugünkü Bilecik'e bağlı Osmaneli ilçesi.
130) Bugünkü Urfa ilinin Birecik ilçesine bağlı Barak bucağı.

hükûmetlerle, millî şuurun korunması ve güçlendirilmesi için yaptığımız mücadelelerin ne kadar haklı sebeplere dayandığı, acı bir şekilde bir daha anlaşılmış oluyordu. Millî Mücadele'ye kuvvet vermek için cephelerle ve ordu ile ilgilenme bakımından İstanbul'daki hükûmetlerin gösterdiği başka türlü ihtimallerin acı sonuçları da ayrıca görülecektir.

Anzavur ve Düzce isyanları

Efendiler, önce, iç isyanlar hakkında açık bir fikir verebilmek için, müsaade buyurursanız, bu isyan olaylarına yeri geldikçe dokunmak üzere, anlatılan safhaları özet olarak arz edeyim:

21 Eylül 1919 tarihinde, Balıkesir'in kuzey bölgesinde başlayan birinci Anzavur isyanı, 16 Şubat 1920'de yine aynı bölgede ikinci defa başgösterdi. Bu iki isyan, askerî birliklerimiz ve millî müfrezelerimizle bastırıldı. 13 Nisan 1920 tarihlerinde Bolu, Düzce dolaylarında da isyan çıktı. Bu isyan, 19 Nisan 1920 tarihinde Beypazarı'na kadar yayıldı. Bu sırada Anzavur, 11 Mayıs 1920'de top ve makineli tüfeklerle donatılmış beş yüz kişilik bir kuvvetle, üçüncü defa olarak Adapazarı ve Geyve dolaylarında, zayıf bir millî müfrezemize saldırmak suretiyle yine ortaya çıktı. Anzavur, gönderdiğimiz millî müfrezelerimize, düzenli ordu birliklerimize durmadan saldırdı. 20 Mayıs 1920 tarihinde, Geyve Boğazı yakınlarında yenildi ve kaçmak zorunda kaldı.

Düzce dolaylarındaki isyan olayı önemliydi. Abaza ve Çerkezlerden meydana gelen dört bin kişilik büyük bir kalabalık, Düzce'yi basarak hapishaneleri boşalttılar ve çarpışma ile oradaki süvari müfrezemizin silâhlarını aldılar. Hükûmet memurlarını ve subayları hapsettiler.

Her taraftan, âsîler üzerine kuvvet gönderdik. Bu arada, Geyve'de bulunan 24'üncü Tümen de, Komutanı Yarbay Mahmut Bey başta olduğu halde, Düzce'ye hareket etti. Mahmut Bey, Meclis'in açıldığı gün, yani 23 Nisan 1920'de, Hendek'ten Düzce'ye geçerken, Hendek de isyan etti. Adapazarı da âsîler tarafından elde edildi. Mahmut Bey, 25 Nisan 1920'de, Hendek-Düzce yolu üzerinde âsîler tarafından aldatılarak pusuya düşürülmüş ve ilk ateşte şehit edilmiştir. Kurmay Başkanı Sami Bey, yaveri ve daha birkaç subay da aynı zamanda şehit düştüler. Bunun üzerine, 24'üncü Tümen muharebe edemeden âsîler tarafından tamamiyle esir edildi. Bütün tüfekleri, topları alındı. Ağırlıkları yağma edildi. Bu sırada İzmit Mutasarrıfı Çerkez İbrahim, İstanbul'dan Adapazarı'na geldi. Halka Padişah'ın selâmını bildirdi ve yüz elli lira maaşla gönüllü toplamaya başladı. Toplanan âsî kuvvetler bütün o yöreye hâkim olduktan sonra, Geyve Boğazı'ndaki kuvvetlerimize taarruza başladılar.

Bizim, bu isyan alanına gönderdiğimiz kuvvetler şunlardı: 281

1 — Salihli ve Balıkesir Kuva-yı Milliye'sinin oluşturduğu Çerkez Ethem Bey müfrezesi;

2 — İki tabur düzenli ordu birliği, dört dağ topu, beş makineli tüfek ve üç yüz efe süvarisinden kurulmuş Binbaşı Nazım Bey müfrezesi;

3 — İki tabur piyade, sekiz makineli tüfek, iki sahra ve iki dağ topundan kurulu, Yarbay Arif Bey müfrezesi;

4 — Üç yüz kişilik millî kuvvet ve iki makineli tüfek ve iki havan topundan ibaret Binbaşı İbrahim Bey (Çolak) müfrezesi.

Komutan olarak da Ali Fuat Paşa, Geyve Boğazı yakınlarından Adapazarı'na uzanan kesimde, Refet Paşa da Ankara'dan Beypazarı yoluyla Bolu'ya uzanan kesimde görevlendirildiler.

Hilâfet Ordusu Efendiler, İzmit'te de Süleyman Şefik Paşa komutasında, Hilâfet Ordusu adını taşıyan bir hain kuvvet yığınak yapıyordu. Bunun bir kısım kuvveti de, Bolu yakınlarında Kurmay Binbaşı Hayri Bey komutasında âsîleri desteklemişti. Bu kuvvetle birlikte İstanbul'dan gönderilmiş birçok subay da vardı.

Hilâfet Ordusu'nun, Süleyman Şefik Paşa'dan sonra, bellibaşlı komutanları, Süvari Tümgenerali Suphi Paşa ve Topçu Yarbaylarından Senaî Bey'di. İstanbul'da da özel olarak kurulmuş bir kurmay hey'eti vardı. Bu hey'etin başlıca komutanları da, Kurmay Albay Refik ve Kurmay Yarbay Hayrettin Bey'lerdi.

Suphi Paşa ile ilgili küçük bir hâtıramı anlatayım: Suphi Paşa'yı Selânik'ten tanırdım. Ben yüzbaşı (kolağası) iken, o daha o zaman tümgeneral ve süvari tümeni komutanı idi. Aradaki rütbe farkına rağmen, çok yakın arkadaşlığımız vardı. Meşrutiyet'in ilânında, ilk defa İştip dolaylarında Cumalı adında bir yerde süvari manevraları yaptırmıştı. Diğer bazı kurmaylar arasında beni de tatbikat ve manevrada bulunmak üzere davet etmişti. Kendisi Almanya'da yetişmiş çok usta bir biniciydi. Fakat askerlik sanatını anlamış bir komutan değildi. Manevranın sonunda, ben, yetkim ve rütbem elvermediği halde, Paşa'yı bütün subayların önünde acı bir şekilde eleştirmiştim. Daha sonra «Cumalı Ordugâhı» adlı küçük bir eser de yazmıştım. Suphi Paşa, gerek açıkça yaptığım bu eleştirilerden ve gerek yayınlanan bu eserimden dolayı pek üzüldü. Kendisinin itirafına göre, maneviyatı kırıldı. Fakat, şahsen bana gücenmedi. Arkadaşlığımız devam etti. İşte Hilâfet Ordusu'na buldukları komutan bu Suphi Paşa'dır. Paşa, sonradan Ankara'ya geldi. Geziye çıkıyordum. İstasyonda büyük bir kalabalık içinde biribirimizle karşılaştık. Kendisine ilk sorum şu oldu: «Paşam niçin Hilâfet Ordusu Komutanlığını kabul ettin?» Suphi Paşa, bir an bile duraklamadan: «Size yenilmek için» cevabını verdi.

Bu cevabı ile anlatmak istiyordu ki, bu görevi özel bir maksatla kabul etmişti. Suphi Paşa, böyle bir duygu içinde bulunabilir. Fakat, gerçekte, komutayı üstüne aldığı zaman kuvvetleri zaten yenilmiş bulunuyordu.

Bolu, Düzce, Adapazarı ve İzmit dolaylarındaki bu isyan, bu defa 4 Haziran 1920 tarihine kadar üç aydan fazla sürdü. Fakat bundan sonra, 282
29 Temmuzda yeniden bir isyan oldu. Ancak, bundan sonra da, bu bölgede tamamen sakin kalınmış değildir. Bununla birlikte, sonuç olarak âsîler tamamiyle bozguna uğratılmış ve elebaşları, Türkiye Büyük Millet Meclisi'nin kanunlarına teslim edilmiştir. Hilâfet Ordusu'nun Bolu yakınlarında bulunan kısmı da bozguna uğratıldı. Komutanı Binbaşı Hayri ve subayları Yüzbaşı Ali, Üsteğmen Şerefettin, Üsteğmen Hayrettin, Makineli Tüfek Subayı Mehmet Hayri, Tabur Kâtibi [131] Hasan Lütfi, Cerrah İbrahim Ethem Efendiler'e de öteki âsî elebaşılarına yapılan işlem uygulandı. Hilâfet Ordusu da, İzmit'ten İstanbul'a kaçmaya mecbur edildi.

Yenihan, Yozgat ve Boğazlıyan isyanları

Efendiler, memleketin kuzeybatı bölgesinde âsîlerle uğraşırken, memleketin ortasında Yenihan, Yozgat ve Boğazlıyan dolaylarında da isyan başlıyor. Bu isyan hareketleri de hatırlanmaya değer.

14 Mayıs 1920 tarihinde Postacı Nazım ve Çerkez Kara Mustafa adında birtakım adamlar, otuz kırk kişi ile Yenihan'a bağlı Kaman köyünde isyan ettiler. Bu hareket gittikçe artan bir şiddetle genişledi. Âsîler, 27/28 Mayıs 1920 gecesi Çamlıbel'de bulunan bir müfrezemizi basarak esir ettiler. 28 Mayıs 1920'de diğer bir kısım âsîler de Tokat yakınında yürüyüş halinde bulunan bir taburumuza hücum ederek dağıttılar ve bir kısmını esir ettiler. Cür'etlerini artıran âsîler, 6/7 Haziran 1920 gecesi Zile'yi işgal ettiler. Oralardaki askerlerimiz Zile kalesine çekilerek kendilerini savundular. Askerin erzak ve cephanesi tükendikten üç gün sonra âsîlere teslim oldular. Âsîler 23/24 Haziran 1920'de de Boğazlıyan'a baskın yaptılar. Orada bulunan bir müfrezemizi dağıttılar. Amasya'da bulunan Cemil Cahit Bey'in komutasındaki 5'inci Kafkas Tümeni, âsîler aleyhine harekete geçirildi. Antep bölgesinde bulunan Kılıç Ali Bey de, bir millî müfreze ile bu bölgeye gönderildi. Er-

131) Taburun yazışmalarını yürüten askerî memur.

zurum'dan Ankara'ya gelmekte olan bir Erzurum Millî Müfrezesi de, o bölgede bırakıldı. 1920 yılı Temmuzunun ortalarına kadar, bu âsîlerin takip ve tepelenmeleriyle uğraşıldı. Yenihan isyanı, Orta Anadolu'nun öteki bölgelerindeki fesatçıları da harekete geçirdi. Çapanoğullarından Celâl, Edip, Salih ve Hâlit Bey'ler; Aynacıoğulları ve Deli Ömer çeteleri gibi birtakım eşkıyayı başlarına toplayarak 13 Haziranda Yozgat civarında Köhne ([132]) bucak merkezini, 14 Haziranda da Yozgat şehrini işgal ederek büyük bir bölgeye hâkim oldular. Merkezi Sıvas'ta olan 3'üncü Kolordu kuvvetleri ve o bölgede bıraktığımız millî kuvvetler yeterli değildi. Eskişehir'deki Ethem Bey müfrezesi ile Bolu dolaylarındaki İbrahim Bey müfrezesi de Yozgat bölgesine gönderildiler.

Yozgat ve dolaylarında âsîler yok edildikten sonra, oraya gönderilen müfrezelere öteki bölgelerde görev verildi. Fakat bu yörelerde genellikle güvenlik kurulamadı.

7 Eylül 1920'de Küçük Ağa, Deli Hacı, Aynacıoğulları denilen birtakım serseriler Zile yakınlarında, Kara Nazım, Çopur Yusuf adında birtakım adamlar da Erbaa yakınlarında yeniden faaliyete geçtiler. Bunlardan Aynacıoğulları üç yüz atlı kadar toplayabilmişlerdi. Bu durum karşısında, İkinci Kuvve-i Seyyare ([133]) adını alan İbrahim Bey müfrezesi, tekrar, bulunduğu Eskişehir bölgesinden Yozgat'a giderek, oradaki millî müfrezeler ve jandarma kuvvet- 283
leriyle birlikte Maden, Alaca, Karamağara, Mecidözü bölgelerinde, çeşitli gruplar halinde, karışıklık çıkaran ve eşkıyalık eden âsîleri takip ederek ortadan kaldırdı. İbrahim Bey, âsîlerin ortadan kaldırılmasını ancak üç aydan fazla bir zamanda başarabildi.

Güney sınırlarımızda geçen olaylar

Efendiler, bu tarihlerde güney bölgelerimizde de bizi ciddî bir şekilde uğraştıran önemli isyanlar çıktı: Milli aşiretinin beyleri olan Mahmut, İsmail, Halil Bahur, Abdurrahman Bey'ler, güneyde, düşmanlarla gizlice ilişki ve bağlantı kurduktan sonra, Siirt'ten Dersim dolaylarına kadar uzanan bütün aşiretlerin beyleri sıfatını takınarak o bölge boş olmak ve bölgeyi baskı altına almak davasına kalkıştılar.

Fransızlar, 1920 yılı Haziranının başlarında, Urfa'yı ikinci defa zaptetmek için hareket ettikleri zaman, Milli aşireti de Siverek'e doğru ilerledi buna karşı, o bölgede bulunan 5'inci Tümenimiz görevlendirildi. Bu

---

132) Şimdiki Sorgun ilçesi.
133) Kuvve-i Seyyare: Harbetmek üzere kendi araç ve gereçleri ile orduya katılan ve atlılardan oluşan gönüllü birlik.

tümen o bölgedeki millî kuvvetlerimizle de desteklendi. 19 Haziran 1920 tarihinde, birliklerimizin takibi altında, güneydoğu yönünde düşman bölgesine kaçmaya mecbur edildi. Bu aşiret, bir süre düşman bölgesinde hazırlandıktan sonra, 24 Ağustos 1920'de üç bin atlı ve develi ve bin kadar da piyadeden ibaret bir kuvvetle yeniden bizim topraklarımıza geçti. Viranşehir yakınlarına geldi.Âsîler, aman dilemek maksadıyla geldiklerini söyleyerek o bölgedeki komutanlarımızı aldatıp, tedbir almakta ihmale düşürdüler. Bu sırada, o yakınlarda dağınık halde bulunan müfrezelerimize saldırarak onları yendiler ve 26 Ağustos 1920'de Viranşehir'i işgal ettiler. Haberleşmelerimize ve bağlantımıza engel olmak üzere de, o bölgedeki bütün telgraf hatlarını kestiler.

Ancak, on beş gün sonra, 5'inci Tümen'in Siverek, Urfa, Resulayin ([134]) ve Diyarbakır'da bulunan birliklerinden gönderilen kuvvetlerle bize bağlı aşiret kuvvetleri âsîleri yenebilmişlerdir. Takip edilen Milli yeniden güneye, çöle kaçtı.

Efendiler, güneyde Milli aşiretinin isyanını bastırmaya çalışırken, Afyonkarahisar bölgesinde Ç o p u r M u s a adında bir adam da, başına topladığı kuvvetle askerleri ordudan kaçmak için ayartıyor ve millete askere gitmemeyi telkin ediyor. Ç o p u r M u s a, 21 Haziran 1920 tarihinde Çivril'i bastı. Gönderilen kuvvetler karşısında kaçtı ve Yunan ordusuna katıldı.

Konya isyanı

Efendiler, Ç o p u r M u s a olayından önce bir ayaklanma olayı da Konya'da oldu. 5 Mayıs 1920 tarihinde, Konya'da bir fesat derneği keşfedildi. Bu dernek üyelerinin ileri gelenleri tutuklanmaya başladı. Bir gün sonra, tutuklanmakta olan bu ileri gelenler, halkı da kışkırtarak Konya içinde silâhlı bir toplantı yapmaya giriştiler. Bir kısım halk da silâhlı olarak dışarıdan gelerek hep birlikte isyan ettiler. Konya'da bulunan komutan, elindeki kuvvetlerle cesurca hareket ederek âsîleri dağıtmayı ve önayak olanları tutuklayıp takip etmeyi başardı.

*
**

Savaş cephelerinin durumu

Efendiler, Meclis'in açıldığı ilk günlerde, çeşitli cephelerin ne durumda olduklarını da hep birlikte bir defa daha hatırlayalım:

1. İzmir Yunan Cephesi: 284

Yüksek hey'etinizce de bilinmektedir ki, Yunanlılar İzmir'e çıktıkları zaman, orada, 17'nci Kolordu Komutanı olarak karargâhıyla birlikte

134) Urfa'nın Viranşehir ilçesine bağlı Ceylanpınarı bucağının ogünkü adı.

Nadir Paşa bulunuyordu. Kuvvet olarak, Yarbay Hurrem Bey komutasında 56'ncı Tümen'in iki alayı vardı. Bu kuvvet, özellikle, kolordu komutanının emriyle, düşmana karşı koydurulmaksızın, büyük hakaretler altında, Yunanlılara teslim edilmiştir. Bu tümenin bir alayı (172'nci alay) Ayvalık'ta bulunuyordu. Komutanı Yarbay Ali Bey (Afyonkarahisar Milletvekili Albay Ali Bey) idi.

Yunan ordusu işgal alanını genişletirken, Ayvalık'a da asker çıkardı. Ali Bey, bu Yunan kuvvetine karşı 28 Mayıs 1919'da savaşa girişti. Bu tarihe kadar, Yunan birlikleri hiç bir yerde ateşle karşılık görmemişti. Aksine, bazı şehir ve kasabalar halkı korkutulmuş, İstanbul Hükûmeti'nin emirlerine uyarak idare âmirleri başta olmak üzere, Yunan birliklerini özel hey'etlerle karşılamışlardı. Ali Bey'in Ayvalık bölgesinde muharebe cephesi kurması üzerine, yavaş yavaş Soma'da, Akhisar'da, Salihli'de millî cepheler oluşmaya başlamıştı.

1919 yılının 5 Haziranından başlayarak, Albay Kâzım Bey (Meclis Başkanı Kâzım Paşa Hazretleri), Balıkesir'deki 61'inci Tümen'in komutasını, vekâleten üzerine almıştı. Daha sonra Ayvalık, Soma, Akhisar kesimlerini içine alan Kuzey Cephesi Komutanlığı'nı yaptı. Fuat Paşa'nın Batı Cephesi Komutanlığı'na tayin edilmesinden sonra, Kâzım Bey'e, Kuzey Kolordusu Komutanlığı makam ve yetkisi verildi. Aydın dolaylarında, İzmir'in işgalinden sonra, asker ve halktan bazı vatanseverler, Yunanlılara karşı savunma, halkı cesaretlendirme ve silâhlı millî teşkilât kurma gayretleriyle çalışıyorlardı. Bu arada İzmir'den ad ve kıyafet değiştirerek o bölgeye gitmiş olan Celâl Bey (İzmir Milletvekili Celâl Bey'dir)'in gayret ve fedakârlığı anılmaya değer. 15/16 Haziran 1919 gecesi, Ali Bey'in Ayvalık'tan gönderdiği kuvvetler, Bergama'daki Yunan işgal kuvvetlerini bir baskınla perişan etmişlerdi. Bu baskına, kısmen, Balıkesir ve Bandırma'dan gönderilen kuvvetler de katılmıştı. Bu olay üzerine, Yunanlılar, dağınık ve zayıf müfrezelerini geri çekip toplamak gereğini duydular. Bu arada Nazilli'yi de boşalttılar. Bu sebeple, Aydın'da hazırlıkta bulunurken, çevreden toplanan halk kuvvetleri bunları sıkıştırmaya başladı. Yunanlılarla halk arasında şiddetli bir çarpışma oldu. Sonunda, Yunanlılar, Aydın'ı da boşaltıp çekildiler.

Böylece, 1919 yılının Haziran ayı ortalarında Aydın cephesi de kuruldu. Bu bölgede bulunan 57'nci Tümen'in Komutanı Albay Mehmet Şefik Bey ve Tümen Topçu Komutanı Binbaşı Hakkı Bey'di. Alay komutanlarından Binbaşı Hacı Şükrü Bey, millî kuvvetlerin başında Yürük Ali Efe ve Demirci Mehmet Efe vardı. Sonunda Demirci Mehmet Efe, duruma hâkim olarak Aydın Cephesi Komutanlığı'nı kendi üzerine aldı. Daha önce dolayısıyla arz etmiştim ki, sonradan oraya gönderdiğim Albay Refet Bey (Refet Paşa) bile, Demirci Mehmet Efe'nin komutanlığını kabul etmiştir.

Efendiler, İzmir'in çeşitli cephelerinde kurulan ve yavaş yavaş su- 28
baylar ve askerî birliklerle desteklenmeye çalışılan millî cephelerin beslenmeleri, daha çok, doğrudan doğruya o bölgeler halkı tarafından sağlanıyordu. Bunun için de geri bölgelerde millî teşkilât kurulmuştu. Bu görevin, halktan hükûmete geçişi, Büyük Millet Meclisi Hükûmeti'nin kuruluşundan sonra sağlanabilmiştir.

2. Güneyde Fransız Cephesi:

a) Fransız birliklerine karşı doğrudan doğruya Adana bölgesinde; Mersin, Tarsus, Islahiye bölgelerinde ve Silifke dolaylarında millî kuvvetler kurulmuş ve çok cesurca işe girişmişlerdi. Adana'nın doğu bölgesinde, Tufan Bey adıyla hareket eden Yüzbaşı Osman Bey'in kahramanlıkları kayda değer. Millî müfrezeler, Mersin, Tarsus, Adana şehirlerinin girişlerine kadar sokulup hâkim oldular. Pozantı'da Fransızları kuşatarak geri çekilmeye mecbur ettiler.

b) Maraş'ta, Antep'te, Urfa'da önemli muharebe ve çarpışmalar oldu. Sonunda işgal kuvvetleri buradan çekilmeye mecbur edildiler. Bu başarıların kazanılmasında büyük rolleri olan Kılıç Ali ve Ali Saip Bey'lerin adlarını anmayı bir görev sayarım.

Fransız işgal bölgelerinde ve cephelerinde millî kuvvetler, her gün daha esaslı bir şekilde teşkilâtlanıyorlardı. Millî kuvvetler, ordu birlikleri ile de desteklenmeye başlanmıştı. İşgal kuvvetleri, her tarafta sıkı ve şiddetli bir şekilde zorlanıyordu.

Efendiler, bu durum üzerine Fransızlar, 1920 Mayısından başlayarak bizimle temas ve görüşme imkânları aradılar. Önce Ankara'ya İstanbul'dan bir binbaşı ile bir sivil geldi. Bu şahıslar, İstanbul'dan önce Beyrut'a gitmişler. Eski Van Milletvekili Haydar Bey bunlara aracılık ediyordu. Bu buluşma ve görüşmelerimizden elle tutulur bir sonuç çıkmadı. Fakat, Mayıs sonlarına doğru, Suriye Fevkalâde Komiseri adına hareket eden Mösyö Duquest adında bir zatın başkanlığında bir Fransız Hey'eti Ankara'ya geldi. Bu hey'etle yirmi günlük bir ateşkes anlaşması yaptık. Bu geçici anlaşma ile, biz, Adana bölgesinin boşaltılmasına bir başlangıç hazırlama hedefini güdüyorduk.

Efendiler, bu Fransız hey'etiyle yaptığım yirmi günlük ateşkes anlaşması, Büyük Millet Meclisi'nde bazılarının itirazlarına uğradı. Oysa, benim bu anlaşmayı kabul etmekle sağlamak istediğim yararlar şunlardı:

Önce, Adana bölge ve cephelerinde bulunan ve kısmen askerle de takviye edilen millî kuvvetleri, sükûnetle yeniden düzenlemek istiyordum. Millî kuvvetlerin bu çarpışma aralığında dağılabileceklerini de dikkate alarak, ateşkes tebliği yanında bazı tedbirlerin alınmasını da emrettim. Bundan başka, Efendiler, önemli saydığım siyasî bir yararlanmayı da hesaba katıyordum. Büyük Millet Meclisi ve Hükûmeti, daha İtilâf Devletleri'nce elbette ki tanınmamıştı. Aksine, memleket ve milletin kaderiyle ilgili konularda, İstanbul'da Ferit Paşa Hükûmeti ile ilişki ve işlemlerde bulunmakta idiler. Bu bakımdan, Fransızların İstanbul Hükûmeti'ni bir tarafa bırakıp Ankara'da bizimle görüşmeleri ve herhangi bir konuda uyuşmaları, ogün için sağlanması yararlı önemli siyasî bir nok- **286**
ta idi. Bu ateşkes görüşmesinde, millî sınırlarımız içinde olup da Fransızlar tarafından işgal altına alınmış bulunan bölgelerin tamamiyle boşaltılmasını açık ve kesin bir dille istedim. Fransız delegeleri, bu konuda yetki almak üzere Paris'e gitmek mecburiyetini ileri sürdüler. Yirmi günlük ateşkes anlaşması, bir bakıma daha esaslı bir anlaşma yapmak için yetki almaya zaman bırakmak gibi kabul edildi. Efendiler, bu görüşme ve konuşmalarımızdan bende uyanan izlenim, Fransızların Adana ve dolaylarını boşaltacakları merkezinde idi. Bu düşünce ve inancımı, Meclis'e ifade etmiştim. Gerçi Fransızlar, ateşkes süresi sona ermeden Zonguldak'ı işgal etmek suretiyle anlaşmanın yalnız Adana bölgesine ait olduğunu göstermek istemişlerse de, biz, bu hareketin ateşkesi hükümsüz bıraktığı sonucuna vardık. Fransızlarla anlaşmamız bir süre gecikti.

İstanbul Ankara ile temas arıyor ve bu teması Nurettin Paşa sağlamaya çalışıyor

Saygıdeğer Efendiler, 9 Mayıs 1920 günü Meclis'in gizli oturumunda açıklama yaparken ve Fransız memurları ile hey'etleri tarafından bizimle temas ve bağlantı kurma yolları arandığını bildirirken, milletvekillerinden biri (yanlış hatırlamıyorsam Çorum Milletvekili rahmetli Fuat Bey), «birkaç günden beri gûya İstanbul, bizimle anlaşmak istiyormuş, bu konuda bilgi verir misiniz?» diye bir soru yöneltti.

Gerçekten, o tarihten dört beş gün önce, İstanbul'da Leon adında biri Çanakkale üzerinden bizi aramıştı. Ankara'yı bulduktan ve bizim burada bulunduğumuzu anladıktan sonra, dediler ki: «Söyleyeceğimiz şeyler pek önemlidir. Onun için haberleşmeyi geceye bırakalım. Ordu merkezleri de aradan çekilsinler.» O gece görüşmediler. Fakat bir iki gece sonra yeniden aradılar. Bu defa karşımıza çıkan kimse eski İzmir Valisi **Nurettin Paşa** imzasıyla bir telgraf yazdırdı. Bu telgrafın içindekiler şöyleydi: «Ben, iki arkadaşımla birlikte, İstanbul'un sizinle anlaşmasına aracılık etmeyi vatan için yararlı bir görev sayarım. Buradaki hükûmet ve İngilizler buna razı oldular. Sizin de olumlu cevabınızı bekleriz. «Nurettin Paşa, telgrafını Hey'et-i Temsiliye Başkanlığı'na yazıyordu. Türkiye Büyük Millet Meclisi'nin ve Hükûmeti'nin kuruluşundan, çalışmaya başladığından ve Büyük Millet Meclisi'nin varlığını ve meşruluğunu doğrulayan Hıyanet-i Vataniye Kanunu'ndan habersiz görünüyor. Nurettin Paşa'nın telgrafını, Millî Savunma Bakanı ([135]) olan Fevzi Paşa Hazretleri'ne gönderdim. Fevzi Paşa, Nurettin Paşa'ya cevap verdi. Bu cevabında dedi ki: «Telgrafınızı Hey'et-i Temsiliye Başkanlığı'na çekmekle daha gerçek durumdan haberdar olmadığınız anlaşılıyor.» Ve durumu açıkladıktan sonra «İstanbul'da hangi makam Ankara'da hangi makamla görüşmek istiyor?» dedi. Bu telgrafa imzasız olarak gelen cevapta: «Telgrafı yazan kimseler şimdi burada değillerdir. Bunu bırakıp gittiler. Yarın saat 10.00'da size bilgi veririz.» deniliyordu. Bundan sonra Nurettin Paşa ikinci defa olarak yine aradı. Bu defa. «Telgraf haberleşmeleriyle anlaşma imkânı olmadığından, siz yetkili bir hey'eti İstanbul'a gönderin, görüşelim ve anlaşalım» diyordu.

Efendiler, biz de cevap olarak dedik ki: «Pek doğrudur, gerçekten telgrafla anlaşmak mümkün değildir. Fakat siz Mudanya'ya geliniz ve ne 287
vakit gelebileceğinizi de bildiriniz. Bizim tarafımızdan da orada yetkili kimseler hazır bulunur. Bursa'ya da gereken talimat verildi.» Ondan sonra bir daha arayan olmadı. Hoca Müfit Efendi (Kırşehir): «Acaba gerçekten Nurettin Paşa mıydı? diye sordu. Ben de :«Evet, gerçekten Nurettin Paşa'ydı» karşılığını verdim.

Efendiler, İstanbul Hükûmeti'nin Nurettin Paşa vasıtasıyla yaptığı bu müracaatın, Anzavur'un Balıkesir bölgesinde yenilgiye uğratıldığı ve Bolu'da başarı kazanmaya başladığımız günlere rastladığını da belirtmeliyim.

Nurettin Paşa Ankara'da

Efendiler, Nurettin Paşa'dan bir daha telgraf almadık. Fakat, kendisi Diyarbakır'lı Kâzım Paşa ile birlikte, 1920 yılının Haziran ayı ortalarında Ankara'ya geldi. Bizimle işbirliği etmeden önce, bazı konularda görüşümüzü anlamak istediğini söyledi.

Birincisi, Hilâfet ve saltanat makamı üzerindeki düşünce ve görüşümüz;

İkincisi, bolşeviklik konusundaki görüşümüz;

Üçüncüsü, İtilâf Devletleri'ne karşı, özellikle İngilizlere karşı da, savaşa karar verip vermediğimiz, konularıydı.

---

135) Müdafaa-i Milliye Vekili.

Görüşme, Ziraat Okulu'ndaki karargâhımızın bir odasında, gece ya-
pıldı. Bu görüşme'de, Nurettin Paşa ile birlikte gelen Kâzım Pa-
şa'dan başka Fevzi ve İsmet Paşa'lar da hazır bulunuyorlar-
dı. Nurettin Paşa, birinci, ikinci sorulara aldığı cevapları pek do-
yurucu bulmadı. Fakat, özellikle üçüncü sorunun cevabı, uzun ve hararetli tar-
tışmalara yol açtı. Çünkü biz demiştik ki, gayemiz, millî sınırlarımız içinde top-
rak bütünlüğümüzü ve milletin bağımsızlığını tam olarak sağlamaktır. Buna
engel olmak üzere karşımıza çıkacak kuvvet, kim ve ne olursa olsun,
mutlaka çarpışır ve başarı kazanırız. Bu konudaki karar ve inancımız
kesindir. İşte Nurettin Paşa, bir türlü buna inanamıyor ve razı ola-
mıyordu. Nihayet kendisine dedik ki: «Bu konuda görüşmeyi kabul et-
mekle, yeni görüşlere varmak ve kararlar almak söz konusu değildir. Sen,
bugüne kadar milletin iyice belirmiş ve kesinleşmiş olan inançlarına uya-
caksın!» Ondan sonra, kendisine verebileceğimiz uygun bir görev üzerin-
de duruldu. Kendisinin, Konya valisi sivil görevi ve Konya Yöresi Komu-
tanı ünvanıyla Yunan cephesinin güneyindeki bölgenin komutanı olma-
sını uygun gördük. Asıl Batı Cephesi için, komutan olarak 18 Haziran
1920'de Ali Fuat Paşa'yı görevlendirdik.

Efendiler, o günlerde Yunan Cephesi'nde düşmanın bazı hazırlıklar
yaptığı hissedildiğinden, cephede duyarlık arttı. Bu yüzden Nurettin
Paşa'nın görevi kesinleşmeden ve kendisini görev yerine göndermeden,
acele olarak Batı Cephesi'ne hareketim gerekti. Nurettin Paşa'nın
görevlendirme işleminin tamamlanmasını Genel Kurmay Başkanı bulu-
nan İsmet Paşa'ya bıraktım. Gerçekten düşman, bütün cephe üzerin-
de taarruza geçmişti. Bizim birliklerimiz geri çekiliyordu. Nurettin Pa- 288
şa, cephedeki elverişsiz durumu anlayınca İsmet Paşa'ya görev kabul
edebilmek için birtakım şartların, hükûmetçe karar altına alınması ge-
reğinden söz etmiş. O şartlara göre, hükûmet memleketin yönetiminde ve
önemli konularında esaslı ve kesin karar almadan önce Nurettin Pa-
şa'nın düşünce ve onayını almak zorunda kalacaktır. Çünkü, Büyük Mil-
let Meclisi Hükûmeti'nde yer alan üyeler, Tevfik Paşa ve benzerleri
gibi, olgun yaşta ve tecrübeli kimseler olmayıp, genç birtakım kimseler-
miş. İsmet Paşa, pek yadırgadığı bu zihniyet ve teklifi, derhal şifreyle
bana bildirdi. Ben de Nurettin Paşa'nın, kendisine görev teklif etti-
ğim zaman söylemediği bu düşünceyi, genel durumda bunalım başgös-
termesi üzerine ortaya atmış olmasını anlamlı buldum ve İsmet Paşa'-
ya verdiğim cevapta, kendisine görev verilmemesini emrettim. Nuret-
tin Paşa'nın, Yunan taaruzu başladıktan iki gün sonra bana gönderdiği
bir yazıda yazdıklarını dikkate değer bulmuştum. Arzu buyurursanız, bu
yazıyı yüksek hey'etinize olduğu gibi okuyayım:

Ankara İstasyonu, 24.6.1920

Büyük Millet Meclisi Yüksek
Başkanlığı'na

Efendim Hazretleri,

Atanmış olduğum komutanlıktan ve valilikten uzaklaştırılma şekli ile görevden alınma durumunun bildiriliş şeklini hakaret saydım. Bir devlet adamı tarafından ileri sürülen vatanla ilgili bir düşünce ve görüşün tartışılmasına değil, dinlenilmesine bile değer ve önem verilmemesini ve ilgili Büyük Millet Meclisi'nin ve Hükûmeti'nin oylarını alıncaya kadar bile beklenmeyerek ve tahammül edilmeyerek veyahut belki de buna gerek görülmeyerek iki veya üç kişi gibi pek az üyenin düşünce ve istekleriyle bu yolda işlem yapılmasında bir sakınca görülmemesini ve bundan dolayı da memleketin, eğer yanılmıyorsam böyle bir anlayışla yönetilmesini millet ve memleket için tehlikeli saymakta olduğumun arzına, Başkanlık yüksek makamının müsaadelerini rica ederim.

Bugünkü şartlar içinde, görev kabulünü sakıncalı bulduğum ve işbirliğini yararlı göremediğim için, memleketim olan Bursa'da oturmak üzere, ilk trenle Ankara'dan ayrılacağımı bilginize sunar, veda ederim, Efendim Hazretleri.

Nurettin İbrahim

Efendiler, benim bu yazıya verdiğim cevap da aynen şuydu :

25.6.1920

Tümgeneral Nurettin Paşa'ya

İlgi : 24 Haziran 1920 tarihli yüksek tezkereleri.

Söz konusu edilen komutanlık ve valilik görevi, daha Millî Savunma ve İçişleri Bakanlıkları'nca resmen zâtıâlilerine verilmemiş ve tebliğ edilmemişti. Bu bakımdan ne atanmanız ne de ayrılmanız söz konusu değildir. Yalnız, zâtıâlînize görev verilmesi düşünülmüş, bu konuda düşünce ve kararınız sorulmuştu. Atama durumu daha kesinleşmemiş olduğu bir sırada, Genelkurmay vasıtasıyla öğrenilen düşünce ve kanaatınızdaki kararsızlıklar üzerine, Hükûmet'çe, atanmanızdan vazgeçilmesine karar verildi. Böyle bir kararı vermek için, zan buyurduğunuz gibi, durumun Büyük Millet Meclisi'nin Genel Kurulu'na sunulması, mevcut ve yürürlükteki kanunların gereklerinden değildir. Bursa'ya giderek orada oturmanıza gelince, bağlı bulunduğunuz askerlik mesleği dolayısıyla, bu konuda Millî Savunma Bakanlığı yüksek katına usulünce başvurmanız gereği tebliğ olunur, efendim.

Büyük Millet Meclisi Başkanı
Mustafa Kemal

N u r e t t t i n P a ş a, Bursa'ya değil Taşköprü'ye gitmiş ve uzun zaman orada kalmıştır. Bundan sonra da kendisine, yeniden birkaç durum dolayısıyla dokunacağız. O durumları da yeri geldikçe gerektiği kadar açıklayacağım.

Türkiye Büyük Millet Meclisi Hükûmeti'nin dışişleri konularında verdiği ilk karar : Moskova'ya bir hey'et gönderilmesi

Efendiler, kurulan Türkiye Büyük Millet Meclisi Hükûmeti'nin, dışişleri konularında verdiği ilk karar, Moskova'ya bir hey'et gönderilmesi olmuştur. Hey'et, Dışişleri Bakanı ([136]) Bekir Sami Bey'in başkanlığında idi. İktisat Vekili Yusuf Kemal Bey üye bulunuyordu. 11 Mayıs 1920'de Ankara'dan hareket eden hey'etin asıl görevi, Rusya ile ilişki kurmaktı. Rusya'nın, hükûmetimizle yapacağı anlaşmanın bazı hükümleri, 24 Ağustos 1920'de parafe edilmiş olmakla birlikte, durumun gereği olarak uzlaşmaya bağlanamayan bazı noktalardan dolayı gecikmiştir. Moskova Antlaşması ([137]) diye anılan diplomatik belgenin imzası, ancak 16 Mart 1921'de mümkün olabilmiştir.

Saygıdeğer Efendiler, memleket içinde yer yer kendini gösteren iç isyanları takip etmekte gecikmeyen ilk genel Yunan taarruzu, bakışlarımızı yeniden batıya çevirecektir.

Yunanlıların ilk genel taarruzu

Yunanlılar, 22 Haziran 1920'de Milne (Miln) hattından genel taarruza geçtiler. Kuvvetleri altı tümene çıkmış bulunuyordu. Üç tümenle iki koldan, Akhisar - Soma yönünden; iki tümenle Salihli yönünden; bir tümenle de Aydın cephesinden taarruz ettiler. Düşmanın kuzey kolu, 30 Haziran 1920'de Balıkesir'e girdi ve süvarileri 2 Temmuz 1920'de Kirmastı ve Karacabey'i işgal etti. Bu düşman karşısında bulunan 61'nci ve 56'ncı Tümenlerimiz, Ulubat köprüsünü tahrip ederek Bursa'ya doğru çekildi. Düşman takibe devam ederek Bursa'yı da işgal etti ve ileri hatlarını Dünboz - Aksu hattına kadar sürdü. Bunun karşısındaki kuvvetlerimiz fazla sarsıldı. Eskişehir'e kadar çekildi. Bu savaşlar sırasında İngilizler, 25 Haziran 1920'de Mudanya'ya ve 2 Temmuz 1920'de de Bandırma'ya birer müfreze çıkardılar.

Salihli yönünde doğuya ilerleyen iki Yunan tümeni de, 24 Haziranda Alaşehir'e girdi. Daha sonra ilerleyerek 29 Ağustosta Uşak'ı zaptetti 280
ve Dumlupınar sırtları elimizde kalmak üzere, bu bölgeye kadar ilerledi. Bu düşman karşısında bulunan 23'üncü Tümen ve millî kuvvetlerimiz çok kayıp verdi ve zayıfladı. Aydın'dan ilerleyen bir Yunan kolu da, Nazilli'ye kadar geldi.

Bu harekât sırasında, tümenlerimizin kuru birer kadro halinde olduklarını, harp malzemelerinin bulunmadığını ve henüz takviyelerine de imkân olmadığını bilirsiniz.

---

136) Hariciye Vekili.

137) Moskova Muahedesi.

Efendiler, bizzat Eskişehir'e ve oradan da ileri bölgelere gittim. Gerek orada gerek başka bölgelerde bulunan kuvvetlerimizin düzene sokulmasını emrettim. Yeniden, düşman karşısında, düzenli komutaya bağlı cepheler kurulmasını sağladım.

Yunan taarruzu karşısında millî cephelerin bozulması üzerine Meclis'te şiddetli hücum ve eleştiriler

Efendiler, Yunan taaruzu ve millî cephelerin bozulması, Meclis'te büyük bir sıkıntıya, şiddetli hücum ve eleştirilere yol açtı. Büyük Millet Meclisi'nin 13 Temmuz 1920 günü, 41'inci toplantısında kusurlarından ve idaresizliklerinden dolayı, Bursa Komutanı Bekir Sami ve Valisi Hâcim Muhittin Bey'lerin ve Alaşehir Komutanı Âşir Bey'in ne için harp divanına verilmediklerinden dolayı, Genelkurmay Başkanlığı ve İçişleri Bakanlığı hakkında gensoru önergeleri okundu.

Bu önergenin sahibi, Afyonkarahisar Milletvekili Mehmet Şükrü Bey'di. Sinop Milletvekili Hakkı Hâmi Bey'in de derhal cezalandırma konusundaki ısrarı «bravo» sesleriyle karşılanıyordu. Önerge sahibi olan Mehmet Şükrü Bey'in, «Biz sorumlu tutulduklarını görmek istiyoruz!» feryadı üzerine, gensoru kabul ediliyor. Soruşturma günü olarak tespit edilen 14 Ağustos 1920'de, Genel Kurmay Başkanı cevap verdi. Fakat bir türlü inandırmak ve yatıştırmak mümkün olamıyordu. Karahisar Milletvekili Şükrü Bey «Anket» ([138]) istiyor. Diğer bir milletvekili bazı subay ve komutanların cezalandırılmalarının tabiî olduğundan söz ederek birçok örnekler sıralıyor. Başka bir milletvekili, asker geri çekilirken bir komutanın otuz altı deve eşya götürmüş olduğunu söylüyor. Başka bir milletvekili de Yunan ordusunun kısa bir zaman içinde Akhisar'dan Marmara sahillerine varıncaya kadar, bütün şehir ve köyleri yıldırım hızıyla istilâ ettiğinden söz ederek, «Bursa felâketi dolayısıyla uğramış olduğumuz korkunç zarar, dünyanın gözünde, Anadolu'da savunma denilen şeyin bir göz korkuluğu olduğuna genel bir kanaat uyandırmıştır» diyor ve bu büyük bozgunun sorumlularının cezalandırılmalarını istiyordu.

Efendiler, uzun ve ateşli olarak devam eden tartışmalara, benim de karışmam gerekti. Ortaya çıkan bu çok acı durumda, Meclis'in üzüntü ve ilgisini takdir ettikten sonra, düşünce ve duyguları yatıştırmak maksadıyla konuşma ve açıklamalar yaptım. Benim sözlerime karşı da yapılan ufak tefek hücumlara cevap verdikten sonra, genel açıklamalar yeterli görüldü.

Efendiler, ayrıntılarını Meclis tutanaklarında okuduğunuz bu ateşli görüşmelerden önce, 26 Temmuz 1920 günü de, gizli bir oturumda buna

---

138) Araştırma, soruşturma.

benzer bir görüşme olmuştu. Orada da uzun açıklamalar yapmaya mecbur
olmuştum. Çünkü, üzüntü ve ıztırap sonucu yapılmakta olan tenkit ve
tekliflerde bu yenilgiyi doğuran gerçek sebepler sanki unutulmuş gibiy- 291
di. Bütün felâketin sebebi olmak üzere, daha kurulalı ve üzerine görev
yükleneli iki ay bile geçmemiş olan Bakanlar Kurulu'nu sorumlu tutmak
gayesi güdülüyordu. Bir yılı aşkın bir zamandan beri, Yunan ordusunun
İzmir bölgesinde yerleşmiş ve durmadan hazırlanmakta bulunmuş oldu-
ğu, buna karşılık İstanbul Hükûmeti'nin ordumuzu sürekli olarak felce
uğratacak şartlar hazırlamakla meşgul olduğu ve milletin kendiliğinden
kurabildiği millî kuvvetleri dağıtıp yok ettirmeye çalışmaktan başka bir
şey yapmadığı asla düşünülmüyordu. Eğer bu bir yıl içinde Yunan kuv-
vetleri karşısında, azçok bir varlık gösterilmiş idiyse, bunun da beş on
fedakârın kendiliğinden gösterilmiş bulunan azim ve gayretlerinin ürünü
olduğunu insafla görmek istemiyorlardı. Askerî harekâtı, gerçek durumu
kavrayarak ve askerliğin gereklerini göz önünde tutarak düşünen ve in-
celeyen yoktu. Söylenilen sözler, ya vatanseverlik duygusunun sürükledi-
ği coşkunlukla veyahut aşırı duyarlık sonucu olarak feryad ve figan ha-
linde dile getiriliyordu. Söz söyleyenler içinde, ender olmakla birlikte
millî inancı ve vatana bağlılığı şüpheli olanlar bile vardı.

Söz konusu ettiğimiz bu gizli oturumda, uzun açıklamalarım sıra-
sında özellikle demiştim ki: «Felâket başa gelmeden önce, onu önleme
ve ona karşı savunma çarelerini düşünmek gerekir.» Geldikten sonra üzül-
menin yararı yoktur. Yunan taaruzu yapılmadan önce yapılacağı kuvvet-
li bir ihtimalle biliniyordu. Eğer bunu önleyecek çare ve tedbirler bulu-
namamışsa, bunun sorumluluğu Türkiye Büyük Millet Meclisi'ne ve
onun Hükûmeti'ne ait olamaz. Büyük Millet Meclisi'nin sorumluluk mev-
kiine geldikten sonra almaya başladığı tedbirler, bir yıl öncesinden beri
İstanbul Hükûmetleri tarafından, bütün milletle birlikte ve ciddiyetle
alınmaya başlanmak gerekti. Bazı kuvvetlerin cepheden alınıp iç isyanla-
rın bastırılmasına memur edilmesi, Yunan kuvvetleri karşısında bulun-
durulmasındaki yarardan daha önemli ve zarurî idi. Yine de öyledir. Ger-
çi Bursa'da bırakılması zarurî olan bir tümen, Adapazarı isyan bölgesine
gönderilen iki tümen, Hendek'te dağılan bir tümen, yani dört tümen; Zi-
le, Yenihan bölgesinde âsîlerle uğraşan bir tümen ve bütün bu düzenli
ordu kuvvetlerine yardım eden millî müfrezeler, cephede bulundurulabil-
seydiler, belki de düşman taarruzu bu kadar gelişemezdi. Fakat, mem-
leketin huzuru ve milletin kurtuluş gayesi noktasında birleşip dayanışma
sağlanamadıkça, bir dış düşmanın istilâ adımlarını durdurmaya çalışmak
ne mümkündür ne de bundan köklü bir yarar ve sonuç alınabilir. Ancak,
memleket ve milletçe dediğim durum korunabilirse, düşmanın herhangi
bir zamandaki başarısı ve bunun sonucu olarak fazla toprak ele geçirmiş
olması, geçici olmak niteliğinden kurtulamaz. Birlikte ve amaçta azimli

olan ve ısrar eden millet, gururlu ve saldırgan her düşmanı eninde sonunda bu gurur ve saldırganlığından pişman kılabilir. Onun için iç isyanları bastırmak, elbette Yunan taarruzunu durdurmaktan daha önemlidir. Zaten, cepheden iç isyanlara karşı kuvvet ayrılmamış olsaydı, sonucun başka türlü olabileceğini farzetmek güçtür. Söz gelişi, düşman kuzey cephesine üç tümenle saldırdı. Bizim orada cepheye yetebilecek kuvvetimiz yoktu. «Filân noktada, filân derede, filân köydeki kuvvetimiz yahut da oradaki subay veya komutanımız, düşmanın geçmesine müsaade etmeseydi, bu felâket başımıza gelmezdi» şeklinde feryat etmekte anlam yoktur. Tarihte yarılmamış ve yarılmayan cephe yoktur. Özellikle, söz konu- 292
su olan cephe, savunmaya ayrılan kuvvetle orantılı dar bir cephe olmayıp da, böyle yüzlerce kilometre genişliğinde ise, bu cephenin şurasında ve burasında bulunan zayıf bir kuvvetin, sonuna kadar savunmasını kabul etmek, bütün tasavvur ve muhakemeleri yanılgıya sürükler. Cepheler delinebilir, buna karşı tedbir, delinen kısmı derhal kapamaktan ibaretti. Bu ise, cephe üzerindeki kuvvetlerden başka, geride, yedekte, kuvvetli destekler bulundurmakla mümkündür. Oysa, Yunan ordusu karşısındaki millî cephemiz bu durumda ve bu kuvvette miydi? Bütün Batı Anadolu illerimizde, Ankara ve dolaylarında, daha doğrusu bütün memlekette, kuvvet denilecek bir askerî birlik bırakılmış mıydı?

Ciddî bir askerî teşkilât kurabilmek ve bunda başarı sağlayabilmek için zaman şarttır

Savaş hatlarına yakın köyler halkının yapabileceği savunmadan, hayalî sonuçlar beklemek akıllıca bir bekleyiş olamaz. Memleketin bütün kuvvet kaynaklarından yararlanma şartlarına ve yetkilerine sahip olduktan sonra bile, ciddî bir askerî teşkilât kurabilmek ve bundan başarı sağlayabilmek için zaman şarttır. Bursa'da Bekir Sami Bey'in emrine verilen kuvvetin esası, İzmir'de tüfek attırılmaksızın Yunanlılara teslim edilen ve Yunan gemileriyle Mudanya'ya çıkarılan iki alay kadrosu değil miydi? Bu kuvvetin moralini düzeltmek için İstanbul Hükûmetleri herhangi bir tedbir almışlar mıydı? İstanbul Hükûmetleri değil miydi ki, Yunan taaruzundan önce, Balıkesir'de savunmaya çalışan kuvvetlerimizin arkalarında Anzavur'u saldırttı? Yine İstanbul Hükûmeti, Halife ve Padişah değil miydi ki, Yunan Cephesi'nde kullanılacak oldukça kuvvetli bir tümeni, 24'üncü Tümeni, Hendek-Düzce yolunda, Hilâfet Ordusu ve âsîlerin grupları tarafından aldatılarak dağıttırmış ve komutanlarını şehit ettirmişti.

Memleketin alınyazısının sorumluluğunu yeni üzerine almış olan Hükûmet, bu tarihteki şartlar içinde acaba seferberlik yapabilmeyi düşünebilir miydi? Memleketin neredeyse baştan başa Halife'nin fetvası hükmünü yerine getirmeye sürüklenip zorlandığı bir sırada, milleti askere çağırmak doğru ve mümkün görülebilir miydi? Bundan başka, bütün milleti silâh altına çağırmadan önce, silâh sayısının, eldeki silâhı kullanılır durumda tutabilmek için cephane ve para miktarları ile kaynakların düşünülmesi zarurî değil miydi? Durumu incelerken ve tedbir düşünürken, acı da olsa gerçeği görmekten bir an olsun uzak kalmamak gerekir. Kendimizi ve birbirimizi aldatmak için lüzum ve mecburiyet yoktur. Biz durumun ve cephelerin ihtiyacından habersiz değiliz. Her taraftan adıma sayısız telgraflar gelmektedir : «Büyük çapta düzenli kuvvetler gönderiniz», «şu kadar cephane gönderiniz», «bunlar gelmezse burada yeniliriz» denilmekte, tehlike ve ateş içinde bulunmanın verdiği heyecan dolayısıyla, durum acı bir dille anlatılmaktadır. Bizim görevimiz ve durumumuz, onların üzüntü ve heyecanına katılarak halkın maneviyatını kırmak değildir. Aksine, acılara direnme gücü, sebat ve ümit verecek şekilde hareket etmektir.

Bundan sonra, elbette durumlar değişecek, bütün memleket ve millete gerçekten ümit ve güven verecek tedbirler uygulanacaktır. Artık buna engel kalmamıştır. Hükûmet bir kısım doğumluları da silâh altına alabilecektir.

*
**

Yeşilordu Saygıdeğer Efendiler, 293

Bazı bulanık meselelerin kolaylıkla aydınlanmasına yardımcı olacağını sandığım için yüksek hey'etinize, bir «Yeşilordu» dan söz edeceğim :

Türkiye Büyük Millet Meclisi'nin ve Hükûmeti'nin kuruluşundan sonra, Ankara'da, «Yeşilordu» adı altında bir dernek kuruldu. Bu derneğin ilk kurucuları, pek yakın ve bilinen arkadaşlardı. Kuruluş amacını açıklamak için, iç isyanları ve bu isyanlara karşı gönderilen ordu kuvvetlerinin ve millî müfrezelerin gösterdikleri bazı durum ve manzaraları hatırlamak gerekir. Âsîlerin, ordunun erlerine Halife'nin fetvasından, Padişah'ın askerliği affettiğinden, Ankara'daki hükûmetin meşru olmadığından bahsederek, onları kolaylıkla kandırdıkları defalarca görüldü. Gerçekten de, birçok yerde, bazı ordu erleri âsîlerle çarpışacak yerde, aksine silâhlarını bırakarak köylerine, memleketlerine savuşuyorlardı. Millî müfrezelerin inkılâbın gayesini daha kolay anladıkları ve âsîlerin aldatmacalarına kapılmadıkları anlaşılmıştı. Bu sebeple, Osmanlı ordusunun artıkları denebilecek olan, o tarihlerdeki yorgun, bezgin ve yeni inkılâp ülküsüne göre yetiştirilmemiş birliklerle inkılâbı başarma konusundaki güçlükler, hissedilir bir derecedeydi. Orduyu yeni bir zihniyetle şuurlu bir duruma getirmenin, o günlerin şartları içinde pek güç olacağı sanılıyordu. Bu bakımdan aranılan vasıfları taşıyan, şuurlu kimselerden seçilmiş ve inkılâp için güvenilir bir teşkilât kurma düşüncesi, bazı kimselerin kafasında yer etmeye başlamıştı. Biribirini kovalayan, kanlı ve tehlikeli durumlar gösteren iç karışıklıklar karşısında, bu belirttiğim düşünce ve eğilim kuvvetlendi. Nihayet, bazı kimseler, böyle bir kuruluş vücuda getirmek üzere fiilen teşebbüse geçtiler. Ben, bir yandan ordumuzu canlandırmak ve güçlendirmek için çareler ararken, bir yandan da her türlü sakıncalarına rağmen, her yerde, ister istemez kurulmuş olan millî müfrezelerden yararlanmaya çalışıyordum. Fakat, ciddî bir disiplin, kayıtsız şartsız ve tereddütsüz itaat isteyen önemli askerlik görevlerinin ancak düzenli bir ordu ile yerine getirilebileceği gerçeğini unutmaya elbette imkân yoktu. Millî müfrezelerden yararlanma, zaman kazanma maksadına dayanabilirdi. Şüphesiz, kullanılmaları zarurî olan millî müfrezelerin, seçkin ve şuurlu kimselerden kurulabilmesi arzu edilirdi.

Yeşilordu teşkilâtının ilk kurucuları arasında bulunan yakın arkadaşlar, sırf bana yardım maksadıyla ve beni ayrıca yormamak düşüncesiyle, kendileri teşebbüse geçerek çalışmayı uygun görmüşler. Bana, yalnız, yararlı bir iş yapacaklarını söyleyerek, kısaca bu teşebbüslerinden söz etmişlerdi. Ben, gerçekten pek meşgul olduğum için, arkadaşların bu teşebüsleri ile uzunca bir süre ilgilenemedim. Yeşilordu teşkilâtı bir bakıma gizli bir teşkilât olarak kurulmuş ve oldukça genişlemiş. Genel Sekreteri Hakkı Behiç Bey ve Ankara'daki yönetim kurulu önemli ve esaslı çalışmalar yapmışlar. Basılı tüzükleri ve görevli memurları her tarafa gönderilmiş. Yalnız, bir noktayı da işaret etmeliyim ki, Yeşilordu teşkilâtı ile meşgul olanlar, benim bu işi bildiğimi, uygun olduğumu ve istediğimi söylediklerinden, her tarafta benim adıma teşkilâtı genişletmeye ve güçlendirmeye çalışanlar çoğalmış. Faaliyete geçmiş olan teşkilât, **294**
yalnızca millî müfrezeler oluşturmak gibi sınırlı bir alandan çıkmış ve çok genel bir amaca da yönelmiş.

Teşkilâtın kurucuları arasına, milletvekili olan Çerkez Reşit Bey ve Ankara üzerinden Yozgat'a gidip gelirken olacak, Çerkez Ethem ve kardeşi Tevfik Bey'ler girmişler. Bundan başka Ethem ve Tevfik Bey müfrezelerinin bütün adamları Yeşilordu'nun âdeta temelini oluşturmuşlar.

Çerkez Ethem ve kardeşlerinin ilk defa dikkati çekmeye başlayan bazı tavır ve davranışları

Efendiler, bu girişten sonra, Çerkez Ethem Bey ve kardeşlerinin, ilk defa dikkati çekmeye başlayan bazı tavır ve davranışları hakkında yüksek hey'etinizi aydınlatmak isterim. Çerkez Ethem Bey, millî bir müfreze ile önce Anzavur'un takibinde ve sonra da Düzce isyanında, başarılı bazı hizmetler

yapmış olduğu için, Yozgat'a gitmek üzere Ankara'ya çağrıldığı zaman,
hemen herkesten iltifat ve takdirler gördü. Şüphesiz, kendisini abartmalı
bir tarzda beğenenler ve övenler de bulunmuştur. Ethem Bey ve kar-
deşlerinin daha sonraki davranışları, gördükleri övücü muameleden
mağrur olduklarını ve bazı hayallere kapıldıklarını gösteriyor. Ethem
Bey ve kardeşlerinden Tevfik Bey, Yozgat'ta, isyanı bastırmakla
meşgul oldukları sırada, kendilerine yakın uzak ne kadar askerî ve millî
komutanlarımız varsa, bunların rütbe ve mevkilerine değer vermeksizin
hepsine birer birer aşağılayıcı ve saldırgan davranışlarda bulunmakta
hiçbir sakınca görmemeye başladı. Ethem Bey'in şahsını, niteliğini
ve değerini tanımayan komutanların çoğu, memleketin ateş içinde bu-
lunduğunu ve Ethem Bey'in abartmalı olarak işittikleri hizmetini
düşünerek, mümkün olduğu kadar kendisiyle fazla çekişmeden kaçın-
mışlardı.

Bundan cür'et alan Ethem ve kardeşi Tevfik Bey'ler, Türk or-
dusunda değerli hiçbir subay ve komutan bulunmadığı ve kendilerinin
herkesten üstün birer kahraman oldukları zannına kapılmışlar ve bu zan-
larını açıktan açığa pervasızca herkese söylemekten çekinmemeye başla-
mışlardı. Doğrudan doğruya valilere ve herkese emirler veriyorlar ve
emirlerinin yerine getirilmemesi halinde idam edilecekleri gözdağını da
ekliyorlardı. Ethem Bey, Ankara ve Ankara'daki hükûmet üzerinde bi-
le otorite kurma denemesinde bulunmuştur. Sözde, Yozgat isyanı, Yoz-
gat'ın bağlı bulunduğu Ankara valisinin kötü idaresinden çıkmış; bun-
dan dolayı isyana sebep olanlar için uyguladığı cezayı, ki o ceza asılarak
idamdı, Ankara valisi için de olay yerinde doğrudan doğruya kendisi uy-
gulamaya karar vermişti. Yozgat'a gönderilmesini istediği Ankara valisi,
Millî Mücadele'de fevkalâde hizmet etmiş, yararlık göstermiş ve göster-
mekte olan Yahya Galip Bey'di. Yahya Galip Bey'in, hizmeti
özellikle bizce takdir edilmiş pek gerekli ve yararlı bir zat olduğu bilini-
yordu. İşte böyle bir zatı, kendi eline, idam sehpasına vermeye bizi mec-
bur etmekle en büyük otorite ve etkiyi kazanabileceğini düşünmüştü. El-
bette Yahya Galip Bey'i veremezdik ve vermedik. Ethem ve kar-
deşleri bu konu üzerinde fazla ısrar edemediler. Fakat Yozgat'ta, özellikle
milletvekillerine: «Ankara'ya dönüşümde Büyük Millet Meclisi Başkanı'-
nı Meclis önünde asacağım» yollu boşboğazlıkları duyulmuştur. Yozgat
milletvekili Süleyman Sırrı Bey de bu boşboğazlığı işitenlerdendir.
Biz, bütün duyup öğrendiklerimize rağmen bu «kardeşleri» daima yarar-
lanabileceğimiz bir durumda bulundurmak yolunu tercih ettik. Bu se-
beple kendilerini idare ettik. Yozgat'tan sonra Ankara üzerinden Kütah- 295
ya bölgesine gönderdik. Bu konuya tekrar dönmek üzere, sözü asıl ko-
numuz olan Yeşilordu'ya getireceğim.

Bilginize sunmuştum ki, her yerde, Yeşilordu teşkilâtını benim adıma kuruyorlardı. Şahsen tanıdığım kimselerden birinin, Erzurumlu Nazım Nazmi Bey'in, görevli bulunduğu Malatya'dan gönderdiği bir mektupta, Yeşilordu teşkilâtının beni sevindirecek biçimde genişletilmesine çalışıldığı bildiriliyordu. Bu haberden uyanarak, bu gizli dernek hakkında araştırmalar yaptım. Bu derneğin nitelik bakımından zararlı bir şekil aldığı görüşüne vardım. Hemen kapatılması gerektiğini düşündüm. Bu konuda tanıdığım arkadaşları aydınlattım. Görüşümü söyledim. Onlar da gereğini yerine getirdiler. Fakat, Genel Sekreter olan Hakkı Behiç Bey, derneğin kapatılması ile ilgili teklifimin yerine getirilmesinin mümkün olmadığını söyledi. Ben, kapattırırım, dedim. Bunun da imkânsız olduğunu, çünkü, durumun tahminden daha büyük ve daha güçlü olduğunu ve bu derneği kurmuş olanların sonuna kadar maksatlarından ayrılmayacakları hususunda birbirlerine söz vermiş olduklarını kendine has bir tavırla söyledi. Olaylar gösterdi ki, biz bu gizli derneğin faaliyetine son vermeye çalıştığımız halde, tam olarak başaramadık. Reşit, Ethem ve Tevfik kardeşler başta olmak üzere, dernek ileri gelenlerinden bir kısmı bu defa faaliyetlerine yıkıcı yönde ve bize karşı olarak devam etmişlerdir. Eskişehir'de çıkarttıkları «Yeni Dünya» gazetesi ile de, düşünce ve maksatlarını saldırgan bir şekilde yayınlatıyorlardı.

Celâlettin Arif, Hüseyin Avni Beylerin Erzurum'a gidişi ve orada ortaya attıkları meseleler

Saygıdeğer Efendiler, takibini düşündüğüm sıraya göre, yüksek hey'etinizi biraz Doğu Cephemizle meşgul edeceğim. Ancak, üzerinde duracağım durumdan evvelki bir safha vardır ki, önce onu açıklamak gerekiyor.

Birinci Büyük Millet Meclisi'nde İkinci Başkan olan Erzurum Milletvekili Celâlettin Arif Bey 15 Ağustos 1920 tarihli bir dilekçeyle Meclis'ten iki ay süreyle izin aldı. İleri sürdüğü mazeret, zihin yorgunluğundan ileri gelen sürekli baş ağrısı idi. Aynı zamanda, çoktan beri görmediği seçim bölgesinde de incelemeler yapmak istiyordu.

Celâlettin Arif Bey, Erzurum milletvekillerinden Hüseyin Avni Bey'in, kendisiyle birlikte gönderilmesini benden özel olarak rica etti. Hüseyin Avni Bey'in, Meclis'ten izin isteyebilmesi için belirli bir mazereti yoktu. Ben, kendisini özel bir görevle gönderecektim. Bu hususu, 18 Ağustos 1920'de Meclis'ten rica ettim. Kabul edildi.

Celâlettin Arif ve Hüseyin Avni Bey'lerin, Erzurum'a varışlarından sonra, Celâlettin Arif Bey'den 10, 15/16 ve 16 Eylül 1920 tarihlerinde üç şifreli telgraf aldım. Bu telgraflara göre, Erzurum halkında gerginlik ve kaynaşma varmış... Fakat, Celâlettin Arif Bey'in Ankara'dan Erzurum'a hareketini haber alınca, halk beklemeyi tercih etmiş... Kaynaşmanın sebebi de, ordu ambarları, tüfek ve cephane kaybı ve süt dağıtımıyla ilgiliymiş.

Celâlettin Arif Bey, bazı memurların değiştirilmesi ve cezalandırılması gibi işlerde çabukluk istiyordu. Söz konusu memurların değiştirilme ve cezalandırılmalarında, Erzurum Vali Vekilliği'nde bulunan Albay Kâzım Bey (İzmir Valisi Kâzım Paşa) başta bulunuyordu. Celâlettin Arif Bey, halkla görüşülerek, eski Adana Valısi Nazım 296
Bey'in Erzurum valiliğine atanmasına karar verildiğinden, Trabzon yoluyla tebligat yapılmasından ve Nazım Bey gelinceye kadar halk oylamasına başvurularak bir vali vekili seçilmesinden söz ettikten sonra, verilecek olumlu cevapla halkın gittikçe artan kaynaşması hemen yatıştırılmazsa, tehlikeli sonuçlar doğacağından korkulmakta olduğunu bildiriyordu. Sonuncu telgrafında: «Ankara, şikâyeti dikkate almadığından, mesele, Ankara'ya güvenin sarsılması şekline dönüşebilecektir» denilmekteydi.

Efendiler, doğudaki kolordumuzda dehşetli bozulma ve yolsuzluklar varmış... Bozulmanın derecesi o kadar artmış ki, halkın vatanseverlik duygusuna dokunmuş... şiddetle kaynaşmasına yol açmış... Fakat, bu kadar genel ve yatıştırılması mümkün olmayan kaynaşmayı Erzurum'da ne vali vekili ne kolordu komutanı anlamış!.. Hiçbir görevli, hiçbir ilgili böyle bir kaynaşmanın farkına varamamış, Hükûmeti haberdar eden hiçbir kimse bulunmamış... Bununla birlikte halk, Celâlettin Arif Bey'in zihin yorgunluğundan dolayı izinli, Hüseyin Avni Bey'in de benim tarafımdan görevlendirilerek Erzurum'a hareket ettiklerini haber aldıklarından, gerginlik ve kaynaşmalarını frenlemişler... Milletvekili Beylerin oraya varmalarıyla birlikte açığa vuruyorlar.

Doğrusu Efendiler, ben bu bilgilere asla inanamadım. Celâlettin Arif ve Hüseyin Avni Bey'lerin birer bahane bularak Erzurum'a gitmelerini anlamlı buldum ve hayret ettim. Hele, halkın genel oyuna başvurarak vali atanmasıyla ilgili teklifin, hukuk profesörlüğü yapmış, kanun adamı olarak tanınmış, Meclis-i Meb'usan Başkanlığı'ndan Türkiye Büyük Millet Meclisi İkinci Başkanlığı'na gelmiş, Celâlettin Arif Bey'den geldiğini görmek hayretimi büsbütün artırdı.

Erzurum'daki Büyük Millet Meclisi İkinci Başkanı'na, 16/17 Eylül 1920 tarihinde: «Telgraflarının Bakanlar Kurulu'nda ([139]) okunduğunu, bu konuda Cephe Komutanlığı ile haberleşme yapılmakta olduğunu» bildirdim. Doğu Cephesi Komutanlığı'ndan da, Arif Bey'in telgraflarını özetledikten sonra, bilgi istedim ve görüşünü sordum.

139) Hey'et-i Vekile'de.

Celâlettin Arif Bey'in geniş yetkiyle Doğu illeri valiliğine atanması isteniyor

Doğu Cephesi Komutanı Kâzım Karabekir Paşa'nın da, 14 Eylül 1920'de benim telgrafımdan önce yazılmış şifreli bir telgrafını 19 Eylülde aldım. Bu telgrafta: «Celâlettin Arif Bey'in Rize, Trabzon, Erzurum, Erzincan, Van, Bayazıt illerini ve yüce Meclis'çe uygun görülecek başka bölgeleri de içine almak üzere Doğu İlleri ve Valiliği'ne atanmasını arz ve teklif ederim» denildikten sonra, şu düşünceler ekleniyordu: «Bu teklifin kabul edilip uygulanması halinde, askerî ve sivil her iki görevin gereken önem ve titizlikle yapılmasından sağlanacak yarar dışında, yeri gelince, önemli işleri görüşmek ve gereğini sür'atle yerine getirmek için milletvekili olarak bir zat daha bulunmuş olur. Yukarıda arz edilen hususun Büyük Millet Meclisi'nce lâyık olduğu önemle dikkate alınarak kabul edilip onaylanacağını umar, bu konuda yüksek şahsiyetlerinin yardım ve himmetlerini istirham ederim. Durum, ana çizgileriyle Celâlettin Arif Beyefendi ile görüşülmüş ve kendilerince de uygun bulunmuş ise de, bu konudaki kararın Millet Meclisi'nin uygun bulmasına ve onayına bağlı olduğu tabiîdir.»

Efendiler, ordudaki yolsuzluktan, halktaki kaynaşmadan, Erzurum'a halkın oyu ile vali seçiminden ve acele olarak olumlu cevap verilmezse 297
Ankara'ya karşı güvensizlik doğacağından söz eden Celâlettin Arif Bey, ordunun komutanı ile görüşüyor ve kendisini geniş yetkiyle Doğu İlleri Valiliği'ne teklif ettiriyor. Ordu Komutanı da, Celâlettin Arif Bey'in, sonuç olarak kendi aleyhindeki şikâyetlerinden habersiz görünüyor. Durumu, özel maksatla düzenlenmiş bir oyun ve aynı zamanda bir gaflet manzarası gibi kabul etmemek mümkün değildi.

Kâzım Karabekir Paşa'nın 16/17 Eylül tarihli telgrafıma, 18 Eylülde verdiği cevapta: «Celâlettin Arif Bey'in bildirdikleri, birkaç kişinin, Vali Vekili Albay Kâzım Bey'i sırf Erzurum'dan uzaklaştırmak için yaptıkları dedikoduya dayanmaktadır. Halktaki kaynaşma ve halkın oyları ile vali seçimi hususları, ne yazık ki, Celâlettin Arif Bey'in yanlış bir yol tutmalarından başka bir şey değildir sanırım. Küçüklerinden büyüklerine bütün Doğu'nun pek çok saygı ve güvenini kazanan bendenize, söz konusu şikâyetlerin yapılmaması, iş çevirmek isteyenlerin başarılı olamayacaklarını bilmeleri sonucudur...

Celâlettin Arif Bey, Albay Kâzım Bey'in, Vali Vekilliğinden ve Kolordu Komutanlığı Vekilliğinden alınarak Erzurum'dan uzaklaştırılmasını bendenize teklif etti. Vali Vekilliğinden alınmasının İçişleri Bakanlığı'nın emriyle ve Vali Vekilliğini kendilerinin yani Celâlettin Arif Bey'in üzerine almasıyla mümkün olabileceğini bildirdim.

Celâlettin Arif Bey'in, Erzurum'daki gayri resmî durumunun, nüfuzunu kırabileceğini zannederim. Başladıkları işin sükûnetle ve başarıyla sona erdirilmesi için, derhal Erzurum Vali Vekilliğini üzerine alması şarttır. Uygun görülürse, daha sonra Doğu İlleri Müfettişliği'ne ([140]) veya valiliğine atanır. Herhalde bahis buyurdukları kaynaşma ve gerginliğin kendi teşrifleri üzerine şimdilik yatıştığını kabul etmiyorum. Böyle bir sözü, kendisine pek önem verildiğini gören bir kimsenin cür'etli ifadeleri diye kabul ediyorum...»

Celâlettin Arif Bey kendi kendine Erzurum Vali Vekili oluyor

Kâzım Karabekir Paşa'nın 14 ve 18 Eylül tarihli telgraflarına, 20 Eylülde verdiğim cevapta, «Büyük Millet Meclisi üyeliği ile memurluk görevinin bir şahıs üzerinde aynı zamanda bulunamayacağı» ile ilgili 5 Eylül 1920 tarihli kanunun ilgili maddesini aynen yazdıktan sonra, «Celâlettin Arif Bey'in Erzurum Valiliği'ne atanması mümkün değildir. Milletvekilliğinden ayrıldığı takdirde, söz konusu ile Vali olarak getirilmesi Hükûmet'e teklif edilebilir» dedim.

Oysa, Efendiler, Kâzım Karabekir Paşa'nın, son telgraf tarihi olan 18 Eylül günü, bizim 20 Eylülde bildirdiğimiz, kanunun hükmüne aykırı olan durum Erzurum'da alınmış imiş...

Bu kanuna aykırı durumdan, aynı zamanda yeni Türkiye'nin Adalet Bakanı ([141]) olan Celâlettin Arif Bey'in, 18 Eylülde yazılıp da 21 Eylülde aldığım telgrafı ile haberim oldu. Kendi kendine Erzurum Vali Vekili olan, Adalet Bakanı'nın telgrafı aynen şöyledir :

Erzurum, 18.9.1920 298

Ankara'da Büyük Millet Meclisi Başkanı
Mustafa Kemal Paşa Hazretleri'ne

Kâzım Paşa Hazretleri'ne gönderilen şeref verici yüksek telgraflarınız üzerine, arz edilen meseleler üzerinde kendisiyle enine boyuna görüştük. Paşa, durumun dehşetini anlamak istemiyorlar ve maiyetinde bulunan kimseler her bakımdan himaye ediliyor. Kamuoyundaki kaynaşmanın bir an önce yatıştırılması için silâh, askerî malzeme ve diğer malzemelerle, Kilise'de çıkan yolsuzluk söylentilerini iyice inceleyebilmek ve bu işlere yeltenenleri kanunun pençesine teslim edebilmek için, halkın saygısını kazanmış olan 9'ncu Tümen Komutanı Hâlit Bey'in görevlendirilmesini istirham ederim. Ordu hesaplarının denetlenmesi de gerektiğinden, derhal bir maliye müfettişinin gönderilmesi yüksek kararlarınıza sunulur. Kâzım Paşa'dan şimdi aldığım bir yazıda, daha önce vali vekilliğinden kayıtsız şartsız çekilmeye karar veren Albay Kâzım Bey, o kararından vazgeçerek vekilliği bendenize veya İçişleri Bakanlığı'ndan

140) Vilâyat-ı Şarkiye Müfettişliği'ne.
141) Adliye Vekili.

(142) tayin edilecek bir vekile devredeceğini yazılı olarak bildirmiştir. Kendisinin vekilliğinin devamı da sakıncalı ve tehlikeli görülmüş olduğundan, şu bir iki gün içinde durumun nezaketi dolayısıyla ve memlekette çıkabilecek bu karışıklığa meydan verilmemek üzere, İçişlerinden gelecek emri bekleyerek vekilliği kendi üzerime almak mecburiyetinde kaldım. Erzurum halkınca, vekilliği arzu edilen arkadaşlardan Hüseyin Avni Bey'in vali vekilliğine atanması istirham olunur. İleri sürdüğüm bu teklifler sayesinde, kamuoyu yatıştırılabileceğinden, gereğinin yerine getirilmesi zâtıdevletlerinin kararına bağlıdır.

Adalet Bakanı
Celâlettin Arif

Efendiler, Büyük Millet Meclisi Başkanı ve Adalet Bakanı Celâlettin Arif Bey'in bu tutumu ve telgrafları, bizim için anlaşılmaz bir bilmece halini aldı. Durum çok önemli ve nazikti. Bu önem ve nezaketin sebebi, bence, Celâlettin Arif Bey'in ve işbirliği yaptığı arkadaşlarının gerçekleştirmeyi hayal ettikleri gizli niyetler ve bu maksatla aldıkları tavır veyahut yaptıklarını zannettikleri oldubitti değildi. Hayatının önemli bir kısmını savaş meydanlarında geçirmiş, ihtilâller ve inkılâplar içinde yoğrulmuş insanlar için, bu gibi ufak tefek beklenmedik olayların karşı tedbirlerini bulup uygulamakta kararsızlık gösterileceğini ve gecikileceğini sananların aldanacaklarına şüphe yoktur.

Doğu Cephesi'nde Ermenistan'a taarruz kararı verdiğimiz sırada

Gerçekten durum çok önemli ve çok nazikti. Çünkü, o günlerde Doğu Cephesi'nde Ermenilere karşı artık taarruza karar vermiştik. Bunun için hazırlanmakta ve tedbirler almaktaydık. Doğu Cephesi Komutanı'na da gereken emirler ve talimat verilmişti. Doğu'da, ileri sürülen ordunun arkasından, Hükûmet'in Adalet Bakanı, sözde o ordunun hırsızlığını, mensuplarının yolsuzluk yaptıklarını ortaya koymak için, kanuna aykırı olarak o ilin vali vekili kimliğine bürünmeyi bir çare ve tek çıkar yol olarak buluyor. 299

Erzurum'dan cephedeki karargâhına gitmiş bulunan Cephe Komutanı, nihayet 22 Eylül tarihinde diyor ki:

Celâlettin Arif Beyefendi'nin Doğu İlleri Genel Valiliği'ne atanması için, zâtıdevletlerine daha önce yapmış olduğum teklif, bendenize hissettirilmiş ve tarafımdan içtenlikle karşılanmış bir düşüncenin sonucuydu. Celâlettin Arif Bey'in, Erzurum'la ilgili teşebbüs ve müracaatları ile gerçekler su yüzüne çıkmış olduğundan, kendisinin Genel Valiliğe atanmasındaki teklifimden elbette vazgeçmiş olduğum bilgilerinize arz olunur.

Doğu Cephesi Komutanı
Kâzım Karabekir

---

142) Dahiliye Vekâleti'nden.

Celâlettin Arif Bey'in ültimatomu

Erzurum Vali Vekilliğini üzerine alan Büyük Millet Meclisi İkinci Başkanı'ndan da aynı tarihli, yani 22 Eylül 1920 tarihli bir telgraf aldım. Bu telgrafta deniliyor ki: «Silâh ve cephaneler, erzak ve terkedilmiş mallarda yapılmış olan yolsuzluklar, kanuna aykırı ve sınırsız vergi toplama, kanunsuz baskı ve zorbalık halkın duygularını büsbütün incitmiş... **Erzurum halkının güvensiz ve ümitsiz bir duruma düşerek, artık kendi elleriyle idare edilme gereğini tek kurtuluş çaresi saydığı bir zamanda buraya geldik. Karabekir Paşa'nın da hareketi memleket çıkarlarına uygun değildi.** Bu sebeple, açıktan açığa yapılan kötülük ve yolsuzluklara hemen son vermek ve yapanları cezalandırma gereğinde halk topluca ısrar etti. Güvenilir tedbirlerin hemen alınması isteği ve Vali Vekilliğini bizzat kabul etmekliğim, Paşa da dahil olduğu halde halk tarafından istirham edildi. Vekilliği Hüseyin Avni Bey'e vermek gereğini yazmıştım. Erzurum halkının kendilerinden sayarak güven gösterdikleri Hüseyin Avni Bey'in **yirmi dört saate kadar görevlendirildiğinin bildirilmesi... Celâlettin Arif»** *(Belge: 258)*.

Saygıdeğer Efendiler, halkın kendi eliyle kendini idare etmesi ilkesini ortaya koyan bizdik. Fakat bununla, asla her ilin veya her bölgenin ayrı ayrı birer yönetim birliği kurmasını kastetmedik. Maksadımızı, Büyük Millet Meclisi'nin ilk günlerinde açıkça ifade ettik.

Meclis'in de kabul ettiği maksat ve gayemiz, millî iradenin kendini gösterdiği tek yer olan Millet Meclisi'nin bütün vatanın mukadderatını eline aldığı şeklinde ifade edildi.

Bu Meclis'in başkanlarından biri olan ve Hükûmet'te bakan hem de Adalet Bakanı olarak yer alan bir zatın, orduda veya herhangi bir yerde kanuna aykırı bir hareketi ortaya çıkartmak ve sorumlularını kanunun pençesine teslim etmek için başvuracağı yol, birtakım beyinsizlere uyarak, çok yakından tanıdığım, gerçekten vatansever Erzurumlu hemşehrilerimin asla razı olamayacakları isyankâr bir durum almak mı olacaktı?

Hüseyin Avni Bey'in 24 saate kadar Vali Vekilliğine tayinini istiyor. Bu ültimatomun anlamı var mıydı?

Celâlettin Arif Bey, bu teklifini Kâzım Karabekir Paşa'ya da yapmış... Kâzım Karabekir Paşa, ona demiş ki «Hüseyin Avni Bey, yedek teğmen olarak sahnelerde subayları eğlendiren... hiçbir resmî görevde bulunmamış sıradan bir adamdır. Bunu vali vekili yapmak Hükûmet'i oyuncak etmeyi istemek olur.» 300

Efendiler, Celâlettin Arif Bey'in ültimatomuna verdiğim cevap aynen şöyleydi:

Şifre
Geciktirilemez
Sayı : 388

Ankara, 23.9.1920

Erzurum'da Adalet Bakanı Celâlettin Arif Beyefendi'ye

İlgi : 22.9.1920 tarihli şifre : İlk telgrafınızı önemle dikkate almış ve bu konuda Doğu Cephesi Komutanlığı ile haberleşilmekte olduğunu yazmıştım. Adı geçen komutanlıkça gereğinin yerine getirileceği pek tabii idi. Buna rağmen, biribiri ardınca yapılan kanunsuz ve isabetsiz teklif ve teşebbüsleriniz Hükûmet tarafından hayretle karşılanmıştır. İçişleri ve Millî Savunma Bakanlıklarınca ilgili makamlara gerekli tebligatta bulunulmuştur. Zâtıâlilerinin Hükûmet'in lüzum gördüğü açıklamaları yapmak ve gerekirse Meclis huzurunda da açıklamalarda bulunmak üzere Ankara'ya hemen dönmeniz gerekmektedir.

Büyük Millet Meclisi Başkanı
Mustafa Kemal

Efendiler, Kâzım Karabekir Paşa, 22 Eylül 1920 tarihli bir şifresinde, şu bilgileri veriyordu :

Şimdi anlıyorum ki, Celâlettin Arif Bey, daha Ankara'da iken, kendisiyle bazı külâh kapmak isteyenler, güzel bir program yapmışlardır. Söz gelişi, Hüseyin Avni Bey, Erzurum valisi olacak... Celâlettin Arif Bey Doğu İllerinin Genel Valisi olacak...

Celâlettin Arif Bey, ya oyuncu olarak oynatılıyor veyahut daha karar vermedim, pek zekidir, kendisi bir iş yapmak istiyor. Çünkü, Hâlit Bey'i bendenize sormadan yazması ve Hüseyin Avni Bey üzerinde direnmesi başka bir anlam taşımıyor. Hâlit Bey'in Albay Kâzım Bey'le arası pek iyi olmadığından, kendisine Kâzım Bey aleyhinde bir karar verdirilebilir. Hüseyin Avni Bey de vali adı altında güzel bir oyuncak olur. Hüseyin Avni Bey'in vali vekilliğine teklif edildiğini işitenler ümitsizliğe düşüyorlar ve öğreniyorlar. Özet olarak arz edeyim ki, Erzurum Milletvekili Necati Bey'in kardeşi olup son zamanlarda Millî Eğitim Müdürlüğü'ne getirilen Mithat Bey, halkın, bolşevikliği, iş beceremeyenlerin mevki kapması şeklinde anladığını zannediyor. Bu zat, çıkarına düşkün olduğundan çoğunluk tarafından pek sevilmez. Halk hükûmeti kurma konusunda bendenizi müsait bulamadığından, Celâlettin Arif ve Hüseyin Avni Bey'lerle haberleşilerek işin daha önceden hazırlandığını ve kararlaştırıldığını sanıyorum. 301

Efendiler, Celâlettin Arif Bey'i Ankara'ya davet eden 23 Eylül tarihli telgrafım, 24 Eylül tarihli çok sert bir telgrafla karşılandı. Bu telgraf Meclis Başkanlığı'na hitaben yazılmıştı. «Bakanlar Kurulu'nda ve Büyük Millet Meclisi'nde okunacaktır» notunu da taşıyordu. Benim telgrafımdaki iki kelimeyi, «kanunsuz» ve «isabetsiz» kelimelerini alarak, Celâlettin Arif Bey, Erzurum'daki teşebbüs ve tekliflerini birer birer bu iki kelime ile tartıyordu. «Bu mu kanunsuzdur?» «Bu mu isabetsizdir?» diyerek kendini savunuyordu. Yaptığı işlerin ne olduğu, dolayısıyla verilen bilgilerden anlaşıldığı için, hangisinin kanunsuz olmadığını ve hangisinin isabetsiz bulunmadığını takdir etmek güç olmayacaktır. Celâlettin Arif Bey, «kanunsuz ve isabetsiz teklifin benden gelmeyeceğine Bakanlar Kurulu'nun inanmasını beklerdim» dedikten sonra: «Aranızda iddialarımı takdir edecek arkadaşların bulunacağına inanıyorum» sözleriyle, kendisini takdir edebilmenin, ancak kendisinin eşi ve arkadaşı olmak durumunda bulunmakla mümkün olabileceğini ortaya koyuyordu. Celâlettin Arif Bey, seçim bölgesinde incelemelerde bulunmaksızın Ankara'ya dönemeyeceğini de bildiriyordu.

Kahraman Erzurum halkının bana açtığı dost kucağını kötüye kullanabileceğine asla ihtimal veremedim.

Efendiler, ben de İstanbul'a dönemeyeceğimi İstanbul Hükûmeti'ne Erzurum'dan bildirmiştim. Eğer davet yeri ve davet sahibi aynı olsaydı, insanın neredeyse, garip bir nazire yapıldığına hükmedeceği gelebilirdi. Fakat, şartlar büsbütün başka olduğuna göre, İstanbul'un davetine karşı bana vefa ve fedakârlık kucağını açmış olan kahraman Erzurum halkının, bu samimiyet kucağını kötüye kullanabileceğine asla ihtimal vermedim.

Hattâ Efendiler, 28 Eylül 1920 tarihinde, Erzurum halk temsilcileri adıyla, memur ve halktan aldığım elli imzalı telgraf bile, bu inancımı sarsmadı. Gerçi, telgraf çok kaba ve isyankârdı. Fakat, imzaların çoğu, Celâletin Arif Bey'in vali vekilliği ettiği vilâyet memurlarına aitti. Özellikle İstinaf Mahkemesi ([143]) üyelerinden olup Celâlettin Arif Bey tarafından Polis Müdürü vekilliğine tayin edilen zatın imzası, bu telgrafın nasıl çirkin bir zihniyetin ürünü olabileceğine delil sayılamaz mıydı? Bu telgrafın, Maarif Müdürü Mithat Bey'in evinde toplanan birtakım kimseler tarafından hazırlandığını anlamak da gecikmedi.

Efendiler, Celâlettin Arif Bey, tekliflerini bir yandan Erzurum Merkez Hey'eti Başkanı Tevfik imzasıyla, «Celâlettin Arif Beyefendi'nin bildirdiği şekilde işlem yapılmasını kesinlikle isteriz» diye destekletirken, bir yandan da, Ankara ile şifreli haberleşmelerde bulunularak, sözde birtakım işler yapılmak ve teşebbüsün nasıl bir etki yarattığı anlaşılmak isteniyordu.

Erzurum, 21/22.9.1920 302

Millî Eğitim Bakanlığı'na ([144])
Ankara

Erzurum Milletvekili Necati Bey'e:

Mümkünse, Sağlık Müdürlüğü'ne Merkez Tabibi Doktor Salim Bey'in atanmasına himmet olunması uygundur. Bundan önceki atanmaların ciddiyetten

---

143) Asliye Ceza mahkemesi ile ağır ceza mahkemesi arasında yer alan bir mahkeme. Bugün böyle bir mahkeme yoktur.

144) Maarif Vekâleti'ne.

uzak bulunduğu,. ödeneklerimizi mutlaka alarak Ziraat Bankası'ndan havale veriniz. Meclis'e yazılmıştır (Hüseyin Avni)

Maarif Müdürü
Mithat

Bundan sonra :

Erzurum, 22.9.1920

Millî Eğitim Bakanlığı'na
Ankara

R ı z a N u r B e y e f e n d i'ye özel :

Şimdiye kadar yazdığım işlerden nasıl bir sonuç elde edildi? Bakanlar Kurulu'nda bu konu üzerinde ne geçti? Lûtfen bana bilgi vermenizi rica eder, gözlerinizden öperim. **(Celâlettin Arif)**

Maarif Müdürü
Mithat

Daha sonra da :

Çok ivedi **Erzurum, 25.9.1920**

Millî Eğitim Bakanlığı'na
Ankara

R ı z a N u r ve N e c a t i B e y'lere özel :

Ermenileri yola getirmek maksadıyla Haziran'da seferberlik ilân edilerek üç yüz beş (1305/1889) doğumlulara kadar silâh altına çağrılmış dokuz bini savaş görmüş ve on üç bini de savaş görmemiş olmak üzere toplam yirmi iki bin askerle subay ailesinin beslenmeleri hemen hemen Erzurum ili halkına yükletilerek, şu zamanda savaş vergileri toplanmak suretiyle bir buçuk milyon liralık yiyecek, hayvan ve araçları alınmıştır. Halk, maksadın yüceliğini takdir ederek bu kadar fedakârlık ettikten sonra, Ç i ç e r i n'in bilinen mektubunun askerî harekâtı sonuçsuz bırakması, Ermenilerin bundan cesaret alarak Müslüman halka zulümler yaparken, ordunun Ermeni Bolşevik birleşmesini ileri sürerek cesaretsizlik göstermesi ve Kızıllar ile istenildiği derecede anlaşılması, bunların yanında C e l â l e t t i n A r i f B e y'in yazdığı yolsuzluklara meydan verilmesi pek kötü bir etki yapmış, halkı ayaklanmaya ve densizliğe sürüklemiştir. K â z ı m P a ş a'da Doğu'daki işleri idare edebilme kudreti olmadığından, buradaki siyasî ve askerî durumu Ermenilere karşı koyabilecek şekilde iyi idare edebilecek dirayetli ve aynı zamanda olağanüstü yetkiye sahip bir hey'etin varlığı şarttır. Şimdiye kadar değerli zamanlar, Ankara'da dosyası bulunan gereksiz yazışmalarla geçmiş, belki de birçok fırsatlar kaybolmuştur. Öte yandan, Erzurum'un mevsim bakımından güç zamanları geldi. Ordunun korunması zarureti olduğu halde, elbise ve beslenme konusunda pek çok sıkıntı çekilmektedir. Askerî ve sivil memurlar dört aydan beri maaş alamamaktadırlar. Askerî giderler için yeni vergiler koymayı düşünüyorlarsa da halkın gücünü bilmiyorlar. Durumları asla elverişli değildir. İstanbul Hükûmeti

pek kayıtsız. Yakın iller, özellikle Harput ili büsbütün kayıtsız, hiç ilgi göstermemektedir. Bu gibi konularda Hükûmet'ten, gerekirse benim adıma Meclis'inizden de gensoru önergesi vererek araştırma isteyiniz ve ordunun ihtiyaçlarını oraca kesinlikle sağlandıktan sonra geliniz. Doğu illeri ile ilgili haberlere pek inanmadım.
İmza : Hüseyin Avni.

Maarif Müdürü
Mithat

Görülüyor ki, Celâlettin Arif Bey'in, Hükûmet üyeleri arasındaki, iddialarını takdir edeceğini sandığı ve makamının şifresinden yararlanmaya kalkıştığı zat da kendisinin sırdaşı olmak istememiş ve Meclis Başkanlığı'nı haberdar etmiştir.

Efendiler, kırk elli kişinin, bütün Erzurum halkı adına telgraf çekmek suretiyle oynanmak istenen oyunun iç yüzü, yine Erzurum halkından gelen ve halkın Büyük Millet Meclisi Hükûmeti'ne karşı bağlılık ve fedakârlık duygusuyla dolu olduğunu gösteren telgrafla anlaşıldı.

Celâlettin Arif Bey, Ermenistan seferinde, en sonunda Büyük Millet Meclisi Ordusunun zafer kazandığını gözleriyle gördükten sonra, yani geri dönmesi için yapılan tebligatı aldıktan tam kırk yedi gün sonra, Erzurum'dan ayrılmaya karar vermek mecburiyetinde kalmıştır. Buna rağmen, hareketini Meclis'e şu telgrafla müjdeliyordu :

Erzurum, 27.11.1920 **304**

Büyük Millet Meclisi Başkanlığı'na

Büyük Millet Meclisi İkinci Başkanı ve Adalet Bakanı Celâlettin Arif Beyefendi'nin, milletvekilimiz Hüseyin Avni Bey'le birlikte, dünkü gün, kışın şiddetine rağmen, Erzurum halkının büyük ve parlak uğurlama töreniyle Ankara'ya hareket ettiklerini arz eder, bu vesileyle Meclis'e karşı sonsuz saygılarımızı sunarız.

Müdafaa-i Hukuk Merkez Hey'eti
Başkanı
Tevfik

Hüseyin Avni ve Celâlettin Arif Bey'lerin Erzurum'dan döndükten sonra, Meclis'teki muhalif tutumları ve Kâzım Karabekir Paşa'ya karşı yaptıkları hücum ve eleştirilerle Meclis'i çok işgal ettikleri görülmüştür.

Doğu cephemizde Ermenilerle savaş başlıyor

Saygıdeğer Efendiler, doğu sınırlarımızda acele olan işimiz, Celâlettin Arif Bey'in, Erzurum'un inkılâp tarihinde bıraktığı izi daha fazla ele alıp incelemeye elverişli değildir. Arzu buyurursanız o günlerin doğu sınırlarımızdaki ciddî işlerine geçelim :

Yüksek hey'etinizce de bilinmektedir ki, Mondros Ateşkes Anlaşması'ndan beri Ermeniler, gerek Ermenistan içinde, gerek sınıra yakın yerlerde, Türkleri toplu olarak öldürmekten bir an geri durmuyorlardı. 1920 yılının Sonbaharında Ermenilerce yapılan zulümler dayanılmaz bir kerteye geldi ve Ermenistan seferine karar verdik. 9 Haziran 1920 tarihinde, Doğu bölgesinde geçici seferberlik ilân ettik. 15' inci Kolordu Komutanı Kâzım Karabekir Paşa'yı Doğu Cephesi Komutanı yaptık. 1920 Haziranında, Ermeniler, Oltu'da kurulan, mahallî Türk yönetimine karşı hareketle, o bölgeyi ele geçirdiler. Dışişleri Bakanlığı'mız tarafından Ermenilere 7 Temmuz 1920'de bir ültimatom verildi. Ermeniler aynı şekilde hareketlerine devam ettiler. Sonunda, seferberlikten üç buçuk dört ay kadar sonra, Ermenilerin Kötek, Bardiz bölgelerinde toplanan kuvvetlerimize taarruzu ile savaşa başlandı.

Ermeniler, 24 Eylül 1920 sabahı Bardiz cephesinden baskın şeklinde yaptıkları genel bir taarruz ile başarıya ulaştılar. Efendiler; Doğu Cephesi'nin bu can sıkıcı bilgiler veren raporunu okurken, Celâlettin Arif Bey'in de, Ermenilerin taarruz günü olan 24 Eylülde yazılmış, bildiğimiz ültimatomunu alıyordum *(Belge : 259)*. Ermeniler geri püskürtülüp girdikleri bölgelerden atıldılar. Ordumuz 28 Eylül sabahı ileri harekete geçti. Aynı günde, Erzurum'un elli imzası da Ankara'ya taarruza geçiyor. Ne kötü tesadüf!... Sanki, bu Efendiler, Ermenilerle aleyhimizde harekete sözleşmiş gibi!...

Ordu, 29 Eylülde Sarıkamış'a girdi, 30 Eylülde Merdenek ([145]) işgal 305
edildi. Fakat bazı sebepler ve düşüncelerle 28 Ekim 1920 tarihine kadar, bir ay, Sarıkamış-Lâloğlu hattında kaldı.

Bu sebeplerden birinin de, Erzurum'da bulunan Celâlettin Arif Bey ve arkadaşlarının yarattıkları durum olduğunu tahmin buyurursunuz. Gerçekten de, Kâzım Karabekir Paşa'nın 29 Eylül 1920 tarihinde Sarıkamış'tan çekilen telgrafında: «30 Eylülde cepheyi gezip gereken talimatı verdikten sonra Erzurum'a giderek, orada geçen olayın sonuçlandırılacağı arz olunur» deniliyordu.

Kâzım Karabekir Paşa, 30 Eylül 1920 tarihinde, Sarıkamış'tan Celâlettin Arif Bey'e yazdığı bir şifrede: «Erzurum halkı adına kırk elli imza ile çekilen açık telgraf, dış düşmanların milyonlar sarf ederek elde edemeyeceği bir belgedir. Olayın kendisinden daha önemli ve tehlikeli olan bu açık telgrafı dış düşmanların tehlike ve tehdidinden daha yıkıcı ve doğuracağı ağır sonuçları cephe durumundan daha önemli gördüğümden yarın Erzurum'a geleceğimi bildiririm» diyordu.

---

145) Göle.

Celâlettin Arif Bey, 5/6 Ekim 1920 tarihli telgrafıyla, özellikle «vatansever ordu içinde değerli ve halkın güvenini kazanmış pek çok subay ve üstsubay bulunduğundan, yolsuzluk şikâyetleri elbette ordunun dayanma gücünü ve disiplin esaslarını etkileyecek kadar büyümemiştir» şeklinde bilgi veriyordu.

Ordularımızın üstsubay ve subayları hakkında bilinen bir gerçek

Yıllarca vatanın çeşitli savaş alanlarında komuta ettiğim ordularımızın üstsubay ve subayları ile ilgili, zaten bildiğim bir gerçeği yüz sekseninci defa da olsa işitmiş olmaktan elbette pek memnun olmuştum.

Efendiler, savaş alanında verilecek emri bekleyen Doğu Ordumuz, 28 Ekim 1920 günü Kars üzerine harekete başladı. Düşman, direnmeksizin Kars'ı terketti. Kars 30 Ekimde tarafımızdan işgal edildi. 7 Kasım tarihinde birliklerimiz, Arpaçay'ına kadar olan bölgeyi ve Gümrü'yü ele geçirdi.

Ermeniler, 6 Kasımda ateşkes ve barış için müracaat etmişlerdir. Biz de ateşkes anlaşmasının maddelerini, Dışişleri Bakanlığı vasıtasıyla, 8 Kasımda Ermeni ordusuna bildirdik. 26 Kasımda başlayan barış görüşmeleri 2 Ocakta son buldu ve 2/3 Ocak gecesi Gümrü Antlaşması imzalandı.

Millî Hükûmet'in yaptığı ilk antlaşma : Gümrü Antlaşması

Efendiler, Gümrü Antlaşması, Millî Hükûmet'in yaptığı ilk antlaşmadır. Bu antlaşma ile, düşmanlarımızın hayallerinde ta Harşit vadisine kadar uzanan Türk ülkelerini kendisine bağışlamış oldukları Ermenistan, Osmanlı Devleti'nin 1877 seferiyle kaybetmiş olduğu yerleri, bize, Millî Hükûmet'e terkederek aradan çıkarılmıştır. Doğudaki durumlarda önemli değişiklikler olması yüzünden, bu antlaşma yerine, daha sonra yapılan 16 Mart 1921 tarihli Moskova ve 13 Kasım 1921 tarihli Kars Antlaşmaları geçerli olmuştur.

Efendiler, o bölgenin genel durumu ve sınırlarımız bakımından temas halinde bulunduğumuz Gürcistan ile olan ilişkilerimiz ve aramızda geçen olaylar hakkında da kısaca bilgi vereyim :

1920 yılının Temmuzunda, Batum, İngilizler tarafından boşaltılınca, 306
Gürcüler hemen işgal ettiler. Bu durum Brest - Litowsk ve Trabzon Antlaşmalarına aykırı olduğundan, 25 Temmuz 1920'de tarafımızdan protesto edilmişti.

8 Şubat 1921'de Ankara'da itimatnamesini sunmuş olan Gürcü elçisiyle de, Türkiye - Gürcistan antlaşması için görüşmeler başlamıştı. Niha-

yet 23 Şubat 1921'de verdiğimiz kesin bir ültimatom üzerine Ardahan, Artvin ve Batum'un bize bırakılmasına razı olundu. Batum'un işgali bu tarihten on beş gün sonra gerçekleşmiştir. Bu yerlere, Türkiye'ye katılmayı sabırsızlıkla bekleyen halkın alkışları içinde girildi.

Daha sonra, Moskova Antlaşması gereğince Batum boşaltıldı; fakat işgal etmiş olduğumuz öteki yerlerin anavatan sınırları içinde kalması pekiştirildi.

*
* *

Trakya'daki durum

Efendiler, içinde bulunduğumuz tarihlerde Trakya'nın durumuna da hep birlikte göz gezdirelim :

Doğu Trakya'da, Anadolu ve Rumeli Müdafaa-i Hukuk Cemiyeti'nin Trakya-Paşaeli Merkez Hey'eti bir kongre yaptı. Bu kongre, Trakya'nın idaresini, Trakya-Paşaeli Merkez Hey'eti'ne verdi. Trakya'da Kolordu Komutanı olarak bulunan Cafer Tayyar (Cafer Tayyar Paşa), bu Merkez Hey'etinde olmakla birlikte, Edirne milletvekili olarak da Meclis'imize üye seçilmiştir. Trakya Merkez Hey'eti'ne ve Kolordu Komutanı'na verdiğimiz talimat, Trakya'nın kaderinin bütün memleketin kaderiyle birlikte çözülebileceği esasına dayanıyordu. Askerî harekât bakımından da verdiğimiz direktif şuydu :

Üstün kuvvetlerin taarruzuna uğranılırsa sonuna kadar direnilecek ve Trakya tamamiyle zapt ve işgal edilmiş olsa bile, teklif edilecek herhangi bir çözüm şekli tek başına kabul edilmeyecektir. Zaten Trakya'daki komutanın da kararının böyle olduğu ifade edilmekteydi. Fakat son zamanlarda, Komutan Cafer Tayyar Bey, yabancıların verdiği teminat üzerine yapılan davete uyarak İstanbul'a gitmiş, bize durumu ancak dönüşünden sonra bildirmişti. Anlaşıldığına göre, Doğu Trakya'nın yalnız başına varlığını koruyamayacağı ancak Batı Trakya ile birleşerek bir yabancı devletin idaresi sayesinde yaşayabileceği yolunda fikirler telkin edilmiş... Her halde manevî gücü kıracak birtakım propagandalar yapılmış...

Cafer Tayyar Bey İstanbul'da iken Tümen komutanlarından Muhittin Bey, İstanbul'dan Kolordu Komutanlığına atanmış Cafer Tayyar Bey'in Trakya'ya dönmesine izin verilmiş. Cafer Tayyar Bey, İstanbul çevreleriyle görüştükten sonra, Muhittin Bey'in teklifine rağmen, artık kolordunun komutanlığını üzerine almamış, Muhittin Bey'in üzerinde bırakmış. Böylece Trakya'nın kaderi, İstanbul siyasî çevrelerinin etkisine terk edilmiş...

Efendiler, Büyük Millet Meclisi açıldığı zaman, Trakya'da, 1'inci 307
Kolordu'nun savaş düzeni şöyleydi :

Kolordu karargâhı Edirne'de;

60' ıncı Tümen : Keşan, Edirne, Uzunköprü dolaylarında;

55' inci Tümen : Tekirdağ bölgesinde;

49' uncu Tümen : Kırklareli bölgesinde.

Yunan ordusu, Anadolu'da, Batı Cephesinde yaptığı genel taarruzda başarı sağladıktan sonra, 20 Temmuz 1920'de Tekirdağ'a bir tümen çıkardı. Tekirdağ bölgesinde pek dağınık bir durumda bulunan 55' inci Tümen, toplanmaya vakit bulamadan, Yunan tümeni, Edirne'ye doğru yürümeye başladı.

Batı Trakya'dan Meriç'i geçerek taarruz etmek isteyen Yunan kuvvetleri, o bölgedeki 60' ıncı Tümen'e komuta eden Cemil Bey'in (İçişleri Bakanı Cemil Bey'dir) ve 15 Haziranda kuvvetleriyle Edirne'ye gelmiş bulunan ve Edirne - Karaağaç istasyonu arasında ciddî savaşlar vermiş olan Şükrü Naili Bey'in (Şükrü Naili Paşa) dikkat ve direnmeleri sayesinde durduruldu ve ilerlemeleri önlendi.

Trakya'daki kolordumuzun askerliğin gereklerini ve vatanseverlik namusunu yerine getirememesinin tek sorumlusu Cafer Tayyar Paşa'dır.

Edirne'ye doğru serbestçe ilerlemekte olan düşman tümenine karşı, bütün 1' inci Kolordu kuvvetlerini toplayıp tedbir alacak komutanın, Kolordu Komutanı Muhittin Bey'in ne yaptığını bilmiyorum. Yalnız elde ettiğim bilgilere göre, Cafer Tayyar Bey, kendi kuvvetleri ile temas kuramadan, Havza yakınlarında atla dolaşırken düşman tarafından esir edilmiştir. Ondan sonra sevk ve idareden mahrum kalan 1' inci Kolordu'muz tamamiyle dağıldı. Birliklerinin bir kısmı esir oldu, bir kısmı da Bulgaristan'a sığındı. Sonuç olarak, Trakya'nın tamamı Yunanlıların eline geçti. Ne yazık ki, 1' inci Kolordu Komutanı'nca, milletin istediği ve beklediği ileri görüşlülüğün, uyanıklık ve fedakârlığın gösterildiğine şahit olamadık.

Efendiler, Trakya'nın özel ve güç durum ve şartlar içinde bulunduğuna şüphe yoktu. Fakat bu özellik ve güçlük, hiçbir zaman Trakya'daki kolordunun askerliğin gereklerini yerine getirmesine ve vatanperverlik namusunu göstermesine engel olamazdı. Eğer, bu yapılamamış ise, millet ve tarih karşısında bulunan tek sorumlusu Cafer Tayyar Paşa'dır. Tarihte bütün bir vatanı, çok üstün düşman kuvvetleri karşısında, son bir avuç toprağına kadar karış karış kahramanca ve namusluca savunmuş ve yine varlığını koruyabilmiş ordular görülmüştür. **Türk ordusu o cevherde bir ordudur. Yeter ki ona komuta edenler, komuta edebilme vasıflarına sahip olabilsinler!**

Efendiler, komutanlar, askerliğin görev ve gereklerini düşünür ve uygularken, beyinlerini siyasî görüşlerin etkisi altında bulundurmaktan kaçınmalıdırlar. Siyasetin gereklerini düşünen başka görevliler bulunduğunu unutmamalıdırlar.

Komutanların, emirleri altına verilen millet evlâdını, memleket vasıtalarını, düşmana ve ölüme doğru sürerken, düşündükleri tek nokta, milletin kendilerinden beklediği vatan görevini ateşle, süngüyle ve ölümle yerine getirerek sonuç almaktır. Askerî görev, ancak bu anlayış ve inançla yerine getirilebilir. Lâfla, politika ile, düşmanın aldatıcı vaadlerine kulak vermekle askerlik görevi yapılamaz. Omuzlarında ve özellikle kafalarında askerlik sorumluluğunu yüklenecek kadar kuvvet bulunmayanların feci sonuçlarla karşılaşmaları kaçınılmazdır.

Efendiler, bir komutanın esir olması da mazur görülebilir. O zaman ki, askerliğin görev ve gereklerini yerine getirip uygulamakta, elindeki kuvveti sonununa kadar, son süngü ve son nefese kadar kullandıktan sonra, kanını akıtmak fırsatını bulamaksızın düşman eline düşerse...

Efendiler, bütün ordusu, üstün düşman karşısında yenilip de kendiliğinden geri çekilirken, kılıcını çekip tek başına atını, düşman başkomutanının çadırına doğru sürerek ölüm arayan Türk komutanları görülmüştür.

Bir Türk komutanının, ordusunu kullanmaksızın, herhangi bir kötü tesadüf ve kötü şans eseri bile olsa, düşmana esir düşmesini biz mazur görsek de, tarih, bunu asla affetmez ve affetmemelidir. Türk inkılâp tarihinin gelecek nesillere hitap ve uyarısı işte budur.

*
**

İkinci Konya İsyanı

Saygıdeğer Efendiler, Anadolu ortasında çıkarılan iç isyanların, Yunan ordusu karşısında bulunan kuvvetlerimiz ve yaptığımız düzenlemeler üzerindeki kötü etkileri, düşmanlarca umulan sonuçları vermedi. Savunma kuvvetlerimiz üzerinde doğrudan doğruya tesirini göstererek, cephemizi yıkma hedefine yönelmiş bulunan herakâtla birlikte, cepheye yakın bölgelerde de halkı ayaklandırmak, düşmanların önem verdikleri bir mesele idi. İstanbul, bu konuda öteden beri çalışmaktaydı. Zeynelâbidin Partisi'nin Konya ve dolaylarında çıkmasına vasıta olduğu isyan hareketleri, nihayet 1920 yılı Ekiminin başında patlak verdi.

D e l i b a ş adında bir eşkıya, beş yüz kadar asker kaçağını topladı. 2/3 Ekim 1920 gecesi Çumra'yı bastı. 3 Ekim sabahı da Konya'ya girdi ve idareyi ele geçirdi. Konya valisi bulunan Haydar Bey ve Komutan Avni Bey (Milletvekili Avni Paşa'dır) Konya'da bulunan az sayıdaki asker ve jandarma ile, Alâettin tepesinde, âsîlere karşı anılmaya değer bir kahramanlıkla savunmada bulundular. Fakat âsîlerin çokluğu ve her taraftan saldırmaları karşısında âsîlere esir düştüler.

Aynı günlerde Beyşehir ve Akşehir ilçelerinde de görevli olarak dolaşan askerî hey'etlerimiz, oralardaki âsîler tarafından görev yapmaktan alıkondular. Ilgın ilçesinin Çekil köyü yakınlarında toplanan üç yüz kadar âsî de, nasihat için giden hey'ete ateş etti. Konya'nın güneyinde Karaman ilçesinde de âsîler toplanmaya başladı. Sultaniye âsîler eline düştü.

Efendiler, bu ayaklanmalara karşı, Afyonkarahisar'dan ve Kütah- 309
ya'dan sevkettiğimiz Derviş Bey (Kolordu Komutanı Derviş Paşa) komutasındaki kuvvetler, Konya'nın kuzeyindeki Meydan istasyonu yakınlarında âsîlerle karşılaştı. Ankara'dan da bir süvari alayı ve bir dağ topu ile, o zaman İçişleri Bakanı olan Refet Bey komutasında sevkedilen kuvvet, Meydan istasyonundan ilerleyen Derviş Bey kuvvetiyle birleşti. Adana Cephesinden de bir kuvvet Karaman'a doğru yola çıkarıldı.

Konya üzerine hareket eden kuvvetler, âsîlerle yaptıkları bir kaç çatışmadan sonra, 6 Ekim 1920'de Konya'yı âsîlerden kurtardı. Oradan kaçan âsîler Koçhisar, Akseki, Bozkır ve Manavgat'a doğru gittiler.

Diğer bir kısım âsîler de Afyonkarahisar'la Konya arasındaki Kadınhan ve Ilgın'ı işgal ettiler. Bu bölgeye de Batı Cephesi'nden Yarbay Osman Bey komutasında bir kuvvet gönderildi. Osman Bey müfrezesi Ilgın, Kadınhan, Çekil ve Yalvaç'taki isyanları bastırdı. Güneyden gelen kuvvetimiz Karaman'ı kurtardı.

İsyan bölgesinde âsîleri tepelemeyi başaran kuvvetlerimiz Bozkır, Seydişehir ve Beyşehir'i de isyancılardan temizledi. Her tarafta, âsîlerin döküntülerinden bir kısmı bize katıldılar. Bir kısmı da Antalya ve Mersin yönlerine doğru kaçtılar. Delibaş, Mersin bölgesinde Fransızlara sığındı.

Saygıdeğer efendiler, Yeşilordu teşkilâtından sözederken açıklamıştım ki, düşmana karşı oluşturulacak kuvvetler konusunda iki zıt görüş çarpışmaya başlamıştı. Bizim benimsediğimiz düzenli ordu kurma görüşüne karşı çıkılarak «milis» diyebileceğimiz bir çeşit teşkilât kurma gürüşüne ağırlık kazandırılmak isteniyordu. Reşit, Ethem ve Tevfik kardeşler, Kütahya yakınlarında, Kuva-yı seyyare ([146]) adı altında ve el-

146) Gönüllü Kuvvetler.

leri altında bulunan kuvvete dayanarak bu görüşün başını çekiyorlar ve ateşli bir şekilde çalışıyorlardı.

«Ordudan fayda yoktur» sözleri ve Batı Cephesi Komutanı'nın taarruz teklifi

Batı Cephesi'nde, orduda ve halk arasında bu yaygın görüş etrafında yapılan propaganda o kadar güçlü ve etkili bir duruma geldi ki, «ordudan fayda yoktur, dağılsın! Hepimiz Kuva-yı Milliye olalım...» sözleri her tarafta kulakları doldurmaya başladı.

Batı Cephesi birlikleri arasında, Kuva-yı Milliye halinde, bir bölge ve bir cepheye sahip bulunan E t h e m B e y müfrezesinin adamları, âdeta müstesna, ordu erlerinden daha üstün, imtiyazlı ve gıpta edilecek durumda sayılmaya başladı. E t h e m B e y ve kardeşleri de, herkes üzerinde bir çeşit otorite ve üstünlük kurmaya başladılar...

İşte bu sıralarda idi ki, Batı Cephesi Komutanı, Genel Kurmay Başkanlığı'na, E t h e m ve T e v f i k kardeşlerin etkisiyle olduğu sanılan bir teklifte bulundu: «Yunan ordusunun Gediz yakınında bulunan müstakil bir tümenine taarruz etmek!..»

Batı Cephesi Komutanı, düşman kuvvetlerinin uzun bir cephe üzerinde dağılmış olarak bulunduğu, Gediz yakınındaki kuvvetinin zayıf ve tek başına bırakıldığını ileri sürerken, düşman moralinin bozuk olduğunu da kabul ediyordu.

O tarihlerde, Yunan ordusu üç tümenle Bursa bölgesinde; bir tümenle Aydın dolaylarında; bir tümenle Uşak'ta ve bir tümenle Gediz'de bulunuyordu. 310

Gediz taarruzu

Batı Cephesi Komutanı, iki piyade tümenini ve E t h e m B e y'in Kuva-yı Seyyâresi'ni Gediz'deki Yunan tümeni üzerine harekete geçirebilecekti. Bu hareketten parlak bir sonuç almayı umuyordu.

Genelkurmay Başkanlığı, Batı Cephesi Komutanlığı'nın bu teklifini kabul etmedi. Çünkü düşman ordusu genel durumu itibariyle bizim ordumuzdan daha kuvvetli idi. Biz, daha ordumuzu kurmuş ve düzene sokabilmiş değildik. Cephanemiz miktarı da ağırdan almamızı gerektiriyordu. Bütün cephe kuvvetlerimize müracaat ederek ve azçok üstün bir kuvvet toplayarak, Gediz'de düşmana karşı sür'atle bir başarı kazanmak belki mümkün olabilirdi. Fakat kuvvetlerimiz ve hazırlığımız, böyle bir başarıyı genel ve sonuç aldırıcı bir başarıya götürmeye elverişli değildi. O halde, bütün işe yarayan kuvvetlerimizi, sınırlı ve geçici bir başarı elde etmek için kullanmış ve yıpratmış olacaktık. Bu takdirde, düşman bütün kuvvetleri ile bir karşı taarruza geçerse, her tarafta yenilgi kaçınılmaz olurdu. Bundan dolayı da cephenin ve Hükûmet'in şimdilik ordu teşkilâtını genişletmek ve mevcudunu artırarak cepheyi kuvvetlendirmeye çalışmak gerekiyordu. Memleketin ölüm kalım meselesi demek olan Batı Cephesi'nde özel ve sınırlı düşüncelere kapılmak doğru bulunmuyordu.

Genelkurmay Başkanı bu Gediz taarruzunun yapılmamasında ısrar etti. Batı Cephesi Komutanlığı ile, haberleşme yoluyla anlaşamadı. Bizzat Ankara'dan Eskişehir'deki Batı Cephesi Karargâhı'na gitti. Genelkurmay Başkanı İsmet Paşa ile Batı Cephesi Komutanı Ali Fuat Paşa'nın bu görüşmeleri sonunda, Ali Fuat Paşa durumu yerinde bir daha inceledikten sonra karar vermek üzere, hareketi ertelemiştir. Fakat, birkaç gün sonra, Cephe Komutanlığı'nca gönderilen rapordan, taarruza karar verildiği anlaşılmıştır.

Efendiler, o günlerde bu taarruz lehinde, her tarafta ve Meclis'te müthiş bir propaganda yapılıyordu.

«Düşman Gediz'de tek başınadır. Biz onu orada yok ederiz. Parlak bir durum ortaya çıkar. Zaten Yunan ordusu kaçmaya hazırdır» sözleriyle, Gediz taarruzunun gerekli olduğu, neredeyse genel bir kanaat haline getirilmek isteniyordu.

Sonunda, Batı Cephesi Komutanı, 61'inci ve 11'inci Tümenler ve Kuvve-i Seyyareler'le 24 Ekim 1920'de Gediz'deki düşmana taarruz etti.

Efendiler, dalgalı, disiplinsiz, emir ve komutasız bazı hareketlerden sonra, bildiğiniz üzere, Gediz'de yenildik.

Yunan ordusu bu harekete cevap olmak üzere, 25 Ekim 1920 günü
Bursa Cephesinden taarruza geçti. Yenişehir'i ve İnegöl'ü işgal etti. 311
Uşak'tan, Dumlupınar sırtları ilerisinde bulunan birliklerimize saldırdı. Birliklerimiz, Dumlupınar sırtlarına kadar çekildi.

Böylece Efendiler, cephenin her tarafında yeniden genel bir yenilgiye uğradık.

Batı Cephesi Komutanı'nın, taarruza geçmesinden dört gün sonra Bakanlar Kurulu'nda şu telgrafı okundu :

Çandarhisar, 27/28.10.1920

Genel Kurmay Başkanlığı'na

1 — Birliklerin savaş kayıplarını sür'atle telâfi ihtiyacındayız. Gediz savaşı, üç yüz savaşçıdan kurulu birliğin, bir taburun savaş görevini yapmasına yeterli olmadığını gösterdiğinden, tabur mevcutlarını dörder yüz savaşçıya çıkarmak mecburiyetindeyiz. Bu savaşlar dolayısıyla, bütün depo birlikleri bile cepheye sürül-

düğünden yetişmiş, silâhlı ve teçhizatlı bin ikmal erinin, özellikle Ankara'daki birliklerinden, bu mümkün değilse en yakın bir yerden acele olarak gönderilmesini,

2 — Askerî manevralar ve savaşlar giydirilebilen erlerin bile elbiselerini, ayakkabılarını parçalamış, dünden beri kar yağan dağlarda asker çıplak ve yalınayak kalmıştır. «Cephe Komutanlığı Vekilliği» emrinde hiçbir şey olmadığından, özellikle kaput, ayapkabı, pamuklu, elbise, yelek, kuşak; kısacası, hava şartlarından korunmak için ne verilmek gerekiyorsa, on beş bin hesabıyla acele olarak gönderilmesini arz ve rica ederim.

3 — Millî Savunma Bakanlığı'na, Genelkurmay Başkanlığı'na ve bilgi edinilmesi için Cephe Komutanlığı Vekilliği'ne yazılmıştır.

Batı Cephesi Komutanı
Ali Fuat

Efendiler, Batı Cephesi Komutanı Ali Fuat Paşa'nın, daha Gediz savaşının yapılmakta olduğu bir sırada okuduğumuz bu telgrafında yazılmış olanlarla, bunlarda sezilen anlam ve zihniyetin pek dikkate değer görülmesi tabiîdir, sanırım. Askerin durumu, kuvvetimizin miktarı, hazırlığımızın derecesi, bütün memlekette her bakımdan muhtaç olduğumuz kaynakların kudret ve kabiliyeti, elbette bu telgraf tarihinden üç gün önce Batı Cephesi Komutanlığı'nca biliniyordu. Her şey tamam olup da, bunlar Gediz Muharebesi'nin yapıldığı üç beş gün içinde mi mahvolmuştu? Bilinmekte olan bütün gerçeklere rağmen, Batı Cephesi, Genelkurmay Başkanlığı tarafından mı taarruza zorlanmıştı? 312

Söz konusu telgraf, Bakanlar Kurulu'nda okunduktan sonra altına şu not yazılmıştı :

Bakanlar Kurulu'nca okundu. İleri sürülen sebepler ve olaylar akla yatkın bulunmadı. Gerekli yardımın yapılacağı tabiidir. 3' ncü Alay'dan beklenen kuvvet gönderilecektir. **İsmet.**

Çerkez Ethem ve kardeşlerinin çıkardığı dedikodular

Efendiler, her başarısızlığın sonunda birtakım dedikoduların ortaya çıkması beklenmelidir. Gediz Muharebesi'nden sonra da genel durum feci bir görünüş arz edince, her tarafta dedikodular, haklı ve haksız tenkitler başladı.

Bazıları ve hele Kuva-yı Seyyare'ciler, Ethem ve kardeşleri, bütün suçu cephe komutanına ve düzenli ordu tümenlerine atarak, kendilerinin güç durumda bırakılmış oldukları yolunda propaganda yaptırıyorlar ve «ordu komutanı kendi hatâlarını kapatmak için kusuru bize yükletiyor» diyorlardı.

Ordu da Kuva-yı Seyyare'nin hiçbir iş yapmadığını, yapma gücünde olmadığını, savaşta verilen emirlere uymadığını, daima tehlikeden uzak bulunduğunu iddia ve ispat ediyordu.

*
**

Efendiler, açıklamalara tekrar bıraktığım noktadan devam etmek üzere, burada küçük bir olayı dile getirmeme müsaadenizi rica edeceğim. Bilindiği üzere, Büyük Millet Meclisi'nin kuruluşu sırasında ortaya konan esaslara göre, «İcra Hey'eti» ([147]) adı verilen Hükûmet'in üyeleri, doğrudan doğruya ve ayrı ayrı Meclis tarafından seçiliyordu. Bu usul 4 Kasım 1920 tarihine kadar uygulandı. Bununla ilgili kanun, ancak 4 Kasım 1920'de: «Bakanlar, Büyük Millet Meclisi Başkanı'nın Meclis üyelerinden göstereceği adaylar arasından salt çoğunlukla seçilir» şeklinde değiştirildi.

Meclis'te görülen aykırı eğilimler ve Nazım Bey'in İçişleri Bakanlığına seçilmesi karşısında benimsediğim tutum

İşte arz etmek istediğim husus, bakanların seçimi ile ilgili kanunun değiştirilmesini gerektiren sebeplerden biridir.

Efendiler, 4 Eylül 1920 tarihinde, Tokat Milletvekili bulunan Nazım Bey, 89 oya karşı 98 oyla, Meclis'çe İçişleri Bakanlığı'na seçildi. Nazım Bey, dakika kaybetmeksizin büyük bir aceleyle Bakanlık makamına gidip daha sonra Bakanlar Kurulu Başkanı da olmam dolayısıyla beni ziyarete geldi.

Ben, Nazım Bey'i kabul etmedim. Yüce Meclis'in güvenini kazanarak seçilmiş olan bir bakanı kabul etmemekle yaptığım muamelenin mahiyet ve nezaketini elbette takdir ediyordum. Fakat memleketin büyük yararı, beni bu yolda harekete mecbur tutuyordu. Elbette, bu hareketimin sebebini açıklayıp ispat edeceğimden ve açıklayacağım noktanın yüce Meclis'çe de önemli görüleceğinden emindim.

Efendiler, Meclis üyeleri arasından, aykırı birtakım prensiplere eğilim gösterenler ortaya çıkmaya başlamıştı. Bunlardan biri olmak üzere Nazım Bey ve arkadaşları en çok dikkatimi çekmişti. Nazım Bey'in, kendisinden daha Sıvas Kongresi sıralarında aldığım safsatalarla dolu bazı mektuplarından, ne zihniyet ve karakterde bir kimse olabileceğini anlamıştım. Nazım Bey, milletvekili olarak Ankara'ya geldikten sonra, her gün yeni yeni siyasî faaliyetler gösteriyordu. Oluşmaya başlayan her siyasî grupla temas fırsatını kaçırmıyordu.

---

147) Hey'et-i İcraiyye: Bakanlar Kurulu.

N a z ı m B e y, bizzat veya dolaylı olarak yabancı çevrelerden bazıları ile temas yolunu bulmuş; onlardan teşvik görmüş ve yardım imkânları da sağlamıştı.

Bu zatın Halk İştirakıyyun Fırkası ([148]) diye gayri ciddî ve sırf kendisine çıkar sağlamak üzere bir parti kurma teşebbüsüne geçerek, milliyetçiliğe aykırı faaliyet sevdasında bulunduğunu mutlaka duymuşsunuzdur.

Bu zatın yabancı çevrelere casusluk ettiğine de asla şüphe etmiyordum. Nitekim, daha sonra İstiklâl Mahkemesi birçok gerçeği ortaya koymuştu.

İşte Efendiler, bu N a z ı m B e y, kendisinin ve arkadaşlarının yaptığı sürekli propaganda sayesinde ve bize muhalefete hazırlananların milletin yüksek yararlarını unutarak yaptıkları yardımlarla İçişleri Bakanlığı'na geçirilmişti. Böylece N a z ı m B e y, Hükûmet'in bütün iç idare makinesinin başında, memleket ve millete değil, fakat, paralı uşağı olduğu kimselerin isteklerinin gerçekleşmesine en büyük hizmeti yapabilecek duruma gelebilmişti.

Elbette Efendiler, buna asla razı olamazdım. Onun için İçişleri Bakanı N a z ı m B e y 'i kabul etmedim ve istifaya mecbur ettim. Lüzum görüldüğü zaman da, Meclis'teki gizli oturumda, hakkındaki bilgi ve görüşlerimi açıkça söyledim.

Milletvekillerini seçerken çok dikkatli ve titiz olmalıdır

Saygıdeğer Efendiler, pek iyi bilirsiniz ki, sultanlarla, halifelerle idare edilmiş ve edilmekte olan memleketlerde, vatan için en büyük tehlike, sultanların ve halifelerin düşmanlar tarafından satın alınmalarıdır. Bu, çok defa kolaylıkla sağlanabilmiştir. Meclislerle idare edilen memleketlerde ise, en tehlikeli durum, bazı milletvekillerinin yabancılar adına çalınmış ve satın alınmış olmalarıdır. Millet Meclislerine kadar girme yolunu bulabilen vatansızlara her zaman rastlanabileceğine, tarihin bu konudaki örnekleriyle hükmetmek zarurîdir. Bunun için millet, kendi vekillerini seçerken, çok dikkatli ve titiz olmalıdır. Milletin hatâ yapmaktan korunması için tek çıkar yol, düşünce ve faaliyetleriyle milletin güvenini kazanmış olan siyasî bir partinin seçimde millete kılavuzluk etmesidir. Genellikle bütün vatandaşların, adaylıklarını ortaya atan her şahıs hakkında karar vermeye yardımcı olacak doğru bilgilere ve isa-

148) Halk Komünist Partisi.

betli oya sahip bulunacağını kabul etmek, nazarî olarak var sayılsa, bile, bunun tam bir gerçek olmadığı, tecrübelerin tecrübeleriyle ve inkâr edilemez bir açıklıkla ortaya çıkmıştır.

⁂

Efendiler, bıraktığımız noktaya, yani Batı Cephesi'ne dönüyorum. Gediz Muharebesi'nden, onun maddî ve manevî can sıkıcı sonuçlarından sonra, Fuat Paşa'nın cephe üzerindeki komutanlık etki ve otoritesi sarsılmış gibi görünüyordu. Kendisini komutadan çekmeyi zarurî saymaya başladım. Tam bu sırada idi ki, Fuat Paşa Ankara'ya gelip görüşmek üzere 5 Kasım 1920 tarihli bir şifre ile izin istedi. Cevap olarak 6 Kasımda Ankara'ya gelmesinin uygun olacağını bildirdim. Fuat Paşa aleyhindeki dedikodu ve Kuva-yı Seyyare'nin varlığının ordudaki disiplinsizliğe yol açan kötü etkileri o kadar hissedilmeye başlamıştı ki, 7 Ka- 314
sım tarihinde Ali Fuat Paşa'ya hemen Ankara'ya gelmesini emretmeyi gerekli buldum.

Ali Fuat Paşa'nın Moskova Büyükelçiliği'ne atanması ve cephenin ikiye ayrılması kararı

Efendiler, artık Ali Fuat Paşa'nın Batı Cephesi'ne komuta edemeyeceğine inanmıştım. O günlerde Moskova'ya da bir elçilik hey'eti göndermemiz gerekiyordu. O halde, Fuat Paşa büyükelçi olarak Moskova'ya gidebilirdi. Batı Cephesi de çok ciddî ve dikkatli bir çalışma beklediğinden, bu cephe komutanlığını da zaten genel askerî harekâtı yürütmekte olan Genelkurmay Başkanı İsmet Paşa'ya ek görev olarak vermek en sür'atli ve uygun bir tedbir olacaktı. Bir yandan da gerek iç isyanlara ve direnmelere karşı gerek savaş harekâtı açısından kuvvetli bir süvari teşkilâtına duyulan ihtiyaç açıktı. Sırf bu teşkilâtı kurabilmek için de İçişleri Bakanı olan Refet Bey'e (Refet Paşa) ek olarak bu görevi de vererek kendisini Konya ve dolaylarına göndermeyi uygun buluyordum. Çünkü Refet Paşa, zaman zaman çeşitli sebeplerle Konya'ya, Denizli'ye gitmiş, Batı Cephesi'nin güney kesimi ile ilgilenmiş ve o kesimle ilgisi bulunan bölgeleri tanımış bulunuyordu. O halde konuyu şöyle çözebilirdim: Cepheyi ikiye ayırmak; önemli kesimleri içine alan alanı Batı Cephesi diye adlandırarak İsmet Paşa'nın komutasına vermek; güney kesimini de Konya ve dolaylarına göndereceğim Refet Paşa'ya vererek, her iki cepheyi birden doğrudan doğruya Genelkurmay Başkanlığı makamına bağlamak...

Genelkurmay Başkanlığı'na da Millî Savunma Bakanı olan Fevzi Paşa vekâlet edebilirdi. Fuat Paşa zamanında bir de cepheden Sıvas'a kadar uzanan «Geri Bölgesi» vardı. Fuat Paşa, bu bölgeyi idare edebilmek için de bir «Cephe Komutanlığı Vekâleti» makamı kurmaya mecbur olmuştu. Bunun tabiî ve pratik olmadığı meydandaydı. Bu bakımdan, yeni düzenlemede bu geri bölgesini de menzil alanı olarak cepheye bıraktıktan sonra, Millî Savunma Bakanlığı'na bağlamak tabiî idi. İsmet Paşa'nın bir süre için Genelkurmay Başkanlığı'ndan ayrılmaması, ordunun düzenlenme ve hazırlanmasında sür'at sağlanması için yararlı görüldüğü gibi, Refet Bey'in de İçişleri Bakanlığı sıfatını geçici olarak devam ettirmesi, özellikle kendi bölgesinde güvenliğin sağlanması, halktan hayvan ve malzeme toplamak suretiyle meydana getirmeye mecbur olduğu süvari teşkilâtını bir an önce kurabilmek için gerekliydi.

Sür'atle düzenli ordu ve büyük süvari birlikleri kurma ve düzensiz teşkilât fikir ve siyasetini yıkma kararı

Efendiler, 8 Kasım 1920'de, Fuat Paşa Ankara'ya geldi. Karşılamak için bizzat istasyonda bulunuyordum. Paşa'yı omuzunda bir filinta olduğu halde Kuva-yı Milliye kıyafetinde gördüm. Batı Cephesi Komutanı'na bu kıyafeti benimseten düşünce ve zihniyet akımının bütün Batı Cephesi üzerinde ne kadar etkili olduğunu anlamak için artık tereddüde yer kalmamıştı. Onun için Fuat Paşa'ya kısa bir görüşmeden sonra, alabileceği yeni görevi söyledim. Memnuniyetle kabul etti. Aynı günün gecesi İsmet ve Refet Paşaları da davet ederek yeni durumu ve görevlerini kararlaştırdık. Kendilerine verdiğim kesin direktif: «Sür'atle düzenli ordu ve süvari birlikleri meydana getirmekten» ibaretti. Böylece 1920 yılı Kasımının sekizinci günü 315
«düzensiz teşkilât fikir ve siyasetini yıkma kararı» faaliyet ve uygulama alanına konulmuş oldu.

***

Görünüşte bizim için yumuşak sanılan bir politika ile, bizi içten yıkma teşebbüsü

Saygıdeğer Efendiler, burada bir an durarak bakışlarımızı İstanbul'a çevirelim. Damat Ferit Paşa Hükûmeti'nin her türlü düşmanla ortak olan «silâhla sonuç alma plânı» uygulamada başarı kazanamamıştı. İç isyanlara karşı koyduk ve direndik. Yunan taaruzu en sonunda bir hatta durdu. Yunanlıların ondan sonraki hareketleri de sınırlı alanlar içinde kaldı. İç isyanlara ve Yunan cephesine karşı ciddî tedbirler almakta olduğumuz görülüyordu. İçeriden ve dışarıden gelen silâhlı hücumların, özellikle Ankara'daki Millî Hükûmet'i sarsamayacağı anlaşılıyordu. Bu itibarla, İstanbul'un silâhlı saldırı politikası iflâs etmiş bulunuyordu. Bunu değiştirip, yeniden uzlaşma politikasına döner gibi görünerek, bizi içerden yıkma politikası gütmenin daha yararlı olacağına inandıklarına hükmedilebilirdi. Tıpkı 1919 Eylülünde Damat Ferit Paşa'nın birinci çekilmesinden sonra, Ali Rıza Paşa Kabinesi'nin gelmesiyle olduğu gibi, görünüşte bizim için yumuşak sanılan bir politika ile, bizi içten yıkma teşebbüsü yenilenecekti.

Bundan sonraki mücadelelerimizde, İstanbul vasıtasıyla yapılan iç ve dış teşebbüsler, bizi güçsüzlüğe düşürecek telkinler ve Yunan ordusuyla olduğu kadar, fakat anlaşılması ve anlatılması daha güç şartlar içinde, içerideki bozgunculara karşı uğraştığımız da görülecektir.

İstanbul'da hükûmetin başına Tevfik Paşa getirildi. Kabinede Dahiliye Nâzırı olarak Ahmet İzzet ve Bahriye Nâzırı olarak Salih Paşa'lar bulunuyordu. Tevfik Paşa Kabinesi derhal bizimle temas ve ilişki kurmak istedi. Bu görevi esas itibariyle Ahmet İzzet Paşa üzerine aldı. Saray kurmay hey'etinde bulunan bir subay, Ahmet İzzet Paşa tarafından bazı notlarla Ankara'ya gönderildi. Bu notlarda, eskisine bakarak daha elverişli şartlarla, söz gelişi, İzmir'de Osmanlı hakimiyeti altında Yunanlılar tarafından özel bir yönetim kurulmasının kabulü gibi şartlarla, bir barış yapma ümidinde bulundukları ve her şeyden önce, İstanbul Hükûmeti ile bir uzlaşmaya varmanın önemli olduğu bildiriliyordu.

Ahmet İzzet Paşa'nın ve içinde bulunduğu hükûmetin, Türkiye Büyük Millet Meclisi'nin ve Hükûmeti'nin nitelik ve yetkilerinden haberdar olmadıkları, hâlâ İstanbul Hükûmeti'ni sürdürmeyi ve bu yolla millet ve memleketin kaderiyle, ilgili sorunları çözmeyi düşündükleri görülüyordu.

Ahmet İzzet Paşa'ya ve Tevfik Paşa Kabinesi'ne durumu bildirmek ve kendilerini aydınlatmak maksadıyla, gereken bilgi ve görüşleri etraflı olarak yazdırıp Ankara'ya gelen özel memura verdik ve kendisini 8 Kasım 1920 tarihinde İnebolu'ya doğru yola çıkardık.

12 Kasım 1920 günü, Zonguldak'tan Yüzbaşı Kemal imzalı kısa 316
bir telgraf aldım. Bunda, şifreli bir telgrafı çekmek üzere İstanbul'dan gönderildim, deniyordu. Söz konusu, şifreli telgraf, Dahiliye Nâzırı İzzet Paşa'nın imzasını taşıyordu. İstanbul'da 9 Ekim 1920 tarihinde yazılmıştı.

İstanbul'da iktidar mevkiine getirilen Tevfik Paşa Kabinesi Ankara ile temas imkânı arıyor

Bu telgrafta, İstanbul ile Zonguldak arasında Fransız telsizi ile haberleşmek üzere Fransız temsilcisinin izni alındığı bildirildikten sonra: «Hükûmet ile bir uzlaşma esası kabul edildi mi? Kabul edildiyse nerede buluşmanın mümkün olacağı ve hangi yolla gelmenin uygun düşeceği» sorulmakta idi.

İstanbul Posta ve Telgraf Genel Müdürü Orhan Şemsettin imzalı 11 Kasım 1920 tarihli bir emir de, Kastamonu Posta ve Telgraf Başmüdürlüğü'ne geliyordu. Bu emir, Ereğli Müdürlüğü'ne gönderilen ve resmî olmayan bir mektubun zarfından çıkıyordu. Emir aynen şudur:

Madde 1 — Anadolu ile hükûmet merkezi (İstanbul) arasında telgraf haberleşmelerinin bir an önce başlatılması gereklidir.

Madde 2 — Bu maksadın gerçekleştirilmesi için, bir taraftan Sapanca ile Geyve arasındaki ana hat üzerinde onarılabilecek durumda olan tellerin sür'atle kullanılabilir duruma getirilmesi, diğer taraftan da önemli yapım ve onarım çalışmalarını gerektiren İzmit, Kandıra, İncilli arasında yapım ve onarımına başlanması uygun görülmektedir.

Madde 3 — Sözü edilen onarımları yapmakla görevli olan İstanbul Fen Müfettişi Bekir Bey, emrinde bir başçavuş ve yeterince çavuşla İzmit'e harekete hazırdır.

Madde 4 — Ellerinde Dahiliye Nezareti yüksek makamının görev belgesini taşıyan bu memurlar, herhangi bir yerde onarım çalışmaları gereğini duyduklarında, tarafınızdan ilgili makamlarla haberleşilerek, kendilerine gereken yardımın sağlanması himmetlerinizden beklenmektedir. 11 Kasım 1920.

Bu telgraf üzerine gerekenlere verdiğimiz emir, İstanbul ile temas kurmaktan sakınılması ve telgraf hatlarını onarma bahanesiyle gelen olursa tutuklanması ile ilgiliydi.

Efendiler, İzzet Paşa'nın dolaylı olarak gönderdiği şifreli telgrafına cevap vermeyi, özel bir memurla gönderdiğimiz notların kendisince okunduğu haberini aldıktan sonraya bırakıyordum. İzzet Paşa'nın tarafımızdan verilen bilgileri aldıktan sonra da görüşünde ısrar edip etmediğini anlamak istiyordum. Bu husus anlaşıldıktan sonra, İzzet Paşa'ya aracılar vasıtasıyla şu cevabı verdim:

Zâtıdevletleri ve Salim Paşa Hazretleri'nin de katılmaları gerekli olan hey'etle en kolay ve çabuk olarak Bilecik'te buluşmak mümkündür. İstanbul'dan ya Sapanca'ya kadar tren ve oradan otomobille veyahut da deniz yoluyla Bursa'ya ve oradan yine otomobille Bilecik'e teşrif buyurulabilir. Bu yollar üzerinde şimdiden gerekenlere tebligat yapılmıştır. Yolculuğun, Aralık ayının ikisine kadar Bilecik'te bulunacak şekilde ayarlanmasına ve İstanbul'dan hangi tarihte hangi yolla hareket edileceğinin şimdiye kadar kullanılan vasıta ile Zonguldak'a bildirilmesini rica ederim. Yolculuğun mümkün olduğu kadar gösterişsiz yapılması hatırlatma kabilinden arz olunur. 25/26.11.1920.

Efendiler, İstanbul'da 23/24 Kasım 1920 tarihinde yazılan ve İstan- 317
bul'a varmış olan özel memurun imzasıyla İnebolu'ya gönderilen ve 27 Kasımda oradan Ankara'ya çekilen bir telgrafta, şu bilgiler veriliyordu:

«Bu gün 23.11.1920'de İzzet Paşa'nın yanında bulunduğum sırada, Hariciye Nâzırı, son siyasî durumla ilgili olarak aşağıdaki açıklamaları yapmıştır:

Yeni gelen İngiliz elçisi, Ermenistan, Gürcistan ve bir süre sonra, İzmir'le ilgili önemli konularda Osmanlı Hükûmeti lehine bir çözümün bulunacağını söylemiş. Bu elverişli durumdan yararlanarak memleketin geleceğinin sağlanabilmesi için büyük bir güçle çalışılarak fırsat kaçırılmamalıdır. Eğer Ankara, zaman kazanmak isteğindeyse bile, bir temas kurularak ilerideki kararlar birlikte alınmalıdır»

dedikten sonra şu satırlar ekleniyor:

Açıklamalara ek olarak, İzzet Paşa, kendisine tarafımızdan gönderilen özetteki «şimdiye kadar yapılan mücadelelerin bugün bahşettiği ve sağladığı imkânlardan yararlanmak görevimizdir» cümlesine dayanarak : Eğer Anadolu gönderilecek hey'eti kabul etmezse, doğrudan doğruya benimle temas kurarak maksadımızı kendimiz kararlaştırmalıyız. Bunu da kabul etmedikleri takdirde, söz konusu cümledeki görüşten vazgeçildiği anlaşılacağından, artık kabinede kalmayarak istifa edeceğini ve istersek İstanbul'u dikkate almayarak kendisinin de Anadolu'ya geleceğini söylemiş.»

Efendiler, aynı telgrafta, İstanbul basınında, İzzet Paşa'ya ait olduğu bildirilen şu demecin de yayınlandığı yazılıydı:

Hükûmetin Anadolu'ya özel bir memur göndermekten maksadı, Ankara'dakilerle bir temas kurulup kurulamayacağını anlatmak içindi. Oradan dönen memur, bu temasın kurulabileceğini anlattı ve haberleşme de yapılabildi. Elbette gereğinin yapılmasına çalışacağız.

Böyle bir demecin Anadolu'nun görüşüne uygun düşmeyeceği ve yalanlanması gerektiği ileri sürülmüş ise de, kabine bunu kabul etmemiş. Bununla birlikte İzzet Paşa, **Tercüman-ı Hakikat** gazetesine şu demeci de vermiş:

Memleketin yüksek çıkarları, şimdilik bu konuda basının susmasını gerektirmektedir. Bu bakımdan bir iki gün daha demeç vermekte mazuruz.

Efendiler, Tevfik Paşa, Ahmet İzzet Paşa, Salih Paşa, zamanın büyük adamları gibi tanınmışlardı. Millet bunları akıllı, tedbirli ve uzak görüşlü olarak biliyordu. Bu sebeple Damat Ferit Paşa çekilip yerine, ileri gelenleri bu şahıslar olan bir kabine iş başına gelince, herkeste türlü türlü ümitler uyandı. Tevfik Paşa Kabinesi ilk anda Ankara ile temas ve ilişki kurmak isteyince, kamuoyunda iyi niyetine inanmamak için bir sebep görülemedi. Herkes Tevfik Paşa Kabinesi'nin iktidara gelmesini hayırlı saydı. Bu kabinenin memleket ve milletin yüksek çıkarlarını gözetecek çare ve yolları bulmadan iktidara gelmiş olduğunu kabul etmek ve ettirmek gerçekten güçtü. Kaldı ki, kendileri de İstanbul çevrelerinde ve basında kullandıkları dille, kamuoyunu doğrulayacak bir tavır takınmış bulunuyorlardı.

Bilecik Görüşmesi kararlaştırılıyor

Biz, gerçek durumun herkesin sandığı ve düşündüğü gibi olmadığına tamamen inanmış bulunuyorduk. Ancak, İstanbul'un kurtuluş çaresi olarak ileri sürdüğü uzlaşma ve gö- 318
rüşme tekliflerini, kamuoyunu inandırmaya yarayacak şartları hazırlamadan reddetmeyi uygun bulmadık. Onun için, özellikle İzzet ve Salih Paşa'ların da içinde bulunacağı bir hey'etle Bilecik'te görüşmeyi uygun bulduk. Bu zatlarla görüştükten sonra, halkın bütün inanış ve görüşlerindeki yanlışlığın anlaşılacağına şüphem yoktu. Bir de, her ne olursa olsun, kamuoyunca yukarıda işaret ettiğim vasıfları ile tanınmış olan bu zatların, İstanbul'da hükûmet kurmalarının millî gaye için ne kadar zararlı olduğu meydandaydı. Bu bakımdan, görüşmeden sonra da, kendilerinin İstanbul'a dönmelerine müsaade etmeme gereği bence normaldi. İşte bu düşüncelerledir ki, İzzet Paşa hey'etiyle Bilecik'te görüşme kararlaştırıldı. Görüşme 2 Aralıkta değil, fakat 5 Aralıkta oldu.

Efendiler, bu görüşmeyi beklerken, o güne kadar cephede ve Ankara'da geçen olayları da kısaca bilginize sunayım:

Efendiler, hatırlarsınız ki, İzzet Paşa'nın özel memurunun İnebolu üzerinden İstanbul'a hareket ettirildiği 8 Kasım 1920 günü, Fuat Paşa'nın Moskova Büyükelçiliği, İsmet ve Refet Paşa'ların da Batı Cephesi'nde görevlendirilmeleri kararlaştırılmıştı. İsmet Paşa ertesi gün cepheye hareket etti. 10 Kasımda göreve başladı.

O zamanlar Ethem Bey'in yakın arkadaşı bulunan bir zatın, Eskişehir'den 13 Kasım 1920 tarihli bir şifreli telgrafını aldım. Bu telgrafta deniliyordu ki:

Ethem Bey'in, Fuat Paşa Hazretleri'nin yanında Rusya'ya gideceği söylentisi cephede ve gerideki halk arasında kötü niyete yorulmaktadır. Bu gibi kimselerin çevrenizden uzaklaştırılması, zâtıdevletlerinin diktatörlük ilân edeceğiniz zannını uyandırmıştır...

Efendiler, Ethem ve kardeşlerinin Türkiye'den uzaklaşmaları, gerçekten Türkiye'nin de kendilerinin de yarar ve selâmeti bakımından yerindeydi. Bu sebeple, Fuat Paşa'ya, kendileri istedikleri takdirde, bunları da birlikte alıp uygun şekilde görevlendirilebileceklerini söylemiştim. Ethem Bey'in arkadaşı tarafından yazılan bu telgraftaki ifadelerin, yalnız arkadaşının düşüncesi olduğu ve gerçeğe uygun bulunduğu elbette kabul edilemezdi. Çünkü ne cephenin ne de halkın, Ethem Bey'in Rusya'ya gönderilip gönderilmeyeceği konusu ile ilgisi yoktu. Özellikle: «ben diktatör olmak istiyorum; fakat Ethem ve benzerleri engeldir. Onun için bu gibileri uzaklaştırıyorum» zannından söz edilmesi büsbütün dikkatimi çekti.

Ethem ve Tevfik kardeşlerin muhalefete geçmesi

İ s m e t P a ş a 'nın cephede çalışmaya başlamasından sonra, E t h e m B e y, rahatsızlığını ileri sürerek Ankara'ya geldi ve burada uzun süre oturdu. Onun yokluğunda, kardeşi Yüzbaşı T e v f i k B e y, E t h e m B e y'e vekâleten Kuva-yı Seyyare'nin başında komutanlık ediyordu.

Durumu gerektiği gibi aydınlatabilmek için, bir olaylar zincirinin bazı ana noktalarına işaret etmek uygun olur. Kuvve-i Seyyare Komutanlığı, Karacaşehir'de, kendisine bağlı olmak üzere, gizlice Karakeçili adında bir birlik kurmuştu. Bu kuruluş hakkında Batı Cephesi Komutanlığı'nın bilgisi yoktu. Böyle bir birliğin varlığı 17 Kasım 1920'de tesadüfen 319
öğrenildi. Cephe Komutanlığı'nın bu birliğin varlığı hakkında bilgi istemesi ve birliğin teftişe hazırlanması emri E t h e m B e y tarafından yerine getirilmedi. Cephe Komutanlığı'nca, sivil işlere ve geri hizmetlere karışılmaması için verilen genel emre aykırı olarak, Kuvve-i Seyyare Komutanlığı, Kütahya bölgesinde, her şeyde gösterdiği müdahale ve zorbalığını daha da artırdı.

Cephe komutanı, E t h e m B e y Kuvve-i Seyyare'sinin, öteki gezici kuvvetlerden ayrılması için «Birinci Kuvve-i Seyyare» diye adlandırılmasını emrettiği halde, E t h e m B e y ve kardeşi, bunu dikkate almak şöyle dursun, bu emre rağmen kendi kendine «Umum Kuva-yı Seyyare ve Kütahya Havalisi Komutanı» ([149]) şeklinde bir komutanlık durumu ortaya çıkardı.

Görülüyor ki, E t h e m B e y ve kardeşi, emirleri altındaki birlikleri teftiş ettirmiyorlar, verilmemiş yetki ve ünvanları kendi kendilerine takınıyorlardı.

«Bütün Kuva-yı Seyyare Komutan Vekili T e v f i k» imzasıyla 21 Kasım 1920'de Cephe Komutanlığı'na gelen bir raporda, «13'üncü düşman tümeninin Emîrfakıhlı, İlyasbey, Çardak, Umurbey üzerinden gelmekte olduğu» ve «kendi bölgesinde bulunan Gördeslilerin düşman askerini çağırdıkları» yolunda bilgi vardı. Oysa, gerçekte ne düşman tümeni ilerliyordu ve ne de Türk halkı düşmanı çağırmıştı. Bu bilgilerin özel maksatlarla verildiği anlaşılacaktır. Müslüman halkın düşmanı çağırması yalnız bir tek sebeple açıklanabilirdi ki, o da tarafımızdan zulüm ve eziyet göreceklerine inanmalarıdır. İşte Cephe Komutanı, durumu bu noktadan ele alarak verdiği genel emirde demişti ki:

---

149) Bütün Kuva-yı Seyyare ve Kütahya Bölgesi Komutanı.

Muharebenin doğurduğu bunalım sırasındaki kızgınlıkların etkisiyle zorlayıcı sert tedbirler [150] alınmasına kesinlikle engel olmak gerekir. Hainlikleri ne derece kesinlikle anlaşılmış olursa olsun, hiçbir köy asla yakılmayacak, halktan hiç kimse hiçbir birlik tarafından hiçbir suçla idam edilmeyecektir. Casuslukları ve daha başka suçları ortaya çıkmış kimselerin, göz altında İstiklâl Mahkemeleri'ne gönderilmeleri gerekir.

Umum Kuva-yı Seyyare Komutan Vekili Tevfik Bey, bu emre de karşı çıktı.

Efendiler, düşman, kuvvetlerini toplu bulundurmak maksadıyla aldığı tertibat yüzünden, Kuva-yı Seyyare bölgesindeki bazı yerleri boşaltmıştı. Buralarda, sivil idare kuruluncaya kadar, halkın güven içinde idaresi için, hemen teşkilât kurulmasına lüzum vardı. Bu sebeple jandarma hizmetinde bulunmuş ve iyi halli tanınmış kimselerden seçilen yüz elli mevcutlu bir sahra jandarma bölüğü teşkil edilerek «Simav ve Bölgesi Komutanlığı» adı altında bir komutanlık kuruldu. Bu komutanlık, sınırları belli bir bölge içinde güvenlik işlerine bakacaktı. Yarbay İbrahim Bey adında bir zatın görevlendirildiği bu komutanlığa yönetim ve inzibat bakımından bu bölgedeki askerlik şubeleri de bağlanacaktı. Ordu birliklerinin ve Kuva-yı Seyyare'nin komutanları yalnız askerî harekâttan sorumlu olacaklardı. Bu bölge komutanlığının kurulması dolayısıyla, o 320
bölge halkına, Cephe Komutanlığı tarafından yazılan bildiride: «Sizin her türlü dertlerinizi dinlemek, adaletli bir yönetim kurmak maksadıyla Simav'da bir Bölge Komutanlığı kuruyorum» cümlesi vardı. Bu cümleyi, Kuva-yı Seyyare Komutanlığı tarafından kötüye yorulacağını göreceğiniz için, özellikle kaydediyorum.

Düşmandan kurtarılan bu kasabalar halkı, kurtuluş tarihinden başlavarak iki ay süreyle askerlik hizmetinden muaf tutulmuşlardı. Umum Kuva-yı Seyyare Komutan Vekili Tevfik Bey, birtakım düşünce ve sebeplerle bu bölge komutanlığına da itiraz etti.

Tevfik Bey, 23 Ekim 1920 tarihli bir raporunda: «Bir düşman tümeninin taarruzu üzerine, kuvvetlerini Gönen köyü kuzeyindeki sırtlara çektiğini» bildiriyor ve «sol kanadımda bulunan Cumburdu kesimini emniyete alınız» diyor.

Düşmanın ciddî bir taarruzu olmamıştır. Kuva-yı Seyyare Komutanlığı'nın maksadının, ordu birliklerini cepheye sürdürüp, kendi kuvvetlerini geride toplamak olduğu anlaşılmıştı. Cephe Komutanı İsmet Paşa, Tevfik Bey'in verdiği bilgileri ciddiye alarak, gerekenlere gerektiği gibi emirler vermiş olmakla birlikte, kendisinden de, «taarruz

---

150) Tedabir-i Örfiye'ye.

eden düşmanın aşağı yukarı kaç top kullanmakta olduğunu» ve «Kuruköy'den yol boyunca Çamköy'e doğru bir düşman harekâtının yapılıp yapılmadığını» sordu ve Cumburdu vadisinin İslâmköy'e doğru emniyete alınmasının Güney Cephesi'ne ait olduğunu bildirdi.

Tevfik Bey, 24 Kasım 1920 tarihinde Cephe Komutanlığı'na yazdığı telgrafta iğneleyici birtakım sözlerden sonra, «bendeniz, kuzey ve güney cephelerinin her ikisinin de hükûmetin emrinde olduğunu sanıyorum. Mademki değildir, idaresizlik yüzünden, boş yere burada vatan evlâtlarını kırdıramayacağım. Yirmi dört saate kadar sol kanadımız kuvvetli bir şekilde korunmadığı takdirde, Kuva-yı Seyyare'yi Efendiköprüsü civarına çekeceğim. Bu konuda sorumluluğun kime ait olduğunu hükûmet bulsun, Efendim» diyordu. Batı Cephesi Komutanı İsmet Paşa, Kuva-yı Seyyare Komutanı'na cevap verdi ve dedi ki: «12'nci Kolordu, sol kanadımızdan kırk kilometre uzaktadır. Bundan başka, geri çekilmiş olan düşmanı keskin taarruzla ve zorla yerinden atmak görevi birliklerimize verilmiştir. Bu bakımdan Kuva-yı Seyyare, düşmanı takip eden müstakil bir süvari tümeni durumundadır. Düşmanın üstün kuvvetle taarruzlarına karşı yalnız başına tedbirler alır; düşman mevziî ve ciddî bir hareket yaptıkça, buna karşı kesin savaştan kaçınır. Bu görevler süvari tümenlerine verilir. Güney Cephesi'nde kuvvetli süvari birliği olmadığından, sizin cephenizi süvari kuvvetleri ile genişletmek mümkün değildir. Güney Cephesi Kuva-yı Seyyareler'le yalnız dış kanadından temas ve bağlantı sağlayabilir. Bu da lâzımdır. Kısacası, cephemiz iyi idare edilmektedir... v.b.»

Efendiler, Batı Cephesi Komutanlığı elbette ordunun kuvvet durumu ve miktarı ile ilgili bütçesini düzenlemek istiyordu. Bu maksatla 22/23 Kasım 1920'de bütün cephe birliklerinden kuvvetlerinin mevcudu ile ilgili muntazam birer liste istedi. Cephe birliklerinin hepsinden cevap geldi. Kuva-yı Seyyare istenilen mevcut listesini göndermedi. Bu konuda cepheden istenen açıklamaya gelen cevapta, Tevfik Bey diyordu ki; «Kuva-yı Seyyare ne bir tümen ne de düzenli bir kuvvet haline getirilemez... Bu serserilerin başına ne bir subay ne de askerî memuru koymak mümkün olmadığı gibi, kabul ettirilmesi de mümkün değildir. Çünkü, subay gördüler mi Azrail görmüşcesine isyan ediyorlar. Bizim birliklerimiz Pehlivan Ağa, Ahmet Onbaşı, Sarı Mehmet, Halil Efe, Topal İsmail gibi adamlar tarafından idare edilmektedir. Bölük eminleri de yazdığını okuyamaz ve okuduğunu yazamaz adamlardandır. «Sen yapamıyorsun» diye bunların değiştirilmesi imkânı da yoktur. Kuva-yı Seyyare'nin şimdiye kadar olduğu gibi gelişigüzel idare edilmesi zarurîdir... Aslında, Kuva-yı Seyyare, disiplin ve düzene sokulmak şöyle dursun, böyle bir düşüncenin doğmakta olduğunu sezdiği anda dağılır. Rica ederim, bu yazdığım şeyleri bir şeye yormayınız...»

321

Tevfik Cephe Komutanını tanımıyor

Efendiler, tam bu günlerde, düşmanın, Bursa Cephesi ilerisinde, İznik yakınlarında bir faaliyeti hissedildi. Cephe komutanı bizzat oraya giderek yakından tedbirler almaya mecbur oldu. Onun için 28 Kasım 1920 tarihinde Kuva-yı Seyyare Komutanı T e v f i k B e y'e cevap verirken: «Bu gün Bilecik'e gidiyorum. Dönüşte sizinle nerede karşı karşıya oturup görüşmek mümkün olur?» sorusunu sormuştu. Cephe komutanına cevap verilmemişti. Cephe komutanı, İznik durumuna karşı, tedbir ve tertibat almakla meşgul bulunduğu sırada, Kuva-yı Seyyare Komutanlığı'ndan savaş raporları gelmeye başlamış... Sebebi sorulmuş:

«Raporlar gerektiği zaman Ankara'da Büyük Millet Meclisi Başkanlığı'na yazılmıştır. İmza: Y ü z b a ş ı T a h s i n» telgrafı alınmış.

Efendiler, bir cephe komutanı için, cephesinin bir kısmında geçen olaylardan bilgi alamamak ne kadar güç bir durumdur. Böyle bir belirsizlik içinde kalmak, bütün cephenin idaresini yanlış yola sürükleyebilir. Düzeltilmesi imkânsız tehlikeli durumlara yol açabilir. Cephe Komutanı İ s m e t P a ş a, 29 Kasım 1920 tarihinde, durumu Ankara'da bulunan Kuva-yı Seyyare Komutanı E t h e m B e y'e yazarak, raporlar için vekilinin uyarılmasını bildiriyor.

İ s m e t P a ş a, 29 Kasım 1920'de, bize şu telgrafı gönderdi:

Ankara'da Büyük Millet Meclisi Başkanlığı'na

Ankara'da Genelkurmay Başkanlığı'na

1 — Kuva-yı Seyyare Komutanlığı, 27.11.1920 akşamından beri Cephe Komutanlığına rapor vermemektedir.

2 — Bu gün E t h e m B e y'den, vekilini uyarmasını rica ettim. Düşmandan geri alınan yerlerin idaresi için kurulan Sımav Bölgesi Komutanlığı dolayısıyla, T e v f i k B e y'in üzüntü duyduğunu bildiren E t h e m B e y'den bu gün bir telgraf almış ve cevap vermiştim. Durumda dikkati çekecek ölçüde bir olağanüstülük varsa da, geniş bilgim yoktur. Oraca alınan bilgilerin gönderilmesini rica ederim.

Efendiler, Batı Cephesi Komutanlığı ile Kuva-yı Seyyare Komutanlığı arasında geçen yazışmaları ve ortaya çıkan durumu nasıl öğrendiğimi müsaade buyurursanız açıklayayım:

Kuva-yı Seyyare Komutan Vekili T e v f i k B e y tarafından İ s m e t P a ş a'ya yazılan, asker kaçakları ile casusların İstiklâl Mahkemesi'ne karşı olduğunu ve Kuva-yı Seyyare'nin sol kanadının yirmi dört saate kadar 12'inci Kolordu'ca emniyete alınmayacak olursa, kuvvetini Efendiköprüsü'ne çekeceğini bildiren telgrafları, bana Ankara'da bulunan E t h e m B e y verdi. Ben tabiî olarak bu telgrafları anlamlı buldum. Kuva-yı Seyyare'nin durumunda tedbir alınmasını gerektiren dikkate değer bir hal gördüm. Onun için, İsmet Paşa'ya çektiğim ve bu telgrafları Ethem Bey vasıtasıyla öğrendiğimi bildirdiğim 25 Kasım 1920 tarihli telgrafta, «Tevfik Bey'in, önem verdiğim bu müracaatına karşı ne şekilde cevap verildiğinin ve ne gibi tedbirler alınmış olduğunun bu gece bildirilmesini rica ederim» demiştim.

İsmet Paşa, arada geçen yazışmayı olduğu gibi bildirdi.

Efendiler, bir taraftan da, 28 Kasım 1920 tarihinden başlayarak, Kuva-yı Seyyare'nin sabah ve akşam raporları, «Umum Kuva-yı Seyyare Komutan Vekili Mehmet Tevfik» imzasıyla doğrudan doğruya bana bildirilmeye başladı. Tevfik Bey'e şu şifreli telgrafı yazdım:

Ankara, 29/30.11.1920

1' inci Kuva-yı Seyyare Komutan Vekili
Tevfik Beyefendi'ye

İki üç günden beri doğrudan doğruya bana göndermekte olduğunuz raporların son maddesinde, Batı Cephesi Ordu Komutanlığı'na verilmiş olduğu kaydının bulunmadığı dikkatimi çekti. Bir yanlışlık mıdır, yoksa bir sebebe mi dayanmaktadır? Bu konuda bilgi verilmesini rica ederim.

Türkiye Büyük Millet Meclisi
Başkanı
Mustafa Kemal

Bu telgrafıma Tevfik Bey'den cevap almadım. Fakat Ankara'da bulunan Ethem Bey'den rahmetli Hayati Bey'e şöyle bir yazı gönderildi:

30.11.1920

Hayati Bey Kardeşime

Tevfik Bey'le İsmet Beyefendi arasındaki anlaşmazlığın 323
sebepleriyle, bu konuda her ikisiyle yaptığımız yazışmaları olduğu gibi takdim ediyorum. Lûtfen Paşa Hazretleri'ne gösterilip okunarak yanlış bir kanaata meydan verilmemesini rica ederim, efendim.

Kuva-yı Seyyare ve Kütahya Bölgesi
Komutanı
Ethem

Efendiler, bu yazıya ilişik olan telgraflarda dikkati çeken noktalar şunlardı:

Tevfik Bey, kardeşine diyor ki: «Simav Bölgesi Komutanlığı'na kesinlikle ihtiyaç yoktur. Bu bölge komutanının Eskişehir'e dönmesi için şimdi emir verdim.» Tevfik Bey, İsmet Paşa'nın halka hitaben yayınladığı bildirisini de şöyle yorumluyordu:

«Bu bildiri, bulunduğumuz yerlerde bizim adaletsiz, emniyetsiz ve namussuzcasına hareket ettiğimizi ilân ediyor... Kuva-yı Seyyare, bunu kesinlikle kabul etmez. Bu konular aydınlanıncaya kadar, Kuva-yı Seyyare, Batı Cephesi Komutanlığı'nı tanımayacaktır.»

Bunun üzerine, Ethem Bey, İsmet Paşa'ya yazdığı telgrafta, kardeşinin üzüntüsünden söz ettikten sonra, bu işlerin kendisinin dönüşünden sonraya bırakılmasını rica ediyor. Kardeşine de, durumu Batı Cephesi Komutanlığı'na yazdığını, ancak kendisinin de ölçülü ve nezaketli davranması ve mukabele etmesi gerektiğini bildiriyor. Tevfik Bey, 28 Kasım 1920'de Ethem Bey'e yazdığı karşılık telgrafında:

«Namusumuzla oynayan Batı Cephesi Komutanı'nı bundan böyle âmir olarak tanımayacağımı ve Simav'a gönderdiği komutanına, bu gün yanındakilerle birlikte Eskişehir'e dönmesi için emir verdiğimi.... yazmıştım» dedikten sonra «Bu hususta başka bir şey düşünemem ve düşünebilmek imkânı da yoktur, efendim» diyordu.

Tevfik Bey'in kardeşine çektiği yine aynı tarihli bir telgrafında da:

«..... En ufak bir şey hissedersem bu yeni kurulan komutanlığın bütün mensuplarını gözaltında Batı Ordusu'na iade edeceğim. Batı Ordusu Komutanı İsmet Bey'in bu cephe komutanlığını idare edemeyeceğini anlıyorum» denilmekte idi.

Efendiler, bundan sonra, Kuva-yı Seyyare'nin savaş raporları Ankara'da Ethem Bey'e geliyor ve Ethem Bey tarafından Batı Cephesi'ne gönderiliyormuş.

Bundan başka, Kuva-yı Seyyare Komutanlığı, Batı Cephesi haberleşmelerine sansür koymuş. Telgraf ve telefon hatlarının Kuva-yı Seyyare Komutanlığı'nın haberleşmeleriyle meşgul olduğundan söz edilerek, cephe ile haberleşmeler açık ve resmî şekilde yasaklanmış. Aynı zamanda, Kuva-yı Seyyare'nin Eskişehir dolaylarına saldıracağı söylentisi yayılmıştır.

Ethem ve Tevfik kardeşlerle kendileri gibi düşünen bazı arkadaşlarının millî hükûmete isyanı

Saygıdeğer Efendiler, bu durumu hep birlikte incelemeye yardım edecek kadar bilgi arz ettiğimi sanıyorum. Kolaylıkla anlaşılmakta idi ki, Ethem ve Tevfik kardeşlerle, kendileri gibi düşünen bazı arkadaşları, millî hükûmete karşı isyana karar vermişlerdi. Bu kararlarının uygulanması için Tevfik Bey cephede bahane ararken ve kuvvetlerini cepheyi terk ederek toplarken, Ethem Bey, milletvekili olan kardeşi Reşit Bey ve daha birtakımları da siyasî yoldan çalışıyorlardı. İsyan plânında başarılı olabilmek için, her şeyden önce, buna engel sayılan Batı Cephesi'ndeki ordunun başında bulunan komutanın itibar ve makamından düşürülerek 324 orduya hâkim olunması gerekiyordu. Ondan sonra da Meclis kamuoyunu tamamiyle kendi lehlerine çevirerek komutan, bakan veya hükûmet düşürmekte kolaylık sağlamak önemli bir noktaydı. İşte bu maksatlarla çalışmakta olduklarına bizde şüphe kalmamıştı. Ethem Bey'in, İsmet Paşa'ya ve kardeşi Tevfik Bey'e yazdığı telgraflarda kullandığı yumuşak ve nazik bazı kelimelerin, biraz daha zaman kazanmak maksadına dayandığına ve bu meseleyi İsmet Paşa ile Tevfik Bey arasındaki anlaşmazlıktan doğan bir üzüntü dolayısıyla, en sonunda Tevfik Bey'in öfkesine hâkim olmayarak biraz ileri gitmesinden ibaret gösterip, kendilerinin pek yumuşak başlı ve alçak gönüllü olduklarını bir zaman için daha göstermeye çalıştıklarına hükmetmemek mümkün değildi. Biz de durumu olduğu gibi ciddî saydık. Siyasî ve askerî tedbirlerimizi ona göre uygulamaya başladık.

Efendiler, arz etmeliyim ki, gerek cephede gerek Ankara'da her bakımdan ihtiyaç duyulan tedbirleri aldırmıştım. Ethem ve kardeşlerinin isyanından asla çekinmiyordum. İsyan ettikleri takdirde yola getirilip cezalandırılacaklarına şüphem yoktu. Onun için pek serin ve geniş hareket ediyordum. Mümkün olduğu kadar kendilerini nasihatle yola getirmeye ve saygılı olmaya çalışmayı, bunu başaramadığım takdirde, kamuoyunda daha çok açıklık kazanacak olan saldırganca faaliyet ve hareketlerinin gerektirdiğini yapmayı tercih ediyordum. Bu düşünceyle, 2 Aralık 1920 tarihinde, Ankara'da bulunan Ethem ve Reşit Bey'lerle diğer bazı kimseleri de yanıma alarak bizzat Eskişehir'e gitmeye ve orada İsmet Paşa ile de birleşerek yüzyüze konuşmaya ve anlaşmaya karar vermiştim. Ethem Bey'in bu geziye benimle gitmekten çekineceğini tahmin ediyordum. Halbuki, Ethem Bey'i de birlikte alıp götürmek bence pek gerekliydi. Bunun için istekli olsun olmasın, Ethem Bey'i de birlikte götürmek veyahut ısrarı halinde ona göre bir tutumu benimsemek üzere gereken tedbirlerin alınmasını da emretmiştim.

Gerçekten de, ertesi günü, Ethem Bey hastalığını ileri sürerek birlikte seyahat edemeyeceğini bildirdi. Doktor Adnan Bey de Ethem Bey'in rahatsızlığının seyahate engel olduğunu söyledi. Israr ettim. Nihayet 3 Ekim 1920 akşamı özel bir trenle Eskişehir'e hareket ettik. Ethem ve kardeşi Reşit Bey'lerden başka yanımızda bulunan arkadaşlardan başlıcaları şunlardı:

Kâzım Paşa, Celâl Bey, Kılıç Ali Bey, Eyüp Sabri Bey, Hakkı Behiç Bey, Hacı Şükrü Bey.

4 Aralık 1920 sabahı, erkenden, henüz ben uykudayken tren Eskişehir'e vardı. Daha önce İsmet Paşa'nın henüz Bilecik'te bulunduğu

anlaşılmış olduğundan Eskişehir'de durmayıp Bilecik istasyonuna gitmeye karar vermiştik. Eskişehir'de uyandığım zaman, trenin niçin durduğunu ve yoluna devam etmediğini sordum. Yaverlerim, arkadaşların sabah kahvaltısı yapmak üzere istasyonun karşısındaki lokantaya gittiklerini ve şimdi gelmek üzere bulunduklarını söyledi. Çabuk gelmeleri için haber gönderilmesini istedim. Birkaç dakika sonra «hazırız» denildi. «Bütün arkadaşlar geldi mi?» dedim. Bunun üzerine yapılan araştırmadan anlaşıldı ki, herkes hazırdı ama Ethem Bey bir arkadaşıyla birlikte ortada yoktu. Derhal Ethem Bey'in kaçırıldığına hükmettim. Fakat bunu kimseye söylemedim. Yalnız, «o halde, dedim, Ethem Bey olmaksızın bizim Bilecik'e gitmemizde bir fayda yoktur. İsmet Paşa'yı da buraya çağırırız.»

İsmet Paşa da, telgraf başında yapılan özel bir görüşmeden 32
sonra, Eskişehir'e hareket etti. Daha önce, yalnız ve özel olarak görüşmemiz gerekli olduğundan ben de bir iki istasyon ileri giderek buluştuk. Birlikte 4 Aralık 1920 akşamı Eskişehir'e geldik. Orada bekleyen arkadaşlarla hep birlikte bir lokantada yemek yedik. Ethem Bey yoktu. Nerede olduğunu kardeşinden sordum. Rahatsız, yatıyor dedi. O gece İsmet Paşa'nın karargâhında Kâzım Paşa, Celâl Bey, Hakkı Behiç Bey de hazır olduğu halde, Reşit ve Ethem Bey'lerle konuşacaktık. Onun için Reşit Bey, Ethem Bey'in hasta olduğunu söylerken, görüşmek üzere karargâha gelebileceğini de ilâve etmişti. Yemekten sonra karargâha gittik, fakat Ethem Bey gelmemişti. Reşit Bey'e ne vakit geleceğini sordum. Verdiği cevap şuydu : Ethem Bey şu dakikada kuvvetlerinin başındadır!

Bu habere rağmen sakin olmayı ve görüşmeyi tercih ettik.

Şu noktayı da belirtmeliyim ki, ben Eskişehir'e resmî bir sıfatla gitmemiştim. Orada hazır bulunan bazı arkadaşların yanında, İsmet Paşa ile olan görüşme ve konuşmalarımızı, tarafsız bir arkadaş sıfatıyla yaptığımı söylemiştim. İsmet Paşa, durumu, aralarında geçen haberleşmeleri, Kuva-yı Seyyare Komutan Vekili olarak Tevfik Bey'in aldığı serkeşçe tavrı anlattı. Reşit Bey, kardeşleri ve kendi adına cevap veriyordu. Reşit Bey, pek kaba ve saldırganca konuşmaya başladı. Kardeşlerinin birer kahraman olduklarını, hiç kimsenin emri altına girmeyeceklerini, bunu böylece kabul etmeye herkesin mecbur olduğunu pervasızca söylüyor; ordu, disiplin, komuta ve hükûmet kavramlarıyla bunların gereklerine dair ileri sürülen görüşlere kulak bile vermiyordu. Onun üzerine, ben dedim ki : «Bu dakikaya kadar sizinle eski bir arkadaşınız sıfatıyla ve sizin lehinizde bir sonuç almak için samimî bir duyguyla görüşüyordum. Bu dakikadan itibaren arkadaşlık ve yakınlığım son bulmuştur. Şimdi karşınızda Türkiye Büyük Millet Meclisi'nin ve Hükûmeti'nin Başkanı bulunmaktadır. Devlet Başkanı olarak, Batı Cephesi Komutanı'na, durumun gereğini yerine getirmek üzere yetkisini kullanmasını emrediyorum.» Hemen İsmet Paşa da dedi ki: «Emrimde bulunan komutanlardan herhangi biri bana karşı gelmiş olabilir. Ben onu yola getirmeye ve cezalandırmaya muktedirim. Bu konuda daha kimseye karşı aczimi itiraf etmiş ve hiç kimsenin bana ait olan bu görevin kolaylıkla yerine getirilmesi için yardımını rica etmiş değilim. Ben durumun gerektirdiği işleri yaparım.»

Tarafımdan ve İsmet Paşa tarafından alınan bu ciddî tavır üzerine, avazı çıktığı kadar bağırırcasına konuşan Reşit Bey, derhal şimdi; ileri gitmekte acele edilmemesini, kendisi kardeşlerinin yanına giderse bir uzlaşma çaresi bulabileceğini söyledi. Bundan bir sonuç çıkmayacağı, maksadın kardeşlerine durumu anlatmak ve zaman kazanmak olduğu meydandaydı. Buna rağmen Reşit Bey'in bu teklifini kabul ettik. Ertesi günü, İsmet Paşa'nın hazırlatacağı özel bir trenle Kütahya'ya kardeşlerinin yanına gitmesi uygun görüldü. Kâzım Paşa'nın da Reşit Bey'le birlikte gitmesi yerinde bulundu. Hareket ettiler.

Bilecik Görüşmesi

Saygıdeğer Efendiler, müsaadenizle bu hikâyeyi şimdilik burada bırakacağım. Aynı günde, yani 5 Aralık 1920'de Bilecik istasyonunda bekleyen Ahmet İzzet Paşa hey'etine temas edeceğim: Ha- 326
tırınızdadır ki, İzzet Paşa'nın istek ve teklifi üzerine, kendileriyle Bilecik'te görüşülmesine karar verilmişti. Hey'et, ayın dördünden beri beni Bilecik istasyonunda bekliyordu. Bu hey'et, İzzet ve Salih Paşa'larla elçilerden Cevat, Ziraat Nâzırı ([151]) Hüseyin Kâzım, Hukuk Müşaviri Münir Bey'lerden ve Hoca Fatin Efendi'den kurulmuştu. Bilecik istasyon binasının bir odasında birleştik. İsmet Paşa da beraberdi. Görüşme şöyle geçti: Ben, ilk söz olarak «Türkiye Büyük Millet Meclisi ve Hükûmeti Başkanı» diye kendimi tanıttıktan sonra: «Kimlerle müşerref oluyorum?» sorusunu yönelttim. Salih Paşa, benim maksadımı kavrayamadığı için, kendisinin Bahriye ve İzzet Paşa'nın da Dahiliye Nâzırı olduğunu söylemeye çalışırken, ben derhal, İstanbul'da bir hükûmet ve kendilerini o hükûmetin üyeleri olarak tanımadığımı; eğer İstanbul'daki bir hükûmetin nâzırları olarak görüşmek istiyorlarsa, kendileriyle görüşmekte mazur olduğumu bildirdim. Ondan sonra kimlik ve yetki söz konusu edilmeden görüşülmesi uygun bulundu.

Konuşmanın bazı safhalarında, Ankara'dan bizimle birlikte gelen bazı milletvekili arkadaşları da bulundurdum. Birkaç saat süren konuş-

---

151) Tarım Bakanı.

madan, gelen kimselerin esaslı hiçbir bilgi ve kanaate sahip olmadıkları anlaşıldı. Sonunda, kendilerine İstanbul'a dönmelerine izin vermeyeceğimi ve beraberce Ankara'ya gideceğimizi bildirdim.

İzzet ve Salih Paşalar Ankara'da

Zaten beklemekte olan trenle hareket edildi. 6 Aralık 1920'de Ankara'ya geldik. İstanbul'dan gelen hey'eti itirazlarına rağmen alıkoymuştum. Fakat bunu ilân etmeyi yararlı bulmadım. Çünkü, İzzet ve Salih Paşa'larla diğerlerinden millî hükûmet işlerinde yararlanarak haysiyetlerini korumak istedim. Bu maksatla, Ankara'ya gelir gelmez basına verdiğim resmî bildiride, adı geçen kimselerin Büyük Millet Meclisi Hükûmeti'yle görüşme yapmak bahanesiyle İstanbul'dan çıktıklarını, memleketin iyilik ve selâmeti için daha yararlı ve daha etkili bir şekilde çalışmak üzere bize katıldıklarını ilân ettirdim.

Efendiler, bizim İzzet Paşa hey'etiyle Bilecik-Ankara yolu üzerinde bulunduğumuz 5/6 Aralık 1920 tarihinde Reşit Bey'den, Kütahya'ya vardığını, ertesi günü Tevfik Bey'le görüşeceğini, Ethem Bey'in de oraya geldiğini bildiren fakat daha olumlu bir anlam taşımayan bir telgraf aldım. Dört gün sonra da Reşit Bey'in, geri dönerken Eskişehir'den gönderdiği 9 Aralık tarihli bir telgrafında: «Tevfik ile olan mesele iyi bir sonuca bağlanmıştır» denildikten sonra, «Fakat tanımak ve tanıtmak istediğimiz kimselerin basit ve zamana uygun olarak düşünememelerine veya düşünemediklerine binbir işaret konmuştur» ibaresi okunmaktaydı. Reşit Bey tarafından, Eskişehir'deki Batı Cephesi Komutanı İsmet Paşa'ya da, meselenin çözüme bağlandığı, haberleşmenin sağlandığı ve Simav Bölgesi Komutanının yerine gönderilebileceği söylenmişti. 9 Aralık 1920'de Ethem Bey'den de aldığım bir şifreli telgrafta, meselenin İsmet Paşa tarafından maksatlı ve zamansız olarak çıkartılmış olduğu anlatılmak isteniyordu. Sözde almakta olduğu bütün tedbirlerden ve yaptığı düzenlemelerden o zaman Başyaverim bulunan Salih Bey'in de aynen haberdar edildikleri belirtiliyordu. Benim kuruntuya düşürüldüğümü delilleri ile haber aldığını yazıyordu. Ondan sonra inandırıcı birtakım sözlerle, Kuva-yı Seyyare'den olup da Maden'den katılmak üzere geri dönen fakat Genelkurmay'ın emriyle Güney Cephesi'ne gönderilen bir müfrezesinin kendi emrine verilmesini ve Kuva-yı Seyyare'nin Fuat Paşa zamanında seyyar jandarma teşkilâtı gereğince bütçeye dahil edildiğini ileri sürerek fazla para koparmak istediği anlaşılıyordu.

Benim üç gün sonra buna verdiğim inandırıcı cevapta: «Son günlerin beklenmedik olaylarının beni kuruntuya değil, kararsızlığa düşürdüğünü itiraf ederim» dedikten sonra: «... genel durumumuzun uyum ve düzenini bozmakta hiç kimseye göz yummamasını» bildirdim.

Ethem ve kardeşleri zaman kazanmak için bizi yanıltmaya çalışıyorlardı

Gerçekte mesele çözülmemişti. Yapacağım açıklamalardan anlaşılacaktır ki, E t h e m B e y ve kardeşleri zaman kazanmak için bizi yanıltmaya çalışıyorlardı. Maksatları mümkün olabildiği kadar yeniden kuvvet toplamak; Düzce'de bulunan S a r ı E f e kuvvetleriyle Lefke'de bulunan Gök Bayrak taburunun kendilerine katılmasını ve D e m i r c i M e h m e t E f e 'nin de kendileriyle birlikte isyan etmesini sağlamak; bir yandan da cephe komutanlarını değiştirmek, ordudaki subay ve erlerin kendilerine karşı koymamaları için propagandaya fırsat bulmaktı. Gerçekten de, Simav ve Bölgesi Komutanı, Simav'a gitmek üzere Kütahya'dan geçerken, E t h e m ve T e v f i k B e y 'ler tarafından durdurulup, kendi emirleri altında ve gösterecekleri yerde hizmet ettirilmek üzere Kütahya'da kalması emredilmiştir. Bu emirlerinin onaylanması gereğini de 10 Aralık 1920'de Cephe Komutanlığı'ndan istemişlerdir. Görülüyor ki, her şey yoluna girdi denildiği halde, başlangıçtaki itaatsizlik durumu aynen devam etmekteydi.

E t h e m B e y, Konya, Ankara, Haymana dahil her tarafa ellerinde özel şifreler bulunan ve «irtibat subayı» adını taşıyan birtakım memurlar göndererek yeniden silâh ve hayvan toplamaya başladı. Bunlara verdikleri görev ve hükûmet memurlarına yaptıkları tebligat hakkında bir fikir edinmek üzere, örnek olarak, 7 Aralık 1920'de Ankara'nın kuzeyindeki Kalecik Kaymakamına gönderdiği yazıyı aynen okuyayım:

Kütahya, 7.12.1920

Kalecik İlçesi Kaymakamlığı Yüksek Katına

Kuva-yı Seyyare müfreze komutanlarından olup aşağıda kimliği yazılı İ s m a i l A ğ a, zâtıâlinizin ilçesi dahilinde Kuva-yı Seyyare'ye bağlı izinli ve izinsiz mücahitlerle yeniden silâh ve hayvan toplayarak bize katılacak olan vatanseverleri alıp getirmek üzere görevlendirilerek Kalecik'e gönderilmiştir. Kendisine vatan için gerekli her türlü yardımın yapılmasını ve kolaylık gösterilmesini rica ederim, efendim.

Umum Kuva-yı Seyyare Kütahya
Havalisi Komutanı
Ethem

Batı Cephesi Komutanı'nın, Kuva-yı Seyyare Komutanlığı'ndan eldeki cephane miktarını ve son Gediz savaşında ne kadar topçu cephanesi sarfedildiğini sorması üzerine, Kuva-yı Seyyare Komutan Vekili T e v f i k imzasıyla 11 Aralık 1920'de «bu yazışınızdan bize güvenmediğinizi anlıyorum. Cephane ne yenir ne içilir; ancak düşmana atılır. Böyle bir güven meselesi akla geliyorsa, cephane göndermeyebilirsiniz» şeklinde cevap verilmekte idi. 328

Efendiler, burada ufak bir noktaya dikkatinizi çekeyim. Görüyorsunuz ki, Ethem Bey, cephede ve kuvvetinin başında olduğu halde, Tevfik Bey yine vekil olarak yazışma ve işlemler yapıyordu. Bir tek kuvvet üzerinde aynı yetkide iki ayrı komutan...

Cephe Komutanı, 13 Aralıkta, sorulan soru ve alınan cevap suretlerini bilgi için bana göndermişti. Hükûmetçe, anahtarı olmayan şifrelerle özel şifreler kullanılması genellikle yasaklanmıştı. Halbuki, Ethem Bey'in özel memurları ve milletvekillerinden bazı arkadaşları, bu yasağa uymadan şifre haberleşmelerine devam etmekte idiler. Pek tabiî bunlara engel olundu. Bunun üzerine, Ethem Bey, İsmet Paşa'ya yaptığı 13/14 Aralık 1920 tarihli bir müracaatında: «Bazı ihtiyaçlar ve benzeri eksikler için Ankara ve Eskişehir Kuva-yı Seyyare irtibat subaylarına çekilen telgrafların durdurulmakta olduğu anlaşılmıştır. Haberleşmelerimizin yasaklanması veya güçlüğe uğratılması şeklindeki işlemlere lütfen son verilmesini rica ederim» diyordu. Halbuki, irtibat subaylarının açık haberleşmeleri yasaklanmamıştı. Yasaklanan, özel şifreli haberleşmeydi. Ethem Bey'in sözünü ettiği Ankara ve Eskişehir'deki subayların hiçbir haberleşmeleri yasaklanmış ve bu subaylar tarafından da Ethem Bey'e şikâyette bulunulmuş değildi. O günlerde, Eskişehir'e çektirilmeyen bir özel şifre vardı. Fakat o, komutan ve milletvekili diye imza atan Ethem Bey'in bir arkadaşının şifresi idi. Onun için İsmet Paşa, Ethem Bey'e verdiği cevapta bunu kendisine haber verenin kim olduğunun bildirilmesini istemişti.

Çerkez Ethem hükûmetin kanunlarını tanımıyor

Efendiler, başlıbaşına dikkati çeken bir muameleyi de burada belirteyim. Bu tarihlerde Kütahya'da Mutasarrıf Vekili Kadı Ahmet Asım Efendi adında bir zat bulunuyordu. Kütahya'da Mevki Komutanı ünvanıyla Ethem Bey tarafından tayin edilmiş Abdullah Bey adında da biri vardı. Bu komutan, kaçak asker ailelerinden bazılarını sürgün edilmek üzere Kütahya Mutasarrıf Vekili Ahmet Asım Efendi'ye gönderir. Mutasarrıf Vekili, sürgün işlemlerinin son çıkarılan kanun gereğince, İstiklâl Mahkemesi'ne ait olduğunu bildirerek evrakı komutanlığa geri gönderir. Bunun üzerine, Mevki Komutanı, Mutasarrıf Vekili'ni gece vakti makamına getirtmeye kalkar. Mutasarrıf Vekili, gece meşgul olduğundan sabahleyin görüşebileceğini bildirir. Komutanın gönderdiği erler, Mutasarrıf Vekili'nin evinin harem kapısını kırmak suretiyle zorla içeri girerler ve kendisini hakaret edici sözler söyleyerek alıp götürürler. Sorguya çektikten sonra, aynı gece silâhlı bir müfrezeyle on dört saat uzaklıkta bulunan Kuva-yı Seyyare Komutanı'nın huzuruna getirirler. Ondan sonra da Kütahya'dan çıkararak uzaklaştırırlar. Kadı olmak ve Mutasarrıf Vekili bulunmak dolayısıyla, çeşitli Bakanlıkların büyük bir memuru durumunda

olan bir kimsenin uğradığı bu saldırı ve karşılaştığı ağır muamele, şüphesiz doğrudan doğruya hükûmete yöneltilmiş bulunuyordu. Bu olay üzerine, Meclis'te, hükûmete gensoru açıldı. İlgili Bakanlıklar, Cephe Komu- 329
tanlığı'ndan suçluların Harp Divanı'na verilmelerini istediler. Cephe Komutanı'nın, Kuva-yı Seyyare Komutanlığı'nca soruşturma yapılıp sonucunun bildirilmesini isteyen telgrafına, 19 Aralık 1920'de «Umum Kuva-yı Seyyare ve Kütahya Havalisi Komutan Vekili Mehmet Tevfik» imzasıyla gelen cevapta: «Abdullah Bey her ne yapmışsa tarafımdan verilen kesin emir üzerine yapmıştır ve yapmaya da mecburdu. Bu konunun gerekçesi ilgili Bakanlıklara arz edilmişti... Kendisinin geri dönmesi için kesin emir verildiği zâtıâlîniz tarafından bildiriliyor. Döndüğü takdirde... mutlaka idam edeceğim....» deniliyordu.

Efendiler, milletin vekillerinin emriyle görevine iade edilmek istenen bir memurun idam edileceğinin bildirilmesi, elbette Anayasa ve kanun hükümleriyle bağdaştırılamazdı. 13 Aralık 1920 günü Ethem Bey, Ankara'daki kardeşi Reşit Bey'le, makina başında açık telgraflarla uzun uzadıya görüştü. Bu görüşmelerin özeti şuydu: «Ethem Bey, bu konunun mutlaka Meclis'te görüşülmesini sağlayınız. Sarı Efe denilen Edip'in kendi müfrezesiyle Gök Bayrak taburuna katılması için haber gönderiniz. Meclis vasıtasıyla komutanları çektiriniz. Meclis kararıyla olmadığı takdirde, bir yolunu bulup bunu hemen sağlayınız» diyor; «patlatacağı bombaları ta İngilizlerin işiteceğini ve bunun patlamasının da pek yakın olduğunu» söylüyor. Reşit Bey'in verdiği cevaplar arasında da dikkati çeken şu sözler yer alıyordu: «Kuva-yı Seyyare'nin düşmana karşı savunma yapmamasını, bunu tümenlere bırakmasını ve Edip'le bizzat haberleşmesini, buna engel olunduğu takdirde Cephe Komutanı'yla yeniden ilgisini kesmesini» söylüyordu.

Reşit Bey, bu haberleşmelerle ilgili telgrafları olduğu gibi bana gönderdi. Kendisi yanıma gelmedi. Zaten Eskişehir'den Kütahya'ya gidip döndükten sonra yanıma gelmemişti. Kendisini yanıma çağırttım. Ne istediklerini sordum... «Cephe komutanlarını değiştiriniz» dedi. «Yerine koyacak adamlarımız yoktur» dedim. «Beni tayin ediniz, ben daha iyi yaparım» dedi. «Cephe komutanlarını değiştirmek önemli bir meseledir. Genel durumumuzu zayıflatır. Böyle bir teklifi kabul etmek kolay değildir, uygun da düşmez» cevabını verdim.

Aynı gün, yani 13 Aralık 1920'de Ethem Bey'e yazdığım bir telgrafta, Reşit Bey'le makina başında yapılan haberleşmeleri okuduğumu söyledikten sonra, bu konunun resmen Meclis'e getirilmesinin ve görüşülmesinin uygun olmadığını, Edip'in yerinden oynatılmasının da doğru bulunmadığını bildirdim. Aynı tarihte, Ethem Bey verdiği cevapta konunun ciddî olduğunu söyleyerek komutanlar aleyhine sözler sarfediyordu.

Efendiler, Ethem ve kardeşleri cephede bulunan komutanları beğenmiyorlar, onların emirlerine uymuyorlar. Bakanlıkları ve hükûmeti tanımıyorlar. Yalnız sözde bana itaat ediyorlar ve Meclis'i de kendi isteklerine göre harekete geçireceklerini umuyorlar. Bana ve Meclis'e karşı hoş görünerek, büyük bir gayretle hazırlıklarını tamamlamaya çalışıyorlardı. Ethem Bey, 18/19 Aralık tarihli bir telgrafıyla da, yine Edip'in müfrezesiyle kendisine katılmasının sağlanmasını benden rica ediyordu. İsteğini haklı göstermek için de diyordu ki :

«Anadolu'daki isyan hareketlerinin bastırılması sırasında, durum icabı Biga 330
dolaylarında bıraktığım ve sonradan geçici olarak Düzce'ye gönderilen Birinci Kuva-yı Seyyare'ye bağlı ve büyük bir kısmı İzmir ve dolayları gönüllülerinden oluşan 250 süvari, 200 piyade, bir dağ topçu takımı, iki makineli tüfek, 30 kişilik karargâh süvari erlerinden kurulu Edip Bey müfrezesinden, İzmir sınırına yaklaşmamız dolayısıyla daha çok yararlanılacağı tabiîdir. Bununla birlikte, sürekli müracaat yapılmakta olduğundan ve Edip Bey tarafından, o bölgede güvenliğin tam olarak sağlandığı bildirildiğinden, bu bölgenin uygun görülecek başka bir birliğe teslim edilerek, Edip Bey'in müfrezesinin savaş vasıtalarıyla birlikte Kuva-yı Seyyare'ye katılması hususunun ilgili makamlara emir ve havalesini rica ederim.»

Efendiler, bu telgrafta ileri sürülen düşüncelere, en tecrübesiz ve en basit muhakemeli birinin bile inanabileceği kabul edilebilir mi? Kütahya'da bulunan bir zat, bana, İzmir sınırına yaklaşmaktan söz ediyor. Düzce ve dolaylarında durumun güvenilir olduğunu benden daha iyi haber alıyor. Edip Bey müfrezesinin kuvvetini ayrıntılı olarak saydıktan sonra, bu müfrezenin savaş vasıtalarıyla birlikte kendisine katılması ricasının bence kabul edilebilir bulunacağını zannediyor.

Bu telgraf üzerine, 19 Aralık 1920'de, Düzce'de bulunan Müfreze Komutanı Edip Bey'e özel olarak bizzat yazdığım telgrafta, Ethem Bey'in isteğinden ve bunun kendisince istendiğinin bildirildiğinden bahsederek, müfrezenin o bölgede kalmasına kesin olarak ihtiyaç bulunduğunu da belirttim.

Edip, 19/20 Aralık 1920'de verdiği cevapta, müfrezesinin o bölgede kalmasının zarurî olduğunu bildirdi. Buna, müfrezesinin Kuva-yı Seyyare'deki kimseler gibi aynı ödenekle çalıştırılmalarının sağlanması istirhamını ekleme fırsatını da kaçırmamıştı.

Efendiler, Ethem ve arkadaşları, Ankara yakınında Haymana'da da ayrıca bir kuvvet toplamaya teşebbüs ettiler. Hırsızlık suçundan Ankara'da tutuklu iken sonradan serbest bırakılan Van göçmenlerinden

Musa Beyzâde Abbas adında, biri, elinde bir belge ve beş on kişiyle birlikte Haymana bölgesinde adam toplamaya başladı. Bu adam 19 Aralıkta yakalanabilmiş ve Ankara İstiklâl Mahkemesi'ne verilmişti. Bunu yakalamak ve adamlarını dağıtmak için çabucak özel bir tertibat almak lâzım geliyordu. Bu maksatla, Haymana'ya şimdi milletvekili bulunan Recep Zühtü Bey komutasında özel bir kuvvet gönderilmişti. Recep Zühtü Bey, Abbas'ı üç arkadaşıyla birlikte yakaladıktan sonra, büyük bir saldırıya uğrayacağını pek muhtemel gördüğünden, tutukluları, yolunu değiştirerek Polatlı üzerinden trenle Ankara'ya getirmeye mecbur olmuştu.

Demirci Efe de harekete geçiyor

Efendiler, Demirci Efe, Ethem Bey'le haberleştikten sonra özel bir tavır takındı. Bu sezilir sezilmez, Güney Cephesi'nde bulunan Refet Bey süvarileri, derhal üzerine gönderildi. 15/16 Aralık 1920'de Dinar yakınındaki İğdecik köyünde, bir gece baskınıyla Efe'nin kuvvetleri dağıtılmış... Kendisi beş on kişiyle kaçmış. Efe, çok sonra bize sığınarak affedilmiştir.

Efendiler, Reşit Bey, 20/21 Aralık gecesi evinde dört kişiye, ordu birlikleriyle Kuva-yı Seyyare arasında bir çatışma çıktığı takdirde, subaylarımızla erlerimizi yanıltma görevi veriyordu. Bu dört kişi şunlardı : Yeni Dünya gazetesinden Hayri, Arif Oruç'un kızkardeşinin oğlu 331
Nizamettin, Müşir ([152]) Fuat Paşa'nın oğlu Hidayet ve arkadaşı Şükrü Bey'ler... Bunlar 21 Aralıkta trenle Eskişehir'e hareket ettiler. Yanlarında Ethem Bey'in kâtibi olan birisi de vardı. Bunların içinden biri, trenin hareketinden önce, gizlice istasyondaki kaldığım binaya gelip, bana durumu bildirdi. Bu zat, propagandayı tertip ve yönetmekle görevliymiş. Başkanları Hidayet Bey'miş. Para harcama yetkisi de ondaymış. Durumu ihbar eden, yalnız olarak Kütahya'ya gidecek, Ethem Bey'den talimat aldıktan sonra Eskişehir'e dönecekti. Diğerleri Eskişehir'de bekleyeceklerdi.

Ben bu zata: «Biz Ethem Bey ve kardeşlerine karşı sevgi duyuyoruz. Onlar boş yere telâşa düşüyorlar. Bu teşebbüslerinden üzüntü duydum. Fakat Ethem Bey'in orduda bozgunculuk çıkarmak için vereceği talimatı bilmek isterim» dedim ve arkadaşlarıyla birlikte kendilerini hareketlerinde serbest bıraktım.

Eskişehir'de İsmet Paşa'ya, Afyon Karahisar'da Fahrettin Paşa'ya bilgi verdim ve bu adamların takip edilmeleri gereğini bildirdim.

---

152) Mareşal.

İhbarcı, ihbarlarının doğru olduğunu sonradan davranışlarıyla ispat etmiştir.

Efendiler, Kâzım Paşa, Reşit Bey'le beraber Kütahya'da Ethem ve Tevfik Bey'lerle konuşma ve görüşmelerde bulunduğu zaman, Ethem Bey'in sözlerinden, bana önemli olan noktaları şöyle özetlemişti :

1 — Ankara'daki hükûmet gayeyi gerçekleştirecek durumda ve güçte değildir. Bu hükûmete karşı uyuşuk davranmamız doğru olmaz.

2 — Silâhla karşı koymamızın mahiyetini kötüye yoracaklardır. Fakat sonunda başarırsam herkes bana hak verecektir.

3 — Refet Bey'le aramızda bir izzetinefis meselesi geçmiştir. Mustafa Kemal Paşa, Refet Bey'in haysiyetine değer vererek bizimkini kırıyor. Herhalde Refet Bey'i önüme katarak Ankara'ya kadar kovalamak isterim. Ölürsem de bu takipte öleyim.

4 — Biz çoktan bu işi yapardık. Fakat Reşit'in Ankara'da Meclis'teki durumu bizi aldatmıştır. Meclis'in ne önemi ve ne hükmü vardır?

Reşit orduyu yanıltmaya çalışıyor

Kâzım Paşa, bu görüşleri dinledikten sonra, «Türkiye'nin Batı Cephesi'nden başka doğuda, güneyde, merkezde de orduları vardır.

Bu orduların başında ve içinde çok değerli ve pek kudretli komutanlar ve subaylar vardır, bütün bunlarla birlikte bir millet vardır» diyerek kendilerini yatıştırmaya ve ölçülü bir duruma getirmeye çalışmıştır.

Efendiler, Reşit Bey, Meclis'te ateşli telkin ve teşebbüslerde bulunuyordu. Bir gün Meclis'te kırk elli kadar milletvekili toplanmış. Bunların cephedeki durumla ilgili bazı şüpheleri varmış. Bakanlar Kurulu'nu davet ederek bunu anlamak istiyorlarmış. Bolu milletvekili bulunan rahmetli Yusuf İzzet Paşa, bu durumu ve toplanan milletvekillerinin isteğini bana bir mektupla bildirdi. Ben toplantı hâlindeki Bakanlar Kurulu ile beraberdim. Hükûmet üyeleri, «bu şekilde toplanan milletvekillerinin herhangi bir konuda soru sormak için hükûmeti davet etmesi usule uygun değildir, kabul edemeyiz» dediler. Ben bu kararı, yine Yusuf İzzet Paşa vasıtasıyla bildirmekle birlikte, şahsî görüşüm olarak şunları da ekledim : «Siz milletvekilisiniz, ben de başkanınızım. Herhangi bir konuda benimle görüşmek isterseniz, memnuniyetle kabul ederim.» Benim cevabımı, Yusuf İzzet Paşa, toplantı halinde bulunanlara bildirdiği vakit, Reşit Bey ayağa kalkarak :

«Efendiler! bu cevap göğsünüzü kapayın! demektir. Yüksek malûmunuzdur ki, askerlerin göğüslerinin kapalı bulunması disiplin gereğidir.»

Reşit Bey'in, «Başkan bizi askerî disiplin altına almak istiyor» demek istediği anlaşılıyor.

Söz konusu toplantıyı düzenleyenler hiç şüphe yok ki, Reşit Bey ile bazı arkadaşlarıydı.

Reşit Bey, sözü Ankara'da bulunan İzzet Paşa hey'eti ile yaptığı temas ve görüşmelere de getirerek, «Paşalar İzmir'i, İstanbul'u kurtararak barış yapılabileceğini söylemek üzere geldikleri halde, tutuklanmışlardır.» şeklinde bir hava da yaratmıştı.

22 Aralık 1920 günü, Reşit Bey'le bakan ve milletvekillerinden on beş kadar arkadaşı hükûmetteki odama davet ettim. Bu arkadaşlar arasında Celâl Bey, Kâzım Paşa, Eyüp Sabri Bey, Adnan Bey, Vehbi Bey, Hasan Fehmi Bey, İhsan Bey, Kılıç Ali Bey, Yusuf İzzet ve Emir Paşa'lar vardı. Fevzi Paşa Hazretleri de hazır bulundu. Bu hey'ete, bu konunun bütün gelişme safhalarını, gerekli belgeleri de göstermek suretiyle, açık bir şekilde anlattım. Reşit Bey, söylediklerimin hiçbirini inkâr etmedi. Düşman saldırılarına karşı tek kuvvetin Ethem Bey'in kuvveti olduğunu ve bizim kurduğumuz tümenlerin çil yavrusu gibi dağılacaklarını söyleyerek, mutlaka Ethem Bey kuvvetinin artırılmasına ve takviyesine ihtiyaç olduğunu bildirdi. Cevap olarak dedim ki: «Ethem Bey'in kendi komutası altında kullanabileceği kuvvetin sayısı en çok bin iki yüz, iki bin kişiden ibaret olabilir. Bu sayı artırılacak olursa, disiplinsizlik dolayısıyle dağılıp felâkete yol açar. Her halde, memleketin mukadderatının, şahsa bağlı kuvvetlere değil, ancak Büyük Millet Meclisi'nin kanunlarına bağlı düzenli birliklere emanet edilmesi gerekir. Kuva-yı Seyyare, belirli bir kadro halinde, verilen emirlere tamamen uymak ve boyun eğmek şartıyla yararlı olabilir.»

Reşit Bey, açıklanan gerçekleri kabullenmiş gibi görünen bir tavır takındı. Bunun üzerine son bir teşebbüs olmak üzere, Reşit Bey'in bazı arkadaşlarla birlikte kardeşlerinin yanına giderek nasihatlerde bulunması kabul edildi.

Bundan sonra, nasihat vermek için gidecek olan hey'ete, meselenin çözüme bağlanabilmesi için şimdiye kadar yaptığım teşebbüslere de son vereceğimi bildirdim. Hey'et, Kuva-yı Seyyare'ye, Hükûmet'in son ve kesin istekleri olmak üzere şu hususları bildirecekti:

1 — Kuva-yı Seyyare, diğer birlikler gibi emir ve komutaya tam olarak uyacak ve kanun dışı her türlü taşkınlıklardan kaçınacaktır. 333

2 — Kuva-yı Seyyare, kuvvetini artırmak için kendiliğinden hiçbir yerde, hiçbir şekilde adam toplamayacak ve bu maksatla gönderdiği adamların faaliyetine derhal son verecektir. Asker ihtiyacı, öteki birliklerde olduğu gibi, yapılacak müracaat üzerine Cephe Komutanlığı'nca sağlanacaktır.

3 — Kuva-yı Seyyare, kaçaklarını yakalatmak için doğrudan doğruya adamlar görevlendirip göndermeyecek; kaçaklar, diğer birliklerinki gibi Cephe Komutanlığı'nca takip ettirilecek ve yakalattırılacaktır.

4 — Kuva-yı Seyyare mensuplarının ailelerine bakmak üzere bazı yerlerde bulundurduğu irtibat subaylarının kim oldukları hükûmetçe bilinecek ve bu irtibat subaylarının ellerinde bulunan şifrenin bir sureti de bize verilecektir.

Çerkez Ethem'e bir nasihat hey'eti gönderiliyor

Bu şartlar yerine getirildiği takdirde, Kuva-yı Seyyare, şimdiye kadar olduğu gibi belirli bir kadro dahilinde yine görevine devam edecektir. Reşit Bey'le beraber Celâl, Kılıç Ali, Eyüp Sabri ve Vehbi Bey'ler, 23 Aralık öğle vakti Ankara'dan hareket ettiler ve 24 Aralıkta öğleden sonra saat 16,45'te Kütahya'ya vardılar.

Efendiler, Ethem ve Tevfik Bey'lerin Cephe Komutanı'nın bilgi ve onayı olmaksızın, bölgelerinde bulunan ordu birliklerini cepheye dağıtarak, Kuva-yı Seyyare'nin ağırlıksız erlerini Gediz'de ve Pehlivan Ağa müfrezesini Kütahya'da toplamış olduğunu haber aldım. Bunun üzerine 25/26 Aralık 1920'de, Kütahya'da bulunan Celâl Bey ve arkadaşlarına yazdığım açık bir telgrafta: «Bu hareket tarzının taşıdığı maksat ve anlamın ne olduğunu kesinlikle bilmek isterim. Bu konudaki görüşünüzün bildirilmesini makine başında bekliyorum» dedim. Bu telgrafın bir suretini İsmet, Refet ve Fahrettin Paşa'lara, şifre ile bildirerek dikkatlerini çektim. Hey'et, ortak imza ile şu kısa cevabı verdi: «Müsterih olunuz, kötüye yorumlanacak herhangi bir davranış yoktur. Tevfik Bey yarın gelecek, hep birlikte görüşeceğiz. Sonucu etraflı olarak arz ederiz.» Ben bu cevaptan, giden arkadaşların ya durumdan haberdar edilmeyerek aldatılmakta olduklarına veyahut da tutuklanıp istenildiği gibi yazı yazmaya mecbur edildiklerine hükmettim. Onun için, gerçek durumu anlamamış ve kısa telgraflarıyla verdikleri teminata inanmış görünmek istedim. Bu sebeple, cevap olarak: «Tevfik Bey ile de görüşmelerinden sonra, memleket ve milletin yüksek çıkarlarını sağlayacak esaslar üzerinde anlaşacaklarına şüphem olmadığını, bana gelen haberleri dedikodu sayarak, Hükûmet'çe hiçbir tedbir alınmasına gerek bulunmadığı yolundaki inancımı Hükûmet üyelerine anlatmayı başaracağımı, ancak aramızdaki samimiyeti zedeleyen durumun bir an önce ortadan kalkmış bulunduğu haberini beklediğimi, beni gönül kırıklığına uğratmamalarını» yazdım.

Hey'etin, 26/27 Aralık 1920'de, ortak imza ile çektikleri etraflı ve açık telgraflarındaki önemli noktalar şunlardı:

1 — Güvenlik tedbirleri alındığına şüphe yoktur. Bu tedbirlerin hepsi kendilerini savunmak içindir. Kendilerine karşı çıkarılan ve yığılan kuvvetler ve yeni 334
kurulan karakollar eski yerlerine çekildiği takdirde, bu tedbirlerden de vazgeçeceklerdir.

2 — Düşmanca hareketle karşılaşmadıkça, memleketin gelecekteki selâmeti için ve Zâtıdevletlerinin şahsına karşı besledikleri içten bağlılık dolayısıyla her türlü fiilî hareketten kaçınacaklarına en büyük yeminlerle söz vermişlerdir.

3 — Kuva-yı Seyyare'nin Konya ve Alaca'da bulunan askerleriyle, Teğmen Sadrettin Efendi komutasında Konya'dan gelmekte iken Fahrettin Paşa tarafından tutuklanan seksen neferin ve Kuva-yı Seyyare müfreze komutanlarından Kürt İsmail Ağa ile, Kalecik'teki akrabasından cihada katılmak üzere askerlik yaşı dışındaki kimselerden toplananların Kuva-yı Seyyare'ye katılmalarına engel olunmaması,

4 — Kuva-yı Seyyare'ye para verilmesi için Kütahya Mutasarrıflığı'na emir verilmesi,

5 — Karşılıklı güven ve itimadın gerçekten kurulması ve devam ettirilmesi için Fahrettin ve Refet Bey'lerin cepheden uzaklaştırılmaları.

Bu noktalardan çıkan anlam nedir Efendiler? Oraya giden arkadaşlarımızın hepsinin birden bu anlamı idrak edemiyeceklerine ihtimal verilebilir miydi? O halde, biraz önce işaret ettiğim gibi, Kütahya'ya giden hey'et, gerçekten tutuklanmıştı. Bu yazılan şeyler kendilerine dikte ettiriliyordu. Bunun böyle olacağını hey'et gitmeden önce biliyordum. Bu yüzdendir ki, Reşit Bey, Kâzım Paşa'yı birlikte götürmek için ısrar ettiği halde, görüşmeler sırasında tesadüfen solumda oturan Kâzım Paşa'ya gitmemesi gerektiğini sezdirmiştim.

Çünkü Kâzım Paşa'yı geçici olarak değil, sonuna kadar tutuklayarak, imzasını kullanmaktan fazlasıyla yararlanabilirlerdi.

Aynı gece kendilerine şu cevabı verdim: «Telgrafınızı yarın Bakanlar Kurulu'na sunacağım.» Aynı zamanda 26/27 Aralık gecesi, Eskişehir'de Batı Cephesi Komutanı İsmet Beyefendi'ye de şu şifreli telgrafı yazdım:

Kütahya'ya giden hey'etin ayrıntılı telgrafını aşağıda olduğu gibi veriyorum. Bunun ana noktalarını özetleyerek, makina başında, Refet ve Fahrettin Bey'lere bildirmenizi rica ederim. Hey'ete makine başında verdiğim cevap da «Telgrafınızı yarın Bakanlar Kurulu'na sunacağım» dan ibarettir. Yarın, Bakanlar Kurulu kararıyla, hey'ete, görevlerinin son bulduğunu ve hemen Ankara'ya dönmelerini bildireceğim. Ondan sonra, konuyu bütün ayrıntılarıyla Meclis'te açıklamak düşüncesindeyim.

Kuva-yı Seyyare'ye karşı, **İ s m e t** ve **R e f e t B e y** kuvvetlerinin, bulundukları yerlerde toplu ve uyanık olmalarını ve alınmış bulunan genel tedbirlere daha çok önem verilmesini ve dikkat edilmesini rica ederim. Fiilî harekete herhalde onlar başlamadan, şimdilik başlanmaması taraftarıyım.

Türkiye Büyük Millet Meclisi
Başkanı
Mustafa Kemal

Efendiler, ertesi günü Batı ve Güney Cephesi'ne şu telgraf verildi :

Şifre **27.12.1920**

Batı Cephesi Kurmay Başkanlığı Birinci
Şube Müdürlüğüne,

Güney Cephesi Kurmay Başkanlığı Birinci
Şube Müdürlüğüne,

R e f e t ve İ s m e t B e y e f e n d i ' lere özel :

Kütahya'ya giden hey'etin gönderdiği ayrıntılı telgraf, Bakanlar Kurulu'nda incelenerek aşağıdaki kararlar alındı. Bu kararlar, bu akşam açık telgrafla Büyük Millet Meclisi Yüce Başkanlığı'ndan doğruca Kütahya'ya bildirilecek ve hey'etin görevine son verilecektir. Buna göre gereken tedbirlerin alınması ve görüşlerinizin bildirilmesi rica olunur **(Genelkurmay Başkan Vekili Fevzi).**

Harekât Şubesi Müdürü
Salih

27.12.1920

Kararname

Vatanın selâmet ve kurtuluşu için ordularda görüş birliğinin ve mutlak itaatin şart ve gerekli olduğunu her şeyden önemli sayan Bakanlar Kurulu, Büyük Millet Meclisi üyelerinden C e l â l , R e ş i t , E y ü p S a b r i , V e h b i ve K ı l ı ç A l i B e y ' lerin Kütahya'dan gönderdikleri 26/27 Aralık 1920 tarihli telgraflarını ve bu konu ile ilgili olarak ortaya çıkan durum ve olayları görüşüp inceledikten sonra, aşağıdaki kararları almıştır :

1 — Birinci Kuvve-i Seyyare, bütün öteki ordu birlikleri gibi, kayıtsız şartsız Büyük Millet Meclisi'nin kanunlarına, Hükûmet'in koyduğu düzen ve emirlere ayak uydurmakla yükümlü ve askerî disipline bağlıdır.

2 — Birinci Kuvve-i Seyyare Komutanlığı'nın askerî görev ve konularla ilgili bütün teklif ve görüşleri, ancak emri altında bulunduğu komutanlığa ve bu komutanlık vasıtasıyla ilgili makamlara bildirilir.

3 — Yukarıdaki kararları Genelkurmay Başkanlığı uygular.

Mustafa Kemal

Şer'iye Vekili [153]
Fehmi
Dışişleri Bakanı
Ahmet Muhtar

Millî Savunma Bakanı
Fevzi
İçişleri Bakanı
Doktor Adnan

---

153) Din işlerinden, vakıflar ve şer'i mahkemelerden sorumlu bakan.

Genelkurmay Başkanı Vekili
Fevzi

Maliye Bakanı
Ferit

Kütahya'da bulunan Büyük Millet Meclisi üyelerinden C e l â l, R e ş i t, E y ü p S a b r i, V e h b i ve K ı l ı ç A l i B e y'lerin, 26/27 Aralık 1920 tarihli, etraflı telgraflarına, 27 Aralıkta cevap verdim Bunda, Bakanlar Kurulu kararını olduğu gibi bildirdim ve dedim ki : «Buna göre sizlerden istediğim özel görev son bulmuş olduğundan geri dönmeniz rica olunur.» 336

28 Aralık 1920'de hey'etten aldığım telgraf aynen şöyle idi :

Kütahya, 28.12.1920

Ankara'da Büyük Millet Meclisi Yüce Başkanlığı'na

Bakanlar Kurulu kararını bildiren telgraf emrinizi akşam aldık. Aslında her birimiz memleket ve milletin selâmeti için, büyük bir samimiyetle emrinize uyarak buraya geldik. Eskişehir'in ve buranın durum ve tutumunu gördük. Anlaşmazlık konusu olan meseleyi tam bir tarafsızlık ve doğrulukla inceledik ve araştırdık. Görüşmelerin nasıl geçtiğini ve safhalarını olduğu gibi bilginize sunduk ve samimî inançlarımıza dayanarak meselenin çözüm şeklini anladığımız gibi yazdık. Sunduğumuz hususlara karşılık, Bakanlar Kurulu'nun bize bildirilen kararının neyi ifade ettiğini anlayamadık. Aksine, vatanın selâmet ve mutluluğunu gözönünde bulunduran maruzatımızın iyi karşılanmadığını gördük. Bu konunun daha fazla sürüncemede bırakılmaya tahammülü olmadığına itimat buyurmalarını istirham ederiz.

Celâl Reşit Eyüp Sabri Vehbi Kılıç Ali

Bu telgrafa şu cevabı verdim :

Şifre-makine başında **Ankara, 28.12.1920**

Kütahya'da Büyük Millet Meclisi üyelerinden C e l â l , R e ş i t , E y ü p S a b r i , V e h b i ve K ı l ı ç A l i B e y'lere,

İlgi : 28.12.1920 tarihli şifre : Memleket ve milletin selâmeti için bana karşı gösterdiğiniz samimiyete cidden müteşekkirim. Söz konusu durum hakkında sizlerin buradan ayrılmasından önce, bütün belgeleri göstermek suretiyle yaptığım 337 açıklamalar sonunda, konuyu resmen hükûmete intikal ettirirken, sizlerin yerinde olan hareket tarzını, oradaki arkadaşlara açıklamak ve anlatmak üzere, yolculuk zahmetine katlanmanızı rica etmiştim. Konunun çözüm noktası olarak telgrafınızda işaret buyurduğunuz nokta zaten burada da sözkonusu olmuştu. Hükûmetin alacağı genel tedbir ve tertibatın herhangi bir tarafın isteğine göre olamayacağını bildirmiştim. Bakanlar Kurulu kararı, aslında uyulması gereken tabiî ve bilinen hususları resmî ve kesin olarak bir defa daha ifade eder. Yüksek görüşleriniz hiçbir şekilde kötüye yorulmuş değildir. Ancak, burada da arz ettiğim üzere, benim bir buçuk aydan beri süregelen şahsî ve özel gayret ve teşebbüslerimle ve büyük bir samimiyetle yaptığım çalışmaların, ne yazık ki, takdir edilmemiş olduğunu görüyorum. Şüphesiz bu konunun çözüm ve takibini sorumlu ve ilgili makamlara bırakmış bulunuyorum.

Türkiye Büyük Millet Meclisi
Başkanı
Mustafa Kemal

Efendiler, Kütahya'daki hey'etin, durumu Meclis'e açıklayarak kendilerine daha yararlı olabileceklerine E t h e m ve kardeşlerini inandırmak suretiyle ellerinden kurtulabildikleri anlaşılmıştır. Pek tabiî R e ş i t B e y orada kalmıştır.

Âsî Ethem ve kardeşlerine karşı fiilî harekâta geçilmesini emrettim

Efendiler, Kütahya'ya, Bakanlar Kurulu kararı ve hey'etin geri dönmesi gereğini bildirdikten sonra, cephe komutanlarına da âsî E t h e m ve kardeşlerine karşı fiilî harekâta geçmelerini emrettim.

Efendiler, askerî harekâtı çapulculuktan, devlet kurup yönetmeyi, şunun bunun mâsum çocuklarını kurtulmalık dilenmek için dağlara kaldırmak haydutluğundan ibaret zanneden, şarlatanlıklarıyla, yaygaralarıyla bütün bir Türk vatanını bezdiren ve Türk milletinin Büyük Meclisi'ni kendileriyle uğraştıran utanmaz, haddini bilmez, küstah ve herhangi bir düşmanın boğazı tokluğuna casusluğunu, uşaklığını yapacak kadar aşağılık ve bayağı yaratılışta olan bu kardeşleri, ellerindeki bütün kuvvetler ve dayandıkları düşmanlarla birlikte yola getirmek ve ortadan kaldırmak suretiyle, inkılâp tarihimizde, etkili bir ibret örneği vermek zarurî görüldü. Onun için şöyle bir hazırlık yapmıştık:

Bursa'da bulunan Yunan kuvvetlerine karşı bir piyade tümeni bırakılarak, iki piyade tümeni ile bir süvari tugayına Eskişehir'in güneybatısında ve Kütahya doğrultusunda yığınak yaptırılmıştı. Uşak'ta bulunan Yunan kuvvetlerine karşı da, cephede yalnız bir tabur bırakılarak, iki piyade tümeni ile yedi süvari alayına, Dumlupınar yakınlarında ve yine Kütahya doğrultusunda yığınak yaptırılmıştı.

Kuvvetlerimiz, hareket emrini alır almaz, derhal Kütahya'da bulunan âsî E t h e m kuvvetleri üzerine yürüyüşe geçtiler. 29 Aralık 1920 günü Kütahya'yı işgal ettiler. Üç gün sonra da Batı ve Güney Cepheleri'nden hareket eden bütün kuvvetlerimiz, Kütahya'nın 30-40 kilometre ilerisinde ve Gediz yönünde bir hatta birleştiler. Âsî E t h e m, kuvvetle- 338
rini hiçbir yerde durdurmaya ve direnişe geçirmeye cesaret edemeden Gediz üzerine çekilmişti.

Efendiler, Türkiye Büyük Millet Meclisi'nin şuurlu ordusu, kendisini, Büyük Millet Meclisi ve Hükûmeti'ni küçük görecek kadar beyinsizlik ve budalaca gurur gösteren bu âsîlere hak ettikleri yola getirme sillesini vurmak için, önüne geçilmez bir hiddet ve şiddetle hareket ediyordu. Nefes almaksızın kaçan âsî E t h e m, «İstanbul'da Sadrazamlık Yüksek Katına» diye şu telgrafı veriyordu:

Ankara'da tutuklanan sayın arkadaşlarınızın İstanbul'a geri gönderilmeleri için, Ankara Meclis Başkanlığı'na çektiğim protesto yazısı aşağıda bilgilerinize sunulmuştur. Şimdi, Millet Meclisi'nin kararıyla saldırıya uğramış bulunuyorum. Kuvvettim savunmaya hattâ karşı saldırıya bile yeterli olmakla birlikte, karşımda ve yanlarımda Yunanlılar bulunduğundan, tutulacak yol konusunda Yunan komutanlığı ile anlaşmaya varılmış ise de, zâtıdevletlerinin onayını almayı da her bakımdan lüzumlu buldum. Gereğinin yapılması, haberleşmelerin ve Zâtıdevletlerinin emirlerinin alınmasının sağlanması için, Gediz telgraf hattının onarımı ve düzeltilmesi, yüksek emirlerinize arz olunur.

Umum Kuva-yı Seyyare ve Kütahya Bölgesi
Eski Komutanı ve Şimdiki Umum Kuva-yı
Milliye Komutanı Ethem

Efendiler, bu telgrafta sözü geçen ve protesto yazısı denilen saçma sapan bir telgraf, gerçekten de Meclis Başkanlığı'na çekilmiş ve gizli bir oturumda Meclis'e okunmuştu. Bu telgrafta kullanılan kelime ve deyimler o kadar kaba ve edepsizcedir ki, bir defa okunduktan sonra bir kere daha okunmasına ve dinlenmesine tahammül edilememişti. Bu kadar bayağı, saçma sapan bir yazıyı huzurunuzda da arz etmeyi gerekli bulmuyorum. Bu abuk sabuk yazı ile milletvekillerinin şahıslarına hakaret edilerek, Millî Meclis'in meşruluğuna saldırılarak, İ z z e t P a ş a hey'etinin İstanbul'a dönmekte serbest bırakılması isteniyordu.

Efendiler, kuvvetlerimiz Kütahya'ya girerken, ben de Meclis'te bazı milletvekilleri tarafından sorguya çekilmiş bulunuyordum. Âsî E t h e m'in üzerine yürümemize, ona saldırmamıza ve onu takip etmemize karşı çıkılıyordu. F u a t P a ş a , E t h e m ve kardeşini çekip çevirebildiği için değiştirilmemesi yerinde olurmuş. Bütün anlaşmazlıkların sebebi, yeni tayin ettiğim komutanların tecrübesizlikleri ve durumun gereğine uygun tutum ve davranışlarda bulunmamaları imiş.. Orduda ciddiyet ve disiplin aramanın zamanı mı imiş; ya Allah korusun E t h e m B e y orduyu dağıtırsa ne yapacakmışım? Bu kadar önemli bir olaya kim ve nasıl karar vermiş? Böyle bir karar Meclis'e haber vermeden nasıl alınırmış? gibi birçok soru ve eleştirilerden sonra, «herhalde E t h e m B e y ve kardeşleri vurulmamalıdır» istekleri ileri sürüldü. 29 Aralık gününün bütün oturumlarını ve 30 Aralık gününün birkaç gizli oturumunu açıklamalar yapmakla geçirdim. Durumun bütün safhalarını belgeleriyle, delilleriyle ve gerçekleriyle açıklamaya çalıştım. Bütün bu açıklamalarıma rağmen, tartışma bir türlü son bulmuyordu. Her şey bir yana, yalnız Meclis'in meşruluğuna saldırma maksadı güden telgraf, sahiplerini Hıyanet-i Vataniye Kanunu'na çarptırmaya yeterliyken, bu âsîlerin aylardan beri devam ede- 339 gelen isyancı tutumları ve millî hükûmeti yıkmak ve kendi akıllarınca başka türlü bir hükûmet kurmak düşüncelerini uygulamaya yeltenmeleri dikkate alınmak istenmiyordu. Aksine, bunların ortadan kaldırılmaktan ve cezalandırılmaktan kurtulmalarına çalışılmak isteniyor gibiydi. Bunun sebebini kısaca açıklayayım Efendiler, milletvekillerinden bazıları, durumun şahsî ve hissî kırgınlıklardan doğduğuna inanmışlardı. Gerçekten de bu yolda sonsuz propaganda yapılmış ve kamuoyu yanıltılmak istenmişti. Bir de kuvvetli ve aşırı telkinler altında, E t h e m kuvvetlerinin çok ve yenilmesi güç olduğu sanılarak, bunların ordu ile çatışması halinde, ordunun çil yavrusu gibi dağılacağını, o zaman da durumun gerçekten feci olabileceğini düşünüyorlar ve böyle silâhlı bir çatışmaya engel olmayı uygun buluyorlardı.

Efendiler, bu düşünceleri isabetli görüp ona göre hareket etmenin sonucu, emirerliğinden gelen ve aslında daha yüksek bir düşünce kabiliyetine sahip bulunmayan E t h e m 'in koskoca Türk vatanında diktatörlüğünü kabul ve tasdik etmek olacağını anlamamak mümkün müydü?

Meclis'in heyecan ve kararsızlığını giderecek inandırıcı bir konuşma yaparak, gizli oturumlardaki görüşmeleri, çarpışmanın fiilî sonuçlarını beklemek üzere kapattık.

Ethem ve kardeşleri kuvvetleriyle birlikte düşman saflarında müstahak oldukları yeri aldılar

Efendiler, E t h e m kuvvetlerinin peşine düşen birliklerimiz, 5 Ocak 1921 günü Gediz'i işgal ederek, o civarda toplandılar. E t h e m ve kardeşleri de, kuvvetleri ile birlikte düşman saflarında müstahak oldukları yeri aldılar. Artık E t h e m olayı diye bir şey kalmamıştı. Ordumuzun içinde bulunan düşman kovularak kendi cephesine gönderilmişti. Bundan sonra, karşımızda yalnız bir tek düşman cephesini ve bu cephe ile ilgili olayları göreceğiz. Gerçekten de bir gün sonra, 6 Ocak 1921'de Yunan ordusunun tamamı bütün cephe üzerinde her noktadan taarruza geçti.

Efendiler, o günkü askerî durumu basit bir şekilde açıklamak için şöyle diyeceğim :

Birinci İnönü Zaferi

İznik'ten, Gediz üzerinden Uşak'a kadar bir hat çekildiğini düşününüz, bu hattın, Gediz'in kuzeyinde kalan parçası iki yüz kilometredir. Gediz'den Uşak'a olan parçası da otuz kilometre kadardır. Düşman, üç tümenle bu hattın kuzey ucundan Eskişehir üzerine yürüdü. Bizim Gediz'de bulunan önemli kuvvetlerimiz, Eskişehir üzerinden bu düşman tümenlerini karşılamaya mecburdu. Karşıladı ve yendi. İnkılâbımızın tarihine, Birinci İnönü Zaferi'ni kaydetti.

Güney Cephesi'ne ait olan kuvvetler, eski yerlerine Dumlupınar'a iade edildiler. Kütahya'da yalnız 61' inci Tümen, iki alay kadar kuvvetiyle İzzettin Bey (Ordu Müfettişi İzzettin Paşa'dır) komutasında bırakılmıştı.

Efendiler, 8 Ocak 1921 Cumartesi günü, Meclis'in açık oturumunda durumu anlatıyordum. Artık herkes gerçeği görmüş ve anlamıştı. Ethem ve kardeşlerinin lehinde ve yumuşak hareket edilmesi görüşünde olanlar, bu defa aleyhlerinde ve pek coşkun idiler. Ben konuşurken «Ethem, Tevfik ve Reşit Bey'lerin» diyerek konuşmama itiraz
edildi. Yükselen bir ses : «Paşa Hazretleri, artık «Bey» demeyiniz, «Hâin» 340
deyiniz.» uyarısında bulundu. «Ethem ve Tevfik hainleri diyeceğim, fakat daha Büyük Millet Meclisi üyesi sıfatını taşıyan Reşit Bey için de aynı sözü kullanmak mecburiyetindeyim. Yüce hey'etinize olan saygım dolayısıyla bunu söyleyemem. Önce, Reşit Bey'in Büyük Millet Meclisi üyeliğinin kaldırılmasına oy vermenizi rica ederim.» dedim.

Düşmanla işbirliği yapan Manisa milletvekili Reşit Bey'in milletvekilliğinin kaldırılması kararı

Başkan, «Millet ve memleketin yüksek çıkarları aleyhine silâh kullanarak düşmanlarla işbirliği yapan Manisa milletvekili Reşit Bey'in milletvekilliğinin kaldırılmasını kabul buyuranlar el kaldırsın!» dedi. Eller kalktı, kabul olundu.

Ethem ve kardeşleri canlarını Refet Paşa'ya borçludurlar

Yunan ordusunun giriştiği bu taarruzda, Ethem ve kardeşleri de kendilerine düşen görevi yerine getirmekten geri durmadılar. Tekrar Kütahya'ya yönelerek, orada bulunan zayıf tümenimize saldırmaya başladılar. İzzettin Paşa'nın sağlam karakteri, vukuflu komutası ve emrindeki Türk subay ve erlerinin yüksek kahramanlıkları Ethem ve kardeşleriyle saldıran hain kuvvetleri yenerek geri çekilmeye mecbur etti. Eğer kendi şahısları da dahil olmak üzere toptan yok edilmekten kurtulabilmişler ise, bunu da hiç sevmedikleri Refet Paşa'ya borçlu olduklarını söylemeliyim. Bu noktayı açıklayıvereyim :

Refet Paşa, iki süvari tümeniyle, Dumlupınar'ın on kilometre kadar doğusunda Küçükköy'de bulunuyordu. Kütahya'da bulunan 61' inci Tümen'e, batıdan taarruz eden Ethem kuvvetlerini derhal yenmek ve yoketmek üzere hareketi emrolundu. Refet Paşa, kendi süvarileriyle Ethem kuvvetlerinin yan ve arkasına gidecekti. Bulunduğu yerden kuzeye, Kütahya'ya bakılacak olursa, bu görevin tabiî bir yürüyüşle ve pek etkili bir şekilde yapılabileceği meydandaydı. Halbuki Refet Paşa, gereken yere gitmemiş. Bunun aksi tarafına, Kütahya'nın batısına değil, doğusuna Alayunt'a gitmiş. Süvari kuvvetleri, 12 Ocak 1921 günü öğleye doğru Alayunt bölgesine ulaştı.

Refet Paşa, İzzettin Paşa ile görüşmek üzere Kütahya'ya gitti. İzzettin Paşa, süvari tümenlerinin Kütahya güneyinden, Yellice dağı batısından, tamamen süvariden ibaret olan Ethem kuvvetlerinin gerilerine gönderilmesini teklif etmiş.

Refet Paşa, iki tarafın savaş durumu hakkında tam bir bilgisi olmadığını ileri sürerek, böyle bir harekete yanaşmamış... Refet Paşa, İzzettin Paşa kuvvetleri, doğuya, Porsuk suyu gerisine çekilme durumu ile karşılaşırsa, süvarileriyle Kütahya ovasından âsîlerin yan ve gerilerine taarruzu düşünüyormuş. Atlı âsîlerin hayvanlarından inip piyade tümenimiz karşısında yaya olarak savaştığı en zayıf durumunda bile üzerine yürümekte kararsızlığa düşen komutanın, piyade tümenimiz yenilmiş olarak geri çekilirken atları üzerinde bulunacak, manevî güçleri yükselmiş âsîlerin, hangi yanına ve nasıl taarruz etmeyi düşündüğü, gerçekten her asker için üzerinde durup düşünülecek bir meseledir. Böyle şey olamaz! Bu düşman süvarisi, geri çekilmeye mecbur ettiği piyadeyi bırakıp Refet Paşa süvarileri üzerine atılmayacak mıydı?

Efendiler, savaş alanına, top ve tüfek sesine gelen kuvvetin, bir tek tüfek atmadan, savaşmakta olan kendinden bir kuvvetin yenilmesini
beklemesi ve ondan sonra iş görebileceğini sanması, yalnız asker olanla- 34
rın değil, en sade görüşlü insanların bile akla yatkın bulacağı bir düşünce değildir. Görev ve fedakârlık, savaşan birliklerin yenilmeden, çekilmeden başarısını sağlamaya çalışmakla yerine getirilir.

Arkadaşı savaşırken ve yardıma muhtaç iken, seyirci kalmış olan komutanlar, arkadaşının yenilgisine şahit olabilirlerse de tarihin amansız tenkit ve suçlamalarından asla kurtulamazlar.

İzzettin Paşa, 11 Ocak 1921 öğlesinden 13 Ocak gece yarısına kadar devam eden şiddetli ve kritik çarpışmalar sırasında, süvari gruplarının da taarruza katılması zamanının geldiğini Genelkurmay Başkanlığı'na bildirmişti. Refet Paşa, Güney Cephesi'nden getirtmekte olduğu 8'inci Tümen yetişebildiği takdirde, 14 Ocakta taarruza geçmek niyetinde olduğunu, birliklerine bildiriyordu. İzzettin Paşa, 11, 12, 13 Ocak günlerinde yalnız başına düşmanla savaştıktan sonra, akşam gün batarken yaptığı bir karşı taarruzla âsîleri yenerek kaçmaya mecbur etti. Refet Paşa, muharebeye seyirci kalmak suretiyle büyük bir fırsatı kaçırdı; E t h e m ' i ve kuvvetlerinin geri çekilmesine elverişli bir durum yarattı. 14'üncü günü emri altında bulunan bütün süvari kuvvetlerini Süvari Tümen Komutanlarından D e r v i ş B e y 'in (Kolordu Komutanı D e r v i ş P a ş a 'dır) emrine vererek, onu, E t h e m 'in takibi ile görevlendirdi. D e r v i ş P a ş a, Afşar'da, özellikle Gediz'de E t h e m kuvvetlerinin gerilerine doğru, geceleri de yürümek suretiyle indirdiği korkunç darbelerle E t h e m, T e v f i k ve R e ş i t kardeşleri sersem etti. Kuvvetlerinin toplanmasına zaman bırakmadı. D e r v i ş B e y, E t h e m ve kardeşlerini 14 Ocaktan 22 Ocağa kadar dokuz gün nefes aldırmaksızın durmadan takip etmiştir. Sonunda, bütün E t h e m kuvvetleri esir edilmiş; yalnız E t h e m, T e v f i k ve R e ş i t kardeşler yine bir görev almak üzere düşman ordugâhına kaçabilmişlerdir.

VI

İzzet ve Salih Paşalar Ankara'dan memnun görünmüyorlar, ille payitahta gitmek istiyorlardı

Saygıdeğer Efendiler, Ankara'da bulunan İstanbul'lu misafirlerimize, bir bir buçuk aylık misafirlikleri sırasında çok şeyler göstermek fırsatına sahip olduğumuzu sanıyorum. Âsî E t h e m ve kardeşlerinin kuvvetleri ortadan kaldırıldı. Yunanlıları İnönü'de üç günde yendik. Büyük Millet Meclisi'nin ferahlayacağı ve memnun olacağı yeni bir devir açıldı. Fakat, İ z z e t ve S a l i h P a ş a 'lar, bunların hiçbirinden memnun görünmüyorlar, sıla özlemine tutulmuş gibi de payitahta ([154]) gitmek istiyorlardı. İstanbul'daki arkadaşlarının da çok merakta oldukları anlaşılıyordu.

Ankara'ya gelişlerinden on gün sonra, Fransız telsizleriyle Zonguldak'a bir telgraf gelmişti. Telgraf şudur:

16.12.1921

Zonguldak Mutasarrıflığı Vasıtasıyla
Devletli İzzet Paşa Hazretleri'ne

Zâtıdevletlerinden henüz bir haber alınamadığından, yüksek hey'etin İstanbul'a ne zaman geleceği haberinin beklenmekte olduğu...

Mustafa Arif

İki gün sonra Adapazarı üzerinden de şu telgraf geldi: 342

Dahiliye Nâzırı İzzet Paşa Hazretleri'ne

Zâtıdevletlerinden bir bilgi alınamadığından, İstanbul'a ne zaman dönüleceği haberinin beklenmekte olduğuna dair birkaç gün önce Zonguldak üzerinden çekilen telgraf cevabının bir an önce gönderilmesi rica olunur.

Dahiliye Nâzırı Vekili
Mustafa Arif

154) payitaht : Padişahın oturduğu şehir, başkent : İstanbul

Tevfik Paşa Kabinesi adına, Ziya Paşa'nın İnebolu'ya gönderdiği bir özel memur, 10/11 Ocak 1921'de uzun bir şifre ile birtakım bilgiler veriyordu.

İzzet Paşa hey'etinin, Anadolu'ya katılma haberi İstanbul'ca doğrulanmış... Kabine İzzet Paşa'dan bilgi istiyormuş. Ziya Paşa, Safa, Mustafa Arif ve Raşit Bey'ler de demişler ki: «Memleketin menfaati, hey'etin Ankara'da kalmasını gerektiriyorsa buna bir şey denmez. Bu takdirde kabinenin düşeceği şüphesizdir. Ancak, biz de bu vatanın evlâtlarıyız. Hiç olmazsa bizleri de durumdan haberdar etsinler... Bizi aydınlatsınlar, biz de ona göre hareket edelim...»

Ziya Paşa, Paris'ten, Ahmet Rıza Bey'den aldığı bir mektupta yazılanlardan ve İstanbul'da güvenilir bir kaynaktan elde ettiği bilgilerden de söz ettiriyordu.

Ahmet Rıza Bey diyormuş ki: «Eğer Kuva-yı Milliye'nin askerî gücü elverişli ise, İzmir meselesi, iyi hazırlanmış bir hücumla oldubitti şeklinde halledilmeliymiş... Aldığı bilgiler bunu doğruluyormuş. Kral Konstantin'i tutacaklarmış...»

Ziya Paşa'nın özel olarak elde ettiği bilgiler de, son konferanstan önce Yunanlılar'ın kuvvetleri artırılarak, büyük bir taarruza geçirileceği yolundaydı.

Damat Ferit Paşa yoğun bir çalışmaya geçmiş. Baltalimanı'nda çeşitli kabine listeleri düzenlenmeye başlamış...

İnebolu'ya gelmiş olan özel memur vasıtasıyla Ziya Paşa'ya ve arkadaşlarına gönderdiğim cevapta: «verdikleri bilgilere teşekkür ettikten sonra, İzzet ve Salih Paşa'lar, ortak gayemizin kesin bir gereği olarak Ankara'da kalmışlardır» dedim. Kendilerinin İstanbul'da iş başında kalmaları doğru ise de, kabine düşmeden önce, hepsinin, şimdiden hazır bulunduracakları güvenilir, sür'atli bir vasıtayla hemen Anadolu'ya gelmelerinin vatanın yüksek menfaatlerinin gereği olduğu ve bu şekilde yapacakları hizmet ve fedakârlığın milletçe büyük bir şükranla karşılanacağını yazdım.

Özel memurun, İstanbul'a döndükten sonra, İnebolu'ya gönderdiği 343
ve oradan 19 Ocak 1921'de çekilen şifrede, Ziya Paşa ve arkadaşlarının görüşüme uygun olarak harekete karar verdikleri bildirilmişti.

Sadrazam Tevfik Paşa benimle temas kuruyor

Efendiler, bu tarihten bir hafta kadar sonra, Kocaeli Komutanlığından şöyle bir telgraf aldım:

Geyve istasyonu, 26.1.1921

Büyük Millet Meclisi Başkanlığı'na

Memleketin yüksek yararları ile ilgili önemli bir konu üzerinde, Sadrazam Paşa'nın zâtıdevletleriyle makine başında görüşmek istedikleri İstanbul Telgraf Genel Müdürü'nün 26.1.1921 günü saat 16.30'da yazdırdığı telgrafla bildirilmektedir. Bu konudaki emirleri arz ve rica olunur.

Kocaeli Komutanlığı'na aynı gün makine başında verdiğim cevapta dedim ki:

«İstanbul Geyve ile doğrudan doğruya nasıl haberleşebilir? İstanbul'da Tevfik Paşa ile veya herhangi biriyle haberleşip ilişki kurabilmekliğim Bakanlar Kurulu'nun ve belki de Meclis'in kararına bağlı olduğundan, bu konuda şimdiden bir şey diyemem. Tevfik Paşa ile telgraf memurunun bile açıktan açığa haberleşmede bulunması, yabancıların gözünde İstanbul'a karşı olan durumumuzu sarsacağından, doğru olmaz. Ancak, Tevfik Paşa'nın benim şahsıma değil de, Türkiye Büyük Millet Meclisi Hükûmeti'ne bir müracaatı varsa, bu müracaatın kabulü tabiîdir. Bu noktanın özel olarak ve aynı yolla kendisine duyurulmasında bir sakınca yoktur.

İstanbul'dan Adapazarı'na telgraf ve oradan da Geyve'ye askerî makamların kontrolu altında bulunan telefon hattı vardı. Tevfik Paşa'nın benimle kapalı olarak görüşmek istemesi üzerine, İstanbul teli Ankara'ya bağlandı.

Tevfik Paşa'dan açık olarak şu telgrafı aldım:

İstanbul, 27.1.1921

Türkiye Büyük Millet Meclisi Başkanı
Mustafa Kemal Paşa Hazretleri'ne

25 Ocak tarihinde Paris'te toplanan konferans tarafından alınan kararlar gereğince, Doğu meselesinin çözümünü görüşmek üzere 21 Şubatta Londra'da İtilâf Devletleri delegeleriyle Osmanlı ve Yunan Hükûmetleri delegelerinden oluşan bir konferans toplantıya çağırılacaktır. Yürürlükteki antlaşmada, daha sonraki olaylar dolayısıyla zarurî değişiklikler yapılacaktır. Osmanlı Hükûmeti'ne 344
gönderilecek davet için, Mustafa Kemal Paşa'nın veya Ankara'ca kendilerine gerekli yetki verilmiş olan delegelerin, Osmanlı delegeler heye'ti arasında bulunması şart koşulmuştur. Bu kararlar İtilâf Devletleri'nin İstanbul temsilcileri tarafından bildirildi. Görevlendireceğiniz delegelerin, buradan seçeceğimiz kimselerle birleşerek yola çıkmaları için karar ve cevabınızı bekliyorum. Nazik bir zamanda bulunmamız dolayısıyla, bu gibi önemli bazı durumların bildirilmesi için hattın açık bulundurulmasını rica ederim. Makine başında hemen cevap vermek mümkünse, telgraf başında beklemekteyim, bir de şifre var efendim.

Tevfik

Şifrenin çözülmüş şekli de şuydu:

İstanbul, 27.1.1921
Saat : 20.00

Mustafa Kemal Paşa Hazretleri'ne

Londra Konferansı'nda güçlü konuşabilmek için Yunanlıların bir kolorduyu İzmir'e göndermekte, Trakya'daki kuvvetlerini de Anadolu'ya kaydırmakta olduğu ve on güne kadar bir taarruz hareketine başlayacakları, inanılır kaynaklardan haber alınmıştır.

Tevfik

Tevfik Paşa'ya verdiğim resmî ve özel cevaplar

Efendiler, Tevfik Paşa'ya cevap olarak çektiğim telgraf şuydu:

Tel **Ankara 28.1.1921**

İstanbul'da Tevfik Paşa Hazretleri'ne

İlgi : 27.1.1921.

Millî iradeye dayanarak Türkiye'nin mukadderatını elinde tutan meşru ve müstakil tek hâkim kuvvet, Ankara'da sürekli olarak toplanan Türkiye Büyük Millet Meclisi'dir. Türkiye ile ilgili bütün meselelerin çözümünde ve her türlü dış ilişkilerde başvurulacak tek yer, yalnız bu Meclis'in hükûmetidir. İstanbul'daki herhangi bir hey'etin, hiçbir bakımdan meşru ve hukukî bir durumu yoktur. Bundan dolayı, böyle bir hey'etin kendine hükûmet adını vermiş olması, milletin hâkimiyet haklarına açıkça aykırıdır ve bu ad altında memleket ve milletin hayatı ile ilgili konularda, dışarıya karşı kendini muhatap göstermesi uygun görülemez. Hey'etinize düşen vatan ve vicdan görevi, derhal gerçeğe ve duruma uyarak, millet ve memleket adına meşru ve muhatap hükûmetin Ankara'da olduğunu kabul ve ilân etmektir. Millet ve memleketimiz adına meşru yetkiye sahip hükûmetin Ankara'da olduğunun İtilâf Devletleri'nce anlaşılmış olduğu şüphesiz bulunduğu halde, adı geçen devletlerin bu görüşlerini açıkça belirtmekte gecikmeleri, İstanbul'da aracı bir hey'etin varlığının kendileri için yararlı olabileceğini sanmaktan ileri gelmektedir.

Türkiye Büyük Millet Meclisi Hükûmeti, barış ve güvenliği büyük bir ciddiyet ve samimiyetle arzu ettiğini ve yalnız millî haklarının tanınmasını istemekten ibaret olunan şartlarını defalarca ilân etmiş; bu hakların onaylanması halinde, teklif edilecek görüşmeleri kabule hazır olduğunu bildirmiştir. İtilâf Devletleri, Londra'da toplayacakları konferansta, Doğu mes'elesini hak ve adalet ölçüleri çerçevesinde çözmeye karar vermişlerse, davetlerini Türkiye Büyük Millet Meclisi Hükûmeti'ne doğrudan doğruya yapmalıdırlar. Yukardaki şartlara uygun olarak yapılacak davetin, Türkiye Büyük Millet Meclisi Hükûmeti tarafından iyi karşılanacağını tekrar bildiririz. Saat 00.30.

Türkiye Büyük Millet Meclisi
Başkanı
Mustafa Kemal

Bunun arkasından da kendi adıma ve özel olarak şu telgrafı çektim :

Tel **Ankara, 28.1.1921**

İstanbul'da Tevfik Paşa Hazretleri'ne

Yüksek şahsiyetleri gibi, bütün bir ömrü bu millet ve memlekete aralıksız değerli hizmetlerde bulunmuş saygıdeğer bir devlet adamına, bütün geçmişteki hizmetlerinizi tamamlayıp taçlandıracak müstesna ve tarihî bir fırsatın çıktığına inanıyoruz. Biz tam bir birlik içinde hareket etmek istiyoruz. Dolaylı olarak davet edildiğimiz konferansta memleketi ayrı ayrı temsil edecek iki hey'etin ne büyük sakıncalara yol açtığını tamamiyle takdir buyurduğunuza eminiz. 346

Milletin, sırf hâkimiyet haklarını korumak için harcadığı emekler, akıttığı hesapsız kanlar, içten ve dıştan birçok güçlüklere karşı gösterdiği dayanma ve direnme, bugün karşısında bulunduğumuz elverişli yeni durumu yarattı. Bir yandan da dünya olayları, bu dayanma ve direnmenin asıl hedefi olan tam istiklâlimizi haklı gösterecek yolda gelişmekte devam ediyor. Bizi esirliğe ve yıkılmaya mahkûm etmek istemiş olan hükûmetler karşısında, millî haklarımızı savunurken maddî ve manevî bütün memleket kuvvetlerinin birlikte hareket etmesi şarttır. Bunun için, Zâtışâhâne'nin, memlekette millî iradenin kendini gösterdiği tek yer olan Türkiye Büyük Millet Meclisi'ni tanıdığını artık resmen ilân etmesi gerekmiştir. Böylece, İstanbul'un memlekete biribiri ardınca zararlar verdiği acı tecrübelerle sabit olan ve ancak yabancılar lehine devam ettirilen gayri tabiî durumuna bir son vermek mümkün olur. İtilâf Devletleri temsilcileri tarafından yapılan tebligat gösteriyor ki, İstanbul'dan gidecek olan bir delegeler hey'etinin Londra Konferansı'na katılabilmesi, ancak onun Ankara Hükûmeti tarafından tam yetki ile görevlendirilmiş delegeleri de içinde bulundurması şartına bağlıdır. Böylece, İtilâf Devletleri, Türkiye adına barış görüşmelerine katılacak delegelerin ancak Türkiye Büyük Millet Meclisi Hükûmeti tarafından gönderilebileceğini yeteri kadar açıklıkla itiraf etmiş oluyorlar. Fiilî ve hukukî olarak memlekette tek meşru hükûmet olan Türkiye Büyük Millet Meclisi Hükûmeti'nin ortaya koyduğu ve ilân ettiği esasları kabul ve bu esasların düşmanlarımız tarafından da onaylanmasını kolaylaştırmak için, bize katılmak suretiyle durumunuzu düzeltmenizi ve tespit buyurmanızı, tarih ve millet karşısında yüklenmiş olduğumuz görev ve yetkiye dayanarak teklif ederiz. Bu suretle mücadelemizi mutlu bir sonuca eriştirme hususu çabuklaştırılmış olur. Birlikte hareket ve millî gayeyi olanca gücümüzle savunmak düşüncesiyle yapılan bu samimî tekliflerimiz, kabul görmediği ve yerine getirilmediği takdirde, saltanat ve hilâfet makamında oturan Zâtışâhânenin durumunun sarsılması tehlikesinden haklı olarak korkulur. Biz, millî iradenin vermiş olduğu fiilî ve hukukî bütün yetkilere sahip bir hükûmet olarak, şimdiden belirtir ve bildiririz ki, bundan doğacak sorumluluk, tahmini önceden kestirilemeyecek olan bütün kötü sonuçlarıyla birlikte doğrudan doğruya Zâtışâhâneye aittir. Yüksek şahsiyetinizin bu durum karşısında vicdanî ve tarihî görevinizi tamamiyle yerine getirmenizi ve sonuçlarını tarafımıza kesin ve açık olarak bildirmenizi bekliyoruz. Bu vesile ile samimî saygılarımızın kabulünü rica ederiz, efendim.

Türkiye Büyük Millet Meclisi
Başkanı
Mustafa Kemal

Saygıdeğer Efendiler, aslında maddî ve manevî bakımdan hükmü kalmamış ve fakat varlığını devam ettirmesi de çok zararlı olan İstanbul Hükûmeti'ni bertaraf etmek önemliydi. Buna engel olanların başında Padişah ve Halife bulunuyordu. Bu bakımdan, durumun açıklık kazanması için yapılacak ilk iş, bu makama Türkiye Büyük Millet Meclisi'ni ve Hükûmeti'ni tanıtmak olmalıydı. Zaten elimizde olmayan ve temasımız bulunmayan bu makama, henüz başka bir işlem uygulayabilecek maddî bir gücümüz de yoktu. Bu yüzden T e v f i k P a ş a'ya aynı gün şu üçüncü telgrafı da yazdım :

Ankara, 28.1.1921 347

İstanbul'da Tevfik Paşa Hazretleri'ne

Resmî ve özel telgrafımızdaki görüş ve tekliflerimizi aşağıda özet olarak tekrarlar, gereğinin acele yerine getirilerek sonucunun bildirilmesini rica ederiz :

1 — Zâtışâhâne, Türkiye Büyük Millet Meclisi'ni tanıdığını kısa bir Hatt-ı Hümâyun'la [155] ilân edeceklerdir. Bunda Hilâfet ve Saltanat makamının dokunulmazlığını esas olarak kabul etmiş olan Türkiye Büyük Millet Meclisi'ni bugünkü şekli, niteliği ve yetkisiyle kabul buyurduklarını belirteceklerdir. Diğer ayrıntı ve inceliklerin ilâvesi, şimdilik karışıklığa yol açabilir.

2 — Birinci madde hükmü yerine getirildiği takdirde, bir aile meselesi olan iç durumumuzun düzenlenmesi aşağıdaki şekilde olabilir :

Zâtışâhâne eskisi gibi İstanbul'da otururlar. Yetkili ve sorumlu olup her türlü saldırıdan uzak bulunan ve her türlü istiklâl unsurunu kendisinde toplayan Türkiye Büyük Millet Meclisi ve Hükûmeti şimdilik Ankara'da bulunur. Elbette, İstanbul'da artık kabine adı altında bir hey'et kalmaz. Ancak, İstanbul'un özel durumu dolayısıyla Zâtışâhâne'nin yanında Büyük Millet Meclisi'nce görevlendirilecek ve yetki verilecek bir hey'et bulundurulur.

3 — İstanbul şehri ile çevresine ait yönetimin nasıl düzenleneceği sonradan düşünülür ve uygulanır.

4 — Bu şartlar kabul edilip uygulandığı takdirde, Büyük Millet Meclisi'nce onaylanmış bütçemize, Padişah ve hanedandan olanlar için daha önce konmuş bulunan ödenek, görevlendirilecek olan bütün memurların ve diğer maaşlıların aylıklarını ödemek için gerekli olan para hükûmetçe sağlanarak ödenecektir. Mali gücümüz bunu karşılayacak durumdadır.

Türkiye Büyük Millet Meclisi
Başkanı
Mustafa Kemal

T e v f i k P a ş a'nın bu uzunca telgrafımıza gece verdiği cevap çok kısa oldu. T e v f i k P a ş a'nın cevabı şuydu :

---

155) Hatt-ı hümâyu'n : Padişahın herhangi bir iş için bizzat yazdırdığı yazı.

Tel **28/29.1.1921**

Telgrafları aldım. Yarın kabineyi toplayarak saat 18.00 de bilgi sunarım, efendim.

Tevfik Paşa ve arkadaşları Anadolu'yu İstanbul Hükûmeti'ne bağlamaya çalışıyorlar

T e v f i k P a ş a, kabinesini toplamış, cevap verdi. Bunu da olduğu gibi bilginize sunacağım : 348

İstanbul, 29.1.1921

Ankara'da Mustafa Kemal Paşa Hazretleri'ne

İlgi : 28 Ocak 1921 tarihli üç ayrı telgrafları.

Bugünkü Hükûmet, İstanbul ile Anadolu'nun birleşmesindeki menfaatlere öteden beri değer verdiğinden bu maksatla iş başına gelmiş ve şimdiye kadar bu uğurda çalışmıştır.

Milletin hâkimiyet haklarını korumak için sarfettiğiniz emeklerin ve verdiğiniz kurbanların, karşısında bulunduğumuz elverişli durumu yarattığına, onda büyük ölçüde etkisi olduğuna inanıyoruz. Bu sebeple millete bir yarar sağlayacak olan tekliflerinizi kabule hazırız. Bu bakımdan bildirdiğiniz hususlarla ilgili görüşlerimizi aşağıda açıklıyorum :

Konferansa dolaylı olarak çağrılmanız tabiîdir. Çünkü İtilâf Devletleri'nin temsilcileri buradadır. Bu bakımdan durumun, İstanbul'da bulunan ve sizinle işbirliği yapmaya çalışan bir hükûmet vasıtasıyla bildirilmesi pek tabiî görülmelidir. Şimdiye kadar Anadolu'yu tanımaya bile lüzum görmeyen Avrupa hükûmetlerinin, özellikle Anadolu delegelerinin konferansta bulunmasını şart koşmaları, sevindiricidir. Bu bakımdan, bir şekil mes'elesine takılarak bu mutlu değişiklikten yararlanmamak, millete karşı üzerinize aldığınız görev ile asla bağdaşmaz. Zaten aramızda birleştiğimiz ilân edildikten sonra, delegelerimiz ayrı gayrı değil, tekvücut demek olur. Delegeler kararlaştırılan esaslar çerçevesinde konuşacaklarına göre, bu konuda bir sakınca düşünülemez. Bundan dolayı devlet ve millete karşı yüklendiğimiz görev, bu tarihî anda, bize uzatılan elden yararlanmamızı kesinlikle emretmektedir. Bundan kaçınmanın, Yunan iddiaları karşısında savunmasız kalınmasına ve memleketimizin daha uzun zaman harp felâketlerine sahne olmasına yol açacağı düşünülmelidir. Aslında, isteklerimizi konferans huzurunda öne sürmek ve hakkımızı Avrupa'da duyurmak, konferansın sonuçsuz kaldığı farzedilmiş olsa bile, yine zarar getirmez. Zâtıâlilerinin ve arkadaşlarınızın vatanseverlikleri, bu fırsatın kaçırılmayacağının güvencesidir. Şimdiye kadar eski hükûmetlerce alınmış ve her iki taraf için kötü sonuç vermiş olan kararların kaldırılması tabiî olduğundan, aramızda artık ayrılık ve gayrılık kalmamıştır. Ancak, İstanbul işgal altında bulunduğundan, burada hükûmet işlerinin büsbütün ve tamamen İtilâf Devletleri'nin eline geçmesine ve böylece antlaşmadaki İstanbul'la ilgili maddelerin yürürlüğe konmasına yol açacaktır. Ayrıca, harp halinde bulunduğumuz Yunan askerlerinin şu sırada İstanbul ve dolaylarında bulunuşu da, bu teklifleri uygulanamaz bir duruma getirmiştir. Kabinemizin iş başında kalma düşüncesiyle bu görüşlerin bir ilgisi bulunmadığı konusunda teminat vermeyi bile 349 gereksiz bulurum. Esasen bugün bir an önce çözülmesi gereken asıl sorun, vakti yaklaşmakta bulunan konferansa delegelerimizi yetiştirmekten ibarettir. Biz konferansta bulunmadığımız takdirde, Yunanlılar katılacaklarından, yokluğumuzda hüküm giymek ve dolayısıyla davamızı kaybetmek tehlikesi ile karşılaşacağımız için, bu konuda tarafımızdan sorumluluk kabul edilemeyeceğini bildirir; toplantı gününden önce konferansta bulunmak menfaatimiz gereği olacağından, delegelerinizin acele buraya gönderilmesini rica ederim.

Sadrazam
Tevfik

Saygıdeğer Efendiler, Tevfik Paşa ve hükûmeti, İstanbul ve Anadolu'nun birleşmesi için çalışmış olduğunu söylüyor. Doğrudur. Biz de aynı şey için çalışmakta idik. Şu farkla ki, Tevfik Paşa ve arkadaşları, Anadolu'yu, eskiden olduğu gibi İstanbul'a bağlamak ve tutsak etmek istiyordu. Hem de düşman kuvvetlerinin işgali altında bulunan İstanbul'a ... Tevfik Paşa ve arkadaşları Anadolu'yu İstanbul Hükûmeti'ne bağlamaya çalışıyor. Öyle bir hükûmete ki, dünyada varlığına göz yumuyorsa düşman emellerinin gerçekleşmesini kolaylaştırmaya yardımcı olacak nitelikte kabul edildiği içindi. Tevfik Paşa ve arkadaşlarına göre, elverişli bir durumun doğmuş olmasında Anadolu mücadelesinin çok büyük etkisi vardı. Ama bu durumu yaratan yalnız Anadolu'nun mücadelesi değildir. İhtimal ki, bu ihtiyar diplomat, bu kerameti, kendisinin iktidar mevkiine gelmesinde hayal ediyordu.

Tevfik Paşa'ya şu şekilde cevap verdim.

Ankara, 30.1.1921

İstanbul'da Tevfik Paşa Hazretleri'ne

Teşkilât-ı Esasiye Kanunu'nun temel maddelerini Tevfik Paşa'ya bildirdim

27.1.1921 ve 28.1.1921 tarihlerinde yazdığım üç telgrafla yüksek şahsiyetlerine, gereken ve benimsenip uygulanması zarurî olan bütün hususları açıklık ve kesinlikle bildirmiş olduğuma inanıyorum. Buna rağmen, 29 Ocak 1921 tarihli telgrafınızda durumun daha gereken anlayış ve isabetle değerlendirilmemekte olduğunu gördüm. Durumun önemi ve zamanın nezaketi dolayısıyla, yüksek şahsiyetleri ile birlikte sayın arkadaşlarınızın ve özellikle Zâtışâhâne'nin her bakımdan bir kez daha aydınlatılmalarına yardımcı olmanız bir görev hükmüne giriyor.

Düşünce ve değerlendirmelerinizden doğru sonuçlar alınmasını kolaylaştırmak maksadıyla Türkiye Büyük Millet Meclisi'nce kabul ve uygulanmakta olan Teşkilât-ı Esasiye Kanunu'nun temel maddelerini aşağıda olduğu gibi bildiriyorum :

Teşkilât-ı Esasiye Kanunu 350
Temel Maddeler

1 — Hâkimiyet kayıtsız şartsız milletindir. Yönetim şekli, halkın mukadderatını bizzat ve fiili olarak yönetmesi ilkesine dayanır.

2 — Yürütme kuvveti ve yasama yetkisi, milletin tek ve gerçek temsilcisi olan Büyük Millet Meclisi'nde belirir ve toplanır.

3 — Türkiye Devleti, Büyük Millet Meclisi tarafından idare edilir ve hükûmeti «Türkiye Büyük Millet Meclisi Hükûmeti» adını taşır.

4 — Büyük Millet Meclisi, iller halkınca seçilmiş üyelerden oluşur.

5 — Büyük Millet Meclisi'nin seçimi iki yılda bir yapılır. Seçilen üyelerin üyelik süresi iki yıldır ve yeniden seçilmek mümkündür. Eski Meclis, yeni Meclis toplanıncaya kadar göreve devam eder. Yeni seçimlerin yapılmasına imkân görülmediği takdirde, görev süresi yalnız bir yıl uzatılabilir. Büyük Millet Meclisi üyelerinden herbiri, yalnız kendini seçen ilin ayrıca vekili olmayıp aynı zamanda bütün milletin vekilidir.

6 — Büyük Millet Meclisi'nin Genel Kurulu, Kasım başında, davetsiz toplanır.

7 — Şeriat hükümlerinin uygulanması, bütün kanunların yürürlüğe konması, değiştirilmesi, yürürlükten kaldırılması, antlaşma ve barış imzalanması ve vatan savunmasıyla ilgili savaş ilânı gibi temel haklar Büyük Millet Meclisi'ne aittir. Kanun ve tüzüklerin düzenlenmesinde, halk için en yararlı ve zamanın ihtiyacına en elverişli fıkıh ve hukuk hükümleriyle, örf ve âdetler ve teamüller esas olarak alınır. Bakanlar Kurulu'nun görev ve sorumluluğu özel kanunla belirtilir.

8 — Büyük Millet Meclisi, hükûmeti oluşturan bakanlıkları, özel kanun gereğince seçtiği bakanlar vasıtasıyla yönetir. Meclis, yürütme ile ilgili işlerde bakanlara görev tayin eder; gerekirse bunları değiştirir.

9 — Büyük Millet Meclisi Genel Kurulu tarafından seçilen başkan, bir seçim dönemi süresince Büyük Millet Meclisi Başkanıdır. Bu sıfatla Meclis adına imza atmaya ve Bakanlar Kurulu kararlarını onaylamaya yetkilidir. Bakanlar Kurulu üyeleri içlerinden birini kendilerine başkan seçer. Ancak Büyük Millet Meclisi Başkanı, Bakanlar Kurulu'nun da tabiî başkanıdır.

10 — Teşkilât-ı Esasiye'nin bu maddelere aykırı düşmeyen hükümleri eskisi gibi yürürlüktedir.

Bizce, yukarıda saydığım temel maddelere aykırı hareket etme imkân ve
yetkisinin bulunmadığını yüksek şahsiyetlerinin dikkatlerine önemle arz ederim. 351
Meclis Başkanlığı ile başlayan haberleşmenizin, gerektirdiği işlemlerin yürütülmesi Bakanlar Kurulu'na bırakılmıştır, efendim.

Türkiye Büyük Millet Meclisi
Başkanı
Mustafa Kemal

İlk Teşkilât-ı Esasiye Kanunu'muzun tarihçesi

Saygıdeğer Efendiler, bu telgrafımda temel maddeleri bildirilmiş olan Teşkilât-ı Esasiye Kanunu, bu tarihten henüz on gün önce, yani 20 Ocak 1921'de Meclis'ten çıkmıştı. Bu kanun, Meclis'in ve millî hükûmetin durum ve yetkisini, şekil ve niteliğini tespit ve ifade eden ilk kanundur. Meclis, 23 Nisan 1920'de açıldığına göre, bu ana kanunun Meclis'ten çıkarılabilmesi için dokuz ay kadar bir zamanın geçmesi zarurî olmuştu. Bu zaruretin nereden doğduğu hakkında bir fikir verebilmek için, müsaade buyurursanız kısa bir açıklamada bulunayım:

Bilindiği üzere, Meclis'in açılmasından hemen sonra, pek gerekli esasları içine alan bir önerge vermiştim. Meclis ve onun Bakanlar Kurulu, bu esasları ilk günden yürürlüğe koymuş ve uygulamaya başlamıştı. Bir yandan da, kurulmuş olan Temel Haklar Komisyonu ([156]), bu önerge metni esas almak üzere, bir kanun tasarısı hazırlamaya başladı. Nihayet dört aylık bir süre sonunda, bu Komisyon, «Büyük Millet Meclisi» nin Kuruluş ve İşleyişi ile İlgili Kanun Maddeleri ([157])» başlıklı sekiz maddelik bir tasarıyı Meclis'e getirdi. 18 Ağustos 1920 tarihinde çok acele görüşülmesi kararıyla gündeme alınan bu kanun maddelerinin uzunca bir gerekçesi vardır.

Komisyon tutanağının, Büyük Millet Meclisi'nin tarifini yapan satırları arasında şu cümleler yazılıydı: «Halife ve Padişah'ın esareti ve diğer olayların da buna eklenmesi ile ortaya çıkan güçlük karşısında, kurulan Meclis'imizin sonsuz olarak bugünkü şekli ile devam etmesini kabul etmek, aşırı ve özel durumlara tabiî bir şekil vermek olur. Halbuki, olağandışı durumların süreklilik kazanamayacağı bir kuraldır. Buna göre, çiğnenen hilâfet ve saltanat hakkı ile, millet ve vatanın istiklâli yeniden kazanılıncaya ve kabul ettirilinceye kadar bu durumun devamı, ancak, ana hedef olan bu kutsal gayelerin gerçekleşmesiyle Meclis'in tabiî bir duruma girmesi uygun görülmüştür. Onun için ikinci maddenin birinci fıkrası «amacın gerçekleşmesine kadar» şartına bağlanmıştır. Gerçekten de, Meclis'in ne zamana kadar toplanmakta devam edeceği konusunda belirli bir süre ve sınır konmamıştı.

Bu sebepler ve bu görüş dolayısıyla, daha 1920 Ağustosunda Türkiye Büyük Millet Meclisi'nin durum ve niteliği bakımından devamlı olmadığı inancının hâkim olduğu anlaşılıyor.

Kanun maddelerinin birincisi de, «Büyük Millet Meclisi, yasama ve yürütme güçlerini kendinde toplar, devlet idaresini doğrudan doğruya ve tek başına ele almıştır» şeklindeydi. Bu madde ile Meclis'e verilen yetkinin bile, gerekçeye göre geçici olması lâzım geleceği tabiîydi. Niteliği bakımından geçici olan bir kuruluşun yetkisi de, var olduğu sürece mevcuttur.

Temel Haklar Komisyonu'nun görüş ve kararı Meclis'te olduğu gibi benimsendi. Hattâ Meclis üyelerinden birçoğu, maksadın açıklanmasında, Komisyon'un ifadelerini eksik bularak, bu ifadelere açıklık getirilmesi teklifinde bulundular. Dediler ki, birinci maddenin başına «Hilâfet ve Saltanat ile vatan ve milletin istiklâli kurtarılıncaya kadar...» şeklinde açıklık verecek ibareyi eklemek gerekir. İkinci maddedeki «amacın ger-

156) Hukuk-ı Esasiye Encümeni Anayasa Komisyonu.
157) Büyük Millet Meclisi'nin Şekil ve Mahiyetine Dair Mevadd-ı Kanuniye.

çekleşmesine kadar» ifadesi yerine de, aynı açıklığın verilmesi gerektiği ileri sürüldü. Bu konu hayli tartışmalara yol açtı. Bazı milletvekilleri, yalnız, «hilâfet» kelimesini koyalım, «saltanat»ı da içine alır, dediler.

Bazı hoca efendiler, buna razı olmadılar. «Hilâfet manevî bir görevdir» görüşünü ileri sürdüler. «Hilâfet'te ruhbanlık yoktur» itirazına, hoca efendiler: «Saltanat, yalnız hükmettiği memleketleri içine alır. Hilâfet ise, bütün dünyadaki müslümanları kapsar» diye cevap verdiler.

Bu tartışmalar günler ve günlerce devam etti. Çatışan görüşlerden biri açıktı: «Halife ve Padişah vardır ve var olacaktır. O var olunca, bugünkü durum, şekil ve yetki geçicidir. Hilâfet ve Saltanat makamı otoriteyi ele alıp faaliyete geçme fırsatını bulunca, siyasî teşkilâtla ilgili esasların ne olduğu bellidir, bilinmektedir. O bakımdan yeni bir şey düşünmek söz konusu değildir. Hilâfet ve Saltanat makamı yeniden işler duruma gelinceye kadar, Ankara'ya toplanmış olan birtakım insanlar, geçici tedbirlerle çalışacaklardır.»

Hilâfet ve saltanat konuları üzerinde Türkiye Büyük Millet Meclisi'nde yaptığım açıklamalar

Buna karşı olan görüşte açıklık yoktu. «Saltanat millete geçmiştir, saltanat kalmamıştır; Hilâfet de saltanat demektir, o halde onun da varlığının bir anlamı yoktur» şeklinde açık ve kesin konuşulamıyordu. Otuz yedi gün sonra, 25 Eylülde, bir gizli oturumda, Meclis'e bazı açıklamalar yapmayı yararlı saydım. Ortaya atılan duygu ve düşüncelere gerekli cevapları verdikten sonra, başlıca şu görüşleri ileri sürmüştüm:

«Türk milletinin ve onun tek temsilcisi bulunan yüce Meclis'in, vatanın ve milletin istiklâlini, hayatını kurtarmaya çalışırken, hilâfet ve saltanatla, halife ve sultanla bu kadar çok meşgul olması sakıncalıdır. Şimdilik bunlardan hiç söz etmemek yüksek menfaatlerimiz gereğidir. Eğer maksat, bugünkü Halife ve Padişah'a bağlılık ve sadakattan ayrılmadığını söylemek ve belirtmekse, bu zat hâindir. Düşmanların vatan ve millet aleyhinde kullandıkları bir maşadır. Buna halife ve padişah deyince, millet onun emirlerine uyarak düşmanın emellerini yerine getirmek mecburiyetinde kalır. Hâin veyahut makamının kudret ve yetkilerini kullanması yasaklanmış olan zat, zaten padişah ve halife olamaz. O halde «onu tahttan indirip yerine derhal diğerini seçeriz» demek istiyorsanız, buna da bugünün durum ve şartları elverişli değildir. Çünkü tahttan indirilmesi gereken zat, milletin yanında değil, düşmanların elindedir. Onun varlığını yok sayarak bir diğerine itaat etmek tasavvur ediliyorsa, bugünkü halife ve sultan haklarından vazgeçmeyerek İstanbul'daki kabinesiyle, bugün olduğu gibi makamında oturup faaliyetini devam ettireceğine göre, millet ve yüce Meclis, asıl gayesini unutup da halifeler davasıyla mı

uğraşacaktır? A l i ile M u a v i y e devrini mi yaşayacağız? Özet olarak, bu konu geniş, nazik ve önemlidir. Çözümü, bugünün işlerinden değildir.

Meseleyi kökünden çözmeye girişecek olursak, bugün içinden çıkamayız. Bunun da zamanı gelecektir.

Bugün koyacağımız kanunî esaslar, varlığımızı ve istiklâlimizi kurtaracak olan Millet Meclisi'ni ve millî hükûmeti güçlendirmeyi hedef almış bir anlam ve yetkiyi içine almalı ve ifade etmelidir.»

Efendiler, bu açıklamalarımdan bir hafta önce, ben de Meclis'e bir tasarı vermiştim. 13 Eylül 1921 tarihli olup siyasî, sosyal, idarî, askerî görüşleri özetleyen ve idarî teşkilât ile ilgili kararları içine alan bu tasarı, Meclis'in 18 Eylül 1921 tarihli toplantısında okundu. İşte, bu tarihten daha dört ay geçtikten sonra yürürlüğe giren ilk Teşkilât-ı Esasiye Kanunu bu tasarıdan çıkmıştır. 353

*
**

Londra Konferansı'na katılacak olan delegeler, doğrudan doğruya millî iradeyi temsil eden Büyük Millet Meclisi'nce seçilmelidir

Şimdi, arzu buyurursanız İstanbul ile haberleşmeye devam edelim:

T e v f i k P a ş a, 27 Ocak tarihli bir telgrafı ile tekrar etti. Bakanlar Kurulu Başkanlığı'ndan şu cevap verildi:

Ankara, 30.1.1921

İstanbul'da Tevfik Paşa Hazretleri'ne

İtilâf Devletleri politikasında Türkiye lehine görülen son gelişmeler, milletin fedakârca azminin eseridir. Türkiye Büyük Millet Meclisi'nin Sevres Antlaşması'nı tümüyle reddetmesi üzerine ortaya çıkan şu durumdan, millî çıkarlarımıza en elverişli sonuçların elde edilmesi, Londra Konferansı'na katılacak delegelerin doğrudan doğruya millî iradeyi temsil eden Büyük Millet Meclisi'nce seçilmiş ve gönderilmiş olmasıyla mümkündür. Uğursuz Sevres Antlaşması'nı imzalamış bir hey'etin varisleri durumunda olan hey'etiniz delegelerinin, vatan ve millet için yararlı olan sonuçları elde edebilmeleri mümkün değildir. Bu bakımdan, vatanın yüksek çıkarlarını düşünerek bu barış görüşmelerinde Büyük Millet Meclisi delegelerini millî birliği tam olarak gösterecek bir şekilde serbest bırakmaklığınız gerekir. Bundan dolayı, bir taraftan önceki tebligatımızla ilgili görüşmeleri takip ve yürütmekle birlikte, bir yandan da aşağıdaki kararları derhal kabul ederek yerine getirmeniz rica olunur:

1 — Londra Konferansı'na katılacak Türkiye hey'eti yalnız Türkiye Büyük Millet Meclisi tarafından seçilecek ve gönderilecektir.

2 — Bu delegeler hey'eti ile birlikte gitmesini gerekli gördüğünüz bazı uzman müşavirlerle gerekli evrak ve belgeler, tarafınızdan hazırlanacak ve hey'ete katılmak üzere yola çıkarılacaktır.

3 — Bizim tarafımızdan gönderilecek delegeler hey'etinin, bütün Türkiye'yi temsil edecek tek hey'et olduğunu da İtilâf devletlerine bildireceksiniz. 354

4 — Vaktin darlığı dolayısıyla kesin ve son olarak alınan bu kararların kabul edilmemesi halinde, vatan ve milletin selâmeti adına doğacak tarihî sorumluluk tamamen hey'etinize ait olacaktır.

Bakanlar Kurulu Başkanı
Fevzi

Efendiler, Tevfik Paşa'nın çalışma arkadaşı olup Ankara'da bulunan İzzet Paşa tarafından da bir telgraf çekilmesinin yararlı olacağını düşündük. İzzet Paşa'nın telgrafı şuydu:

Şifre **Ankara, 30.1.1921**

İstanbul'da Tevfik Paşa Hazretleri'ne

Şubat sonlarında Londra'da toplanacak konferansla ilgili olarak Büyük Millet Meclisi Başkanı Mustafa Kemal Paşa Hazretleri ile Zâtıdevletleri arasında yapılan açık telgraf yazışmalarındaki bilgileri öğrenmiş bulunuyoruz. Hey'etimizin uğradığı başarısızlıktan sonra yine düşünce bildirmeye cesaret etmek utanç verici olmakla birlikte, gerçek durum ve burada hâkim olan görüşler üzerinde derin kavrayışlı yüksek şahsiyetlerini aydınlatmayı vatanseverlik duygusunun bir gereği sayıyoruz. İstanbul'un işgal altında bulunması dolayısıyla, oradaki bir hükûmetin milletin temel çıkarlarını savunma gücünü gösteremeyeceği burada tabiî görülmektedir. Sonradan Anadolu ile İstanbul'un biribirinden ayrılmasına yol açacağı endişesiyle, iki ayrı hey'et halinde konferansta bulunmaktan da kaçınılmaktadır. Mustafa Kemal Paşa Hazretleri de, telgraflarındaki görüşlerden, esas itibariyle fedakârlık etmeye yetkili değildir. Anadolu'da, Tanrı'nın yardımıyla, muhalefet ve isyanlar bastırılıp etkisiz duruma getirilerek ve çeteler ortadan kaldırılarak kuvvetli bir ordu ve hükûmet kurulmuştur. Avrupa'yı, Sévres Antlaşması'nın lehimize değiştirilmesine yöneltebilecek görüşmelerin kesilmesine meydan verilmeyecek şekilde, himmetlerinizin esirgenmemesini sadakatımıza dayanarak istirham ederiz. Buradaki Türkiye Büyük Millet Meclisi'nin Padişah tarafından tanınması temel şartı değişmemek üzere, ayrıntılar ve görünüşe ait bazı noktalar üzerinde görüşme imkânı açıktır. Bu imkânın kaybedilmesine meydan verilmemek üzere durumun lûtfen bildirilmesi arz olunur.

Ahmet İzzet

Tevfik Paşa yeminle bağlı olduğu Kanun-i Esasi'ye sadakattan ayrılmıyor

Efendiler, sizi yormazsam Tevfik Paşa'nın bu telgrafa verdiği cevabı da bilginize sunayım:

İstanbul, 31.1.1921 355

Ankara'da İzzet Paşa Hazretleri'ne

İlgi : 30 Ocak 1921.

Hepimizin hükümlerini korumaya yemin ettiğimiz Kanun-ı Esasi'ye aykırı esaslı değişiklikler yapmanın ve bunu kabul etmenin, kanunun açık hükümleri ile

ne derece bağdaşacağı düşünülmeye değer. Bu konu, ancak Mustafa Kemal Paşa Hazretleri'nin... vasıtasıyla gönderdiği telgrafta bildirilen ve bizce de gerekli bulunan değişikliklerin İtilâf Devletleri'ne kabul ettirilmesine çalışılıp, inşallah bu sonuç elde edildikten sonra usulüne göre çözülecek iç meselelerdendir. Aksine bu tutum, dünkü telgrafımızda da açıklandığı üzere, konferansa kabul edilmememize ve İstanbul'un derhal Osmanlı hâkimiyetinden çıkarılmasına ve Yunanlıların dâvâsına karşı savunmasız kalmamıza, belki de onların haklı görülmesine yol açacaktır. Telgraflardan, bir noktanın iyi anlaşılmadığı sonucuna varıyoruz. Konferansa, sizin ve bizim diyerek iki hey'et gönderileceğinin nereden çıkarıldığı anlaşılamıyor. Dâvâ aynı, savunma yolları da aynı olduğuna göre, Konferans'a gönderilecek hey'et üzerinde de bir görüş birliğine varılırsa, oraca tayin edilecek delegeler, İtilâf Devletleri'nin tanımakta olduğu hükûmetin ilâve edeceği delegelerle birlikte gidince, hey'et birlik ve beraberlik içinde, gerekli yetkiye de sahip olur ve çekinmeden birlik hâlinde millî dâvâyı savunur. Bu gereğin oraca da takdir buyurulduğu, delegelerin İtilâf Devletleri'ne tanıttırılmalarını bizden istemeleriyle anlaşılmıştır. Tebliğ olunan nota ve beyanlarımız açıkça göstermektedir ki, İtilâf Devletleri, Anadolu delegelerini Londra Konferansı'na yalnız olarak kabul etmemektedir. Bunlar, Hükûmet delegeleriyle birlikte bulunmak suretiyle kabul edilecektir. Böyle ayrılık sürdürülecek olursa, büyük bir ihtimalle hiçbir tarafın delegeleri kabul edilmeyecektir. Konferansa, yalnız buradan delege kabul edilmesi ihtimali var ise de, Anadolu için bu ihtimal de yoktur. Bundan dolayı, pek büyük fedakârlıkların eseri olan bu değişiklikten zararımıza sonuçlar doğabilir. Çünkü, İtilâf çevrelerinde sayıları pek çok olan Yunan dostlarına : «Türkler, doğuda savaşın sürüp gitmesine taraftardır, barış ve uzlaşmaya istekli değildir» diye propaganda yaparak, lehte olanları kendilerine çekmeye, bizi haksız ve düşmanımızı haklı göstermeye fırsat verilmiş olur. Ortak delegelerden kurulu bir hey'et gönderilirse, isteklerimiz kabul edilmese bile, lehimize olan görüşleri, aleyhe çevirmemiş ve belki aleyhimizde olanların önemli bir kısmını kazanmış oluruz. Vakit pek dardır. Yazışmalarla kaybedilecek zaman kalmamıştır. Delegelerin hemen gönderilmesi vatan ve milletin menfaatlerinin gereğidir. Zâtıdevletleriyle sayın arkadaşlarınızın da geri dönmeleri lâzımdır. Çünkü orada neler düşünüldüğü konusunda, yerinde yapılmış gözlemlerle edindiğimiz bilgilerden hakkıyla yararlanacak zamanın geldiğine ve oradaki görüşlerin buradaki görüşlere yaklaştırılması gerektiğine sizin de inandığınız kanısındayız.

Sadrazam
Tevfik

Efendiler, Tevfik Paşa'nın Fevzi Paşa Hazretleri'ne cevap olarak gönderdiği telgrafı da okuyalım : 356

Şifre **İstanbul, 1.2.1921**

Ankara'da Mustafa Fevzi Paşa Hazretleri'ne

İlgi : 30 Ocak 1921.

Kral Konstantin'in Atina'ya dönmesi üzerine, İtilâf Devletleri çevrelerinde ve kamuoyunda, Yunanistan aleyhine meydana gelen değişme dolayısıyla, Avrupa'da lehimize bir akım doğmuştur. Ancak, bu akıma karşılık, Rumların tarafını tutan ve Sévres Antlaşması'nı tamamıyla veya ufak tefek değişikliklerle uygulayarak Türkiye'yi ortadan kaldırma düşüncesinde bazı siyaset adamları da vardır. Özellikle aldığımız güvenilir bilgilere göre, bu siyaset adamlarının, Anadolu temsilcilerinin de konferansa davet edilmesini kabul etmeleri ve buna istekli görünmeleri, Anadolu'nun böyle bir davet kabul etmeyeceğine inanmış olmalarından ileri gelmektedir. Bununla güdülen maksat da, bu davete uymama durumunu öne sürerek ve bize karşı sert tedbirler alınmasını haklı göstererek, kamuoyunu siyasetlerine uymaya mecbur etmektir. Bu bakımdan, konferansa bir an önce ve birlikte gidilerek hakkımızın alınmasına çalışmak şarttır. Eğer orada meşru ve haklı isteklerimizin reddedildiğini görür ve konferanstan çekilmek zorunda kalırsak, bu durum, karşımızdakilerin elinde aleyhimize kullanılacak tesirli bir silâh olamaz. Telgraflarında öne sürülen isteklerin, daha önce de bildirilen sebepler ve İstanbul'un özel durumu dolayısıyla, kabulü mümkün değildir. Bunlarda ısrar ederek, konferansa tam zamanında katılma fırsatı kaçırılırsa, önce birlik sağlanamadığı için İstanbul ve Boğazlar büsbütün Osmanlı hâkimiyetinden çıkar. İkinci olarak, İtilâf Devletleri'nin Yunanistan'a para ve asker yardımı yapmaları ve Anadolu'da ortak bir taarruz hareketi yürütmeye kalkışarak zaten savaşın günden güne artan güçlüklerinden sayıları pek çok azalmış olan Türk unsurunun, bir kat daha ezilip yok olması ile karşı karşıya kalınır. Üçüncü olarak büyük ölçüde fedakârlıklara katlanmak karşılığında dış yardıma ihtiyaç mecburiyeti ortaya çıkar ve nihayet hedefimiz olan istiklâlin heder edilmesi gibi acı sonuçlar doğar. Delegelerimizin hemen İstanbul'a gönderilmesi kaçınılmaz bir zarurettir, efendim.

Sadrazam
Tevfik

Saygıdeğer Efendiler, Osmanlı Sadrazamının daha başka bazı öğütleri ve bildirdikleri vardır. Müsaade buyurursanız onları da okuyalım:

Şifre **İstanbul, 5.2.1921**

Ankara'da Mustafa Kemal Paşa Hazretleri'ne

Londra'da toplanacak olan konferansa Osmanlı Devleti'nin de davet edilmesinden dolayı telâşa düşen Yunanlılar, aleyhimizdeki propagandalarını bir kat 357
daha artırmışlardır. Paris'teki delegemizden aldığımız bilgilere göre, Yunanlılar, Fransız kamuoyunu aleyhimize çevirmek için, Anadolu'da bir Alman kurmay askerî hey'eti bulunduğu, sizin harekât ve siyasetinizin de bu hey'etin telkinleri ile yürütüldüğü yolunda Fransız çevrelerinde söylentiler yaymaktadırlar. Ayrıca, Türkiye'deki Hristiyanların toplu olarak öldürülmekte olduğu ileri sürülerek, bunların kurtarılması için Papa tarafından bütün parlamentolara başvurulduğunun duyulduğu da sözü geçen delege tarafından bu bilgilere eklendiğinden, pek kötü etkiler yaratacak olan bu söylentilerin sür'atle yalanlanması rica ve tavsiye olunur.

Sadrazam
Tevfik

Şifre **İstanbul, 8.2.1921**

Ankara'da Mustafa Kemal Paşa Hazretleri'ne

Konferansı etkilemek maksadıyla, Şubatın yirmi birinde, Yunanlıların 70-80 bin kişiyle taarruza geçecekleri Hariciye Nezareti'nce güvenilir kaynaklardan haber alınmıştır. Taarruzun Karahisar-Eskişehir doğrultusunda olacağı sanılmaktadır. İtilâf Devletleri temsilcileri, Ankara delegelerinin yalnız olarak konferansa kabul edilemeyeceğini de söylemişlerdir.

Sadrazam
Tevfik

Bu telgrafın yazılmasından maksat, Yunanlıların taarruz edeceğini bildirmek miydi? Yoksa, 70-80 bin kişilik düşman kuvvetinin taarruza geçeceği tehdidi ile, konferansa Ankara delegelerinin yalnız olarak kabul edilemeyeceğini söylemek mi idi? Bunu kestirmek güçtür.

Delege gönderilmesi konusunda, bizim ileri sürdüğümüz görüşleri, yazılarımızda belirttiğimiz şekilde Tevfik Paşa, İtilâf Devletleri temsilcilerine tebliğ etmiş de, telgrafın son fıkrasıyla, aldığı cevabı mı bildiriyordu? Bu da açık değildir.

İstanbul, 8.2.1921

Ankara'da Mustafa Kemal Paşa Hazretleri'ne

Fransız kamuoyunu incitmemek için Kilikya'da (158) taarruzdan kaçınılması, hayırseverliğinden şüphe edilmeyen bazı Fransız devlet adamlarının tavsiyesi üzerine, Paris delegemiz tarafından büyük bir önemle bildirilmiştir.

Sadrazam
Tevfik

Osmanlı Devlet adamlarının belirgin özellikleri

Efendiler, bu gibi tavsiyeleri, İstanbul hükûmetlerinden çok dinlemiştik. Bizim taarruzdan kaçınmamızı tavsiye eden hayırseverin karşısındaki kimse, işittiğini bir gramofon gibi bize ulaştırırken, bu hayırsevere, bize taarruzdan kaçınılmasını, gerekenlere tavsiye edip etmediğini sormuş mudur acaba? Aldığı cevap, olumsuz idiyse, onun hayırseverliğine nereden hükmetmişti? Vatanımızı işgal edenlerin kamuoyunu gücendirmemeyi tavsiye edenlere, vatanı işgal edilen milleti niçin incittiklerini ve incitmekte devam ettiklerini sormamak, neden bu Osmanlı devlet adamlarının belirgin özellikleri olmuştu?

Kısacası, saygıdeğer Efendiler, görülüyor ki, Tevfik Paşa ve arkadaşlarıyla, temelde, düşünce ve görüşlerde anlaşmak mümkün olamıyordu. Nihayet, konu Meclis'e getirildi.

Meclis'e iki teklifte bulundum. Birisi memleketin durumunu ve milletin gayesini İstanbul'a açıkça bildirmek; ikincisi, ayrıca davet yapıldığında Londra'ya müstakil bir hey'et göndermekti. Her iki teklifim de kabul edildi.

---

158) Şimdiki Çukurova bölgesi.

Efendiler, Meclis'in görüş ve kararını Tevfik Paşa'ya bildiren telgraf aynen şöyleydi :

Tevfik Paşa'nın teklifleri karşısında Büyük Millet Meclisi'nin kararı

Londra Konferansı'na davet dolayısıyla, Türkiye Büyük Millet Meclisi Başkanı Mustafa Kemal Paşa Hazretleri ve Bakanlar Kurulu Başkanı Fevzi Paşa Hazretleri ile İstanbul'da Tevfik Paşa Hazretleri arasındaki telgraf haberleşmeleri, Genel Kurul'da okunmak suretiyle Meclis'e bilgi verildi. Tevfik Paşa Hazretleri tarafından ileri sürülen görüşler, memleketin bugünkü durumu üzerinde kendilerinin açık bir görüşe varmaktan pek uzak olduklarını, bize üzüntüyle gösterdi. İstanbul'da ateşkes anlaşmasından beri iki türlü hükûmet biribirini takip etmiştir. Biri Damat Ferit'in başkanlığı altında, çeşitli kimselerin katılmasıyla kurulan hükûmetler ki, her ne pahasına olursa olsun, İtilâf Devletleri'ne karşı mutlak olarak boyun eğme düşüncesini temsil etmiş ve memleketin kendi hâkimiyet haklarını devam ettirmek için yaptığı sürekli fedakârlıkları, düşmanlarla birlikte çalışmak suretiyle sonuçsuz bırakmayı özel bir politika haline getirmişti. Bu düşüncenin peşine takılanlar, memleketin kötülük ve hainliğe elverişli ne kadar nankör evlâdı varsa, hepsini kışkırtarak ve silâhlandırarak millî savunmaya kendilerini adayan vatanseverler aleyhine hiç durmadan kullandılar. İslâm şeriatı adına yayınlanan sahte fetvaların, mîrimiran [159] ünvanı ile mükâfatlandırılan Anzavurlarla, vatanın bağımsızlığı ve savunması aleyhine, etrafa gönderdiği maddî ve manevî zehir ve fesat kuvvetlerine karşı, Anadolu aylarca çarpışmaya mecbur oldu. Onlar, düşmanlar hesabına cephelerimizi kaç defa arkadan vurdular. Müslümanlığın ilk asrından beri şeref ve hak din adına cihat eden milletimiz, tarihimizin ilk günlerinden beri, devlet ve memleket ne zaman tehlikeye düşmüşse, kanını bol bol akıtmaktan geri durmayan milletimiz, bu defa muazzam vatandan arta kalan son parçada, son kaleye çekilmiş, en son savunmasını yaparken, hükûmet adını alan hey'etler, düşmanlar hesabına, düşman safları arasında kendi milletleri aleyhine çalışıyorlardı. Bizans'ın son günlerinde, Fatih'in teslim davetine karşı «Allah'ın bana bir emaneti olan bu memleketi, ancak Allah'a teslim ederim» diye son Bizans İmparatoru'nun tahtına varis bir hanedandan gelen bugünkü halife ve sultanın hükûmeti, esir olmamak isteyen milleti, kendi eliyle bağlayarak düşmanlara teslim etmeye çalışıyordu. Bu birinci safha, o hükûmetlerin ve onlarla birlikte olanların bozguna uğramasıyla son buldu. İkinci türlü hükû- 359
met, Tevfik Paşa'nın başkanlık ettikleri hey'ettir. Bunlar, gaye bakımından Anadolu savunmasına taraftar olduklarını söylemekle birlikte, icraat bakımından, memleketin samimî olarak elde etmek istediği barışa asla affedilmeyecek bir gaflet ve inatla engel olmakta devam ediyor. Saltanat şûrâsında İtilâf Devletleri'nin uzattığı esaret belgesini ayağa kalkarak ve saygı göstererek kabul ve imza eden devlet adamları ve Âyân üyeleri, bütün memlekette hiçbir hak ve yetkiyi temsil etmeyen geçersiz bir kuvvet durumundadır. Anadolu ve İstanbul, istiklâl ile esaretin, hürriyet ile mahkûmiyetin birbirine zıt ve ters düştüğü iki ayrı parça halinde kalmıştır.

Biz, memleketin esir edilmiş, iradesini kaybetmiş parçasını, hür ve müstakil olan kısma katmak istiyoruz. İstanbul'un devlet adamları, bütünü oluşturan ve bütün bir düşmanlık dünyasına karşı kendini şeref ve metanetle savunan hür kısmı, esir ve mahkûm durumdaki küçük parçaya bağlamak ve katmak istiyorlar. Bü-

---

159) Beylerbeyi.

tün Anadolu'yu, hürriyet ve istiklâline âşık bütün memleket çocuklarını ve bugünkü zulüm görmüş İslâm dünyasının ruhunu temsil eden Büyük Millet Meclisi, İstanbul'un hasta ve hürriyetten yoksun bir hey'etine boyun eğmeyı, hiçbir zaman kabul edemez.

Meclis'imiz tarafından kabul ve ilân edilen ve bütün memlekette uyulan Teşkilât-ı Esasiye Kanunu'muz gereğince, hâkimiyet kayıtsız şartsız milletindir. Milletin yasama ve yürütme gücü ise, onun gerçek ve tek mümessili olan Büyük Millet Meclisi'nde toplanır. Bu temel ilkeler karşısında delegelerimizin İstanbul'a giderek oradan seçilecek bir hey'ete katılmasına ve oranın vereceği bir yetki belgesi ile dünyaya karşı millî davamızı savunmayı üzerine almasına imkân yoktur. Eğer isterseniz fiilî ve haklı olarak mutlak bağımsızlığı bulunan, bütün idarî teşkilâtı ile memleketi yöneten, ordularıyla doğuda ve batıda düşmanları ezerek memlekete barışın yollarını açan Meclis'imizin delegeler hey'etini, memleketi temsil edebilecek tek hey'et olarak tanırsınız. Yoksa, biz kendi hey'etimizi kendimiz göndermek kararını zaten almış bulunuyoruz. Bizce istenilen ve gerekli görülen, bu kararımıza verilecek cevabın, birtakım sözler değil, fiilî davranışlar olmasıdır.

Londra Konferansı'na katılmamız

Efendiler, Dışişleri Bakanı olan B e k i r S a m i B e y'in başkanlığı altında ayrıca ve müstakil bir delege hey'eti kuruldu. Hey'et, Londra Konferansı'na özel olarak davet edildiğimiz takdirde katılmak üzere ve bu arada geçecek zamandan da yararlanmak maksadıyla, Antalya üzerinden Roma'ya hareket ettirildi.

Hey'etimiz, İtalya Dışişleri Bakanı K o n t S f o r z a vasıtasıyla, konferansa resmen davet edildikleri kendilerine bildirildikten sonra Londra'ya gitmiştir.

Londra Konferansı, 27 Şubat 1921'den 12 Mart 1921'e kadar devam etti. Hiçbir olumlu sonuç vermedi.

İtilâf Devletleri İzmir ve Trakya'daki nüfus durumu ile ilgili olarak kendileri tarafından yapılacak bir araştırmanın sonucunu kabul edeceğimiz yolunda bizden söz almak istediler. Delege hey'etimiz önce bunu kabul etmişti. Fakat Ankara'dan yapılan uyarı üzerine, sonradan, araştırmanın yapılmasını Yunan idaresinin buradan çekilmesine bağlamak teklifinde bulundu. İtilâf Devletleri'nin, Sévres Antlaşması'nın diğer hükümlerinin tarafımızdan samimiyetle ve itirazsız olarak uygulanmasını sağlamak istediği anlaşılmıştı. Delege hey'etimiz bununla ilgili tekliflere de red ni- 360
teliğinde cevaplar vermişti. Yunan delegeleri araştırmayı hiç kabul etmemişlerdi. Bunun üzerine, İtilâf Devletleri, Türk ve Yunan delege hey'etlerine bazı teklifleri içine alan bir proje vererek, hükûmetlerinden, bu projeler için alacakları cevapların, Konferans'a bildirilmesini istemişlerdi.

Bizim delege hey'etimize verilen projede, Sévres Antlaşması hükümlerinde yapılacak değişikliklerle ilgili şu noktalar vardı :

Bize bırakılan jandarma ve özel birliklerin sayısını bir parça artırmak. Memleketimizde kalacak yabancı subayların sayısını biraz azaltmak. Boğazlar bölgesini biraz ufaltmak. Bütçemiz üzerine konmuş bulunan sınırlamaları biraz hafifletmek. Bayındırlık işleri ile ilgili imtiyaz verme hakkımız üzerine konmuş sınırlamaları da biraz hafifletmek. Bundan başka, adlî kapitülasyonlar, yabancı postaları, Kürdistan... ile ilgili olarak Sévres tasarısında değişiklikler yapılmasını ümit ettirecek bazı belirsiz vaatler...

Bu teklifler projesinde, Ermenistan sınırlarının tespiti işi, Birleşmiş Milletler'in ([160]) göndereceği bir komisyona bırakılmakta idi. Sözde İzmir ili bize geri verilecekti. Fakat İzmir şehrinde bir Yunan kuvveti bulundurulacak, İzmir ilinin güvenlik işleri, İtilâf Devletleri subayları tarafından idare edilecek, bu ildeki jandarma kuvveti, nüfus oranına göre çeşitli unsurlardan kurulacak, şehre Birleşmiş Milletler tarafından bir Hristiyan vali tayin edilecek, İzmir ili Türkiye'ye gelirinin çoğalmasıyla artacak bir yıllık vergi ödeyecekti.

İzmir ili için teklif edilen bu çözüm şekli, beş yıl sonra, taraflardan birinin isteği üzerine Birleşmiş Milletler'ce değiştirilebilecekti.

Delegeler daha yolda iken başlayan Yunan taarruzu

Efendiler, İtilâf Devletleri, delege hey'etimiz vasıtasıyla yaptıkları tekliflerin cevabını almayı beklemeden, daha delegelerimiz yolda iken, Yunanlılar bütün ordusuyla ve bütün cephelerimize karşı taarruza geçtiler.

Görüyorsunuz ki Efendiler, Yunan taarruzu konferans ve sulh hikâyesini bize zarurî olarak terk ettiriyor. Şimdi müsaade buyurursanız, size bu taarruzu ve sonucunu arz edeyim:

Yunan ordusunun Bursa ve doğusunda önemli bir grubu, Uşak ve doğusunda diğer bir grubu vardı. Bizim de kuvvetlerimiz, Eskişehir'in kuzey - batısında, Dumlupınar'da ve doğusunda olmak üzere iki grup halindeydi. Bundan başka, Yunanlıların İzmit'te bir tümenleri, bizim de ona karşılık Kocaeli Grubu bulunuyordu. Yunanlıların Menderes boyundaki birliklerine karşı da birliklerimiz vardı. Yunan ordusunun Bursa ve Uşak grupları, 23 Mart 1921 günü ileri harekâta geçtiler. İsmet Paşa komutasında bulunan Batı Cephesi birlikleri, arz ettiğim gibi, Eskişehir'in kuzey - batısında yığınak yapmıştı. Karar, savaşı İnönü mevzilerinde kabul etmekti. Ona göre tedbir alınıyor ve hazırlıklar yapılıyordu. Düşman, 26 Mart akşamı, İsmet Paşa'nın işgal ettirdiği mevzilerin sağ ka-

---

160) Cemiyet-i Akvam'ın: Milletler Cemiyeti'nin.

nadı ilerisine yanaştı. Ertesi günü bütün cephede karşılaşmalar oldu. Düşman 28'de sağ kanadımıza taarruza geçti. 29'da her iki kanattan taarruz etti. Düşman yer yer önemli başarılar elde ediyordu. 30 Mart günü şiddetli savaşlarla geçti. Bu savaşların da sonucu düşman lehine oldu. 381

İkinci İnönü Zaferi ve İsmet Paşa'nın Metristepe'de gördüğü durum

Bundan sonra sıra bize geliyordu. İsmet Paşa 31 Mart günü, karşı taarruza geçti ve düşmanı yenerek, 31 Mart-1 Nisan gecesi geri çekilmeye mecbur etti. Böylece, inkılâp tarihimizin bir sayfası, İkinci İnönü zaferiyle yazılmış oldu.

Efendiler, düşman çekilirken Batı Cephesi Komutanı ile 1 Nisan günü yapılan yazışmalar, o günün duygularını tespit eden belgelerdir. O duyguları yeniden canlandırmak için, müsaade buyurursanız, o günkü yazışmalardan bazı telgrafları olduğu gibi okuyacağım:

Metristepe, 1.4.1921

Saat 18.30'da Metristepe'den gördüğüm durum: Gündüzbey kuzeyinde sabahtan beri dayanan ve artçı olması muhtemel olan bir düşman müfrezesi, sağ kanat grubunun taarruzu ile düzensiz olarak çekiliyor. Yakından takip ediliyor. Hamidiye yönünde karşılaşma ve faaliyet yok. Bozöyük yanıyor. Düşman, binlerce ölüsüyle doldurduğu savaş meydanını silâhlarımıza terk etmiştir.

Batı Cephesi Komutanı
İsmet

Ankara, 1.4.1921

İnönü Savaş Meydanında Metristepe'de
Batı Cephesi Komutanı ve Genel Kurmay
Başkanı İsmet Paşa'ya

Bütün dünya tarihinde, sizin İnönü Meydan Muharebeleri'nde üzerinize yüklendiğiniz görev kadar ağır bir görev yüklenmiş komutanlar pek azdır. Milletimizin istiklâl ve varlığı, dâhice idareniz altında görevlerini şerefle yapan komuta ve silâh arkadaşlarınızın kalbine ve vatanseverliğine büyük bir güvenle dayanıyordu. Siz orada yalnız düşmanı değil, milletin makûs ([161]) talihini de yendiniz. İstilâ altındaki talihsiz topraklarımızla birlikte bütün vatan, bugün en ücra köşelerine kadar zaferinizi kutluyor. Düşmanın istilâ hırsı, azminizin ve vatanseverliğinizin yalçın kayalarına başını çarparak paramparça oldu.

Adınızı tarihin şeref âbidelerine yazan ve bütün millete size karşı sonsuz bir minnet ve şükran duygusu uyandıran büyük gazâ ve zaferinizi tebrik ederken, üstünde durduğunuz tepenin size binlerce düşman ölüleriyle dolu bir şeref meydanı seyrettirdiği kadar, milletimiz ve kendiniz için yükseliş parıltılarıyla dolu bir geleceğin ufkuna da baktığını ve hâkim olduğunu söylemek isterim. 382

Büyük Millet Meclisi Başkanı
Mustafa Kemal

---

161) Tersine dönmüş.

Büyük Millet Meclisi Başkanı
Mustafa Kemal Paşa Hazretleri'ne

Zulüm ve zorbalık dünyasının en zalimce hücumlarına karşı yalnız ve şaşkın kalan milletimizin maddî ve manevî bütün kabiliyet ve kuvvetlerini ruhundaki ateşle toplayan ve harekete getiren Büyük Millet Meclisi'nin Başkanı Mustafa Kemal Paşa!

Kahraman askerlerimiz ve subaylarımız adına, askerlerimizle avcı hatlarında omuz omuza vuruşan tümen ve kolordu komutanları adına takdir ve tebriklerinize büyük bir iftiharla teşekkürlerimi arz ederim.

Batı Cephesi Komutanı
İsmet

Güney Cephesi'ndeki harekât

Saygıdeğer Efendiler, İnönü muharebe alanını ikinci defa yenilerek terkeden ve Bursa'ya doğru eski mevzilerine çekilen düşmanın takibinde, piyade ve süvari tümenlerimizin gösterdikleri anılmaya değer yararlıkları anlatamayacağım. Yalnız, genel askerî durumu tam olarak açıklayabilmek için, müsaade buyurursanız Güney Cephemiz'e giren bölgede yapılan harekâtı özetleyeyim.

Güney Cephesi Komutanı Refet Paşa'nın emrinde bulunan üç piyade tümeni, Dumlupınar'da hazırlanmış bir mevzide bulunuyordu. Bundan başka, bir süvari tümeni ve bir de süvari tugayı vardı. Bu mevziin sol kanadında bulunuyordu. Güney Cephesi Komutanı'nın aldığı görev, düşmanı bu mevzide durdurmaktı. Uşak doğusundaki mevzilerimizden hareket eden üç piyade tümeni ve bir kısım süvari Dumlupınar mevzilerine taarruz etti. 26 Mart'ta birliklerimiz, mevzilerini terke mecbur oldu. Güney Cephesi Komutanı, bundan sonra kuvvetlerini esaslı bir hatta durdurmayı ve yeniden tertibat almayı başaramadığı için kuvvetler ikiye ayrıldı. 8'inci ve 23'üncü Piyade Tümenleri ile 2'nci Süvari Tümeni'nden meydana gelen kısmı, kendi emri altında, Altıntaş'a doğru çekildi. 57'nci Piyade Tümeni ile 4'üncü Süvari Tugay'ından meydana gelen öteki kısım Fahrettin Paşa'nın emri altındaydı. Düşman bütün kuvvetiyle Fahrettin Paşa kuvvetlerine yönelerek doğuya yürüdü. Refet Paşa kuvvetlerine karşı, Dumlupınar'da yalnız bir piyade alayı bıraktı. Refet Paşa, sonradan 23'üncü Tümeni Altıntaş üzerinden güneye, Fahrettin Paşa emrine verdi. Altıntaş yönünde, düşmanın hiçbir hareketi olmadığı anlaşılınca, Refet Paşa, yanında bulunan kuvvetlerle kuzeye getirtildi. 363

Doğuya doğru ilerleyen düşmana karşı, Fahrettin Paşa kuvvetleri çeşitli yerlerde savaşlar vererek Afyon'un doğusuna çekildi. Düşman, Afyonkarahisar'ı işgal ettikten sonra, Çay - Bolvadin hattına kadar ilerledi ve orada durdu. Bu düşman karşısında, Fahrettin Paşa, 57'nci ve 23'üncü Tümenlerle birlikte, güneyden Adana bölgesinden gelen 41'inci Tümen'i de alarak, bir karşı hat oluşturdu.

Yunan ordusunun genel taarruz plânında pek göze çarpan bir yanılma

Efendiler, askerî strateji konusunda fazla düşünce ileri sürmekten kaçınma taraftarı olmakla birlikte, Yunan ordusunun bu defaki genel taarruz plânında göze çarpan bir yanılmaya işaret etmek isterim.

Yunan ordusunun Uşak grubunun, Dumlupınar'dan sonra, Eskişehir'e doğru yürümesi gerekirdi. Afyon üzerinden Konya'ya doğru yönelmesi, kuvvetlerini asıl kesin sonuç alacağı alandan uzaklaştırarak, işe yaramaz ve tehlikeli bir durumda bırakmıştır. İnönü'ndeki başarı bizim tarafta kaldıktan sonra, bu kuvvetlerin, kendilerini tehlikeden kurtarmak için bir an önce sür'atle geri çekilmelerini sağlamaktan başka bir şey düşünmeyeceklerine şüphe yoktu. İnönü'nde zafer kazanan kuvvetlerimiz, Eskişehir, Altıntaş üzerinden Dumlupınar'a yönelerek bu mesafenin önemli bir kısmında demiryolundan fazlasıyla yararlanma imkânı bulunduğuna göre, Afyonkarahisar'ın doğusunda bulunan Yunan grubu geri çekilme hattını kesebilir ve böylece, pek büyük bir ihtimalle o grubu büyük bir felâkete uğratabilirdi. Nitekim, bu düşüncenin uygulanmasına geçmekte bir an gecikilmemiştir. İlk serbest kalan tümenler derhal Güney Cephesi Komutanı Refet Paşa'nın emrine verilerek harekete geçirilmiştir.

İnönü Meydan Muharebesi'nden alınan sonuç üzerine, Yunan ordusunun Uşak grubu, derhal geri çekilmeye başladı. Refet Paşa, 7 Nisan 1921 tarihinde karargâhıyla Çöğürler'de, 4'üncü ve 11'inci Tümenler Altıntaş bölgesinde, 5'inci Kafkas Tümeni ve kuvvetli bir alay durumunda olan Meclis Muhafız Taburu Çöğürler güneyinde, 1'inci ve 2'nci Süvari Tümenleri Kütahya bölgesinde bulunuyorlardı. Fahrettin Paşa, Çay ve Afyon'dan çekilen düşmanı kovalayıp sıkıştırırken, Refet Paşa da düşmanın Aslıhanlar civarında bulunan bir alayına, bu saydığımız kuvvetlerle, yani, üç piyade tümeni ve bir taburla taarruz etti. Bir taraftan da kuzeyden daha iki tümen, 24'üncü ve 8'inci Tümenler güneye doğru gönderildi. Aslıhanlar'daki Yunan alayı, Refet Paşa'nın taarruzunu durdurdu ve çok zaman kazandı. Bu süre içinde geriden gelen birliklerle iki tümene kadar takviye edildi. Bu kuvvetler Afyon'dan çekilen kuvvetlerin kendilerine katılmalarını sağladı.

12 Nisan 1921 günü, Refet Paşa'nın emrinde kuzeyden güneye ve doğudan batıya taarruz eden kuvvetlerin toplamı şöyleydi:

Kuzeyden gelen 4, 5, 11, 8 ve 24, doğudan ilerleyen 57, 23 ve 41'inci Tümenler ki, toplam olarak sekiz piyade tümeni ve bir piyade taburu... 364
1'inci ve 2'nci Süvari Tümenleri çok uzak mesafelerden dolaştırılarak ve ancak düşman yenildiği takdirde etkili olabilecek; fakat o günkü savaşta hiç de işe yaramayan düşman gerisindeki Banaz hedefine gönderilmişti. Refet Paşa'nın komutası altına verilen kuvvetler, taarruzlarında başarı kazanamadılar, aksine fazla can kaybı oldu. Düşman, Dumlupınar mevzilerine hâkim olarak yerleşti ve orada kaldı. Refet Paşa kuvvetleri de Dumlupınar'ın on kilometre kuzeydoğusunda olmak üzere, Aydemir, Çalköy, Selkisaray hattına çekilip durdu. Aslıhanlar Muharebesi diye anılan bu çarpışmalar bu şekilde sona erdi.

Refet Paşa kendisi yenildiği halde düşman yenilmiş sayıyordu

Efendiler, muharebe sırasında muharebe hatlarındaki bazı kısımların ileri geri dalgalanışı ve özellikle Afyon doğusunda bulunan düşman tümenlerinin Dumlupınar'ın ilerisinde bıraktıkları bir alaylarının yenilip safdışı edilememesi yüzünden, düşman kuvvetleri Dumlupınar'a kadar çekilme imkânını bulabilmiştir. Bundan sonra, Yunan kuvvetlerinin, sağlam bir muharebe hattı tutmak üzere tertibat alırken, ilerideki birliklerinin o hatta ulaşmak üzere geri yürüyüşleri, Refet Paşa'nın muharebesinin sonucu hakkında yanlış bir yargıda bulunmasına yol açtı. Gerçekten de Refet Paşa, kendisi yenildiği halde, düşmanın yenilip geri çekildiğini sandı ve bunu, beş gün süren Dumlupınar Meydan Muharebesi'nde, düşmana son darbenin vurulabildiğini bildiren telgrafıyla bize de haber verdi. Biz de, pek tabiî memnun olarak büyük takdir ve tebriklerde bulunduk. Fakat durumu iyice anlamak için telgraf başında kendisine sorduğum sorulara aldığım cevaplardan, durumun bildirildiği gibi olmadığı şüphesine düştük. Sonunda anlaşıldı ki, düşman kendi maksadına ve genel durumuna uygun olarak, Dumlupınar'da savunması kolay, hâkim ve sağlam bir mevzi alıyordu. Aksine, Refet Paşa'nın ise, biraz geride, bütün kuvvetleriyle Aydemir, Çalköy, Selkisaray hattını tutması gerekti.

Efendiler, durum sakinleşmeye başladıktan sonra, Refet Paşa'nın komuta ettiği orduda, kendisine karşı güvenin kalmadığı anlaşıldı. Durumu yerinde incelemek üzere, Ankara'dan Fevzi Paşa Hazretleri, Batı Cephesi'nden de İsmet Paşa, birlikte bizzat Refet Paşa'nın karargâhına gittiler. Refet Paşa'nın komuta durumunun bir süre daha devamı tercih edilmekte olduğundan, konuyu ona göre bir hal çaresine bağladılar. Fakat, zaman geçmeden, bu durumun devam ettirilmesinin mümkün ve doğru olmadığı kanaati belirdi. Bu sebeple, ben bizzat Fevzi ve İsmet Paşaları alarak Refet Paşa'nın yanına gittim. Durumu yakından inceledim ve konuyu derhal şöyle bir çözüme bağladım. Refet Paşa'nın komutası altında bulunan Güney Cephesi'ni, Batı Cephesi'ne bağlayarak İsmet Paşa'nın komutasına verdim. Kendisine de Ankara'da bir görev verilmek üzere oraya dönmesi gerektiğini bildirdim.

Refet Paşa, Türk ordusuna başkomutan olmak istiyordu

Refet Paşa, Ankara'ya döndüğü zaman şöyle bir çözüm yolu düşünmüştüm. İsmet Paşa artık Genelkurmay Başkanlığı'ndan istifa ederek, kendisini tamamiyle, genişletilmiş olan Batı Cephesi Komutanlığı'na verecek. Millî Savunma Bakanı bulunan Fevzi Paşa Hazretleri de vekâletle yürütmekte olduğu Genelkurmay Başkanlığı'nı asil olarak üzerine alacak. Ondan boşalacak Millî Savunma Bakanlığı görevini de Refet Paşa yapacak.

Refet Paşa, aslında, yine askerî bir görev almak istiyordu. Fa- 365
kat benim bulduğum çözüm yolunu beğenmedi. Diyordu ki: «Millî Savunma Bakanı bulunan Fevzi Paşa'nın görevinden çekilmesini gerektiren bir durum yoktur. İsmet Paşa'nın Genelkurmay Başkanlığı'ndan ayrılmasını zarurî buluyor ve bana da bu aralık bir görev vermeyi düşünüyorsanız, çözüm şeklinin ona göre düzenlenmesi mümkündür.»

Ben, her nasılsa, Refet Paşa'nın düşüncesinde gizli olan maksadı birdenbire kavrayamadım. Çünkü, biraz sonra anlar gibi olduğum görüş asla hatırıma gelmemişti. Anlayamadığım noktayı açıklatmak için kendisine sordum ve dedim ki: «yani siz mi Genelkurmay Başkanı olmak istiyorsunuz?» Gerçi açık bir cevap vermedi ama, ben maksadın tamamen bundan ibaret olduğunu kabul ettim. Bunun üzerine şu görüşü ileri sürdüm: «Genelkurmay Başkanlığı, bizim teşkilâtımıza göre, bugün fiilî olarak Başkomutanlık makamıdır. Siz, daha Türk ordusuna Başkomutan olacak vasıfları kazanmış değilsiniz. Bunu hatırınızdan çıkarınız!»

Refet Paşa, verdiği cevapta dedi ki: «Öyleyse ben de Millî Savunma Bakanlığı'nı kabul etmem.» «O sizin bileceğiniz iştir» dedim ve bıraktım. Gerçekten kabul etmedi ve izin alarak, Kastamonu ormanlarında, Ecevit denilen yerde bir süre dinlenmeye çekildi. Refet Paşa'nın Millî Savunma Bakanlığı'na getirilişi bundan sonra ortaya çıkan başka bir durum üzerine olmuştur.

Londra Konferansı'ndan dönen Dışişleri Bakanı Bekir Sami Bey'in imzaladığı sözleşmeler

Saygıdeğer Efendiler, İkinci İnönü zaferinden sonra, Londra'ya gitmiş olan delegeler hey'etimiz geri döndü. Konferansın olumlu bir sonuca varmamış olduğunu biliyorsunuz. Fakat delegeler hey'eti Başkanı ve Dışişleri Bakanı B e k i r S a m i B e y, kendiliğinden İngiltere, Fransa ve İtalya diplomatlarıyla temas ve görüşmelerde bulunarak, herbiriyle ayrı ayrı birtakım sözleşmeler imzalamış bulunuyordu. B e k i r S a m i B e y'in İngiltere ile imzaladığı bir sözleşme gereğince, elimizde bulunan bütün İngiliz esirlerini geri verecektik. Buna karşılık, İngilizler de bize, kendi ellerinde bulunan esirlerimizi iade edeceklerdi. Yalnız, Türk esirleri arasında Ermenilere ve İngiliz esirlerine zulüm veya kötülük yapmış olduğu iddia edilenler serbest bırakılmayacaktı.

Hükûmetimiz, elbette böyle bir sözleşmeyi kabul edip onaylayamazdı. Çünkü böyle bir sözleşmeyi onaylamak demek, Türk uyruklu olanların, Türkiye içindeki hareketleri üzerinde, yabancı bir hükûmetin bir çeşit yargı hakkını onaylamak olurdu.

Bu sözleşmeyi kabul etmemekle birlikte, İngilizler bazı Türk esirlerini serbest bıraktıklarından, biz de karşılık olarak elimizde bulunan İngiliz esirlerinden bir kısmını serbest bıraktık.

Daha sonra, 23 Ekim 1921 tarihinde, Kızılay İkinci Başkanı ([162]) H a m i t B e y'le İstanbul'daki İngiliz komiseri arasında yapılan anlaşma üzerine, Malta'da bulunan bütün Türk tutukluları ile elimizde bulunan bütün İngiliz tutuklularının karşılıklı olarak serbest bırakılması kararlaştırılmış ve bu karar uygulanmıştır.

Efendiler, B e k i r S a m i B e y, resmî görüşmeler ve konuşmalar dışında, sırf şahsî olarak da L l o y d G e o r g e ile bir görüşme yapmış... Aralarında söylenen sözler steno ile yazılmış... Bu zabıt imza da edilmiş... Fakat, ben B e k i r S a m i B e y'in elinde bulunan nüsha hakkında bana bilgi verildiğini hatırlamıyorum. Son zamanlarda Dışişleri Bakanlığı vasıtasıyla B e k i r S a m i B e y'den bu nüshayı istettim ise de, Bakanlığa gönderdiği bir mektupta, o zaman bu nüsha tercümelerinin bana gösterildiğini, gerek aslının gerek tercümelerinin, Dışişleri Bakanlığı'ndan ayrılırken ilgili dosyada bırakıldığını bildirmiştir. Dosyalarda bu belge bulunamamıştır. Dışişleri Bakanlığı'nda da hiç kimsenin bu belge metni hakkında bilgisi yoktur. Ben de, arz ettiğim gibi, hiçbir vakit haberdar edildiğimi hatırlamıyorum. 366

162) Hilâl-i Ahmer İkinci Reisi.

Efendiler, B e k i r S a m i B e y ile Fransız Başbakanı M ö s y ö B r i a n d arasında da, 11 Mart 1921 tarihli bir sözleşme imza edilmiştir. Bu sözleşmeye göre, Fransa ile Millî Hükûmet arasındaki düşmanlığa son verilecek. Fransızlar, silâhlı çetelere, biz de mücahitlerimize silâhlarını bıraktıracağız... Zabıta kuvvetlerimize Fransız subayları alınacak... Fransızlar tarafından kurulacak zabıta kuvvetleri olduğu gibi kalacak... Fransa'nın boşaltacağı yerlerle, Elâzığ, Diyarbakır ve Sıvas illerinin ekonomik gelişmesi için yapılacak teşebbüslerde üstünlük hakkı ve Ergani madenlerini işletme imtiyazı da Fransızlara verilecek... v.b.

Hükûmetimizce, bu sözleşmenin de kabul edilmemesinin sebeplerini sıralamaya gerek yoktur sanırım.

B e k i r S a m i B e y, İtalya Dışişleri Bakanı bulunan K o n t S f o r z a ile de 12 Mart 1921'de bir sözleşme imzalamış... Bu sözleşme gereğince, İtalya'nın konferans sırasında, İzmir ve Trakya'nın bize verilmesi konusundaki isteklerimizi desteklemesine karşılık, biz de İtalyan Devleti'ne Antalya, Burdur, Muğla, Isparta sancaklarıyla Afyonkarahisar, Kütahya, Aydın ve Konya sancaklarını sonradan tayin edilecek kısımlarında ekonomik teşebbüsler için üstünlük hakkı tanıyacaktık. Bundan başka, bu bölgelerde, Türk hükûmeti veya Türk sermayesi tarafından yapılamayacak olan ekonomik işlerin İtalyan sermayesine verilmesi ve Ereğli madenlerinin bir İtalyan - Türk şirketine devri kabul edilmekte idi.

Elbette bu sözleşme de, hükûmetimizce redden başka bir işlem göremezdi.

Efendiler, İtilâf Devletleri'nin, Londra'ya barış yapmak için gönderdiğimiz Delegeler Hey'etimiz Başkanı B e k i r S a m i B e y'e imza ettirdikleri sözleşmelerdeki maddelerin, Sévres projesinden sonra aralarında imzaladıkları Üçlü Anlaşma **(Accord tripartite)** adı verilen ve Anadolu'yu nüfuz bölgelerine ayıran bir anlaşmayı millî hükûmetimize başka adlar altında kabul ettirme maksadına dayandığı açıktır. İtilâf Devletleri'nin politikacıları, bu maksatlarını, B e k i r S a m i B e y'e kabul ettirmeyi de başarmışlardır. B e k i r S a m i B e y'i, Londra'da konferans görüşmelerinden çok, teker teker yapılan konuşmalarla oyalamaya çalıştıkları anlaşılıyor. Millî Hükûmet'in bağlı bulunduğu prensiplerle bu prensiplere bağlı bir Dışişleri Bakanı'nın tuttuğu yol arasındaki uyuşmazlığı açıklamak maalesef mümkün değildir.

Bekir Sami Bey, bu anlaşmalarla Ankara'ya döndüğü zaman, tutumunun fevkalâde dikkatimi çekmiş ve hayretimi uyandırmış olduğunu itiraf etmeliyim. Bekir Sami Bey, imzalamış olduğu sözleşmelerdeki şartların, memleketin yüksek menfaatlerine uygun olduğu kanaatını belirtiyor; bu kanaatını Meclis'te bile savunup ispat edebileceğini iddia ediyordu. Kanaatında isabet, iddiasında mantık olmadığına 367
şüphe yoktu. Görüşlerinin Meclis'te benimsenemeyeceği bir yana, Dışişleri Bakanlığı'ndan düşürüleceği de muhakkaktı. Fakat Meclis'i, siyasî meselelerin görüşme ve tartışmalarına boğmayı ogünlerin şartlarına uygun görmediğimden, Bekir Sami Bey'e görüşlerindeki isabetsizliği bizzat açıklayarak Dışişleri Bakanlığı'ndan çekilmesini teklif ettim. Bekir Sami Bey bu teklifimi kabul ederek istifasını verdi.

Ancak, Bekir Sami Bey, Delegeler Hey'eti Başkanlığı göreviyle, Avrupa'daki gezisi sırasında yaptığı çeşitli temasların kendisinde bıraktığı intibalara dayanarak, İtilâf Devletleri'yle kendi prensiplerimize uygun olarak anlaşma imkânı bulunduğu görüşünde direniyordu. Kendisinin bu anlaşmaları gerçekleştirme yolunda yardımcı olabileceğini ileri sürüyordu. Bunun üzerine kendisine şu özel mektubu yazdım :

19.5.1921

Amasya Milletvekili Bekir Sami Beyefendi'ye

Türkiye Büyük Millet Meclisi Hükûmeti'nin şimdiye kadar çeşitli vesile ve vasıtalarla bütün dünyaya ilân edilmiş olan prensipleri yüksek malûmunuz olup, bu prensiplerin ana çizgileri şu kısa cümle ile ifade edilebilir : «Bilinen millî sınırlarımız içinde memleketimizin bütünlüğünü ve milletin bağımsızlığını tam olarak sağlamak.» Delegeler Hey'eti Başkanlığı göreviyle yaptığınız son gezi ve temaslarınızın sizde bıraktığı etki ve intibalara göre, İtilâf Hükûmetleri'nin ortaya koyduğumuz prensipleri bozmadan memleketimizle anlaşmaya eğilimli oldukları görüşünde bulunduğunuz anlaşılıyor. Türkiye Büyük Millet Meclisi, İtilâf Devletleri'nin bu eğilimlerini doğrulayacak ciddî ve samimî belirti ve sonuçları henüz görememektedir. Bu konudaki tahminlerinizin doğru çıkmasına imkân verecek bir ortam bulabildiğiniz takdirde, bu sonucun Türkiye Büyük Millet Meclisi ve Hükûmeti tarafından memnuniyetle kabul edilebileceğine inanmanızı isterim, efendim.

Mustafa Kemal

Bekir Sami Bey, bundan sonra tekrar Avrupa'ya gitti. Bu gidişinin de bir yararı olmadı. Yalnız, Ankara'da Mösyö Franklin Bouillon ile yapılan görüşmelerin Bekir Sami Bey'in Paris'teki bazı teşebbüsleri yüzünden güçlüğe uğradığının anlaşılması üzerine, hükûmetçe, Bekir Sami Bey'in resmî bir görevi olmadığının, duyurulması zarurî görülmüştür.

Bekir Sami Bey, ikinci defa Avrupa'da bulunduğu sırada, bana bazı hususları bildirdiği gibi, dönüşünde de bir rapor vermişti. Gerek bildirmiş olduğu hususlarda gerek raporunda yer alan bazı düşünceler, ne yazık ki, Bekir Sami Bey'in, Türk milletinin gerçekleştirmeye çalıştığımız amaç ve ülküsünü tam olarak kavramış ve o çerçeve içinde hareket etmekte olduğundan şüphe ettirmeyecek ve tereddüde düşürmeyecek nitelikte değildi.

Bekir Sami Bey, Avrupa temaslarının, üzerinde bıraktığı etki ve intibalara göre görüş ileri sürüyordu.

12 Ağustos 1921 tarihli bir şifreli telgrafında, bizim politikamızı eleştirdikten sonra diyordu ki: «Daha fırsat elde iken, akıllıca bir siyaset takip etmek, memleketi sürüklendiği büyük çıkmazdan kurtarabilir. Olaylar bir bütün olarak incelenerek memleketi selâmete çıkaracak bir tutumu benimsemek şarttır. Aksi takdirde, tarih ve millet karşısında hiçbirimiz sorumluluktan kurtulamayız.

Milletin mutluluğu ve Müslümanlığın selâmeti adına isabetli bir tutumun benimsenmesini ve bir an önce bildirilmesini rica ederim.»

Bekir Sami Bey ne olursa olsun barış yapmak istiyordu

Bekir Sami Bey, her ne pahasına olursa olsun barış yapma taraflısıydı. Bu görüşünü 24 Aralık 1921 günlü raporunda şöyle açıklıyordu:

«... Savaşın sürüp gitmesinin, bu memleketi ve bu milletin varlığını tehlikeye koyacak kadar yıkıp yokedeceğini ve katlanılan bütün fedakârlıkların boşa gitmiş olacağını kesinlikle düşünmekteyim. Savaşın devam ettirilmesinin dış ve iç düşmanlarımızın ekmeğine yağ süreceğine, korktuğumuz belâ ve felâketleri memleketin başına kendiliğinden çekeceğine bütün varlığımla inanıyorum. Zâtıdevletlerinin üzerine düşen görev, dünyada hemen hiçbir siyaset adamının omuzlarına yüklenmeyen en ağır bir yüktür. Tarihte, beş altı asırda değil, belki on on beş asırda bir kimseye ancak kısmet olabilen bir görevi üstlenmiş bulunuyorsunuz. Her türlü aşırılıktan sakınarak, bugünün yararları uğruna geleceğin gerçek yararlarını feda etmeyerek, Türklük ile beraber bütün İslâm dünyasının geleceğini güven altına almak için, pek yakın bir zamanda fazlasıyla gerçekleştirilebilecek millî ve islâmî gayeyi kurtarmak ve güçlendirmek için, hattâ geçici olarak fedakârlığa bile katlanmak sayesinde, zâtıdevletlerinin dünya tarihinde ölümsüz bir ad kazanması ve Müslümanlık binasına yeni bir şekil veren şahsiyet olması mümkündür. Aksi halde, Türk milletinin ve bütün Müslümanlık dünyasının esaret ve aşağılığa mahkûm olacağı bendenizce şüphesizdir. Adınızı kıyamet gününe kadar bütün Müslüman nesiller için kâinatın öğüncü olan Yüce Peygamber Efendimiz'den [163] sonra en kutsal bir ad ve yadigâr olmak üzere arkanızda bırakmak şerefini ve fırsatını kaybetmemenizi, vatanseverlik ve Müslümanlık gereği olarak arz etmeyi bir kutsal görev sayarım, Efendim Hazretleri.»

---

163) Hazret-i Fahr-i Kâinat Efendimiz'den.

Bekir Sami Bey, bütün bu düşüncelerle, özet olarak, esaretten ve aşağılıktan kurtulmak için, kendisinin Londra'da yaptığı sözleşmeler çerçevesinde Millî Mücadele'ye son vermeyi teklif ediyordu.

Efendiler, Bekir Sami Bey'in bu düşünceleri bende olumlu bir etki yaratmamıştı. İleri sürdüğü düşünceler ve bunların dayandığı mantık, kendisiyle görüşme ve tartışmanın bile gereksiz ve yararsız olduğu kanaatini uyandırmıştı.

***

Meclis'te belirmeye başlayan siyasî gruplar

Efendiler, yüce hey'etinizi biraz da Büyük Millet 369
Meclisi içinde kendini gösteren durumlarla temasa getirmek istiyorum. Biliyorsunuz ki, Büyük Millet Meclisi'ne milletçe üye seçilirken, Anadolu ve Rumeli Müdafaa-i Hukuk Cemiyeti'nin yönetim kurulları da ikinci seçmenler arasında bulundular. Buna göre, denilebilirdi ki, Büyük Millet Meclisi, bütünüyle, aynı zamanda Anadolu ve Rumeli Müdafaa-i Hukuk Cemiyeti'nin siyasî bir grubu niteliğinde idi. Gerçekten de, başlangıçta bu yolda hareket edilmişti. Cemiyet'in temel ilkeleri, Meclis Genel Kurulu'nun da temel ilkeleri durumundaydı. Biliyorsunuz ki, Erzurum ve Sıvas Kongresi'nde tespit edilen ilkeler, İstanbul'daki son Meclis-i Meb'usan'ca da kabul edilip desteklenerek, **Misak-ı Millî** adı altında özetlenmişti. Bu ilkeler, Birinci Büyük Millet Meclisi tarafından da kabul edilerek, o çerçeve içinde memleketin bütünlüğünü ve milletin istiklâlini sağlayacak barış ve güvenliğin elde edilmesine çalışılıyordu. Fakat zaman geçtikçe, Meclis'te ortaklaşa bir çalışmanın sağlanıp düzenlenmesinde güçlükler belirmeye başladı. En basit konularda oylar dağılıyor. Meclis'ten iş çıkamıyordu. Bazı kimseler, bu duruma bir çare olmak üzere 1920 yılının ortalarında birtakım gruplar meydana getirme teşebbüsüne geçtiler. Bütün bu teşebbüsler, Meclis görüşmelerinin düzenli olarak yürütülmesini sağlama ve görüşülen konular üzerinde oyları dağıtmadan olumlu iş çıkarma gayesini güdüyordu.

Yeri geldiğinde arz etmiştim ki, ilk Anayasa'mıza kaynaklık eden 13 Eylül 1920 tarihli bir programı Meclis'e sunmuştum. Bu programın Meclis'te 18 Eylül'de okunan kısmından başka, buna da esas olmak üzere, Büyük Millet Meclisi'nin temel niteliğini ve yönetim usulü ile ilgili görüşleri tespit eden ve Meclis'in açılışından sonra okunup kabul edilen önergemi de bu kısımla birlikte «halkçılık programı» adı altında bastırmış ve yayınlatmıştım. Arz ettiğim gruplar, benim bu programımdan ilham alarak, birtakım ünvanlar takınmaya ve programlar tespit etmeye başladılar. Bir fikir vermiş olmak için bu gruplardan bellibaşlılarının adlarını sayayım :

a) Tesanüt Grubu ([164])

b) İstiklâl Grubu

c) Müdafaa-i Hukuk Zümresi ([165])

d) Halk Zümresi ([166])

e) Islahat Grubu ([167])

Bu gruplardan başka, isimsiz olarak özel maksatlı bazı küçük grupların da faaliyet halinde oldukları anlaşılıyordu.

Efendiler, bu isimlerini saydığım gruplardan her biri, Meclis görüşmelerinde disiplini sağlamak ve oyları birleştirmek maksadıyla kurulmuş oldukları halde, varlıkları aksine gösteriyordu.

Gerçekten de, sayıları çok, üyeleri sınırlı olan bu gruplar biribirle- 370
riyle yarışmaya kalkışmışlar ve biribirlerini dinlememek yüzünden Meclis'te neredeyse bir kargaşa doğurmaya başlamışlardı. Hele Teşkilât-ı Esasiye Kanunu Meclis'ten çıktıktan sonra, yani Ocak 1921 sonlarında, Meclis üyelerinin ve ortaya çıkan grupların, genellikle her konuda toplantıya katılmalarını ve birlikte çalışmalarını sağlamanın, bir kat daha güçleşmeye başladığı görülüyordu. Çünkü, Misak-ı Millî'nin tespit ettiği ilkelerde, kayıtsız şartsız düşünce ve gaye birliği yer aldığı halde, Teşkilât-ı Esasiye Kanunu'nun ortaya koyduğu görüşlerde tam bir birlik sağlanmış görünmüyordu. Mevcut grupları birleştirmek veyahut mevcut gruplardan birini destekleyerek iş görmek için, dolaylı olarak çok çalıştım. Ancak, bu yolla elde edilen sonuçların uzun ömürlü olamadıkları görüldü. İşe doğrudan doğruya benim el atmam zarurî olmaya başladı. Nihayet, Anadolu ve Rumeli Müdafaa-i Hukuk Grubu adıyla bir grup kurulmasına karar verdim. Bu grup için yaptığım programın başına bir ana madde koydum. Bu maddenin özü iki noktadan ibaretti. Birinci nokta şuydu : Grup, Misak-ı Millî ilkeleri çerçevesinde memleketin bütünlüğünü ve milletin istiklâlini sağlayacak barış ve güvenliğin elde edilmesi için, milletin bütün maddî ve manevî kuvvetlerini gereken hedeflere yöneltерek kullanacak, memleketin resmî ve özel bütün kuruluş ve tesislerinin bu ana gayeye hizmet etmelerine çalışacaktır.

Anadolu ve Rumeli Müdafaa-i Hukuk Grubu'nun kurulması

İkinci nokta: Grup, devlet ve milletin teşkilâtını, Teşkilât-ı Esasiye Kanunu'nun koyduğu ilkeler çerçevesinde, sırasıyla şimdiden tespite ve hazırlamaya çalışacaktır.

---

164) Dayanışma Grubu.

165) Hakları Savunma Grubu.

166) Halk Grubu

167) Reform Grubu

Efendiler, bütün grupları ve Meclis üyelerinin çoğunu davet ederek, bu iki esas üzerinde birleşmelerini sağladım. İşaret ettiğim bu ana madde ve bundan sonra Grup'un içtüzüğü ile ilgili olan maddeler, 10 Mayıs 1921 günü yapılan toplantıda kabul edildi. Grup Genel Kurulu'nca seçildiğim için, grubun başkanlığını da üzerime almıştım.

Efendiler, memleket içinde Anadolu ve Rumeli Müdafaa-i Hukuk Cemiyeti var olduğu gibi, onun, aynı ad altında Meclis'te de bir siyasî grubu kurulmuş oldu. İstanbul'daki Meclis-i Meb'usan'ın yapmaktan çekindiği iş, ancak onların dağılmasından 14 ay sonra Ankara'da yapılmış oldu. Bu grup, Birinci Büyük Millet Meclisi'nin devam ettiği sürece, hükûmetin görev yapmasına yardımcı olabilmiştir. Fakat, grup tüzüğündeki ana maddenin ifade ettiği ikinci noktayı manidar bulanlar oldu. Bu gibiler duygularını açıklamamakla birlikte, bu noktada toplanan anlam ve gayenin gerçekleşmemesi için derhal faaliyete geçmekte gecikmediler. Olumsuz faaliyet diye vasıflandırabileceğimiz bu türlü teşebbüsler, iki şekilde ortaya çıkmaktaydı.

Birincisi, Grup'un içinde düşünceleri karıştırma ve görüşülecek konularda aleyhte bir durum yaratma şeklinde oluyordu.

Hoca Raif Efendi «Muhafaza-i Mukaddesat Cemiyeti (168)» kuruyor

İkincisi, memleket içinde ve yine teşkilâtımız içindeydi. Bu noktayı açıklayan en belirgin örnek, Erzurum milletvekili Hoca Raif Efendi'nin ve bazı arkadaşlarının, grubun kurulmasından önce ve Teşkilât-ı Esasiye Kanunu'nun çıkmasından hemen sonra giriştikleri teşebbüstür. Arzu ederseniz bu konuda biraz bilgi vereyim:

Hoca Raif Efendi ve arkadaşları, Anadolu ve Rumeli Mü- 371
dafaa-i Hukuk Cemiyeti Erzurum Merkez Hey'eti'nin adını değiştirdiler. **Muhafaza-i Mukaddesat Cemiyeti** dediler. Mevcut cemiyet ilkelerinin başına da, Hilâfet ve Saltanat makamının ve devlet şeklinin olduğu gibi bırakılmasını sağlayıcı birtakım eklemeler yapmışlar ve bu teşebbüslerini öteki illere, özellikle doğu illerine de birtakım bildiriler göndererek yaymaya kalkışmışlardı. Ben bu durumu öğrenir öğrenmez, Doğu Cephesi Komutanı Kâzım Karabekir Paşa'nın dikkatini çektim. Hoca Raif Efendi'yi ve arkadaşlarını uyararak bu türlü teşebbüslerden vazgeçirmesini rica ettim.

Sarıkamış'ta bulunan Kâzım Karabekir Paşa ile Erzurum'da bulunan Hoca Raif Efendi arasında bazı yazışmalar olduktan sonra Raif Hoca, bizzat Paşa'nın karargâhına gitmiş, orada

168) Kutsal Hak ve İnançları Koruma Derneği.

«Muhafaza-i Mukaddesat» adının kullanılmasındaki sebepleri açıklarken demiş ki: «Maksat halifelik ve padişahlık haklarını korumak, memleketin ve İslâm dünyasının bugünkü ve gelecekteki hayatı için büyük uyuşmazlık ve sakıncalar doğuracak olan Cumhuriyet idaresinden kesinlikle sakınmaktır.» Hoca, «Büyük Millet Meclisi'nde kurulan Müdafaa-i Hukuk Grubu'nun hilâfet ve saltanat idaresini cumhuriyete dönüştürme maksadı güttüğü hissedilmektedir» görüşünde bulunduktan sonra, bu gibi teşebbüsleri tanımakta mazur olduklarını bildirmiş.

Kâzım Karabekir Paşa, devlet şeklinde tarihî değişiklikler yapılacağı zaman askerî ve sivil devlet adamlarının gereği gibi görüşleri alınmalıdır diyor

Kâzım Karabekir Paşa'nın bu bilgileri veren 11 Temmuz 1921 tarihli şifreli telgrafında, kendisi de ileri sürdüğü görüşler arasında diyordu ki. «Hükûmet şekli ile ilgili esasları, Büyük Millet Meclisi'nce kabul edilen Teşkilât-ı Esasiye Kanunu'nun tespit etmiş olduğu görülüyor. Halbuki bendeniz, bu kanun hükümlerinin olsa olsa bir parti programı halinde kalmasını, uygulamada ortaya çıkacağını tahmin ettiğim güçlüklere karşı daha yararlı buluyorum. Bu görüşümü, bölgenin çok yakından tanıyabildiğim duygu ve düşüncelerine göre kısaca açıklamak isterim. Meclis'te Teşkilât-ı Esasiye Kanunu'nu desteklemek üzere kurulan gruba girmiş olanların çoğu, yeni bir rejim değişikliğinde memleket mukadderatında söz sahibi olmak hevesinde görünenlerdir. Halk arasında, ancak küçük bir grup yeni nitelikte teşkilât fikirlerini benimser. Milletvekillerinin Teşkilât-ı Esasiye Kanunu'na taraftarlıkları ancak şahsî görüşlerinden gelebilir. Devlet şeklinin bu büyük ve tarihî değişiklik teşebbüslerinde, memleketin geleceğinden hep birlikte sorumlu olan askerî ve sivil devlet adamlarıyla, Müdafaa-i Hukuk merkezlerinden gereği gibi görüş alınması ve durumun olağanüstü bir Meclis'te incelendikten sonra karara bağlanması gerekir, düşüncesindeyim.»

Efendiler, kesin zaferden sonra İkinci Büyük Millet Meclisi, Cumhuriyet'i ilân ettiği zaman bile, Kâzım Karabekir Paşa, İstanbul gazetelerine verdiği demeçte, öteden beri süregelen duygularını ve şikâyetlerini «Cumhuriyet ilânını bize sormadılar» şeklinde özetlemekteydi.

Kâzım Karabekir Paşa, bu görüşleriyle, Türkiye Büyük Millet Meclisi'nin millet tarafından olağanüstü yetkiler verilerek gönderilmiş üyelerden kurulu olağanüstü bir meclis olduğunu unutmuş gibi görünüyor. Böyle bir meclisin koyduğu kanuna hem de Teşkilât-ı Esasiye Kanunu'na karşı bulunduğunu îmâ ediyor. Daha garibi devlet teşkilâtının değişmesinde etkili olacak kararlar alabilmek için, askerî ve sivil devlet adamlarının ve Müdafaa-i Hukuk merkezlerinin görüşlerinin alınması gerektiği inancında bulunduğunu söylüyor.

Kâzım Karabekir Paşa, benim Müdafa-i Hukuk grubuyla olan ilgime de karşı çıkarak: «bendeniz zâtıdevletlerinin bu gibi siyasî partilere girmemesini özellikle uygun bulmaktayım» dedikten sonra, benim tarafsız olarak kalmamı tavsiye ediyor.

Kâzım Karabekir Paşa'nın bu telgrafına, 20 Temmuz 1921'de cevap verdim. Biraz uzunca olan bu cevabın bazı hususları aydınlatmaya yarayacak olan noktalarını belirtmekle yetineceğim. Cevabımda demiştim ki: «Müdafaa-i Hukuk Grubu, memleketin istiklâlini tam olarak sağlamak gibi kısa ve kesin bir maksatla kurulmuştur. Teşkilât-ı Esasiye Kanunu'nun uygulanma durumu da gayesi içindedir. Teşkilât-ı Esasiye Kanunu, bütün idare sistemini ve Türkiye Hükûmeti'nin hukukî durumunu gösteren ayrıntılı ve tam bir kanun olmayıp, memleketin mülkî ve idarî teşkilâtında zamanın şartlarının gerektirdiği halkçılık ilkesini ifade eden bir kanundan ibarettir. Bu kanunda cumhuriyeti ifade eden bir şey yoktur. Raif Efendi'nin, saltanat şeklinin cumhuriyetçiliğe dönüştürülmek istendiği yolundaki düşüncesi, kuruntudur.»

«Meclis'teki Grup merkezinde kendilerine önemli işler verilen kimseler arasında, kişilikleri ve geçmişteki davranışlarıyla, eleştirilebileceklerin bulunduğu yolundaki iddia ise, daha açık bir ifade ile, doğrulanmaya muhtaç bir durumdadır. Her işi, bütün idarî kabiliyetleri ve şahsî faziletleri ile mükemmel yetişmiş adamlara vermek, pek değerli ve tatlı bir dilek olmakla birlikte, kendi toplumumuz için değil, dünyanın en ileri gitmiş milletleri için bile, her çevre, her bölge ve her meslek sahibi tarafından saygıya değer görülecek bu kadar çok adam bulmak imkânsızdır. Hayalî ve gerçek dışı düşünce ve iddialarla, memleketin kendisine dayanabileceği tek kuvveti ve teşkilâtı yıpratacak engellemelere başvurmak, eğer cahilce bir çılgınlık değilse, herhalde bir hainlik olarak kabul edilmelidir. Zâtıdevletlerince de bilinir ki, ilerleme yolunda girişilecek her önemli teşebbüsün, kendine göre önemli sakıncaları vardır. Bu sakıncaların en alt düzeye indirilebilmesi için alınacak tedbir ve yapılacak girişimlerde kusur etmemek gerekir.»

Bundan sonra Efendiler, Teşkilât-ı Esasiye Kanunu yapılırken, sivil ve askerî devlet adamlarıyla Müdafaa-i Hukuk merkezlerinin düşüncelerini almak konusundaki görüşümü de şöyle açıkladım: «Zâtıdevletlerince de bilindiği üzere, bir hükûmet şeklinde yaşıyoruz ve onun bütün şartlarına uymak zorundayız. Kanunun, Meclis komisyonlarından sonra, Genel Kurul'daki tartışmalarıyla ortaya çıkacak şekli üzerinde, uzaktan alınacak düşüncelerle etki yapılamayacağı elbette kabul buyurulur.»

Kâzım Karabekir Paşa, Teşkilât-ı Esasiye Kanunu'nun yapılmasında niçin acele edildiğinin, bunun uygulanmasından doğacak güçlüklerin, nasıl giderileceğinin, hilâfet ve saltanat konusundaki görüşümüzün ne olduğunun açıklanmasını da istemişti. Bu noktalarla ilgili cevaplarımda demiştim ki: «Teşkilât-ı Esasiye Kanunu'nun yapılmasında acelecilik sayılan tutumun sebebi, bütün dünyada ve memleketimizde belirmiş olan halkçılık akımını, sağlam bir şekilde tespit ederek, bu konuda başka türlü katışmalara ([169]) yer vermemek; aynı zamanda yüzyıllardan beri yetersiz kimseler elinde boyuna kötüye kullanılan millet haklarını korumak için, bu hakların asıl sahibi olan millete de söz hakkı tanımak ve bu yüksek düşüncenin gelişmesi için bugünkü olağanüstü şartlardan yararlanmaktır.

Kanunun ne dereceye kadar uygulanabileceğini ölçmek için de, bu işle uğraşmaya fırsat bulacakların azim ve irade yeteneğini hesaba katmak gerekir.

Ortada hilâfet ve saltanat meselesi diye başlıbaşına bir mesele yoktur. Söz konusu olan Padişah'ın haklarıdır. Onun belirlenmesi ve sınırlandırılması için son birkaç yüzyılın tecrübeleri ve devlet kavramındaki millet haklarının gerçek anlamı gözönünde bulundurulmalıdır. Bu konuda şimdilik tespit edilmiş kesin bir kuralımız yoktur.»

Kâzım Karabekir Paşa'nın, grup başkanı olmayıp tarafsız kalmaklığım konusundaki teklifine verdiğim cevapta da, şu düşünceleri ileri sürmüştüm: «İstanbul'daki Meclis-i Meb'usan gibi bir meclisin başkanı değilim. Böyle bile olsa bir partiye bağlı olmak tabiîdir. Halbuki, Büyük Millet Meclisi'nin yürütme yetkisi de bulunduğundan, bir bakıma, hükûmet niteliğindeki bir meclisin başkanı bulunmaktayım. Yürütme yetkisi de bulunan bir başkan için, çoğunluk partisinden olmak pek gereklidir. Buna göre, geniş bir programla ortaya atılmış siyasî bir partinin başkanı da olabilirim. Bütün kimliğimle karışmış bulunduğum Cemiyet'ten ([170]) ayrılmaklığım mümkün olmadığı gibi, o cemiyetten doğmuş olan grup içinde bulunmaklığım da zarurîdir. Aslında grup, hemen hemen Meclis Genel Kurulu'na yakın büyük bir çoğunluğu içine almaktadır. Dışarıda kalanlar, Erzurum milletvekillerinden Celâlettin Arif Bey ve Hüseyin Avni Efen-

169) İhtilâta.
170) Müdafaa-i Hukuk Cemiyeti'nden.

d i ile birkaç benzeri davranışlarında serbest kalmak isteyen birkaç kişiden ibarettir...»

***

İzzet ve Salih Paşa'ların İstanbul'da siyasi görev almayacaklarına söz vermeleri üzerine, İstanbul'a dönmelerine izin verildi

Efendiler, Ankara'da bulunan İ z z e t ve S a l i h P a ş a 'lar bir türlü Ankara'ya ısınamadılar. İstanbul'da ailelerinin yanına gitmelerine izin vermemiz için doğrudan doğruya veya dolaylı yoldan boyuna rica ediyorlar ve İstanbul'a dönüşlerinde, siyasî hiçbir görev almayacaklarına söz veriyorlardı. 1921 yılının Mart ayı başlarında, İ s m e t P a ş a 'nın bazı işler için Ankara'ya gelmiş bulunduğu bir sırada, Paşa'lar ricalarını yenilediler. Bir gün, İ s m e t P a ş a 'nın da katıldığı Bakanlar Kurulu, toplantı halindeyken, A h m e t İ z z e t P a ş a daireye gelerek haber göndermiş ve İ s m e t P a ş a kendisiyle görüşmüştür. İ z z e t P a ş a, bizim teklifimiz üzerine, İstanbul'da görev almayacağına, uzun uzadıya açıklamalarla söz vererek İstanbul'da ailesinin yanına gönderilmesi için izin rica etmiş; S a l i h P a ş a 'nın da aynı şekilde söz vererek serbest bırakılması ricasında bulunduğunu eklemiş.

İ s m e t P a ş a, bu açıklamayı ve bu ricayı Bakanlar Kurulu'na getirdi. Zaten varlıklarının millî işlerimizde yararlı olmadığı, aksine Ankara'da bir yük bir ağırlık olarak bulundukları, üstelik bazı olumsuz akımlara da sebep oldukları anlaşılmış bulunduğundan, Bakanlar Kurulu, bu paşaların İstanbul'a dönmelerinde bir sakınca görmedi. Fakat, 374
ben, A h m e t İ z z e t P a ş a ve arkadaşının verdikleri sözde ciddiyet ve samimiyet olmadığını, İstanbul'a döndükten sonra, mutlaka İstanbul Hükûmeti'nde görev alarak bizi tedirgin etmekte devam edecekleri kanaatinde olduğumu söyledim. «Namusları üzerine söz veriyorlar» dendi. Bu sözlerini yazılı ve imzalı olarak verirlerse müsaade edilebileceğini söyledim. İ s m e t P a ş a, bu teklifimi yanımızdaki odada bekleyen İ z z e t P a ş a 'ya bildirdi. İ z z e t P a ş a, derhal bir kâğıt kalem alarak kabineden çekileceklerini, bir taahhütnâme olarak yazmış ve imzalamış; eğer yanılmıyorsam S a l i h P a ş a 'ya da imzalatmıştır.

Ben, bu kısa taahhütnâmeyi yeterli görmedim. P a ş a 'nın sözle anlattığı anlam ve genişlikte değildi. Hemen, bunun bir aldatmaca olduğuna arkadaşların dikkatini çekerek, «İ s m e t P a ş a 'ya ağızdan anlattıklarını yazarak imza etsin» dedim. İ z z e t P a ş a 'nın ağızdan bu kadar açıklama yapıp söz verdikten sonra, başka maksatla bir taahhüt yazmış olacağı tahmin edilmedi ve bu kısa taahhüdün yeterli görülmesi istendi. İşte İ z z e t ve S a l i h P a ş a 'lar böyle aldatmaca bir belge ile İstanbul'a gitmenin yolunu bulmuşlardır.

İzzet ve Salih Paşalar sözlerinde durmadılar

Gerçekten de, İ z z e t ve S a l i h P a ş a 'lar İstanbul'a varır varmaz istifa ettiler. Fakat, pek kısa bir süre sonra, aynı kabinede diğer nâzırlıklara getirildiler ve bunu bize telgrafla bildirdiler. İstanbul Hükûmeti'nin Hariciye Nâzırlığı'nı üzerine almış olan İ z z e t P a ş a, millet ve memlekete yönelmiş büyük bir kötülüğün önüne geçmek için, hükûmete geldiğini söyleyerek, bize de birtakım öğütler veriyordu. İ z z e t P a ş a 'ya şu cevabı verdim:

İstanbul'da Ahmet İzzet Paşa Hazretleri'ne

Telgrafınızı Zonguldak İstihbarat Müdürü ([171]) vasıtasıyla aldım. Durumunuzu, S a l i h P a ş a Hazretleri'yle birlikte vermiş olduğunuz söze aykırı gördüm. Yalnız bir nokta, bende lehinizde bir kararsızlık uyandırdı. O da, Hükûmet'te bir görev almakta, gerçekten millet ve memlekete yönelmiş büyük bir kötülüğün önüne geçmiş olmanız ihtimalidir. Çünkü Ankara'ya teşrifinizden önce, iyi niyetli ve memlekete yararlı olabileceğiniz ümidiyle görev almış olduğunuzu açıklamak üzere ileri sürdüğünüz sebeplerin ne kadar zayıf olduğunu ilk görüşmemizde anlamış ve itiraf buyurmuştunuz. Telgrafınızda bildirdiğiniz hususlar, size bu yeni durumu benimseten sebepleri yeterli bir açıklıkla göstermiyor. Tavsiye buyurduğunuz hususlardan, millet ve memleket çıkarlarına, yaptığımız antlaşmalara, kısacası Misak-ı Millî'mize uygun olanları, esasen dikkate alınmakta ve gereğinin yapılmasına çalışılmaktadır. Bu bakımdan, genel duruma ve sizlere telkin edilmiş düşüncelere bakarak, daha önce olduğu gibi, bu defa da aldatılmış olmanızdan korkuyorum. Bu tahmin ve muhakememizin yanlışlığını ortaya 375
koyacak açıklamalarınızı öğrenir ve olayların buna uygun olumlu gelişmesine şahit olursak mutlu olacağımızı bilginize sunarım, efendim.

Mustafa Kemal

İ z z e t P a ş a, bu telgrafımıza 6 Temmuz tarihli bir şifreli telgrafla şu karşılığı verdi:

Ankara'da Mustafa Kemal Paşa Hazretleri'ne

S a l i h P a ş a ile birlikte verdiğimiz söz, İstanbul'a dönünce görevimizden çekilmekti. Onu da yerine getirdik. Ömür boyunca devlet hizmeti kabul etmemek ve hele İtilâf Devletleri'nin Yunanistan'a fiilî yardımları, İstanbul'un üs olarak Yunanlılara bırakılması ihtimalinin belirdiği bir kara günde, teklif edilen fedakârlıktan kaçınmak, bizim elimizden gelmeli ve sizce de uygun görülmeli midir, bilmem?... Bilecik ve Ankara'da, tanımadığım kimselerin yanında yapılan konuşmaları uzatmakta sakınca gördüğümden, çekinerek razı olur gibi görünmüştüm. Hattâ dönüşümüzde verdiğim demeçte, olup bitenlerin bütün sorumluluğunu tamamen üstümüze almak gibi bir medenî cesaret de göstermiştim. İlk ko-

171) Haberalma Müdürü.

nuşmalarda hazır bulunan kimselerden birinin, sonradan belli olan durumu, çekinmekte haklı olduğumu da ispat etmiştir. Fakat hiçbir zaman, hiçbir kimse tarafından aldatıldığımı itiraf etmedim. Beni yanınıza kadar getiren uzlaşma düşüncesinden vazgeçmedim. Kabinede yapılan görüşmeler ve kendilerine verdiğim rapor bunu ispat eder. İddia buyurduğunuz gibi gaflet içinde bulunduğumu itiraf şöyle dursun, şimdiki gibi, siyasî olayları kılı kırk yararcasına değerlendirmiş olduğumu görmekle, kendime, düşünce ve görüşlerime güvenim artmıştır. Şu günlerde görev almaklığımızın yararlı olup olmadığını söylemek bana düşmez. Yalnız, bu konuda oraca düşünülen sakınca açıklanırsa minnettar olurum. Buradaki hükûmetin hukukî durumu ve ilgili devletler elçilerinin burada bulunmaları dolayısıyla, bu hükûmetin mevkiinin hiçe indirilmesi ne mümkündür ne de doğrudur. Ancak, şurası da bilinmelidir ki, şimdiki kabinenin büyük bir çoğunluğu bugünle ve gelecekle ilgili hiçbir şahsî emel peşinde değildir; bütün niyet ve düşünceleri vatanın selâmeti içindir. Bundan dolayı, akla yatkın ve uygun bir şekilde Ankara Hükûmeti ile iş ve görüş birliği yapmayı pek samimî olarak istemektedir. Eğer bu samimiyet sizlerce de iyi karşılanırsa değerli hizmet ve yardımlarda bulunabilir. Bu düşünce kabul görmediği takdirde, anlayışsızlıktan doğabilecek kusur ve yanlışların manevî sorumluluğundan kendisini kurtulmuş saydığını arz ederim, efendim.

Ahmet İzzet

Bu telgrafın altına kurşun kalemle şu satırları yazmıştım:

Uygun bir zamanda gerekli işlem yapılmak üzere ilgili belgeler arasında saklanması Bakanlar Kurulu kararı gereğindendir.

Mustafa Kemal

Ahmet İzzet Paşa Türk milletine hizmet etmeyi, Vahdettin'in hizmetinde olmaya tercih edemedi

376 Efendiler, A h m e t İ z z e t P a ş a, ekmeği ve nîmeti ile yetiştiği Türk milletinin içinde kalarak, ona en acı ve kara günlerinde hizmet etmeyi, V a h d e t t i n'in hizmetinde olmaya tercih edememişti. D ü r r î z â d e E s s e y i t A b d u l l a h'ın fetvasına bağlı kalıp, sultanın emri dışına çıkmakla suçlanmaktan ve şeriatın hışmına uğramaktan çekindi. A h m e t İ z z e t P a ş a'nın daha başka marifetleri de olmuştur. Onları da bildireyim:

Savaş bütün hızıyla devam ederken ve milletin maddî ve manevî kuvvetlerini düşman karşısına toplamaya çalıştığımız günlerde, Türk milletinin büyük kuvvetleri ellerine verilmiş olan kimselere de, yazdığı özel mektuplarla ümitsizlik ve bezginlik verecek karamsarlıklarını aşılamakta devam ediyordu. Benim, «düşman ordusunu mutlaka yeneceğiz, vatanı mutlaka kurtaracağız» sözlerimle alay ederek, İkinci İnönü'nden sonra yeniden doğuya Sakarya'ya doğru yürümekte olan Yunan ordusunun hareketini bir gözdağı gibi kullanarak akıl ve anlayış dersi vermekten geri kalmıyordu.

Efendiler, ne gariptir ki, kendisini dev aynasında gören bu kafanın, tuttuğum yolun felâket doğuracağını bildiren bir mektubu, Sakarya'da düşmana karşı taarruz ederek onu geri çekilmeye mecbur ettiğimiz gün, görev icabı bana gösterilmişti. Bu mektup bizi şaşkınlık içinde bırakmıştı.

Ahmet İzzet Paşa, Yunan ordusunun Sakarya'dan ve en sonunda İzmir Körfezi'nden çekildiğini gördükten ve Lozan Barış Antlaşması metnini okuduktan sonra, acaba bana yazdığı 6 Temmuz 1921 tarihli telgrafındaki şu cümleyi:

«İddia buyurduğunuz gibi gaflet içinde bulunduğumu itiraf şöyle dursun, şimdiki gibi siyasî olayları kılı kırk yararcasına değerlendirmiş olduğumu görmekle kendime, düşünce ve görüşlerime güvenim artmıştır» cümlesini yeniden mırıldanmış mıdır?

Ben, buna da ihtimal veririm!

Efendiler, İzzet ve Salih Paşa'lar aylarca Ankara'da oturdular. Millî ilkelerimizi kabul etmek şartıyla, kendilerine millî hizmet ve görev vermeye hazırdık. Yanaşmadıar. Bir defa olsun Millet Meclisi'nin kapısından içeri ayak atmadılar. Fakat herhalde Türkiye Büyük Millet Meclisi'nin çıkardığı kanunlardan haberdar idiler. Bu kanunların hükümlerini, Millet Meclisi'nin ve Hükûmeti'nin İstanbul'a karşı belirmiş olan tutumunu pekâlâ biliyorlardı. Bu kanunlara ve bilinen duruma rağmen, İstanbul'da yeniden işbaşına geçip millî varlığın ve Millî Mücadele'nin değerini ve etkisini yok etmeye, düşmanların elinde oyuncak olan Vahdettin'in hâkimiyetini sağlamaya bütün varlıklarıyla çalışmalarına verilecek gerçek anlamın ne olduğunu ben söylemeyeceğim! Onu Türk milletine ve Türk milletinin bugünkü ve yarınki kuşaklarına bırakırım.

Aziz milletime tavsiyem

Efendiler, sırası gelmişken, aziz milletime şunu tavsiye ederim ki, bağrında yetiştirerek başının üstüne kadar çıkaracağı adamların kanındaki, vicdanındaki öz cevheri çok iyi tahlil etmek dikkatinden bir an geri kalmasın!

Sakarya Meydan Muharebesi

Saygıdeğer Efendiler, olayları Sakarya Meydan Mu- 377
harebesi'ne getirmek istiyorum. Fakat, bunun için müsaade buyurursanız, ufak bir giriş yapacağım. İkinci İnönü Muharebesi'nden sonra, üç ay kadar bir zaman geçti. Ondan sonra 10 Temmuz 1921 tarihinde, Yunan ordusu yeniden cephemize genel taarruza girişti. Bu tarihten önceki günlerde tarafların durumu şöyleydi:

Bizim ordumuz, başlıca Eskişehir ve Eskişehir'in kuzey-batısındaki İnönü mevzileri ile Kütahya-Altıntaş dolaylarında yığınak yapmıştı. Afyonkarahisar dolaylarında iki tümenimiz vardı. Geyve ve Menderes dolaylarında da birer tümenimiz bulunuyordu.

Yunan ordusu da, Bursa'da bir, Uşak doğusunda iki kolordusunu toplu olarak bulunduruyordu. Menderes'te de bir tümeni vardı.

Yunanlıların bu taarruzu ile başlayan ve Kütahya - Eskişehir Muharebeleri adıyla anılan bir sıra muharebeler vardır. Bunlar on beş gün sürmüştür. Ordumuz 25 Temmuz 1921 akşamı büyük kısmıyla Sakarya'nın doğusuna çekilmişti. Ordumuzun çekilmesini zarurî kılan sebeplerin başlıcasına işaret edeyim:

İkinci İnönü Muharebesi'nden sonra genel seferberlik yapmış olan Yunan ordusu, insan, tüfek, makineli tüfek ve top sayısı bakımından ordumuzdan önemli derecede üstündü. Temmuzda, Yunan ordusu taarruza geçtiği zaman millî hükûmetin durumu ve Millî Mücadele'nin gelişmesi, bizim genel seferberlik ilân ederek, milletin bütün kaynak ve imkânlarını, başka bir şey düşünmeden düşman karşısında toplamaya daha elverişli ve yeterli görülmemişti. İki ordu arasındaki kuvvet, vasıta ve şartlar bakımından kendini gösteren nispetsizliğin elle tutulur başlıca sebebi budur. Bunun sonucu olarak, biz, daha tümenlerimizin taşıt araçlarını bile tamamlayamadığımızdan, bunların hareket güçleri yoktu. Yunan milletinin bütün kuvvetiyle yaptığı bu taarruz karşısında, bizim askerlik bakımından asıl görevimiz, Millî Mücadele'nin başından beri yürütegeldiğimiz görev idi ki, o da, her Yunan taarruzu karşısında kaldıkça, bu taarruzu direnerek ve uygun hareketler yaparak durdurup etkisiz bırakmak ve yeni orduyu kurmak için zaman kazanmak şeklinde özetlenebilir. Son düşman taarruzu karşısında da, bu aslî görevi gözden uzak tutmamak şarttı. Bu düşünceyle, 18 Temmuz 1921 tarihinde, İsmet Paşa'nın Eskişehir'in güney - batısında, Karacahisar'da bulunan karargâhına giderek, durumu yakından inceledikten sonra, İsmet Paşa'ya genel olarak şu direktifi vermiştim: «Orduyu, Eskişehir'in kuzey ve güneyinde topladıktan sonra, düşman ordusuyla aramızda büyük bir açıklık bırakmak gerekir ki, orduyu derleyip toparlamak ve güçlendirmek mümkün olabilsin. Bunun için Sakarya'nın doğusuna kadar çekilmek yerindedir. Düşman hiç durmadan takip ederse, hareket üssünden uzaklaşacak ve yeniden menzil hatları kurmaya mecbur olacak; herhalde beklemediği birçok güçlüklerle karşılaşacak; buna karşılık bizim ordumuz toplu bulunacak ve daha elverişli şartlara sahip olacaktır. Bu şekildeki çekilişimizin en büyük sakıncası, Eskişehir gibi önemli yerlerimizi ve birçok topraklarımızı düşmana bırakmaktan dolayı kamuoyunda doğabilecek manevî sarsıntıdır. Fakat kısa 378
zamanda elde edebileceğimiz başarılı sonuçlarla, bu sakıncalar kendiliğinden ortadan kalkacaktır. Askerliğin gereğini kararsızlığa düşmeden uygulayalım. Başka türden sakıncalara karşı koyabiliriz.»

Ordunun başına geçmemi isteyenler

Efendiler, gerçekten de tahmin ettiğim manevî sakıncalar hemen kendini gösterdi. İlk duyarlık Meclis'te belirdi. Özellikle muhalifler, kötümser nutuklarla feryada başladılar: «Ordu nereye gidiyor; millet nereye götürülüyor? Bu gidişin elbette bir sorumlusu vardır; o neredthough? Onu göremiyoruz. Bugünkü acıklı ve korkunç durumun asıl sorumlusunu ordunun başında görmek isterdik» diyorlardı. Bu şekilde konuşan kimselerin dolaylı yoldan kastettikleri şahsın ben olduğuma şüphe yoktu.

En sonunda, Mersin Milletvekili Salâhattin Bey, kürsüden benim adımı söyleyerek: «Ordunun başına geçsin!» dedi. Bu teklife katılanlar çoğaldı. Buna karşı olanlar da vardı.

Efendiler, bu görüş ayrılıklarının sebepleri üzerinde biraz açıklamada bulunmak uygun olur. Bir defa, benim doğrudan doğruya ordunun başına geçmem teklifinde bulunanların düşünce ve maksatlarını ikiye ayırmak mümkündür. Benim ve benimle birlikte birçoklarının o zaman anladığımıza göre, birtakım kimseler, artık ordunun büsbütün yenildiğine, durumun iadesine imkân kalmadığına, bundan dolayı da dâvânın, güttüğümüz millî dâvânın kaybedildiği yargısına varmışlardı. Bu sebeplerle duydukları öfke ve hıncın acısını benden almak istiyorlardı. İstiyorlardı ki, kendi zanlarına göre bozguna uğramış ve bozgunu devam edecek olan ordunun başında benim de şahsiyetim bozguna uğrasın! Diğer birtakım kimseler, diyebilirim ki çoğunluk, bana karşı duydukları güven dolayısıyla, samimî olarak ordunun başına geçmemi arzu ediyorlardı.

Şimdilik komutanlığı fiilî olarak üzerime almamı sakıncalı görenlerin de düşüncesi şuydu:

Ordunun bundan sonraki herhangi bir savaşta başarı kazanamayıp yeniden geri çekilmesi, uzak bir ihtimal değildir. Bu durumlarda ben, fiilen ordunun başında bulunursam, genel kanaate göre son ümidin de yitirilmiş olduğu gibi bir inanç doğabilir. Oysa, genel durum, daha son tedbir, son çare ve son kuvvetlerin feda edilmesini gerektirecek bir nitelikte değildir. Bundan dolayı, kamuoyunda son ümidin korunabilmesi için benim askerî harekâtı şahsen yürütme zamanım gelmemiştir.

Başkomutanlığı kabul ediyorum

Ben, görüşmeler ve tartışmalarla ortaya çıkan bu görüşleri, gerektiği kadar gözönünde tutuyor ve inceliyordum. Son görüşü savunanlar, mantığa dayanan kuvvetli sebepler ileri sürüyorlardı. Samimiyetsiz isteklerde bulunanların yaygaraları, başkomutanlığı üzerime almamı içtenlikle teklif edenlerde, derin ve kaygı verici etkiler yapmaya başladı. Benim fiilen başkomutanlığı üzerime almam, bütün Meclis'te son çare ve son tedbir olarak görüldü.

Meclis'in bu görüşü çabucak Meclis dışında da yayıldı. Benim ses çıkarmayışım ve komutayı fiilen üzerime almaya yanaşmayışım, adeta felâketin kesin ve yakın olduğu düşünce ve inancını yaygın bir duruma getirdi. Bunu anlar anlamaz derhal kürsüye çıktım.

Efendiler, bu anlattığım durum, 4 Ağustos 1921 günü bir gizli oturumda geçiyordu. Üyelerin bana karşı gösterdikleri yakınlık ve güvene teşekkür ettikten sonra, Başkanlık makamına şöyle bir önerge verdim:

Türkiye Büyük Millet Meclisi Yüce Başkanlığına 379

Meclisin pek sayın üyelerinin genel olarak beliren istek ve talepleri üzerine, Başkomutanlığı kabul ediyorum. Bu görevi şahsen üzerime almaktan doğacak yararları azamî çabuklukla elde edebilmek, ordunun maddî ve manevî gücünü en kısa zamanda artırıp en yüksek seviyeye çıkarmak, sevk ve idaresini bir kat daha kuvvetlendirmek için, Türkiye Büyük Millet Meclisi'nin sahip olduğu yetkileri, fiilen kullanmak şartıyla üzerime alıyorum. Ömrüm boyunca, millî hâkimiyetin en sadık bir kulu olduğumu millete bir defa daha gösterebilmek için, bu yetkinin üç ay gibi kısa bir süreyle sınırlandırılmasını ayrıca rica ederim.

Türkiye Büyük Millet Meclisi
Başkanı
Mustafa Kemal

Başkomutanlığına yapılan itirazlar

Efendiler, bu önergem, doğruluktan yanaymış gibi görünerek tekliflerde bulunanların gizli düşüncelerini açığa vurmalarına yol açtı. Derhal itirazlar başladı. «Bir defa, Başkomutanlık ünvanını veremeyiz» dediler. «O, Büyük Millet Meclisi'nin manevî şahsiyeti içindedir. Başkomutan Vekili denilmelidir.»

İkinci olarak, «Meclis'in yetkilerini kullanmak gibi bir imtiyazın verilmesi asla söz konusu olamaz» düşüncesini ileri sürdüler.

Ben, padişah ve halifeler tarafından verilegelmiş eski bir ünvanı takınamayacağımı; yerine getireceğim görev, fiilen başkomutanlık olduğuna göre, bu ünvanı olduğu gibi vermekten kaçınmanın yersizliğini ileri sürerek görüşümde direndim. Durum, Meclis'in değerlendirdiği ve belirttiği gibi olağanüstü olduğuna göre, benim de alacağım kararların ve yapacağım işlerin olağanüstü olması gerekeceğine şüphe yoktu. Düşünce ve kararlarımı çabuk ve sert bir şekilde yürütmek ve uygulamak zarureti vardı. Hükûmetten ve Meclis'ten izin istemekle doğacak gecikmelere durum elverişli olmayabilirdi. Bütün memleketi ve memleketin bütün kaynaklarını ilgilendiren emir ve tebliğlerim için, her işin ilgili bakanından veya Bakanlar Kurulu'ndan olur ve izin almak, benim yapacağım Başkomutanlıktan beklenen yararları sağlayamazdı. Onun için kayıtsız ve şartsız emir verebilmeliydim. Bunun için de Büyük Millet Meclisi'nin yetkisi benim kişiliğimde belirmeliydi. Bunu, başarı için zarurî görüyordum. Onun için bu noktada ısrar ettim.

S a l â h a t t i n Be y, H u l û s i B e y gibi birtakım milletve-
killeri, Meclis'in, kendi yetkisini bir başkasına vermekle işleyemez duru-
ma geleceğinden, milletten aldığı vekâleti başkasına devretme hakkı bu-
lunmadığını ve aslında orduya komuta edecek bir kimseye Meclis'e ait
yetkilerin verilmesinin söz konusu olamayacağını, buna gerek de olma-
dığını belirttiler. Meclis'in yetkisini kullanabilecek bir kimseye, milletve- 380
killerinin şahsen güvenemeyecekleri ihtimalinden söz edenler de oldu.

Ben bu düşüncelerin hiçbirine karşı çıkmadım. Hepsini doğru bulduğumu belirttim. Meclis'in bu noktayı çok dikkatle ve önemle düşünüp incelemesini söyledim. Yalnız, şahıslarından korkanların, telâşlarına yer olmadığını söyledim. 4 Ağustosta bu konu bir karara bağlanamadı. Görüşme, 5 Ağustos 1921 günü de devam etti. Bugün bazı milletvekillerindeki kararsızlığın iki noktada toplandığı anlaşıldı. Birincisi : Meclis'in varlığının herhangi bir şekilde iş göremez duruma getirilmesi; ikincisi de üyelerden herhangi biri için keyfî ve kanunsuz işlem yapılması...

Bu şüphe ve kararsızlıkları giderecek şekilde konuştuktan ve açıklamalar yaptıktan sonra, yapılacak kanuna da bu hususlarla ilgili bağlayıcı hükümler konmasının yerinde olduğunu belirttim ve vermiş olduğum önergeyi buna göre bazı maddeler haline getirerek bir tasarı şeklinde Meclis'e sundum. İşte bu tasarı maddeleri üzerinde yapılan görüşmeler sonunda, bana Başkomutanlık ünvanının verilmesiyle ilgili, 5 Ağustos 1921 tarihli kanun çıktı. Bu kanunun ikinci maddesine göre bana verilmiş olan yetki şuydu :

«Başkomutan, ordunun maddî ve manevî gücünü büyük ölçüde artırmak, sevk ve idaresini bir kat daha sağlamlaştırmak için Türkiye Büyük Millet Meclisi'nin bununla ilgili yetkisini Meclis adına fiilen kullanabilir.»

Bu maddeye göre benim vereceğim emirler kanun olacaktı.

Efendiler, bu ünvanın verilişinden dolayı, «Meclis'in bana karşı gösterdiği güvene lâyık olduğumu az zamanda ispatlamayı başaracağım» dedikten sonra, Meclis'ten bazı ricalarda bulundum : Örnek olarak, Millî Savunma Bakanlığı ve Genelkurmay Başkanlığı görevlerini yapmakta olan F e v z i Pa ş a H a z r e t l e r i'nin yalnız Genelkurmay'ın işleri ile uğraşabilmesi için, İçişleri Bakanlığı görevinde bulunan R e f e t P a ş a'nın Millî Savunma Bakanlığı'na getirilmesi ve onun yerine bir başkasının seçilmesi gibi...

Özellikle, Meclis'in ve Bakanlar Kurulu'nun içeriye ve dışarıya karşı sükûnet içinde ve çok güçlü bir durum ve görünüşte kalmasının önemli olduğunu, ufak tefek sebeplerle Bakanlar Kurulu'nu sarsmanın doğru olmadığını arz ettim. Kanun teklifi, o gün açık oturumda okundu. Öncelikle görüşüldü ve ad okunarak oylandı. Oy birliğiyle kabul edildi.

Bu münasebetle yaptığım kısa bir konuşmanın bir iki cümlesini, tekrar etmeme müsaade buyurmanızı rica ederim. O cümleler şunlardı:

«Efendiler, zavallı milletimizi esir etmek isteyen düşmanları mutlaka yeneceğimize olan güven ve inancım bir dakika olsun sarsılmamıştır. Şu dakikada, bu kesin inancımı yüksek hey'etinize karşı, bütün millete karşı bütün dünyaya karşı ilân ederim.»

Başkomutanlığı fiilî olarak üzerime aldım

Saygıdeğer Efendiler, Başkomutanlığı fiilî olarak üzerime aldıktan sonra birkaç gün Ankara'da çalıştım.

Genelkurmay Başkanlığı'nın ve Millî Savunma Bakanlığı'nın bütün kadrosu ile Başkomutanlık karargâhını kurdum. Bu iki makamın ortak 381 çalışmalarını Başkomutanlıkta uyumlu bir şekilde birleştirmek; bundan başka orduyu ilgilendiren ve Başkomutanlık yoluyla çözümü gereken öteki bakanlıklara ait işleri yürütebilmek için de yanımda küçük bir büro kurdum.

Ankara'daki çalışmalarım, yalnız, ordunun insan ve taşıt araçları bakımından gücünün artırılması, yiyecek ve giyeceğinin sağlanıp düzene konmasıyla ilgili tedbirler almak ve hazırlıklar yapmakla geçti.

Millî vergiler emri

Bu sözünü ettiğim hususları gerçekleştirmek için iki gün içinde, 7, 8 Ağustos 1921 tarihlerinde, **Tekâlif-i Milliye Emri** (172) adı altında yaptığım genel tebliğlerden her biri için kısaca bilgi vereyim. Bir savaşın kazanılmasında en küçük şeylerin bile dikkate alınması gerektiğini gösterebilmek için bunları bilginize sunmayı yararlı bulurum:

«1 sayılı» emrimle her ilçede bir **Tekâlif-i Milliye Komisyonu** (173) kurdurdum. Bu komisyonlarca toplanan malzemenin, ordunun çeşitli bölümlerine dağıtım şeklini düzenledim.

«2 sayılı» emrime göre, vatanın her ailesi birer kat çamaşır, birer çift çorap ve çarık hazırlayıp **Tekâlif-i Milliye Komisyonu'na** teslim edecekti.

«3 sayılı» emrimle, tüccarın ve halkın elinde bulunan çamaşırlık bez, amerikan, patiska, pamuk, yıkanmış ve yıkanmamış yün ve tiftik, erkek elbisesi dikmeye yarayan her türlü kışlık ve yazlık kumaş, kalın

---

172) Millî Vergiler Emri.

173) Millî Vergiler Komisyonu.

bez, kösele, vaketa, (174) taban astarlığı, sarı ve siyah meşin, sahtiyan, dikilmiş ve dikilmemiş çarık, potin, demir kundura çivisi, tel çivi, kundura ve saraç ipliği, nallık demir ve yapılmış nal, mıh, yem torbası, yular, belleme, kolan, kaşağı, gebre, semer ve urgan stoklarından yüzde kırkına, bedeli sonradan ödenmek üzere el koydum.

«4 sayılı» emrimle, eldeki buğday, saman, un, arpa, fasulye, bulgur, nohut, mercimek, kasaplık hayvan, şeker, gaz, pirinç, sabun, yağ, tuz, zeytinyağı, çay, mum stoklarından yine yüzde kırkına, bedeli sonradan ödenmek üzere el koydum.

«5 sayılı» emrimle, ordu ihtiyacı için alınan taşıt araçları dışında, halkın elinde kalan taşıt araçlarıyla, yüz kilometrelik bir uzaklığa kadar, ayda bir defa olmak üzere, parasız askerî ulaşım yapılmasını mecbur tuttum.

«6 sayılı» emrimle, ordunun giyimine ve beslenmesine yarayan bütün sahipsiz mallara el koydum.

«7 sayılı» emrimle, halkın elinde bulunan savaşta işe yarar bütün silâh ve cephânenin üç gün içinde teslimini istedim.

«8 sayılı» emirle, benzin, vakum, gres, makine, don, saatçi ve taban yağları, vazelin, otomobil ve kamyon lâstiği, solisyon, buji, soğuk tutkal, Fransız tutkalı, telefon makinesi, kablo, pil, çıplak tel, yalıtkan maddeler ve bunlar türünden malzeme ve asit sülfürik stoklarının yüzde kırkına el koydum.

«9 sayılı» emirle demirci, marangoz, dökümcü, tesviyeci, saraç, 382
arabacı esnafları ve imalâthaneleriyle, bu esnaf ve imalâthanelerin iş çıkarabilme güçleri ve kasatura, kılıç, mızrak ve eyer yapabilecek ustaların adlarıyla birlikte sayılarını ve durumlarını tespit ettirdim.

«10 sayılı» emirle, halkın elinde bulunan dört tekerlekli yaylı araba, dört tekerlekli at ve öküz arabalarıyla, kağnı arabalarının bütün takım ve hayvanlarıyla birlikte binek ve topçeker hayvanlarının, katır ve yük hayvanlarının, deve ve eşek sayısının yüzde yirmisine el koydurdum.

Efendiler, emirlerimin ve tebliğlerimin yerine getirilmesi için kurduğum İstiklâl Mahkemeleri'ni Kastamonu, Samsun, Konya, Eskişehir bölgelerine gönderdim. Ankara'da da bir mahkeme bulundurdum.

Cephe karargâhına hareket

Ondan sonra Efendiler, 12 Ağustos 1921 günü, Genelkurmay Başkanı F e v z i P a ş a Hazretleriy'le birlikte Polatlı'ya cephe karargâhına gittim.

---

174) İnce meşin.

Düşman ordusunun cephemize yüklenerek sol kanadımızdan kuşatacağı yargısına varmıştık. Bu görüşe dayanarak tam bir cesaretle gerekli tedbirleri aldırdım ve yapılacak hazırlıkları yaptırdım. Olaylar görüşümüzü doğruladı. Düşman ordusu, 23 Ağustos 1921'de ciddî olarak cephemize doğru ilerlemeye başladı ve taaruza geçti. Birçok kanlı, bunalımlı safhalar ve dalgalar oldu. Düşman ordusunun üstün grupları, savunma hattımızın birçok parçalarını kırdılar. Bu ilerleyen düşman birliklerinin karşısına kuvvetlerimizi yetiştirdik.

Meydan muharebesi yüz kilometrelik cephe üzerinde oluyordu. Sol kanadımız, Ankara'nın elli kilometre güneyine kadar çekilmişti. Ordumuzun yönü batıya iken güneye döndü. Arkası Ankara'ya iken kuzeye çevrildi. Cephenin yönü değiştirilmiş oldu. Bunda hiçbir sakınca görmedik. Savunma hatlarımız kısım kısım kırılıyordu. Fakat kırılan her kısmın yerine en yakın bir yerde hemen yeni bir savunma hattı kuruluyordu. Savunma hattına çok ümit bağlamak ve onun kırılmasıyla, ordunun büyüklüğü ölçüsünde çok gerilere çekilmek gerektiği teorisini çürütmek için memleket savunmasını başka türlü ifade etmeyi ve bu ifademde direnerek şiddet göstermeyi yararlı ve etkili buldum. Dedim ki:

Savunma hattı yoktur savunma sathı (175) vardır

«Savunma hattı yoktur, savunma sathı vardır. O satıh bütün vatandır (176). Vatanın her karış toprağı vatandaşın kanıyla ıslanmadıkça terk olunamaz. Onun için küçük büyük her birlik bulunduğu mevziden atılabilir. Fakat küçük büyük her birlik, ilk durabildiği noktada yeniden düşmana cephe kurup savaşa devam eder. Yanındaki birliğin çekilmeye mecbur olduğunu gören birlikler ona tâbi olamaz. Bulunduğu mevzide sonuna kadar dayanmaya ve karşı koymaya mecburdur.»

İşte ordumuzun her ferdi, bu sistem içinde her adımda en büyük fedakârlığını göstererek ve düşmanın üstün kuvvetlerini yıpratıp yok ederek, sonunda onu, taarruzuna devam güç ve kudretinden yoksun bir duruma getirdi.

Muharebe durumunun bu safhasını sezer sezmez hemen özellikle sağ kanadımızla Sakarya ırmağı doğusunda düşman ordusunun sol kanadına ve daha sonra cephenin önemli yerlerinde karşı taarruza geçtik. Yunan ordusu yenildi ve geri çekilmeye mecbur oldu. 13 Eylül 1921 günü Sakarya ırmağının doğusunda düşman ordusundan eser kalmadı. Böylece 383
23 Ağustos gününden 13 Eylül gününe kadar, bu günler de dahil olmak üzere, **yirmi iki gün yirmi iki gece** aralıksız devam eden **büyük ve kanlı**

---

175) Satıh: alan.
176) Hatt-ı müdafaa yoktur, sath-ı müdafaa vardır. O satıh bütün vatandır.

Sakarya Meydan Muharebesi (177) yeni Türk devletinin tarihine, dünya tarihinde pek az rastlanan büyük bir meydan muharebesi örneği kaydetti.

Saygıdeğer Efendiler, Başkomutanlık görevini fiilen üzerime aldığım zaman, Meclis'e ve millete mutlaka başaracağımız yolundaki kesin inancımı arz ve ilân etmekle ve bu inancımı, varlığımın bütün haysiyetini ortaya atarak gerçekleştirmekle ilk manevî görevimi yapmış olduğumu sanırım. Ondan sonra, önemli maddî görevlerim de vardı. Onlardan biri, savaş ve muharebe karşısında millete aldırmaya mecbur olduğum durum idi.

Bütün Türk milletini cephede bulunan ordu kadar, duygu, düşünce ve hareket bakımından savaşla ilgilendirmeliydim

Bildiğiniz gibi savaş ve muharebe demek; iki milletin, yalnız iki ordunun değil, iki milletin bütün varlıklarıyla, bütün maddî ve manevî kuvvetleriyle, biribiriyle karşı karşıya gelmesi ve biribiriyle vuruşması demektir. Bunun içindir ki, bütün Türk milletini cephede bulunan ordu kadar duygu, düşünce ve hareket bakımından savaşla ilgilendirmeliydim. Yalnız düşman karşısında bulunanlar değil, köyünde, evinde, tarlasında bulunan herkes, milletin her ferdi silâhla vuruşan savaşçı gibi kendini görevli sayarak bütün varlığını yalnız mücadeleye verecekti. Bütün maddî ve manevî varlığını vatan savunmasına vermekte ağır davranan ve titizlik göstermeyen milletler, savaş ve muharebeyi gerçekten göze almış ve başarabileceklerine inanmış sayılmazlar.

Gelecekteki harplerin tek başarı şartı da en çok bu arz ettiğim noktaya bağlı olacaktır. Avrupa'nın askerlik bakımından ileri durumda olan büyük milletleri, daha şimdiden bu tutumu kanun haline getirmeye başlamışlardır. Biz, Başkomutan olduğumuz zaman, Meclis'ten bir vatanı savunma kanunu istemedik. Fakat, Meclis'ten aldığımız yetkiye dayanarak bu amacı kanun niteliğindeki belirli emirlerle sağlamaya çalıştık. Millet, bundan sonra, bugüne kadar olan tecrübeleri de dikkatle gözden geçirerek aziz vatana taarruzu imkânsız kılan sebep ve şartları daha açık ve daha kesin olarak tespit eder.

Büyük Millet Meclisi'nce bana «Mareşal» rütbesiyle «Gazi» ünvanının verilmesi

Efendiler, diğer bir görevim de, ordu içinde, muharebe safları arasında bizzat muharebeye katılmak ve savaşı bizzat yönetmekti. Bunu da gücümün yettiği ölçüde, hattâ bir kaza sonucu sol kaburga kemiklerimden birinin kırılmış olmasına rağmen, bütün varlığımla en iyi şekilde yapmaya çalıştığımı sanırım. Sakarya Muharebesi'nin sonuna kadar askerî bir rütbem yoktu. Ondan sonra, Bü-

---

177) Sakarya Melhame-i Kübrâsı.

yük Millet Meclisi'nce bana «Mareşal »rütbesiyle «Gazi» ünvanı verildi. Osmanlı Devleti'nin rütbesinin, yine o devlet tarafından geri alınmış olduğunu biliyorsunuz.

Fransız Hükûmeti ile yapılan görüşmeler ve Ankara Anlaşması

Efendiler, Sakarya Zaferinden sonra, Batı ile yaptığımız olumlu ve verimli temas ve görüşmeler Ankara Anlaşması ([178]) ile sonuçlanmıştır. Bu anlaşma Ankara'da, 20 Ekim 1921'de imza edilmiştir. Bu konuda özet halinde bir bilgi vermek için, kısa bir açıklamada bulunayım:

Bekir Sami Bey'in başkanlığındaki delegeler hey'etinin gittiği Londra Konferansı'ndan sonra, bildiğiniz üzere, İkinci İnönü Zafe- 384
riyle sonuçlanan Yunan taarruzu geri püskürtülmüştü. Bir zaman için, askerî durum sakinleşti. Rusya ile, Moskova Anlaşması imzalanmış ve doğudaki durumumuz açıklık kazanmıştı. İtilâf Devletleri'nden de millî ilkelerimize saygılı olabileceklerle anlaşmanın yararlı olacağı düşünülmekteydi. Adana, Antep ve dolaylarını yabancı işgalinden kurtarmak, bizce önemli görülmekteydi.

Çeşitli sebeplerle, Suriye'den başka, bu adı geçen illeri işgalleri altında bulunduran Fransızların da, bizimle anlaşma eğiliminde oldukları anlaşılıyordu. Gerçi, Bekir Sami Bey'in, Mösyö Briand (Briyan)'la yaptığı fakat millî olmayan anlaşma reddedilmiş idiyse de, ne Fransızlar ne de biz çarpışmaları sürdürmeye istekli değildik. Bu yüzden her iki taraf biribiriyle görüşme yollarını aramaya başladı. Fransız Hükûmeti, eski bakanlardan Mösyö Franklin Bouillon (Franklen Buyon)'u önce gayri resmî olarak Ankara'ya göndermişti. 9 Haziran 1921 tarihinde Ankara'ya gelen Mösyö Franklin Bouillon ile Dışişleri Bakanı Yusuf Kemal Bey ve Fevzi Paşa Hazretleri'nin de katılmasıyla, bizzat iki hafta süren görüşmeler yaptım.

Biribirimizi tanımakla geçen özel bir buluşmadan sonra, 13 Haziran 1921 Pazartesi günü, Ankara istasyonundaki bana ait dairede yaptığımız ilk toplantıda görüşmelerimizin hareket noktasını belirtmek gerektiğinden söz ederek konuşmaya başladık. Ben, bizim için hareket noktasının Misak-ı Millî'de tespit edilen ilkeler olduğunu ortaya attım.

Mösyö Franklin Bouillon, ilkeler üzerindeki tartışmanın güçlüklerini ileri sürerek, Sévres Antlaşması'nın bir oldubitti olarak ortada bulunduğunu söyledikten sonra, Londra'da Bekir Sami Bey'le Mösyö Briand'ın yaptıkları anlaşmayı temel almanın ve

---

178) Ankara İtilâfnâmesi.

bu anlaşmanın Misak-ı Millî'ye aykırı olan noktaları üzerinde tartışmanın yerinde olacağı görüşünü savundu. Bu teklifinde haklı olduğunu göstermek için, Londra'ya giden delegelerimizin Misak-ı Millî'den söz etmediklerini, Misak-ı Millî'nin ve Millî Mücadele'nin, değil Avrupa'da, daha İstanbul'da bile değeri anlaşılamamış olduğunu söyledi.

Ben verdiğim cevaplarda dedim ki : «Eski Osmanlı İmparatorluğu'ndan yeni bir Türk Devleti doğmuştu. Bunu tanımak gerekir. Bu yeni Türkiye, her bağımsız devlet gibi haklarını tanıtacaktır. Sévres Antlaşması Türk milleti için öylesine uğursuz bir idam kararnâmesidir ki, onun bir dost ağzından çıkmamasını dileriz. Bu konuşmamız sırasında bile Sévres Antlaşmasını ağzıma almak istemem. Sévres Antlaşması'nı kafasından çıkarmayan milletlerle güven temeline dayanan ilişkilere girişemeyiz. Bize göre böyle bir antlaşma yoktur. Londra'ya giden delege hey'etimizin başkanı eğer bundan bahsetmemişse, verdiğimiz talimat ve yetki çerçevesinde hareket etmemiş demektir. Yanlış iş görmüştür. Bu yanlışlık yüzünden Avrupa ve özellikle Fransız kamuoyunda ters etkiler doğduğu görülüyor. Bekir Sami Bey'in gittiği yoldan hareket edersek, biz de aynı yanlışlığı yapmış oluruz. Avrupa'nın Misak-ı Millî'den haberdar olmamasına imkân yoktur. Avrupa Misak-ı Millî deyimini öğrenmemiş olabilir. Fakat, yıllardan beri kan döktüğümüzü gören Avrupa ve bütün dünya, şu kanlı mücadelelerin neden ileri geldiğini elbette dü- 385
şünmektedir. İstanbul'un Misak-ı Millî'den ve Millî Mücadele'den haberi olmadığı yolundaki sözler doğru değildir. İstanbul halkı, bütün Türk milleti gibi, Millî Mücadele'yi bilmektedir ve ondan yanadır. Bu mücadeleyi bilmezlikten gelen ve ona karşı görünen kimselerle bunların yardakçıları azdır ve milletçe de tanınmaktadır.»

Franklin Bouillon, Bekir Sami Bey'in kendisine verilen talimat ve yetki dışına çıkarak hareket etmiş olduğu yolundaki sözlerim üzerine dediler ki, «bunu açıklayabilir miyim?» Sözlerimi istediği yerlere bildirip anlatabileceğini söyledim. Mösyö Franklin Bouillon, Bekir Sami Bey'le yapılan anlaşmadan ayrılmamak için mazeret ileri sürerken, Bekir Sami Bey'in bir Misak-ı Millî olduğundan ve onun sınırları dışına çıkamayacağından söz etmediğini, eğer bundan söz etmiş olsaydı, o zaman ona göre görüşülüp gerektiği şekilde hareket edilebileceğini; ancak, şimdi durumun güçleştiğini tekrarladı. Batıdaki kamuoyu, bu Türkler, delegeleri vasıtasıyla bunu niçin dile getirmemişler de şimdi yeni yeni meseleler çıkarıyorlar» diyeceklerdir.

Nihayet, uzun görüşme ve tartışmalardan sonra, Mösyö Franklin Bouillon, Misak-ı Millî'yi okuyup anladıktan sonra yeniden görüşmek üzere, toplantının ertelenmesini teklif etti. Ondan sonra Misak-ı Millî'nin maddeleri baştan sona kadar birer birer okunarak görüşme ve tartışmaya devam edildi. Üzerinde en çok durulan nokta, kapitülasyonların kaldırılması ve istiklâlimizin tam olarak sağlanmasını isteyen madde oldu. Mösyö Franklin Bouillon, bu meselelerin incelenmesi ve üzerinde durulması gerektiğini bildirdi. Ben bu noktaya cevap verdim. Söylediklerimin özeti şuydu: «Tam istiklâl, bizim bugün üzerimize aldığımız görevin can damarıdır. Bu görev, bütün millete ve tarihe karşı yüklenilmiştir. Bu görevi yüklenirken, ne ölçüde başarılabileceği üzerinde hiç şüphe yok ki çok düşündük. Fakat sonunda vardığımız kanaat ve inanç, bunda başarılı olabileceğimizdir. Biz, böyle işe başlamış adamlarız. Bizden öncekilerin yaptıkları yanlışlıklar yüzünden, milletimiz sözde var sanılan istiklâline gerçekte sahip değildi. Şimdiye kadar Türkiye'yi medeniyet dünyasında kusurlu gösteren neler düşünülebilirse, hep bu yanlışlıktan ve bu yanlışlığa boyun eğmekten ileri gelmektedir. Bu yanlışlığa boyun eğmenin sonucu, mutlaka, memleket ve milletin bütün haysiyetini ve bütün yaşama kabiliyetini kaybetmesine ve ondan yoksun kalmasına yol açabilir. Biz, yaşamak isteyen, haysiyet ve şerefiyle yaşamak isteyen bir milletiz. Bir yanlışlığa boyun eğme yüzünden bu vasıflardan yoksun kalmaya katlanamayız. Aydın olsun cahil olsun, istisnasız milletimizin bütün fertleri, belki işin içindeki güçlüğü iyice kavramamış olsalar bile, bugün yalnız tek bir nokta etrafında toplanmış ve fakat sonuna kadar kanını akıtmaya karar vermiştir. O nokta, istiklâlimizin tam olarak kazanılması ve devam ettirilmesidir.

Tam istiklâl demek, elbette, siyasî, malî, iktisadî, adlî, askerî, kültürel v.b. her alanda tam bir bağımsızlığa ve hürriyete kavuşmak demektir. Bu saydıklarımın herhangi birinde istiklâlden yoksun kalmak, millet ve memleketin gerçek anlamıyla bütün istiklâlinden yoksun kalması demektir.

Biz, bunu elde etmeden barış ve huzura kavuşacağımız inancında
değiliz. Şekil ve usullere uyarak barış yapabiliriz, anlaşma yapabiliriz. 386
Ancak, istiklâlimizi tam olarak sağlamayacak olan bu gibi barışlar, uyuşma ve anlaşmalarla, milletimiz hiçbir vakit varlığına ve huzura kavuşamayacaktır. Belki de silâhlı mücadelesini bırakarak, yıkıma sürüklenmeye razı olacaktır. Eğer milletimiz buna razı olsaydı, bunu kabul edebilecek yaratılışta bulunsaydı, iki yıldan beri mücadele etmeye hiç de gerek kalmazdı. Daha ateşkes anlaşmasının ertesinde harekete geçmemek olabilirdi.

Mösyö Franklin Bouillon, bu sözlerim karşısında, ciddî ve samimî olarak bazı görüşler ileri sürdü ve en sonunda da bunun zaman meselesi olduğu görüşünü belirtti.

Efendiler, Mösyö Franklin Bouillon ile önemli ve ikinci derecede kalan sorunlar üzerinde günlerce ve günlerce görüştük.

Sonuç olarak biribirimizi, düşüncelerimizle, duygularımızla ve tutumlarımızla anlayabildik sanırım. Fakat Fransız Hükûmetiyle Türk Millî Hükûmeti arasında, kesin anlaşma noktalarının tespit edilebilmesi için biraz daha zaman geçmesi zarurî oldu. Ne bekleniyordu? Belki de, Türk millî varlığının Birinci ve İkinci İnönü Muharebesi'nden sonra daha büyücek bir eserle ispatlanmış olması!.. Gerçekten de, Mösyö Franklin Bouillon'un kesin karara vararak imza ettiği Ankara Anlaşması, büyük ve kanlı Sakarya Meydan Muhaberesi'nden otuz yedi gün sonra, arz etmiş olduğum gibi, 20 Ekim 1921'de doğmuş olan bir belgedir.

Bu anlaşma ile, siyasî, iktisadî, askerî v.b. hiçbir alanda bağımsızlığımızdan hiçbir şey feda etmeksizin, vatan topraklarımızın değerli parçalarını işgalden kurtarmış olduk. Bu anlaşma ile millî davamız ilk defa olarak Batı devletlerinden biri tarafından onaylanmış ve açıklanmış oldu.

Mösyö Franklin Bouillon, bundan sonra da birkaç kere Türkiye'ye gelmiş, Ankara'da ilk günlerde aramızda kurulan dostluk duygularını belirtme yolları aramıştır.

*
**

Pontus meselesi

Saygıdeğer Efendiler, genel konuşmamın başında bir Pontus meselesinden söz etmiştim. Bu mesele belgeleriyle herkesçe bilinmektedir. Ancak, bizi de çok uğraştırdığından, burada, onunla ilgili bazı noktalara dokunacağım.

1840 yılından beri; yani üç çeyrek yüzyıldan beri, Anadolu'nun Rize'den İstanbul Boğazı'na kadar uzanan Karadeniz bölgesinde, eski Yunanlılığın diriltilmesi için çalışan bir Rum topluluğu vardı. Amerikalı Rum göçmenlerden Rahip Klematios adında biri, ilk Pontus toplantı yerini şimdi halkın «Manastır» dediği bir tepede İnebolu'da kurmuştu. Bu teşkilâta bağlı olanlar, zaman zaman biribirinden ayrı eşkıya çeteleri kurarak faaliyet gösteriyorlardı. Birinci Dünya Savaşı sırasında da, dışarıdan gönderilip dağıtılan silâh, cephâne, bomba ve makineli tüfeklerle, Samsun, Çarşamba, Bafra ve Erbaa Rum köyleri sanki bir silâh deposu durumuna gelmişti.

Ateşkes Anlaşmasından sonra, bütün Rumlar Yunanlılık millî da- 38
vası ile her tarafta şımardığı gibi, **Ethniki Hetairia** (Etniki Eterya) **Cemiyeti**'nin propagandacıları ile Merzifon'daki Amerikan kuruluşlarının manevî destekleri ile eğitilip yetiştirilen, maddî bakımdan da yabancı hükûmetlerin silâhlarıyla güçlendirilip cesaret verilen bu bölgedeki Rumlar da, bağımsız bir Pontus hükûmeti kurma emeline düştü. Bu maksatla genel bir ayaklanma hazırladılar. Dağlara çekildiler; Amasya, Samsun ve

dolayları Rum Metropolit'i Y e r m a n o s 'un idaresinde düzenli bir programla çalışmaya başladılar. Bir yandan da, Samsun'daki Rum komitecilerinin başkanı olan Reji Fabrikası ([179]) Müdürü T o k o m a n i d i s, İç Anadolu ile haberleşme sağlamaya çalışıyordu. Bazı yabancı hükûmetler, Pontus hükûmetinin kurulması için yardımcı olacaklarına söz verdiler. Samsun ve dolaylarındaki Rum nüfusunu arttırmak için de, Rusya'daki Rum ve Ermenileri Batum'da topladılar. Onları, Türk Kafkas ordularından alınıp Batum'da depo edilen silâhlarla donatarak, sahillerimize çıkarmaya başladılar. Çetecilik etmek üzere, sahillerimize çıkarılabilecek birkaç bin Rum'u Sohum'da H a r a l a m b o s adında bir adamın başına topladılar. Batum'da toplananların da H a r a l a m b o s'un etrafında toplananlara katılmaları sağlanıyordu. Bunlar, memleketimiz içinde, Samsun'daki bazı yabancı devlet temsilcileri tarafından korunuyor ve silâhlandırılıyordu. Kıyılarımıza çıkan bu çeteler, «göçmenleri besleme» maskesi altında, yabancı hükûmetler tarafından yedirilip giydiriliyordu. Yabancıların Kızılhaç hey'etleri arasında gelen subayların da örgüt kurmak, çetelerin askerî öğretim ve eğitimi ile uğraşmak ve gelecekteki Pontus hükûmetinin temelini atmakla görevlendirildikleri anlaşılıyordu.

4 Mart 1919 tarihinde, İstanbul'da «Pontus» adıyla yayınlanmaya başlayan bir gazetenin başmakalesinde «Trabzon ilinde Rum cumhuriyetinin kurulmasına çalışmak maksadıyla yayınlandığı» ilân edilmişti.

Yunanistan'ın bağımsızlığını kazanma gününe rastlayan 7 Nisan 1919 günü, her yerde ve özellikle Samsun'da gösteriler yapıldı. Y e r m a n o s'un küstahça davranışları Rumların düşünce ve emellerini açığa vurdu. Bafra ve Çarşamba dolaylarındaki yerli Rumlar, sık sık kiliselerde toplanıyor, örgütlenmelerini ve donatımlarını artırıyorlardı. 23 Ekim 1919 tarihinde, Doğu Trakya ve Pontus için merkez olarak İstanbul kabul edilmişti. V e n i z e l o s, İstanbul'un merkez olarak kabul edilme konusunun daha sonraki bir tarihe ertelenerek, bunun yerine Pontus hükûmeti kurulması düşüncesini ortaya atmış ve İstanbul Patrikhanesi'ne buna göre talimat vermişti. Aynı zamanda, İstanbul'da gizli bir Yunan polis teşkilâtı kurmakla görevlendirilen Albay A l e x a n d r o s Z i m b r a k a k i s tarafından Pontus jandarma teşkilâtını düzene sokmak üzere Eiffel (Eyfel) adlı Yunan torpidosuyla, bir subaylar hey'eti de gönderilmişti. Türkiye'de bu türlü işler olurken Batum'da da 18 Aralık 1919'da Pontus Rum Hükûmeti adıyla bir hükûmet kurulmuş ve teşkilâtlanmaya başlamıştı. 19 Temmuz 1920'de de Batum'da, Karadeniz, Kafkas ve Güney Rusya Rumları tarafından Pontus meselesi ile ilgili bir kongre toplandı.

---

179) Yabancı Tekel İdaresi fabrikası.

Bu kongrenin raporu üyelerden biri vasıtasıyla İstanbul'da Rum Patrikliği'ne gönderildi. Pontusçular 1920 yılının sonlarına doğru çalışmalarını büsbütün artırarak iyiden iyiye ortaya çıktılar. Bizi, ciddî tedbir almaya mecbur ettiler.

Dağlarda kurulan Pontus teşkilâtı şöyleydi:

a) Birtakım çetebaşlarının emrinde silâhlı ve savaşçı kuvvetler,

b) Bunların beslenmesine hizmet eden üretici Pontus halkı, 388

c) Yönetim ve güvenlik kuvvetleri ile şehirlerden ve köylerden yiyecek sağlamakla görevli ulaştırma kolları.

Çetelerin çalışma bölgeleri biribirinden ayrılmıştı. Pontus eşkıyasının kuvveti başlangıçta 6.000 - 7.000 silâhlı idi. Daha sonra her taraftan katılanlarla 25.000'e yaklaştı. Bu kuvvet yeterli küçük birliklere ayrılarak, çeşitli yerlerde barınıyordu. Pontus çetelerinin bütün işleri, İslâm köylerini yakmak, Müslüman halka karşı akıl ve hayale sığmaz zulümler yapmak, cinayetler işlemek gibi kan içici bir sürünün yaptıklarından başka bir şey değildi.

Biz, Anadolu'ya çıkar çıkmaz, Türk halkını dikkat ve uyanıklığa davet ettik. Doğabilecek tehlikelere karşı tedbirler almaya başladık.

Merkezi Sıvas'ta bulunan 3'üncü Kolordu, yalnız, çeşitli bölgelerde gözüken çeteleri takip ve ortadan kaldırmakla uğraştı. Trabzon bölgesinde dolaşan Köroğlu adındaki Rum çetesiyle, Eftalidi çetesi ve öteki çeteler, merkezi Erzurum'da bulunan 15'inci Kolordu tarafından takip edilerek ortadan kaldırılıyordu. Bir taraftan da Pontus eşkıyasının dönüp dolaştığı yerlerde, halk silâhlandırılarak millî teşkilât kuruldu.

Anadolu ortasında yeniden çıkan birtakım iç isyanlar

Efendiler, Sıvas'ın kuzeyinde ve Yozgat'ta çıkan ve sizlerce de bilinen iç isyan olaylarından başka, 1920 yılı sonlarında, yeniden Anadolu'nun ortasında, Zile taraflarında, Küçük Ağa, Deli Hacı Aynacıoğulları, Erbaa yakınlarında Kara Nâzım, Çopur Yusuf; başka yerlerde Deli Hasan, Küçük Hasan gibi birtakım serserilerle Yozgat Çayözü Çerkezlerinden kurulu çeteler; 1921 yılı başlarında da Koçkiri aşiretinin beylerinden Haydar Bey; İstanbul'da Seyit Abdülkadir'den aldığı talimat üzerine Alişan ve akrabasından Naki, Alişir ve daha başkaları ile birlikte isyan hareketlerine başladılar. Birçok kuvvetimiz bir taraftan Pontusçuları diğer taraftan da bu âsîleri izleyip ortadan kaldırmakla uğraşıyorlardı.

Merkez Ordusu'nun kurulması ve Nurettin Paşa'nın komutanlığa getirilmesi

Efendiler, hatırlarsınız ki, Nurettin Paşa, Yunan ordusunun ilk defa taarruz eder gibi görünmesi karşısında, birtakım boş ve mantıksız düşünceler ileri sürdüğü için, kendisine görev verilmemiş olduğundan, bir mektupla, bizimle çalışamayacağını bildirerek ve izin alarak Taşköprü'ye gitmişti. O tarihten beş ay sonra, bazı kimseler, Nurettin Paşa adına gerek Fevzi Paşa Hazretleri'ne gerek bana, kendisine bir görev verilirse, bunu ciddiyet ve samimiyetle yapacağını söyleyerek aracılık ettiler. Biz de Anadolu'nun orta kesiminde güvenliği sağlamakla görevli bulunan kuvvetlerimizi büyücek bir komuta altında birleştirmekte yarar gördüğümüzden, 9 Aralık 1920'de, Sıvas'taki 3'üncü Kolordu'yu kaldırarak, onun görevini yeni kurduğumuz Merkez Ordusu'na verdik. Bu ordunun komutanlığına da Nurettin Paşa'yı getirdik.

Nurettin Paşa, merkez bölgesinde bir yıla yakın görev yaptı. Fakat milletvekillerinin, kendi yetkisi dışına taşarak bazı yurttaşların haklarına el uzattığı yolundaki şikâyetleri ve İçişleri Bakanlığı'na soru önergeleri vermeleri, Bakanlığın da şikâyetleri haklı bulması üzerine, Meclis'in isteği ile Kasım 1921 başlarında görevden alındı. Meclis, Nurettin Paşa'nın yargılanmasına karar verdi. Bu durum benimle Bakanlar Kurulu arasında da bir anlaşmazlığın çıkmasına yol açtı. Ben, Nurettin Paşa için uygulanması istenen işleme katılmadım. Fevzi Paşa Hazretleri de benim görüşüme katıldı. İkimizle Bakanlar Kurulu arasında doğan anlaşmazlık Meclis'çe çözüldü. Meclis'te Nurettin Paşa'yı savundum. Kendisi için ağır bir işlem uygulanmasını önledim. 389

Nurettin Paşa'yı bundan sekiz ay kadar sonra, 1'inci Ordu Komutanlığı'nda göreceğiz.

VII

Saygıdeğer Efendiler, Sakarya Muharebesi'nden sonra, Başkomutanlık ve Genelkurmay Başkanlığı, görevini Ankara'da yürütüyordu. Ben, aynı zamanda öteki vazifelerimle de uğraşıyordum. Üç dört ay geçmemişti ki, Meclis'te Sakarya zaferini unutanlar, muhalefette ileri gitmek isteyenler, kendilerini göstermeye başladılar. Sakarya Muharebesi'nden önce başlayıp biribiri ardınca gelmiş olan Malta tutuklularından bazılarının bu muhalif akımlarda kışkırtıcılık ettiği anlaşılmıştı. Bu noktayı müsaadenizle biraz açıklayayım :

Malta'dan yeni dönen Bayındırlık Bakanı ([180]) Rauf Bey'le Kara Vasıf Bey güdülen askerî siyaseti öğrenmek istiyorlardı.

R a u f B e y, 15 Kasım 1921'de Ankara'ya gelmişti. R a u f B e y 'i, 17 Kasım 1921'de, boşalan Bayındırlık Bakanlığı'na seçtirdik.

R a u f B e y 'den sonra Ankara'ya gelen K a r a V a s ı f B e y 'i de Anadolu ve Rumeli Müdafaa-i Hukuk Grubu'nun Yönetim Kurulu ([181]) üyeliğine seçtirdim. Bu iki zatın birinden hükûmette diğerinden grupta yararlanmayı düşünmüştüm. Çok geçmedi, bir gün R a u f B e y 'in Bakanlar Kurulu'nda bir konunun açıklanmasını istediği haber verildi. Aynı günde, K a r a V a s ı f B e y 'in de grup hey'etinde aynı konuyu öğrenmek istediği bildirildi. Bu iki zatın aralarında önceden kararlaştırdıkları anlaşılan konu şuydu : «Güdülen askerî politika nedir?» Bu sorudan nasıl bir anlam çıkarılabilirdi? Neyi anlamak istiyorlardı? Bizim yürütmekte olduğumuz siyasî ve askerî politika belli olmuştu. İstiklâlimiz tam olarak sağlanıncaya kadar, düşmanlarla vuruşmak ve onları yeneceğimize olan kesin bir inançla savaşa devam etmek... İşte ortaya atılan soru ile demek isteniliyordu ki, ne olursa olsun muharebeye devam etmekle sonuç almak mümkün müdür? Mümkün olmadığı ihtimalini hesaba katarak daha şimdiden daha başka tedbir ve çarelere — anlatmak istediklerine göre siyasî çarelerdir — başvurarak içinde bulunduğumuz tehlikeli duruma son vermek yerinde olmaz mı?

Elbette, ne Bakanlar Kurulu'nda ne de Grup Yönetim Kurulu'nda böyle bir konunun görüşme ve tartışma konusu edilmesine müsaade etmedim. Bunun üzerine R a u f B e y Bakanlıktan, K a r a V a s ı f B e y de Grup Yönetim Kurulu'ndan çekildiler. 13 Ocak 1921 tarihinde Meclis'te R a u f B e y 'in istifası okunurken, aynı tarihli bir istifa yazısı daha okunmuştu. Bu istifa yazısı, Millî Savunma Bakanı olan R e f e t P a ş a 'nındı.

Efendiler, R e f e t P a ş a 'nın istifa sebebini birkaç kelime ile açıklayayım : 4 Ocak 1922 günü, Meclis'in bu gizli oturumunda şöyle bir konunun tartışması yapılmıştı. Başkomutanlık ve Genelkurmay Başkanlığı Ankara'da oturuyormuş. Cepheden uzak bulunuyormuş. Bundan şu sonuç çıkarılmış ki, benim hem Başkomutan hem de Meclis Başkanı olmam sakıncalı imiş. Ordu işleri iyi gitmiyormuş. Meclis bir savaş komisyonu kurarak, ordunun durumunu incelemeliymiş. Genelkurmay Başkanı, aynı zamanda Bakanlar Kurulu Başkanı olduğundan, Genelkurmay işleri de iyi gitmiyormuş. F e v z i P a ş a Hazretleri yalnız Bakanlar Kurulu Başkanlığı'nda kalsın, Genelkurmay Başkanlığı ile Millî Savunma Bakanlığı birleştirilsinmiş.

---

180) Nafıa Vekili.
181) Hey'et-i İdare.

Millî Savunma Bakanı olan R e f e t P a ş a, bu tezi kürsüden bizzat savunuyordu. Bu görüşlere şu yolda cevap verdim :

Benim şahsen Ankara'dan uzaklaşmam isteniyordu

Başkomutanlık ve Genelkurmay Başkanlığı pek yerinde olarak Ankara'yı karargâh edinmiştir. Görevini en iyi bir şekilde buradan yürütmektedir. Gerektiğinde ne vakit nereye gideceğine kendisi karar verir. Cephe ile bizzat uğraşan cephe komutanı vardır. Gereksiz yere, benim şahsen Ankara'dan uzaklaşmamı istemenin anlamı yoktur. Genelkurmay Başkanlığı ile Millî Savunma Bakanlığı, Başkomutanın emri altında, Başkomutanlık Karargâhı'nı oluşturur. Ayrı ayrı değildir. Genelkurmay Başkanı olan F e v z i P a ş a Hazretleri'nin, Ankara'da bulundukça Bakanlar Kurulu Başkanlığını da yapması, bugün için bir zarurettir. Çünkü, onun yokluğunda, R e f e t P a ş a ona vekâleten, Bakanlar Kurulu Başkanlığı görevini de yapmıştı. Başaramamıştı. Bakanlar Kurulu'nda karışıklık başladı. Bakanlar toplanmaz oldular. F e v z i P a ş a Hazretleri'nin dönüşü, bakanların şikâyeti üzerine oldu. Ordu ile ilgili olarak yaptığımız işlerin denetlenmesi için, Meclis'in bir komisyon kurmasını sakıncalı görmem. Ancak bu komisyon benim başkanlığım altında olur.

Gerçekten, bu komisyon, dediğim şekilde kuruldu. Eski Harbiye Nâzırı C e m a l P a ş a da komisyona üye olarak seçildi. Öteki hususlarda R e f e t P a ş a ve diğerlerinin görüşleri benimsenmişti. İşte bundan dolayı istifaya hazırlanan R e f e t P a ş a istifasını R a u f B e y'in istifasıyla aynı günde vermiş oluyor.

*
**

İkinci Grup kuruluyor

Efendiler, yeri düşünce bilginize sunmuştum ki, Meclis'te kurduğumuz Müdafaa-i Hukuk Grubu, Meclis görüşmelerinin iyi gitmesini ve Bakanlar Kurulu çalışmalarının aksamadan yol almasını sağlama bakımından sonuna kadar yardımcı oldu. Fakat bir taraftan da muhalif duygu ve düşüncede olanlar, her gün biraz daha taraftar buldukça, Grup'un çalışmasını güçleştirmeye başladılar. Muhalefet düşüncesinin ana kaynağı, Müdafaa-i Hukuk Grubu tüzüğünün temel maddesindeki ikinci noktaydı. Yani hükûmet kuruluşunun Teşkilât-ı Esasiye Kanunu'na uygun olarak yapılması meselesi...

Programın ilk maddesinin son fıkrası, duygu ve düşüncelerde tam bir uyuşma sağlanmasına sürekli bir engel olarak kaldı. Bu sebeple grup içinde de görüş ayrılıkları ve disiplinsizlik başgösterdi. Birtakım kimseler gruptan ayrıldı. Ayrılanlar dışarıdakilerle birleşerek grubu yıkmaya 391
çok çalıştılar. Alınan tedbirler buna engel oldu. Sonunda İkinci Grup

adıyla yeni bir grup oluştu. Bu grubu oluşturanlar, memleketteki Anadolu ve Rumeli Müdafaa-i Hukuk Cemiyeti'nden ayrılmadıklarını, onun kongrelerde tespit edilen gayelerinin takipçisi bulunduklarını iddia ediyorlardı. İkinci Gruba önayak olanlar görünüşte Salâhattin ve Hüseyin Avni Bey'lerdi. Birinci derecede faaliyet gösteren ve kışkırtanların ise Rauf ve Kara Vasıf Bey'ler olduğu anlaşılıyordu.

Bu grubun faal ve inatçı üyelerinden olan Samsun milletvekili Emin Bey, son zamanlarda bir vesileyle Ankara'ya gelmişti. Bütün gerçekleri anlamıştı; kışkırtıcı ve bozguncuları lânetliyordu. Bu zat bana şunu anlattı: Rauf Bey, İkinci Grubu kışkırtıyor ve aşırı davranışlara sürüklüyormuş... Emin Bey, Rauf Bey'e demiş ki: «Bizi sürüklediğiniz bu iş darağacına kadar gider... O zaman bizimle beraber bulunacak mısınız?» Rauf Bey, şu cevabı vermiş: «Beraber bulunmazsam, alçağım!»

Efendiler, bildiğiniz üzere, o zaman yürürlükte olan kanuna göre, Bakanlıklar için, ben Meclis'e aday gösterirdim. Milletvekilleri gösterdiğim adaya olumlu veya olumsuz oy verirler yahut da çekimser kalırlardı. İkinci Grup, benim adaylarımı dikkate almadan, kendi grupları adına ortaya attıkları adaylara, kanuna aykırı olarak oy vermek suretiyle, hükûmetin kurulmasını engellemeye başladılar.

Efendiler, Meclis'te ordu aleyhine de bir hareket yaratılmıştı. Diyorlardı ki, Sakarya Muharebesi'nden sonra aylar geçtiği halde, ordu niçin taarruza geçmiyor? Mutlaka taarruz etmelidir. Hiç olmazsa sınırlı, belirli bir cephede taarruz yapılmalıdır ki, ordumuzun taarruz kabiliyeti olup olmadığı anlaşılsın! Bu harekete karşı direndik. Maksadımız, bütün hazırlıklarımızı tamamlayarak genel ve kesin sonuca götürücü bir taarruz yapmak olduğu için, sınırlı bir cephede taarruz görüşünü benimseyemezdik; bunda bir yarar yoktu.

Muhaliflerde uyanan kanaat, ordumuzun taarruz gücünü kazanamayacağı noktasında toplandı. Bunun üzerine, ordunun taarruza geçirilmesi yolundaki hücumlarını durdurdular. Hücum sistemini değiştirerek başka bir görüş ortaya attılar. Bu defa dediler ki, bizim asıl düşmanımız Yunanlılar, Yunan ordusu değildir. Zaten Yunan ordusunu tamamen yenmiş olsak da iş bununla bitmez. İtilâf Devletleri'ni, özellikle İngilizleri savaşla yenmek gerekir. Bunun için Yunan ordusuna karşı bir perde hattı bırakmak, asıl orduyu Irak'ın kuzey sınırına yığıp, İngilizlere taarruz etmek gerekir. Davamızın savaşla halledilmesi görüşü benimseniyorsa yapılacak iş budur.

Ordu saflarına kadar yayılan bozgunculuk telkinleri

Efendiler, bu kadar anlamsız ve mantıksız olan düşüncelere iltifat etmedik. Bunun üzerine muhaliflerin elebaşıları yeni bir propaganda çıkardılar: Nereye gidiyoruz? Bizi kim nereye sürüklüyor? Meçhullere?.. Koskoca bir millet, belirsiz, karanlık hedeflere akılsızca sürüklenir mi? Bu propaganda, Meclis binasından, Ankara çevrelerinden ordu saflarına kadar yaydırıldı. Orduya her vasıta ile bu bozguncu telkinler yapılmaya çalışılıyordu.

R a u f B e y, sık sık gizlice diyordu ki: «Hiç olmazsa gerçek durumu bana söyle, ordu ne durumdadır? Gerçekten taarruz edemeyecek mi? 392

4 Mart 1922 günü akşamı, cepheyi teftiş etmek üzere, Ankara'dan ayrılmaya karar vermiştim. Dolayısıyla, o gün Meclis'teki gizli oturumda, bazı açıklamalarda ve ricalarda bulundum. Kendilerine anlattım ki, Sakarya Meydan Muharebesi'nden sonra, düşman ordusunu Eskişehir - Seyitgazi - Afyonkarahisar kesimine kadar kovalayan kuvvetlerimiz, bütün ordu olmayıp yalnız süvarilerimiz ve süvari birliklerimize destek olmak üzere ileri sürülen bazı tümenlerimizdi.

Ordumuzun kararı taarruzdur

Ordumuzun kararı taarruzdur. Ama bu taarruzu erteliyoruz. Sebebi, hazırlığımızı iyice tamamlamak için biraz daha zaman gerekmektedir. Yarım hazırlıkla, yarım tedbirle yapılacak taarruz, hiç taarruz etmemekten çok daha kötüdür. Bekleyişimizi, taarruz kararından vazgeçtiğimiz veya bunu başarmaktan ümidimizi kestiğimiz şeklinde anlamak ve yorumlamak yersizdir.

Bundan sonra şu görüşleri dile getirdim: Osmanlılar, yapacakları askerî harekâtın genişliği ölçüsünde hazırlıklı ve tedbirli davranmadıkları ve daha çok duygu ve hırslarının etkisi altında hareket ettikleri için, Viyana'ya kadar gittikleri halde, geri çekilmeye mecbur olmuşlardır. Ondan sonra Budapeşte'de de duramadılar, geri çekildiler. Belgrat'ta da yenilerek geri çekilmeye mecbur edildiler. Balkanları terk ettiler. Rumeli'den çıkarıldılar. Bize, içinde daha düşman bulunan bu vatanı miras bıraktılar. Bu son vatan parçasını kurtarırken olsun, hırslarımızı, hislerimizi bir yana bırakarak ihtiyatlı olalım. Kurtuluş için... istiklâl için, eninde sonunda düşmanla bütün varlığımızla vuruşarak onu yenmekten başka karar ve çare yoktur ve olamaz!

Sinir gevşetici sözlere, telkinlere önem verilmemeli ve güvenilmemelidir. Osmanlı yönetim ve siyasetinin yarattığı bu türlü zihniyetler reddedilmelidir. «Ordu ile, savaşla, inatla bu işin içinden çıkılmaz» şeklindeki dış kaynaklı öğütlere uymakla, bir vatan, bir millet istiklâli kurtulamaz. Tarih böyle bir olay kaydetmemiştir. Bunun aksini düşünerek hareket edeceklerin çok acı sonuçlarla karşılaşacaklarına şüphe yoktur. Türkiye işte bu yoldaki yanlış düşüncelere... yanlış zihniyetlere sahip olanlar yüzünden, her asır, her gün, her saat biraz daha gerilemiş, biraz daha çökmüştür. Bu çöküş, yalnız maddî alanda olsaydı, hiçbir önemi yoktu. Ne yazık ki, çöküş ahlâkî ve manevî değerleri de içine almış görünüyor. Hiç şüphe yok ki, bu büyük memleketi bu koca milleti dağılıp yok olmanın uçurumuna sürükleyen başlıca sebep bu olmuştur.

Efendiler, bilirsiniz ki, Meclis'te bu anlattığım dönemde en çok olumsuz ve karamsar rol oynayanlar, vaktiyle, Türk milletinin kendi kendine bağımsızlığını elde edemeyeceği görüşünü ileri sürmüş olan kimselerdi. Şunun bunun mandasını istemekte direnenlerdi. Onun için görüşlerime şunları da ekledim ve dedim ki: «Efendiler, maddî ve özellikle manevî çöküş korku ile... güçsüzlükle başlar.

Güçsüz ve korkak insanlar, herhangi bir felâket karşısında, milletin de uyuşukluğa düşmesine ve çekingen bir duruma gelmesine yol açarlar. Güçsüzlük ve kararsızlıkta o kadar ileri giderler ki, âdeta kendi kendilerine hakaret ederler. Derler ki, biz adam değiliz ve olamayız! Kendi kendimize adam olmamıza imkân yoktur. Biz, kayıtsız ve şartsız olarak varlığımızı bir yabancıya teslim edelim. Balkan Savaşı'ndan sonra milletin ve özellikle ordunun başında bulunanlar da başka türlü, fakat yine aynı zihniyeti benimsemişlerdi.

Türkiye'yi, böyle yanlış yollarda çökme ve yok olma uçurumuna sürükleyenlerin elinden kurtarmak lâzımdır. Bunun için bulunmuş bir gerçek vardır. Ona uyacağız. O gerçek şudur: **Türkiye'nin düşünen kafalarını yepyeni bir imanla donatmak... Bütün millete taptaze bir manevî güç vermek.**

Yeterince hazırlanmış olması gereken üç vasıta, iç ve dış cephelerimiz

Şimdi Efendiler, düşmana taarruz için verilmiş olan kesin kararımızı uygulamaya başlamadan önce, hazırlamak ve tamamlamak zorunda bulunduğumuz savaş vasıtalarının ne olduğunu arz edeyim: Tam üç vasıtanın hazırlığının yeterli olduğunu görmek gereğini duyuyorum. Birincisi, en önemlisi ve asıl olanı doğrudan doğruya milletin kendisidir. Milletin varlığı ve istiklâli için gönlünde, vicdanında belirmiş, gelişmiş olan istek ve emellerin sağlamlığıdır. Millet, içindeki bu isteği ne kadar güçlü bir şekilde ortaya koyarsa, bu istek ve emelinin gerçekleşmesi için ne kadar çok azim ve iman gösterirse, düşmanlara karşı başarı sağlamak için o kadar güçlü bir vasıtaya sahip olduğumuza inanırım. İkinci vasıta, milleti temsil eden Meclis'in millî isteği ortaya koymakta ve bunun gereklerini inanarak uygulamakta göstereceği kararlılık ve yiğitliktir. Meclis, millî isteği ne kadar büyük bir dayanışma ve birlik içinde aksettirebilirse, düşmana karşı o kadar güçlü bir üstünlük vasıtasına sahip oluruz :

Üçüncü vasıta, milletin silâhlı evlâtlarından ibaret olup düşman karşısında toplanmış bulunan ordumuzdur.

Efendiler, dedim, bu üç vasıta veya gücün düşmana karşı oluşturduğu cepheler iki şekilde düşünülebilir. Kolay anlaşılması için şöyle diyeyim : İç ve görünürdeki cephe... Asıl olan iç cephedir. Bu cephe bütün memleketin, bütün milletin meydana getirdiği bir cephedir. Görünürdeki cephe, doğrudan doğruya ordunun düşman karşısındaki silâhlı cephesidir. Bu cephe sarsılabilir, değişebilir, yenilebilir. Fakat bu durum hiçbir zaman bir memleketi, bir milleti yok edemez. Önemli olan, memleketi temelinden yıkan, milleti esir ettiren iç cephenin çöküşüdür. Bu gerçeği bizden çok daha iyi bilen düşmanlar, bu cephemizi yıkmak için yüzyıllarca çalışmışlar ve çalışmaktadırlar. Bugüne kadar başarı da sağlamışlardır. Gerçekten, «kaleyi içinden almak» dışından zorlamaktan çok kolaydır. Bu maksadı gerçekleştirmek için içimize kadar sokulabilen bozguncu mikropların ve ajanların varlığını iddia etmek yerindedir.

Meclis'in zihniyeti, çalışmaları ve durumu düşmana ümit verici olmadıkça iç ve dış cephelerimizin yerinden oynamasına imkân ve ihtimal yoktur. Meclis'te bir veya birkaç üyenin karamsarlık telkin eden sözlerinden bile aleyhimizde yararlanma çareleri aranmakta olduğuna şüphe edilmemelidir. Dışişleri Bakanlığı'nın dosyaları bununla ilgili belgelerle doludur. Kesinlikle arz ederim ki, istemeyerek de olsa, düşmanlara ümit verecek en ufak belirtilerden kaçınılmadıkça, millî dâvânın sonuçlanması gecikir.»

Efendiler, bu sözlerden sonra, cephede bulunacağım sıralarda, ordunun duygu ve düşünceleri üzerinde ümitsizlik yaratacak açık tartışmalardan vazgeçilmesini Meclis'ten özellikle rica ettim. Bu konuşmamdan 394
sonra, muhaliflerin de sözlerini dinledim. Muhaliflerden biri, düşünce ve ricalarımı, emir veriyorum şeklinde yorumladı. Diğer biri, Meclis'in duygularındaki temizlikten şüphe ettiğimi ileri sürdü. Bir başkası uygulama imkânı olmayan bir şey yapılamaz; orduyu bozguna uğratırsın efendim, dedi.

Doğu Cephesi Komutanının bir görüşü

Saygıdeğer Efendiler, yüce hey'etinizi muhaliflerin sözleriyle işgal etmek istemem. Çünkü, bu sözler birkaç kişinin şaşkın ve cahil kafalarının akislerinden başka bir şey değildi. Genel Kurul, sunduğum görüşleri anlayışla karşılamıştı. Yalnız, Doğu Cephesi Komutanı'nın bir görüşüne, beş on günden beri veremediğim cevabı, cepheye gitmeden önce, o gün yani 4 Mart 1922'de yazmıştım. Onu bilginize sunacağım. Cevabın anlaşılması için, müsaade buyurursanız, önce gelen görüşü okuyalım :

Kişiye özel

Başkomutan Mustafa Kemal Paşa Hazretleri'ne

Yönetim işlerimizin yürütülmesi ile ilgili tartışmalar bize daha yeni ulaşmaktadır. Barışın sağlanmasından sonraki seçimlerde birçok değerli kimselerin yerine birtakım muhafazakârların toplanmasına karşı şimdiden alınacak tedbiri pek önemli sayarım. Millî Meclis, değerli şahsiyetlerden kurulmazsa, iki büyük sakınca memleketi bugünkü perişanlığından kurtaramayacaktır. Birincisi, düşüncede yenilikler olmayacak. İkincisi, en önemli tasarılar herhangi bir duyguya kapılarak tartışmaya dahi lüzum görülmeden reddediverilecektir. Böyle bir meclise karşı, üyelerini büyük uzmanların oluşturduğu ikinci bir meclisin bulunmasını yararlı görüyorum. Bu ikinci meclis, Millî Meclis'e yön vereceği ve onu ileriye götüreceği gibi, memleketin varlığı ile ilgili kararlar, Millet Meclisi'nde heyecanla red veya kabul edilse bile, bu meclisin uyarması ve yol göstermesiyle kararın değiştirilmesi ve zararın önlenmesi mümkün olur. Bu meclise «Âyan» diyerek eski devrin köhne hayatını hatırlamamak için «Büyük Uzmanlar Meclisi» denebilir veya daha uygun bir ad verilebilir. Üyelerini birtakım kayıt ve şartlar altında, tıpkı milletvekilleri seçiminde olduğu gibi millet seçebilir. Bu üyeler için, herhangi bir mesleğin en yüksek öğrenimini görmek, Türkiye Hükûmeti'nin bakanlığını, valiliğini veya ordu komutanlığını yapmış olmak gibi önemli şartlar ayrıntılı olarak tespit edilebilir. Konunun ayrıntıları, mevcut hükûmet şekillerinin de incelenmesiyle her türlü sakıncadan uzak olarak ortaya konabilir. «Büyük Uzmanlar Meclisi» kabul edilirse, her bakanlığın şûrâsı da bunlar arasından seçilir. Örnek olarak, Askerî Şûra, Bayındırlık Şûrası v.b. gibi. İki meclisin onayından geçerek bir süre için uygulanması kabul edilecek olan herhangi bir programa sonuna kadar bağlı kalmak ve bunun yürütülmesinde, güdülen hedef ve gayeden ayrılmamak için, bu şûraların varlığını pek gerekli sayıyorum. Aksi halde, bakanlıklarda şahıslar değiştikçe, program ve bunu yürütecek kimseler de azçok değişmekten 395
kurtulamayacaktır. Bundan başka, kabul edilen herhangi bir şey, uzmanlarınca kabul edilmezse tenkide yol açar. Millet buna gerektiği gibi sarılmalıdır. Millet Meclisi'nin, millet adına bir şeyi red veya kabul ve kontrol hakkıdır. Fakat, bu başka, uzmanlaşmış kişilerin yapacağı ve bundan sonra kabul edilecek şey de başka olur. Olağan şartlara dönülmesinden sonraki durumlarla ilgili endişe ve görüşlerimi arz ediyorum. Yüksek düşüncelerinizin bildirilmesini istirham ederim.

18/19.2.1922, sayısızdır.

Kâzım Karabekir
Doğu Cephesi Komutanı

Özel **4.3.1922**

Doğu Cephesi Komutanı Kâzım Karabekir
Paşa Hazretleri'ne

İlgi : 18/19.2.1922 tarihli sayısız şifre.

Memleketin genel idaresini eline almış tek yüce kuvvet olan Büyük Millet Meclisi'nin alacağı kararların, uzmanlardan kurulu başka bir meclis tarafından incelenmemesinden doğacak sakıncalarla ilgili yüksek görüşünüz aslında pek yerindedir.

Ancak, adı ve ünvanı «Âyan» olmasa bile, milletin bütün hak ve yetkilerini kullanmak üzere seçilmiş ve seçilecek olan Büyük Millet Meclisi'nin temel kararlarını diğer bir meclisin kararlarıyla bağlamak, genel yönetimde takip ettiğimiz ilkelerin ruhuyla bağdaşamayacaktır. Yüksek düşüncelerinize göre, bu Uzmanlar Meclisi de milletvekilleri gibi milletçe seçilirse, o zaman, aynı kaynaktan aynı yetkiyi almış iki büyük kuvvet, milletin genel yönetiminde söz sahibi olacak demektir. Bu da hukuk bakımından olduğu kadar uygulama bakımından da karışıklığa yol açan bir ikilik yaratacaktır. Böyle bir durumun doğuracağı dengesizliği gidermek için de milletin hayat ve hakları üzerinde etkili üçüncü bir kuvvetin varlığını kabul etmek gerekecektir.

Benim düşünceme göre, aklınıza gelen sakıncaları giderecek tek çıkar yol, Millet Meclisi üyelerinin değerli ve uzman kişilerden seçilmesini sağlamak; Meclis'in iç teşkilâtında, komisyonların kurulmasında, Bakanlar Kurulu'nun seçilmesinde ilim ve ihtisasa son derece önem vermek hususlarından ibarettir. Geçirdiğimiz çok acı tecrübelerin sonuçlarından doğmuş bulunan ve milletlerin idaresinde en doğru bir yol, temel haklar bakımından da en beğenilen bir şekil demek olan
şimdiki idaremizin daha da güçlendirilmesi ve seçim işlerinde uyanık davranılması 396
sayesinde bugün için de gelecekteki gelişmeler için de başarılı bir idare makinesi kurulmuş olacağını bilgilerinize sunarım.

Türkiye Büyük Millet Meclisi
Başkanı
Mustafa Kemal

Çeşitli devletlerle yapılan resmî ve özel temaslar

Saygıdeğer Efendiler, 1921 yılı içinde, çeşitli devletlerle resmî ve özel birtakım temaslar kuruluyordu. Türk - Rus temas ve ilişkileri olumlu bir yönde gelişiyordu. Fransızlardan başka, İtalyanlar ve İngilizlerle de temaslar kurulmuştu. 1921 yılı Haziranında yanlış anlaşılmaya yol açmış bulunan bir konuyu açıklayacağım. 13 Haziran 1921'de İtilâf Kuvvetleri Başkomutanı General Harrington'un yakınlarından olduğunu söyleyen Binbaşı Henry (Henri) ve Sturton (Ştörton) adlarındaki iki subay motorla İnebolu'ya geldiler. Bu subaylar, General Harrington (Harington) adına şunları bildirdiler : Ben, bir torpido ile İnebolu'dan İstanbul'a Harrington'un Boğaziçi'ndeki yalısına gideyim. Orada generalle barış esasları üzerinde anlaşayım. Ayrıca, İngiltere'nin bağımsızlığımızı tam olarak kabul ettiğini, Yunalıların topraklarımızdan çıkarılacaklarını ve daha başka konular üzerinde de tartışmanın mümkün olduğunu söylemişler. Bu subaylara verilen cevapta, benim İstanbul'a gitmeyeceğim ve General Harrington'un İnebolu'ya gelip o sırada orada bulunan Refet Paşa ile görüşmesinin uygun olacağı bildirilmiştir.

18 Haziran 1921 tarihli bir telgraf da İstanbul'da Hamit Bey'den geldi. Bu telgrafta bildirilenler aşağı yukarı şöyleydi : Burada resmî görevi

olan bir İngiliz, İngiltere'nin İstanbul'daki en büyük makamı adına bugün bana başvurarak hemen bir barış anlaşması için görüşmeye hazır bulunduklarını, Mustafa Kemal Paşa Hazretleri'yle derhal ilişki kurmak istediklerini ve acele cevap beklediklerini size bildirmek üzere aracı olmamı rica etti.

Hamit Bey'e verilen cevapta, görüşmelere hazır olduğumuz bildirilmişti.

5 Temmuz 1921'de Zonguldak'a gelen bir İngiliz torpidosu General Harrington'dan bana bir mektup getirmişti. Tercümesi Ankara'ya telgrafla bildirilen bu mektup şuydu:

«Komutan Henry vasıtasıyla aldığım habere göre, siz, bana, bir askerin bir askerle görüşmesi tarzında bazı düşünceler bildirmek isteğinde bulunuyorsunuz. Böyle olduğu takdirde, sizce uygun görülecek bir günde İnebolu'da veya İzmit'te sizinle buluşmak üzere Ajax zırhlısıyla gelmeme Britanya Hükûmeti'nce izin verilmiştir. Arzu buyurulduğu takdirde, durum üzerinde son derece açık ve serbest olarak görüşmelere hazırım. Düşüncelerinizi dinlemek ve bunları İngiliz Hükûmeti'ne bildirmekle görevliyim. İngiliz Hükûmeti adına ne görüşmeler yapmak ne de konuşmak için hiç bir resmî yetkim yoktur. Görüşmenin İngiliz zırhlısında yapılması gerekir. Zırhlıda, yüksek şahsınız kendilerine lâyık bir biçimde kabul edilecektir. Karaya dönüşlerine kadar tam bir hürriyet içinde bulunacaklardır. Böyle bir buluşma kabul edildiği takdirde, size uygun düşen tarih ve saatlerin bildirilmesini rica ederim.»

Bu mektupta yazılanlara göre, General Harrington ile temasa geçmek ve görüşmek isteyenin ben olduğum anlaşılıyor. Halbuki, gerçek böyle değildir. Onun için General Harrington'a şu cevabı verdim:

Zonguldak'a göndermiş olduğunuz mektubun tercümesini, bugün Ankara'ya bildirdiler. Aramızda yapılacak görüşmelerin bir yanlış anlama temeline dayandırılmaması için aşağıdaki noktalara dikkatinizi çekmeye mecburum. 13 Haziran tarihinde Binbaşı Henry ve arkadaşları İnebolu'ya gelerek, zâtıâlîlerinin, Binbaşı Henry aracılığı ile Refet Paşa'ya teklif edilmiş olan esaslar üzerinde benimle görüşmek istediğinizi bildirmişlerdir. Nitekim, bu noktalar Binbaşı Henry tarafından size yazılan ve imzalı bir sureti de bize bırakılmış olan mektupta bildirilmiştir. Aramızda doğrudan doğruya yapılan haberleşmenin başlangıcı bundan ibarettir. Millî isteklerimiz sizce bilinmektedir. Millî topraklarımızın düşmanlardan tamamıyla kurtarılması, millî sınırlarımız içinde siyasî, malî, iktisadî, askerî, adlî ve kültürel alanlarda tam istiklâl ilkesi kabul edildiği takdirde, görüşmelere başlamaya hazır olduğumuzu bildiririm. Size, Binbaşı Henry tarafından açıklanan sebepler dolayısıyla, görüşmelerin, sizin çok iyi karşılanacağınız İnebolu kasabasında ve karada yapılması bizce uygun görülmüştür. Bu noktalarda aramızda görüş birliği olup olmadığını belirtecek cevabınızı bekliyorum. Yüksek maksadınız, sadece durum hakkında bilgi almak ise, bunun için arkadaşlarımızdan birini görevlendirebiliriz.

Bu mektuba bir karşılık gelmedi. Ancak, Temmuzun yedinci günü İstanbul'da Hâmit Bey'i gören İngiliz maslahatgüzarı Mösyö Rattigan (Retigın), (*) bir tüccar olarak Anadolu'ya gelen Binbaşı Henry'ye, General Harrington'un, oradaki İngiliz esirlerinin yerlerini ve sağlık durumlarını öğrenmeye çalışmasını ve mümkünse, millî orduların İstanbul'a doğru ilerlemeye devam edip etmeyeceklerini Mustafa Kemal Paşa'dan sormasını istediğini, Binbaşı Henry'nin bundan başka teşebbüslere girişmek için bir yetkisinin bulunmadığını bildirmiş.

Efendiler, 1922 yılının Ağustosuna kadar da Batı devletleriyle olumlu anlamda ciddî ilişkiler kurulamadı. Memleketimizde bulunan düşmanları silâh gücüyle çıkarmadıkça, gösterebileceğimiz millî varlık ve kudretimizi fiilen ispat etmedikçe, diplomasi alanında ümide kapılmanın doğru olmadığı yolundaki inancımız kesin ve sürekli idi. En doğru görüşün bu olduğunu, bu olacağını tabiî olarak kabul etmek gerekir. Gerçekten de bugünün hayat şartları içinde bir tek fert için olduğu gibi, bir millet için de kudret ve kabiliyetini fiilî eserlerle gösterip ispatlamadıkça kendisine değer verilmesini ve saygı gösterilmesini beklemek boşunadır. Kudret ve kabiliyetten yoksun olanlara değer verilmez. İnsanlık, adalet ve mertliğin gereklerinin yerine getirilmesini, bütün bu vasıflara sahip olduğunu gösterenler isteyebilir.

Dünya önünde vereceğimiz imtihana hazırlanırken

398 Efendiler, dünya imtihan meydanıdır. Türk milleti, bunca yüzyıllardan sonra yine bir imtihan, hem bu defa en çetin bir imtihan karşısında bulunduruluyordu. İmtihanda başarı sağlamadan bize karşı lûtufkârca davranılmasını beklemek doğru olabilir miydi?

Biz büyük bir ciddiyetle dünya önünde vereceğimiz imtihana hazırlanırken, bir yandan da yabancı gözlemcilerin durumlarını ve bizim için neler duyup düşündüklerini gözden uzak tutmamayı her zaman yararlı buluyorduk. Bu maksatladır ki, bildiğiniz gibi, önce Dışişleri Bakanı Yusuf Kemal Bey'i daha sonra da İçişleri Bakanı olan Fethi Bey'i Avrupa'ya göndermiştik. İstanbul üzerinden Avrupa'ya gidecek olan Yusuf Kemal Bey'e, İstanbul'la ilgili bazı özel görevler verilmişti. Yusuf Kemal Bey, İzzet Paşa ve arkadaşlarıyla ve eğer gerçek bir istek ve dilek olursa Vahdettin ile de görüşecekti. Vahdettin'in, Büyük Millet Meclisi'ni tanıması, İzzet Paşa ve arkadaşlarının bizim çizdiğimiz hedefe doğru yürümeleri gereğini teklif edecekti. Yusuf Kemal Bey, İstanbul'da aldığı talimat çerçevesinde hareket etti. Fakat, ne yazık ki, İzzet Paşa ve arkadaşları kendisini oyalayıp alda-

---

(*) Bu isim, bir okuyuş yanlışı olarak 1927 baskısına Ratingan, daha sonraki baskılara Rantigan olarak geçmiştir. Yanlışlık İngiliz Büyükelçiliği kayıtlarına dayanılarak düzeltilmiştir.

tarak Padişah'a bir müracaatçı imiş gibi götürdüler. İzzet Paşa ve arkadaşları bununla da yetinmeyerek, Yusuf Kemal Bey'in Avrupa'daki teşebbüslerini karıştırmak ve güçleştirmek için, İzzet Paşa'yı Yunan işgali altında bulunan yerlerden geçirerek, Yusuf Kemal Bey'den önce Paris'e ve Londra'ya gönderdiler. İzzet Paşa, bu yolculuğunu son dakikaya kadar gizlemiştir.

Yusuf Kemal Bey'in Paris ve Londra'da yaptığı görüşmelerden bir sonuç çıkmadı. Yalnız şu anlaşıldı ki, İtilâf Devletleri'nin Dışişleri Bakanları yakın bir zamanda toplanacaklar ve bize barış tekliflerinde bulunacaklarmış. Anadolu'nun boşaltılması ilke olarak kabul edilmiş ise de, konferans görüşmeleri sırasında savaş başlarsa, barış teşebbüsleri sonuçsuz kalacağı için Yunanlılarla bir ateşkes anlaşması yapmamız gerekirmiş. Bu hususu Yusuf Kemal Bey'e söyleyen Lord Curzon (Lord Kürzon)'a Yusuf Kemal Bey, konferansın önce Anadolu'nun boşaltılmasına karar verip, bize ve Yunanlılara bildirmemesinin ateşkes anlaşmasından daha etkili olacağını söylemiş. Lord Curzon, ateşkes üzerinde direnmiş ve bunun hükûmetimize bildirilerek alınacak cevabın kendisine verilmesini istemiş.

22 Mart 1922 tarihli ateşkes anlaşması teklifi

Yusuf Kemal Bey daha Türkiye'ye dönmeden, İtilâf Devletleri, Dışişleri Bakanları Konferansı, 22 Mart 1922 tarihinde Türkiye ve Yunan hükûmetlerine ateşkes anlaşması teklifinde bulundu.

Bu sırada ben cephede bulunuyordum. Ateşkes anlaşması teklifi bana Dışişleri Bakanı Vekili Celâl Bey tarafından bildirildi. Bu teklifin ana çizgileri şunlardı: Her iki tarafın birlikleri arasında on kilometrelik, asker bulunmayan bir bölge meydana getirilecek, Birlikler, insan ve cephane bakımından takviye edilmeyecek. Birliklerin durumunda değişiklik yapılmayacak. Bir yerden bir yere malzeme de götürülmeyecek. Ordumuzu ve askerî durumumuzu, İtilâf Devletleri'nin askerî komisyonları kontrol edip denetleyebilecekler. Bu komisyonların hakemliğini samimiyetle kabul edeceğiz. Çarpışmalar üç ay süre ile durdurulacak ve bu durum, barış için yapılacak ön görüşmeler taraflarca kabul edilinceye kadar, üçer aylık sürelerle kendiliğinden yenilenecektir. Taraflardan biri yeniden savaşa başlamak isterse, ateşkes süresinin bitiminden hiç olmazsa on beş gün önce karşı tarafa ve İtilâf Devletleri temsilcilerine durumu bildirecek.

Efendiler, Yunanlılar bu teklifi hemen kabul ettiler. Yunan ordusu 399
Sakarya'da maddî ve manevî bakımdan yenilmişti. Bu ordunun yeniden geniş çapta bir taarruza geçerek bir daha talihini denemeye kalkışması güçtü. Bunu, bu gerçeği anlamak elbette herkesçe mümkün olmuştu. Yu-

nan ordusunu yeniden kesin sonuç verecek bir harekâta yöneltmek imkânı olmayınca, bizim de bir yıla yakın bir zamandan beri hazırlığı ile uğraştığımız ordumuzu uyuşukluğa düşürmek, millî hükûmete ümitler vererek bekleyiş içinde bırakmak ve böylece geçecek zaman içinde millî hükûmeti ve orduyu gevşetmek doğrusu önemli bir tedbirdi. Bu bakımdan İtilâf Devletleri'nin Anadolu'yu boşaltma ve Yakın Doğu sorununu çözme maksadına dayandığını ifade ettikleri bu ateşkes şartlarını ciddiyetle inceledik.

Önce, Ankara'da bulunan Bakanlar Kurulu ile makine başında telgraf görüşmesi yaptık. İstanbul'daki memurumuz vasıtasıyla Dışişleri Bakanlığı'ndan İtilâf Devletleri temsilcilerine verilmesini uygun bulduğumuz ilk karşılık şuydu:

«Ateşkes anlaşması teklifinin yapıldığı notayı 23/24 Mart 1922 tarihli telgrafınıza ek olarak bugün 24 Mart 1922 günü saat...'de aldım. Bu nota metni ordunun durumuyla ilgili olduğundan, Bakanlar Kurulu'nda ve gerektiğinde Meclis'te görüşülmeden önce, düşüncesini bildirmesi için, cephede bulunan Başkomutan'a yazdım. Türkiye Büyük Millet Meclisi Hükûmeti'nin vereceği cevabı, temsilcilerin istekleri üzere mümkün olan en kısa zamanda bildireceğimi kendilerine duyurunuz, efendim.»

24 Mart 1922 tarihinde Bakanlar Kurulu Başkanlığı'na şu düşüncemi bildirdim:

Esas itibariyle, İtilâf Devletleri dışişleri bakanlarının ortaklaşa yaptıkları ateşkes teklifini kabul etmemek veya herhangi bir şekilde bu teklife yanaşılmıyor ve güven gösterilmiyor hissini verecek gibi davranmak doğru değildir. Aksine, ateşkes teklifini iyi karşılamak gerekir. Bundan dolayı vereceğimiz karşılık olumsuz değil olumlu olacaktır. İtilâf Devletleri'nde iyiniyet yoksa, olumsuz davranış onlardan gelmelidir. Yalnız, biz, onların ileri sürdüğü şartları kabul edemeyeceğimizden, karşı şartlar ileri süreceğiz.

Ertesi gün, ajans ve telgraflar da notadan söz ederek şu haberleri yayınlıyorlardı:

.... Yakın Doğu'da barışı yeniden kurmak ve yeniden can ve mal kaybına yol açmadan, Küçük Asya'yı boşaltmak gayesini güttüğü sanılan bu teklifin, Türkiye Büyük Millet Meclisi Hükûmeti'nce olumlu karşılandığı ve İtilâf Devletleri'nin iyiniyet ve tarafsızlığına güvenerek hükûmetçe olumlu karşılık verilmesinin kuvvetle ümit edildiği hükûmet çevrelerince ifade edilmektedir. Bu teklifin akla yatkın, uygulamaya elverişli şartları içine almasını ve barışın bir an önce yapılmasını sağlayacak şekilde kısa süreli olmasını dileriz.

Bakanlar Kurulu'nun, verilecek cevabın Avrupa'da bulunan Dışişleri Bakanımızın dönüşüne bırakılması yolundaki düşüncesine karşı da, beklemenin gerekli olmadığını bildirerek, verilecek cevapla ilgili genel kararımı şöyle özetledim :

Ateşkes anlaşması teklifini prensip olarak kabul ediyoruz. Ancak, ordunun eksiklerinin ve hazırlıklarının tamamlanmasından bir an geri kalınmayacaktır. Ordumuzun içine yabancı denetleme hey'etleri sokmayacağız. Bu teklifi, Anadolu'nun boşaltılması için kabul etmekle birlikte, uygulanabilir ve gerçekleştirilebilir şartlar ileri süreceğiz. Ateşkes anlaşmasıyla birlikte, boşaltma işinin başlaması, en önemli şartımız olacaktır. 400

Martın 24' üncü günü makine başında, ben notaya verilecek karşılığı Bakanlar Kurulu'na bildirdim. Bakanlar Kurulu da Ankara'da hazırladıkları bir cevap suretini bana bildirmişti. İki cevap metinleri arasında bazı ayrılıklar görüldü. Nihayet 24/25 Mart gecesi Bakanlar Kurulu ile Sivrihisar'da birleşerek, verilecek karşılığın son şeklini görüşüp tespit etmeye karar verdik.

Efendiler, İstanbul'daki özel memurumuzun Dışişleri Bakanlığı'na çektiği 25 Mart tarihli şifreli telgrafına göre, bu memurumuz T e v f i k P a ş a ile görüşmüş. T e v f i k P a ş a, temsilcilerin İstanbul Hükûmeti'ne de verdikleri aynı notayı Ankara'ya göndererek, alınacak cevabın kendilerine bildirilmesini rica ettiklerini söylemiş. Memurumuz, T e v f i k P a ş a 'ya söz hakkının yalnız ateşkes anlaşması teklifi üzerinde mi, yoksa bütün işlerde mi Ankara'ya ait olduğunu sormuş. T e v f i k P a ş a bu soruya cevap vermemiş. Memurumuz, İ z z e t P a ş a 'dan ne gibi haberler aldığı sorusuna, T e v f i k P a ş a şu karşılığı vermiş : «İ z z e t P a ş a, yakında konferansın toplanacağını ve ne olursa olsun aşırılığa kaçılmamasını» bildiriyor.

Ateşkes anlaşması teklifine cevap vermeye hazırlanırken alınan barış teklifi

Efendiler, Sivrihisar'da ateşkes anlaşması teklifi ile ilgili notaya verilecek cevap kararlaştırıldıktan sonra, Bakanlar Kurulu Ankara'ya döndü. Fakat bu cevabı vermeye vakit kalmadan, Paris'te toplanan Dışişleri Bakanları Konferansı'nın 26 Mart 1922 tarihli ikinci bir notası alındı. Bu nota İtilâf Devletleri'nin, barış esasları ile ilgili tekliflerini içine alıyordu. Bu tekliflerin ana çizgileri şunlardı :

«Gerek Türkiye'de gerek Yunanistan'da azınlıkların haklarının korunmasına ve bu maksatla konulacak kuralların uygulanmasına Milletler Cemiyeti'nin de katılması. Doğuda bir Ermeni yurdunun kurulması ve bu işe de Milletler Cemiyeti'nin katılması;

Boğazların serbestliğini sağlamak üzere Gelibolu yarımadasında ve Boğazlar'ın çevresinde askerden arınmış bir bölgenin oluşturulması;

Trakya sınırının Tekirdağ'ı bize, Kırklareli, Babaeski ve Edirne'yi Yunanlılar'a bırakacak şekilde tespiti;

Bizde kalacak olan İzmir'in Rumlarına ve Yunanistan'da kalacak olan Edirne'nin Türklerine, bu şehirlerin yönetimine adaletli bir şekilde katılabilmelerini sağlamak üzere uygun bir yöntemin kararlaştırılması;

Barış yapılır yapılmaz İstanbul'un İtilâf Devletleri'nce boşaltılması;

Sévres projesi ile elli bin kişi olarak tespit edilen Türk silâhlı kuvvetlerinin seksen beş bine çıkarılması ve Sévres projesinde olduğu gibi askerlerimizin ücretli asker olması;

Sévres projesindeki malî komisyonun kaldırılması dışında, İtilâf Devletleri'nin iktisadî çıkarlarının gözetilmesi, dış borçların ve bize yükletilecek savaş tazminatının ödenmesinin sağlanması için Türk hakimiyeti ile bağdaşabilecek bir yöntemin tayini;

Adlî ve iktisadî kapitülasyonlarda değişiklik yapılmak üzere bir ko- 401
misyonun kurulması.»

Efendiler, İtilâf Devletleri'nin ateşkes anlaşması teklifi ile ilgili ilk notaları iyice incelendikten ve ikinci ayrıntılı notalarının taşıdığı şartlar da görüldükten sonra, bu devletlerin İstanbul Hükûmeti ile birlik olarak bizi yoketme maksadına dayanan çalışmalarla yeni bir safha açtıkları yargısına varmak pek tabiî idi. Buna karşı, durumun çok ciddî olduğunu düşünerek esaslı ve büyük bir savaşa hazırlanmak gerekiyordu.

Önce, bize teklif edilen şartların ne olduğunu millete ve dünya kamuoyuna açıklamak yerinde olurdu. Bu konudaki düşüncelerimi Bakanlar Kurulu'na bildirdim.

Her iki notaya, 5 Nisan 1922 tarihinde verilen cevabımızın ana noktalarını hatırlatayım :

Ateşkes anlaşmasını ilke olarak kabul ettik. Fakat temel şart olarak, ateşkes anlaşmasıyla birlikte Anadolu'nun boşaltılması işine hemen başlanmasını da zarurî bulduk. Ateşkes süresinin Anadolu'nun boşaltılma süresi olan dört aydan ibaret olmasını teklif ettik. Boşaltma işi bittiği zaman barışla ilgili ön görüşmeler sonuçlanmamış olursa, ateşkesin kendiliğinden üç ay daha uzamasını kabul ettik.

Boşaltma işinin nasıl yapılacağı konusundaki teklifimiz de şuydu:

Ateşkes anlaşmasının yürürlüğe girişinden başlayarak ilk on beş gün içinde Eskişehir - Kütahya - Afyonkarahisar kesimi ve anlaşma süresi olan dört ay içinde, İzmir de dahil olmak üzere, işgal altındaki bütün topraklarımız boşaltılacaktır.

Ateşkes anlaşması ile ilgili tekliflerimiz İtilâf Devletleri'nce kabul edildiği takdirde, barış tekliflerini incelemek üzere, üç hafta içinde delegelerimizi kararlaştırılacak şehre göndermeye hazır olduğumuzu bildirdik.

Bu notamıza 15 Nisan 1922'de cevap verdiler. Elbette olumsuzdu. Biz de 22 Nisan'da buna cevap verdik. Bu cevabımızın sonunda, ateşkes konusunda anlaşmaya varılmasa bile, barış görüşmelerini geciktirmenin uygun olmayacağını bildirdik. İzmit'te bir konferans toplanmasını teklif ettik. Bu yazışmalar da sonuçsuz kaldı. Beykoz'da veya Venedik'te bir konferansın toplanması birçok defa söz konusu oldu. Fakat, son zaferimizin kazanıldığı ana kadar, bunların hiçbiri gerçekleşmedi.

Başkomutanlık Kanunu'nun tarihçesi

Saygıdeğer Efendiler, bizim Başkomutanlığımız ile ilgili 5 Ağustos 1921 tarihli kanunun ayrıca bir tarihçesi vardır. Arzu buyurursanız, bu konuda yüksek kurulunuzu biraz aydınlatayım.

Başkomutanlık Kanunu'nun süresi birinci defa 31 Ekim 1921'de; ikinci defa 4 Şubat 1922'de; üçüncü defa 6 Mayıs 1922'de uzatıldı. Her defasında muhaliflerin türlü türlü eleştiri ve hücumlarına uğradı. Özellikle üçüncü defa uzatılışı oldukça önemli bir olay haline geldi.

6 Mayıs 1922 gününden önceki günlerde, zamanı geldiği için, kanunun süresinin uzatılması Meclis'te söz konusu edilmiş; ben, rahatsızlığım
dolayısıyla Meclis'te bulunamamıştım. 5 Mayıs akşamı evime gelen Hü- 402
kûmet üyeleri durumu şöyle anlattılar: Meclis'teki muhalifler benim Başkomutanlıkta kalmamı istemiyorlar. Birçok tartışmalı görüşmelerden sonra, teklif oya konmuş fakat çoğunluk sağlanamamış; yani Başkomutanlık Kanunu'nun süresinin uzatılması kabul edilmemiş, Bakanlar Kurulu üyeleri ve özellikle askerî durumu yakından izleyen kimseler durumunda olan Genelkurmay Başkanı ve Millî Savunma Bakanı pek çok üzülmüşler. Meclis'in gösterdiği bu tutum karşısında kendilerinin de göreve devamlarında bir yarar olmayacağını ileri sürerek, istifaya kalkıştılar.

Memleketin yüksek çıkarları uğruna Başkomutanlık görevine devam kararı verdim

Meclis'in oyunu belli ettiği dakikadan başlayarak ordu komutansız kalmıştı. Genelkurmay Başkanı ve Bakanlar Kurulu da istifa ettiği takdirde, memleketin genel yönetiminde, üzerinde durup düşünülmeye değer ağır bir bunalımın doğması kaçınılmazdı. Onun için gerek Genelkurmay Başkanı'na gerek Bakanlar Kurulu'na daha yirmi dört saat sabretmelerini ve beklemelerini rica ettim. Memleketin ve millî gayenin yüksek çıkarları adına, **ben de Başkomutanlık görevini**

yürütmeye devam kararını verdim ve bunu Bakanlar Kurulu'na da bildirdim.

Ertesi günü, yani 6 Mayıs 1922'de yapılan bir gizli oturumda Meclis'e açıklama yapacağımı bildirdim. Açıklamadan önce, Başkomutanlık aleyhinde söz söylemiş olan kimselerin düşüncelerini Meclis zabıtlarını getirterek, birer birer incelemiş bulunuyordum.

Efendiler, sizleri fazla yormamak için arz ettiğim gizli oturumdaki konuşmamı özetlemekle yetineceğim :

«Efendiler, dedim; Başkomutanlık ve Başkomutanlık Kanunu konusunda, başlangıçta olduğu gibi bugün de kanunun gereksizliğinden veyahut değiştirilmesi gereğinden söz eden ve Başkomutanlığın varlığından şikâyetçi olan kimseler vardır. Bu şikâyetçilerin hep aynı kimseler olduğu görülmektedir. Ben gereksiz bir mevkiin, bir makamın mutlaka devam ettirilmesi taraflısı değilim. Herhangi bir makama sınırsız yetkiler verilmesini sağlayacak kanunların da taraflısı değilim. Ancak, Başkomutanlık makamının ve bu makama yetki veren kanunun gerekli olup olmadığına karar verebilmek için, genel durumun, askerî durumun iyice gözden geçirilmesi ve incelenmesi gerekir. Bu nokta ile ilgili düşüncelerimi arz etmeden önce, Başkomutanlığın ve kanunun gereksizliği üzerine söz söylemiş olan kimselerin, bazı ifadelerini hep birlikte gözden geçirelim.

Örnek olarak, Salih Efendi (Erzurum Milletvekili), benim, Meclis'in hakkını zorla ele geçirdiğimi, zorla ele geçirmek istediğimi söyleyerek, çok açık olan hakkımızı vermeyiz diye feryat etmiş.

Efendiler, açık konuşacağım, beni bağışlayınız; her birinizin olağanüstü yetki ile seçilmesine ve olağanüstü yetkiye sahip bir Meclis'in kurulmasına ve bu Meclis'in memleketin kaderini ele alacak bir nitelik kazanmasına çalışan benim! Bunda başarı sağlamak için en yakın arkadaşlarımla görüş ayrılığına ve çatışmaya düştüm. Bütün hayatımı, varlığımı, bütün şeref ve haysiyetimi tehlikeye attım. Demek oluyor ki, bu benim eserimdir. Ben eserimi alçaltmakla değil yükseltmekle görevliyim. Salih 403
Efendi'den hiç olmazsa, beni de kendisi kadar olsun, bu Meclis'in haklarıyla ilgili saymasını rica ederim. Fazla bir şey istemem. Bu sözlerden sonra, «Meclis'in hakkını zorla ele geçirmek» sözünü reddeder ve olduğu gibi Salih Efendi'ye iade ederim. Böyle bir şey söz konusu değildir ve olamaz.

Efendiler, Başkomutanlık konusunun gizli oturumda görüşülmesinin uygun olacağı yolunda bir önerge verilmiş. Bu da türlü şekillerde yanlış yoruma uğramış. Konunun açık oturumda görüşülmesi istenmiş. Afyonkarahisar Milletvekili Mehmet Şükrü Bey, gizli oturumlarla gerçeğin milletten gizlenmek istendiğini söylemiş. Bir defa Türkiye Büyük Millet Meclisi, yalnız yasama görevi olan bir meclis değildir. Yürütme yetkisine de sahip bulunuyor. Böyle olmasa bile, memleketin, devletin her türlü işleriyle ilgili kararları, vaktinden önce açıkca söz konusu etmek ve herkese duyurmak dünyanın neresinde görülmüştür? Özellikle söz konusu edilen durum, düşman karşısında bulunan bir ordunun Başkomutanı ile ilgili olursa, bunu açık oturumda görüşerek, lehte olduğu gibi aleyhte söylenen sözleri de düşmana işittirmekte, memleketin bir çıkarı var mıdır? Başkomutanın ordu üzerindeki, özellikle düşman üzerindeki etki ve nüfuzunun çok büyük olması gerekir. Hattâ, Hüseyin Avni Bey'in burada söz konusu ettiği rahatsızlığımın bile, düşman tarafından işitilmesi sakıncalıdır. Buna ne gerek vardı. Görüyorsunuz ki, konunun gizli oturumda görüşülmesinden maksat, Mehmet Şükrü Bey'in dediği gibi, hiçbir vakit gerçekleri milletten gizlemek düşüncesine dayanmamaktadır. Keşke açık oturumda bir sakınca olmasaydı da, Mehmet Şükrü Bey, kürsüden istediklerini bağıra bağıra söyleseydi. Ben de Mehmet Şükrü Bey'in sözlerindeki anlamı ve gizli maksadı millete açıklasam ve yorumlasaydım. Şükrü Efendi bilsin ki, millet onun gibi düşünmüyor. Şükrü Efendi bilsin ki, onun dediği gibi komedya oynamıyoruz. Biz, buraya komedya oynatmak için toplanmadık. Efendiler, komedya oynayan ve oynatan Şükrü Efendi'nin kendisidir. Fakat emin olsun ki, biz o komedyaya kapılmayacağız. Şükrü Efendi oynamak ve oynatmak istediği komedya sonunda, **yakalandığı kanun pençesinden ne kadar büyük bir alçalma ile kurtulduğunu, unutacak kadar çok zaman geçmemiştir.**

Efendiler, Hüseyin Avni Bey, Başkomutanlık Kanunu aleyhinde konuşurken birtakım sözler sarfetmiş. Yüksek Meclis'e «Bu tutumla milleti rezil edeceksiniz!» demiş. «Miskinler» sözünü kullanmış. «Görevler şahıslara bağlı değildir; şahıs yoktur, millet vardır» gibi kurallar ortaya atmış.

Gerçi asıl olan millettir, toplumdur. Onun da genel iradesi Meclis'te kendini gösterir. Bu her yerde böyledir. **Fakat, fertler de vardır.** Meclis, memleket ve devlet işlerini fertlerle şahıslarla yapmaktadır. Her devletin işlerini yürüten şahıs ve şahıslar meydandadır. Gerçeği, anlamsız birtakım düşüncelerle inkârın yeri değildir.

Efendiler, Hüseyin Avni Bey, ikide birde, birtakım anlamsız sözlerle konuşmamı kesiyordu. Kendisine ağır uyarıda bulundum. Meclis'in mahalle kahvesi olmadığını söyledim. Kendisinden, milletin kâbesi olan kürsüye saygılı olmasını istedim.

Efendiler, konuşanlardan biri de Salâhattin Bey'dir. Sa- 404
lâhattin Bey, bize taarruz edip edemeyeceğimizi sormuş imiş...

Biz de «edeceğiz» demişiz... Kendisi de «edemeyeceksiniz!» demiş. Ve en sonunda edememişiz!.. Kendi dediği çıkmış.

Halbuki, taarruzun ertelenme sebeplerini yeri geldikçe yeterince açıkladığımızı sanıyorum. Tekrar edeyim ki, taarruz edeceğiz. Düşmanı vatanımızdan kovacak ve uzaklaştıracağız. Bu kararımızdan dönmeyeceğiz. Kararsızlığı gerektiren hiçbir sebep düşünülemez. Bundan başka, S a l â h a t t i n B e y demiş ki, «ordu güç bakımından en yüksek seviyeye gelmiştir.» Evet, ordumuz mükemmeldir; fakat, istenilen seviyeye gelmemiştir. Kendisi gibi bir asker arkadaşın, yüksek kurulumuzda böyle konuşabilmesi için, ordunun içyüzünü bilmesi gerekir. Halbuki, S a l â h a t t i n B e y, bundan çok uzaktır. Ordu ile yakından ilgilenenlerin sözü, yalnız benim sözüm değil, bütün komutanların sözü, kendisini yalanlamaktadır. Fakat hiç şüphe yok ki, ordumuzu lâyık olduğu seviyeye getireceğiz. S a l â h a t t i n B e y'in en önemli sözlerinden biri de, «bizim başlıca görevimiz siyaset yapmaktır» şeklindeki düşüncesidir. **Hayır Efendiler, bizim önemli ve asıl olan görevimiz siyaset yapmak değildir. Bizim, bütün memleketin ve bütün milletin bugün için tek görevi, topraklarımızda bulunan düşmanı süngülerimizle kovmaktır.** Bunu yapamadıkça, siyaset anlamsız bir sözden ibaret kalır. Bununla birlikte, bir dakika için, S a l â h a t t i n B e y'in sözlerini kabul edelim! Buna ben engel miyim? Başkomutan engel midir? Bu sözün Başkomutanlık Kanunu ile ne ilgisi vardır? Anlaşılıyor ki bir engelleme ve bir zıtlaşma düşünülmektedir. Ben millî hedefe ulaşılabilmesi için tek çıkar yolun savaş ve savaşta başarı olduğunu söylüyorum. Bütün gücümüzü, bütün kaynaklarımızı ve bütün varlığımızı orduya vereceğiz. Kudretimizi dünyaya tanıtacağız ve ancak ondan sonra milleti insan gibi yaşatmak mümkün olacaktır! diyorum.

S a l â h a t t i n B e y, işte bu anlayışı, aklınca siyaset yapmaya engel sanıyor ve konunun siyasetle çözüme bağlanabileceğini zannediyor. Bir de S a l â h a t t i n B e y diyor ki, bugünkü askerî durumun gerektirdiği masrafları incelemek için, Başkomutanlığın varlığı bir engeldir.

Efendiler, bu doğru değildir. Başkomutan, Meclis'in, malî kaynakları incelemesine ne zaman engel olmuştur? Gelir kaynaklarımızla ne yapabileceğimiz konusundaki endişe belki herkesten çok beni meşgul etmektedir. Yalnız, **ben, ordumuzun varlık ve kuvvetini paramıza göre ayarlama görüşünü kabul edenlerden değilim. «Paramız vardır, orduyu kurarız; paramız bitti, ordu dağılsın..»** Benim için böyle bir mesele yoktur. Efendiler, para vardır veya yoktur; ister olsun ister olmasın, ordu vardır ve olacaktır. Bu konuda bir hatıramı da aktarayım. Ben ilk defa bu işe başladığım zaman en akıllı ve düşünür geçinen birtakım kimseler bana sordular: «Paramız var mıdır? Silâhımız var mıdır?» «Yoktur» dedim. O zaman, «O halde ne yapacaksın?» dediler. «Para olacak, ordu olacak ve bu millet istiklâlini kurtaracaktır» dedim. Görüyorsunuz ki, hepsi oldu ve olacaktır.

Birtakım Efendiler de, «Başkomutan millete angarya yaptırıyor» demişler. Halbuki kanunun memlekette angaryayı yasakladığını söylemiş- 405 ler. Bu doğrudur Efendiler; fakat, ihtiyaç, tehlike bize her şeyi meşru göstermektedir. Ordunun ihtiyaçları, millete angarya yaptırmayı gerektiriyorsa, bunu yapıyoruz ve **en doğru kanun budur.** Milletin ve ordunun yenilmemesi için, kanun buna engeldir diye, gerekli gördüğüm tedbiri almaktan çekinmeyeceğim.

Efendim, Kara Vasıf Bey de demişler ki, her yerde başkomutan vardır. Fakat başkomutanlık için ayrıca bir kanun yoktur. Eldeki askerî kanunlar, her komutanın olduğu gibi başkomutanın da görev ve yetkilerini belirtir ve sınırlandırır. Bunu da ilim tayin ve tespit eder.

Bilinmektedir ki, devletler, biribirinden farklı hükûmet şekilleriyle idare edilirler. Şekillerine göre, başlarında krallar, imparatorlar, padişahlar bulunur. Bazılarının başlarında cumhurbaşkanları vardır. Böyle memleketlerde, başkomutan, devletin başında bulunan kimsedir. Bu kimse başkomutanlık görevini ya kendisi yapar yahut birini vekil tayin eder. Bizim bugünkü hükûmet şeklimize göre, başkomutanlık yetkisi Meclis'in manevî şahsiyetinde toplanmıştır. Bunun için, Meclis, falan veya filân kimseyi başkomutan seçtiğini ifade edince, bu ifadeye kanun derler. Kral, padişah ve imparatorun buyurduğuna «irade» dendiği gibi, Meclis'ten çıkan millî iradeye de «kanun» adı verilir. O halde kanun vardır. Bir meclisin olağanüstü bir zamanda kendisine olağanüstü görev verdiği başkomutan, Kara Vasıf Bey'in komutanların görev ve yetkilerini belirterek sınırlandırdığını işaret ettiği Askerî Ceza Kanunu ile İç Hizmet Yönetmeliği çerçevesinde kalması gereken bir komutan değildir. Kara Vasıf Bey'in «ilim tayin ve tespit eder» dediği şey, büsbütün başkadır. Askerlik ilim ve teknikleri, askerlik sıfatını ve başkomutan olacak kimsede bulunması gereken vasıfları sıralar, açıklar ve öğretir. Yoksa, insanları başkomutanlığa getirme işi, komuta edilecek ordunun asıl sahibi veya meşru vekilleri tarafından yapılır. «Başkomutanlık vasıflarını taşıyorum» diyen bir kimsenin o mevkie kendiliğinden gelebilmesinin anlamı ise büsbütün başkadır.

Kara Vasıf Bey, bir de demiş ki; «Başkomutan, cephenin gerisindeki işlerle uğraşmasın!» Bu düşünce yanlıştır. Cephenin insan sayısıyla, yiyeceği, giyeceği, silâh ve cephanesi ve daha başka eksiklikleriyle ilgili bulunan başkomutan, elbette bütün bunların geride bulunan kaynaklarıyla da ilgilidir. K a r a V a s ı f B e y, bu ileri sürdüğü düşünceyi hangi kitapta, hangi alanda, hangi yerde görmüş! Gerçi, hem cephe ile hem de gerideki birçok işlerle uğraşmak güçtür. Bir adam hem cepheye komuta edecek, savaş idare edecek, hem de bu işlerle birlikte cephe gerisinde birçok şeylerin yapılmasını sağlayacak. Bunu bir adam nasıl yapabilir? Şüphesiz yapar. Fakat yapar dediğim zaman, Başkomutan şu an cepheye komuta eder, sonra kalkar oradan filân yere gider, yiyecek işini yoluna koyar; filân yere de gider ordunun ikmal işini yapar demek değildir. **Üzerlerine büyük işler almamış olan insanların bu konudaki kararsızlıklarını çok görmemelidir.** Bakınız, size bir örnek vereyim: Ben çok acemi komutanlar gördüm. Söz gelişi, bir alay komutanı, yeni tümen komutanı olmuş veya bir tümen komutanı yeni kolordu komutanı olmuş; biraz da tecrübesiz! Daha tecrübe edinmeye zaman bulamadan, güç durumlar karşısında kalmış. Görevi boyunca bir tümene alışmış iken, düşman karşısında iki veya üç tümene birden komuta etmek zorunda kalınca, kararsızlığa düşmesi ve güçlüklere uğraması olağandır. 406 Bir tek tümene komuta ettiği zaman, tümenin bütün birliklerini elden geldiği kadar aynı anda görüp idare edebilen acemi komutan, gözden uzak mevzilerde yer alan iki üç tümenin Muharebesini idare etmek zorunda kalınca, kendi kendine: «Ben hangi tümenin yanında bulunayım, onun mu, bunun mu? Orada mı, burada mı?» diye sorar...

Hayır! Ne orada bulunacaksın, ne de burada! Öyle bir yerde bulunacaksın ki, hepsini idare edeceksin. O zaman: «Ben hiç birini gerektiği gibi göremem!» der. Tabiî göremezsin, elbette gözlerinle göremezsin! Akıl ve ferasetinle görmek gerekir.

Ordunun kıpırdanamayacağını iddia eden bir gafili alkışlayanlar

V a s ı f B e y, bir konuşmasında demiş ki: «Biz Sakarya Muharebesi'nden sonra, işte hâlâ kıpırdayamadık, kıpırdayamıyoruz.» Bu söz, bazılarının «bravo» sesleriyle ve **alkışlarıyla karşılanmış.**

Efendiler, **buna pek üzüldüm ve kahroldum, çok utanç duydum.** Ordunun kıpırdamamasını ve kıpırdamayacağını iddia eden bir gafilin sözlerini alkışlamak, cidden çok gariptir. Rica ederim, bunu burada gömelim, kimse işitmesin!

İşte Efendiler, Başkomutanlığın gereksizliğini ispatlamak için söylenen sözlerin bellibaşlıları bunlardan ibaretti. Benim de bu sözlere verebileceğim karşılıklar dinlendi. Bundan sonra düşünüp karar vermek Meclis'e düşer. Yalnız bir gerçeği gözler önüne sermek zorundayım. Yüce Meclis'in, Başkomutanlığın gereğine inandığına şüphe olmamakla birlikte, muhalefetin, hiç bir temele dayanmayan tutumu, Meclis kararının istenilmeyen bir şekilde çıkmasına yol açtı. Bunun sonucu ne oldu, Efendiler, biliyor musunuz? Başkomutanlık iki gündür belirsiz bir durumda ve boşluktadır. Şu dakikada ordu komutansızdır. Eğer ben orduya komuta etmekte devam ediyorsam, kanunsuz olarak komuta ediyorum. Meclis'te beliren oy sonuçlarına göre, hemen komutadan el çekmek isterdim. Başkomutanlığımın sona erdiğini hükûmete bildirdim. Fakat, önlenmesi imkânsız bir felâkete meydan vermeme mecburiyeti ile karşı karşıya geldim. Düşman karşısında bulunan ordumuz başsız bırakılamazdı. **Bunun için bırakmadım, bırakamam ve bırakamayacağım.**

Saygıdeğer Efendiler, bu gizli oturumda, muhaliflerin hükûmeti ve orduyu yıkmak için öteden beri kurcaladıkları daha birtakım noktalar üzerinde hemen hemen düelloyu andıran tartışmalar oldu. Sonunda gereği gibi aydınlanmış olan Meclis, oyunu şu yolda belirtti: 11 red, 15 çekimsere karşı 177 oyla Başkomutanlık Kanunu'nun süresi uzatıldı.

Ordunun maddî ve manevî gücü, millî gayeyi tam bir güvenle gerçekleştirecek düzeye yükselmişti

Efendiler, üç ay sonra, yani 20 Temmuz 1922 tarihinde, Başkomutanlık Kanunu, süresi bittiği için yeniden görüşme konusu oldu. Bu defa Meclis'te yaptığım genel konuşmanın bir kısmını olduğu gibi bilginize sunmama müsaadenizi rica ederim. Demiştim ki: «Artık ordumuzun maddî ve manevî gücü, olağanüstü hiçbir tedbire ihtiyaç duyurmaksızın, millî gayeyi tam bir güvenle gerçekleştirecek düzeye ulaşmıştır. Bu bakımdan, olağanüstü yetkilerin devam ettirilmesine gerek ve ihtiyaç kalmadığı görüşündeyim.

Bugün ortadan kalktığını görmekle sevindiğimiz bu ihtiyacın, bundan sonra da doğduğunu görmemekle mutlu olacağız. Başkomutanlık görevinin süresi, olsa olsa Misak-ı Millî'mizin özüne uygun kesin bir sonuca ulaşacağımız güne kadar uzar. Mutlu sonuca güvenle ulaşacağımıza şüphe yoktur. O gün, değerli İzmir'imiz, güzel Bursa'mız, İstanbul'umuz, Trakya'mız ana vatana katılmış olacaktır. O mutlu gün gelince, bütün milletle birlikte, en büyük mutluluklara erişmekle şeref duyacağız. **Benim bundan başka ikinci bir mutluluğum daha olacaktır ki, o da kutsal dâvâmıza başladığımız gün bulunduğum duruma dönebilmekliğim imkânıdır. Dünyada, milletin bağrında serbest bir fert olabilmek kadar büyük bir mutluluk var mıdır? Gerçekleri bilen, kalbinde ve vicdanında manevî ve kutsal hazlardan başka zevk taşımayan insanlar için, ne kadar yüksek olursa olsun, maddî makamların hiçbir değeri yoktur.»**

Efendiler, bu görüşmelerin sonunda, Başkomutanlığın süresiz olarak bana verilmesi kararına varıldı.

*
**

Muhalif grubun Meclis'teki faaliyeti

Saygıdeğer Efendiler, muhalif grubun Meclis'teki faaliyeti, bizi kendisiyle biraz daha uğraştıracaktır. İkinci Grup adını alan muhalifler, olumsuz yoldaki direnmelerini uzun süre denediler. Bakanlar Kurulu'nun seçim şeklini düzenleyen 8 Temmuz 1922 tarihli kanunla, Bakanların ve Bakanlar Kurulu Başkanı'nın doğrudan doğruya Meclis'çe ve gizli oyla seçilmeleri sağlandı. Böylece, Bakanlar Kurulu Başkanlığı'ndan fiilen uzaklaştırılmış olduğum gibi, Bakanların da benim göstereceğim adaylar arasından seçilmesi ile ilgili hüküm kaldırılmış oldu.

Rauf Bey, Bakanlar Kurulu Başkanı oldu

Muhalif grup, bundan sonra saldırıya geçti. Rauf Bey'i Bakanlar Kurulu Başkanlığı'na getirmeye çalıştı. Bunda başarı da sağladı. Muhaliflerin gizli niyetlerini anlıyordum. Bununla birlikte Rauf Bey'i yanıma davet ettim. Meclis'teki çoğunluğun kendisini Bakanlar Kurulu Başkanı olarak seçme eğiliminde olduğunu, bunun bence de uygun görüldüğünü söyledim. Rauf Bey, kararsız bir tavır takındı. «Bakanlar Kurulu Başkanlığı'nın bir görevi yoktur» dedi. Rauf Bey demek istiyordu ki, Büyük Millet Meclisi'nin Başkanı, Bakanlar Kurulu'nun da tabiî başkanıdır. Bakanlar Kurulu'nun aldığı kararlar onun tarafından onaylanmadıkça yürürlüğe girmez. Buna göre, Bakanlar Kurulu Başkanı'nın bir yetkisi ve serbestliği yoktur. Gerçekten de Teşkilât-ı Esasiye Kanunu gereğince durum böyleydi. Bununla birlikte, sonunda Bakanlar Kurulu Başkanlığı'nı kabul etti. Rauf Bey, 12 Temmuz 1922 tarihinden 4 Ağustos 1923 tarihine kadar bu görevde kaldı.

Efendiler, bir nokta dikkatinizi çekmiştir. Kara Vasıf Bey'le Rauf Bey, muhalefetin doğuşunda, desteklenmesinde ve yönetiminde, daha ilk günden birlik olmuşlar ve liderliğini yapmışlardır. Fakat 408
Rauf Bey, açıktan açığa İkinci Grup'a geçmeyerek, bizim içimizde kalma durumunu tercih ediyor. Bu durum üç yıl sürdü. Rauf Bey, en sonunda kendi ifadesiyle: «Bizimle birlikte imiş gibi görünmeye artık imkân kalmadığı zaman» ayrılığını ilân etmek zorunda kaldı.

Efendiler, muhaliflerin, Meclis'te ordu aleyhine başlattıkları hava devam ediyordu. Sürekli ve ateşli bir şekilde ordunun taarruz kabiliyeti olmadığından ve artık konuyu siyasî tedbirlerle bir çözüme bağlayarak sonuçlandırmanın kaçınılmaz olduğundan etkili bir şekilde söz ediyorlardı.

Taarruz Kararı

Gerçekte ordumuz ihtiyaçlarını ve eksiklerini tamamlamak üzere bulunuyordu. Ben, daha Haziran ortalarında taarruza karar vermiştim. Bu kararımı yalnız Cephe Komutanı ile Genelkurmay Başkanı ve Millî Savunma Bakanı biliyorlardı.

Bildirdiğim tarihlerde bir geziyi vesile ederek İzmit-Adapazarı yönüne hareket ettiğim zaman, Ankara'da Genelkurmay Başkanı Fevzi Paşa Hazretleri'yle görüştükten sonra, o zaman Millî Savunma Bakanı bulunan Kâzım Paşa Hazretleri'ni Sarıköy istasyonuna kadar birlikte götürerek, oraya davet ettiğim Cephe Komutanı İsmet Paşa Hazretleri'yle birlikte, taarruz için gerekli hazırlıkların sür'atle tamamlanması ile ilgili kararlar aldık.

Efendiler, artık Büyük Taarruz'dan söz açma sırası geldi. Bilirsiniz ki, Sakarya Meydan Muharebesi'nden sonra, düşman ordusu büyük ve kuvvetli bir grupla Afyonkarahisar-Dumlupınar arasında bulunuyordu. Bir başka kuvvetli grubuyla da Eskişehir bölgesindeydi. Bu iki grup arasında yedek kuvvetleri vardı. Sağ kanadını, Menderes dolaylarında bulundurduğu kuvvetlerle, sol kanadını da İznik Gölü'nün kuzey ve güneyindeki kuvvetleriyle koruyordu. Denilebilir ki, düşman cephesi, Marmara'dan Menderes'e kadar uzanıyordu. Düşman ordusunun teşkilâtı, üç kolordu ve bazı müstakil birliklerin mevcudu da üç tümeni bulmaktaydı. Biz, Batı Cephesi'ndeki kuvvetlerimizi iki ordu halinde teşkilâtlandırmış ve düzenlemiştik. Bundan başka, doğrudan doğruya cepheye bağlı teşkilâtımız da vardı. Bizim bütün birliklerimiz on sekiz tümen idi. Bundan başka üç tümenli bir süvari kolordumuz ve daha zayıf mevcutlu iki süvari tümenimiz vardı. Teşkilâtı biribirinden farklı olan iki düşman ordusu biribiriyle karşılaştırılırsa, her iki tarafın insan ve tüfek kuvvetleri, aşağı yukarı biribirine denk bulunuyordu. Yalnız, Yunan ordusu, dünyanın hür ve kendisini destekleyen sanayiine dayandığı için, makineli tüfek, top, uçak, taşıt, cephâne ve teknik malzeme bakımından daha üstün durumdaydı. Diğer taraftan bizim ordumuz süvari sayısı yönünden daha üstün bulunuyordu.

1'nci Ordu Komutanı Ali İhsan Paşa'nın yarattığı durum

Burada, sırası gelmişken bir noktayı belirtmeliyim. Ordularımızdan birinin, 2'nci Ordu'nun komutanı bugün Askerî Şûra üyelerinden olan Şevki Paşa Hazretleri idi. 1'inci Ordumuzun komutasını Malta'dan gelmiş olan İhsan Paşa'ya vermiştik. İhsan Paşa'nın, kendisini Divan-ı Harbe kadar götüren yersiz ve davranışlarından dolayı, ordu komutanlığından uzaklaştırılması gerekti. Gerçekten, Ali İhsan Paşa; ordunun disiplinini ve genel yönetimini bir çıkmaza sokacak şekilde hareket etti. Örnek olarak, ordusundaki ast komutanlarda, üst komutanlara karşı itaatsizlik edecek durumlar yarattı. 409

Söz gelişi, ambarlarının mevcudunu günlerce haber vermeyerek ve haber verdirmeyerek genel yiyecek sıkıntısının çekildiği bir sırada, ansızın ambarlarının boşaldığını ve açlık tehlikesi bulunduğunu bildirdi.

Ast komutanları, üstlerine karşı itaatsizliğe ve görevlerini yapmamaya kışkırtma ve bu davranışları destekleme gibi tutumları yanında, ordunun emirlere uyma ve görev duygusuyla oynayacak kadar entrikacı bir yaratılışta olduğu kanaatini de uyandırdı.

Ali İhsan Paşa'nın bilinen, kendisine has özelliklerinden başlıcaları şunlardı:

En küçük birliklere kadar bütün ordusuna, önemli önemsiz her işin ve her kararın ancak kendisi tarafından verileceğini telkin ederek, bütün ordusunda yalnız kendisinin kudret sahibi olduğunu zannettirmek. Büyüklerinden daha üstün olduğunu herkese ispatlamak düşüncesine kapılmak. Gerek resmî iş gerek özel davranış bakımından büyüklerinin itibarlarını düşürmeye çalışmak. Savaş açısından tedbirde yerindelik ve sinirde sağlamlık yönleriyle kendisini deneme fırsatı bulunmamış olmakla birlikte, bu hususta anlaşılan karakteri şuydu: Herhangi bir başarısızlığı mutlaka astına veya üstüne yükleme yolunu her zaman düşünmesi. İhsan Paşa, yumuşak ve nazik davranışlardan çok, sert ve resmî davranışla iş yaptırmayı gerekli bulur.

Ali İhsan Paşa'nın huyu ve ahlâkı konusunda, kendisinin kurmay başkanı iken çekilmek zorunda kalan Yarbay Hâlit Bey'in (Sonradan Kastamonu Milletvekili olmuştur) Batı Cephesi Komutanlığı'na verdiği 20 Ocak 1922 tarihli resmî bir raporunun bazı bölümlerini olduğu gibi bilginize sunacağım. Hâlit Bey, Birinci Dünya Savaşı'nda, Irak'ta da Ali İhsan Paşa ile birlikte bulunmuştu. Sözünü ettiğim raporda şu cümleler vardır:

....

.... Komutanım Ali İhsan Paşa'nın geldiği günden beri ast komutanların haysiyetini ve görev yapma isteğini kıracak davranışlar içinde bulunması ve yapılan yazışmalardan anlaşılmış olacağı üzere Cephe Komutanlığı'na karşı astlara hissettirecek derecede yakışıksız bir haberleşme kapısı açması, benlik kokusu hissedilen düşünce yarışına girişmesi, dünyanın değer verdiği ve saygı duyduğu cephe karargâhının nüfuzunu azaltmak istediğini anlatır bir davranış tarzını benimsemiş olması, beni ciddî olarak düşündürdü ve üzdü. Davranışlarını elimden geldiği kadar değiştirmeye çalıştım. Fakat yine büyük bir fark göremedim.

....

...... Ahlâkında yer etmiş bencillik hastalığı, ün yapma hırsı, aşırı kıskançlık ve sonsuz bir bencilliğin etkisiyle baş olmak istediği, davranışlarından ve ast komu- 410
tanlar yanında söylediği biribirine düşürücü sözlerden anlaşılıyordu. 11'nci Tümen Komutanı istifamı işittikten sonra, bana gizli bir konuşmada: «Ali İhsan Paşa'nın Malta'da iken kurtulması için Ferit Paşa'ya mektuplar yazdığını ve İngiliz mandasını kabul etmek için kendi karşısında saatlerce açıktan açığa konuşmalar ve tartışmalar yaptığını» söyledi. Ali İhsan Paşa'-

nın davranışlarına bakarak, bu sözleri dikkat çekici buldum.... Astlardan gelen bazı evrakı cepheye, cepheden geleni astlara olduğu gibi göndererek karşılıklı güven duygularını sarsma şeklindeki davranışları da ayrıca dikkati çekmektedir. Söz gelişi : Şeyhelvan dağının düşman eline geçişi ile ilgili yazışmaların olduğu gibi 2' nci Kolordu'ya, 5' inci Kolordu'dan yazılan bazı raporların da aynen cepheye yazılması gibi. Buna rağmen, söz konusu olayın sorumluluğunu 5' inci Kolordu Komutanı'na yüklemesi ve kendisinden cepheye şikâyette bulunması âmirlik niteliği ile bağdaştırılamaz. **Tevhid-i Efkâr** gazetesinde yayınlattığı hâtıraları arasında, Ateşkes Anlaşması tarihinden bir gün önce, Musul güneyinde, Şarkat'ta esir olan Dicle Grubu'nun esirlik sebebini yalnız o zaman grup komutanı olan (Şimdi Doğu Cephesi'nde Tümen Komutanı imiş) Yarbay İ s m a i l H a k k ı B e y ' in üzerine atması da bu karakterinin delilidir. Dicle Grubu 7, 9, 43, 18 ve 22' nci Alaylarla Avcı Alayından oluşmuştur. Bunlardan başka, ayrıca 5' inci Tümen'den 13 ve 14' üncü Alaylar da parça parça esir verildi. Ateşkes Anlaşması'ndan bir gün önce 13.000 kişinin esir verilmesi, 50 kadar topun kaybı, gerçekte kendisinin şartlara ve duruma uygun olmayarak verdiği bir emir yüzündendir. **İşte bu durum Musul ilinin kaybedilmesine yol açtı.** Halbuki, ateşkes anlaşması yapılacağı belliydi. Gruba, Keyare mevziine çekilmek için direktif verilseydi, İngilizler gruba tesir etmek şöyle dursun yenemezlerdi bile. Bu gruba 5' inci Tümen de katılabilirdi. Ateşkes anlaşması yapıldığı zaman, esir olan sekiz piyade alayı elde bulunur **ve Musul da bizde kalırdı. Fakat sefil bir düşünce mantığa galebe çalmıştır.**

Hâtıralarında, Dicle boyundaki bütün başarı ve T o w n s h e n d ' in esir alınması şerefi, kendisine mâledilmiştir...... Her başarıyı kendisine aitmiş gibi gösteren yayınlar yaptırmaktan maksadı, kamuoyunu aldatarak şöhret ve mevki kazanmaktır. Ünlü adamların hâtıralarını yayınlamak, millette övünme duygularını canlı tutar ve gereklidir de. Ancak, tarihin sorumlu tutacağı kimselerin hareketlerini övünülecek şeyler arasında saymak tarihi lekeler ve gelecek nesilleri yanlış düşüncelere sürükler.

General M a r s h a l l 'ın : «Yarın öğleye kadar Musul'u terk ediniz; aksi halde savaş esirisiniz!» emrini aldığı zaman o büyüklük taslayan Paşa Hazretleri, Sincar Çölü'nü geçerek Nusaybin'e gitmek için General M a r s h a l l 'dan resmî bir yazı ile kendisini koruyacak iki zırhlı otomobil istedi ve bunların koruyuculuğunda Â ş i r B e y ' le (şimdiki Millî Savunma Bakanı Müsteşar Yardımcısı Â ş i r P a ş a ' dır) beni Musul'da bırakarak Nusaybin'e gitti. Aşiretler arasında hükûmetin manevî otoritesini de kırdı. Bu durumu görenlerin vicdanı sızladı. Zaho yoluyla, koruyucusuz gidebilirdi veya süvari alarak çölden geçebilirdi. Halep'te İngiliz generalinden şahsı için özel tren istedi ve yolda hakarete uğramaması için muhafız bulundurulmasını istemeyi de unutmadı. Gerektiğinde hayatının ve rahatının korunması için millî şerefi unutan Paşa Hazretleri'nin ahlâkına örnek olmak üzere yukarıdaki olayları dile getirdim...... Eski komutanıma hoş görünmedim. Çünkü hırsına hizmet etmedim ve dalkavukluğunu yapmadım... Millete, Millî Ordu'yu kuran ve zaferler kazanan büyük komutanlar gibi asil ruhlu, iyi niyetli kılavuzlar, komutanlar gerekir. Orduda birlik ve uyumun bozulmasına, görev aşkının zayıflamasına çalışanlar, dâhî de olsalar zararlı birer şahsiyettirler. Ben, çekilen emekleri bildiğim, girişilen kutsal mücadelede başarıya ulaşmayı istediğim için, kötü niyetli olmadığıma ve çıkar gözetmediğime namusum ve mukaddesatım üzerine yemin ederek bunları anlatmaya cür'et ettim. İran'da, Kafkasya'da uzun süre yaverliğini yapan (şimdi Birinci Ordu Harekât Şubesi Müdürü) Binbaşı C e m i l B e y , son günlerde bana : «İyi ki A l i İ h s a n P a ş a , Millî Mücadele'nin başlangıcında Anadolu'da bulunmadı. Malta'da bulunduğu iyi oldu. Aksi halde, hiç şüphe yok ki, aykırı bir yol tutardı» dedi. Paşa'nın nasıl bir insan olduğunu çok iyi bilen Cemil Bey, pek doğru söylemiştir... Ulu Tanrı'dan «kış uykusuna yatmış yılana güneş göstermesin» dileğinde bulunurum.

Efendiler, Ali İhsan Paşa, Meclis'teki muhalifler grup ileri gelenleri ile de temas ve haberleşmelerde bulunuyordu. Kendisinin komutanlığına son verilerek, hakkında kanunî işleme devam edilmek üzere Millî Savunma Bakanlığı emrine verilmesini onayladığım 18 Haziran 1922 gününün ertesinde, yani 19 Haziran tarihinde, o zaman Türkiye Büyük Millet Meclisi İkinci Başkanı bulunan Rauf Bey'den, makina başında, İhsan Paşa ile ilgisini gösterir bir şifreli telgraf almıştım. Yeri gelince bu telgrafı da bilginize sunmuştum. O günlerde Adapazarı, İzmit taraflarında gezide bulunuyordum. Rauf Bey telgrafında diyordu ki: «1'inci Ordu Komutanı Ali İhsan Paşa'nın görevden alınarak Divan-ı Harbe verilmek üzere Konya'ya gönderildiğine dair Meclis çevrelerinde dedikodulara yol açan bir söylenti vardır..»

Efendiler, bir komutanın görevden alınması, göreve tayini veya askerî mahkemeye verilmesi işleminin üzerinden bir gün bile geçmeden, Meclis'çe dedikodu olabilecek bir söylenti haline gelmesi ve Meclis İkinci Başkanı'nın bu olayla, benden açıklama isteyecek kadar yakından ilgilenmesi dikkat çekici değil midir? Rauf Bey'e tarafımdan gereken cevap verildi. 1'inci Ordu Komutanlığı bir süre vekâletle idare edildi. Fakat birinin asil olarak tayini gerekiyordu. Moskova Sefirliği'nden dönmüş olan Fuat Paşa'nın 1'inci Ordu Komutanlığı'nı kabul edip etmeyeceği konusunda düşüncesini almak istedim. Anladım ki, cephe komutanlığı yapmış olduğundan, cephe komutanının emrine girmek istemiyor. Millî Savunma Bakanı bulunan Kâzım Paşa vasıtasıyla 1'inci Ordu Komutanlığı'nı, Refet Paşa'ya teklif ettirdim. Kabul etmemiş. Nihayet, o tarihlerde kayıtsız şartsız cephe emrine girerek görev yapacağını söyleyen ve açıkta bulunan Nurettin Paşa'yı 1'inci Ordu Komutanlığı'na getirdik.

Taarruz plânımızın ana çizgileri

Efendiler, düşman ordusunun cephe ve teşkilât durumu ile, ona karşı Batı Cephesi'ndeki kuvvetlerimizin esas olarak iki ordu halinde kurulup düzenlenmiş olduğunu söylemiştim. Öteden beri tasarlamış olduğumuz taarruz plânımızın ana çizgilerini de arz edeyim:

Düşündüğümüz, ordularımızın ana kuvvetlerini düşman cephesinin bir kanadında ve mümkün olduğu kadar dış kanadında toplayarak, bir 412
imha meydan muharebesi vermekti. Bunun için elverişli bulduğumuz durum, ana kuvvetlerimizi, düşmanın Afyonkarahisar yakınlarında bu-

lunan sağ kanat grubu, güneyinde ve Akarçay ile Dumlupınar hizasına kadar olan alanlarda toplamaktı. Düşmanın en hassas ve önemli noktası orasıydı. Çabuk ve kesin sonuç almak, düşmanı bu kanadından vurmakla mümkündü.

Batı Cephesi Komutanı İsmet Paşa ve Genelkurmay Başkanı Fevzi Paşa, bu bakımdan gerektiği gibi bizzat incelemeler yapmışlardı. Hareket ve taarruz plânımız çok önceden tespit edilmişti.

Konya'ya gelmiş olan General Townshend'in isteği üzerine, kendisiyle görüşmek için, Ankara'dan hareket ederek 23 Temmuz 1922 akşamı Batı Cephesi Karargâhı'nın bulunduğu Akşehir'e gittim. Savaş plânı üzerinde görüşürken Genelkurmay Başkanı'nın da katılmasını uygun bulduk. Ben, 24 Temmuzda Konya'ya gittim. 27'sinde tekrar Akşehir'e gelmişti. 27/28 Temmuz gecesi birlikte yaptığımız görüşme sonunda, tespit edilmiş olan plân gereğince taarruz etmek üzere, 15 Ağustosa kadar bütün hazırlıkların tamamlanmasına çalışmayı kararlaştırdık.

28 Temmuz 1922 günü öğleden sonra yaptırılan bir futbol maçını seyretmek bahanesiyle ordu komutanları ve bazı kolordu komutanları Akşehir'e çağrıldı. 28/29 Temmuz gecesi genel olarak komutanların taarruzla ilgili görüşlerini aldım. 30 Temmuz 1922 günü Genelkurmay Başkanı ve Batı Cephesi Komutanı ile yeniden görüşerek tarruzun şeklini ve ayrıntılarını tespit ettik. Ankarara'dan çağırdığımız Millî Savunma Bakanı Kâzım Paşa da 1 Ağustos 1922 öğleden sonra Akşehir'e geldi. Ordu hazırlığının tamamlanmasında Millî Savunma Bakanlığı'na düşen işler tespit edildi.

Taarruza hazırlık emri

Ordunun hazırlıklarının tamamlanmasını ve taarruzun bir an önce yapılmasını emrettikten sonra tekrar Ankara'ya döndüm. Batı Cephesi Komutanı, 6 Ağustos 1922'de ordularına gizli olarak taarruza hazırlık emri verdi. Genelkurmay Başkanı ve Millî Savunma Bakanı Paşalar da Ankara'ya döndüler.

Efendiler, taarruz için yeniden cepheye gitmeden önce, Ankara'da yapılması gereken bazı işler vardı. Daha taarruz emri verdiğimi Bakanlar Kurulu'na da açıkça bildirmemiştim. Artık onlara resmî olarak haber verme zamanı gelmişti. Yaptığımız bir toplantıda iç ve dış durumlarla ordunun durumunu görüşüp tartıştıktan sonra, taarruz konusunda Bakanlar Kurulu ile görüş birliğine vardık.

Önemli bir konu daha vardı. Muhalifler ordunun çürüdüğünden, kıpırdayacak durumda olmadığından, böyle karanlık ve belirsizlik için-

de beklemenin sonucunun felâketten ibaret olacağı yolundaki propagandalarına alabildiğine hız vermişlerdi. Gerçi, Meclis'te bu düşünce akımının bıraktığı yankılar, zaten düşmanlardan fazlasıyla gizlemek istediğim taarruz bakımından yararlıydı. Fakat bu olumsuz propaganda en yakın ve en inanmış kimseler üzerinde bile kötü etkisini göstermeye başlamış, onlarda da kararsızlıklar uyandırmıştı. Onları da yakında yapacağım **taarruz konusunda** ve **altı yedi gün içinde** düşmanın ana kuvvetlerini yeneceğime olan güvenim hususunda aydınlatmayı ve yatıştırmayı 413
gerekli buldum. Bunu da yaptıktan sonra Ankara'dan ayrıldım. Genelkurmay Başkanı benden önce 13 Ağustos 1922'de cepheye gitmişti.

Ben birkaç gün sonra hareket ettim. Hareketimi belirli birkaç kişi dışında bütün Ankara'dan gizledim. Benim Ankara'dan ayrılacağımı bilenler, burada imişim gibi davranacaklardı. Hattâ gazetelerle benim Çankaya'da çay ziyafeti verdiğimi de ilân edeceklerdi. Bunu şüphesiz o vakitler işitmişsinizdir. Trenle hareket etmedim. Bir gece otomobille Tuz Çölü ([182]) üzerinden Konya'ya gittim. Konya'ya hareketimi, telgrafla orada kimseye bildirmediğim gibi, Konya'ya varır varmaz telgrafhaneyi kontrol altına aldırarak Konya'da bulunduğumun da hiçbir yere bildirilmemesini sağladım.

20 Ağustos 1922 günü öğleden sonra saat 16.00'da Batı Cephesi Karargâhı'nda yani Akşehir'de bulunuyordum. Kısa bir görüşmeden sonra 26 Ağustos 1922 sabahı düşmana tarruz için Cephe Komutanı'na emir verdim.

26 Ağustos 1922 taarruz emri

20/21 Ağustos 1922 gecesi 1'inci ve 2'nci Ordu Komutanlarını da Cephe Karargâhına çağırdım. Genelkurmay Başkanı ile Cephe Komutanını da yanımda bulundurarak, taarruzun nasıl yapılacağını harita üzerinde kısa bir savaş oyunu şeklinde açıkladıktan sonra, Cephe Komutanı'na o gün vermiş olduğum emri tekrarladım. Komutanlar harekete geçtiler. Taarruzumuz, strateji ve aynı zamanda bir taktik baskın halinde yürütülecekti. Bunun gerçekleştirilebilmesi için de kuvvetlerin yığınak ve hazırlıklarının gizli kalmasına önem vermek gerekiyordu. Bu sebeple bütün yürüyüşler gece yapılacak, birlikler gündüzleri köylerde ve ağaçlıklar altında dinleneceklerdi. Taarruz bölgesinde, yolların düzeltilmesi v.b. çalışmalarla düşmanın dikkatini çekmemek için diğer bazı bölgelerde de benzeri yanıltıcı hareketlerde bulunulacaktı.

24 Ağustos 1922'de karargâhımızı Akşehir'den, taarruz cephesi gerisindeki Şuhut kasabasına getirttik, 25 Ağustos 1922 sabahı da Şuhut'-

---

182) Şereflikoçhisar.

tan savaşı idare ettiğimiz Kocatepe'nin güneybatısındaki çadırlı ordugâha naklettik. 26 Ağustos sabahı Kocatepe'de hazır bulunuyorduk. Sabah saat 5.30'da topçu ateşimizle taarruz başladı.

Başkomutan Savaşı

Efendiler, 26/27 Ağustos günlerinde, yani iki gün içinde, düşmanın Karahisar'ın güneyinde 50 ve doğusunda 20, 30 kilometre uzunluğundaki müstahkem cephelerini düşürdük. Yenilen düşman ordusunun bütün kuvvetlerini, 30 Ağustosa kadar Aslıhanlar yöresinde kuşattık. 30 Ağustosta yaptığımız savaş sonunda (buna **Başkomutan Muharebesi** adı verilmiştir), düşmanın ana kuvvetlerini yok ettik ve esir aldık. Düşman ordusunun Başkomutanlığını yapan General T r i k o p i s de esirler arasına girdi. Demek ki, tasarladığımız kesin sonuç, beş günde alınmış oldu. 31 Ağustos 1922 günü ordularımız ana kuvvetleriyle İzmir'e doğru yol alırken, diğer birlikleriyle de düşmanın Eskişehir ve kuzeyinde bulunan kuvvetlerini yenmek üzere ilerliyorlardı.

Ateşkes teklifi

Efendiler, Başkomutan Savaşı'nın sonuna kadar her gün büyük başarılarla gelişen taarruzumuzu, 414
resmî bildirilerde pek önemsiz harekâttan ibaret gösteriyorduk. Maksadımız, durumu mümkün olduğu kadar dünyadan gizlemekti. Çünkü, düşman ordusunu tamamen yok edeceğimizden emindik. Bunu anlayıp, düşman ordusunu felâketten kurtarmak isteyeceklerin yeni teşebbüslerine meydan vermemeyi uygun görmüştük. Gerçekten, bizim hareketimizi sezdikleri zaman ve taarruzumuzun arkasından bize başvuranlar olmuştur. Örnek olarak, biz taarruza devam ettiğimiz sırada, Bakanlar Kurulu Başkanı olan R a u f B e y 'den, Ateşkes konusunda İstanbul'dan haber geldiğini bildiren 4 Eylül 1922 tarihli bir telgraf almıştım. Verdiğim cevap aynen şöyledir:

Tel. Makama özel **5.9.1922**

Bakanlar Kurulu Başkanlığı
Yüksek Katına (183)

Anadolu'daki Yunan ordusu kesin olarak yenilgiye uğratılmıştır. Yunan ordusunun artık yeniden ciddî bir direnişte bulunmasına ihtimal yoktur. Anadolu için herhangi bir görüşmeye gerek kalmamıştır. Ateşkes ancak Trakya için söz konusu olabilir. Bu bakımdan **Eylülün onuna kadar** doğrudan doğruya Yunan Hükûmeti veyahut İngiltere vasıtasıyla, hükûmetimize resmen başvurduğu takdirde, aşağıdaki şartlar ileri sürülerek cevap verilmelidir. Bu tarihten, yani Eylülün onundan sonra yapılacak başvurmaya verilecek cevap başka türlü olabilir. Bu takdirde durum bana ayrıca bildirilmelidir :

1 — Ateşkes Anlaşması tarihinden başlayarak on beş gün içinde Trakya, 1914 sınırlarına kadar kayıtsız şartsız Türkiye Büyük Millet Meclisi Hükûmeti'nin sivil memurlarına ve askerî kuvvetlerine teslim edilmiş bulunacaktır.

2 — Yunanistan'daki esirlerimiz on beş gün içinde İzmir, Bandırma ve İzmit limanlarında bize teslim edilecektir.

3 — Yunan Hükûmeti, Yunan ordusunun üç buçuk yıldan beri Anadolu'da yaptığı ve yapmakta olduğu tahribatı tamir etmeyi şimdiden taahhüt edecektir.

Büyük Millet Meclisi Başkanı
Başkomutan
Mustafa Kemal

Ordularımız İzmir rıhtımında ilk verdiğim hedefe, Akdeniz'e ulaştılar

Doğrudan doğruya bana gönderilen bir telsiz telgrafta da, İzmir'deki İtilâf Devletleri konsoloslarına benimle görüşmelerde bulunma yetkisinin verildiği bildirilerek, onlarla hangi gün ve nerede buluşabileceğim soruluyordu. Buna verdiğim cevapta 415

183) Hey'et-i Vekile Riyâset-i Celîlesi'ne.

da, 9 Eylül 1922'de Kemalpaşa'da ([184]) görüşebileceğimizi bildirmiştim. Gerçekten de, söz verdiğim gün, ben Kemalpaşa'da bulundum. Fakat görüşme isteyenler orada değildi. Çünkü ordularımız, İzmir rıhtımında, ilk verdiğim hedefe, Akdeniz'e ulaşmış bulunuyorlardı.

Saygıdeğer Efendiler, Afyonkarahisar-Dumlupınar Meydan Muharebesini ve ondan sonra düşman ordusunu tamamiyle yok eden veya esir eden ve kılıç artıklarını Akdeniz'e, Marmara'ya döken harekâtımızı açıklayıcı ve vasıflandırıcı söz söylemeyi gereksiz sayarım.

Her safhasıyla düşünülmüş, hazırlanmış, idare edilmiş ve zaferle sonuçlandırılmış olan bu harekât Türk ordusunun, Türk subay ve komuta hey'etinin yüksek kudret ve kahramanlığını tarihe bir kere daha geçiren muazzam bir eserdir.

Bu eser, Türk milletinin hüriyyet ve istiklâl düşüncesinin ölümsüz bir âbidesidir. Bu eseri yaratan bir milletin evlâdı, bir ordunun başkomutanı olduğumdan, mutluluk ve bahtiyarlığım sonsuzdur.

Efendiler, işte şimdi diplomasi alanına geçebiliriz. Gerçi, ordumuzun zafere ulaşacağından ümitsiz oldukları için, bu meseleyi daha önce diplomasi yoluyla çözüme bağlama kanaat ve iddiasında olanları, dediklerini yapma hususunda biraz fazlaca bekletmiş oldum. Bununla birlikte, sonunda benim de diplomasi alanında ciddî olarak çaba harcadığımı görerek memnun olmaları gerekirdi. Böyle olup olmadığını göreceğiz.

Ordularımız, İzmir ve Bursa'yı geri aldıktan sonra, Trakya'yı da Yunan ordusundan kurtarmak için İstanbul ve Çanakkale doğrultusunda yürüyüşlerine devam ederken, İngilizlerin o zamanki başbakanı bulunan Lloyd George, fiilen harbe karar vermiş bir tavırla ve yardımcı birlikler gönderilmesi isteğiyle dominyonlara müracaat etmiş. Yalnız, ondan sonra olup bitenlere bakılırsa Lloyd George'un isteğinin yerine getirilmediğini kabul etmek gerekir.

İtilâf Devletleri'nin 23 Eylül 1922 tarihli ateşkes teklifi

Bu sıralarda, İstanbul'da Fransız Fevkalâde Komiseri bulunan General Pellé benimle görüşmek üzere İzmir'e geldi. «Tarafsız bölge» diye adlandırdığı bir bölgeye, ordularımızın girmemesinin yerinde olacağını tavsiye eti. Millî hükûmetimizin böyle bir bölge tanımadığını, Trakya'yı da kurtarmadıkça ordularımızın durdurulmasına imkân olmadığını söyledi. General Pellé, bana, Mösyö Franklin Bouillin'un benimle görüşmek üzere gel-

184) O günkü adıyla Nif'te.

mek istediğini bildiren, kendisine çekilmiş özel bir telgrafını gösterdi. Kendisini İzmir'de kabul edeceğimi söyledim. Mösyö Franklin Bouillon, bir Fransız harp gemisiyle İzmir'e geldi. Fransız Hükûmeti adına ,İngiliz ve İtalyan Hükûmetlerinin de uygun görmeleri üzerine, benimle görüşmeler yapmaya geldiğini söyledi. Biz Franklin Bouillon'la görüşürken, İtilâf Devletleri Dışişleri Bakanları imzasını taşıyan 23 Eylül 1922 tarihli bir nota geldi. Bu notada iki önemli nokta yer alıyordu. Bunlardan biri askerî harekâtın durdurulmasıyla diğeri de Barış Konferansı'yla ilgiliydi.

Biz, Rumeli'de Doğu Trakya'yı millî sınırlarımıza kadar tamamen almadıkça askerî hareketten vazgeçemezdik. Ancak, yurdumuzun bu bölgesinden düşman birlikleri çıkarıldığı takdirde böyle bir harekete devam etmeye kendiliğinden gerek kalmayacaktı. Bu notada, Venedik veya başka bir şehirde toplanacak olan İngiliz, Fransız, İtalyan, Japon, Romen, Sırp - Hırvat - Sloven Devleti ile Yunanistan'ın da çağrılacağı bir konferansa, delegelerimizi göndermeyi kabul edip etmeyeceğimiz sorulmakla birlikte, görüşmeler sırasında Boğazlardaki tarafsız bölgelere bizden asker gönderilmemesi şartıyla, Edirne dahil olmak üzere Meriç'e kadar Trakya'nın bize iadesi ile ilgili talebimizin olumlu karşılanacağı bildiriliyordu.

Notada, boğazlardan, azınlıklardan ve Milletler Cemiyeti'ne girmemizden de söz ediliyordu.

Konferansın toplanmasından önce, Yunan birliklerinin, İtilâf Devletleri komutanlarının çizecekleri bir hattın gerisine çekilmesi için, İtilâf Devletleri'nin nüfuzunu kullanacağına söz verilmekte ve bu konuda görüşülmek üzere Mudanya veya İzmit'te bir toplantı yapılması teklif edilmekteydi.

Mudanya Konferansı

29 Eylül 1922 tarihinde, bu notaya verdiğim kısa bir cevapta, Mudanya Konferansı'nı kabul ettiğimi bildirdim. Fakat Meriç nehri'ne kadar Trakya'nın derhal bize geri verilmesini istedim. 3 Ekimde toplanmasının uygun olacağını söylediğim Mudanya Konferansı'na, Başkomutanlık adına olağanüstü yetkiyle Batı Cephesi Orduları Komutanı İsmet Paşa'yı delege tayin ettiğimi bildirdim. Bu notaya hükûmetçe de 4 Ekim 1922 tarihli etraflı bir cevap verildi. Bu cevapta, konferans yeri olarak İzmir teklif edildi. Boğazlar meselesi dolayısıyla, Rusya, Ukrayna ve Gürcistan Cumhuriyetleri'nin de daveti istendi. Diğer konular üzerindeki görüşlerimiz de ana çizgileriyle bildirildi.

Mudanya'da, İsmet Paşa'nın başkanlığı altında, İngiliz delegesi General Harrington, Fransız delegesi General

Charpy, İtalyan delegesi General Monbelli'nin katıldıkları konferans toplandı. Bir hafta kadar süren tartışmalı görüşmelerden sonra, 11 Ekimde, Mudanya Ateşkes Anlaşması imzalandı. Böylece, Trakya ana vatana katılmış oldu.

. Efendiler, zaferden sonra, bizim İzmir'deki siyasî temaslarımız üzerine, Ankara'da Bakanlar Kurulu'nun daha doğrusu bazı bakanların telâşlı bir duruma girdikleri farkedildi.

Askerî görevimin son bulmuş olduğunu, bundan sonraki siyasî işlerin Bakanlar Kurulu'na ait olduğunu hissettirecek şekilde, beni Ankara'ya davet ettiler. Halbuki, ne askerî görevim son bulmuştu ne de siyasî ve diplomatik konularla ilgilenmek ve uğraşmaktan kendimi alabilirdim. Bu bakımdan, İzmir'den ordunun başından ve başlattığım siyasî ilişkilerden uzaklaşamazdım. Bundan dolayıdır ki, benimle görüşmek isteğinde bulunan ve bunda direnen hükûmet üyelerinin veya ilgili bakanların İzmir'e yanıma gelmelerini teklif ettim. Hükûmet Başkanı Rauf Bey'le Dışişleri Bakanı Yusuf Kemal Bey geldiler.

Rauf Bey, İzmir'de bana bazı özel dileklerini de bildirdi. Söz gelişi, Ali Fuat Paşa ile Refet Paşa'nın, zafer dolayısıyla terfi ettirilmelerini ve kendilerine uygun birer görev verilerek memnun edilmelerini rica ettiler. Bildiğiniz üzere, muharebeden önce Ali Fuat ve Refet Paşa'ların bu harekâta katılmaları için türlü yollarla teşebbüste bulunmuştum; fakat başaramadım. Zaferden dolayı, Muharebe'de fiilen hizmet edip liyakat göstermiş olan komutanlar ve subaylar 417
terfi ettirilmek ve takdir edilmek suretiyle elbette ödüllendirilmişlerdi. Askerî harekâta katılmaktan kaçınan kimselerin de bizzat orada bulunanlarla birlikte ödüllendirilmeleri elbette kötü etki yapabilirdi .Kısacası, Rauf Bey'e dileklerini yerine getiremeyeceğimi söyledim. Fakat Ali Fuat Paşa, Meclis İkinci Başkanı bulunduğuna göre, mevkii ve görevi kendisini memnun edebilecek bir seviyede idi. Yalnız, açıkta bulunan Refet Paşa için uygun bir görev bulmaya çalışacağıma söz verdim. Kendisini İzmir'e davet etmesini söyledim. Refet Paşa, İzmir'e gelmişti. Fakat bu geliş tam benim Ankara'ya döndüğüm geceye rastladığı için kendisiyle orada görüşme imkânı olamadı.

Barış Konferansı'na gönderdiğimiz delegeler

Refet Paşa'ya görev verilmesi ,daha sonra Ankara'dan Bursa'ya gidişim sırasında oldu. Efendiler. İzmir'den Ankara'ya dönüşümde, başlıca Mudanya Konferansı görüşmeleriyle uğraşıldı. Bir yandan da Bakanlar Kurulu'nda, Meclis'te ve komisyonlarda Barış Konferansı'na gönderilebilecek delegeler hey'eti söz konusu oluyordu. Bakanlar Kurulu Başkanı Rauf Bey, Dışişleri Bakanı Yusuf

Kemal Bey ve Sağlık Bakanı bulunan Rıza Nur Bey, gidecek delegeler hey'etinin tabiî üyeleri gibi görülüyordu. Ben, bu konuda daha kesin bir görüş ve kararımı tespit etmemiştim. Ancak, Rauf Bey'in başkanlığı altındaki bir hey'etin bizim için hayatî önemi olan bir konuda başarı kazanabileceğinden emin olamıyordum. Rauf Bey'in de kendisini zayıf görmekte olduğunu hissediyordum. Müşavir olarak İsmet Paşa'nın yanına verilmesini teklif etti. Bu teklifle ilgili görüşümü belirtirken, «İsmet Paşa'dan müşavir olarak elde edilecek yarar sınırlıdır. İsmet Paşa başkan olursa kendisinden azamî ölçüde yararlanılabileceğine ben de inanıyorum» dedim. Bu nokta üzerinde uzun boylu görüşülmedi. Ondan sonra Rauf Bey, delegeler hey'etine kimlerin gireceği konusundaki türlü çalışmalarına devam ettiler. Ben buna önem verir görünmedim. Mudanya Konferansı sona ermişti. İsmet Paşa ve Genelkurmay Başkanı Fevzi Paşa Bursa'da bulunuyorlardı. Kendileriyle görüşmek üzere Bursa'ya gittim.

İsmet Paşa'nın Dışişleri Bakanlığı'na ve Delegeler Hey'eti Başkanlığına seçilmesi

Bursa'ya giderken yanımda Millî Savunma Bakanı Kâzım Paşa vardı. Doğuda aleyhindeki çeşitli tepki ve gösteriler dolayısıyla görev yapma imkânını bulamadığından Ankara'ya gelmeye mecbur olan Kâzım Karabekir Paşa ile İstanbul'da kendisine görev vermek üzere Refet Paşa'yı da birlikte götürdüm. Bursa'da kaldığım günlerde, Refet Paşa'yı, bilindiği gibi İstanbul'a gönderdim. İsmet Paşa'nın da, mevcut bunca bilgime rağmen, delegeler hey'etine başkanlık edip edemeyeceğini bir daha inceledim. Mudanya Konferansı'nı nasıl idare ettiğini ayrıntılı olarak anlamaya çalıştım. İsmet Paşa'nın kendisine tasavvurlarımla ilgili hiçbir kelime söylemiyordum. Sonunda kararımı olumlu olarak verdim. İsmet Paşa'nın Delegeler Hey'eti Başkanı olabilmesi için daha önce Dışişleri Bakanı olmasını uygun gördüm. Bunu sağlamak için doğrudan doğruya Dışişleri Bakanı Yusuf Kemal Bey'e özel ve gizli olarak yazdığım bir şifreli telgrafta, kendisinin Dışişleri Bakanlığı'ndan çekilmesini ve yerine İsmet Paşa'nın seçilmesini, bizzat yardımcı olmasını rica ettim.

Ankara'dan hareket etmeden önce, Yusuf Kemal Bey, bana, Delegeler Hey'eti Başkanlığını en iyi İsmet Paşa'nın yapabileceğini söylemişti. Yusuf Kemal Bey'den, kendisine bildirdiğim ricamı yerinde bularak gereğini yerine getirmeye çalıştığını bildiren bir cevap aldım.

Lozan (Lausanne) Barış Konferansı'na davet

İşte ondan sonra idi ki, İ s m e t P a ş a 'ya, bir oldubitti şeklinde Dışişleri Bakanı olacağını ve ondan sonra da Barış Konferansı'na Delegeler Hey'eti Başkanı olarak gideceğini söyledim. P a ş a, birdenbire şaşırdı. Asker olduğunu söyleyerek özür diledi. En sonunda teklifimi emir sayarak boyun eğdi. Tekrar Ankara'ya döndüm. Bu sırada, İtilâf Devletleri tarafından, 28 Ekim 1922'de Lozan'da toplanacak olan Barış Konferansı'na davet edildik. İtilâf Devletleri, hâlâ İstanbul'da bir hükûmet tanımak istiyor ve onu da bizimle birlikte konferansa davet ediyordu. 418

Saltanatın kaldırılması

Bu birlikte davet edilme durumu, şahsî saltanatın kaldırılması işini kesin olarak sonuçlandırdı. Gerçekten de 1 Kasım 1922 tarihli kanun gereğince, hilâfet ile saltanat biribirinden ayrıldı. İki buçuk yılı aşan bir zamandan beri fiilen hükmünü yürüten millî saltanatın varlığı kabul edildi. Hilâfet, açıklık kazanmış bir hakka sahip olmaksızın bir süre daha bırakıldı.

Efendiler, bu konuda zabıtlara geçmiş yeterince bilgi vardır. Konunun özel yönleri ile ilgili noktalar, belki yüce hey'etinizi ilgilendirir düşüncesiyle, bazı bilgiler sunacağım:

Bilindiği gibi, «saltanat» ve «hilâfet» makamları ayrı ayrı ve birleşmiş olarak önemli meselelerden sayılmaktaydı. Bunu doğrulayan bir hatıramı anlatayım: 1 Kasım 1922 tarihinden önce, muhalifler, Meclis çevresinde benim saltanatı kaldıracağım yolunda telâşlı ve heyecanlı propaganda yapıyorlardı.

R a u f B e y, bir gün Meclis'teki odama gelerek benimle bazı önemli konuları görüşmek istediğini ve akşam Keçiören'de R e f e t P a ş a 'nın evine gidersem daha güzel konuşabileceğimizi söyledi. R a u f B e y 'in teklifini kabul ettim. F u a t P a ş a 'nın da orada bulunmasına izin vermemi istedi. Onu da uygun gördüm. R e f e t P a ş a'nın evinde dört kişi toplandık. R a u f B e y 'den dinlediklerimin özeti şuydu: Meclis, Saltanat makamının belki de Hilâfet'in ortadan kaldırılması görüşünün benimsenmiş olduğu endişesiyle üzgündür. Sizden ve sizin ileride benimseyeceğiniz tutumdan şüphe etmektedir. Bu bakımdan Meclis'e ve dolayısıyla millet kamuoyuna güven vermeniz gerektiğine inanıyorum.

Rauf Bey'in saltanat ve hilâfet konusundaki düşüncesi

R a u f B e y 'den saltanat ve hilâfet konusundaki kanaat ve düşüncesinin ne olduğunu sordum. Verdiği cevapta şu açıklamalarda bulundu: Ben, dedi, saltanat ve hilâfet makamına vicdanımla ve duygularımla bağlıyım. Çünkü benim babam, Padişahın ekmeği ve nimetiyle yetişmiş, Osmanlı Devleti'nin ileri gelen adamları sırasına geçmiştir. Benim de kanımda o nimetin zerreleri vardır. Ben nankör değilim ve olmam. Padişah'a bağlılık borcumdur. Halifeye bağlılığım ise terbiyem gereğidir. Bunlardan başka, genel bir görüşüm de vardır. Bizde milleti ve kamuoyunu elde tutmak güçtür. Bunu ancak, herkesin erişemeyeceği kadar yüksek görülmeye alışılmış bir makam sağlayabilir. O da saltanat ve hilâfet makamıdır. Bu makamı ortadan kaldırıp onun yerine başka nitelikte bir makam getirmeye çalışmak felâkete ve büyük acılara yol açar. Bu da asla doğru olamaz.

Rauf Bey'den sonra, karşımda oturan Refet Paşa'nın görüşünü sordum. Refet Paşa'dan aldığım cevap şuydu: «Rauf Bey'in düşünce ve görüşlerinin hepsine katılırım. Gerçekten de bizde padişahlıktan ve halifelikten başka bir idare şekli söz konusu olamaz.»

Ondan sonra, Fuat Paşa'nın düşüncesini öğrenmek istedim. Paşa, Moskova'dan yeni döndüğünden, durumu, halkın duygu ve düşüncelerini daha yeterince incelemeye vakit bulamadığından söz ederek, görüşülen konu üzerinde kesin bir düşünce ve görüş ileri süremeyeceğini bildirdi ve özür diledi.

Ben, karşımdakilere kısaca şu cevabı verdim: «Üzerinde durduğunuz konu bugünün işi değildir. Meclis'te bazılarının telâş ve heyecana kapılmalarına da gerek yoktur.

Rauf Bey, bu cevabımdan memnun göründü. Fakat şu veya bu şekilde bu konu etrafındaki görüşmelere yine devam edildi. Akşam üzeri başlayan konuşmalarımız, bütün gece, sabaha kadar uzadı. Rauf Bey'in bir şeyi sağlama bağlamak istediğini hissettim. Benim hilâfet ve saltanat ve ileride şahsen alabileceğim durumla ilgili olarak kendilerine söylediğim ve inandırıcı buldukları sözleri bana kürsüden bizzat Meclis'e karşı söyletmek...

Kendilerine söylediğim sözleri olduğu gibi Meclis'e karşı söylemekte de bir sakınca görmediğimi bildirdim. Üstelik bu sözleri kurşun kalemle bir kâğıt parçasına yazarak ertesi gün bir sırasını düşürüp Meclis'te söyleyeceğime söz verdim. Verdiğim bu sözü yerine de getirdim. Benim bu konuşmam muhaliflerce, Rauf Bey'in başarısı olarak sayılmış ve kendisi takdir edilmiş...

Meclis'te saltanatın kaldırılması görüşülürken Rauf Bey'e verdiğim rol

Efendiler, belki birtakım kimselere göre, Rauf Bey, üzerine aldığı görevi yerine getirmişti. Ben de açıkladığım üzere, genel ve tarihî görevimin o güne ait safhasını tamamlamıştım. Ancak, genel görevimin emrettiği asıl noktayı hedefe ulaştırmak ve uygulamaya geçmek gerektiği zaman da asla kararsızlığa düşmedim. Tevfik Paşa'nın telgrafları dolayısıyla saltanatı hilâfetten ayırmaya ve önce saltanatı kaldırmaya karar verdiğim zaman, ilk yaptığım işlerden biri de, derhal Rauf Bey'i ,Meclis'teki odama çağırmak oldu. Rauf Bey'in, Refet Paşa'nın evinde sabahlara kadar dinlediğim düşünce ve görüşlerini hiç bilmiyormuşum gibi davranarak, ayakta, kendisinden şu istekte bulundum: «Hilâfet ve saltanatı biribirinden ayırarak saltanatı kaldıracağız! Bunun doğru olduğu konusunda kürsüden bir konuşma yapacaksınız!» Rauf Bey ile bundan başka bir tek kelime konuşmadık. Rauf Bey odamdan çıkmadan önce, aynı maksatla çağırmış olduğum Kâzım Karabekir Paşa geldi. Ondan da aynı şekilde konuşmasını rica ettim.

Efendiler, o tarihe ait Meclis tutanaklarında görüldüğü üzere, Rauf Bey, kürsüden bir iki defa görüştü ve hattâ saltanatın kaldırıldığı günün bayram olarak kabul edilmesi teklifini de ortaya attı.

Burada bir nokta, kafalarda düğüm olarak kalabilir. Bana, Padişah'a bağlılığı borç bildiğinden, saltanat makamı yerine başka nitelikte bir makamın getirilmesine çalışmanın felâkete ve büyük acılara yol açacağını söylemiş olan Rauf Bey, benim yeni kararımı öğrendikten sonra ve hele kararımın desteklenmesi ve saltanatın kaldırılması için Meclis'te bir konuşma yapmasını teklif etmem karşısında, ne düşündüğünü bile söylemeden boyun eğmiştir. Bu tutum ve davranış nasıl yorumlanabilir? Rauf Bey eski inanç ve görüşlerini değiştirmiş miydi? Yoksa bu görüşlerinde esasen samimî değil miydi? Bu iki noktayı biribirinden ayırmak ve biri üzerinde kesin bir yargıya varmak güçtür.

Efendiler, böyle şüpheli bir yargıda bulunmaya girişmektense, du- 420
rumun daha iyi anlaşılmasını kolaylaştıracak bazı safhaları, işlemleri ve tartışmaları yüksek hey'etinize hatırlatmayı tercih ederim.

Lozan Barış Konferansı'na Tevfik Paşa ve arkadaşları da katılmak istiyordu

Daha önce bilginize sunmuştum ki, saltanatın kaldırılması, Lozan Konferansı'na İstanbul'dan da bir delegeler hey'etinin davet edilmesi ve İstanbul'un, yani Vahdettin, Tevfik Paşa ve arkadaşlarının da böyle bir daveti, Türk milletinin büyük emeklerle, fedakârlıklarla elde ettiği kazançları küçültmek, belki de anlamsız kılmak pahasına da olsa, kabul etmelerinden ileri gelmişti.

Tevfik Paşa, önce bana bir telgraf çekti. 17 Ekim 1922 tarihli bu telgrafta, Tevfik Paşa, kazanılan zaferin, bundan böyle İstanbul ile Ankara arasında anlaşmazlık ve ikiliği kaldırmış ve millî birliğimizi sağlamış olduğunu yazıyordu. Yani **Tevfik Paşa** demek istiyordu ki : «memlekette düşman kalmadı; o halde, padişah yerinde, hükûmet onun yanında; millete düşenin de bu makamların vereceği emirlere uymaktır. Böyle olunca da, elbette birliğe engel bir şey kalmamış olur.» Yalnız, **Tevfik Paşa**, Ankara'dan biraz daha yardım istemek akıllılığını gösteriyordu. O da, Barış Konferansı'na İstanbul ile Ankara'nın birlikte davet edilmiş olması dolayısıyla, daha önce benden çok gizli talimat almış bir kimsenin elden gelen sür'atle İstanbul'a gönderilmesini sağlamaktı *(Belge : 260)*.

Tevfik Paşa'ya verilmek üzere, İstanbul'da **Hamit Bey**'e çektiğim telgrafla : «**Tevfik Paşa** ve arkadaşlarının devletin siyasetini bulandırmaktan vazgeçmemelerinin ne büyük bir sorumluluk doğuracağının aşikâr bulunduğunu» bildirdim *(Belge : 261)*.

Ne yazık ki, **Hamit Bey**, bu telgrafın aynen **Tevfik Paşa**'ya bildirilmesi gereğtiğinde kararsızlığa düşmüş, bunu kendisine gönderilen talimat sanmış; bununla birlikte bu telgrafımda yazılanlar çerçevesinde, **Tevfik Paşa**'ya üç gün içinde beş defa tebligatta bulunmuş; hattâ **Tevfik Paşa** ve çalışma arkadaşlarının konferansa delege göndermeleri için gazetelere, ajanslara, verilmesi gereken demecin esaslarını bildiren bir müsveddeyi bile kendilerine göndermiş *(Belge : 262)*.

Çıkarlarını kirli bir tahtın çürümüş, çökmüş ayaklarına sarılmakta bulanlar

Bütün çıkarlarını yalnız kirli bir tahtın çürümüş çökmüş ayaklarına sarılmakta gören, **Tevfik Paşa** ve benzeri paşalardan kurulu Vahdettin Hükûmeti'nin, gizli maksatlarını ne olursa olsun kabul ettirmekten başka hiçbir şeyle uğraşmadıkları anlaşılıyordu. **Tevfik Paşa**, bana çektiği telgrafa verilen cevaptan haberi olmadığını bildirdikten sonra, doğrudan doğruya 29 Ekim 1922 tarihli telgrafıyla ve Sadrazam ünvanıyla Meclis Başkanlığı'na başvurdu *(Belge : 263)*.

Bu telgrafta yazılanlar, Osmanlı devrinin **Tevfik Paşa**'larına yaraşır bir biçimdeydi.

Tevfik Paşa ve arkadaşları, bu telgraflarında, kazanılan başarının elde edilmesine hizmet ettiklerinden bahsedecek kadar cesaret gösterebilmişlerdir.

Efendiler, gayri meşru olarak, Osmanlı Devlet'inin Hükûmeti adını taşımak gafletinde bulunan **Tevfik Paşa**, **Ahmet İzzet Paşa** ve benzerlerinden kurulu son Osmanlı Hükûmeti üzerinde daha fazla durmanın bir yararı yoktur. Sözü Meclis görüşmelerine getireceğim.

Üzerinde durduğumuz konu dolayısıyla, Meclis'te 30 Ekim 1922 günü görüşmeler başladı. Birçok konuşmacı birçok şeyler söyledi. İstanbul'daki Osmanlı Hükûmet'lerini ele aldılar. Ferit Paşa devresinden sonra Tevfik Paşa perdesinin açıldığını ve bu perdeyi açanların idrakten yoksun, vicdandan yoksun birtakım insanlar olduğunu belirterek, bu adamlara gereken kanunî işlemin yapılmasını istediler. 421

«Böyle bir anlayışta olan, yani bize bu kadar ahmakça tekliflerde bulunan kimseler - ... - gerçekten Bâbıâlî'nin tarihî kimliğine imzasını koyan ve her şeyden çok oraya bağlı olan şahıslardır...» dediler.

İstanbul'da hükûmet adını ve kimliğini takınan adamların; Hıyanet-i Vataniye Kanunu'na göre cezalandırılmalarını isteyen önergeler okundu.

Efendiler, Osmanlı İmparatorluğu'nun yıkılmış olduğunu, yeni bir Türkiye Devleti'nin doğduğunu, Teşkilât-ı Esasiye Kanunu gereğince hâkimiyet haklarının millete ait bulunduğunu ifade eden bir önerge hazırlandı. Sekseni aşkın arkadaşa imza ettirildi. Bu önergede benim de imzam vardır.

Bu önerge okunduktan sonra, ciddî olarak muhalif duruma geçenlerin başında iki kişi vardı. Bunlardan biri Mersin Milletvekili bulunan Salâhattin Bey'dir. İkincisi, İzmir'de asılan Ziya Hurşit'tir. Bunlar Saltanat'ın kaldırılmaması görüşünde olduklarını açıkca belirttiler.

Osmanlı Saltanatı'nın kaldırılması kararının verildiği gün, Teşkilât-ı Esasiye, Şer'iye ve Adliye Komisyonlarının ortak toplantısı

Efendiler, 31 Ekim 1922 günü Meclis toplanmadı. O gün Müdafaa-i Hukuk Grubu toplantısı oldu. Bu toplantıda, Osmanlı Saltanatı'nın kaldırılmasının zarurî olduğunu anlattım. 1 Kasım 1922 günü yapılan Meclis toplantısında, aynı konu uzun tartışmalara uğradı. Meclis'te de geniş bir konuşma yapmak gereğini duydum *(Belge: 264)*. İslâm ve Türk tarihinden örnekler vererek hilâfet ve saltanatın ayrılabileceğini, millî hâkimiyet ve saltanat makamının Türkiye Büyük Millet Meclisi olabileceğini, tarihî olaylara dayanarak açıkladım. Hülâgû'nun Halife Mu'tasım'ı idam ettirerek yer yüzünde hilâfete fiilen son verdiğini ve 1517'de Mısır'ı alan Yavuz, ünvanı halife olan bir mülteciye önem vermeseydi, hilâfet ünvanının günümüze kadar miras kalmış bulunamayacağını anlattım.

Bundan sonra bu konu ile ilgili önergeler üç komisyona, Teşkilât-ı Esasiye, Şer'iye ve Adliye Komisyonları'na gönderildi. Bu üç komisyon üyelerinin bir araya gelip, konuyu bizim güttüğümüz maksada uygun bir çözüme bağlaması elbette güçtü. Durumu yakından ve bizzat takip etmek gerekti.

Karma komisyona anlattığım gerçek

Üç komisyon bir odada toplandı. Başkanlığına H o c a M ü f i t E f e n d i'yi seçti. Konuyu görüşmeye başladılar. Şer'iye Komisyonu'nda bulunan hoca efendiler, hilâfetin saltanattan ayrılamayacağını, bilinen safsatalara dayanarak iddia ettiler. Bu iddiaların yersizliğini ortaya koyup çürütmek için serbestçe konuşabilecek olanlar ortaya çıkar görünmediler. Biz, çok kalabalık olan bu odanın bir köşesinde tartışmaları dinliyorduk. Bu şekildeki görüşmelerin istenilen sonuca varmasını beklemek boşunaydı. Bunu anladık. Sonunda, karma komisyon başkanından söz istedim. Önümüzdeki sıranın üstüne çıktım. Yüksek sesle şu konuşmayı yaptım: «Efendim, dedim, hâkimiyet ve saltanat hiç kimse tarafından, hiç kimseye ilim gereğidir diye, görüşme ve tartışmayla verilmez. Hâkimiyet, saltanat, kuvvetle, kudretle ve zorla alınır. Osmanoğulları, zorla Türk milletinin hâkimiyet ve saltanatına el koymuşlardır. Bu zorbalıklarını altı yüzyıldan beri sürdürmüşlerdir. Şimdi de Türk milleti bu saldırganlara isyan ederek ve artık dur diyerek, hakîmiyet ve saltanatını fiilen kendi eline almış bulunuyor. Bu bir oldubittidir. Söz konusu olan, millete saltanatını, hâkimiyetini bırakacak mıyız, bırakmayacak mıyız meselesi değildir. Mesele, zaten oldubitti haline gelmiş olan bir gerçeği kanunla ifadeden ibarettir. Bu mutlaka olacaktır. Burada toplananlar, Meclis ve herkes meseleyi tabiî olarak karşılarsa, sanırım ki uygun olur. Aksi takdirde, yine gerçek, usulüne uygun olarak ifade edilecektir. Fakat, belki de bazı kafalar kesilecektir.

İşin ilim yönüne gelince, hoca efendilerin merak ve endişeye kapılmalarına yer yoktur. Bu konuda «ilmî açıklamalarda bulunayım» dedim ve uzun uzadıya birtakım açıklamalar yaptım. Bunun üzerine, Ankara milletvekillerinden H o c a M u s t a f a E f e n d i, «Affedersiniz efendim, dedi, biz konuyu başka bakımdan ele alıyorduk; açıklamalarınızla aydınlandık» dedi. Konu karma komisyonca çözüme bağlanmıştı.

Osmanlı Saltanatı'nın yıkılış ve göçüş merasiminin son safhası

Sür'atle kanun tasarısı hazırlandı. O gün Meclis'in ikinci oturumunda okundu. Ad okunarak oya konması teklifine karşı, kürsüye çıktım. Dedim ki, «Buna gerek yoktur. Memleket ve milletin istiklâlini ebedî olarak koruyacak ilkeleri, yüce Meclis'in oy birliği ile kabul edeceğini sanırım.» «Oya» sesleri yükseldi. Sonunda, başkan oya sundu ve «oy birliği ile kabul edilmiştir» dedi. Yalnız olumsuzluk bildiren bir ses işitildi: «Ben muhalifim!» Bu ses «söz yok» sesleriyle boğuldu. İşte Efendiler, Osmanlı Saltanatı'nın yıkılış ve göçüş merasiminin son safhası böyle geçmiştir.

⁂

Hain Vahdettin bir İngiliz harp gemisiyle İstanbul'dan kaçıyor

17 Kasım 1922 tarihli resmî bir telgrafın ilk cümlesi şuydu: «V a h d e t t i n Efendi bu gece saraydan ayrılmıştır.» Bu telgrafın bir iki cümlesini daha 18 Kasım 1922 gününe ait Meclis tutanaklarında okumuşsunuzdur. Fakat telgrafın aslında, bu ayrılışa kimlerin yardım etmiş olabileceğinden, kutsal emanetlerin nasıl korunacağından ve daha başka hususlardan bahseden alt tarafı da vardır.

Aynı gün Meclis'te okunmuş bir mektup suretiyle ona ekli -ajanslarla yayınlanmış- bir bildiri suretini de zabıtlardan bir daha okuyalım:

17.11.1922

Mektup Sureti

Bir nüshasını ilişik olarak sunduğum resmî bildiride açıklandığı gibi, Zâtışâhâne, İngiltere'nin koruyuculuğuna sığınarak bir İngiliz harp gemisiyle İstanbul'dan ayrılmıştır....

İmza :
Harrington

Mektuba Ekli Bildiri Sureti 423

«Resmen bildirilir ki, Zâtışâhâne, bugünkü durum karşısında hürriyet ve hayatını tehlikede gördüğünden, bütün Müslümanların halifesi sıfatıyla İngiliz himayesini ve aynı zamanda İstanbul'dan başka bir yere götürülmesini istemiştir. Zâtışâhâne'nin isteği bu sabah yerine getirilmiştir. Türkiye'deki İngiliz Kuvvetleri'nin Başkomutanı G e n e r a l S i r C h a r l e s H a r r i n g t o n, (Sör Çarlz Harrington) Zâtışâhâne'yi almaya giderek bir İngiliz harp gemisine kadar kendisine eşlik etmiş ve Zâtışâhâne, vapurda Akdeniz Filosu Genel Komutanı A m i r a l S i r D e B r o o k (Sör Bruk) tarafından karşılanmıştır. İngiliz Fevkalâde Komiser Vekili S i r N e w i l l H e n d e r s o n, Zâtışâhâne'yi gemide ziyaret ederek K r a l B e ş i n c i G e o r g e ' a bildirilmek üzere arzularını sormuştur.»

G e n e r a l H a r r i n g t o n'un U l v i y e S u l t a n adında bir hanıma gönderdiği Fransızca bir mektup da vardır. Bu mektup, «hiçbir karşılık verilmemiş olduğu» notuyla R e f e t P a ş a'ya gönderilmiş. O da, 25 Kasım 1922 tarihinde bize bir suretini göndermişti. Fransızca mektubun bize gönderilen Türkçe sureti şudur:

Sultan Hanımefendi Hazretleri,

Şu sıralarda Malta'ya yaklaşmakta olan Padişah Hazretleri'nden, ailesinin durumu hakkında bilgi rica eden bir telsiz aldım. Bu konuda, geçen Cumartesi

Yıldız'dan bilgi almış ve Kadınefendi Hazretleri'nin sağlık ve neş'elerinin yerinde olduğunu öğrenmiş ve derhal Zâtışâhâne'ye arz etmiştim. Eğer Padişah Hazretleri'nin aileleri hakkında yeni bilgiler lûtfederseniz, onu da derhal Zâtışâhâne'ye sunmakla mutluluk duyarım. Zâtışâhâne'nin içinde bulundukları güçlükler dolayısıyla, en samimî dileklerimi Kadınefendi Hazretleri'ne ve pek muhterem ailelerine sunmama izin vermenizi ve en derin saygı ve tazimlerimin kabulünü rica ederim.

İmza :
Harrington

Efendiler, bu son mektup, üzerinde durulmaya değer nitelikte değildir. Bundan başka, G e n e r a l H a r r i n g t o n'un, İstanbul'daki askerî memurumuza yazdığı mektup ile ekinde yazılanlar üzerinde görüş belirtmeyi de gereksiz bulurum.

Asil bir milleti utanılacak bir duruma düşüren sefil

Kamuoyunu gerçek durumla karşı karşıya bırakmayı tercih ederim. **O zaman, Saltanat'ı atadan oğula geçirmek gibi yanlış bir usulün sonucu olarak, büyük bir makam, tantanalı bir ünvan kazanabilmiş bir sefilin, gururu çok yüksek asil bir milleti nasıl utanılacak bir duruma düşürebileceği kendiliğinden anlaşılır.**

Gerçekten de, her ne sebeple ve ne şekilde olursa olsun, V a h d e t t i n gibi hürriyetini ve hayatını milleti içinde tehlikede görebilecek kadar âdi bir yaratığın, bir dakika bile olsa, bir milletin başında olduğunu düşünmek ne hazindir! Şükre değer bir durumdur ki, bu alçak, mirasına konduğu Saltanat makamından millet tarafından atıldıktan sonra, alçaklığını sonuna kadar getirmiş oluyor. Türk milletinin bu işte önce davranması elbette takdire değer. 42

Âciz, âdi, duygu ve anlayıştan yoksun bir yaratık, kendisini kabul eden herhangi bir yabancının koruyuculuğuna sığınabilir; ancak, böyle bir yaratığın bütün Müslümanların Halifesi sıfatını taşıdığını ifade etmek elbette doğru değildir. Böyle bir düşünce tarzının doğru olabilmesi, öncelikle, bütün Müslüman milletlerin esir olmaları şartına bağlıdır. Halbuki, dünyada gerçek böyle midir? Biz Türkler, bütün tarihimiz boyunca hürriyet ve istiklâle sembol olmuş bir milletiz! Değersiz hayatlarını iki buçuk gün daha fazla ve sefilce sürükleyebilmek için, her türlü düşkünlüğe katlanmakta bir sakınca görmeyen halifeler oyununu da sahneden kaldırabildiğimizi gösterdik. Böylece, devletlerin, milletlerin biribirleriyle olan ilişkilerinde, şahısların, özellikle bağlı bulundukları devlet ve milletin zararına da olsa şahsî durumlarından ve kendi hayatlarından başka birşey düşünemeyecek pespavelerin herhangi bir önemi olamayacağı şeklindeki bilinen gerçeği bir defa daha ortaya koymuş olduk.

Milletler arasındaki ilişkilerde mankenlerden yararlanma yöntemine rağbet etme devrine son vermek medenî dünyanın samimî bir dileği olmalıdır.

Abdülmecit Efendi'nin Büyük Millet Meclisi'nce Halife seçilmesi

Saygıdeğer Efendiler, Türkiye Büyük Millet Meclisi'nce kaçak Halife'nin halifeliği kaldırıldı. Yerine, sonuncu halife olan Abdülmecit Efendi seçildi. Meclis'çe, yeni halife seçilmeden önce, seçilecek şahsın da padişahlık sevda ve davasına katılarak, herhangi bir yabancı devlete sığınması ihtimalini ortadan kaldırmak gerekiyordu. Bunun için İstanbul'da bulunan görevlimiz Refet Paşa'ya, Abdülmecit Efendi ile görüşerek ve hattâ elinden Türkiye Büyük Millet Meclisi'nin hilâfet ve saltanatla ilgili kararını tamamen kabul ettiğini bildiren bir belge alarak göndermesini yazdım. Bu yazdıklarım yapılmıştır.

18 Kasım 1922 günü, İstanbul'da Refet Paşa'ya bir şifreli telgrafla verdiğim talimatta başlıca şu noktaları belirtmiştim: «Abdülmecit Efendi, Halife-i Müslimîn ([185]) ünvanını kullanacaktır. Bu ünvana başka bir sıfat ve kelime eklenmeyecektir. İslâm dünyasına duyurulmak üzere hazırlayacağı bir bildiriyi, sizin aracılığınızla önce bize şifre olarak bildirecektir. Bu bildiri, onaylandıktan sonra yine şifre ile ve sizin aracılığınızla kendisine bildirilecek, ondan sonra yayınlanacaktır. Bu bildiri metninde başlıca şu noktalar yer alacaktır:

a) Türkiye Büyük Millet Meclisi'nin kendisini halifeliğe seçmesinden dolayı memnun olduğu açıkça söylenecektir.

b) Vahdettin Efendi'nin hareket tarzı etraflı olarak ele alınıp kötülenecektir.

c) Teşkilât-ı Esasiye Kanunu'nun 10. maddesine kadar olan hükümleri, uygun bir biçimde açıklanarak ve önemli olan ifadeleri olduğu gibi tekrarlanarak Türkiye Devleti'nin, Büyük Millet Meclisi'nin ve Hükûmeti'nin kendine has niteliğinin ve idare şeklinin Türk halkı ve bütün İslâm dünyası için en yararlı ve en uygun rejim olduğu belirtilip tespit edilecektir.

d) Türkiye millî halk hükûmetinin geçmişteki hizmetlerinden ve yararlı çalışmalarından övücü bir dille bahsedilecektir. 425

e) Bu bildiride, belirtilen noktalar dışında, siyasî sayılabilecek bir nokta ve düşünce söz konusu edilmeyecektir.

19 Kasım 1922 tarihli açık bir telgrafla da, Abdülmecit Efendi'ye: «Türkiye Devleti'nin hâkimiyetini kayıtsız şartsız millete veren Teşkilât-ı Esasiye Kanunu gereğince, yürütme gücü ve yasama yetkisi kendisinde belirmiş ve toplanmış bulunan, milletin tek ve gerçek temsilcilerinden kurulu Türkiye Büyük Millet Meclisi'nin 1 Kasım 1922 tarihinde oybirliği ile kabul ettiği gerekçe ve ilkeler çerçevesinde ve Yüce

---

185) Müslümanların Halifesi.

Meclis'in 18 Kasım 1922 tarihli oturumunda halifeliğe seçilmiş olduğunu» bildirdim *(Belge: 265)*.

19 Kasım 1922 tarihli bir şifreli telgrafla R e f e t P a ş a, çektiğimiz telgraflara cevap veriyordu. A b d ü l m e c i t E f e n d i: «imzasının üstünde Halife-i Müslimîn ve Hâdimü'l-Haremeyn ([186]) ünvanlarının bulunmasının ve Cuma selâmlığında hil'ât ([187]) giymesinin ve F a t i h'inki gibi bir sarık sarınmasının mümkün ve uygun olacağı» görüşünü ileri sürmüş. İslâm dünyasına yayınlayacağı bildiri metninde, V a h d e t t i n E f e n d i hakkında bir şey söylemeyeceğini bildirmiş. Bildiri İstanbul gazetelerinde yayınlanırken, Türkçesi ile birlikte Arapçaya çevrilmiş ve metninin de yayınlatılması görüşünü ortaya atmış *(Belge: 266)*.

R e f e t P a ş a'ya, 20 Kasım 1922 günü makine başında verdiğim cevapta, «Halife-i Müslimîn» ünvanıyla birlikte «Hâdimü'l-Haremeyni'ş-şerifeyn» ünvanının kullanılmasını da uygun bulduğumu söyledim. Cuma töreninde F a t i h'in kıyafetine girmesini uygunsuz buldum. Redingot veya istanbulin ([188]) giyebileceğini, askerî üniformanın elbette söz konusu olamayacağını bildirdim. Yayınlanacak bildiride, V a h d e t t i n'in adı söylenmeden eski halifenin manevî şahsiyetinin ve zamanında düşülen kötü durumun dile getirilmesinin gerekli olduğunu bildirdim.

Abdülmecit Efendi, babasının adı dolayısıyla da olsa «Han» ünvanından vazgeçemiyor

R e f e t P a ş a'dan, 20 Kasım 1922'de aldığım şifreli telgrafın birinci maddesinde, R e f e t P a ş a diyordu ki, A b d ü l m e c i t E f e n d i'nin 29 Rebiülevvel ([189]) tarihli yazısının altında «Halife-i Resûlullah Hâdimü'l-Haremeyni'ş-Şerifeyn» ünvanının altında «Abdülmecid Bin Abdülazîz Han» ([190]) imzası kullanılmıştır.

Efendiler, yaptığımız uyarıyı iyi karşıladığını bildirmiş olan A b d ü l m e c i t E f e n d i, «Halife-i Müslimîn» yerine «Halife-i Resûlullah» ve babasının adı dolayısıyla «Han» ünvanlarını kullanmaktan kendini alamamıştır. Birtakım düşünceler ileri sürdükten sonra da, V a h d e t t i n'le ilgili demeçten vazgeçtiğini, çünkü «başkasının kötü işlerini dile getirmek şeklinde bile olsa, bu türlü demeçlerin kendi prensip ve karakterine ağır geleceğinin aşikâr olduğunu» bildirmiş. Bu nokta telgrafın ikinci maddesinde yer almıştı. Telgrafın üçüncü maddesi, benim Meclis Başkanı sıfatıyla kendisine, halifeliğe seçildiğini bildiren telgrafıma yazdığı cevap niteliğinde idi. Bu cevapta: «Ankara'da Türkiye Büyük Millet Mec-

186) İki kutsal Hareme (Mekke ve Medine) hizmet eden.
187) Tanzimattan önce dev'let büyüklerinin giyindiği kaftan.
188) Siyah softan dikilen üstlük, Osmanlı redingotu.
189) 20 Kasım 1922.
190) Abdülaziz Hanın oğlu Abdülmecit.

lisi Başkanı Mareşal Gazi Mustafa Kemal Paşa Hazretleri'ne» diye, doğrudan doğruya şahsıma hitap eden bir başlık kullanılmıştı. Dördüncü maddede, İslâm dünyasına duyuracağı bildiri sureti vardı. Bu bildirinin yazıldığı İstanbul'un «Dârü'l-Hilâfetü'l-Âliyye» ([191]) 426
olduğu da özenle belirtilmişti.

21 Kasım 1922 tarihli bir telgrafta: «Halife-i Resulûllah yerine daha önce de bildirdiğimiz gibi Halife-i Müslimîn denilecektir» dedik. Kendisine, halife seçildiğini bildiren telgrafımıza vereceği cevabın şahsıma değil Türkiye Büyük Millet Meclisi Başkanlığı'na yazılmasını hatırlattık. Yazılarında siyasî ve genel konularla ilgili kelimelerin bulunduğunu, bunlardan kaçınılması gerektiğini bildirdik.

Efendiler, önemsiz ayrıntılar gibi sayılması pek mümkün olan bu açıklamalarımla işaret etmek istediğim asıl nokta şudur: Ben, şahıs hâkimiyetine dayanan saltanatın kaldırılmasından sonra, başka ünvanla aynı nitelikle bir makamdan ibaret olması gereken hilâfetin de ortadan kaldırılmış olduğunu kabul ediyordum. Bunun, elverişli bir zaman ve fırsatta açıklanmasını tabiî buluyordum. Halife seçilen Abdülmecit Efendi'nin bu gerçekten büsbütün habersiz olduğu iddia edilemez. Özellikle, kendisinin Halife ünvanıyla saltanat sürmesinin imkân ve şartlarını hazırlayıp sağlayabileceklerini hayal edenlerin varlığı düşünülürse, Abdülmecit Efendi'nin ve tabiî taraftarlarının saf ve gafil oldukları zannına kapılmak hiç de doğru olamazdı.

Halife olacak zatın sıfat ve yetkisi ne olacaktı

Şimdi, arzu buyurursanız, Halife seçimi dolayısıyla Meclis'in 18 Kasım 1922 günlü gizli oturumlarında geçen görüşmelerle ilgili kısa bir bilgi vereyim:

Meclis'te konuyu pek ciddî ve önemli sayanlar vardı. Özellikle hoca efendiler, kendi ihtisasları ile ilgili bir konu bulduklarından çok dikkatli ve uyanık idiler. Bir halife kaçmış... Onu makamından indirmek ve yenisini seçmek... Sonra, yenisini İstanbul'da bırakmayıp Ankara'ya getirmek... Milletin ve devletin yakından başına geçirmek... Kısacası, Halife'nin kaçması yüzünden Türkiye'de ve bütün İslâm dünyasında karışıklık çıkmış veyahut çıkacakmış... Onun için tedbirler alınmalı imiş... şeklinde düşünceler, endişeler ortaya atılıyordu.

Bazı konuşmacılar da halife olacak zatın sıfat ve yetkisinin ne olacağını tespit gereğinden söz ediyorlardı.

Görüşme ve tartışmalara ben de katıldım. Konuşmalarımın çoğu, ileri sürülen düşüncelere cevap niteliğinde idi. Söylediklerimin özü şu cümlelerde toplanıyordu:

---

191) Yüce Hilâfet Merkezi.

«Bu konu fazlasıyla tartışılıp tahlil edilebilir. Ancak, tartışma ve tahlillerde ne kadar ileri gidersek, konuyu çözüme bağlamakta da o kadar güçlük ve gecikmelere uğrarız. Yalnız, şu noktaya hepinizin dikkatini çekerim. Bu Meclis, Türk halkının Meclisidir. Bu Meclis'in sıfat ve yetkileri yalnız ve ancak Türk halkının ve Türk vatanının varlığı ve kaderi ile ilgili ve onlar üzerinde etki yapabilir. Meclisimiz, kendi kendine bütün İslâm dünyasını içine alan bir güç ve kudrete sahip olamaz Efendiler! Türk milleti ve onun temsilcilerinden kurulmuş bulunan Meclis'imiz, kendi varlığını, halife ünvanını taşıyan veya taşıyacak olan bir zatın eline veremez ve vermeyecektir Efendiler! Bundan dolayı İslâm dünyasında karışıklık varmış veyahut olacakmış. Bunların hepsi anlamsız ve yalan sözlerdir. Kim söylemişse yalan söylemiştir, yalan söylüyor.»

Bu sözüme itiraz eden bir zata cevap verdim ve açıkça dedim ki: 42

— Sen yalan söyleyebilirsin, yaratılışın buna elverişlidir!

Efendiler, ortalığı gürültüye vermenin gereği olmadığını açıkladıktan sonra, dedim ki: «Bizim dünya gözündeki en büyük güç ve kudretimiz, yeni şekil ve mahiyetimizdir. Hilâfet makamı esaret altında olabilir. Halife ünvanını taşıyanlar, yabancılara sığınabilirler. Düşmanlar ve halifeler elele verip her şeyi yapabilecek bir işbirliğine girişebilirler. **Fakat yeni Türkiye'nin rejimini, politikasını ve kuvvetini hiç bir şekilde sarsamazlar.**

Türk halkı kayıtsız şartsız hâkimiyetine sahiptir

Türk halkının kayıtsız ve şartsız hâkimiyetine sahip olduğunu bir defa daha ve kesinlikle tekrar ediyorum. Hâkimiyet, hiçbir anlamda, hiçbir şekilde, hiçbir renk ve hiçbir kılavuzlukta ortaklık kabul etmez. Ünvanı ister halife ister başka bir şey olsun, hiç kimse bu milletin kaderine ortak çıkamaz. Millet buna kesinlikle müsaade edemez. Bunu teklif edecek hiçbir milletvekili bulunamaz. Bunun içindir ki, kaçmış olan Halife'nin halifeliğine son verip, yenisini seçmek ve bu konu ile ilgili bütün işlemlerde **belirttiğim görüşler çerçevesinde hareket etmek zarurîdir.** Başka türlüsüne kesinlikle imkân yoktur.

Saygıdeğer Efendiler, biraz tartışmalı ve gürültülü olmakla birlikte, yapılacak işlem üzerinde Meclis'te çoğunlukla görüş birliği sağlandı. Ondan sonraki sonuç da yüksek malûmunuzdur.

Saltanatın kaldırılması üzerine, İstanbul'da hükûmet adını taşıyan Tevfik ve İzzet Paşa'larla arkadaşlarının Saray'a istifalarını nasıl verdiklerinden; İstanbul'un yönetimini düzene sokmak için verdiğimiz talimat ve emirlerden de söz ederek yüksek hey'etinizi yormayı yararlı bulmuyorum.

VIII

Lozan Barış Konferansı

Lozan Konferansı genel toplantısı 21 Kasım 1922 günü yapılmıştır. Bu konferansta Türkiye Devleti'ni İsmet Paşa Hazretleri temsil etti. Trabzon Milletvekili Hasan Bey ve Sinop Milletvekili Rıza Nur Bey, İsmet Paşa'nın başkanlığındaki delegeler hey'etini oluşturuyordu.

Hey'etimiz, Kasım 1922 başlarında Lozan'a gitmek üzere Ankara'dan ayrıldı.

Efendiler, iki dönemden ibaret olup sekiz ay devam eden Lozan Konferansı ve sonucu dünyaca bilinen bir husustur.

Bir süre Ankara'da Lozan Konferansı görüşmelerini takip ettim. Görüşmeler hararetli ve tartışmalı geçiyordu. Türk haklarını tanıyan olumlu bir sonuç görülmüyordu. Ben bunu pek tabiî buluyordum. Çünkü, Lozan barış masasında ele alınan meseleler yalnız üç dört yıllık yeni devreye ait ve onunla sınırlı kalmıyordu. Yüzyılların hesabı görülüyordu. Bu kadar eski, bu kadar karışık ve bu kadar kirli hesapların içinden çıkmak, elbette, o kadar basit ve kolay olmayacaktı.

Efendiler, bilindiği üzre, yeni Türk Devleti'nin yerini aldığı Osmanlı 428
Devleti, Uhud-ı Atîka [192] adı altında birtakım kapitülasyonların esiri idi. Hristiyan halkın birçok hakları ve ayrıcalıkları vardı. Osmanlı Devleti, Osmanlı ülkesinde oturan yabancılara karşı yargı hakkını uygulayamazdı; Osmanlı vatandaşlarından aldığı vergiyi, yabancılardan alması engellenmiş bulunuyordu. Devletin varlığını kemiren ve kendi sınırları içinde yaşayan azınlıklarla ilgili tedbirler alması mümkün değildi.

Osmanlı Devleti, kendisini kuran temel unsurun, Türk milletinin, insanca yaşamasını sağlayacak tedbirleri alma bakımından da engellenmişti; memleketi imar edemez, demiryolu yaptıramazdı. Hattâ okul yaptırmakta bile serbest değildi. Bu gibi durumlarda yabancı devletler hemen işe karışırlardı.

Osmanlı hükümdarları ve çevresindeki yakınları debdebe ve gösteriş içinde yaşayabilmek için memleket ve milletin bütün servet kaynaklarını kuruttuktan başka, milletin her türlü çıkarlarını feda etmek, devletin haysiyet ve şerefini ayaklar altına almak suretiyle birçok dış borçlar yapmışlardı. O kadar ki, devlet bu borçların faizlerini bile ödeyemeyecek duruma gelmiş, dünya gözünde «müflis» sayılmıştı.

Osmanlı Devleti'nin dünya gözünde hiçbir değeri kalmamıştı

Efendiler, mirasçısı olduğumuz Osmanlı Devleti'nin dünya gözünde hiçbir değeri, fazileti ve haysiyeti kalmamıştı. Devletlerarası hukukun dışında tutulmuş, sanki, himaye ve korunmaya muhtaç bir duruma gelmiş gibi kabul ediliyordu.

---

192) Eski Anlaşmalar.

Geçmişteki hoşgörürlüğün ve yapılan yanlışların sorumlusu biz olmadığımıza göre, yüzyılların birikmiş hesapları bizden sorulmamak gerekirken, bu konuda da dünya ile karşı karşıya gelmek bize düşmüştü. Milleti ve memleketi gerçek istiklâl ve hâkimiyetine sahip kılmak için, bu güçlüğe ve fedakârlığa da katlanmak bizim üzerimize yüklenmişti. Ben, mutlaka olumlu bir sonuç alınacağından emindim. Türk milletinin varlığı için, istiklâli için, hâkimiyeti için ne pahasına olursa olsun elde etmeye ve sağlamaya mecbur olduğu hakların dünyaca tanınacağından asla şüphem yoktu. Çünkü, gerçekte bu haklar, kuvvetle, liyakatle fiilî ve maddî olarak elde edilmişti. Konferans masasında istediğimiz, zaten elde edilmiş olan bu hakların usulünce ifade ve onaylanmasından başka bir şey değildi. İsteklerimiz, açık ve tabiî haklarımızdı. Bundan başka, haklarımızı kazanmak ve korumak için kudretimiz de vardı; kuvvetimiz de yeterliydı. En büyük kuvvetimiz, en güvenilir dayanağımız millî hâkimiyetimizi kavramış, onu fiilî olarak halkın eline vermiş ve halkın elinde tutabileceğimizi fiilen ispatlamış olmamızdı.

İşte bu düşüncelerle, konferansın gidişini soğukkanlılıkla takip ediyor ve ortaya çıkan tersliklere gereğinden fazla önem vermiyordum.

Halkın içinde bulunduğu psikolojiyi, düşünce ve eğilimlerini bir daha incelemek için halkla yakından temasa geçmek

Efendiler, saltanatın kaldırılması ve hilâfet makamının yetkisiz kalışı üzerine, halk ile yakından temasa geçmek, halkın içinde bulunduğu psikolojiyi, düşünce ve eğilimlerini bir daha incelemek önem kazanıyordu. Bunun dışında, Meclis, son yılına girmiş bulunuyordu. Yeni seçim dolayısıyla, Anadolu ve Rumeli Müdafaa-i Hukuk Cemiyeti'ni siyasî bir parti durumuna getirmeye karar vermiştim. Barış gerçekleşince, cemiyet teşkilâtımızın, siyasî bir partiye dönüşmesini gerekli buluyordum. Bu konuda da doğrudan doğruya halk ile görüşüp konuşmayı yararlı sayıyordum. Zaferden sonra, eğitimle uğraşmaya başlamış olan ordumuzu da yakından görmek isti- 429
yordum. İşte bu maksatlarla Batı Anadolu'da bir gezi yapmak üzere, 14 Aralık 1923 tarihinde Ankara'dan hareket ettim.

Eskişehir'den başlayarak, İzmit, Bursa, İzmir ve Balıkesir'de, halkı uygun yerlerde toplayarak uzun sohbetlerde bulundum. Halkın, bana, diledikleri gibi serbestçe sorular sormasını istedim. Sorulan sorulara cevap olmak üzere, altı saat, yedi saat süren konferanslar verdim.

Saygıdeğer Efendiler, hemen her yerde halkın anlamak istediği hususlardan dikkati çeken noktalar şunlardı:

Lozan Konferansı ve sonucu, millî hâkimiyet ve hilâfet makamı, bunların durumları ve ilişkileri; bir de kurmak niyetinde olduğum anlaşılan siyasî parti...

Lozan Konferansı görüşmelerini, her yerde, özetleyerek olduğu gibi anlatıyordum. Olumlu sonuç alınacağı hakkındaki inancımı da belirterek milletin endişesini gidermeye çalışıyordum.

Millî hâkimiyet ile hilâfet makamının durumları ve ilişkileri

Halkın, millî hâkimiyet ve hilâfet makamının durumları ile bunların ilişkileri konusunda merak ve endişeye kapılmakta hakkı vardı. Çünkü, Meclis 1 Kasım 1922 tarihli kararıyla, şahıs hâkimiyetine dayanan devlet şeklinin 16 Mart 1920 tarihinden başlayarak ve ebedî olarak tarihe karıştığını ilân ettikten sonra, birtakım Şükrü Hocalar «Müslüman kamuoyu şüphe ve üzüntülere düşmüştür» diyerek hareket ve faaliyete geçtiler. Bunlar: «Hilâfet demek hükûmet [193] demektir. Hilâfetin hak ve görevlerini yok etmek hiç kimsenin, hiç bir meclisin elinde değildir» dâvâsını ortaya atmışlardı. Meclis'in, milletin ortadan kaldırdığı şahıs saltanatını, hilâfet makamında devam ettirmek ve Padişah'ın yerine Halife'yi geçirmek sevdasına düşmüşlerdi.

Gerçekten de gerici bir grup, Afyonkarahisar Milletvekili Hoca Şükrü imzasıyla «İslâm Hilâfeti ve Büyük Millet Meclisi» adıyla bir broşür yayınladı. Bu broşürün, Ankara'da 15 Ocak 1923 tarihinde yayınlandığı ve bütün milletvekillerine dağıtıldığı bana İzmit'te bildirildi. Broşürün üzerine sadece 1339 (1923) yılı yazılmıştı. Fakat, broşürün daha ben Ankara'da iken hazırlanıp bastırıldığı ve benim Ankara'dan ayrılış tarihim olan 14 Ocak 1923 gününün ertesinde ortaya çıkarıldığı anlaşılmıştı.

Şükrü Efendi Hoca ve arkadaşları, «Halife Meclis'in, Meclis Halifenindir» safsatasıyla, Millet Meclisi'ni Halife'nin danışma kurulu ve Halife'yi Meclis'in, dolayısıyla devletin başkanı gibi göstermek ve kabul ettirmek istemişlerdir.

Halife olan zatı ümitlendirecek bağlılık gösterileri

Efendiler, Halife bulunan zatı ümitlendirecek bazı bağlılık gösterileri de dikkati çekiyordu. Gizli olarak yapılan bağlılık gösterileri ise, bizim dışardan tahmin ettiklerimizden daha fazla imiş. Bu konuda bir fikir vermiş olmak için, o sıralarda İstanbul ve Trakya'da görevli memurumuz ve temsilcimiz olan Refet Paşa'nın, o günlerde, Halife'ye «Konya» adındaki bir atı sunması dolayısıyla, kendi kardeşi ve aynı zamanda yaveri Rifat Bey'e yazdığı bir şifreli telgrafla, bu telgrafa Halife'nin başyaveri vasıtasıyla verdiği cevabı olduğu gibi bilginize sunacağım:

---

193) «Hükûmet» kelimesi burada «devlet» anlamında kullanılmıştır.

Şifre 430

Rifat Bey'e **5.1.1923**

Konya'yı Halife Hazretleri'ne sunmak için getirmiştim. Yalnız şimdi ne durumda olduğunu görmedim. Cesaret edemiyorum. İstanbul'da iyi bir hayvan bulunmayacağını anladığım için, Halife Hazretleri'nin başyaverlerinden de hayvan satın alınması hususunda acele etmemelerini rica etmiştim. **Hayvanın Halife Hazretleri tarafından beğenilmesini Tanrı'nın bir lûtfu sayıyorum.** Büyük bir cür'etkârlık olacağını bilmekle birlikte, İstiklâl Savaşı'nın tarihî bir hâtırası olduğu için, **eski sadık bir askerin** gazâ yadigârı olarak sunduğu Konya'nın Halife Hazretleri tarafından lûtfen kabulünü ve Halife Hazretleri'nin en içten gelen bağlılık duygularıyla ellerini öptüğümün Halife Hazretleri'ne duyurulmasına aracı olmalarını Başyaver Şekip Bey'den rica ederim. Konya'yı ve bu şifreyi Şekip Bey'e hemen teslim ediniz.

Refet

7.1.1923

Trakya Fevkalâde Temsilcisi
Refet Paşa Hazretleri'ne

Saygıyla arz ederim :

Pek sayın kardeşiniz Rifat Bey'in teslim ettiği yüce şahsınızdan gelen telgrafı Halife Hazretleri Efendimiz'e arz ettim. Peygamber vekili olan Halife Hazretleri, gerek bir defa daha ifade buyurulan içten bağlılık duygularından ve gerek kendilerine sunulan Konya adındaki hayvandan dolayı pek hoşnut ve müteşekkir kaldılar. Aziz vatanımızın istiklâlini korumak gibi pek kutsal ve yüce bir gayenin elde edlimesine çalışan büyük simalar arasında seçkin bir yeri olan yüksek şahsiyetlerinin de yiğitlik ve fedakârlık gösterdikleri er meydanlarından birinin adıyla anılan bu sevimli ve güzel ata sahip olmakla iftihar ettiler. Yüce Cebrail, kâinatın şerefi Peygamberimiz Hazretleri'ne (S. A. S.) (194) peygamberliği bildirdiği gibi, zâtıdevletiniz de Halife Hazretleri'ne Peygamberin vekili olduğunu bildirdiğinizden dolayı, yüksek şahsiyetiniz, kendilerine bütün ömürlerinin en mutlu ve kutsal bir olayını her zaman hatırlatacaktır. Yüksek şahsiyetlerinin bu aziz hâtıraya karışmış olmaları dolayısıyla, sık sık ve içten gelen bir sevgi ile hatırlanacakları zaten belli iken, bir de her gün, alışıldığı üzere tatlı Sabâ Rüzgârı (195) gidişli bu ata binildikçe, yüksek şahsiyetlerinin değerli hâtırası yeniden anılacak ve canlanacaktır. Şu satırlarla, Halife Efendimiz'in gerçekten tertemiz ve değerbilir duygularına ne dereceye kadar tercüman olabildiğimi kestiremem. Bunu başaramadıysam, eksiğimi, Zâtıdevletlerine, Halife Hazretleri'nin bizzat göstermiş ve ifade buyurmuş oldukları babaca sevgi ve okşayışlar daha önceden telâfi etmiştir, kanaatıyla avunmaktayım. Bu vesileyle ve sonuç olarak size, Tanrı'nın gölgesi ve Peygamber'in vekili Halife Hazretleri'nin özel selâmlarını ve hayır dualarını bildirmek ve müjdelemekle şeref duyar, üstün saygılarımın kabulünü rica 43
ederim, Efendim Hazretleri.

Şekip Hakkı
Başyaver

(Bu yazışmaları ve karşılıklı sevgi gösterilerini, biz ancak hilâfetin kaldırılmasından ve Halife'nin soyundan gelen kimselerin memleketten çıkarılmasından sonra tesadüf eseri olarak öğrenebildik.)

---

194) Sallâllahu aleyhi ve sellem : Ona selâm ve salât olsun.
195) Sabâ Rüzgârı : Tatlı tatlı esen ılık bahar rüzgârı.

Din oyunu aktörleri Halife'yi bütün İslâm dünyasının hükümdar yapmak istiyorlardı

Şunu arz etmeliyim ki, Şükrü Efendi Hoca ile, onu ve imzasını ileri süren politikacılar, sultan veya padişah ünvanını taşıyan bir hükümdar yerine, ünvanı halife olan bir hükümdar koyarak konuşmuşlar ve iddialarda bulunmuşlardı. Yalnız şu farkla ki, herhangi bir memleket ve milletin hükümdarı yerine, dünyanın dört bucağında kitleler halinde yaşayan, türlü türlü ırktan üç yüz milyonluk bir topluluğa hüküm yürüten bir hükümdardan, onun görev ve yetkilerinden söz etmişlerdi. Bu, bütün İslâm dünyasına hâkim olacak büyük hükümdarın eline, kuvvet olarak, üç yüz milyon Muhammet ümmetinden yalnız on on beş milyon Türk halkını lûtfetmişlerdi. Halife adındaki hükümdar, «yeryüzündeki bütün Müslümanların işlerini yönetecek, dünya işleriyle ilgili hükümlerden, onların çıkarlarına en uygun olanları hakkında karar» verecekti. Bütün Müslümanların «haklarını savunacak, onların işlerine ve problemlerine etkili bir azim ve irade ile» sahip çıkacaktı.

Halife adındaki hükümdar, yeryüzündeki üç yüz milyon Müslüman arasında, adaleti sürekli olarak ayakta tutacak vatandaş haklarını gözetecek, güvenlik ve huzur bozucu olaylara engel olacak, Müslümanlara, başka dinlere bağlı olanlardan gelmesi muhtemel saldırıları önleyecekti. İslâm topluluğunun güven içinde yaşamasını, gelişip kalkınmasını sağlayıcı çareleri hazırlamakla yükümlü bulunacaktı.

Saygıdeğer Efendiler, bu kadar kara cahil, dünya şartlarından ve gerçeklerden bu denli habersiz Şükrü Hoca ve benzerlerinin milletimizi kandırmak için, İslâmî hükümler diye yayınladıkları safsataların, gerçekte tekrarlanacak bir değeri yoktur. **Ancak, bunca yüzyıllar boyunca olduğu gibi, bugün de, milletlerin cahilliğinden ve bağnazlığından yararlanarak binbir türlü siyasî ve şahsî maksatla çıkar sağlamak için, din âlet ve vasıta olarak kullanmak teşebbüsünde bulunanların memleket içinde de dışında da var oluşu, ne yazık ki, daha bizi bu konuda söz söylemekten alıkoyamıyor. İnsanlık dünyasında, din konusundaki uzmanlık ve derin bilgi, her türlü hurafelerden arınarak gerçek bilim ve tekniğin ışıklarıyla tertemiz ve mükemmel oluncaya kadar, din oyunu aktörlerine, her yerde rastlanacaktır.**

Şükrü Hoca'ların ne kadar anlamsız, mantıksız ve uygulama kabiliyetinden yoksun düşünce ve hükümler savurduklarını anlamamak için cidden Hoca Efendi gibi allahlık denilen yaratıklardan olmak lâzımdır.

Onların dediği gibi, halifenin ve hilâfetin otoritesi, bütün dünya
Müslümanları üzerinde geçerli olmak gerekince, bütün varlığını ve kuv- 432
vet kaynaklarını yalnız halifenin emir ve yasaklarına bırakmakla, Türk
halkının omuzlarına bindirilecek yükün ne kadar ağır olacağını insaf
edip düşünmek lâzım gelmez miydi?

Onların ileri sürdükleri gerekçe ve hükümlere göre, halife adını taşıyan hükümdar; Çin, Hint, Afgan, İran, Irak, Suriye, Filistin, Hicaz, Yemen, Asir, Mısır, Trablus, Tunus, Cezayir, Fas, Sudan, kısacası dünyanın dört köşesindeki İslâmların ve İslâm memleketlerinin işlerinde yetki sahibi olacaktı.

Bu hayalin hiçbir zaman gerçekleşmemiş olduğu bilinmektedir. İslâm topluluklarının başka başka maksatlarla biribirinden ayrıldıkları; Emevîlerin Endülüs'te, Alevîlerin Kuzey Afrika'da, Fatımîlerin Mısır'da, Abbasî'lerin Bağdat'ta birer hilâfet yani saltanat kurdukları; hattâ Endülüs'te her bin kişilik bir topluluğun «bir halifesi ile bir minberi» ([196]) olduğu, H o c a Ş ü k r ü imzalı broşürde de yer almıştır.

Bu tarihî gerçeği bilmezlikten gelerek, hemen hepsi yabancı devletlerin idaresi altında bulunan veya bağımsız olan Müslüman milletlere ve devletlere Halife adı altında bir hükümdar tayin etmek akıl ve gerçek ile bağdaştırılabilir miydi? Hele, böyle bir hükümdarın mevkiini korumak için, bir avuç Türkiye halkını o hükümdarın emrine vermek, onu yok etmek için uygulanagelen tedbirlerin en etkilisi olmaz mıydı? «Halifenin görevi ruhanî değildir», «hilâfetin temeli maddî iktidar ve hükûmet kuvvetidir» diyenlerin, hilâfetin devlet, halifenin devlet başkanı olduğunu ifade ve ispat ettikleri ve maksatlarının halife ünvanını taşıyan bir zatı Türkiye Devleti'nin başkanlığına geçirmek olduğu kolaylıkla anlaşılabiliyordu.

Saygıdeğer Efendiler, Ş ü k r ü H o c a E f e n d i 'nin ve politikacı arkadaşlarının, siyasî maksatlarını açıktan açığa ortaya koymayıp, bunu bütün İslâm dünyasına maletmek istedikleri dinî bir konu olarak ele almaları, hilâfet oyuncağının ortadan kaldırılmasını çabuklaştırmaktan başka bir sonuç vermemiştir.

Hilâfet konusunda halkın şüphe ve endişesini gidermek için yaptığım açıklamalar

Hilâfet konusunda halkın şüphe ve endişesini gidermek için, her yerde gerektiği kadar konuştum ve açıklamalarda bulundum. Kesin olarak belirttim ki, «milletimizin kurduğu yeni devletin mukadderatına, işlerine, bağımsızlığına, ünvanı ne olursa olsun hiç

196) Bir emirü'l-mü'minini ile bir minberi. Burada her bin kişiden bir kişinin hutbede adının okunacağına işaret ediliyor.

kimseyi karıştıramayız! Mılletin kendisi, kurduğu devleti ve onun bağımsızlığını koruyor ve sonsuz olarak da koruyacaktır!»

Millete anlattım ki, bütün Müslümanları içine alan bir devlet kurmak görevi ile yükümlü imiş gibi hayal edilen bir halifenin, görevini yerine getirebilmesi için, Türkiye Devleti ve onun bir avuç nüfusu, halifenin emrine tâbi tutulamaz. Millet buna razı olamaz! Türk halkı bu kadar büyük bir sorumluluğu bu kadar mantıksız bir görevi üzerine alamaz.

Milletimiz, yüzyıllarca bu anlamsız ve boş görüşten hareket ettirildi. Fakat ne oldu? Her gittiği yerde milyonlarca insan bıraktı. Yemen çöllerinde kavrulup yok olan Anadolu evlâtlarının sayısını biliyor musunuz? dedim. Suriye'yi, Irak'ı elden çıkarmamak için, Mısır'da barınabilmek için, Afrika'da tutunabilmek için ne kadar insan telef oldu, bunu biliyor musunuz? Ve sonuç ne oldu görüyor musunuz? dedim.

Halife'ye dünyaya meydan okutmak ve onu bütün İslâm dünyasının işlerinde söz ve yetki sahibi kılmak düşüncesinde olanlar, bu görevi yal- 433
nız Anadolu halkından değil, onun sekiz on katı nüfusa sahip olan büyük Müslüman kitlelerinden beklemelidirler! **Yeni Türkiye'nin ve Yeni Türkiye halkının, artık, kendi varlık ve mutluluğundan başka düşünecek bir şeyi yoktur...** Başkalarına verilecek bir zerresi kalmamıştır! dedim.

Bir başka noktayı da halka iyice açıklayabilmek için şunları söyledim: Bir an için farz edelim ki, dedim; Türkiye söz konusu görevi kabul etsin... Bütün İslâm dünyasını bir noktada birleştirerek yönetmek gayesinde yürüsün ve başarmış da olsun! Pekâlâ ama, uyruğumuz ve idaremiz altına almak istediğimiz milletler, derlerse ki «bize büyük hizmetler ve yardımlar yaptınız, teşekkür ederiz. Fakat, biz bağımsız kalmak istiyoruz. İstiklâl ve hâkimiyetimize kimsenin karışmasını uygun bulmayız! Biz kendi kendimizi yönetmeye muktediriz. O zaman Türk halkının bütün bu gayret ve fedakârlığı yalnızca bir teşekkür ve dua almak için mi göze alınacaktır?

Görülüyordu ki, boş bir istek ve heves için, bir vehim ve hayal için, Türk halkını mahvetmek istiyorlardı. Hilâfet ve halifeye görev ve yetki vermek düşüncesinin temelinde yatan esas bundan ibaretti.

Efendiler, halka sordum: Bir İslâm devleti olan İran ve Afganistan, halifenin herhangi bir yetkisini tanır mı? tanıyabilir mi? Haklı olarak tanıyamaz. Çünkü, böyle bir yetki devletinin istiklâlini milletinin hâkimiyetini ortadan kaldırır.

Millete şunu da hatırlattım ki, kendimizi dünyanın hâkimi zannetmek gafleti, artık devam etmemelidir. Dünyanın durumunu ve dünyadaki gerçek yerimizi tanımamaktaki gafletle, gafillere uymakla milletimizi sürüklediğimiz felâketler yetişir! Bile bile aynı faciayı devam ettiremeyiz.

Efendiler, İngiliz tarihçilerinden Wells, iki yıl önce yayınlanan bir tarih yazdı. Eserinin son sayfaları «Dünya tarihinin gelecekteki safhası» başlığı altında bazı düşünce ve görüşleri içine almaktadır. Bu görüşlerin yönelmiş olduğu hedef «Un gouvernement fédéral mondial» yani «birleşik bir dünya devleti»dir.

Wells, bu bölümde, birleşik bir dünya devletinin nasıl kurulabileceğini ve böyle bir devletin önemli ayırıcı özellikleri ile ilgili tasavvurlarını belirtiyor; adaletin ve tek bir kanunun hâkimiyeti altında dünyamızın ne durumda bulunacağını tahayyül ediyor.

Wells, «bütün hâkimiyetler tek bir hâkimiyet içinde eritilmezse, milliyetlerin üstünde bir kuvvet meydana çıkmazsa, dünya mahvolacaktır» diyor ve «gerçek devlet, çağdaş hayat şartlarının bir zaruret haline getirdiği birleşik dünya devletinden başka birşey olamaz»; «hiç şüphe yoktur ki, insanlar kendi icatları altında ezilmek istemezlerse er geç birleşmeye mecbur olacaklardır» görüşünü ileri sürüyor.

«İnsanlığın dayanışması ile ilgili büyük hayallerin sonunda gerçek- 43
leşmesi için ne yapmak ve neyin önüne geçmek gerekeceğinin doğru olarak bilinmediği» ve «saldırgan bir dış siyaset geleneğine sahip olan devletlerin, birleşik bir dünya devleti tarafından güçlükle temsil edilebileceği» de bildiriliyor. Wells'in «Avrupa ve Asya'nın felâketleri ve ortak ihtiyaçları, belki dünyanın bu iki parçasındaki milletlerin bir dereceye kadar birleşmesine yardım edecektir», «olabilir ki, dünya ölçüsünde bir birleşmeye gidilmeden önce, bir sıra bölgesel birleşmeler yapılabilir» şeklindeki düşüncelerini de kaydedeyim.

Efendiler, bütün insanlığın görgü, bilgi ve düşüncede yükselip olgunlaşması, Hristiyanlığı, Müslümanlığı, Budizmi bir yana bırakarak basitleştirilmiş ve herkes için anlaşılacak duruma getirilmiş saf ve lekesiz bir dünya dininin kurulması ve insanların, şimdiye kadar kavgalar, çirkeflikler, kaba istek ve iştahlar arasında bir sefalethanede yaşamakta olduklarını kabul ederek, bütün vücutları ve zekâları zehirleyen zararlı tohumları yok etmeye karar vermesi gibi şartların gerçekleşmesini gerektiren «birleşik bir dünya devleti» kurma hayalinin tatlı olduğunu inkâr edecek değiliz.

Türkiye'ye musallat olmamak şartıyla, hilâfetçileri ve Panislâmizm taraftarlarını memnun etmek için, bu tasavvur ve tahayyül bir dereceye kadar bizde de tasvir edilmişti.

Ortaya atılan görüş şuydu: Avrupa'da, Asya'da, Afrika'da ve diğer kıt'alarda yaşayan Müslüman toplumları, gelecekte herhangi bir gün kendi irade ve arzularını kullanacak bir güç ve özgürlüğe kavuşurlar ve o zaman lüzumlu ve yararlı görürlerse, çağın gereklerine uygun birtakım uyuşma ve birleşme noktaları bulabilirler. Şüphesiz, her devletin, her toplumun biribirinden karşılayabileceği ihtiyaçları vardır. Karşılıklı çıkarları olacaktır. Tasarlanan bu bağımsız İslâm devletlerinin yetkili temsilcileri bir araya gelip bir kongre yaparlar ve «falan ve filân İslâm devletleri arasında şu veya bu ilişkiler kurulmuştur. Bu ortak ilişkileri korumak ve bu ilişkilerin gerektirdiği şartlar içinde birlikte hareket sağlamak için, bütün İslâm devletlerinin temsilcilerinden kurulu bir meclis oluşturulacaktır. Birleşmiş olan İslâm devletleri bu meclisin başkanı tarafından temsil edilecektir» derlerse ve isterlerse, işte o zaman, o «birleşik İslâm devletine hilâfet ve ortak meclisin başkanlığına seçilecek zata da halife ünvanını verirler. Yoksa, herhangi bir İslâm devletinin, bir kişiye bütün İslâm dünyasınnı işlerini yönetme ve yürütme yetkisini vermesi akıl ve mantığın hiçbir zaman kabul edemeyeceği bir durumdur.

Teşkilât-ı Esasiye Kanunu'nda düğüm noktaları

Efendiler, hilâfet ve din konularıyla uğraşıldığı sıralarda, Teşkilât-ı Esasiye Kanunu'ndaki bir noktanın halkın ve özellikle aydınların kafasında düğümlenip kaldığını öğrendik. Bu düğüm kanunda Cumhuriyet'in ilânından sonra da bırakıldığı gibi, kanuna, düğüm teşkil edecek ikinci bir noktanın daha sokulmuş olduğunu görenler, şaşkınlıklarını gizleyememişlerdi ve bugün de gizlememektedirler.

Bu noktaları açıklayayım: 20 Ocak 1921 tarihli Teşkilât-ı Esasiye Kanunu'nun 7'nci ve 21 Nisan 1924 tarihli Teşkilât-ı Esasiye Kanunu'nun 26'ıncı maddesi Büyük Millet Meclisi'nin görevlerinden söz eder.

Maddenin başında, Meclis'in ilk görevi olmak üzere, «şeriat hüküm- 435
lerinin yürütülmesi yer alır. İşte bunun nasıl bir görev ve şeriat hükümlerinden maksadın ne olduğunu anlamakta sıkıntı çekenler vardır. Çünkü, sözü geçen maddede Büyük Millet Meclisi'nin, «kanunları yapmak, değiştirmek, yorumlamak, yürürlükten kaldırmak v.b.» gibi belirtilen ve sayılan görevleri o kadar geniş kapsamlı ve açıktır ki, «şeriat hükümlerinin yürütülmesi» diye ayrıca ve başlıbaşına bir klişenin yer alması gereksiz sayılmaktadır. Çünkü, «şeriat» demek «kanun» demektir. «Şeriat hükümleri» demek «kanun hükümleri» demekten başka bir şey değildir ve olamaz. Başka türlüsü çağdaş hukuk anlayışı ile bağdaştırılamaz. Bu böyle olunca, «şeriat hükümleri» deyimiyle kastedilen anlam ve kavramın büsbütün başka bir şey olması gerekir.

Efendiler, ilk Teşkilât-ı Esasiye Kanunu'nu hazırlayanlara bizzat başkanlık ediyordum. Yapmakta olduğumuz kanunla, «şer'î hükümler» deyiminin bir ilişkisi olmadığını anlatmak için çok çalıştık. Fakat bu deyime, kendi zanlarınca bambaşka anlam verenleri inandırmak mümkün olmadı.

İkinci nokta Efendiler, yeni Teşkilât-ı Esasiye Kanunu'nun ikinci maddesinin başında yer alan «Türkiye Devleti'nin dini, İslâm dinidir» cümlesidir.

Bu cümle daha Teşkilât-ı Esasiye Kanunu'na geçmeden çok önce, İzmit'te, İstanbul ve İzmit basın mensuplarıyla yaptığımız uzun bir görüşme ve sohbet sırasında, karşımdakilerden birinin şu sorusuyla karşılaştım «Yeni hükûmetin dini olacak mı?»

İtiraf edeyim ki, böyle bir soru ile karşılaşmayı hiç de istemiyordum. Sebebi, pek kısa olması gereken cevabın, ogünkü şartlara göre ağzımdan çıkmasını henüz istemeyişimdir. Çünkü, vatandaşları arasında çeşitli dinlere bağlı unsurlar bulunan ve her dinden olanlar hakkında, adaletli ve tarafsız davranmak, mahkemelerinde vatandaşları ve yabancılar için adaleti eşit ölçülerle uygulamakla yükümlü bulunan bir hükûmet, düşünce ve vicdan hürriyetine saygılı olmak zorundadır. Hükûmetin bu tabiî sıfatının, şüpheli yoruma yol açabilecek vasıflarla sınırlandırılması elbette doğru değildir.

«Türkiye Devleti'nin resmî dili Türkçe'dir» dediğimiz zaman bunu herkes anlar. Hükûmetle olan resmî işlemlerde Türk dilinin geçerli olması gereğini herkes tabiî bulur. Fakat, «Türkiye Devleti'nin dini İslâm dinidir» cümlesi aynı şekilde mi anlaşılacak ve kabul edilecektir? Bu elbette, açıklanmaya ve yorumlanmaya muhtaçtır.

Efendiler, karşımdaki gazetecinin sorusuna «hükûmetin dini olamaz!» diyemedim. Aksini söyledim.

— Vardır Efendim, İslâm dinidir, dedim. Fakat, hemen arkasından «İslâm dininde düşünce özgürlüğü vardır» cümlesiyle cevabımı açıklamak ve yorumlamak gereğini duydum.

Demek istedim ki, devlet, düşünce ve vicdana saygı göstermekle kayıtlı ve yükümlü olur.

Karşımdaki gazeteci, verdiğim cevabı akla yatkın bulmadı ki, sorusunu şu tarzda tekrarladı: «Yani devlet bir dine bağlı kalacak mı?»

— «Kalacak mı, kalmayacak mı bilmem!» dedim. Konuyu kapatmak istedim. Fakat, mümkün olmadı. O halde, denildi; herhangi bir konuda inançlarım ve düşüncelerim doğrultusunda bir fikir ortaya atmaktan, hükûmet beni engelleyecek veya cezalandıracaktır. Oysa, herkes kendi vicdanını susturmaya imkân görecek mi? O zaman iki şey düşündüm. Biri, yeni Türkiye Devleti'nde her ergin şahıs dinini seçmekte serbest olmayacak mıdır? sorusu. Diğeri, Hoca Şükrü Efendi'nin: «Bazı yüksek din arkadaşlarımızla birlikte düşündüklerimizi şeriat kitaplarında yer almış belirli ve değişmez İslâmî hükümleri yayınlayarak. maalesef yanıltıldığı görülen İslâm kamuoyunu aydınlatmayı boynumuza borç bir görev saydık» girişinden sonra yeralan «İslâm halifesinin görevi, dinin emirlerini korumak ve kollamakta peygamberin yerini tutmaktır. Dinî hükümler koymakta da yüce Peygamber Efendimiz'in vekilliğini yapmaktır» sözleri.

Oysa, Hoca'nın sözlerini uygulamaya kalkışmak, millî hâkimiyeti, vicdan hürriyetini kaldırmaya çalışmaktı. Bundan başka, Hoca'nın bilgi dağarcığında, Yezitler ([197]) zamanında yazdırılmış istibdat rejimine has formüller bulunmuyor muydu?

O halde, ne anlama geldiği ve ne kastedildiği artık herkesçe iyiden iyiye anlaşılmış bulunan devlet ve hükûmet kavramlarını ve millet meclislerinin görevlerini din ve şeriat kılıklarına bürüyerek kim ve ne için aldatılacaktır?

Gerçek bundan ibaret olmakla birlikte, o gün İzmit'te basın mensuplarıyla, bu konuda daha fazla görüşmekte yarar yoktu. Cumhuriyetin ilânından sonra da, yeni Teşkilât-ı Esasiye Kanunu yapılırken, lâik devlet deyiminden dinsizlik anlamı çıkarmak eğiliminde olanlara ve bundan yararlanmak isteyenlere fırsat vermemek için, kanunun ikinci maddesini anlamsız kılan bir deyimin sokulmasına göz yumulmuştur.

Kanunun gerek 2'nci ve gerek 26'ncı maddelerinde fazladan yer alan, yeni Türkiye Devleti'nin ve Cumhuriyet rejimimizin çağdaş karakteriyle bağdaşmayan deyimler, inkılâp ve Cumhuriyet'in ogün için sakıncalı görmediği tavizlerdir.

Millet, bu fazlalıkları, Teşkilât-ı Esasiye Kanunu'muzdan ilk fırsatta kaldırmalıdır!

***

Halk Partisi'ni kurma teşebbüsü

Saygıdeğer Efendiler, her yerde, siyasî parti kurma konusunda da halkla uzun sohbetler yaptım. 7 Aralık 1922 tarihinde, Ankara basını vasıtasıyla, halkçılık ilkesine dayanan ve «Halk Partisi» adını taşıyan siyasî bir parti kurmak niyetinde olduğumu açıklayarak, bu partinin nasıl bir program yapması gerekeceği konusunda, bütün vatanseverlerin, ilim ve fen adamlarının yardım ve işbirliğine başvurmuştum.

Dokuz ilke ve partimizin ilk programı

Gerek bazı kimselerden aldığım yazılı düşüncelerden ve gerek halk ile yaptığım görüşmelerden çok yararlandım. Sonunda 8 Nisan 1923 tarihinde, gö- 437

197) Emevi Halifesi Muaviye'nin oğlu Yezid'i tutanlar.

rüşlerimi dokuz ilke halinde tespit ettim. İkinci Büyük Millet Meclisi'nin seçimi sırasında yayınlayarak ilân ettiğim bu program, partimizin kuruluşuna temel olmuştur.

Bu program, bugüne kadar ele alıp gerçekleştirdiğimiz bütün önemli hususları içine alıyordu. Bununla birlikte programa girmemiş önemli ve esaslı bazı konular da vardı. Örnek olarak, Cumhuriyet'in ilânı, Şer'iye Vekâleti'nin, medrese ve tekkelerin kaldırılması, şapka giyilmesi gibi...

Bu konuları programa alarak, cahil ve gericilerin, bütün milleti vaktinden önce zehirlemeye fırsat bulmalarını uygun görmedim. Çünkü, bunların zamanı gelince çözüme bağlanacağından ve milletin sonuçtan memnun olacağından kesinlikle emindim.

Yayınladığım programı, bir siyasî parti için yetersiz, kısa bulanlar oldu. «Halk Partisi'nin programı yoktur» dediler. Gerçekten de ilkeler adı altında bilinen programımız, itiraz edenlerin gördükleri ve bildikleri şekilde bir kitap değildi. Fakat temel ilkeleri içine alıyordu ve pratikti. Biz de uygulanması imkânsız düşünceleri, nazarî birtakım ayrıntıları yaldızlayarak bir kitap yazabilirdik. Öyle yapmadık. **Milletin maddî ve manevî alandaki yenileşmesi ve gelişmesi yolunda, söz ve teori ile iş ve icraata önem vermeyi tercih ettik. Bununla birlikte, «Hâkimiyet milletindir», «Türkiye Büyük Millet Meclisi'nin dışında hiçbir makam, millî mukadderata hâkim olamaz», «Bütün kanunların düzenlenmesinde, her türlü teşkilâtta, yönetimin bütün ayrıntılarında, genel eğitimde, ekonomi konularında, millî hâkimiyet esasları çerçevesinde hareket edilecektir» «Saltanat'ın kaldırılması ile ilgili karar değişmez bir kanun hükmüdür»** gibi bilinmesi gerekli önemli noktalar, mahkemelerde reform yapılacağı, bütün kanunlarımızın, hukuk ilminin verilerine göre yeni baştan düzenlenip tamamlanacağı, vergide âşar ([198]) usulünün değiştirileceği, millî bankaların sermayesinin artırılacağı, muhtaç olduğumuz demiryollarının yapımına, öğretim birliğinin sağlanmasına derhal teşebbüs edileceği, fiilî askerlik süresinin indirileceği, memleketin imarına çalışılacağı v.b. gibi önemli ve âcil ihtiyaçlar, ilkeler dışında bırakılmamıştı. Barış konusundaki görüşümüzün de: «malî, iktisadî ve idarî alandaki bağımsızlığımızı mutlaka sağlamak şartıyla, barışın gelmesine çalışmak olduğunu» söyledik. Hilâfet makamının bütün İslâm dünyasına ait bir makam olabileceğine de işaret ettik.

İlkeler, «Halk Partisi»nin kuruluşu ve faaliyet göstermesi için yeterli oldu. Partinin adına, daha sonra «Cumhuriyet» kelimesi de eklenerek, bilindiği gibi, «Cumhuriyet Halk Partisi» adı verildi.

---

198) Eski vergi sisteminde 1/10 esasına dayanan toprak ürünlerini vergilendirme türü.

Lozan Konferansı görüşmeleri kesildi

Efendiler, yine Lozan Konferansı'na temas edeceğim. Konferans 4 Şubat 1923 tarihinde kesildi. İki aya yakın bir süre devam eden görüşmelerin özeti olmak üzere, İtilâf Devletleri temsilcileri, delegeler hey'etimize bir barış tasarısı verdiler. Bu tasarı anlam ve öz bakımından istiklâlimize zarar veren şartları içine alıyordu. Özellikle, adlî, malî ve iktisadî konularla ilgili maddeleri çok ağırdı. Bunun için, bu tasarıyı kesinlikle reddetmek zorundaydık. Delegeler hey'etimiz, bu tasarıya karşılık bir mektup verdi. Bu mektupta özet olarak 438
şunlar yer alıyordu: «Üzerinde anlaştığımız noktaları imza ederek barış yapalım.» Gerçekten de, Konferans'ta görüşme konusu olan birçok meseleden bizce kabul edilebilecek durumda olanları vardı. Mektupta: «İkinci, üçüncü derecede olan konuları ayrıca inceleriz. İtilâf Devletleri, bu teklifimizi kabul etmeyecek olurlarsa, tekliflerimiz hiç yapılmamış sayılacaktır» da denilmiştir. Delegeler Hey'eti'mizin teklifi dikkate alınmadı. Yalnız, konferansın yarıda kesilmesi, görüşmelerin ertelenmesi gibi gösterildi. Her devletin temsilcileri memleketlerine döndüğü gibi, bizim Delegeler Hey'eti'miz de geri geldi. Ben de Batı Anadolu gezisinden dönüyordum.

Lozan Konferansı görüşmeleri üzerinde Meclis'te şiddetli tartışmalar

18 Şubat 1923 tarihinde, İsmet Paşa ile Eskişehir'de birleşerek Ankara'ya beraber geldik. Efendiler, İsmet Paşa Ankara'ya dönerken, benim de geziden dönmekte olduğum anlaşılınca, Ankara'da tuhaf ve anlaşılmaz bir zihniyet belirmiş... İsmet Paşa'nın Ankara'ya gelip, Hükûmet'le ve Meclis'le temas etmeden önce, benimle buluşup görüşmesi sakıncalı sayılmış... Böyle bir görüşmeyi kötüye yoranlar olurmuş... Bu hususu bana yazan, Hükûmet Başkanı bulunan Rauf Bey'di. Tabiatiyle bu yazıya önem vermedim. Aksine, İsmet Paşa ile bir an önce görüşebilmek için, gezilerimizi Eskişehir'de buluşabilecek şekilde ayarlattım. Ankara'ya gelişimizden sonra, İsmet Paşa kabinede durumu açıkladı ve yeni bir talimat istedi.

Meclis'in görüşünü alma gereği duyuldu. Konu Meclis'e getirildi. Meclis'te bu konu üzerinde günlerce ve günlerce süren görüşme ve tartışmalar yapıldı.

Anlaşıldığına göre, muhalifler, Delegeler Hey'eti'mize ve İsmet Paşa'ya amansız düşman kesilmişlerdi. Sözde, barış olmuşken, İsmet Paşa yapmamış, geri dönmüş... Delegeler Hey'eti, Bakanlar Kurulu'nun talimatına aykırı hareket etmiş...

27 Şubat 1923 gizli oturumunda başlayan saldırılar, 6 Mart 1923 gününe kadar şiddetli ve heyecanlı bir şekilde devam etti. Tartışmalara, başından sonuna kadar ben de katılmak zorunda kaldım. Muhalifler, âdeta ne istediklerini bilmez bir durumdaydılar. Meclis'in olumlu veya olum-

suz bir karar vermesi imkânsızlaştı. Bizim açık olarak anladığımız şuydu ki, muhalifler, barış konusunu, Meclis'te ihtiraslarına vasıta yapmak istiyorlardı. Efendiler, bazı basın çevreleri de, bu ihtirasları şaşılacak derecede ve ateşli bir şekilde, alabildiğine körüklüyorlardı. Bu ruh hali içinde bulunan bir Meclis'le, barış konusunu bir sonuca bağlamanın güç olacağını görmek tabiî, fakat üzücü idi.

Meclis'te yaptığım genel açıklamalarla, durumun her noktasını söyledim. Bütün ihtimallerden söz ettim. İtilâf Devletleri delege hey'etlerinden bazılarının memleketlerine dönünce verdikleri demeçleri gerçek sayıp, temel alarak, Delegeler Hey'eti'mize hücum etme politikasının beğenilecek bir şey olmadığını söyledim. Delegeler Hey'eti'mizi dinlemek, onun söyleyeceklerine inanmak ve durumu ona göre değerlendirmek gerektiğini bildirdim.

Delegeler Hey'eti'mizin, Hükûmet'in vermiş olduğu talimata aykırı hareket edip etmediğini söylemek yetkisinin, Meclis'te hazır bulunan Hükûmet üyelerine ait olduğunu söyledim.

Sonunda, dedim ki, Delegeler Hey'eti, Hükûmete karşı sorumludur. 439
Meclis, Hükûmet'e yeni bir yön vermek zorundadır. Bu yön çerçevesinde, Hükûmet, Delegeler Hey'eti'ne özel bir talimat verir. Meclis'in ayrıntılarla uğraşmasına gerek yoktur ve uğraşamaz da.

Verilecek yönle ilgili görüşümü de şöyle ifade ettim : «Şimdilik Musul meselesinin ertelenmesinden söz etmemek üzere ve fakat idarî, siyasî, malî, iktisadî ve diğer konularda millet ve memleketin haklarını ve istiklâlini tam ve güvenilir bir şekilde elde etmek ve düşmandan kurtarılmış olan topraklarımızın kesin olarak boşaltılmasını şart koşmak esastır.»

Düşüncelerime şunu da ilâve ettim ki : «Delegeler Hey'eti'miz, kendisine verilen görevi tamamen ve mükemmel bir şekilde yerine getirmiştir. Milletimizin ve Meclis'imizin şerefini korumuştur. Eğer barış konusunda iyi bir sonuç almak istiyorsak, Delegeler Hey'eti'ne Meclis tarafından da manevi güç verilerek çalışmalarına devam ettirilmek gerekir. Böyle hareket ederseniz, bir barış dönemine girmenin mümkün olduğundan ümitlenebiliriz.»

Meclis'in, bu konu üzerindeki tartışmaları durdu. Fakat, muhalifler, hücum için yeni sebepler yaratmaktan bir türlü kendilerini alamıyorlardı.

Meclis'teki muhalifleri çeşitli saldırı ve hareketleri

Meclis'teki muhaliflerin çeşitli şekillerde ve başka başka konularda saldırı hazırlıklarında bulundukları yeni değildi. Geziye çıktığım tarihten bir gün sonra, «İslâm Hilâfeti ve Büyük Millet Meclisi» adlı broşürün ortaya çıktığını, bütün Meclis'in ve milletin bize karşı kışkırtılmak istendiğini arz etmiştim. Bundan önce çevrilmek istenen bir dolap, vardır ki, daha ondan söz etmedim. Sebebi, 1922 Aralık ayı başlarında oynanmak istenen oyun, sonuçları itibariyle gezim boyunca da devam etmişti. Müsaade buyurursanız, bu konu ile ilgili olarak hatıralarınızı canlandırmaya yarayacak birkaç söz söyleyeyim :

Saygıdeğer Efendiler, üç milletvekili, milletvekili seçimi kanun tasarısında değişiklik yapılması ile ilgili bir önerge hazırlamışlar... Önergede nelerin yer aldığını öğrenmiştim.

2 Aralık 1922 günü, Meclis'in, İkinci Başkanı Adnan Bey'in başkanlığında yapılan oturumunda, başkanlık kürsüsünden şöyle bir söz işitildi : «Efendim! Milletvekili Seçimi Kanunu'nda değişiklik yapılması ile ilgili teklifin görüşülebileceği yolunda Tasarı Komisyonu'nun tutanağı var.» Bu söz «okunsun» sesleriyle karşılandı. İki milletvekili : «Önemlidir, okunmasını teklif ederiz» diyerek genel havayı açığa vurdular.

Başkan : «— Efendiler, bu önergenin, okunmadan önce komisyona gönderilmesi usuldendir» dedi.

«Beni vatandaşlık haklarından mahrum etmek» teklifi üzerine Meclis'te yaptığım konuşma

Efendiler, meselenin ne olduğunu ve bu konuda Meclis'te yapılan görüşmeleri ogüne ait Tutanak Dergisi'nde okumak mümkündür. Fakat yüksek hey'etinizi bu külfetten kurtarmak için, müsaade buyurursanız, o oturumda yaptığım konuşmanın bir kısmını olduğu gibi arz edeyim :

Değişiklik önergesini okutmadan komisyona göndermek isteyen baş- 440
kandan söz alarak şunları söyledim : «Efendim! bu kanun tasarısı özel bir maksat taşıyor. Bu özel maksat doğruca şahsımı ilgilendirdiğinden, müsaade ederseniz birkaç kelime ile düşüncemi arz etmek istiyorum. Erzurum Milletvekili Süleyman Necati, Mersin Milletvekili Salâhattin ve Canik Milletvekili Emin Beyefendi'ler tarafından teklif edilen kanun tasarısı, doğrudan doğruya, benim şahsımı vatandaşlık haklarından yoksun bırakmak maksadını güdüyor. 14'üncü maddede yazılı olan satırları gözden geçirecek olursanız, orada deniliyordu ki: «Türkiye Büyük Millet Meclisi'ne üye seçilebilmek için, Türkiye'nin bugünkü sınırları içindeki yerler halkından olmak veya kendi seçim bölgesi içinde yerleşmiş bulunmak şarttır. Ondan sonra göçmen olarak gelenler yerleştirildikleri tarihten itibaren beş yıl geçmiş ise seçilebilirler.»

Maalesef, benim doğum yerim bugünkü sınırlar dışında kalmış bulunuyor. İkincisi, herhangi bir seçim bölgesinde beş yıl oturmuş da değilim. Doğum yerim, bugünkü millî sınırların dışında kalmıştır. Fakat, bu böyle ise, bunda benim en küçük bir kasıt ve kabahatim yoktur. Bunun sebebi, bütün memleketimizi, milletimizi batırıp yok etmek isteyen düşmanların işgal ve istilâ hareketlerinin kısmen önlenememiş olmasıdır. Eğer düşmanlar maksatlarında tam bir başarıya ulaşmış olsalardı, Allah korusun, bu tasarıya imza koymuş olan efendilerin de doğum yerleri sınır dışında kalabilirdi.

Teklif edilen maddedeki şartlar bende neden yoktu

Bundan başka, bu maddenin gerektirdiği şartlar bende yoksa, yani beş yıl sürekli olarak bir seçim bölgesinde oturmamış isem, o da vatana yaptığım hizmetler yüzündendir. Eğer bu maddenin istediği şartı yerine getirmeye çalışsaydım, İstanbul'u kazandırmaktan ibaret olan Arıburnu ve Anafartalar'daki savunmalarımı yapmamaklığım gerekirdi. Eğer ben bir yerde beş yıl oturmaya mahkûm olsaydım, Bitlis ve Muş'u aldıktan sonra, Diyarbakır'a doğru yayılan düşmanın karşısına çıkmamaklığım, Bitlis ve Muş'u kurtarmaktan ibaret olan vatan görevimi yapmamaklığım gerekirdi. Bu Efendiler'in istediği şartları taşımak isteseydim, Suriye'yi boşaltan orduların döküntülerinden Halep'te bir ordu kurarak, düşmana karşı savunmaya geçmemekliğim ve bugün millî sınırlar dediğimiz sınırları fiilî olarak çizmemekliğim gerekirdi.

Zannediyorum ki, ondan sonraki çalışmalarım herkesçe bilinmektedir. Hiç bir yerde beş yıl oturamayacak kadar çalışmış bulunuyorum. Ben zannediyordum ki, bu hizmetlerimden dolayı milletimin sevgi ve saygısını kazandım. Belki bütün İslâm dünyasının sevgi ve saygısını da kazanmış bulunuyorum. Fakat bu durumumdan dolayı, bu sevgi ve saygılara karşılık vatandaşlık haklarından yoksun bırakılacağımı asla hatırıma getirmezdim. Tahmin ediyorum ve ediyordum ki, yabancı düşmanlar bana suikast yapmak suretiyle, beni memleket hizmetinden alıkoymaya çalışacaklardır. Fakat hiçbir zaman hatır ve hayalime getirmezdim ki, yüce Meclis'te iki üç kişi bile olsa, aynı zihniyette kimseler bulunabilsin. Bu bakımdan ben anlamak istiyorum «Bu efendiler, gerçekten kendi seçim bölgelerinin duygu ve düşüncelerini mi aksettiriyorlar?

Yine bu Efendilere karşı söylüyor ve soruyorum : Milletvekili oldukları için elbette bütün milletin vekili sıfatını taşıyorlar. Yalnız, bu Efendiler, acaba milletin de kendileri gibi düşündüğünü söyleyebilirler mi?

Efendiler, beni vatandaşlık haklarından yoksun bırakmak yetkisi bu Efendilere nereden verilmiştir? Bu kürsüden, resmen yüce hey'etinize, bu Efendilerin seçim bölgeleri halkına ve bütün millete soruyorum ve cevap istiyorum!» 441

Milletin bana karşı gösterdiği sevgi ve güvenin samimî ifadeleri

Bu sözlerim ajans ve basın vasıtasıyla yayınlandı. Millet yaptığım konuşmayı ve cevabını beklediğim soruyu öğrendi... Hemen, memleketin bütün seçim bölgelerindeki gerçek seçimler ve halk tarafından

Meclis Başkanlığı'na protesto telgrafları yağdı. Bu kanun tasarısına imza koyan milletvekili Efendilerin de seçim bölgeleri halkı, kendilerini ve kendileriyle görüş birliğinde olanları suçlamakta gecikmedi. Miletin, benim için gösterdiği bu sevgi ve güveni samimî olarak belirtmesi bakımından kıymetli birer hâtıra olarak saklamakta olduğum bu telgraflar büyük bir dosya tutmaktadır. Bu dosyadaki telgraflar, zamanında basında da yer almıştı. Ben burada yalnız bir tek seçim bölgesinin, Rize'nin şahsıma çekmiş olduğu bir telgrafı olduğu gibi bilginize sunmakla yetineceğim :

«Üç milletvekili beyin, Seçim Kanunu ile ilgili önergesine, sancağımız milletvekillerinin katılmayacağı inancıyla bir şey yazmayı gerekli bulmamıştık. Şimdi Milletvekili Osman Efendi'den aldığımız mektupta, kendisinin o önerge ile ilgili ve muhalif gruptan olduğunu övünürcesine bildirmesi üzerine, aşağıdaki hususların bilginize sunulmasına mecburiyet duyulmuştur :

1 — (Övücü ve samimî sözlerden sonra) Şahsınız ve değerli çalışma arkadaşlarınız aleyhinde, sancağımız adına söz söyleyen, muhalefet düşüncesi taşıyan ve bizce hiçbir şahsiyet ve değeri olmayan milletvekilini lânetleriz. O, artık sancağımızı da temsil hakkına sahip değildir.

2 — Şu zamanda vatansızların bile katılamayacağı muhalefet ve bozgunculuk düşüncesini bize tavsiye eden milletvekili efendinin görüşünü benimseyecek bir tek kişinin bile sancağımızda mevcut olmadığını, bundan duyduğumuz şükran duygusuyla ve yüksek şahsiyetinize olan üstün saygılarımızla arz ederiz, efendim.»

İmzalar

25.5.1923

Yeniden seçim yapılması kararı

Saygıdeğer Efendiler, Birinci Türkiye Büyük Millet Meclisi'nin, olaylarına işaret ettiğimiz tarihte gösterdiği karışık ruh hali, üzerinde ciddî olarak durup düşünülmeyi gerektiren bir durum almıştı. Bütün millette, Meclis'in görev yapamayacak bir duruma geldiği endişesi doğmaya başladı. Meclis'te durumu soğukkanlılıkla ve uzakgörüşlülükle düşünüp değerlendiren üyeler bile üzüntülerini açığa vurmaktan kendilerini alamadılar. Artık şüpheye yer kalmamıştı ki, Meclis yenilenmedikçe, millet ve memleketin ağır ve sorumluluk bekleyen işlerini yürütmeye imkân yoktur. Bu zarurete ben de inandım. Bir gece, Başbakan Rauf Bey'e, kalmakta olduğu istasyon binasında Hükûmet üyelerini toplantıya davet etmesini, bu toplantıya benim de bizzat geleceğimi telefonla bildirdim.

Rauf Bey'in dairesinde toplanan Bakanlar Kurulu'na, Meclis'in yenilenmesini Meclis'e teklif etmek gereğinden söz ettim. Kısa bir tartışmadan sonra, Hükûmet üyeleri ile görüş birliğine vardık. Aynı gece, Meclis'teki Anadolu ve Rumeli Müdafaa-i Hukuk Grubu Yönetim Kurulu'nu
da Bakanlar Kurulu toplantısına çağırdım. Bu Yönetim Kurulu içinde 442

teklifimi yersiz bulup yadırgayanlar oldu. Görüşme ve tartışmalar ertesi güne kadar sürdü. Buna rağmen, bu hey'et ile de anlaştık. Ondan sonra, derhal Grup Genel Kurulu'nu topladım. Orada memleketin içinde bulunduğu genel durumu, acele olarak yapılması gereken memleket işlerini anlattım. Meclis'in artık bu görevleri yerine getirme kabiliyeti kalmadığını belirterek ve ispat ederek, Meclis'ten, seçimleri yenileme kararı vermesini istemek gerektiğini bildirdim. Grup Genel Kurulu, konuşmalarımı ve açıklamalarımı yerinde buldu. Bunun üzerine konu, aynı gün, 1 Nisan 1923'te Meclis'e götürüldü. Yüz yirmi kadar üye, bir önergeyle, seçimlerin yenilenmesi için bir kanun teklifi sundu. Meclis, «Seçimlerin yeniden yapılmasına karar verilmiştir» şeklindeki bir kanunu oybirliği ile çıkardı.

Meclis'in bu kararı vermesi, inkılâp tarihimizde önemli bir noktadır. Çünkü, Meclis bu kararı vermekle, kendinde beliren hastalığı itiraf etmiş ve bundan dolayı milletçe duyulan ıztırabı anlamış olduğunu göstermiştir.

Lozan Konferansı'nın ikinci safhası ve yeni seçimlerde milletin gösterdiği uyanıklık

Efendiler, Lozan Konferansı, 23 Nisan 1923'te yeniden toplandı. Delegeler Hey'eti'miz Lozan'da yeniden barışı sağlamaya çalışırken, ben de yeni seçimler ile meşgul oluyordum.

Yeni seçimlere, bilinen ilkelerimizi ilân ederek katıldık. Görüşlerimizi kabul edip milletvekili olmak isteyen kimseler, önce ilkeleri kabul ettiğini ve görüşlerde birleştiklerini bana bildiriyorlardı. Adayları ben tespit edecek ve zamanı gelince partimiz adıyla ilân edecektim.

Bu yolu benimsemiştim. Çünkü, yapılacak seçimlerde, milleti aldatarak, çeşitli maksatlarla milletvekili olmaya çalışacakların çok olduğunu biliyordum. Konuşmalarım ve uyarmalarım memleketin her tarafında büyük bir samimiyet ve güvenle karşılandı.

Bütün millet, ilân ettiğim ilkeleri tamamen benimsedi. Bu ilkelere, hatta şahsıma muhalefet edeceklerin milletçe milletvekilliğine seçilmesine imkân kalmadığı anlaşıldı.

Nurettin Paşa'nın bağımsız milletvekili olma teşebbüsü ve yayınladığı hal tercümesi

Gerçekten, bazı seçim bölgelerinde bağımsız milletvekili olma teşebbüsünde bulunanlar başarı sağlayamadılar. Bu arada, o zaman daha Birinci Ordumuzun Komutanı bulunan Nurettin Paşa da milletvekili olmak teşebbüsünde bulunmuştu. Mümkün olmadı. Nurettin Paşa, bu isteğini daha sonra bir ara seçimde Bursa'da gerçekleştirdi.

Paşa'nın kendi başına ve bağımsız olarak milletvekili seçilebilmek için, her zaman olduğu gibi, kendi usulünce ve gerektiği şekilde propaganda yaptırmaktan geri kalmadığı da anlaşılmıştı. Bu yoldaki teşebbüslerden ve yapılan yayınlardan herkesin dikkatini çekmiş olanı özellikle hal tercümesidir.

Nurettin Paşa, yeni seçim yılı olan 1923'te, Âbit Süreyya Bey adında bir şahsa (A. S.) baş harflerini taşıyan bir hal tercümesi yayınlattı.

Âbit Süreyya Bey, Abdülhamid'in başkâtiplerinden rahmetli Süreyya Paşa'nın oğludur. Meşrutiyetten önce, Nurettin Paşa gibi ve onunla birlikte fahrî hünkâr yaveri idi. Birinci Dünya Savaşı'nda İzmir'de ve İstiklâl Savaşı'nın sonunda, Nurettin Paşa karargâhının bulunduğu İzmit'te ordu müteahhitliği yaptı. Nurettin Paşa'nın hal tercümesinin yer aldığı broşürü hazırlayan Âbit 443
Süreyya Bey değildir. Broşür kendisine yazılı olarak verilmiştir. Ondan, adının baş harflerini koyması ve ortağı bulunduğu Matbaa-i Osmaniye'de bastırması Nurettin Paşa tarafından rica edilmiştir.

Bu broşürün kapağında şu yazılar okunur:

«İzmir Fâtihi, Afyonkarahisar ve Dumlupınar Savaşlarının galibi Gazi Nurettin Paşa Hazretleri'nin hal tercümesi.»

Efendiler, on dokuz sayfadan ibaret olan bu hal tercümesi broşürünün ne kadar insan tarafından okunduğunu bilmiyorum. Ben, bu hal tercümesinin memleketin bütün aydınları tarafından okunmasını çok yararlı ve eğitici buluyorum. Yalnız, bu broşürü okuyanların veya okuyacak olanların, broşürde temas edilen olaylar ve işlerle ilgili olarak başka ve güvenilir kaynaklardan da bilgi edinerek, metinle gerçeği karşılaştırmaları ve ona göre hüküm vermeleri gerekir.

Bu broşürün niteliği ve nasıl bir anlayışı ortaya koyduğu konusunda bir fikir edinebilmek için, bazı noktalarını hep birlikte gözden geçirelim:

Broşürün kapağındaki yazılardan sonra, metnin başlığında da şu sözler vardır:

«Kûtülamare'nin kuşatıcısı, Bağdat'ın savunucusu, Yemen, Selmanpâk, Batı Anadolu, Afyonkarahisar, Dumlupınar, İzmir Savaşları galibi ve İzmir fâtihi.»

Nurettin Paşa'nın kendi kendine takındığı «kuşatıcı», «galip», «fâtih» ünvanları hakkındaki görüşümü belirtmeyi daha sonraya bırakarak, broşürün metnine girelim.

Paşa, Konyar adındaki Türk aşiretinden rahmetli Mareşal İbrahim Paşa nın oğlu ve Hazret-i Peygamber soyundan gelen Âyan üyesi ve Şeyhü'l-Vükelâ ([199]) Bursalı merhum Rıza Efendi'nin torunlarından imiş... Bu bilgilere ve ifade biçimine göre Mehmet Nurettin Paşa hem Türk hem de Arap'tır. Babası ve büyük babalarıyla da övünmektedir. Burada, babasının büyük adam olmasıyla övünen Bizans İmparatoru Theodosius'a babası ve anası Türk olan Attilâ nın «ben de, büyük ve asil bir milletin evlâdıyım» dediğini hatırlatmadan geçemeyeceğim.

Resmî okullardaki öğrenim dışında özel öğrenim de görmüş olan Nurettin Paşa 1893'te Harp Okulu çıkışlı olup Hassa Ordusu ([200]) Erkân-ı Harbiyesi'ne atanmış...

Nurettin Paşa, kurmaylık tahsili yapmamış ve o sınıfa girmemiştir. Bu bakımdan ordu karargâhına kurmay olarak atanamaz. Olsa olsa, bir askerî birliğe gönderilmeyip ordu kurmaylığında karargâh emir subaylığı veya buna benzer bir görevle alıkonulmuş olabilir... Genç bir teğmen için, askerlik görevine buradan başlamak, elbette övünülecek bir başlangıç sayılmaz. Askerî bir birliğe tayin edilmek ve orada askerliğin disiplin ve güçlüklerine alışmak şarttır.

Nurettin Paşa, 1887'de gönüllü olarak Türk-Yunan Harbi'ne 444
katılmış ve Başkomutanlığa tayin edilen Gazi Osman Paşa'nın yaverliğine ve İstanbul'a dönüşünde hünkâr yaverliğine, refakat subaylıklarına getirilmiş.

Bilindiği üzere, Gazi Osman Paşa, İstanbul'dan Selânik'e kadar gitmiş fakat savaş meydanına gitmeden Selânik'ten geri dönmüştür. Savaşa katılmamış bir komutanın yaverliğine ve ondan sonra da Sultan Hamid'in yaverliğine ve birtakım refakat subaylıklarına tayin edilmiş olmak, bilmem ki, ne dereceye kadar anlatılmaya ve övünülmeye değer görülebilir.

Nurettin Paşa, «sırasıyla yarbaylığa ve albaylığa yükseltilmiş ve 1908 yılı başlarında Selânik'te Üçüncü Ordu Kurmaybaşkanlığı Özel Şube Müdürlüğü'ne tayin» edilmiş... Nurettin Paşa'nın hangi sıra ile albaylığa kadar yükselmiş olduğu, Meşrutiyet'in ilânından sonra rütbesinin yeniden binbaşılığa indirilmiş olmasıyla anlaşılıyorsa da, Selânik'te, Üçüncü Ordu Kurmay Başkanlığı Özel Şube Müdürlüğü'ne tayinini anlamak güçtür. Çünkü, benim de Kurmay Başkanlığı'nda bulunduğum bu orduda, denildiği gibi bir özel şube yoktu. Belki de ordu komutanı olan babası, oğlu için, özel ve gizli işlerle uğraşan bir özel şube kurmuş olacak...

---

199) Osmanlı Devleti'nde nâzırların en yaşlısına verilen ünvan.
200) İstanbul'da bulunan, Saray'ın ve şehrin korunması ile görevli ordu.

Nurettin Paşa, Üçüncü Ordu Komutanı bulunan «babası Mareşal İbrahim Paşa ile Meşrutiyet inkılâbının yapılmasına ve ihtilâlin aşırılıktan uzak ölçülerle ve engelsiz olarak yürütülmesine hizmet ve yardımda bulunmuşlar...»

Hal tercümesi broşüründe, Nurettin Paşa'nın iki defa Sultan Hamit tarafından tutuklattırılıp sorguya çekildiği, bir defasında sürülmesine ve diğer bir defasında da askerlikten kovularak altı yıl hapsine karar verildiği ve fakat babasının, araya girip yalvarması üzerine kurtulduğu hikâyesinden sonra... «İstanbul'dan bir yolunu bulup yine Rumeli'ye geçerek, 1908 Meşrutiyet inkılâbının hazırlanmasına ve gerçekleştirilmesine diğer arkadaşlarıyla birlikte hizmet etmiştir» sözleri yazılıdır.

Nurettin Paşa'nın gördüğü zulmü kısaca anlatmak gerekirse, diyebiliriz ki, Sultan Hamit, Nurettin Bey'e hürriyetçi düşüncelerinden dolayı kızdıkça, onu yarbaylığa, albaylığa yükselterek sırmasını artırır ve sevilip okşansın diye babasına teslim edermiş...

Nurettin Paşa'nın ve babası Mareşal İbrahim Paşa'nın Meşrutiyet inkılâbında nasıl ve ne dereceye kadar rol oynadıkları konusundaki hatıraları

Mareşal İbrahim Paşa'nın Üçüncü Ordu Komutanlığı, oğlu Nurettin Bey'in babasının yaverliği ve Meşrutiyet inkılâbında nasıl ve ne dereceye kadar rol oynadıkları konusu üzerinde de bir parça bilgi vermek isterim. Bunun için geçmişle ilgili kısa bir hâtıramı anlatmama müsaadenizi rica ederim.

Efendiler çeşitli vesilelerle duymuş olacağınıza şüphe yoktur ki, ben kurmay yüzbaşı olur olmaz, Sultan Hamid tarafından Suriye'ye sürüldüm. Orada üç yıl kaldıktan sonra, o zaman Üçüncü Ordu bölgesi olan Makedonya'ya nakledildim. Ordu merkezi Manastırdı. Ordu Mareşallığı adı altında bir komuta makamı da vardı. Üçüncü Ordu Komutanı Selânik'te otururdu.

Orada da Mareşallık Kurmay Hey'eti ([201]) diye bir kuruluş vardı. 445
Ben 1908 yılında kolağası rütbesiyle bu kuruluşta görevliydim. Hürriyeti getirmeye çalışan gizli cemiyetle pek yakından ilgim vardı. Yanyalı Esat Paşa Üçüncü Ordu Komutanıydı. Süleyman Paşa-zâde Ali Rıza Paşa, Kurmay Başkanı'mızdı O zaman binbaşı bulunan rahmetli Cemal Paşa ve yine binbaşı olan Fethi Bey (bugünkü Paris Büyükelçisi) ve ben, Mareşallık Kurmay Hey'eti'ni oluşturuyorduk. Her üçümüz de cemiyetin üyesi idik. Cemiyetin başarıya ulaşması için çalışıyorduk.

---

201) Maiyet-i muşiri Erkân-ı Harbiyesi.

O tarihlerde, Üçüncü Ordu bölgesine bağlı Serez'deki tümenin ve Serez bölgesinin komutanı mareşal rütbesinde bir zattı. Bu zat, Sultan Hamid'in fevkalâde güven ve itimadını kazanmış bulunuyordu. Rütbesinin mareşal olmasına, Esat Paşanın kendinden daha ast bir bir rütbede bulunmasına rağmen, İstanbul ile Serez arasında güvenli bir bölge bulundurulmak maksadıyla Serez'den uzaklaştırılamazdı. İşte bu önemli komutan, Mareşal İbrahim Paşa idi. Oğlu Nurettin Bey (Nurettin Paşa)) de, babasının yanında bulunurdu. Meşrutiyet'in ilânından önceki günlerde, bir binbaşı, Mareşal İbrahim Paşa'nın komutanlık bölgesinde, istibdat idaresinin aleyhinde konuşmuş... Bir casus bunu jurnal etmiş... O zaman Selânik'te Merkez Komutanı bulunan Yarbay Nâzım Bey, olayı yerinde soruşturmak üzere İstanbul'dan görevlendirildi.

Cemiyet, Nâzım Bey'i bu görevden alıkoymak üzere vurdurdu. Yaralanan Nâzım Bey İstanbul'a getirildi. Olayın soruşturmasına İstanbul'dan birinin değil, ancak orduca gösterilecek bir görevlinin gidebileceği görüşü telkin edildi. Ben görevlendirildim. Görevim, hiç şüphesiz istibdat aleyhinde bulunmuş olan binbaşıyı kurtarmaktı.

Önce Serez'e gittim. Mareşal İbrahim Paşa'yı ziyaret ettim. Görüşme sırasında anladım ki, Paşa'nın büyük bir endişesi vardır. Paşa, kendi bölgesinde, Sultan Hamid ve istibdat idaresi aleyhinde bir tek kişi bile bulunmadığı ve bulunamayacağı yolunda Sultan'a güvence vermişti. Buna rağmen, söz konusu binbaşı için yapılan jurnal, Sultan Hamid'in Mareşal İbrahim Paşa'ya olan güvenini sarsacak nitelikteydi. Bu jurnalda yazıların doğrulanması, İbrahim Paşa'nın durumunu kötüleştirecekti. Bunu istemiyordu. Ben derhal Paşa'nın endişesini anladım ve dedim ki: «Paşa Hazretleri, devletli şahsınızın bölgesinde, Zâtışâhane aleyhinde duygular besleyen bir tek kişinin bile bulunabileceği düşünülemez. Yapılmış olan jurnalda yazılanların yerinde soruşturulması, devletli şahsiyetiniz tarafından kurulmuş olan disiplini ve aşılanmış olan bağlılık duygularını kolayca ortaya koyacaktır. Arzu buyurursanız, yapacağım soruşturma raporunun bir suretini zâtıdevletlerine göndereyim.»

İbrahim Paşa, bu sözlerimden çok ferahladı. Benden memnun oldu ve oğlu Nurettin Bey'i çağırtıp benim çok iyi ağırlanmamı ve olay yerine gidebilmem için kolaylık gösterilmesini emretti.

Soruşturmanın sonucu, binbaşıyı kurtardı. Jurnal vereni iftira ettiği için cezaya çarptırdı. Mareşal İbrahim Paşa da, sultana kendi bölgesinde, aleyhte bir tek kişinin bile bulunamayacağını ispat ederek Zâtışahane'nin kendisi hakkındaki güven ve itimadını bir kat daha artırdı.

Mareşal İbrahim Paşa'nın bu yolla kendisine beslenen güveni bir kat daha artırması, çok geçmeden, kendine bütün Makedonya'yı istibdada karşı olanlardan temizleme görevini hazırladı. 446

Bu noktayı biraz açıklayayım: Cemiyet, bütün Makedonya'da teşkilâtını genişletti, faaliyetini hızlandırdı. Artık hemen hemen açıktan açığa ve korkusuzca çalışmalara başlandı.

Selânik'te, Ordu Mareşallığı'nda bulunan Esat Paşa'ya güven kalmadı. Kurmay Başkanı'mız olan Ali Rıza Paşa hakkında şüpheye düşüldü. Bunlar birer birer, Sultan Hamid tarafından sorguya çekilmek üzere İstanbul'a geri çağrıldı. Ordu Mareşallığı'na her bakımdan güven ve itimat uyandıran Mareşal İbrahim Paşa tayin edildi ve Selânik'e gönderildi.

İbrahim Paşa'nın Selânik'e gelmekte olduğu haberi üzerine, Cemal Bey (rahmetli Cemal Paşa), ne olur ne olmaz düşüncesiyle, bir vesile yaratarak merkezden uzaklaştı. Arkadaşım Fethi Bey, zaten daha öncesinden Jandarma Okulu Komutanlığı'na geçmişti Merkezde Ordu Komutanı ve Kurmay Başkanı adlarına yalnız ben bulunuyordum. Yeni gelen komutana Üçüncü Ordu Komutanlığı'nı ben devir ve teslim edecektim. Gerçekten de öyle oldu.

İbrahim Paşa, yanında oğlu Nurettin Bey olduğu halde, trenle geç vakit Selânik'e vardı. Doğruca komutanlık dairesine geldi. Orada kendisine durumu anlattım. Gece olmasına rağmen, ordu karargâhında görevli bütün komutanları birer birer görmek istedi. Herkes gelip kendini tanıtıyordu. Mareşal Paşa, her yeni tanıdığı zata, kendisinin ne kadar şiddetli olduğunu, insanı yokedebilecek güçte bulunduğunu anlatmaya çalışır birtakım tavırlar takınarak, hiç de yakışık almayan sözler söyleyerek, arasıra çizmeli ayaklarını yere vurarak, ilk andan itibaren korkutma politikası uygulamaya başladı.

Gece evime gittim. Ertesi gün erkenden bir süvari, bir binek atı getirdi ve Mareşal Paşa'nın beni istediğini söyledi. Daireye geldiğim zaman anladım ki, benim göreve devam edebileceğimi emretmiş...

Şimdi Efendiler, gelelim ihtilâl ve inkılâp safhasına...

İbrahim Paşa'nın, korkutma politikası, ihtilâl komitesinin gözdağı verici tutumuyla karşılandı. Paşa, hiddet ve şiddetini bir tarafa bırakmak mecburiyetini duydu. Bu arada en çok Cemal Bey (Cemal Paşa) vasıtasıyla ihtilâl cemiyetinin kuvvetinden ve teşebbüsündeki ciddiyetten İbrahim Paşa'nın oğlu haberdar edildi. Babasının cemiyet aleyhinde bir harekette bulunmaması için uyarıldı ve Paşa'dan teminat istendi. Söz gelişi, Paşa, cemiyet aleyhinde hareket etmeyeceğini göstermek üzere, Cuma namazını filân camide kılacak ve ikinci safta namaza duracaktır gibi birtakım isteklerde bulunuldu. İşte Nurettin Bey bu gibi şeyleri babasına duyurmak için aracı olarak kullanılıyordu. Fakat önemli işlerde daha çok görevlendirilen ve çalıştırılan, babasının emir subayı Nurettin Bey değil, cemiyetin üyesi ve mutemedi olan, komutanlık makamının emir subayı Yüzbaşı Kâzım Nâmi Bey (şimdi yazar ve öğretmendir) idi.

İbrahim Paşa, cemiyetin uyarılarına uymak zorunda bırakıl- 44
dı. Fakat, cemiyetin teşkilâtından, teşebbüslerinden, kararlarından ve yaptığı işlerden hiçbir vakit haberdar edilmemiştir.

Hürriyet ve Meşrutiyet'in ilânından da, ne İbrahim Paşa'nın ve ne de oğlu Nurettin Bey'in daha önce hiçbir şekilde ve asla haberleri de olmamıştır. Meşrutiyet'in ilânı konusunun tamamen içinde bulunduğum ve bütün teferruat ve safhalarıyla şahsen ve yakından ilgili olduğum için, bu konudaki hâtıralarım olduğu gibi aklımdadır.

Hürriyet ve Meşrutiyet ilânı ile ilgili gösterilerde erken davrandığı sanılan Üsküp'teki hazırlıkları Selânik'te ve diğer yerlerde yapılacak hazırlıklara uygun bir şekilde düzenlemek için Üsküp'e gitmiştim. Oradan dönüşümde ve artık her yerde fiilî gösteriler başladıktan sonra, Mareşal İbrahim Paşa beni çağırdı ve şunları söyledi: «Beni Ordu Komutanlığı'nda bırakacak mısınız, bırakmayacak mısınız? Bırakılmayacak isem, şahsım tecavüz ve hakarete uğratılmadan hemen İstanbul'a hareket edeyim.» Hattâ Paşa, bürosu üstünde duran yazı hokkasını eline alarak aynen hatırımda kalan şu kelimeleri de ekledi: «Burada benim yalnız bir hokkam var, onu alır, giderim.»

Gerekenlerle görüştükten sonra cevap verebileceğimi söyledim. Cemiyet adına yetkili olan diğer arkadaşlarla, İbrahim Paşa'nın komutanlığı konusunu görüştük. Bir zaman için kalmasında sakınca görmedik. Komutanlıkta kalacağını bildiren cemiyet kararını kendisine ben tebliğ ettim.

Fakat, bir iki gün sonra, dağa çıkmış olan subaylardan bir teğmen efendi, İbrahim Paşa'ya bulunduğu yerden hakaret dolu bir telgraf çekmiş... İbrahim Paşa, derhal beni çağırttı ve telgrafı uzatarak dedi ki: «Beni komutan olarak burada bırakacağınızı bildirmiştiniz. Bu hakaret nedir?» Komutan Paşa'ya Cemiyet'çe kendisi için aldığımız kararı bütün teşkilâta duyuracak kadar zaman geçmediğini, özellikle dağ başında bulunan subaylarımızın herhangi bir telgraf merkezinden bu gibi telgrafları çekmelerine engel olmanın bugünlerde güç olacağını kabul etmesi gerektiğini söyleyerek kendisini yatıştırmaya çalıştım.

Fakat, aradan çok geçmeden, o zaman Yunan Sınırı Komutanı bulunan Muhlis Paşa, Cemiyetin Manastır'daki Merkez Hey'eti tarafından Manastır'a davet edilmiş... Muhlis Paşa, Ordu Komutanı İbrahim Paşa'dan izin almaksızın Manastır'a gitmiş. Bu duruma canı sıkılan İbrahim Paşa, Muhlis Paşa'ya tekdir edici bir yazı göndermiş...

Bunun üzerine, Muhlis Paşa'yı davet eden Merkez Hey'eti, İbrahim Paşa'ya uzun bir telgraf çekmiş... Bu defa da Mareşal Paşa beni çağırarak telgrafı gösterdi ve: «ya bu ne?» dedi.

Telgrafı baştan sona kadar okudum. Bu telgrafta Konyar aşiretinden Mareşal İbrahim Paşa'nın bütün hayatı, geçmişi ve hayatının içyüzü açıklandıktan sonra, ağır ve hakaret dolu kelimelerle, istibdat devrinin, Sultan Hamid kulluğunun ender rastlanır bir örneği olan İbrahim Paşa'nın hürriyet için çalışan bir çevrede, hürriyet için 448
çalışanlara komuta etmek cesaretinde bulunmasına şaşılıyor ve hemen komutanlıktan çekilmesi ihtar ediliyor ve isteniyordu.

Efendiler, bundan sonra, İbrahim Paşa gerçekten Selânik'te duramadı. Dediği gibi bir hokkasını alıp gitti.

Bu bilgilerden sonra, Nurettin Paşa'nın, Üçüncü Ordu Komutanı bulunan babası Mareşal İbrahim Paşa ile Meşrutiyet inkılâbının yapılmasına ve ihtilâlin aşırılıktan uzak ölçülerle ve engelsiz olarak yürütülmesine ne yolda hizmet etmiş olduklarını anlamak kolaylaşmıştır, sanırım. Denildiği gibi, «ihtilâlin aşırılıktan uzak ölçülerle yürütülmesine» de etkili olamamışlardır. En ölçüsüz davranışlar, bizzat kendilerine yapılmış olan muamelelerde görülmüştür.

Hal Tercümesi broşürüne göre Nurettin Paşa'nın Meşrutiyet'in ilânından sonra gördüğü hizmetler

Hal tercümesi broşürünün 4'üncü sayfasında, Nurettin Paşa'nın, Rumeli'den İstanbul'a yürüyen Hareket Ordusu'na katılarak vatan görevini yerine getirdiğinden söz edilmektedir. 31 Mart Vak'ası dolayısıyla Rumeli'den İstanbul'a gönderilen kuvvetlerin komutanı, rahmetli Hüsnü Paşa idi. Ben bu kuvvetlerin kurmay başkanı idim. Bu kuvvetlere Hareket Ordusu adını veren, Hareket Ordusu'nun İstanbul'a kadar gidişini düzenleyen ve yöneten bendim. Nurettin Bey'in bu kuvvetlere katılarak görev aldığını bilmiyorum. Nurettin Paşa, birçokları gibi, Hareket Ordusu İstanbul'a yaklaştığı zaman, Ayastefanos'a veya Makrıköyü'ne gelmiş olabilir.

Nurettin Paşa, «Yemen vilâyetinin kurtarılması ve âsilerin sindirilmesi için yapılan savaşlarda birtakım tümen birliklerine veya müfrezelere komuta etmiş...»

Her tümen komutanı, her savaşta aynı durumda bulunur. Sonra, «San'a'nın kurtarılması üzerine, orada yığınak yapmış olan askerî kuvvetlere komuta etmiş...»

Efendiler, asker olanlar çok iyi bilirler ki, bir yerde çeşitli ordu birlikleri toplandığı zaman, orada bir merkez komutanlığı, bir mevki komutanlığı, bir bölge komutanlığı veya ordugâh komutanlığı kurulur... Nurettin Paşa'nın San'a'daki komutanlığı bundan başka bir şey miydi?

Nurettin Paşa, «İmam Yahya ile anlaşma yapması için Ahmet İzzet Paşa'ya yardımcı olmuş...»

Ahmet İzzet Paşa'ya sormadım. Fakat, İzzet Paşa ile birlikte olup çalışmalarına yakından katılan yetkili kimselerin söylediklerine göre, İmam Yahya ile anlaşma görüşmelerinde Nurettin Paşa hiçbir şekilde yetkili kılınmamıştır.

Nurettin Paşa «Balkan savaşlarına katılma arzusu göstererek Yemen'i kuzeyinden güneyine kadar geçip Aden - Mısır - Suriye - Konya - İstanbul yoluyla Çatalca yakınlarında bulunan Başkomutanlık Karargâhı'na katılmış ve komutanlığı açık bir tümen bulunmaması dolayısıyla, kendi isteği ile gönüllü olarak 9'uncu Alay'ın komutasını» üzerine almış.

Nurettin Paşa'nın Yemen'den İstanbul'a gelmek için takip ettiği yol, Yemen'den İstanbul'a gelen bütün asker ve sivillerin, kısacası herkesin takip ettiği yoldu. Yol o idi. Nitekim, o tarihte biz de Afrika'da bulunuyorduk. İstanbul'a gelmek için Afrika çöllerini batıdan doğuya Mı- 44
sır'a kadar deve ile geçtikten sonra, İskenderiye ile Triyeste arasındaki bütün Akdeniz'i ve Adriyatik denizini güneyden kuzeye ve Triyeste'den Bükreş'e kadar Avrupa'yı ve ondan sonra da Karadeniz'i geçerek aynı karargâha ulaşmıştık. Yol buydu.

Nurettin Paşa, bu noktada asıl söylenmesi gereken konudan söz etmiyor. Nurettin Paşa, albaylıktan binbaşılığa indirildikten sonra, Yemen birliklerinde görev yapmak üzere yarbaylığa yükseltilmiştir. Bu yükselmenin gereği olarak, yarbaylıkta Yemen'de iki yıl kalmak lâzım gelirken, vaktinden önce İstanbul'a gelerek kurtulma yolunu bulmuştur.

Hal tercümesi broşürünün 6'ncı ve 7'nci sayfalarında, Nurettin Paşa'nın Irak Komutanlığı'ndan söz ediyor ve yerli imkânlara başvurarak yeniden ordu kurup dost ve düşmanların umduklarının ve beklediklerinin aksine, yenilgiden zafere ulaşma harikasını gösterdiği belirtiliyor.

Irak seferinde Nurettin Paşa

Efendiler, Irak seferinde, Nurettin Paşa zamanındaki durumun içyüzü şundan ibarettir:

İlk Irak Komutanı olan Süleyman Askerî Bey'in yenilgiye uğrayıp intihar etmesinden sonra, Irak'a Kafkasya'dan yeni birlikler gelinceye kadar, savaşlar, İngilizlerin isteğine ve yürüyüş hızlarına bağlı kalmıştır. Nurettin Paşa, Kûtülamare'de İngilizlere yenildikten sonra, gece gündüz ve hiç bir direnme göstermeden yürüyerek Selmanpâk'a kadar perişan bir şekilde geri çekildi.

İngilizler, Nurettin Paşa'yı kovalayarak Selmanpâk'a kadar ilerlediler. Orada, Kafkasya'dan gönderilmiş olan birlikler, İngiliz birliklerini karşıladı. Üç gün savaştıktan sonra, Nurettin Paşa yenilgiyi kabul ederek geri çekilme emri verdi. Birlikler, Diyale ırmağına kadar kuzeye çekildi. İngilizlerle süvari bağlantısı kurma yolu bile aranmadı. Halbuki, aynı zamanda, İngilizler de geri çekilmişlerdi. Bu bilgiyi veren çöl Araplarıydı. Ondan sonra Nurettin Paşa, kendini toplayıp yeniden Selmanpâk-Kûtülamare yönünde ilerledi.

Kûtülamare kuzeyinde, gece İngiliz birlikleri ile karşılaşıldı. Tedbirsizlik, düzensizlik ve idaresizlik yüzünden, birliklerimiz şafak vakti düşmanın ateş baskınına uğradı. Er, subay ve komutan olmak üzere birçok kayıp verildi. Birliklerde panik oldu. Kendiliğinden geri çekilme başladı. İngilizlerin çekilmesi üzerine ortalık yatıştırılabildi.

Irak'ta yeni birlikler ve yeni vasıtalarla büyük ve kanlı savaşlar bundan sonra başlar ki, Nurettin Paşa'nın bunlarla alâkası yoktur.

Broşürün aynı sayfalarında, «Nurettin Paşa, İngilizlerden ele geçirdiği uçaklarla da bir uçak filosu meydana getirmek gibi çok büyük başarılar göstermiştir» deniliyor.

Bu iddianın pek cahilce olduğunu söylemek zorundayım. Uçağın ve uçak filosunun ne olduğunu bilenler, böyle bir iddianın ne kadar gülünç olduğunu elbette anlarlar.

Büyük Taarruz'da Nurettin Paşa savaş meydanını dürbünle seyretmeyi tercih ediyordu

Broşürün sekizinci sayfasında, Nurettin Paşa'nın dürbünle bakarken alınmış bir resmi vardır. Bu resmin altında şu sözler yazılıdır:

«26 Ağustos 1922 taarruz günü Kocatepe gözet- 450
leme yerinde Karahisar Meydan Muharebesi idare ederken alınan fotoğraflarıdır.»

O gün hep aynı tepedeydik. Dürbünle bakanlar çoktu. Dürbünle en çok bakanlar, özellikle gözetleme görevi verilen subaylardı. Gerçekten, Nurettin Paşa'nın da savaş meydanını dürbünle seyretmeyi tercih ettiğini ben de farketmiştim.

Karahisar - Dumlupınar Meydan Muharebesi yapılırken, «Başkomutanlık Meydan Muharebesi'nin yapıldığı gün» bir aralık, Nurettin

P a ş a 'yı kolordu komutanı K e m a l e t t i n P a ş a 'nın (şimdiki Berlin Büyükelçisi) gözetleme noktasında, durumu dürbünle seyrederken bul-dum. Birliklerimiz düşmanı yakından sıkıştırmış, nazik ve önemli bir du-rum ortaya çıkmıştı. «Dürbünle seyretmeyi bırakınız! Savaşı yakından ve bizzat idare etmek için, ileri ateş mevzilerine gideceğiz» dedim.

N u r e t t i n P a ş a, bu kadar yaklaşmanın doğru olmadığını söy-leyerek gitmek istemedi. Canım sıkıldı. «Siz burada kalabilirsiniz» dedim. K e m a l e t t i n S a m i P a ş a 'ya: «Siz benimle geliniz!» dedim ve otomobilime yürüdüm. K e m a l e t t i n P a ş a: «emredersiniz» dedi ve benimle beraber yürüdü. Bu davranış üzerine, dürbünün başında yalnız bırakılan N u r e t t i n P a ş a 'nın da arkamızdan geldiğini gördük. De-diğim yere gittik. Yunan ordusunun esareti ile sonuçlanan o savaşı, en ince noktalarına kadar bizzat idare ediyor ve gereken emirleri, doğrudan doğruya kolordu komutanlarına ve diğer komutanlara ben veriyordum.

Verdiğim emirlere göre tedbirler alınıp gerekli uygulamalara geçilir-ken, Ordu Komutanı N u r e t t i n P a ş a yanımda duruyor ve durumu seyrediyordu. Bir aralık, kolordu komutanını benim yanımdan uzaklaştı-rarak bazı emirler vermeye kalkışmış... Kolordu Komutanı bu emirleri uygulanabilir nitelikte bulmamış; ordu komutanı ile kolordu komutanı arasında neredeyse saygısızca bir çatışma durumu ortaya çıkmış... K e-m a l e t t i n S a m i P a ş a, N u r e t t i n P a ş a 'nın yanından biraz sertçe bir muamele ile ayrılmış.. Bu durumun farkına vardım. K e m a-l e t t i n S a m i P a ş a 'yı yanıma çağırıp, sükûnet ve disiplini koru-ması gerektiğini söyledim. Daha sonra, yalnız olarak N u r e t t i n P a-ş a 'yı çağırttım. Genel olarak bazı sorular sordum ve anlatmak istedim ki, kolordu komutanına verdiği emrin gerçekten de uygulanması mümkün değildir. Komutanlar, emir vermiş olmak için emir vermezler. Gerekli, uy-gulanabilir olan hususları emrederler ve emir verirken, kendini, o emri yerine getirecek olanın yerine koymak ve emrin nasıl yerine getirilip uy-gulanacağını düşünmek ve bilmek gerekir.

Hal tercümesi broşürünün 9'uncu sayfasında, Irak'tan sonra «Kaf-kas cephesine gitmiş olan N u r e t t i n P a ş a 'nın 3'üncü Ordu Bölgeleri Komutanlığı'nda ve Ordu Komutanlığı Vekilliği'nde bir süre» bulunduğu yazılıdır. Bu görevlerin nasıl birer görev olduğunu ve bu sürenin kaç gün olduğunu sormak lâzımdır.

N u r e t t i n P a ş a, Kafkas Cephesinden İstanbul'a dönüşünde «Ay-dın, Muğla ve Antalya Bölgeleri Komutanı» ünvanı ile İzmir'e gitmiş ve orada bulduğu, çoğunu 40 yaşından yukarı askerlik çağını aşmış erlerin oluşturduğu dağınık birkaç birliği ([202]) yeniden düzenleyerek ve yeni tü-menler kurarak 21'inci Kolorduyu meydana getirmiş.

---

202) Müstahfaz Kıtaatı.

Efendiler, kolordu kurma işi, son zamanda, Birinci Dünya Savaşı'nın fantazileri sırasına geçmişti. Özellikle, karşısında düşman bulunmayan 451
sabit bölgelerde, askerlik şubeleri ve başkanlıkları kuruyormuşçasına bir kolaylıkla, kolordu komutanlıkları kurulur ve yetkiler verilirdi. Gerçekten bütün savaş cepheleri imdat diye feryat ederken, 21' inci Kolordu, değer verilen bir varlık olsaydı, Aydın bölgesinde yüzüstü bırakılmazdı.

Hal tercümesi broşürüne göre Nurettin Paşa'nın İstanbul'da ve Anadolu'da gördüğü önemli işler nelerdi?

Broşürün 16' ncı sayfasında N u r e t t i n P a ş a 'nın «Anadolu'da M u s t a f a K e m a l P a ş a ve arkadaşlarının teşebbüsleriyle başlayan Millî Mücadele liderleri ile de ilişki kurarak...» İstanbul'da birtakım önemli işler yaptığından, sonunda «İngilizler tarafından takibe başlanmış olduğundan» ve « M u s t a f a K e m a l P a ş a 'dan aldığı davet yazılarında, artık İstanbul'dan çok Anadolu'da hizmet edilebileceğinin bildirilmesi» üzerine Anadolu'ya geçmiş olduğundan söz ediliyor.

Efendiler, N u r e t t i n P a ş a 'nın İstanbul'da İngilizlerle ve Damat F e r i t P a ş a Kabinesi'yle anlaştığını, Ankara'da kurulan Türkiye Büyük Millet Meclisi'nden ve onun hükûmetinden habersiz olarak, bizi, İstanbul ile uyuşturmaya çalıştığını ve bu münasebetle arada geçen telgraf haberleşmeleri üzerine Ankara'ya geldikten sonraki davranışlarını yeri geldiğinde anlatmıştım. Bunları tekrar etmeyeceğim.

18' inci sayfada : «Yukarıda sayılan vatan hizmetlerini başarı ile yerine getirmiş olan N u r e t t i n P a ş a ile Büyük Millet Meclisi arasında bazı resmî işlerden dolayı anlaşmazlık çıkması üzerine, kendisi hemen Ankara'ya gelmiş ve bu anlaşmazlık olumlu bir çözüme bağlanarak giderilmiştir» ifadesine rastlanmaktadır.

N u r e t t i n P a ş a 'nın, Hükûmetçe nasıl Merkez Ordusu Komutanlığı'ndan alınarak Divan-ı Harb'e verilmek üzere Ankara'ya getirildiğini ve Meclis'in, kendisine karşı gösterdiği şiddetli tepki, idamını isteyecek kadar ileri gitmişken, Başkomutan sıfatıyla, şahsen Meclis kürsüsünden, N u r e t t i n P a ş a'yı savunarak nasıl kurtarmış olduğumu da açıklamıştım. Burada yeri gelmişken yalnız bir noktaya dikkatinizi çekmek isterim. Söz konusu broşürde yer alan ifadeye göre, bir Türkiye Büyük Millet Meclisi vardır, bir de N u r e t t i n P a ş a... Bunlar karşı karşıya gelmişler ve aradaki anlaşmazlık giderilmiş... Bilindiği gibi, Meclis ile karşı karşıya gelebilen yalnız Hükûmet'tir. Meclis'in karşısında Hükûmet vardır. Bir ordu komutanı, bir vali ve herhangi bir makam sahibi Meclis'in muhatabı olamaz.

Broşürün 18'inci sayfasının son satırları, N u r e t t i n P a ş a 'nın «Tanrının lûtfuyla, vatanı tehlikeden kurtaran büyük zaferin başarıcısı ve yaratıcısı olduğunu, millî tarihe bu defa pek önemli ve benzeri görülmemiş bir şeref ve iftihar sayfası eklemeyi sağlamış bulunduğu...» nu açıklamaya ayrılmıştır.

Nurettin Paşa, zaferden pay almaya en az hakkı olanlardan biridir

Efendiler, bu kadar cür'etli bir iddia karşısında şaşırmamak ve böyle bir iddiayı garip karşılamamak mümkün değildir. Gerçekten de Nurettin Paşa, genel taarruzda 1'inci Ordu Komutanlığı'nda bulundu. Diğer bütün komutanlarla birlikte kendisine emrettiğimiz görevleri yapmaya çalıştı. Bu durum, bütün Türk ordusuna ve ordumuzun büyük küçük bütün komutanlarına, subaylarına ve her erine ait olmak tabii bulunan bir başarıyı ve şerefi, Nurettin Paşa'nın kendi şahsına malettirmesini gerektirmez. Bu iddia kadar anlamsız, asılsız ve ayıp bir 452
şey olamaz. Nurettin Paşa'yı kazanılan zaferin yaratıcısı gibi göstermek olsa olsa kendisiyle alay etmek maksadına dayanabilir. Yoksa, Nurettin Paşa, Büyük Zafer'in şerefinden pay almaya en az hakkı olanlardan biridir.

Efendiler, Büyük Taarruz'da, Nurettin Paşa'yı, yalnız taarruzun ikinci günü Kocatepe'de yalnız bırakmıştım. Çünkü, düşmanın yenildiğini ve geri çekileceğini anlamıştık. Yenilgisini bozguna çevirmek ve geri çekilme hattını keserek düşman ordusunu esir etmek için, artık Kocatepe'de değil, durumu daha genel olarak gözden geçirecek ve ona göre etraflı tedbirler alacak yerde bulunmamız gerekiyordu. O gün bile, Cephe Komutanı İsmet Paşa'nın uygun görüp benim imzam ile yazdığı cesaret verici kısa bir yazıyı telefonla okuyarak Nurettin Paşa'nın maneviyatını kuvvetlendirmek için tedbir almak gereği duyulmuştu.

Nurettin Paşa'yı ve ordusunu bizzat takip etmek ve yönetmek zorunda kaldım

Ondan sonra, Nurettin Paşa'yı ve ordusunu bizzat takip etmek ve yönetimine müdahele etmek zorunda kaldım. Böyle yapmasaydım, Nurettin Paşa'nın yaptığı hatâları düzeltmek güçleşirdi. Dumlupınar'da, ordusunun Kurmay başkanı Emin Paşa'nın ileri hareket için hazırladığı harekât emrinin kapsamını anlamayan, fakat anlamamış değil de daha iyisini düşünmek ve yapmak istiyormuş gibi davranan Nurettin Paşa'nın bir kararsızlığa düşmesi üzerine, kararsızlıkla geçirilecek zaman olmadığını hatırlatarak gereken talimatı bizzat yazdırdığım zaman Nurettin Paşa bana demişti ki: «Paşam siz bizi yalnız ve serbest bırakmıyorsunuz!» Buna, orada bulunan Genelkurmay Başkanı Fevzi Paşa Hazretleri, ciddî bir dille ve şu yolda cevap verdi: «Paşa, paşa dedi. Bu ordu bizim ve bütün memleketin göz bebeğidir. Onun sevk ve idaresini tesadüfe bırakamayız!»

Dumlupınar'dan Uşak'a giderken, yolda Nurettin Paşa'nın aldığı tedbirlerdeki yetersizliğin farkına varıp, Nurettin Paşa'nın tümenlerine bizzat emir vererek tedbir aldırmasaydım, Trikopis'in esir düşmesi mümkün olmayabilirdi. Uşak'ta beklenmedik kötü bir durumla karşılaşabilirdik. İzmir'e vardıktan ve hükûmet dairesine girdikten sonra, güneyden gelen top ve tüfek seslerini bizzat işitip, Nurettin Paşa'nın tedbirsizliğini ve gafletini anlayıp doğrudan doğruya kendim emir vererek tedbir aldırmasaydım, İzmir'e girmiş ve İzmir sokaklarında halkın arasına karışmış olan birliklerimizin, biz de içinde olduğumuz halde, paniğe kapılarak darmadağın olması ihtimalden uzak değildi.

İşbilirlik ve ileri görüşlülük iddiasında bulunan Nurettin Paşa'nın, İzmir'de yabancı memurlarla yaptığı zapta geçmiş konuşmasını bizzat düzeltmeseydim, İzmir'e girmekten doğan genel sevincin sönmesine yol açacak durumlardan kaçınmak belki de mümkün olmayacaktı.

Efendiler, bu söylediklerim, ordunun bütün ileri gelenlerince bilinen gerçeklerdir. Bu gerçekleri yalnız bir kişinin farketmediği anlaşılıyor. O da Nurettin Paşa'dır. Kuşatıcı, galip, fâtih, gazi ünvanlarıyla kendini hatırlatmak gibi çocukça bir sevdaya kapılan Nurettin Paşa'nın, «Kûtülâmare kuşatıcısı Nurettin Paşa» diye bir kartını görmüştüm. Nurettin Paşa bu kartı, Taşköprü'de otururken, Kastamonu Valisi ve o bölgenin komutanı bulunan Muhittin Paşa'ya (şimdiki Kahire Büyükelçisi) göndermiş. Kartın boş yerlerine yaz- 453
dığı yazılarda, karttaki ünvana işaret ederek, «bunu da benden kimse alamaz ya!» diye bir ibare vardı. Muhittin Paşa, bu kartı ve karttaki yazıyı, akıl ve ferasetle bağdaşır görememiş ve dikkate değer bulmuş olduğundan aynen bana göndermişti. Evet, onu ondan kimse geri alamaz. Fakat onu ona veren de yoktur. Her başarılı savaşa katılan kimsenin, hakkı olmadığı halde kendisini başarının tek kazanıcısı ve galibi ilân etmesi, örnek alınacak bir ahlâk kuralı değildir. Memleketin çocuklarına, böyle asılsız tarz ve tavırlar takınma alışkanlıkları veremeyiz. Gelecek nesillere, böyle havadan galip, fatih olunabileceği gibi sakat bir düşünceyi miras bırakamayız.

Millet ve tarih ünvan vermekte o kadar cömert değildir

Hal tercümesi broşürünün kapağındaki «gazi» ünvanının kullanılmasına gelince, bu ünvanı, Nurettin Paşa'ya (A. S.) harfleri verebilir. Fakat, gerçek ve kanun bununla yalnız ve sadece alay eder. Gerçi savaşa «ya şehit ya da gazi olmak için» gidilir. Genel olarak, kahramanlık meydanında ölenlerin hepsine şehit derlerse de, sağ kalanların hepsine gazi ünvanı verilmez. Bu ünvanı ancak kanun verir. Medenî bir milletin yüksek çıkarları uğruna yapmaya mecbur olduğu harpler, Arap aşiretlerinin dolayısıyla biribirine karşı açtıkları gazve ([203]) değildir. Öyle bile olsa, bu savaştan sağ salim çıkanlara belki yalnız anaları babaları takdir için «benim gazi oğlum!» diyerek övünürler. Fakat millet ve tarih ünvan vermekte o kadar cömert değildir.

Hal tercümesinin son sayfasından da bir cümle alarak bu hikâyeye son verelim:

N u r e t t i n P a ş a «Irak cephesinde iken yerli halk tarafından kendisine verilmiş bulunan, Peygamber Hazretlerinin Kerbelâ'da yatan torunu İmam H ü s e y i n H a z r e t l e r i 'nin mübarek kılıcını taşımakla şeref duymaktadır.»

Efendiler, bu ne lâftır!

Kerbelâ, Peygamber'in torunu, imam, mübarek kılıç, şeref duymak gibi, cahil takımının hoşuna gidecek lâflarla milleti kandırma politikasını benimseyenler, artık insaf etsinler!.. Millet de dikkat ve uyanıklığını artırsın!..

Efendiler, tek başlarına hareket ederek başarı elde edemeyeceklerini anlayan bazı kimseler de ikiyüzlü davranışlarla içimize girme yolunu bulabilmişlerdir. Bunların içyüzü İkinci Meclis toplanıp göreve başladıktan sonra görülecektir.

Lozan Barış Antlaşması

Türkiye Büyük Millet Meclisi'nin ikinci seçim dönemi, yeni Türkiye Devleti'nin tarihinde, mutlu bir geçiş devresine rastladı. Gerçekten de dört yıllık istiklâl mücadelemiz, milletimizin şanına lâyık bir barış ile sonuçlanmış bulunuyordu.

24 Temmuz 1923'te, Lozan'da imza edilen antlaşma, 24 Ağustos 1923'te Meclis'te onaylandı.

Mondros Ateşkes Anlaşmasından sonra Türkiye'ye yapılan dört barış teklifi arasında bir karşılaştırma

Efendiler, Mondros Ateşkes Anlaşması'ndan sonra, düşman devletler tarafından Türkiye'ye dört defa barış şartları teklif edilmiştir. Bunların birincisi, 45
Sévres taslağıdır. Bu taslak hiçbir görüşmenin ürünü olmayıp İtilâf Devletleri tarafından Yunan Başvekili M ö s y ö V e n i z e l o s 'un da katılmasıyla düzenlenmiş ve V a h d e t t i n 'in hükûmeti tarafından 10 Ağustos 1920'de imza edilmiştir.

Bu taslak, Türkiye Büyük Millet Meclisi'nce tartışılmaya değer bile sayılmamıştır.

---

203) Arap aşiretlerinin gündüzleri yaptıkları savaşa verilen ad. Gece yapılan savaşlara Seriyye denir.

İkinci barış teklifleri, Birinci İnönü Muharebesi'nden sonra toplanan Londra Konferansı'nın sonunda 12 Mart 1921 tarihinde yapılmıştır. Bu teklifler Sévres Antlaşması'na bazı değişiklikler getiriyor ise de, üzerinde durulmamış olan meselelerde Sévres taslağındaki maddelerin olduğu gibi bırakıldığını kabul etmek gerekir.

Bu teklifler, bizce tartışmaya yol açmadan İkinci İnönü Muharebesi'nin başlamasıyla sonuçsuz kalmıştır.

Üçüncü barış teklifleri, 22 Mart 1922'de, yani Sakarya zaferinden ve Fransızlarla imzalanan Ankara Anlaşması'ndan sonra ve yakında yeni bir tarruzumuzun beklendiği sıralarda, Paris'te toplanan İtilâf Devletleri Dışişleri Bakanları tarafından yapılmıştır. Bu tekliflerde, artık işe Sévres taslağını temel olarak ele alma usulünden vazgeçilmiş ise de, ana çizgileri ile millî gayemizi gerçekleştirmekten uzaktı. Dördüncü teklif Lozan Antlaşması'nın imzalanmasıyla sonuçlanan görüşmelerdir.

İtilâf Devletleri'nce Türkiye'ye kabul ettirilmesi düşünülen esaslar ile, Milli Mücadele sayesinde ulaşılan sonucu açıkça gözler önüne serebilmek için, bu dört türlü teklif arasında en önemli noktaları içine alacak şekilde kısa bir karşılaştırma yapmayı yararlı sayarım.

I. SINIRLAR

a) **Trakya sınırı :**

Sévres'de : Çatalca hattından biraz ileride bulunan Podima-Kalikratya hattı.

Mart 1921 teklifinde : Söz konusu edilmemiştir.

Mart 1922 teklifinde : Tekirdağ bize, Babaeski Kırkkilise ([204]) ve Edirne Yunanlılara kalacak şekilde bir hat.

Lozan'da : Karaağaç da bizde olmak üzere Meriç hattı.

b) **İzmir bölgesi :**

Sévres taslağında : Bu bölgenin sınırları Kuşadası, Ödemiş, Salihli, Akhisar ve Kemer iskelesine azçok yakın yerlerden geçmektedir.

Bu bölge, Türk hâkimiyetinde kalacak, fakat Türkiye, bu hâkimiye- 455
tini kullanma hakkını Yunanistan'a devredecek. Türk hâkimiyetinin belirtisi olarak, İzmir şehrinin dış istihkâmlarından birinde Türk bayrağı bulunacak. Bir bölge meclisi toplanacak ve beş yıl sonra bu meclis, bu bölgenin sürekli olarak Yunanistan'a katılmasına karar verebilecekti.

---

204) Kırklareli.

Mart 1921 teklifinde: İzmir şehri Türk hâkimiyetinde kalacak, İzmir şehrinde bir Yunan kuvveti bulunacak ve İzmir bölgesinin geri kalan yerlerinde, çeşitli unsurların nüfus oranlarına göre oluşturulacak bir jandarma birliği görev alacak ve buna İtilâf Devletleri'nin subayları komuta edecek.

Yönetim işlerinde de yine aynı nüfus oranı göz önünde bulundurulacak, bölgenin Milletler Cemiyeti'nce tayin edilecek bir Hristiyan valisi olacak, bunun yanında seçim yoluyla kurulmuş bir meclis ile bir danışma kurulu bulunacak. Valilikçe, Türkiye'ye gelir artışına göre ayarlanacak bir vergi konacak; bu anlaşma beş yıl süre ile geçerli olup iki taraftan birinin isteği üzerine Milletler Cemiyeti'nce değişikliğe uğratılabilecek.

Mart 1922 teklifinde : Bütün Anadolu ve dolayısıyla İzmir de bize geri verilecek yolunda aldatıcı bir vaat. İzmir Rumları'nın yönetime adaletli bir şekilde katılmasını sağlamak için ve aynı hakkın Yunanistan'da kalacak Edirne Türklerine de verilmesi şartıyla bir usul tespiti konusunda İtilâf Devletleri, Türkiye ve Yunanistan ile anlaşacaklardır.

Lozan'da : Elbette bu gibi meseleler söz konusu bile edilmemiştir.

c) **Suriye sınırı :**

Sévres'de : Akdeniz kıyısında aşağı yukarı Karataş burnundan başlayarak Osmaniye, Bahçe, Gaziantep, Birecik, Urfa, Mardin ve Nusaybin'i epey güneyde ve Suriye topraklarında bırakan bir sınır.

Mart 1921'de : Aşağı yukarı şimdiki sınır olmak üzere Fransızlarla ayrıca bir anlaşma imzalanmıştır.

Lozan'da : 20 Ekim 1921 tarihli Ankara Anlaşması'ndaki sınır olduğu gibi bırakılmıştır.

d) **Irak sınırı :**

Sévres'de : İmadiye bizde kalmak şartıyla, Musul ilinin kuzey sınırı.

Mart 1921 teklifinde : Söz konusu edilmemiştir.

Mart 1922 teklifinde : Söz konusu edilmemiştir.

Lozan'da : Çözümü daha sonraya bırakılmıştır.

e) **Kafkas sınırı :**

Sévres'de : Türk - Ermeni sınırının tayini Amerika Cumhurbaşkanı Wilson'a bırakılmıştır. Wilson, sınır olarak Karadeniz kıyısın- 456
da Giresun'un doğusundan başlayan, Erzincan'ın batı ve güneyinden, El-

malı, Bitlis ve Van Gölü'nün güneyinden geçen ve birçok noktada Birinci Dünya Savaşı'ndaki Türk - Rus Cephesini izleyen bir hattı göstermiştir.

Mart 1921 teklifinde : Milletler Cemiyeti bir Ermeni yurdu kurulması için doğu illerinden Ermenistan'a bırakılacak toprakların tespiti için bir komisyon kuracak, Türkiye bu komisyonun kararını kabul edecek.

Lozan'da : Bu konu ortadan kaldırılmıştır.

f) **Boğazlar bölgesi :**

Sévres'de : Rumeli'nin Türkiye'de kalan bütün parçaları.

Anadolu'nun Adalar Denizi üzerinde aşağı yukarı İzmir bölgesinin sınırından başlayarak Manyas Gölü'nün güneyine, Bursa'nın ve İznik'in biraz kuzeyinden ve Sapanca Gölü'nün batı ucundan Ahabadr ([205]) deresinin göle döküldüğü yere kadar uzanan bir hatla sınırlandırılmış bölge. Bu bölgelerde asker bulundurmak ve askerî harekâtta bulunmak hakkı yalnız İtilâf Devletleri'ne aittir. Bu bölgedeki Türk jandarması da İtilâf Devletleri'nin komutası altında olacaktır.

İtilâf Devletleri, bu bölge içinde, askerî maksatlarla kullanılabilecek yol ve demiryolu yapımını yasaklayabileceği gibi, yapılmış olan yollardan bu gayeyle kullanılacak olanları da tahrip ettirebilecektir.

Mart 1921 teklifinde : Çanakkale güneyinde Bozcaada ([206]) karşısından Karabiga'ya çekilen hattın kuzeyi ile Boğaziçi'nin her iki yakasında - 25 kilometrelik bir bölge.

Çanakkale boğazına hâkim olan her iki tarafındaki adalar .

İtilâf Devletleri yalnız Yunanistan'a kalacak olan Gelibolu ve bize kalacak olan Çanakkale'de asker bulunduracak böylece, İstanbul'u ve İzmit yarımadasını boşaltacak, Türkiye'nin İstanbul'da asker bulundurmasına ve Anadolu'dan Rumeli'ye ve Rumeli'den Anadolu'ya asker geçirmesine izin verecektir.

Mart 1922 teklifinde : Çanakkale'nin güneyinde Erdek yarımadası dışarıda kalmak üzere Çanakkale sancağı. Boğaziçinin güneyinde o zaman tarafsız sayılan bölge, yani aşağı yukarı İzmit yarımadası askersiz bölge olacaktır.

Bizde İtilâf Devletleri'nin işgal kuvvetleri kalmayacaktır.

Lozan'da : Gelibolu yarımadası ile Kumbağı, Baklaburnu hattının güney - doğusu, Çanakkale bölgesinde kıyıdan yirmi kilometrelik bir yer

---

205) Ağva.
206) Tenedos.

ve Boğaziçi'nin iki yakasında kıyıdan on beş kilometrelik birer bölge ve Marmara'da da İmralı dışındaki adalarla İmroz ve Bozcaada askerden arınmış bir duruma getirilecektir.

Hiçbir yerde İtilâf Devletleri'nin işgal kuvvetleri kalmayacaktır.

2. KÜRDİSTAN

Sévres'de : Fırat'ın doğusunda ve Ermenistan, Irak ve Suriye arasında kalan bölge için İtilâf Devletleri temsilcilerinden kurulacak bir komisyon özerk bir yönetim şekli hazırlayacaktır.

Antlaşmanın imzalanmasından bir yıl sonra bu bölgenin Kürt halkı Milletler Cemiyeti Meclisi'ne başvurarak Kürtlerin çoğunluğunun Türkiye'den ayrı bağımsız bir devlet kurmak istediklerini ispat ederse ve Meclis de bunu kabul ederse, Türkiye bu bölgedeki her türlü haklarından vazgeçecektir.

Mart 1921 teklifinde : İtilâf Devletleri, şimdiki durumu gözönünde tutarak, bu konuda Sévres taslağında değişiklik yapılmasını dikkate alma eğilimindedir. Şu şartla ki, özerk yönetilen bölgelerle Kürt ve Asurî-Geldanî çıkarlarının yeterince korunması için tarafımızdan kolaylıklar gösterilsin.

Mart 1922 teklifinde : Söz konusu edilmemiştir.

Lozan'da : Elbette söz konusu ettirilmemiştir.

3. İKTİSADÎ NÜFUZ BÖLGELERİ

Sévres Antlaşması'ndan sonra İtilâf Devletleri'nin aralarında imza ettikleri üçlü anlaşmaya ([207]) göre :

a) **Fransız nüfuz bölgesi** :

Suriye sınırıyla aşağı yukarı Adana ilinin batı ve kuzey sınırı, Kayseri ile Sıvas'ın kuzeyinden geçen ve Muş'u dışarıda bırakarak bu kasabaya yaklaştıktan sonra Cizre'ye giden bir hattın içinde kalan bölge.

b) **İtalyan nüfuz bölgesi** :

İzmit yarımadasından çıktıktan sonra Afyonkarasihar'a kadar Anadolu demiryolu hattı ve oradan Kayseri yakınlarında Erciyas dağı yöresine kadar giden hatla İzmir bölgesi, Adalar Denizi, Akdeniz ve Fransız bölgesi arasında kalan bölge.

---

207) Accord tripartite.

Mart 1921'de : Bekir Sami Bey ile Fransız ve İtalyan Dışişleri Bakanları arasında imza olunup hükûmetçe reddedilen anlaşmalara göre : 458

a) **Fransız nüfuz bölgesi :**

O sırada Fransız işgali altında bulunan yerlerle Sıvas, Elâzığ ve Diyarbakır illeri.

b) **İtalyan nüfuz bölgesi :**

Antalya, Burdur, Muğla, Isparta sancaklarıyla Afyonkarahisar, Kütahya, Aydın ve Konya sancaklarının daha sonra tayin edilecek kısımları.

Mart 1922 teklifinde : Söz konusu edilmemiştir.

Lozan'da : Söz konusu edilmemiştir.

4. İSTANBUL

Sévres'de : Antlaşma samimiyetle uygulanmadığı takdirde İstanbul da bizden alınacaktır.

Mart 1921 teklifinde : Bu tehdidin kalkacağı, Türkiye'nin İstanbul'da asker bulundurabileceği ve Boğaziçi'nin çevresindeki askerden arınmış bölgeden askerî kuvvet geçirilmesine izin verileceği belirtilmiştir.

Mart 1922 teklifinde : İstanbul'dan çıkarılacağımız tehdidinin kaldırılacağı ve İstanbul'da bulundurulabilecek Türk kuvvetinin arttırılacağı vaad edilmektedir.

Lozan'da : Söz konusu olmamıştır.

5. VATANDAŞLIK

Sévres'de : Gerek Yunanistan da dahil olmak üzere İtilâf Devletleri'nden gerek yeni kurulan devletlerden birinin (Ermenistan v.b.) vatandaşlığına girmek isteyen Türk uyruklulardan hiç kimseye Türk Hükûmeti'nce engel olunmayacak ve bunların yeni vatandaşlığı kabul edilecektir.

Mart 1921 teklifinde : Söz konusu edilmemiştir.

Mart 1922 teklifinde : Söz konusu edilmemiştir.

Lozan Antlaşmasında : Söz konusu edilmemiştir.

Ancak, görüşmeler sırasında, İtilâf Devletleri, bir kimsenin vatan- 459
daşlığını tayin hususunda, Türkiye'deki yabancı elçilik ve konsolosluklaların verecekleri belgelerin yeterli sayılmasını istemişlerdi. Bu teklif, Sévres taslağının yukarıda söz konusu olan 128' inci maddesinin yeni bir şekliydi. Hiç şüphe yok ki tarafımızdan reddedilmiştir.

6. ADLÎ KAPİTÜLASYONLAR

Sévres'de : İngiltere, Fransa, İtalya ve Japonya'nın temsil edildikleri dört üyeden kurulu bir komisyon, kapitülasyonlardan yararlanan diğer devletlerin uzmanlarıyla birlikte yeni bir usul düzenleyecek ve Osmanlı Hükûmeti'ne danıştıktan sonra bu usulü tavsiye edebilecek.

Osmanlı Hükûmeti bu usulü kabul edeceğini şimdiden taahhüt edecek.

Mart 1921 teklifinde : Bu komisyonda Türkiye'nin de temsil edilmesine İtilâf Devletleri razı olmaktadır.

Mart 1922 teklifinde : Aynı teklif.

Lozan'da : Kapitülasyonlarla ilgili hiçbir kayıt yoktur.

Danışma niteliğinde olmak üzere birkaç yabancı uzmanı beş yıl için hizmetimize almayı kabul ettik.

7. AZINLIKLARIN KORUNMASI

Sévres'de : 1918 Ateşkes Antlaşmalarından sonra yapılan bütün antlaşmalarda yer alan hükümlerden başka, Türkiye'ye, özellikle aşağıdaki hususlar kabul ettirilmek istenmiştir :

a) Yerlerinden ayrılmış olan ve Türk olmayan bütün halkın eski yerlerine gönderilmesi.

Başkanları Milletler Cemiyeti'nce tayin edilecek olan hakem komisyonları vasıtasıyla bunların haklarının geri verilmesi; bu komisyonlar istedikleri takdirde, Türk olmayan halkın zarar görmüş mal ve mülklerinin onarımı için de ücretleri hükûmetçe ödenecek işçilerin sağlanması, zorla göç ettirme ve buna benzer işlerde parmağı bulunduğu, söz konusu komisyonlar tarafından iddia edilen bütün şahısların sürgün edilmesi v.b.

b) Türk Hükûmeti, azınlıkların parlamentoda kendi nüfusları oranında temsil edilmelerini sağlayan bir seçim kanunu tasarısını, iki yıl içinde İtilâf Devletleri'ne sunacaktır.

c) Patrikhaneler ile bunlara benzer kuruluşlara tanınmış olan bütün imtiyazlar arttırılarak daha da sağlamlaştırılmakta ve bunların idare ettikleri okul, yetimhane v.b. konusunda ogüne kadar hükûmetin sahip olduğu sınırlı denetleme hakkı da elinden alınmaktadır.

d) İtilâf Devletleri, Milletler Cemiyeti Meclisi'nin görüşünü aldıktan sonra, bu kararların uygulanmasını sağlayacak gerekli tedbirleri tes- 46 pit edecektir. Türkiye, bu konuda sonradan alınacak her tedbiri kabul edeceğini şimdiden taahhüt edecektir.

Mart 1921 teklifinde : Azınlıklar söz konusu edilmemiştir. Bu teklifte Sévres'de yapılacak değişiklikler yeraldığı için, bundan, adı geçen antlaşmanın azınlıklarla ilgili bölümünün değiştirilmeyeceği sonucu çıkarılabilir.

Mart 1922 teklifinde : Türkiye ve Yunanistan'daki azınlıklarla ilgili bir sıra tedbirin teklif edileceği ve bunların gereğince uygulanmasını kontrol için Milletler Cemiyeti'nce komiserler tayin edileceği yazılıdır.

Bu bir sıra tedbirin neler olduğu açıklanmamıştır.

Lozan'da : Misak-ı Millî'mizde kabul etmiş olduğumuz üzere ve yalnız Müslüman olmayanlar için Birinci Dünya Savaşı'ndan sonra yapılan bütün milletlerarası antlaşmalarda yer alan hükümler.

8. ASKERLİKLE İLGİLİ HÜKÜMLER

Sévres'de :

a) Türkiye'nin silâhlı kuvvetleri şu sayıları aşmayacaktır.

Saray Muhafız Birliği	700 Kişi
Jandarma	35.000 Kişi
Jandarmayı desteklemek üzere özel birlikler	15.000 Kişi
	50.700 Kişi

Bu sayıya Harp Akademisi ve askerî okullar öğrencileri ile, depo birliklerinde ve çeşitli görevlerde çalışan er ve subaylar da dahildir.

Özel birliklerin 15 batarya dağ topu bulunabilecek, sahra veya ağır top olmayacaktır.

Memleket, çeşitli bölgelere ayrılacak ve her bölgede bir jandarma birliği (légion) bulunacaktır.

Jandarmanın topu ve teknik araçları bulunmayacaktır.

Özel birlikler, kendi bölgelerinin dışında kullanılamayacaktır.

Jandarma subayları arasında, sayıları 1.500'ü geçmemek üzere yabancı subaylar bulunacaktır. Her bölgedeki yabancı subaylar aynı milletten olacaktır.

Daha sonra tespit edilecek olan bu bölgelerin sayısı belirtilmemiş olmakla birlikte, bunun İtilâf Devletleri'nin düşüncesine göre, en az dört 461
olacağı, antlaşmanın bazı hükümlerinden ve özellikle bir birliğin kuvve-

tinin bütün birlikler kuvvetinin dörtte birini aşmayacağı yolundaki hükümden çıkarılabilir. Böylece İngiliz, Fransız ve İtalyan subaylarının birer bölgesi bulunacağı gibi, belki Yunanistan'a ve belki de ileride Ermenistan'a birer bölge verilmesi düşünülmüştür.

Özel birliklerin erleriyle, jandarmalar hep paralı olup bunlar en az iki yıl askerlik yapacak ve mecburî askerlik hizmeti kalkacaktır.

Her bölgedeki birliğe alınacak er ve çeşitli unsurların birlikte temsil edilmesine mümkün olduğu kadar dikkat edilecektir.

Deniz kuvvetlerimiz, yedi gambot ve altı torpidoyu geçmeyecek, hiçbir uçağımız ve güdümlü balonumuz olmayacaktır.

İtilâf Devletleri'nin kara, deniz ve hava denetleme komisyonlarının memleketimiz içinde her türlü denetleme hakları olacaktır. Özellikle Kara Denetleme Komisyonu :

Türkiye'nin kullanabileceği polis, gümrükçü, orman korucusu v.b. görevlilerin sayısını tayin etme, artacak silâh ve cephanemizi teslim alma, memleketimizi bölgelere ayırma, her bölgede bulunacak jandarma ve özel birlik sayısını tespit etme, bunların hangi işlerde ve ne şekilde çalıştırıldıklarını denetleme, yabancı subayların sayılarını ve oranlarını tayin etme ve hükûmetle işbirliği yaparak yeni silâhlı kuvvetlerimizi düzenleme gibi işlerle görevli olacaktır.

Mart 1921 teklifinde :

Jandarma sayısı 45.000'e, özel birliklerin sayısı 30.000'e çıkarılmıştır.

Jandarmanın memleket içindeki dağıtım şekli, yukarıda sözü edilen İtilâf Devletleri temsilcilerinden kurulu Denetleme Komisyonu ile hükûmet arasında anlaşmaya varılarak tespit edilecektir.

Jandarma subay ve astsubay oranı arttırılacaktır. Yabancı subayların sayısı azaltılacak ve bunların birliklere dağıtılması Denetleme Komisyonu ile hükûmet arasındaki anlaşmaya göre kararlaştırılacaktır (Bununla, belki de her bölgede aynı milletten yabancı subayların bulunmayacağı kastedilmiştir).

Mart 1922 teklifinde :

Paralı asker usulünün devam ettirilmesi, Jandarmanın 45.000'e, 46
özel birliklerin 40.000'e çıkarılması.

Jandarmada, yabancı subaylara görev verilmesi Türkiye'ye tavsiye edilmekle birlikte, bu nokta şart olarak ileri sürülmemektedir.

Lozan'da: Trakya ve Boğazlar'da askerden arınmış duruma getirilen bölgelerle ilgili sınırlandırmalar dışında hiçbir kayıt yoktur. Üstelik, Boğaziçi'nin iki yakasındaki askerden arınmış bölgede, 12.000 asker bulundurabilme hakkını elde etmişizdir.

9. CEZA

Sévres projesinde : Türkiye harp sırasında harp kurallarına aykırı şekilde hareket etmiş veya Türkiye içinde zulüm yapmış, zorla sürgün etme v. b. işlere karışmış olan kimseleri, istedikleri takdirde, İtilâf Devletleri'ne (Yunanistan dahil) ve Türkiye'den toprak almış devletlere (Ermenistan v.b.) teslim edecektir. Bu gibi kimseler, kendilerini isteyen devletin Divan-ı Harb'i tarafından yargılanıp cezalandırılacaktır.

Mart 1921 teklifinde : İtilâf Devletleri'nin teklifinde bundan söz edilmemiştir. Ancak, B e k i r S a m i B e y 'in, İngilizlerle imza etmiş olduğu esirlerin geri verilmesi ile ilgili sözleşmede, elimizdeki bütün İngilizleri serbest bırakarak bir kısım Türkleri suçlu sayıp İngilizlerin elinde bırakmaya razı olması, Sévres taslağında yer alan önceki hükümlerin daha hafifletilmiş şeklinden başka bir şey değildir.

Mart 1922'de : Bu konu üzerinde durulmamıştır.

Lozan'da : Bundan söz edilmemiştir.

10. MALÎ HÜKÜMLER

Sévres'de : İtilâf Devletleri, Türkiye'ye yardım olsun diye, İngiliz,
Fransız ve İtalyan temsilcilerinden kurulu bir Maliye Komisyonu oluştu- 463
racaklar; bu komisyonda danışman olarak bir Türk komiseri bulunacaktır.

Bu komisyonun görev ve yetkileri aşağıdaki şekilde olacaktır :

a) Türkiye'nin gelirlerini korumak ve artırmak için her türlü tedbiri alacaktır.

b) Türk Meclis-i Mebusanı'na sunulacak olan bütçe, daha önce Maliye Komisyonu'na verilecek ve onun kabul ettiği şekilde Meclis'e gönderilecektir. Meclis'in yapacağı değişiklikler, ancak komisyonca uygun görülürse yürürlüğe konabilecektir.

c) Komisyon, malî kanun ve tüzüklerin uygulanmasını, doğrudan doğruya kendisine bağlı bulunan ve üyeleri kendisinin uygun bulacağı kimselerden seçilip tayin edilecek olan Türk Maliye Teftiş Hey'eti vasıtasıyla denetleyecektir.

d) Düyûn-ı Umumiye ([208]) idaresi ve Osmanlı Bankası ile anlaşarak Türkiye'nin para işlerini düzenleyecek ve düzeltecektir.

e) Türkiye'nin, Düyûn-ı Umumiye'ye ayrılan gelirleri dışındaki bütün gelirleri bu Maliye Komisyonu'nun emrine verilecektir. Komisyon bunlarla :

Önce, kendisine ve Türkiye'de kalacak olan İtilâf Devletleri işgal kuvvetlerine ait giderleri karşıladıktan sonra, 30 Ekim 1918 tarihinden beri İtilâf Devletleri ordularının gerek bugünkü Türkiye'de gerek Osmanlı İmparatorluğu'nun başka yerlerindeki giderlerini ödeyecektir.

İkinci olarak, Türkiye yüzünden zarar görmüş olan İtilâf Devletleri uyruklularının zarar ve ziyanını ödeyecektir.

Türkiye'nin ihtiyaçları bundan sonra dikkate alınacaktır.

f) Hükûmetçe verilecek her bir imtiyaz için Maliye Komisyonu'nun uygun bulması şarttır.

g) Bugün yürürlükte olan ,bazı gelirlerin doğrudan doğruya Düyun-ı Umumiye tarafından toplanması usulü, Komisyon'un onayı ile mümkün olduğu kadar genişlemesine yaygınlaştırılacak ve bütün Türkiye'ye uygulanacaktır.

Gümrükler, Maliye Komisyonu tarafından tayin veya işten çıkarılabilecek ve kendisine karşı sorumlu olacak bir genel müdürün yönetiminde bulunacaktır.

Mart 1921 teklifinde : Yukarıda sözü edilen Maliye Komisyonu Türk Maliye Nâzırı'nın fahrî başkanlığı altında bulunacaktır. Komisyonda bir Türk temsilci bulunacak ve bunun, Türk maliyesi ile ilgili konularda oyu olacaktır. İtilâf Devletleri'nin malî çıkarları ile ilgili konularda ise, Türk temsilcinin yetkisi, ancak danışma niteliğinde olacaktır.

Türk parlamentosu, Türk Maliye Nâzırı ile Maliye Komisyonu tarafından ortaklaşa hazırlanacak olan bütçede değişiklik yapma yetkisini 46
taşıyacaktır. Fakat bu değişiklik bütçenin denkliğini bozacak şekilde ise, bütçe onaylanmak üzere yeniden Maliye Komisyonu'na gönderilecektir.

Türk hükûmeti, imtiyazlar verme hakkını yine elde edecektir. Ancak, Türk Maliye Nâzırı bu konudaki sözleşmelerin, Türk hazinesinin çıkarlarına uygun olup olmadığını, Maliye Komisyonu ile birlikte inceleyecektir ve bu konuda ortaklaşa bir karar alacaktır.

Mart 1922 teklifinde : Maliye Komisyonu kurulmasından vazgeçilmektedir. Fakat, İtilâf Devletleri'ne olan savaştan önceki borçların ve

208) Genel Borçlar.

aşırı olmayan bir tazminatın ödenmesi konusundaki gerekli denetlemenin Türk hâkimiyeti ilkesi ile bağdaştırılmasına çalışılacaktır.

Savaştan önceki Düyûn-ı Umumiye komisyonu olduğu gibi bırakılacak, yukarıda belirtilen iş için İtilâf Devletleri'nce bir tasfiye komisyonu kurulacaktır.

Lozan'da : Bu gibi bağlayıcı hükümlerin hepsi kaldırılmıştır.

11. İKTİSADÎ HÜKÜMLER

Sévres'de : Kapitülasyonlardan yararlanma hakkı savaştan önce bunlardan yararlanan İtilâf Devletleri uyruklularına geri verilecek; bu hak, bunlardan daha önce yararlanmamış olan Yunanistan, Ermenistan v.b. devletler uyruklarına da tanınacaktır.

(Bu haklar arasında, birçok vergiden muaf olma hakkının bulunduğu ve vatandaşlık bölümünde görüldüğü üzere, her Türk vatandaşının, İtilâf Devletleri'nden birinin vatandaşlığına girmesine engel olma hakkının bizden alındığı hesaba katılırsa, bu hükmün genişliği daha iyi anlaşılır).

Gümrük tarifeleri için 1907 tarifesi (% 8) yeniden yürürlüğe konulmaktadır.

Türkiye, İtilâf Devletleri gemilerine en azından Türk gemilerine verdiği hakkı tanıyacaktır.

Yabancı postalar yeniden kurulacaktır.

Mart 1921 teklifinde : Bazı şartlara bağlı olarak yalnız yabancı postaların kaldırılmasının düşünüleceği söylendiğine göre, diğer hükümler olduğu gibi bırakılmaktadır.

Mart 1922 teklifinde : İngiliz, Fransız, İtalyan, Japon ve Türk temsilcilerinden ve kapitülasyonlardan yararlanan öteki devletlerin uzmanlarından oluşan bir komisyon, barışın yürürlüğe girmesinden sonra geçecek üç ay içinde, İstanbul'da toplanıp kapitülasyon sisteminin değiştirilmesiyle ilgili teklifler hazırlayacaktır.

Bu teklifler, malî konularda, yabancı uyrukluların Türklerle eşit vergi vermesini sağlayacaktır. Bu tekliflerde, gümrük vergisinde gerekli görülecek değişikliklerin yapılmasına da yer verilecektir.

Lozan'da : Kapitülasyonların her türlüsü kökünden ve ebedî olarak 465
kaldırılmıştır.

12. BOĞAZLAR KOMİSYONU

Sévres'de : Kendine has bayrağı, bütçesi ve polis kuvveti bulunacak olan bu komisyon, gemilerin boğazlardan geçmesi, fenerler, kılavuzluk v.b. işlerle uğraşacak ve daha önce Yüksek Sağlık Kurulu'nun ([209]) yaptığı görevlerle, kurtarma işleri artık bir komisyonun gözetimi altında ve onun vereceği talimat çerçevesinde yerine getirilecek ve komisyon, Boğazlar'ın serbestliğini tehlikede sayınca İtilâf Devletleri'ne başvurabilecektir.

Komisyonda Amerika , İngiltere, Fransa, İtalya, Japonya ve Rusya'nın temsilcileri ikişer oya sahip olacaklardır.

Amerika istediği zaman, Rusya da Milletler Cemiyeti'ne girdiği andan başlayarak bu komisyona katılabileceklerdir.

Komisyon üyeleri, diplomatik dokunulmazlıktan yararlanacaklardır. Komisyona sırayla ve ikişer yıl süreyle, ikişer oya sahip devletlerin temsilcileri başkanlık edecektir.

Mart 1921 teklifinde : Türk temsilcisi de iki oya sahip olacak ve Boğazlar Komisyonu'na başkanlık edecektir.

Mart 1922 teklifinde : Aynı şekilde, Türk temsilcisi komisyona başkanlık edecektir. Boğazlarla ilgili bütün devletler komisyonda temsil edilecektir.

Lozan'da : Komisyonun başkanlığı bize verilmiştir. Komisyonun görevi, gemilerin Boğazlar'dan geçişinin Boğazlar Sözleşmesi hükümlerine uygunluğunu sağlamaktan ibarettir. Komisyon her yıl Milletler Cemiyeti'ne rapor verecektir.

Yine bu anlaşmayla, İstanbul'daki Milletlerarası Sağlık Kurulu ([210]) kaldırılarak, sağlık işleri Türk hükûmetine bırakılmıştır.

Saygıdeğer Efendiler, Lozan Barış Antlaşması'ndaki hükümleri öteki barış teklifleriyle daha fazla karşılaştırmanın yersiz olduğu düşüncesindeyim. Bu antlaşma, Türk milletine karşı, yüzyıllardan beri hazırlanmış ve Sévres Antlaşması ile tamamlandığı sanılmış büyük bir suikastın sonuçsuz kaldığını bildirir bir belgedir. Osmanlı tarihinde benzeri görülmemiş bir siyasî zafer eseridir!

⁂

209) Meclis-i Âli-i Sıhhi.
210) Beynelmilel Sıhhiye Meclisi.

Türk Delegeler Hey'etinin Başkanı İsmet Paşa ile Hükûmet Başkanı Rauf Bey arasında çıkan anlaşmazlık

Efendiler, burada, Lozan barış görüşmeleri sırasında çıkan ve barış imzalandıktan sonra açığa vurulup yayılan bir konuyu ele alarak kamuoyunu aydınlatmak isterim. Açığa vurulan ve yayılan konu, Türk Delegeler Hey'eti Başkanı İsmet Paşa ile Hükûmet Başkanı Rauf Bey arasında çıkan anlaşmazlıktır. 466

Bu anlaşmazlığı, ilgili belgeleri inceleyerek köklü ve ciddî sebeplere dayandırmak güçtür. Bu bakımdan, anlaşmazlığı daha çok ruhî ve duygusal açıdan değerlendirmek gerektiği görüşündeyim.

Çeşitli vesilelerle belirtmiştim ki, Lozan Konferansı söz konusu olduğu zaman, Delegeler Hey'eti Başkanlığı'na Rauf Bey'in getirilmesi eğilimi vardı. Gerçekten Rauf Bey de Delegeler Hey'eti Başkanı olmak istiyordu. İsmet Paşa'nın askerî danışman olarak kendisiyle birlikte gönderilmesini de benden rica etmişti. Ben, Rauf Bey'e, İsmet Paşa'dan yararlanmanın, ancak onun başkan olarak gönderilmesiyle mümkün olacağı cevabını verdim. Sonra, bilindiği gibi, Rauf Bey'i göndermedik, İsmet Paşa ordunun başından alındı. Dışişleri Bakanlığı'na seçilerek Delegeler Hey'eti Başkanlığı'na getirildi.

Lozan Konferansı'nın birinci dönemi kapandıktan sonra, İsmet Paşa'nın uğradığı hücum ve eleştirileri anlatmıştım. Buna rağmen, ikinci defa Lozan'a gönderilen yine İsmet Paşa oldu. İsmet Paşa, Lozan görüşmelerini büyük bir başarıyla idare ediyordu. Görüşme safhalarını düzenli olarak Bakanlar Kurulu'na bildiriyordu. Bazı önemli konularda Hükûmet'in düşünce ve görüşlerini soruyor veya talimat bekliyordu. Çözüm bekleyen meseleler önemli, mücadele ciddî ve üzücü idi. Rauf Bey'de, İsmet Paşa'nın görüşmeleri idare ediş tarzını beğenmezlik duygusu uyanmıştı. Bu duygusunu Bakanlar Kurulu'ndaki arkadaşlarına da telkin etme isteğine kapılmıştı. Bakanlar Kurulu'nda İsmet Paşa'nın raporları okundukça, zaman zaman, İsmet Paşa bu işi başaramayacak denmeye başlanmış... Hattâ bir aralık, İsmet Paşa'yı geri çağırma teklifi ortaya atılmış... Rauf Bey, bu teklifi derhal oylamaya kalkışmış... Bakanlar Kurulu'na Millî Savunma Bakanı olarak katılan Kâzım Paşa'nın itirazı üzerine vazgeçilmiş...

İsmet Paşa'da, Hükümet Başkanı Rauf Bey'e karşı güvensizlik duygusu başlamıştı

Öte yandan, İsmet Paşa'da da, Hükûmet başkanı Rauf Bey'e karşı bir güvensizlik duygusu başlamış... Rauf Bey'in imzasıyla aldığı Hükûmet'in görüşünü bildiren yazılardan, Rauf Bey'in beni haberdar etmeden talimat vermekte olduğu endişesine düşmüş...

Nihayet, İsmet Paşa, görüşmelerin ciddî ve nazik safhalara girdiğinden söz ederek, benim durumu bizzat takip etmemi yazdı.

Gerçi, ben, İsmet Paşa'nın raporlarından ve Hükûmet'in kararlarından haberdar ediliyordum. Fakat, Rauf Bey'in, kararları İsmet Paşa'ya bildiren yazılarının ne şekilde yazıldığını kontrol etmiyordum. İsmet Paşa'nın dikkatimi çekmesi üzerine, Lozan görüşmelerini Hükûmet toplantılarında doğrudan doğruya takip etme ve Hükûmet kararlarını bazan kendim kaleme alma gereğini duydum.

Söz konusu ettiğimiz mesele üzerinde açık ve kesin bir bilgi verebilmek için İsmet Paşa ile Rauf Bey arasında çeşitli konu- 467
larda yapılan yazışmalardan yalnız iki konu ile ilgili olanlarını, huzurunuzda inceleyeceğim.

Yunanlılardan istenen savaş tazminatından dolayı İsmet Paşa ile Hükûmet arasında çıkan görüş ayrılığı ve gerginlik

Yunanlılardan istenen savaş tazminatından dolayı, Yunanistan gergin bir tavır takındı. İsmet Paşa ile Venizelos arasında bu konu ile ilgili görüşme ve tartışmalar kesildi.

İtilâf Devletleri'nin temsilcileri, İsmet Paşa'ya, Karaağaç'ın bize bırakılması ve tarafımızdan istenen onarımdan vazgeçilmesi suretiyle Yunan tazminatı meselesinin çözüme bağlanması teklifinde bulunurlar. İsmet Paşa, Karaağaç'ın, istediğimiz haklı tazminata bir karşılık tutulamayacağını, öte yandan, İtilâf Devletleri ile aramızda bulunan ve daha önce çözümlenmiş olan tazminat konusunun, bu konferansta yeniden ele alınıp tespit edilmediğini, her iki konuyu da Hükûmet'e bildirmek zorunda olduğunu belirtir. İsmet Paşa, bu durumu 19 Mayıs 1923 tarihli şifresiyle Hükûmet Başkanlığı'na bildiriyor ve : «Hükûmet kararının acele bildirilmesini istirham ederim» diyor.

İsmet Paşa, bu telgrafına üç gün geçtiği halde cevap alamaz... 22 Mayıs 1923 tarihinde «ivedi» kaydıyla, Hükûmet Başkanlığı'na şu şifreyi de çeker :

«Yunan tazminatına karşılık, Türkiye'ye Karaağaç ve yöresinin bırakılması ile ilgili olarak İtilâf Devletleri'nce yapılan teklif konusunda Hükûmet görüşünün bildirilmesini 19 Mayıs 1923 tarih ve 17 sayılı telgrafla istirham etmiştim. Zâtıdevletlerinin emirlerinin çabuklaştırılması istirham olunur.»

Rauf Bey, İsmet Paşa'nın iki telgrafına, 23 Mayıs 1923 tarihinde cevap veriyor.

Cevabın birinci maddesi şöyledir :

«Karaağaç'a karşılık tazminat parasından vazgeçemeyiz.»

Cevabın üçüncü maddesinde, bazı düşünceler ileri sürüldükten sonra «Yunanlıların bunu veremeyeceklerini İtilâf Devletlerinin söylemesi, şaşılacak şeydir ve kabul edilemez» deniliyor.

Cevabın beşinci maddesinde, yine bazı düşünceler belirtildikten sonra, şu görüş ileri sürülüyor: «Bu işin İtilâf Devletleri ile barışa engel olmaması için, bizi Yunanlılarla çözüm yolu bulmakta serbest bırakarak kendilerinin barış imzalamaları yerinde görülmüştür.

İsmet Paşa, 24 Mayıs 1923 tarihinde Rauf Bey'e yazdığı sonraki dört raporunda düşüncelerini açıklayarak şu bilgileri veriyor :

«Madde 1 — Bu gün, General Pellé geldi. Yunan hey'etinin, iki gün sonra, yani Cumartesi günü tazminat konusunun resmen konferansta görüşülmesini teklif ettiğini ve o zamana kadar tarafımızdan cevap verilmezse, Cumartesi günü konferanstan çekileceklerini bildirdiklerini söyledi. Ben, tazminat konusunda daha cevabınızı almamıştım. Hükûmetimden cevap gelmedikçe yapılacak bir şey olmadığını ve Yunanlılarca yapılan bu teklifmuch üzüntü duymadığımı bildirmekle yetindim.»

Durumun son devreye geldiği görüşündeyim. Ortalığa sızan yaygın söylentiler ve gazete haberleri genellikle kötümserdir.

Madde 2 — Çeşitli meseleler üzerinde yüksek başkanlığınızın cevaplarını aldım. Dikkate değer bir husustur ki, tazminat konusunda Ankara'nın red cevabı verdiği daha önce burada duyulmuştur. Bizim çevreler- 468
den sızması ihtimali yoktur. Çünkü, teklifi ve cevabı daha kimse bilmiyor...»

İsmet Paşa, Yunan tazminat konusu üzerindeki görüşünü şöyle bildiriyor : «Karaağaç ve yöresini bize bırakan teklifi kabul ederek Yunan tazminatı konusunun kapatılması zaruretine uymak yerinde olur. İtilâf Devletleri'nce, Yunanlılara para ödetmek imkânsız denildiği gibi, bunların aradan çekilmesi halinde çıkabilecek bir savaşı kazandıktan sonra bile, para almak için zorlama imkânları olmadığından, ödetme ilkesinde ısrar etmek çıkmaz bir yoldur. Her memlekette denenmiş ve sonucu görülmüştür... v.b.»

İsmet Paşa bu görüşünü pek akla yatkın ve basiretli düşüncelerle açıkladıktan sonra : «Konferansın bugünkü durumuna göre, iktisadî, ticarî ve yerleşim konuları ile ilgili maddelerle, diğer bütün maddeler büyük bir çoğunlukla, iyi bir şekilde sonuca bağlanmıştır ve bağlanmaktadır...»

«İşgal altındaki topraklarımızın boşaltılması konusu daha, bir çözüme bağlanamadı. Fakat istediğimiz gibi çözümlenmesi umulmaktadır ve öyle olması da gerekir» diyor.

Öteki konuların vardığı ve varabileceği sonuçları da bildirdikten sonra şunları yazıyor: «Düşüncem özet olarak şudur ki, hükûmet bize verilen talimatta yer alan temel maddeler içinde kaldığı ve Yunan tazminatı meselesi teklif ettiğim şekilde çözümlendiği takdirde, barışı gerçekleştirme ümidi gerçekten kuvvetlenir. Eğer hükûmet, görüşmelerin Yunan tazminatı yüzünden kesilmesini göze alırsa ve bize verilen talimatta yer almayan beklenmedik şartlar ileri sürerek sabit düşüncelerinde ısrar ederse, barışın imzalanması şüphelidir.»

«Kabotajın kayıtsız ve şartsız olarak kaldırılmasını veya konunun barıştan sonraya bırakılmasını uygun gördük ve istedik. Ancak, bu meseleyi belirli şartlar altında, iki yıllık özel bir sözleşmeyle çözümlemek imkânını bulabildik. Oysa: bu konu üzerinde de yeniden değişmez şartlar içinde ısrar edilmesini bildiriyorsunuz. Ondan sonra İsmet Paşa şunu yazıyor:

«Kararımın özeti şudur: Millî çıkarlarımıza uygun ve elde edilebilecek en iyi şartları içine alan bir barış antlaşması hazırlanmaktadır. Gerek Yunan tazminatı konusunda gerek diğer meselelerde, hükûmet, daha fazla menfaatler elde etme imkânını görmekte ve görüşmelerin kesilmesini göze almakta kararlı ise, ben bu görüşe katılmıyorum. Bu noktayı açıkça ve hemen bana bildirmesini **Hükûmet Başkanı'ndan istiyorum.** Aramızda uyuşma olmadığı takdirde, görevim delegelerimizi burada bırakarak memleketime dönmek ve Hükûmet'e durumu bir defa da sözlü olarak açıkladıktan sonra, savaş ve barış alanında sorumluluk mevkiimi sona erdirmektir.»

İsmet Paşa'nın, telgraflarının son maddesi şudur: **«Düşüncelerimin aynen Büyük Millet Meclisi Başkanı'na (yani bana) bildirilmesini istirham ederim.»**

Efendiler, bu verdiğim bilgilerden ortaya çıkan sonuç şudur: İsmet Paşa, Karaağaç'a karşılık Yunan tazminatı meselesini çözüme bağlamayı uygun görüyor; hazırlanmakta olan antlaşmanın elde edilebilecek en iyi şartları içine aldığı görüşünü belirtiyor.

Rauf Bey de, Karaağaç'a karşılık tazminat parasından vazgeçemeyiz diyor.

Ben, İsmet Paşa'nın görüşünü benimsedim

Ben Rauf Bey ile İsmet Paşa arasında yapılmış olan bütün yazışmaları gözden geçirdikten sonra, esas itibariyle İsmet Paşa'nın görüşünü benimsedim. Fakat Rauf Bey de İsmet Paşa da kendi görüşlerinde ısrarlı görünüyorlar ve bu görüşlerin ifadesinde her ikisi de pek keskin kelimeler kullanmış bulunuyorlardı. Rauf Bey, Meclis ve millet ka- 469 muoyunda iyi karşılanabilecek, parlak bir propaganda yolunda idi. «Memleketimizi yakıp yıkmış olan Yunanlılardan, kazandığımız çok büyük zafere rağmen onarım bedeli olarak tazminat parası isteğinden vazgeçemeyiz! Biz, onlarla hesabımızı görürüz!» görüşünün savunucusu oluyor...

Barışı bir bütün olarak ele alan ve büyük bir barışın esaslarını gözönünde bulunduran İsmet Paşa ise, Hükûmet Başkanı'yla olan bu anlaşmazlıkta, Yunanlılara karşı fedakârlık yapmayı teklif etme durumunda bulunuyordu. Bu görüşün yerinde ve kabulünün zarurî olduğunu kamuoyuna anlatmak, elbette ki o kadar kolay değildir.

Konuyu o yolda bir çözüme bağlamak gerekirdi ki, hem İsmet Paşa'nın teklifi kabul edilerek barış yapılsın hem de Rauf Bey ve başkanlık ettiği Hükûmet yerinde kalıp barış antlaşması imzalanıncaya kadar çalışmalarına devam etsin!

Meseleyi çözüme bağlamak için bir tarafa hak vererek öbür tarafı susturma yolunu tutmadım

Genellikle iki tarafa karşı aldığım tavır yumuşak olmadı. Bir tarafa hak vererek öbür tarafı susturma yolunu tutmadım. Durumu nasıl gördüğümü ve görüşümü nasıl ortaya koyduğumu anlatmak için 25 Mayıs 1923 günü yapılan hükûmet toplantısından sonra, İsmet Paşa'ya yapilmış olan tebligatı olduğu gibi bilginize sunacağım :

İsmet Paşa'ya iki şifreli telgraf yazıldı. Biri hükûmetin kararı olarak Rauf Bey'in imzasıyla çekildi. Bu telgrafı, ben Kâzım Paşa'ya yazdırdım. Ötekini bizzat yazdım ve kendi imzamla gönderdim. Rauf Bey'in imzasıyla çekilen telgraf şudur :

İsmet Paşa Hazretleri'ne

24 Mayıs tarihli ve 141-144 sayılı telgraflarınız üzerine Gazi Paşa Hazretleri'nin başkanlığında toplanan Hükûmet'in kararı aşağıda arz olunur :

Barışa engel olan önemli ve askıda kalmış meseleler, bizce bir bütün sayılmaktadır. Bu meselelerden herhangi biri nazik bir şekil aldığı zaman fedakârlığa davet edilir ve bu fedakârlığı zarurî görecek olursak, geride kalan meselelerin de aynı şekilde zararımıza çözülmesi ihtimalini kuvvetlendirmiş oluruz.

Yunan tazminatı konusunda fedakârlık yapılacak olursa, bu fedakârlık hiç olmazsa daha askıda bulunan ve bizce çözümü şart olan meselelerin lehimize sonuçlandırılması suretiyle barışa yardımcı olmalıdır. 470

Bundan dolayı, ancak, Düyûn-ı Umumiye faizleri, işgal altındaki topraklarımızın kısa zamanda boşaltılması, adlî işlerle ilgili formül ve şirketler tazminatı konularının Yunan tazminatı konularıyla birlikte ortaya konulması ve ancak lehimizde çözümü sağlanıp garanti edildiği takdirde, karşılığında bu fedakârlığın göze alınması uygun olabilir.

Bu formül çerçevesinde, en çok yarar sağlayacak bir barış yapılmasının mümkün olduğu ve bunun dışında uzun görüşmelerin iyi bir barış getirmeyeceği düşüncesinde olan kabine, konferansa son ve kesin şekilde tekliflerde bulunarak verilecek cevabı beklemenizi rica etmektedir.

Hüseyin Rauf

Benim yazdığım telgraf da şudur :

25.5.1923

24 Mayıs tarihli ve 141-144 sayılı telgraflarınızda yazılı olan hususlar Hükûmet'te incelendi ve görüşüldü. Hükûmet'çe alınan karar Hükûmet Başkanlığı'ndan bildirildi. Benim düşüncelerim :

1 — Üzerinde durulması ve ısrar edilmesi gereken mesele, Yunan tazminatı meselesinde Türkiye'nin göze alacağı fedakârlık değildir. Belki bu fedakârlığa razı olunabilmesi için, barışın imzalanmasına engel olan köklü ve önemli meselelerin daha çözümlenmemiş ve beklendiği şekilde çözümlenebileceğini gösteren inandırıcı deliller bulunmamış olmasıdır. Gerçekte, çözümlendiği veya çözümlenebileceği tahmin edilen iktisadî meseleler, Ankara'da toplanmakta devam eden şirketlerle yapılacak görüşmelerin sonucuna bağlıdır. Bu şirketlerin ise aşırı isteklerde bulundukları şimdiden anlaşılmıştır.

2 — İktisadî ve malî meseleler, İtilâf Devletleri'nin görüşüne uygun olarak yani aleyhimizde çözümleninceye kadar, İstanbul'un boşaltılmasını geciktirmede direnmelerinden duyulan endişe büyüktür ve ciddîdir. Hattâ bu gecikmenin, Musul meselesinin İngiltere lehine çözüme bağlanıncaya kadar devam ettirilmesi de kuvvetli bir ihtimaldir.

3 — Borçlularımızın hangi çeşit para ile ödeneceği meselesinin de, Muharrem Kararnamesi'nin yürürlükte olduğunu belirten bir blidiri yayınlanması isteğinde ısrar edildikçe, lehimize çözümlenemeyeceği görülüyor.

4 — Adlî işlerle ilgili çözüm formülü İtilâf Devletleri'nin teklifi üzerine kabul edilmiş olduğu halde, sonradan bundan vazgeçmeleri ve bu formülü tanımamakta direnmeleri dikkate değer.

5 — Bu bakımdan, Yunan tazminatı meselesinde, bizi fedakârlığa zorlamalarının sebebini şu şekilde düşünüyorum :

Yunanlılar, ordularını uzun süre silâh altında tutmak ve yıpratmak istemiyorlar. Türkiye ile aralarında çözüme bağlanması gereken tazminat meselesini kendi isteklerine göre çözümletecek güvenilir ve sakin bir duruma geçmek ihtiyacındadırlar. İtilâf Devletleri ise, bizim hayatî saydığımız meseleleri lehimizde çözümleme kararında değillerdir. Görüşmeleri mümkün olduğu kadar uzatarak ve her konu üzerinde bizi yıpratarak, en sonunda kendi lehlerinde fedakârlığa mecbur etmek kararındadırlar. Yunanlıların askerî harekât ile gayeye ulaşmalarına da razı olmadıklarından, maksatlarını bize baskı yaparak gerçekleştirmekle Yunanlıları sakin ve memnun bir duruma sokmak istiyorlar. Biz bu direnme karşısında fedakârlık yapmakla barışı sağlamaya hizmet etmiş olacağımızı sanmıyorum. Aksine, yine zaman geçecek ve barışın elde edilebilmesi için sonuna kadar fedakârlık yapmak mecburiyeti karşısında bırakılacağız. İzmir'in kurtarılışından bugüne kadar dokuz ay geçti. Bu şekilde daha dokuz ay geçebilir.

Önemle gözönünde bulundurmak gerekir ki, belirsiz bir zaman boyunca beklemek zorunda kalmayı kabul edemeyiz.

6 — Aleyhimize olan meselelerde fedakârlık etmek, lehimize çözümü zarurî olan meseleleri olumlu bir sonuca götürememek bizi zayıf ve güç duruma sokar. Bunun için barışa temel olacak meselelerin hepsini bir bütün olarak dikkate almak, bunu ciddiyetle, açık ve kesin bir dille konferansın dikkatine sunmak ve kabulüne çalışmak; bu konuda garanti elde etmedikçe fedakârlığı gerektiren meselelerin çözümüne yanaşmaktan kesinlikle kaçınma zamanı gelmiştir.

7 — 24 Mayıs tarihli ve 144 sayılı telgrafınızla bildirilen son kararımızı uygulamakta acele etmemenizi rica ederim. Esası Meclis'ten gelen talimatın önemli noktası, malî iktisadî adlî ve idarî konularda hayat ve bağımsızlık haklarımızın tam ve güvenılir olarak kazanılmasıdır. Daha bu sonuç elde edilemediğine göre, fedakârlık noktasında ısrar göstermeyiniz.

8 — İtilâf Devletleri, bize hayat ve bağımsızlığımızla ilgili konularda ne yapıp yapıp aleyhimizde esaslı şartlar kabul ettirmeye karar vermedikçe, tazminat konusunda göstereceğimiz ciddî tutum üzerine, Yunan ordusunun hareketine izin veremezler; dolayısıyla kendilerinin de fiilen savaş durumuna geçmelerini uygun göremezler. Eğer olumsuz görüşü benimsemekteki kararları kesin ise, Yunan tazminatı konusunda olmasa bile, İstanbul'un boşaltılması, borçların hangi tür para ile ödeneceği veya adlî meseleler gibi bütün dünyayı ilgilendiren konularda ve elverişli bir ortam içinde bize karşı fiili hareketlere girişirler. Böyle olunca da biz daha zayıf bir duruma düşeriz.

9 — Yunanlıların Cumartesi günü konferanstan çekilmelerini önleyebilmek için, isteklerini kabul etmek lehimizde değildir. Böyle bir çekilmenin aynı harekete İtilâf Devletleri de katılmadıkça hiçbir anlam ve etkisi olamaz. Eğer konferanstan çekileceklerini bildirmenin anlamı, fiilen askerî harekâta geçeceklerini önceden haber vermek ise, bu konuda İtilâf Devletleri'nden haklı olarak sorulacak noktalar vardır.

10 — Kısacası, böyle tepeden inme ve ansızın yapılan bir tehdit karşısında ve başlıbaşına bir konuda fedakârlığı kabul ettiğimizi söylemek, barışı uzaklaştırmak şeklinde anlaşılabilir. Tekrar ediyorum : İtilâf Devletleri'ni ana meseleleri çözmeye davet ediniz, efendim.

Mustafa Kemal

Bunlardan başka, İsmet Paşa'ya, «kişiye özel» işaretiyle de ayrıca şu kısa şifreli telgrafı çektim : 472

Şifre : **25.5.1923**
Kişiye özel

İsmet Paşa Hazretleri'ne

Hükûmet Başkanlığı ile Delegeler Hey'eti'nin bütün yazışmalarını bir defa daha karşılaştırarak inceleme gereğini duydum. Bazı telgraflardaki ifade tarzından, arada yanlış anlamalar var gibi bir anlam çıkardım. Onarımla ilgili tazminatı kabul etmek veya etmemek konusunda ısrar yoktur Bunu açıklamak için, durumla ilgili düşünce ve görüşlerimi ayrıca bildirdim. Hasretle gözlerinden öperim, kardeşim.

Mustafa Kemal

Bu telgrafların metinlerinden, Karaağaç'a karşılık Yunan tazminatından vazgeçmeyi esas itibariyle kabul ettiğimiz açıkça anlaşılmaktadır.

Ancak ana meselelerde, zarurî ve hayatî saydığımız hususların iyi bir sonuca bağlanması şartına da, İsmet Paşa'nın dikkati çekilmiştir.

İsmet Paşa'nın da bu telgraflardan çıkardığı anlam ve güttüğü maksat bu olmuştur.

İsmet Paşa, Rauf Bey'den, düşüncelerinin bana aynen bildirilmesini istediği 24 Mayıs 1923 tarihinde, doğrudan doğruya bana da bir telgraf çekmiş... 24 Mayısta çekilmiş olan bu telgrafı ben 26 Mayısta aldım. Telgraf Dışişleri şifresiyle gelmiş ve Rauf Bey tarafından görüldükten sonra bana gönderilmişti. Halbuki bu telgraf bir bakıma Rauf Bey'den şikâyet anlamı taşıyordu. İsmet Paşa'nın telgrafı şudur.

Lozan
Çekilişi : 24.5.1923
Alınışı : 26.5.1923

Gazi Mustafa Kemal Paşa Hazretleri'ne

Durumla ilgili olarak Hükûmet Başkanlığı'na etraflı bir rapor sundum. Hükûmetle aramızda esaslı anlaşmazlık vardır. Uyuşma olmazsa geri dönmek zorunda ve kararındayım. Raporumun yüce Başkanlığınıza ulaştırılmasını açıkça belirttim ve istirham ettim. Konferans son günlerinde ve durum gecikmeye tahammülü olmayan bir andadır. Düşünceme göre, barış, ileri sürdüğüm görüşler çerçevesinde gerçekleştirilebilir. Büyük Millet Meclisi Başkanı Zâtıdevletlerinin bu olağanüstü zamanda genel durumu yakından takip buyurmaları istirham olunur. 473

Diğerlerinden bir gün gecikmeyle gelen bu telgraf; olduğu gibi Gazi Paşa Hazretleri'ne sunulacaktır.

Hüseyin Rauf

Aynı gün İsmet Paşa'ya şu cevabı verdim :

Şifre : Makine başında

Ankara, 26.5.1923

İsmet Paşa Hazretleri'ne

24 Mayıs tarihli ve 145 sayılı şifreyi 26 Mayısta aldım. Ondan önce kısa ve uzun iki şifre yazdım. Durumu takip ediyorum. Geri dönme kararınızın nedeni, tazminat konusunda fedakârlık olduğuna göre, doğru değildir. Bildirdiğim hususlar çerçevesinde teşebbüse devam edildiği takdirde, daha elverişli bir safhaya geçeceğinizi umarım. Hükûmet ile aranızda sezilen görüş ayrılığı giderilebilir. Gözlerinizden öperim, efendim.

Gazi Mustafa Kemal

İsmet Paşa, 26 Mayıs 1923 tarihinde Hükûmet Başkanlığı'na yazdığı raporlarda, Hükûmet Başkanlığı'nın yazılarını, benim telgraflarımı ve delegelerimize verilmiş olan esas talimatı dikkate aldığımı ve o yolda hareket ettiğimi açıkladıktan sonra, 26 Mayıs günü öğleden sonra, İtilâf Devletleri delegelerinin, Yunan tazminatına karşılık Karaağaç'ın kabul edilmesi yolundaki tekliflerini kabul ettiğini söylemiş olduğunu, diğer meseleleri de birkaç gün içinde sonuçlandırabileceğini bildirmiş...

Rauf Bey, bu raporları bana 27 Mayıs 1923 tarihinde şu yazısına ilişik olarak gönderdi.

154/155 **27.5.1923** 474

Türkiye Büyük Millet Meclisi Yüce Başkanlığı'na

İsmet Paşa Hazretleri'nden gelen 26 Mayıs 1923 tarihli telgraf sureti ilişik olarak yüce huzurlarına takdim kılındı, efendim.

Hüseyin Rauf
Dışişleri Bakanlığı Vekili

Rauf Bey, aynı tarihte İsmet Paşa'ya da şu tebligatta bulunmuş:

27.5.1923

İsmet Paşa Hazretleri'ne

İlgi : 26 Mayıs 1923 tarih ve 151 sayılı telgraf.

Delegeler Hey'eti'nin Yunan tazminatı ile ilgili tutumu, Hükûmet'in talimatına açıkça aykırı görülmüştür. Güç durumda kalan Hükûmet, millî çıkarları gözönünde tutarak, tarafınızdan bildirildiği üzere, önemli meselelerin üç dört gün içinde sonuçlandırılacağı yolundaki kanaatın gerçekleşmesini beklemekle birlikte, düşünce ve görüşlerini değiştirmeyecektir. Önceki telgrafta belirtilen öteki temel meselelerle fedakârlığın söz konusu olamayacağı kesinlikle bilinmelidir, efendim.

Hüseyin Rauf

İsmet Paşa'nın, Karaağaç'a karşılık tazminattan vazgeçilmesini bildiren raporlarını gördükten sonra, 25 Mayıs 1923 tarihli ve Rauf Bey imzalı talimat telgrafını açıklamak üzere kendisine şu telgrafı yazdım :

27.5.1923

İsmet Paşa Hazretleri'ne

Hükûmet'in kararında başlıca üç ana nokta vardı. Birincisi : Onarımla ilgili tazminat meselesinde fedakârlık, askıda kalan önemli meselelerin lehimize sonuçlandırılması karşılığında yapılmalıdır. İkincisi : Düyûn-ı Umumiye faizleri, düşman işgalindeki topraklarımızın boşaltılması, adlî meselelerle ilgili formül ve yabancı şirketlere ödenecek tazminatı, -yani on iki milyon liranın, şahısları ve uyrukları hangi milletten olursa olsun, bütün şirketlere ait olduğu kabul edilerek bunun dışında bir tazminatın söz konusu edilmemesi- meselelerinin, tazminat meselesiyle 475 birlikte ele alınması ve bu dört meselenin lehimize çözümü sağlanabildiği takdirde, tazminat meselesinde fedakârlık yapılabilir. Üçüncüsü : Konferansa son ve kesin tekliflerde bulunarak cevap beklemek.

Delegeler Hey'eti'nin tutum ve anlayışında Hükûmet'in görüş ve talimatına uymayan noktalar şunlardır :

1 — Delegeler Hey'eti, yalnız askıda kalan meseleleri bir bütün olarak kabul etmiş, tazminat meselesini bunun dışında tutmuştur.

2 — Görüşmelerin, Yunanlıların konferanstan çekilmesi üzerine kesilmesinde ve Mudanya sözleşmesinin Yunan ordusunun yeniden saldırmasıyla bozulmasında sakınca görülerek, öteki meselelerde anlaşmaya varılamazsa, görüşmelerin tarafımızdan kesilmesi tercih edilmiştir. Bu nokta, üzerinde düşünülmeye değer.

3 — Yunan onarım tazminatı konusunda fedakârlığı kabul ettikten sonra, öteki meseleleri birkaç gün içinde sonuçlandırma yoluna gidilmesi de önemlidir. Bakanlar Kurulu'nda henüz böyle bir kanaat oluşmuş değildir. Önemli meseleler gerçekten üç dört gün içinde lehimize sonuçlandırılabilirse, tazminat meselesine öncelik verilmesinde düşünülen sakıncalar giderilmiş olur. Muharrem Kararname-si'nin (211) yürürlükte olduğu hususunun belirtilmesine önem verilmesinin, ancak çözümlenmesi ümidini beslediğimiz meselelerden sonraya bağlı olduğu bildirilmektedir.

4 — Konferansın, kuponların ödenmesi meselesi yüzünden kesilmesinin içeriye ve dışarıya karşı bizi daha kuvvetli bulunduracağı düşüncesi de üzerinde iyiden iyiye durmaya değer.

Bu konuda bütün yabancılar aleyhimizdedir. İşin içyüzünü kamuoyuna açıklamak tazminat meselesi kadar kolay değildir. Tazminat meselesinde yabancıların da bizi haklı görmesi için sebepler vardır.

5 — Önemli meselelerde, görüşmelerin kesilmesine bizim yol açmış olmamız, fiilî hareketlerle birlikte olmadıkça, İtilâf Devletleri'nin isteğine uygun düşer. Bu sebeple, eğer görüşmeler kesilecekse bunun Yunan saldırısı üzerine yapılması, bizi haklı durumda gösterirdi görüşü vardır.

6 — Kısacası, Hükûmet ile Delegeler Hey'eti arasındaki anlaşmazlık noktaları önemlidir. Hükûmet'te olupbittiler karşısında bırakılma endişesi doğmuştur. Bunun için, bildirdiğiniz üzere, önemli meselelerin birkaç gün içinde mutlaka sonuçlandırılmasına ağırlık vererek, tazminat meselesine öncelik vermenin doğuracağı sakıncaların giderildiğini göstermek lâzımdır. Daha şimdiden fedakârlıkta bulunmanın, öteki meselelerin sür'atle ve lehimizde çözüme bağlanacağı hususunda verilen sözlere karşılık olduğunu gerekenlere ciddî olarak söylemek ve eğer sonunda görüşmeler mutlaka kesilecekse, bunun onların sebep olduğu ve saldırgan görünecekleri bir yolda kesilmesini sağlamak gerekir.

7 — Bugünlerde en ince değişiklikleri ve özellikle göstereceğiniz fedakârlıktan sonra İtilaf Devletleri delegelerinde beliren zihniyeti bildiriniz. Çünkü, bize gözdağı vererek başarıya ulaşmaktan doğacak yeni ümitlerinden haklı olarak endişe ediliyor, efendim.

Gazi Mustafa Kemal

İsmet Paşa, 28 Mayıs 1923 tarihinde, Rauf Bey'e yazdığı telgrafta diyor ki : «Usulde, yani bir meseleyi önce veya sonra söz konusu etmek gibi esas direktifte değil ;uygulama şekli üzerinde aramızda 47

211) 1881 Kasımında (Arap takvimiyle Muharrem ayında) Düyûn-ı Umumiye (Genel Borçlar) yönetiminin kurulması ile ilgili kararı.

ayrılık belirmiştir. Yunan tazminatı meselesi daha kesin bir çözüme bağlandığı gibi, öteki ana meseleler de bundan sonra görüşüleceğinden, Cuma ve Cumartesiye kadar bütün meselelerde konferansın kesin tutumunun anlaşılacağı sanılmaktadır. Yunan tazminatı konusundaki fedakârlığı, bizi ilgilendiren malî ve iktisadî konularda bu davranışımızın dikkate alınacağı kaydıyla yaptığımızı söylemiştim. Bu bakımdan, eğer öteki meselelerde anlaşmazsak, Yunan tazminatı da alacağımız genel karara bağlı olur.»

«Eğer esas talimatlara uymakla birlikte, beklenmedik talimatlara, nihayet çeşitli meselelerin görüşülme ve çözümlenmesinde verilecek kesin emirlere, önemli talimatlara bütünüyle ve harfi harfine uyamadığımız kabul buyurulursa, bu durum, istemediğimizden değil, fakat gerçekten mümkün olmadığındandır.»

«Bendeniz aramızdaki bu görüş ayrılığını zamanında görmüş ve açıkça ortaya konmasını istirham etmiştim. Henüz hiçbir şey imza edilmemiş, hiçbir taahhüde girilmemiştir. Eğer bu tutumumuz yanlış sayılıyorsa, onun görüşünüze göre düzeltilmesi imkânı vardır.

Kısacası, barış meselesinin yüzde doksan beşi çözümlenmiştir. Üzerine benden sonra görev alacak kimse için güçlükler azalmış ve basitleşmiştir.

«Öte yandan, eğer barış yapılmaz da görüşmeler kesilirse, bizim tutumumuz bu kesilmeyi daha elverişsiz bir duruma sokmayacaktır. Herhalde emir ve karar Hükûmet'in ve yüce Başkanlığınızındır.»

İsmet Paşa, aynı gün bana da cevap verdi. Bu cevabı olduğu gibi bilginize sunayım :

Lozan
Çekilişi : 28.5.1923
Gelişi : 29.5.1923

1/1016

Hükûmet Başkanlığı'na
Gazi Mustafa Kemal Paşa Hazretleri'ne

Durum, Hükûmet'e gönderdiğim raporda bildirilmiştir. Her gün birer mesele ele alınmak üzere, bütün meseleleri önümüzdeki günlerde görüşeceğiz. Elbette Yunan tazminatını askıda kalan bütün meselelerin çözümünde sürekli bir silâh olarak kullanacağız. Bu imkânı elde tuttuk. Yunan tazminatı meselesini çözümledikten sonra diğerlerinde bize gözdağı vererek bir sonuç alma ümidi besleyen olmadı. Aksine, tehdit vasıtası ortadan kalktı. Durum sakinleşti. Eğer eninde sonunda görüşmeler kesilirse, ya Yunan Ordusu kendisi için özel bir sebep bulunmadığından harekete geçmeyecek veyahut da ötekilerle birlikte ve onların dâvâsı
için ilerlediğini ortaya koyup ispat edeceğiz. Her iki durum da maddî ve manevî 477
bakımlardan, tazminat bahanesiyle, Yunan ordusu ile çarpışmaya başlamaktan

daha önemli ve uygun görülmüştür. Hükûmeti oldubittiler karşısında bırakma endişesine yer yoktur. Tutumumuz genel duruma göre değerlendirlirse, anlaşmazlığın uygulama yönteminde olduğu kabul edilebilir. Daha önce bu anlaşmazlığı da arz etmiştim. Ana konuların hepsinin birkaç güne kadar görüşüleceği arz olunur.

İsmet

İsmet Paşa'ya şu telgrafı çektim :

29.5.1923

İsmet Paşa Hazretleri'ne

Zâtıdevletlerinin, barışla ilgili konuların büyük ölçüde çözümlenmiş olduğu yolunda verdiği bilgi sevindirici olmuştur. Tasarladığımız üzere, durumu birkaç gün içinde aydınlığa kavuşturabiilrseniz, çok rahatlayacağız. Başarılı olmanızı dilerim. Fevzi Paşa Hazretleri de Ankara'dadır. Durum aydınlanıncaya kadar burada kalacaktır. Gözlerinizden öperim.

Mustafa Kemal

İsmet Paşa, bu telgrafımdan sonra çalışmalarına devam etti. Rauf Bey'in ve Bakanlar Kurulu'nun da bu konu üzerinde daha fazla direnmesini önledim.

Bir aya yakın bir zaman her iki taraf da yatışmış gibi göründü. Bu süre içinde, İsmet Paşa, çeşitli konular üzerinde Bakanlar Kurulu Başkanlığı'nın görüşlerini soruyordu.

Kuponlar ve imtiyazlarla ilgili yazışmalar iki tarafı yeniden sinirlendirdi

Kuponlar ve imtiyazlar konusunda aralarında geçen bir yazışma iki tarafı yeniden sinirlendirmiş. İsmet Paşa'nın 26 Haziran 1923 tarihinde Rauf Bey'in bir yazısına verdiği cevapta şu cümleler vardır :

Kuponlar meselesi çözümlenmeden imtiyazlar meselesinin çözümlenmesine gitmeyeceğiz. Zaten sorduğumuz soru, kuponlar meselesine bir çözüm yolu bulduktan sonra, takip edeceğimiz tutumla ilgili talimat almak içindi. Hükûmet bu konuda suskunluk gösteriyor. Konferans görüşmelerinde, Delegeler Hey'eti'nin, ana talimattaki kısıtlamalar dışında, bütün davranışlarının ayrıntılı olarak Ankara'dan idare edilme istek ve eğilimi, görüşmelerin memleket için en yararlı bir şekilde idaresini ve hayırlı bir barışa ulaşma gücünü, Delegeler Hey'eti'nin elinden almaktadır. Hükûmetçe tercih buyurulan bu yolun, 93 Seferi'nin ([212]) saraydan idaresinden farkı yoktur.

Bize karşı, güvensizlik duyulduğu ve yetersiz olduğumuz hususunda durmadan ifade buyurulan kanaat süregeldikçe bizim aracılığımızla barış yapılabileceği düşünülemez.

---

212) 1877 - 1878 Türk - Rus Savaşı'nın.

Hükûmetin görüşlerini, İtilâf Devletleri'ne olduğu gibi kabul ettirebileceğine inanan bir hey'etin ve tabiatiyle yüksek şahsiyetinizle olan ilgisi dolayısıyla Maliye Bakanı Beyefendi'nin doğrudan doğruya sorumluluk yüklenerek konferansa hareket buyurmalarını rica ediyoruz.

Maliye Bakanı Hasan Fehmi Bey'di. Bu telgrafı okudum ve Rauf Bey'e cevap verdim. İsmet Paşa'ya da şunu yazdım :

Kişiye özel **26.6.1923**

İsmet Paşa Hazretleri'ne

26.6.1923 tarihli cevap telgrafınızı okudum. Çok sinirli olarak yazılmıştır. Bunu gerektirecek hiçbir duygu, düşünce ve davranış yoktur. Sizi haksız buldum. İçinde bulunduğunuz güçlükler ve çektiğiniz sıkıntılar takdir edilmektedir. Bundan sonra belki, daha da artacaktır. Bu kırgınlığın sebebi Ankara değil, orada her gün yeni bir hile yaratanlardır. Çalışmalarınızı yılmadan ve soğukkanlılıkla olumlu bir şekilde sonuçlandırmaya himmet ediniz. Arada yanlış anlaşılmayı gerektirecek bir durum görmüyorum. Çalışma alanınız sınırlı değildir. Fakat yapılacak işler sınırlı olduğu ve pek önemli meselelerle karşı karşıya bulunduğunuz için, durum kendiliğinden sıkıntılı olmuştur. Gözlerinizden öperim.

Gazi Mustafa Kemal

Rauf Bey'in aradaki görüş ayrılığını, kendisi ile İsmet Paşa arasında başlıbaşına bir mesele sayması doğru değildir

Saygıdeğer Efendiler, görülüyor ki, İsmet Paşa ile olan yazışmalarımda, onu incitebilecek sözler de vardır. Sonuna kadar da buna benzer ciddî emirlerim olmuştur. İsmet Paşa'nın da bana aynı şekilde ifadeler kullandığı olmuştur.

Bakanlar Kurulu kararlarında benim görüşlerimin de yer aldığını, İsmet Paşa'ya gerektikçe bildiriyordum. Buna göre; İsmet Paşa'nın Bakanlar Kurulu Başkanlığı'nı hedef alan bazı şikâyetleri, yalnız Rauf Bey'in şahsıyla ilgili sayılmazdı. Bütün bakanlarla ilgiliydi. Hattâ bana da dokunuyordu.

Rauf Bey'in bu görüş ayrılığını, kendisi ile İsmet Paşa arasında başlıbaşına bir mesele sayması ve öyle saydırmaya kalkışması doğru değildir. Her durumda ve her konuda talimat verenler o talimatı, uzakta ve özellikle talimat verenin içinde bulunmadığı şartlar altında uygulayan kimse arasında görüş ayrılığı olabilir. Esasta bir değişiklik yapılmamak şartıyla, durum gereğine göre idare edilir.

İsmet Paşa'nın, durumun izlenmesi için benim dikkatimi çek- 479
mesi de mazur görülmelidir. Çünkü, konu gerçekten ciddî ve hayatî idi.

Rauf Bey, görüşmeleri bitirip barışı hazırlayan İsmet Paşa'nın sonuçla ilgili olarak Hükûmet'in görüşünü soran telgrafına cevap vermemişti

Nihayet, Efendiler, Temmuz ortalarında konferans sona erdi. İsmet Paşa, barış antlaşması imzalanmadan önce Bakanlar Kurulu Başkanı Rauf Bey'e, konferansın son bulduğunu ve meselelerin ne şekilde çözüme bağlandığını bildirmiş... Rauf Bey, olumlu veya olumsuz hiçbir cevap vermemiş... İsmet Paşa, bekleyiş içinde geçirdiği bu günlerde çok üzülmüş. Hükûmetin hiçbir cevap vermeyişini, Ankara'da bir kararsızlığın hüküm sürmekte olduğuna bağlamış... Rauf Bey'e yazdıktan üç gün sonra 18 Temmuz 1923 tarihinde durumu bana da bildirdi. Telgrafında, Hükûmet'i kararsızlığa düşürebileceğini tahmin ettiği noktaları birer birer sayıp açıkladıktan sonra, düşüncelerine şu sözlerle son veriyordu :

«Eğer hükûmet kabul ettiğimiz noktalardan geri dönmemiz hususunda kesinlikle ısrar ediyorsa, bunu bizim yapmaklığımıza imkân yoktur. Benim düşüne düşüne bulduğum yol, İstanbul'daki İtilâf Devletleri komiserlerine, imza yetkisinin bizden alındığını bildirmektir. Gerçi, bu durum, bizim için yer yüzünde görülmemiş bir skandal olur. Fakat vatanın yüksek çıkarları, şahsî düşüncelerin üstünde olduğundan, Millî Hükûmet istediği gibi hareket eder. Hükûmetten teşekkür beklemiyoruz. Yaptıklarımızın muhasebesi milletin ve tarihin yargısına bırakılmıştır.»

Efendiler, İsmet Paşa'nın yürüttüğü ve sonuçlandırdığı işin ne kadar önemli olduğunu açıklamaya gerek yoktur. Bu işin sonuçlandırıldığı, son günün, imza gününün geldiğini bildiren telgrafa sevinçle ve can atarak cevap verileceğini kabul etmek tabiîdir. Ankara ile Lozan arasında, bir veya iki günde haberleşmek mümkündü. Üç gün geçtiği halde, hiçbir cevap verilmemiş olması, en basit bir anlayışla, Hükûmet Başkanı'nın işi önemsemediğini ve aldırmazlıkla karşıladığını gösterir. Yapılan işin hükûmetçe noksan görülerek, kabul edilmemesi yoluna gidildiği ve bundan dolayı da cevap verilmemekte olduğu zannına da düşülebilir. Bu durum karşısında, işi bitirmek için büyük ve tarihî sorumluluk yüklenerek imza kullanacak olan zatın ne kadar güç bir durumda kalacağı düşünülürse, İsmet Paşa'nın üzüntü ve ıztırap çekmesini haklı görmek gerekir.

İsmet Paşa'ya barış antlaşmasını imzalamasını bildirdim

İsmet Paşa'nın telgrafına hemen şu cevabı verdim :

Ankara, 19.7.1923

İsmet Paşa Hazretleri'ne

18 Temmuz 1923 tarihli telgrafınızı aldım. Hiç kimsede kararsızlık yoktur. Elde ettiğiniz başarıyı en sıcak ve içten duygularımızla tebrik etmek için, antlaşmanın usulüne göre imza edildiğinin bildirilmesini bekliyoruz, kardeşim.

Gazi Mustafa Kemal
Türkiye Büyük Millet Meclisi
Başkanı
Başkomutan

İsmet Paşa'nın çektiği ıztırap

İsmet Paşa, bu telgrafıma cevap verdi. İsmet Paşa'nın ıztırabının derecesini gösteren bu cevabı, aynı zamanda temiz kalpliliğini, içtenliğini ve özellikle alçak gönüllülüğünü de gösteren bir belge olduğu için, aynen bilginize sunuyorum : 480

Sayı : 338 **Lozan, 20.7.1923**

Gazi Mustafa Kemal Paşa Hazretleri'ne

Her dar zamanımda Hızır gibi yetişirsin. Dört beş gündür çektiğim azabı bir düşün. Büyük işler yapmış ve yaptırmış adamsın. Sana bağlılığım bir kat daha artmıştır. Gözlerinden öperim pek sevgili kardeşim, aziz şefim.

İsmet

Lozan Barış Antlaşmasını hazırlayan ve imzalayanlara teşekkür ve kendilerini kutlama

Efendiler, İsmet Paşa, 24 Temmuz 1923 günü antlaşmayı imzaladı. Kendisini tebrik etme zamanı gelmişti. Aynı gün şu telgrafı çektim :

Lozan'da Delegeler Hey'eti Başkanı
Dışişleri Bakanı İsmet Paşa Hazretleri'ne

Millet ve hükûmetin zâtıâlilerine vermiş olduğu yeni görevi başarıyla sona erdirdiniz. Memlekete biribiri ardınca yaptığınız yararlı hizmetlerle dolu ömrünüzü bu defa da tarihî bir başarıyla taçlandırdınız. Uzun çarpışmalardan sonra vatanımızın barış ve istiklâle kavuştuğu bu günde, parlak hizmetiniz dolayısıyla zâtıâlinizi, pek sayın arkadaşlarımız Rıza Nur ve Hasan Bey'leri ve çalışmalarınızda size yardım eden bütün Delegeler Hey'eti üyelerini şükran duygularımla kutlarım.

Gazi Mustafa Kemal
Türkiye Büyük Millet Meclisi
Başkanı
Başkomutan

Rauf Bey kutlamak istemiyor

Efendiler, Bakanlar Kurulu Başkanı R a u f B e y 'in İ s m e t P a ş a 'ya kutlama telgrafı çekmediğini anladım. Kendisine bunun gerekli olduğunu hatırlattım. R a u f B e y 'e bu konuda diğer bazı arkadaşlar da uyarıda bulunmuşlar.

Daha sonra öğrendim ki, R a u f B e y, İ s m e t P a ş a 'yı kutlamayı ve ona yaptığı bu önemli ve tarihî görevden dolayı teşekkürü gerekli görmüyormuş. Yapılan uyarı üzerine K â z ı m P a ş a' ya bir mektup yazarak, ondan kendi adına, İ s m e t P a ş a 'ya bir kutlama telgrafı yazmasını rica etmiş. Bunun anlamı nedir?

K â z ı m P a ş a, bu mektubu Bahriye Vekili (213) İ h s a n B e y'-in evinde bulunduğu bir sırada almış. Maliye Bakanı H a s a n F e h m i B e y de orada imiş...

Rauf Bey'in yazdığı veya yazdırdığı telgraf

Hep birlikte, R a u f B e y 'in ağzından uygun bir telgraf müsveddesi yaparak İ s m e t P a ş a 'yı kutlamışlar ve ona teşekkür etmişler. Bu müsveddeyi bir zarfa koyup R a u f B e y 'e göndermişler. Fakat R a u f B e y müsveddeyi beğenmemiş. İ s m e t P a ş a'ya başka bir telgraf yazmış veya yazdırmış. R a u f B e y, K â z ı m P a ş a 'yı gördüğü zaman demiş ki: «Sizin yaptığınız müsveddede sanki her işi yapan İ s m e t P a ş a imiş gibi gösteriliyor. Biz burada bir şey yapmadık mı?»

Efendiler, R a u f B e y 'in yazdığı veya yazdırdığı telgraf metni, kendisinin duygu ve düşüncelerini gizlememektedir. Arzu buyurursanız o telgrafı da olduğu gibi bilginize sunayım:

Şifre **27.7.1923**

Lozan'da Delegeler Hey'eti Başkanlığı'na

İlgi : 20 ve 24 Temmuz, 347 ve 348 sayılı telgraflar :

Birinci Dünya Savaşı'nın sonsuz ıztıraplarından kurtulmak ve milletimizin dünya barışını kurmakta ne büyük bir rolü olduğunu fiilen ispat etmek üzere imzaladığımız Mondros Ateşkes Anlaşmasına rağmen, en fecî ve insafsız saldırılara uğramış; bunun arkasından yaşama hakkımızı ve istiklâlimizi ayaklar altına - alan Sévres Antlaşması yapılmıştı. Yüzyıllar boyunca hür ve bağımsız olarak yaşamış olan aziz Türkiye'nin asil halkı, uğradığı haksız ve feci saldırılar karşısında bütün şuuru ve bütün varlığıyla yaşama hakkını ve istiklâlini kurtarmak için ayaklanarak kurduğu yılmaz ve yenilmez millî ordusuyla Büyük Önderimiz ve Başkomutanımızın ve kahraman komutanlarımızın sevk ve idaresiyle zaferden zafere yürüdü.

---

213) Deniz Bakanı.

Türkiye Büyük Millet Meclisi ve Hükûmeti'nin milletten aldığı kudret ve kuvvetle ve ordularının pek yüksek savaş kabiliyetiyle elde ettiği bu başarı ve zaferlerin, Lozan'da aylardan beri süregelen barış görüşmeleri sonunda, milletlerarası bir belge ile belgelenmiş olması, milletimize yeni bir çalışma ve huzur dönemi hazırlamıştır. Bakanlar Kurulu, azimli ve fedakâr milletimizin yaşama hakkını ve istiklâlini güven altına alan bir antlaşmanın yapılmasındaki çalışmalardan dolayı başta zâtıdevletleri olmak üzere, delegelerimiz Rıza Nur ve Hasan Beyefendi'lere ve müşavirlerimize tebriklerini sunar, efendim. 482

Hüseyin Rauf
Bakanlar Kurulu Başkanı

Rauf Bey, Lozan Antlaşması'nı yapan İsmet Paşa'yı kutlama vesilesiyle Mondros Ateşkes Anlaşması'nı yapan kendisini savunmaya çalışıyor

Efendiler, Rauf Bey, Lozan Antlaşması'nı yapan ve ona imzasını koyan İsmet Paşa'yı tebrik vesilesiyle, kendisinin yaptığı ve imzasını koyduğu Mondros Ateşkes Anlaşması'ndan bahsetmeyi ve onu ne kadar önemli ve yüksek amaçlarla imza ettiğini söyleyerek kendisini savunmayı gerekli görüyor.

Mondros Ateşkes Anlaşması, Osmanlı Devleti'nin müttefikleriyle birlikte uğradığı acı yenilginin yüz kızartacak bir sonucudur. O anlaşma hükümleridir ki, Türk topraklarını yabancıların işgaline sundu. O anlaşmada kabul edilen maddelerdir ki, Sévres Antlaşması hükümlerinin de kolaylıkla kabul ettirilebileceği düşüncesini yabancılara mümkün ve akla yatkınmış gibi gösterdi.

Rauf Bey, o ateşkes anlaşmasını «milletimizin dünya barışını sağlamakta ne büyük bir âmil olduğunu fiilî olarak ispat etmek amacıyla» imzaladığını, söylüyorsa da, bu hayalî cümle ile kendinden başka kimseyi avutmaz. Çünkü böyle bir amaç yoktu.

Rauf Bey'in, telgrafına Mondros Ateşkes Anlaşması ile başladığına bakılırsa, bu anlaşmanın Lozan Konferansı için bir başlangıç olduğunu ve Lozan barışının da Rauf Bey'in yaptığı Mondros Ateşkes Anlaşması'nın sonucu olduğunu söylemek eğiliminde bulunduğuna hükmedilebilir.

Rauf Bey zaferler kazanmış ordunun başından Lozan'a giden zata zaferden zafere yürüyen ordunun hikâyesini anlatıyor

Rauf Bey, telgrafında Sévres Antlaşması yüzünden Türk milletinin uğradığı saldırıları, buna karşı milletin nasıl ayaklandığını, nasıl yılmaz ve yenilmez bir ordu kurduğunu ve kahraman komutanlarımızın sevk ve idaresi ile nasıl zaferden zafere yürüdüğünü hikâye ediyor. Rauf Bey, bu hikâyeyi İsmet Paşa'ya, o zaferler kazanmış ordunun başından Lozan'a gitmiş olan zata anlatıyor. Rauf

B e y, bu başarı ve zaferleri hükûmetin kazandığını anlatabilmek için de parlak bir cümle bulmuştur: Lozan barış görüşmelerinin aylardan beri devam ettiğine de işaret ederek üstü kapalı bir şekilde işin uzatıldığını belirtmekten kendini alamamıştır. R a u f B e y, «Antlaşmanın yapılmasındaki çalışmalarından dolayı Delegeler Hey'eti'ni tebrik ederken, Mondros Ateşkes Antlaşması'ndan başlayarak, bütün inkılâbımızın bir özetini yapmak suretiyle, Delegeler Hey'eti'ne yaptıkları antlaşmanın nasıl ve ne olduğunu da anlatmak gayretine düşmüştür. Bir tek teşekkür kelimesini bile içine almayan bu yazıların ne anlama geldiğini kavramak, dikkatli ve incelikleri görebilen kimselerce elbette güç değildir.

***

Rauf Bey, İsmet Paşa ile karşı karşıya gelemem, onun karşılanmasında bulunamam diyor

Efendiler, Delegeler Hey'etimiz görevini tamamladıktan sonra, Ankara'ya dönmek üzere yolda bulunuyordu. Herkes Delegeler Hey'eti'ni yakından alkışlamak için can atıyordu. O günlerdeydi. Hükûmet Başkanı R a u f B e y, Meclis İkinci Başkanı bulunan A l i F u a t P a ş a ile birlikte, Çankaya'da bana geldiler. 483

R a u f B e y; ben, dedi İ s m e t P a ş a ile karşı karşıya gelemem. Onun karşılanmasında bulunamam. Müsaade ederseniz, o geldiği zaman Ankara'da bulunmak için, seçim bölgemde dolaşmak üzere Sıvas'a doğru bir geziye çıkayım.

R a u f B e y'e bu şekilde davranmasına bir sebep olmadığını, burada bulunarak İ s m e t P a ş a 'yı bir Hükûmet Başkanı'na yaraşırcasına karşılamasının ve görevini başarı ile sona erdirdiği için onu sözle de takdir ve tebrik etmesinin uygun olacağını söyledim.

R a u f B e y, «kendime hâkim değilim; yapamayacağım» dedi «ve geziye çıkma hususunda ısrar etti. Hükûmet Başkanlığı'ndan ayrılması şartıyla çıkmasını kabul ettim.

Rauf Bey, Devlet Başkanlığı makamının güçlendirilmesini teklif ederken ne düşünüyordu

Ondan sonra, R a u f B e y 'le aramızda şu konuşma geçti:

R a u f B e y, «Hükûmet Başkanlığı'ndan çekilirken, sizden çok rica ederim» dedi «Devlet Başkanlığı makamını güçlendiriniz.»

R a u f B e y'e: «Dediğinizi yapacağıma kesin olarak güveniniz!» cevabını verdim.

R a u f B e y 'in ne demek istediğini ben pek güzel anlamıştım.

R a u f B e y, Devlet Başkanlığı makamı olarak, hilâfet makamını düşünüyor, o makama kuvvet ve yetki sağlamamı benden rica ediyordu.

R a u f B e y'in, benim olumlu cevabımla ne demek istediğimi anlayıp anlamadığı belli değildir. Daha ileriki bir tarihte, Cumhuriyet'in ilânından sonra, kendisiyle Ankara'da yaptığım bir görüşmede, Cumhuriyet'e niçin karşı olduğunu sorduğum ve yapılmış olan şeyin, Ankara'dan ayrılırken, benden yapılmasını rica ettiği ve benim söz verdiğim işten başka bir şey olmadığını söylediğim zaman: «Ben, demişti, Devlet Başkanlığı makamını güçlendiriniz derken, asla Cumhuriyet ilânını düşünmüş ve kastetmiş değildim.»

Oysa, Efendiler, benim verdiğim cevabın anlamı tamamen o idi. Gerçekten de, millî hükûmetimizin niteliği Cumhuriyet Hükûmeti olduğu halde, bence onu kesin olarak ifade ve ilân etmemek ve Devlet Başkanlığı makamı ile Türkiye Büyük Millet Meclisi makamını bir tek makam halinde bulundurmak bir zayıflık teşkil ediyordu. İlk fırsatta Cumhuriyeti resmen ilân etmek ve Devlet Başkanlığı'nı Cumhurbaşkanlığı makamında temsil ederek kuvvetli bir durum yaratmak şarttı. R a u f B e y 'e bunu yapacağıma kesin olarak söz vermiştim. Eğer ne demek istediğimi kavrayamamışsa, sanırım ki eksiklik bende değildir.

Memlekete ve millete kimler hizmet ederse havarî onlardır

A l i F u a t P a ş a ile de kısa bir görüşme yapıldı. F u a t P a ş a, bana şöyle bir soru sordu: Senin şimdi «havarî»lerin ([214]) kimlerdir? Bunu anlayabilir miyiz?»

Ben bu sorudan bir şey anlayamadığımı söyledim. Paşa, ne demek 484
istediğini açıkladı. O zaman ben de şunları söyledim :

Benim «havarî» lerim yoktur. Memleket ve millete kimler hizmet eder, bu hizmete lâyık ve muktedir olduğunu gösterirse, «havari» onlardır.

*
**

Rauf Bey'in Hükûmet Başkanlığı'ndan, Ali Fuat Paşa'nın Büyük Millet Meclisi İkinci Başkanlığı'ndan çekilmesi

R a u f B e y, Hükûmet Başkanlığı'ndan çekildi. İçişleri Bakanı olan A l i F e t h i B e y, aynı zamanda Hükûmet Başkanlığı'na seçildi (13 Ağustos 1923)

Bir süre sonra, 24 Ekim 1923 tarihinde, A l i F u a t P a ş a da Meclis İkinci Başkanlığı'ndan çekilerek, ordu müfettişliğine, tayinini rica etti. F u a t P a ş a 'ya ünvanı İkinci Başkan olmakla birlikte, mev-

214) apôtre (= apotr)'ların.

kinin ve görevinin pek önemli olan Meclis Başkanlığı olduğunu söyleyerek, görevine devam etmesini tavsiye ettim. Fuat Paşa, politikadan hoşlanmadığını, hayatının bundan sonrasını askerlik mesleğine vermek istediğini ileri sürerek, isteğinin yerine getirilmesi ricasında ısrar etti. Fuat Paşa'nın rütbesi tümgeneral idi. Komuta edeceği orduda korgeneral rütbesinde kolordu komutanları vardı. Geçmiş hizmetlerini göz önünde bulundurarak kendisini korgeneralliğe yükselttik ve karargâhı Konya'da bulunan İkinci Ordu Müfettişliği'ne tayin ettik.

Kâzım Karabekir Paşa da, daha önce aynı düşüncelerle Meclis'ten ayrılmış ve ordu müfettişi olarak Birinci Ordunun başına geçmiş bulunuyordu.

*
**

Yeni Türkiye Devleti'nin başkenti : Ankara

Efendiler, Lozan Antlaşması'nın eklerinden olan düşman işgali altındaki topraklarımızı boşaltma protokolu uygulandıktan sonra, yabancı işgalinden tamamen kurtulan Türkiye'nin toprak bütünlüğü fiilî olarak sağlanmıştı. Artık yeni Türkiye Devleti'nin başkentini bir kanunla tespit etmek gerekiyordu. Bütün düşünceler, Yeni Türkiye'nin başkenti Anadolu'da ve Ankara şehri olarak seçme lüzumunda birleşiyordu.

Bu seçimde, coğrafî durum ve askerî strateji en büyük önemi taşıyordu. Devletin başkentini bir an önce tespit ederek, içten ve dıştan gelen kararsızlıklara bir son vermek şarttı. Gerçekten de, bilindiği üzere, başkentin İstanbul olarak kalacağı veya Ankara olacağı konusunda öteden beri içeride ve dışarıda kararsızlıklar görülüyor, basında demeçlere ve tartışmalara rastlanıyordu. Bu arada İstanbul'un yeni milletvekillerinden bazıları, Refet Paşa başta olmak üzere, İstanbul'un hükûmet merkezi olarak kalması gereğini bazı örneklere dayanarak ispat etmeye çalışıyorlardı. Ankara'nın gerek iklim, gerek ulaştırma araçları
ve gelişme kabiliyet ve istidadı ve gerekse mevcut tesisler ve kuruluşlar 485
bakımından hiç de uygun ve elverişli olmadığını söylüyorlar; İstanbul'un «payitaht» olması lâzımdır ve mutlaka olacaktır, diyorlardı. Bu ifadeye dikkat edilirse, bizim «başkent» deyimiyle kastettiğimiz anlam ile, bu ifadelerdeki «payitaht» deyimini kullananların görüşleri arasında bir fark bulmamak mümkün değildir. Bundan dolayı, bu konuda zaten kesinleşmiş bulunan kararımızı resmen ve kanunî yoldan ilân ettirerek, «payitaht» sözünün de yeni Türkiye Devleti'nde kullanılmasına gerek kalmadığını göstermek lâzım, geldi. Dışişleri bakanı İsmet Paşa, 9 Ekim 1923 tarihli tek maddelik bir kanun tasarısını Meclis'e teklif

etti. Altında daha on dört kadar zatın imzası bulunan bu kanun teklifi, 13 Ekim 1923 tarihinde uzun görüşme ve tartışmalardan sonra çok büyük bir çoğunlukla kabul edildi. Kabul edilen kanun maddesi şudur: **«Türkiye Devleti'nin başkenti Ankara şehridir.»**

*
**

Meclis'te Fethi Bey'in başkanlığındaki Hükûmet ve Fethi Bey'in şahsına karşı sataşmalar ve tenkitler başladı

Efendiler, çok geçmeden, Meclis'te, F e t h i B e y'in başkanlığındaki hükûmete ve özellikle F e t h i B e y 'in şahsına karşı sataşmalar ve tenkitler başladı. Anlaşıldığına göre, milletvekillerinde bakan olma istek ve hevesi çoğalmıştır. İşbaşında bulunan bakanları beğenmiyorlardı.

Yeni seçimde, partimiz adına milletvekillikleri sağlanmış olan birtakımları da Hükûmet aleyhindeki cereyanları körükleyerek kendi maksatlarına göre yararlanma fırsatları hazırlamaya çalışıyorlardı. Muhalefete geçecekleri sezilen milletvekillerinin meclis çoğunluğunu aldatarak, Hükûmet'e ve Meclis'e karşı hâkim bir duruma geçmek maksadını güttükleri anlaşılıyordu.

F e t h i B e y, dikkatini ve çalışma gücünü Hükûmet Başkanlığı görevinde yoğunlaştırabilmek için İçişleri Bakanlığı'ndan istifa etti. Aynı tarihte, A l i F u a t P a ş a 'nın çekilmesi ile Meclis İkinci Başkanlığı da boşaldı (24 Ekim 1923).

Bizimle görüşte ve yapılan çalışmalarda uzlaşma ve işbirliği aramayı gerekli bulmaksızın bağımsız ve gizli çalışan bir grup belirdi. Bu grup, iyi niyetli ve hakkı tutar gibi görünerek bütün parti üyelerini kendi görüşlerine çekmekte başarılı olmaya başladı. Örnek olarak, bir parti toplantısında, İçişleri Bakanlığı'na Erzincan milletvekili bulunan S a b i t B e y 'in, Meclis İkinci Başkanlığına da İstanbul'da bulunan R a u f B e y' in Meclis'çe seçilmesini karar altına aldırdı (25 Ekim 1923).

Oysa, ben, S a b i t B e y'in İçişleri Bakanı olmasını uygun görmemiştim. S a b i t B e y 'in bazı illerin valiliklerinde bulunmuş olmasını, yeni Türkiye'nin yeni şartlara bağlı iç işlerini idare edebileceğine yeterli bir delil sayamıyordum.

R a u f B e y 'in de Meclis İkinci Başkanlığı'na seçilmesini doğru bulmuyordum. Çünkü, R a u f B e y, daha dün Hükûmet Başkanı idi. O makamı, ne gibi duyguların etkisinde kalarak hareket ettiği için terke mecbur edildiği bilinmekteydi. Buna rağmen, onu Meclis'in İkinci Baş- 486 kanlığı'na getirmekle, bütün Meclis'in onunla aynı görüşte olduğunu, yani bütün Meclis'in, Lozan Barış Antlaşması'nı yapan ve Hükûmet'te Dışişleri Bakanı olarak bulunan İsmet Paşa'nın aleyhine olduğunu göstermek maksadı güdülüyordu.

Efendiler, yeni Meclis, ilk döneminde, gizli bir muhalefet grubunun tuzağına düşme durumuyla karşı karşıya kaldı. Fethi Bey ve arkadaşları, Hükûmet işlerini sükûnetle yürütemeyecek bir duruma getirildi. Fethi Bey bu durumdan bana defalarca şikâyet etti ve kendisi Hükûmet'ten çekilmek istedi. Öteki bakanlar da aynı şekilde şikâyetlerde bulunuyorlardı.

Kötülük, Hükûmet'in Meclis'çe seçilmesinden ileri geliyordu. Bu gerçeği çoktan görmüştüm.

Uygulanması için sırasını beklediğim bir düşüncenin uygulanma zamanı gelmişti

Ben, Meclis'te, gizli ve muhalif bir grubun bulunduğunu farkettikten, Meclis çalışmalarında duyguların hâkim duruma geçtiğini gördükten ve Bakanlar Kurulu'nun çalışma düzeninin her gün olur olmaz birtakım sebeplerle altüst edilmekte olduğuna kanaat getirdikten sonra, uygulanması için sırasını beklediğim bir düşüncenin uygulanma anının geldiğine hükmetmiştim. Bunu itiraf etmeliyim. Buna göre, şimdi vereceğim bilgileri ve yapacağım açıklamaları anlamak daha kolay olacaktır.

Efendiler, Halk Partisi'nin Rauf Bey'i kendisi toplantıda bulunmadığı halde Meclis İkinci Başkanlığı'na, Sabit Bey'i de İçişleri Bakanlığı'na aday seçtiği tarih 25 Ekim 1923 Perşembe günüdür. Aynı gün ve ertesi Cuma günü Hükûmet üyeleri Çankaya'da benim başkanlığımda toplandı.

Gerek Hükûmet Başkanı Fethi Bey'in ve gerek diğer bakanların istifa etmeleri zamanının geldiğini ve bunun gerekli olduğunu bildirdim. Meclis'çe yeni hükûmet seçildiğinde, şimdiki hükûmette bulunan üyelerden yeniden seçilenler olursa, onlar bu seçimden sonra da istifa ederek yeni hükûmete katılmayacaklardır, esasını da kabul ettik. Yalnız, o zamanlar, bakanlar gibi seçilen ve kabineye dahil bulunan Genelkurmay Başkanı Fevzi Paşa, bu kararın dışında bırakıldı. Çünkü ordu yönetim ve komutasının rastgele birisine verilmesi doğru görülmedi.

Efendiler, bu türlü hareketin ve alınan kararın nasıl bir maksada dayandığı incelenirse, şu sonuca varılır: İhtiraslı grubu, hükûmet kurmakta tamamen serbest bırakıyoruz. Şimdiki kabinede bulunan bakanlardan hiçbiri katılmaksızın, tamamen istedikleri kimselerden oluşan, istedikleri gibi bir kabine kurarak memleket mukadderatına hâkim olmalarında bir sakınca görmüyoruz. Fakat ne hükûmet kurmaya ve ne de kursalar bile memleketi yönetme iktidarı göstereceklerine emin bulunuyoruz.

Meclis'i aldatmaya çalışan ihtiraslı grup, şu veya bu tarzda bir hükûmet kurmayı başarabildiği takdirde, bir müddet bu hükûmetin idare şeklini ve idaredeki iktidarını takip etmenin ve hattâ ona yardımcı olmanın doğru olacağını düşündük. Fakat bu şekilde kurulacak bir hükûmet, memleket yönetiminde ve yeni gayelerimizi gerçekleştirmekte beceriksizlik gösterir ve başka maksatlara yönelirse, bunu Meclis'te açıklayarak, Meclis'i aydınlatma yolunu tercih ettik. Hükûmet kurmayı başaramadıkları takdirde, doğacak karışıklığın Meclis'i uyandıracağı
tabiî idi. Bunalım ve karışıklığın devamına seyirci kalınamayacağından, 487
işte o zaman, bizzat müdahale ederek ve tasarladığım şekli açıkça ortaya koyarak işi kökünden halledebileceğimi düşünmüştüm. .

Fethi Bey'in başkanlığındaki hükûmet istifa ediyor

Hükûmet üyeleri ile Çankaya'da yaptığımız toplantı sonunda, bakanların hep birlikte imzalayarak bana verdikleri istifa yazısı şuydu:

Yüksek Başkanlığa

Türkiye Devleti'nin, karşı karşıya bulunduğu önemli ve güç, iç ve dış meseleleri kolaylıkla çözebilmesi için mutlaka çok kuvvetli ve Meclis'in tam desteğini kazanmış bir hükûmete ihtiyacı olduğu kanaatindeyiz. Bu bakımdan yüce Meclis'in her bakımdan güven ve desteğine dayanan bir hükûmetin kurulmasına yardımcı olmak maksadıyla istifa ettiğimizi derin saygılarımızla arz ederiz. efendim.

Efendiler, bu istifa yazısı, 27 Ekim 1923 Cumartesi günü saat 13.00 de başkanlığımda toplanan Parti Genel Kurulu'na bildirildikten sonra, saat 17.00'ye doğru açılan Meclis oturumunda resmen okunmuştur.

Hükûmet listeleri ve Hükûmet Başkanlığı'na seçileceği tahmin edilen kimseler

Hükûmet'in istifası belli olduğu dakikadan itibaren,Meclis üyeleri, Meclis odalarında, evlerinde grup grup toplanarak yeni hükûmet listeleri düzenlemeye başladılar. Bu durum Ekim'in 28' inci günü geç vakte kadar sürdü. Hiçbir grup bütün Meclis'çe kabul edilebilecek ve millet kamuoyunca iyi karşılanacak isimleri içine alan bir aday listesi tespit edemiyordu. Özellikle bakanlıklara aday düşünülürken o kadar çok hevesli ve isteklilerle karşı karşıya kalıyorlardı ki, herhangi birinin diğerlerine tercihi şeklinde tespit edilecek bir listeyi kabul ettirmekteki güçlük, liste hazırlığı ile uğraşanları ümitsizlik ve endişeye düşürdü. Gerçi İstanbul'un bazı gazeteleri, bazı kimselerin resimlerini basarak Hükûmet Başkanlığı'na seçileceği umulan «sayın sima»ları hatırlatarak dikkati çekmekte kusur etmedi. Gerçi gayretli bazı gazeteciler, 28 Ekim günü erkenden «İstanbul'un yüzünü örten sabah sisinin ördüğü tül henüz sıyrılırken, deniz gökyüzünden, kıyılardan akseden renklerle boyanmış, hareketsiz dururken» Marmara'nın durgun sularını yararak ilerleyen Deniz Yollarının vapuruyla Kalamış iskelesine çıkıyor... Yolda Rauf Bey'e rastlıyor... Ondan sonra «büyük bir bahçenin içindeki güzel Kalamış köşkünün pek mükemmel döşenmiş süslü salonuna» giriyor ve köşkte oturanın çeşitli meselelerle ilgili görüşlerini ve özellikle «millî hâkimiyetimizi her şeye ve her şeye (!) karşı koruyalım...» nasihatını yayınlayarak kamuoyunu aydınlatma hizmetinden geri kalmıyor. Fakat bu uyarma ve yol göstermeler Ankara'ya tesir edemiyordu.

Millî hâkimiyetimizi her şeye ve her şeye karşı koruyalım diyen zat

Efendiler, her şeye ve her şeye (!) karşı millî hâkimiyetin korunması tavsiyesinde bulunan zat, Halife'nin kendisine olan iltifatını «Allahın lûtfu» olarak kabul eden zattır.

Bazı gazetelerin, Konya'da ordu müfettişliğine tayin edilen Fuat 488
Paşa'nın 28 Ekimde İstanbul'a gelişinden, Rauf Bey, Refet Paşa, Adnan Bey ve diğer birçok kimse tarafından karşılandığını bildiren telgraflarını ve Rauf Bey'le Kâzım Karabekir Paşa'nın resimlerini basarak Mondros Ateşkes Anlaşmasını ve Kars'ın kurtarılışını hatırlatmak için yazdıkları yazıları bile yeterince dikkati çekmeye yaramadı.

Parti Yönetim Kurulu kesin bir hükûmet listesi hazırlayamadı

28 Ekim günü geç saatlerde, toplantı halinde bulunan Parti Yönetim Kurulu tarafından davet edildim. Parti Yönetim Kurulu Başkanı Fethi Bey'di. Fethi Bey, parti adına Yönetim Kurulu'nca bir aday listesi hazırlandığını ve bu konuda Parti Genel Başkanı olarak benim de görüşümün alınması uygun görüldüğü için toplantılarına davet ettiklerini bildirdi. Hazırlanan listeye göz gezdirdim. Bence uygun olduğunu, ancak, bu listede adları bulunan kimselerin de görüşlerinin alınması, kabul edip etmeyeceklerinin sorulması gerektiğini söyledim. Bu teklifim uygun görüldü. Söz gelişi, Dışişleri Bakanlığı için söz konusu edilen Yusuf Kemal Bey'i davet ettik. Yusuf Kemal Bey, bu listeye giremeyeceğini bildirdi. Bundan ve buna benzer bazı durumlardan anladım ki, Parti Yönetim Kurulu da kabul edilebilir kesin bir aday listesi hazırlayamamaktadır. Yönetim Kurulu üyelerine, gereken kimselerle daha sıkı temas kurarak kesin bir liste tespit etmelerini tavsiye ettikten sonra yanlarından ayrıldım. Gece olmuştu Çankaya'ya gitmek üzere Meclis binasından ayrılırken, kori-

dorlarda beni beklemekte olan Kemâlettin Sami ve Hâlit Paşa'lara rastladım. Ali Fuat Paşa Ankara'dan hareket ederken bunların Ankara'ya geldiklerini o günkü gazetede «Bir uğurlama ve bir karşılama» başlığı altında okumuştum. Daha kendileriyle görüşmemiştim. Benimle konuşmak üzere geç vakte kadar orada beklediklerini anlayınca, akşam yemeğine gelmelerini, Millî Savunma Bakanı Kâzım Paşa vasıtasıyla kendilerine bildirdim. İsmet Paşa ile Kâzım Paşa'ya ve Fethi Bey'e de Çankaya'ya benimle birlikte gelmelerini söyledim. Çankaya'ya gittiğim zaman, orada, beni görmek üzere gelmiş bulunan Rize Milletvekili Fuat, Afyonkarahisar Milletvekili Ruşen Eşref Bey'lerle karşılaştım. Onları da yemeğe alıkoydum.

Cumhuriyetin ilânı kararını nerede ve kimlere söyledim

Yemek sırasında: **«Yarın Cumhuriyet ilân edeceğiz»** dedim. Orada bulunan arkadaşlar, derhal düşünceme katıldılar. Yemeği bıraktık. O dakikadan itibaren, nasıl hareket edileceği konusunda kısa bir program yaparak arkadaşları görevlendirdim.

Yaptığım programın ve verdiğim talimatın uygulanışını göreceksiniz!

Efendiler, görüyorsunuz ki, Cumhuriyet ilânına karar vermek için Ankara'da bulunan bütün arkadaşlarımı davet ederek onlarla görüşüp tartışmaya asla lüzum ve ihtiyaç görmedim. Çünkü, onların da aslında ve tabiî olarak benim gibi düşündüklerinden şüphe etmiyordum. Halbuki, o sırada Ankara'da bulunmayan bazı kişiler, yetkileri olmadığı halde, kendilerine haber verilmeden, düşünce ve rızaları alınmadan Cumhuriyetin ilân edilmiş olmasını bize gücenme ve bizden ayrılma sebebi saydılar.

Cumhuriyetin ilânı ile ilgili kanun tasarısını İsmet Paşa'yla birlikte hazırladık

O gece birlikte olduğumuz arkadaşlar erkenden ayrıldılar. Yalnız İsmet Paşa Çankaya'da misafirdi. Onunla yalnız kaldıktan sonra, bir kanun tasarısı müsveddesi hazırladık. Bu müsveddede 20 489
Ocak 1921 tarihli Teşkilât-ı Esasiye Kanunu (Anayasa)'nun devlet şeklini tespit eden maddelerini şu şekilde değiştirmiştim: Birinci maddenin sonuna «Türkiye Devleti'nin hükûmet şekli Cumhuriyettir» cümlesini ekledim. Üçüncü maddeyi şu yolda değiştirdim: «Türkiye Devleti Büyük Millet Meclisi tarafından idare olunur. Meclis, hükûmetin ayrıldığı idare kollarını Bakanlar vasıtasıyla yönetir.»

Bundan başka Teşkilât-ı Esasiye Kanunu'nun temel madelerinden olan sekizinci ve dokuzuncu maddelerle de değiştirilerek ve açıklığa kavuşturularak şu maddeler yazıldı:

«Madde — Türkiye Cumhurbaşkanı Türkiye Büyük Millet Meclisi Genel Kurulu tarafından ve kendi üyeleri arasından bir seçim dönemi için seçilir. Cumhurbaşkanlığı görevi yeni Cumhurbaşkanının seçilmesine kadar devam eder. Görev süresi biten Cumhurbaşkanı yeniden seçilebilir.»

«Madde — Türkiye Cumhurbaşkanı devletin başkanıdır. Bu sıfatla lüzum gördükçe Meclis'e ve Bakanlar Kurulu'na başkanlık eder.»

«Madde — Başbakan, Cumhurbaşkanı tarafından ve Meclis üyeleri arasından seçilir. Diğer bakanlar, Başbakan tarafından ve yine Meclis üyeleri arasından seçildikten sonra Cumhurbaşkanı tarafından hepsi birden Meclis'in onayına sunulur. Meclis, toplantı halinde değilse, onaylama, Meclis'in toplantısına bırakılır.»

Bu maddelere, komisyonda ve Meclis'te din ve dil ile ilgili bildiğiniz bir madde de eklenmiştir.

29 Ekim 1923 günü Halk Partisi'nde yapılan görüşmeler

Saygıdeğer Efendiler, şimdi isterseniz yüksek hey'etinize 29 Ekim 1923 Pazartesi günü Ankara'da geçen olayı kısaca anlatmaya çalışayım.

Pazartesi günü saat 10.00'da Halk Partisi grubu, Grup Yönetim Kurulu Başkanı Fethi Bey'in başkanlığında toplandı. Bakanlar Kurulu üyelerinin seçimi görüşmelerine başlandı.

Başkan — Yönetim Kurulu, hazırlık niteliğinde olmak üzere, Genel Kurul'a sunulmak üzere bir Bakanlar Kurulu listesi hazırladı. Yönetim Kurulu, kesin bir şey tespit etmiş değildir. Karar saygıdeğer kurulumuzundur. Kabul ederseniz okunsun, sözleriyle, Genel Kurul'a, Başkanlığında Fuat Paşa'nın bulunduğu bir hükûmet listesi sunar. Okunan bu listede İktisat Bakanlığına aday gösterilen Celâl Bey (İzmir) söz alarak Bakanlar Kurulu'nun önemini belirtmiş ve kendisinin seçilmesini teklif etmiş. Özellikle «bu listede adları görülen kimseler çekilenlerden daha kuvvetli değildir. Bizden refah ve ıslahat isteyen bir millet vardır. Herhalde yeniler eskilerden daha kuvvetli olmalıdır. Seçimde acele etmeyelim. Hele Hükûmet Başkanı'nı seçerken iyi düşünelim» görüşünü ileri sürmüş.

Saip Bey (Kozan) — Meclis Başkanlığı'na Fethi Bey, Başbakanlığa İsmet Paşa seçilmelidir, demiş.

Ekrem Bey (Rize) — Yeni hükûmet eski hükûmetin boşluğunu doldurabilecek mi? Reis Paşa Hazretleri, mümkünse bu konudaki düşüncelerini ifade buyursunlar; aydınlanalım (ben o sırada Meclis'te bulunmuyordum) şeklinde konuşmuş. 490

Zülfü Bey (Diyarbakır) — Yetki Parti Meclisi'nindir. Bu hak, grup Yönetim Kurulu'nun değildir. Parti Meclisi toplansın!.. isteğinde bulunmuş...

Mehmet Efendi (Bolu) — Seçilecek hükûmet ancak bir ay dayanabilir. Hükûmetin böyle sık sık değişmesi, memleket ve milleti kötü ve güç bir duruma sürükler. Hükûmet istifa sebebini açıkça anlatmazsa herhangi bir hükûmet seçimine katılmam. Önce sebebi anlayalım sonra seçim yapalım.

Faik Bey (Tekirdağ) — Listede gösterilen isimler öncekilerden daha kuvvetli değildir. Parti Meclisi toplanıp bu meseleyi halletsin.

Vasıf Bey (Saruhan) — (İsmet Paşa'nın hizmetlerinden bahsettikten sonra) Memleketi, milleti niçin bırakıyor? Liderlerimiz bizi aydınlatmamıştır. Sayın Başkanımız (beni kastetmiş olacak) bizi niçin aydınlatmıyor, demiş ve uzun bir konuşma yapmış.

Necati Bey (İzmir) — Memleketin güvendiği kimselerin bizi bırakıp ayrılmalarını kabul edemeyiz. Sayın Başkanımız bizi aydınlatsın ve uyarsın. İçeriye ve dışarıya karşı kuvvetli bir hükûmete kesinlikte ihtiyacımız vardır.

Başkan Fethi Bey — Yönetim Kurulu'nun yaptığı bu liste, ne Paşa'nın ve ne de Yönetim Kurulu'nundur, şeklinde bir açıklama yapmayı gerekli bulmuş.

Doktor Fikri Bey (Ertuğrul) (215) — Vasıf ve Necati Bey'lerin düşüncelerine katılırım. Memleket sütliman değildir. Memleket idaresi gelişigüzel yapılacak bir seçime terk edilemez. Kuvvetli şahıslardan kurulu bir hükûmet seçilmelidir.

Recep Bey (Kütahya) — Arkadaşlar sözlerini bitirsinler, sonra Gazi Paşa Hazretleri söylesinler (Henüz toplantıda değildir).

İlyas Sami Bey (Muş) — Sayın Başkanımız Gazi Paşa Hazretleri düşüncelerini ifade buyursunlar. Bunalımın doğduğu gün giderilmesi daha yararlıdır. Erteleme şiddetlenmesine yol açar. Bir Hükûmet Başkanı seçelim. Yirmi dört saatlik bir süre tanıyalım. Arkadaşlarını bulsun. Kuvvetli bir hükûmet kurulsun.

Abdurrahman Şeref Bey (rahmetli İstanbul Milletvekili) — Bazı arkadaşlar telâş ediyorlar. Bu her memelekette görülen bir şeydir. Hepimizin amacı vatanın saadetidir. Bir makine kurup tıkır tıkır işletemiyoruz. Bu da doğru. Kuvvetli bir hükûmeti nasıl bulmalı

215) Bilecik.

hastalığı nasıl keşfetmeli? Teşkilât-ı Esasiye Kanunu'muzu göz önüne alalım. Hükûmetin görevini belli edelim. Meclis, görüşlerini söylesin. Ondan sonra Reis Paşamız da görüşlerini ifade buyursunlar. Bir sonuca varalım. Herkes bir işe yarar. Herkesi yaradığı işte kullanmalı. Şahıslardan söz etmeyelim. Vatanın yüksek çıkarlarında birlikteyiz. Reis Paşa Hazretleri görüşlerini ifade buyursunlar.

Eyüp Sabri Efendi (Konya) — Ne olursa olsun bir seçim 491
zarureti ile karşı karşıya bulunuyoruz. Bundan önceki Hükûmet üyelerinin, yeniden seçilmiş olsalar bile kabul etmeyeceklerine karar verdiklerini işitiyoruz. Yüce Meclis bu kararı kaldırmalıdır.

Recep Bey (Kütahya) — Üç esaslı noktaya dokunacağım. Birincisi şekil, ikincisi çalışma eksikliği, üçüncüsü manevî birliğimizde açılan gediktir. Şekillerde eksiklik olursa iyi bir sonuç vermez. Eldeki listede yer alan değerli arkadaşlar hangi zamanda hangi şartlar altında çalışacaklardır; belli değil. Kuvvetli bir şahsın kendi arkadaşlarını bularak bir hükûmet kurması gerekir. Recep Bey, özellikle bu son nokta üzerinde uzun bir konuşma yapmış ve açıklamalarda bulunmuş.

Talât Bey (Ardahan) — Recep ve Abdurrahman Şeref Bey'ler pek güzel açıkladılar. Hükûmet Başkanı'nın görevi nedir? Görev ve yetki Kanununu hâlâ çıkarmadık. Gazi Paşa Hazretleri bizi aydınlatmak lûtfunda bulunsunlar, demiş.

Ben Genel Başkan olarak meselenin çözümüne memur edildim

Başkan bundan sonra görüşmenin yeterliğini oya koymuş. Görüşme yeterli görüldükten sonra birtakım önergeler okunmuş. Bunlardan Kemalettin Sami Paşa'nın önerisi kabul edilmiş. Bu önergeyle, ben Genel Başkan sıfatıyla meselenin çözüme bağlanması için Parti Meclisi tarafından görevlendiriliyordum.

Görüşmeler sırasında Çankaya'da evimde bulunuyordum. Kemalettin Sami Paşa'nın önergesinin kabul edilmesi üzerine, toplantıya davet edildim. Toplantı salonuna girer girmez doğruca kürsüye çıktım ve kısaca şu görüş ve teklifi ortaya attım.

«Efendiler! dedim, Hükûmet üyelerinin seçiminde görüş birliği sağlanamadığı anlaşılmıştır. Bana bir saat kadar müsaade buyurun. Bulacağım çözüm yolunu arz ederim.»

Başkan Fethi Bey, teklifi oya koydu. Kabul edildi.

Efendiler, bu bir saat içinde, gereken kimseleri Meclis'teki odama davet ederek onlara 28/29 Ekim gecesi hazırladığım kanun tasarısını gösterdim ve kendileri ile görüştüm.

28/29 Ekim gecesi hazırladığım kanun müsveddesini teklif ettim

Saat 13.30'da Parti Genel Kurulu yeniden F e t h i B e y 'in başkanlığında toplandı. İlk söz bendeydi. Kürsüye çıktım ve şu konuşmayı yaptım :

«Saygıdeğer arkadaşlar, üzerinde durduğumuz meselenin çözümünde karşılaşılan güçlüklerin sebebi, bütün arkadaşlarca anlaşılmıştır sanırım. Eksiklik ve yanlışlık uygulamakta olduğumuz usul ve şekildedir. Gerçekten de, yürürlükteki Teşkilât-ı Esasiye Kanunu'na göre, bir hükûmet kurmaya teşebbüs ettiğimiz zaman, bütün arkadaşların her biri bakanları ve hükûmeti seçmek mecburiyeti ile karşı karşıya kalıyor. Hepinizin birden hükûmet üyelerini seçmek zorunda kalmanızda görülen güçlüğün giderilmesi zamanı gelmiştir. Geçen dönemde de aynı şekilde güçlükle karşılaşılıyordu. Görülüyor ki, bu usul bazan birçok karışıklıklara yol açıyor. Yüksek hey'etiniz bu güçlüğün çözülmesi için beni görevlendirdi. Ben de bilginize sunduğum bu görüşten hareket ederek düşündüğüm şekli tespit ettim. Onu teklif edeceğim. Teklifim kabul edilirse kuvvetli ve kendi içinde uyumlu bir hükûmet kurmak mümkün olacaktır. Devletimizin şekil ve niteliğini tespit eden ve hepimiz için bir gaye 492
olan Teşkilât-ı Esasiye Kanunu'muzun bazı noktalarına açıklık kazandırmak gerekir. Teklif şudur» dedikten sonra, bilinen tasarıyı okutmak üzere kâtip beylerden birine uzatarak kürsüden ayrıldım.

Teklifimin niteliği anlaşıldıktan sonra tartışmalar başladı.

S a b i t B e y (Erzincan) — Hükûmetin bu şekilde kurulması usulünün lehindeyim. Ancak, Teşkilât-ı Esasiye Kanunu'nda değişiklik yapılması teklifi ile bugünkü bunalımı çözmek mümkün değildir. Biz şimdi bir Başbakan seçelim. Teşkilât-ı Esasiye Kanunu'nun değiştirilmesini sonra düşünürüz, dedi.

H â z ı m B e y (Niğde) — Şu görüşü ileri sürdü : Teşkilât-ı Esasiye Kanunu'nu biz yapabilir miyiz? Sanırım ki yapamayız. Yetkimiz varsa, bu partide olmaz. Partide görüşüldükten sonra açık oturumda kimse söz söyleyemiyor. Millet varlığını ilgilendiren kanunların burada kesin bir şekilde tespit edilmesine taraftar değilim. Bu gibi kanunlar açık oturumda ve serbestçe görüşülmelidir. Biz, her şeyden önce hükûmet bunalımına bir çare bulalım.

Y u n u s N a d i B e y, H â z ı m B e y 'e şu yolda cevap verdi : Hangi memleket ilk defa Teşkilât-ı Esasiye Kanunu yaparsa, o iş için bir kurucu meclis kurmuştur. Bizde ise bu gibi meselelerde ayrıca bir kurucu meclis kurulacağı açıkça belirtilmemiştir. Bizde her zaman bu gibi değişiklikler olmuştur. Bizden önceki Türkiye Büyük Millet Meclisi de bu yolda yürümüştür. Buna yetkimiz vardır. Kararsızlık gösterilmesin. Şimdi biz, hükûmet bunalımının çözümünü Reis Paşa Hazretleri'ne bıraktık. O da bize bu teklifi getirdi. Bu teklifte yer alan usulü bütün arkadaşlar ayrı ayrı düvünmüştür. Şimdi buna kesin bir şekil vermek gerekir. Teklif edilen şekil, zaten vardır. Buna bir açıklık verip daha belirli şekilde tespit edeceğiz.

Vehbi Bey (Balıkesir) — Bizim, şimdiye kadar görüşüldüğünü işittiğimiz Teşkilât-ı Esasiye Kanunu hakkında bir bilgimiz yoktur. Gerçi gazetelerde gördük, ama bu yeter mi? Bu bakımdan biz, bu konuyu bir bütün olarak görüşmek üzere daha sonraya bırakıp önce bunalıma bir çare bulalım.

Halil Bey — Teşkilât-ı Esasiye Kanunu'nun değiştirilerek yeniden yapılmasına yetkimiz vardır. Fakat yapılacak bu değişiklikler, gerçekten vatan ve milletimizin saadetini sağlayabilecek midir? Bunu söylemek gerekir. Bunu, hukukçu, hukuk bilgini olan arkadaşlarımız gelip açıklasınlar. Açıklama yapılmadıkça bu meselenin derhal halledilmesine taraftar değilim.

Üyelerden biri — Teşkilât-ı Esasiye Kanunu öyle gelişigüzel düzeltilemez.

Hamdullah Suphi (İstanbul) - Dört yıl önce, bakanların ayrı ayrı seçilmelerinin zararlarını söylemiştim. Bugün de aynı durum başgösterdi. Gazi Paşa'nın teklifine gelince, bu yeni değildir. Dört yıl önce yapılan bir kanunun daha açık olarak ifadesinden ibarettir. Durum böyle olunca, değişiklik aleyhinde söz söyleyecekler gelsinler düşüncelerini açıklasınlar. Fakat zamanımızın uzun uzadıya beklemeye tahammülü yoktur.

Ragıp Bey (Kütahya) — Kanunların en iyisi şartlardan ve ihtiyaçtan doğmuş olanıdır. İhtiyaç ise meydandadır. Teşkilât-ı Esasiye Kanunu'nun tamamlanması ve açıklığa kavuşturulması gerekir. Teklifin derhal görüşülmesine geçelim.

Adalet Bakanı rahmetli Seyit Bey — Teklif edilen şekil yeni bir şey değildir. Yürürlükteki Teşkilât-ı Esasiye Kanunu'nun, açıklığa kavuşturulması ve buna göre tespitidir. Kanunlar ihtiyaçtan doğar teorik görüşlerden kaynaklanmaz. Zaman ve olaylar her şeye hâkimdir. Gelişme kanunu, değişmez kesin bir kuraldır. Teklif edilen şekilde bir yenilik yoktur. Yürürlükteki şekli daha açık ve belirli bir şekilde ifade edersek, elbette millet ve memleketimizin yararına daha uygun olarak hareket etmiş oluruz.

Hükümetimizin şekli mutlaka Cumhuriyet olacaktır

Rahmetli Seyit Bey'in görüşüne Abidin Bey (Manisa) şu cevabı verdi: — Önce hükûmet bunalımına çözüm getirelim.

Eyüp Sabri Efendi (Konya)'nın görüşü şöyleydi: Biz Gazi Paşa Hazretleri'ni hakem yaptık. Bizim Teşkilât-ı Esasiye Kanunu'nu değiştirmeye yetkimiz yok demek, gayrimeşru olduğumuzu kabul etmek demektir. Meclisin Teşkilât-ı Esasiye Kanunu'nu değiştirme yetkisi meydandadır. Hükûmetimizin şekli mutlaka Cumhuriyet olacaktır.

Bundan sonra İsmet Paşa söz alarak şu yolda bir konuşma yaptı :

«Parti Başkanı'nın teklifini kabule ihtiyaç kesindir. Bütün dünya, bizim bir hükûmet şekli görüştüğümüzü biliyor. Bu görüşlerimizi bir sonuca bağlayıp açıklamamak, güçsüzlüğü ve karışıklığı sürdürmekten başka bir şey değildir. Bir tecrübemden söz edeyim. Avrupa diplomatları bu konuda beni uyardılar. Devletin başkanı yoktur, dediler. Şimdiki idare şeklinize göre başkan, Meclis Başkanı'dır. Demek ki siz, bir başka başkan bekliyorsunuz. Avrupa'nın düşüncesi işte budur. Oysa, biz böyle düşünmüyoruz. Millet, hâkimiyetini ve mukadderatını fiilî olarak eline almıştır. O halde bunu hukukî olarak dile getirmekten neden çekiniyoruz. Cumhurbaşkanı olmadan Başbakan seçilmesini teklif etmek kanunsuz olur. Bunda şüpheye yer yoktur. Başbakanın seçilebilmesi için, Gazi Paşa Hazretleri'nin teklifinin kanunlaşması gerekir. Genelleşmiş olan bir zaafın sürdürülmesinin anlamı yoktur. Partinin bütün millete karşı yüklendiği sorumluluğun gereklerine uygun olarak hareket etmek zarurîdir.»

İsmet Paşa'dan sonra, rahmetli Abdurrahman Şeref Bey'in konuşmasında şu sözler yer alıyordu :

«Hükûmet şekillerinin teker teker sayılmasına gerek yoktur. Hâkimiyet kayıtsız şartsız milletindir, dedikten sonra kime sorarsanız sorunuz, bu Cumhuriyettir. Doğan çocuğun adıdır. Ama bu ad, bazılarına hoş gelmezmiş, varsın gelmesin.»

Bundan sonra Yusuf Kemal Bey, teklifin kabul edilmesi gerektiği hususunda uzun bilgiler verdi ve «bunun derhal kanunlaşması için gerekli işlemin tamamlanmasını teklif ederim» dedi.

Teklifim Parti Grubu'nda ve hemen arkasından Meclis«te görüşüldü ve «Yaşasın Cumhuriyet!» sesleri arasında kabul edildi

Abdullah Azmi Efendi'nin, «meselenin önemi meydandadır. Görüşme devam etsin» diye yükselen itirazına rağmen yeterlik teklifi kabul edildi. Ondan sonra teklifimin bütünü ve arkasından da maddeler birer birer okunarak görüşüldü ve kabul edildi.

Efendiler, Parti Grubu toplantısına son verildi ve hemen Meclis toplantısı açıldı. Saat 18.00 idi. Kanun teklifi, Kanun-ı Esasî Encümeni 494

([216]) tarafından usulen incelenip tutanağı hazırlanırken, Meclis diğer bazı işlerle meşgul oldu. Sonunda, Başkanlık kürsüsünde oturan Başkan Vekili İsmet Bey (Paşa) Meclis'e şu bilgiyi verdi :

«Kanun-ı Esasî Encümeni, Teşkilât-ı Esasiye Kanunu'nda değişiklikler yapılması ile ilgili tasarının öncelikle ve derhal görüşülmesini teklif ediyor. «Kabul!» sesleri üzerine, tutanak okundu. Teklif edildiği gibi öncelikle görüşüldü. Nihayet, kanun, birçok konuşmacının «Yaşasın Cumhuriyet!» sesleriyle alkışlanan konuşmalarıyla kabul edildi.

Türkiye Cumhurbaşkanlığına Türkiye Büyük Millet Meclisi oybirliğiyle beni seçti

Ondan sonra Cumhurbaşkanı seçilmesi için Meclis'te oylamaya geçildi. Toplanan oyların sonucunu, Başkanlık kürsüsünde oturan İsmet Bey (Paşa) Genel Kurul'a şu şekilde bildirdi :

«Türkiye Cumhurbaşkanlığı için yapılan oylamaya yüz elli sekiz kişi katılmış ve Cumhurbaşkanlığına yüz elli sekiz üye, oybirliği ile Ankara Milletvekili Mustafa Kemal Paşa Hazretleri'ni seçmişlerdir.»

Efendiler, seçimin hemen arkasından Meclis'te yaptığım konuşmayı tutanaklarda okumuşsunuzdur. Ancak, tarihî bir hatıranın canlandırılması için, müsaade ederseniz, o konuşmamı burada aynen tekrar edeyim :

«Saygıdeğer arkadaşlar, dünya çapında önemli ve olağanüstü olaylar karşısında, saygıdeğer milletimizin gerçek uyanıklığına ve şuurluluğuna değerli bir belge olan Teşkilât-ı Esasiye Kanunu'nun bazı maddelerini açıklığa kavuşturmak için kurulmuş olan özel komisyon tarafından yüksek hey'etinize teklif edilen kanun tasarısının kabûlü dolayısıyla, Türkiye Devleti'nin zaten bütün dünyaca bilinen, bilinmesi gereken mahiyeti, milletlerarası adıyla adlandırıldı. Bunun tabiî bir gereği olmak üzere bugüne kadar doğrudan doğruya Meclis Başkanlığı'nda bulundurduğunuz arkadaşınıza, yaptırdığınız bu görevi, Cumhurbaşkanı ünvanıyla yine aynı arkadaşınız, bu âciz arkadaşınıza tevcih ediyorsunuz. Bu münasebetle, şimdiye kadar hakkımda gösterdiğiniz sevgi, samimiyet ve güveni bir defa daha göstermekle, yüksek değerbilirliğinizi ispat etmiş oluyorsunuz. Bundan dolayı yüce hey'etinize gönlümün bütün samimiyeti ile teşekkürlerimi arz ederim.»

«Efendiler, asırlardan beri Doğuda haksızlığa ve zulme uğramış olan milletimiz, Türk milleti, gerçekte soydan sahip bulunduğu yüksek kabiliyetlerden yoksun zannediliyordu.»

---

216) Anayasa Komisyonu.

Son yıllarda milletimizin fiilî olarak gösterdiği kabiliyet, istidat ve kavrayış kendi hakkında kötü düşünenlerin ne kadar gafil ve ne kadar gerçeği görmekten uzak, görünüşe aldanan insanlar olduğunu pek güzel ispat etti. Milletimiz kendisinde var olan vasıfları ve değeri, hükûmetin yeni adıyla, medeniyet dünyasına çok daha kolaylıkla gösterebilecektir. Türkiye Cumhuriyeti, dünya devletleri arasında tuttuğu yere lâyık olduğunu eserleriyle ispat edecektir.»

«Arkadaşlar, bu yüksek rejimi yaratan Türk milletinin son dört yıl içinde kazandığı zafer, bundan sonra da birkaç misli olmak üzere kendini gösterecektir. Bendeniz, kazandığım bu güven ve itimada lâyık olmak için, pek önemli gördüğüm bir noktadaki ihtiyacı arz etmek mecburiyetindeyim. O ihtiyaç, yüce hey'etinizin şahsıma karşı gösterdiği sevgi, güven 495 **ve desteğin devamıdır. Ancak bu sayede ve Tanrı'nın yardımıyla, bana verdiğiniz ve vereceğiniz görevleri en iyi şekilde yapabileceğimi ümit ediyorum.»**

«Daima sayın arkadaşlarımın ellerine çok samimî ve sıkı bir şekilde yapışarak, kendimi onların şahıslarından bir an bile uzak görmeyerek çalışacağım. Daima milletin sevgi ve güvenine dayanarak hep birlikte ileri gideceğiz. Türkiye Cumhuriyeti mes'ut, muvaffak ve muzaffer olacaktır.»

Efendiler, Meclis'çe Cumhuriyet kararı 29/30 Ekim 1923 gecesi saat 20.30'da verildi. On beş dakika sonra, yani 20.45'te Cumhurbaşkanı seçildi. Durum, aynı gece bütün memlekete bildirildi ve her tarafta gece yarısından sonra yüz bir pâre top atılarak ilân edildi.

İlk kabinenin İ s m e t P a ş a tarafından kurulduğunu ve Meclis Başkanlığı'na F e t h i B e y 'in seçildiğini biliyorsunuz.

IX

Cumhuriyetin ilânı üzerine milletin duyduğu genel ve samimî sevince katılmaktan çekinenler

Efendiler, Cumhuriyet'in ilânı, bütün milletçe sevinçle karşılandı. Her tarafta parlak sevinç gösterileri yapıldı. Yalnız İstanbul'da iki üç gazete ve yalnız İstanbul'da toplanan bazı kimseler, milletin genel ve samimî olan bu sevincine katılmaktan çekindiler. Endişeye düştüler. Cumhuriyet'in ilânına önayak olanları eleştirmeye başladılar.

İşaret ettiğim gazetelerin ve şahısların Cumhuriyet'in ilânını nasıl karşıladıklarını hatırlamak için sadece o günlerdeki yayınları gözden geçirmek yeterlidir.

Meselâ «Yaşasın Cumhuriyet» başlığı altındaki yazılar bile Cumhuriyet'in kuruluş ve duyuruluş şeklinin garip olduğunu, bunda «sıkboğaza getirilmiş gibi bir durum» bulunduğunu ilân ediyordu. Bu yazıların sahibi şu görüşleri ileri sürüyordu : (... Şöyle olacağı böyle olacağı söylenip dururken, diğer taraftan birdenbire birkaç saat içinde, Kanun-ı Esasî değişikliği yapılıvermesi en yumuşak deyimi ile gayritabiî bir harekettir.»

Bizim davranış tarzımız «medeniyet dünyasını anlamış, okumuş, incelemiş ve devlet idaresinde tecrübe kazanmış kafalardan çıkacak bir muhakeme eseri» değilmiş...

Cumhuriyet'in ilânını Meclis'in alkışlarla kabul etmesi, milletin top atışları ile kutlaması eleştiriliyor ve deniyordu ki : «Cumhuriyet alkış ile, dua ile şenlik ve donanma ile yaşamaz.» «Cumhuriyet bir tılsım değildir. Millet Meclisi'nde bir büyü yapıldı. Bundan sonra her iş kendiliğinden düzelecek, her derdin çaresi kendiliğinden bulunacak değildir.»

Ben cumhuriyetçiyim diyenlerin, Cumhuriyet'in ilânı günü kalemin- 496
den çıkacak sözler bunlar mı olmalıydı. En yüksek idare şeklinin Cumhukriyet'ten başka bir şey olmayacağına inandığını iddia edenlerin Cumhuriyet kelimesine «bir put gibi tapmam» demesindeki anlam ve kasıt neydi?

Meclis toplantı hâlinde bulunmadığı zaman, «Onun güven oyu verdiği bir hükûmetin düşürüleceği şeklinde asılsız bir fikri kamuoyunda canlandırıp böyle bir hak «padişahlara bile verilmemişti. Şimdi o hak, Cumhurbaşkanı'na mı veriliyor?» sorusu kime ve ne maksatla yöneltiliyordu?!

Bu yazıları yazanın maksadı, Cumhuriyet'i halka sevdirmek mi, yoksa bunun put gibi tapılacak bir şey olmadığını anlatmak mıydı? «Cumhuriyet bize rejim değişikliği ile birlikte zihniyet değişikliği de getiriyor mu? Kabineye girecek olan kimselere birer devlet adamı kafası hediye ediyor mu?» sözleriyle daha ilk anda Cumhuriyet'in değer ve önemini azaltmaya kalkışmak «Cumhuriyetçiyim» diyenlerden beklenebilir miydi?

En hafif bir rüzgârdan bile korunması gereken yeni doğmuş bir çocuğun, onu beslediklerini söyleyenler tarafından bu şekilde hırpalanması doğru muydu?

Bu düşüncelere yer veren gazetenin başka bir sayfasında «Türkiye Cumhuriyeti'nin İlânı» başlığı altında yer alan birçok düşünceler arasında : «... Bu yeni merhaleye ulaşan Türk milleti, acaba burada uzunca bir süre huzur içinde dinlenebilecek, burası onun için bir canlılık ve güç kaynağı, bir rahatlık ve mutluluk kaynağı olabilecek midir? Bu merhale onun sosyal yapısını kırıp dökmeden kucaklayabilecek bir çerçeve niteliği taşımakta mıdır? Cumhuriyet acaba olayların zorlaması karşısında çaresizlikten kaçıp sığınılan bir saçak altı mı olacaktır?...» gibi endişe ve ümitsizlik veren sözlerin sırası mıydı?

Cumhuriyet'in ümit, rahatlık ve mutluluk getireceğinden şüphe ve endişeye kapılan kimse, ümit, rahatlık ve mutluluğu nereden ve hangi kaynaktan bekliyordu? Cumhuriyet'in, milletimizn sosyal yapısını kırıp dökebileceği ihtimali, Cumhuriyeti benimsemiş olan kimselerin kafasında nasıl yer bulabiliyordu.

Bir başka gazeteci de, «Efendiler, acele ediyorsunuz!» diye bağırmaya başladı.

Bu gazeteci efendi, millete şu yolda jurnal veriyordu : «Bunalım yeni bir kabine kurulması şeklinde giderileceği yerde, aksine son günlerin bütün gürültülerine rağmen, yine kimsenin çok yakında ilân edileceğine ihtimal vermediği Cumhuriyet'in pek delilli ispatlı, pek kesin ve pek acele olarak ortaya çıkmasına sebep olmuştur.»

«Cumhuriyet ilânının çok yakın olduğuna ihtimal vermeyen yalnız kamuoyu değildi. Belki Ankara'da en önemli ve en yetkili mevkilerde bulunan bazı kimseler de böyle bir ihtimali hatırlarına bile getirmiyorlardı.»

Bu sözlerle itiraf edilmektedir ki, son günlerin bütün gürültüleri, Cumhuriyet'in ilânına engel olmak içinmiş... Böyle bir maksat güdenlerin «Kararların alınmasında acelecilik» görmeleri tabiiydi. Fakat «memleket kamuoyunun da bu görüşte, kendileriyle birlikte olduğunu» sanmaları yanlıştı.

Gazetesini «balonu uçurdular ama galiba ucunu kaçırıyorlar!» ve 497
«sular boşanınca dolaplar döndü ama... ne yönde?» gibi çirkin bayağı sözlerle dolduran gazeteci efendi, sesleniş ve suçlamalarına şöyle devam ediyordu : «Efendiler, devletin adını taktınız, işleri de düzeltebilecek misiniz?»

Bu seslenişle başlayan yazıları, şu satırlarla son buluyordu : Tek dileğimiz... «Vatan ve millete yararlı işlere başlanılmasından ibarettir. Eğer dün ilân edilen Cumhuriyet'in liderleri ve o liderleri destekleyenler bunu yapabileceklerinden eminseler, biz de kendilerine — öyleyse Cumhuriyetiniz mübarek olsun Efendiler! — deriz.»

Bizi alay edercesine tebrik eden bu son cümleyle, yazar, Cumhuriyet'i benimsemiyor, onunla ilgisi olmadığını bildiriyordu.

Başka bir gazeteci yazar da, Cumhuriyet'in ilânı dolayısıyla yaptığı eleştiri ve değerlendirmede: «Bizi üzen nokta, millî önderimizin şahsı ile ilgilidir. En büyük ruhlu adamlar bile, şahsî güç sahibi olmanın çekiciliğine karşı koyamamışlardır» diyor ve bu görüşünü, benim nutuklarımdan aldığı sözlerle destekledikten sonra, Amerika'ya istiklâl sağlayan Washington'un, nasıl çiftliğine çekildiğini, Amerika Meclisi'-

nin hiçbir şahsı dikkate almadan yalnız halkın menfaatlerini düşünerek altı yılda anayasayı nasıl hazırlamış olduğunu ve ondan sonra da Washington'a nasıl başkanlık verilmiş bulunduğunu anlatıyor ve Kanun-ı Esasî'mizin bu şekilde değiştirilmesinde benim önayak olmamı hoş görmüyor...

Bu yazar ve benzerlerinin, Cumhuriyet'in ilân şeklinde ve Cumhuriyet'in esasları ile ilgili kanunda gördükleri kusur ve eksiklikleri tenkit etmelerini samimî sayabilmek için çok saf olmak lâzımdır. Eğer bu yazarlar, Cumhuriyet'in ilânı günü yaygaralı hücumlara başlamayıp, önce Cumhuriyet'in ilânını iyi niyetle ve samimiyetle karşılamış olsalar, kamuoyunu kararsızlık ve karışıklığa düşürecek şekilde değil de, Cumhuriyet'in iyi yanlarını tanıtıcı ve onun ilânının pek yerinde olduğunu kamuoyuna telkin eden yazılar yazmış olsalardı, ondan sonra yapacakları her türlü tenkidin samimiyetini iddiada haklı olabilirlerdi. Fakat gördüğümüz tutum ve davranış böyle olmamıştır...

Rauf Bey'in Cumhuriyet'in ilânı dolayısıyla iki İstanbul gazetesine verdiği demeç

Efendiler, Rauf Bey de bu münasebetle, gazetecilere demeç vermiştir. Rauf Bey'in Cumhuriyet'le ilgili görüşünü ve millî hâkimiyetten ne anladığını ortaya koyan demecini 1 Kasım 1923 tarihli **Vatan** gazetesinde okumuştum. **Vatan** ve **Tevhit** gazetelerinin sahipleri ve başyazarları ile Rauf Bey'in başbaşa vererek düzenledikleri sorularla bunların cevaplarından bazılarını yeniden birlikte gözden geçirelim:

Cumhuriyet konusunda, kamuoyunda, beklenmedik bir durumla karşılaşmış olma duygusu varmış. Şimdiye kadar bulunduğu yüksek makamlar dolayısıyla ve İstanbul milletvekili sıfatıyla Rauf Bey'in ne düşündüğünü seçmenlerinin sorup öğrenmek hakları imiş...

Efendiler, bu soruyu düzenleyenlere biz de bir soru soralım:

Önce, kamuoyunun ne düşündüğünü hangi yolla nasıl öğrenmişler? 49
Sonra, İstanbul seçmenleri, yalnız tek iki gazeteciden mi ibaretti; yoksa, bütün seçmenler, iki gazeteciye milletvekillerinin düşüncesini sormak için vekâlet mi vermişlerdir? Yoksa bu, Rauf Bey'in: «Seçmenlerin bu hakkını büyük bir saygıyla kabul edenlerden olduğunu, kendisini seçerken gösterdikleri yüksek güvene teşekkür borcu bulunduğunu ve ona lâyık olmaya çalışacağını, kendisine verdikleri emaneti her zaman ve her yerde korumak ve en iyi şekilde idare etmek için kudret ve kabiliyetinin son kertesine kadar çalışacağına güvenmelerini» söylemeye zemin hazırlamak için miydi? Gerçi, bir milletvekilinin seçmenleri için bu yolda konuşması pek uygundur. Ancak, yerinde, zamanında ve samimî olmak şartıyla! Yoksa, Cumhuriyet'in ilânında, kamuoyunun beklenmedik bir durum karşısında bırakılmış olduğu şeklindeki kasıtlı bir soruya

karşı «seçmenlerin verdikleri emaneti her zaman ve her yerde koruyacağı ve en iyi şekilde idare edeceği» yolunda güvence vermeye kalkışmanın anlamı nedir?

Oysa, Efendiler, 29/30 gecesi İstanbul'da geçmiş olan bir olayı açıklarsam bütün millet gibi İstanbul halkının da gerçek duygularının ne olduğunu kolaylıkla anlarsınız. Cumhuriyet'in ilân edildiği gece, İstanbul Komutanı Şükrü Nailî Paşa, İstanbul halkının temsilcileri tarafından, Fatih Belediyesi'nde verilen bir ziyafete davetliydi. Paşa, ziyafet sırasında Ankara'dan resmî bir bildiri aldı ve onu uygulamaya koymadan önce İstanbul halkının sayın temsilcilerine okudu. Bildiri şuydu: «Türkiye Büyük Millet Meclisi Cumhuriyet ilânına karar verdi. Bunu yüz bir pâre top atışıyla ilân ediniz.»

İstanbul halkının temsilcileri Cumhuriyet'in ilânını nasıl karşılamışlardı?

İstanbul halkının temsilcileri bu müjde ve bildiriyi büyük bir sevinç ve alkışlarla karşıladılar. Derhal bütün İstanbul halkı adına Komutan Paşa'yı ve biribirlerini kutladılar. Bu bakımdan, İstanbul'un sayın halkı adına, İstanbul'un gerçek duygularını başka türlü göstererek demeçler vermenin ve gösterilerde bulunmanın ne kadar küstahça bir davranış olduğu meydandadır.

Rauf Bey, «Bence konuyu Cumhuriyet kelimesi bakımından ele almak doğru değildir» sözleriyle Cumhuriyet'ten sözetmek bile istemiyor.

Rauf Bey'in kendi görüşü : «Milletimizin refah ve istiklâlinin korunmasını ve aziz vatanımızın bütünlüğünü sağlayan rejimin en uygun rejim olacağı» şeklindedir.

Efendiler, bu sözler, düzenledikleri sorunun cevabı mıdır? Rauf Bey'e : «Hangi hükûmet şekli en uygundur?» sorusu mu sorulmuştur? Eğer soru bu olsaydı, o zaman Rauf Bey'in bu ifadesi yerinde bir cevap olabilirdi. Fakat ondan sonra da Rauf Bey'e şöyle bir soru yöneltmek gerekirdi : Düşündüğünüz rejimin adı yok mudur? Cumhuriyet rejimi, milletin refah ve bağımsızlığını, vatanın bütünlüğünü sağlayan en uygun rejim değil midir? Eğer öyle ise, uzun sözleri bir tarafa bırakarak «ben en uygun rejimin Cumhuriyet rejimi olduğu görüşündeyim» deyiver de, demagojiden kurtulalım. Çünkü söz konusu olan, Millet Meclisi'nce kanunla kabul ve ilân edilen Cumhuriyet'tir. Maksadınız, dolaylı olarak bu ilân olunandan daha uygun bir rejimin bulunduğunu anlatmak ve buna işaret etmek ise, onu da söyleyiniz! O tercih ettiğiniz rejim ne olabilir?

Rauf Bey, kendi görüşünü açıktan açığa söylemekten kaçınıyor. Bilinen birtakım nazariyelerden sözederek: «Hükûmetlerin yalnız 49 biribirinden farklı iki ana temele dayanarak hareket ettiklerine inanıyorum; bu iki temelden biri mutlakıyet rejimidir» diyor ve şöyle bir mantık yürütüyor: «Sözde, hükümdar, hak ve yetkisini Tanrı'dan alır ve bu meşruluğa dayanarak hükmünü yürütürmüş. Bu rejimin sakıncaları görüldüğünden milletler ihtilâl yaparak hükümdarların yetkilerini kısıtlayıp belli şartlara bağlamışlar... Son yıllarda milletimiz de meşrutiyet mücadeleleriyle işe başlayarak, kendi işini kendi bilerek, kendi görerek, kendi karar vererek başarma hedefine doğru yürümüş; İttihat ve Terakki, Meclis'in ağır baskısından kurtulmak için «Beşinci Sultan Mehmed'e» Meclis'in dağıtılması hakkını verdirmiş; Vahdettin, bu haktan yararlanarak Meclis'i feshetmiş; bilinen felâketler olmuş; bu bakımdan mutlakiyet rejimi ve şahsî saltanat yanlısı olmak doğru değilmiş.

Rauf Bey, «Millet, kaderini kendinden başka bir kimseye bırakmayı kendisi için küçüklük saydı» dedikten sonra, milletin, millî hâkimiyeti kayıtsız şartsız uygulayan Büyük Millet Meclisi'ni bir kurucu meclis olarak seçtiğini ve bu şeklin söz konusu edilen şekillerden ikincisi ve kendi görüşünce de en sağlamı ve doğrusu olduğunu» söylüyor... Bundan sonra Rauf Bey şu düşünceleri ileri sürüyordu:

«İsim değişikliğinin hedefi ve amacı değiştirebileceği inancında değilim. Bundan başka, daha önceki bir hükûmet şeklinin yerini alan yeni bir şeklin beğenilmesi ve ömürlü olabilmesi, ancak bir şartla mümkündür. O da gideni arattırmayacak şekilde halkın büyük çoğunluğunun isteklerine uygun olduğunu, mutluluğunu sağladığını, vatanın şeref ve istiklâlinin korunduğunu göstermek ve ispat etmektir. Aksi takdirde isim değiştirmekle veya üst tabakada şekil değişikliği yapmakla gerçek ihtiyaçların karşılanacağını sanmak, özellikle en yakın bir geçmişte gördüğümüz en acı denemelerden sonra, çok büyük bir yanılma olur.

Efendiler, Rauf Bey'in düşünce ve görüşlerini ortaya koyan bu sözler üzerinde biraz durmak isterim. Rauf Bey, yetkileri sınırsız ve belirli şartlara bağlanmamış olan, Millet Meclisi'ni de dağıtabilen şahsî saltanat taraflısı değildir. Rauf Bey, öyle bir hükûmet şekline taraftardır ki, o rejimde, Millet Meclisi bir kurucu meclis niteliği taşıyacak şekilde, millî hâkimiyeti hiçbir kayıt ve şarta bağlı kalmadan uygular. Bu şekli açıkça ifade edelim. Rauf Bey demek istiyor ki, «Cumhuriyet'in ilânından önceki şekil en uygun hükûmet şeklidir.» Gerçekten de Rauf Bey'in uzun sözlerle tasvire çalıştığı husus, 20 Ocak 1921 tarihli Teşkilât-ı Esasiye Kanunu'nun üçüncü maddesinde yer alan hükümdür. O madde şudur : «Türkiye Devleti, Büyük Millet Meclisi tarafından idare edilir ve hükûmet Büyük Millet Meclisi Hükûmeti adını taşır.»

Cumhuriyetin ilânıyla boşa çıkan ümitler

Bilindiği üzere, bu Teşkilât-ı Esasiye Kanunu'na göre, Meclis Başkanı, Meclis adına imza atmaya, Bakanlar Kurulu kararlarını onaylamaya yetkili ve hükûmetin tabiî başkanı olmakla birlikte, devletin de başkanı olduğunu belirten bir kayıt ve kanunî bir açıklık yoktur. Bu kanunun yapıldığı günlerdeki şartlar ve genel durum dikkate alınırsa, kanunun önemli ve esaslı bir noktayı ihmal etmiş olmasındaki zaruret kendiliğinden anlaşılır. Bu ihmal, Meclis ve Meclis Hükûmeti var olmakla birlikte devlet başkanlığı makamının, padişahlık kaldırıldıktan sonra kendini halifelik makamında ortaya koyacağı düşünce ve inancında olanları, Cumhuriyet'in ilânı gününe kadar ümit içinde yaşattı. Bu bakımdan Rauf Bey'in en doğru olduğunu iddia ettiği hükûmet şeklinde, devlet başkanlığını hali- 500
fenin şahsında düşündüğüne şüphe yoktur. İşte Cumhuriyet'in ilânı üzerine Rauf Bey'i ve kendisi ile aynı düşüncede olanları telâş ve heyecana sürükleyen gerçek sebep, devlet başkanlığı makamına Cumhurbaşkanı'nın getirilmiş olmasıdır. Aslına bakılırsa, «Cumhurbaşkanı devletin başkanıdır» dedikten sonra, halifeye verilecek sıfat ve yetkiyi sağlamakla uğraşan, onun sevgi ve iltifatını Tanrı'nın lûtfu sayarak memnun olanların hayal kırıklığına düşmekten duydukları üzüntü ve kaygıyı tabiî görmek gerekir.

Rauf Bey'in Cumhuriyet'e karşı olduğunu itiraf etmemekle birlikte, Cumhuriyet'in ilân edilmiş olduğu bir günde, onun beğenilip ömürlü olabilmesi için, birtakım şartların yerine getirildiğini ispat gereğinden sözetmesi, Cumhuriyet'in millete mutluluk getireceğine inanmadığını açıkça göstermiyor mu?

Rauf Bey, yapılan işin sadece bir isim değiştirmekten ve üst tabakada bir şekil değişikliği yapmaktan ibaret olduğunu söyleyerek Cumhuriyet'i ilân etmenin çocukça ve aceleye getirilmiş bir hareketin eseri olduğunu anlatmaya çalışırken, «Cumhuriyet idaresiyle gerçek ihtiyaçların karşılanmış olacağını zannetmek... affedilmez bir hatâ olur» demekle Cumhnuriyet rejimine ne kadar ilgisiz ve ondan ne kadar uzak olduğunu ispat etmiyor mu? Rauf Bey, son görüşünü pekiştirmek üzere, «en yakın bir geçmişte gördüğümüz en acı tecrübeler»i hatırlatıyor. Efendiler, bu türlü bir hatırlatma ile kamuoyuna ne anlatılmak isteniyor? Millet neden kandırılmak isteniyor? Bunu anlamak güç değildir, sanırım.. Rauf Bey, aklınca Devlet Başkanlığı makamının, orada halifenin oturması sağlanıncaya kadar, başka bir ünvanla başka biri tarafından işgal edilmesini güven altına almak istiyor. Fakat bu makam işgal edilmiş olduğuna göre, yapılan işten geri dönülmesini sağlamak için de kamuoyunu gericiliğe kışkırtıyor. Cumhuriyet rejiminin kabulünde affedilmez bir hatâ olabileceğini ileri süren kimseye göre hatânın neresinden dönülse kâr sayılmak tabiîdir. Rauf Bey, Cumhuriyet, şeklinin kabul ve ilân edildiği noktasına temas ederken şöyle diyor: «Görüşleri dağıttılar. Sonra, Cumhuriyet'in bir günde kararlaştırılıp ilân edilmesi, halkta, sorumsuz kimseler tarafından hazırlanan bir rejimin bir oldubittiye getirildiği düşünce ve endişesini uyandırdı. Bu endişe pek tabiî görülmelidir. Halkımızın, bundan ve geçmiş olaylardan ders aldığını ve uyanıklık kazandığını anlayarak memnun olmalıdır. Ben şahsen memnunum. «Efendiler, Cumhuriyet rejimini bir günde kanun çıkararak ilân eden Rauf Bey'in de pek güzel tarif ettiği ve vasıflandırdığı gibi «istiklâl mücadelemizin biricik temel taşı olan ve millî hâkimiyeti kayıtsız şartsız uygulamada gösterdiği yüksek güç ve kabiliyet ulaştığı fiilî sonuçla ortaya çıkmış bulunan Büyük Millet Meclisi» idi. Söz konusu ettiği sorumsuz kimse, Meclis kamuoyunu Cumhuriyet'in ilânına yönelten ve bu konuda teklifte bulunan kimseyse, o, bendim ve onun ben olduğumu Rauf Bey'in herkesten daha iyi anlayabileceğini kabul etmekte hatâ yoktur. Eğer bunda bir yanlışlık varsa, «yıllardan beri aramızda arkadaşlık ve kardeşlik duygularından başka, karşılıklı güven duygusunun da bulunduğunu ve bana karşı yüksek saygı duygularıyla bağlı olduğunu» ifade eden Rauf Bey'in beni hiç tanımamış olduğuna hükmetmek gerekir.

Benim teşebbüslerimi ve yaptığım işleri, halkta endişe uyandırıcı 501
nitelikte görmek ve sevinç gösterilerinde bulunan halk adına, gereksiz yere bunun aksini söylemek, sun'î olarak halka bu endişeleri aşılamaya kalkışmaktır. «Halkın geçirdiği tecrübelerden ders aldığını ve uyanıklık kazandığını anlayarak sevinmelidir, ben şahsen memnunum» diyen Rauf Bey'e bu münasebetle bir noktayı hatırlatmak mümkündür. Halkı uyarmak ve uyandırmak için ömrünü adamış bir adama karşı böyle konuşulmaz ve halkta bu duyarlığın doğduğunu görmekle, kendisinin benden çok sevindiğini söylemeye ne hakkı ne de yetkisi vardı. Rauf Bey, bütün vatanı düşmanlara işgal alanı yapabilecek Mondros Ateşkes Anlaşması'nın stratejiyle ilgili maddesini bir oldubitti şeklinde kabul ettiği zaman, milletin nasıl kan ağlayıp ıztırap çektiğini duyabildi mi? Son zamana kadar, hattâ Cumhuriyet'in ilânının ertesi günü bile, resminin altına, taraftarlarının «Mondros Ateşkes Anlaşması'nı imzalayan fakat Lozan Antlaşması ile de öcünü alan Rauf Bey» yazısını yazarak durmadan propagandasını yaptıkları bu zat, Türk milletinin gerçek emellerini, samimî duygularını bizden çok anladığını, o emeller ve duygularla bizden daha çok ilgili ve ilişkili bulunduğunu iddiaya kadar varmamalıdır.

Rauf Bey, demecinin bir yerinde diyor ki: «Sorumlu devlet adamları, bu gerçekler (yani Cumhuriyet ilânının gerekçeleri) üzerinde en yetkili görüşme ve karar makamı olan Yüce Meclis vasıtasıyla milleti aydınlatacak ve zihinlerdeki endişeleri giderecektir. Kamuoyunun bunu bilmesi tabiî bir haktır.» Efendiler, bu sözlerde mantık yoktur. Bir kere Rauf Bey de demiyor mu ki, «millî hâkimiyeti kayıtsız şartsız uygulayan Meclis»tir. O halde hangi sorumlu devlet adamları, Millet Meclisi'ni, almış ve gerekçesi ile birlikte yayınlayıp ilân etmiş olduğu pek meşru ve yüce bir karardan dolayı sorguya çekecektir? Bir memlekette bir toplumda bir inkılâp yapıldığı zaman, elbette onu gerektiren sebepler vardır. Ancak, o inkılâbı yapanlar, inanmak istemeyen inatçı hasımlarını inandırmaya mecbur mudur? Elbette Cumhuriyet isteyenler de ona karşı olanlar da vardı. İsteyenler ne için ve ne gibi düşünce ve görüşlere dayanarak Cumhuriyet'i ilân ettiklerini, ona karşı olanlara anlatsalar, kendi düşünce ve görüşleriyle, yapılan işlerin doğru olduğunu onlara ispat etmek isteseler bile, onları bu kasıtlı direnmelerinden vazgeçirecekleri, kabul edilebilir mi? Elbette Cumhuriyet taraftarları muktedir iseler, ülkülerini, herhangi bir yolla, ihtilâlle, inkılâpla veya milletçe benimsenen daha başka yollara başvurarak gerçekleştirirler. Bu, ülkücü inkılâpçılara düşen bir görevdir. Buna karşı yapılan itirazlar, koparılan yaygaralar ve gerilikçi teşebbüsler ise, karşı gelenlerin yapmaktan geri durmayacakları hareketlerdir. Cumhuriyet rejiminin ilânında Rauf Bey ve benzerlerinin yaptıkları gibi....

Cumhuriyet'in ilânı üzerine Halife'ye yaptırılmak istenen rol ve Halife lehinde yapılan yayınlar

Efendiler, o günlerde İstanbul'da bulunan ordu müfettişlerimiz de gazetelere demeçler vererek, çeşitli vesilelerle düzenlenen ziyafetlerde nutuklar söyleyerek duygularını dile getiriyorlardı. Cumhuriyet'in ilânı üzerine İstanbul'da bazı kimseler ve bazı gazeteciler Halife'ye de bir rol yaptırmak hevesine düştüler. Gazetelerde Halife'nin istifa ettiği veya edeceği yolunda söylentiler, tekzipler (yalanlamalar) yayınlandı.

Sonra dendi ki: «Haber aldığımıza göre, mesele böyle bir rivayetten ibaret olmadığı gibi, bir tekzip ile çözülebilecek kadar basit de değildir. Gerçek olan bir nokta vardır ki, o da Cumhuriyet'in ilânının yeniden bir halifelik meselesi ortaya çıkarmış olmasıdır.» 502

Halife, «yazı masasının başına oturup (!) **Vatan** gazetesi yazarına demeç vermiştir» denilerek, Halife'nin bütün mü'minler tarafından sevildiği, Asya'nın en ücra köşelerine varıncaya kadar İslâm dünyasından binlerce mektup ve telgraf aldığı ve birçok yerden hey'etler geldiği yolundaki sözlerle hilâfet mevkiinin kolay kolay sarsılır bir mevki olmadığı anlatılmaya çalışılıyor; İslâm dünyasınca istenmedikçe Halife'nin istifa edip çekilmeyeceği ilân ediliyordu. Aynı zamanda «Hükûmet birçok iç meseleleri yoluna koymakla meşgul olduğundan şimdiye kadar hilâfetin görevlerini tespitle uğraşma imkânını bulamamıştır. Hükûmetin iç meselelerle meşgul olduğunu elbette İslâm dünyası da bilmektedir ve şimdiye kadar halifelik görevleri ile uğraşmaya imkân bulamamasını tabiî görür» cümleleriyle bizi, hilâfetin görevlerini tespite çağırırken, şimdiye kadar bunun yapılmamasını hoşgörü ile karşılayan İslâm dünyasının bundan sonra mazur görmeyeceğini de bildirerek bir bakıma tehdit ediliyorduk. Bir yandan da bizi etkilemesi için İslâm dünyasının dikkati çekilmek isteniyordu. **Vatan** gazetesinin 9 Kasım 1923 tarihli nüshasında okuduğumuz bu yazılardan sonra, 10 Kasım 1923 tarihli **Tanin** gazetesinde Halife'ye yazılan bir açık mektup yayınlandı. Lütfi Fikri Bey'in imzasını taşıyan bu mektupta, Halife'nin istifasıyla ilgili haberlerden, milletin ne kadar üzüldüğünü ve acı çektiğini ispat için bir vapur hikâyesi uydurulmuştu: «Vapurda oturanlar, Halife'nin istifası haberini öğrenince çehrelerine hüzün ve endişe çökmüş... Birbirlerini tanımayanlar samimî görüşmeye ve hattâ çok görüşmeye başlamışlar... Ortak endişe bunları bir dakikada dost etmiş...

Lütfi Fikri Bey, «gönül istiyor ki, bu istifa sözü, ebedî olarak gömülsün, kalsın» diyor; Çünkü «dünya için felâket olur» muş...

Lütfi Fikri Bey, millete şunu da telkin ediyordu: «Hayretle ve üzüntüyle görülmelidir ki, bugün şu manevî hazineye (yani hilâfete) saldırmak isteyenler, dışarıdan kimseler, Müslüman milletler içinde Türk'ü çekemeyenler değildir. Doğrudan doğruya biz Türkler, kendi dinimizden ebedî olarak bu hazînenin çıkarılması sonucuna yol açabilecek teşebbüslerde bulunuyoruz.

Efendiler, yabancılar hilâfete saldırmıyorlardı. Fakat Türk milleti saldırıdan kurtulamıyordu. Hilâfete saldıranlar, Müslüman milletler içinde Türk'ü çekemeyenler değildi. Fakat Çanakkale'de, Suriye'de, Irak'ta İngiliz ve Fransız bayrakları altında Türklerle vuruşan Müslüman milletlerdi. Türk milletine kolayca saldırabilmek için korunup devam ettirilmesi tercih edilen hilâfetin ortadan kaldırılmasını «Türklük için bir intihardır» diyerek vasıflandırmak; «hilâfet'i ortadan kaldırmak için biz Türkler teşebbüslerde bulunuyoruz» sözleriyle Cumhuriyet'in hedefini açıklayıp ilân etmek, elbette etkisiz kalmadı.

Lütfi Fikri Bey'in **Tanin**'de yayınlanan açık mektubundaki gö- 50
rüş, ertesi gün, **Tanin** başyazarı tarafından desteklendi.

11 Kasım 1923 tarihli **Tanin**'in «Şimdi de Hilâfet Meselesi» başlıklı baş makalesi okununca, Cumhuriyet'in ilânına engel olamayanların, ne

pahasına olursa olsun hilâfet makamını elde tutabilme gayret ve faaliyetine geçtikleri anlaşılır. Bu yazıda, şehzade mektupları yayınlanarak halkta hanedan lehinde sevgi uyandırılmaya çalışılıyor. Ayrıca, hanedan haklarına karşı çirkin saldırılar yapıldığı ve bunu yapanın, partimizin en seçkin zümresinden olduğu belirtildikten ve Cumhuriyet Hükûmeti'ni milletin gözünde kötü göstermek için ne söylemek gerekirse onlar da yazıldıktan sonra, Halife'nin istifası söylentisi üzerinde durularak: «Arkadan arkaya verilmiş bir karar karşısındayız» deniyordu. Daha sonra da: «Millet Meclisi'nin bu kadar baskı altında kaldığını, dışarıda verilen kararları yalnızca onaylamak durumuna düşürüldüğünü görmek gerçekten pek üzücü oluyor» sözleriyle, Meclis bize karşı kışkırtılıyor... Böylece, Cumhuriyet'in ilânını kabul eden Meclis'in hiç olmazsa Hilâfet'in kaldırılmasını bir oldubitti şeklinde kabul etmemesinin sağlanmasına çalışılıyordu.

Tanin başyazarı, hilâfetle ilgili düşünce ve görüşlerini şu satırlarla ortaya koyuyordu: «Hilâfet bizden giderse, beş on milyonluk Türkiye Devleti'nin İslâm dünyası içinde hiçbir önemi kalmayacağını, Avrupa siyaseti karşısında da en küçük ve değersiz bir hükûmet durumuna düşeceğimizi anlayabilmek için büyük bir kabiliyete gerek yoktur. Milliyetçilik bu mudur? Kalbinde gerçek milliyetçilik duygusu yatan her Türk, halifelik makamına dört elle sarılmak mecburiyetindedir.»

Efendiler, halifelik konusundaki düşüncelerimi daha önce açıkladığım için, bu sözleri burada tahlile gerek görmüyorum. Ancak, hilâfet makamına dört elle sarılmak mecburiyetinde kalan bir rejimin, Cumhuriyet rejimi olamayacağını anlayabilmek için de, büyük bir kabiliyet gerekmediğini söylemekle yetineceğim.

Tanin'in incelemekte olduğumuz baş makalesinin daha bir iki noktasına dikkati çekeceğim.

Osmanlı hanedanınca kabul edilmiş ve bundan dolayı ebedî olarak Türkiye'de kalması güven altına alınmış bulunan Hilâfet'i elden kaçırmak tehlikesini yaratmak, akıl ve vatanseverlikle, milliyet duygusuyla zerre kadar bağdaştırılamazmış (!...)

Tanin başyazarı, kendisinin Cumhuriyetçi olduğunu ilân etmişti. Fakat öyle bir Cumhuriyetçi ki, onun istediği Cumhuriyet idaresinin başında, halife olarak Osmanlı hanedanından biri bulunacaktır. Yoksa, yapılan hareket akıl ve vatanseverlikle, milliyet duygusuyla zerre kadar bağdaştırılamazmış... Hilâfeti, elimizden gitmesine hiçbir imkân kalmayacak şekilde korumakla görevliymişiz... Onu kaldırmak için girişilen gizli tertipler başarısızlığa uğratılmalıymış...

**Efendiler, bu yazıların anlamı ve bu düşüncelerin nasıl bir maksada dayandığı bugün kolaylıkla anlaşılmaktadır. Yarın, daha açık olarak anlaşılacaktır. Gelecek nesillerin, Türkiye'de Cumhuriyet'in ilân edildiği gün, ona en insafsızca saldırıların başında, «cumhuriyetçiyim» diyenlerin yer aldığını görerek asla şaşıracaklarını sanmayınız! Aksine, Türki-
ye'nin aydın ve cumhuriyetçi çocukları, böyle cumhuriyetçi geçinmiş** 50
olanların gerçek düşüncelerini tahlil ve tespitte hiç de kararsızlığa düşmeyeceklerdir.

Onlar, kolayca anlayacaklardır ki, çürümüş bir hanedanın, halife ünvanını taşıyarak başının üstünden zerre kadar uzaklaşmasına imkân bırakmayacak şekilde korunmasını şart kılan bir devlet şeklinde, Cumhuriyet rejimi ilân edilse bile, onu yaşatmak mümkün değildir.

Efendiler, o günlerde yapılan yayınlar arasında dahi iki nokta yer alıyordu. Bunlardan biri benim hasta olduğum hususu. Diğeri de rahmetli Enver Paşa'nın Türkistan'daki hizmetleri ve hayatta olduğu hususu.. Enver Paşa, memleket dışında kaldığı yıllarda İslâm birliği için çalışıyormuş ve «Dâmâd-ı Hilâfetpenahî ([217])» ünvanını kullanırmış... Hattâ Türkistan'da kazdırdığı bir mührün bir tarafına bu ünvanı da yazdırmış...

Boyuna bu iki noktadan da sözetmek elbette maksatsız değildi.

Efendiler, işaret ettiğim bu yayınlarla birtakım kimselerin tutum ve davranışları özet olarak şu şekilde ifade edilebilir: «Esas olan millî hâkimiyettir. Millî hâkimiyet Cumhuriyet'in gelişmesiyle sağlanır. Türk milleti, millî hâkimiyete kavuştu. Cumhuriyet'in ilânına lüzum yoktur, yanlıştır. Türkiye'de en sağlam devlet şekli, millî hâkimiyet esasını korumakla birlikte Cumhuriyet'i ilân etmeyip devlet başkanlığından halife ünvanıyla Osmanlı hânedanından birini bulunduran meşrutiyet idaresidir. Nasıl ki, İngiltere'de millî hâkimiyet mevcut olmakla birlikte devlet başkanlığında bir kral vardır ve o kral aynı zamanda Hindistan imparatorudur.»

Efendiler, böyle bir prensip üzerinde birleşmiş olan kimseler, kendilerini sözleriyle, tavırlarıyla ve yazılarıyla göstermiş gibiydiler. Bu zümrenin başına Rauf Bey'in seçildiğine hükmedilebilirdi. Çeşitli soy ve mesleklerden oluşan kimselerin meydana getirdiği bu zümre, Rauf Bey'i maksatlarının açıklanıp savunulmasına en uygun bir kimse olarak görmüşlerdi. Ondan büyük ümitler beklenebileceği zannına kapılmışlardı. Bundan sonradır ki, Rauf Bey Ankara'ya hareket etti. **Vatan** gazetesinin bildirdiğine göre, büyük bir kalabalık Rauf Bey'i Ankara'ya uğur-

---

217) Halife Dâmâdı.

lamak için toplanmış. Kâzım Karabekir Paşa, Refet Paşa, Ali Fuat Paşa, Adnan Bey bu büyük kalabalığın başında gösteriliyordu. **Vatan** gazetesi bu uğurlamadan bahsederken, Rauf Bey'in Ankara'da Meclis'te güdeceği politikayı da millete ilân ediyordu. Rauf Bey'in Meclis'teki çalışmalarının olumsuz yönde ve şahsî olmayacağı, faaliyetinin memleketin iyiliğini ve huzurunu, kanunların hâkimiyetini sağlama amacı güden bir faaliyet olacağı, kendisinin Büyük Millet Meclisi'nde bir iyilik ve düzen unsuru olacağı ve memleket yararına olan prensipleri savunacağı belirtiliyordu.

Vatan gazetesi sahibinin bu açıklamaları yapmaya ve kendiliğinden garanti vermeye yetkili olduğu elbette kabul edilemezdi. Oysa, Rauf Bey, partimiz adına milletvekili olmuştu. Partimizin programına uyacaktı. Partiden ayrılmadan kendi başına bir politika takip etmemesi gerekirdi. Rauf Bey, daha partiden ayrıldığını da bildirmemişti. Böyle bir düşüncesi olmadığını, daha sonra partiden ayrılmamakta gösterdiği ısrarla da doğrulamıştı. Bu bakımdan, hem partide kalmak ve hem de parti disiplinini bozmak demek olan kendine has bir politikayı tek başına uygulamak, anlaşılabilir bir husus değildi.

Efendiler, bu yolda hareketle, varılmak istenen sonucu keşfetmek 505
geç ve güç olmadı. İsterseniz, bu noktanın aydınlanmasına yarayacak bazı açıklamalarda bulunayım.

Rauf Bey'in Ankara'ya gelerek birtakım propagandalarla, arkadaşları ve Parti'yi bize karşı kışkırtmaya koyulması

Rauf Bey, Ankara'ya geldikten sonra, parti üyeleriyle yakından ve arkadaşça temaslara girişti. Fakat bütün temas ve görüşmelerinden bir maksat güttüğü anlaşılıyordu.

Rauf Bey, «Cumhuriyet'in ilânında acele edilmiştir. Bu aceleye sebep olanlar sorumsuz kimselerdir. Bu şekilde davranışın içyüzünü anlamak gerekir. Meclis, millî hâkimiyeti hakkıyla koruyabilmelidir. Gizli maksatlarla yönetilmeye ses çıkarılmazsa, nereye varılacağı bilinemez. Cumhuriyet ilânını zarurî kılan sebep neymiş? Cumhuriyet'in bizim için gerçekten yararlı ve lüzumlu olduğu ispat edilmelidir» yollu birtakım propagandalarla, arkadaşları ve Parti'yi bize karşı kışkırtmaya ve çevirmeye koyuldu.

Rauf Bey, İstanbul'daki demecinin sonunda demişti ki: «Meclis ve Hükûmet, bu acele edişin akla yatkın ve meşru bir sebebi bulunduğunu millete göstermeli ve ispat etmelidir ve edecektir.»

Böylece pek güzel anlaşılıyordu ki, Rauf Bey'in geceli gündüzlü devam ettiği temas ve görüşmelerden maksadı, parti ve Meclis üyelerine bu görüşünü benimsetmekti. Bunu başardıktan sonra, Cumhuriyet'in ilânı konusunu Meclis'te yeniden gündeme getirmek istiyordu.

Bununla güttüğü maksat da, Meclis'i ve Hükûmet'i Cumhuriyet'in acele olarak ilânında akla yatkın ve meşru bir sebep olup olmadığını ispata mecbur etmekti. Kendi aklınca ve taraftarlarının görüşüne göre, akla yatkın ve meşru bir sebep göstermek güçtü. Akla yatkın ve meşru bir sebebe dayanmayan Cumhuriyet'in ilânında acele edildiği ve yanlışlık yapıldığı ortaya çıkacak ve sözde bu yanlışlık düzeltilecekti!

Rauf Bey'in sahneye koymak istediği oyunu fark edenler tarafından bir Parti toplantısında kendisinin imtihana çekilmesi

Efendiler, Rauf Bey'in çalışmalarının nasıl bir hedefe yöneldiğini ve maksadının içyüzünü anlamak için, bir haftalık bir süre yetti. Elbette kimin tarafından yapılmış olursa olsun, Cumhuriyetçiler bu şekildeki bir çalışmaya daha fazla göz yumamazlardı. Rauf Bey'in sahneye koymak istediği oyunu farkedenler, bir parti toplantısında Rauf Bey'i imtihana çekmeye karar verdiler. Bu toplantıyı hatırlarsınız. Bu toplantıda yapılan görüşmeler de olduğu gibi yayınlanmıştı. Onu da okumuşsunuzdur. Ben burada o toplantının ayrıntılarına girecek değilim. Yalnız, o toplantının vardığı sonucu gerçek anlam ve kapsamıyla açıklamaya yarayacak bazı tahliller yapmayı, kamuoyunun aydınlanması için gerekli ve yararlı görüyorum.

Önce şunu açıkça arz etmeliyim ki, Rauf Bey, saldırıya geçmek için daha hazırlığını tamamlamakla uğraşırken, saldırıya uğramıştır. Gerçi, bazı gazetelerde yapılan olumsuz yayınlar, Halifeye ve bir şehzadeye aldırılan durumlar, Rauf, Adnan Bey'lerin ve bazı komutanların Halife'yi ziyaretleri, Halife ve şehzade hakkında söz söyleyenlere, yazı yazanlara bazı yerlerden yaptırılan haysiyet kırıcı hücumlar, memlekette kararsızlıklar, kamuoyunda karışıklıklar uyandırmaktan geri kalmamıştı. Fakat Meclis'te saldırıya geçmek için bu yeterli görülmemiş, Ankara'da Meclis üyeleri üzerinde de işlemenin gerekli bulunduğu anlaşılıyordu. İşte bu son hazırlıklar yapılırken, Rauf Bey'den önce davranılarak harekete geçilmiştir.

Parti Grubu Başkanlığı'na bir önerge verdirildi. Parti Grubu Başkanı İsmet Paşa idi. Verilen önergede: «Rauf Bey'in İstanbul gazetelerinde çıkan Cumhuriyet'in ilânına karşı gelme yolundaki demecinin Cumhuriyet'i sarsıntıya uğrattığı ve bu demeç sahibinin çevresinde muhalif bir parti kurulduğu kanaatinin belirdiği» ileri sürülerek, durumun, Parti Grubu'nun görüşlerine sunulması teklif edilmişti.

Parti Grubu'nun toplandığı 22 Kasım 1923 günü, ben de toplantıdan önce, toplantı salonuna bitişik odada bulunuyordum. Rauf Bey yanıma geldi. Benden görüşmelere karışmamaklığımı rica etti. Çünkü, bana karşı söz söyleyemeyeceğini bildirdi.

Kesinlikle görüşmelere müdahale etmeyeceğimi ve hiçbir söz söylemek niyetinde olmadığımı, ancak, Parti Başkanı sıfatıyla, görüşmelerin nasıl geçeceğini görmek üzere toplantı salonuna gireceğimi bildirdim. Toplantı salonunda da bulunmamamı rica etti. Bunu kabul etmedim.

Rauf Bey'in, benim görüşmelere karışmamı ve salonda bulunmamı önlemek isteyişindeki gerçek maksadı neydi? Benim huzurumda veya benim muhatabım olarak konuşmasına ve iddialarda bulunmasına engel olan şey, gerçekten bana karşı duyduğu saygı mıydı? Buna inanmak mümkün değildir. Benim anladığıma göre, Rauf Bey, muhatap ve hasım olarak İsmet Paşa'yı karşısına almak istiyordu. Ben orada bulunmadığım takdirde, parti üyeleri arasından kendisini destekleyenlerin çıkabileceğini zannediyordu.

Parti Grubu, İsmet Paşa'nın başkanlığında toplandı. İsmet Paşa, başkanlık kürsüsünden görüşme konusunu açıklayıp önemini belirttikten sonra, «bugünkü toplantıda benim de söz almam gerekebilir» diyerek başkanlığı başkasına bıraktı.

Önerge sahibinin yaptığı açıklamalardan sonra, söz alan Rauf Bey, uzun bir konuşma yaptı.

Rauf Bey, İstanbul'daki demeci dolayısıyla bir yanlış anlama ortaya çıktığını, bunu düzeltmek için arkadaşlarla görüşmelerde bulunduğunu söyledikten sonra **«eğer bizim eleştirmek istediğimiz bir nokta varsa o da eserdir»** dedi.

Rauf Bey'in: «Çok iyi niyetlerle başlanıp uğrunda canlar feda edilmiş olan pek sağlam ilkelerin uygulanmasında yapılan yanlışlıklar yüzünden sakatlandığını da sanırım hiçbirimiz bir kalemde reddedemeyiz» şeklindeki sözlerini de olduğu gibi alıyorum.

Şimdi, bu iki cümle üzerinde bir an duralım. Rauf Bey'in eleştirmek istediği eser hangi eserdir? Cumhuriyet mi, yoksa Cumhuriyet'in ilân ediliş tarzı mı?

Eser olan Cumhuriyet'tir. İlân ediliş tarzı şu veya bu şekilde olabilir.

Rauf Bey'in «sağlam **ilkeler» dediği** Cumhuriyet ilkeleri midir? Yoksa, uygulamasında yapılan **yanlışlık** yüzünden sakatlanmasından korktuğu Cumhuriyet midir?

Efendiler, söz konusu olan Cumhuriyet'in kendisi ve onun memlekette ilânıdır.

Daha Cumhuriyet rejimini uygulama safhalarında yanlışlık olduğu- 507
nu iddia edecek kadar zaman geçmemişti. Rauf Bey'in telâşı Cumhuriyet ilânının hemen ertesi günü başlıyor ve daha iki üç gün bile geçmeden demeç veriyor.

Kâzım Paşa'ya «Cumhuriyet'in ilânına engel olabilirsen memlekete büyük hizmet etmiş olursun» diyen Rauf Bey aslâ Cumhuriyetçi olamaz

Rauf Bey, demecinin ne anlama geldiğini ve ne gibi düşünceleri içine aldığını, her birini birer evirip çevirme ile yorumlayarak dedi ki: «Duygularım, Cumhuriyet rejiminden başka hiçbir rejimi benimsemediğim yolundadır.» Rauf Bey'in bu itirafı Meclis üyelerinde sevinç yarattı ve «bravo» sesleri ile karşılandı.

Rauf Bey, «aziz duygularım», «kutsal duygularım» diye söylediği bu sözlerinde samimî ve ciddî miydi? Ben, hiç çekinmeden hayır diyorum, Efendiler. Çünkü, Ankara'dan ayrılırken, kendisine Cumhuriyet'ten söz açan Meclis Başkanı Kâzım Paşa'ya: «Buna engel olabilirsen, memlekete büyük hizmet etmiş olursun!» diyen Rauf Bey olduğunu biliyorum.

Rauf Bey, Cumhuriyet'i bir puntuna getirip ilân eden sorumsuz kimselerden, birtakım müşavir ve danışmanları kastettiğini de söyleyerek bunda da yanlış anlama olduğunu anlatmak istedi ve «böyle olunca benim kullandığım ifadeden şu veya bu kimse sorumludur şeklinde bir anlam çıkarılmasın; bunu benden beklemek doğru olmaz dedi.

Rauf Bey, sözlerindeki bu evirip çevirme ile de gösteriyordu ki, bugünkü Parti Grubu toplantısında, Parti'nin şimşeklerini üzerine çekmeden maksadına ulaşabilmek için, gereken noktalarda geri çekilme ve sözlerimi evirip çevirme yolunu tutmuştu. Fakat, asıl görüşünden vazgeçmiş değildi. Örnek olarak şu sözlere dikkat buyurunuz: «Türkiye'de hükûmet şekli nedir?» diye sorulacak sorulara karşı, hatırlarsınız ki, büyük Başkanımız, bu kürsüden yapıcı bir cevap olarak ilân buyurdular ki, «Türkiye Büyük Millet Meclisi Hükûmeti'dir.» «Hangi idareye benziyor?» dediler. «Bize benziyor. Çünkü biz, bize benzeriz. Bize has bir idaredir» buyurdular. Bu benim vicdanımı tatmin eden en açık bir ifadeydi ve buna itiraz etmek çok güçtür. Zannetmem ki, insaflı olmak şartıyla dışarıda ve içeride buna itiraz edecek bir tek adam bulunsun. Bu inandırıcı ve büyük sözlerden sonra, sırf bir kabine bunalımı yüzünden bu hükûmet şeklinin idare edilemez bir şekil olarak gösterilip de ad değişikliğinden ibaret olan «Cumhuriyet» kelimesinin konmasını ve eskisine bu kadar güvendiğimiz hattâ halkın da güvendiği bir şeklin sakat olduğunun bu bunalım devresinde anlaşıldığı ileri sürülerek yeni bir hükûmet şeklinin getirilmesini doğru bulmuyoruz. Bu duygunun etkisi altında kalanları gerici olarak kabul etmeyeceğinizden emin olarak söylüyorum. Eğer bu da eksik görülürse, acaba bunu da tamamlayacak yeni bir şekil var mıdır diye kararsızlık ve endişeye düşenler vardır.»

«... Bir halk ki, Cumhuriyet'i istiyor; bir halk ki, hâkimiyet kayıtsız şartsız miletin elinde oldukça bunun Cumhuriyet olduğunu biliyor ve onu istiyor; istiyor ama uygulayamayız da başka bir rejimde kalırız, diye halk üzüntü ve endişe duyarsa... üzülmek mi sevinmek mi gerekir?»

Saltanat devrinden Cumhuriyet devrine geçiş dönemi ve bu dönemde iki ayrı görüşün çarpışması

Efendiler, Saltanat devrinden Cumhuriyet devrine geçebilmek için, herkesin bildiği üzere bir geçiş dönemi yaşadık. Bu dönemde iki ayrı düşünce ve görüş, birbiriyle sürekli olarak çarpıştı. O düşüncelerden biri, saltanat devrinin devam ettirilmesiydi. Bu görüşün sahipleri belli idi. Diğer bir düşünce, saltanat rejimine son vererek Cumhuriyet rejimini kurmaktı. Bu bizim düşüncemizdi. Biz düşüncemizi açıkça söylemeyi başlangıçta sakıncalı buluyorduk. Ancak, düşünce ve görüşlerimizi daha sonra zamanı geldiğinde 508 uygulayabilmek için, saltanat taraftarlarının görüşlerini yavaş yavaş uygulama alanından uzaklaştırmak mecburiyetinde idik. Yeni kanunlar yapıldıkça, özellikle Teşkilât-ı Esasiye Kanunu yapılırken, saltanat taraftarları padişah ve halifenin hak ve yetkilerinin açıkça belirtilmesi için ısrar ediyorlardı. Biz, bunun zamanı gelmediğini veya gerekli olmadığını söyleyerek, o tarafı geçiştirmekte yarar görüyorduk.

Devlet idaresini, Cumhuriyet'ten söz etmeksizin millî hâkimiyet ilkeleri çerçevesinde her an Cumhuriyet'e doğru yürüyen rejim etrafında yoğunlaştırmaya çalışıyorduk.

Büyük Millet Meclisi'nden daha büyük bir makam olmadığını telkinde ısrar ederek, saltanat ve hilâfet makamları olmadan da devleti idare etmenin mümkün olacağını ispat etmek lâzımdı.

Devlet Başkanlığı'ndan bahsetmeksizin onun görevini fiilen Meclis Başkanı'na yaptırıyorduk.

Fiiliyatta, Meclis Başkanı İkinci Başkan'dı. Hükûmet vardı. Fakat Büyük Millet Meclisi Hükûmeti adını taşırdı. Kabine sistemine geçmekten çekiniyorduk. Çünkü saltanatçılar, hemen Padişah'ın yetkisini kullanması gerektiğini ortaya atacaklardı.

İşte, geçiş döneminin bu mücadele safhasında, bizim kabul ettirmek mecburiyetinde bulunduğumuz orta şekli yani «Büyük Millet Meclisi Hükûmeti sistemini haklı olarak yetersiz bulan ve meşrutiyet şeklinin açıkça belirtilmesini sağlamaya çalışan muhaliflerimiz, bize itiraz ederek diyorlardı ki: «Bu kurmak istediğiniz hükûmet şekli, neye, hangi idareye benzer?» Maksat ve hedefimizi söyletmek için yöneltilen bu türlü sorulara, biz de zamanın gereğine uygun cevaplar vererek saltanatçıları susturmak zorunda idik.

Rauf Bey, bu durumu dikkate alarak verdiğimiz bir cevabın, vicdanını tatmin eden, reddi ve itirazı mümkün olmayan bir cevap niteliğinde olduğunu söylüyor; bütün görüş ve iddiasını benim o ifademe dayandırıyordu.

Rauf Bey, «bu inandırıcı ve büyük sözlerden sonra», Büyük Millet Meclisi Hükûmeti şeklinin sakat olacağını kabul etmek istemiyor. Eğer bu sakat ise, bu sakat şekli vaktiyle bize kabul ettirenlerin, bu defa da bir gün bu kabul ettirdikleri Cumhuriyet şeklini eksik görüp başka bir şekli ortaya atmalarından endişe edilmek gerekir, tarzında mantık yürütüyor. Bu mantığın ne kadar çürük bir safsatadan ibaret olduğu meydandadır. «Kutsal duyguları, Cumhuriyet rejiminden başka hiçbir rejimi benimsemediği yolunda» olan bir kimsenin, geçiş döneminin zaruretlerinden olduğunu çok iyi bildiği Büyük Millet Meclisi Hükûmeti şeklinde saplanıp kalarak, Cumhuriyet şeklinin de eksik görüleceği ve başka bir şekil araştırılacağı endişesine düşmesinin yeri midir? Rauf Bey'in burada, Cumhuriyet'ten sonra başka şekil diye ifade ettiği şeyle ne anlatmak istediği bellidir. Rauf Bey demek istiyor ki, Cumhuriyet'i ilân edenler, Osmanlı hânedanını bu yolla saltanattan uzaklaştırdıktan sonra, acaba cumhuriyetten tekrar saltanat devrine geçerek, saltanat makamını işgal etmeyecekler mi? Bunun tarihte benzerleri yok mudur? diye tereddüt ve endişe edenler var.

Rauf Bey, olduğu gibi aldığımız sözlerinin sonunda, halkın Cumhuriyet'i istediğini kaydederken, «istiyor ama uygulayamayız ki...» yolundaki şaşılacak ifadesiyle benim işaret ettiğim noktayı çok güzel açıklamaktadır.

İsmet Paşa'nın Meclis'te Rauf Bey'e verdiği cevaplar

Efendiler, Rauf Bey'e cevap veren ve değerli görüşler ileri süren konuşmacılar çoktu. Bu arada İsmet Paşa da güzel bir konuşma yaptı. İsmet Paşa'nın, okunması her zaman yararlı olabilecek bazı sözlerini de aktaracağım.

İsmet Paşa: «Köklü bir devlet şekli söz konusu olduğu zaman düşünce ve duygularımız kendi aramızda kalmaz. Onları takip eden bütün bir dünya vardır» dedikten biraz sonra, «Cumhuriyet'in ilânı bir milletin kutsal bir ideali, bir ateşi, bir ülküsü gibi ortalığı sarar.

Cumhuriyet ilân edildiği zaman, o milletin bütün hararetini gösteren her türlü belirtiler ortaya çıkar. Eğer bir memlekette Cumhuriyet'in ilân edildiği günlerin üçüncüsünde, beşincisinde, hakları ortadan kaldırılmış bir şehzade meydana çıkar da Cumhuriyet'e karşı bir tavır takınırsa..., dünya ve dünya düşünürleri, bu Cumhuriyet'in kuvvetinden şüphe eder» sözleriyle başlayarak Cumhuriyet'in ilânı üzerine İstanbul'da alınan durumun vereceği zararı açıkladı.

İsmet Paşa, Rauf Bey'in konuşmasını tahlil ederken «millî hâkimiyet esastır, diyenlerin bu sözlerinden, tereddüt ve endişeye kapıldıkları anlamını çıkaramayız» dedi. Ondan sonra, İsmet Paşa, Rauf Bey'e hitaben: «Rauf Bey! Siyaset yapıyoruz. Yanlışları birer birer göstermeliyiz. Hattâ siz basit bir iş adamı gördünüz mü ki, daha işe başlarken sermayesini tehlikeye koyduğu düşüncesindedir ve başaramayacağını bile bile parasını tehlikeye atmıştır? Bir işe başlayan adam, daima sonundaki başarıyı garanti altına alır ve öyle başlar. Kaldı ki, böyle inkılâp zamanlarında, hükûmet ileri gelenleri ve bir siyaset adamı herhangi bir şüphe gösteremez. Bu hatâdır. Hatâ ettiniz Rauf Beyefendi!» dedi. Bundan sonra, İsmet Paşa, Rauf Bey'in «üst tabakada şekil değiştirerek devletin çıkarlarını gözetmeyi, milletin ihtiyaçlarını gidermeyi düşünmek affedilmez bir hatâdır» şeklindeki sözlerine cevap verirken, «affedilmez bir hatâ olan, bu kadar hassas günlerde bir noktada yoğunlaşması gereken manevî kuvvetleri, inkılâp kuvvetlerini şu veya bu noktada kararsızlığa düşürmektir. Bu, bilerek veya bilmeyerek, isteyerek veya istemeyerek affedilmez bir hatâ işlemek olur» dedi.

İsmet Paşa, Rauf Bey'den şunu da sordu: «Devlet Başkanlığı meselesini çözmek istiyordunuz. Nasıl çözecektiniz? Kaç ihtimal vardı?

İsmet Paşa, acele edildiği iddiası ile ilgili cevabında: «Arkadaşlar» dedi, «tabiî sayılan bir sonuç için acele etme söz konusu değildir. Ancak hatâ sayılabilecek olan noktalarda acele etmiş olmak söz konusu edilebilir.»

«Cumhuriyet aceleye getirilerek ilân edildi denmekle, o gün ilân edilmeyip de altı ay sonraya kalsaydı, belki başka bir şekil ortaya çıkardı anlamına yol açılıyor ki, asıl bu mânâda acele edilmiştir.»

Rauf Bey, konuşmasında, bizim Cumhuriyet ilânındaki davranışımızı eski Genel Merkez [218] işleri gibi göstermek istedi.

İsmet Paşa, bu noktaya cevap verirken dedi ki: «Bu memleket- 510
te Genel Merkez hayatını yaşatmış ve onu yıllarca savunmuş olan temsilciler ve gazeteciler de kendi görüşünü savunuyorlar. Rauf Bey'in görüşünü ellerinde silâh olarak kullanıyorlar. Bu, **bedbahtlıktır!**»

Rauf Bey, daha sonraki konuşmasında bu sözlere şu yolda cevap verdi: «Genel Merkez ifadesiyle yaptığım imâları **Tanin** gazetesi bir silâh gibi kullanmıştır; Yemin ederim ki, Efendiler, **Tanin** kullanmış, **Tevhid-i Efkâr** kullanmış, ben bilmiyorum.

İsmet Paşa, Rauf Bey ve arkadaşlarının Halife'yi ziyaretleri hususuna dokunarak şunları söyledi: «Halife'yi ziyaret konusu, halife konusudur.»

---

218) Merkez-i Umumî: İttihat ve Terakki Partisi Genel Merkezi.

«Devlet adamı olarak, hiçbir zaman hatırımızdan çıkaramayız ki, hilâfet orduları bu memleketi baştanbaşa harabeye çevirmişlerdir. Bir gün yeniden hilâfet orduları kurulabileceğini aslâ gözden uzak tutmayacağız... Türk milleti en büyük acıları halife ordusundan çekmiştir. Bir daha çekmeyecektir.»

«Bir hilâfet fetvasının bizi I. Dünya Savaşı felâketine sürüklediğini hiçbir vakit unutmayacağız. Bir hilâfet fetvasının, millet ayağa kalkmak istediği zaman, ona düşmanlardan daha alçakçasına hücum ettiğini unutmayacağız.»

«Tarihin herhangi bir devrinde, bir halife, kafasından bu memleketin mukadderatına karışma isteğini geçirirse, **o kafayı mutlaka koparacağız!»**

İsmet Paşa, «bravo» sesleri ve alkışlarla karşılanan bu sözlerine, şunları da ekledi:

«Herhangi bir halife, düşünce ve davranış olarak, gelenek ve usule uyarak, gizlice veya açıktan açığa Türkiye'nin kaderinde söz sahibi imişçesine bir tavır almak isterse, Türkiye devlet adamlarını ödüllendirirmiş gibi bir zihniyetle düşünürse, bunları memleketin hayat ve varlığı ile taban tabana zıt sayacağız, hareketlerini vatan hainliği olarak kabul edeceğiz.»

İsmet Paşa, konuşmasının sonunda şu hususu da söz konusu etti: «Rauf Bey, konuşmalarında geçen ve bizim taban tabana zıt bulduğumuz noktaları geri alarak bu parti içinde kalmak kararında mıdırlar? Yoksa, siyasî konuşmalarında bizimle tam zıt olarak gördüğümüz noktalarda ısrar ederek, partimizin dışında ve Meclis'te bizimle karşı karşıya çalışmak kararını mı verecekler? Karar kendilerine aittir.»

Rauf Bey, tekrar uzun uzadıya kendini savunarak parti kurmayacağını, partiden çıkmayacağını söyledikten sonra, Genel Kurul'un acıma ve hoşgörme duygularını harekete geçirerek ve konuşmasına yumuşak sözlerle son vererek, toplantı salonundan ayrıldı.

Konuşmacılar, karşılarında cevap verecek kimse bulamadılar. Rauf Bey, yanıldığını itiraf ederek cumhuriyetçi olduğunu söylediğine göre, görüşmeler yeterli sayıldı. Halkın kafasında uyandırılmış olan şüpheleri gidermek için, gazetelerde bildiriler yayınlanması, ayrıca, görüşmelerin tutanağının da bastırılıp dağıtılması kararıyla yetinildi.

Şimdi Efendiler, bu karar neyi ifade eder? 51

Rauf Bey'in çapraşık ve iki anlamlı sözleri, Parti'yi acaba onun gerçekten cumhuriyetçi olduğuna inandırabildi mi? Rauf Bey'in, Parti içinde, bizimle aynı duygu ve görüş sahibi olarak çalışabileceği kanaatı doğdu mu?

Partinin bu kararı, görüşmelerin gerçek sonucunun gerektirdiği karar mıydı? Elbette ki hayır!..

O halde, bu eksik kararla yetinilmesindeki sebep ve tesir neydi?

Bu noktayı birkaç kelime ile açıklayayım. Rauf Bey, konuşmasının başından sonuna kadar, aldığı tavır ve konuşma üslûbuyla parti üyelerinin hoşgörü ve yumuşaklığına sığınmış gibiydi. Bundan başka, Rauf Bey, konuşmasında o kadar demagoji ve safsata yapıyordu ki, sözlerinin ne dereceye kadar ciddî ve samimî olduğunu hemen anlamak Genel Kurul için kolay değildi. Bu sebeplerin de üstüne çıkan en önemli psikolojik sebep, itiraf etmek gerekir ki, «sorumsuz, oldubitti, Cumhuriyet'ten sonra, şekil» kelimeleri üzerinde yapılan olumsuz propaganda, duygu ve düşünceleri kararsızlık ve gevşekliğe sürüklemişti.

Durumu, Cumhuriyet tartışması dışında, İsmet Paşa ve Rauf Bey çekişmesi gibi görenlerin düşünüşlerinin de anlamsız bir kararla yetinilmesine yol açtığı şüphesizdir.

Efendiler, bu karar yüzünden Rauf Bey ve arkadaşlarına bir süre daha partinin içinde partiyi yıkma fırsatı verilmiş oldu.

İstanbul'daki bazı gazetelerin memleket ve Cumhuriyet'in yüksek yararlarına zarar verici nitelikteki yayınları da, orada öyle bir hava yarattı ki, Meclis, İstanbul'a bir İstiklâl Mahkemesi göndermeyi zarurî gördü.

***

Hilâfeti kaldırmanın zamanı da gelmişti

Saygıdeğer Efendiler, her meselede ve her uygulama safhasında kendisini söz konusu ettirmiş olan Halife'ye ve hilâfet'e bir defa daha dokunacağım.

1924 yılı başında, büyük çapta bir ordu harp oyunu yapılması kararlaştırılmıştı. Bu harp oyununu İzmir'de yapacaktık. Bu münasebetle 1924 yılının Ocak ayı başında, İzmir'e gittim. Orada iki ay kadar kaldım.

Hilâfet'in kaldırılması zamanının geldiğine orada iken karar vermiştim. Bu işin nasıl yapıldığını kısaca özetlemeye çalışacağım:

Başbakan İsmet Paşa'dan 22 Ocak 1924 tarihli bir şifre aldım. Onu olduğu gibi bilginize sunayım:

Şifre **512**

Türkiye Cumhurbaşkanlığı Yüksek Katına

Bir süreden beri gazetelerde, hilâfet makamının durumu ve Halife'nin şahısları ile ilgili olarak yanlış anlamalara yol açabilecek yayınlara rastlanması ve özellikle arasıra İstanbul'a giden hükûmet üyelerinin ve resmî hey'etlerin kendisiyle görüşmekten kaçınmaları ve çekinmeleri dolayısıyla Halife'nin büyük bir üzüntü duyduğu; bu yüzden Başmabeyinci'lerinin Ankara'ya veya güvenilir bir zatın İstanbul'a kendi yanına gönderilmesini rica ederek duygu ve düşüncelerini ulaştırmayı düşünmüş ise de, yanlış yorumlanabilir endişesiyle bundan da vazgeçtiklerini söyledikleri, Başkatip Bey tarafından bir yazıyla bildirilmektedir. Bu yazıda, ayrıca uzun uzadıya ödenek işi de anlatılarak **Hilâfet Hazînesi'nin gücünü** aşan ve yükümlülüğü dışında kalan giderler için Maliye hazînesince yardımda bulunulacağı yolunda Hükûmet'in yazdığı 15 Nisan 1923 tarihli yazının incelenmesi ve gereğinin yerine getirilmesi istenmektedir. Durum, Hükûmet'çe görüşülecektir. Sonucu ayrıca arz ederim, efendim.

İsmet

Bu telgrafa cevap olarak makine başında yazdığım telgraf şudur:

Makine başında **İzmir**

Ankara'da Başbakan İsmet Paşa Hazretleri'ne

İlgi : 22.1.1923 tarihli şifre,

Hilâfet makamı ve Halife'nin şahısları ile ilgili yanlış anlamalar ve yanlış yorumlar Halife'nin kendi yanlış tutum ve davranışlarından kaynaklanmaktadır. Halife, kendi özel hayatı ve dış yaşayışı ile, ecdadı padişahların yolunu tutmuş görünmektedir. Cuma alayları, yabancı devlet temsilcileri yanına memurlar göndererek ilişkiler kurmak, gösterişli gezintiler, saray hayatı, sarayında yedek subaylara varıncaya kadar kabul etmek, onların şikâyetlerini dinleyerek onlarla birlikte ağlamak gibi davranışlar bu cinstendir. Halife, Türkiye Cumhuriyeti ve Türk halkı karşısındaki durumunu düşündüğü zaman, İngiltere Krallığı ile Hindistan Müslüman halkı veya Afgan Devleti ile Afgan halkı arasındaki durumunu bir ölçü olarak almalıdır.

Halife ve bütün dünya kesin olarak bilmelidir ki, bugün var olan ve korunmakta bulunan Halife'nin ve halifelik makamının gerçekte ne dinî ve ne de siyasî 513
bakımdan hiçbir anlamı ve varolma gerekçesi yoktur. Türkiye Cumhuriyeti safsatalarla varlığını ve istiklâlini tehlikeye atamaz. Bizce, hilâfet makamı olsa olsa tarihî bir hâtıra olmaktan öteye bir önem taşıyamaz. Türkiye Cumhuriyeti devlet adamlarının veya resmî hey'etlerin kendisiyle görüşmelerini istemesi bile, Cumhuriyet'in bağımsızlığına açık bir tecavüzdür. Başmabeyinci'sini Ankara'ya göndererek veya güvenilir bir kimseyi kendi yanına getirterek, Hükûmet'e duygu ve dileklerini ulaştırmak istemesi de, Cumhuriyet Hükûmeti ile karşı karşıya bir durum alması demektir. Buna da yetkili değildir. Kendisi ile Cumhuriyet Hükûmeti arasındaki yazışmalarda Başkâtibi aracı kılması da yersizdir. Başkâtip Bey'in böyle bır küstahlıktan sakınması gerektiği, kendisine bildirilmelidir. Halife'nin yaşayışı ve geçimi için Türkiye Cumhurbaşkanı'nın ödeneğinden mutlaka daha aşağı bir ödeneğin yetmesi gerekir. Maksat, gösterişli ve debdeli bir hayat sürmek değil, insanca yaşamak ve geçimi sağlamaktan ibarettir. «Hilâfet Hazînesi» ile ne denmek istendiğini anlayamadım. Hilâfetin hazînesi yoktur ve olamaz. Kendisine ecdadından böyle bir hazîne kalmışsa, ve açık olarak bilgi alınmasını ve bana bildirilmesini rica ederim.

Halifenin aldığı ödenekle yerine getirilemeyen yükümlülükler nelermiş; 15 Nisan 1923 tarihli yazısıyla, Hükûmet ne gibi vaatlerde bulunarak Halife'ye bildirilmiştir? Lûtfen bunu da belirtiniz. Halife'nin oturacağı yeri tespit edip açıklamak, Hükûmet'in şimdiye kadar yapmış olması gereken bir görevdi. İstanbul'da, milletin boğazından kesilmiş paralarla yapılmış bir çok saraylar ve bu sarayların içindeki birçok kıymetli eşya ve malzeme, Hükûmet'in durumu tespit etmemesi yüzünden yok olup gidiyor. Halife'nin yakınları, sarayların en değerli eşyalarını Beyoğlu'nda, şurada burada satıyorlar diye söylentiler vardır. Hükûmet bunlara, bir an önce el koymalıdır. Satılmak gerekiyorsa Hükûmet eliyle satılmalıdır. Hilâfet kadrosu ciddî olarak incelenerek yeni baştan düzenlenmelidir ki, başmabeyincilerin ve başkâtiplerin varlığı, Halife'yi hâlâ saltanat hülyası içinde uyutmasın! Fransızlar, kral hanedanını ve yakınlarını Fransa'ya sokmakta, bağımsızlıkları ve hâkimiyetleri için yüz yıl sonra, bugün bile sakınca görüp dururken, her gün ufuktan kendileri için bir saltanat güneşinin doğmasına duacı bir haneden mensuplarıyla ilgili tutumumuzda Türkiye Cumhuriyeti'ni nezaket ve safsataya kurban edemeyiz.

Halife, kendinin ve makamının ne olduğunu açık olarak bilmeli ve bununla yetinmelidir. Hükûmetçe, ciddî ve esaslı tedbirler alınarak bildirilmesini rica ederim, efendim.

Gazi Mustafa Kemal
Türkiye Cumhurbaşkanı

Hilâfet'in, Şer'iye ve Evkaf Vekâleti'nin ([219]) kaldırılması ve öğretimin birleştirilmesi kararı

Bu yazışmadan sonra harp oyunu dolayısıyla İ s m e t P a ş a ve Millî Savunma Bakanı bulunan K â z ı m P a ş a da İzmir'e gelmişlerdi. Genel Kurmay Başkanı F e v z i P a ş a da zaten orada bulunuyordu. Hilâfetin kaldırılması gereğinde görüşlerimiz birleşmişti. Aynı zamanda Şer'iye ve Evkaf Vekâletlerini de kaldırmak ve öğretimi birleştirmek kararında idik.

1924 yılı Martı'nın birinci günü Meclis'in tarafımdan açılması gerekiyordu.

23 Şubat 1924 günü Ankara'ya dönmüştük. Burada da gereken kimselere kararımı bildirdim.

Mecliste bütçe görüşmeleri yapılıyordu. Hanedan'ın ödeneği ile Şer'- 514
iye ve Evkaf Vekâletleri'nin bütçeleri üzerinde durulmak gerekiyordu. Arkadaşlarımız bu maksada göre görüşme ve tenkitlere başladılar. Görüşme ve tartışmalar devam ettirildi. 1 Mart günü, Büyük Millet Meclisi'nin beşinci çalışma yılı dolayısıyla verdiğim nutukta, şu üç noktayı özellikle belirttim:

1 — «Millet, Cumhuriyet'in bugün ve gelecekte bütün saldırılardan kesin ve ebedî olarak korunmasını istemektedir. Milletin isteği, Cumhuriyet'in denenmiş ve olumlu sonuçları görülmüş olan bütün esaslara bir an önce ve tam olarak dayandırılması şeklinde ifade edilebilir.»

---

219) Diyanet ve Evkaf Bakanlığı.

2 — «Millet kamuoyunda tespit edilen eğitim ve öğretimin birleştirilmesi ilkesinin bir an önce uygulanmasını gerekli görüyoruz.»

3 — «Müslümanlığın, yüzyıllardan beri yapılageldiği üzere bir siyaset vasıtası olarak kullanılmaktan kurtarılmasının ve yüceltilmesinin şart olduğu gerçeğini de görmüş bulunuyoruz.»

2 Mart günü Parti Grubu toplantıya çağrıldı. İşaret ettiğim bu üç konu ortaya atıldı ve görüşüldü. İlkeler üzerinde anlaşmaya varıldı. 3 Mart günü, Meclis'in birinci oturumunda, Başkanlığa gelen evrak arasında şu önergeler okundu:

1 — Şeyh Saffet Efendi ile elli arkadaşının, hilâfet'in kaldırılması ve Osmanlı Hanedanı'nın Türkiye dışına çıkarılması ile ilgili kanun teklifi.

2 — Siirt Milletevekili Halil Hulki Efendi ve elli arkadaşının Şer'iye ve Evkaf Vekâleti ile Erkan-ı Harbiye Vekâleti'nin ([220]) kaldırılması ile ilgili kanun teklifi.

3 — Manisa Milletvekili Vâsıf Bey ve elli arkadaşının, eğitim ve öğretimin birleştirilmesi ile ilgili önergeleri.

Başkanlık kürsüsünde oturan Fethi Bey: «Efendim, birçok imzalarla gelen bu kanun tekliflerinin hemen görüşülmesi ile ilgili önergeler vardır. Yüksek oyunuza sunacağım» dedi ve bu tekliflerin ilgili komisyonlara gitmeden hemen görüşülmesini oya koyarak, kabul edildiğini bildirdi.

İlk itiraz, Kastamonu Milletvekili Halit Bey'den geldi. Görüşmeler sırasında Halit Bey'e bir iki kişi daha katıldı. Tekliflerin lehinde uzun konuşmalar yapan birçok değerli konuşmacılar kürsüye çıktı. Önerge sahipleri dışında, rahmetli Seyyit Bey'in ve İsmet Paşa'nın ilmî ve inandırıcı konuşmaları her zaman için okunmaya değer. Bu konuda yapılan görüşme ve tartışmalar beş saat kadar sürdü. Saat 18.45'te görüşmeler bittiği zaman, Türkiye Büyük Millet Meclisi, 429, 430 ve 431'inci kanunlarını çıkarmış bulunuyordu.

Bu kanunlara göre «Türkiye Cumhuriyeti'nde millet işleriyle ilgili kanunları yapma ve yürütme yetkisi Türkiye Büyük Millet Meclisi ile onun kurduğu hükûmete verildi»; «Şer'iye ve Evkaf Vekâleti kaldırılmış» oldu.

Türkiye içindeki bütün bilim ve öğretim kurumlarıyla, bütün med- 515
reseler Millî Eğitim Bakanlığı'na bağlandı.

Halife, görevinden uzaklaştırıldı ve hilâfet makamı kaldırıldı. Uzaklaştırılan Halife ve tarihten izi silinmiş Osmanlı hanedanının bütün

---

220) Genelkurmay Başkanlığı'nın görevini yapan bakanlık.

mensuplarına Türkiye Cumhuriyeti ülkesinde oturma hakkı süresiz olarak yasaklandı.

Hilâfet makamının korunmasında dinî ve siyasî menfaat ve zaruret bulunduğunu zannedenlere verdiğim cevap

Efendiler, Hilâfet makamının korunmasında, dinî ve siyasî menfaat ve zaruret bulunduğu inancında olan bazı kimseler, arz ettiğim kararların alınmakta olduğu son dakikalarda, hilâfet görevini kendi üzerime almam teklifinde bulundular.

Bu gibilere, hemen gereken red cevabını vermiştim.

Yeri gelmişken başka bir noktayı da arz edeyim. Büyük Millet Meclisi hilâfet'i kaldırdığı zaman, din bilginlerinden Antalya Milletvekili Rasih Efendi, Kızılay adına, Hindistan'da bulunan bir hey'etin başkanlığını yapıyordu. Rasih Efendi Mısır'a uğrayarak Ankara'ya döndü. Benimle görüşmek isteyerek şunları söyledi: «Gezdiği ülkelerde Müslüman halk benim halife olmamı istiyormuş... Yetkili İslâm hey'etleri, bana bu durumu bildirmek üzere Rasih Efendi'yi vekil etmişler.» Rasih Efendi'ye verdiğim cevapta, Müslümanların bana olan bağlılık ve sevgilerine teşekkür ettikten sonra dedim ki: «Zâtıâlîniz din bilginlerindensiniz. Halifenin devlet başkanı demek olduğunu bilirsiniz. Başlarında kralları, imparatorları bulunan halkın bana ulaştırdığınız dilek ve tekliflerini ben nasıl kabul edebilirim. Kabul ettim desem, buna o halkların başında bulunanlar razı olur mu? Halifenin emir ve yasakları yerine getirilir. Beni halife yapmak isteyenler emirlerimi yerine getirebilecekler midir? Durum böyle olunca, anlamı ve fonksiyonu olmayan asılsız bir sıfatı takınmak gülünç olmaz mı?

Efendiler, açık ve kesin olarak söylemeliyim ki, Müslümanları hâlâ bir halife korkuluğu ile uğraştırıp aldatmak gayretinde bulunanlar, yalnız ve ancak Müslümanların ve özellikle Türkiye'nin düşmanlarıdır. Böyle bir oyuna kapılıp hayal kurmak da ancak ve ancak cahillik ve gaflet eseri olabilir.

Rauf Bey'lerin, Vehip Paşa'ların, Çerkez Ethem ve Reşit'lerin, bütün yüzellilikler in, kaldırılmış hilâfet ve saltanat hanedanı mensuplarının, bütün Türkiye düşmanlarının, elele vererek aleyhimizde durmadan ateşli bir şekilde çalışıp uğraşmaları din gayretiyle midir? Sınırlarımıza bitişik merkezlerde yuvalanarak, hâlâ Türkiye'yi yok etmek için «Mukaddes İhtilâl» adı altında haydut çeteleri, suikast tertipleriyle çılgınca aleyhimizde çalışanların maksatları gerçekten mukaddes midir? Buna inanmak için gerçekten kara cahil ve koyu bir gafil olmak gerekir.

Müslümanları ve Türk milletini bu kerteye düşmüş sanmak ve İslâm dünyasının vicdan temizliğinden, ahlâk ve karakterindeki incelikten, alçakça ve canîce maksatlar için yararlanma yolunu tutmak, artık o kadar kolay olmayacaktır. Küstahlığın da bir derecesi vardır.

***

Başarısızlığa uğratılan büyük bir komplo

Şimdi, saygıdeğer Efendiler, isterseniz, size, büyük bir «komplo» konusunda bilgi vereyim. 51

1924 yılı Ekiminin 26'ncı günü, geç vakit, Birinci Ordu Müfettişi'nin Müfettişlikten istifa ettiği bildirildi. Müfettiş Paşa'nın, Genelkurmay Başkanlığı'na verdiği istifa yazısı şudur:

Genelkurmay Başkanlığına

Bir yıllık ordu müfettişliğim boyunca, gerek teftişlerim sonunda verdiğim raporların ve gerekse ordumuzun yükseltilmesi ve güçlendirilmesi için sunduğum tasarıların dikkate alınmadığını görmekle üzüntü ve endişem çok büyüktür. Üzerime düşen görevi, milletvekili olarak daha büyük bir vicdan rahatlığı içinde yapacağıma tam inancım olduğundan, Ordu Müfettişliği'nden istifa ettiğimi arz ederim, efendim.

Millî Savunma Bakanlığı'na da arz olunmuştur.

Kâzım Karabekir
26.10.1924

Bu istifa yazısının altında, renkli kalemle şunlar yazılıdır: «İstifayı kabul etmediğimi bildirdim. Düşüncesinde direndi. Yarın yasama görevine döneceğini bildirdi.» Bu satırların altında imza yoktur. Fakat Genelkurmay Başkanı tarafından yazıldığı anlaşılıyor. Bu satırların altında da, kırmızı mürekkeple yazılmış şu notlar vardır: «- Verilen rapor ve tasarıların hepsini göreyim. Bunların hangi maddeleri için neler yapılmış; hangi maddeleri yapılmamış, onları da dosyalarıyla birlikte göreyim.» Bu notların altındaki tarih 28 Ekim'dir.

Efendiler, Kâzım Karabekir Paşa'nın raporları **ve tasarıları Genelkurmay'ın ilgili** şubelerince incelenmiş, bunların kabul edilip uygulanabilecek olanları, dikkate alınmış ve uygulanmıştı. Ancak, uygulanması devletin gücünü aşan veya ilmî bir değeri bulunmayan hayalî ve keyfî nitelikteki teklifleri, elbette dikkate alınmamıştı. Kâzım Karabekir Paşa'ya raporlar ve tasarılar verdiği için bir takdirnâme verilmesi de gerekli görülmemişti.

30 Ekim günü de, 2'nci Ordu Müfettişi Ali Fuat Paşa'nın, Konya'dan geldiği bildirildi. Kendisini akşam yemeğine Çankaya'ya davet ettim. Geç vakte kadar beklediğim halde gelmedi. Kendisini aratırken öğrendim ki, Fuat Paşa Ankara'ya gelince, İstasyonda Rauf Bey tarafından karşılanmış; Millî Savunma Bakanlığı'na uğradıktan ve bazı ar-

kadaşlarla kısa görüşmeler yaptıktan sonra, Genelkurmay Başkanlığı'na gitmiş. Bir süre Fevzi Paşa ile görüşmüş; çıkarken Fevzi Paşa'nın yaverine şu kâğıdı bırakmış :

30.10.1924

Genelkurmay Başkanlığı Yüksek Katına

Milletvekilliği yasama görevine başlayacağımdan, 2'nci Ordu Müfettişliği'nden affımı arz ve istirham ederim, efendim.

Ankara Milletvekili
Ali Fuat

Efendiler, milletvekilliğinden istifa etmiş olduğunu Meclis Başkan- 517
lığı'na bildiren Refet Paşa'nın da istifasının Rauf Bey tarafından geri aldırıldığını öğrenmiştim.

Dumlupınar'da yapılan törenden sonra, Bursa ve Karadeniz kıyıları ile Erzurum dolaylarında devam eden bir buçuk aylık bir geziden sonra, 18 Ekim'de Ankara'ya dönmüştüm. Birçok milletvekili arkadaş ve başkaları tarafından karşılanmıştım. Karşılayıcılar arasında, Ankara'da bulunan Rauf ve Adnan Bey'leri görmemiştim. Oysa, dargınlık belirtisi sayılabilecek böyle bir hareketi beklemiyordum.

Efendiler, bir komplo karşısında bulunduğumuzu anlamakta bir saniye bile şüpheye düşmedim.

Bu durum ve görünüş şöyle bir tahlil ve değerlendirmeden geçirilebilirdi : Bir yıl öncesinden, yani Rauf Bey'in Hükûmet Başkanlığı'ndan çekildiğinden beri, Rauf Bey, Kâzım Karabekir Paşa, Ali Fuat Paşa, Refet Paşa ve diğerleri arasında bir tertip düşünülmüştür. Bunda başarı sağlayabilmek için orduyu ele almak gerekli görülmüştür. Bu maksatla, Kâzım Karabekir Paşa, 1'inci Ordu Müfettişliği'ne atandıktan sonra, eski komutanlık bölgesi olan doğu illerinde dolaşırken, Ali Fuat Paşa da politikadan hoşlanmadığını ve bundan sonra kendisini askerlik mesleğine vermek istediğini ileri sürdü. Rütbesi yükseltilerek 2'nci Ordu Müfettişliği'ne gitti. 3'üncü Ordu Müfettişi olan Cevat Paşa'nın ve bu müfettişliğe bağlı kolordunun komutanı olan Cafer Tayyar Paşa'nın da bu tertibe katılabileceğini düşündüler. Bir yıl, ordular üzerinde kendi görüşlerine göre çalıştılar ve orduları kendi görüşlerine çekip kazandıklarını sandılar. İstifalarından önce, bazı komutanların kendileriyle birlikte hareket etmelerini sağlamaya çalıştılar. Bu bir yıl içinde, Cumhuriyet'in ilânı, hilâfet'in kaldırılması gibi işlerimiz, ortak tertip sahiplerini biribirine daha da yaklaştırarak birlikte hareket etmelerine yolaçtı. İşe politikadan başlayacaklardı. Bunun için uygun an ve fırsatı bekliyorlardı. Siyasî alandaki ve ordudaki hazırlıklarını yeterli görüyorlardı. Gerçekten de R a u f B e y ve benzerleri, Parti içinde korunmayı başardıkları durumlarıyla, Meclis'in tatil dönemine rastlayan aylarda, üyeler üzerinde ve yeni seçimde başarı kazanamayan İkinci Grup mensupları aracılığı ile bütün memlekette milleti aleyhimize kışkırtmak üzere çalışma fırsatı buldular. Memleket içinde gizli gizli teşkilâtlanmaya başladılar ve teşebbüslere de giriştiler. İstanbul'da **Vatan, Tanin, Tevhid-i Efkar, Son Telgraf** Adana'da A b d ü l k a d i r K e m a l i B e y tarafından çıkarılan **Tok Söz** gibi gazetelerle birleştiler. Bu gazetelerle, bize karşı imzasız yazılarla saldırıya geçtiler. Memleket kamuoyunda genel bir karışıklık yarattılar. Hakkâri bölgesinde, ordumuzla Nasturî ayaklanmasını bastırmaya çalıştığımız bir sırada, İngiltere de Hükûmet'e bir ültimaton verdi. Meclis'i olağanüstü toplantıya çağırdım.

İngiliz ültimatomuna bilindiği şekilde cevap verdik. Harp ihtimalini göze aldık. İşte sözünü ettiğimiz kimseler, bu sıkıntılı günlerde ve bir yabancı devletin bize hücum edebileceği zamanda, kendilerinin de bize saldırarak hedeflerine kolaylıkla varabilecekleri hayaline kapıldılar. Savaşa hazır bir durumda bulundurmaya mecbur oldukları ordularını başsız bırakıp, daha önce sevmediklerini söyledikleri politika alanına koştular.

Toplanmış olan Meclis'te ortaya atılan bir konu da onların bu koşuşlarını çabuklaştıracak nitelikte idi. Gerçekten, milletvekili H o c a 5
E s a t E e f e n d i, 20 Ekim 1924 tarihli önergesiyle, göçmenlerin değiştirilip yerleştirilmesi, yatılı okullara ne kadar parasız öğrenci alındığı ve nerelerde ilkokullar açıldığı konularında ilgili bakanlardan birtakım sorular soruyordu. Bu soruların kapsadığı işler gerçekten milleti ilgilendiren işlerdi. Bu konular bakanları eleştirmek için pek elverişliydi. Özellikle göçmenlerin değiştirilmesi ve yerleştirilmesi işlerinde herkesi düşündüren noktalar açıkça bilinmekteydi.

Doğrudan doğruya ben bile, yaptığım gezi sırasında gördüklerime dayanarak, değiştirme ve yerleştirme işlerinin gidişinden şikâyet etmiş; Ankara'ya dönüşümde, bu işlerle ilgili bakanlığın kaldırılmasını ve Hükûmet'in bütün imkânlarıyla harekete geçirilmesini sağlayacak bir yol tutulmasını teklif etmiştim. Bunda anlaşmıştık. Bu durum bile, saldırıya geçeceklerin bu konuda çok taraftar kazanmaları ihtimalini artırıyordu.

Efendiler, komployu sezdikten sonra tedbirini bulmakta güçlük çekilmedi. Bıraktığımız noktadan başlayarak durumu safha safha bilginize sunayım.

Komploya karşı aldığımız tedbirler

H o c a E s a t E f e n d i 'nin soru önergesi 27 Ekim'de yani K a r a b e k i r P a ş a 'nın istifasının ertesi günü gensoruya çevrilmişti. F u a t P a ş a 'nın istifa yazısının tarihi olan 30 Ekim günü Meclis'te gensoru görüşmeleri başlamıştı.

O günün akşamı, yemeğe beklediğim Fuat Paşa gelmedi. Fakat Başbakan İsmet Paşa ve Millî Savunma Bakanı Kâzım Paşa'lar geldiler.

Çok kısa bir görüşmeden sonra, komploya karşı tutulacak yol kararlaştırıldı.

Derhal telefonla, aynı zamanda milletvekili olan Genelkurmay Başkanı Fevzi Paşa Hazretleri'nden, Meclis Başkanlığı'na milletvekilliğinden istifa ettiğini bildirmesini rica ettim. Bu düşüncesini Millî Savunma Bakanı'na daha önce bildirdiğini zaten öğrendiğim Paşa, ricamı hemen yerine getirdi. Milletvekili olan komutanlara da şu şifreli telgrafı çektim :

3' üncü Ordu Müfettişi Cevat Paşa Hazretleri'ne,
1' inci Kolordu Komutanı İzzettin Paşa Hazretleri'ne,
2' nci Kolordu Komutanı Ali Hikmet Paşa Hazretleri'ne,
3' üncü Kolordu Komutanı Şükrü Nailî Paşa Hazretleri'ne,
5' inci Kolordu Komutanı Fahrettin Paşa Hazretleri'ne,
7' nci Kolordu Komutanı Cafer Tayyar Paşa Hazretleri'ne,

şifre makine başındadır :

1 — Bana olan güven ve sevginize dayanarak, gördüğüm ciddî lüzum üzerine, milletvekilliğinden istifa ettiğinizi bildiren bir yazıyı telgrafla hemen Meclis Başkanlığı'na bildirmenizi teklif ediyorum. Birinci derecede önemli olan askerlik görevinize bütün varlığınızla kayıtsız şartsız bağlanmak istediğinizi gerekçe olarak belirtmeniz yerinde olur. 519

2 — Genelkurmay Başkanı Mareşal Fevzi Çakmak Paşa Hazretleri de görülen aynı gerekçe ile teklifim üzerine istifa dilekçesini vermiştir.

3 — 3' üncü Ordu Müfettişi Cevat Paşa, 1' inci Kolordu Komutanı İzzettin Paşa, 2' nci Kor. Komutanı Ali Hikmet Paşa, 3' üncü Kolordu Komutanı Şükrü Nailî Paşa, 5' inci Kolordu Komutanı Fahrettin Paşa, 7'nci Kolordu Komutanı Cafer Tayyar Paşa Hazretler i'ne yazılmıştır.

4 — Telgraf başında durum hakkında bilgi vermenizi bekliyorum.

Cumhurbaşkanı
Gazi M. Kemal

Efendiler, 30/31 Ekim sabahına kadar, 1' inci Kolordu Komutanı İzzettin Paşa'dan İzmir'den, 2' inci Kor. Komutanı Ali Hikmet Paşa'dan Balıkesir'den, 3' üncü Kolordu Komutanı Şükrü Nailî Paşa'dan Pangaltı'ndan ve 5' inci Kolordu Komutanı Fahrettin Paşa'dan Adana'dan, makine başında aldığım cevaplarda, teklifimin harfi harfine ve derhal yerine getirildiği bildirildi.

Efendiler, bu seçkin komutanların bu vesile ile de bana karşı gösterdikleri büyük güven ve itimada burada teşekkür etmeyi bir görev sayarım.

3'üncü Ordu Müfettişi ile, 7'nci Kolordu Komutanı'nın Diyarbakır'dan verdikleri cevaplar aynen şunlardı:

Müfettiş Paşa'nın cevabı:

Diyarbakır, 30.10.1924

Ankara'da Cumhurbaşkanı Gazi Paşa Hazretleri'ne

Yüce şahsiyetlerine karşı duyduğum güven ve sevgiden emin bulunmalarını arz eder; ancak, böyle bir vatan görevinden acele çekilerek millete ve seçim bölgem halkına karşı sorumlu ve suçlu duruma düşmemekliğim için emir buyurulan istifayı gerektiren sebeplerin açıklanmasına zâtıdevletlerinin müsaadelerini saygılarımla istirham ederim.

3' üncü Ordu Müfettişi
Cevat

Kolordu Komutanının cevabı:

Diyarbakır, 30.10.1924

Cumhurbaşkanı Gazi Mustafa Kemal Paşa Hazretleri'ne

1 — Siz Cumhurbaşkanı'nın yüce şahsiyetlerine karşı beslediğim saygı ve sevgiye itimat buyurulmasını rica ederim.

2 — Seçim bölgem halkı ile hiç bir görüşme yapmadan, şu dakikada zâtıdevletlerinin tekliflerini kabul etmekliğim beni milletin gözünde sorumlu duruma düşürebilir.

3 — Vatanın ve milletin yararları millet vekilliğinden hemen ayrılmamı gerektiriyorsa, kesin kararımı verebilmekliğim için, durumun aydınlatılmasını arz ve istirham ederim, efendim.

Cafer Tayyar
7' nci Kolordu Komutanı

Her iki telgrafta da benim için beslenen güven ve sevgi kesinlikle belirtildikten sonra, seçim bölgeleri halkına karşı olan durumlarından söz edilmekte ve teklifimin gerekçesi sorulmaktadır.

Verdiğim cevabı olduğu gibi bilginize sunayım:

Makine başında şifre

31.10.1924

3' üncü Ordu Müfettişi C e v a t P a ş a H a z r e t l e r i ' n e,
7' nci Kolordu Komutanı C a f e r T a y y a r P a ş a H a z r e t l e r i ' n e,

Komutanların aynı zamanda milletvekili olarak bulunmalarının, orduda, emir ve komutada beklenilen disiplin ile bağdaşamadığı görüşüne varılmıştır. 1'-inci ve 2'nci Ordu Müfettişleri'nin görevlerinden istifa ederek Meclis'e dönmekle, orduları uygunsuz bir zamanda başsız bırakmış olmaları, bu görüşü doğrulamıştır. Seçim bölgenizdeki halk, ordu disiplininin selâmeti için vereceğiniz karardan elbette memnun olur. Daha önce yazdıklarım dikkate alınarak kararınızın bildirilmesini rica ederim.

Cumhurbaşkanı
Gazi M. Kemal

Bu telgrafıma Cevat Paşa'nın cevabı şudur: 521

Makine başında

Diyarbakır, 31.10.1924

Cumhurbaşkanı Gazi Mustafa Kemal Paşa Hazretleri'ne

Emir ve komutada beklenilen disiplin ile bağdaşamadığından komutanların aynı zamanda milletvekili olarak bulunmamaları yolundaki yüksek görüşlerinize bütün kalbimle katılır ve seçim sırasında bu görevden affımı yüce şahsiyetinizden istirhamımın da bu inanca dayandığını arz ederim. Ancak, bu gün yüce makamlarından verilen bir emirle milletvekilliğinden çekilmenin, zâtıdevletlerince de tahmin buyurulacağı üzere, milletçe ve seçim bölgem halkınca iyi karşılanmayacağı inancındayım. Bu inançla ve hiç de uygun görmediğim şu önemli zamanda ordudan ayrılmak zorunda kalacağımı düşünerek üzüntü duyduğumu arz ederim.

3' üncü Ordu Müfettişi
Cevat

Cevat Paşa Ankara'ya geldikten sonra durumu anlamış ve teklifimin uygulanması gerektiği görüşüne vararak, derhal milletvekilliğinden çekilmiştir. Kendisinin yaratılmak istenen durumlarla hiçbir ilgisi bulunmadığı bizce de anlaşılmıştır. Gerçi, Kâzım Karabekir Paşa, istifa ettiğini şu gün ve şu saatte gibi açıklamalarla birçok komutanlara ve bu arada Cevat Paşa'ya bildirmiş ise de, bu bildirme, Diyarbakır'da iken teklifimin gerçek sebebini anlamakta Paşa'yı kararsızlığa düşürmekten öteye bir tesir yapmamıştır.

Cafer Tayyar Paşa da şu cevabı verdi:

Makine başında

Diyarbakır, 31.10.1924

Ankara'da Cumhurbaşkanı Gazi Mustafa Kemal Paşa Hazretleri'ne

Milletvekilliği ve komutanlık görevlerinden birini bırakmamız gereği uygun görüldüğü takdirde, millî görevlerin en saygıdeğeri olarak kabul ettiğim yasama görevini yapmayı tercih etmekte olduğumu saygılarımla arz ederim, efendim. 522

7' nci Kolordu Komutanı
Tümgeneral
Cafer Tayyar

Komplo düzenleyenlerin Meclis'e ve kamuoyuna karşı ordu ile yapmak istedikleri blöf ortaya çıkarıldı.

Efendiler, aynı zamanda milletvekili olarak bulunan Genelkurmay Başkanı ve komutanlar, orduda siyasetle ilgili unsurların bulunmasındaki sakıncayı anlayarak, bu yoldaki teklifimi iyi karşıladıktan ve bana fiilî olarak güvenlerini gösterdikten sonra, Cevat ve Cafer Tayyar Paşa'ların müfettişlik ve komutanlıkta kalmaları uygun görülemezdi. Bu bakımdan, derhal askerî görevlerine son verildi. Yerlerine gerekenler tayin edildi ve durum Millî Savunma Bakanlığı'nca bütün orduya bir genelge ile bildirildi.

Kâzım Karabekir ve Ali Fuat Paşa'lara, Millî Savunma Bakanlığınca bir emir gönderilerek, askerî görevlerini yerlerine atanan şahıslara usulüne göre devir ve teslim ettikten ve sonucu da bildirdikten sonra Meclis'teki yasama görevlerine başlayabilecekleri bildirildi. Bu durum Başbakan tarafından resmen Meclis Başkanlığı'na da yazıldı.

Meclis'e girmiş olan Kâzım Karabekir ve Fuat Paşa'lar, Meclis'ten çıkarıldı. Fuat Paşa, askerî görevinin devir ve teslim işleri için yeniden Konya'ya gitti. Kâzım Karabekir Paşa, Sarıkamış'tan kendi yerine gelecek olan komutan göreve başlayıncaya kadar Meclis dışında kalmaya mecbur edildi. Milletvekilliğinde kalmak isteyen iki komutanın ordu ile ilgisi kesildi. Böylece, komplo düzenleyenlerin Meclis'e ve kamuoyuna karşı ordu ile yapmak istedikleri blöf meydana çıkarıldı.

Efendiler, 1 Kasım 1924 günü Meclis'in ikinci toplantı yılının açılış günü idi. Bu münasebetle oturumu ben açtım. Açış nutkunu söyledim. Ben Başkanlık kürsüsünden ayrıldıktan sonra, Fevzi, Fahrettin, Ali Hikmet ve Şükrü Nailî Paşa'ların istifa yazıları ile Başbakan İsmet Paşa'nın ordudaki komuta değişikliği ile ilgili 31/10/1924 tarihli yazısı sırayla okundu. Meclis'in 5 Kasım günü toplanacağı bildirilerek oturuma son verildi.

Efendiler, Kâzım Karabekir Paşa, 1 Kasım 1924 tarihli bir yazı ile Meclis Başkanlığı'na başvurarak, Millî Savunma Bakanlığı'nın, kendisinin Meclis'e katılmasını yasakladığından şikâyet etti. 5 Kasım günü Meclis'te okunan bu yazıda, Kâzım Karabekir Paşa diyordu ki: «Ordu Komutanlığından çekilmemden beş gün sonra (30.10.1924 Cuma günü geceleyin) Millî Savunma Bakanı'nın Sarıkamış'tan yerime gelecek olan komutanın göreve başlayışına kadar benim Meclis'e katılmaktan alıkoymak isteyen bir yazısını aldım.» Yazı; şu cümlelerle son buluyordu: «Bununla birlikte, bu konuda yetkili olan yüce Meclis'in kararını beklediğimi arz ederim.»

Kâzım Karabekir Paşa, aynı tarihte Millî Savunma Bakanlığı'na da bir yazı yazarak: «Devir ve teslim işlemleri öne sürülerek belirsiz bir süre için yasama görevine başlamamaklığım bildiriliyor.» «İstifa ettiğim gün yerine gelecek komutanı bekleme şartı ileri sürülmemişti.» «Beş gün sonra, bilmem neden böyle bir bahane ortaya atıldı.» 523 «Meclis'e katıldıktan sonra, geçici bir süre için de olsa, yeniden bir görevi kabul hem benim kendi isteğime hem de Meclis'in kararına bağlı olduğundan, durumu Meclis Başkanlığı'na yazdığımı arz ederim.»

Efendiler, «ordumuzun yükseltilip güçlendirilmesi için» rapor ve tasarılar sunduğumdan söz eden ve onlar dikkate alınmadığı için «üzüntü ve endişem çok büyüktür» diyen eski müfettiş Paşa, memleketin üçte birine yayılmış koskoca bir orduyu, keyfinin istediği anda beş satırlık bir kâğıtla başsız bırakmanın ne kadar hafif, ordunun yükseltilip güçlendirilmesi açısından gerekli olan disiplini de ne denli bozucu bir hareket olduğunun farkında görünmüyor. Dikkate alınmadığını iddia ettiği raporları ve tasarılarıyla yapamadığı bir işi, devletin bir ültimatom aldığı ve ondan dolayı olağanüstü toplanmak üzere çağırdığı Meclis'te yapmaya kalkıştığını ileri süren müfettiş paşa, kendisi gibi hareket eden arkadaşlarıyla birlikte ve pek elverişsiz bir zamanda, orduya ne kötü bir anarşi örneği olduğunu anlamak istemiyor...

Ordumuzun yükseltilmesi için ileri sürdüğü düşünce ve görüşlerine gereken değerin verilmemiş olmasına gücenmiş olan zat, askerî görevlerin devir ve tesliminin kanunî bir vazife olduğunu, ordudaki yönetim ve disiplinin selâmeti için onu yapmaya mecbur bulunduğunu bilmez gibi görünüyor...

Üzerindeki askerlik görevinin sona erdiğini Meclis'e resmen bildirecek makamın, ona bu askerî görevi vermiş bulunan makam olmak gerektiğini dikkate almıyor...

Efendiler, Kâzım Karabekir Paşa'nın Meclis Başkanlığı'na sunduğu yazının arkasından Başbakan'ın bir yazısı ile iki eki de okundu.

Başbakan, Karabekir Paşa'nın Millî Savunma Bakanlığı'na yazdığı yazı ile Bakanlığın ona verdiği cevabı olduğu gibi Meclis'e arz ediyordu.

Millî Savunma Bakanı, Kâzım Karabekir Paşa'nın bütün iddia ve düşüncelerinin doğru olmadığını açıkladıktan sonra, ona «Ordu Müfettişliği ile ilgili görevlerin ve gizli belgelerin yerine gelecek olan komutana kendisi tarafından» devir ve teslim edilerek sonucun bildirilmesini bir daha belirtiyor ve emrediyordu.

Acaba bu son uyarıdan sonra, eski müfettiş paşa anlamış mıdır ki, vatanın savunulması için ordusu ile ilgili önemli görevi ve gizli belgeleri devlet onun şahsına güvenmiş ve teslim etmiştir. Onları, yerine gelecek ve devlete karşı sorumlu olacak bir komutan gösterilmeden, kendiliğinden istediğine terk ve teslim etmesi büyük bir suçtur. Hakkında ağır kanunî işlem yapılmasını gerektirir. Bunları anlamış mıdır?

Kâzım Karabekir Paşa'yı bir an önce Meclis'e sokmakta acele edenler yaptığımız işlemi bozmaya çalışıyorlardı

Efendiler, Kâzım Karabekir Paşa'yı bir an önce Meclis'e sokmakta acele edenler, yaptığımız işlemi bozmaya çalışmakta kusur etmediler. Feridun Fikri Bey (Tunceli Milletvekili), ilk olarak ortaya atıldı. Vehbi Bey (Balıkesir Milletvekili) : Meclis'e katılan bir arkadaşı, bir üyeyi görüşmelere katılmaktan herhangi bir kuvvet alıkoyabilir mi? Böyle şey olur mu?» şeklinde konuşmaya ve suçlamaya başladı.

Sayın milletvekili, fikir arkadaşını Meclis'te bir an önce faaliyete geçirebilmek için, kanun kuvvetini, onun kahredici kudretini, o kuvvet 524
ve kudreti kullanabilmek için yüce Meclis'in ve milletin güven ve itimadını kazanmış olan kimselerin azim ve kararlarında ne derece kesin olduklarını unutmuş gibi görünüyordu.

İsmet Paşa'nın konuşması, bu yaygaraları susturdu. Bu konudaki görüşmeler kapandı. Paşalara verilen emirler olduğu gibi uygulatıldı.

Hükûmet açıktan açığa ve karşı karşıya çarpışmayı kabul etti

Meclis, genel görüşmeye geçti. Görüşülecek konu «Mübadele,([221]) İmar ve İskân Bakanlığı» ile ilgili gensoruydu.

Başbakan İsmet Paşa, kürsüye çıkarak şu teklifte bulundu: «Birçok konuşmacının imar ve iskân işleri üzerinde değil, çeşitli vesilelerle diğer bakanlıklarla ilgili işler üzerinde durduklarını gördüm. Hattâ, bazı konuşmacılar, Başbakan'ın devletin iç ve dış siyaseti üzerinde uzun uzadıya geniş bilgi vermesini istemişlerdir. Bu isteklerin hepsini de memnuniyetle benimsiyorum. Mübadele Bakanı, yüce Meclis'in uygun görüp oy vermesiyle Başkan Vekilliği'ne seçilmiştir. Ancak, bundan dolayı, gensorunun önem ve kapsamının hiçbir şekilde hafife alınmamasını teklif ederim. Ben, yerinde ve uygun «taktiği» severim.

Böylece Hükûmet, **sahnenin perdesini** kaldırdı ve oyun hazırlığı yapanların oyunlarını sahneye koymalarını çabuklaştırdı. Hükûmet, açıktan açığa ve karşı karşıya çarpışmayı kabul etmiş bulunuyordu.

Efendiler, lehte ve aleyhte olmak üzere otuz kadar konuşmacı söz aldı. Adalet ve Millî Eğitim Bakanları da konuştular, Tartışma, beş saat hiçbir sonuç alınmadan devam etti. Gensoru görüşmeleri ertesi güne bırakıldı.

---

221) Karşılıklı olarak göçmen değiştirme.

Ertesi gün 14.30'da görüşmelere başlandı. İlk söz alan İçişleri Bakanı ve Mübadele, İmar ve İskân Bakanı Vekili R e c e p B e y oldu. Uzun açıklamalar yaparak konuştu. Muhalifler, oturdukları yerlerden R e c e p B e y'e kısa sataşmalar yapıyorlardı.

R e c e p B e y, bir noktada dedi ki: «Bazı gazeteler ve bazı kimseler diyorlar ki, Ankara'da bir Hükûmet varmış. Meclis'in bütün tatil zamanlarında, memleketi ne kadar usulsüzlükler varsa hep bunlarla idare etmiş... Söylentilere göre, bazı arkadaşların birtakım gizli defterleri de varmış; orada Bakanların yaptıkları kanunsuz işler yazılıymış... Bir gün gelecekmiş Meclis toplanacak ve orada Hükûmet'i hesaba çekeceklermiş... O zaman o gizli defterlerin içindekiler, milletin huzurunda Hükûmet'ten sorulacakmış. İşte, o gün gelmiştir! O defterlere yazılmış olanları milletin gözü önüne döksünler!

F e r i d u n F i k r i B e y, arkadaşları adına çoğul şekli kullanarak cevap verdi: «Sırasında dökeceğiz» dedi.

R e c e p B e y, karşılık verdi: «Dökünüz efendim, bekliyoruz. Hükûmet, milletin huzurunda bağrını sorumluluğa açmış olarak daima karşınızdadır» dedi ve şu sözleri ekledi: «Memleketin gizliliğe, kapalılığa, belirsizliğe ve kararsızlığa tahammülü yoktur. Açıktan açığa tenkit yapılmadan, her gün ufukta birtakım tehlike bulutlarının dolaştığını fısıldayarak, Türkiye Cumhuriyeti'nin, bu körpe varlığın yapısında za- 525
rarlı karışıklıklar varmış gibi göstermek bu memlekete karşı hainliktir.» «Herkesin köşede bucakta, koridorlarda, şurada burada, gerçek dışı asılsız birtakım kuruntularla kamuoyunu bulandırmaktansa, bu herkese eşitlikle açık olan millet kürsüsüne çıkıp gerçeği oradan söylemesi lâzımdır. Gerçekler söylenmez ve yine bu asılsız, kuruntuya dayanan telkinlerde bulunulmaya devam edilirse, bunu yapanların, bu memleketin kaderi ile içten ve sağlam bir bağlantıları bulunmadığına hükmedeceğim. Ben kendim bunu böyle kabul edeceğim. Sanırım ki, millet de böyle kabul edecektir. Bu kürsüye davet ediyorum... Ta ki millet bilsin: Gerçek ne taraftadır, zan, kuruntu, lekeleme, suçlama ne taraftadır?»

R e c e p B e y'den sonra, aleyhte konuşan birtakım milletvekilleri dinlendi. Onlara da Ticaret Bakanı H a s a n B e y (Trabzon Milletvekili) ve Millî Savunma Bakanı K â z ı m P a ş a cevap verdiler.

Aleyhte söz alanlar arasında R a u f B e y de vardır. Ona da söz sırası geldi.

R a u f B e y, İmar ve İskân Bakanlığı ile ilgili soru ve gensorunun, bütün Hükûmet'e yöneltilmesini uygun bulmamakla birlikte, Başbakan Paşa'nın bu davranışını mertçe buldu ve sözlerinin başında: «Meclis, bir kasıt karşısında bulunan Hükûmet'e hücum durumuna geçmiştir» dedi.

Yunus Nadi Bey: «Anlamadık» dedi. Rauf Bey açıkladı. Dedi ki: «Tenkit edenler, Hükûmet'e karşı konuşurken, kasıtlı bir iş yapmışlar ve ona hücum ediyorlarmış gibi bir durum görüyorum.»

Rauf Bey, konuşmacıların ağır kelimeler kullanmamaları, konuşmalarında Hükûmet'i küçük düşürücü ifadelere yer vermemeleri gibi, öğüt verircesine yumuşak bir tavır takınarak Feridun Fikri Bey'in teklifine dokundu ve o teklifi savundu. Tunceli Milletvekili'nin teklifi bir «parlamenter anket» idi. «Meclis soruşturması» yapacak bir komisyon kurulması için acele karar alınması isteniyordu. Feridun Fikri Bey'in bununla ilgili bir önergesi ve bu önergenin isim okunarak oya konması için de Feridun Fikri Bey'le birlikte daha on altı arkadaşının başka bir önergesi vardı.

Rauf Bey dedi ki: «Soruşturma komisyonu» diye tercüme ettiğim bir komisyondan söz edildi – Bundan söz eden Feridun Fikri Bey'dir — Rauf Bey, sözüne şöyle devam etti :

«... Bakanlar böyle bir komisyonun kabulünü, bu ana kadar saygıya değer olan vatan ve millet duygularına karşı bir leke bir horlama saydılar.»

Yunus Nadi Bey, Rauf Bey'in sözünü kesti. «Biraz öyle» dedi. Rauf Bey tekrar devam etti: «Hepimizin yanılmaz olmadığımızı kabul ederek arz ediyorum ve bunun gerekli bulunduğunu (...) ben de ilgili olduğum için, herkesten önce ben istiyorum» dedi.

«Cumhuriyet» sözünü söylemeye Rauf Bey'in dili varmıyordu

Rauf Bey, söz söylerken, Meclis'e karşı çok saygılı olduğunu göstermek için de fırsat düşürmeye dikkat ediyordu. Bir puntuna getirerek dedi ki: «Bu yüce Meclis'in çıkardığı kanunlara bazı sıfatlar yakıştırılmıştır. (Koridor Kanunları) denilmiştir.»

Rauf Bey, yüce Meclis'e saygı gösterilmesini istiyordu.

Rauf Bey, yüce Meclis'in Cumhuriyet'i ilân eden kanunu kabul 526
etmesi üzerine, takındığı saygısız tavrın unutulduğunu zannetmiş olacak!

Mazhar Müfit Bey (Denizli Milletvekili): «Onu ilk önce, sayın arkadaşınız Muhtar Beyefendi söylemiştir» dedi. Bu söz, Rauf Bey'e konuşma yönünü değiştirtti. Fakat Muhtar Bey alındı.

Saip Bey (Kozan) söze karıştı. Nihayet Başbakanlık makamının araya girip uyarıda bulunması üzerine Rauf Bey sözüne devam ettirildi.

Rauf Bey, döndü dolaştı ve sonunda ilke meselesine dayandı. «Tutumumuz, siyasetimiz kayıtsız şartsız millî hâkimiyet ilkesidir» dedi.

Yunus Nadi Bey'in sesi işitildi: «Cumhuriyet!»

Rauf Bey, cevap vermedi. Başladığı cümleyi şu şekilde bitirdi: «Millî hâkimiyetin varlığını gösterdiği tek yer Büyük Millet Meclisi'dir.»

«Cumhuriyet» sesleri bütün Meclis salonunu doldurdu.

Ali Saip Bey (Kozan): «Cumhuriyet!» dedi.

Rauf Bey, Ali Saip Bey ile konuşmaya başladı. İhsan Bey söze karıştı.

«Yüksek ifadenizde açıklık yoktur Rauf Beyefendi» dedi.

Rauf Bey: «Açıktır. Çok rica ederim. İhsan Beyefendi.» İhsan Bey: «O kadar açık değildir. Uzun süreden beri sizinle anlaşamadık!» dedi. Rauf Bey, İhsan Bey'in yüksek adalet duygusuna sahip bulunduğundan, hâkimlik etmiş olduğundan söz ederek ona dedi ki: «Suçsuzluk esastır. Aksini ispat edemedikçe bir tarafı töhmet altında tutmak ve bunu böyle ifade etmek doğru değildir.» İhsan Bey cevap verdi : **«Gerçeği söylemeyen sanıktan şüphe etmekte hâkim haklıdır»** dedi.

Rauf Bey ile İhsan Bey arasındaki bu karşılıklı konuşma biraz uzadı. Başkan söze karıştı. Rauf Bey devam etti ve «Teşkilât-ı Esasiye Kanunu'nda Bakanların görev ve yetkileri ile ilgili bir kanunun yapılması söz konusu idi. Bu yapıldı mı? Bunu sorarım» dedi.

Efendiler, kanunların Meclis tarafından yapılması tabiî olduğu halde, Rauf Bey, bu soruyu Hükûmet'ten değil de kendisinin de içinde üye olarak bulunduğu Meclis'ten soruyordu.

Rauf Bey, Danıştay ([222]) teşkilâtına temas ettikten sonra, «Men'-i Şekavet Kanunu ([223]) uygulanmış mıdır?» şeklinde, İçişleri Bakanı'ndan başlayarak Bayındırlık, Ticaret, Ziraat, Millî Savunma, Adalet ve Millî Eğitim Bakanlarına çeşitli sorular yöneltti. Bütün bu sorularla Rauf Bey'in millet ve ordunun dikkatini çekmek istediği anlaşılıyordu. Söz gelişi, basında Karadere ormanları ile ilgili bir işlem olduğu gözüne ilişmiş; «O iş nasıl olmuş?» Fedakâr ve kahraman ordumuzun İstiklâl Savaşı'ndan sonra, barışa geçerken büyük bir intizam ve olgunluk göster-
diğini işittik ve göğsümüz kabardı. Ancak, ondan sonra, beslenme ve ba- 527
rındırma işleri bakımından durumun yine aynı şekilde kuvvetli olduğunu kabul edip düşünebilir miyiz? Bu noktada bizi aydınlatmalarını rica ederiz» dedi.

---

222) Şûrâ-yı Devlet.
223) Eşkıyalığın Önlenmesi Kanunu.

R a u f B e y'in bu sorusunun ortak bir soru olduğu kendi ifadesinden anlaşılıyor. «rica ederiz» diyor. Gerçekten de bu sorunun, o güne kadar orduların başında bulunan iki ordu müfettişiyle birlikte hazırlanmış olduğuna hükmetmemek elde değildir.

R a u f B e y, adalet teşkilatındaki değişiklik dolayısıyla ortaya çıkan uygulamanın, adaleti sağlayabilecek en uygun usul ve şekil olup olmadığını öğrenmek istiyordu.

Millî Eğitim Bakanı'ndan da, ilk öğretim süresinin kanuna aykırı olarak niçin azaltıldığının açıklanmasını istedi.

R a u f B e y, İstanbul Valisinin gece manevrasından, İstanbul'un «Emanet» ([224]) ile idaresinin halkın haklarına tecavüz olduğundan da sözettikten sonra; Millî Eğitim Bakanı V a s ı f B e y'le basın arasında çıkan bir olaydan ve bu münasebetle öğretmenlerden de söz ederek dedi ki: «Öğretmen ordusunun, bu aydın ordunun şu veya bu tarafı tutar ve destekler şekilde yayın yapmaları doğru mudur?»

R a u f B e y, bunun olmadığını söyleyerek konuşmasını şu cümle ile bitirdi» **«Allah vatanımı, milletimi ve hepimizi korusun.»**

Bu cümlenin alkışlarla karşılanmasından sonra, İçişleri Bakanı kürsüye çıktı. Gümüşhane Milletvekili Z e k i B e y daha önce kendisinin görüşmesi gerektiğini ileri sürdü. V e h b i B e y «Efendim bu mesele, Bakanların Meclis'i sorguya çekmesi şekline girdi» dedi. Başkanlık, Bakanların söz hakkı ile ilgili iç tüzük maddesini hatırlattı. R e c e p B e y de, çok geniş bir gensoru karşısında bulunan Bakanların, tüzük ile sağlanmış olan söz söyleme haklarını kullanmalarına müsaade edilmediği takdirde, gerçeklerin açığa çıkmasına yardım edilmemiş olacağını söyledikten sonra, yöneltilen sorulardan kendisi ile ilgili bulunanlara birer birer cevap verdi. Konuşması sırasında, R a u f B e y'in kürsüye öğüt verircesine bir tavırla çıktığına işaret ederek, «bu Meclis ne tam bir sessizlik içinde hareket etmeye mecbur olan bir okuldur ne de bir bilim akademisidir» dedi. R a u f B e y'in kürsüde bu gün bile açık konuşmadığına; «soruşturma» sözünü kullanmadan, F e r i d u n F i k r i B e y'in, üç Bakanlığın bir yıllık çalışmaları ile ilgili anlamsız, haksız, mantıksız, kanunsuz ve hükûmet dengesini bozucu nitelikteki «Meclis soruşturması» teklifini desteklemiş olduğuna Meclis Genel Kurulu'nun dikkatini çekti. F e r i d u n F i k r i B e y, yerinden, R e c e p B e y'in «mantıksızdır» sözüne itiraz etti. Bu sözü geriye almasını istedi. R e c e p B e y: Geriye almıyorum, efendim; mantıksızdır. Gerçek olduğu gibi ifade edilir» dedi. F e r i d u n F i k r i B e y'in «mantıksız sözünü

224) Belediye Başkanlığı.

kabul etmiyorum» sözüne, Recep Bey cevap verdi: «Feridun Fikri Bey» dedi, «Siz daha ağır şeyleri kabul etmeye alışkınsınız...»

Daha ağır şeyler, Adalet Bakanı Necati Bey tarafından söylenmiş... Feridun Fikri Bey: «Adalet Bakanı sözlerini geri aldılar» 528
dedi. Necati Bey, yerinden fırlayarak «Sözlerimi geri almadım» dedi. Biraz gürültü oldu. Nihayet Başkan: «Rica ederim, gürültüyü keselim!» dedi. Recep Bey, açıklamalarına devam ederek: «... Birçok kimsede defterler varmış, demıştim. Şimdi Rauf Bey'in sözlerine göre, hazırlanmış sorulardan on, on beş tanesinin silinmesi fırsatını bulacağız. İşte, Efendiler, dedi. Defterlerin yavaş yavaş ilk sayfaları görünmeye başlıyor.»

Recep Bey, Rauf Bey'in konuşmasında kullandığı taktiğe dikkati çekerek dedi ki: «Rauf Bey hem bütün bu soruları soruyorlar hem de asla bir sorumluluk töhmeti altında tutmak veya Hükûmeti düşürmek gibi maksat gütmüyorum, diyorlar. Bir gensorunun görüşüldüğü günde, millet kürsüsüne çıkan kimse, ya lehtedir ya aleyhtedir. Lehte ise, Hükûmet'in desteklenmesini ister. Aleyhte ise, düşürülmesini ister. Bunu da açık seçik söylemek gerekir. Yoksa, Rauf Beyefendi'nin sözleri boş ve anlamsız sözlerden ibaret kalır.»

Recep Bey'in bu cümlesi, Rauf Bey'le aralarında kısa bir tartışmaya yol açtı: «Fakat saldırıyorsunuz», «siz de sözlerimi kesiyorsunuz...» gibi karşılıklı sözler söylendi. Sonunda Recep Bey, konuşmasına devam ederek dedi ki: «Saygıdeğer Efendiler! Birtakım sorular soruyorlar... Ahmet gelmiş midir? Kanun uygulanmış mıdır? Böyle bir gensoru görüşülürken, Türkiye Büyük Millet Meclisi kürsüsü hedefsiz olarak sorulacak ve söylenecek sözlerin yeri değildir.» «Buraya çıkıyorlar, söylüyorlar söylüyorlar. Sonunda da söylüyorum, söylüyorum ama bir şey yoktur, diyorlar. Böyle olunca, söylenenler anlamsız boş sözlerdir ve gayesizdir. Durumun tarifi budur.» Recep Bey, sözlerine şu yolda devam etti: «Çok dikkat ettim. Rauf Bey buraya çıktılar; sırası geldi, icap etti, başka bir tarif yaptılar; fakat Cumhuriyet kelimesini söyleyemediler...» «Sayın arkadaşlar!» dedi. «Oyun oynamıyoruz. Büyük bir inkılâptan çıktık, aydınlık bir geleceğe doğru gidiyoruz. Bütün gerekleri bütün şartları ve bütün açıklığı ile bir hedefe yürüyoruz. Nedir bu Rauf Bey'deki küskünlük ki, sırası gelmiş ve arkadaşlar, dolayısıyla fırsat vermişken, bu kutsal ismi söylememekte inat edip direnmişlerdir.» «Fakat dikkate değer bir noktadır ki, bu zat, İstanbul'da kıyametleri koparmıştır.» «Elinden gelen her şeyi yaptı. Karşınıza çıktığı zaman da bütün bu yaptıklarından döndü ve yemin ederek dedi ki, ben Cumhuriyetçiyim.» «Bugün kendisinden şüphe ediyorum.»

«Beni bu şüphenin yanlış olduğuna inandırmayı kendileri için gerekli buluyorlarsa, çıksınlar; kürsüden veya başka bir yerden söylesinler ki, böyle bir şüpheye yer yoktur. Aksi takirde, Rauf Bey'in Cumhuriyet'e olan bağlılığından şüphem vardır ve bu şüphem devam edecektir. Gerçek budur.

Recep Bey açıklamalarını bitirirken : «Sayın arkadaşlar, dedi, bugüne kadar, boğazımıza kadar kan içinde yuğrularak bu dâvâyı, bu kutsal vatanın kesin olarak yükselişini sağlayacak olan bu dâvâyı, bugünkü durumuna kadar getirdik. Bugünden sonra yapılacak olan en büyük yanılgı, kararsızlıklar, şüpheler ve belirsizliklerdir. Bunların, sonunda bizi nereye götüreceğini kimse bilemez.»

Recep Bey kürsüden inerken, Başkanlık makamı, isteği üzerine, kendisini savunmak üzere Rauf Bey'e söz verdi.

Rauf Bey: «Sizin her kararsızlık ve şüpheye düştüğünüz za- 529
manlarda ben yenibaştan yemin etmeye, ant içmeye mecbur muyum?» dedi, «Mecbursun» sesleri yükseldi. Rauf Bey bu seslere» Hayır Efendiler, kimsenin kimseden şüphe etmeye hakkı yoktur!» cümlesiyle cevap verdi.

Buna Afyonkarahisar milletvekili Ali Bey, yerinden karşılık verdi : «Sen de o vakit bu toprakta oturamazsın. Atalarının, babanın ve dedenin geldiği yere gidersin. Bu toprak bunu istiyor» dedi.

Bunun üzerine, Rauf Bey, kendileri ile görüş ayrılığında bulunduğu noktayı açıklama yollu bir konuşma yaparak dedi ki : «Millet bizi, kayıtsız şartsız millî hâkimiyet ilkesine dayanan bir rejimin, demokrasi denilen halk rejiminin esaslarını kurmak üzere, kendi temsilcileri olarak seçmiştir. Birtakım arkadaşlarımız, milletin bu hakkını Meclis'ten alıp şu veya bu makama, Meclisi dağıtma, kanunları geri çevirme gibi yetkiler verme düşünce ve eğilimini benimsediler. İşte ben buna karşıyım.»

Recep Bey, bu sözlere cevap verdi ve açıkladı ki, Rauf Bey itiraz ettiği zaman, daha Teşkilât-ı Esasiye Kanunu ve böyle birtakım hakların kimseye verilmesi veya verilmemesi söz konusu bile değildi. Bu meseleler ancak aylarca sonra ele alındı. Recep Bey, «Efendiler bu demagojidir» dedi.

Rauf Bey, muhalif oluşunun sebebini iyice anlatabilmek için şöyle bir açıklama yapmayı gerekli gördü : «Efendiler, değil halifeci ve sultancı, bu makamın haklarını elinden alabilecek olan herhangi bir makamın da karşısındayım» dedi.

Rauf Bey, halifeci ve sultancı olmadığını söylerken, Cumhurbaşkanlığı makamına ve Cumhurbaşkanına karşı olduğunu da açıklamış ve ilân etmiş oluyordu. **Daha önce, yeri gelince de belirttiğim üzere, Rauf Bey,** «Türkiye Büyük Millet Meclisi Hükûmeti» şeklinde ısrar ediyordu. İsmin değişmesine, yani Cumhuriyet adını almasına rağmen, teşkilâtın o niteliğinin korunmasını istiyordu. Ne için? Çünkü, Cumhurbaşkanlığı makamı, hilâfet ve saltanat makamlarının haklarını alabilirmiş...

Efendiler, şahsî görüş diye ortaya atılan bu sözler, Recep Bey'in dediği gibi «boş ve anlamsız sözler» değil de nedir? Bu gibi sözler üzerine kurulan mantık «demogoji» değil de nedir?

Bu görüşün ve bu mantığın taşıdığı anlam ve özü Rauf Bey'in bu günkü gayret ve çalışmaları pek güzel göstermektedir. **Fakat, biz bunu anlamak için bugünlere kadar beklemek gafletinde kalamazdık. Bundan dolayı bizi mazur görsünler.**

Meclis'te yapılan görüşmelerin muhalif basındaki yankıları

Efendiler, o gün de gensoru görüşmeleri bir sonuca bağlanamadı; ertesi güne bırakıldı. 8 Kasım günü yapılacak görüşmeleri beklemek üzere, biraz da o günlerdeki bazı yayınları gözden geçirelim. **530**

Vatan gazetesinin 5 Kasım 1924 tarihli sayısındaki başyazıda, Hükûmet'i tenkit edenler ve muhalefette yer alanlar öğülmekte, Hükûmet taraftarları suçlanmaktadır. Başyazar : «Daha ağzını açmayan tenkitçi adaylarına karşı, her gün kulaktan kulağa yeni bir saldırgan söz fısıldanıyor. Hükûmetçi gruptan olan her kime rastlarsanız, o günün gizli günlük emrindeki sözleri olduğu gibi işitirsiniz» dedikten sonra, sözlerini doğrulamak için birtakım örnekler sayıyor ve «körükörüne emre uymayan, gerçeği görüp söylemek isteyen kimseleri daha başlangıçtan susturmak için her vasıtaya başvuruyorlar» ve «keyfî irade, tabiî ve istikrarlı durumun üstünde, hâkim olma niteliğini korumaya devam edecektir» diyor.

Efendiler, yazar «gizli günlük emir» ve «keyfî irade» deyimleriyle, millete neyi haber vermek istiyordu. Gizli günlük emirler veren, keyfî iradesini hâkim kılan kimdi? Bu gizli kapaklı sözleri kullanan makale yazarı, sonunda bize : «Taraf tutmaksızın, bir hakem durumunda, her iki tarafı da çağırıp dinlemek, Cumhurbaşkanlığı'nın en nazik ve önemli görevidir» öğüdünü veriyor. Bu görevin hemen yapılmasını istiyor ve «çünkü yarın pek geç olabilir!» diye tehdit de ediyor.

Bir gün sonra, benim Meclis'in yeni dönemini açış nutkumdan söz eden aynı yazar, «tenkit eğilimi gösteren en hür düşünceli vatandaşları, zaman zaman susturmaya çalışan tekelci bir siyasî sistem, gelişme ve ilerleme için kahredici bir cehennem demektir» cümlesiyle, uyguladığımız sistem için pek haksız ve insafsız bir iftirada bulunuyor ve : «Uğursuz gidişin belli bir noktada durdurulması, yeni bir çığır açılması lâzımdır.» diyerek, bize yeniden görevimizi hatırlatıyordu.

Vatan yazarı, bir gün sonra yazdığı «sokaktaki adam» başlıklı başmakalesini : «İnşallah iyi olur, demekten başka yapacak şey kalmamış gibi görünüyor» cümlesiyle bitiriyordu.

8 Kasım 1924 tarihli **Vatan** gazetesinde yayınlanan bir Ankara telgrafında : «Meclis, yüksek mevkide bulunanlar uygun görmedikçe kabineyi düşüremeyecektir» tarzında büyük harflerle yazılmış ve «R a u f B e y'in dünkü konuşmasında, gensoru dışında önemsiz şeylerden söz etmekle, gensoru isteyenlerin durumunu sarstığı ve gensoru dâvâsının etkisini azalttığı söylenmektedir» gibi haberler vardır.

Vatan gazetesinin, gensoru dâvâsını takip için özel olarak gönderdiği muhabiri, izlenimlerinde pek isabet göstermiyorsa da, gensoru meselesinin etkisini azaltma sebebi ile ilgili haberinde aldanmış görünmüyordu.

Efendiler, **Tevhid-i Efkâr** başyazarı da, bir sürü başmakalelerle muhalefeti destekleyip cesaretlendiriyor; kendini savunan Hükûmet'in ve Hükûmet'i tutan milletvekillerinin kendilerini savunmalarını ve söz söylemelerini bile istemiyordu. Bu başyazar diyordu ki : «Meclis'te Hükûmet'i tutan milletvekilleri, böyle her önemli işi, gürültüye boğmak eğlencesinde devam ederek, bunları tenkit edenleri susturdukça, hiç şüphe yok ki, İ s m e t P a ş a Hükûmeti güvenoyu alacaktır. Ancak, bu güvenoyunun gerçek değeri, nihayet, küçük bir sandığın içine çok sayıda beyaz kâğıt atılmış olmasından ibaret kalacaktır.»

Bu safsatalar üzerinde durmaya gerek yoktur. Biraz da **Tanin** gazetesine bakalım : **Tanin**'in «Siyasî Mayalanmalar» adlı bir başmakalesinde «Kutsal Millî Mücadele'de büyük hizmetleriyle tanınmış, saygıdeğer ve güvenilir bazı kimseler arasında bir işbirliği yapılmakta olduğu» haberinin alındığından; «Halk Partisi'ni ve Hükûmet'i samimî olarak tutan basının» «bu haberleri büyük bir hoşnutsuzlukla karşılayıp yorumlamalarından» ve «kurulmakta olan yeni partiyi, daha şimdiden gözden düşürecek şekilde düşünceler ileri sürülmesine kalkışıldığından» söz edilmektedir. Makalede, program konusu üzerinde de durularak, Halk Partisi'nin bir programının bulunmadığına işaret edildikten sonra, «Biz Halk Partisi'nden hiç memnun değiliz, fakat Halk Partisi'nin ilkeleri adına söylenen ve görülen şeyleri tamamiyle benimsiyoruz» deniliyor ve Halk Partisi'nin ilkelerinden ne anlaşıldığı açıklanarak : «Fakat acaba gerçekte de öyle midir?» sorusu ortaya atılıyor. Yazar, bu soruya olumsuz cevap veriyor ve «gönlümüz, karşısında böyle yenilikçi ve reformcu bir partiyi görmek istediği için, Halk Partisi'ni bu dediğimiz şekilde hayal ediyoruz» diyor. Ondan sonra yazar, şunları söylüyor : «Halk Partisi'nin programı ve sözleri başkadır, tuttuğu yol başkadır. Halk Partisi'nin demokratlığı dudaklarındadır.»

Bu görüşün sahibi, birinci cümlesiyle, «Halk Partisi, Cumhuriyet ilân edeceğini, hilâfeti kaldıracağını programına yazıp ilân etmedi ve söylemedi; fakat fiilî olarak yaptı» demek istiyorsa, doğrudur! Ancak, ikinci cümle ile Halk Partisi'ne yöneltttiği suçlama doğru değildir.

Makale sahibi, muhalif kimselerin iktidar mevkiine geçmek istemelerinin kanunî hakları olduğunu ispatlamak için kullandığı birçok söze şunu da ekliyor : «Vatan düşüncesiyle hareket etmek, yalnızca Tanrı'nın iktidar mevkiindeki kimselere hak olarak bahşettiği bir fazilet midir?»

Tanin başyazarı, 4 Kasım 1924 tarihinde yazdığı «Ordu ve Siyaset» adlı bir başmakalede de şu düşünceleri ileri sürüyor : «Hükûmet şekli Cumhuriyettir. Fakat, hükûmetin yalnız adını değiştirmek hiçbir yarar sağlamaz. Asıl değiştirilmesi gereken nokta, işin ruhudur, prensipleridir. Bugün Amerika'da, Birleşik Amerika Devletleri dışında daha yirmi kadar memleket vardır ki, hepsinin adı da Cumhuriyettir. Hattâ, hep zencilerden meydana gelen Haiti bile bir Cumhuriyet idi. Fakat, buralarda, Cumhuriyetin istibdat rejiminden farkı pek azdır. Soydan gelen bir hükümdar yerine, zorla Cumhurbaşkanlığına gelmiş bir zorba görürüz. İşte bu kadar! Reisicumhur adını taşıyan bu zorba devleti keyfince yönetir. Mutlak bir hükümdar gibi, keyif ve hevesinden başka bir kanun tanımaz.»

Tanin başyazarı, söz konusu ettiği Amerika Cumhuriyetlerinden Şili'yi bir yana bırakarak, diğerleri için diyor ki : «Hiçbirisi, bugün, gerçek Cumhuriyet adını taşımaya lâyık değildir. Çünkü demokrasiye... dayanmıyorlar»; «Cumhuriyet adı altında mutlak hükûmetlerin hâkim olması, liderlerin asker olması yüzündendir.»

Burada bir an durmak isterim. Efendiler, bu makale, milletvekili 532
olan komutanların, milletvekilliğinden istifaları üzerine ve o münasebetle yazılıyor. Fakat öyle bir zamanda yazılıyor ki, ordularımızın müfettişleri, orduları bırakıp Hükûmet'i düşürmek için Meclis'e gelmişlerdir. Bu yazar da, onların iktidar mevkiine geçmek istemelerinin kanunî hakları olduğunu ispat için, daha bir gün önce sütunlarca yazı yazmıştır. Cumhuriyet'in, mutlak hükûmet rejiminden farksız olabileceğine örnekler sıralayan ve bunun sebebinin de demokrasiye dayanmamak olduğunu söyleyen yazar, «Hükûmet partisinin demokratlığı dudaklarındadır» diyen zattır. Bunun böyle olması «askerî liderler yüzündendir» diyen kimse,

Türkiye Cumhurbaşkanı'nın da askerî liderlerden biri olduğunu bilen kimsedir. Bu kimsedir ki, askerî liderlerden olan filân ve filânları, yine askerî liderlerden olan Türkiye Cumhurbaşkanı ve Türkiye Başbakanı ile karşı karşıya getirip biribirlerine cephe aldırmak için, bütün gücüyle çalışıyor ve sonra sevmediği tarafın yıkılmasını millete gerekliymiş gibi gösterebilmek için, sözde dikkate değer ve ibret alınacak örnekler veriyor ve «hangi general, başına daha çok âsi toplayabilirse, Cumhurbaşkanlığına o geçer»; «ordu komutanları ve eşkiya reisleri birbirleriyle çarpışarak Cumhurbaşkanlığı makamını zorla ele geçiriyorlar» diyor.

Efendiler, bu ve buna benzer sözlerin ne maksatla ve nasıl bir duygu içinde yazıldığını fark etmemek ve bu gibi yayınların Meclis üyeleri üzerinde ve kamuoyunda bırakacağı olumsuz ve zararlı etkileri anlamamak mümkün değildi. Ne yazık ki, bu bozguncu etkiler gerçekten de fiilî tepkilerini göstermiştir.

Refet, Kâzım Karabekir ve Ali Fuat Paşa'ların, Millî Savunma Komisyonu ([225])'na seçilmemiş olmalarından üzüntü duyan aynı cumhuriyetçi yazar, bu defa da, ordu komutanlarının, ordulara etki yapabilecek bir komisyona seçilmemiş olmalarını doğru bulmuyor. Bu noktada, pek sevdiğini anlatmak istediği demokrasiye uygun davranıştan bile vazgeçiyor. Bu düşünceleri içine alan cümleleri hep birlikte gözden geçirelim :

«Siyaset» başlığı altında yazılmış yazılar arasında «Millî Savunma Komisyonu, Millet Meclisi'nin hemen hemen en az siyasî olan, hattâ siyasetle hiç ilgisi bulunmayan bir çalışma koludur» cümlesi okunur. Yazar, bu cümle ile, Meclis'e giren ordu müfettişlerinin siyasetle ilgisi bulunmayan bir alanda çalışmalarına neden ve ne için meydan verilmedi? demek istiyor. Buna şu yolda cevap vermek mümkündür : Millî Savunma Komisyonu siyasî işlerle ilgisi bulunmayan bir komisyon olduğuna göre, oraya sırf siyasî işlerle uğraşmak üzere Meclis'e gelmiş olanları sokmakta sakınca vardı da onun için!

Yazar, bu cümleden sonra devam ederek diyor ki : «Burada, vatanın namus ve istiklâlini savunacak orduyu yönetmeye daha düzenli ve mükemmel bir duruma getirmeye ve gelişmiş bir şekle sokmaya yarayan kanunlar yapılacaktır. Kendilerini politikacılık hırsına kaptırmayıp da yalnız vatanı düşünenlerin, bu görevi, ordu ileri gelenleri arasında en muktedir kimselere vermeleri bir vatan borcudur.»

Bu cümleler üzerinde de biraz duracağım :

---

225) Müdafaa-i Milliye Encümeni.

Ordunun yönetimi, daha düzenli ve mükemmel bir duruma getirilmesi ve daha da gelişmiş bir şekle sokulması hususu çok önemlidir. Bu hususla görevli bulunan ve uğraşan makam «Genelkurmay» dır. Yazarın da dediği gibi, bu makamda en seçkin komutanlarımız bulunmaktadır. 533
Ordunun yönetimi, düzenlenmesi ve daha mükemmel bir duruma getirilmesi işlerini üzerine almış bulunan Genelkurmay, gerektikçe, bu konularda Hükûmet'e tekliflerde bulunur.

Genelkurmay'ın ve Hükûmet içinde yer alan Millî Savunma Bakanlığı'nın enine boyuna düşünüp tespit ettikleri meseleler, her yıl toplanan «Yüksek Askerî Şûrâ» tarafından incelenir ve görüşülür. Yüksek Askerî Şûrâ; Genelkurmay Başkanı, Millî Savunma Bakanı, Bahriye ve Ordu Müfettişlerinden oluşur. Yüksek Askerî Şûrâ'nın incelemesinden geçen ve uygulanması kabul gören hususlardan, gerekli bulunanlar hükûmete teklif edilir. Bu teklifler içinde uygulanmak üzere kanunlaşması gerekenler varsa, işte onlar Meclis'e sunulur. Meclis'te usulüne uyularak Millî Savunma Komisyonu'ndan ve ilgisi varsa başka komisyonlardan da geçtikten sonra, Meclis Genel Kurulu'nda görüşülür ve kanunlaştırılır.

Millî Savunma Komisyonu'ndaki üyelerin askerlikten anlaması gerekir. Fakat yalnız askerlikten anlaması yeterli değildir. Devletin maliyesinden, siyasetinden ve daha birçok şeyden de anlaması gerekmektedir. Yalnız askerlikten anlamak, ordu ile ilgili kanun tasarıları hazırlamak için yeterli sayılsaydı, Genelkurmay'ın tespitinden ve Yüksek Askerî Şûrâ'nın da onayından sonra, tasarıların ayrıca başka bir komisyonda veya komisyonlarda incelenmelerine gerek kalmazdı. Zira, politika ile uğraşan kimseler, askerlikten gelmiş olsalar bile, bütün hayatlarını ilim ve teknikle ve askerî gelişmeleri günü gününe takip ve uygulamakla geçiren kimselerden daha uzman ve daha yetkili olamazlar.

Ordunun yönetimi, düzenlenip daha mükemmel bir duruma getirilmesi için pek yerinde görüşleri ve büyük tecrübeleri olduğunu zanneden ve Yüksek Askerî Şûrâ'da kanun gereğince üye bulunan ordu müfettişleri için en uygun çalışma alanı, orduların başındaki ve Yüksek Askerî Şûrâ içindeki yerleriydi. Ciddiyet isteyen ve mevkiin değer ve önemini anlayıp; Hükûmet'i, Millî Savunma Bakanlığı'nı, Genelkurmay'ı beğenmeyip; onları, kendilerinin askerlikle ilgili düşünce ve tasarılarını değerlendirmekten uzak görerek, siyasî alanda çalışmayı tercih eden komutanların Millî Savunma Komisyonu'na girmelerini sağlamaya çalışmak; Onların, Hükûmet'ten Meclis'e gelen ordu ile ilgili her türlü teklifin sonuçlandırılmasını engellemek ve bunları elde bir koz olarak kullanmak suretiyle Hükûmet'i düşürmek ve Genelkurmay Başkanı'nı değiştirmek gibi kötü heveslerini gerçekleştirme maksadına dayanabilir. **Tanin** başyazarının da, bu noktadaki gayesinin başka bir şey olduğunu zannetmek abestir.

Gayesinin gerçekleşmemesi yüzünden «kaygılı ve üzüntülü» olan yazar: «Eski Atina Cumhuriyeti'nde demokrasinin koyduğu ilkelere o denli sıkı sıkıya bağlı idiler ki, yönetimle ilgili kolların hiçbirinde, bilgi ve uzmanlık bakımından bile bir üstünlük kuralı kabul edememişlerdi.» Demokrasideki bu aşırılığa rağmen, «Atina demokrasisinde, generaller bu kuralların dışında tutulmuşlardır» diyor.

Halk Partisi'nin demokratlığının dudaklarında olduğunu ve Cumhuriyet'in mutlak hükûmet rejiminden farksız bulunduğunu millete anlatmaya çalışan bir kimsenin, bu safsatasını daha gazetesinde okunmakta olduğu günlerde, iktidar mevkiine geçirmek gayretine koyulduğu generallerin demokrasi kurallarının bile dışında tutulabilecekleri görüşünü ileri sürmesi, sanırım ki, dürüst insanların yapabilecekleri hareketlerden değildir.

Efendiler, kin ve ihtiras, bir insanın düşüncesini ve vicdanını kararttığı zaman o insan nasıl konuşur, buna bir örnek ister misiniz?

İşte buyurunuz, aynı yazarın şu sözlerini dinleyiniz: «Halk Partisi'nin İsmet Paşa Hükûmeti'nin memlekete gösterdiği çirkin çehre! Şahsî ihtiraslarının peşinde bu kadar esîr olan önderler, millî bir parti kurmak ve milleti temsil etmek iddiasına kalkışamazlar.»

«Geleceğin ümidiyle kaynayıp coşan gençler, taze ve temiz canlarını feda ettiler: Memleketi kurtarmak için! Memleketi, kendilerinden ve ihtiraslarından başka birşey düşünmeyen politikacılar elinde oyuncak etmek için değil!»

Gerçeğin tam tersini dile getiren bu demagoji ve safsata sahibi yazar, bizim kurduğumuz partiyi, bizim hükûmet kurmakla görevlendirdiğimiz İsmet Paşa'nın ve Hükûmeti'nin çehresini çirkin görüyor ve gösteriyor.

Efendiler, bizim çehremiz her zaman temiz ve aktı; her zaman da temiz ve ak kalacaktır. Çehresi çirkin, vicdanı çirkinliklerle dolu olanlar, bizim vatanseverce vicdan temizliği ile ve namusluca davranışlarımızı, kendi bayağı ve çirkin ihtirasları yüzünden çirkin göstermeye kalkışanlardır.

Meclis'teki gensoru görüşmelerinin son günü

Efendiler, 8 Kasım günü, Meclis'te gensoru görüşmelerine devam edildi.

Feridun Fikri Bey'in «Meclis soruşturması» nın kabulü ile ilgili konuşması, birçok konuşmacının sözleriyle karışarak hayli uzadı. Ondan sonra Yunus Nadi Bey kürsüye çıkarak: «Efendiler, dedi, memleketin rejimi söz konusudur. Cumhuriyet rejimi söz konusudur. Herşeyden önce bu meseleyi görüşmek lâzımdır!» Yunus Nadi Bey, Rauf Bey'in bir gün önceki sözleri üzerinde durarak, millî hâkimiyet mi Cumhuriyet'in gelişmesinden doğmuştur? Yoksa Cumhuriyet mi millî hâkimiyetin gelişmesinin sonucudur?» şeklinde bir nazariyenin tartışılmasının yersiz olduğunu açıkladı.

Rauf Bey'in «Değil halifenin, saltanatın, bu makamın haklarını elinden alabilecek olan herhangi bir makamın aleyhindeyim» şeklindeki sözlerini, Yunus Nadi Bey, şöyle yorumladı: Rauf Bey'e göre bu makamın hakları vardır. İfade açıktır. Saklı hakları vardır. Sakın kimse almasın, günün birinde belki lâzım olacaktır.» «Halbuki Teşkilât-ı Esasiye Kanunu çıkmıştır. Bütün makamlar tespit edilmiştir. Bütün durumlar kanunda yerini almış, belirtilmiştir. Ama hâlâ efsaneden safsatadan söz ediyor.»

Bundan sonra Yunus Nadi Bey şunları söyledi: «... Cumhuriyet'i beğenmeyen kimseler vardır. Açıkça söyleyemediklerini düşüncelerinde besleyen yaratıklar vardır ve bunlar içimizdedirler.» «... Öyle adamların kafası ezilir, efendiler!»

Yunus Nadi Bey, Rauf Bey ve arkadaşlarının gösteri yaparcasına davranışlarından, müfettiş paşaların istifalarından ve Meclis'in içinde oyun oynanılmayacağından söz ettikten sonra, dedi ki:
«Özel ve gizli tertiplerle bazı maksatları gerçekleştirebiliriz kuruntusu- 535
na kapılarak ve Türkiye Büyük Millet Meclisi'nin köşesinde oturarak bu türlü şeyleri yapmak saygısızlıktır. Kabul edemeyiz, efendim.

Yunus Nadi Bey, Refet Paşa'ya ilişerek şunları söyledi:

«Yüksek malûmunuz olduğu üzere, Refet Paşa Hazretleri, altı yedi ay önce, basında yer alan gösterişli ve yersiz... bazı açıklama ve demeçlerle milletvekilliğinden istifa etmişlerdir. Garip bir olaydır. Gerekçe olarak eklemişlerdi ki, milletvekilliğinden çekilmelerinin sebebi, karanlık odada, yalnız arkadaşları arasında bir millî and mı ne, bir şey varmış. Orada toplanan arkadaşları iş başına getirecekmiş. Efendim, çok merak ettim bu işi ».

Afyonkarahisar Milletvekili Ali Bey, yerinden söze karıştı ve: «Yani generaller hükûmeti» dedi. Yunus Nadi Bey: «Çok merak ettim bu işi:» diyerek sözüne devam etti ve dedi ki: «Teşkilât-ı Esasiye Kanunu vardır. Cumhuriyet kurulmuştur. Hükûmetin nasıl teşkil edileceği orada yazılıdır. Bütün bunları idare eden bir Türkiye Büyük Millet Meclisi vardır. Hayır, bunlar yeterli değildir. İstenir ki, Refet Paşa milletvekilliğinden istifa etsin ve gitsin hükûmet kursun; yakın arkadaşlar toplansın... Ne kanaattir bu?»

«Efendim, dağ başında mıyız? Demirci Efe'yi alıp gelip de hükûmet mi kuracaktı? Meclis yok mudur? Teşkilât-ı Esasiye Kanunu yok mudur? Bu ne mantıksızca harekettir?»

Refet Paşa, Yunus Nadi Bey'e cevap vermek üzere kürsüye çıktı. Kendisini savunmaya çalışırken, Rauf Bey ile aralarında bir fikir birliği olduğundan, Rauf Bey'in söylediği her şeyin onun hesabına da kaydedilmesi gerekeceğinden söz ettikten sonra: «İki asker milletvekilinin Meclis'e dönmelerini istemişsem, acaba Çin'de olduğu gibi bir cumhuriyeti mi yapmak istemiş olurum?» dedi. Refet Paşa'nın sözlerine, birçok milletvekili oturdukları yerden kısa cevaplar vermeye başladılar. Hemen hemen karşılıklı tartışmaların yapıldığı bir konuşma oldu. Nihayet, kürsü başka bir muhalif konuşmacıya bırakıldı. Bundan sonra kürsüye çıkan Mahmut Esat Bey (İzmir), «...Günlerden beri sürmekte olan ve sonu bir türlü gelmeyen görüşmelere ne inkılâbın ve ne de milletin tahammülü vardır» dedikten sonra durumun inkılâp adına, inkılâbı ileri götürmek adına hükûmeti düşürmek»ten ibaret olmadığını belirtti.

Mahmut Esat Bey, her şeyden önce gidilecek yolların belirtilmesi gerektiğini, o takdirde daha samimî ve daha kesin olarak yürünebileceğini söyledi ve Rauf Bey'in görüşüne temas ederek şöyle bir değerlendirme yaptı: «Millî hâkimiyet başka bir konudur. Cumhuriyet, meşrutiyet, mutlakiyet rejimleri ve istibdat daha başka konulardır. Bunlardan bir kısmı devlet şekilleridir. Diğerleri millet iradesinin kullanılması ve uygulanmasıdır. Bu dört şekil içinde, millî hâkimiyetin çeşitli yollarla uygulandığını görüyoruz. Hattâ bir parça istibdat şeklinde bile vardır. Meşrutiyette biraz daha fazla, Cumhuriyet'te daha fazla. Bundan dolayı, burada iki şeyi birbirine karıştırmamak gerekir, Millî hâkimiyet Cumhuriyet'in gelişmesinin eseridir, denemez. Çünkü millî hâkimiyet, şekil değildir. Ruh ve öz meselesidir. »

Mahmut Esat Bey, Rauf Bey'in şahsî görüş diye ortaya attığı sözler üzerinde, gerektiği kadar durduktan sonra: «Türk inkılâbı yükseliyor.» «Ancak, bu inkılâbı sür'atle hedefine, milletçe beklenen hedefine ulaştırabilmek için, bir an önce gerçek durumun açıklık kazanması lâzımdır. Türk milleti, ortada, demokrasi adına çekilmiş bir kılıç gibi, bunu beklemektedir» sözleriyle konuşmasına son verdi.

Bundan sonra, Adalet Bakanı **Necati** ve Millî Eğitim Bakanı **Vasıf Bey**'ler, muhalif konuşmacıların sorularına uzun konuşmalar yaparak cevap verdiler.

Rıza Nur Bey'in Arnavutları Türklüğe karşı ayaklandırmaya çalışanlardan biri olduğu anlaşıldı

Maliye Bakanı, **Mustafa Abdülhâlik Bey**, konuşmasına başlamadan önce, **Rıza Nur Bey**'den, zabıttaki sözlerinden bazılarının açıklanmasını istedi **Rıza Nur Bey**, Yanyalı'ların Türklüğünü şüpheli gösterecek şekilde sözler söylemişti. **Abdülhâlik Bey**, **Rıza Nur Bey**'in düşüncesindeki yanlışlığı şöyle düzeltti: «Doktor Bey, altı yüz yıl önce, Arnavutluğun bir parçası olan Yanya'ya giden atalarımızın orada bıraktıkları torunlarını başka bir soydanmış gibi göstererek onları itham ediyor. Hem de kim? Maalesef öyle savgıdeğer bir arkadaşım ki, altı yıldan beri mutaassıp bir milliyetçi olmuştur. Daha önce öyle değildi. Kendisi daha iyi bilirler. Ben, o Yanyalı dedikleri adam, Türklük için silâhla savaşırken kendileri tam tersine, Arnavutları «Türklüğe karşı» ayaklansınlar diye kışkırtmıştır.»

Gerçekten de **Rıza Nur Bey**'in siyasî hayatında birçok mücadelelere katıldığı biliniyordu. Bu durumu, milliyetçi olarak Millet Meclisi devrinde, ona hizmet ve çalışma alanları gösterilmesine engel sayılmamıştı. Fakat, Türklerin Rumeli'den çıkarılması gibi, her Türk'ün kalbinde sonsuz ve unutulmaz bir acı yaratan büyük felâket olayında, aşırı milliyetçi **Rıza Nur Bey**'in, Arnavut âsileriyle birlikte Türklere karşı çalıştığını bilmiyorduk. Bu durum anlaşılınca Büyük Millet Meclisi'ni hayret ve dehşet kapladı.

Bundan sonra Maliye Bakanı öteki konular üzerindeki açıklamalarına geçti. Onun arkasından Tarım Bakanı **Şükrü Kaya Bey** söz aldı. **Şükrü Kaya Bey**, özellikle Tarım Bakanlığı'nı tenkit eden bir konuşmacıya cevap verdi ve zıraat işlerinin güzel cümleler, güzel sözler ve güzel mantıklarla gizlenecek bir şey olmadığını açıkladıktan sonra: «Bu toprağa yazılan bir eserdir. Onun sayfaları açık ve herkes tarafından okunmaktadır» dedi ve ilâve etti: «Kalkıp da yüce Meclis'in huzurunda, şöyle yapıldı, böyle yapıldı gibi demagoji yapılabilir mi? Bu ne cür'ettir?»

Ticaret Bakanı **Hasan Bey** ve Bayındırlık Bakanı rahmetli **Süleyman Sırrı Bey**'den sonra konuşma sırası Dışişleri Bakanlığı'na ve Başbakanlık'a geldi.

Efendiler, Başbakan **İsmet Paşa**, gensorunun genel olmasını teklif ettiği günden sonra, görüşmelere katılamayacak kadar, hastalanmış, yatıyordu. Millî Savunma Bakanı Kâzım Paşa, İsmet Paşa adına kürsüye çıkarak gereken açıklamaları yaptı.

Artık gensoru görüşmelerine son verme zamanı gelmişti. Görüşme yeterliği kabul edildikten sonra, Feridun Fikri Bey'in «Meclis soruşturması» önergesi reddedildi.

Büyük Millet Meclisi'nin İsmet Paşa Kabinesi'ne güvenoyu vermesi muhalif kalem sahiplerine daha neler yazdırdı

19 oya karşı 148 oyla İsmet Paşa Hükûmeti güven- 537
oyu aldı. Bir kişi de çekimser kalmıştı.
Efendiler, Meclis'te yenilmiş olanların gazeteci arkadaşları, bu sonucu elbette hiç beğenmediler. Daha küskün ve inatçı bir şekilde hücumlara geçtiler.

9 Kasım tarihli **Vatan** gazetesinin başmakalesi: «Bugünkü idare şekli, adına göre, millî hâkimiyetin en yüksek şekli olmuştur. Fakat, hükûmetçilerin zihniyeti biraz kazılsa, hemen hiç değişmemiş olduğu görülür» ve: «Bugün gerici kelimesi yeniden sık sık kullanılır olmuştur» şeklinde tenkitlerle doludur.

10 Kasım tarihli **Vatan**'ın «Meydan Muharebesi'nin Neticesi» başlıklı başmakalesinde Timurlenk'in fil hikâyesi tekrarlandıktan sonra, Hükûmet'i düşürmeye çalışanların iyi hareket edemediklerinden yakınan şu düşünceler yer alıyordu: «Ankara'da ilk gensoru görüşmeleri başladığı zaman, ortada tenkitçi, azimli bir çoğunluk vardı.» «Tenkitçiler bu durumu idare edemediler. Teşkilâtsız kimseler olarak teker teker tenkitlerde bulundular». «Teker teker yapılan tenkitler bile, sağlam ölçülerle yürütülemedi. Gensoru genelleşince, tatil zamanındaki not defterlerini açan olmadı. En keskin tenkitçiler bile, dillerinin altındakini söylemekten çekindiler.»

Makale sahibi, duruma, politikacılık açısından bakarak, diyor ki: «Hükûmetçilerin mükemmel bir ayarlama ile ve başından sonuna kadar iyi düşünülmüş bir plânla hareket ettikleri görülür.»

Burada, insanın makale sahibine şöyle bir soru soracağı geliyor:

Milletin kaderinin sorumluluğunu ellerine aldırmak istediğiniz kimseler, aylarca ve aylarca hazırlandıktan ve İstanbul'daki arkadaşlarıyla da uzun boylu görüştükten sonra, sizin de belirttiğiniz gibi, dillerinin altındakini söylemekten çekinecek kadar kendilerine güvenemezlerse, topu topu on dokuz buçuk kişinin Meclis'teki hareketini birleştiremeyecek kadar güçsüz olurlarsa, bu kimselerin devletin başına geçmeye lâyık oldukları düşünülebilir mi?

Efendiler, **Tanin**'in «Mirsad-ı İbret» ([226]) sütunundan da birkaç cümle okuyacağım. Bu sütunu dolduran yazar, bütün memlekete Meclis'in genel görüşünü seyrettiriyor ve ona: «Eyvah! Bu da ötekiler gibi çıktı» dedirtiyor.

Pusuya yatan bu yazar, kulağına şu sözlerin fısıldandığını da işitiyor: «... Eski yıkıntılarla yapılan bir binadan ne umarsın ki!...»

Acaba, bu yazıları yazmış olan kimse, o gün gerçekten böyle mi duygulanmıştı? Yoksa, bu anlamsız sözleri, milleti bize karşı kışkırtmak için bile bile mi yazıyordu? İster öyle, ister böyle olsun, her ikisi de doğru değildi. Bu türlü yazarlar Cumhuriyet'e kötülük etmişlerdir.

Efendiler, **Tevhid-i Efkâr**'ın da «Faydasız ve kıymetsiz bir Zafer» diye yazdığı yararsız ve değersiz yazıları devam ediyordu.

Terakkiperver Cumhuriyet Fırkası ve en hain kafaların eseri olan programı

Saygıdeğer Efendiler, «komplo» konusunu açıklarken ve komplonun Meclis içindeki safhasını anlatırken, önemsiz gibi sayılabilecek bazı ayrıntılar üzerinde durdum. Bunda beni haklı bulacağınızı umarım. 538

Hatıra gelir ki, her hükûmet, her zaman bu gensoru önergesi ile sorguya çekilebilir. Bir gensoruya bu kadar önem vermek doğru mudur? Arz etmeliyim ki, söz konusu olan gensoru normal bir gensoru değildi. Hazırlanan komplonun özel bir safhasıydı. Bu gensoru sahnesinden sonradır ki, muhalifler, maskelerini atmaya mecbur edildiler. Bilindiği üzere «Terakkiperver Cumhuriyet Fırkası» ([227]) diye bir parti kurdular. Bu partinin gizli eller tarafından çizilen programını da ortaya attılar.

«Cumhuriyet» kelimesini ağızlarına almaktan bile çekinenlerin, Cumhuriyet'i doğduğu gün boğmak isteyenlerin, kurdukları partiye «Cumhuriyet» ve hem de «Terakkiperver Cumhuriyet» adını vermiş olmaları, nasıl ciddîye alınabilir ve ne dereceye kadar samimî sayılabilir.

Rauf Bey ve arkadaşlarının kurdukları bu parti «Muhafazakâr» adı altında ortaya çıkmış olsaydı, belki bir anlamı olurdu. Fakat bizden daha çok cumhuriyetçi ve bizden daha çok ilerici olduklarını iddiaya kalkışmaları elbette doğru değildi.

«Parti, dinî düşünce ve inançlara saygılıdır» ilkesini bayrak olarak eline alan kimselerden iyiniyet beklenebilir miydi? Bu bayrak, yüzyıllardan beri cahilleri, bağnazları ve hurafelere inananları kandırarak

---

226) İbret Aynası.
227) İlerici Cumhuriyet Partisi.

özel çıkarlar sağlamaya kalkmış olanların taşıdıkları bayrak değil miydi? Türk milleti, yüz yıllardan beri, sonu gelmeyen felâketlere, içinden çıkabilmek için büyük fedakârlıkların gerekli olduğu pis bataklıklara, hep bu bayrak gösterilerek sürüklenmemiş miydi:

Cumhuriyetçi ve yenilikçi olduklarını zannettirmek isteyenlerin, yine bu bayrakla ortaya atılmaları, dinî bağnazlığı coşturarak, milleti, Cumhuriyet'e,, ilerlemeye ve yenileşmeye karşı kışkırtmak değil miydi? Yeni parti, dinî düşünce ve inançlara saygı perdesi altında: «Biz Hilâfet'i yeniden isteriz; biz yeni kanunlar istemeyiz; bize Mecelle yeterli dir; medreseler, tekkeler, cahil softalar, şeyhler, müritler biz sizi koruyacağız; bizimle birlikte olunuz! Çünkü, Mustafa Kemal'in partisi Hilâfet'i kaldırdı. İslâmiyet'e zarar veriyor; sizi gâvur yapacak, size şapka giydirecektir» diye bağırmıyor muydu? Yeni partinin kullandığı slogan bu gerici haykırışlarla dolu değil miydi?

Efendiler, bu slogana bağlı olanlardan birinin, çok zaman önce (10 Mart 1923 tarihinde) idam edilmiş olan Cebranlı Kürt Halit Bey'e yazdığı mektuptaki şu cümlelere bakınız: «İslâm dünyasının ebedîliğini sağlayan ilkelere saldırıyorlar.» «Bu konudaki açıklamalarınızı arkadaşlara da okudum. Hepsinin gayretlerini artırdı.» «Batıyı örnek almak, tarihimizi, medeniyetimizi, kaybetmeyi» zarurî kılar. «... Hilâfet'i yıkmak, lâik bir idare kurmayı düşünmek, hep İslâmlığın geleceğini tehlikeye sokacak sebepleri yaratmaktan başka bir sonuç veremez.»

Efendiler, olaylar ve olup bitenler ortaya koydu ve ispat etti ki, «Terakkiperver ve Cumhuriyet Fırkası»nın programı en hain kafaların 539
eseridir. Bu parti, memlekette suikastçıların, gericilerin sığınağı ve ümitlerinin dayanağı oldu. Dış düşmanların, yeni Türk Devleti'ni körpe Türk Cumhuriyeti'ni yıkmayı hedef alan plânlarının kolaylıkla uygulanmasına yardım etmeye çalıştı. Tarih, (gizli maksatlarla hazırlanmış, genel ve gerici nitelikteki) Doğu isyanının sebeplerini inceleyip araştırdığı zaman, onun önemli ve belirli sebepleri arasında «Terakkiperver Cumhuriyet Fırkası»nın dinî konularda verdiği sözleri, doğuya gönderdiği sorumlu sekreterinin kurduğu örgütü ve yaptığı kışkırtmaları bulacaktır.

Hatıra defterini «fazladan ve gece kılınan namazlar ([228]))» ın sevabını anlatan hadislerle dolduran bu sorumlu sekreter, doğu illerimizde dinî kışkırtmalarda bulunurken, partisinin programını uygulamıyor muydu? Mâsum halka, beş vakit namazdan başka, geceleri de fazla namaz kılmayı vaaz ve nasihat eden, belki de ömründe hiç namaz kılmamış olan bir politikacı olursa, bu hareketin hedefi anlaşılmaz olur mu?

228) Nafile ve teheccüt namazları.

Efendiler, yaptığımız inkılâbın genişliği ve büyüklüğü karşısında, eski hurafelerin ve müesseselerin birer birer yıkılışını gören bağnaz ve gerici unsurlar, «dinî düşünce ve inançlara saygılı» olduğunu ilân eden bir partiye ve özellikle bu partinin içinde isimleri ün yapmış kimselere dört elle sarılmazlar mı? Yeni parti kuran kimseler bu gerçeği kavramış değiller midir? O halde, ellerine aldıkları din bayrağı ile, millet ve memleketi nereye götürmek istiyorlardı? Böyle bir soruya verilmesi gereken cevapta iyiniyet, gaflet, kayıtsızlık gibi sözler, memleketi ileriye götüreceğim diye ortaya atılan bir partinin ileri gelenleri için mazeret sayılamaz!

Efendiler, yeni parti kendine ad olarak seçtiği «Terakkî» ve «Cumhuriyet» kelimelerinin tam tersi olan anlamlarla gelişmiştir. Bu partinin liderleri, gericilere gerçekten ümit ve kuvvet vermiştir. Buna örnek olarak arz edeyim: Erganı'de, âsîlerin valiliğini kabul eden ve sonra asılmış olan K a d r i, Ş e y h S a i d 'e yazdığı bir mektupta: «Millet Meclisi'nde, K â z ı m K a r a b e k i r P a ş a 'nın partisi, şeriat hükümlerine saygılı ve dindardır. Bize yardımcı olacaklarına şüphe etmem. Hattâ, Ş e y h E y ü p 'ün (*) yanında bulunan sorumlu sekreterleri, partinin tüzüğünü getirmiştir...» diyor. Ş e y h E y ü p de yargılanması sırasında: «Dini kurtaracak tek partinin, K â z ı m K a r a b e k i r P a ş a 'nın kurduğu parti olup, şeriat hükümlerine uyulacağının, parti tüzüğünde ilân edildiğini» söylemiştir.

Efendiler, «Terakkiperver» ve «Cumhuriyet» kelimelerini kullanarak, bize ve milletin aydınlarına karşı din bayrağını gizlemeye çalışanların, memlekette genel bir gericilik ve ayaklanmaya yol açmak için içeride ve dışarıda türlü düzen ve kışkırtmalarla uğraşanların varlığından habersiz oldukları düşünülebilir mi? Yeni partiye girenlerin bütün üyeleri söz konusu olmasa bile, dinî vaatleri başarıya ulaşmanın en etkili unsurları sayan ve bununla ilgili sloganı tüzüklerine de koymuş olan kimselerin, şahıslarımıza ve memlekete karşı yöneltilmiş olan suikastlerden habersiz oldukları kabul edilemez!

Diyelim ki, bunların isyanın patlak vermesinden aylarca önce, memleketin şurasında burasında yapılan gizli toplantılardan, «Cemiyet-i 540
Hafiye-i İslâmiye» (229) teşkilâtından, İstanbul'da Nakşıbendi şeyhlerinin yaptığı toplantıda, hazırlanacak ayaklanmaya yardım için söz verildiğinden ve nihayet millî sınırlarımızın dışında bulunup da Doğu

---

(*) Âsî liderlerindendir, idam edilmiştir.
229) Gizli İslâm Derneği.

isyanını kışkırtanların bildirilerinde (*), Kâzım Karabekir Paşa'nın partisinden ümitle söz edildiğinden haberleri olmadığını düşünelim. Ancak, Bunların, Fethi Bey Hükûmeti zamanında, doğrudan doğruya Fethi Bey vasıtasıyla kendilerine, partilerinin zararlı, isyan ve gericiliği kışkırtıcı bir durum ve nitelikte olduğu bildirildiği zaman olsun, gerçeği görüp anlamaları gerekmez miydi? Hükûmetin ve benim tertemiz düşüncelerle yaptığımız bu uyarmalardan sonra olsun, gerçeği kavrayıp ona uymaları beklenirdi. Onlar tam tersine, bu defa da «dinî düşünce ve inançlara saygılıyız» sloganını büsbütün zıt bir anlamda yorumlamaya kalkıştılar. Sözde, bu sloganla, her dinin ve her dinden olanların düşünce ve inançlarına saygılı olduklarını belirtmek... geniş ölçüde hürriyetçi olduklarını anlatmak istiyorlarmış... Efendiler, böyle bir tutuma dürüst ve samimîdir denemez!

Politika dünyasında birçok oyunlar görülür. Fakat, kutsal bir ülkünün kendini ortaya koyduğu Cumhuriyet rejimine, çağdaş yenileşmeye karşı, cahillik, bağnazlık ve her türlü düşmanlık ayağa kalktığı zaman, özellikle yenilikçi ve cumhuriyetçi olanların yeri, gerçekten yenilikçi ve cumhuriyetçi olanların yanıdır. Yoksa gericilerin ümit ve faaliyet kaynağı olan saf değil...

Ne oldu Efendiler? Hükûmet ve Meclis olağanüstü tedbirler almayı gerekli gördü. Takrîr-i Sükûn Kanunu'nu (230) çıkardı. İstiklâl Mahkemeleri'ni kurdu. Ordunun savaşa hazır sekiz dokuz tümenini, uzun zaman isyanı bastırmak üzere görevlendirdi. «Terakkiperver Cumhuriyet Fırkası» denilen zararlı siyasî kuruluşu kapattı.

Cumhuriyet düşmanlarının son alçakça teşebbüsleri

Bütün bu yapılanlar, elbette Cumhuriyet'in başarısı ile sonuçlandı. Âsîler yok edildi. Fakat Cumhuriyet düşmanları, büyük komplonun bütün safhaları ile son bulduğunu kabul etmediler. Alçakcasına son bir teşebbüse giriştiler. Bu teşebbüsler İzmir suikastı olarak kendini gösterdi. Cumhuriyet mahkemelerinin ezici pençesi, bu defa da Cumhuriyet'i suikastçıların elinden kurtarmayı başardı.

*
* *

(*) Halep'te bastırılarak, Doğu illerimizde dağıtılan Şakir Paşazade'lerin bildirisi.

230) Huzur ve Güvenliği Sağlama Kanunu.

Memlekette huzur ve güvenliği sağlamak için uygulanan olağanüstü tedbirlerin iyi sonuçları

Saygıdeğer Efendiler, durumun ciddîleşmesi üzerine, hükûmetçe olağanüstü tedbirler alınması gerektiği yolundaki görüşümüzü ilk defa ortaya koyduğumuz zaman, bunu iyi karşılamayanlar vardı. Takrîr-i Sükûn Kanunu'nu ve İstiklâl Mahkemeleri'ni bir baskı vasıtası olarak kullanacağımız düşüncesini ortaya atanlar ve bu düşünceyi benimsetmeye çalışanlar oldu.

Şüphe yok ki, zaman ve olaylar, bu nefret verici düşünceyi aşılamaya çalışanları, elbette utanılacak bir duruma düşürmüştür.

Biz, alınan fakat kanunî olan bu olağanüstü tedbirleri, hiçbir zaman 541
ve hiçbir şekilde kanunun üstüne çıkmak için bir vasıta olarak kullanmadık. Aksine, memlekette huzur ve güvenliği sağlamak için uyguladık. Biz o tedbirleri, milletin medenî ve sosyal alandaki gelişmesinde yararlı kıldık.

Efendiler, aldığımız olağanüstü tedbirlerin uygulanmasına gerek kalmadığı görüldükçe, onların uygulamadan kaldırılmasında tereddüt edilmemiştir. Nitekim, İstiklâl Mahkemeleri, zamanında kaldırıldığı gibi, Takrîr-i Sükûn Kanunu da yürürlük süresinin sonunda, yeniden Büyük Millet Meclisi'nin incelemesine sunuldu. Meclis, Kanunun bir süre daha yürürlükte kalmasını gerekli bulmuşsa, elbette, bu milletin ve Cumhuriyet'in yüksek yararları içindir. Yüce Meclis'in elimize istibdat vasıtası verme gayesi güderek böyle bir karar aldığı düşünülebilir mi?

Efendiler, Takrîr-i Sükûn Kanunu'nun yürürlükte ve İstiklâl Mahkemeleri'nin faaliyette bulunduğu süre içinde yapılan işleri gözönüne getirecek olursanız, Meclis'in ve milletin güven ve itimadının tamamen yerinde kullanılmış olduğu kendiliğinden anlaşılır.

Memlekette çıkarılan büyük isyan ve hazırlanan suikast tertipleri bastırılarak sağlanan güvenlik ve huzur, elbette bütün milletçe memnunlukla karşılanmıştır.

Efendiler, milletimizin başına giymekte olduğu, cahillik, gaflet, taassup, yenilik ve medeniyet düşmanlığının belirgin işareti gibi görünen fesi atarak, onun yerine bütün medenî dünyaca başlık olarak kullanılan şapkayı giymek ve böylece, Türk milletinin medenî toplumlardan zihniyet bakımından da hiçbir ayrılığı bulunmadığını göstermek kaçınılmaz oluyordu. Bunu, Takrîr-i Sükûn Kanunu yürürlükte iken yaptık. Bu kanun yürürlükte olmasaydı yine yapacaktık. Fakat, bu uygulamada, kanunun yürürlükte oluşu da kolaylık sağlamış oldu denirse, bu, çok doğrudur. Gerçekten de Takrîr-i Sükûn Kanunu'nun yürürlükte olması, bazı gericilerin, milleti geniş ölçüde zehirlemesine meydan vermemiştir. Gerçi, bir Bursa Milletvekili, yasama görevi boyunca, hiçbir zaman kürsüye çıkmamış ve hiçbir zaman Meclis'te milletin ve Cumhuriyet'in çıkarlarını savunmak için ağzına bir tek kelime bile almamış olan Bursa Milletvekili N u r e t t i n P a ş a, yalnız şapka giyilmesinin aleyhine uzun bir önerge vermiş ve bunu savunmak için kürsüye çıkmıştır. Şapka giydirilmesinin «temel haklara, millî hakimiyete ve kişi dokunulmazlığına aykırı bir işlem» olduğunu iddia etmiş ve bunun «halka uygulanmamasını sağlamaya» çalışmıştır. Ancak, N u r e t t i n P a ş a'nın, millet kürsüsünden alevlendirmeyi başarabildiği taassup ve gericilik duyguları sonunda birkaç yerde, o da yalnız birkaç gericinin, İstiklâl Mahkemeleri'nde hesap vermeleriyle söndü.

Efendiler, tekke ve zaviyelerle, türbelerin kapatılması ve bütün tarikatlarla, şeyhlik, dervişlik, müritlik, çelebilik, falcılık, büyücülük ve türbedarlık v.b. birtakım ünvanların kaldırılması ve yasaklanması da Takrîr-i Sükûn Kanunu yürürlükte iken yapılmıştır. Bu konularla ilgili yürütme ve uygulamaların, toplumumuzun, hurafelere inanan, ilkel bir kavim olmadığını göstermek bakımından ne kadar gerekli olduğu takdir olunur.

Birtakım şeyhlerin, dedelerin, seyyitlerin, çelebilerin, babaların, 542
emirlerin arkasından sürüklenen, kaderlerini ve hayatlarını falcılara, büyücülere, üfürükçülere, muskacıların ellerine bırakan insanlardan meydana gelmiş bir topluluğa bir millet gözüyle bakılabilir mi?

Milletimizin kendine has niteliğini yanlış şekilde gösterebilen ve yüzyıllarca göstermiş olan bu gibi unsurlar ve kuruluşlar, yeni Türkiye Devleti'nde Türkiye Cumhuriyeti'nde devam ettirilmeli miydi? Buna önem vermemek, ilerleme ve yenileşme adına pek büyük ve düzeltilmesi imkânsız bir yanılma olmaz mıydı? İşte biz, Takrîr-i Sükûn Kanunu'nun yürürlükte olmasından yararlandık ise, bu tarihî hatâyı bir daha işlememek için, milletimizin alnını olduğu gibi açık ve ak göstermek için, milletimizin mutaassıp ve ortaçağ zihniyetinde olmadığını ispat etmek için yararlandık.

Efendiler, milletimizin sosyal, ekonomik, kısacası bütün medenî iş ve ilişkilerinde feyizli sonuçlar veren yeni kanunlarımız da, kadın hak ve hürriyetlerini sağlayan ve aile hayatını sağlamlaştıran Medenî Kanun da bu sözünü ettiğimiz devrede çıkarılmıştır.

Görülüyorki, biz her vasıtadan yalnız ve ancak bir tek temel görüşe dayanarak yararlanırız. O görüş şudur : Türk milletini medenî dünyada, lâyık olduğu mevkie yükseltmek, Türkiye Cumhuriyeti'ni sarsılmaz temelleri üzerinde her gün daha çok güçlendirmek... ve bunun için de istibdat fikrini öldürmek...

***

Türk gençliğine bıraktığım emanet

Saygıdeğer Efendiler, sizi günlerce işgal eden uzun ve teferruatlı nutkum, nihayet geçmişe karışmış bir devrin hikâyesidir. Bunda milletim için ve gelecekteki evlâtlarımız için dikkat ve uyanıklık sağlayabilecek bazı noktaları belirtebilmiş isem kendimi bahtiyar sayacağım.

Efendiler, bu nutkumla, millî varlığı sona ermiş sayılan büyük bir milletin, istiklâlini nasıl kazandığını, ilim ve tekniğin en son esaslarına dayanan millî ve çağdaş bir devleti nasıl kurduğunu anlatmaya çalıştım.

Bugün ulaştığımız sonuç, asırlardan beri çekilen millî felâketlerin yarattığı uyanıklığın eseri ve bu aziz vatanın her köşesini sulayan kanların bedelidir.

Bu sonucu, Türk gençliğine emanet ediyorum.

Ey Türk gençliği! Birinci vazifen, Türk istiklâlini, Türk Cumhuriyeti'ni, ilelebet ([231]) muhafaza ve müdafaa etmektir.

Mevcudiyetinin ve istikbalinin ([232]) yegâne ([233]) temeli budur. Bu temel, senin en kıymetli hazinendir. İstikbalde dahi, seni bu hazineden mahrum etmek ([234]) isteyecek dahilî ve harici ([235]) bedhahların ([236]) olacaktır. Bir gün, istiklâl ve Cumhuriyet'i müdafaa mecburiyetine düşersen, vazifeye atılmak için, içinde bulunacağın vaziyetin ([237]) imkân ve şerâitini ([238]) düşünmeyeceksin! Bu imkân ve şerâit, çok namüsait ([239]) bir mahiyette ([240]) tezahür edebilir ([241]). İstiklâl ve Cumhuriyetine kastedecek düşmanlar, bütün dünyada emsali ([242]) görülmemiş bir galibiyetin mümessili ([243]) olabilirler. Cebren ([244]) ve hile ile aziz vatanın bütün kaleleri zaptedilmiş, bütün tersanelerine girilmiş, bütün orduları dağıtılmış ve memleketin her köşesi bilfiil ([245]) işgal edilmiş olabilir. Bütün bu şerâitten 543

---

231) Sonsuza kadar.
232) Varlığının ve geleceğinin.
233) Biricik.
234) Yoksun bırakmak.
235) İç ve dış.
236) Kötülüğünü isteyenler.
237) Durumun.
238) Şartlarını.
239) Elverişsiz.
240) Nitelikte.
241) Görünebilir.
242) Benzeri.
243) Temsilcisi.
244) Zorla.
245) Fiili olarak.

daha elîm ([246]) ve daha vahim ([247]) olmak üzere, memleketin dahilinde, iktidara sahip olanlar gaflet ve dalâlet ([248]) ve hattâ hıyanet ([249]) içinde bulunabilirler. Hattâ bu iktidar sahipleri, şahsî menfaatlerini, müstevlîlerin ([250]) siyasî emelleriyle tevhid edebilirler ([251]). Millet, fakr ü zaruret ([252]) içinde harap ve bîtap ([253]) düşmüş olabilir.

Ey Türk istikbalinin evlâdı! İşte, bu ahval ve şerâit ([254]) içinde dahi vazifen, Türk istiklâl ve Cumhuriyetini kurtarmaktır! Muhtaç olduğun kudret, damarlarındaki asil kanda mevcuttur!

---

246) Acıklı.
247) Korkunç.
248) Doğru yoldan ayrılma, yoldan sapma.
249) Hainlik.
250) Memleketi ele geçirenlerin, saldırganların.
251) Birleştirebilirler.
252) Yokluk ve yoksulluk.
253) Bitkin.
254) Bu durum ve şartlar.

— RAPOR —

5 Ocak 1983 tarihinde Cumhurbaşkanlığı Köşkü'nde Sayın Cumhurbaşkanı'nın Başkanlığında toplanan Millî Komite'nin aldığı kararlardan 7'ncisinde «Atatürk'ün Büyük Nutuk'unun», herkesin anlayacağı bugünkü yazı diline çevrilerek basımı uygun görülmüş, ancak redaksiyon için yeniden teşkil edilecek inceleme hey'etine genç öğrencilerden iki kişinin de katılması emredilmiştir.

Bu karar doğrultusunda, bağlı oldukları kurum ve kuruluşları temsil etmek üzere; Milli Eğitim Bakanlığı'ndan Talim ve Terbiye Kurulu Üyesi M. Akif Öncül, Gnkur. ATASE Başkanlığı'ndan Emekli Kur. Alb. Nusret Baycan, Türk Tarih Kurumu'ndan İsmet Parmaksızoğlu, Dil ve Tarih-Coğrafya Fakültesinden Öğretim Üyesi Prof. Dr. Zeynep Korkmaz (Nutuk'u yazı diline çeviren), Dil ve Tarih-Coğrafya Fakültesi Yeni Türk Dili Ana Bilim Dalı'ndan Araştırma Görevlisi Sema Barutçu ve Araştırma Görevlisi Dilek Elçin (gençliğin temsilcileri), Cumhurbaşkanlığı Genel Sekreterliği'nden Arşiv Uzmanı Hüsamettin Ünsal ile Kutlama Koordinasyon Kurulu'ndan Genel Sekreter Em. Gnl. Sadri Karakoyunlu ve Genel Sekreter Yardımcısı Tarih Öğretmeni Emekli Öğretmen Alb. İsmet Gönülal'dan oluşan dokuz kişilik bir uzmanlar hey'eti Nutuk'un «İnceleme ve Redaksiyon Hey'eti» olarak 25 Ocak 1983 tarihinden 28 Şubat 1983 tarihine kadar Kutlama Koordinasyon Kurulu Genel Sekreterliğinde (T.B.M.M.) toplanarak çalışmalarını sürdürmüştür.

Bu çalışmalarda esas olarak aşağıdaki görüş ve düşüncelere varılmıştır:

1 — İnceleme için, Nutuk'un 1927 tarihli baskısı esas alınmıştır. Daha önce Kutlama Koordinasyon Kurulu Başkanlığınca bu iş için görevlendirilen Dil ve Tarih-Coğrafya Fakültesi Öğretim Üyesi Türk Dili Profesörü Dr. Zeynep Korkmaz'ın yapmış olduğu başarılı metin çevirisi ile Kutlama Koordinasyon Kurulu Genel Sekreterliğince hazırlanmış olan belgeler cildi yeniden baştan sona kadar dikkatli bir incelemeye tabi tutulmuştur.

2 — Nutuk'ta kullanılan dili, taşıdığı yapı ve üslûp özelliklerini koruyarak bugünkü Türkçeye aktarmak oldukça zordur. Eski yazı diliyle günümüz Türkçesi arasında birtakım ifade ve üslûp ayrılıkları vardır.

Bu bakımdan eserin çeviricisi de, redaksiyon heyetimiz de Nutuk'un aslındaki fikir yapısının, tarihî deyimlerin, üslûp özelliklerinin ve akıcılığın kaybedilmemesi için elden gelen titizliği göstermiştir.

3 — «Millî Komite»nin belirtilen kararı gereğince, hey'ete katılan Dil ve Tarih - Coğrafya Fakültesi Yeni Türk Dili Ana Bilim Dalından iki genç araştırma görevlisinin redaksiyondaki katkıları bugünkü gençliğin Nutuk'u daha iyi anlayabilecek bir seviyede olmasını sağlamıştır.

4 — Atatürk'ün büyük bir duyarlıkla yazmış olduğu «Gençliğe Hitabesi», «Nutuk» muhteviyatının bir özeti ve büyük Atatürk'ün Türkiye Cumhuriyetini Türk Gençliğine emanet ettiği bir vasiyet niteliğini taşıdığından, bu bölüm eserde olduğu gibi bırakılmıştır.

5 — Bir aydan fazla süren okuma ve inceleme ile metin ve belgeler cildi dikkatle gözden geçirilerek ve yazarlarının da oluru alınarak gerekli bazı düzeltmeler yapılmıştır. Ancak, birinci ve ikinci cilt ile belgelerden oluşan ve hey'etimizce yer yer düzeltmelerden geçirilen üçüncü cilt, ayrı ayrı şahıslar tarafından hazırlanmış olduğundan, her üç cilt arasında bir dil ve üslûp birliğinin sağlanabilmesi için üçüncü cildin baskı sırasında bir kere de Prof. Dr. Zeynep Korkmaz tarafından gözden geçirilmesi uygun görülmüştür.

6 — Millî Komitenin emirleri gereği, bu baskı için, 1927 baskısının mizanpajı gözönüne alınmıştır. Buna göre metin bölümünde geçen haritalarla, Millî Mücadelenin başlangıcından sonuna kadar sürdürülen askerî harekât safhalarını gösteren krokiler, uygun şekilde sıralanmış olup metin kısımlarının 1'nci ve 2'nci ciltlerinin sonuna ilâve edilmiştir.

Haritalar :

a) 19 Mayıs 1919 daki Osmanlı Ordusu'nun konuş durumu,

b) Sevr Antlaşması'na göre Osmanlı Devleti'nin parçalanması, (Bu iki harita 1'inci cildin sonuna konulacaktır.)

c) Askerî harekâta ait krokiler :

(1) İnönü Muharebeleri'nde iki tarafın durumu,
(2) Sakarya Meydan Muharebesi (genel durum),
(3) Büyük Taarruz (iki tarafın 25 Ağustos akşamki durumu),
(4) Başkumandan Meydan Muharebesi (30 Ağustos 1922)

7 — Türkiye Haritası (Bu harita ve krokiler 2'nci cildin sonuna konulacaktır.)

8 — Resimler :

a) Atatürk'ün 1927 baskılı «Nutuk»undaki imzalı portresi (Bu resim 1'nci cildin baş tarafına konulacaktır.)

b) Büyük Millet Meclisi'nde Nutuk'unu söylerken,
(Bu resim 2'nci cildin baş tarafına konulacaktır.)

c) Büyük Millet Meclisi üyeleri Nutuk'u dinlerken
(2 nci cilt'te uygun yere konulacaktır.)

d) Atatürk Kocatepe'de (Büyük Taarruz sabahı)
(2'nci ciltte uygun yere konulacaktır.)

9 — Bugünkü yazı diline çevrilmiş olan metin, belgeler, harita ve krokilerle, ilgili resimlerden oluşan Nutuk muhteviyatının, hey'etimizin oy birliği ile aldığı kararla basılabilir ve nesiller boyu yararlanılabilir bir durumda olduğu takdirlerinize arz olunmuştur. Bunun dışında hey'etimizin, tavsiye mahiyetinde gördüğü diğer hususlar aşağıda arz ve teklife şâyân görülmüştür.

a) Nutuk, Millî Komite'nin direktifinde belirtildiği üzere, ilk defasında yirmi beş bin nüsha olarak basılacaktır.

Heyetimiz tarafından Nutuk'un daha çok sayıda basılarak, yalnız Harp Okulu öğrencilerine değil, bütün üniversite ve hattâ lise öğrencilerine daha ucuz bir fiyatla verilmesi, köy odaları ve köy kitaplıkları dahil bütün kitaplıklara dağıtımının yapılması uygun görülmüştür. Yeni basımlar için malî kaynak olarak, Millî Eğitim Vakfı, Spor Toto, Millî Piyango, Vakıflar Genel Müdürlüğü, Türkiye Bankalar Birliği ve Kültür ve Turizm Bakanlığı fonlarından yararlanılması mümkün ve faydalı görülmektedir.

b) Bugüne kadar Atatürk'ün büyük Nutuk'u kırk bir defa basılmıştır. Bunun son on baskısından ikisi 1981 yılında (100. Yılda), Millî Eğitim, Kültür ve Turizm Bakanlıkları tarafından gerçekleştirilmiş, bunun dışındakiler ise çeşitli kurum ve kuruluşlar ve şahıslar tarafından bastırılmıştır. Ancak bir çoğu, gerektiği biçimde incelenmeden eksik ve yanlışlarla çıkarılmıştır.

Nutuk'un bundan sonra yapılacak baskılarında, Prof. Dr. Zeynep Korkmaz ve Kutlama Koordinasyon Kurulu Genel Sekreterliğince hazırlanmış olan bu nüshanın esas alınmasının ve eserin satışından elde edilecek gelirin Anayasanın 134'ncü maddesinde kurulacağı hükme bağlanan kuruluşlara irat olarak aktarılmasının uygun olacağı görüşüne varılmıştır.

10 — Türkiye Cumhuriyeti'nin kurucusu Atatürk'ün bu eserinin devletimizin kuruluş felsefesini ve Cumhuriyetimizin esaslarını oluşturduğu gerçeğinden hareketle bir Devlet Kitabı olarak nitelendirilmesi ve bunun Sayın Başbakanlıkça daha önce yapıldığı gibi Almanca, İngilizce,

Fransızca ve Arapçaya tercüme ettirilerek bastırılmasının sağlanması arz ve teklif olunur.

İşbu rapor Hey'etimiz tarafından düzenlenmiş ve okunarak imza edilmiştir.

1 Mart 1983

Sadri Karakoyunlu Kutlama Koord. Kurulu Genel Sekreteri	Hüsamettin Ünsal Cumhurbaşkanlığı Gen. Sek. Temsilcisi	Zeynep Korkmaz D.T.C. Fak. Öğr. Üyesi (Prof. Dr., Nutuk'un Çeviricisi)
Nusret Baycan Gnkur. Atase Bşk. Temsilcisi	M. Akif Öncül Millî Eğitim Bakanlığı Temsilcisi	İsmet Parmaksızoğlu Türk Tarih Kurumu Temsilcisi
İsmet Gönülal Kut. Koord. Kurulu Gen. Sek. Yard.	Sema Barutçu D. T. C. Fakültesi Temsilcisi	Dilek Elçin D.T.C. Fakültesi Temsilcisi

ŞAHIS ADLARI İNDEKSİ

— E —

— F —

— G —

— H —

— I —

— Ş —

— T —

YER ADLARI İNDEKSİ

— A —

— J —

— K —

Anlaşma, Antlaşma, Askerî Birlik, Askerî Cephe, Muharebe, Savaş. Aşiret, Dil, Din, Millet, Siyasî Dernek, Siyasî ve Mülkî Kuruluş, Gazete, Dergi v. b. Özel Adlar İndeksi

— A —

— B —

— C —

— Ç —

— D —

— E —

— İ —

— N —

— O —